天
Borderless
下

天下，在乎正义和你

天
Borderless
下

博观

重点講義民事訴訟法

（上）

民事诉讼法重点讲义

（导读版）

[日]高桥宏志 著
林剑锋 译
张卫平 导读

法律出版社 LAW PRESS · CHINA

JUTEN KOGI MINJISOSHOHO (Vol.1) 2nd edition

by TAKAHASHI Hiroshi

Originally published in Japan by YUHIKAKU PUBLISHING CO., LTD., Tokyo.

Chinese (in simplified character only) translation rights arranged with

YUHIKAKU PUBLISHING CO., LTD., Japan

through THE SAKAI AGENCY.

著作权合同登记号

图字：01–2023–3845

导读版序

张卫平

《民事诉讼法重点讲义(上)》的中文版——《民事诉讼法:制度与理论的深层分析》于2003年由法律出版社出版。至今,不觉已悄然过去整整十八年了!不得不感叹光阴似箭、岁月如梭。翻译此书时,译者林剑锋教授还是正在清华大学攻读博士学位的青年。

现在想想依然为之感叹,在当初,要拿下高桥宏志老师的这部煌煌巨作需要多大的勇气和毅力!即使现在,读高桥老师的这部书依然不是一件品茶、轻松的作为。如欲真正理解高桥先生理论阐释的精髓更需要下一番功夫。好在剑锋博士有很深的日语功底,又有翻译日本民诉法著作的经验,这部译作还是顺利地完成了。后来,我与许可教授(当年也在清华攻读博士学位)共同翻译了《民事诉讼法重点讲义(下)》,并于2007年出版。

这两本书在中国出版后,对民事诉讼法学界产生了很大影响,尤其是《民事诉讼法:制度与理论的深层分析》,该书已早早告罄,甚至影印本、盗版也高价于市,由此可见此书的学术魅力所在。

2006—2008年,剑锋博士东渡日本,成为高桥老师的学生,并通过翻译新堂教授的《新民事诉讼法》,进一步加深了对高桥理论的理解。《民事诉讼法重点讲义(下)》经过修订,加上我的导读,于2021年再版面世。作为高桥民事诉讼法理论大成的另一半——《民事诉讼法重点讲义(上)》,而且是分量更重的一本书自然也不应当落下。按照《民事诉讼法重点讲义(下)》的模式,剑锋教授对《民事诉讼法重点讲义(上)》进行了全面修订,附上我所撰写的导读,也即将与读者见面。翻译学术专著是一件辛苦的劳作,尤其是当下学术研究重论文指标的背景之下。但翻译亦是人类文明得以发展必需的作为。油然想起公元8世纪开启的阿拉伯"大翻译运动",对以后的文艺复兴乃至近现代文明的历史影响,翻译的辛苦劳作是值得的,也是应该大力提倡的。

我的学术研究的语言工具是日语(学术研究的语言工具对于学术研究有重要意义)。日本民事诉讼法学理论对我的学术研究有很大的影响。作为体系书,日本学者兼子一、三月章、新堂幸司、竹下守夫、伊藤真等人的体系书都是我的必读书。日本民事诉讼法评注大全——《注释民事诉讼法》9卷本(新堂、铃木、竹下主编,有斐阁1979年版)以及斋藤秀夫编著的《注解民事诉讼法》6卷本是我全面了解日本民事诉讼法学理论和制度的百科全书。但要论对我学术影响最大的,自然当推高桥老师的《民事诉讼法重点讲义》上下两卷。《民事诉讼法重点讲义》是以日本民事诉讼法理论中的重点问题为中心所展开的研究,更为广泛、深入和透彻。通过此书便可以对日本民诉学界就这些问题的研究深度和广度有一个更全面的了解。这些研究代表了日本民诉学界学术研究的顶峰。体系书因体系与容量的限制无法做到这一点。注释或注解大全又因为顾及大而全,无法及时更新,也无法满足局部深入、与时俱进的要求。高桥的讲义恰恰在这两个方面有优势。

高桥重点讲义充分地体现了高桥理论的特色。高桥的讲义似乎并不在意体系化地提出自己的理论,其在意的是对理论问题的精细、准确的分析。可以说,高桥老师在重点讲义中的分析将日本学者擅长的理论分析推向了一个高峰,是日本民事诉讼法学规范分析的典型。高桥理论另一个特点是,不突出自己的观点,往往是将新堂教授的理论作为自己观点的“底色”和基础。高桥老师对新堂理论的崇拜赫然在目,跃然纸上。对许多理论争论的回答,常常是以新堂理论开路,自己的观点和分析“押后”,在各种观点论争“杀”得昏天黑地之时,才亮出自己的“撒手锏”,以图一剑封喉。高桥老师对理论问题的分析方法十分值得我们借鉴,他能够从纷繁复杂、盘根交错的理论争论中精准抓住问题的实质,指出各种观点的思考路径和方法,从而为正确解析问题、求得正解或最佳答案找到出路。我在清华给博士生、硕士生开设的民诉课程中也常常将高桥老师的重点讲义作为教材,除了讲授理论之外,也要专门提到高桥老师的分析方法。这对我的民诉研究亦有很大的帮助。虽然 28 年前在东京大学学习,高桥老师是我的指导教官,但对高桥的理论分析方法却并不十分了解。现在,每每读到高桥老师的重点讲义也总能够感受到理论分析方法的力量。除了高超的分析方法之外,高桥老师的行笔措辞也颇为讲究,言语妥帖、稳健,平缓之处见犀利,犹有日本顶级清酒“十四代龙泉”之风。

阅读高桥的重点讲义,有一定的难度,因为理解高桥的理论需要对书中所涉及的实体法和民诉法的制度和语境有一定的了解。也有些概念在日本法中有特定的含义,在语词表达上很难完全与中文对应。在语义上,如果按照我们的习惯去理解就会出现偏差,例如,诉讼判决、证据调查、诉讼要件、实体判决要件、本案要件等。诉讼判决并不是关于诉讼的判决,而是关于程序事项的裁决,相当于我国民事诉讼法裁定。在阅读高桥的讲义之时,我的体会是,可以看看已经翻译的日本民诉法教科书以及国内作者撰写的民诉法教材。国内的教材中会对国外的概念有所解释,如此,有助于读者理解高桥先生的理论阐释。也正是为了有利于读者阅读和理解高桥的重点讲义,我根据每一讲的内容,并结合我国的语境、话语表达习惯,写了“导读”,希望该导读能够起到辅助阅读的积极作用。

应当承认,我国民事诉讼的理论研究的真正时点,是在改革开放之后。在初始阶段,理论研究方面几乎没有什么积累,至改革开放才全面打开世界之窗。民事诉讼的实践经验也还不够丰富。在很长的时期中存在轻视理论研究的现象,即使现在也还存在片面理解制度自信和理论自信的情形。包括一些从事民诉法学研究的人也会发出这样的疑问,有必要把理论搞得如此复杂吗?有必要看国外的东西吗?应当认识到,科学的制度建构,正确回应实践绝不是凭空想象可以得来的。在过去小农经济、计划经济的土壤之上也不可能开出现代民事诉讼制度与理论的绚丽之花。

在初期接触高桥重点讲义时,的确给人一种陷入理论森林的"恐怖"之感,大量的注释文字,学术研究的严格规范也强化了这种感觉。其实,这是学术理论研究的深化、细化的必然结果。看一下高桥的分析,无一不是针对日本民事诉讼的实践,程序法的分析总与实体有着紧密的"纠缠",时时强调理论体系的统摄与关照,并非无病呻吟,为赋新词强说愁。我国民事诉讼法发展到今天,其实践已经非常丰富多彩,为我们理论研究提供了实践条件,只是由于裁判公开的程度不够,程序问题难以在公开的裁判文书中得以清晰显现,由此限制了理论对实践的关照。即使是已经反映出来的问题,民诉法学界也没有给予应有的、理论上的回应,不要说日本注释大全所涉及的那些繁星般的问题,就是高桥讲义中涉猎的诸多问题,我国民诉法学界也还未研究触及。这些问题并非日本法上独有的问题。很多诉讼原理,国内学者亦尚未厘清,其研究成果多是对策性的回应,低端"复制"。如此,要想追赶上制度及理论先发国家的研究水准恐尚待时日。

制度自信和理论自信不是拒绝学习和借鉴国外的制度实践和理论研究,相反,只有对国外制度实践和理论更加了解,为我所用,发展和完善了自己的制度和理论,我们才能对自己的制度和理论更有自信。日本公开宣称德国法为己国母法,曾经有相当一段时间以德国法理论是瞻。韩国亦是如此,以日本法言说为上。但我们通过高桥的讲义可以看到,日本学者的研究虽依然与德国理论关联,但基本上是在自己的语境、法治环境中,实在地回答日本问题,已经具有了日本自己的特色和自信。这是一种通过借鉴发展起来的制度与理论自信。韩国的制度与理论发展也呈现了同样的图景。我国是一个比所有国家更为开放的国度,因此,我们有理由相信在这方面我们将会做得更好。如此,有我国特色的民事诉讼理论大厦的建构将不再是“诗和远方”。

译 者 序

林剑锋

本译著的首版《民事诉讼法：制度与理论的深层分析》初版于2003年，时隔20年迎来了再版。20年间，或是基于高桥对于大陆法系民诉基础理论独特的论述方式，或是基于我国民事诉讼法学研究转型之缘故，从文献引用率来看，高桥先生的两本译著[另一本为张卫平教授和许可教授共同翻译的《民事诉讼法重点讲义》(下)]对我国民事诉讼法学界和实务界产生了广泛影响。

对于国内读者而言，高桥先生作品给人的印象是民诉基础理论竟然如此晦涩难懂，某些章节的内容，即便有相关知识背景读完一遍也往往不知所云，有些内容也是经常读了后面就忘了前面。可能也正是基于此，反而促使读者反复去做更多细致化的精读。此外，作为日本民诉学界大师级的学者，高桥说也会给国内读者另一种感受，那就是高桥理论的创新性似乎离“大师级”预期存在差距。读者上述两种感受可能还是根源于高桥说独特的研究范式与论述方式，主要体现在以下两点：其一，全面、综合与立体化的文献综述与评价；其二,细致绵密的利益衡量方法。高桥说上述独特性既取决于高桥先生本人的学术路径与研究喜好,也在某种意义上根源于日本民诉学说发展的客观状况。

从第二次世界大战后,日本民事诉讼法学理论至少已经经历了三次体系性构建与更新。第一次是以兼子一教授为代表的日本战后民诉法学体系的全新建构,第二次是以三月章教授为代表的民诉学说体系的完善与修正,第三次则是以新堂幸司教授为代表的民诉学说体系的修正与再构建。时至今日,日本民事诉讼法研究从大刀阔斧式的理论激变期进入了相对平稳的安定期。换言之,在学界与实务界就基础理论达成共识的客观背景下,除非国家或社会有突发性的变故,否则体系性的创新与构建既无必要也几乎无可能。作为例证就是以井上治典教授为代表的第三波理论(程序保障说)试图再次全新构建日本民事诉讼法理论,但至今第三波理论只能说是日本学界一种有影响力的学说,而不能贯穿于民事诉讼法学理论始终。因此,对于民诉基础理论,展开全面、系统梳理并基于充分利益衡量后基于独特立场展开评析既是高桥先生民事诉讼研究的不二路径,也是其作为日本第四代领军人物的应然职责所在。诚如高桥先生在其序中所言,这两本《民事诉讼法重点讲义》发端于其作为青年教师时期的民事诉讼法授课教案,一开始相关内容连载于有斐阁《法学教室》杂志,教案内容是其从助手时代开始大量阅读文献后形成的有关民诉基础理论的独特思考。高桥先生也坦言,精读如此多的文献并展开深入分析固然需要花费大量时间,但这种研究方法看似迂回实则学术研究之捷径。

在文献综述方法方面,高桥先生的方法对读者无疑有着极大的启示与借鉴意义,但需要注意的是,高桥先生的这种研究范式并非仅局限于文献综述,而是基于特定立场形成的评析进而提出了自我理论——高桥说。时至今日,两本著作所承载的高桥说已经成为学界体系性的学说,高桥说在日本学界的影响力足以匹配其第四代领军人物的地位。毕竟,作为学界的一种潜规则,后续的研究或文献只要涉及其中相关问题,均绕不开高桥说,而需要对高桥说予以引用、评析或回应。

综观日本民诉法学的体系性沿革，兼子教授的理论体系尽管在目的论层面强调纠纷解决说，但其体系的本质还是恪守德国法的基础思维，第三次的体系更新则更多受美国法，特别是其中一次性解决纠纷和程序保障理念的影响，在诉讼标的方面从严格恪守实体法维度的请求权到诉讼法维度的受给权，再到后来的纠纷"事件性"；在诉讼事实理解方面，从恪守三段论逻辑的要件事实到基于程序保障理念的程序事实群；在证明责任分配方面，从传统的要件分类说到更多强调例外情形下基于利益衡量的分配规则再调整；在判决效力方面，从恪守法定的既判力客观范围扩张到判决理由中判断事项的争点效等。在上述民事诉讼基础问题上，均体现了学说根本立场上的转变，在底层思维层面也呈现明显的去形式化逻辑之趋势、从制度整体公平到关照个案正义之倾向。高桥说中浓厚的利益衡量特征也正是基于这一客观状况的结果。例如，在民事诉讼目的论方面，高桥先生提出的搁置说不仅提出了全新的分析视角，让读者对不同学说的产生背景和目的有了更为深刻的认识，而且，基于功能主义的立场，在日本民诉学说体系进入安定期的当下，着眼于目的论的局限性，高桥先生提出了搁置说。对于其他基础理论的论述，读者可以明显感受到高桥先生基于法院与当事人的立场不同以及双方当事人之间立场差异的绵密分析，在不同学说的对立上，也能充分感受到高桥说在程序保障与诉讼效率、形式逻辑与实质正义、制度正义与个案正义、实务思维与学者逻辑等不同对立价值博弈中谨慎的分析，以寻求妥适性的平衡。

本次中文再版对应的是《民事诉讼诉法重点讲义(上)》(第二版补订版)，如高桥先生在该版序中所言，除了增加"第十讲　审判权的界限"的内容外，也根据法律的修改以及作者自身对于相关问题观点的修正与更新做出了相应修改，相较于上一版日文原文增加了近 100 页篇幅，对应于中文译本而言，增加了七八万字。除第十讲近一万字外，其他新增字数对应的修改内容体现在正文修改与新增注释中。为了更加贴合国内读者的阅读习惯，也为了跟另一本中文译本的照应,原版中正文中的相应注释或是删除或是通过略缩予以体现,并删除了原版最后的判例检索和关键词检索附注。

尽管是再版,但因版本大幅的新增内容以及逐字逐句对照修改之处,本次再版工作也颇费时间和精力,工作量也基本与全新翻译无所差异。本书的再版首先感谢张卫平老师,为了深化读者对于相关讲义问题的背景性理解,张老师为逐讲内容增加了导读章节。其次感谢在再版翻译、校订工作中给予帮助的曹建军副教授、冉博博士、王立源博士以及中央财大法学院硕士生胡启迪、佘子涵等同学。最后感谢法律出版社的编校人员,没有他们细致入微的编辑校对工作,本译著也无法顺利出版。

目录

第一讲　民事诉讼的目的

导　读

高桥先生将民事诉讼的目的置于重点讲义一书的首讲，是因为民事诉讼的目的通常都是作为民事诉讼讲义或体系书的开首。关于民事诉讼的目的也一直是日本民事诉讼法学中存有争论的问题。

在我国，除了少数教科书之外，在教科书中一般不讲民事诉讼的目的。这与我国民事诉讼法有专门关于民事诉讼法的任务有关，通常认为任务就包含了民事诉讼的目的。民事诉讼制度目的这样的问题显然应该在立法时就已解决，而不是在民事诉讼法制定以后才探讨的问题。

高桥先生在这一讲中，对日本学界关于民事诉讼目的的几种主要学说进行了介绍和分析。高桥的分析中有价值之处，不是重复各种学说的主要内容，而是指出了各个学说的特点，尤其是学说的构造、逻辑和视角特征。尽管高桥并未提出自己的目的论学说。例如，高桥指出，兼子一的目的论理论呈现出一种"自下而上"（从诉权、既判力本质论到目的论）与"自上而下"（从目的论到辩论主义本质论）相结合的反馈趋势。对三月章先生的目的论，高桥认为其理论具有强烈的诉讼法学考察方法或方法论的色彩,直接揭示了其目的论与兼子目的论的不同。高桥对新堂幸司先生的学说一直比较推崇,在目的论方面也是如此。(新堂幸司对民事诉讼的目的有着很深入的探讨,发表过多篇关于目的的论文。)其认为新堂幸司的目的论对目的论本身作出了"明快的"定位,实际是说相对于其他目的论而言更为准确,由新堂幸司开启了多元目的论的研讨思路。

本讲中最重要的部分是"目的论的诸面相"。这一部分实际是探讨应当如何看待目的论研究对于民事诉讼法以及民事诉讼法学的意义。这一探讨具有研究方法上的意义。高桥将目的论分为几种类型——作为体系化的目的论、作为考察方法的目的论、作为立法论或解释论基准和指向的目的论以及作为对传统理论批判武器的目的论等,这一划分很清晰地定位了各种目的论的意义。这种分析的方法无疑对我国学者如何对待民事诉讼法中的理论探讨有着借鉴意义,有助于我们在面对某一个问题的研究和探讨时,追问研究的动因、动机、实际意义、方法、基础和路径。

从高桥对各种目的论的分析来看,高桥对目的论有些消极,虽然认为关于目的论的讨论并非没有意义,但他似乎并不主张人们对此问题进行更深入的探讨,因为如何看待民事诉讼目的"不妨碍人们对民事诉讼法展开正确的研究与讲授"。关于这一点笔者持保留意见,因为民事诉讼目的的阐释会影响对具体制度建构的认识。人们设计制度时对制度目的的思考是人们的主观认识,主观意识中的目的并不能替代制度本身应有的目的,对制度目的的研究有助于我们认识制度应有的目的,即目的设定的科学性问题,防止人们主观的偏识和臆想。民事诉讼的目的对具体诉讼制度的建构具有统合作用。

目　　次

四、三月说的论法
五、新堂说的考察
六、井上(治典)说的主张
七、目的论的诸面相

一、绪

在民事诉讼法讲义〔1〕的开头部分,学者通常论及有关民事诉讼制度目的问题,也即所谓的"民事诉讼目的论",多数体系书也都采用这种体例。作为(民事诉讼的)目的论而言,此前存在权利保护说、私法秩序维持说(或者法秩序维持说)与纠纷解决说三种学说,近年来,在此基础上又产生了多元说与程序保障说,因此,关于目的论的多数论述应当都是针对这五种学说来展开。〔2〕

有关各种学说的内容,可简要归纳如下。权利保护说认为,作为禁止自力救济的代价,国家应当负有保护私人权利的责任,就此国家须设立民事诉讼制度。私法秩序维持说主张,为了维持基于其自身制定民法、商法等私法而产生的私法秩序,并确保该秩序的实效性,国家须设置民事诉讼,私法秩序维持说的登场,表明倡导者摆脱了之前的"所有权利存在于既存法典之中"的观念束缚。纠纷解决说认为,"权利及私法在先,而诉讼不过是实现其手段"的观点有颠倒逻辑之嫌,因为从历史沿革来看,最先存在的应当是诉讼,权利及私法的产生并逐步趋于完备化,正是诉讼不断积累的结果,故而民

---

〔1〕 本文稿是笔者在自己大学课用讲义基础上进行润笔、补充而形成的论文。因原本就定位于讲义笔记,故没有在其中提倡某种新观点的打算。在学界中,一般都认为,民事诉讼目的论反映了学者各自的诉讼观及思想体系[例如,谷口安平《民事诉讼的目的》,载竹下守夫、谷口安平编《民事诉讼法教程》,有斐阁,昭和52年,第9页以下;中野贞一郎编《现代民事诉讼法入门》,法律文化社,昭和60年,第8页以下(中野贞一郎执笔)等]。就结论而言,笔者认为民事诉讼目的论不过是一种搁置论而已。

〔2〕 不过,三月章教授[《民事诉讼的目的与机能》,载《争点》(新版),第6页以下]并未将程序保障说列为目的论的一种学说,这是否意味着,三月教授未将程序保障说视为一种民事诉讼目的论?笔者认为,无论如何,就程序保障说给予民事诉讼目的论带来的强烈冲击而言,应当将其视为目的论的一种立场。

事诉讼的目的仅仅在于解决私益纠纷。多元说主张,无须将目的论单一地限于“权利保护”、“私法秩序维持”或“纠纷解决”中的任何一者,各种学说所倡导的这些价值都应当被视为民事诉讼的目的。程序保障说主张,民事诉讼的目的在于程序保障之本身,换言之,民事诉讼的目的在于,确保当事人之间的实质性平等,并让当事人穷尽其论争。

从学界的状况来看,可以说“纠纷解决说”或者作为其变种的“纠纷之法的解决说”一直以来占据着学界通说地位,[3]而多元说则被认为是有影响力的学说(有力说)。但是,在昭和40年以后出版的体系书或论文中,仍然有学说主张并坚持权利保护说及私法秩序维持说,[4]因而,对于当下学界有关目的论的状况,似乎并不能简单地作出概括与整理。

不过,倡导纠纷解决说的兼子教授自身在其后的体系书中,对于目的论问题作出如下新的论述,“作为国家制度而言的民事诉讼目的在于,通过‘基于国家权力来谋求解决及调整私人生活关系上的纠纷或利害冲突’之方式,在消除私人生活上的障碍与危险的同时,又保持了社会秩序的稳定”,由此可见,这一论述一方面增强了兼子教授目的论的严密性,另一方面又使其“民事诉讼目的专门限定于解决纠纷”之立场明确性似乎趋于淡化。此外,在该体系书稍后几页中关于民事诉讼理想的论述部分,兼子教授又论及了民事诉讼中

---

〔3〕 兼子·体系,第25页以下;三ヶ月·全集,第6页以下;小山,第4页以下等的观点都属于纠纷解决说。而“纠纷之法的解决说”则为中野教授[中野=松浦=鈴木·旧,第19页以下(中野贞一郎执笔)]、伊东教授[伊东乾《异说诉讼标的论》(最初发表于昭和42年),载伊東·研究,第1页以下]等学者所倡导。

〔4〕 倡导权利保护说的观点,可以见之于中村英郎《新民事诉讼法》,成文堂,平成9年,第33页以下;石川明、小岛武司编《新民事诉讼法》,青林书院,平成9年,第5页以下(石川明执笔);木川统一郎《诉讼制度的目的与机能》,载講座民訴(第一卷),第29页以下等。其中,中村教授的权利保护说,并非从传统的“作为国家禁止自力救济的代价”之视角展开论述,而基于其所倡导的法系论立场——日本的民事诉讼法不属于日耳曼法系而属于罗马法系——论述的结果。

持私法秩序维持说的观点,可以见之于斎藤,第5页以下。

的“公正、公平、迅速以及诉讼经济”等几个价值问题,即“概言之,如果说民事诉讼目的着眼于理论性维度,那么民事诉讼理想则属于现实的技术性、政策性维度的问题……在案件的处理中,‘让对立的利害关系人参与诉讼程序的形式,并通过诉讼法规来确保其划一安定’之做法本身就是这些要求(公平、公正、迅速、诉讼经济)的结果,诉讼法上的各种制度与原则都是以实现这些要求为目标的”。[5]不过,其中并没有“目的论是理论性维度,理想是技术性、政策性维度”这样的叙述。在此,姑且不论技术性或政策性维度,在理论性维度上该如何理解民事诉讼的目的论呢?

行政法的藤田教授与民事诉讼法的三月教授曾经就裁判论、民事诉讼目的论等问题展开过论争。[6] 作为这一论争的副产品,明确了以下这一观点,即就此前的民事诉讼目的论而言,在论述对象及论述定性方面多少存有不明确之处。换言之,同样是针对民事诉讼制度目的论述,但在阐述方式及视角方面却存有差异。有学说将目的论基于法史探究视角展开,有观点基于宪法及行政法之公法视角展开,还有见解将目的论作为包含调停与仲裁在内的司法制度论(裁判法学)的对象来展开,甚至还有学说出于解释民事诉讼法之目的展开相关论述。此外,同样是基于民事诉讼法学视角展开论述的诸多目的论,也因各自侧重点不同,进而在论述类型及定性方面存在差异。尽管多层次、多领域展开论述是实定法解释论的通常做法,但就民事诉讼目的论而言,仍有必要重新审视和讨论不同学说在类型及定性的差异,与此同时,也有必要对于“井上治典教授强调

〔5〕 本文对于兼子理论的几处引文,分别见之于兼子·体系,第25页、第34页。此外,关于后者的民事诉讼理想之论述,也可以见之于兼子一《民事诉讼法概论》,岩波书店,昭和13年,第14页的论述。

〔6〕 藤田宙靖《现代裁判本质论杂考——以所谓“纠纷的公权性解决”之视点为中心》,载《社会科学的方法》,第34号,昭和47年,第1页以下,收录于藤田宙靖《行政法学的思考方法》,木铎社,昭和53年,第257页以下。三月章《私法的构造与民事裁判的逻辑——兼答藤田宙靖氏的〈现代裁判本质论杂考〉》,载《社会科学的方法》,第40号,昭和47年,第1页以下,收录于三ヶ月·研究(第七卷),第341页以下。

民事诉讼目的论的重要性"〔7〕之问题意义予以明确。

以下,笔者将按照时间顺序对民事诉讼目的论的一系列论文进行考察,并探究各理论的讨论类型与定性。

二、兼子说以前

关于德国学说及战前日本学说的目的论考察,因各种受限在此忍痛割爱。〔8〕不过,值得注意的是,在与兼子教授同代或上代学说中,多数均将权利保护与私法秩序维持同时作为民事诉讼目的。〔9〕这一情形与其说是多元说的根源,毋宁说表明了当时学者对于目的论问题意识和研究意愿的淡泊。由此意味着在体系书中对目的论展开详尽研究之可能性,也暗示了目的论在民事诉讼理论中所处的地位(至少是在理论安定期时的地位)。

三、兼子说的构造

在民事诉讼目的论的论述中,具有里程碑意义并奠定战后民事诉讼法学发展方向的作品,〔10〕当属兼子一教授于昭和 22 年发表的一篇论文——《回到民事诉讼的起点》。〔11〕兼子教授早在"二战"前的《民事诉讼法概论》(岩波书店,昭和 13 年)中就大体建立起自己的理论体系,当时兼子教授在目的论上采用私法秩序维持说(在《民事诉讼法概论》中),但通过上述昭和 22 年的论文,兼子教授改变了

---

〔7〕 例如,井上治典《民事诉讼的目的与机能》,载《法学论坛》,1983 年 11 月号,第 76 页、第 80 页;井上=伊藤=佐上,第 365 页以下(井上治典执笔);井上治典《民事诉讼的作用》,载《基本法学第八卷——纠纷》,岩波书店,昭和 58 年,第 153 页以下,收录于井上·手続,第 1 页以下等。

〔8〕 有关德国学说的相关介绍,可参照木川统一郎《诉讼制度的目的与机能》,载講座民訴(第一卷),第 29 页以下。

〔9〕 菊井维大《民事诉讼法》(上),弘文堂,昭和 33 年,第 3 页以下;野间繁《民事诉讼法要论》,酒井书店,昭和 33 年,第 8 页以下;中田淳一《民事诉讼法讲义》(上卷),有信堂,昭和 39 年,第 1 页以下等。

〔10〕 伊藤真《民事诉讼法学的潮流》,载《法教》,第 100 号,昭和 64 年,第 40 页以下。

〔11〕 该论文载《法協》,第 65 卷第 2 号,昭和 22 年,第 76 页以下,收录于兼子一《民事法研究第一卷》(再版),酒井书店,昭和 25 年,第 475 页以下。

自己观点,转而开始提倡纠纷解决说。[12]

兼子教授首先论及目的论的研究意义。教授认为,目的论既关系到诉权、既判力等诉讼法学基础理论、辩论主义、其他审判原则的存在理由,更是事关私法性质、民事司法功能等一般法学的课题。总而言之,兼子教授将“基础理论”“原则”“一般法学上的课题”等直接纳入其目的论的研究视野,并在此基础上展开民事诉讼目的论之论述,不过,兼子教授未将具体的解释问题(在何种范围内认可既判力的遮断效等)直接作为其目的论的讨论对象。

兼子教授在《民事诉讼法概论》中的学问体系与上述论文中就各种基本理论的见解之间究竟是什么关系?在上述论文中,兼子教授在诉权论方面采本案判决请求权说,在既判力本质论方面采具体法规说,这些见解都遵循着兼子教授所主张的“私法是作为民事裁判手段的裁判规范”的基本立场,应当说这些观点与《民事诉讼法概论》中的见解一脉相承,但若将这些见解进一步予以彻底化,则难以整合《民事诉讼法概论》中倡导的目的论——私法秩序维持说,相反,与之具有整合性的目的论当属纠纷解决说,于是教授对自己此前所持的目的论进行了修正。换言之,从目的论与诉讼法学基础理论之关系来看,兼子教授是在如下这种“自下而上”的过程中重新设定了自身的目的论,即从自己以前基础理论(诉权论、既判力本质论等)出发到目的论。与此同时,关于“辩论主义的存在理由”之问题,兼子教授在《民事诉讼法概论》中采用了所谓的手段说,而在上述论

[12] 笔者曾在日本民事诉讼法研究会作与本文相同题目的报告时,竹下守夫教授曾指出,在当时,兼子教授作为日本法学界的代表经常与GHQ进行接触,因此当时的兼子理论及其所提倡的纠纷解决说可能受美国法影响。这的确是一个颇富启发性的见解。如果竹下教授这种见解成立,那么也就不难理解以下这一现象,即在后来的美国法学(对日本法学)影响相对薄弱的时期,民事诉讼法体系中关于纠纷解决说的定义也(为何)随之出现退化。不过,在本文中笔者对其的假设是,兼子教授为了体系化自己理论而在民事诉讼目的论上提倡纠纷解决说(尽管从中也存在美国法的影响,但与此前的立场相比,兼子教授的目的论可以说发生了脱胎换骨的变化)。此外,关于兼子理论与美国法关系之论述还可以参照中村英郎《民事诉讼制度的目的》,载木川·古稀(上),第1页以下。

文中,因重新考虑了其与目的论的关系,改为本质说(关于辩论主义的论述参照本书“第十二讲　辩论主义　二、根据及功能”部分)。因此,在目的论与“辩论主义存在理由”这两者的关系上,可以看出兼子教授采用的是一种“从目的论层面出发返回到基础理论层面”这样一种“自上而下”的论述方向(与先前的“从诉权、既判力本质论等基础理论到目的论”之自下而上的论述方向正好相反),不过,就具体的解释问题层面而言,兼子教授在“辩论主义的存在理由”问题上的立场转变所产生的实际影响不大,其仅仅体现在有关“是否可以承认违反众所周知事实自认的拘束力”之问题的立场变化,即由先前的“否定”之态度(《概论》中的立场,手段论)转向后来的“可以肯定”之立场(论文《回到民事诉讼的起点》的立场,本质论)。

以上就是有关兼子教授这一论文内容与构造的简要概览。从中是否可以看出兼子教授目的研究类型与性质呢?笔者认为,兼子说的显著特征在于以下两点:其一,在“具体解释问题——基础理论——目的论”之阶层构造上,呈现一种自下而上(从诉权、既判力本质论层面到目的论层面)之过程与自上而下(从目的论层面到辩论主义本质论层面)之过程相结合的循环趋势;其二,直接将基础理论纳入目的论的研究视野。就以上两点来看,兼子说中的目的论可以说包含着“为自我理论体系化而为”的意味。〔13〕

---

〔13〕 小山升教授在为新堂教授体系书所作的书评中,曾就目的论问题作出过如下饶有兴味的论述,而这一论述与此处兼子说的理解具有相当的重合之处,而且,两者在方向性上具有共通之处。小山教授认为,此前(关于民事诉讼目的论的)论争并非谋求实益的论争,因此从这一点来看,这种论争并不是一种充分且完整的论争,但是,这种关于民事诉讼目的论的论争又是“民事诉讼理论体系化”中不可或缺的部分。而且,这种论争建立在如下这种认识基础之上,即将实然的民事诉讼制度目的(而非应然的民事诉讼制度)视为解释论体系整理(而非解释论指针)中不可或缺部分。关于此的详细论述,可以参照小山升《关于新堂幸司著〈民事诉讼法〉的书评》,载《法协》,第93卷第1号,昭和51年,第96页以下,尤其是第113页,收录于小山·著作集(第十三卷),第281页以下,尤其是第305页。

所谓“体系化”是一项将个体按照一定顺序予以金字塔式堆积并构成整体的作业,故而金字塔尖位置只有唯一性。关于将什么(理论)置于金字塔尖的之作业,既不能急于进行,但也不能被忽略。即便从“实益”的角度来看,也不能否认此论争的重要意义……

四、三月说的论法

与兼子说一样，三月教授的民事诉讼目的论也采纠纷解决说，[14]但在目的论的类型与性质上，三月说是否等同于兼子说？

三月教授《民事诉讼的机能性考察与现象性考察》一文，尽管不是专门论述民事诉讼目的论的文献，但因以兼子教授的《实体法与诉讼法》（有斐阁，昭和32年）为契机发动对兼子理论总批判而备受关注。[15] 在该论文中，三月教授指出，在兼子理论中存在如下两种相异质的因素，一种因素是，对于“以纠纷解决机能为中心的、作为制度性理论之民事诉讼”进行考察的机能性考察方法，而与之相对的另一种因素则是，“视（诉讼）为现象，并将其单纯地作为经验性事实来对诉讼予以现象性把握”之现象性考察方法。在此基础上，三月教授主张，今后诉讼法学者应当基于机能性考察方法（而不是现象性考察方法）来推进诉讼法学的发展。在上述这一论文中，三月教授作出了“实体法抑或诉讼法，均须合目的化受制于解决纠纷之要求，故而，唯着眼于纠纷解决机能，方可构建民事诉讼法学应然之道”“重视民事诉讼制度纠纷解决机能之方法论自觉”等表述。[16]

尽管结论推断稍显仓促，但由上可见，三月教授的目的论（纠纷解决说）具有强烈的诉讼法学考察方法或方法论之色彩。因此，在三月教授的目的论中，兼子教授那种“为了自己学说体系化而倡导目的论”之因素趋于淡化。此外，在上述论文中，三月教授还进一步指出，被兼子说直接纳入目的论视野之下的诉权、诉讼状态、实体形成、权利实在之观念，也即所谓的基础理论，作为诉讼法理论而言毫无意义。[17]

在当时，可以说三月教授在学术上关注焦点是诉讼标的论争（参照本书“第二讲　诉讼标的”部分相关论述），而三月教授的新诉

---

〔14〕 可见之于三ヶ月·全集，第6页以下。

〔15〕 该论文发表于《法協》，第75卷第2号，昭和33年，第109页以下，收录于三ヶ月·研究（第一卷），第249页以下。

〔16〕 三ヶ月·研究（第一卷），第256页、第280页。

〔17〕 三ヶ月·研究（第一卷），第282页注（5）。

讼标的理论正是以“纠纷解决说”作为其重要的理论支撑点。基于这种视角来展开有关新诉讼标的论论述的,也同样出现在同作为新诉讼标的论提倡者的小山升教授与新堂幸司教授的相关文献中。[18]

综上所述,兼子说目的论的侧重点在于自己学说的体系化,三月教授目的论则与诉讼法学的方法论紧密相关,就此意义而言,在目的论之类型与定性的变化层面,可以看出目的论的论述向具体性解释问题之实践领域推进之趋势。[19]

五、新堂说的考察

在三月说首先将目的论导入具体问题解释之实践领域后,开始出现更自觉地将目的论与解释论及立法论结合的学说。新堂幸司教授发表于昭和 48 年的《民事诉讼目的论的意义》一文即属于此。[20] 在该论文中,新堂教授认为,“以民事诉讼目的作为民事诉

---

〔18〕 参照三ヶ月·研究(第一卷),第 270 页以下;三ヶ月·全集,第 91 页、第 101 页以下等;小山升《关于请求》,载《岩松三郎教授还历纪念论文集——诉讼与裁判》,有斐阁,昭和 31 年,第 163 页以下,尤其是第 178 页,收录于小山升《诉讼标的论集》,有斐阁,昭和 41 年,第 1 页以下;小山·著作集(第一卷),第 2 页以下;新堂幸司《“诉讼标的”的再编成》,载《法协》,第 75 卷第 1 号第 1 页以下(昭和 33 年)、第 75 卷第 2 号第 145 页以下(昭和 33 年)、第 75 卷第 5 号第 578 页以下(昭和 34 年),收录于新堂·訴訟物(上),第 1 页以下。在新堂幸司这一论文的末尾,新堂教授在谈到该论文的执笔动机时,作出如下论述,“解决私人间纠纷之民事诉讼制度的目的,不应当仅仅停留于讲学意义上的论述,在制度的运作层面,也应当谋求实现其的合理性规则,这也是本文欲进行探求的课题”,基于此新堂教授明确地阐明了其与纠纷解决说的关系。

此外,关于兼子说中纠纷解决说与新诉讼标的论中纠纷解决说的差异之论述,可以参照山本弘《权利保护利益概念之研究》,载《法协》,第 106 卷第 2 号,平成元年,第 157 页以下。

〔19〕 在“体系”这一点上,三月教授的目的论并非民事诉讼理论内部的体系化,而更像是一种延展到民事诉讼法学外部的体系化。三月章教授在三ヶ月·全集第 6 页以下作出了如下论述,“采用纠纷解决说,不仅可以明确把握诉讼与其他的纠纷解决方式之间的内在关系,而且获得了正确认识实体法功能的基础,甚至对于诉讼制度的历史发展问题,也能获得正确的考察视角”。此外,三月章《民事诉讼的目的与机能》,载《争点》(新版),第 6 页以下,三月教授也论及了“外延的广度”之问题。

〔20〕 该论文载《法教》(第二期),第 1 号,昭和 48 年,第 63 页以下,收录于新堂·民訴制度,第 47 页以下。

讼法理论原点的实际意义或实际效用在于,实现了将民事诉讼制度应然的最高价值作为解释论及立法论的指向标……”基于此,新堂教授对目的论作出了明快的定位。

如果按照新堂说的上述见解,将民事诉讼制度应然的最高价值作为解释论及立法论的指向标(应追求的价值)来予以考虑,那么在民事诉讼目的论层面将产生何种变化?在上述论文中,新堂教授认为,无论是权利保护,还是私法秩序维持,抑或是纠纷解决,均可以被视为民事诉讼的目的,但应当认识到,在同样作为指向标的这些价值之间潜藏着对立或紧张的关系,正是基于此种认识,新堂教授又进一步主张,对应于每个具体问题领域,优先选择哪种价值,构成了解释论及立法论的任务。换言之,新堂教授的目的论开始提倡所谓的多元说。〔21〕

的确,若将目的论的重心定位于解释论的指向标——法解释的基准,则如法解释论争所表现出的那样,找出唯一基准往往非常困难。如此一来,就和多数现实的法解释一样,在实践上倾向于多元说,这恐怕是一种理所当然的趋势。但问题在于,权利保护、私法秩序维持以及纠纷解决究竟是否可以真正地作为处理具体性解释问题之际的基准(价值)呢?

对于上述这一问题,新堂教授在其另一篇备受瞩目的文献——《民事诉讼目的论的启示》——一文中予以重新审视。〔22〕。新堂教授在该论文中指出,以认可基于非法原因(譬如赌博等)之请求为例,基于纠纷解决(说)可以得出“认可”之结论,但从私法秩序维持(说)出发,则会得出“不认可”之相反立场,但是,法解释的实践并非

〔21〕 新堂教授将目的论定位于解释论及立法论的指向标(价值),而三月教授关于目的论的定位则是方法论及考察方法。由此可以看出目的论在价值及基准与考察方法之间的微妙分化。此外,有关新堂教授的方法论及考察方法之相关论述可以参照,新堂幸司《民事诉讼法理论为谁而论?》,载《判タ》,第221号第17页,收录于新堂·民訴制度,第1页以下。

〔22〕 该文载《法教》,第1号—第17号,昭和55年—昭和57年,共连载17篇。以此问题为对象的部分可以见之于,《法教》,第4号,昭和56年,第41页以下,收录于新堂·民訴制度,第132页以下。

如此简单。尽管在上述论文中新堂教授提到了不应将单一价值绝对化意义上的多元说,但是也可以从中解读出如下的意思,即具体解释的实际操作,并非在权利保护、私法秩序维持以及纠纷解决之间进行抽象的价值衡量。紧接着,该论文又转入到"诉讼会对内在于社会的潜在纠纷产生何种冲击""如何区分诉讼案件与非讼案件""应当纳入民事诉讼处理的案件是什么(停止新干线诉讼那样社会关注的大事件或者相反的小额案件)"等问题的论述。教授认为,原有的民事诉讼目的论并未对这些问题作任何回应,就这一点来看颇令人失望。最后,回到本讲关注的内容来看,从上述论文可以解读出这样结论:欲让具体法解释与"权利保护、私法秩序维持、纠纷解决的价值"三者中的任何一者进行对接,那么这种对接操作均是可行的,无论从哪一个价值出发,都可以对法解释作出论证,因此这些价值并非直接决定具体解释论结论并使其获得正当化的根据。

由此看见,通过上述论文新堂教授的立场发生了变化,即由多数说进一步发展到近似于"目的论无用说"的立场。尽管新堂教授自身并没有明确表明(自己的观点)是目的论无用说,但从字里行间可以解读出这样的内容,不过,这也许仅仅是笔者个人的一种理解。

此外,关于"无论基于(三者中的)哪种价值(基准)均可对具体解释问题展开论证"这一点上,也可以以新诉讼标的论的论证为例来予以说明。日本的新诉讼标的论(参照本书"第二讲　诉讼标的"部分的相关论述)是肇始于纠纷解决说的争议(以此为催化剂)而展开的,但众所周知,德国新诉讼标的论提倡者罗森贝克却持私法秩序维持说的见解。而且,日本的新诉讼标的论在论及"从实体法秩序的整体来看是仅仅认可一次给付还是认可二次给付"之问题时,该论述也体现出与私法秩序维持说的亲和性(当然,法条竞合论对于私法秩序维持说也具有亲和性)。通过以上论述,笔者认为,作为基准本身的事物(价值)能否成为真正的基准恐令人不无疑虑,故而多元说并不妥当。至此为止,学界关于民事诉讼目的的论述也似乎到达顶峰,民事诉讼目的论也进入理论上的安定期。

六、井上(治典)说的主张

新堂说以上论述展开给人的印象是,在法解释实践领域,具体的解释论结果似乎并不直接取决于民事诉讼目的论,因此有关目的论的论述应打上休止符并进入安定期。但就当下学界而言,又出现了某种逆流态势,即某些再度强调目的论意义的学说开始登场,程序保障说就属于其中之一。程序保障说这也可以说是井上治典教授倾其全力倡导的学说(井上说的精华之所在)。例如,在发表于昭和58年的《民事诉讼的功能》之论文中,〔23〕井上教授认为,"(此前的诉讼目的论)旨在进行诉讼法理论的体系化并作为各种观点集大成的载体,具有强烈的表明倡导者自身哲学论之倾向,但几乎未对具体诉讼程序的运用以及解释论产生任何影响,而且,对于诉讼在现实中发挥何种功能这一问题,论者自身也似乎缺乏深入研究的热情,应当着眼于民事诉讼(在现实中)所发挥的机能来树立民事诉讼目的论",〔24〕进而完全否定了此前的目的论。此外,井上教授也认为,多元说导致目的论的扩散化,进而丧失了其应有的核心作用,因此,教授开始强调应当着眼于发挥实践作用方面展开目的论研究。在此基础上,井上教授展开了其自身目的论的论述,提出所谓的程序保障说。具体而言,程序不能被理解为任何一种手段,相反,程序本身乃诉讼目的之所在,〔25〕因此需要谋求双方当事人的实质对等

〔23〕 该论文载《基本法学第八卷——纠纷》,岩波书店,昭和58年,第153页以下,收录于井上・手続,第1页以下。

〔24〕 着眼民事诉讼实际功能展开民事诉讼目的论研究的开先河者,当属谷口安平教授,关于此的详细论述可以参照谷口安平《民事诉讼的目的》,载竹下守夫、谷口安平编《民事诉讼法教程》,有斐阁,昭和52年,第9页以下[本文的中文译本是《民事诉讼的目的》,载谷口安平:《程序的正义与诉讼》(增补本),王亚新、刘荣军译,中国政法大学出版社2002年版,第40页以下——译者注]。不过,谷口教授的目的论在理论上的定位似乎处于"纠纷解决说"与"程序保障说"两种立场之间的中间位置,谷口教授自身也效仿"第三波"之表述用法,称自己的学说为"第二波或第二点五波"。关于此点的详细论述也可以参照谷口安平《程序的正义与裁判》,载《法教》,第91号,昭和63年,第110页以下,收录于星野英一、田中成明编《法哲学与实定法学的对话》,有斐阁,平成元年,第342页以下。

〔25〕 "程序不是手段而是目的"是一种崭新但稍显晦涩的观点。井上教授曾作出过如下的论述,即对等辩论就是一种手段而不是目的。详细论述参照松浦馨《关于井上治典、伊藤真、佐上善和〈今后的民事诉讼法〉一书——诉讼法学与诉讼哲学》,载《法時》,第58卷第11号,昭和61年,第134页、第136页。

化,与此同时,需要保障当事人基于各自作用分担规则展开讨论或对话。[26]

程序保障说并未止步于高度抽象化的目的论层面论述,该学说多少还包含着一些目的论层面之下的具体主张。这些主张包括:"应当从程序过程(而非基于判决结果)来看待民事诉讼"、"应考虑的是行为规范而非评价规范"[27]、"应当重视诉讼在现实社会中发挥的功能与作用,因此社会(学)意义的'纠纷'并非被诉讼'解决',诉讼只是社会纠纷解决(处理)过程的契机而已"[28]、"应当承认诉讼中对论规则与诉讼外社会中规则的同质性"、"应当重视诉讼与调解及仲裁等其他纠纷处理制度之间在原理层面的共性,并积极将诉

---

〔26〕 程序保障说是井上治典教授倾其全力来主张的学说,关于井上教授程序保障说的相关文献除了上述论文外,还可以见之于,井上治典《所谓诉讼》,载泽木=所编《法为何物》,北树出版,昭和55年,第42页以下;井上治典《民事诉讼——基于对论程序的视角》,载长尾、田中编《现代法哲学第三卷》,东京大学出版会,昭和58年,第227页以下;井上治典《民事裁判中制定法的作用》,载《ジュリ》,第805号,昭和59年,第138页以下;井上治典《纠纷解决过程中裁判的作用》,载講座民訴(第六卷),第1页以下;井上治典《在纠纷处理机关多样化中诉讼的选择》,载《ジュリ》,第875号,昭和62年,第108页以下;井上治典《程序保障的第三波》,载新堂·特別講義,第76页以下;井上治典《为了裁判程序的轻便化利用》,载《竜嵜喜助先生还历纪念论文集——纠纷处理与正义》,信山社,昭和63年,第45页以下等,其中多数论文均收录于井上·手続。笔者对井上理论的评论,可以参照高桥宏志《纠纷与诉讼的机能》,载《岩波讲座·社会科学的方法第五卷——社会变革中的法》,岩波书店,平成5年,第199页以下。

〔27〕 关于这种立场的基本论述,可以参照井上正三《诉讼中纠纷当事人的作用——多样化纠纷解决程序的相互关系》,载《民訴雑誌》,第27号,昭和56年,第185页以下。此外,关于行为规范与评价规范之论述,参照内田贵《民事诉讼中的行为规范与评价规范》,载新堂·特別講義,第3页以下。

〔28〕 在这种立场下,纠纷不是作为法律概念来理解,而是被"前法律化""社会学化"地予以把握。"纠纷不是法律上的概念"之观点由谷口安平教授提出,关于此的详细论述可以参照谷口安平《关于多数当事人诉讼的思考》,载《法教》,第86号,昭和63年,第6页以下;谷口,第19页以下。关于诉讼法中"纠纷"之详细论述,可以参照住吉博《诉讼的救济与判决效》,弘文堂,昭和63年,第266页注(22)。

此外,井上治典教授曾与棚濑孝雄教授及樫村志郎教授就此问题展开过共同的研究。关于该研究的内容可以参照《座谈会——辩论的活性化》,载《ジュリ》,第780号,昭和57年,第30页以下;棚濑孝雄《本人诉讼的研究》(弘文堂,昭和58年)之序言部分。

讼与非讼融合起来”[29]、“应当从自律性程序主体的当事人视角出发来考虑(诉讼中的问题),并重视纠纷或程序的具体性”。[30] 上述各种主张的总称可以冠以“作为目的论的程序保障”之名,进而形成较为体系化的“程序保障说”。

程序保障说以传统的常识性命题之对立面(antithese)出现,且在相关论述中包含强烈的冲击性姿态,就此而言,程序保障说在很大程度上被视为对传统民事诉讼法学(甚至是包含实体法学在内的传统法律学)的总批判理念、引爆剂。程序保障说在批判并摆脱传统目的论的观念性的同时,自身鲜明地确立了一种全新的诉讼观及诉讼理念。就后者而言,可以说程序保障说发挥着对传统民事诉讼法学及通说进行批判之重要作用。

七、目的论的诸面相

1. 不同维度

关于民事诉讼目的论的具体展开如上所述,由上可见,各种民事诉讼目的论中存在论述维度的差别。若对此予以图式化的表述,以

---

[29] 关于诉讼与其他纠纷解决制度的融合之详细论述,参照井上治典《为了裁判程序的轻便化利用》,载《竜嵜喜助先生还历纪念论文集——纠纷处理与正义》,信山社,昭和 63 年,第 45 页以下,收录于井上・手続,第 67 页以下。

[30] 关于“重视纠纷及程序”之主张,井上治典教授曾作出过如下的论述,即具体案件中的解决规范只是该案件固有程序的产物,而不具有超越该具体案件的一般化意义,就此意义而言,对先例拘束性、裁判的法政策形成机能,甚至是一般法(制定法)的拘束都应当抱以消极态度。关于此的详细论述,可以参照井上治典《纠纷解决过程中裁判的作用》,载講座民訴(第六卷),第 9 页以下,收录于井上・手続,第 197 页以下;井上治典《民事诉讼——基于对论程序的视角》,载长尾、田中编《现代法哲学第三卷》,东京大学出版会,昭和 58 年,第 237 页以下;井上治典《民事裁判中制定法的作用》,载《ジュリ》,第 805 号,昭和 59 年,第 138 页以下,收录于井上・手続,第 249 页以下。对于这一点,山本克己教授认为是第三波学说提出的最大问题,关于此的详细论述参照山本克己《关于民事诉讼中所谓的“Rechtsgespräch”》,载《法学论丛》,第 119 卷第 1 号第 1 页以下、第 119 卷第 3 号第 1 页以下、第 119 卷第 5 号第 1 页以下、第 120 卷第 1 号第 32 页以下,昭和 61 年,尤其是第 120 卷第 1 号第 47 页注(22)。

此外,应当注意的是,井上说的“重视具体诉讼”之主张,正好与三月说的“重视制度的理论”之观念相互对立。在井上说中,“诉讼是大量的团体现象”以及“应当禁止任意诉讼”这两个视点是被消极化地予以理解的。

上各种观点分别可以分别被表述为“旨在体系化的目的论”“作为考察方法的目的论”“作为立法论及解释论基准与指向标的目的论”“作为对传统立场或通说之批判理念的目的论”。当然,现实的民事诉讼目的论是兼具以上各维度功能的目的论,就此意义而言,若仅就某一学说中所论述的单一维度考察目的论,则不免显得过于图式化,进而可能产生误解该学说含义之后果。有鉴于此,笔者在以下论述中,为便于思考继续使用这种图式,但与此同时也尝试着探索民事诉讼目的论研究的新范式。

2. 立法论及解释论的基准

该如何评价“作为立法论及解释论之基准(指向标)的目的论”?关于这一问题,正如新堂说考察所论述的,作为具体立法论及解释论的基准而言,目的论并未起到应有的作用。具体而言,若对“权利保护、私法秩序维持、纠纷解决及程序保障”之目的多少施以概念化操作,或者在中间项上下功夫,则可以将任何一种目的论与任何一种的立法论及解释论形成对接,无论基于何种目的论均可使立法论及解释论获得正当化根据。〔31〕 至于程序保障说之目的论,对于立

〔31〕 笔者试以应当引进美国的“class action”(集团诉讼)制度这一立法论为例来展开相关论述。权利保护说论证依据在于,虽为小额权利但任何权利不容侵犯;私法秩序维持说的依据在于,认可赔偿或停止损害是私法秩序的要求;纠纷解决说则倾向于主张,虽为小额且潜在纠纷,但纠纷本身是存在的;程序保障说则以“正是通过这种形式(class action)使当事人获得实质对论保障”之论点来展开解释及论述。换言之,任何一种目的论都可以和这一立法论形成对接。在对接过程中,各个目的论可能会在原有概念内容上施以操作与变通,但最终这种对接都是可行的,进而通过各个目的论可以使立法论获得正当化。也许反对论者可以提出“就更为具体的规则层面而言,依据各个目的论作出的解释论内容可能各异”这样的反论,尽管可能无法作更为详尽的论证,但笔者还是推测,无论何种目的论都可以与任何一种内容相互结合。

此外,在“是否允许当事人提起部分请求”之问题解释中,由于处于抽象层面论述的目的论与这种具体的问题之间的距离过远,因此必须通过适用(导入)中间项的方式来建立两者的连接,而通过这种关键的中间项上的操作与变通,也会得出“无论是哪一种目的论都可以与这种解释问题结合起来”的结果。例如,纠纷解决说如果适用“纠纷解决的根本性与一次性”之中间项,那么就会得出“部分请求否定论”的结果,而若是采用“以原告提起为限的纠纷”之中间项,则会与“部分请求肯定论”结合起来。

总而言之,作为基准或指向标而言,目的论具有极大的摇摆性,目的论在解释论或立法论上究竟能发挥多大作用,不免令人疑虑。

法论及解释论的基准问题也有所论及，程序保障说的论者认为，对于具体问题解释，在结论上自己学说与此前的目的论并未有太大变化。[32] 既然在具体结论上未有大的差异，那么在基准及指向标方面也不会有大的差别。

不过，就“立法论及解释论的基准”之技术性、实践性层面而言，正如兼子教授所论及的，“公正、公平、迅速、诉讼经济”之指向标应当说仍有实际意义。[33]

3. 考察方法与方法论

该如何理解考察方法及方法论维度的目的论的？对此，笔者欲以“新诉讼标的论与纠纷解决说之间的联系”这一传统话题为例来展开说明（关于诉讼标的论的详细论述参照本书“第二讲　诉讼标的”部分相关论述）。

日本的新诉讼标的论是以纠纷解决说（因兼子理论而获得通说地位）为基础，并以其为土壤而结出的“果实”。正是因为纠纷解决说的存在，以及基于纠纷解决说之上的“机能性考察方法”加持的高光，才使得新诉讼标的论如此容易被人们所接受（至少就学界状况而言），而且，正是因为纠纷解决说的存在，论者才能够倡导并深入展开新诉讼标的论的研究。如此看来，目的论发挥着“使某种解释

〔32〕 井上治典《程序保障的第三波》，载新堂 · 特别講義，第 76 页以下，收录于井上 · 手続，第 4 页以下，井上教授曾作出以下论述，第三波学派（采用程序保障说的论者）理论首要的关注点在于，对于具体问题的解释上，程序保障论是否会得出与此前理论不同的结论？对于这一问题，笔者认为，就整体而言，两者（程序保障论与传统理论在对于具体性问题之解释上）并不会产生太大的差异……究其原因而言，既可以归结为第三波学派具备健全的常识，也说明来既存理论自身也未忽视双方当事人之间的关系。不过，井上教授在接下来作出如下论述，“可以说第三波学派理论所产生的效果就是，旗帜鲜明抛出‘当事人相互间关系’之论点，从当事人相互沟通之视角出发，对此前的论述进行部分修正，并展开动态性论述，进而为处于混沌状态的解释论上各种问题提供一个明确指针”。

〔33〕 若言及实际的法解释论之基准，则固守于单一基准的做法恐怕是不妥当的，这种基准应当是多元的，而且，这些多元的基准相互之间存在某种对立紧张的关系。在明确这一命题上，多元说无疑是具有功绩的，但是，将民事诉讼目的作为基准来对待之做法本身恐不无疑问。

论容易被接受”以及“使某种解释论受被倡导”之跳板(spring board)的作用。换言之,在此维度上,目的论能够发挥的功能在于,创造了使某种具体见解易于被接受之学问共通氛围,[34]或者说担当了使某种具体见解容易被推导出来之催化剂。[35]

如此一来,也就可以理解以下这一现象,在(论者)对通说或传统的理论进行激烈批判的时期,为何批判论者如此高调地宣扬目的论。因为,当学者主张某种不同于传统理论的学说时,作为提升自我学说说服力手段,“使学问的共通氛围朝着有利于自己学说展开方向变化”,或者,“让他人也认识到有利于推导出自己学说的催化剂”之做法是一种间接但有效的策略。相反,在理论相对安定的时期,围绕着目的论的讨论则趋于淡化,这正好与通说被激烈批判时期中的“目的论被高调地倡导”之现象形成反差。[36] 总言之,作为考察方法及方法论的目的论,因批判论者的高调主张容易而转变为“作为批判通说的理念及引爆剂”之目的论。

但是,上述意义的目的论也会产生了如下两个疑问。其一,通过某种考察方法,固然可以使(学者们)注意到此前未被关注的问题或解释论,或者说,使被某种理念特定化的学说更容易被接受,但是否

---

〔34〕 加藤新太郎曾作出如下论述(尽管该论述并非在目的论层面展开的),“基于新诉讼标的论所酝酿成的某种‘气氛’使特定的解释论(基于侵权行为之损害赔偿请求权之诉讼标的个数)变得容易令人接受”。在此需要予以关注的是,加藤论文中使用的“气氛”之表述。参照加藤新太郎《民事诉讼的学说与实务》,载《法教》,第100号,昭和64年,第76页以下。

〔35〕 草野芳郎法官在昭和63年的民事诉讼法学会大会上所作的报告至今还是令人记忆犹新的。在该报告中,草野法官阐述了法官如下一种心得,即当(自己)欲集中或专注于“通过和解(而不是判决)来处理案件”之做法的时候,心中也非完全无疑虑,在这个时候法官就会进行“究竟何为民事诉讼的目的”这样的自问,如果确定民事诉讼的目的在于解决纠纷,那么和解也是一种纠纷解决的方式,由此心情也会变得释然。这可以说是“目的论具有跳板或催化剂作用”的又一很好例证。

〔36〕 三月教授曾作出如下论述,“……为了从新的立场来谋求诉讼理论体系性构建,论者对于诉讼目的观进行再认识就成为必不可缺的前提”。参照三ヶ月·全集,第7页注(一)。当时正值三月教授对通说(兼子理论)展开全面批判之时期。此外,也正如先前所述,强调目的论的程序保障说论者也对通说进行了激烈的批判。

仅仅依据这一点，该解释论或学说的妥当性就无须论证？正如在本文“五、新堂说的考察”之末尾部分所论述，就原本意义而言，特定的解释论或学说与目的论一般都不是直接建立连接，而通过这两者之间的中间项建立关系，这一点同样体现在新诉讼标的论与纠纷解决说的关系之中。如前所述，假设认为新诉讼标的论与私法秩序维持说也能结合起来，那么从纠纷解决说之视角出发，有关新诉讼标的论之论述，除了是一种说明方法外也别无其他意义。而且，仅仅依据某种考察方法或某种理念来论证特定学说妥当性之法解释论，应当说显得过于简单化，毕竟关于某一学说的论证或说服力最好是多方面的，且就通常实际的情况也是如此。

其二，特定考察方法或特定理念之妥当性或优劣性取决于什么？例如，对于纠纷解决（或者机能性考察方法）与程序保障（或者从程序而非从判决之视角来考察的方法）这两者，如何批判或比较各自的优劣性？有观点（答案）主张，着眼于目的论作为学问共通氛围或催化剂之机能，在发现或接受具体解释论方面，或者在“对具体解释论”的说明方面，通过判断两者所发挥作用的高低来比较其优劣或妥当性。不过，正如前所述，具体解释论与目的论之间的联系与结合未必都是直接的，因此这种比较在实际操作上恐怕存在较大困难。因此，在一种目的论和其他目的论的对立中，就“孰优孰劣之比较”之层面而言，也只能停留于双方信念的表明，而无法将两者结合起来展开论述。不过，如果想立足于实践性立场，进一步建设性推进目的论研究，那么就不能囿于目的论自身，而最好采用与具体解释论相结合之方式展开相关讨论。[37]

---

〔37〕 就这一意义而言，在具体解释论与目的论之间存在如下这种相辅相成的关系，即两者可以同时、相互地提升对方说服力。这种关系可以具体化为如下这一例子，即纠纷解决说提升了新诉讼标的论的说服力，与此同时，新诉讼标的论也提升了纠纷解决说的说服力。

如此看来，新诉讼标的论的存在，对于纠纷解决说而言也是幸运的，而正是欠缺这种具体的解释论上的操作，使程序保障论至今还没有处于一种铁打不动的地位。但是，程序保障说中也并不是没有这种具体性解释论层面上的业绩，例如，井上治典《对传统“控诉利益论”的批判》，载《判夕》，第565号，昭和60年，第18页以下，收录于井上・手

4. 体系化

该如何看待为了进行体系化的目的论呢?

学界基本认为兼子说是处于完成状态的学说体系。但是,如果从该体系与目的论的关系来看,兼子说的目的论是凌驾于诉权论、辩论主义的根据、既判力本质论等所谓的基础理论之上的,就"相对于思辨性的基础理论而言,将更多的关心倾注于实用性方向"之当下的民事诉讼学界状况来看,处于这种思辨性体系下的目的论恐怕难以博得多数人的共鸣。

那么,为了体系化的目的论是否就变得无所用处了呢?对于此问题的解答,笔者认为首先应当思考体系的意义这个问题。作为学问而言,应当强调学问中的首尾一贯性(至于为何必须强调首尾一贯,对此问题严谨作答恐怕超出了本书的论述范围,在此予以省略),民事诉讼法学也概莫能外。一门学问中的各个问题不能被零乱、无序地予以放置,而应当被置于统一的秩序下。尽管在日常的解释活动中,这种体系性(首尾一贯性)往往未被人们特别意识到,而且,觉得即便没有这种体系性似乎也是可行的,但是,当人们回顾这种日常解释时,或者当解释行不通时,首先被扪心自问或者被意识到的,仍然是这种体系或体系性。因此,对于这种作为任何学问基础的体系予以自觉化,自然也是非常合理的一种做法。笔者以上论述旨在表明学问的体系或体系化仍然非常具有价值。〔38〕

但是,在这样的体系中,所谓的目的论究竟具有何种程度的重要

続,第171页以下;佐藤彰一《举证责任中行为责任的抬头与客观举证责任概念的意义》,载《立命馆大学法学》,第165·166合并号,昭和57年,第582页以下;佐藤彰一《文书提出命令》,载講座民訴(第五卷),第271页以下等,属于程序保障说的文献都作出了这方面的贡献。此外,广尾胜彰《关于当事人在诉讼资料收集中的作用(一)》,载《九州大学法学》,第52号,昭和61年,第151页以下,也应当说是类似于程序保障说这方面的业绩。随着这些具体业绩的积累,程序保障说目的论论者先前所持有的高调也可能反过来趋于沉寂化,不过,这可能仅仅是笔者个人的一种推测。

〔38〕 谷口安平教授也曾主张学问上需要某种"条理性",参照谷口,第7页以下。笔者个人也认为,姑且不论当下的体系是否等同于此前的体系,但是,学问中还是必须要有体系或予以体系化。

性呢？在此前，目的论被置于民事诉讼法学出发点的位置，也即目的论被视为一种非常重要的理论。如前所述，尽管在兼一理论中，目的论的确也存在“先自下而上，后自上而下”之循环趋势，目的论既是民事诉讼的起点也是终点，但因目的论具有高度抽象性，目的论重要性趋于式微。[39] 当逐个追溯某种见解理论的基础及根据，或者当欲对某种见解的首尾一贯性进行检验时，显得重要并容易产生问题的，往往都是处于目的论层面以下的中间层次的事项。而且，即便（学者）超越中间层次达到目的论之顶点层面来实施这种追溯或检验学说的操作，某种见解的构造或首尾一贯性也会相应地获得一定程度的明确化，但如此一来，就会面临如下这一问题，即何为判断不同目的论优劣性的基准？对于此，固然可以考虑将实定法作为其比较的基准，但是，目的论说到底就是一种关于“如何看待实定法”的论争，因此，实定法自身也似乎难以作为判断目的论优劣的基准。

由上可见，通过目的论对学说进行探究、追溯或检验属于一项较为主观化的操作，可以说其结果（建设性与非建设性）往往取决于论者对于该项论述的态度。当论者对于自己学说的根据或构造进行探究，或者对于自己学说首尾一贯性进行追求与检验时，因不是（论者）面向其他论者的高调性操作，故往往较为踏实、低调进行，进而会产生较为积极的、建设性的结果。有鉴于此，当（论者）对其他学说的根据或构造的探究或者首尾一贯性进行检验及批判[40]时，欲让

---

〔39〕 在作为《ジュリ》杂志增刊出版的关于法律学各门学科的“争点”系列中，关于《……的目的》之题目也仅仅出现在《民事诉讼法的争点》一书的总论部分中。

〔40〕 山本克己教授曾作出了如下意味深长的论述，“在诉讼目的论与其对于各个问题（不能说是全部）的解释论之间，不同学者尝试着寻求一种反省性平衡，就这一意义而言，为了理解各位论者所作出的解释论（换言之，在学说理解的层面上），也就必须将该学者所持的诉讼目的论纳入研究的视野之中”“在将独特的诉讼观纳入解释论论述的‘第三波’理论出现后，（学界）就发展至一个‘也必须在其与诉讼目的论或诉讼观的关系中来论述程序保障论’之阶段，这就是笔者对学界现状的一种认识”。参照山本克己《关于民事诉讼中所谓的“Rechtsgesprch”》，载《法学论丛》，第119卷第1号第1页以下、第119卷第3号第8页以下。

这种讨论也产生一种积极性、建设性的结果,也应当像对自己学说那样,踏实、冷静地展开论述。体系意义上的目的论,因其过于抽象,故而易于产生空洞化的结果,有鉴于此,将目的论下降到更为具体层面展开讨论可能显得更具建设性。换言之,鉴于目的论本身的重要性已经不那么凸显,即使将"目的论"暂且搁置起来,也不妨碍学者们对民事诉讼法的研究。[41]

5. 搁置论

以上就是关于民事诉讼目的论的考察。笔者也感到其中存在许多不明确的部分,若要对该问题作一结论,那么只能作如下的表述。

尽管关于民事诉讼目的的讨论是连续的,而且在很大程度上是相互重合的,但是同时其中也似乎包含许多在性质及种类上存在微

如果基于目的论来对学说进行总体分析及理解,那么相对于本人而言,可能第三人更合适进行这项工作,因此,只要秉承冷静的态度,相互之间的这种论讨就会促使问题朝着建设性的方向发展(作为其中的一个例子,上述山本教授论文可以说是迄今为止一种对第三波学派进行的最为成功的内在性批判)。相反,这种讨论只要出现一步错误,就容易陷入所谓的观念形态误区。对于这一点,学者们应当予戒备。

〔41〕 如果不采用诸如"从具体问题层面出发,经逐渐积累最终到达顶点的目的论层面"或者"反复进行上升与下降之循环过程"等径路,而是假设一种目的论并仅仅在从该目的论出发,在"自上而下"之方向上展开论述,那么作为思考试验的此种论述当然也是可行的,而且也可能是有效的。事实上,也有学者推测,在程序保障说的论者中,就有论者进行了这种思考试验。尽管就终极而言,所有学问都是一种假说,但在思考试验的论述中,这种假说性色彩表现得尤为强烈。正是因为其具有强烈的"基于假说的试验性讨论"之色彩,程序保障说中众多的批判易于变得无的放矢,进而降低了其自身的批判性价值,例如,诸如程序保障说中的"应当降低法官或律师在诉讼中的地位"之主张即属于此,毕竟,天马行空式地进行"有意识地降低法官或律师在诉讼中的地位"之思考试验也是具有可行性的。

但是不得不指出,这种思考试验性的论述与传统的实定法解释论之间存在相当差距,因为传统解释论操作存在如下这一共同的基本前提,即不将解释论单纯地作为思考试验,而能够直接运用于实际。在本书中,笔者也将思考试验的论述排除在外。

妙差异的论述。[42] 无论如何,民事诉讼目的论并非一种无意义的论述。尽管一般认为目的论不能直接作为具体的解释论及立法论正当化的基准,但是,在“使此前未被注意的问题点及解释论受到关注”“有助于检验某种学说的首尾一贯性”等方面,作为考察方法或方法论而言的目的论依然发挥着“可以对某种学说进行补充及调整”的作用,而且,当对传统的理论及通说进行批判时,目的论也可以作为一种武器。由于目的论是一种高度抽象的理论,进而使“决定其优劣的基准”也显得不甚明确,因此,容易让学者们对此产生一些非建设性的无谓争议。此前学界对于目的论意义的认识在当下似乎已经不显得那般重要了,因此,即便(学者们)不对目的论进行严密的探讨,进而决定自己在目的论上的态度,也不妨碍其对民事诉讼法展开正确的研究与讲授。

附注:在本文初次发表后,对于笔者提出的这种见解,新堂教授作了相关评论[详细论述参照,注釈民訴(第一卷),第 8 页以下(新堂幸司执笔),收录于新堂·民訴制度,第 367 页以下],此外,山本和彦《民事诉讼的目的与机能》,载《ジュリ》,第 971 号,平成 3 年,第 206 页以下,收录于山本和彦《民事诉讼审理构造论》,信山社,平成 7 年,第 1 页以下;住吉博《民事诉讼的目的》,载三ヶ月·古稀(中),第 67 页以下;竹下守夫《民事诉讼的目的与司法的作用》,载《民訴雑誌》,第 40 号,平成 6 年,第 1 页以下;竹下守夫《民事诉讼的目的与机能》,载《争点》(3 版),第 4 页以下等文献也对拙见作出了相关的评论。在エキサ民訴,第 227 页以下,佐藤彰一教授也提出了种种饶有兴味的点评。

---

〔42〕 在前揭注〔12〕所提及的研究会中,也有学者提出了“目的论存有服务民事诉讼教育的一面”之观点,具体而言,这种观点认为民事诉讼制度目的论能够给初学者以大致的印象,进而提高其学习的效率。

但是,笔者不赞同这种为了教育的目的论。既然现实的法解释须考虑多方面的因素,那么在教育中就应当考虑避免让学生们对目的论问题产生简单化之误解。尽管在论述趣旨上未必是相同的,但中田淳一教授也曾作出过与笔者的这种想法相类似的表述。关于此的详细论述可以见之于,中田淳一《民事诉讼漫谈》,载中田·還暦(下),第 335 页以下,尤其是第 349 页。

第二讲　诉讼标的

导　读

诉讼标的在日本民事诉讼理论中堪称理论“皇冠上的明珠”，是民事诉讼理论中内容最为复杂的理论。研究诉讼标的理论对于任何一个民事诉讼法学者而言都具有极大的挑战性。诉讼标的理论也是高桥民事诉讼理论体系中重点关注的对象，着墨也最多。

诉讼标的在民事诉讼中的重要地位自是毋庸置疑的。诉讼标的是法院审理和裁判的对象，当事人双方的诉讼活动是以诉讼标的为基础，以诉讼标的为中心展开的。诉讼标的是判断是否构成重复诉讼的主要标准和根据。诉讼标的决定了既判力的客观范围，要厘清既判力的问题就必须首先弄清诉讼标的问题。诉讼标的更是判别诉的合并、分离、追加和变更的依据。正如高桥先生所言，诉讼标的作为一个基础性概念贯穿于从起诉到判决的全过程，是涉及所有民事诉讼法的共通性问题。

诉讼标的这一概念源于德国，日本的诉讼标的理论也承袭于德国，与德国诉讼标的理论有密切的联系，在日本，不断与其实体法、司法环境、人文心理环境的融合、影响之下，亦形成了不同于德国的论证方式、构成及话语特色的诉讼标的理论。

正是由于诉讼标的在民事诉讼实务和理论上具有重要地位，在20世纪50年代，日本理论界就此曾发生过一次大论战。论战的中心议题是诉讼标的的范围、诉讼标的识别的基准。这场论战双方大体可分为旧诉讼标的说和新诉讼标的说两大阵营。旧诉讼标的说或旧实体法的代表人物是兼子一博士，其学说的基本特征是，诉讼标的直接与实体请求权挂钩，即每一个实体请求权即为相应的诉讼标的，即使是基于同一法律关系。简而言之，所谓诉讼标的就是特定的权利或法律关系。与此不同，新诉讼标的说（诉讼法说）则认为，应当从整个实体法秩序的视角来看，在不应当接受二重给付的情形下，诉讼标的只有一个，回应的是旧诉讼标的在请求权竞合的情形下依然存在多个诉讼标的所带来的困境。论战双方的立场主要是实体法与诉讼法。在诉讼标的新说的定义下，诉讼标的为诉讼请求的法的地位。在给付之诉的情形下是具体实体请求权的上位概念，更接近于诉讼请求的含义。在德国，新诉讼标的早已是学界通说。新诉讼标的理论将案件事实也纳入了诉讼标的判断之中。日本的诉讼标的也是如此。*

对于新说的诉讼法立场，此论证之后，有学者又从实体法角度对这场论争给予新的回应：一是奥田昌道教授主张的"请求权二重构造方式"学说，即在实体法上有数个竞合的观念性请求权时，其实在的请求权只有一个，只有实在的请求权才构成诉讼标的。该学说试图以此解释化解旧实体法说在请求权竞合所处于的困境。二是上村明广教授的学说——"请求权规范竞合方式"，认为以实体法秩序的视角，承认一次给付时，即使是该请求涉及若干实体法规范，其实体法上的请求权依然只有一个。从本讲的评述中看得出来，高桥对上村教授的观点欣赏有加。三是加藤雅信教授的统一请求权论，其

---

* 参见[德]罗森贝克、[德]施瓦布、[德]戈特瓦尔德：《德国民事诉讼法》，李大雪译，中国法制出版社2007年版，第671-673页。

试图从统一请求权的视角把握诉讼中的诉讼标的,创造性地将实体请求权分为"纵型请求权"和"横型请求权"。加藤学说的好处在于遵循了物权与债权区别这一民法基本原则,在维系物权绝对效及债权相对效的原则前提下,很好地处理了诉讼标的与既判力的关系问题。高桥将此学说称为"饶有兴味的优秀学说"。就简洁、易于操作角度而言,笔者很赞同新实体法的观点。

这场论战到现在,已经过去了近八十年时间,但依然没有见到硝烟散尽的场景。高桥先生现在的立场依然是诉讼法说,推崇的还是新堂教授的学说,认为在理论场面新说更具有优势。尽管他认为新实体法很有道理,但其属于实体法规范领域解决的问题,且过于复杂和庞杂。因此,他还是坚持认为作为诉讼法理论上的考量,诉讼标的的识别可以不顾及实体法因素,只有在问题出现后,才考虑如何根据法的评价予以应对即可;给人一种在诉讼法上只要做好原则处理,具体的、特殊的情形交由实体法处理的感觉。高桥也承认,一方面,学术界中赞成新说(或新实体法说)的观点占据压倒性多数,另一方面,实务界至今依然采用旧说。这表明旧说虽有学术上的不足,但只要稍做调整也能够对付审判实务的实用主义立场。高桥指出,学术界关于诉讼标的的研究虽然已日趋精细化,但又显现出诉讼标的概念相对化的一面。

基于我国的语境,笔者认为,更适合我国的诉讼标的理论还是旧说。这是因为旧说直接与实体权利或法律关系连接,更容易理解和实务操作,新实体法说在理论上的确更为圆满,但具体操作都更为困难,需要法官结合具体情形加以处置,对法官的要求更高。旧说的最大问题是请求权竞合所带来的困境,但如果按照新实体法说的解释,此问题便可以化解。

目　次

三、占有权、本权与诉讼标的
四、票据债权、原因债权与诉讼标的
五、诉讼标的论的动向

一、诉讼标的论争

诉讼标的(也被称为诉讼上的请求,参照本书“第三讲　诉　一、诉的概念”之开头部分),是指应在本案判决主文*中做出判断之事项的最小基本单位(新堂,第204页)。昭和30年代,学界就诉讼标的理论曾发生过激烈的论争,该论争的主要议题围绕着“如何把握诉讼标的的范围”以及“以何作为识别诉讼标的的基准”等问题而展开。这场论争之所以达到如此激烈的程度,可以说完全根源于贯穿起诉至判决始终的诉讼标的的基础地位。换言之,诉讼标的具有贯穿所有诉讼法理论的“脊梁”(backbone)作用。具体而言,在是否发生请求的合并(《日本民事诉讼法》第136条)、是否存在诉的变更(《日本民事诉讼法》第143条)、“是否违反禁止二重起诉原则”(《日本民事诉讼法》第142条)以及“既判力客观方面的范围大小”(《日本民事诉讼法》第114条)等问题的判断上,均取决于诉讼标的,除此之外,《日本民事诉讼法》第264条的申请事项规定也与诉讼标的紧密相关。[1]

对于如何把握诉讼标的范围问题,论争发生之前的通说朴素地将诉讼标的与“侵权行为”或“债务不履行”等实体法规定的表面权利直接形成对应。这种通说就是所谓的旧诉讼标的论,也被称为旧说,当下也称其为(旧)实体法说。

---

* 在日本民事诉讼的裁判体系中,判决分为本案判决和诉讼判决,前者指针对实体争议(权利义务关系的有无)作出的判决,而后者是针对诉的诉讼要求具备与否作出的判决。——译者注

〔1〕 诉讼标的决定了民事诉讼中的很多事项,将诉讼标的理解为这种基础道具概念的观点,可以见之于新堂,第206页以下;伊藤真《诉讼标的的概念的作用》,载井上治典、伊藤真、佐上和善《今后的民事诉讼法》,日本评论社,昭和59年,第65页以下等。上田彻一郎《民事诉讼法》(第二版),法学书院,平成9年,第135页以下,以“统一的诉讼标的概念”之用语来加以说明。

诉讼标的论争围绕着请求权竞合问题展开。[2] 其典型例为债务不履行与侵权行为、占有回收之诉与基于所有权回收之诉等情形。简便起见,在此试以返还房屋请求诉讼中的“基于所有权返还请求权”与“基于租赁关系终结返还请求权”为例展开论述。若忠实遵循旧说,则上述任何一个权利在实体法观念层面构成不同请求权,与此相应,都存在两个诉讼标的。若原告在诉讼中同时提出这两个请求,则形成请求的合并;若先提出基于所有权的返还请求后又追加基于租赁关系终结的返还请求,则形成诉的变更;原告基于不同请求权分别起诉,不构成违反禁止二重起诉;针对基于所有权返还请求的判决之既判力不及于基于租赁关系终结的返还请求权,所以即使原告在基于所有权的返还请求诉讼中败诉,因不受该判决既判力的制约,仍然可以提起基于租赁关系终结的返还请求诉讼。

以上就是严格遵循旧说的理解。不过,即便基于旧说立场,在基于所有权返还请求诉讼中胜诉的原告,未必能在基于租赁关系终结的第二个诉讼中获得胜诉。如果通过第一个诉讼,房屋的占有已经从被告转移给原告,因被告已经不再占有房屋,那么第二个诉讼将因实体要件不具备而致请求不成立,进而驳回请求。相反,如果房屋仍然为被告所占有,那么第二个诉讼则判决认可原告请求(原告胜诉)。综上,若按照旧说见解,原告是否能在第二个诉讼中胜诉,变为涉及实体法的本案问题,而非事关诉讼法的既判力问题。若不采用分别诉讼而通过一个诉讼合并请求的方式,则因被告占有房屋

---

[2] 诉讼标的论争肇始于请求权竞合问题(在德国最早倡导新说的罗森贝克教授使用的事例是电车事故中侵权行为与债务不履行的竞合与马匹被盗事件中所有权与占有权的竞合)。但在后来,新说又以买卖合同有效为前提的支付价款请求与以合同无效为前提的不当得利返还请求为例,认为在此种情况下构成同一诉讼标的。在此事例中,尽管将合同有效与合同无效统括于同一诉讼标的中,但需要注意的是,其并非一种无论基于哪种法的观点来承认请求的请求权竞合,而是一种只能基于其中一种(有效或无效)法的观点来认可请求的非对立型请求权竞合。由此可见,诉讼标的论争并非限于请求权竞合的领域。参照山本克己《诉讼标的论中“实体法思考”的批判性检讨》,载新堂·古稀(下),第153页。

的状态持续,故而将形成两个请求均被认可的判决。但是,即便存在两个判令被告返还房屋的判决,在其中一个判决被强制执行后,逻辑上不能执行另一个判决,因为不能进行重复执行。不过,这种处理事关执行程序而非判决程序。试换一例,在电车事件中,遭受1000万日元损害的受害者提起损害赔偿诉讼,原告可分别基于侵权行为与债务不履行提出1000万日元损害赔偿请求,在此情形下,原告有可能获得两份认可1000万日元损害赔偿请求的判决,但原告最终获得的赔偿额只能是1000万日元,而非两份判决赔偿额总和2000万日元,毕竟其实际遭受的损失为1000万日元而非2000万日元(原告依其中一份判决实际获得1000万日元后,若再诉主张另一请求,则会因损害已获赔偿之实体法理而致请求遭驳回)。换言之,旧说也不承认二重给付,只是这种处理在判决程序之外进行。〔3〕

与此相对,新说(也被称为新诉讼标的理论或者诉讼法说)则认为,就社会常识而言,同一当事人之间发生的关于同一房屋的返还纠纷只是一个纷争,如何从法律的角度在一次诉讼中予以解决应当是诉讼制度所期待的。因此,旧说的"基于所有权返还请求权败诉的原告,可以不顾及既判力效果基于租赁关系终结返还请求权再次起诉"的认识,就成为新说攻击旧说的一个焦点(关于此种情形下能否提起再诉的说明,将在本书的既判力部分展开论述,有关详细内容参照本书"第十五讲　既判力　二、既判力的作用与性质"部分)。在新说立场下,"纠纷一次性解决"的理念被予以特别强调,即对于诉讼标的识别标准的把握,并不能简单地对应于作为观念性存在的实体法请求权,而应当从"以整个实体法秩序的视角来看,是肯定一次性给付还是肯定二次性给付"的考量中去寻求。因此,新说认为,在不应当接受二重给付的情形中,诉讼标的就只有一个。

---

〔3〕 菊井维大《民事诉讼法》(下),弘文堂,昭和33年,第237页以下。但是,旧说中也有观点通过所谓的法条竞合论得出其他的结论,关于此的详细论述,可以见之于兼子一《给付诉讼中的请求原因》,载兼子·研究(第三卷),第79页以下,尤其是第87页。关于选择性合并之详细论述,可以参照后述的"选择性合并理论"之部分。

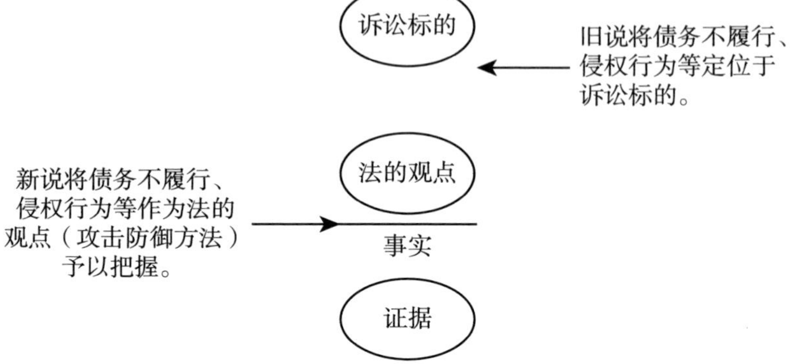

图 2-1

从审理程序的视角来看,新说的见解也有许多值得肯定的优点。还以请求返还房屋诉讼为例,原告基于所有权提出返还房屋请求,在审理过程中,若被告提出租赁合同关系存在的抗辩,进而要求法院驳回原告的请求,与此相对,原告提出租赁合同关系业已终结的再抗辩,如此一来,虽然诉讼请求的出发点是所有权问题,但租赁合同关系存在与否或者是否终结,实际上也成为诉讼审理的主要对象,基于此作出的判决内容也会对此法律关系予以确定。但是按照旧法的观点,在上述基于所有权请求返还房屋诉讼中,因存在租赁合同关系而败诉的原告,理论上仍然可以基于租赁合同关系终结再次提起请求返还房屋诉讼,如此一来,就会使既已解决的纠纷又恢复到纷争状态,进而造成审理的反复(新堂,第 274 页)。因此,作为诉讼法理论而言,应当说还是新说占据着优势(不过,对于这一问题的解决,旧说认为,当原告提出租赁关系终结的再抗辩时,就意味着原告默示地、预备地或者选择地追加了基于租赁关系终结之事实的请求。从理论上看,这种思路也并非不能成立,可以说是这一种颇具技巧性的解决之道)。

由上可见,新说对于诉讼标的的把握,已经从基于所有权或者租赁终结等实体法上的观念性、表面性权利层次中解放出来并形成超越,进而立足于一个更上位的层面,即整个实体法秩序所认可的"一次性给付”之地位(领受权,新堂,第270页)予以对待。这种观念具体到形成诉讼领域而言,是以整个实体法秩序是否认可“一次性形成”为标准,来识别诉讼标的。在新诉讼标的说下,无论是所有权还是租赁终结,都被视为支持诉讼标的的法的观点,从当事人行为角度来看,这些法的观点又被理解为攻击防御方法。作为这种学说的结论,即便原告同时提出所有权与租赁终结两种理由,也不会形成请求的合并;在诉讼中途追加另一理由,也不会形成诉的变更。反之,若将两者以单独诉讼的形式分别提出,则违反“禁止二重起诉”原则;其中任何一者判决的既判力也会及于另一者。

二、诉讼标的论争的影响

我国的诉讼标的论争以上述这种根本立场的对立为基轴,并波及其他概念及领域,由此也展开了其他各种争论。以下笔者试图从如下五个方面考察这些论争。

1. 实务家的反应——释明负担的加重

从实务家的反应来看,整体上因新说的观点造成实务家释明范围的扩大而遭到否定。

具体而言,若按照新说来把握诉讼标的的范围,并将其与既判力相结合,就会造成遮断效(失权效)范围的扩大。试以侵权行为与债务不履行为例,若原告在诉讼中同时提出侵权行为与债务不履行两种法的观点,固然不会产生问题,但当原告只提出其中一种观点,并且按照这种观点其请求不能成立,而按照另一个未被提出的观点,请求则有可能成立,在这种情形下就会产生麻烦。按照严格辩论主义的理解(参照本书“第十二讲　辩论主义　五、释明权与释明义务”部分),因当事人未主张而使于己有利事实不能成为判决基础的责任,由当事人承担,对于上述情形中,法院可以判令原告败诉,与此同时,另一个具有胜诉可能性的法的观点,也因判决既判力作用被遮断。不过,在当下,辩论主义经过了释明义务的修正,在某些情形下,对于原告未提出的观点,法院也有义务向原告做出“不主张这一观点是否合适”的释明。因此,在实务中,法院不能仅限于听取原告的主张(法的观点),对于应当被考虑到的其他法的观点,法院也同样负有注意义务,在此意义上会造成法院负担的加重。此为实务界不能接受新说的原因所在。

应当说,实务界的这种反应不免有颠倒逻辑之嫌(新堂,第214页)。在一个诉讼中,释明义务范围取决于如下这一问题,即以何为标准来确定应解决法的纠纷范围?由于应解决法的纠纷范围的确定与具体诉讼相对应的释明范围当然属于法院的职责,因此,新堂说的观点无疑是合理的。就单纯的逻辑顺序关系而言,应考量在先的是何种诉讼标的理论更为妥当,而后才应考虑释明范围之问题。当然,也不能将不可为之事强加于法院。不过,一个不争的事实是,在新说出现之前,在诸如请求权竞合问题等多数领域中,法院进行这种程度的释明也属于裁判实务的现状。因此,因新说导致实务负担加重的观点,无疑是一种小题大做的声音(不过,关于"可以要求进行释明"与"必须要求进行释明"之间的差别则属于另当别论的问题。在后述的票据债权与原因债权等诉讼中,法院的实务是否也进行释明,尚不得而知,但若是改为"法院应当对此进行释明",法院恐怕也是完全可以进行这种程度的释明)。总而言之,释明负担加重并不能成为拒绝新说的决定性理由。

尽管如此,法学理论能够渗入"释明"这一法院实务性领域,进而触及诉讼中的法官资质以及法官思想等问题,就这一点而言,也可以说是这场论争的一个重要成果。〔4〕关于此点的详细论述可以参照,三月章《法的客体层面与法的主体层面》,载三ヶ月·研究(第四卷),第1页以下。

2. 诉讼类型差异的认识

对于给付之诉与形成之诉,新说以"从整个实体法秩序出发,是否认可一次性给付或者一次性形成"来作为诉讼标的的识别标准。

---

〔4〕谷口,第149页以下。此外,右田尧雄《民事诉讼法》,嵯峨野书院,昭和53年,第67页以下,在论及实务界之所以不采用新说的原因时,认为"与其说是因为新说理论化的性质,毋宁说根源于我国传统的司法保守性,即只要没有必须改变受旧诉讼标的理论长年支配而运营起来的民事裁判现状之根本性必要,法官固有的观念就不会发生变化"。

例如,在作为形成诉讼之典型的离婚诉讼中,若严格遵循旧说(也可以通过民法上的解释予以调整或避免),则认为《日本民法》第 770 条第 1 款第 1 项到第 5 项所规定的五种法定离婚原因,分别构成五个不同的诉讼标的,与此相反,新说则认为在同一夫妻之间只有一个诉讼标的,因为一对夫妻不能同时离婚两次。

不过,对于确认之诉,新说仍然肯定“一个观念性存在的实体法权利构成一个诉讼标的”之观点。例如,对于原告旨在确认土地使用权原因提起的诉讼,新说也认为,租赁权确认之诉与地上权确认之诉分别构成不同的诉讼标的,而不以(无论是租赁权还是地上权作为理由)笼统的土地使用权原因确认为标准来把握诉讼标的(不过,新说中的小三升教授则主张,应当以这种扩张的形式把握诉讼标的,关于此的详细论述,可以参照小山,第 147 页)。新说在如此狭义的范围内把握确认之诉的诉讼标的,其原因在于对确认之诉功能的考虑,即确认之诉的功能是通过法院明确宣告法律关系来规制双方当事人今后的关系(预防将来发生纠纷的机能,关于此的详细论述,可以参照新堂,第 175 页以及本书“第十一讲　诉的利益　四、确认的利益”部分)。租赁权与地上权在实体法上规范的内容不同,因此,让当事人请求法院明确确认实体法内容,有助于强化确认之诉的上述预防机能。

与此相反,给付之诉或形成之诉面对的是迫不得已状况下不得不解决的纠纷,因此,相较于明确请求权的属性,更应当关注解决纠纷的结果。换言之,诉讼标的只要关注“能否收回金钱”这一位阶的要素即可,至于其依据的理由(是债务不履行还是侵权行为这种实体法上的观点)则被放置于次要位阶(由于债务不存在的确认之诉是给付诉讼的相反形态,因此这种诉讼标的的识别标准也应当适用给付之诉,即在扩大的范围内来把握诉讼标的)。

如此一来,新说上述对应于不同(给付、确认以及形成)诉讼类型来分别确定诉讼标的识别标准的做法,遭到旧说“缺乏逻辑上一贯性”的批判。但是,就这一点而言,毋宁应当评价为“新说具有明确不同诉的类型之功能差别的功绩”(新堂,第 273 页以及本书“第

三讲　诉　二、诉的分类　3. 给付之诉、确认之诉与形成之诉”部分)。这一点不免会令人想起“确认诉讼的原型论”及其批判,[5]总而言之,这也不能成为否定新说的决定性理由。

由于在上面论述中言及了离婚诉讼,于是有必要也对《日本人事诉讼程序法》第9条规定作一论述(佐上善和《演习民事诉讼法》,载《法学教室》,第188号,有斐阁,平成8年,第139页)。《日本人事诉讼程序法》第9条规定:“驳回婚姻无效或者撤销婚姻、离婚或撤销离婚的诉讼请求后,原告不得以变更诉或其理由,或者以可合并主张之事实单独起诉;被告也不得以可作为反诉理由之事实单独起诉。”这是一条类似于既判力遮断效的规定,因此有学说认为,上述所有的请求(婚姻无效或者撤销、离婚或撤销离婚之请求)只构成一个诉讼标的,但是,即便在新说立场下,一般而言,也并未将其视为同一诉讼标的,而是将其理解为“禁止另诉及强制合并”的规定。[6] 认为本条规定的各种请求构成不同诉讼标的的观点,固然无可非议(婚姻无效与离婚,在判决主文上的表述即请求的趣旨是不同的),诉讼标的是一个还是两个,也不会产生具体的截然差别,但是在适用规定申请事项的《日本民事诉讼法》第246条与诉的变更(参照《日本民事诉讼法》第143条)等规定方面,仍多少会产生差异。因为,在请求离婚诉讼中,即便作为婚姻无效之事由得到主张及证明,但若诉讼标的是其他诉讼请求(例如离婚等),法院则不能作出婚姻无效的判决。不过,在实务中,当发生这种情况时,法院通过释明做出适当的处理,一般也不会产生具体差异。

3. 选择性合并理论

作为旧说之代表的兼子理论,考虑到自己学说(旧说)的结论在实务中产生某些违反常理(一个案件二次判决或者二次救济)的缺

---

〔5〕 关于此的详细论述,可以参照冈彻《诉之类型论的意义》,载講座民訴(第二卷),第217页以下。

〔6〕 此外,井上治典教授认为,《日本人事诉讼程序法》第9条的失权效与诉讼标的问题无关,而应当作为既判力问题来予以对待,参照冈恒、吉村德重编《注解人事诉讼程序法》,青林书院,昭和62年,第124页以下(井上治典执笔)。

陷,作为其对策,兼子教授创设了所谓的选择性合并理论。所谓的选择性合并就是作为请求的合并(参照《日本民事诉讼法》第136条)一种形态,将两个请求予以合并,只是两个请求之间存在一种"一旦其中一个请求被法院承认,另一个请求之诉则自动被解除(自动撤回另一个请求之诉)"的关系。如此一来,从法院的视角来看,法院只要对易于审理的请求做出承认即可。例如,原告可以基于所有权的返还请求权与基于租赁关系终结的返还请求权予以选择性合并,并提起诉讼。若其中基于所有权的返还请求获得法院承认,则基于租赁关系终结请求的解除条件得以成就,于是法院就不能对此请求再度作出判决。如此一来,就可以避免出现两个胜诉判决(返还判决)的非常理化结果。而且,法院若要驳回诉讼请求,则因解除条件不成就,法院应当审理两个请求,并对两个请求都作出驳回之判决,通过各自产生的既判力,也可以防止再诉的发生,进而避免纷争的再度争议。

通过这种选择性合并理论,的确避免了实际中不合理的一面(在原告合并起诉的情形下,能否将原告只意识到一个请求而起诉之情形包含在内,这固然是一个问题,不过,通过法院释明等方法也可以做出适当处理),因此,作为选择性合并理论而言,在实际操作方面并无大碍,该理论面对的质疑在于,选择性合并理论是否与整个民事诉讼法理论形成整合?从理论的视角来看,不得不说选择性合并理论是一种颇为奇怪的见解。因为,在该理论下,在所谓的"诉"之申请中,原告可以不顾及顺序地提出请求,一旦其中一个请求被承认,其他请求则被视为撤回,因此,这种选择性合并的请求并不是确切意义上的申请,故而产生过度地赋予原告方便利之嫌;而且,从法院与当事人关系的视角来看,法院可以选择自己觉得比较容易审理的请求展开审理,作出判决并赋予其既判力,这种做法也存在过度赋予法院专权的问题(容易触及处分权主义之根本原则)。不仅仅如此,选择性合并理论不再强调是债务不履行还是侵权行为这种实体法观念性请求权,就这一点而言,这种见解可以说脱离了旧说的前提,反而更接近新说的前提。

从新说来看,这种选择性合并理论似乎将处于“诉讼标的与请求”层面上之论述替换为攻击防御方法(法的观点)层面的论述。由于诉讼标的与诉讼请求是本案审理的对象,也是整个诉讼的基轴,因而既不能随意撤回,也不能简单委诸法院专权,相反,对于攻击防御方法的审理,无论从何者开始都不会影响法院最后做出承认或者驳回诉讼请求的结果,因此原则上允许当事人自由撤回,而且,出于效率性之考虑,在审理顺序上也可以委诸法院专权(参照本书“第十二讲　辩论主义　七、真实义务与完全义务”部分)。而选择性合并理论,正是一种将这种攻击防御方法的逻辑适用于诉讼标的层面而构建起来的学说。〔7〕

4. 实体法属性的差异——法的评价的再实施

若采用新说,侵权行为与债务不履行均为法的观点,而诉讼标的则是与这些法的观点相分离的接受给付地位(领受权),因此就凸显出如下这一问题,即当法的观点之内容存在差异时,如何进行调整?如前所述,法的观点之差异,也即实体法上权利属性的差异处于第二位阶,在大多数情形下不会产生问题,但并不意味着不存在必须予以调整的情形。例如,关于债务不履行与侵权行为的诉讼时效,侵权行为的诉讼时效为3年(参照《日本民法》第724条),而债务不履行的诉讼时效却长达10年(参照《日本民法》第167条),此外,两者的差异还表现在,“禁止抵销”原则适用于侵权行为(参照《日本民法》第509条),而债务不履行则不适用上述规定。

对于这种差异,新说通过如下这种解释予以调整。首先,在诉讼时效方面,若当事人在事故发生4年后提起诉讼,这时就不能以超过诉讼时效的侵权行为之法的观点作为请求的理由,而只能以债务不履行之法的观点作为理由,即将诉讼时效作为攻击防御方法层面的

---

〔7〕 大久保教授做出了如下重要的评论,“在将德国选择性合并学说向日本进行介绍的文献中存在某些不正确之处,是否承认选择性合并,与新说、旧说的对立并没有关系”。对于此问题还有待于深入予以考虑,参照邦彦《关于新实体法说的一点考察》,载《神户学院法学》,第24卷第1号,平成6年,第1页以下,尤其是第5页。

问题予以处理，而且，只要做出这样的处理即可，如此一来就不会在诉讼标的方面产生影响。

其次，在禁止抵销方面，实践中这方面的典型问题，往往发生在法院判决之后。具体而言，在法院对基于债务不履行之理由作出原告胜诉之给付判决后，被告欲以其他债权进行抵销，在此情形下，原告能否将理由从（债务不履行）变更为侵权行为，以启动《日本民法》第 509 条的“侵权行为禁止抵销”之规定？

在旧说下，诉讼标的具有实体权利的性质，因此，若原告以侵权行为诉讼标的获得胜诉判决，则适用禁止抵销的规定，反之，若以债务不履行为诉讼标的获得的胜诉判决，则不适用禁止抵销规定，对此问题旧说能够做出明确且统一的处理。不过，若进一步细加考虑，从实际常理来看，旧说这种划一且附差别的处理方式还是不无问题的。一般而言，在诉讼中之所以产生请求权竞合问题，是因为作为社会性事实的事件只有一个，对于此，既可以评价为侵权行为，也可以评价为债务不履行。如果依据原告的意思偶然性地选择一个法的评价作为诉讼标的，进而对另一个法的观点完全地予以排除，那么因原告偶然性选择有可能导致案件结论的截然差异，不免有违反一般常理之嫌（新堂，第 281 页）。

若基于新说立场，因诉讼标的完全不具有实体法性质，故关于是否可以抵销，并非属于诉讼标的层面而是法的观点层面之问题。对于实体法属性（能否进行抵销）这一问题，可以通过法的评价再实施之形式做出处理。具体而言，即便法院以债务不履行之观点为根据作出原告胜诉的给付判决，这仅仅意味着，对“该损害赔偿是基于债务不履行之法的观点”之事实作出判明，至于侵权行为之观点能否成为根据，尚未做出确定，即仍然处于未判明的状态（至少在侵权行为之法的观点可以作为请求根据这一点上，可以承认后诉的拘束力，而并不产生“侵权行为之法的观点不能适用”这样的排除效。关于这种拘束力性质的论述可以参照，本书“第十五讲　既判力　五、争点效　2. 争点效的要件与效果”部分）。因此，对于是否适用禁止抵销的《日本民法》第 509 条之问题，可以再次展开审理。例如，在

《日本民事执行法》第 35 条的请求异议之诉中,可以对是否适用《日本民法》第 509 条问题展开审理。以上是所谓的"法的评价再实施"的理论(法的评价再实施的情形也可以在旧说中发生。例如,《日本破产法》第 366 条之十二第 2 款的"恶意"侵权行为等)。

这种法的评价再实施,从表面上看,似乎允许当事人再次起诉,据此也遭受了如下的批判,即这种理论与作为新说之根本出发点——一次性解决纠纷理念——背道而驰(例如,木川统一郎《日本新民事诉讼标的理论的出发点及其归结点》,载《比较民事诉讼政策的研究》,有斐阁,昭和 47 年,第 299 页,尤其是第 319 页以下)。但不能忽视的一点是,法的评价再实施是在诉讼请求获得法院承认并具有既判力的基础上,仅仅对实体法属性实施的再度评价,与第一个诉讼相比,第二个诉讼无论在质上还是在量上都存在明显差别。而且,法的评价再实施并非经常出现,多数案件的实体法属性都不会产生问题,而只要法院对"当事人能否接受损害赔偿的给付"之问题做出判断即可。应当说这种批判难以成立。关于此的详细论述,还可以参照三月章《法条竞合论之诉讼法的评价》,载三ヶ月·研究(第一卷),第 129 页。[8]

实体法属性的差异,不仅仅体现在法的观点属性上,在请求金额方面,同样也会产生差异。现实的诉讼也有可能出现如下这种情

---

〔8〕 也有可能出现同时存在前述的"诉讼时效之性质"与"禁止抵销之性质"之问题的情形。例如,1000 万日元的损害赔偿请求权,侵权行为因诉讼时效关系不能作为请求的根据,在法院以债务不履行为其根据做出判决后,被告或者债务人主张抵销,对于这种情形该如何处理呢?若贯彻不适用侵权行为之观点,那么《日本民法》第 509 条的禁止抵销规定就不被适用,进而可以进行抵销。采用此立场的可参照奥田昌道《请求权概念的生成与展开》,创文社,昭和 54 年,第 376 页。

与此相反,三月教授则认为,即便是侵权行为之观点因超过诉讼时效无法被利用,而以债务不履行为由作出给付判决,在此情形下,对于该损害赔偿请求权,能否以侵权行为之法的观点作为根据,进而是否可以适用《日本民法》第 509 条(禁止抵销)等问题,可以进行法的评价再实施(纵使诉讼时效业已完成)。参照三ヶ月·研究(第一卷),第 146 页以下。

就逻辑的一贯性而言,奥田说更具有合理性,但若认为此处面临的是实体法规范的调整问题,则三月说也可以成为一种立场。

形,即若以侵权行为对待,应承认请求额是1000万日元,而若作为不当得利来处理,则应承认请求额是900万日元,据此就会产生如下的问题,即原告仅以不当得利起诉,经过审理获得承认请求额900万日元,在这种情形下,对于900万日元与“若以侵权行为应能获得的1000万日元”之间的这100万日元差额,该如何予以处理呢?新堂说认为,应当作为部分请求问题予以对待,作为其结果,则是原告对该100万日元的请求失权(新堂说对于这一论述,似乎也有未完全明确的一面)。具体而言,在1000万日元请求与900万日元请求能够各自成立的情形下,原告仅仅提出900万日元请求的做法属于提出部分请求的行为,因此原则上不承认部分请求中的残部请求(参照新堂,第294页;本书“第四讲 部分请求 一、部分请求可否性问题 4. 评价”部分),因此,该100万日元形成失权的后果。〔9〕

此外,还有必要论及土地管辖问题。《日本民事诉讼法》第5条第9款以“侵权行为”对土地管辖作出了规定。对于这一规定,不免产生如下疑问——这一规定是否暗含着如下这样一种思维前提,即作为实定法的民事诉讼法,是以诸如“侵权行为”那样的法的评价来把握诉讼标的的,进而是否可以说旧说更为妥当?

但是,《日本民事诉讼法》第5条第9款规定意味着,诉讼标的自身必须进行是侵权行为抑或是债务不履行这样的实体法评价。只是在适用《日本民事诉讼法》第5条第9款规定进而决定案件土

---

〔9〕 在新堂·訴訟物(上),第79页注(4)中,新堂教授采用“部分请求的可否性(是否允许提起部分请求)关系到部分的请求能否予以特定之问题”的立场,并且认为,“究竟是侵权行为还是不当得利之法的观点”,作为特定识别标准均是不充分的,因此否定了部分请求。而在新堂,第294页中,新堂教授并未考虑“是否属于能够予以特定的部分请求”之问题,而一般性地采用“否定部分请求”的立场。

总而言之,新堂说承认这种“范围=量”中存在差异,在此基础上,将其作为部分请求之问题予以处理,与此相对,后述的后宫说由于采用包含要件的全规范统合说,因此作为一般论认为,在“范围=量”方面也形成统合,并不产生差异,关于此的详细论述可以参照四宫和夫《请求权竞合论》,一粒社,昭和53年,第72页以下。三月说也似乎采用“不产生量的差异”之立场,关于此的详细论述可以参照三ヶ月·研究(第一卷),第152页以下。

地管辖之际,需要进行上述的实体法评价,换言之,实体法评价只限于在管辖问题的判断。《日本民事诉讼法》第5条第9款所考虑的是"从侵权行为的观点来看具有被承认之可能性的请求",如果对该诉讼标的的审理上可能存在侵权行为之法的观点,那么就可以认为其具有管辖。当然,具有管辖权的法院可以从侵权行为的观点来对该诉讼进行审理,而且,该法院也可以从其他的法的观点来进行审理。总而言之,《日本民事诉讼法》第5条第9款规定并不会对新说形成障碍[新堂幸司《诉讼标的的再构成》(最初发表于昭和33年、34年),载新堂·訴訟物(上),第63页以下]。

5. 实体法理论的发展——全规范统合说与统一请求权说

学界关于诉讼标的的论争,基本上以诉讼法与实体法相对应的形式展开,在诉讼标的与实体法规范相互关系中也展开了相关讨论。受诉讼标的论争的影响,在实体法理论方面也产生了一些新动向。〔10〕 这些新动向表现为民法学者开始主张一些理论,这些理论可以被总称为新实体法说。若就与诉讼标的的关联性做大致描述,新实体法说正是将新诉讼标的论所设定的诉讼标的视为实体法上请求权予以把握。

对于诉讼法学界的诉讼标的论争,来自实体法学的第一个反应是奥田昌道教授主张的学说,该学说也被称为"请求权二重构造方式"。奥田教授认为,即便是在实体法数个观念性请求权发生竞合之情形下,作为实在的请求权只有一个,而这一个请求权构成了诉讼标的。"是否存在一个请求权以及请求权的数额为多大"之问题(请求权存在与否问题)与"该请求权具有什么样的法的性质"之问题(请求权的属性问题)可以被分开考虑。而且,就这一个实在请求

---

〔10〕 大久保教授指出,应当改变"请求权规范竞合说是在新诉讼标的理论之后出现的新说"之认识。日本新实体法说的源头可以追溯至赫尔维希或兰德的学说,参照大久保邦彦《关于民法中法条竞合论的一点考察》,载《民商》,第101卷第1号第1页以下、第101卷第2号第175页以下,尤其是第186页,平成元年。这的确是一个颇有意义的见解,不过,在本书中,笔者还是将叙述限定于"请求权规范竞合说是在新诉讼标的理论之后出现的新说"之认识。

权的属性而言,应当从发生竞合的数个观念性请求权之中做出合理的选择取舍,该实在请求权也可能存在物权性质与债权性质的重叠。可以说,奥田说是一个精致且颇富含蓄意味的学说。不过,奥田教授并未对属性决定问题展开深入的论述[关于此学说的详细论述,可以参照奥田昌道《请求权与诉讼标的》(最初发表于昭和 43 年),载奥田昌道《请求权概念的生成与展开》,创文社,昭和 54 年,第 313 页以下;奥田昌道《关于请求权竞合的问题》,载《法学教室》,第 159 号,平成 5 年,第 11 页以下]。

来自实体法学的第二个反应,则是上村明广教授的学说(尽管上村教授本身是民事诉讼法学者),该学说又被称为"请求权规范竞合方式"或"属性规范统合方式"。上村教授认为,当从实定法秩序来看只需承认一次给付时,即便是涉及数个实体法规范,其中的实体上请求权也只有一个。请求权与诉讼标的之间呈现的是一种"一对一"的关系。对于这种实体法请求权,实体法的法规范(法的观点)整体应以重复的形式统一地赋予其法的属性。而这种属性的赋予,须依据各个法规的含义及目的来合目的化地进行,不过,原则上应当按照"最有利于债权人"之方针来做出决定。上村明广教授的一系列论文对自己学说进行了系统阐述,笔者在此向读者诸君推荐其代表作——上村明广《请求权与诉讼标的》,载《民訴雑誌》,第 17 号,昭和 46 年,第 189 页以下。

但是,四宫和夫教授对于上述这两种学说提出了如下批判意见,即认为,这些学说所主张的统合都仅仅限于"要件—效果"范式中的效果层面,而在构成要件层面,仍然维持原状地使用实体法请求权规范,因此这两种的学说所主张的统合是不彻底的。在此基础上,四宫教授在理论上对"统合"予以进一步深化,进而提倡,应当对包含构成要件在内的全规范都予以统合。通过这种全规范统合,不但使请求权竞合不再成为问题,而且,在权利(请求权)观念上,也与通常的实体法权利(构成)相同,即可以恢复到一种"一个权利具有一个要件与一个效果"之明快的观念构成。此外,四宫教授通过"探求法规目的""利益考量",又对于"侵权行为与债务不履行"等具体的问题展开细致的分论性考察。正是因为分论性考察,四宫说进一步提升了自己学说的水准。关于四宫说的详细论述的文献,均收录于四宫和夫《请求权竞合论》一书中(一粒社,昭和 53 年)。

不过,四宫说具体展开的全规范统合非常难以理解,而且,这种统合究竟在多大程度上可以获得成功,尚还不得而知。作为民法理论而言,似乎迄今为止四宫说仍未占据通说地位(对诸学说展开细致分析及评价的文献,可以见之于奥田昌道《债务不履行与侵权行为》,载星野英一编集代表《民法讲座 4》,有斐阁,昭和 60 年,第 565 页以下),不仅如此,从民事诉讼法学理论的立场来看,四宫说对于关键的"该如何把握诉讼标的"之问题并未做出正面回答(参照四宫和夫《请求权竞合论》,一粒社,昭和 53 年,第 31 页),其相关的论述仅仅限定于实体法的层面。[11] 此外,在四宫说展开的论述中,作为全规范统合对象的事例也并未完全涵盖诉讼标的论争所涉及的所有情形(事例)。四宫教授认为,能够进行全规范统合的也必须是"请求权规范在本质目的上可以进行统合及其类似"之情形(参照四宫和夫《请求权竞合论》,一粒社,昭和 53 年,第 41 页),而难以对诸如"票据债权与原因债权"等予以统合。除此之外,"占有权与本权"的问题也未被四宫教授所言及。

与上述种种学说相比,加藤雅信教授所主张的统一请求权论,在将诉讼标的论纳入视野的基础上,对实体法规范之间的调整问题进行了彻底的探究。加藤教授在对实体法规范进行调整的基础上,提出了"统一请求权"之概念,并主张通过这种统一请求权来把握诉讼中的诉讼标的。从实体法规范之间的调整问题之视角出发,加藤教授将这种统一请求权分为"纵型的统一请求权"与"横型的统一请求权"两类。就前者而言,请求返还房屋诉讼就是其中的典型,即在这种情形下,随着对"基于所有权的返还请求""存在房屋租赁合同之

---

〔11〕 不过,奥田教授认为,四宫教授所追求的统一理论应当考虑到其与诉讼标的论之间的联系。而且,奥田教授进一步推测,四宫教授应当采用的是与新说不一样的诉讼标的论,参照奥田昌道《债务不履行与侵权行为》,载星野英一编集代表《民法讲座 4》,有斐阁,昭和 60 年,第 565 页以下,尤其是第 621 页。

抗辩”“房屋租赁合同到期之再抗辩”之审理的展开,就会顺序出现其他的实体法规范,审理对象也将发生变更及增加。在这种纵型的统一请求权中,作为诉讼标的之统一请求权的属性决定,应当依据各部分所对应的“物权”或“租赁权”之实体法规范来进行,而且,对于各个(实体法规范)部分之间的关系,可以依据某种规则性来做出论述,这也正是其优势之所在(处于后顺位的规范具有优先性。例如,当事人之间的“购买房屋装修”等关系,应当依据后顺位的租赁合同法予以处理)。而且,为近来民事诉讼理论所忽视的“区分物权与债权”的民法大原则,也可以在这种属性决定中获得维持(统一的请求权可以被理解为一种“合并具有其中所表示的各个实体法规范属性”的请求权,具体而言,在“向《日本民事诉讼法》第 115 条第 1 款第 3 项所规定的口头辩论终结后继承人发生既判力扩张”之问题中,可以做出如下说明,即当处于先顺位的实体法属性为物权时,将对这种继承人发生既判力的扩张,反之,若处于先顺位的实体法属性不是物权,就不对其发生既判力扩张。如此一来,“物权对世效及债权相对效”之原则也可以获得维持。换言之,构成“物权—存在对世效力—继承人”“债权—没有对世效力—非继承人”这样的形式)。此外,通过这种统一请求权理论,此前被批评为“要件不明确”的争点效理论(参照本书“第十五讲　既判力”部分)也得以明确化,即可以通过诉讼标的论及既判力论对争点效的要件展开说明。而在诸如“侵权行为与债务不履行”那样典型的横型统一请求权中,并不存在“实体法规范以‘最初请求—抗辩—再抗辩’之形式发生交错”的规则性,因此,必须个别地对其实体法属性做出决定。因此,加藤教授主张,对于这种横型统一请求权的属性决定,可以参照四宫说的相关见解(对统一请求权说展开的全面且系统论述的文献,可以见之于加藤雅信《请求权竞合论与“统一的请求权”论》,载《判タ》,第 514 号,昭和 59 年,第 508 页;加藤雅信《财产法的体系与不当得利法的构造》,有斐阁,昭和 61 年,第 523 页以下;加藤雅信《从实体法学视角来看的诉讼标的论争》,载新堂・特別講義,第 121 页以下等)。

基于{物权、租赁关系、租赁关系终结}的返还请求权

纵 型

基于{侵权行为 / 债务不履行}的损害赔偿请求权

横 型

图 2-2

应当说,加藤说是一种饶有兴味的卓越见解。同样言及相同的请求权竞合问题,加藤教授却予以类型化研究,即将其分为存在"最初请求—抗辩—再抗辩"之形式的纵型统一请求权与不存在这种形式的横型统一请求权。这也可以说是加藤说独到的学术价值所在。但应当予以关注的是,加藤教授所主张的"认可质的部分主张与质的部分判决"之见解。例如,作为请求权而言,统一请求权是以一种社会性实体存在的(基于物权、租赁、终结的)返还请求权,但若被告未提出"存在租赁关系"之抗辩时,不得不说,法院仅依据"物权的"理由作出判决,则也仅据此确定了该请求权的实体法属性。而且,加藤说也认为,作为这种质的部分判决的一种事后处理,若在其后产生"购买房屋装修"等问题时,也可以对其进行"是否可以评价为租赁关系终结"之法的评价再实施活动。如此一来,与新诉讼标的论相比,加藤说似乎并没有多大变化(而且,当法院基于'物权的'属性做出质的部分判决后,若就此而败诉的原告又基于'租赁关系终结'之属性提起诉讼,对于如何遮断这种再诉的问题,加藤说恐怕难以做出圆满的说明。考虑到这一点,在"既判力的范围"之论述上,加藤说恐怕又将恢复到与旧说一样的结论)。此外,对于《日本民事诉讼法》第 115 条第 1 款第 3 项所规定的口头辩论终结后继承人发生既判力扩张问题,加藤说试图通过统一请求权属性来做出说明,只是加藤说偏向于实体法技巧的说明,而就近来的民事诉讼法理论而言,似乎都依据形式说来理解既判力向口头辩论终结后继承人发生扩张之问题(新堂,第 593 页;本书"第十五讲　既判力"部分的相

关论述),从这一点来看,加藤教授对于这一问题的论述未必是一种有说服力的解释。

随着这些新实体法说的出现,新诉讼标的论是否遭到了批判,或者新诉讼标的论是否就变得无意义了呢?可以说,对于新诉讼标的论的批判肯定是存在的。例如,在加藤雅信教授的论文中,就存在"新诉讼标的论过于忽视各种实体法规范之间的差异"之批判部分(关于此的详细论述,可以见之于加藤雅信《财产法的体系与不当得利法的构造》,有斐阁,昭和 61 年,第 547 页以下)。加藤教授认为,就"究竟是将侵权行为作为法的观点还是将债务不履行作为法的观点"这一问题而言,因法的观点构成不同会导致在"禁止抵销"与"消灭时效"方面的结果差异,因此,依据何种法的观点来承认请求,对于当事人而言并非无关紧要。据此,加藤说批判新诉讼标的论是一种"在诉讼标的的把握中过分忽视实体法层面因素考量"的学说。但是,正如加藤教授自身所承认的(参照加藤雅信《财产法的体系与不当得利法的构造》,有斐阁,昭和 61 年,第 553 页),各种实体法规范间的差异,归根结底应属实体法理论解决的问题。而且,在新诉讼标的论立场下,被作为判决理由的法的观点的实体法属性,并不会对其他问题(购买房屋装修等)形成直接规制,而当关于其他法的观点所涉及的问题(购买房屋装修等)显现化时,也可以通过法的评价再实施来应对。毋宁说,新诉讼标的论对实体法规范的差异问题,做出了灵活且细致化的应对(因此,在给付诉讼中,无论采用哪一个法的观点,均不会对当事人造成特别的影响)。另外,"将实体法请求权视为诉讼标的"的新实体法说,其理论框架自身也仅是一种"变更名称"的说明,而并未解决个别的解释论问题(这一点也为加藤教授所指出,关于此的详细论述,可以参照加藤雅信《财产法的体系与不当得利法的构造》,有斐阁,昭和 61 年,第 566 页)。综上所述,新实体法说并不能完全取代或排除新诉讼法说。

随着民法理论的发展,新诉讼标的论是否已经变得无意义了呢?应当说,这种理论的发展,使得新旧诉讼标的论的论争失去了意义。例如,如果四宫教授的全规范统合说在民法与商法的所有领域取得成功,那么在一个案件中只产生一个请求权,因此一个请求就直接构成一个诉讼标的,如此一来,对于诉讼标的的把握,既可以像旧说主张的那样,以实体法所认可的请求权构成诉讼标的,也可以像新说主张的那样,从整个实体法秩序来看所认可的一次性给付之地位来确定诉讼标的。因为,在四宫说下,这两者并不会产生差异。就这一意义而言,应当说诉讼标的论争的内容已经趋于空洞化。但是,这并不能成为否定新说的理由,至少就现阶段而言,全规范统合说并没有获得全面成功,因此,新诉讼标的论的历史性作用并没有终结。此外,就加藤教授的统一请求权说而言,关于票据债权与原因债权等关系的问题,仍然是其将来需要探讨的课题(参照加藤雅信《财产法的体系与不当得利法的构造》,有斐阁,昭和 61 年,第 625 页)。

综上所述,实体法规范的调整的确是一个庞大且复杂的问题,但就大体上而言,还是实体法领域应解决的问题,作为诉讼法理论而言,只要采用主张"就诉讼标的本身来说可以不顾实体法因素,但当问题显现化时,通过法的评价再实施来做出应对性处理"之新诉讼标的论(新说)即可。

三、占有权、本权与诉讼标的

1. 诉讼标的的理解

关于诉讼标的论的大致结论如上所述,不过,在诉讼标的论争中,还存在一些特别争议的问题,其中主要包括如下两个问题:一是占有权与本权问题;二是票据债权与原因债权问题。

若原告既可以基于占有权提出返还某物的请求,也可以基于本权(典型例子就是所有权)提出返还相同之物请求,对此情形,依据新诉讼标的论,其诉讼标的只有一个,即为不考虑"是占有权还是本权之实体法属性"之前提下的"返还同一物"之请求。这也正好与习惯使用的请求趣旨之文语表述(表述为"要求作出被告向原告返还……的判决",而没有包括"基于占有权……"这样的表述)形成对应。

但是,旧诉讼标的论的学者以《日本民法》第 202 条第 1 款规定为根据,对新说这种关于占有权的结论进行了严厉的批判。其认为,《日本民法》第 202 条第 1 款规定,占有之诉与本权之诉互不妨碍,故而根据这一法条趣旨的解读,就不能将上述情形中的诉讼标的理解为一个。

如此一来,关于这一问题的争议,就归结到如何看待《日本民法》第202条规定问题。有必要予以注意的是,无论是在法国法,还是在德国法中,都没有与此相对应的条文,应当说,这一条文是日本立法史中基于混乱状况形成的产物。有鉴于此,有必要对法国法与德国法的相关制度及条文予以考察。在法国法中,占有诉讼的适用,仅限于不动产诉讼。之所以如此规定,是因为在法国法传统中,关于不动产的本权诉讼之程序极其复杂,因此就有必要设置另一种程序,对暂定性的诉讼形态进行规制及确定,而作为对这一需求的回应,就是创设了占有诉讼制度(当然,这是以法国法中未设有德国法及日本法的假处分制度为前提的)。而且,在法国法中,依然残存着actio式思维(一种认为权利包含实体权与诉讼程序权两方面在内的思维),这也是法国法保留占有诉讼的另一个重要原因。

作为程序而言,法国法的占有诉讼,具有本权诉讼不具有的特殊性。例如,在事物管辖、当事人诉讼能力等方面,不过,其中最重大的特征,莫过于所谓的"禁止并行"(non-cumul)原则。这一原则的内容具体包括:第一,当原告既可以提起占有诉讼也可以提起本权诉讼时,若原告选择占有诉讼,则仍可保留在将来提起本权诉讼的权利,反之,若选择本权诉讼,整个纠纷将因此告终,也即原告对于占有诉讼的失权;第二,在一方当事人提起占有诉讼的情形下,在占有诉讼程序终结前,双方当事人都不能提起任何形式的本权诉讼(也不允许当事人另行起诉或者提起反诉),这也就意味着,在先行提起本权诉讼的情形下,若对方当事人提起占有诉讼,在占有诉讼的结果出来之前,本权诉讼将因此中止;第三,在占有诉讼中败诉的被告,在履行判决内容之前,不能提起有关本权的诉讼。从程序法中对占有诉讼与本权诉讼做出明确的区别,正是法国法中特有的制度。后来因博乌索纳德参与日本法典的编纂而将这一制度传播至日本,尽管在内容上多少发生变化,不过,日本旧民法基本上还是承继了法国法的这一制度。

与法国法不同,actio 式思维在德国则趋于退化,有关占有的程序法层面之性质几乎消失殆尽,作为诉讼程序,占有的诉讼与本权的诉讼也完全相同,只是在实体法方面,还明确规定了两者的差别,即做出作为实体权利的“基于本权之请求权”与“基于占有之请求权”属不同请求权之规定(因设置有假处分制度,故无论基于何者,都能实现简单且迅速的救济)。

与旧民法相比,日本现行民法已经发生许多变化,至少从结果上来看,民法中法国法的油彩已褪色,而德国法的特征业已获得固定。在对于这两种请求权的态度方面,日本民法也和德国法一样,认为两者在程序方面没有任何差别(不过在德国法中,两者在土地管辖方面仍残留有差别),即仅仅作为一对在实体法上相互区别的权利而已。

如此一来,在(《日本民法》第 202 条)条文中使用的“诉”这一表述,完全根源于立法者的一种不经意(据说,当时存在法典调查会议长急于议事之事实),从理论上看,《日本民法》第 202 条规定,仅旨在明确如下这一点,即基于占有的“请求权”与基于本权的“请求权”是不同的。总而言之,《日本民法》第 202 条规定的事项,仅属于实体法请求权,而不涉及“诉”方面的问题。

通过上述分析可见,这种场合(原告既可以基于占有权也可以基于本权提出请求的场合)属于请求权竞合的一种情形,而作为这种情形下的诉讼标的也只有一个。从整个实体法秩序来看,对于同一物的返还请求不能承认其两次交付,因此,应当将其理解为一个诉讼标的(新堂,第 277 页以下)。关于此问题的详细论述,也可以参照三月章《占有诉讼的现代意义》一文,载三ヶ月 · 研究(第三卷),第 3 页以下。应当说三月教授的这一论文是日本法学上最高水准的文献之一,因此也是读者诸君必读的重要文献。〔12〕

如上所述,关于《日本民法》第 202 条规定性质的论争,已经有

---

〔12〕 不过,近年来也有学者对此见解提出新的挑战,例如,使川原和彦《关于民法第 202 条的诉讼法考察》,载《早稻田大学法学》,第 70 卷第 1 号,平成 6 年,第 1 页以下;石井紫郎《占有诉权与自力救济》,载《法协》,第 113 卷第 4 号,第 537 页以下。

了上述的初步定论,不过,在近来学术界也出现一些反复动摇的回潮迹象。

一个回潮迹象就是,原先以三月说来巩固自己学说的民法学者铃木禄弥教授,在后来改变了自己学说的立场,又复归为旧说(参照铃木禄弥《物权法讲义》(第二版),创文社,昭和 54 年,第 43 页)。至于铃木教授为何改变立场,是因为其考虑到民法对于占有权独立于本权专门设置之现实(占有秩序的维持、自力救济的禁止),同样,作为诉讼标的而言,占有权也独立于本权,因此,在这种情形下,允许当事人二重起诉,才是严格遵循该条规定趣旨的做法。铃木教授进一步指出,《日本民法》第 202 条是民事诉讼法的特别规定。而作为这一观点在逻辑上结论就是,在本权诉讼中败诉的原告,可以基于占有权再度提起诉讼。应当说铃木教授的这一观点并不妥当。关于对铃木说展开的批判,可以参照广中俊雄《关于民法第 202 条解释的纪要》,载《ジュリ》,第 697 号,昭和 54 年,第 76 页,收录于《广中俊雄著作集第四卷——民事法的诸问题》,创文社,平成 6 年,第 360 页。

另一个迹象则是,有观点主张,将关于《日本民法》第 202 条的理解回归到法国法的原有思维,并且应当将这种思维贯彻于"暂时救济的简易诉讼"之始终。而且,主张这种观点的学者还认为,这种思维在日本现行制度中的体现为假处分制度。这种学说否定了"占有权是与本权相并列的实体法权利",而认为占有权只是作为假处分的根据权利,进而以"普通诉讼中是本权,假处分中是占有权"这样一种形式,对两者各自适用范围做出了明确的划分。这的确是一种颇具魅力的见解,不过,依据当下学界的一般理解,普通诉讼中的权利与假处分中的权利是相同的,因此,这种学说暗含着一个动摇这种根源性思维的大问题[这种观点可以见之于,藤原弘道《占有诉权诉讼上的机能与假处分》,载藤原弘道《时效与占有》,日本评论社,昭和 60 年,第 251 页以下;长谷部由起子《暂时救济中的审理构造(三)》,载《法協》,第 102 卷第 9 号,昭和 60 年,第 1734 页以下]。

2. 分属的情形

关于占有权与本权在诉讼标的层面的问题状况如前所述,不过,在占有诉讼中,还普遍地存在一个如何处理"占有权与本权分别属于原告与被告之情形",也即所谓的"分属的情形"之问题。由于诉讼标的基于原告主张而获得确定,在发生上述分属的情形下,作为诉讼标的根据之法的观点对于原告而言只能是占有权,而不与本权发生竞合。因此,这种情形并不属于诉讼标的论争所涉及的问题。就对应的法条而言,应当说涉及《日本民法》第 202 条第 2 款规定的问题。

问题之一表现为,对于原告基于占有权提起的返还请求,被告为了推翻原告的请求,能否在同一诉讼中,以本权为根据进行防御呢?对于此问题,一般的观点认为,依据《日本民法》第 202 条第 2 款的规定,被告在同一诉讼中不能以本权作为防御方法提出主张,若技巧性地对此予以说明,那么被告不能以此提出抗辩。不过,若被告在同一诉讼中未以此提出抗辩,而以本权为由单独提起反诉,在这种情形下该如何处理呢?最高裁判所昭和 40 年 3 月 4 日判决,载《最高裁判所民事判例集》,第 19 卷第 2 号,第 197 页以下,收录于《百選》(初版),第 81 号案件(大村敦志解说),以及《百選》(二版),第 60 号案件(广中俊雄解说)等的判决都认为,被告提起反诉是合法的。学界中的多数观点对此也持赞同态度,即认为,与法国法不同,日本并不存在"禁止并行诉讼"的规定,因此应当允许被告提起另诉,这也就意味着被告可以以此为由来提起反诉。

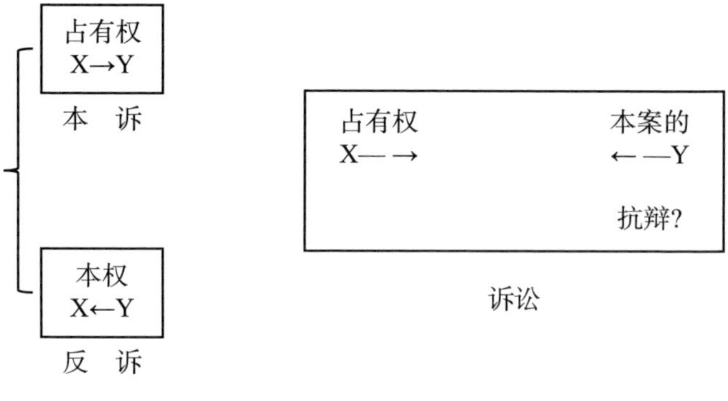

图 2-3

不过,一旦允许被告以此提起反诉,那么就会面临如下的问题,即当对于本诉讼与反诉的请求都必须予以承认时,法院应当如何书写这一在内容上存在矛盾的判决书,以及作为其前提问题,本诉之原告以及反诉之原告应当主张何种请求趣旨呢?这也就是分属情形的第二个问题。在作为本权人的被告通过自力救济方式夺回对物的占有,而原告为了恢复占有而提起返还请求诉讼,也即物为被告所占有的情形下,该如何处理?对此的解决方策有如下两个。

其一,法院在本诉(为了恢复占有而提起的请求返还诉讼)中,仍然对原告的请求予以承认,而对于反诉,只认定其为将来给付之诉(参照《日本民事诉讼法》第 135 条)。换言之,法院以被告(反诉原告)将来恢复对物的占有为前提条件来承认原告(反诉被告)现在的返还请求。三月章教授主张这种观点[参照三ヶ月·研究(第三卷),第 61 页注(4)],此外,星野英一教授也倾向于这种观点(参照星野英一《民事判例研究第二卷》,有斐阁,昭和 46 年,第 191 页以下)。这种观点认为,无论如何让占有权人一时性恢复对物的占有符合"禁止自力救济"之法的理念。但是,依据这种解决办法,该占有又立即会被本权人收回,这种占有权人的一时恢复占有,不免给人无多大实际作用的感觉,至少从执行法的视角来看,存在无执行利益的缺陷。

其二,不将反诉作为将来给付之诉予以对待,而直接视为现在给付之诉中的预防妨碍请求。同时认为,对于因法院同时承认本诉与反诉中的请求而在内容上产生矛盾的部分(法院承认本诉的请求意味着原告可以恢复占有,但同时因承认反诉请求而不能剥夺被告的占有),则应依据执行法以及实体法领域的方法加以解决。而且,在执行法以及实体法上,采用本权优先的解释。本权胜诉的判决一旦获得确定,基于占有的请求权则随之消灭,《日本民事执行法》第 35 条有关请求异议事由的规定,即体现了这一思维。因此,从结果上来看,是不允许原告提起恢复占有的强制执行之申请的[这种观点可以见之于青山善充《占有之诉与本权之间的关系》,载《ジュリ》杂志增刊——加藤一郎、米仓明编《民法的争点 I》,有斐阁,昭和 60

年,第132页以下;铃木禄弥《物权法讲义》(第二版),创文社,昭和54年,第45页]。

上述的后一种解决方法,从结果上看无疑是妥当的,不过,若从理论层面对此予以分析,则令人容易产生如下几个疑问。第一个问题是,依据通说的观点,占有权与本权只是法的观点,判决(趣旨)中并不涉及诸如“是占有权还是本权”这样实体法属性的决定,在判决主文中做出的,也只是命令返还物,如此一来,这种判决本身的名称就不能称为本权胜诉判决。笔者认为,就称谓这一点而言,上述这种质疑固然成立,但是这属于本文前面“实体法属性的差异——法的评价的再实施”部分所述的实体法属性的决定问题。在法院作出的以本权为根据的返还物之判决中,至少法院做出的“本权存在”之法的判断具有约束力(若肯定争点效理论,这一点则更为明显,关于争点效理论,可以参照新堂,第605页;本书“第十五讲　既判力”部分的相关论述),因此,若是考虑到“本权”胜诉判决的称谓也正是着眼于这一点所做的简略表述,第一个疑问自然也就获得解明。第二个问题是,既然本权的“判决”确定构成权利消灭的事由,若着眼于判决的这一性质,则该判决似乎具有形成判决的性质,故而没有道理在给付诉讼中产生形成判决。对于此疑问,笔者认为,尽管法律没有明文的规定,不过,若将其理解为一种如同《日本民法》第174条之二的有关消灭时效延长所规定的“实体法与判决相结合的效果”,也即所谓的法律要件效力(新堂,第624页),这一疑问也可能不解自明(《德国民法》第864条第2款规定,自本权判决确定开始,占有保护请求权消灭)。第三个问题是,在本诉中被告可提起反诉但不可提出抗辩这一大前提,与以使本诉请求变得无意义之形式来承认这种反诉请求,这两者之间是否协调?换言之,在本诉中允许提起现在给付之反诉,与允许被告对本权提出抗辩,这两者之间存在多大差别,或者说,一方面允许基于本权提起反诉,另一方面又承认基于占有权的反诉请求,这种做法的意义何在?因为,这涉及不认可强制执行但却作出承认请求判决的问题。诸如“命令夫妻同居”裁判那样,无法强制执行的承认给付请求判决,应当说只是给付判决的一种例外情形(参照本书“第十一讲　诉的利益　三、给付之诉的利益”部分的相关论述),就诉讼法的一般观点而言,该类判决的意义令人不无疑问。的确,在这种承认本诉的判决中也存在如下这种功能,即对不正当的自力救济予以明确。不过,就判决的本来部分而言,其与允许被告抗辩相比,并无太大差别。第四个问题是,在占有本诉口头辩论终结前就存在的本权,为何也能成为请求异议之事由?因为这似乎违反了《日本民事执行法》第35条第2款(存在于口头辩论终结以前的事由,不能成为请求异议的理由)的规定。对此疑问的说明如下,在这种情形下,不仅仅需要本权存在,判决确定也构成其中的要件,故而并不违反《日本民事执行法》的规定。正是因此,并非简单的本权存在,而若是判决确定,则该本权就成为基于占有权的本诉之抗辩(参照青山善充《占有之诉与本权之间的关系》,载《ジュリ》杂志增刊——加藤一郎、米仓明编《民法的争点Ⅰ》,有斐阁,昭和60年,第132页),因此这一点已经乖离了《日本民法》第202条第2款条文的法理。

应当说,上述两种解决方案都有各自的优劣[参照内田贵《民法Ⅰ》(第二版),东京大学出版会,平成11年,第397页]。究极而言,还是取决于如何看待民法占有权的问题。即便是赞成后一种方案的青山教授,在前揭论文的最后也认为,归根结底需要对《日本民法》第202条展开立法论改废之讨论(就解释论的框架内,主张视为将来给付之诉的解决对策并无不妥。东京地方裁判所昭和45年4月16日判决,载《判時》第606号,第50页;石川明《昭和45年度重要判例》,第118页)。[13]

---

〔13〕 在原告基于占有权提出请求返还诉讼中,败诉的被告能否基于所有权提出返还同一物的再诉呢?回答当然是肯定的。不过,当被告在返还物的请求中败诉后,在没有出现口头辩论终结后新事由的前提下,其提出的要求返还物的请求属于反对请求,这种请求应当受前一种请求既判力的遮断。那么如何对此做出合理的解释呢?对于此,采用旧说似乎更易于做出说明,那么在新说中,如何调和这两者命题间的关系呢?对于此,就有必要采用“既判力之遮断效不能及于口头辩论终结以前不能预料的事项”之解释方法(参照新堂,第581页以下;本书“第十五讲　既判力”部分的相关论述),在将占有权作为法的观点的前诉中,“基于《日本民法》第202条之本权主张的可预料性”是被法律所否定的,因此,被告可以将“自己享有所有权”之事实,作为口头辩论终结后的新事由,并再度提起诉讼。

四、票据债权、原因债权与诉讼标的

在新诉讼标的论下,另一个比较成争议的是,涉及原告同时享有票据权利与原因关系权利之情形下,如何看待票据收款人与出票人之间关系的问题。在这种情形下,就经济上的目的而言只有一个,但在法律上却构成了两个权利,而且其中还受到无因性理论的规制。

小山说(参照小山升《诉讼标的论集》,有斐阁,昭和 41 年,第 6 页)与新堂说(新堂,第 275 页)认为,应当从新诉讼标的理论的原点出发,即从整个实体法秩序来看,是认可一次还是认可二次给付出发来思考这一问题,而且,票据无因性不贯彻于票据收款人与出票人之间,因此,这种情形下的诉讼标的只有一个。

与此相对,三月说则注重票据无因性对于票据法律关系的规制,认为原告既可以作为一个诉讼标的提起诉讼,也可以以两个诉讼标的起诉(参照三ヶ月·全集,第 110 页)。具体而言,当原告在一个诉讼中同时主张票据债权与原因债权时,票据债权与原因债权则属于法的观点(攻击防御方法),而诉讼标的则将这两个法的观点包含在内,即在这种情形下,只存在一个诉讼标的;反之,若是原告仅以票据债权或者原因债权提出主张时,每个主张(票据债权或者原因债权)分别独立构成一个诉讼标的,在这种情形下,在票据债权中败诉的原告,仍可以以原因债权为由再次起诉。总而言之,票据债权与原因债权并不总是固定处于法的观点(攻击防御方法)位置,当两者一起被主张时,是法的观点,而在单独被主张时,则变为诉讼标的。

如此一来,在如何认识票据债权与原因债权的诉讼标的问题上,同属新说阵营的观点也出现分歧。就笔者个人的观点而言,应当说,这两种学说中的小山说与新堂说更具有合理性。因为,实体法并未将票据无因性贯彻于出票人与收款人的法律关系之中,被告(出票人)可以以原因债权进行抗辩,在此种情形下,原因债权也获得了法院的审理及判断,故而这两种债权被包含于同一诉讼标的中,

从而遮断了原告以原因债权提起的再诉以及法院的二重审理。〔14〕

不过,赞同三月说的论者可能也会主张,当被告提出原因债权的抗辩时,由于原因债权之法的观点也已经被提出,因此也形成两个法的观点被主张的情形,在这种情形下,诉讼标的因包含这两者而变为一个。这一结论无疑是妥当的,但这种主张违反了原告请求决定诉讼标的之原则,因为依据这种主张,被告也可以通过提出抗辩来决定诉讼标的。〔15〕

尽管面临着理论上的难点,但是三月教授仍然采取这一学说,究其原因,恐怕还是在于以下这一考量,即当原告仅仅因为票据要件欠缺而败诉时,若以驳回请求判决来遮断原告提出原因债权上的主张,对于原告而言,则不免过于残酷(关于此的详细论述,可以参照三ヶ月・双書,第 118 页以下)。三月教授的这种考量本身无疑是妥当的,不过,若将这种因素置于上诉制度或者释明范畴内予以衡量,无疑将具有更强的说服力。仅因票据要件欠缺败诉的情形,可能发生在票据诉讼(参照《日本民事诉讼法》第 350 条以下)中,不过,票

---

〔14〕 在请求支付合同价款诉讼中,由于被告未提出票据的抗辩,而在未收回票据前提下败诉。如果该票据在此之前已经转让给第三人,而当该第三人向被告提出票据请求时,那么被告就不得不进行二重偿付。如此一来,就会产生如下的问题,即被告能否向原告追索自己向第三人偿付的金钱,以及第一判决的既判力是否对此形成遮断。对于此问题,新堂教授认为,即便采用新说,被告也可以以不当得利为由向原告追偿[参照新堂・訴訟物(下),第 120 页注(14)]。不过,对于此问题,也可以做如下解释,即由于被告自己存在未从原告处收回票据的过失,因此依据既判力作用,其不能进行追索。参加东京大学法学部研讨班的早田尚贵同学对于此问题提出了许多启发性建议。

〔15〕 关于由被告决定诉讼标的之问题,加藤雅信教授认为,在请求返还房屋诉讼中,当被告提出的要求原告买进房屋装修等请求时,应当允许被告提出"反诉性的抗辩"(关于此的详细论述可以参照加藤雅信《财产法体系与不当得利的构造》,第 596 页以下;新堂・特別講義,第 151 页以下);坂田宏教授也主张,出于同时履行抗辩之关系的考虑,应当承认被告提出的"诉讼标的扩张的申请"[关于此的详细论述可以参照,坂田宏《同时履行关系与对等给付判决》,载《民商》,第 98 卷第 4 号第 423 页以下,第 98 卷第 5 号第 562 页以下,尤其是第 585 页(昭和 63 年)]。在这两说所论及的案件范围内,假设采用"被告参与诉讼标的决定"这一观点,似乎也并无不妥。不过,这两种观点所考虑到的只是需要作出对等给付判决的情形,而并未论及诸如"对票据债权提出原因债权上的抗辩"这种未体现在判决主文上的情形。

据诉讼可因异议转为普通诉讼,因此,仅因票据要件欠缺败诉的原告依然获得了在同一程序中主张原因债权的保障。〔16〕 当法院在第一审中以票据债权为理由承认请求,但在第二审中因票据要件欠缺驳回请求时,法院应对原告在第二审中(依据新说的观点)是否主张原因债权做出释明,否则原告可以以法院违反释明义务为由提出上告(至于是否受理这种上告申请,则要委诸法院的裁量判断)。当然,在实务中,也可能存在如下情形,即在上告审中因发现票据要件欠缺而撤销此前的判决,并直接作出改判,进而剥夺原告主张债权原因机会。不过,这种情形极为罕见,仅以此为由而改变诉讼标的观点的做法,不免有舍本求末之嫌。而且,上告审(最高裁判所)对违法或者不正当未予以救济的情形,也不仅仅限于此。

综上所述,作为理论而言,应当说小山说与新堂说颇为合理。〔17〕

---

〔16〕 首先的问题在于,日本法律于昭和39年设置票据诉讼制度(参照《日本民事诉讼法》第350条以下),是否意味着实定法对于票据诉讼中的诉讼标的,进行了票据债权与原因债权这样二分化的分割呢?对于此问题,新堂教授认为,即便在普通诉讼的途径充分敞开(能够获得保障)的情形下,也可以认为诉讼标的未被分割(关于此的详细论述,可以参照新堂,第277页以下)。

其次的问题是,当原告提起票据债务不存在确认诉讼时,被告能否提起票据诉讼的反诉呢?大阪高等裁判所昭和62年7月16日判决(载《判時》,第1258号,第130页以下)对此持肯定的态度。关于此的详细论述,也可以参照畑瑞穗《判例释评》,载《ジュリ》,第959号,平成2年,第113页以下;本书"第五讲 禁止二重起诉"部分的相关论述。

〔17〕 占有权或票据债权之所以会产生如此多的争论,其最根本的原因在于,实体法一方面将这些权利都作为实体法权利对待,另一方面,又将这些权利与本权或原因债权作层次化分割,即相对于本权或原因债权而言,占有权或票据债权是一种更低层次的权利或者手段性权利。奥田教授也认为,在当事人主张本权的情形下,占有权(次层次的权利)或是被合并或是被吸收,因此,这种次层次的权利并不具有独立的诉的利益,但是,在当事人仅对次层次的权利提出主张的情形下,法院对于次层次权利的审理及判断,并不涉及高层次或者本来性权利(本权),因此,这种情形下关于占有权的判决并不对本权(高层次的权利)产生遮断效,换言之,在当事人对次层次的权利提出主张时,若将高层次的权利也牵连性地予以失权,则不免显得不合理,参照奥田昌道《请求权概念的生成与展开》,创文社,昭和54年,第381页以下。

新说中的小山说与新堂说尽管也将其称为手段性权利(次层次权利),但这种手段性仅仅是在"使请求能够比本来性权利更容易获得理由"这一点上而被认可,换言之,并不以"时间维度上的,当事人先以手段性权利为由来起诉,在该诉讼败诉后就不能以

此外，主张原告对一个还是两个诉讼标的享有选择权的三月说，

本来性权利来提起再诉”之形式来承认这种手段性，由此看来，这是一种优先考虑“纠纷一次性解决”理念的观点。而且，当当事人来不及对本来性权利进行证明时，当事人可以通过假处分方式做出处理，如此一来，也很少会产生不妥。作为理论而言，这种见解颇具说服力。但是，就纯粹的感觉而言，其中仍然存在不明确部分。具体而言，依据这种理论，基于次层次权利而败诉（尤其是因票据要件欠缺等手段性权利本身存在瑕疵而导致败诉）的当事人，可以允许其以高层次权利为由提起再诉，相反，基于高层次权利败诉的当事人，则不能以次层次权利为由再度起诉。这种片面地允许再诉之设定，若要在理论层面获得一般肯定，恐怕并非易事。

如果欲进一步探究理论上的可行性，那么就不得不对如下观点展开讨论。

第一，在采用旧诉讼标的论的基础上，主张将依本来性权利的败诉判决之既判力或者争点效及于手段性权利的观点。依据这种观点，在以票据债权提出请求的诉讼中，原告因被告提出原因债权之抗辩而败诉，原告以原因关系欲再次起诉时，因判决效（争点效）的作用而可以遮断法院的二重审理，进而能够有效防止原告的再诉。但是，这种观点并不能有效规制占有权与本权的情形。因为，在本权诉讼中法院作出原告败诉的判决，并不能对占有权产生争点效，进而无法禁止原告以占有权提出的再诉（在这种状况下，作为阻止原告再诉的唯一方法，只能是采取法国法的做法，即通过法定方法，剥夺本权诉讼败诉人以占有权提起再诉的权利）。

第二，在采用新诉讼标的论的基础上，主张将既判力对象限定于实际审理范围的观点［参照条解，第 606 页以下（竹下守夫执笔）］。依据这种观点就能对如下这一命题做出很好的说明，即当只对手段性权利进行审理及判决时，原告可以对本权性权利提起再诉。当原告在仅以票据债权提起的请求支付金钱诉讼中败诉时，该败诉判决可以不对未经审理的原因债权产生既判力。反之，在以原因债权为由提起的诉讼中，若原告败诉，法院关于原因债权不存在之事实的判断产生既判力，因此，原告以票据债权为由提起的再诉请求，则容易遭到法院的驳回。但是，在请求返还物的诉讼中，当在本权诉讼中原告败诉时，只要民法的解释未变，那么就不能阻止原告依据占有权提起再诉。

第三，在采用新诉讼标的论的基础上，主张通过程序事实群［新堂幸司《诉讼标的概念的作用》，载《判評》第 223 号（《判時》，第 856 号），昭和 52 年，第 116 页以下，收录于新堂・訴訟物（下），第 113 页以下］来对既判力予以调整的观点。该观点认为，不将诉讼中某些具体类型事实列为争点，故而当事人可以对此保留再诉的权利，当双方当事人都以此为前提进行诉讼时，则可以缩小（前诉）既判力的效力范围。若将这种观点适用于票据债权与原因债权诉讼的情形，则能对如下这一问题做出很好的说明，即当原告因欠缺票据要件而在前诉中败诉时，仍然保留以原因债权为由再诉的权利。此外，在关于占有权与本权诉讼的情形下，如果当事人对占有权的再诉予以保留，并使法院仅对本权进行审理及判断，那么诉讼是依据高层次的权利（本权）做出审理的，而次层次的权利（占有权）的审理就得以保留，反之，当一般地认为不存在这种程序事实群时，（前诉）

在此后又以一种更一般的形式展开其观点的论述,即形成了所谓的救济诉讼说[关于此的详细论述,可以参照三月章《诉讼标的的再思考》,载三ヶ月·研究(第七卷),第19页以下]。

五、诉讼标的论的动向

若对有关诉讼标的的论述作一宏观考察,可以发现诉讼标的的讨论逐步趋于精制化,颇具讽刺意味的是,这种精制化趋势的发展反而日益衬托出诉讼标的概念的局限性。在每个涉及诉讼标的论的问题领域中,诉讼标的概念的效用逐步相对化,那种认为"从起诉到判决为止,诉讼标的对诉讼予以统一性规制"的传统思维也日趋受到动摇。[18]

既判力范围就不缩小,进而可以阻止当事人提起再诉。如此一来,似乎能对"片面允许再诉"做出很好的说明,不过,这种通过程序事实群处理的做法,并非没有逻辑上的问题。首先,通过程序事实群缩小既判力效力范围的做法容易引起如下疑问,即依当事人意思决定既判力产生是否妥当?应在原本范围内产生的既判力(因采用新说而在扩大的范围内产生),因程序事实群中的当事人主观认知因素,而使其不产生效力(只在缩小的范围内产生),这不免与"既判力的发生属于不为当事人意思所左右的职权调查事项"之传统思维发生矛盾与冲突。其次,程序事实群,原本是一种根据审理具体过程对类型化的判决效予以微调整的理论构成(所谓的评价规范),而不适合于此处所论述的,以实体法为主做出类型化处理的情形(所谓的行为规范)。关于行为规范、评价规范的详细论述,可以参照新堂,第45页以下。此外,关于程序事实群之概念的详细介绍,可以参照本书"第十五讲 既判力"部分的相关论述。

通过上述各种观点的论述可以看出,(通过程序事实群予以调整的论述除外)各个观点都言及了次层次权利、手段性权利。上述第1种与第2种的观点,能够解决票据债权与原因债权的关系,但这两种观点又难以处理占有权与本权关系。而且,这两种观点容易与加藤雅信教授主张的"将统一的请求权予以纵向与横向化区别"之理论形成对应。就纵向的关系而言,依既判力或者争点效可以阻止再诉,但在横向关系方面两者(前后两诉)并不存在关联。因此,对于诉讼标的,不应在涵盖所有诉讼类型框架内予以统一思考,而按照纵向与横向的划分,甚至深入到物的返还诉讼、请求支付金钱诉讼、请求损害赔偿诉讼等具体诉讼类型,重新构筑诉讼标的理论。这也可能成为今后诉讼标的理论研究的发展方向(参照新堂,第286页)。综上所述,采用片面允许再诉的诉讼标的论较为困难,作为一般论而言,还是采用如本文所述的新诉讼标的理论较为妥当。

〔18〕 中野贞一郎《诉讼标的的概念的统一性与相对性》,载中野·論点(Ⅰ),第20页以下;酒井一《诉讼标的中的相对性》,载中野·古稀(上),第165页以下。

就诉的变更而言,旧说与新说存在如下差异,即在旧说下,若发生诉的变更,多数情形下都要求当事人提出书面申请(参照《日本民事诉讼法》第 143 条第 2 款),相反,若采用新说,在性质上属于法的观点的变更,因此允许当事人自由变更,进而在一般情况下不需要当事人提出书面。甚至有判例认为,不仅单纯的请求原因变更无须当事人提交书面,即便是请求趣旨变更,欠缺书面的瑕疵也能因异议权丧失获得补正。如此一来,使上述的旧说与新说的差异,在实际中几乎趋于消亡。而且,从诉的变更制度本身来看,一个更为重要的关键性概念是“请求的基础”,而诉讼标的则以“若诉讼标的与请求的基础相同则不发生诉的变更”这种消极形式来发挥作用的附随性概念。〔19〕

在禁止二重起诉方面,学说也超越以诉讼标的作为判断标准的认识层面,进而转向“当主要争点共同时禁止另行起诉及强制合并”之方面的研究,此前关于诉讼标的的广义与狭义之争也已不成为问题(参照本书“第五讲　禁止二重起诉”部分的相关论述)。

至于在既判力方面的动向,正如前述占有权问题与票据债权问题部分所言,我国诉讼标的论争的焦点集中于既判力范围与判决遮断效的领域。既判力与诉讼标的之间紧密的联系仍然会进一步维持,但与此同时,通过诚信原则以及程序事实群予以调整的方法也是判例及学说在既判力领域的一个动向,甚至更有极端的学说主张,应当忽略诉讼标的的框架而重视失权效的效用(关于此的详细论述参照水谷畅《后诉中的审理拒绝》,载《民訴雜誌》,第 26 号,昭和 55 年,第 59 页)。

综上所述,学界及实务界关于诉讼标的的学说逐渐意识到,有必要针对每个领域的具体问题(诉的变更、禁止二重起诉等),在考虑各自制度趣旨的基础上,对依据此前诉讼标的理论得出的结论再予

---

〔19〕 谷口教授认为,诉的变更概念并不需要与诉讼标的概念直接联系起来,谷口,第 182 页以下。

以调整(新堂,第 286 页)。尽管诉讼标的还未丧失其作为标准的地位,但也并非绝对的标准。换言之,学界及实务界逐渐形成这样一种自觉,即仅从诸如(在侵权行为与债务不履行情形中的)诉讼标的是一个还是两个这样的视角来考虑的思维方法,已经不能解决诉讼标的论应覆盖和规制的所有问题。[20]

就当下而言,学术界中赞成新说(或者新实体法说)的观点占据压倒性多数的地位,[21]而实务界直至今日仍然采用旧说。这一状况反映了实务界中普遍存在如下思维,即只要对旧说予以再调整就足以应付实务需要。与此同时,这种现状又表明了诉讼标的论争具有的仅为理论上争议之性质。但这并不意味着诉讼标的概念已经丧失其意义(参照本书“第十五讲　既判力　七、既判力与诉讼标的——基于程序事实群的调整”部分的相关论述),正如前文所述,

---

〔20〕 关于诉讼标的统一理解的解体论,可以参照文字浩《诉讼标的概念的作用》,载《争点》(旧版),第 172 页以下;柏木邦良《禁止重复起诉、诉的变更、诉的合并、审理判断范围与诉讼标的概念的作用》,载《判時》,第 1107 号第 3 页以下、第 1109 号第 12 页以下,昭和 59 年;伊藤真《诉讼标的的作用》,载井上 = 伊藤 = 佐上,第 65 页以下;上田,第 146 页以下。

〔21〕 不过,就近年来关于诉讼标的的论述来看,一些学说也明显表现出试图复活旧说的迹象,例如,吉野正三郎《集中讲义民事诉讼法》,成文堂,平成 2 年,第 119 页以下;伊藤,第 163 页以下;大久保邦彦《请求权竞合问题》,载《神户学院法学》,第 24 卷第 3 · 4 合并号,平成 6 年,第 593 页以下;大久保邦彦《请求客观的预备的合并之适法要件》,载《神户学院法学》,第 26 卷第 1 号,平成 8 年,第 121 页以下。此外,松本 = 上野,第 153 页以下等的观点认为,在日本应当采用如下这种二分肢说,即在新诉讼标的论的范围内,通过申请与事实关系来确定诉讼标的。融入民法学视点的大久保教授观点也饶有兴味。此外,也可以参照山本克己《通过规则的规范调整与规范统合方式》,载《ジュリ》,第 1096 号,平成 8 年,第 92 页以下。

与上述学说相反,山本和彦教授还是主张采取新说的立场,参照山本和彦《诉讼标的》,载《判タ》,第 997 号,平成 11 年,第 28 页以下。

就理论层面的诉讼标的论本身而言,新说比旧说更具有优势。[22]

有关诉讼标的论的主要源流及发展状况之论述,可以参照新堂幸司《诉讼标的论争是否也已终结?》,载《法学教室》,第 74 号,昭和 61 年,第 22 页以下,收录于新堂・訴訟物(下),第 350 页以下。铃木正裕《诉讼标的论争的回顾与现状》[载《争点》(新版),第 174 页

---

〔22〕 此前的诉讼标的论均将诉讼标的视为静态概念(自起诉之初确定后就不发生变化),而近年活跃起来的观点主张,诉讼标的随着诉讼的展开而发生变化(将诉讼标的作为动态之概念进行认识),随着审理的进行,作为裁判对象的范围也逐渐扩张或者发生变化。

例如,加藤雅信教授倡导,在纵向的统一性请求权中动态把握诉讼标的。加藤教授认为,由于诉讼标的具有实体法属性,在最初是物权性诉讼标的,在诉讼过程中,可能因被告提出抗辩而使案件的诉讼标的增加债权性方面的内容。加藤说中的动态性把握主张,可以说是加藤说本身的自然发展结果,因此对于这种动态性把握见解的妥当性评析,最终还是归结为加藤说本身妥当与否的评价。关于加藤教授的这一主张,可以见之于加藤雅信《财产法的体系与不当得利法的构造》,有斐阁,昭和 61 年,第 596 页以下;加藤雅信《从实体法学视角来看待诉讼标的论争》,载新堂・特別講義,第 150 页以下。

井上治典教授也提倡动态把握诉讼标的,关于此观点的详细论述,可以参照井上治典《请求权的特定》,载井上=伊藤=佐上,第 47 页以下。井上教授认为,请求不仅赋予当事人攻击防御的动机,而且随着诉讼程序的具体展开会动态地发展、变化。井上教授有意识地将诉讼标的与主张予以融合,并以此主张动态把握诉讼标的。但是,如同新说主张的那样,只要从诸如"返还建筑物""支付 1000 万日元"之层面把握诉讼标的,那么对于诉讼标的本身与用于判断诉讼标的存在与否的资料(主张、抗辩、再抗辩等)应予以截然区分(所处层次是不同的)。因此,在诉讼过程中,尽管资料会随着诉讼的发展而发生变化(例如,主张的提出,抗辩的提出等),但诉讼标的本身,既没有发生变化也未有所增加(发生诉的变更以及提起反诉等情形,则另当别论)。不过,井上教授所列举的确认债务不存在之诉、停止请求之诉等情形中,可以认为诉讼标的本身会随着程序进行趋于具体化,但对此类情形,若通过其他路径予以解释可能更具建设性。

柏木邦良教授认为,原告提出的诉讼标的(狭义的诉讼标的)在审理过程中,会因抗辩等原因产生附加物,而法院的判决只有对狭义的诉讼标的及其附加物之总和(广义的诉讼标的)作出判决,该判决就此产生既判力。参照柏木邦良《诉讼标的概念的机能》,载講座民訴(第二卷),第 181 页以下。住吉博教授也倾向于这种观点。参照住吉博《诉讼性救济与判决效》,弘文堂,昭和 60 年,第 302 页以下。尽管这些观点也可以视为动态诉讼标的论中的一种,但将主张或抗辩等产生的拘束力作为争点效问题予以理解即可,无须对诉讼标的概念作这样动态性的理解。

以下]一文,也是关于这一方面的颇具价值的重要文献。此外,在三月教授的文献中,关于这一方面的论述主要集中于三ヶ月·双書,第87页以下的“诉讼标的理论的历史性展开与现状”这一章节。

第三讲　诉

导　读

诉,是大陆法系国家民事诉讼法中的基本制度,在民事诉讼理论中也具有基础性的地位。中国诉的制度和理论与以德日为代表的诉的制度和理论有一定的相似性和同构性。在制度实践和理论上也常常用德日,尤其是日本的理论来解释和分析,其对中国有较大的影响。因此,高桥先生在本讲中对诉的理论的阐述将有助于我们加深对诉的理论的理解和认识。

1. 关于诉与诉讼请求

高桥首先指出,诉之概念进行严格定义颇为困难,尤其是在诉与请求或者诉讼标的的关系方面,存在诸多难解之处。按照新堂的观点,诉,是指原告请求法院审判的申请。在日本,也有主张将原告对于被告的权利主张称为狭义的(诉讼上)请求,而将其与原告针对法院的判决请求合称为广义的(诉讼上)请求。这些请求,尤其是狭义的(诉讼上)请求,一般被称为诉讼标的。由于诉讼标的的多意性,诉的概念的把握变得更加困难。高桥主张从这一命题上来加以把握,即诉是形式,请求是内容,可通过前后的文脉加以区分。即使不明确区分两者,也无大碍,只要在观念中知晓两者在严格意义上的差异,并在实际使用中,能够把握“诉”、“广义的请求”、“狭义的请求”和“诉讼标的”这几个表述之间交互使用即可。

2. 关于诉的类型

诉分为给付之诉、形成之诉和确认之诉,这些是我们耳熟能详的分类。在诉的分类上,日本学者指出,三种分类并未穷尽所有诉讼类型。至少依据这三种诉之类型,难以对执行法上之诉做出分类。因此,有学者主张抛弃原来以诉讼目的为根据的分类方法,改为以判决内容作为分类的根据。于是就有了“命令诉讼”这一类型。

在三种诉中,高桥议论最多的是形成之诉。的确,形成之诉相对于其他两种诉讼,更难以把握。在定义上,形成之诉,是指依据判决使权利关系及法律关系发生变动之类型的诉讼。承认这种请求的判决被称为形成判决,而使权利关系及法律关系发生变动的效力就是形成力,在观念上这种判决并没有相对应的强制执行内容(户籍登记等广义的执行则另当别论。这一点需要注意,因为中国学界还不熟悉强制执行的广义和狭义两者含义。中国通常在狭义上使用执行和执行力概念)原则上是一种仅在法律个别作出“当事人可以通过诉讼要求法院变动权利关系”之规定的情形下才获得认可的特殊之诉的总称,其包含各种各样的诉讼类型,就此意义而言,形成之诉具有“为了分类而为”的意味。

在形成之诉类型中,有关婚姻关系无效、收养关系无效、股东大会决议无效的确认之诉、撤销欺诈行为主张等是否属于形成之诉,有诸多争议,在中国,更多的人直接认定这些是确认之诉。如确认股东大会决议无效之诉等,在日本法律被赋予了对世的效力,且法律关系的明确性要求也很高,因此,在定义上似乎不属于形成之诉。但就其实质而言,又有近似形成之诉的一面。对此,高桥同意这样的认知,即“拘泥于形成之诉的定义及分类进行识别的做法是非建设性的”。诉讼中的具体操作,需要根据实体法的要求灵活加以处置。高桥认同的形成之诉的情形只能包括离婚之诉、解除抚养关系之诉、承认亲子关系之诉、公司合并无效之诉、公司设立无效之诉以及撤销行政处分之诉。

有些诉讼类型是值得我们特别注意的,例如边界确定之诉、共有物分割之诉等都认为是一类称之为“形式上的形成之诉”。这类诉讼的特点在于,法律并未对要件事实作出具体规定,而将作出何种结论的判决完全委诸法官之裁量。损害数额的确定实际也有这样的特点。

目　次

一、诉的概念

所谓的诉,是指原告请求法院审判的申请(新堂,第 171 页)。

不过,若对诉之概念进行严格定义,则颇为麻烦,尤其是在诉与请求或者诉讼标的的关系方面,存在诸多难解之处。[1] 原告向法院提出的诉状,构成了诉的外在形式(不过,按照《日本民事诉讼法》第 271 条规定,在简易法院的起诉,原告并非必须提交诉状,也可以口头起诉),在诉的内容上,如诉状中所记载,存在两个维度的请求:其一,原告对被告的特定权利主张(例如 1000 万日元的请求权,详见后述部分)请求;其二,要求法院作出对此予以承认之特定形式(给付判决、确认判决、形成判决,详细论述参照后述)的胜诉判决请求。诉构成了法院审判的对象,将上述原告对于被告的权利主张请求以及对于法院的判决请求合称为诉讼上请求,或被简称为请求。

〔1〕 中野教授也认为,关于诉与请求的概念性区别在学说上不甚明确,而且,中野教授认为,关于这一问题的理解共存有三种学说,参照中野 = 松浦 = 鈴木 · 旧,第 40 页以下(中野贞一郎执笔)。由此可以看出,该观点的结论与本文所论述的观点相同。不过,伊藤教授(参照伊藤,第 121 页以下)认为,请求是原告针对被告而为的,并以此与诉的定义相互形成区别。

不过,也有观点将原告对于被告的权利主张称为狭义的(诉讼上)请求,而将其与原告针对法院的判决请求合称为广义的(诉讼上)请求。这些请求,尤其是狭义的(诉讼上)请求,一般被称为诉讼标的。不过,关于诉讼标的也存在其他定义,即指被主张的权利关系之本身(新堂,第204页)。若据此定义,在X对于Y提起的关于某土地所有权确认与Y对于X就同一土地提起的所有权确认请求中,因所主张的权利关系本身均为同一土地所有权,故两者的诉讼标的同一。不过,从提起所有权确认请求主体这一视角来看,不仅两诉的被告不同,而且作为原告对于被告提出的权利主张之狭义上请求也各异。在X要求Y支付1000万日元的给付请求与Y要求确认其(Y)对X支付1000万日元的义务不存在之确认请求中,两个原告要求法院作出判决的形式(纠纷解决形式)也不同,即分别为给付判决与确认判决,尽管两者的诉讼标的相同,但两者无论狭义抑或是广义的请求均不同。此外,诉与请求的差异还体现在,为确立请求而为的诉讼行为是诉,而通过诉所确立之物则为请求,换言之,上述的命题可以简单理解为如下这一命题——"诉是形式,请求是内容"。[2] 尽管这两者的难以区分容易引发混乱,但在实际使用中并未严格区分,[3]而且,通过前后文脉也易于区别开来。因此,不严格区分两者通常也无大碍,只要在观念中知晓两者在严格意义上存有差异,并在实际使用中,能够在"诉"、"广义的请求"、"狭义的请求"和"诉讼标的"这几个表述之间交互使用即可。《日本民事诉讼法》第136条,既可以称为诉的合并也可以称作请求的合并,就属于典型例子。[4]

与此相关联的另一问题是,诉讼中产生的法律关系仅仅是"原

---

〔2〕 新堂幸司《"诉讼标的"的再构成》,载新堂·訴訟物(上),第86页以下;中野=松浦=鈴木·旧,第42页以下(中野贞一郎执笔)。此外,关于诉讼标的与请求事项的论述可以参照本书的"第四讲　部分请求"部分的相关论述。

〔3〕 参照谷口,第135页、第172页。在新堂教授书著中也能发现将诉讼标的与狭义的请求视为同一概念的某些论述。

〔4〕 三月章《民事诉讼法(法律学讲座双书)》(第三版),弘文堂,平成4年,第81页以下等。

告对法院以及被告对法院”的两面关系，还是“原告对法院、被告对法院以及原告对被告”的三面关系呢？关于这一问题，在理论上又形成了一种对立。从法庭的结构来看，关于是采用“让原告及被告与法院处于对峙”之位置，还是“让原告与被告互相面对面”之结构这一问题上，各个国家存在不同做法（日本是采用原告与被告互相面对的结构，尽管理论上的把握并不取决于法庭结构）。如果强调的是“原告针对法院提出请求”这一方面，那么二面关系则易于获得理解（原告要求法院承认请求，而被告要求法院驳回请求），反之，若是强调“原告针对被告提出权利主张”这一方面，三面关系说则易于被理解（新堂，第266页）。不过，也无须过于纠缠于此，朴素地将其作为三面关系来予以把握的做法并无太大不妥。〔5〕

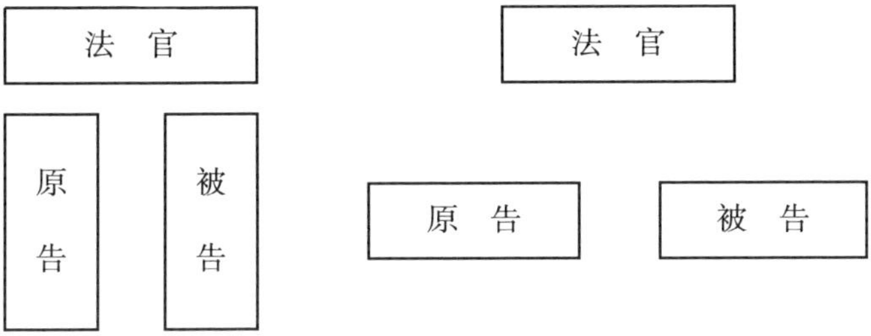

图 3-1

二、诉的分类

诉可以做出如下几种分类。

1. 单一之诉与合并之诉

诉可以分为单一之诉与合并之诉，前者是指一个原告向一个被告提起一个请求的情形，而当单一之诉被合并时就形成合并之诉。合并之诉又可以进一步分为客观的合并（参照《日本民事诉讼法》第136条等）与主观的合并（共同诉讼等，参照《日本民事诉讼法》第38条等）。前者为请求的客体为多数之情形（转移登记程序请求与所有权确认请求的合并），后者则是指当事人也为多数的情形（若当事

〔5〕 斋藤教授主张应当积极地将其理解为三面关系，参照斋藤，第35页以下。

人为多数,则请求也形成多数。例如,将对主债务人请求与对保证人请求进行的合并等)。有学者认为合并之诉属于复杂诉讼形态的应用性问题(新堂,第448页。小山,第70页以下,也将合并之诉作为“诉讼的复合”之应用性问题予以把握)。

2. 独立之诉与诉讼中之诉(诉讼内之诉)

诉又可以分为独立之诉与诉讼中之诉。前者是指与其他诉讼程序无关的全新开始的独立之诉,而后者是指当事人在其他既已开始的诉讼程序中提起的,并要求与该诉讼合并审理的诉。诉讼中之诉主要包括诉的变更(参照《日本民事诉讼法》第143条)、中间确认之诉(参照《日本民事诉讼法》第145条)、反诉(参照《日本民事诉讼法》第146条)以及独立当事人参加(参照《日本民事诉讼法》第47条)等几种情形。由于诉讼中之诉关系到当事人利用既已开始的诉讼程序,关于这种诉的提起方式以及合并都存在严格的要件限制,故而有必要针对不同清晰来分别展开详细论述。此外,在言及诉讼“中”之诉时,容易产生如下误解,即认为在某一诉讼中提起的其他之诉(独立之诉)也是诉讼中之诉。有鉴于此,为了明确表达诉讼中之诉的“在某诉内部中提起”这一特征,也有学说将其称为“诉讼内之诉”。应当说这是一种值得赞同的见解。有关此学说的详细论述,可以参照铃木正裕《诉讼内之诉提起的要件与审理》,载新堂·特别講義,第222页。[6]

3. 给付之诉、确认之诉与形成之诉

这是一种按照当请求获得承认时的判决效果或者判决内容不同作出的分类。这种分类的差异表现为当事人要求法院作出承认请求判决的形式不同(纠纷解决方式的不同)。即便作为判决根据的权利或者法律关系是相同的,因判决形式不同也会造成“广义的请求”以及基于此而确定的“诉”层面上的差异。例如,同样是以1000万日元请求权作为根据,要求支付1000万日元的给付之诉与要求确

---

〔6〕 此外,仓田卓次《诉讼中之诉》,载仓田卓次《民事实务与证明论》,日本评论社,昭和62年,第38页以下对此也有详尽的论述。

认1000万日元请求权的确认之诉是不同的两个诉(不过,在请求权确认之诉中,因没有确认利益而致使诉遭驳回,则属于另一层面的问题,关于此的详细论述,可以参照本书“第十一讲 诉的利益”之相关部分)。就诉或者广义的请求之内容构成而言,这可谓是一种最为重要的分类方法。

所谓的给付之诉,是指要求被告履行作为或者不作为之义务的诉,“支付金钱”属被告的一种作为,因而其构成给付之诉的典型。法院因承认原告请求而做出的命令被告履行作为或者不作为义务的判决,被称为给付判决。给付之诉可以分为现在给付之诉与将来给付之诉(《日本民事诉讼法》第135条)。所谓的将来给付之诉,是指原告对于应当在将来予以实现的给付请求权预先进行主张之诉,在诉的利益方面,将来给付之诉与现在给付之诉存在很大差别(关于此方面的内容参照本书“第十一讲 诉的利益”的相关论述)。“能否进行强制执行”(启动强制执行的效力被称为执行力)构成给付之诉与确认之诉及形成之诉之间的重要差异。给付之诉中,承认请求的判决主文往往以“被告向原告支付1000万日元”这种命令形式来表达,这种做法根源于法官观念中的强制执行意识。〔7〕请求登记程序诉讼也是要求被告做出意思表示的给付诉讼,这种强制执行的依据在于《日本民事执行法》第73条规定的意思表示之拟制。〔8〕

确认之诉就是要求确认权利关系或法律关系之诉,承认这种请求的判决被称为确认判决。“确认某物的所有权人为原告”“确认某法人的代表人为原告”等就是确认之诉的例子。要求确认权利关系或者法律关系是确认之诉原则上的形式,作为例外,要求对证明法律关系的文书是否真实(文书是否基于原告所主张的特定人员之意思而制作)之事实进行确认的“确认证明文书(书证)真伪之诉”(参

---

〔7〕 关于判决主文习惯性表述形成的更深根源在于法官对于执行力的意识(尽管对于既判力的意识也是一种原因)的详细论述,可以参照柏木邦良《规范合成与既判力》,载《判タ》第877号,平成7年,第104页以下。

〔8〕 关于登记程序诉讼的详细论述,可以参照永井ユタカ《请求不动产登记程序诉讼》,载《判タ》第672号,昭和63年,第6页以下。

照《日本民事诉讼法》第 134 条),也属于确认之诉。此外,确认之诉还可以分为确认权利关系存在的积极确认之诉与确认权利关系不存在的消极确认之诉。在其与判决效的关系中,除了既判力这一点之外,两者在其他任何方面均相同。消极确认之诉中的"确认金钱债务不存在之诉",可以被理解为"要求支付金钱之给付之诉"的相反形态,因此类确认诉讼具有债务人强制债权人进行起诉的机能,故有必要予以特别的考虑(例如,通过确认利益对这种诉讼进行控制与调整。关于此的详细论述,可以参照本书"第十一讲　诉的利益"部分)。〔9〕

给付之诉是自罗马法以来就存在(获得认可)的诉之原始形态,而确认之诉则是从 19 世纪中叶才开始获得认可的诉的类型。〔10〕从历史上看,这一诉讼类型的出现以以下两个要素为必要条件,其一,实体法规定的权利内容获得明确化;其二,权利一旦被法院宣告人们必须遵从的守法精神之提升。确认判决因没有相对应的强制执行内容,故其解决纠纷及实现权利的实际能力较弱。就此而言,应当说确认判决为中间性的纠纷解决方式,在判决确定后,判决内容的实现完全取决于当事人之间的意向(关于此的详细论述,可以参照井上治典《请求的特定》,载井上、伊藤、佐上《今后的民事诉讼法》,第 47 页以下,尤其是第 53 页)。打个比方,如果说给付之诉是权利被侵害者迫不得已提起的诉讼,那么确认之诉则可以说是对权利状态之现状尚还满意之人为了防止纠纷的激化而预先提起的诉讼(新堂,第 175 页)。不过,这毕竟只是一个比方而已,在现实中,给付之诉与确认之诉往往被合并提起(伊藤真《确认诉讼的功能》,载《判タ》,第 339 号,昭和 51 年,第 28 页以下,尤其是第 32 页记载有这方面相关判例分析的实证性研究)。另外,确认判决决定着法

〔9〕参照坂田宏《关于金钱债务不存在确认之诉的一点考察》,载《民商》,第 95 卷第 6 号第 818 页以下、第 96 卷第 1 号第 66 页以下,昭和 62 年;西理《关于债务不存在确认之诉》,载《判時》,第 1404 号第 7 页以下、第 1405 号第 3 页以下,平成 4 年。

〔10〕不过,据说在法国法的远古时代也曾存在类似于确认之诉类型的诉(actio)。对此,日本西南学院大学奥博司教授指出,通常所言的"确认之诉在 19 世纪中叶获得认可"的含义是指,确认之诉作为一般诉讼类型获得(法律的)认可。

律关系根基,因而确定判决也具有观念意义上纠纷解决范围广之优点。例如,一旦所有权人获得确定,那么就能预见多种涉及所有权纠纷(返还、登记、损害赔偿等)的解决结果[关于确认诉讼内部的诸类型之论述,参照本书“第十一讲　诉的利益　注(19)”部分的相关论述]。

给付之诉与确认之诉是原告对应实体权随时都能提起的一般性诉的类型,而且,给付之诉与确认之诉之区分,可以说是一种具有实质意义的分类,而形成之诉(依据判决使权利关系及法律关系发生变动之类型的诉讼。承认这种请求的判决被称为形成判决,而使权利关系及法律关系发生变动的效力就是形成力,在观念上这种判决并没有对应的强制执行内容,不过,诸如户籍登记等广义的执行则另当别论)原则上是一种仅在法律个别做出“当事人可以通过诉讼要求法院变动权利关系”之规定的情形下才获得认可的特殊之诉的总称(新堂,第 177 页),其包含各种各样的诉讼类型,就此意义而言,形成之诉具有“为了分类而为”的意味。总而言之,对于确认诉讼与给付诉讼而言,只要存在权利,当事人就可以提起要求对其进行确认(确认诉讼)或者实现(给付诉讼)的请求,尽管在这两种诉讼中也可能因欠缺诉的利益而遭驳回的情形,但作为诉的形式而言,给付与确认之诉却是以一般化形式存在的。而形成之诉则是仅在实定法特别认可前提下方可提起的诉讼类型(不能基于享有 1000 万日元的请求权提起形成之诉)。而且,给付之诉以“将来给付之诉”(参照《日本民事诉讼法》第 135 条),确认之诉以“书证真伪确认之诉”(参照《日本民事诉讼法》第 134 条)之形式,在民事诉讼法典中存在典型制度,而形成之诉在法条上并无样本。从历史上看,形成之诉原先被视为给付之诉或确认之诉的一种,在德国 19 世纪向 20 世纪变迁的过程中,随着 1877 年德国民事诉讼法典的制定才产生形成之诉的独立分类。尽管在德国及法国法中有这种分类,〔11〕

〔11〕 关于德国法的状况之论述,可以参照铃木正裕《形成诉讼的诉讼标的》,载《民訴雑誌》,第 5 号,昭和 34 年,关于法国法的情况之论述可以参照江藤价态《法国法中形成判决的效力》,载江藤价态《法国民事诉讼法研究》,日本评论社,昭和 63 年,第 99 页以下。

但直至今日,英美诉讼法(尽管离婚判决之现象本身是存在的)也未在一般意义上使用“形成之诉”这种“分类”。总而言之,形成之诉仍然保留着未成熟部分,也残留有一些不明了之处。

尽管形成之诉包含各种内容,但无论如何应当对形成之诉的标准做大致探求。就当下状况而言,对于这种标准的寻求应当归结为如下这一点,即只要形成判决未获确定,任何人不得主张变动该法律关系。试以撤销股东大会决议之诉为例(关于这种诉讼是否属于形成之诉,参照后述部分),在“撤销该决议”的形成判决确定之前,任何人都必须以该决议仍然有效为前提来实施行为,而不能主张因该决议应当被撤销而无效。例如,在撤销解聘公司董事决议的判决确定之前,任何人不得因该解聘决议存在撤销事由而主张该决议应当被撤销,该董事也不能主张自己未被解聘(进而要求公司支付董事报酬,纵使提起要求公司支付董事报酬的给付诉讼,请求也因不具有理由而遭驳回)。换言之,只有在撤销该决议的判决获得确定后,该董事才能提出这样的主张,同时也使另诉具备理由。相反,若“不存在”该解聘董事的决议,则无此约束,即便法院没有作出该决议不存在的“确认”判决,该董事也可以在请求支付董事报酬的诉讼中,通过主张及举证“解聘决议”获得胜诉。换言之,若不涉及形成诉讼,则在其他诉讼中,当事人可以提出“作为前提问题的决议不存在”之攻击;反之,若被规定为形成诉讼,在其他诉讼中,当事人则不能提出“该决议应当被撤销”之攻击,而必须经过形成诉讼。法律如此规制的原因在于,立法者追求此种法律关系变动的明确性。由于这种法律关系的变动必须经过诉讼(形成之诉)程序,因而可以说以丧失法律关系变动之机动性为代价。需要付出这种代价往往是诸如身份关系、公司关系、行政关系等必须特别强调明确性的法律关系,从实际状况来看,实定法规定的形成诉讼也多集中于这些法律关系领域。因这类法律关系牵涉到多数人利害关系,故须特别强调法律关系的划一性,所以基于形成诉讼的形成判决大多具有对世效力(参照《日本商法》第 109 条等)。在形成诉讼中,原告适格往往法定(参照《日本商法》第 104 条等)。但是,就形成诉讼概念的定义而言,出于防止概念混乱之考虑,主张将对世效力与原告适格的法定作为形成之诉的判断标准之观点已趋式微。

尽管形成之诉的分类标准相对固定,但这并不意味着学界就涉某种法律关系的诉讼是否构成形成之诉之问题无争议(新堂,第179页),[12]例如,有关婚姻关系无效、收养关系无效、股东大会决议无效的确认之诉、撤销欺诈行为主张等,即属于此。有关上述争议的厘清,归根结底转换为对如下这些问题的考虑,即从实体法的趣旨出发,允许当事人在其他诉讼中对作为前提问题的上述法律关系(的无效或主张)是否合理?对于这些法律关系争议是否需要通过判决来追求法律关系明确性?据此,在上述这些法律关系中,即便存在重大瑕疵,但若允许在其他诉讼中作为前提问题予以主张,在定义上就可以视为不构成形成之诉[撤销欺诈行为的主张与形成力的产生时间相关,关于此的详细论述参照《百选第二卷》第158号案件(高桥宏志解说)]。但是,确认股东大会决议无效之诉等被法律赋予了对世效力(参照《日本商法》第838条),且法律关系的明确性要求也很高,但在定义上不属于形成之诉。不过,就其实质而言,其又存在近似形成之诉的一面(新堂,第180页),因此,无视这种诉讼实质(纯粹从定义出发进而不将其视为形成诉讼)的观点肯定是不明智的。这也可以说是"拘泥于形成之诉的定义及分类进行识别的做法是非建设性的"一个例证(正如前文所述,形成之诉是一种"为了进行分类而为的类型"之总称)。

与此相关,还有必要论及另一种有力说。这种学说认为,撤销股东大会决议之诉、确认股东大会决议无效之诉以及确认股东大会决议不存在之诉,各自并不构成独立的诉讼标的,而应当作为如下诉讼中的单一诉讼标的来理解,即当事人攻击股东大会决议之际提出的,要求法院做出股东大会决议效力否定性宣告之诉的诉讼标的只

〔12〕 冈徹《诉之类型论的意义》,载講座民訴(第二卷),第217页以下,尤其是第227页;条解,第767页以下(竹下守夫执笔)等文献详细地介绍了关于此的各种学说。

有一个。[13] 由于股东大会决议的撤销事由、不存在事由与无效事由之间区别是较为模糊的,由此容易导致原告在选择诉讼时产生错误,进而使原告方产生危险。这种将关于股东大会决议诉讼之诉讼标的予以一元化观点的优点在于,可以使原告避免负担这种危险(若原告自己判断为"无效事由",进而提起确认股东大会决议无效之诉,而法院认定的却是"撤销事由",在此情形下,原告就不能获得胜诉,而且,在法院作出"属于撤销事由"之表示阶段,原告也因过了三个月的起诉期间而无法提起撤销诉讼。总而言之,在这种情形下,如果将诉讼标的予以一元化,即便过了起诉期间,原告也可以作为比诉讼标的层次更低的攻击方法来追加撤销事由),而且,也可以避免出现如下这种原告滥用权利的情形,即在前诉(例如撤销股东大会决议诉讼)败诉后的原告又另行提起其他诉讼(确认股东大会决议不存在之诉)。不过,上述优点也似乎为诉讼标的不同说提供

---

〔13〕 主张这种观点的文献,可以见之于坂井芳雄《以股东大会决议为标的之诉的性质》,载《松田法官在职四十年纪念论文集——公司与诉讼》(上),有斐阁,昭和43年,第277页以下;霜岛甲一《主张撤销股东大会决议或股东大会决议无效之诉讼的诉讼标的》,载实務民訴(第五卷),第3页以下;小山升《关于股东大会决议争议之诉讼的诉讼标的》,载小山·著作集(第一卷),第195页以下。此外,谷口教授也倾向于这种观点,参照谷口安平《关于股东大会决议争议之诉讼的诉讼标的》,载小山ほか·演習,第269页以下。

不过,作为引领我国新诉讼标的论之旗手的三月章教授,在言及公司诉讼之时,提倡一种"在诉讼救济类型中,依据事实关系来对诉讼标的进行区分"的二分肢说,即基于一种"在比霜岛说及小山说更狭窄的范围内把握诉讼标的"思路来展开论述。关于此的详细论述,可以参照三月章《诉讼标的再考》,载三ヶ月·研究(第七卷),第19页以下。但是,这一救济诉讼说是否意味着三月说本身的一种倒退呢?就当下的状况来看,这种观点的赞同者并不多见。对此观点展开批判的学说,可以见之于木川统一郎《诉讼标的论争的展开与评价》,载《法教》(第二期),第3号,昭和48年,第53页以下;斋藤和夫《再审程序的诉讼标的》,载《庆应义塾法学研究》,第47卷第7号第743页、第47卷第8号第850页以下、第47卷第9号第973页以下,昭和49年;小山·著作集(第一卷),第228页以下;谷口安平《关于股东大会决议争议之诉讼的诉讼标的》,载小山ほか·演習,第271页以下;谷口,第173页以下等。

了某些解释论依据。〔14〕 无论如何，就诉的分类而言，对于股东大会决议撤销、无效或不存在确认之诉，此前通说分别作为形成之诉与确认之诉予以对待，而上述将诉讼标的予以一元化理解的观点突破

〔14〕 前田教授提出了一种反论，其认为，一元化说所认为的（非一元化说）之弊端也并非不能通过解释论来予以弥补，而且，一元化说所主张的“一般性地遮断再诉”的做法也会产生不当，参照前田庸《所谓的股东大会决议不存在之诉》，载実務民訴（第五卷），第29页以下，尤其是第42页。此外，菱田教授也表述了相同的见解，参照菱田政宏《关于股东大会决议诉讼的诉讼标的》，载《争点》（旧版），第186页以下。此外，竹内教授也不赞同一元化说，参照竹内昭夫《股东大会（8）》，载《法教》，第93号，昭和63年，第54页以下，尤其是第66页。新堂教授在新堂，第292页以下采用的是一元化说（不过，对于失权效，新堂教授主张通过可预料性予以调整），如此看来，新堂说并未将应当承认情形扩张至“撤销股东大会决议之诉”这样的范畴，不过，在新堂，第179页中，作为形成诉讼所列举的一个例子就是撤销股东大会决议之诉，由此可以看出新堂说在这一问题上存在认识上的摇摆。

按照一元化说的见解，在关于股东大会决议的诉讼中只有一个的诉讼标的，即便起诉期间届满后，原告仍然可以追加撤销事由，但是理论界的状况恐怕并非如此简单。有观点认为，起诉期间的限制其实质在于限制当事人主张，换言之，这种限制应当被理解为，民事诉讼中随时提出主义这一原则的例外。如果基于这种观点的立场，那么最初以无效事由提起诉讼的原告，在三个月起诉期间届满后，就不能追加主张撤销事由。新堂教授也持这种立场，参见新堂幸司《撤消股东大会决议之诉中撤消事由的追加》，载新堂・訴訟物（下），第151页以下；新堂・判例，第133页以下。

不过，谷口安平教授认为，随着昭和56年《日本商法》修改创设了撤销事由，即便基于新堂说的立场，在上述这种情形下，也存在如下解释论的空间，即可以追加主张“决议内容违反章程”这一撤销事由（参照谷口安平《关于股东大会决议争议之诉讼的诉讼标的》，载小山ほか・演習，第272页以下）。就判例的状况而言，对于“不承认代理行使表决权”之瑕疵，是不允许当事人提出追加主张的，关于此的详细论述可以参照，最高裁判所昭和51年12月24日判决，载《最高裁判所民事判例集》，第30号第11号，第1076页以下，收录于《百選Ⅰ》，第77号案件（山下友信解说）。

可能未必正确，笔者个人认为，公司法上的诉与民事执行法上的诉一样，残留有强烈的actio（诉）之色彩，因此，若将一般民事诉讼的新诉讼标的理论适用于公司法上的诉，可能会显得过于勉强，应该说一元化说似乎有待完善。撤销股东大会决议之诉似乎可以作为形成之诉予以理解。但是，就具体解释论层面而言，主张通过可预料性予以调整的新堂说（参照新堂，第292页）与反对说并无太大差别（在不承认可以追加起诉期间届满后的撤消事由这一点上，新堂说的结论也并未显得过激），而且，在“如何构成诉讼标的”这一层面上，并非所有问题得到了解决，正如在下个注解中霜岛说所主张的，通过诉讼标的层面以下各个项目来进行调整的观点可能更具建设性，因此，作为诉讼标的论而言，新堂说（参照新堂，第292页）的见解可能较为妥当。

了传统诉讼类型的分类标准,由此产生了严重冲突。一元化论者认为,这种诉既非形成之诉也非确认之诉,而是一种特殊种类之诉,或者是一种涵盖确认与形成的复合形态之诉。〔15〕 这种理论的成立也再次表明了如下这一点,即"形成之诉"之类型是"为了分类"而出现的产物,这种类型与其他类型之间并没有坚厚的壁垒。将观念上的给付之诉与观念上的确认之诉统括为一个诉讼标的,通常不会存在太大障碍,但就形成之诉而言,这种统合恐怕就没有那么容易了。

形成之诉还可以进一步细分为实体法上的形成之诉与诉讼法上的形成之诉。多数说还认为,诉讼法上的形成之诉指,再审之诉(参照《日本民事诉讼法》第 338 条)、定期赔偿判决变更之诉(参照《日本民事诉讼法》第 117 条)、撤销仲裁裁决之诉(参照《日本关于公示催告及仲裁程序的法律》第 801 条)等,此外还包括《日本民事执行法》中的请求异议之诉、第三人异议之诉等[参照中野贞一郎《民事执行法》(新修订第三版),青林书院,平成 10 年,第 206 页、第 264 页;伊藤,第 127 页以下等]。不过,新堂教授认为,对于无效的判决及仲裁裁决,也可以赋予"再审之诉"或"撤销仲裁裁决之诉"之救济,但是,对于无效的判决及仲裁裁决而言,应当也可以将其作为其他诉讼的前提问题来审查其无效与否,因此再审之诉及撤销仲裁裁决之诉不属于形成之诉(新堂,第 183 页)。而且,从其他角度来论,再审之诉也不应当被视为形成之诉[关于此的详细论述,可以参照

〔15〕 霜岛甲一教授认为,确认之诉、形成之诉之诉讼类型是一种手段性而非绝对性的概念,而股东大会决议诉讼的定位处于确认诉讼与形成诉讼之间[参照霜岛甲一《主张撤销股东大会决议或股东大会决议无效之诉讼的诉讼标的》,载実務民訴(第五卷),第 22 页以下]。但是,基于这种诉讼的特殊地位,进而主张有必要构想第四种诉的类型,并对其适用特殊类型的范畴(坂井说)的观点并不妥当。对于"是否应当限定原告适格""能否对于作为其他诉讼的前提问题进行争执"等问题事项,尤其应当予以具体考量。

对于霜岛教授的这一观点,小山教授则倾向于否定"将撤销股东大会决议诉讼作为形成诉讼来予以对待"之见解,进而主张采用一元化说[参照小山·著作集(第一卷),第 226 页以下]。

高桥宏志《关于再审(一)》,载《法学教室》,第 180 号,平成 7 年,第 79 页以下],而将其他被称为诉讼法上的形成之诉也归入形成之诉之范围是否适当,对于此问题,还有必要进一步予以深入的考虑。〔16〕

如此一来,能被认可为形成之诉的情形只能包括离婚之诉、解除抚养关系之诉、承认亲子关系之诉、公司合并无效之诉、公司设立无效之诉以及撤销行政处分之诉。这些诉讼的请求趣旨也只能是诸如"申请法院判决被告公司设立无效"等。在离婚等情形中,当事人可以不通过裁判而直接达成离婚协议,有学说将这种情形称为"非真正的形成之诉"。但是,若基于法定离婚原因的"法律关系变动",则在离婚判决作出之前,当事人不能提出这种主张,因此,这毫无疑问也属于形成之诉(新堂,第 179 页)。

关于使形成判决之权利关系或法律关系发生变动的效力(形成力),其中既有产生溯及效的情形,也存在没有溯及效而只面向将来产生效果的情形。是否具有溯及效,取决于"应当如何规制这种法律关系"之实体法趣旨的考量(新堂,第 184 页)。尽管也有学说认为,形成判决只具有形成力而没有既判力,但是,为了防止不当得利或损害赔偿请求的产生,对于法院作出的"形成要件存在"之判断,也有必要赋予其不可争执的效果,故而应当肯定形成判决的既判

〔16〕 三月教授在论及形成之诉时,抛弃了诉讼法上形成之诉(未将其包含在内),参照三ヶ月・双書,第 51 页以下。而且,对于诉讼法上形成之诉,三月教授主张将其作为新的救济之诉来重新予以把握。关于此的详细论述,还可以参照三ヶ月・研究(第七卷),第 19 页以下。

在上田,第 129 页以下,上田教授也认为,一般而言,诉讼法上的形成判决之效力并非对世效力,而属于相对效,正是因为这一点,诉讼法上形成之诉不同于实体法上的形成之诉,在该书第 131 页中,上田教授将救济诉讼说的出现称为形成之诉的分解倾向。但是,确切地说,这并非形成之诉的分解,而应当说是,由于形成之诉是一个"缺乏实质内容,并为了进行分类而设置的概念",这种概念本来就处于一种不安定的状态。此外,在铃木正裕《关于休罗尔萨"形成之诉与形成判决"的书评》一文中(载《民訴雜誌》,第 13 号,昭和 42 年,第 309 页以下),铃木教授介绍了休罗尔萨的观点,休罗尔萨也将给付之诉视为使"发生执行力"之法律关系发生变动的形成之诉。这可以说是形成诉讼概念不安定的又一例证。

力。例如,在离婚判决作出后,当事人对于产生离婚之效果本身并没有争议(承认形成判决的形成力),但是,一方当事人以“实际并不真正存在离婚原因,而只是另一方当事人基于伪装(存在离婚原因)而获得离婚判决之行为”构成侵权行为为由,提出损害赔偿的请求,在此情形下,该离婚判决应当遮断这种请求。不过,仅仅依据形成力能否产生遮断效果?当然,通过形成力概念的规定也可以来解决问题[新堂,第186页注(1)],不过,通过承认形成判决既判力,进而依据既判力来遮断这种请求的做法,毋宁显得更直接且有效。〔17〕此外,对于形成判决发生争点效之可能性问题,恐怕也应当予以肯定(新堂,第185页)。

关于给付、确认、形成之分类,还有必要对如下两点予以注意。第一,给付、确认、形成之分类,并非涵盖所有诉之类型,或者说,这种分类的全括性并未达到除此之外的其他类型都不能成立之程度。基于新的学说,抛开这三种类型的分类概念,也可以对判决内容做出区分,依据见解的不同,有的观点提倡“命令诉讼”之分类,也有学说主张“诉讼救济”之分类。而且,依据这三种诉之类型,也难以对执行法上之诉做出分类〔18〕综上所述,若过分拘泥于给付、确认、形成

---

〔17〕 关于这种观点,还可以见之于中田淳一《形成判决的既判力》,载中田淳一《诉讼及仲裁的法理》,有信堂,昭和28年,第191页以下;铃木正裕《形成判决的效力》,载《法学论丛》,第67卷第6号,昭和35年,第27页以下;本间义信《关于形成力》,载《民訴雜誌》,第14号,昭和43年,第81页以下。

〔18〕 竹下教授主张,执行法上的第三人异议之诉以及请求异议之诉等就属于所谓的“命令诉讼”之类型,参照竹下守夫《第三人异议诉讼的构造》,载竹下守夫《民事执行中的实体法与程序法》,有斐阁,平成2年,第323页以下。主张救济诉讼的观点可以见之于,三月章《诉讼标的再考》,载三ヶ月·研究(第七卷),第19页以下;三ヶ月·双書,第52页、第125页。尽管命令诉讼说明确主张命令诉讼是与给付、确认、形成之诉相并列的第四种诉讼类型,但是该说似乎并未积极倡导改变“要求法院作出……不能对此进行强制执行之判决”之惯用的请求趣旨表述方式,从这一点可以看出,命令诉讼说并未关注纠纷解决方式的差别(其侧重于对判决机关与执行机关之关系的分析)。救济诉讼说也同样未切入“惯用的请求趣旨表述方式”的论述。应当说,这两种学说都是处于发展阶段中的学说。

之三种分类,也会产生认识上误解的危险,这一点是应当予以注意的。

关于执行法上之诉,村松教授认为,第三人异议之诉,并非多数说所认为的形成之诉,而是一种与实体法上的排除妨碍之诉具有类似性的,要求被告作出意思表示(撤销执行申请或者提出执行反对名义之意思表示)的给付之诉(参照村松和德《第三人异议之诉的法的性质论》,载《民商》,第 98 卷第 2 号第 217 页以下、第 98 卷第 3 号 350 页以下,昭和 63 年,收录于村松和德《民事执行救济制度论》,成文堂,平成 10 年,第 23 页以下)。村松说是在对德国相关学说作出探究基础上提出的观点,的确这是一种饶有兴味的见解,不过,从执行法体系整体的视角来看,还有必要进一步予以考虑。

上述的村松说认为,在形成之诉之类型被人们意识到以及获得承认之前,该类诉讼的多数都被理解为给付之诉。的确,意思表示的强制执行是观念性的,即随着判决确定而拟制"当事人做出了意思表示"(参照《日本民事执行法》第 173 条),在观念上,形成判决也因判决确定而使权利及法律关系发生变更。就表面而言,两者并没有什么差异,故而多数的形成之诉是否都可以重新被理解为,要求被告作出意思表示的给付之诉呢?在当事人要求离婚的诉讼中,由于法律认可当事人的协议离婚,因此似乎可以重新理解为,要求被告作出同意协议离婚之意思表示的给付之诉。无论如何,因判决确定可以进行户籍上的登记,因此就实际效果而言,上述理解不会存在问题。但是,在理论层面恐怕还面临着如下问题,即这种立场下的"要求被告做出同意离婚协议之意思表示的给付之诉"的结果与"将离婚分为协议离婚(参照《日本民法》第 763 条)与裁判离婚(参照《日本民法》第 770 条)"之民法结构之间存在难以整合的一面。就此而言,将其纳入形成之诉之分类似乎更具妥当性。

对于是否应当构想给付、确认、形成之三种类型之外其他的诉之类型问题,存在如下两种对立的立场。小山教授认为,类型论是一种关于分类技术的论述,因此,在类型论中,其侧重点并不是"将某种诉讼归类于某一诉的类型"的这一方面,而应当是确立类型,并通过适用这种类型的概念来阐明每个具体性诉讼的特征,诉的三种分类是一种手段性的概念,因而并不具有绝对性的意义,而那种认为"诉之类型只有三种"的观点并没有实定法上的根据,参照小山升《无效诉讼的诉讼标的》,载小山·著作集(第一卷),第 152 页注(2)。此外,饭仓一郎也表述了相同的观点,参照饭仓一郎《是否需要将诉限定于三种类型?》,载《争点》(旧版),第 138 页以下。铃木教授认为,诉讼三大类型论是历史的产物,尽管在逻辑上可能会对三大类型论提出各种各样的批判与检讨,但是,三大类型论所负有的"历史凝重的积累"至今还不足以被动摇,因此,仍然维持原有的三大类型论之做法还是较为妥当的,参照铃木正裕《关于休罗尔萨"形成之诉与形成判决"的书评》一文中(载《民訴雑誌》,第 13 号,昭和 42 年,第 313 页以下)。笔者个人的见解倾向于赞同小山说,不过,就现实的状况而言,正如铃木说所认为的,创设新的类型似乎并非易事。但铃木说并不认为三大诉讼类型之间存在严格的界限,在这一点上,与拙见并无太大差异。

第二,作为给付、确认、形成之三个类型相互之间的理论说明,存在一种所谓的确认诉讼原型观之见解。〔19〕这种观点认为,贯通于给付之诉、确认之诉以及形成之诉三种类型的"诉讼之基本"在于,对法律要件的存在或不存在做出确认;而且就判决的效力方面而言,这种关于"法律要件的存在与否"之确认判断也产生既判力。如果说确认之诉的目的仅仅在于发生这种既判力,那么给付之诉,除了这种既判力之外,还存在使强制执行得以发生的执行力,而形成之诉,在这种既判力之上也存在使法律关系发生变动的形成力。当然,以上所论及的都是判决承认请求的情形。在驳回请求的情形下,给付之诉与形成之诉并不产生执行力或形成力。换言之,在驳回请求的状况下,无论是给付之诉,还是确认之诉,或是形成之诉,作为判决效而言,产生的仅仅是基于"法律要件不存在"之确认判断的既判力。因此,贯穿于任何判决中的判决效基本原型是既判力,而作为诉的形式之基本原型,则是仅仅以既判力为对象的确认之诉。

	给付之诉	确认之诉	形成之诉
承认请求	执行力既判力	既判力	形成力既判力
驳回请求	既判力	既判力	既判力

的确,这种观点对三类诉的共通关系巧妙地做出了说明。但三月章教授对此提出了如下的批判,其认为,这种观点具有忽视"三种诉之类型差异"的危险,而且,这是一种试图颠覆"无论是从历史的视角还是从现实的角度来看,以给付之诉为中心"之观点的论调[关于此的详细论述可以参照三月章《民事诉讼的机能性考察》,载三ヶ月・研究(第一卷),第249页以下;本书"第二讲　诉讼标的"部分

〔19〕 参照兼子・体系,第144页以下;中田淳一《民事诉讼法讲义(上)》,有信堂,昭和63年,第62页以下。

的相关论述]，就当下的状况而言，这种观点的赞同者已不多见。[20]

三、形式的形成诉讼

1. 形式的形成诉讼

在依据传统诉讼程序做出处理的诉中，也存在如下一些情形，即法律并未对要件事实作出具体规定，而将作出何种结论的判决完全委诸法官之裁量的情形。例如，边界确定之诉、共有物分割之诉（参照《日本民法》第 258 条）以及确定生父之诉（参照《日本民法》第 773 条）即属于此。有观点认为，就这些诉而言，从"对审、公开、判决"之形式层面来看其是诉讼，但是，因不存在具体的要件事实，就其实质而言，其中的"将法规适用于事实"之司法作用的性质则较为淡化，因此，这些诉在实质上是非讼案件。[21] 此外，由于这些诉只有在法院作出判决后，其结果才产生通用的效力，因此可以说是形成诉讼。于是在讲学上，这些诉就被称为形式上的形成之诉（形式的形成诉讼）（新堂，第 181 页）。

2. 边界确定之诉

在这些形式的形成诉讼中，关于边界确定之诉，[22] 围绕着其性

---

〔20〕 小室教授认为，确认诉讼原型观存在"忽视诉讼类型的差异，进而将个别诉讼之目的与诉讼制度之目的同一化"的错误，参照小室直人《试评"确认诉讼是诉讼的基本类型"之理论》，载《法教》（第二期），第 2 号，昭和 48 年，第 134 页以下。而且，上田教授也认为，难以赞同确认诉讼原型观（参照上田，第 130 页以下）。与此相反，井上治典《给付与确认的关系》，载鈴木ほか・演習，第 62 页以下却认同确认诉讼原型观。

〔21〕 关于此观点的详细论述，还可以参照铃木正裕《非讼案件与形成的裁判》，载実務民訴（第八卷），第 3 页以下，尤其是第 8 页。尽管铃木教授认为这种诉在实质上是非讼案件，但并未积极主张将这些诉准用非讼案件程序法总则的有关规定，因而遭到了"这种观点在解释论的实践层面缺乏成果"这样的批判。此外，还可以参照奈良次郎《关于形式上形成诉讼特色的考察》，载《判タ》，第 908 号，平成 8 年，第 4 页以下。

〔22〕 在旧《日本民法》以及旧《日本民事诉讼法》中，法条并非采用"境界"（边界——译者注）之表述，而将其表述为"经界"。在读法上，既可以采用"kyoukai"也可以是"keikai"，正确而言，应当采用前者的读法。关于此的详细论述，可以参照吉野卫《边界纷争的法的解决（一）——以土地编号界线为中心》，载《登记研究》，第 516 号，平成 3 年，第 9 页以下，尤其是第 12 页。

质以及理论上的理解存在众多的论讨。通说与判例认为,这种诉是一种与私益所有权无关的,确定公簿上的土地编号与土地编号边界线(也被称为笔界)的诉讼。换言之,这种立场的出发点在于,边界确定诉讼是确定公法上边界线的诉讼之认识。而且,在这种诉讼中,无须当事人主张特定边界线之存在,即便原告对特定的边界线提出主张,法院也不受此拘束(参照大审院大正 12 年 6 月 2 日判决,载《大审院民事判例集》,第 2 卷,第 345 页),因而对此也不适用《日本民事诉讼法》第 246 条的"请求事项限制"与第 304 条的"在控诉审中禁止不利益变更"之规定(参照最高裁判所昭和 38 年 10 月 15 日判决,载《最高裁判所民事判例集》,第 17 卷第 9 号,第 120 页),在当事人之间达成关于边界达成的合意也不能拘束法院(参照最高裁判所昭和 31 年 12 月 28 日判决,载《最高裁判所民事判例集》,第 10 卷第 12 号,第 1639 页)。即便是在边界线未获得证明的情形下,法院也不能作出驳回请求的判决,而必须依据裁量对边界线作出确定。法院对边界线作出确定的判决具有对世效。由于边界确定与土地的所有权无关,因此土地取得时效的有无也与边界确定之诉无关,在边界确定之诉中,法院不对该土地的取得时效进行审理(参照最高裁判所昭和 43 年 2 月 22 日判决,载《最高裁判所民事判例集》,第 22 卷第 2 号,第 270 页)。以上就是通说及判例的观点。

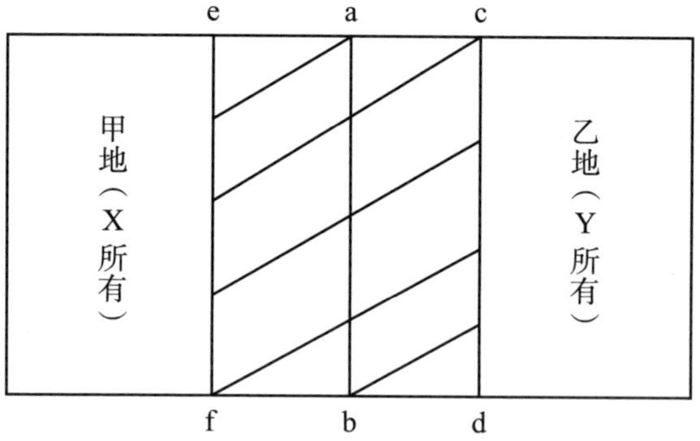

图 3-2

如此一来，通说及判例通过将边界确定之诉理解为“确定公簿上土地编号与土地编号边界的诉讼”，以便保持“边界确定之诉与所有权无关”之立场的一贯性。但是，判例又认为，系争土地所有权的取得时效将因当事人提起边界确定之诉而发生中断（参照最高裁判所昭和 38 年 1 月 18 日判决，载《最高裁判所民事判例集》，第 17 卷第 1 号，第 1 页）。在当事人适格方面，相邻接的各方土地所有人具有当事人适格，由此看来，在这两个方面，边界确认诉讼与土地所有权存在关联性。当一方越过土地界线并完成取得时效时，土地界线的两侧都将归同一人所有，如此一来就不免产生这样的疑问，即在这种情形下，就无法满足当事人适格者是“邻接地的各方所有人”之要件［如图 3-2 所示，在关于 X 所有的甲地与 Y 所有的乙地的边界争议中，X 主张边界线为 cd 线，而 Y 主张边界线为 ef 线，于是 cdef 所包围的部分就成为系争部分。尽管法院判断的界线是 ab 线，但若 X 越过 ab 线并将自己的土地延伸至 cd 线，并完成了这一土地的取得时效，则界线 ab 两侧（cdef 所包围）之土地的所有人均变为 X，如此一来，在 X 与 Y 之间展开的诉讼中，当事人适格（界线 ab 邻接地的各方所有人）的要件就无法获得满足。反之，若让满足当事人适格之要件的 X 与 X 进行诉讼，则违背了双方当事人对立的诉讼构造］。对于此问题，最高裁判所昭和 58 年 10 月 18 日判决［载《最高裁判所民事判例集》，第 37 卷第 8 号，第 1121 页以下，收录于《百選Ⅰ》，第 78 号案件（玉城动解说）］认为，当 X 基于取得时效仅取得一部分的边界线，而 XY 仍然是剩余部分边界线的邻接地所有人时，应当肯定 XY 对于整个边界线（所涉及的纷争）都具有当事人适格。此外，最高裁判所平成 7 年 3 月 7 日判决（载《最高裁判所民事判例集》，第 49 卷第 3 号，第 919 页）又进一步认为，即便是在一方所有人对整个边界线都成立取得时效的情形下，邻接地所有人 XY 的当事人适格也并未丧失。其判决的理由在于，尽管 Y 不是边界线两侧土地的所有人，但其与邻接地所有人具有最密切的利害关系，而且，为了对基于时效取得的部分土地进行登记，也必须对该边界线做出确定（此外，关于这方面的论述也可以参照最高裁判所平成 11 年 2 月

26日判决,载《判時》,第1674号,第5页)。在另一方面,最高裁判所昭和59年2月16日判决(载《判時》,第1109号,第90页)认为,在公簿登记为两块相邻接土地之间存在第三人所有的土地时,该两块土地的名义所有人不具有边界确定之诉的当事人适格。总而言之,只有邻接土地的各方所有人才具有当事人适格,而不问边界线附近土地的取得时效是否成立。〔23〕

如上所述,关于边界确认之诉中的时效中断与当事人适格方面的见解,尽管存在若干的波动,但通说及判例基本上还是朝着"切断边界确定之诉与土地所有权之间的联系"之方向来考虑问题的。不过,反对说也正是基于这一点来不断地对通说及判例展开批判。此外,通说及判例的见解似乎也不符合诉讼当事人的实际期待。因为,当事人正是基于要求法院确认对自己所有土地边界之目的才费时费钱地进行诉讼,当事人并不要求确定与自己所有权无关的土地边界线。在这一点上,切断边界确定之诉与所有权之关系的通说及判例,依然还存在与现实不整合之问题点。〔24〕 而且,如果基于"这种

---

〔23〕 关于边界确定之诉当事人适格的详细论述,参照下村真美《关于边界确定诉讼的当事人适格》,载中野·古稀(上),第239页以下;加藤新太郎《边界与当事人》,载盐崎勤、安藤一郎编《裁判实务大系24——不动产诉讼》,青林书院,平成7年,第347页以下。

〔24〕 不过,通说的阵营中也存在一些不同的观点,雉本教授[雉本朗造《论边界之诉》(最初发表于明治45年),载雉本朗造《民事诉讼法的诸问题》,有斐阁,昭和30年,第79页以下]和兼子教授(兼子·判例,第76页以下)等也主张切断与所有权的关系[不过,对于这些观点的理解也存在争议,玉城动《何为作为边界确定诉讼之对象的边界(一)—(四)》,载《琉球大学法学》,第45号第103页以下(平成2年)、第46号第1页以下(平成3年)、第47号第1页以下(平成3年)、第48号第151页以下(平成4年)是作这样理解,但林伸太郎《关于边界确定诉讼的一种考察(一)—(三)》,载《法学》,第48卷第3号第389页以下(昭和59年)、第48卷第4号第551页以下(昭和59年)、第49卷第2号第305页以下(昭和60年)却认为,雉本说应当被理解为一种主张"边界确认之诉与所有权存在联系的"的观点],在村松俊夫《边界确定之诉》一书中(有斐阁,昭和47年),村松教授认为,无论如何,在事实上通过边界确定之诉也可使所有权的争议获得解决,因而就最终意义而言,是与所有权存在关系的。近来主张对通说予以再构成的学说(瑞穗说、奈良说)也可以说是村松说这一见解的延伸。不过,即便是基于村松说的立场,其所认为的诉讼标的仍然是"公簿上边界的确定",作为法律论而言,边界确

切断与所有权关系”之通说及判例的立场,那么就不得不允许当事人另行提起独立于边界确定之诉的所有权范围确认之诉,如此一来,就无法阻止在边界确定之诉中承受不利后果当事人提起确认所有权范围之再诉,进而出现反复争执的结果。尽管在现实中很少会发生这样的再诉,但作为理论而言,还是不能允许当事人提起这种再诉,而且,当时效取得成立时,实际中也必须通过边界确定诉讼与所有权范围确认诉讼两个程序来解决纠纷(处理纠纷),因而也不符合效率原则。

那么,究竟该如何看待这一问题呢?所谓的边界确定之诉,是自罗马法以来就存在的诉讼形式。无论是罗马法还是德国法,对于边界线的确定之问题,都是作为“确定私益所有权之边界”来予以理解的,直至今日,德国的通说也仍保持这样的理解。尽管如此,之所以将其区别于普通的所有权确认诉讼,并作为一种特殊之诉予以对待,其原因在于如下考虑,即有关土地边界线的证明通常极为困难。相反,若在边界确定诉讼中适用普通民事诉讼的证明责任规则,负有证明责任的原告往往会招致败诉的结果。而且,这种边界确定之诉产生于邻接地的双方所有人之间,换言之,纵使甲地的所有人 X 提起所有权确认诉讼,并因证明责任而招致败诉,但并不意味着,该判决可以通过既判力来确定“该系争部分土地属于乙地所有人 Y 所

定之诉与所有权无关。

关于边界确定诉讼学说及判例的流派以及比较法的文献,玉城动《何为作为边界确定诉讼之对象的边界(一)—(四)》[载《琉球大学法学》,第 45 号第 103 页以下(平成 2 年)、第 46 号第 1 页以下(平成 3 年)、第 47 号第 1 页以下(平成 3 年)、第 48 号第 151 页以下(平成 4 年)]固然存在叙述重复、难以阅读的一面,但可以说是这一领域的一个精细的作品,而林伸太郎《关于边界确定诉讼的一种考察(一)—(三)》,载《法学》,第 48 卷第 3 号第 389 页以下(昭和 59 年)、第 48 卷第 4 号第 551 页以下(昭和 59 年)、第 49 卷第 2 号 305 页以下(昭和 60 年);吉野卫《边界纷争的法的解决(一)—(五)》(载《登记研究》,第 516 号第 9 页以下、第 51 页号第 1 页以下、第 518 号第 1 页以下、第 519 号第 1 页以下、第 520 号第 1 页以下,平成 3 年)等文献也是在这方面研究上颇为有益的大作,而颇为简洁且归纳要领的文献则属加藤新太郎《边界确定诉讼》,载盐崎勤、安藤一郎编《裁判实务大系 24——不动产诉讼》,青林书院,平成 7 年,第 373 页以下。

有”之判断,于是乙地所有人 Y 就不得不再次提起确认所有权的诉讼,但 Y 也会因证明责任而败诉,若 X 与 Y 都败诉,“系争部分土地归谁所有”的问题就无法通过诉讼来获得解决。这无疑是一种不妥当的结果,因而就有必要承认一种“边界确定诉讼”之特殊类型诉讼,而且在这种诉讼中,法院不应当作出驳回请求判决,当事实处于真伪不明时,也不适用证明责任,而是由法院依据裁量来划出边界线,并且邻接地所有权的边界也以此为准。以上正是边界确定诉讼的特殊性之所在。不过,通说及判例采用“与所有权无关的,只确定公簿上的边界线”之观点仅仅为日本的观点,究其原因,正如雉本说所认为的,若将边界确定之诉作为“以所有权为对象的诉讼”对待,则无法与当时《日本法院组织法》作出的“边界确定之诉一般由区法院管辖”之规定形成整合(若是所有权确认诉讼,依据诉讼标的额的程度也可以由地方裁判所管辖)。而且,这种“将边界确定之诉与所有权切断联系”的观点为兼子理论所继承,并基于此逐步发展成为通说及判例的见解。

如此一来,主张不适用证明责任规则为边界确定之诉的唯一特殊性的观点获得了较强的说服力。具体而言,这种观点认为,与“何人是土地所有权人”之通常的所有权确认诉讼不同,边界确定之诉是确定“作为所有权对象之土地范围为多大”的诉讼,鉴于这种诉讼客体的特殊性,在诉讼中才不适用证明责任规则,法院也不作出驳回请求的判决(必须划出边界线)。因此关于边界确定之诉的特殊性,只要认可这一点就已足够,而边界确定之诉的确定对象应当是私益所有权之边界,故“请求事项之限制”的《日本民事诉讼法》第 246 条规定以及“控诉审禁止不利益变更”的《日本民事诉讼法》第 304 条规定适用于边界确定之诉(新堂,第 147 页)。〔25〕 在这种立

〔25〕 关于此的详细论述,也可以参照新堂·判例,第 45 页。在新堂,第 183 页、所引用的小室直人《边界确定诉讼的再检讨》(载《中村宗雄博士古稀祝贺论文集——民事诉讼的法理》,敬文堂,昭和 40 年,第 144 页),新堂教授认为,边界确定之诉的对象是双重的,即既是公簿上的边界线,同时也是私益所有权之边界。此外,还可以参照新堂幸司《民事诉讼中学说与判例的交错》,载新実務民訴,第 25 页以下,收录于新堂·基礎,第 221 页以下。

场下,那种"不考虑取得时效因素"的判例观点应当进行变更,而且,当事人之间就边界线达成的合意也是有效的,法院应当受此拘束。

但正是基于此点,使关于边界确定之诉的论讨出现了某种反转。在一方当事人越过本来边界线,并在取得时效届满的情形下,或者当事人之间的合意(和解协议)成立的情形下,应当是"公簿上的边界线随着所有权的边界,移动至取得时效部分或合意成立部分",还是"公簿上边界线不发生移动,而只有所有权的边界发生移动,进而进行分笔登记"呢?这一个问题又衍生出另一种设想——公簿上边界线离于所有权边界之外?对于这一问题,若基于主张"二元性地设定所有权的边界与公簿上的边界线"之观点的立场,可能会更容易获得理解。因为,在公簿上的边界线是明确的,而当一方所有权人超越边界线并完成取得时效时,就应当意识到这是一种两者(公簿上的边界线与所有权的边界线)相互分离的状况。在此情形下,边界确定之诉的对象究竟是两者中的何者?若贯彻私人不能对公簿上边界的确定予以争议之立场,则边界确定之诉的对象为所有权的边界。[26] 当X的取得时效届满时,通过边界确定之诉,也可以使

---

〔26〕 主张"边界确定之诉只对所有权的边界进行确定"的观点(尽管在表述上会有微妙的差别)可以见之于花田政道《土地边界确定诉讼的机能》,载中川善之助、兼子一主编《不动产法大系第6卷——诉讼》,青林书院新社,昭和45年,第116页以下;宫川种一郎《边界确定诉讼的再评价》,载《判タ》,第270号,昭和47年,第49页以下;玉城动《何为作为边界确定诉讼之对象的边界(一)—(四)》,载《琉球大学法学》,第45号第103页以下(平成2年)、第46号第1页以下(平成3年)、第47号第1页以下(平成3年)、第48号第151页以下(平成4年);林伸太郎《关于边界确定诉讼的一种考察(一)—(三)》,载《法学》,第48卷第3号第389页以下(昭和59年)、第48卷第4号第551页以下(昭和59年)、第49卷第2号第305页以下(昭和60年)。此外,山本和彦《昭和五八年度最高裁判所判例释评》,载《法協》,有斐阁,第102卷,第7号,昭和60年,第1419页以下,也倾向于采用"所有权"说。

此外,尽管作为实务家仓田卓次法官不得不停留于判例理论的限度内,但仓田法官也建议,应当留意"这种诉讼是事关所有权的争议"这一点(参照仓田卓次《关于边界确定之诉》,载最高裁判所事务总局编《关于边界确定诉讼的业务资料》,法曹会,昭和55年,第577页以下,尤其是第643页)。

取得时效成立的边界线作为所有权之边界而获得确定。至于取得时效成立后的分笔登记关系,在这种情形下,尽管该土地公簿上的边界线应当存在于X所有的土地范围之内,但是其具体位置何在依然是不明确的(判决并未对此作出确定)。不过,由于这种公簿上的边界线可以是一种只为分笔登记而划出来的边界线,因此X可以在自己的所有地内适当地划出边界并提出登记申请(这种情形可以视同为,在未涉及取得时效的通常情形中,当所有人分割一块土地时,当事人可以适当地划出边界并提出登记申请之情形)。如此一来,这种观点就贯彻了"当事人提出的仅仅旨在确定公簿上边界线之诉讼并不具有诉的利益"的立场。[27] 这的确是一种颇具吸引力的见解,不过也存在如下一个较大问题点,即这种观点认为,在关于取得时效的成立与否的诉讼中也排除适用证明责任规则,换言之,当取得时效成立与否之事实处于真伪不明时,法院也必须划定土地所有权的边界线。因为,仅仅因一方当事人提出的取得时效主张,就会破坏本来土地所有人之静的安全。作为结论而言,在边界确定诉讼中,尽管关于境界线之问题排除证明责任规则的适用,但关于取得时效及当事人合意的成立与否仍然应当适用证明责任规

---

〔27〕 关于此的详细论述,可以参照玉城动《何为作为边界确定诉讼之对象的边界(四)》,载《琉球大学法学》,第48号,平成4年,第218页以下;玉城动《案例解说》,载《百選Ⅰ》,第78号案件。不过,前述的最高裁判所平成7年3月7日判决等判例提出了与此相反的观点,其认为,没有必要为了分笔登记而进行公簿上的边界线之确定。

此外,在德国,由于关于不动产取得时效的规定是不同的,因而并不会产生这样的问题,关于此的详细论述可以参照玉城动《何为作为边界确定诉讼之对象的边界(四)》,载《琉球大学法学》,第48号,平成4年,第205页。博乌索纳德草案也规定,当一方当事人主张取得时效时,并不能将其认可为边界确定之诉,而法院应当先就取得时效即所有权进行判决,关于此的详细论述可以参照吉野卫《边界纷争的法的解决(一)——以土地编号界线为中心》,载《登记研究》,第516号,平成3年,第9页以下。总而言之,无论是德国还是法国,似乎立法者并不具有"将取得时效与边界确定之诉结合起来"的意识。

则。[28] 如此一来，将所有权边界的确定作为诉讼标的的观点就应当修正为，当一方当事人主张本来的边界线时，不适用证明责任规则，而当一方当事人主张取得时效及当事人间存在合意时，则适用证明责任规则。[29] 这种观点在理论上是可行的（新诉讼标的论），在实务上也具有可操作性，但隐约还残留有一种"在条理上未予以完全厘清"的感觉。

由此也有必要对"将公簿上的边界线作为边界确定之诉的对象"之通说及判例的观点进行再评价。有观点认为，在当事人观念中以所有权范围争议为意识提起了诉讼，但被提示为边界争议，归根结底，所有权范围的不明确或争议根源于公簿上边界线的不明确或争议。[30] 换言之，当事人之间是基于这样一种默示性的理解提起边界确定之诉的，即如果公簿上的边界线获得确定，那么所有权的范围也将就此得以明确（参照畑郁夫《边界确定诉讼》，载新堂·特別講義，第 204 页）。从原本意义上来说，边界确定诉讼的特殊之处在于如下这一点，即边界线证明的困难性，进而不能对此适用证明责任规则。如果将公簿上的边界线作为诉讼标的，那么就可以将

---

〔28〕 奈良次郎《关于边界确定之诉的若干考察（中）》，载《判評》，第 339 号（《判時》，第 1224 号），昭和 62 年，第 157 页以下。

〔29〕 玉城动《关于边界确定诉讼》，载《民訴雜誌》，第 34 号，昭和 63 年，第 174 页以下，尤其是第 182 页注（18）。

〔30〕 奈良次郎《关于边界确定之诉的若干考察（上）（中）（下）》，载《判評》，第 338 号第 148 页以下、第 339 号第 148 页以下、第 340 号第 148 页以下（《判時》，第 1221 号、第 1224 号、第 1227 号），昭和 62 年，尤其是第 338 号第 150 页注（3）。

无论是否进行理论上的再构成，就当下而言，主张将公簿上的边界线作为"边界确定之诉"这类形式上形成诉讼之诉讼标的来予以对待的学说，可以见之于伊藤，第 128 页以下；中野＝松浦＝鈴木·旧，第 43 页以下（中野贞一郎执笔）；上田，第 132 页以下；注解民訴（第六卷、第二版），第 96 页以下等。谷口，第 54 页以下；佐上，平成 10 年，第 88 页以下；中野＝松浦＝鈴木，第 32 页以下（德田和幸执笔）等观点也属于一种中立性的见解，但并未从正面提出反对意见。

焦点集中于“公簿上边界线的证明较为困难”这一点来进行理论构成。〔31〕 换言之,当诸如“取得时效”或“所有权范围的合意”(和解协议)那样的所有权的边界成为诉讼中的正面问题,进而在诉讼中也必须适用证明责任时,该诉讼就不是边界确定之诉,而可以视为通常的所有权确认之诉。此外,在诸如发生取得时效致使所有权边界与公簿上的边界不一致的情形下,既可以认为公簿上边界的确定之诉没有诉的利益,也可以像判例那样认为其具有“为了分笔登记”之诉的利益。不过,从实际的状况来看,采用后者的把握可能更为妥当。不过,如果基于这种通说再构成的观点,那么就会存在如下

---

〔31〕 从原本意义上的“土地所有权客体是多大(确认范围)”之边界确认诉讼的特性出发,是否可以直接导致“不适用证明责任”这一结果呢?所谓的客体范围不明确,既有可能是“租赁的不动产之范围不明确”,也有可能是“不动产业已发生转让之事实获得证明,但转让价金不明确”。无论如何都必须适用证明责任。而且,尽管“在无论是 X 还是 Y 因证明责任而败诉后,该所有物归谁还不能获得确定”之现象,也发生于动产所有权确认诉讼之中,但似乎很少听说“在动产所有权确认诉讼中不适用证明责任”的论调。因此,是否可以从“土地边界线不明确不会基于个人的不注意而产生”这一点出发(参照佐佐木吉男《边界确定诉讼的再思考》,载《民事研修》,第 190 号,昭和 48 年,第 27 页以下)来推导出“不适用证明责任”的结果,或者是基于土地边界线所具有的重大社会意义而导致“不适用证明责任规则”之结果呢?无论是基于何种原因,相对于以所有权为载体的观点而言,使用“公簿上的边界线”之形式的观点,似乎更能妥当容纳“不适用证明责任”之结果。

依据一般理解,无论是罗马法还是德国法,边界确定之诉同时也确定了私益所有权的边界,由于在土地登记簿制度以及取得时效制度上存在差异,上述法与日本法的背景也不同,因而有关边界确定之诉的理解也不可同列而语。

但是,山本教授主张,在所有权范围的确认诉讼中,也应当类推适用《日本民事诉讼法》第 248 条规定,因为,当一方当事人享有所有权之事实明确时,逻辑上应当对存在的土地所有权之边界作出确定,这就如同当存在损害获得认定时必然存在损害额一样。而且,边界举证极为困难之性质也不言自明,参照山本和彦《边界确定诉讼》,载《判夕》,第 986 号,平成 10 年,第 94 页以下。关于《日本民事诉讼法》第 248 条的法条,虽然只限定于损害额的认定,立法者也并未言及将其适用于边界确定,但是也并非不能对此予以类推适用。其后,在此基础上,诸如玉城说与林说等观点,似乎对“范围确认诉讼”之一元化方向赋予了新的基础(除所有权边界之外的其他公簿上边界诉讼不具有确认利益)。不过,山本和彦说自身还是属于一种二元性质的理解,其认为,存在公簿上边界的确定诉讼与所有权范围确认诉讼两种性质,换言之,山本说依然维持着二元说的把握。

这一理论上的难点，即除了这种以公簿上的边界线为对象的边界确定之诉外，还必须认可所有权范围确认之诉，如此一来，面对一个土地边界纠纷，当事人就不得不提起二次诉讼。而且，关于是否适用"请求事项限制"与"禁止进行不利益变更"之规定的问题，也有必要进行进一步探讨。

综上所述，这一问题就陷入如下这种两难境地，即如果遵循当事人所认为的"所有权争执"之意思，将边界确定之诉作为所有权边界的确定来构成，那么在取得时效等的证明责任等方面会碰到理论上难题，反之，若是作为公簿上边界线的确定来予以理论构成，则又会与所有权确认之诉形成重复。应当说，这两种理论构成各有长短。如果必须要从中作一选择，那么主张"将焦点集中于边界确定诉讼之特殊性（不适用证明责任规则）"的公簿上边界线确定的学说似乎更具合理性，不知道笔者的这种认识是否妥当（此外，畑郁夫教授对此也有精辟的论述，参照畑郁夫《边界确定诉讼》，载新堂・特別講義，第204页以下）。不过，这种特殊性应当限定在所必要的最小限度内，与通说及判例的见解不同，无论是"请求事项的限制"之《日本民事诉讼法》第246条规定，还是"在控诉审中禁止进行不利益变更"之《日本民事诉讼法》第304条规定，都应可以适用在这种诉讼中。[32]

---

〔32〕　根据奈良教授的观点［参照奈良次郎《关于边界确定之诉的若干考察（上）（中）（下）》，载《判評》，第338号第148页以下、第98卷第339号第148页以下、第340号第148页以下（《判時》，第1221号、第1224号、第1227号），昭和62年］，在实务操作中，法院必定都会让双方当事人对边界线提出主张，并在这两种主张重叠之系争部分中划定边界线。吉野卫也表述了相同的观点，其认为，在边界确定诉讼中可以说存在当事人的请求，因此从中是可以充分地进行"请求事项的限制"之规定的适用，参照吉野卫《边界纷争的法的解决（四）》，载《登记研究》，第519号，平成3年，第1页以下。此外，玉城动对于此问题作出了详细的论述，参照玉城动《边界确定诉讼中原告能否就越过边界线来确定边界提出主张——战前的学说与判例》，载《名古屋大学法政研究》，第147号，平成5年，第43页以下；玉城动《边界确定诉讼中原告能否就越过边界线来确定边界提出主张——战后的学说、判例及论点的整理》，载《琉球大学法学》，第51号，平成5年，第27页以下。

但是，村松和德教授认为，当肯定进行"请求事项的限制"规定的适用时，会产生如下这种不妥当的请求，即在双方当事人主张的边界线发生交错的情形下，就无法在各方

3. 共有物分割之诉

以下就共有物分割之诉展开论述。一直以来，这种诉讼也被理

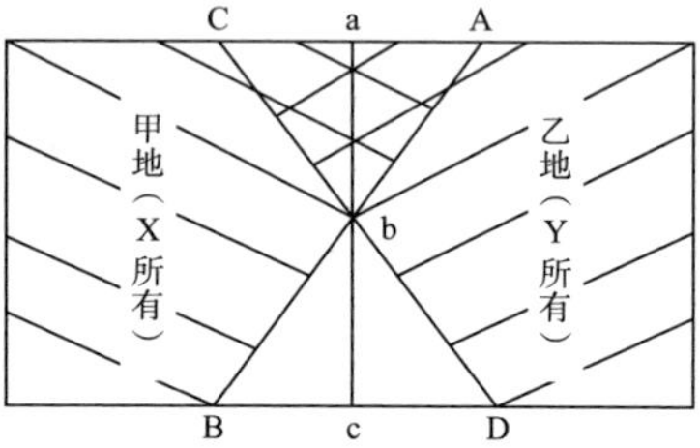

都不视其为己有的用地部分进行边界线的划分。试以上图来加以说明，当 X 主张是 AB 线，而 Y 主张 CD 线时，AbC 所包围的部分就成为双方的系争部分土地，但由于 BbD 所包围的部分则成为 X 或 Y 都未主张为自己所有的非系争地，因此法院就无法在其中划出边界线，参照村松和德《第三人异议之诉的法的性质论》，载《民商》，第 98 卷第 2 号第 217 页以下、第 3 号第 350 页以下，昭和 63 年，收录于村松和德《民事执行救济制度论》，成文堂，平成 10 年，第 23 页以下。但是，有观点认为，在这种情形下，法院往往可以通过释明要求某一方当事人扩张自己边界线的主张（参照玉城动《关于边界确定诉讼》，载《民訴雜誌》，第 34 号，昭和 63 年，第 174 页以下，尤其是第 176 页）。在当事人未对法院这种释明作出回应时，关于双方当事人都未主张为自己之用地的部分，既可以因没有争议而视为其没有诉的利益，进而不对此部分的边界线作出划分（只在 AbC 内中划出 ab 线，而在 BbD 部分不划边界线），或者也可以作为争议部分的延长，并将全体（AbC 与 BbD）都视为系争部分土地。奈良教授认为，在这种情形下应当将 abc 划定为边界线，参照奈良次郎《关于边界确定之诉的若干考察（上）》，载《判評》，第 338 号（《判時》，第 1221 号）昭和 62 年，第 152 页以下。

紧接着的问题是，如果说法院应当在双方当事人系争部分土地中划定边界线，当被告缺席时，由于被告方没有提出主张的边界线，系争部分土地就无法获得确定，那么法院是否就无法作出判决呢？在这种情形下，应当说法院可以针对原告主张的边界线划出对原告不利的边界线。而且，当从法院的视角看来，边界线只能存在于原告主张的系争地之外，但若原告未响应法院这一释明来对主张的系争地进行变更，法院可以将其作为无益有害或者欺诈之诉讼而驳回其起诉。

在被告缺席时还存在的问题是，法院能否依据拟制自认来作出缺席判决？在边界确定诉讼中，纵使法院让当事人对边界线提出主张，该主张被视为请求事项，但只要边界线之要件事实本身不存在，那么作为主要事实层面的自认以及拟制自认也就无从谈起，因此，仅就这一层次而言，法院是不能依据拟制自认来作出缺席判决的。不过，当原告提出间接事实之层次主张时，其中是否成立拟制自认，这将牵涉间接事实自认的问题。

解为一种形式的形成诉讼、实质上的非讼或依法院的裁量进行分割之诉讼。但是,有力说认为,若对法官裁量的应然程度进行自觉思考,就需要对以下若干问题予以反省。例如,在共有物分割的请求中,存在"共有关系终止(从共有关系中脱离出来)"和"因共有关系终止而产生的分割实施"两个侧面,前者应当适用处分权主义(受请求的限制),而只有后者才具有非讼性。因此,在甲乙丙丁四人的共有中,当甲乙两人作为共同原告仅仅提出"在维持甲乙之共有关系不变的基础上,仅仅终止与丙丁二人间的共有关系"之请求时,法院不应受该请求的拘束,进而解除甲乙的共有关系。而且,在具体的分割中,尽管法院裁量是必不可缺的,但也不应当享有遗产分割中那样的广泛裁量性(参照《日本民法》第906条)。因此,如果共有人没有对属于共有的整个物件提出分割的要求,那么法院就不能对该

此外,如果承认边界确定之诉与所有权确认之诉两种诉讼,那么就会产生两种诉讼能否合并的问题。若从强调边界确定之诉的特殊性来看,这就变为能否对贯彻不同程序原则的两个诉讼进行合并的问题(《日本民事诉讼法》第136条),但如果仅考虑证明责任这一特殊性,那么也不能完全否定两种诉讼合并的可行性。林屋教授认为,边界确定诉讼的对象是公簿上的边界线与私益所有权的边界线之两者,因而这两者合并时的效果等同于单一诉讼的效果,也就是说林屋说对这两种诉讼的合并抱以肯定的态度,参照林屋,第100页以下;林屋礼二《判例释评》,载《判評》,第317号(《判時》,第1151号),昭和60年,第216页以下。这的确是一种饶有兴味的见解,但是,其中仍然残存"是否应该当然地以两者为对象""是否(只要)承认一方当事人就可以提出的质的部分请求"等疑问。

还有关于和解方面的问题。对于所有权范围,双方当事人可以进行和解,但作为公簿上的边界线而言,当然不允许当事人进行这种和解。关于此的详细论述可以参照大石忠生、山上雅通《关于诉讼上和解规整的若干问题》,载講座民訴(第四卷),第321页以下,尤其是第331页。不过,吉野教授认为,当事人之间可以达成边界确定的合意,参照吉野卫《边界纷争的法的解决(一)—(五)》,载《登记研究》,第519号第9页以下、第520号第29页以下,平成3年。

就边界确定诉讼的上诉方面而言,当自己主张的边界线被判决所承认时,该方当事人没有上诉利益[参照奈良次郎《关于边界确定之诉的若干考察(下)》,载《判評》,第340号(《判時》,第1227号),昭和62年,第151页以下]。在"禁止进行不利益变更"方面,应当说是与判例的见解不同的,主张"可以适用"的观点是较为妥当,持这种观点的文献还可以见之于竹下守夫《判例评析》,载《法協》,第82卷第4号,昭和41年,第562页以下;条解,第1191页以下(松浦馨执笔)。

共有物进行分割。在因法院分割现物而极易产生不公平的情形下,法院也应当慎重使用“简单地通过价格补偿来调整现物分割”之方法(例如,时价为3亿日元的土地因地形之关系只能进行“1亿日元之土地与2亿日元之土地”这样的分割,在这种情形下,获得2亿日元的一方向对方当事人支付5000万日元的方法,即属于此。经过10年后,2亿日元的土地升值到10亿日元,而1亿日元的土地只升值到3亿日元,这样就会产生不公平)。[33] 笔者个人对于这种学说也颇具同感,正如这种观点所认为的那样,在共有物分割之诉中似乎还存在许多应当考虑的问题。[34]

---

〔33〕 奈良次郎《关于共有物分割之诉》,载藤原、山口编《民事判例实务研究第5卷》,判例时代社,平成元年,第279页以下;奈良次郎《共有物分割与遗产分割程序的异质性》,载三ヶ月·古稀(中),第635页以下。通过对判例详细分析来对问题点进行细致考察的文献可以见之于奈良次郎《关于共有分割之诉的若干考察》,载《判夕》,第815号,平成5年,第31页以下;奈良次郎《关于共有物分割诉讼的若干问题》,载《判夕》,第879号,平成7年,第45页以下;奈良次郎《共有物分割诉讼的分割方式多样化对审理的影响》,载《判夕》,第911号,平成8年,第48页以下。

此外,远藤、水本、北川、伊藤主编《民法注解财产法第二卷——物权法》,青林书院,平成9年,第544页以下(石川善一执笔)展开了一种彻底的否定形式上形成诉讼说的论述。关于罗马法中的共有物分割之诉的详细论述参照小山升《关于罗马法上的共有物分割诉讼》,载《北海学园大学法学部三十周年纪念论文集——转换期的法学与政治学》,平成8年,第3页以下。

〔34〕 据铃木教授论述,在家事审判法的立法过程中,确定生父之诉原先是被列入家事审判之范畴的,但后来却将其归入人事诉讼案件,这可以说是一个基于立法者整理错误而形成的结果,参照铃木正裕《非讼案件与形成的裁判》,载实務民訴(第八卷),第9页以下。如此一来,将“确定生父之诉”作为形式上的形成诉讼的理解也将存在问题。不过,如果将确定生父之诉作为非讼案件来予以对待(而不是诉讼案件),那么就有必要从其他途径来考虑关于在这种非讼情形之当事人程序保障的问题。关于此的详细论述,还可以参照佐上善和《家事审判中的当事人权》,载实務民訴(第八卷),第73页以下。

第四讲　部分请求

导　读

部分请求问题提出的语境是，在诉讼实践中，有可能出现这样的情形，即当一个权利义务关系发生争议诉诸法院时，原告作为债权人没有在该诉讼中主张全部债权，仅仅主张了部分债权。这种部分债权的主张并不是指原告与被告之间存在两个或两个以上的不同债权，而是指原告的债权只有一个，只是该债权是数量上可分的。例如，被告欠原告 10 万元，而原告在该诉讼中只就其中 5 万元提起诉讼，要求被告返还。如果原告愿意，也还可以分成若干份。问题包括两个方面：其一，当原告仅就其中 5 万元提起诉讼后，在这一诉讼之外，原告是否还能再就另外 5 万元提起诉讼；其二，当前诉法院判决被告给付原告主张的 5 万元或原告的请求被法院裁判否定，并且法院判决已确定时，原告能否就另外的 5 万元债权提起后诉。前者涉及是否属于重复诉讼的问题，后者与既判力的客观范围有关，因此在学说上多数是围绕既判力展开的。

关于这一问题，国外主要有两种对立的观点。

一是肯定说。该说的主要依据是，在实体法上对债权的分割是债权人的自由,债权人就部分债权进行处分是合法的。因此,程序法上也应当与实体法一致,允许原告自由地设定诉讼标的,至于当事人是否明示该请求是其中一部分,在所不问。

二是否定论。否定论又可细分为三种见解。第一种见解:当事人明确指出请求的只是债权的其中一部分时,允许对余额再提起诉讼;没有对部分债权请求明示,不得就剩余部分再提起诉讼,即使客观上只是全部债权的一部分。第二种见解:尽管也否定一部分请求的可诉性,但在具体处理上,要区分原告提出部分请求时,在诉讼中是胜诉还是败诉。如果原告在诉讼中胜诉,则余额请求可以再行诉讼。但败诉时,则不能够再行诉讼。第三种见解:属于不分情形,全面否定部分请求再诉的观点。这种观点认为,如果允许原告就其余部分再行诉讼,必然给被告造成不必要的讼累,也会导致法院审理的不经济和非效率化。

根据上述不同观点,对既判力的客观范围的认识也就有所不同。如果允许对部分剩余债权再行诉讼,则关于前诉中部分请求的确定判决就对后诉的部分请求没有既判力。否定可以再行对剩余债权提起诉讼的,则前诉关于部分债权的确定判决就对后诉的部分请求具有既判力。应当持哪一种观点似乎与价值判断有关:如果侧重考虑公平、诉讼经济、效率,则否定论就是合理的;如果侧重于考量当事人的处分权,那么承认可以再行诉讼也是有道理的。

在中国,尽管民事诉讼法未对部分请求问题作出直接规定,但并不能因此否定该问题在司法实践中的重要性。以精神损害赔偿为例,对于部分请求的规则历经了一个制度变迁过程。根据2001年出台的最高人民法院《关于确定民事侵权精神损害赔偿责任若干问题的解释》(法释〔2001〕7号)(已失效)第6条规定,当事人在侵权诉讼中没有提出赔偿精神损害的诉讼请求,诉讼终结后又基于同一侵权事实另行起诉请求赔偿精神损害的,人民法院不予受理。从该司法解释的观点来看,应当属于上述否定论中的第三种观点。但2020

年最高人民法院通过修订该司法解释删除了该条规定，而根据《民法典》第996条规定，因当事人一方的违约行为，损害对方人格权并造成严重精神损害，受损害方选择请求其承担违约责任的，不影响受损害方请求精神损害赔偿。可见，《民法典》对于该问题改变了立场，即采用所谓的肯定说。

关于部分请求，高桥持部分请求全面否定说，因为对于原告而言，在前诉中扩张请求的范围不过是举手之劳。如果以再诉的形式需求对剩余请求的承认，明显有过于保护原告利益之嫌。高桥的这一比较分析的视角不无道理。

目　　次

一、部分请求可否性问题

1. 问题的状况

对于数量上可分债权，当事人能否先请求部分债权，而后通过再诉对剩余部分债权提出诉求呢？这就是所谓的部分请求可否性问题。不过，这一用语的表述多少有误导之嫌，因为，当一提及“可否提起部分请求”之问题时，可能会让人联想到诸如“债权人将1000万日元的债权分割成1000万次（每次1日元）分别起诉”那样极端的情形。此种情形因当事人（权利人）滥用权利当然地构成不适法之诉（参见东京地方裁判所平成7年7月14日判决，载《判タ》，第891号，第260页）。此外，若先提出的部分请求本身不适法，当然也不允许该残部请求，换言之，以上这两种情形都不属于此处所谓的“部分请求可否性”问题的范畴。此处的问题应当是指，在先提出的部分请求适法的前提下,是否允许当事人以再诉提出残部请求之问题。[1] 因此,在该问题的用语上,可能将其表述为"提出残部请求的可否性",恐更为妥当。[2] 不过,笔者在此还是采用"部分请求"的惯用表述法。这是一个涉及在前诉判决后,是否允许当事人提起再诉的问题,因此,关于本问题的学说,实质上也多围绕着判决效理论而展开。在学说中,观点大致可以分为部分请求全面肯定说与部分请求否定说两种对立立场,而其中否定说又进一步细分为三种见解。

2. 部分请求全面肯定说

首先来考察部分请求全面肯定说的见解。从实体法视角来看,债权人可以自由分割自己债权,债权人部分地让与自己债权行为也是适法的,正是遵循这种思路,并结合"保障原告可以自由设定诉讼标的"之《日本民事诉讼法》第 246 条的规定,部分请求全面肯定说主张,应当全面地、一般地允许当事人部分请求。与后述"3. 部分请求否定论"部分中的前两种学说不同,全面肯定说认为,不论原告基于明示还是默示,均应一概承认部分请求,而作为判断其可否性的唯一判断标准就是,该诉求在实体法上是否属于客观的部分请求。可以说,部分请求全面肯定说是一种将诉讼法直接对应于实体法的

---

〔1〕 不过,石川教授认为,由于部分请求构成原告滥用诉讼制度,因此,只要被告提出"原告提起诉讼是部分请求之诉"的抗辩,就可以使该诉讼欠缺诉的利益,参照石川明《请求异议之诉与个别执行的排除》,载《庆应义塾法学研究》,第 35 卷第 4 号,昭和 37 年,第 347 页以下,尤其是第 381 页。如此看来,基于石川说的这一立场就会得出如下结论,作为部分请求提起的最初之诉都是不适法之诉,但其后,石川教授却改变观点,变为近乎全面肯定部分请求的学说,而不提及"因被告提出部分请求之抗辩而导致诉的利益丧失"之问题,参照石川明《部分请求与残部请求的同一》,载石川明《民事法的诸问题》,一粒社,昭和 62 年,第 151 页以下。

〔2〕 中野教授认为,采用"分割诉求"的表述较为妥当,参照中野贞一郎《关于部分请求论》,载中野·现在,第 85 页以下,尤其是第 86 页。

观点,就当下而言,全面肯定说是有力说。[3]

但是,允许当事人部分请求以及认可其提起残部请求的再诉,也即意味着,允许当事人对一个纠纷进行分割诉讼,如此一来将有碍纠纷解决的效率性。而且,分别提出的各个请求可能由不同法院审理,在这种情形下,不管债权额大小,各个法院都必须对债权的成立与否、效力如何(是有效还是无效)等问题进行审理,因此,同一债权存在重复审理的可能性。就被告而言,对于原告以分割债权方式提起的诉讼,也不免对其产生多重讼累。因此,不能将诉讼法上的(原告)部分请求,简单地对应于实体法上的(债权人)行使部分债权(毕竟,在实体法生活中,并不存在重复"审理"或"应诉"之累赘)。[4]此外,也有一种批判性观点(尽管这种观点被称为"为了进行论述而为的主张")认为,针对部分请求而言,如果"就整个请求中的哪一部分请求来提出诉求"都是不明确的,那么该部分请求的诉讼标的也

[3] 持这种观点的学说,可以见之于木川统一郎《部分请求后的残部请求》,载木川・重要問題(中),第306页以下;伊东乾《部分请求》,载伊東・研究,第522页以下。

伊东说认为,当享有100万日元的债权人就其中10万日元提起诉讼时,该10万日元并不应当视为某债权的一部分,而应该视其为独立债权,而且,纵使法院想确定该债权全部的数额为100万日元,也很难确定地说这100万日元就是该债权的全部。因此,原告在最初提起的诉讼申请中无须表明该10万日元是部分请求还是全部请求,而只要在后诉中对残部请求做出表明即可。而且,所谓既判力双面性(参照本书"第十五讲 既判力"部分的相关论述)也仅仅意味着判决所确定的对象,既非10万日元也非10万日元以上的债权,因而与"在10万日元以外是否存在实体权(是否存在残部请求)"之问题无关。

[4] "允许债权人部分行使私法上权利"与"允许原告提起部分请求"之间并没有直接联系。而且,在实体法上,"允许债权人部分行使私法上权利"之命题的本身意义是不明确的。对于此,可以作"债权人部分地让与债权"之理解,但如果债权人非部分让与债权,那么"债权人积极部分行使债权"又具有何种意义呢?而且,"债权人部分地让与债权"也可以理解为,因债务人没有偿付能力,债权人不得不消极行使部分债权。应当说,这种情形与"原告在诉讼中提出部分请求"之情形存在截然差异。

未予特定。[5] 总而言之,部分请求全面肯定说并不具有充分的说服力。

3. 部分请求否定论

以下对部分请求否定论(持并不是无条件地全面肯定部分请求的学说)进行评析。这种反对全面肯定部分请求说中又可以分为以下三种不同的见解。

第一种见解就是为判例所采用的观点,即认为,当原告明确做出

---

〔5〕 兼子一《确定判决后的残部请求》(最初发表于昭和 15 年),载兼子·研究(第一卷),第 391 页以下,尤其是第 416 页。这种批判具体如下:在原告以 1000 万日元债权中的 100 万日元提起部分请求的诉讼中,若被告对此提出"业已清偿 100 万日元"的抗辩,并主张该部分债权(100 万日元)已经消灭,法院则可以直接作出有利于被告的驳回请求判决;但是,如果被告提出的"业已清偿 100 万日元债务"之抗辩是无法特定的(被告针对 1000 万日元债权中哪一部分 100 万日元债权来进行抗辩),那么法院就必须对该部分中是否存在其他 100 万日元的债权进行审理,而被告也进一步对此提出抗辩,如此反复的结果就是,法院只有在对 1000 万日元的债权中所有的 100 万日元债权进行审理后,才能对原告不当请求作出驳回。兼子教授的这一段论述可能稍显费解,但是,兼子教授在其后面的论述中进一步认为(《确定判决后的残部请求》,第 417 页),关于 1000 万日元中的 100 万日元之诉讼,从常识上来讲,应当只要提起十次诉讼,即可使整个 1000 万日元的债权纠纷获得解决,但是,由于该 100 万日元债权不特定(究竟是 1000 万日元中的哪一部分 100 万日元债权),因此从极端的视角来看,也可以做出如下这种略带诡辩色彩的论述,即在第一次诉讼中败诉的 100 万日元债权与从第二次直至第十次诉讼中的败诉的 100 万日元都是相同的,而且,只有从第十一次诉讼的诉讼标的才可能是关于其他部分 100 万日元债权的诉求。如此一来,基于这种不特定因素,有可能使原告没完没了地提起诉讼,进而使纠纷永远无法做出了断。这也是兼子教授这一论述被称为"为了进行论述而为的论讨"的原因所在。尽管如此,作为论述而言,这一推论也并非不能成立。不过,在用于抵销的被告反对债权之数额大于原告部分请求之数额的情形下,既判力只基于"相称数额"的部分请求而产生(参照新堂,第 590 页),因此强调抗辩之特定性的这一论述,也未必具有很强的说服力。

而且,若诉讼标的不特定,法院应驳回诉状或者驳回诉讼,但兼子说并未作这样的理解,在这一点上,兼子说似乎也存在漏洞。对于这一点展开批判的学说,可以见之于村松俊夫《金钱债权的部分请求》,载村松俊夫《民事诉讼杂考》,日本评论社,昭和 34 年,第 78 页以下;井上治典《确定判决后的残部请求——部分请求论的素描》,载《争点》(旧版),第 180 页以下;中野·現在,第 89 页。与此相对,五十部丰久认为,兼子教授的这种理解是与裁判实务状况相吻合的,参照五十部丰久《部分请求与残部请求》,载実務民訴(第一卷),第 85 页注(3)。

"该诉讼请求是1000万日元债权中的100万日元之部分请求"的表示时,[6]应当允许原告对剩余债权提出再诉,反之,原告未言明"部分请求"的意思,而只是以100万日元的债权来提出请求,即便该100万日元客观上属于部分请求,但只要原告对此抱以默示的态度,就不允许原告就残部提起再诉。关于肯定"明示的部分请求"(原告允许对残部请求提出再诉)之判例,可以见之于最高裁判所昭和37年8月10判决,载《最高裁判所民事判例集》,第16卷第8号,第1720页以下,收录于《百選Ⅱ》,第147号案件(佐上善和解说),而关于否定"默示的部分请求"(不允许原告对残部请求提出再诉)的判例,可以见之于最高裁判所昭和32年6月7日判决,载《最高裁判所民事判例集》,第11卷第6号,第948页以下,收录于《百選Ⅱ》,第148号案件(山本弘解说)。[7] 如果原告做出"部分请求"之明示,那么被告就可以认识到"原告还有残部请求"这一状况。而且,当被告认为"原告还存在残部请求"的观点不妥当时,也可以提起确认剩余债务不存在的反诉,进而也可以避免再度应诉之讼累。但是,当原告未对"部分请求"做出明示时,被告产生"该请求是全额债权"之认识,进而期待在该诉讼中解决整个纠纷。因此,被告并未想到采用"提起确认债务不存在的反诉"之对抗手段,总而言之,被告使纠纷获得一次性了断的期待应当予以保护。这种强调"原告对被告做出告示",即重视被告对于一次性了断纠纷之合理期待的立场,

---

〔6〕 对于"部分请求"予以明示问题,究竟必须是在请求趣旨中予以明确,还是只要在诉状整体中(例如,在请求原因中)表明即可呢?笔者认为,恐怕只要在诉状整体中对此做出表明即可,关于此的详细论述,还可以参照五十部丰久《部分请求与残部请求》,载实務民訴(第一卷),第75页以下。尽管在判决主文中,很少存在"被告向原告支付1000万日元中的100万日元"这样的书写方式,但是,即便存在这样书写方式的判决书,"1000万日元"之全体债权数额并不必然地产生既判力。

〔7〕 关于后者的默示性判例还面临如下理论难题,即在旧诉讼标的理论下,对于"分割债务"与"连带债务"之实体法属性理解的差异,也会导致诉讼标的的不同,因此,前诉法院作出的"分割债务"之判断是否对后诉产生拘束力(参照本书"第二讲 诉讼标的"以及"第十五讲 既判力"部分的相关论述)?不过,作为事案的解明手段而言,作出这样判决在结果上无疑是正确的。

可以说是一种从实践视角谋求平衡的观点。[8]

第二种见解主张,若原告持默示态度,则一律不允许其就残部请求提起再诉,而若原告做出明示,则应分成原告就部分请求获得胜诉之情形与败诉之情形来分别予以考虑。换言之,在原告做出明示之情形下,只有当原告就部分请求获得胜诉时,才允许其就残部请求提出再诉,反之,若部分请求败诉,原告就不能提起有关残部请求的再诉。这种观点在理论构成上进一步又可以分为两种。第一种理论构成是三月说(参照三ヶ月·双書,第 114 页),该学说认为,在像日本这样采用"起诉的程序申请费根据诉讼标的价额大小逐段增加收取"的诉讼费用制度下,[9]出于少缴程序申请费之考虑,原告采用如下这种战术就具有相当合理性,即先以部分小额请求起诉(缴纳一小部分程序申请费),并以此来了解法院对于原告该部分请求作出的判断结果,若法院承认原告的这部分请求(原告获得胜诉),就提起残部请求的再诉。而在原告败诉的情形下,部分请求的败诉也就意味着,法院作出了"原告对于整体债权之请求权不存在"的判断,因此没有必要允许原告提出残部请求的再诉,进而导致法院的重复审理。可以说,三月说对于"申请部分请求"的原告方利益状况做出了很好说明。另一种理论构成则是井上说[参照井上正三《关于部分请求可否的利益考量与理论构成》,载《法学教室》(第二期),第 8 号,昭和 46 年,第 79 页]。该学说主张,应当从具体攻击防御过程来构筑部分请求可否性理论。具体而言,当原告部分请求败诉时,原告为了获得部分请求中的诉求债权,必须对包含残部在内的债权进行主张及举证,因此当其败诉(主张及举证失败)时,其残部请求也被遮断。相反,当原告在部分请求胜诉时,原告为了实现

---

〔8〕 赞同这种处理方式的学说似乎也并不少见,例如,村松俊夫《金钱债权的部分请求》,载村松俊夫《民事诉讼杂考》,日本评论社,昭和 34 年,第 78 页以下;江藤价泰《部分请求与残部请求》,载《争点》(新版),第 186 页以下。此外,小山,第 154 页以下;注解民訴(第四卷、第二版),第 411 页以下等的观点也似乎倾向于这种立场。

〔9〕 正如日本律师联合会的律师报酬基准额规则那样,律师报酬也同样根据诉讼标的额的大小来予以确定。

部分债权而提起该诉讼,在该诉讼中,原告当无须对“残部债权的存在及其额度”进行主张及举证,因此,残部请求并未被遮断。但是,如果被告在部分请求诉讼中提出“业已清偿”或“抵销”等主张,且法院认可被告这种主张,那么原告就不存在“为了获得部分请求之诉求债权而对残部债权进行主张及举证”的必要(参照本讲后述的“三、部分请求与时效中断、过失抵销”中的过失抵销部分),在这种情形下,由于在前诉中法院对残部债权进行了审理,因此也不允许原告对其提出再诉。可以说,井上说是一种着眼于前诉中审理过程并展开精细化利益考量的学说。尽管同属这一立场的不同学说在理论上谋求这种效力的理论构成存在分歧,但就整个立场的方向而言,这些学说的结论无疑是一致的。此外,竹下说[条解,第611页(竹下守夫执笔)]与中野说(中野・現在,第105页)也可以被视为这种立场的学说。〔10〕

---

〔10〕 条解,第611页以下(竹下守夫执笔),也通过做出细分化的情形来对此问题做出说明。竹下说认为,部分请求的诉讼标的大致上只是部分请求,其判决的既判力也相应地针对该部分请求产生,但在驳回部分请求的情形下,当部分请求与残部请求不能进行分离时,应当保护被告方期待法院作出“整个债权都不存在”之判断的信赖利益,因此,基于判决理由中判断而产生的拘束力就对残部请求形成遮断,反之,在法院承认部分请求的情形下,部分请求一般与残部请求无关,因此,原告可以就残部请求提起再诉,不过,在前诉中,法院对于“故意”“过失”“因果关系”等共通性争点的判决理由中判断会对后诉产生拘束力。中野教授认为,在原告做出“部分请求”之明示的情形下,在部分请求的前诉与残部请求的再诉之间不存在矛盾行为,因此可以允许原告提起残部请求的再诉,但是在原告未做出明示时,被告基于“该请求为全部请求”之认识实施诉讼,在这种情况下,基于禁反言不能允许原告提起残部请求的再诉。另外,作为一种例外情形,即便原告做出明示之表示,但若双方当事人就整个债权的存在与否进行了争执,进而使被告产生“会使整个债权做出了断”之信赖,在这种情形下,也不应当允许原告提起残部请求的再诉,中野・現在,第105页以下。此外,井上治典《确定判决后的残部请求——部分请求论的素描》,载《争点》(旧版),第180页以下;佐上善和《部分请求与残部请求》,载三月章、中野贞一郎、竹下守夫编《民事诉讼法演习第一卷》(新版),有斐阁,昭和58年,第131页以下,也可以视为是这一方向上的学说。上田,第185页以下;佐上,平成10年,第207页以下等也表达了相同观点。

伊藤教授也持与三月说相类似的结论,参照伊藤,第177页以下。伊藤说认为,部分请求的诉讼标的是整体债权,判决的既判力也基于该整体债权产生,当原告在部分请求中败诉时,原告就残部请求提出的再诉,因部分请求的判决既判力被遮断,反之,当原

第三种见解是部分请求(全面)否定说。这种学说着眼于“被告多重应诉的讼累”“因重复审理导致的不经济与非效率”等因素考量,进而否定了原告在部分请求后的残部请求(之再诉)。而且,为了保护原告方为了解法院裁判结果先行提出部分请求之利益考量,通过“允许原告在起诉阶段中提出部分请求”之做法,就能使其获得充分的程序保障,因为在诉讼系属的过程中,原告就应当可以预测出法院的裁判结果,如此一来,原告只要通过程序系属中增加请求的方法就能够做出应对,而不必将剩余的请求拖入再诉(参照新堂,第294页)。[11]

告在部分请求中胜诉时,原告仍然可以就“判决既判力所确定的债权之剩余债权额”提出给付请求,因此,原告就残部请求提出的再诉不受判决既判力的遮断。但是,原告原本可以以整体债权提出诉求,但是硬要提出部分请求,在这种情况下,应当考虑“原告就残部提出的再诉”之诉的利益要件,如果被告在裁判外拒绝残部债权的清偿,那么应当肯定其再诉之诉的利益。关于伊藤说的详细内容可以参照后揭注(13)(14)。对于伊藤说,也有观点提出了如下质疑,即在前诉中,原告是否应当粘贴与整体债权额相对应的印花(程序申请费)。

〔11〕 除新堂说外,部分请求(全面)否定说还可以见之于五十部丰久《部分请求与残部请求》,载実務民訴(第一卷),第75页以下;兼子·研究(第一卷),第391页以下,尤其是第406页;小室直人《部分请求与上诉》,载山木户·還暦(下),第296页以下,收录于小室直人《上诉与再审》,信山社,平成11年,第53页以下;中野=松浦=鈴木·旧,第151页以下(上村明广执笔)等。不过,五十部说与小室说认为,在损害赔偿领域,即便原告提起未记载具体请求金额的诉讼也是适法的,故而这两种学说还包含其他的解决方式。而兼子说则正如后揭注(17)所述的,当部分债权存在诸如履行期不同等特定标识时,可以允许债权人提出部分请求(残部请求)。因此,可以说,新堂说与上村说是最为彻底的部分请求否定论。对于此问题的评价,山本和彦《部分请求》,载《判夕》,第947号,平成10年,第49页以下,做出的相关论述也表达了相同的见解。

不过,在新堂,第295页中,新堂教授也在做出“原则上不允许原告提出残部请求”的论述后的括弧内又指出,纵使允许原告提起残部请求的再诉,前诉中关于债权存在与否之本身的争点效也会在后诉中发挥作用,由此看来,这一论述也暗含着新堂教授退出全面否定说阵营的倾向。而且,新堂幸司教授在其《既判力与诉讼标的》一文中[载新堂·訴訟物(上),第145页以下,尤其是第162页]也认为,在部分请求中,有关债权存在与否之判断产生争点效。但是,对于部分请求,是否可以通过争点效一般化解决,恐怕不无疑问。因为,正如井上教授所指出的,部分请求与残部请求两者的系争利益可能大多不同,参照井上治典《确定判决后的残部请求——部分请求论的素描》,载《争点》

4. 评价

如果说部分请求全面肯定说是不妥当的，[12]那么在限制残部请求的三种学说中，究竟采用何者较为妥当？一方面，正如三月说所指出的，原告希望进行一种试验性诉讼，例如，债权人与债务人虽然存在1000万日元的合同，双方因合同错误或欺诈等原因产生纠纷。作为原告，出于1000万日元的程序申请费以及律师报酬等因素考虑，其可能对于直接提出1000万日元的诉求抱有犹豫心理，而且，在基于侵权行为的损害赔偿等诉讼中，原告对于"对方是否存在过失"等事实并不抱有充分的自信，因此，对于是否直接提起自己所认

(旧版)，第183页以下。诸如在利息债权与本金债权这种具有关联性的请求之间，由于两者的系争利益不同，故而不产生争点效(参照新堂，第610页)。因此，纵使部分请求与残部请求存在关联性，但若两者系争利益不同，争点效的作用也应当予以否定。而且，应当预想到现实中部分请求与残部请求两者的系争利益多为不相同。尽管原告主动以较少数额提起诉讼，并不意味着其只想进行这种程度的诉讼[参照井上正三《关于部分请求可否的利益考量与理论构成》，载《法教》(第二期)，第8号，昭和46年，第82页]，但是，这与争点效本身之间还是存在差别的。总而言之，通过争点效并不能完全解决部分请求的问题，因此还是需要单独论述部分请求可否性问题。

〔12〕 随着部分请求判决的作出，事实上也有可能使残部债权的纠纷得到解决，因此，法院或被告的再诉负担均较轻。也有观点认为，假如原告就残部债权再诉，在后诉中可以通过书证的方式利用前诉中的审理资料，如此一来，对于原被告而言，后诉都不构成很重的负担，因此，可以采用部分请求全面肯定说的观点。主张这种观点的学说可以见之于石川明《请求异议之诉与个别性执行的排除》，载《庆应义塾法学研究》，第35卷第4号，昭和37年，第347页以下，尤其是第381页。

但是，石川说所论述的论据需依赖于事实上的效果，并且，该问题的解决还须委诸于法官裁量，因此作为理论而言，这是一种非建设性且不安定的观点[部分请求的前诉判决若是妥当的，则后诉从之，若不妥当，则不从之，进而需要重新审理，这样的做法看上去似乎具有相当灵活性，但因需要委诸后诉法院法官的自由裁断，故从当事人的视角来看，是一种不安定的举措]。对于此观点，正如井上正三教授在其《关于部分请求可否的利益考量与理论构成》一文中[载《法教》(第二期)，第8号，昭和46年]第80页第一段所主张的，应当将其纳入理论框架内，并对其规则做出明确说明。此外，若后诉法官仅仅以前诉的判决为根据来形成心证，后诉法官又将面临未直接基于证据做出事实认定的问题(违反直接主义原则)。在反射效方面也存在同样的问题，关于此问题将在本书"第十六讲　反射效"注(20)中进一步予以探讨。

为的全额之诉求,可能也会有所犹豫。〔13〕 另一方面,这种试验性诉讼又会给被告与法院带来不利益与不便。

通过分成明示与默示区别对待的判例立场,尽管是一种谋求平衡的观点,但是,一旦原告做出明示之表示,就允许原告提出无数次诉求的做法,在理论上也面临一些难点,即这种观点并未考虑因法院重复审理而产生的非效率与不经济因素。另外,仅仅依据原告对被告做出告示这一点,就可以使被告利益获得充分保障吗?这恐怕还不无疑问。换言之,被告只有通过提起确认债务不存在的反诉才能保护自己利益,从原告被告之间的利益保护平衡而言,这对于被告不免过于苛刻[山本和彦教授认为,原告就 1000 万日元中的 100 万日元提起部分请求时应缴纳的程序申请费是 1 万日元,而被告就剩余 900 万日元提起债务不存在确认之反诉应缴纳的程序申请费是 46000 日元,就此而言,原告给被告造成了过大的不利益,参照山本(和),基本问题,第 125 页],毕竟制造诉讼的首要责任在于原告。而且,那种认为"即便在前诉中对全部债权进行了审理,也不对后诉产生任何影响"的观点,在理论上也是不充分的。就当下而言,判例的立场也发生了变化,最高裁判所平成 10 年 6 月 12 日判决(载《最高裁判所民事判例集》,第 52 卷第 4 号,第 1147 页以下)认为,当部分请求中败诉的原告提起再诉时,只要不存在特别事由,应当认定这种再诉违反诚实信用原则,因而不允许(参照井上治典《关于最高裁判所平成 10 年 6 月 12 日判决的判例释评》,载《私法判例备考》,第 19 号,平成 11 年,第 123 页以下;山本和彦《关于最高裁判所平成 10 年 6 月 12 日判决的判例释评》,载《民商》,第 120

〔13〕 不过,伊藤教授认为,应当通过诉讼救助或法律扶助来思考规避诉讼费用高昂问题,而不应将该问题纳入部分请求的范畴解决,参照在伊藤,第 179 页注(106)。此外,山本和彦教授也言及诉讼费用问题,参照山本和彦《部分请求》,载《判タ》,第 947 号,平成 10 年,第 53 页以下。

但如此一来,伊藤说承认"原告可以提起残部之再诉"的论述背景及根据就趋于模糊。

卷第6号,平成11年,第1025页以下等)。[13-2]此外,最高裁判所平成20年7月10日判决(《判時》,第2020号,第71页)做出如下判示:依据诚实信用原则予以排除的是,在前诉中已经被审理判断之情形(被审理判断的部分),在前诉中不能或者难以期待作出审理判断的,并不能为诚实信用原则所排除。

在众多分成“胜诉与败诉”之情形来展开的学说中,三月说在问题状况的分析方面颇具优势,但是,仅仅依据既判力理论能否对其结论做出说明,恐怕还不无疑问。[14]

〔13-2〕 河野教授也持与该判例相同的立场,参照河野·行為,第619页(不过,河野教授对其理由仍持有疑问)。坂田教授从处分权主义角度对该判例与最高裁判所平成10年6月30日判决展开论述,参照坂田·处分权主义,第281页以下。

〔14〕 与此相对,在伊藤说立场下,诉讼标的范围与既判力范围一致,而且,当原告部分请求胜诉时,需要基于诉的利益来考虑是否允许残部再诉的问题(若再诉之诉的利益获得肯定,则允许原告提起这种再诉),因此,伊藤说的这种说明是可行的。不过,伊藤教授的这种说明还面临如下问题,即如何协调这种说明与“肯定后诉诉的利益之根据存在限定”之间的关系?当原告在前诉胜诉时,原告提起的后诉之所以被赋予诉的利益,通常是基于消灭时效中断、判决原本灭失等有限性的根据。对于此,伊藤说认为,在通常情形下,前诉判决具有面向整体债权的执行力,因此后诉之诉的利益应当受到限制,但是,在部分请求的情形下,由于前诉判决对于残部债权并不具有执行力,因此后诉之诉的利益应当获得肯定。但是,如此一来,伊藤说实际上就变成为如下这种结果,即当原告就部分请求(前诉)获得胜诉时,原告可以就残部债权任意提起再诉。而且,基于部分请求全面肯定说或判例之立场,前诉判决的既判力仅仅基于部分请求产生,而基于伊藤说的立场,前诉判决对于残部债权也产生既判力,因此,从法律层面来看,原告在再诉中获得胜诉就变得更为容易,就当下的状况来看,伊藤说与三月说是部分请求中对原告最有利的学说。

但是,颇成问题的是,“既判力就全部债权产生”之命题的具体含义。既然认为前诉判决的既判力应当及于全部债权数额,那么是否意味着,在部分请求的前诉中,应当对全部债权数额进行审理并确定呢?伊藤,第179页注(108),包含着可以解读为“以此为前提”的论述。但是,如此一来,前诉就成为整个论讨的重心,而作为部分请求诉讼的意义似乎趋于淡化。与此相对,基于全面否定部分请求的新堂说之立场,由于不存在原告就剩余债权提起的再诉,因此,一般而言并不存在“对全体债权数额进行审理并确定”的必要性(在后述的抵销等情形下,则另当别论),前诉可以灵活地发挥作用。全面否定部分请求的新堂说尽管也主张“判决的既判力针对全体债权而产生”,但是,其所考虑的并非针对整体债权的数额,而是抛开“具体数额”的有关整体债权存在与否的如此一来,就剩下“用诚实信用原则来对前诉进行评价”与“部分请求全面否定论”这两种学说。究其到底,这两种学说的差异可归结为如下问题,即是以再诉之形式来承认残部请求,还是仅以请求扩张之形式来承认残部请求?如果不允许残部请求的再诉,那么也就意味着,不赋予权利人裁判上的救济,这样的做法看上去似乎显得过激,但是,在前诉程序的进行过程中,如果原告充分享有机会预测法院判断结果,〔15〕那么从法院与被告的角度来看,恐怕也可以当然得出如下结论,即若允许原告就残部请求提起再诉,则显得过于保护原告[关于此的详细论述,可以参照石川明、小岛武司《新民

既判力。不过,新堂教授近来的观点似乎出现了某种变化,关于此的详细论述可以参照,新堂教授的新近的相关论文,载佐々木·追悼,第3页以下。

〔15〕 不过,从实际状况来看,在审理过程中可以预测法官心证之情形,可能未必多见。对于做出有利于原告但会使被告支付额增加的释明,法院可能也会抱以犹豫态度。不过,法院对于全部债权的判断,至少应当在第一审判决的判决理由中做出阐明。纵使原告就其诉求部分获得全面胜诉,当该诉求部分为部分请求时,应当承认原告为了将请求扩张于剩余部分提起上诉的利益,关于此的详细论述,可以参照高桥宏志《民事诉讼法讲义》,载《法教》,第158号,平成5年,第86页以下。不过,在此情形下,对于被告方当事人而言,剥夺了其在第一审中就全体数额债权获得审理的机会。因此,在控诉审中,法院通常可以作出径行改判的判决,同时,第一审判决在作出判决之时并不存在瑕疵,而只是发生在上诉请求扩张后的后发性审理不充分,如果考虑到这一点,也应当承认,控诉审法院还存在作出裁量性发回重审之判决的余地。此外,在第一审法院作出的是驳回请求判决,而到了控诉审判决中才显示出对原告有利判断的情形下,原告就不能通过提起上告审来扩张自己的请求,不过,在这种情形下,如果在控诉审中法院并未向原告做出“可以进行请求的扩张”之释明,那么法院将构成违背释明义务的后果,进而当事人以此为理由来提出上告,应当说上告审法院可以作出撤销原判决并发回重审的判决(不过,最高裁判所基于裁量来决定是否受理上告)。部分请求全面否定说与这些解释论相结合而存在,不过,这些解释论也正是多数学说未能采用部分请求全面否定说的原因之所在。

事诉讼法》,青林书院,平成 9 年,第 229 页以下(小岛武司执笔),[16]尽管其中的论述并非专门针对部分请求论而展开,而是对诉讼标的论问题做出的论述]。而且,原告在前诉中扩张请求,不过是举手之劳的事情而已,因此,笔者认为,采用部分请求全面否定说还是较为妥当的。[17][17-2]

---

〔16〕 从实体法的视角来看,对于"权利人尽管享有权利,但无法在裁判上提出诉求"之现象似乎存在一些难以理解之处,但是,从诉讼法的视角来看,正如法院对于当事人未"适当地"进行诉讼之情形所采取"失权"的措施一样,这是一种不得不采取的举措。关于"怠于行使举手之劳的义务,而不对空白票据进行补充"之情形的既判力问题论述,参照"第十五讲 既判力"部分的相关论述。的确,主张"通过评价前诉攻击防御经过来考虑部分请求可否性问题"的学说是较为灵活且富有说服力的。但是,可以说,到目前为止,该学说尚未对"在前诉中,当事人应当实施什么样程度的诉讼活动"之原则性命题做出明确的阐释。而部分请求全面否定说则明确地表明了"在前诉中,原告应当负有高度关注义务"之原则性命题。除此之外,对于不能贯彻这种原则性命题的例外性情形(在何种情形下产生例外,并不能凭空地加以设定),部分请求全面否定说又使原则的要求趋以宽松化,因此,否定说无论对于原则还是例外,都做出了很好的阐释,因此作为解释论而言,这是一种较为稳妥的见解。

而且,在当事人聘请有委托律师的情形下,部分请求全面否定说就不会显得对原告"特别苛刻"。在本人诉讼(没有聘请律师来进行的诉讼)中,否定说可能会显现出其"苛刻"的一面,但是,从实际的视角来看,既然是本人诉讼,当事人本身也就不太可能想到采用"提起部分请求诉讼"的方式,而想到采用"部分请求"之方式的当事人则完全可以被视同为律师。

〔17〕 在兼子・研究(第一卷),第 408 页以下,兼子教授认为,当部分请求中存在诸如"履行期不同""附有担保""存在对等给付"等法律上的特定标识时,应当允许原告提起部分请求(残部请求)。例如,如果部分请求附有抵押权,那么由于该部分债权获得了担保,因此可以不提起诉讼,而只针对没有抵押权的部分债权提出诉讼,应当说这种做法是颇具合理性的。此外,三月章教授也认为,当存在法律上的特定标识时,可以允许原告提起残部请求(参照三ヶ月・双書,第 166 页以下)。

但是,即便是基于这种理由而提起的部分请求,新堂说也未予以肯定(不允许原告提起部分请求,参照新堂,第 294 页、第 298 页),新堂教授认为,上述的这种合理性不过是一种"认为在前诉中提出部分请求"的合理性而已,而不是"原告通过再诉来提出残部请求"之合理性[对于附有抵押而能够获得实现的残部请求,债务人方应当通过提起诉讼来主张其不存在,而作为原告方(债权人)而言,认可其"可以提出残部请求"的必要性也不是很高。不过,当债权的履行期不同时,认可"原告可以提起再诉"的必要性可能就要显得相对更高]。就这一意义而言,也可以说,新堂说是一种彻底的部分请求全面否定说。此外,新堂幸司教授在其《新民事诉讼法》一书(弘文堂,平成 10 年)第 298

二、应当注意的事项

1. 对于诉讼标的的把握

在部分请求与其他事项的外在关系中,有必要对下述两个附随

页的括弧中也做出了这样的论述,即识别标识是(也仅仅是)作为原告提出部分请求必要性基础的一个根据,对于这段论述正确的理解应当是,此处言及的必要性也是指原告前诉中提出部分请求的必要性,而不是"原告可以提出残部请求"的根据。不过,如果是履行期未到来的部分请求,即便原告就此进行诉讼,在实体法上也不可能获得胜诉,因此,在这种场合下,有必要将诉讼一分为二。新堂说的其他论述也可能对此问题有所言及。此外,关于此的相关论述,还可以参照五十部丰久《部分请求与残部请求》,载实務民訴(第一卷),第 89 页以下。

〔17-2〕 三木浩一教授通过分析裁判例将部分请求分为六类。(1)试验诉讼型(出于节省诉讼费之目的,为了探寻胜诉可能性与可胜诉额度,试验性地就全体债权的一部分提出请求的情形);(2)总额不明型(因在起诉时点上债权总额不明,原告预先就可算定金额部分提出请求,通过被告应诉的内容和法院的诉讼指挥来进一步明确债权总额的情形);(3)财力考虑型(在起诉当时被告的财力不足以满足全体债权时,出于节省诉讼费用与规避举证负担等考虑,在扣除不能执行的金额后,预先就对方财力相对应的金额提起部分请求);(4)抵销考虑型(当预想到被告提起过失抵销或抵销之抗辩时,出于节省诉讼费用、避免败诉判决及审理迅速化等考虑,在扣除抵销的金额后,预先就部分债权提出请求的情形);(5)类项限定型(当全体债权为多类项债权集合体时,因特定类项的举证手段或赔偿方法等存在差异,而难以与其他类项一并提出,故在扣除该特定类项债权后提出的情形);(6)一律部分请求型(在以公害诉讼或药害诉讼为典型的集团诉讼中,为了使多数人原告的损害易于作出集合性举证,对损害额予以分类进而实现请求的一律化,与此同时,为了实现请求额平均化而提出部分请求的情形)。不过,以上分类既非是一种绝对化的严格分类,在实践中也存在上述几种类型重叠的案件,换言之,是一种理念型的分类。在此基础上,三木说以诚信原则为依据展开了更为灵活的解释论,并主张原告负有以下三种责任:(1)对自己提出的部分请求予以明示的部分明示责任;(2)对非以全部而是部分请求起诉对理由予以开示的理由明示责任(需要明确属于上述哪种类型的部分请求);(3)特定情形[包括上述六类请求中的"(2)总额不明型"、不属于上述任何一种的无合理理由的部分请求,以及作为例外的"(4)抵销考虑型"]下对请求予以扩张的请求扩张责任。例如,当原告未尽到部分明示责任与理由明示责任时,不论前诉胜败,均不允许提出残部请求。在未尽到部分明示责任与理由明示责任的"(4)抵销考虑型中",不能考虑后述的外侧说利益。当未尽到请求扩张责任时,不认可控诉利益。以上内容参照三木浩一《关于部分请求》,载《民诉法杂志》,第 47 号,平成 13 年,第 30 页;三木浩一《部分请求论的展开》,载《庆应义塾创立一百五十年纪念法学部论文集》,平成 20 年,庆应义塾出版会,第 195 页。三木说主张的类型化考察方法打开了部分请求论的新局面,一举提升了民事诉讼理论的高度,故可以获得较高

性的问题作一阐述。其中之一就是新堂,第 288 页中,关于诉讼标的与请求事项做出的说明。新堂教授认为,“一般而言,诉讼标的与请求事项是指同一个概念,但是,从严格意义上来说,这两者分别属于不同的概念规定,在部分请求中,诉讼标的是作为整体的 1000 万日元,而请求事项则是作为该诉讼标的中原告利益主张之界限的 100 万日元。‘旨在禁止当事人对纠纷反复进行争执’的既判力基于诉讼标的而产生,因此,部分请求的判决既判力及于该 1000 万日元。但是,该判决所被赋予的执行力却不能超过作为利益主张之界限的请求事项,也即仅限于 100 万日元产生执行力。”作为再诉而言,其并不决定于请求事项,而是取决于诉讼标的(既判力)。因此,如果遵循着这种概念规定,那么从“逻辑上”就会推导出“原告就残部请求提起的再诉将受到遮断”的结论。〔18〕

这的确是一种极为巧妙的理论说明。这种见解仅仅作为一种比喻性说明来予以理解可能是无可非议的,但是,作为理论而言则还存在如下几个难点。首先,如果按照这种学说来理解诉讼标的,那么作为诉讼标的的整体债权并未出现在判决主文中,如此一来,在这种学说与《日本民事诉讼法》第 114 条规定的整合性上恐怕就会存在问题。〔19〕其次,对于“如何来把握提出部分请求场合的诉讼标的”之问题,仅仅依据这种说明似乎在逻辑上并不能成立。而按照部分请求全面肯定说或判例的观点,部分请求中的诉讼标的则是原告提出请求的 100 万日元部分,因为,在逻辑上看,从“允许原告提起再诉”这一点出发只能得出“诉讼标的之构成只限于部分请求”的

的评价。

笔者认为,部分请求论的主要情形在于“(1)试验诉讼型”和“(2)总额不明型”,而对于“(6)一律部分请求型”,则可以将其排除在外。但作为结论而言,在“(3)财力考虑型”和“(4)抵销考虑型”中,依然维持部分请求全面否定说,如前揭注〔16〕中所论述的,在“(5)类项限定型”中允许提起残部请求。

〔18〕 兼子·研究(第一卷),第 396 页以下;五十部丰久《部分请求与残部请求》,载实務民訴(第一卷),第 84 页以下;伊藤,第 177 页以下等的观点也采用这种概念规定。

〔19〕 五十部丰久《部分请求与残部请求》,载实務民訴(第一卷),第 92 页注(9),对于这种整合性进行了论证。因此,对于这种整合性做出说明也并不是不可能。

结论[在前揭注〔3〕中的伊东说关于既判力及诉讼标的的说明也是能够充分得以成立的]。总而言之,关于这一问题的实际状况就是,若是基于先行做出“简单地否定原告再诉”之判断的学说立场,那么就会认为“诉讼标的就是由整个债权构成的”,而基于对再诉抱以宽容之态度的学说立场,那么就会得出“部分的债权构成诉讼标的”的结论。诉讼标的的构成是一个“只有在对再诉也即判决效(或者是‘提出部分请求之可否性’制度)”问题做出考虑后才能做出说明的问题。〔20〕 关于新堂说的以上论述也应当作上述的理解。

2. 后发性后遗症与部分请求

使部分请求的论述趋于复杂化的另一个事项则是关于后发性后遗症的问题。

在交通事故等侵权行为中,原告基于“自己遭受500万日元损害”的认识而提起诉讼,并获得了判决,但是,在该判决确定后,原告又被认定存在后发性后遗症,在这种情形下,如果不允许原告就这种后遗症部分损害提起再诉,那么对于原告而言则不免过于残酷。因此,原告提起的这种再诉应当是适法之诉。对于这一结论,各种学说似乎并没有什么争议,不过,为了给这种结论寻求根据,有学说适用了部分请求的理论。具体而言,由于前诉中的500万日元损害赔偿请求是部分请求,因此也应当允许受害人(原告)基于残部的后遗症提出损害赔偿请求。〔21〕

---

〔20〕 在井上治典《确定判决后的残部请求——部分请求论的素描》,载《争点》(旧版),第180页以下,井上教授认为,诉讼标的构成是获得结论后的理由,诉讼标的自身并不具有决定性的重要意义。此外,在条解,第615页注(24)中(竹下守夫执笔),竹下教授则认为,诉讼标的的构成是一种拟制。在谷口,第169页以下,谷口教授也认为,诉讼标的构成是一个因素。

尽管如此,如果将部分请求中的诉讼标的理解为整个债权,那么当原告在部分请求的诉讼系属中就其他部分另行提出诉讼时,就产生“容易适用禁止二重起诉原则”之效用,但是,这也并不是仅仅依据诉讼标的就能够做出说明的问题,应当说部分请求的诉讼标的论并不是一种决定性的因素。

〔21〕 判例则在“基于判决确定后的情势变更”之变更中,也借用部分请求的理论。这应当被理解为一种过渡期的理由。关于此的详细论述,可以参照高桥宏志《确定判决后的追加请求》,载中野·古稀(下),第249页以下。

但是,在发生后发性后遗症的情形下,其问题状况与部分请求是存在较大差异的,因为,在最初提起的诉讼中,受害人(原告)并没有“还存在残部请求”这样的意识。而且,就后发性后遗症的概念而言,正是因为受害人当初不知道后发性损害存在才被称为后发性后遗症。如果基于“分成明示与默示之情形来分别予以说明”之学说的立场,那么在前诉中原告(受害人)并未对残部(后发性后遗症部分)请求做出明示,被告也没有获得提起确认债务不存在之反诉的机会,因此,如果允许原告提出这种再诉,也似乎破坏了原被告之间的平衡关系。

因此,后发性后遗症问题应当作为独立于部分请求论的另一问题来展开论述。部分请求只限定于,原告意识到存在残部请求的场合,换言之,即原告要想提出全额债权的请求也是可能的情形中,只有这样才可以避免引起不必要的混乱(参照新堂,第 296 页)。〔22〕

三、部分请求与时效中断、过失抵销

关于部分请求的诸种论述在部分请求与“时效中断”或者“过失抵销”的关系中也会产生问题。首先是时效中断的问题。如果原告对部分请求做出明示,那么究竟何种范围内的债权产生时效的中断呢? 最高裁判所昭和 34 年 2 月 20 日判决(载《最高裁判所民事判例集》,第 13 卷第 2 号,第 209 页以下)认为,只有提出诉求部分的债权才产生时效的中断,而对于原告在诉讼系属后作为扩张请求而提起的部分债权,以“该部分请求从实体法上看属于消灭时效完成后的请求”(在提起部分请求时,不承认该部分请求发生时效中断)为由

---

〔22〕 将部分请求论作如此限定的观点,还可以见之于五十部丰久《部分请求与残部请求》,载実務民訴(第一卷),第 84 页以下;条解,第 615 页以下(竹下守夫执笔);伊藤,第 179 页以下;中野=松浦=鈴木・旧,第 156 页以下(上村明广执笔);林屋,第 66 页以下等。此外,关于“在后发性后遗症中,允许原告提起再诉”之理论构成详细论述,可以参照本书“第十五讲 既判力”部分的相关论述。

与此相对,将后发性后遗症作为部分请求论予以论述的观点,可以见之于中野・現在,第 107 页以下;井上治典《确定判决后的残部请求——部分请求论的素描》,载《争点》(旧版),第 182 页末行等。

而不承认原告提出的这部分扩张请求,换言之,该判例认为,只是明示的部分债权构成"诉讼标的",因此,时效中断也仅仅针对该部分债权而产生,而不及于残部债权。固然,这种判例的观点形成了一种理论上的立场,〔23〕但从实际的视角来看,这一判例与主张"允许当事人提起再诉"的判例立场存在矛盾,因此也遭到了强烈的批判(参照新堂,第 200 页)。一方面,认为在当事人对部分请求做出明示的情况下,允许当事人提起再诉;另一方面,应当进行再诉的残部债权却因消灭时效完成(不发生时效中断)而遭到驳回,这种矛盾犹如"右手给与的东西又被左手夺走"。的确,判例在这一限度内允许原告提出残部请求的再诉,也可以看出这是判例在综合考量"原告的利益""被告的不便与不利益""法院的不便与不利益"等因素后做出的一种旨在谋求平衡的结果。但是,在这种寻求平衡的观念下,在诸如"提出部分请求必要性较高的侵权行为损害赔偿"那样的短期消灭时效(三年)的情形下,如果前诉因发生上诉而花费的时间较长,那么原告就可能因消灭时效届满而无法再提起残部请求。若是以"认可部分请求"的判例立场(允许当事人提起再诉)为前提,那么就应当探求一种与这一判旨(最高裁判所昭和 34 年 2 月 20 日判决)不同的、使诉讼时效中断的波及范围超越"诉讼标的"之框架的全新理论构成,不过,作为一种更为根本的解决之道,应当采用完全抛弃"可以进行再诉"之幻想的部分请求全面否定论。

---

〔23〕 该判例所言及的并不是部分请求确定后残部请求的消灭时效,而是在诉讼系属中的请求扩张情形中,因消灭时效届满而不认可原告提起残部请求,因此,可以说这是一个不太稳妥的判决。对于这一判决,可见于春日伟知郎《判例解说》,载《民法判例百选——总则·物权》(第四版),平成 8 年,第 94 页以下;三ヶ月·判例,第 148 页以下;中田·判例,第 294 页以下,尽管各种观点的理由不尽一致,但都对该判旨的结论进行了严厉的批判。

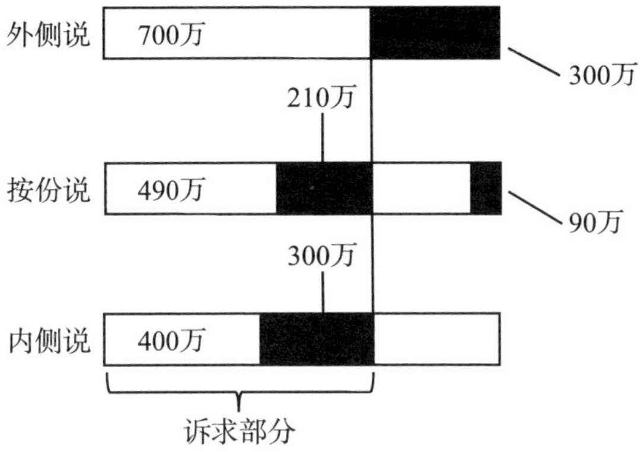

图 4-1

其次是关于部分请求与过失抵销的问题。在部分请求诉讼中，在应当进行过失抵销的场合，就会产生如下的问题，即对于基于过失抵销的债权部分，应当是从部分请求中还是从残部请求部分中予以扣除呢？对于此问题，存在如下的三种观点，分别是外侧说、内侧说与按份说。例如，债权人以 1000 万日元债权中的 700 万日元债权提出部分请求，而其中的过失抵销部分债权占到三成（300 万日元），对于这种情形，外侧说认为，应当从未作为部分请求的残部请求中减去过失抵销债权部分，其结果就是法院做出承认 700 万日元请求的判决。而若是基于内侧说的立场，那么应当从作为部分请求的诉求部分债权中减去过失抵销部分，其结果就是法院做出承认 400 万日元请求的判决。若是基于按份说的立场，那么将过失抵销的部分按照"三比七"的比例在部分请求债权与残部请求债权中予以分摊，即从外侧（残部请求债权）减去 90 万日元，而从内侧（部分请求债权）减去 210 万日元，其结果就是，法院做出"被告向原告给付 490 万日元"的部分承认请求判决。判例采用外侧说的观点（参照最高裁判所昭和 48 年 4 月 5 日判决，载《最高裁判所民事判例集》，第 27 卷第 3 号，第 419 页）。从"因存在过失抵销之虞而可能提出部分请求"之原告方的状况来看，应当说这是一个妥当的结论，但是，这种观点与"在部分请求中，只将提出诉求部分的请求作为'诉讼标的'

来予以对待”的判例理论是否具有一贯性及整合性,还存有疑问。因为,从判例这种(部分请求)诉讼标的论出发得出的结论就是,法院应当只注意到该提出部分的请求构成诉讼标的,但是,基于外侧说的立场,在过失抵销的减额过程中,必须对全体债权额做出确定,〔24〕而不能仅仅集中于提出请求的部分。因此,从条理上来看,内侧说最具有一贯性,而从“允许进行再诉”的视角来看,按份说也颇具整合性。若论及何种学说与“在结论上较为妥当”之外侧说比较具有亲和性时,应当说部分请求全面否定说具有这样的优势。总而言之,在时效中断或过失抵销方面,判例所把握的诉讼标的构成

---

〔24〕 也有观点认为,在未对全体债权额做出确定的情况下,也可以作出“从原告主张的债权额中机械地减去过失抵销债权额”这样的处理。但是,如此一来,就会形成“原告主张的债权额越大就会越有利于原告”的结果,故从实质上来看,这种处理是不妥当的。因此,当面对过失抵销的问题时,必须对全体债权额做出确定,即便是基于部分请求全面否定说的立场,也不能例外。在这一限度内,前揭注〔14〕也必须受到限制。不过,当过失抵销的债权比例较小,而未作为诉求的剩余债权比例较大时,即便未对全体债权额做出严密的确定,法院也可以作出承认部分请求的判决。

此外,最高裁判所平成6年11月22日判决(载《最高裁判所民事判例集》,第48卷第7号,第1355页以下)认为,即便不是过失抵销,而对于通常的抵销,也应当采用外侧说。但是,在未被作为诉讼标的的外侧(残部债权)中,法院作出的判断,无论是关于自动债权还是受动债权,都不产生既判力。这一判决也与“禁止进行不利益变更”问题相关,因而也是一个相当复杂的问题,其中也存在较多的疑问。有关其中的详细论述还可以参照,山本克己《关于最高裁判所平成6年11月22日判决的判例释评》,载《法教》,第176号,平成7年,第36页以下;梅本吉彦《关于最高裁判所平成6年11月22日判决的判例释评》,载《ジュリ》杂志特别增刊第1066号——《平成六年度重要判例解说》,有斐阁,平成7年,第121页以下;中野贞一郎《关于最高裁判所平成6年11月22日判决的判例释评》,载《民商》,第113卷第6号,平成8年,第921页以下;木川统一郎、吉田友子《关于最高裁判所平成6年11月22日判决的判例释评》,载《判タ》,第890号,平成7年,第22页以下。

不过,法院对于过失抵销的判断是否产生争点效呢?这关系到过失抵销的职权性之问题。如果过失抵销属于职权性较强的事项,那么双方当事人无法对此进行“认真的”争执,因而,在争点效的要件构成上似乎有所欠缺。但是,如果考虑到在辩论主义下,双方当事人可以对其进行争执(参照“第十五讲 既判力”部分的相关论述),并且法院对此作出判断,那么也可以肯定其“产生争点效”。此外,从法院的判断(法的评价)裁量性的视角来看,这也是一个颇为微妙的问题。

显示出不妥当的一面。[24-2]不过,在时效中断与过失抵销的处理上,

〔24-2〕　三木教授认为,在过失抵销情形下,外部说法仅适用于抵销考虑型之情形。在类项限定型中,因法院不能认定被扣除的金额,故外部说在原理上就不可能,内部说也因不能计算债权整体金额,亦同,故在类项限定型的情况下只能采用按份说。试验诉讼型也应该采用按份说。在非过失抵销而是以反对债权进行的普通抵销中,因残部债权金额无法计算,故也必须采用内部说。参照三木·前揭注〔17-2〕《部分请求论的展开》,第 212 页。这是一种颇有意思的分析,值得关注。但是,考虑抵销型等属于理论上的分类,而在现实诉讼中不应局限于理论上的分类办法。

关于部分请求抵销的抗辩,山本弘《明示部分请求抵销抗辩和民诉法一一四条二项的既判力》,载井上·追悼,第 439 页细致地展开了有益的考察。在原告部分请求中,只要法院认定存在以被告反对债权抵销原告诉求债权,该抵销自身就产生了《日本民事诉讼法》第 114 条第 2 项的既判力。例如,原告的债权整体为 800 万日元,部分请求为 600 万日元,被认定存在的诉求债权部分为 600 万日元,被用于抵销的反对债权为 600 万日元,在此情形下,反对债权 600 万日元不存在之判断产生既判力。当与被认定存在的诉求债权的金额相对应的反诉债权获得认定且被认可抵销时,该部分请求债权不存在判断据此产生既判力(在兼子理论中,诉求债权和相反的债权共同存在,其因抵销而灭失的效果获得体现,山本弘说不采用这种表达方式),在以抵销以外的理由被认为不存在的反对债权部分,该意义上的债权不存在之判断产生既判力,据此,相应的反对债权全体 600 万日元不存在之判断产生既判力。在产生抵销的时间点上,就预计在判决确定时产生既判力的效果。而且,债权被认定为存在且被认可抵销的反诉债权,应当从作为部分请求的诉求债权中的哪里予以扣除?这如同在部分偿还抗辩中也会面临的问题一样,显然这是与既判力无关的实体法问题。在此,可以进行外侧说、内侧说、按份说这样的思考。根据内侧说和按份说,在部分请求之外存在原告的剩余债权,故存在再诉可能性,在实践中,这两种学说对比外侧说更具有优势。但是,在案例中……将反对债权的既判力产生方式和采用外侧说、内侧说、按份说的扣除方法这两种不同层面的东西结合在一起,就会使既判力的范围变得很奇怪。但是,在部分请求的外侧部分,原告再提起诉讼时,如果依据以上山本说的话,诉求债权剩余部分没有既判力,相反债权的一方产生既判力,原告被告之间产生不公平,也会产生二重审理的弊端(原告的债权整体是 800 万日元,部分请求是 600 万日元,存在被认定的诉求债权部分只有 800 万日元,被用于抵销的反对债权有 600 万日元的反对债权,但被认为存在的反对债权只有 100 万日元的情况下,如果依据外侧说,反对债权 100 万日元从外侧被扣除,原告的提诉债权全额为 600 万日元的请求被认可。原告以 200 万日元的剩余债权再次提起诉讼的情况下,原告在既判力范围之外,可以以抵销以外的理由不存在主张被告的一百万日元反对债权不存在)。这是因为,在外侧说中,尽管进行了与债权全额被起诉的情况相同的审理,但是判例将原告的诉求债权的既判力限定于部分请求。因此,判例认为,在采用外侧说的情况下,部分请求的诉讼物是债权整体,既判力也应改为在债权整体上产生。

根据山本说,在反对债权因抵销以外的理由而被认定为不存在的情况下,对应于被认定为存在于部分请求中的诉求债权的金额,在其金额上产生了反对债权不存在的既

也不必过分地拘泥于“诉讼标的”构成,而应当在实质上探求一种更为稳妥的解释论。这种倾向也正是部分请求全面否定说所主张的方向。

判力,例如,原告的债权整体为800万日元,部分请求为600万日元,被认为存在的诉求债权部分为800万日元,在被用于抵销的反诉债权为600万日元由于抵销以外的理由而全额不存在的情况下,在判例中由于外侧说的关系只产生不存在400万日元的反对债权的既判力,但是依据山本说,则产生了不存在600万日元反对债权的既判力。这是很尖锐的考察[但是,如果认可针对反对债权存在与否的判断的争点效的话,可以解决很大的问题。因此,问题转移到如何把握反对债权产生的既判力的理论上。山本说为这一理论做出了很大的贡献,但是由于剩余部分债权的再诉关系,导致了将部分请求的诉讼物(因此既判力对象也)当作债权总额的结果。就笔者的个人意见来说,原则上否定部分请求,因为不认可剩余债权的再诉,所以将这个结果归结为暂定问题,比较契合山本说,之后可以继续研究。顺便说一下,笔者个人认为,在有可能对剩余部分债权的再诉予以肯定的经费项目限定型的部分请求中,由于其性质上不是外侧说而是内侧说,所以也不必拘泥于山本说的结果]。

山本说之所以较为表面,是因为即使同样是《民诉法》第114条第2项的抵销抗辩的既判力,也有反对债券权被认可抵销的情况下的既判力,和反对债权因抵销以外的理由最初就不存在的情况下的既判力,其背景和必要性是不同的。与现行法不同,如果不使反对债权产生既判力,在前者的情况下,因为原告的诉求债权被驳回诉讼请求,如果被告针对反对债权提出另一诉讼并且请求被认可后,则前诉原告在经济上将被迫进行双重偿还。但是,在后者的情况下,由于原告在前诉的请求被认可,即使前诉被告针对反对债权另行起诉并得到了认可请求的判决,前诉原告也交出其所得,但不会受到双重偿还的侵害。对于前者和后者的情况,在对前诉原告产生的危害的迫切性上存在很大的不同。虽然应该都以在反对债权上产生既判力的现行法规则为好,但是规律的效用在切实性上存在落差。原本,反对债权因抵销以外的理由不被认定的情况下,与偿还抗辩不被认可的构造相同,在偿还抗辩的情况下不产生既判力。因为在存在诉求债权这一点上已经产生了判断力,在这一标准时前已经偿还的后诉主张被既判力阻止(第114条第1项的既判力),所以不会产生问题。但是,在抵销的情况下,与偿还不同,存在针对反对债权另行起诉的可能,因此需要承认其具备既判力。但是,因为原本的构造与否定偿还的抗辩是相同的,产生既判力的迫切性也不如认可前者抵销的情况。综上所述,被认可了抵销的情况下的第114条第2项的既判力和反对债权因抵销以外的理由不存在的情况下的第114条第2项的既判力,针对其背景、必要性应当进行区别考虑。

另外,山本说中关于反对债权的既判力的观点,与主张部分请求额度存在上限,针对被驳回请求的超过上限部分的反对债权部分产生既判力的观点不同。松本=上野(675),第572页。关于部分请求,参照畑瑞穗《部分请求和剩余请求》,载新争点,第120页。

第五讲　禁止二重起诉

导　读

在日本“二重起诉”也就是“重复诉讼”。日本旧民事诉讼法上有规定“禁止二重起诉原则”，新民事诉讼法规定为“禁止重复诉讼原则”。高桥先生虽然指出在讲学意义上，两种说法都是妥当的，但是在中国的语境下，还是“禁止重复诉讼”比“禁止二重起诉”更为准确。因为后者在字面上更强调对起诉的禁止，前者强调的是对诉讼重复的禁止。在日本，是否属于重复诉讼并不在起诉阶段进行审查。起诉几乎没有什么门槛，禁止重复诉讼的审查实际上就是在案件受理之后，而中国起诉要件实际包括了诉讼要件，如不得重复诉讼，因此，在起诉阶段就要对是否属于重复诉讼进行审查。这一点是需要注意的。

在日本，就诉讼系属中的前诉与后诉关系而言，作为禁止重复诉讼的规制，人们有两种不同的认识。第一种观点是，当前诉处于诉讼系属中时，如果当事人提起的后诉与前诉相同（如诉讼请求相同），后诉法院应当以诉不合法驳回后诉。例如，原告在甲法院提起了要求被告予以赔偿的诉讼之后，又在乙法院向该被告提起了同样的赔偿诉讼。第二种观点与此不同,除驳回后诉之外,认为禁止重复诉讼还应当包含在某些情形下当事人不得另行起诉,但可以与前诉合并审理。在特定的情形下,如果出现提起后诉的情形,对后诉的处理是,对后诉实现强制性合并,而非简单地予以驳回。比较典型的是基于同一法律关系提起的反诉与本诉的合并。案件的法律关系尽管相同,但是诉讼请求的目的或者趣旨不同,前诉与后诉处于矛盾、对等或先决关系。例如,原告在本诉中主张被告给付基于买卖所发生的价金,而被告则在反诉中主张给付买卖标的物。矛盾或先决关系的情形下,为了避免反诉另行提起可能导致的矛盾裁判,通常应当予以强制性合并。前一种观点被称为狭义的禁止重复诉讼,后者称为广义上或扩张的禁止重复诉讼,后者的重点在于禁止另行诉讼。

本讲的重点在于禁止重复诉讼的构成要件,即什么样的情形属于应当被禁止的重复诉讼。高桥关于重复诉讼的判断标准可以概括为三要件说,即当事人相同、审判对象相同或近似、主要争点(攻击防御方法)相同。而在日本还有二要件说,且为多数学者所持的观点。* 二要件说,即当事人相同、审判对象相同。审判对象的内容一般被解释为诉讼标的。因为诉讼标的有旧说与新说之别,因此,审判对象的理解也就有所不同。如果按照旧说,诉讼标的就是权利或法律关系,按照新说则是诉讼请求的特定的法的地位,实际上更接近于诉讼请求的含义。高桥所谓的主要争点相同,实际上与他所持的争点效学说有直接关系。高桥先生是争点效理论的拥趸。争点效理论为日本学者新堂幸司教授所创(高桥很崇拜新堂理论,也是新堂理论的承继人)。争点效不同于判决的既判力效力,对于在诉讼中已经经过审理和辩论的争点,即使不是判决的诉讼标的,也同样对后诉具有约束力。正是基于争点效,因此高桥主张应当将主要争点相同作为重复诉讼的标准。

中国最高人民法院《关于适用〈中华人民共和国民事诉讼法〉的

---

* 参见[日]川嶋四郎:《民事诉讼法》,日本评论社 2013 年版,第 287-289 页。

解释》第247条规定的“后诉与前诉的诉讼请求相同，或者后诉的诉讼请求实质上否定前诉裁判结果”中后段规定就是争点效观点的反映。“实质否定”就意味着主要争点相同时发生的情形。但司法解释这一规定并未充分考虑中国的语境，司法解释这一规定所带来的问题时，在起诉阶段即对后诉实体问题进行审查和判断，由于缺乏辩论程序，在没有诉讼要件制度[关于“诉讼要件”参见《民事诉讼法重点讲义(下)(导读版)》]的支持下，很容易导致诉权被剥夺情形的发生。

目　　次

一、禁止二重起诉原则

1. 禁止二重起诉的含义及种类

若X以Y为被告向东京地方裁判所提起要求“支付1000万日元借款”的诉讼，在该诉讼尚还处于诉讼系属中，X又以Y为被告向横滨地方裁判所提起相同的诉讼，X的这种起诉行为是否适法？[1]对于后一个诉讼而言，法院不但没有承认其适法的必要，而且，一旦承认这种诉讼，反而会产生不利影响。因为，如果承认后一个诉讼，那么作为被告Y而言，无论是在东京地方裁判所还是在横滨地方裁判所，其都必须出庭应诉，由此将给Y造成繁重的讼累，即被告应诉负担显然过重。此外，就法院而言，两地法院必须对同一案件进行重复审理，这无疑将造成司法资源的浪费，进而可能使其他案件的审理发生延迟。更为重要的一点是，若东京地方裁判所作出承认请求判决，而横滨地方裁判所作出驳回请求判决，那么就会造成极为

[1] 即便是X以Y为被告先后向东京地方裁判所提起相同诉讼，也与本文上述设例在法律上面临相同问题，在此处，仅仅为了简便起见，才将前后法院分别设定为东京地方裁判所与横滨地方裁判所。

尴尬(矛盾判决)的局面。因此,在内容上完全等同于前诉的后诉,应当被视为不适法之诉,进而遭到法院驳回,这就是所谓的“禁止二重起诉原则”(参照《日本民事诉讼法》第142条)。近来,该原则也常常被称为禁止重复诉讼,新民事诉讼法作出的“禁止重复起诉”之规定,应当说是接近于后者的一种表述。不过,就讲学上的称谓而言,无论采用何者均无不妥。

不过,诸如“消除因被告迫于二重应诉产生的不便”“消除因法院重复审理造成的司法资源浪费”“因矛盾判决造成司法秩序的混乱”〔2〕等所谓的禁止二重起诉之根据,也并非仅产生于前后诉完全

---

〔2〕 在三木浩一《重复诉讼论的再构成》,载《庆应义塾法学研究》,第68卷第12号,平成7年,第115页以下,尤其是第140页中,三木教授认为,对于这些多元性根据,若无条件或并行地予以列举,作为解释论而言,并无多大意义,而且,也存在虽不具备这些根据但仍然构成二重起诉之情形,因此这种列举法无疑具有误导之嫌。

例如,“消除被告因迫于二重应诉产生的不便”之根据,适合于同一原告向同一被告实施二重起诉的情形,即适合于所谓“反复型”情形,但当前诉的被告以前诉的原告为被告提起后诉时,即在所谓的“对抗型”情形下,被告并无二重应诉负担,在这种情形下,前诉被告另行提起这种“对抗型”诉讼必要性不容否定。因此,若将“被告因迫于二重应诉产生的不便”这一仅适用于部分情形的根据予以一般化,则不免有误导之嫌。三木论文中接着提到,所谓“既判力的抵触”(之根据)应当通过再审予以解决,故而也不能作为“禁止二重起诉”的根据。当然,若非涉及既判力抵触而属于广义上的判决内容矛盾,固然无法通过再审予以解决,不过,这毕竟属于对(提起重复诉讼之)后诉原告方事由应予以比较性考量的相对问题,因而并不当然地导致驳回后诉。至于“诉讼经济”,这也是一个相对性根据,正是因其相对性属性,故而也应可以灵活作出处理,例如,在某些情形下,若存有其他的价值追求,诉讼经济之考量就可能予以相对忽略,因此也有可能出现“优先考虑后诉”之结果。此外,三木浩一《重复诉讼论的再构成》,载《庆应义塾法学研究》,第68卷第12号,平成7年,第115页以下,也表达了相同观点。

上述的三木说显得颇为尖锐,笔者基本赞同三木教授上述的批判性见解。不过,三木说中的“既判力抵触恐怕不能成为根据”的见解可能稍显过激。具体而言,三木教授认为,只有当两个法院同时作出判决时,“既判力的抵触”才可以构成“禁止二重起诉”的根据,如若不然,先行确定判决的既判力通过再审可获得优先效力(参照《日本民事诉讼法》第338条第1款第10项),换言之,既判力制度本身是防止既判力发生抵触之手段,因而没有必要将“既判力的抵触”作为“禁止二重起诉”之根据。但是,三木教授所认为的“可以通过再审予以处理”之观点,尽管在理论上是可行的,但就实际而言,这是一种颇费诉讼成本之举,而且,在再审之前消除混乱萌芽,也应当作为禁止二重起诉

相同的情形。例如,在基于买卖合同纠纷中,卖主 X 以买主 Y 为被告向东京地方裁判所提起支付价金诉讼,而买主 Y 又以卖主 X 为被告向横滨地方裁判所提起交付标的物诉讼,在这种情形下,两所法院对于各自案件不仅无分开审理之必要,分别审理反而会产生消极后果。因此,这应当说也是一种受禁止二重起诉的趣旨规制的情形,不过,对于后诉,(后诉)法院并不能以不适法为由驳回诉,毕竟"请求交付标的物"之 Y 的后诉本身是独立的诉讼标的,而且 Y 对此也具有要求法院作出判决的利益(诉的利益)。故而在这种情形下,允许被告以反诉方式提起该诉讼,并对其适用反诉的有关规则是较为妥当的,若予以一般化的表述,那么在这种情形下,应当以"禁止另行起诉""强制合并"之规则予以处理。这一例子可以说是一种"(两个诉讼)主要的争点具有共同性"的情形。

若对应于法律条文,《日本民事诉讼法》第 142 条"禁止二重起诉"中的"不能再度提起诉讼"之规定,顾名思义,在内容上应当包含如下两种情形:其一,不能提起后诉;其二,尽管可以进行诉的追加性变更或提起反诉,但不能另诉。不过,如果将"不能再度提起诉讼"的法条含义解读为"不能另行提起诉讼",那么就法律的解释论而言,也并不会产生特别不妥的结果(参照伊藤,第 182 页)。如后所述,即便基于通说(兼子理论)立场,在有关"确认债务不存在的前诉与给付诉讼的后诉"之情形的处理中,这种解释论也可以获得认可。鉴于此,对于前者"驳回后诉"之情形,可以称为狭义的禁止二重起诉(或者是限制说),而对于后者"禁止另诉并强制合并"之情

的制度趣旨。总而言之,一种制度的趣旨与根据往往具有多义性,也并非一成不变,因此"广泛地(毫无限制地)列举根据"之做法也可以做这样的善意解读。三木说的积极意义毋宁可以说明确了如下这一论点,即从司法资源效率性利用的视角来看,将禁止重复诉讼的效果仅仅限于"驳回不适法的后诉",似乎显得过于狭窄,而应当综合考虑其他效果,因而,前诉往往不一定具有优先性。就这一点而言,三木说可以获得较高的评价。

形,则可以称为广义的禁止二重起诉(或者是扩大说)。[3]

2. 禁止二重起诉的效果

一旦形成二重起诉(重复诉讼)的情形,若为狭义的二重起诉,则后诉因不适法被后诉法院驳回。在这种情形下,不论前诉系属于哪个法院,也不论前诉系属于哪一审级(纵使系属上告审),后诉都会遭驳回。但是,在广义重复诉讼之情形下,后诉不会因不适法遭驳回,后诉法院原则上适用"禁止另诉并强制合并"的规定,换言之,由于存在"禁止另行起诉"的规定,因而法院不允许后诉原告另诉,进而依职权将后诉与前诉予以合并,如此一来,则无须等到法院启动职权,当事人就被引导提起"诉的追加性变更或反诉"这样的"诉讼内之诉"。而且,当前诉与后诉的强制合并有可能造成不妥当时,法院就应当预先停止诉讼程序。例如,当前诉系属于上告审时,若将处于第一审程序的后诉强行合并,不但在实际操作上较为困难,而且在理论层面也不妥当,因此,在前诉判决确定之前,后诉法院应当预先停止后诉,(待前诉判决确定后)前诉判决的内容反映到诉讼

〔3〕 关于限制说与扩大说的详细论述可以参照三木浩一《重复诉讼论的再构成》,载《庆应义塾法学研究》,第68卷第12号,平成7年,第115页以下;三木浩一《禁止重复诉讼》,载铃木重胜、上田徹一郎《基本问题研讨——民事诉讼法》,一粒社,平成10年,第106页以下。

此外,在三木浩一《重复诉讼论的再构成》,载《庆应义塾法学研究》,第68卷第12号,平成7年,第173页以下,三木教授认为,若将主张"导致辩论合并与程序停止之效果"的扩大说也称为"禁止二重起诉"(禁止重复诉讼),则可以说这并非直接从《日本民事诉讼法》第142条规定的文理中推导出来的解释论,而应当将其视为一种与《日本民事诉讼法》第142条规定相区别的,并基于"作为法院诉讼指挥权之一的案件管理权限"产生的解释论。此外,注釈民訴(第五卷),第233页(佐野裕志执笔);条解,第846页以下(竹下守夫执笔);中野=松浦=鈴木,第145页以下(堤龙弥执笔);菊井=村松(第二卷),第153页以下等的观点也认为,将(前后两诉的)主要争点存在共通的情形纳入规范性禁止二重起诉范畴,不免显得过于勉强,而且由此产生的弊端也较大。

三木教授从更高层次的"司法资源效率性利用"之视角出发,不是作为禁止二重起诉论,而是作为复杂诉讼论,对诸种制度重新进行了审视,因此上述展开的种种指责与批评,应当说在理论上具有相当的一贯性。但是,无论如何,禁止二重起诉属于民事诉讼理论体系性问题,因此本文还是遵循新堂说等的观点,即将"导致辩论合并与程序停止之效果"的情形也作为禁止二重起诉(扩大说)。

停止解除之后的后诉中（参照新堂，第198页）。[4]

在采用禁止另诉并强制合并时，若前后两个诉讼系属于同一个法院，依据诉讼法之规定可以进行“辩论的合并”（参照《日本民事诉讼法》第152条），反之，若前后两诉法院不同（例如分别系属东京地方裁判所与横滨地方裁判所等两个法院），则不能直接对两诉进行辩论的合并，而应首先利用《日本民事诉讼法》第17条将后诉进行移送，进而创造出“两个诉讼同时系属一个法院”的状态。作为“进行案件移送进而创造出这种状态”的前提条件是，移送法院必须对后诉具有管辖权，不过，在通常情况下这一条件无法获得满足。总而言之，禁止另诉并强制合并并非经常可行。而且，无论是案件的合并还是案件的移送，在现行法上都属于法院裁量对象，因而也不

---

〔4〕 并行推进前后两诉的审理，的确不是一种好的对策，而且，如何进行前后诉合并，以及如何停止后诉的程序，也可以根据具体的案件状况来作出决定。例如，若相对于将后诉合并于前诉，法院直接通过后诉审理可以更简单、更快捷作出本案判决，将前诉合并于后诉的做法，反而更符合诉讼经济。在进行停止程序时，经常终止后诉程序的做法未必都是妥当的，在某些情形下，停止前诉诉讼程序的做法也可能更符合诉讼经济。但是，这种根据判断此前诉讼进展状况来作出结论的做法属于一种裁量论，因此并不能纳入规范论的范畴。因此，如果将新堂说等的扩大说作为规范论予以考虑，那么还是应当采用“合并后诉及停止程序”之见解。

但是，由于三木说在如何合并及停止程序方面强调诉讼状况的适当性，进而导致其开始提倡一种更为广泛的案件管理裁量论，而且，三木教授试图从美国民事诉讼中寻找这种先例。如此一来，正如前文所述，三木说在论及这一问题时，超越了《日本民事诉讼法》第142条的“禁止二重起诉”规定之解释论或规范论的框架，有意识地将复杂诉讼论（多数当事人诉讼论）作为裁量论来予以论述。这的确是一种卓见，但就日本法状况而言，似乎尚未达到这种成熟程度。关于美国民事诉讼中所采用的诸种方策，尤其是关于前诉法院与后诉法院的联系等措施的详细论述，可以参照三木浩一《多数当事人纠纷的审理单元》，载《庆应义塾法学研究》，第70卷第10号，平成9年，第37页以下，尤其是第78页；浅香吉干《广域系属的诉讼》，载《法协》，第103卷第4号第155页以下、第103卷第5号第136页以下（昭和61年）。

存在“法院必须进行合并或移送”的法律保障。〔5〕此外,至于所谓的“程序的停止”,现行法除了“程序的中断与中止”外也没有作出这方面的规定(正是鉴于此,新堂,第 198 页,引用了旧《日本民事诉讼法》第 121 条的规定,并认为这是一种除“中断”及“中止”之外的,表示“法院停止行使权限”之程序状态),因而,这种“程序停止”状态的实现不得不借助于“追加指定下一个期日”这种法院实务上的措施。但是,主张广义禁止二重起诉的学说认为,尽管“合并、移送、停止”一般情况下是基于法院裁量而为之事项,但在禁止二重起诉的情形下,也可以将在其中的“合并、移送、停止”考虑为法院的义务。纵使如此,笔者不得不指出,广义的禁止二重起诉学说的确包含这方面缺陷(至少是法律条文上的缺陷)。

而且,在后诉法院应当作出“因后诉不适法而予以驳回”或者“禁止另诉并强制合并以及程序停止”之情形中,当法院怠于作出这样处理,即当法院存在这方面违法事由时,法律对于法官的制裁也较为薄弱。若法院对应驳回起诉的后诉未予以驳回,则当事人可以通过上诉进行攻击。同样,对于合并及程序停止而言,若诉讼仍然存在合并或程序停止的可能,当事人也可以通过上诉来促使法院作出这种处理。但反过来看,若后诉法院未采取这种举措,进而放任程序进行,乃至判决最后获得确定,当事人也不能追究法院这种违法的行为(并不构成再审之事由)。不仅如此,当违法进行的后诉判决更早获得确定时,那么就会产生“该(后诉)确定判决的判决效拘束前诉”之逆反现象。因此不得不指出,禁止二重起诉原则不仅是作为行为规范而存在,该原则也具有评价规范的性质,只不过作为评价规范的效果显得相对薄弱而已。

但是,作为行为规范而言,禁止二重起诉属于法院职权调查之事项,关于禁止二重起诉的事实也应当被理解为职权探知的事项,因

---

〔5〕 三木浩一《重复诉讼论的再构成》,载《庆应义塾法学研究》,第 68 卷第 12 号,平成 7 年,第 171 页。此外,山本弘《二重起诉的范围与效果》,载《争点》(3 版),第 120 页以下,也对“将禁止另诉并强制合并定位于规范论问题范畴”之做法持质疑立场。

为这牵涉“判决效的矛盾”“诉讼经济”等公益性价值考量。[6]

3. 要件——什么样的诉讼构成二重起诉

(1)当事人相同

对于判断某一诉讼是否构成二重起诉(重复诉讼)之问题,有必要从以下两个视角予以分别考虑,即当事人视角与审判对象(诉讼标的)以及争点(攻击防御方法)之视角。首要的要件是当事人相同,若前后诉的当事人不同,则不构成《日本民事诉讼法》第142条规定的二重起诉,因为民事诉讼只要达到纠纷相对性解决之程度即可。例如,前后诉都是关于同一土地所有权的确认之诉,但前诉是X对Y提起的确认诉讼,而后诉是X对Z提起的确认诉讼,这种情形并不构成二重起诉,因为前后两诉的当事人不相同。尽管在这种情形下,也可以论及诸如“Z是否可以对XY之间的诉讼进行独立当事人参加”“法院是否依据裁量(参照《日本民事诉讼法》第152条)来合并两诉的辩论”等多数当事人诉讼所涉及的问题,但应当说这是禁止二重起诉以外的其他问题。

此外,若非诉讼当事人而是受判决效波及之人(参照《日本民事诉讼法》第115条),在考虑是否构成禁止二重起诉之问题时,该类主体也被视为当事人,进而有可能构成二重起诉。例如,在“X对Y提起的交付动产请求”与“Y因此而对该动产持有人Z提起的交付动产请求”之间,由于前者的判决效及于Z,因此Y没有进行重复诉

---

〔6〕 井上治典教授认为,若基于广义的禁止二重起诉(扩大说)之立场,“违反禁止二重起诉”的主张需要被告援用,而且,后发程序的本案审理一旦开始,被告就不能对“是否违反禁止二重起诉原则”进行责问[参照铃木重胜、铃木正裕、福永有利、井上治典《注释民事诉讼法》,有斐阁,昭和60年,第358页以下(井上治典执笔)]。此外,加藤哲夫《二重起诉的范围与效果》,载《争点》(新版),第158页以下,加藤教授也对这一学说表示了赞同,其认为,尽管“禁止二重起诉需要被告的援用”与“争点效需要当事人的援用”形成整合,但是,在禁止二重起诉中还存在“未还原为当事人利益”之诉讼经济方面因素的考虑,因此可以将其理解为职权调查事项。此外,关于此的相关论述,还可以参照三木浩一《重复诉讼论的再构成》,载《庆应义塾法学研究》,第68卷第12号,平成7年,第143页以下;注釈民訴(第五卷),第235页以下;伊藤,第184页以下;上田,第145页以下等。

讼(针对Z提起后一个诉讼)的必要。同样,对于诉讼担当人提起的诉讼与对于诉讼被担当人提起的诉讼,两个诉讼也构成二重起诉。〔7〕此外,仅仅是原告与被告地位发生对调时,当事人也可以被视为相同,在这种情形下,可能会存在从审判对象(诉讼标的)之视角产生的制约,但从当事人角度来看,“是原告还是被告”可以不作为判断“是否构成二重起诉”之际的问题。

(2)审判对象的相同与近似

如果在前后两诉中,审判的对象(诉讼上请求、诉讼标的)是相同的,那么后诉将因不适法而遭驳回(狭义的情形),但在如何判断“前后诉的审判对象是否相同”这一点上,则并不显得那么容易。首先,新旧诉讼标的论的不同立场(参照新堂,第269页;本书“第二讲 诉讼标的”部分的相关论述)会对这种判断产生影响。若采用新诉讼标的说,禁止二重起诉的范围就较为宽泛,若基于旧诉讼标的论,范围则相对较窄。〔8〕这一问题的结果取决于诉讼标的论争的第二点表现,对于“诉讼上请求是否相同”的判断通常需要考虑主体方面因素(参照新堂,第266页;本书“第三讲 诉”部分的相关论述。正是鉴于此,三月章教授认为,从这一点来看,关于“是否构成二重起诉”的判断不需要设置“当事人相同”这一要件,而只要强调诉讼标的相同即可,关于此详细的论述,可以参照三ヶ月·全集,第117页以下),如果考虑到针对同一个不动产提起的“X对Y的所有

---

〔7〕如果基于“将债权人代位诉讼(参照本书‘第九讲 当事人适格’部分的相关论述)理解为诉讼担当”之立场,那么在债权人提起诉讼后,根据禁止二重起诉,债务人就不能提起诉讼。而作为债务人能够介入诉讼中的途径,一般而言就是进行共同诉讼的辅助参加。关于“能够进行独立当事人参加”之含义的详细论述,可以参照《法教》,第221号,平成11年,第109页以下。

〔8〕有关从诉讼标的论的角度来考察禁止二重起诉之问题的文献,可以见之于柏木邦良《重复起诉的禁止、诉的变更、诉的合并、审理判断的范围与诉讼标的概念的机能》(上),载《判時》,第1107号,昭和59年,第6页以下,收录于柏木邦良《民事诉讼法论纂》,リンパック有限公司,平成6年,第54页以下;中野贞一郎《诉讼标的的概念的统一性与相对性》,载中野·論点(Ⅰ),第20页以下;酒井一《诉讼标的中的相对性》,载中野·古稀(上),第165页以下等。

权确认诉讼”与“Y 对 X 的所有权确认诉讼”两个诉讼中的请求主体之因素，那么这两个诉讼上请求并不相同，因此，这种情形也不违反（狭义的）禁止二重起诉。其次，对于“诉讼上请求是否相同”的判断，通常也需要考虑“给付、确认、形成”之审判形式的要素，因此，即便诉讼上请求在客体方面是相同的，但因审判形式（是给付诉讼还是确认诉讼）方面的差异，也会导致诉讼上请求的不同，进而也不构成（狭义的）二重起诉。例如，在当事人提起给付诉讼后，对方当事人提起确认同一债权不存在的诉讼，这种情形也不触犯禁止二重起诉原则。

尽管从“禁止二重起诉”的定义出发，必然会推导出上述种种“不违反禁止二重起诉原则”的结果，但从“避免二重审理的浪费”“预防判决效发生抵触”等禁止二重起诉的制度趣旨来看，上述这些结论似乎并不具有充分的说服力。鉴于此，有观点主张，应当严格适用诉讼上请求（诉讼标的）的概念，同时，将“禁止二重起诉”的效果仅仅理解为“强制当事人提起反诉或进行诉的变更（禁止另行起诉）”（换言之，驳回后诉并非禁止二重起诉的效果）。例如，在 X 对 Y 提起所有权确认诉讼后，Y 对 X 就同一不动产提起的所有权确认诉讼只能以反诉提出（换言之，只能在同一诉讼程序中），在一方当事人提起确认债务不存在诉讼后，对方当事人就同一债务提起的给付之诉，也只能以反诉方式进行。〔9〕 从结论来看，这种见解无疑是妥当的，可以说是一种应当予以赞成的观点。作为理论构成而言，这种见解超越了诉讼上请求（诉讼标的）的同一性，进而在判决效发生扩张的情形下，扩大化地把握“禁止二重起诉”原则，这是一种符合“禁止二重起诉”之目的的解释论。

---

〔9〕 关于确认债务不存在诉讼与给付诉讼例子的论述，还可以见之于兼子 · 体系，第 175 页以下；三ヶ月 · 全集，第 120 页以下；小山，第 231 页以下；上田，第 143 页以下；加藤哲夫《二重起诉的禁止》，载三月章、中野贞一郎、竹下守夫编《民事诉讼法演习第一卷》（新版），有斐阁，昭和 58 年，第 141 页以下；注解民訴（第六卷、第二版），第 429 页以下；佐上，平成 10 年，第 104 页以下；注釈民訴（第五卷），第 220 页以下等。此外，也可以参照新堂幸司《民事诉讼法演习》，载《法教》（第二期），第 2 号，昭和 48 年，第 174 页以下。

但是,在上述提及的“双方当事人分别先后提起给付诉讼与债务不存在确认诉讼”之情形中,就会面临确认利益方面的问题。具体而言,在当事人提起给付诉讼后,如果法院作出承认请求的判决,那么“请求权的存在”之判断就会因判决既判力而获得确定,而且,法院这种判断还具有执行效力。反之,如果法院作出驳回请求判决,那么“请求权不存在”之判断则因判决既判力而获得确定,至于债务不存在确认诉讼,无论法院作出的是承认请求判决还是驳回请求判决,有关请求权的既判力都已经获得确定,之所以如此,是因为给付判决的判决效范围更为宽泛,进而将债务不存在确认诉讼包含在内。如此一来,在一方当事人提起给付诉讼后,即便对方当事人再次提起债务不存在确认诉讼,也是徒劳的,因而会产生“该确认诉讼缺乏确认的利益”问题。〔10〕 上述这种考虑无疑是合理的,但是,若肯定这种观点,则进一步衍生出如下的问题,即在当事人先行提起债务不存在确认诉讼,而给付诉讼后被提起时,先行的债务不存在确认诉讼也是否丧失确认利益?对于此问题,大阪高等裁判所平成 8 年 1 月 30 日判决(载《判時》,第 919 号,第 215 页以下)认为,在给付诉讼作为反诉被提起的情形下,债务不存在确认诉讼丧失诉

---

〔10〕 也有观点认为,在给付诉讼中,也有可能存在因债务履行期限未届满而驳回请求的情形,在这种情形下,给付诉讼与债务不存在确认诉讼的审判对象不相同。但是,从严格意义上讲,债务不存在确认诉讼也有可能以“在现时点债权人可请求的债务之不存在”作为确认的对象,因此法院也可以以“债务履行期限未届满”为由作出认可请求的判决,在这种情况下,“债务本身是否不成立”属于判决理由中的判断,而与债务不存在确认诉讼的既判力无关。总而言之,债务不存在确认诉讼可以作为给付诉讼的反对形态。此外,松本博之《是否构成重复起诉》,载中野·古稀(上),第 354 页,也表述了相同的观点。反过来,若严格遵循“债权人只有在债务履行期限届满后才考虑催收债务”的见解,债务人在期限未届满时就不会考虑清偿债务,如此一来,债务人就不能提起债务不存在确认诉讼。

不过,就请求确认债权存在的诉讼而言,由于是债权人针对将来请求权提起的确认诉讼,因此可以认为其具有确认利益(参照本书“第十一讲　诉的利益”部分的相关论述),也即不以履行期限为问题的这种确认之诉也为适法之诉。与此相对应,若为将来的确认利益,则无须考虑债务的履行期限,而以债务本身是否成立为对象的“确认债务不存在诉讼”也应当是适法之诉。而且,如果债权人提出“存在债权”之主张,那么这种将来的确认利益原则上都应予以认可。

的利益。那么,在给付之诉不是作为反诉而是另诉之情形下,债务不存在确认诉讼是否发生事后性丧失确认利益?对此持肯定态度的观点为有力说,有力说认为,给付诉讼的原告(先行提起的债务不存在确认诉讼中的被告)若受拘束于债务不存在确认诉讼原告所选择的管辖法院,则显得不适,因此应当认可该原告另诉的权利。〔11〕但若是反过来考虑,即在先行诉讼中极有可能败诉的被告为了达到"拖延时间"之目的,也可能另行提起给付诉讼,〔12〕鉴于此,基于"禁

---

〔11〕 这种观点可以见之于松本博之《是否构成重复起诉》,载中野·古稀(上),第 347 页以下;松本=上野,第 148 页以下;木川统一郎、中村英郎编《青林书院法学双书——民事诉讼法》(新版),青林书院,平成 10 年,第 108 页以下(松村和德执笔)。在德国,这种学说占据着通说的地位,关于此的详细论述,可以参照坂田宏《关于金钱债务不存在确认的一点考察(二)》,载《民商》,第 96 卷第 1 号,昭和 62 年,第 66 页以下,尤其是第 72 页,收录于坂田宏,处分权主义,第 37 页。不过,谷口教授认为,法律之所以规定"禁止二重起诉"的原则,是因为国家方面不具有对某一案件进行重复审理的利益,因此一般而言,应当从诉的利益之角度出发来把握"禁止二重起诉",参照谷口,第 116 页以下。此外,三月教授也表述了相同的观点,参照三ヶ月·全集,第 120 页以下。

在法院管辖地方面,考虑到债务不存在确认诉讼的管辖地是被起诉之被告(债权人)的住所地或者义务履行地,应当说住所地反而是对债权人(给付诉讼的原告)有利的地方,同样,义务履行地也并不是对债权人特别不利的地方。有关管辖问题,作为一种抽象论而言固然可以获得理解,但也不免稍显观念化。持这种观点的文献,还可以见之于坂田宏《消极的确认诉讼》,载铃木重胜、上田徹一郎《基本问题研讨——民事诉讼法》,一粒社,平成 10 年,第 118 页以下。而且,在日本法下,在法院管辖方面还广泛存在"移送处理"的可能性。

〔12〕 三木浩一《重复诉讼论的再构成》,载《庆应义塾法学研究》,第 68 卷第 12 号,平成 7 年,第 160 页以下,三木教授通过对一个反复型案例的说明,认为在前诉中遭受不利的当事人会采取这样的行动。

实际上,松本说也认为,随着先行诉讼审理的进行,当发展到成熟于作出裁判之程度时,先行诉讼的确认利益例外地不丧失,而当先行诉讼系属于控诉审时,在该诉讼终结之前,当事人当然不能提起给付之诉[关于此的详细论述,可以参照松本博之前揭注(11),第 374 页以下]。松本说的这一论述在结论上颇具说服力,但是这种灵活的处理是否是从松本说内在的确认利益理论中推导出来的结果,恐怕不无疑问。诉讼要件是本案判决的要件,但是否也可以推导出"诉讼要件是本案审理的要件"这一结果呢?而且,"因债务不存在确认诉讼系属于控诉审中,就不能允许当事人提起给付诉讼"之观点也过于严苛化,因为,在这种情况下,应当允许当事人提起反诉(参照《日本民事诉讼法》第 300 条规定)。

止二重起诉”原则,不允许其另行提起给付诉讼,而只能允许其以反诉提起给付诉讼。在当事人以反诉提起给付之诉时,债务不存在确认诉讼的本诉是否丧失确认利益,而属于确认利益解释论的问题,若将确认利益理解为本案的判决要件,则倾向于“已经丧失该确认利益”之立场。[13] 如果残余给付诉讼的管辖是不妥当的,那么其就成为《日本民事诉讼法》第 17 条规定的移送裁量之对象。综上,当对方当事人在给付诉讼后提起债务不存在确认诉讼时,该确认之诉

不过,三木说与松本说提出的更为重大问题在于,对于“后诉应当遭到驳回”之前诉优先规则(三木说之表述)或者“先着手主义”(松本说之表述)所提出的质疑。的确,无论是在理论上还是基于实践视角作出的思考,优先适用前诉的情形为数不少,但还不至于断言前诉一般具有优先地位。不过,这种观点能否融入《日本民事诉讼法》第 142 条“禁止二重起诉”的规定中,恐怕还有待考证。松本说着眼于“确认的利益”的视角,以及三木说所言及的“法院裁量性的案件管理权限”,恐怕也在于此。这应当是在今后有待进一步展开探讨的课题。

〔13〕 在理论上,应当考虑为,基于当事人以反诉形式提起给付诉讼,并不会直接导致确认利益的丧失。试以开头的例子为例,即在 X 以 Y 为被告向东京地方裁判所提起“要求支付 1000 万日元借款”的诉讼中,当该诉讼处于系属中时,同一个 X 以相同的 Y 为被告向横滨地方裁判所提起“要求支付 1000 万日元借款”的诉讼,对于这种情形,此前的理论认为,后诉直接丧失诉的利益,因此后诉法院应当予以驳回。但就理论而言,“后诉不具有诉的利益”的情形应当限于在前诉的胜诉判决确定后发生再诉的情形(参照本书“第十一讲　诉的利益”部分的相关论述),而在正常情况下(前诉胜诉判决确定之前),后诉应该具有诉的利益(正因如此,才有必要另行设置“禁止二重起诉”之制度)。此点也与基于“作出本案判决的必要性(不是审理的必要性)”之上展开的诉的利益整体考虑具有整合性。

此外,关于“不允许当事人进行给付请求权的确认(参照本书‘第十一讲　诉的利益’部分的相关论述)”之解释,其考量依据在于,因存在其他更适当的救济方法而不认可确认利益。而此处的解释则是,因当事人行使了“给付之反诉”这一其他的更为适当的救济方法,进而导致丧失确认的利益,需要强调的是,此处并不是“存在”其他更适当的救济方法,而是当事人“行使了”更为适当的救济方法。就这一点而言,该解释与传统的诉的利益理论的整合性方面,也并非没有任何问题。

因此,即便当事人以反诉形式提起给付诉讼,债务不存在的确认之诉也不丧失诉的利益,因而法院有可能对双方都作出本案判决。但是,如此一来,在给付诉讼先行而债务不存在确认诉讼后行的情形下,就形成“债务不存在确认诉讼具有诉的利益”之结果。这一点的确颇为微妙,那么是否可以借助“通过行使其他更为妥当的救济方法而使确认利益发生灭失”之论法来作出处理呢?这恐怕有必要进一步展开探讨。

不具有确认的利益,而在债务不存在确认诉讼后对方当事人提起的给付诉讼,基于禁止二重起诉原则之考虑,只能允许其以反诉形式来提起给付诉讼,若当事人以反诉形式提起给付诉讼,债务不存在确认诉讼则丧失确认利益。〔14〕

(3)主要争点(攻击防御方法)的共通性

若前后两诉的主要争点共通,应当说前后两诉构成了“禁止另诉、强制合并或程序停止”之意义上的禁止二重起诉(广义的禁止二重起诉)。与前后两诉的审判对象是相同或近似的情形一样,当前后两诉的争点共通时,法院对于该争点的审理也形成重复审理,在内容上,也有可能产生实质矛盾的判决。如果说“前后两诉的审判对象相同或近似”在判决效中对应于既判力,那么“前后两诉的争点是共通的”则对应于判决效中的争点效。此外,主要争点在审理过程中有可能发生变动,因而应当至判明争点阶段方能对“是否强制合并或程序停止”之问题进行探讨。如此一来,在确认买卖标的物所有权请求与交付买卖标的物请求之间,尽管两者诉讼标的不同,但是作为争点的“买卖效力”却是共通的,因此,应当禁止当事人另行提起诉讼。在请求腾退土地诉讼中,当被告以该土地租赁权提出抗辩时,原告不能就该土地租赁权的确认另行起诉。至于在所有权确认请求与基于所有权的登记关系诉讼之间,从主要争点共通的角

---

〔14〕 确认的利益也涉及其他一些理论问题。注釈民訴(第五卷),第220页以下认为,一般而言,当当事人就某一事项分别提出积极确认与消极确认之请求时,也违反禁止二重起诉原则,在这种情形下,后诉因不适法而遭驳回。但是,在诸如“当事人要求作出的‘A是法定代表人’之积极确认与要求作出的‘A不是法定代表人’之消极确认”的情形下,作为诉讼上请求(诉讼标的)而言,两者不能说完全相同。因此,法院不能简单地驳回后诉,而应作出禁止另诉并强制合并之处置,而且,在此基础上附之以“通过确认利益来调整”的处理(维持积极确认的请求),可能显得更为妥当。对于此问题,也有必要进一步展开探讨。

度来看,也可以得出禁止另诉并强制合并之结论。[15] 从判例状况来

---

〔15〕 针对同一不动产,X 与 Y 分别以对方为被告提起所有权确认诉讼,如果考虑到请求主体因素,那么两诉的诉讼标的并不相同,而且,在某些情况下,两诉的主要争点也未必共通。当 X 以继承为根据,而 Y 以买卖或取得时效为根据时,两诉的主要争点似乎各不相同,但是,如果依据先行确定判决确定"X 为该不动产所有权人",那么根据"一物一权主义"的规定,后诉法院就应当驳回 Y 的请求。换言之,这两者的诉讼标的处于一种矛盾关系,其中一者的判决既判力及于另一者,因此法院并行对另行提起的诉讼进行审理并不符合诉讼经济。因此,即便是在两诉的主要争点不共通的情形下,当两者的诉讼标的处于矛盾或先决关系时,其中一者既判力也将及于另一者,在这种情况下,也构成广义的二重起诉(此外,中野=松浦=鈴木,第 144 页以下,也认为两诉诉讼标的处于矛盾关系之情形构成二重起诉。小室直人、若林安雄、三谷忠之、波多野雅子编《新民事诉讼法讲义》,法律文化社,平成 10 年,第 70 页,也对此情形构成二重起诉抱以肯定的态度)。不过,注釈民訴(第五卷),第 233 页以下;菊井=村松(第二卷),第 152 页以下等观点却对此提出了批判,其认为,若将前后诉的诉讼标的处于先决关系之情形也作为二重起诉,则不免显得过于僵硬化。

基于笔者个人见解而言,无论基于诉讼标的相同的既判力,还是基于诉讼标的的先决或矛盾关系的既判力,抑或基于主要争点共通的争点效,均为判决效的具体形式,这都说明禁止二重起诉与判决效问题紧密相关。不过,住吉博《禁止重复诉讼原则的再构成》,载《法学新报》,第 77 卷第 4-6 合并号,昭和 45 年,第 95 页以下,收录于住吉博《民事诉讼论集第一卷》,法学书院,昭和 53 年,第 255 页以下;住吉博《禁止二重起诉的范围与效果》,载《争点》(旧版),第 150 页以下,住吉教授并未着眼于判决效这一层面,而强调程序的重复,因而主张将"请求基础的同一"作为二重起诉的要件。尽管两者在着眼点上存在差异,但在结论上,住吉说的"请求基础同一"与"主要争点的共通"之要件几乎相同。因此,若肯定对争点效,则可以通过判决效来考虑禁止二重起诉的要件问题。伊藤,第 182 页以下,伊藤教授认为,如果在前后两诉中,构成诉讼标的权利关系之基础的社会生活关系相同,那么可以视为主要法律要件事实共通,由此来看,伊藤说似乎在谋求对新堂说及住吉说的某种扬弃。

此外,在原告当事人提出部分请求的情形下,依据禁止二重起诉原则,不能允许当事人就残部请求另行起诉。对于此,也可以通过"部分请求与残部请求的诉讼标的相同"之依据作出说明(作为拙见而言,对于"部分请求与残部请求的诉讼标的是相同"之论点持质疑立场,具体论述参照本书"第四讲　部分请求"的相关论述),即便不依据这种论点,依据"部分请求与残部请求之间的主要争点相同"之论点,也可以作出说明。

关于不将"前后诉主要争点共通之情形"作为禁止二重起诉来予以把握的学说,可以见之于注釈民訴(第五卷),第 233 页以下(佐野裕志执笔);条解,第 846 页以下(竹下守夫执笔);中野=松浦=鈴木,第 145 页以下(堤龙弥执笔);菊井=村松(第二卷),第 153 页以下等。

看，也有判例以“主要争点的共通”为由驳回后诉，关于此的详细论述，可以见之于东京地方裁判所平成9年6月27日判决，载《判タ》，第960号，第281页以下（在未采用合并而是驳回这一点上，有必要另作考察）。此外，也有判例因共同争点认为适用普通共同诉讼审理，并以此撤销原审判决发挥重审，关于此的详细论述，可以见之于东京高等裁判所平成9年2月19日判决，载《判時》，第1609号，第116页（因属于普通共同诉讼，前后诉当事人不相同，就这一意义而言，其不属于禁止二重起诉问题，不过，可以看出其中的某些出发点与禁止二重起诉的趣旨具有类似性）。

二、票据诉讼的例外

如前所述，尽管存在确认利益方面的微调整，但债务不存在确认诉讼与给付诉讼仍然构成二重起诉，在这种情形下，对于后诉所采取的措施是“禁止另诉并强制合并”。但是对于确认票据债务不存在诉讼被提起后当事人又提起票据诉讼（参照《日本民事诉讼法》第350条以下）之情形，该如何处理呢？

票据诉讼（支票诉讼亦如此，以下仅以票据诉讼为例来进行说明），作为票据实体法上所谓的“票据严格主义”原则在诉讼法上的反映，为了使票据持有人简易且迅速获得债务名义（票据判决），而于昭和39年设置的诉讼制度（参照新堂，第820页）。为了使票据持有人能够简易且迅速获得债务名义，票据诉讼的证据调查原则上限于书证（参照《日本民事诉讼法》第352条第1款）。而且，为了使程序简明化，票据诉讼还具有诸如禁止反诉（参照《日本民事诉讼法》第351条）、禁止控诉而只能异议申请（参照《日本民事诉讼法》第356条、第357条）、法院可以依职权作出假执行宣告（参照《日本民事诉讼法》第359条第2款）等程序特征。此外，在一方当事人提起确认票据债务不存在诉讼后，对方不能以反诉形式提起票据诉讼。依据《日本民事诉讼法》第351条规定，当事人对于票据诉讼不能提起作为普通诉讼的反诉，其原因在于，票据诉讼与普通诉讼之间存在上述种种诉讼类型上差异，因此，在提起确认票据债务不存在之普通诉讼后,就不允许被告提起票据诉讼之反诉(不具备《日本民事诉讼法》第136条之请求的合并规定中的“属于同类诉讼程序”之要件)。而且,依据禁止二重起诉原则,当事人不能另行提起后诉,同时,因两种诉讼属不同类的诉讼程序,当事人也不能提起反诉。如此一来,在当事人先行提起确认票据债务不存在诉讼的情形下,票据持有人似乎既不能通过另诉也不能基于反诉提起票据诉讼,由此将无法贯彻“使票据持有人简易且迅速地获得债务名义”之票据诉讼的立法趣旨。鉴于此,出于强调这种制度趣旨之考虑,票据诉讼被作为禁止二重起诉的例外,即对于确认票据债务不存在诉讼,被告可以以另诉方式提起票据诉讼。如若不然,就容易导致欲延迟支付票据金的票据债务人采用如下战术,即以先行提起确认票据债务不存在诉讼的方式使债务名义成立推迟。在判例方面,作为下级审判例的大阪地方裁判所昭和49年7月4日判决(载《判時》,第761号,第106页以下)对此持肯定态度,学说也对此表示赞同。[16] 这样一来,尽管在票据诉讼上的确会产生二重审理的弊端,但法院通过作出“让确认票据债务不存在诉讼暂时停止”等处理措施,应当也能作出应对。

票据诉讼可基于当事人异议申请转为普通诉讼(参照《日本民事诉讼法》第357条、第361条),在这种情形下,作为票据诉讼的特征也将消失殆尽。在经票据诉讼转为普通诉讼后,该普通诉讼与确认票据债务不存在诉讼是否成为禁止二重起诉的对象呢?对于此,

---

〔16〕 可以见之于注釈民訴(第五卷),第232页以下(佐野裕志执笔);条解,第846页以下(竹下守夫执笔);中野=松浦=鈴木,第145页以下(堤龙弥执笔)等。对于上述判例进行评论的文献,可以见之于霜岛甲一《关于大阪地方裁判所昭和49年7月4日判决的判例释评》,载《ジュリ》,第650号,昭和52年,第104页以下。

判例与部分学说[17]认为不构成禁止二重起诉之对象,也有部分学说[18]认为构成禁止二重起诉的对象。应当说这仅仅是一种表述上的对立。因为,前者主张不构成禁止二重起诉对象的学说,仅仅从狭义的"驳回后诉"出发来把握禁止二重起诉原则,而后者主张构成禁止二重起诉对象的学说,则理解为广义的"禁止另诉并强制合并"之效果的禁止二重起诉。前者的学说及判例认为,"如果因票据诉讼转为普通诉讼法院就立即驳回诉,那么这种做法无疑会造成不当后果,但是,也不允许法院对另行提起的诉讼进行二重审理,对于这种两难局面,应当通过采取诉讼进行中的种种措施来谋求解决"(参照大阪高等裁判所昭和 62 年 7 月 16 日判决),换言之,这一阵营中的任何一种学说(包括判例的见解)均考虑了对两个诉讼采用"合并"及"程序停止"等措施。不过,若是基于前者之立场,则采用诸如"合并"那样的诉讼进行中措施,属于法院的裁量事项,而后者的立场则将"采用合并等诸方策"定位为法院的义务事项,正是基于这一点,两种立场形成理论上差异。而且,两者之间的差异也就仅此而已。就笔者个人观点,由于拙见采用广义的禁止二重起诉之立场,因此转变后的普通诉讼与确认票据债务不存在诉讼,构成"禁止二重起诉"的对象,换言之,应当将这种场合视为二重起诉情形,法院

---

〔17〕　大阪高等裁判所昭和 62 年 7 月 16 日判决,载《判時》,第 1258 号,第 130 页以下;上杉晴一郎《关于大阪高等裁判所昭和 62 年 7 月 16 日判决的判例释评》,载《判タ》,第 706 号,平成元年,第 278 页以下;东京地方裁判所平成 3 年 9 月 2 日判决,载《判タ》,第 769 号,第 237 页以下;纳谷广美《关于东京地方裁判所平成 3 年 9 月 2 日判决的判例释评》,载《私法判例备考》,第 6 号,平成 5 年,第 128 页以下;加藤哲夫《关于东京地方裁判所平成 3 年 9 月 2 日判决的判例释评》,载《法学论坛》,1992 年 19 月号,第 130 页以下;上野泰男《关于东京地方裁判所平成 3 年 9 月 2 日判决的判例释评》,载《判評》,第 405 号,平成 4 年,第 41 页以下(《判時》,第 1430 号,第 178 页以下)。

〔18〕　畑瑞穂《关于大阪高等裁判所昭和 62 年 7 月 16 日判决的判例释评》,载《ジュリ》,第 959 号,平成 2 年,第 113 页以下;尾美奈子《关于东京地方裁判所平成 3 年 9 月 2 日判决的判例释评》,载《判タ》,第 821 号,平成 5 年,第 206 页以下;条解,第 846 页以下(竹下守夫执笔);三木浩一《重复诉讼的禁止》,载铃木重胜、上田徹一郎《基本问题研讨——民事诉讼法》,一粒社,平成 10 年,第 106 页以下等。

也应当采取强制合并等措施。〔19〕

---

〔19〕 尾美奈子《关于东京地方裁判所平成3年9月2日判决的判例释评》,载《判夕》,第821号,平成5年,第206页以下,其认为,只要没有诸如“确认票据债务不存在诉讼业已进行到相当程度”那样的特别事由,应当由票据诉讼系属的后诉法院来对案件进行审理,即主张采用“将前诉合并于后诉”的解释,而不采用前诉优先规则(三木说的表述)或者先着手主义(松本说的表述)。就裁量论而言,这种观点是可行的,但是,就义务论而言,可能就显得较为困难,关于此的详细论述可以参照,前揭注〔4〕。尾美说进一步认为,法院应当敦促当事人提出合并的申请,而且,“只要不存在‘当事人未对此作出响应’等的特别事由,法院就不应当作出判决,但在某些情形下,法院可以以构成二重起诉为由来作出驳回诉讼的判决”。但是,辩论的合并(参照《日本民事诉讼法》第152条)属于法院诉讼指挥的事项,因而无须规范地来敦促当事人,此外,究竟在哪种情形下“驳回作为后诉之票据诉讼”,恐怕也是不甚明确的,而且,作为规范论而言,法院驳回作为前诉之确认票据债务不存在诉讼也是较为困难的。

畑瑞穗《关于大阪高等裁判所昭和62年7月16日判决的判例释评》,载《ジュリ》,第959号,平成2年,第113页以下,其认为,在法院对于确认票据债务不存在诉讼的审理进展到相当的程度,而且票据持有人存在较大败诉可能性的情形下,由于不存在“为了使票据持有人简易且迅速地获得债务名义”之票据诉讼制度所预设的状况,因而“本来”就不应当认可当事人另行提起票据诉讼。不过,确立这种“判断票据持有人是否即将败诉”的标准本身恐怕是较为困难的,因而作为解释论而言,所能禁止的情形“仅仅”是,在确认票据债务不存在诉讼的第一审中败诉的票据持有人在控诉审阶段另行提起票据诉讼之情形,换言之,只能允许当事人在控诉审中以反诉的形式来提起普通诉讼。这种观点是应当予以赞成的。而且,对于畑瑞穗说中的“在即将败诉的阶段,不允许当事人提起票据诉讼”之前半部分(在畑瑞穗说中,并未作为解释论予以主张的部分),三木说从其裁量论、衡量论的视角出发给予了很高的评价(参照三木浩一《重复诉讼论的再构成》,载《庆应义塾法学研究》,第68卷第12号,平成7年,第183页以下)。从规范论与脱离义务构成的三木说之立场来看,也就不难理解三木教授作出这种较高评价的原因。

此外,上野泰男《关于东京地方裁判所平成3年9月2日判决的判例释评》,载《判評》,第405号,平成4年,第41页以下(《判時》,第1430号,第178页以下),上野教授认为,在两诉的审级存在差异等情形中,恐怕是难以采用“让确认票据债务不存在诉讼程序停止”与“与转变为普通诉讼后的诉讼进行合并”之措施的,因而毋宁说应当采用“基于票据诉讼的被提起而致使先行的确认票据债务不存在诉讼之确认利益发生灭失”之解释。而松本博之《是否构成重复起诉》,载中野·古稀(上),第347页以下等的学说则主张,可以采取诸如“确认票据债务不存在诉讼与给付诉讼”那样情形中一般论的处理措施。这的确是一种颇具魅力的学说,但是,当作出如此的理解时,出于某种平衡的考虑,应当肯定畑瑞穗说所主张的当法院对于确认票据债务不存在诉讼的审理进展到相当的程度,而且票据持有人存在较大败诉可能性之时,当事人就不能另行提起票

三、抵销抗辩的规则

抵销的抗辩一旦被法院审理判断，就产生既判力（参照《日本民事诉讼法》第 114 条第 2 款）。就抗辩而言，其存在如下特殊性：首先，在法院对其审理判断之顺序上存在强制性［预备性抵销抗辩，只有在法院对“诉求债权的存在与否”作出判断且对被告其他主张作出审理后，才能最终进行审理并作出判断（参照新堂，第 372 页；本书“第十二讲 辩论主义 七、真实义务与完全义务”部分的相关论述）］；其次，当因原告承认抵销而致使法院驳回请求时，形式上是被告胜诉，但原告仍然具有上诉的利益（参照新堂，第 757 页；高桥宏志《民事诉讼法研讨》，载《法学教室》，第 158 号，平成 5 年，第 86 页）。不过，另外，用于抗辩的债权又能够作为独立的诉讼标的，因此抗辩具有类似反诉的性质，由此也产生某些特殊性，〔20〕如此一来，也会产生如下这一问题，即在当事人将某一诉讼中主张的债权作为其他诉讼中抵销的反对债权予以使用时（或者是相反情形），是否违反了禁止二重起诉原则？〔21〕对此，有必要分成如下几种类型分别予以考察。

1. 诉讼先行型

在某一诉讼中诉求的债权，是否可以被用作其他诉讼中抵销抗

据诉讼之观点，因为，即将败诉的票据持有人可能为了达到拖延判决时间的目的而提起票据诉讼。如此一来，若是将“当票据持有人在确认票据债务不存在诉讼中即将败诉时，不能允许其提起票据诉讼”之解释作为规范论及义务论来予以肯定，那么在此基础上是否就可以赞同上野说了呢？恐怕还是过于勉强，因为，在这种情形下，即便提起票据诉讼，先行的确认票据债务不存在诉讼之确认利益也并未发生灭失。就当下学界的状况而言，采用后说可能是较为稳妥的，不过就长远来看，应有必要对前说展开进一步的摸索。

〔20〕 关于德国抵销抗辩与反诉或诉讼系属的详细论述，可以参照河野正宪《抵销抗辩与禁止重复诉讼的原则》，载河野・行為，第 75 页以下。

〔21〕 对于抵销与禁止二重起诉的问题，究竟是从“驳回后诉”的狭义禁止二重起诉予以把握，还是从“禁止另诉并强制合并”之广义禁止二重起诉予以理解呢？有必要分别从狭义与广义的角度予以考虑。不过，对于超过抵销额度的债权额，应当作为“（前后两诉的）主要争点的共通之情形”予以考虑，因此就整体而言，也应当将其视为广义的二重起诉问题。

辩的反对债权(自动债权)?〔22〕 对于此问题,通说持肯定立场,即认为,所谓的抵销,说到底不过是一种抗辩而已,而且,基于审理判断顺序上的强制性,法院对于其审理判断往往会延后进行,因此,对于"在其他诉讼中,该被主张抵销的债权是否也被审理判断"之问题,法院无从知晓,由此引发的"二重审理及既判力抵触"之危险是不确实的。〔23〕 不过,认为这种情形违反禁止二重起诉原则进而应予以否定的观点也颇具影响力,就近来的状况而言,毋宁说这种否定说占据了多数说的地位。〔24〕 否定说认为,作为同一个债权,在前诉中

---

〔22〕 这种类型也被称为"抗辩后行型"或"另诉先行型",在此,笔者采用三木教授两篇论文中(参照三木浩一《重复诉讼论的再构成》,载《庆应义塾法学研究》,第68卷第12号,平成7年,第115页以下;三木浩一《重复诉讼的禁止》,载铃木重胜、上田徹一郎《基本问题研讨——民事诉讼法》,一粒社,平成10年,第106页以下)的表述法,使用诉讼先行型之表述。

〔23〕 持这种观点的学说,可见之于中野贞一郎《抵销抗辩》,载中野贞一郎《诉讼关系与诉讼行为》,弘文堂,昭和41年,第120页以下;中野贞一郎《部分请求论的展开》,载《判タ》,第1006号,平成11年,第85页以下;三ヶ月·全集,第125页以下;栗原良扶《抵销抗辩与禁止重复诉讼》,载《大阪学院大学法学研究》,第7卷第1·2合并号,昭和57年,第85页以下;条解,第844页以下(竹下守夫执笔);三木浩一《重复诉讼论的再构成》,载《庆应义塾法学研究》,第68卷第12号,平成7年,第115页以下;三木浩一《重复诉讼的禁止》,载铃木重胜、上田徹一郎《基本问题研讨——民事诉讼法》,一粒社,平成10年,第106页以下;本间义信《关于最高裁判所昭和63年3月15日判决的判例释评》;栗田陆雄《关于最高裁判所平成3年12月17日判决的判例释评》,载《判評》,第457号,第66页以下(《判時》,第1588号,第228页以下),平成9年;木川统一郎、中村英郎编《青林书院法学双书——民事诉讼法》(新版),青林书院,平成10年,第181页以下(松村和德执笔)等。

〔24〕 持这种观点的学说,可见之于注解民訴(第六卷、第二版),第276页以下;河野·行為,第75页以下;梅本吉彦《抵销抗辩与禁止二重起诉》,载新実務民訴,第381页以下;小山升《抵销抗辩与另诉或反诉》,载小山升《民事判例漫策》,判例时代社,昭和57年,第171页以下;住吉博《禁止重复诉讼原则的再构成》,载《法学新报》,第77卷第4-6合并号,昭和45年,第115页以下,收录于住吉博《民事诉讼论集第一卷》,法学书院,昭和53年,第293页以下;加藤哲夫《二重起诉的禁止》,载三月章、中野贞一郎、竹下守夫编《民事诉讼法演习第一卷》(新版),有斐阁,昭和58年,第141页以下;伊藤,第185页以下;小林·プロブ,第205页以下;小林·プロブ,第160页以下等。尽管在上述各个学说之间,多少存在一些论述上差异,不过,就这种方向的整体立场而言,这种差异可以忽略。

作为诉讼标的,而在后诉中作为抵销的反对债权予以使用,故而存在该债权被法院重复审理的危险,因而其中也潜藏着"使既判力发生冲突或矛盾"的危险。从判例的状况来看,最高裁判所昭和63年3月15日判决[载《最高裁判所民事判例集》,第42卷第3号,第170页以下,收录于《百選I》,第80号案件(本间义信解说)]以及最高裁判所平成3年12月17日判决(载《最高裁判所民事判例集》,第45卷第9号,第1435页以下)对此也持否定立场,其认为,在先行诉讼中作为诉求的债权不能作为其他诉讼中的抗辩(反对债权)予以使用。〔25〕

---

〔25〕 但是,最高裁判所昭和63年3月15日判决是一起有关解雇无效的纠纷,应当说这一案件包含相当的特殊性(宝运输案件)。具体而言,原告基于"'暂行支付'之假处分被撤销"这一事由提出了要求使用方恢复原状的不当得利请求,对于该请求,被告方以在其他诉讼中的租金债权来主张抵销抗辩。关于该判例的判例释评,可以见之于荻原胜美《关于最高裁判所昭和63年3月15日判决的判例释评》,载《曹時》,第42卷第2号,第328页以下;松浦馨《关于最高裁判所昭和63年3月15日判决的判例释评》,载《私法判例备考》,第1号,第248页以下等,最高裁判所平成3年12月17日判决,也是一起关于解除进口羽毛球持续交易合同的复杂案件,而且,在该诉讼中,被告提出各种抵销抗辩,尽管判决书未言及案件的特殊性,但认为即便在两个案件被合并的情形下也不允许进行抵销,因而该判决可以被理解为,明确地表明"一般不允许当事人抵销"之态度的判例。关于该判例的判例释评,可以见之于河野信夫《关于最高裁判所平成3年12月17日判决的判例释评》,载《曹時》,第45卷第12号,第2757页以下;中野贞一郎、酒井一《关于最高裁判所平成3年12月17日判决的判例释评》,载《民商》,第107卷第2号,第241页以下;吉村德重《关于最高裁判所平成3年12月17日判决的判例释评》,载《私法判例备考》,第6号,第124页以下;三木浩一《关于最高裁判所平成3年12月17日判决的判例释评》,载《庆应义塾法学研究》,第66卷第3号,第131页以下;高田宏昌《关于最高裁判所平成3年12月17日判决的判例释评》,载《法教》,第142号,第98页以下;山本克己《关于最高裁判所平成3年12月17日判决的判例释评》,载《ジュリ》杂志临时增刊——《平成三年度重要判例解说》,有斐阁,平成4年,第121页以下等。

此外,也有下级审法院判例(参照东京高等裁判所平成4年5月27日判决,载《判時》,第1424号,第6页以下)进一步贯彻了这种否定说。该判决认为,即便是当事人在后诉中的抵销主张缩减了先行诉讼中抵销主张请求,也不允许当事人在后诉中进行抵销。关于该判例的判例释评,可以见之于畑瑞穂《关于东京高等裁判所平成4年5月27日判决的判例释评》,载《ジュリ》杂志临时增刊——《平成四年度重要判例解说》,有斐阁,平成5年,第152页以下。就当下而言,可以说持禁止抵销态度之判例的势头强劲。但是,随着最高裁判所平成10年6月30日判决的作出,出现了转势的苗头。

那么,究竟该如何来看待这一问题?可以说,两种立场的主要对立点集中于如下两点。第一个问题表现为,在“究竟是重视理论层面,还是强调实际处理可行性”两种价值取向之间的对立。的确,正如禁止抵销说所主张的,若肯定这种抵销,就会产生“法院判断(既判力)的冲突”“二重审理的浪费”之危险,但是,反对说(允许抵销说)则认为,这种危险仅仅停留于理论层面,或者毋宁说具有某种“教条主义”的性质。反对说主张,判决并非法院风驰电掣工作的产物,将两个诉讼“无关联地予以审理、无关联地予以确定”的做法在实践中极为罕见。而且,由于当事人向法院提出“还存在其他诉讼”的主张,因此法院可以作出诸如“合并辩论”“中止程序”等各种处理。反过来说,若当事人故意实施一些给法院造成困惑的诉讼行为,法院只要依据诚实信用原则排除该具体的诉讼行为即可。〔26〕就这一视角而言,反对说的确具有相当的合理性。但是,作为一种理论而言,仅仅停留于实际操作层面的论述似乎并不充分,而应当同样附之以理论上的理由。第二个问题表现为,如何评价先行诉讼的被告另诉之行为?以及与此相关联的,如何评价先行诉讼原告(提出抵销抗辩的后诉被告)对于抵销担保机能的期待?换言之,从平行的视角来看,在先行诉讼与后行诉讼之间,会产生法院重复审理同一债权的危险,而产生这种危险的原因在于,前诉被告另行提起了诉讼。就前诉被告而言,其享有在前诉中提起反诉的救济方法(救济途径)。若前诉被告在前诉中提起反诉,法院将在同一程序中对两个诉讼(本诉与反诉)进行审理,故而也不产生重复审理的危险。依据住吉说或新堂说的观点,若前后两诉诉讼标的的请求基础相同,或者诉讼标的的主要争点共通,则不允许当事人另行提起后诉(参照本讲前述部分的相关论述)。但是,也存在诸如“针对银行的存款债权与银行的贷款债权”那样的情形,尽管两者之请求基础

---

〔26〕 中野贞一郎、酒井一《关于最高裁判所平成3年12月17日判决的判例释评》,载《民商》,第107卷第2号,第250页以下(中野贞一郎执笔);中野贞一郎《抵销抗辩(下)》;载《判タ》,第893号,平成8年,第4页以下;中野贞一郎《抵销抗辩与禁止二重起诉》,载《奈良法学会杂志》,第5卷第3号,平成4年,第1页以下。

不同或主要争点不共通，但这两者构成“抵销权人对于抵销担保机能抱有强烈期待”的对立债权。此外，在持续交易的情形中，其主要争点不共通，但抵销权人也对于抵销担保机能抱有期待。在上述这些情形下，基于住吉说或新堂说的立场，因请求基础不同或者主要争点不共通，进而不能阻止前诉被告另行提起诉讼。如此一来，前诉原告对于抵销担保机能的期待〔27〕也将濒临落空。因为，当前诉原告打算将其就抵销担保机能的期待贯彻于后诉中时，若基于“禁止抵销说”（禁止二重起诉的类推说）的立场，则前诉原告只有在前诉撤诉的前提下，才能在后诉中主张抵销。但与此同时，原告撤诉须以获得被告（后诉原告）同意为条件（参照《日本民事诉讼法》第261条第2款），若前诉原告不能获得被告同意，则不能在后诉中提出抵销抗辩，而且在一般情形下，恐怕很难获得已经另诉的前诉被告之同意。如此一来，前诉原告对于抵销担保机能的期待就难以获得实现。那么，究竟该如何评价上述这种状况呢？笔者认为，若前诉原告对于前诉被告（后诉原告）另行提起诉讼之行为抱以疑问，则还是允许前诉原告在后诉中提出抵销抗辩。〔28〕

---

〔27〕　如果前诉原告对于抵销的期待是确定的，那么双方的债权在诉讼外就会发生抵销，进而原告也不会提起前诉。既然原告提起了前诉，也就意味着原告对于是否抵销变为采用如下这种策略的预期，即一旦前诉被告在诉讼中主张债权就采取抵销，不过，应当不允许当事人（前诉原告）采取这种诉讼策略。

〔28〕　应当说，只有在前诉原告因无法获得对方同意不能撤诉时，才允许其在后诉中提起抵销抗辩。如此一来，可能会产生如下这样的疑问，即在前诉中作为诉讼标的被使用的诉求债权，同时在后诉中又被作为抵销的反对债权使用，这样一来就会产生“该债权被重复行使”之嫌。不过，这种疑问似乎理由并不充足，毕竟对于债权而言，当事人在诉讼上可以进行二重行使。在前诉中，原告将该债权作为诉求债权（诉讼标的）提起诉讼的目的在于，通过法院作出承认请求判决来获得债务名义，而在抵销抗辩中，原告并不能获得债务名义（基于抵销抗辩，只能获得驳回请求之判决）。与此同时，后诉中的抵销抗辩通常是作为预备性、假定性主张被提出。具体而言，抵销抗辩通常以与其他主张合并之方式被提出，而且，只有在其他主张未能起作用时，才能对其进行审理。换言之，抵销抗辩可以被视为当事人濒临败诉危险之际的最后手段。因此，若不允许前诉原告提出这种作为濒临败诉之际最后手段的抵销抗辩，对于前诉原告而言不免过于残酷。的确，当前诉原告在前诉中获得胜诉判决时，该前诉原告在后诉中可以以该确定判决提出抵销抗辩，在此情形下，前后诉的既判力也不会发生抵触，而且，在形式上也趋

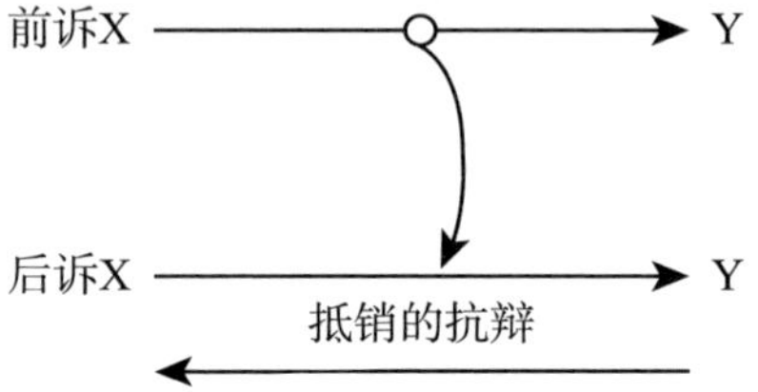

图 5-1

由此看来,在理论上也应当承认“前诉原告在后诉中提出抵销抗辩”之做法。〔29〕从判例的状况来看,最高裁判所平成 10 年 6 月 30

于完美。不过,尽管前诉是先行的,但若前诉有控诉审或上告审,前诉胜诉判决的确定,有可能导致后诉第一审中的抵销抗辩之审理发生迟延。如此一来,等到前诉判决确定后,才允许前诉原告在后诉中以该判决提出抵销抗辩,这不免会对前诉原告造成不当。总而言之,还是有必要在维持前诉的前提下允许前诉原告在后诉中提出抵销抗辩。反之,因前诉原告在后诉中可以提出抵销抗辩,是否就不需要前诉了呢?笔者认为,对于此问题答案应当也是否定的。后诉原告(前诉被告)的诉求债权可能被法院认定为不存在,或者法院也可能依据后诉被告(前诉原告)提出的其他主张驳回后诉原告的请求,换言之,在后诉中,关于抵销抗辩的审理并未获得程序保障。因此,就不能断言如下这种结论,即只要允许前诉原告在后诉中提出抵销抗辩,就无须认可其在前诉中获得债务名义的必要性。反对论者可能还会提出如下的反驳,即当在后诉中的抵销抗辩不被审理之事实获得确定时,只要让前诉原告重新提起诉讼即可。话虽如此,但这样一来,可能会造成诉讼的迟延,故无论如何在前诉中赋予程序保障还是非常必要的。

因此,主张将“允许前诉原告在后诉中提出相同的抵销抗辩”仅仅限定于前诉原告无法获得被告撤诉同意之情形的观点也不妥当,关于此的详细论述,还可以参照三木浩一《重复诉讼论的再构成》,载《庆应义塾法学研究》,第 68 卷第 12 号,平成 7 年,第 185 页以下。

〔29〕 三木浩一《重复诉讼论的再构成》,载《庆应义塾法学研究》,第 68 卷第 12 号,平成 7 年,第 115 页以下;三木浩一《重复诉讼的禁止》,载铃木重胜、上田徹一郎《基本问题研讨——民事诉讼法》,一粒社,平成 10 年,第 106 页以下;中野贞一郎、酒井一《关于最高裁判所平成 3 年 12 月 17 日判决的判例释评》,载《民商》,第 107 卷第 2 号,第 256 页以下(酒井一执笔);佐野裕志《抵销抗辩与禁止二重起诉》,载《一桥大学论丛》,第 117 卷第 1 号,平成 9 年,第 47 页以下。

若基于“允许抵销说”的立场,就有可能产生如下情况,即前诉中原告胜诉判决已被执行,而且,在后诉的抵销抗辩方面,前诉原告(后诉被告)主张的反对债权也获得了法院的认定,进而在后诉中法院作出驳回请求判决(前诉原告胜诉)。在这种情形中,一方面债权已经被执行,另一方面抵销又被法院所认定,如此一来,就形成“同一债权被

日判决(载《最高裁判所民事判例集》,第 52 卷第 4 号,第 1225 页以

二重行使”的结果。而且,无论是前诉还是后诉,对于前诉原告的债权都予以肯定,由于两诉判决既判力不冲突,故而无法通过再审予以调整。从实体法上的视角来看,这种债权的二重行使确实较为离谱,但是,“据此不允许前诉原告在后诉主张抵销抗辩”的做法也不妥当。之所以产生这种“同一债权二重行使”的情形,是因为前诉中败诉的被告(后诉原告)在后诉中未对“该债权因前诉判决的执行而业已获得实现”之事实进行主张及举证。换言之,让怠于主张及举证的后诉原告(前诉被告)承担由此产生的责任是适用辩论主义的一种合理结果,因而这种结果是妥当的;反之,若以此为由而主张“前诉原告(后诉被告)不能在后诉中提出抵销抗辩”无疑是不妥当的。对于此问题,三木浩一教授的两篇论文(《重复诉讼论的再构成》,载《庆应义塾法学研究》,第 68 卷第 12 号,平成 7 年,第 115 页以下;三木浩一《重复诉讼的禁止》,载铃木重胜、上田徹一郎《基本问题研讨——民事诉讼法》,一粒社,平成 10 年,第 106 页以下)有详细的论证。

此外,对于提倡“重视保护前诉原告对于抵销担保机能之期待”的观点,也有学说提出如下批判,即认为,即便不允许抵销,也可以通过其他手段作出应对。河野信夫认为,即便前诉原告在后诉中不提出抵销抗辩,等到后诉的承认请求判决(前诉原告败诉)作出后,前诉原告也可以以前诉的诉求债权主张诉讼外的抵销,并可以以此为由对后诉债权的强制执行提出请求异议之诉,而且,在这种请求异议之诉中,也能期待充分发挥抵销的担保机能,参照河野信夫《关于最高裁判所平成 3 年 12 月 17 日判决的判例释评》,载《曹時》,第 45 卷第 12 号,第 2764 页以下。这的确是一种解决之道。在实务中,也可能依据此方法来作出处理,但是,当前诉处于诉讼系属中时,原告又以该债权提出请求异议之诉,如此一来就违反了禁止二重起诉原则,故而应当驳回请求异议之诉(参照札幌高等裁判所昭和 55 年 12 月 17 日判决,载《判タ》,第 437 号,第 133 页以下)。不仅如此,在学界里,“允许抵销说”从理论上对此提出了再反论,即认为,作为法律原则而言,请求异议之诉并不导致“执行停止”的后果(参照《日本民事执行法》第 36 条),因此当后诉债权的强制执行被执行完毕时,抵销的担保机能就可能来不及发挥其应有的作用。

也有观点认为,在诉讼先行型的情形中,判例之所以持“不允许抵销”的态度,是因为,在这种情形下的抵销抗辩多是不规范的,换言之,法院为了排除这种不正规范的抵销抗辩,禁止二重起诉的法理仅仅作为一种便利办法被“利用”,关于此的详细论述可以参照中野贞一郎、酒井一《关于最高裁判所平成 3 年 12 月 17 日判决的判例释评》,载《民商》,第 107 卷第 2 号,第 253 页以下(中野贞一郎执笔);中野贞一郎《抵销抗辩(下)》;载《判タ》,第 893 号,平成 8 年,第 9 页。也有观点认为,在判例中,当因前诉案情原因导致审理复杂化时,若认可在后诉中的抵销抗辩,往往会造成后诉审理的复杂化(使后诉诉求债权的实现得以延迟),关于此的详细论述,可以参照河野・行為,第 86 页、第 117 页。无论是上述何种观点,现实中都有可能存在其所指出之情况。这也可能是“不允许前诉原告在后诉中提出抵销抗辩”之实务做法原因所在。综上所述,实务与

下)对于一个“前诉是原告部分请求”的案件,也认为,当前诉原告(后诉被告)在后诉中将残部请求作为反对债权提出抵销抗辩时,应予以允许。尽管这是一个将重点放置于“避免法院进行二重审理”的判例〔30〕,但也不难看出,该判例显现出“关注抵销担保性效力”的倾向。〔31〕今后的判例在这方面将如何展开,还颇引人关注。

2. 抗辩先行型

与第一种情形相反,对于在某一诉讼中用于抵销抗辩的债权,能否以此作为诉求债权来另行提起诉讼呢?对于此问题,通说也持肯定态度,但反对说也颇具有影响力,这一点类似于“诉讼先行型”的状况。但是,判例立场与“诉讼先行型”的状况相反,以东京地方裁判所昭和32年7月8日判决(尽管是下级审法院)(载《下级裁判所民事判例集》,第8卷第7号,第1337页以下)为代表的大多数判决,都倾向于采用通说立场。具体而言,认为在这种情况下,应允许当事人(前诉被告)提起诉讼。〔32〕不过,近来出现的大阪地方裁判所平成8年1月26日判决(载《判時》,第1570号,第85页以下)、东京高等裁判所平成8年4月8日判决(载《判タ》,第937号,第262页

学说(尤其是“允许抵销说”)在事实上互相并不契合。不过,从学说及理论方面来看,对于此问题也可以作出这样的论述,即纵使认为后诉中提出抵销抗辩往往是一些不合理的案件,但是,对于这种不合理之处,应当通过灵活运用“争点及证据的整理”,甚至“驳回错过时机的攻击防御方法”(参照《日本民事诉讼法》第157条)等措施作出应对,因而在此主张(使用)“禁止二重起诉”之原则,可以说是为了达到(背离于该原则趣旨的)其他目的的做法。

〔30〕 畑瑞穗对此做出分析,认为“此前的判例是这样的”。这种观点是应当予以赞成的。参照畑瑞穗《关于东京高等裁判所平成4年5月27日判决的判例释评》,载《ジュリ》杂志临时增刊——《平成四年度重要判例解说》,有斐阁,平成5年,第152页以下。

〔31〕 上野泰男《关于最高裁判所平成10年6月30日判决的判例释评》,载《ジュリ》杂志临时增刊——《平成十年度重要判例解说》,有斐阁,平成11年,第122页以下;高桥宏志《关于最高裁判所平成10年6月30日判决的判例释评》,载《私法判例备考》,第19号,平成11年,第127页以下。

〔32〕 不过,从实际状况来看,允许另行起诉的案例较少,多是允许被告提出反诉的案例。关于这方面的判例之详细论述,可以参照河野·行為,第77页以下;小山升《抵销抗辩与另行起诉或反诉》,载小山升《民事判例漫策》,判例时代社,昭和57年,第171页以下。

以下)出于“可能导致审理重复与既判力抵触”之考虑,认为“不应当允许前诉被告另行诉讼”。由此可以看出,判例对此问题的态度也开始出现动摇。〔33〕

那么,究竟该如何来看待这一问题?对于此,笔者认为可以作如下考虑,即在诉讼先行型的情形中,由于前诉的诉求债权是诉讼标的,因而其必然会被法院审理及判断,鉴于此,若当事人在后诉中提出抵销抗辩主张,就会构成二重审理,故而不应允许当事人提出;但是,在抗辩先行型的情形下,在前诉中,法院是否对抵销抗辩进行审理并不确定,所以因作为后诉的诉求债权(诉讼标的)被重复审理的危险较小,故而允许当事人提起这种后诉。〔34〕 然而,从当事人的行

---

〔33〕 对于东京高等裁判所平成 8 年 4 月 8 日判决,本间靖规《关于东京高等裁判所平成 8 年 4 月 8 日判决的判例释评》,载《私法判例备考》,第 16 号,平成 10 年,第 127 页以下,作出了如下分析,其认为,判例对于抗辩先行型的情形也转变为采用禁止二重起诉类推说(另行起诉不适法说)。东京高等裁判所平成 8 年 4 月 8 日判决甚至更为极端地认为,即便在将辩论合并的情形下,另行起诉也不适法(因而不允许当事人另行诉讼)。

〔34〕 这种观点可以见之于菊井 = 村松(第二卷),第 157 页以下;流矢大世《二重起诉与抵销抗辩》,载《伊东乾教授古稀祝贺论文集——民事诉讼的理论与实践》,庆应通信,平成 3 年,第 465 页;上田,第 145 页以下。此前的判例认为,在诉讼先行型的情形中,不允许当事人提起抵销抗辩,而在抗辩先行型的情形中,则允许当事人提起后诉,这样一来就形成与(现在的)判例一样的结果。但是,就判例的现状而言,无论是对于上述何种情形,都开始出现某种动摇的迹象。

也有学说认为,即便是在抗辩先行型的情形下,依据一些实务上的处理也可以作出应对。例如,在前诉法院是否审理抵销抗辩之事实未获得确定之前,可以采用让后诉停止之处理措施,关于此的详细论述,可以参照栗田陆雄《关于最高裁判所平成 3 年 12 月 17 日判决的判例释评》,载《判評》,第 457 号,第 70 页以下(《判時》,第 1588 号),平成 9 年,第 231 页以下。一旦前诉法院对抵销抗辩进行了审理,那么就应当终止后诉,进而遵从前诉的结果(既判力),相反,若前诉法院未对抵销抗辩进行审理,则应当开始后诉的审理。

但是,这种处理只能委诸于法院的裁量,当出现如下这种情况时,即前诉的第一审中法院未对抵销抗辩进行审理,但在控诉审中法院对抵销抗辩进行审理,则这种处理就会变得不透明。对于此,这种观点的论者可能也会提出如下这种反论,即只要在“控诉审法院是否对抵销抗辩进行审理”之事实获得确定之前,让后诉处于停止状态即可。但如此一来,又有可能对后诉的处理造成严重迟延。如果仅仅依据第一审状况而不考虑控诉审状况作出判断,那么就会因“既在前诉的控诉审中进行审理,又在后诉中进行审理”而构成二重审理。就理论而言,至少这种观点未必具备完美的形式。

为、抵销担保机能的角度来考虑,结果就未必如此。首先(基于当事人行为之视角)来看看前诉被告提出的抵销抗辩行为,在前诉中,被告只要提出与抗辩相关的反诉即可,没有必要专门地另行起诉[从“禁止另诉并强制合并”之禁止二重起诉的趣旨来考虑,结果也应当如此。新堂说也认为,依据禁止二重起诉的原则,前诉被告不能就抗辩的残部债权另行起诉(新堂,第196页)。总而言之,在抗辩先行型情形中,并不存在被对方当事人行为戏弄之要素]。对此,反对论者可能提出如下反驳,即抵销抗辩是在最后被法院审理判断的,法院对于抵销抗辩作出判断时间较迟,因此,对于针对反诉的判断也将联动性发生迟延,正是鉴于此,想尽早获得债务名义的前诉被告才产生另诉的动机。但是,在这种场合下,“想尽早获得债务名义”的利益究竟有多大呢?若前诉被告想尽早获得债务名义并付诸执行,被告只要撤回前诉的抵销抗辩,而将精力集中于后诉即可。而且,抵销抗辩的撤回属于攻击防御方法之撤回,并不以取得对方当事人同意为必要条件。若前诉被告想尽早获得债务名义及判决既判力,并在前诉中通过提出这种债务名义来实现抵销的担保机能,那么前诉被告只要维持前诉的抵销抗辩即可。前诉被告持有的想保障其如下这种双重地位的动机固然可以理解,即既可以尽早获得债务名义并付诸执行,又可以提出抗辩之双重地位,但这样一来会产生二重审理的危险,因此这种仅考虑被告立场之处理措施想要获得认可,恐怕较为困难。[35] 究竟是在前诉中维持抵销抗辩,还是

〔35〕 佐野裕志认为,当前诉被告提出抵销抗辩时,提出的抵销抗辩尽管具有预备性质,但无论如何,其中还是存在法院对此进行审理的可能性,在前诉被告对这种可能性抱以期待的前提下,如果又在其他诉讼中要求法院对同一债权进行审理,那么从前诉原被告关系来看,恐怕有失平衡性。参照佐野裕志《抵销抗辩与禁止二重起诉》,载《一桥大学论丛》,第117卷第1号,平成9年,第47页以下,尤其是第52页。尽管也有观点认为,当前诉审理程序过于迟延时,就不能禁止“想尽早获得自动债权之债务名义”的前诉被告另行提起诉讼。但是,就前诉原被告关系而言,不应当仅依据“尽早获得债务名义”之前诉被告方的事由就认可其另诉的权利。此外,山本弘教授对此问题作出的分析也令人关注,参照山本弘《二重诉讼的范围与效果》,载《争点》(3版),第120页以下。

撤回这种抵销抗辩并提起后诉,应当由前诉被告作出选择。[36]

综上所述,可以说,在抗辩先行型中,由于类推适用禁止二重起诉原则,因此前诉被告不能以用于抵销的反对债权来另行提起诉讼(而可分的方式仅仅是反诉)。

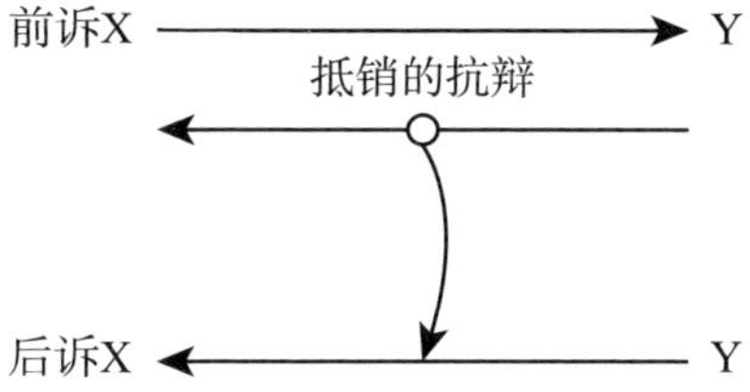

图 5-2

3. 抗辩并存型

当原告以两个不同债权提起两个诉讼时,被告能否在这两个诉

---

〔36〕 中野贞一郎、酒井一《关于最高裁判所平成 3 年 12 月 17 日判决的判例释评》,载《民商》,第 107 卷第 2 号,第 255 页以下(酒井一执笔);佐野裕志《抵销抗辩与禁止二重起诉》,载《一桥大学论丛》,第 117 卷第 1 号,平成 9 年,第 47 页以下;注释民訴(第五卷),第 225 页以下。此前判例认为,在诉讼先行型的情形中,应当肯定对"禁止二重起诉"之规定的类推适用,而在抗辩先行型的情形中,则应否定"禁止二重起诉"的类推适用。但如前所述,就(现在的)判例的观点而言,是否也能够相同的理解,恐怕还不无疑问。

总而言之,如果基于"一方面注意对方当事人所实施的行为,另一方面保障其主张抵销担保效力机会"之观点的立场,那么对于诉讼先行型的情形,应认可前诉被告在后诉中主张抵销的权利(否定"禁止二重起诉"的类推适用),而对于抗辩先行型的情形,则因前诉被告存在这样的机会,故而没有认可其另行起诉权利的必要(允许"禁止二重起诉"的类推适用)。以中野说为代表的观点认为,将两种情形予以区分并分别考虑的做法并不妥当。但是,这两种状况之间的确存在差异,因此,这种分别予以考虑的观点也并非不能成立。

基于"在抗辩先行型情形中,不允许前诉被告另行起诉,而在诉讼先行型的情形下,允许前诉被告在其他诉讼中提出抵销抗辩"之立场,如果将这两种情形结合起来,则可能产生某些规避法律的行为。具体而言,在抗辩先行型的事例中,被告有可能采用如下这种诉讼战术,即先在前诉中提出抵销抗辩,然后再撤回抗辩,其后又另行提起诉讼。酒井一认为,对于这种情形,法院应当以当事人滥用权利为由来驳回后提出的抗辩,参照中野贞一郎、酒井一《关于最高裁判所平成 3 年 12 月 17 日判决的判例释评》,载《民商》,第 107 卷第 2 号,第 259 页注(28)(酒井一执笔)。

讼中,以同一个(单一)反对债权提出抵销的主张呢?若允许被告提出这种主张,也会产生法院对于同一债权二重审理的危险。

尽管从纯粹的实体法视角来看,“对于原告享有的甲与乙两个债权,被告以同一债权主张抵销”之情形可能颇为离奇,而且,就终极而言,不能允许被告采用这种做法。但是,从程序法的视角来看,结论恐怕并非如此简单。抵销的预备性抗辩包含如下性质,即被告考虑到有可能以其他理由获得胜诉,只是在不得已的情况下才提出该抵销。换言之,被告考虑到自己可以以其他理由获得对甲债权的胜诉,只是在不得已的情况下才以此来主张抵销,同样,对于乙债权而言,被告也考虑到自己可以以其他的理由获得胜诉,但在不得已的情况下才以此来主张抵销。当被告的该债权实现了针对其中任一债权(甲债权或乙债权)的抵销后,对方当事人(原告)可以在另一诉讼中以此为由来阻止被告提起的另一个抵销抗辩。而且,当原告在一个程序中合并提起甲债权与乙债权的请求时(请求的合并,参照《日本民事诉讼法》第136条),若被告主张以一个债权来预备性地用作甲乙两债权之抵销,则应该不会产生问题[参照中野贞一郎、酒井一《关于最高裁判所平成3年12月17日判决的判例释评》,载《民商》,第107卷第2号,第257页以下(酒井一执笔)]。无论针对甲债权还是乙债权,被告都期待对于其债权的抵销担保机能。因此,这种情形并不违反禁止二重起诉原则,被告可以基于同一债权并行主张抵销之抗辩。[37]

以上的论述可能不尽全面,其中还暗含着“禁止二重起诉”领域的一些固有难题。为了能够更好把握禁止二重起诉问题,笔者认为读者诸君有必要参读三木浩一《重复诉讼论的再构筑》一文(载《庆应义塾法学研究》,第68卷第12号,第115页以下)。

---

[37] 中野贞一郎、酒井一《关于最高裁判所平成3年12月17日判决的判例释评》,载《民商》,第107卷第2号,第257页以下(酒井一执笔);中野贞一郎《抵销抗辩(下)》;载《判タ》,第893号,平成8年,第10页以下;佐野裕志《抵销抗辩与禁止二重起诉》,载《一桥大学论丛》,第117卷第1号,平成9年,第56页以下;注釈民訴(第五卷),第232页以下。

第六讲　当事人的确定

导　读

当事人的确定的意义在于，明确在某一诉讼中，什么人能够现实地享有当事人的地位，也包括什么人可以作为当事人。什么人可以作为当事人涉及案件的管辖、法官的回避、当事人能力与诉讼能力、当事人适格、诉讼程序的中断、证人能力以及判决效力的主观范围等问题的判断和处置，是民事诉讼十分重要的问题。当事人的确定与当事人适格是不同层面的问题，当事人确定是何人能够在诉讼中成为当事人以便于进行诉讼；当事人适格问题解决的是，谁作为适格的当事人对于解决纠纷具有必要性和实效性。如果该当事人不是适格的当事人，那么作为诉讼当事人也没有什么实际意义（详见本书“第九讲　当事人适格”）。

高桥在本讲中重点讨论了当事人确定的标准，以及应当如何确定标准的问题。如同对待民事诉讼理论中的许多问题一样，高桥虽然并未明确提出自己关于当事人确定的标准，但对应当如何确定“确定”的标准进行了非常深入细致的分析。这种分析方法对从事民事诉讼法学研究的人而言是很有价值的。

在当事人的确定标准方面,日本又有很多学说,仅高桥列出来的学说就多达七种。对于这些学说,高桥首先从各个学说的基本立场入手来进行分析,指出诸多学说的基本立场主要有两个方面——当事人确定的机能和以何时的资料来确定当事人。这样就更容易抓住问题的核心和焦点。这也是高桥先生非常擅长的分析手法。

高桥认为,从宏观的角度,关于当事人确定的学说可以大致分为两极或两端。一端是“纳谷说”,该学说首先是区分“当事人特定”与“当事人确定”两个概念的不同。当事人的特定,是通过诉状的记载来加以确定的,是原告根据自己诉讼策略的结果。“当事人确定”是法院的作为,从法院审理的角度认定何人应当成为当事人。由此,也区分了第一次口头辩论之前与之后的不同:之前属于“当事人确定”,之后则不属于“当事人确定”;从而认为以往作为当事人确定的典型问题——冒名诉讼问题就不是当事人确定的问题。相对的另一端,则是伊东乾教授的学说“伊东说”。该说的观点是当事人确定只能在判决确定时才能完成。也就是当事人确定在诉讼过程中,需要根据进行的情形多次加以确定,不是恒定的。高桥分析认为,两者比较而言“伊东说”更有魅力。高桥的语言比较典型地体现了日本话语表达的习惯,讲究判断结果的语词表达。

日本学术对当事人确定的关注与日本民事诉讼实践中的冒名诉讼、死人名义诉讼、法人格否认问题的存在有密切关系。上述学说就是对三种典型情形的应对分析和解释。在我国,冒名诉讼和死人名义诉讼的情形不多,法人格否认的问题比较多见,也常常成为实践中争论的问题。在对待涉及利用法人格法理处置当事人的问题上,高桥认为新堂的观点比较妥当,即按照法人格否认的法理,应当将新旧两个法人或公司都作为当事人,如此可以遮断之后第三人另行提起的诉讼。高桥留下的未决问题是:在何种程度上承认法人格的法理。

目 次

一、确定标准的诸学说

当事人确定解决的是在某诉讼中明确谁现实享有当事人地位之问题(参照新堂,第86页)。在一般案件中通常不会产生“某一诉讼中当事人为何人”这样的问题,但是在下列界限性事例中,这一问题就会显现出来。一般而言,冒用姓名诉讼与死者名义诉讼就是这种界限性事例的典型。因当事人确定问题的立场不同,往往导致在案件管辖裁判籍(参照《日本民事诉讼法》第4条以下)、法官除斥原因(参照《日本民事诉讼法》第23条)、当事人能力与诉讼能力(参照《日本民事诉讼法》第28条)、当事人适格、诉讼程序中断(《日本民事诉讼法》第124条以下)、证人能力(是属于证人寻问还是属于当事人寻问)以及判决主观效力(参照《日本民事诉讼法》第115条)等各个方面产生差异,可以说当事人确定问题是诉讼法上的一个重要课题。

关于依据何种标准确定诉讼当事人之问题,学界存在如下几种学说,传统的学说包括意思说、行为说、表示说,而适格说、并用说、规范分类说以及纠纷主体特定责任说则属于新近的观点。

1. 意思说

这种学说认为,诉状中所使用的姓名不过是在(原告)内心中被确认之人的表示,因此在其内心中所考虑的人应当是当事人。但是,现实地确定某人内心意思是较为困难的,而且,基于原告意思来确定“何人是原告”的做法也有违一般的常理,既然不是基于原告意思(来确定原告),那么就应当依据法院意思来确定诉讼当事人,但如此一来,又违反了“诉讼由当事人提起,诉讼当事人也由当事人确定”之处分权主义。在日本,只有井上直三郎教授[井上直三郎《关于“何人是诉讼当事人”》(最初发表于大正 15 年),载井上直三郎《破产与诉讼的基本问题》,有斐阁,昭和 46 年,第 20 页]在论及“如何确定被告”之问题上,采用与表示说相近似的意思说(但井上教授在“原告的确定”之问题上,仍然采用行为说)。

2. *行为说*

这种学说主张,作出类似于当事人行为或者遭受类似于当事人待遇之人应为诉讼当事人。该学说认为,当事人确定的决定性因素在于起诉与被诉之人,而非其中的起诉或被诉之姓名(赫尔维希)。但是,现实作出起诉行为之人并不仅限于原告(代理人等也可以提起诉讼),如此一来,面临的问题在于,其中的何种行为才可以被视为当事人行为呢?这正是行为说不能克服的理论难点。在日本,雉本朗造、山田正三等教授主张这种学说。

3. *表示说*

这种学说认为,在诉状中,通过姓名、职业、住所等事项综合表示为当事人之人应为诉讼当事人。可以说,这是我国学界关于当事人确定问题的通说。[1] 在表示说之中,又可以分为两种观点,即严格说与宽松说,前者主张应严格限定于诉状中当事人栏中记载事项之中来确定当事人(严格说);后者认为,应不限于诉状的当事人栏,而通过包含请求原因在内的诉状整体来判断当事人(宽松说)。[2]

---

〔1〕 中务俊昌《当事人的确定》,载中务俊昌《民事诉讼法讲座》(第一卷),有斐阁,昭和 29 年,第 73 页以下。该论文对意思说、行动说、表示说展开了详细论述,可以说这一论文使表示说牢固地占据了通说地位。

〔2〕 铃木教授对表示说进行了如下的三种分类。第一种是仅仅形式化以诉状中当事人栏之记载为基准的“形式表示说”。第二种则是所谓的“虚假名称修正说”,这种学说认为,应当通过当事人栏的名称来确定当事人,但是,当根据诉状整体状况判明当事人栏所记载的是当事人的虚假名称或是变更前的商号时,可以将其变更为真正的名称或变更后的商号。第三种则是所谓的“实质表示说”,即主张不应当限于当事人栏之记载,而通过请求的趣旨、原因等诉状整体状况来确定当事人。参照铃木重胜《案例解说》,载《続百選》,第 24 页以下。采用实质表示说的文献,可以见之于中务俊昌《当事人的确定》,载中务俊昌《民事诉讼法讲座》(第一卷),有斐阁,昭和 29 年,第 73 页以下;兼子·体系,第 106 页以下。实质表示说又被称为“修正的表示说”。

4. 适格说

这种学说将诉讼当事人定义为“作为该诉讼应当解决的实体法上纠纷之主体而参加诉讼之人”，据此主张，应当按照如下这种方式确定当事人，即通过对诉讼中一切征象予以斟酌，在此基础上识别被认为最有助于解决纠纷的实体法纠纷主体。换言之，将被认为最适合纠纷解决之人确定为诉讼当事人，可以说这是一种通过类推适用当事人适格理论的当事人确定学说，因而被称为“适格说”。〔3〕这的确是一种饶有兴味的学说，但应当予以注意的是，适格说已经脱离了作为通说(所认可的)的“形式当事人概念”(关于形式当事人概念的论述可以参照本书“第九讲　当事人适格”的相关论述)。〔4〕

5. 并用说

这种学说认为，应当同时并用各种标准来确定诉讼中的当事人，即原告的确定适用行为说，而被告的确定则按照“原告的意思、当事人适格、诉状的表示”之顺序作出判断。〔5〕

6. 规范分类说(二重规范说)

这种学说主张分为两个视角确定当事人，作为行为规范的视角，应在即将推进后续诉讼程序之际思考何人为当事人；作为评价规范的视角，应在回顾既已进行的程序之际思考该何人为该诉讼程序的当事人。对于行为规范，应当采用提供明确性标准的表示说，而作

---

〔3〕 伊东乾《诉讼当事人的概念与确定》，载中田・還暦(上)，第61页以下。不过，伊东乾教授并未将自己的观点称为适格说，而且，在冒用姓名诉讼的案例中，伊东教授认为当事人是冒用人，而并未将一般情形下具有当事人适格之人(多数情形下是被冒用人)确定为诉讼当事人。关于此点的详细论述，还可以参照石川明《当事人确定与当事人适格的交错》，载《法教》(第二期)，第6号，昭和49年，第66页以下。

〔4〕 关于形式当事人概念与当事人确定两者在理论上的内在联系，可以参照中务俊昌《当事人的确定》，载中务俊昌《民事诉讼法讲座》(第一卷)，有斐阁，昭和29年，第73页以下等。此外，松原教授对“将形式当事人概念作为唯一的当事人概念”之观点妥当性提出质疑，参照松原弘信《关于民事诉讼中“程序主体”之概念的一点考察》，载《熊本大学法学部创立十周年纪念论文集——法学与政治学的诸相》，成文堂，平成元年，第313页以下。这的确是一种颇具新意的见解。

〔5〕 石川明《当事人确定与当事人适格的交错》，载《法教》(第二期)，第6号，昭和49年，第66页以下。

为评价规范,应当将“适合解决纠纷之人,并在可让其承受程序结果之程度上被赋予参与程序机会之人”确定为诉讼当事人(参照新堂,第110页)。[6]

7. 纠纷主体特定责任说

这种学说对于此前的当事人确定理论展开了批判,即认为此前的学说均未对“当事人确定为何成为一个重大且深刻的问题”“这种确定责任究竟在于何人”等问题作出分析,在此基础上,该学说主张,应当将当事人确定问题作为“在原告与被告之间如何分配特定真正纠纷主体之责任”理论的一环予以把握。以此为前提,该学说主张,并不能限于当事人确定问题本身,而应当从主观预备性合并、主观追加性合并、基于判决更正的当事人变更等更广泛的视野下重构当事人确定问题。这种学说对规范分类说作出“行为规范与评价规范”二分化的做法也进行了批判,进而主张,应当以行为规范来作出统一考虑。具体而言,通常的纠纷主体特定责任在于原告方,但在诸如“原告的交涉对象周边存在一些类似于被告(与被告不易分辨)之人”“在原告提出照会中,被告不作出任何关于被告的说明”等特殊情形下,就不能对原告科以不能特定当事人产生的不利益(纠纷主体的特定责任转移至被告方),因此,可允许原告以(对被告之确定)多少不甚明确的方式起诉,由此意味着原告可以在其后诉讼程序中对被告之表示进行更正。[7]

应当说,因上述各种学说在各自基本观点上存在差异,故而单纯

---

〔6〕 作为这一学说的论文是新堂幸司《诉讼当事人确定标准理论的再构成》,载《石井三郎先生追悼纪念论文集——商事法的诸问题》,有斐阁,昭和49年,第255页以下,收录于新堂·基礎,第163页以下。规范分类说这一“颇为夸张的名称”(参照谷口,第401页以下)并非由新堂教授自己所命名,而且这种分类也并非专门针对当事人确定问题而做出,其重点旨在强调对这两者应当分别适用不同的规范(行为规范和评价规范),因此,将其称为“规范分类说”或者“二重规范说”似乎更为妥当。

〔7〕 佐上善和《当事人确定理论的再构成》,载《立命馆大学法学》,1980年第2-6合并号,第531页以下;佐上善和《纠纷主体的特定》,载井上=伊藤=佐上,第33页以下;佐上善和《当事人确定的机能与方法》,载講座民訴(第三卷),第63页以下。新堂说也对此进行了再批判,关于此的详细论述,可以见之于新堂,第118页以下。

罗列学说容易引发某种混乱。

二、基本立场的差异

综观上述关于当事人确定标准的各种学说，在“当事人确定在何种状况下发挥功能”，以及与此相关的“在诉讼什么时点上进行当事人的确定（换言之，使用何种时点的资料来确定诉讼当事人）”这两个方面存在基本立场差异。

从宏观视角来看，这种基本立场差异呈现出的是两极对立的局面，其中一极代表观点当属纳谷说（参照纳谷广美《当事人确定的理论与实务》，载新実務民訴，第239页以下）。纳谷说主张应当在概念上区别当事人特定与当事人确定。所谓当事人特定，是指与一项诉讼标的特定相并行的操作，即原告基于自己政策性判断来识别纠纷的主体并选定诉讼当事人。这种当事人特定，通过在诉状中记载当事人之方式进行。一般而言，只要在诉状中作出“被视为当事人”之姓名与住所的记载就足以特定当事人，但是，当因存在同名同姓之人等原因需与其他人作进一步识别时，则还要进一步将该当事人的地位、职业、性别、年龄等事项记载于诉状。与此相对，所谓当事人确定，是指受诉法院依职权对“诉讼中何人作为当事人”之问题进行调查并予以确定之操作。当诉状中记载的当事人不明确时，法院命令原告进行补正就属典型例子。而且，在明确“究竟以何人为诉讼当事人”的整个过程中，除最终取决于原告的意思外，受诉法院实施的当事人确定，对原告进行的当事人特定发挥着补充作用，不过，法院的“当事人确定”之功能也就仅限于此。因此，必须从原告起诉之行为中寻求当事人确定的标准。由于这种当事人确定主要围绕着诉状来进行，因此应当采用表示说。不过，诉状应属于当事人在口头辩论中陈述的事项，故而在陈述进行之前，应允许当事人对诉状自由进行更正。换言之，在第一次口头辩论期日之前（严格来说，在第一次口头辩论期日中，若当事人对“当事人确定”之陈述予以保留，则应当是在该保留被解除之前），当事人可以对诉状中的“当事人特定”之记载自由地更正及补正。因此，在诉讼的这一时点（第一次口头辩论）之前，属于“当事人确定”的操作范畴，进而当事人可以对“当事人之表示”进行自由更正,而在此时点之后进行的则不属于“当事人确定”的范畴,在此时点之后出现的当事人问题,在多数情形下,将纳入任意当事人变更问题范畴予以处理。

总而言之,纳谷说认为,当事人确定是第一次口头辩论期日之前的“以诉状为中心”的操作,无论是在时间上还是在资料上,第一次口头辩论期日之前的程序都纳入当事人确定的操作范畴,而且,对于“一直以来作为当事人确定之典型问题予以理解”的冒用姓名诉讼与死者名义诉讼,纳谷说并不认为其属于当事人确定问题(由于以表示说为标准,因此基于纳谷说立场,在冒用姓名诉讼中的被冒用人以及死者名义诉讼中的死者将自然地被确定为当事人)。[8] 上野泰男教授与伊藤真教授的学说,也可以说是属于这一系列的见解。[9]

与此相对,另一极的代表学说则是伊东乾教授主张的学说。伊东说认为,由于诉讼中表现出的征象在诉讼不同阶段会有所不同,

---

〔8〕 纳谷说将当事人确定的概念仅限于如下这种情形,即当法院对原告实施的当事人特定产生疑念时,依照法院自身的职责,确定何人作为该诉讼程序主体之当事人。纳谷教授还进一步认为,如果诉状的当事人记载没有模糊不清,那么法院因发现该“当事人”不是真正诉讼主体进而作出明确当事人之处理,则不属于当事人确定问题。死者名义诉讼可以说就是纳谷教授认为的后一种情形的例子(不属于当事人的确定问题)。具体而言,名义上当事人是死者(被继承人),而真正当事人应当是继承人,若将当事人从被继承人变为继承人,在纳谷说看来,则属于任意当事人变更问题。

〔9〕 上野教授对某一死者名义诉讼的判例展开了分析。参照上野泰男《当事人确定标准的机能——死者名义诉讼的情形》,载《名城大学创立三十周年纪念论文集——法学篇》,昭和 52 年,第 133 页以下。在该判例中,法院判明案件中存在使用死者名义的情况,为了不让该诉讼因构成不适法之诉而遭到驳回,法院直接将继承人确定为当事人。针对这种做法,上野教授尖锐地指出,这是一种在相关理论构成不完备时代便于法院实务操作的方法。而在已经具备“表示的更正”、“诉讼继承的类推”以及“任意的当事人变更”等理论的当下,法院应当抛弃这种便利方法,而将当事人确定的处理纯粹地限定于当事人确定问题领域。上野教授进一步认为,死者名义诉讼的处理并不属于当事人确定问题。此外,伊藤真《民事诉讼的当事人》,弘文堂,昭和 53 年,第 155 页以下,伊藤教授也在对判例展开分析的基础上,认为当事人确定所要处理的对象应限定于法院在现实推进程序之际具备大致基础的事项,而在冒用姓名诉讼或当事人发生错误的诉讼(死者名义诉讼也是其中一例)中,因存在“调节利害关系人之利益”之要因,因故而有必要将其与“当事人确定”问题相互区别开来考虑,所以将上述这些情形作为当事人确定的问题予以处理的做法并不妥当,而原本意义的“当事人确定”,是指由法院基于某种资料来决定当事人,就这一点而言,相较于与职权探知主义紧密相关的意思说或行动说,采用表示说之标准更为妥当。

且作为诉讼标的的纠纷自身只能动态获得确定,因此,当事人确定的结果随着诉讼进行也有可能发生变化。换言之,只有在判决确定之时,当事人确定才得以完成(诉讼当事人的动态把握),尽管如此,由于当事人在诉讼中的各种功能与每个阶段的"暂定性当事人确定"密切相关,因此在诉讼的某一阶段作出暂定性的当事人确定,也不会存在特别困难。在伊东说立场下,对于冒用姓名诉讼或死者名义诉讼,当事人确定依据的标准就会采用前述的适格说。

总而言之,伊东教授认为,当事人确定是一个"在自诉讼开始至诉讼终结(判决)的整个过程中,若有必要就可以反复进行"的操作,确定的资料也可以是至此(进行确定作业)时点为止诉讼程序中呈现的一切征象,而且,对于每个当事人确定所涉及的时点及事项(例如,管辖的决定、当事人寻问的决定),只要根据具体状况作出相对性(暂时性)的确定即可。[10] 佐上教授所主张的纠纷主体特定责任说,尽管与伊东说的理论基础不同,但在广义把握当事人确定理论的适用范围这一点上,两者又具有某种共通性。

由此看来,新堂教授所主张的规范分类说似乎正好处于融合与扬弃这两极(纳谷说与伊东说)的中间位置。具体而言,作为行为规范的当事人确定,限于诉讼之处进行,而且以表示说作为其确定的标准,在这一点上,新堂说与纳谷说并不形成对立关系;而作为评价规范而言,当事人确定的适用范围又较为广泛,即以适格说作为其确定标准,在这一点上,新堂说又与伊东说显现出某种亲和性(不过,在区别行为规范与评价规范这一点上,新堂说又不同于将两者予以统一考虑的佐上说)。

那么,应当如何思考这一问题呢?笔者认为,就基于抽象视角探究理论适用范围的纯粹性而言,可以说纳谷说似乎更具魅力(如同伊藤教授所认为的,可能存在考量因素的差异),不过,作为现实的解释论而言,这种观点的妥当与否就转化为如下这一问题,即纳谷说对当事人确定的适用范围作这样的限定是否具有现实的可行性?

---

〔10〕 谷口教授也认为,当事人确定是一项存有对当事人作出判断之需要时进行的操作,因此当然应依据该时点可利用的资料来确定当事人。参照谷口安平《案例解说》,载《百選》(二版),第 43 页以下。

例如,对于受判决效力拘束者范围问题而言,纳谷说主张不将其纳入当事人确定问题范畴,而应作为判决效主观范围问题予以对待。不过,就判决效理论而言,这样的理论逻辑是否成熟?尽管为了将判决效力及于继承人,可以提出诸如“将判决效及于在实质支配程序过程之人(尽管其并未被表示为诉讼当事人)”这样的理论,但是,就我国现状而言,应当说这还不是一种不成熟的理论[而且,将判决效主观范围进行扩张,以原本当事人(而不是扩张后的当事人)承受判决效力为前提,如此一来,被继承人作为当事人来承受判决效,而继承人则受该判决效的扩张,但是,在死者名义诉讼中,被继承人是既已死亡之人,因此进行这种理论构成恐怕较为困难]。〔11〕因此,就当下状况而言,主张“在传统处理方式延长线上,以评价规范意义上当事人确定予以说明”的新堂说较为妥当。作为一种过渡性的理论,固然新堂说不可避免存在一些欠缺,但就现实的解释论而言,还是采用这种观点更具妥当性。〔12〕

---

〔11〕 在美国法中,所谓的“利害关系人”是一个历史性概念,其含义是指服从判决效之人,但其中也包含着“诉讼的控制者”的含义,关于此的详细论述可以参照大桥真弓《美国法中判决效主观范围的序说》,载《法协》,第103卷第9号,昭和61年,第1964页以下。

〔12〕 松原弘信教授也表述了相同的观点,参照松原弘信《当事人确定的标准与当事人确定理论的适用范围》,载《熊本大学法学》,第75号,平成5年,第209页以下。新堂教授认为,不过,若言至这种程度,继承人究竟是当事人还是因可视同为当事人而成为承受判决效之人,可以说仅仅是一个表述问题。参照新堂幸司《诉讼当事人确定标准理论的再构成》,载《石井三郎先生追悼纪念论文集——商事法的诸问题》,有斐阁,昭和49年,第255页以下,收录于新堂·基础,第163页。由此来看,新堂说已经充分地意识到“理论适用范围”之问题。此外,若基于新堂说立场,在“被确定为当事人并承受判决效之人”的外侧,还存在传统的判决效主观范围扩张问题,因为,有关承受判决效的“当事人”与承受判决效的“当事人以外的第三人”之间的边界确定,新堂说与纳谷说不同。对于新堂教授这一见解,上田教授作出了如下评论,对于“从什么阶段开始应当遵从评价规范”之问题,新堂说并不能作出明确化、一义化的表述,随着诉讼进行当事人确定基准也不断发生变化,被确定为“当事人”之人也可能不断变化,参照上田,第88页,但是,所谓的评价规范,是指以程序上某时点为止的所有资料为基础,并在程序进展方向上做出思考的处理方法,因此,从行为规范转换为评价规范,并非从某时点开始突然发生的,行为规范与评价规范之间的关系应当被理解为一种连续性、重叠性的关系。固然,“在送达时点上A被确定为当事人,在程序中断时点上B被确定为当事人,在判决的阶段上C被确定为当事人”之情形现实中不会发生,但作为纯粹的理论推演而言是成立的(参照伊东说)。

对于以上基本立场差异问题，福永有利《当事人确定理论的意义》（载新堂·特別講義，第301页以下）展开了非常详尽的论述。福永教授的论述加深对该问题的理解非常有益，因此读者诸君有必要参阅该文献。

三、具体例

关于姓名冒用诉讼与死者名义诉讼问题，尽管受到以纳谷说为代表的种种学说的批判，但是，在论及当事人确定问题时，这两个例子一直以来还是作为典型例（问题）展开论述。近年来，在当事人确定方面也出现了类似于法人格否认问题，因此，笔者有必要对上述三种情形进行考察。

1. 冒用姓名诉讼的情形

在论述冒用姓名诉讼之问题时，经常被论及的是如下两种情形（参照大审院昭和10年10月28日判决，载《大审院民事判例集》，第14卷第1785页以下，收录于《百選Ⅰ》，第38号案件）：第一，甲冒用乙的姓名提起诉讼（原告方冒用）；第二，甲对乙提起了诉讼，但是甲与丙串通，让丙作为被告实施相关行为（被告方冒用）。第二种情形类似于骗取判决问题（参照本书“第十五讲　既判力　九、既判力与再审”部分的相关论述）。

若基于规范分类说的立场，从行为规范意义视角来看，被冒用人应当被理解为当事人，而冒用人的诉讼行为将被排除。但是，作为评价规范而言，被冒用人既未参与诉讼也未实施诉讼行为，因此被冒用人并不能作为当事人，而应当将冒用人确定为诉讼当事人（不过，也应当认可被冒用人进行追认的权利）。在这种情形下，有关当事人确定的处理，应当与“被冒用人是否可以对判决提起再审”之问题独立开来考虑。具体而言，因被冒用人不是当事人，故在法律上不承受判决效，但与此同时，在事实上存在针对自己（被冒用人）名义的判决，所以被冒用人可以提起否定该判决的再审之诉。但是，该判决的效力在原本意义上并不及于被冒用人，因此也可以考虑被冒用人通过再审以外的途径（如请求异议之诉）来否定该判决。总而言之，被冒用人可以被赋予两种防御手段，而且，在这种情形下，

对于再审之诉的理解也可以予以功能化把握。〔13〕

2. 死者名义诉讼的情形

在死者名义诉讼的情形中,主要面临以下两种情形的处理问题:第一,在不知晓前提下原告将既已死亡之人表示为被告;第二,原告在提出诉状,但在送达之前被告死亡。

在死者名义诉讼中,就行为规范而言,应当将死者确定为当事人,这是基于表示说形成的结论,由于死者不具有当事人能力,因此原则上该诉讼构成不适法之诉[基于维持时效中断或节省印花(程序申请费用)之考虑,应采用“让死者的继承人继承诉讼”或者“适用补正诉状或《日本民事诉讼法》第140条的补正等规定”之处理,不过,这些都是应与当事人确定独立开来考虑的问题。就这一意义而言,这种处理方式接近于纳谷说]。

就评价规范而言,又存在两种情形。第一,继承人在实际上作为原告或被告来实施诉讼行为之情形,在这种情形下,该继承人被确定为当事人;第二,继承人不知晓该诉讼之情形(在这种情形下,法院所作出的判决为缺席判决),在这种情形下,死者仍然是当事人,法院的判决因针对欠缺当事人能力之人作出,故而构成内容无效判决,判决效也不及于未参加诉讼的继承人。大审院昭和11年3月11日判决[载《大审院民事判例集》,第15卷,第977页以下,收录于《百選Ⅰ》,第39号案件(上野泰男解说)]正是立足于这种评价规范视角,将继承人确定为诉讼当事人。

3. 存在法人格否认之问题的情形

在有些情形下会面临如下这种当事人确定问题,即在部分涉及法人为当事人的案件中,究竟是以法人还是法人背后的自然人或法人作为诉讼当事人?而将涉及法人格否认作为当事人确定领域中新问题的著名案件是最高裁判所昭和48年10月26日判决[载《最高裁判所民事判例集》,第27卷第9号,第1240页以下,收录于《百選》(二版),第15号案件(谷口安平解说),以及《百選Ⅰ》,第14号

〔13〕 伊藤真《民事诉讼的当事人》,弘文堂,昭和53年,第165页以下。

案件(高进见解说)]。该案件具体案情如下:一家名为"日本筑土开发株式会社"的公司向一家宾馆租借了一套房屋,在昭和 42 年 10 月,该公司收到宾馆发出的解除合同告知,同年 11 月,该公司将商号变更为"石川地所株式会社",并又新设立另一家与原公司(以下称为旧公司)同名的"日本筑土开发株式会社"(以下称为新公司),新公司的董事、总部所在地、办公设备以及公司雇员均与旧公司相同。作为原告的宾馆于同年 12 月,以"日本筑土开发株式会社"为被告(将被告表示为"日本筑土开发株式会社")提起诉讼。

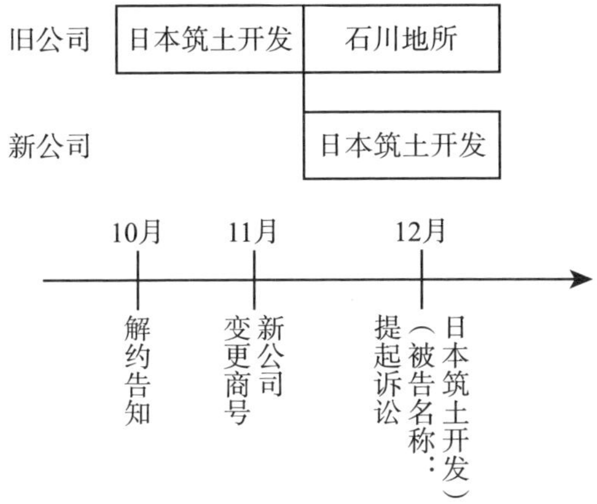

图 6-1

对于该案件,最高裁判所认为,该诉讼当事人为新公司,而且,依据实体法上法人格否认法理,也让新公司承担旧公司债务,进而判决原告胜诉。最高裁判所采用的这种基于实体法的处理固然也是一种解决方法,但是,当考虑到"原告进入强制执行阶段"这一点时,可能会发现这种处理仍然有问题。由于在该判决中,债务名义仅仅针对新公司,因此在原告申请强制执行之际,旧公司也并非不能提起第三人异议之诉(参照《日本民事执行法》第 38 条)。若旧公司提出第三人异议之诉,毋庸置疑将构成法人格滥用,但为了阻止旧公司的这种行为,法院就不得不在第三人异议之诉中重复使用法人格否认法理,与此同时,就是否具备实体法上法人格否认要件之问题,法院也必须重新进行审理(即便承认争点效理论,也不能解决此处的重复审理问题。因为,在前诉中,适用“法人格否认”所处理的对象是新公司,而在后来的第三人异议之诉中,涉嫌法人格否认问题的是旧公司。换言之,前后两个诉讼的当事人不同)。[14] 如此一来,“从诉讼法的视角出发,作为当事人确定问题来使用法人格否认之法理,并将诉讼当事人确定为包含新旧两个公司在内的一个法人”之做法,可以说是遮断此种第三人异议之诉最为有效的手段(参照新堂,第 118 页)。因为,通过这种方式,新公司和旧公司都将成为债务名义的当事人,进而可以阻止旧公司提起第三人异议之诉。不过,在诉讼法上,应当在何种程度上承认法人格否认之法理,仍是一个留待将来进一步讨论的课题。[15]

---

〔14〕 关于本案件具体问题论述,可以参照小山升《关于最高裁判所昭和 48 年 10 月 26 日判决的判例评析》,载《ジュリ》杂志临时增刊——《昭和四八年度重要判例解说》,有斐阁,昭和 49 年,第 118 页以下;谷口安平《关于最高裁判所昭和 48 年 10 月 26 日判决的判例解说》,载《百選》(二版),第 15 号案件。

〔15〕 纵使是同在主张“当事人确定适用法人格否认(的法理)”的观点阵营中,不同见解在各自的理论构成上也存在差异。新堂教授认为,就实体而言,应当考虑将其视为一个公司(无论其被称为日本筑土开发株式会社还是被称为石川地所株式会社),参照新堂,第 118 页以下。小山升教授直接将这种实体称为“双头之鹫”,参照小山升《关于最高裁判所昭和 48 年 10 月 26 日判决的判例释评》,载《ジュリ》杂志临时增刊——《昭和四八年度重要判例解说》,有斐阁,昭和 49 年,第 119 页以下。而住吉教授主张,应当将其考虑为一种“与自然人不同的,法人所特有的复合型诉讼当事人”,参照住吉博《关于最高裁判所昭和 48 年 10 月 26 日判决的判例释评》,载《民商》,第 71 卷第 3 号,昭和 49 年,第 558 页以下,收录于住吉博《民事诉讼判例释评》,法学书院,昭和 53 年,第 175 页以下。此外,在这个案件中,在前诉即将终结之时,“存在新旧两个公司”之事实也得以明朗化,就这一意义而言,评价规范之意义占据更为重要的作用。即便在诉讼早期的行为规范阶段,也并非不能采用相同的处理方法,不过,若在诉讼一开始就发现“存在新旧两个公司”之事实,也可以考虑采用将两个公司作为共同被告的方法。

与上述阵营相对,福永教授认为,关于“是否存在法人格否认之要件”的审理,在程序上并未获得充分保障(尤其是在上告审中,当一方当事人提出“构成法人格否认”之主张时,这种审理的程序保障仅限于上告审),因此,在当事人确定中不能适用法人格否认的法理。福永说进一步认为,在上述案例的这种场合下,毋宁作为诉讼继承问题(参照《日本民事诉讼法》第 49 条、第 50 条)予以处理。参照福永有利《关于法人格否认法理在诉讼法上的诸问题》,载《关西大学法学论集》,第 25 卷第 5·6 合并号,昭和 50

四、表示的更正与任意当事人变更

在当事人确定问题领域,最后有必要论及的是当事人表示的更正与任意当事人变更之关系的问题。依据通说,所谓当事人表示的更正,是指在当被确定为当事人之人的记载与诉状及判决书等文书的当事人栏中记载不一致时,将当事人的表示更正为"该被确定当事人"之记载的行为。在发生当事人表示的更正时,更正前后的当事人为同一人,因仅涉及当事人记载表示上的错误,因此在诉讼任何阶段都可以进行当事人表示的更正(当然,若基于纳谷说立场,则另当别论),而更正前的诉讼状态仍然维持其原有效力。总而言之,当事人表示更正可以说是一种类似于判决更正(参照《日本民事诉讼法》第 257 条)中"误记的更正"之行为。与此相对,任意当事人变更,则是指在前后的当事人不具有同一性之情形下,将诉讼主体变更为其他人的行为。而且,在任意当事人变更中,本身还存在"是否可以进行任意当事人变更""若允许进行变更,则应如何思考其要件

年,第 1097 页以下,尤其是第 1102 页。的确,当后诉中适用法人格否认法理来扩张判决效时,关于"是否存在法人格否认法理之要件"的审理,在后诉中固然能获得三级审的程序保障,但是,在前诉中,当作为当事人确定的问题予以处理时,并未获得三级审的程序保障(这一点也就暗示着,即便同样是诉讼法上的法人格否认,"在后诉的判决效扩张中所适用的法人格否认法理"与"在前诉的当事人确定中所适用的法人格否认法理"这两者的内容可能存有差异)。不过,在前诉的死者名义诉讼中,当前诉的上级审将继承人确定为当事人时,有关当事人的审理同样无法获得三级审的程序保障。对于此,福永说认为,在这种情况下,可以通过上级审法院作出发回重审判决的方式使其获得三级审保障,而在法人格否认的情形中,由于有关旧法人的审理在审级上获得了保障,因而将包含旧法人在内的所有审理发回重审的做法,恐怕并不妥当,所以这两者的情况不可同列而语。因此,从"与继承人对比"的视角来看,在诸如"继承人被确定为当事人,且可以不发回重审"之情形中,在法人格否认法理的适用上,也可以适用"继承人"的有关处理方法来确定当事人。不过,若将法人格否认法理的适用作出如此限制,则这种意义上的法人格否认法理已经不同于商法上的法人格否认法理。福永教授也认为,新堂说与住吉说所言及的法人格否认法理,应当属于一种实质利益欠缺型,即在观念中可能是以"新旧两个公司完全相同"之情形为前提的法人格否认法理。因此,这种法人格否认(的法理)可能与江头宪治郎教授(参照江头宪治郎《公司法人格的法理》,东京大学出版会,昭和 55 年,第 419 页以下)所言及的作为"一般条款的法人格否认法理"存在很大差别。此外,关于判决效中法人格否认法理的详细论述,可以参照本书"第十五讲 既判力"部分的相关论述。

与效果"等诸多问题。就近来的动向而言,学说多倾向于允许任意当事人变更。〔16〕 总而言之,在概念上必须将任意当事人变更与当事人表示的更正这两者区别开来。通说以(更正或变更)前后当事人是否同一作为区别两者的基准。

尽管就概念或者理念型的案例而言,这两者的区别十分明确,但从现实的视角来看,许多案件中当事人的"变化"的状况往往处于这两者的中间位置,在此情况下,就需要通过考察程序的具体展开状况作出判断。〔17〕

从判例的状况来看,对于"是否允许进行当事人表示的更正"问题作出判示的,均为下级审法院的判例。大阪地方裁判所昭和 29 年 6 月 26 日判决(载《下级裁判所民事判例集》,第 5 卷第 6 号,第 949 页以下,收录于《百選Ⅰ》,第 40 号案件)允许进行当事人表示的更正(从自然人更正为法人)。在该案件中,将基于票据请求的被告从"株式会社栗田商店的栗田末太郎"之表示更正为"栗江兴业株式会

〔16〕 关于任意当事人变更之问题,有观点认为,变更前的诉讼状态原则上由变更后的当事人继承,但在新当事人作出异议陈述时,也可以拒绝继承此前的诉讼状态,持这种观点的文献,可以见之于中野=松浦=鈴木·旧,第 620 页以下(松浦馨执笔);而另一种观点认为,除时效中断的效果以及贴附的印花外,新当事人原则上应继承之前的诉讼状态,但是在某些类型案件中,也允许新当事人拒绝继承,持这种观点的文献,可以见之于新堂,第 726 页以下;福永有利《任意的当事人变更》,载実務民訴(第一卷),第 95 页以下。尽管上述两种学说在结论上近似,但因变更前后的当事人是不同的,所以后者观点可能更为妥当。近来,对于任意当事人变更问题作出较为详细的论述的文献,可以见之于纳谷广美《关于当事人变更的理论》,载《明治大学法律论丛》,第 63 卷第 1 号,平成 2 年,第 1 页以下。

〔17〕 若基于纠纷主体特定责任说的立场,就形成动态把握"当事人表示的更正"与"任意的当事人变更"之间关系的结果。对于两者的区别,纠纷主体特定责任说也并非以"前后诉讼的当事人是否为同一"为标准作出判断,而是从"是否需要重新实施程序"之功能层面来予以把握。即便是在前后诉当事人不同之情形下,若新当事人继承前当事人的程序,也被作为"当事人表示的更正"予以对待。关于这种纠纷主体特定责任说之详细论述,可以参照佐上善和《当事人确定理论的再构成》,载《立命馆大学法学》,1980 年第 2-6 合并号,第 549 页以下;佐上善和《当事人确定的机能与方法》,载講座民訴(第三卷),第 75 页以下。不过,笔者认为,作为概念,还是遵循通说所主张的,以"前后诉当事人是否同一"之标准予以把握可能较为妥当。

社(董事长栗田末太郎)”(在该案件中,被告的诉讼代理人为同一人)。不过,大阪高等裁判所昭和29年10月26日判决(载《下级裁判所民事判例集》,第5卷第10号,第1787页以下)则不允许被告进行从“丰商事株式会社”到“株式会社丰商事”这样的当事人表示更正。总而言之,对于这类问题,并非基于名称类似性,而应依据诉讼具体状况对前后当事人同一性问题作出判断(参照新堂,第117页)。

第七讲　当事人能力与诉讼能力

导　读

当事人能力(诉讼权利能力)与当事人诉讼能力(诉讼行为能力)是民事诉讼法学上耳熟能详的概念。日本中的一些关于当事人能力与当事人诉讼能力的理论,中国学者也比较熟悉,但通过本讲我们还是可以在高桥的清晰、深入的分析中了解到许多有益的理论,有利于开阔认识的视角。在本讲中的阅读切不可忽视注释中的阐述。高桥文章的突出特点是在注释中不仅引出观点的发端,而且也会对争议的问题发表自己的观点,有些独到的见解往往就"潜伏"在注释,这才有了注释的文字在数量上远远多于正文的情形。本讲这一特点尤为突出。

阅读和学习本讲,有几点值得读者注意:

1. 本讲中,解释了为何立法和理论上要将实体法的权利能力与诉讼法的当事人能力对应起来的问题。按照兼子一的观点,其理由是,一般而言,在私益纠纷的解决中,法院将"私法上的权利主体作为诉讼上的当事人并对其作出判决"是一种最为直接、最具效率的做法。此外,也可以从有效且适当地解决纠纷必要性之视角出发来对"权利主体是诉讼的当事人”之观点展开论述。诉讼上的当事人即形式的当事人概念虽与“实体法上的权利义务”相分离,但在关于“能否成为当事人之一般性资格”的当事人能力的讨论中,学者们还是以实体法上的权利能力为基准来作出判断。应当说这两者之间存在微妙的差别。当事人能力是一个具有实体关系性质的概念。形式当事人概念的效用在于,能够对“要求对他人之间法律关系进行确认”以及“第三人的诉讼担当”等情形作出很好的说明。在这些情形中,诉讼上的当事人并不是诉讼标的之权利义务的归属主体,这似乎可以说,在这些情形中,并未严格贯彻“诉讼当事人必须具有实体法上的权利能力根据”这一要求。特定的人之所以能够成为诉讼上当事人,其根据是该人存在与“诉讼上法律关系”的连接。例如,管辖、除斥及忌避、证人能力等都与当事人存在关联性。如此,也就不难理解“当事人与权利能力”存在关联性。

2. 关于无法人资格的社团与财团

中国《民法典》制定后,对于无法人资格的团体的当事人能力问题明确作出了规定。尽管此问题在民事诉讼法理论上已有解释,民事诉讼法中将其表述为可作为当事人的其他组织。关于这一问题,本讲也有所涉及。在日本,对于某些主体,尽管其没有民法上的权利能力,但在诉讼法上仍然承认其具有当事人能力。《日本民事诉讼法》第 29 条规定,无法人格的社团与财团具有当事人能力。若是某一团体欲取得法人格,那么就必须获得一定的许可或认可,而且还要履行一定的程序,但不容否定的一个事实是,在现实的社会生活中存在一些虽然未具备法人格上述要件但仍然开展社会活动的团体(社团或财团,也即人的集合体或财产的集合体)。这些团体在展开自己的社会活动时就有可能遭遇纠纷,为了解决这种纠纷,将该团体本身也作为诉讼当事人对待的做法是较为便利的。如若不然,对方当事人就不得不在摸清该团体的所有成员后才能提起诉讼,而且,在提起诉讼后,一旦判明还缺少部分的该团体成员,那么就会产生“诉讼系属与判决效遭到否定”的危险。对于团体的成员来说,由于这些成员是以团体的名义来进行活动的,因此以团体的名义进行诉讼也是较为便利的做法。这就是《日本民事诉讼法》第29条承认“无法人格的社团与财团具有当事人能力”的根据所在。如果对该条规定的要件深入分析,可以进一步表述为如下几点:(1)团体成员是明确的;(2)为了保持团体的同一性,团体不因成员的加入与退出行为而发生变化(对内的独立性);(3)代表人是确定的,并且现实地实施代表人的行为;(4)与其他的法律主体相互独立(对外的独立性);(5)对于组织的运作作出规定;(6)通过大会等手段使团体成员的意思反映到团体的意思形成之中。高桥先生还对要件的理解和适用作了更为细致的分析。这些也是我们应当注意的。

3. 关于诉讼能力

在诉讼能力的论述方面,高桥指出,欠缺诉讼能力人的范围与民法上无行为能力人的范围是一致的,但是,适用于欠缺诉讼能力情形的规则却与民法上的行为能力规则存在差异。未成年人与成年被监护人不能亲自实施诉讼行为或接受对方当事人所实施的诉讼行为,而只能由其法定代理人来代为实施或接受诉讼行为。如果违反了上述规定,那么未成年人与成年被监护人亲自实施的诉讼上的行为或者对方当事人对未成年人与成年被监护人实施的诉讼上的行为都将归于无效。这种处理与民法上的“未成年人与成年被监护人获得法定代理人的同意后可以自己实施行为”“未成年人与成年被监护人作出违反此规定(未获得法定代理人同意)的行为不被视为无效行为,而只作为可撤销行为予以对待”的处理是不相同的。就一般的情形来看,诉讼上的行为要远远复杂于民法上的交易行为,让未成年人与成年被监护人来洞察诉讼行为的意思恐怕是较为困难的,因此,在诉讼法中,一开始就排除了未成年人与成年被监护人的诉讼参与。

4. 关于欠缺诉讼能力时的处置

在本讲中,高桥指出,未成年人或成年被监护人违反诉讼能力有关规定而由本人实施的行为,以及对方当事人违反诉讼能力有关规定而对未成年人或成年被监护人本人实施的行为都是无效的,被保佐人或被辅助人未获得保佐人或辅助人同意下作出的行为也是无效的(但被保佐人或被辅助人的应诉行为则是有效的)。因此,诉讼能力可以被称为诉讼行为的有效要件。当发现当事人欠缺诉讼能力时,法院必须指定期间并命令相关人员进行补正。这主要是对过去的行为进行概括性的追认。

5. 关于辩论能力

在中国的民事诉讼理论中一般不使用辩论能力这一概念。但在日本民事诉讼的当事人理论中,辩论能力却是一个很重要的概念。所谓辩论能力,是指在法庭中现实地实施诉讼行为尤其是辩论之行为的资格。依据日本通说的理解,辩论能力制度的主要目的在于,谋求诉讼程序顺利且迅速地进行,进而期待司法制度健全运作的公益性制度;其之所以在民事诉讼理论中得以重视,是因为现实中高龄当事人诉讼频发,这也是社会老龄化所带来的问题。如此想来,也是今后中国社会必然要面临的问题。

目　　次

一、当事人能力

1. 当事人能力

所谓当事人能力,是指能够成为民事诉讼当事人的一般性资格(参照新堂,第 119 页)。如果说当事人适格是一个从特定的诉讼请求(诉讼标的)之关系中予以考察的概念,那么当事人能力则是与"如何判定案件内容以及诉讼标的"无关的一般性资格的概念。

当事人能力与后述的诉讼能力分别对应于民法中的权利能力与行为能力。《日本民事诉讼法》第 28 条也规定,关于当事人能力、诉讼能力的判定,还须遵从民法及其他法律的规定。不过,若进一步细加考察,民法与民事诉讼法中规定的内容并非完全相同,对于此点,读者诸君有必要予以特别注意。

在当事人能力方面,具有民法上权利能力之人(自然人与法人),在诉讼法上也具有当事人能力。[1] 死者没有权利能力,故也不

---

〔1〕 将实体法的权利能力与诉讼法的当事人能力对应起来的观点,是基于如下这样一种考虑的产物,即一般而言,在私益纠纷的解决中,法院将"私法上的权利主体作为诉讼上的当事人并对其作出判决"是一种最为直接、最具效率的做法(参照兼子·体系,第109页以下)。此外,也可以从有效且适当解决纠纷必要性之视角对"权利主体是诉讼的当事人"之观点展开论述(参照新堂,第119页)。

但是,在另一方面,诉讼上的当事人,即所谓的形式当事人概念,却与"实体法上的权利义务"相互分离,尽管如此,在关于"能否成为当事人之一般性资格"的当事人能力之论述中,学者们还是以实体法的权利能力为基准来作出判断。应当说,这两者之间存在微妙差别。当事人能力是一个具有实体关系性质的概念。由此看来,有必要对"将形式当事人概念贯彻于所有有关当事人的理论问题是否可行、是否妥当"之课题重新进行审视。关于此的详细论述可以参照本书"第九讲　当事人适格"揭注(2)的相关论述。

不过,形式当事人概念的效用在于,能够对"要求对他人之间法律关系进行确认"以及"第三人的诉讼担当"等情形作出很好说明。在这些情形中,诉讼上当事人并非诉讼标的之权利义务的归属主体,如此一来,可以说在这些情形中,并未严格贯彻"诉讼当事人必须具有实体法上的权利能力根据"这一要求(固然在现行法体制下,似乎无法想象"无权利能力人能够成为诉讼当事人"之情形,但从历史上看,即便是诸如奴隶那样的无权利能力人,通过第三人诉讼担当也可以成为诉讼当事人,如此一来,可能会使"权利能力=当事人能力"的命题遭受致命打击)。如果进一步予以一般化地阐述,那么可以说,某人之所以能够成为诉讼当事人,其根据在于该人员具有"诉讼上法律关系"等的连接点。例如,普通裁判籍、除斥及忌避、证人能力等事项,均与当事人存在关联性。例如,当事人是诉讼费用的负担者,就这一关系而言,当事人必须是能够支付这种诉讼费用的人员,从这一点来看,也就不难理解当事人与权利能力之间存在关联性(不过,如后所述,在此情形下,存在灵活适用《日本民事诉讼法》第69条规定的余地)。在被认为最为重要的当事人与判决效之关系中,只要存在判决名义人即可(而不论该人员是不是实体权利义务的归属主体)。在有关当事人问题领域中,如果说"某人员对于纠纷之解决是否有效且适当"之问题,可以作为当事人适格(诉讼实施权)问题予以处理,那么就可以认为,在当事人能力领域中,只要存在明确的判决名义人即可。

在日本,一起"以奄美大岛的黑兔子为共同原告"的案例,曾经被媒体广为报道。从历史上看,也存在将动物作为诉讼当事人的案例,即所谓的动物裁判(有关详细的论述,可以参照井上治典《纠纷与程序——民事裁判及其周边》,放送大学教育振兴会,平成5年,第11页以下)。于是,论者就可能考虑提起诸如以富士山为原告那样的环境保护诉讼。当人们提起这些诉讼时,实际的诉讼活动可以由富士山的"法定"代理人来进行,诉讼费用也可以由该"法定"代理人来承担(对于《日本民事诉讼法》第69条的扩张

具有当事人能力(不过,也有观点认为,死者应当作为“不是现实存在的当事人”来予以对待,因而不涉及有无当事人能力的问题)。至于出生前的胎儿,依据民法相关规定(《日本民法》第 721 条、第 886 条、第 965 条),在继承、遗赠以及基于侵权行为的损害赔偿请求方面,视其为既已出生之人员,因此,在这些关系诉讼中,胎儿也具有当事人能力,〔2〕因为,在这些情形中,存在证据保全与民事保全方面

解释)。的确,如同可以提起动物裁判一样,进行这种形式的诉讼也并非不可能。但是,与通常的法定代理人理论不同,在理论上,对于“究竟由何人来担当富士山的法定代理人”之问题,作出说明恐怕还是较为困难的。而且,以富士山为原告作出的判决,其判决效力究竟及于何人,关于这一问题的解决,恐怕也较为棘手。当以富士山为原告的诉讼最后遭到法院驳回请求(判决)时,其他人员在实质上也可以提出相同的再诉,如此一来,就会使纠纷无法得到终局性解决,进而也使得被告不得不进行多重应诉。从实际状况来看,在这种情形下,往往是由诸如“富士山景观保护委员会”等组织作为起诉主体,而且,将这些组织作为原告的做法的确也较为妥当。不过,在富士山作为原告的情形下,这种做法姑且可行,但在富士山作为被告时,恐怕会面临更大问题。因为,即便原告(富士山的对方当事人)获得胜诉,该原告如何进行给付判决的执行,恐怕还不甚明确。而且,当胜诉原告对富士山进行“不作为请求”的强制执行时,由于最终性担保是间接强制的强制金决定(参照《日本民事执行法》第 172 条,因此也会使对方当事人在执行上陷入窘境),在这种情形下,作为原告方当事人来说,应当更愿意对诸如“富士山景观保护委员会”等组织进行不作为请求的强制执行。

综上所述,在形式当事人概念与当事人能力规则之间,的确存在不整合之处,但是,硬将无权利能力之人作为当事人也容易产生诸多难题,因此,将当事人能力对应于权利能力的做法,还是较为妥当的,不过,这种妥当性仅仅停留于大致之程度。因为,《日本民事诉讼法》第 29 条规定,无法人格的社团及财团可以作为当事人(具有当事人能力)。应当说,这一规定就体现了“将当事人能力对应于形式当事人概念”之观念。

〔2〕 通说认为,当事人能力是与诉讼标的(实体的权利义务或法律关系)无关的一般性资格,而当事人适格则是需要通过对诉讼标的作出具体判断的个别资格,对于通说的这种把握,新堂,第 119 页以下,持一种保留的态度。新堂说认为,无论是当事人能力还是当事人适格,都是基于“有效且适当解决纠纷”之视角作出的关于当事人资格的概念规定,这两者之间存在某种连续性。而进一步将这种观念予以彻底化的学说当属伊藤说,关于此的详细论述,可以参照伊藤真《民事诉讼的当事人》,弘文堂,昭和 53 年,第 19 页以下。

的确,正如伊藤真《民事诉讼的当事人》(弘文堂,昭和 53 年)一书第 24 页所指出的,通说对于胎儿当事人能力的把握,也是基于胎儿与诉讼标的关系之上作出考虑,因此,通说认为的“当事人能力是与诉讼标的无关的一般性资格”之命题也包含着某种例

的现实必要性(参照兼子·体系,第109页以下)。不过,由于胎儿没

外。而且,关于当事人能力判例的典型例子,也承认无权利能力的社团具有当事人能力,至于作出这种判决的原因,是考虑到这种社团能够成为诉讼法律关系结合点的团体,还是其作为全国性组织一部分的下属组织(例如,某政党的全国中央组织下的县级组织)是独立的团体之缘故呢?此处所谓的“究竟是作为集体还是作为成员来把握,以及究竟是作为中央组织还是作为下属组织来把握”的问题,实质上可以归结为“是否属于独立主体”之判断问题。在其界限事例中,这种判断包含着“何人成为当事人就可以使纠纷获得适当地解决”之观点。这种判断类似于,“在遗言执行人与继承人之间,让何者成为诉讼当事人可以使纠纷获得更有效且适当的解决”之当事人适格的判断。例如,某一学校与其周边地域的居民团体之间达成“学校不能使用屋顶平台”的协定,但是,学校方面存在违反该协定(使用屋顶平台)的行为,在该地域的居民团体向法院提起“要求学校遵守协定”的诉讼中(参照东京地方裁判所昭和56年5月29日判决,载《判時》,第1007号,第23页以下),由于除了缔结该协定的地域居民团体以外,并不存在其他适当的当事人,因此,可以看出,法院首先作出的是“承认其当事人适格”之判断,在此基础上再肯定该地域居民团体的当事人能力。关于此的详细论述,可以参照福永有利《居民团体与消费者团体的当事人能力》,载《民商》第93卷临时增刊第一号——《民商法杂志五十周年纪念论文集——判例中法理论的展开》,昭和62年,第201页以下;小岛武司《居民团体与消费者团体的当事人能力》,载新实务民诉,第279页以下。的确,在某些情形下,当事人适格与当事人能力有可能存在交错,因此这两者的界限也是流动的。

不过,伊藤说也并未将当事人能力与当事人适格融合在一起,其认为,当事人能力是一个“筛眼”较粗大筛子,而当事人适格却是一种“筛眼”较小的筛子,这两个概念之间具有存续关系(参照伊藤真《民事诉讼的当事人》,弘文堂,昭和53年,第80页以下)。

有判例认为,当无权利能力的社团成为金钱给付诉讼的被告时,应当将“该社团具有自己财产(财产独立性)”作为独立的要件予以要求。伊藤真教授对这一判例展开了分析,并认为,在理论上,也应当将请求(诉讼标的)的内容及种类积极地反映在当事人能力中。这也正是主张“将当事人能力与当事人适格两者界限趋于流动化”的伊藤说的实践性意义所在。如此一来,伊藤说将给付诉讼的纠纷解决能力直截了当地把握为“给付请求的物理性实现”。但是,通说关于当事人适格或诉的利益的理解,即便是在给付诉讼中,也未将“强制执行可行性”视为要件,换言之,给付诉讼所关注的焦点在于“原告是否存在给付请求权”,而不问其“能否强制执行”(参照本书“第十一讲　诉的利益”部分的相关论述)。伊藤说也承认,在通常情况下,“被告的无财力”并不会作为考虑的因素,参照伊藤真《民事诉讼的当事人》,弘文堂,昭和53年,第68页以下。若预先对没有财产的无权利能力社团作出“即便对其作出给付金钱判决,也没有实效性”这样的判断,进而否定其当事人能力,这显然是不妥当的。因为,既然在当事人适格判断中

有诉讼能力,因此,在这些诉讼中,由"在胎儿出生后将成为其法定代理人"之人员作为胎儿的法定代理人来实施诉讼(在继承中,若因父亲已经死亡,则由胎儿的母亲作为法定代理人)。若胎儿出生时是死胎,当该诉讼处于系属中时,则该诉讼因当事人能力欠缺而遭驳回,而当判决效力获得确定时,则该判决在内容上不产生效力,即成为无效判决。

同样对于法人而言,若是符合《日本民法》第 43 条的规定而具有权利能力,那么其在诉讼法上也具有当事人能力。即便法人解散或破产,在清算之目的范围内,法人仍然存续并可以进行诉讼,因此这种状态下的法人也具有当事人能力。在清算终结并进行登记后,法人丧失当事人能力。不过,当其他人以作出解散法人决议的股东大会为被告提起"确认股东大会决议不存在之诉"时,也必须肯定公司(被告)的当事人能力(有关详细的论述,参照东京高等裁判所昭和 57 年 12 月 23 日判决,载《判時》,第 1067 号,第 131 页以下;中岛弘雅《关于东京高等裁判所昭和 57 年 12 月 23 日判决的判例释评》,载《ジュリ》,第 847 号,第 95 页以下)。此外,国家与地方公共团体也属于法人,因而这些团体也具有当事人能力。

不考虑"当事人有无财产"这样的问题,那么在当事人能力的判断中,就更没有必要对此作出确认。但是,在现实的社会生活中,在诸如基于税金等关系而必须作出有金钱给付的判决之情形下,如果在当事人能力中不考虑强制执行的因素,那么原告就不会出现(没有原告去提起诉讼)。因此,给付诉讼被告的财产独立性,固然没必要将其提升至当事人能力不可或缺的要件之地位,不过,还是有必要将其定位于当事人能力判断诸因素之一。福永教授也认为,在当事人能力是与请求的种类及内容无关的一般性资格这一点上,应当予以维持,当事人能力与当事人适格的界限的确有可能是流动的,但是,如果在对当事人能力作出判断的过程中,过分顾及请求的种类及内容之因素,那么就会产生将"当事人能力与当事人适格两种概念合并化"的危险,因此,这种过分顾及请求方面因素的做法并不可取,参照福永有利《无权利能力社团的当事人能力》,载木川・古稀(上),第 305 页以下,尤其是第 329 页。此外,福永有利《判例解说》,载《百選Ⅰ》,第 88 页以下;长谷部由起子《非法人团体的当事人能力》,载《争点》(新版),第 102 页以下等观点,也质疑"针对每个特定请求对当事人能力作出判断"的做法。

2. 无法人格的社团与财团

对于某些主体,尽管其没有民法上的权利能力,但在诉讼法上仍然承认其具有当事人能力。根据《日本民事诉讼法》第 29 条的规定,无法人格的社团与财团具有当事人能力。某一团体若要取得法人格,就必须获得一定的许可或认可,且须履行一定程序,但不容否定的是,在现实的社会生活中存在一些虽然不具备法人格上述要件但仍然开展社会活动的团体(社团或财团,也即人的集合体或财产的集合体)。这些团体在展开自己的社会活动时有可能遭遇纠纷,为了解决这种纠纷,将该团体本身也充当诉讼当事人的做法是较为便利的。如若不然,对方当事人就不得不在摸清该团体的所有成员后才能提起诉讼,而且,在提起诉讼后,一旦判明还缺少部分成员,则可能面临"诉讼系属与判决效遭到否定"之危险;对于团体成员来说,由于这些成员是以团体名义进行活动的,因此,以团体名义进行诉讼也是较为便利的做法。这就是《日本民事诉讼法》第 29 条承认"无法人格的社团与财团具有当事人能力"的根据所在。〔3〕

不过,当无法人格社团或财团是一些成员结合比较松散的团体时,若该团体因遭受败诉而导致该团体消灭,对方当事人的利益则无法获得充分保护。在此种情形下,对方当事人即便获得胜诉,不仅该判决无法得以实现,而且,既已付出诉讼费用也难以收回。因此,被赋予当事人能力的无法人格团体,必须是"即便团体成员发生一些变动(团体),在某种程度上仍然能够继续存在"的主体。而且,

---

〔3〕 在德国法中,无法人格的社团与财团只有在作为被告方当事人时,才被认可具有当事人能力。其原因在于,在关照对方当事人不便方面,只要被告方(无法人格的社团与财团)承认其当事人能力即可,而在无法人格的社团与财团成为原告时,则灵活地运用任意诉讼担当理论作出处理。

但是,日本法的状况则与此不同,即对于无法人格的社团与财团,不仅仅在其作为被告,而且在其成为原告时,也同样承认其当事人能力。因为,从团体成员方来看,以团体名义提起诉讼往往都是较为便利的做法。应当说,在关于承认无法人格社团与财团的当事人能力之立法上,日本显得比德国更为先进。有关德国这方面的立法史介绍,可以参照名津井吉裕《德国法中当事人能力概念的生成》,载《民商》,第 119 卷第 2 号第 233 页以下(平成 11 年);第 119 卷第 3 号,第 390 页以下(平成 11 年)。

在成员个人色彩较强且团体基于成员意志反映而运行的集合体中，如果让该集合体作为当事人并让其代表人来实施诉讼，那么就会产生如下危险，即成员意志不能充分反映到诉讼中。而将集合体作为当事人的做法，也与这种集合体的性格不符（对于这种性质的集合体，适用固有必要共同诉讼的规则可能更为适妥）。综上所述，只有赋予那些“具有恒常的基础，且独立于团体成员”的无法人格社团与财团以当事人能力，才显得较为妥当。《日本民事诉讼法》第 29 条将这种要求归结为“具有代表人或管理人的团体”之要件，若更明确、更具体地对这种要件予以表述，则可以概括为如下几点：（1）团体成员是明确的；（2）为了保持团体的同一性，团体不因成员的加入与退出行为而发生变化（对内的独立性）；（3）代表人确定且实际实施代表人之行为；（4）与其他法律主体相互独立（对外的独立性）；（5）对于组织的运作作出规定；（6）通过大会等手段使团体成员的意思反映到团体的意思形成之中（内部组织性）。〔4〕

此外，正如在前揭注〔2〕中所论述的，也有一种颇具影响力的观点主张，在此基础上，还有必要将“团体具有独立于团体成员的，且自己进行管理的独立财产”（财产的独立性），也确立为“承认无法人格社团与财团具有当事人能力”的一个要件（尤其是在无法人格社团与财团成为金钱给付诉讼被告方当事人之情形）。但是，一般而言，这种“财产的独立性”没有必要提升到“承认当事人能力”的要件之程度，而可以将其定位于作为“认定团体独立性的辅助性资料”的

---

〔4〕 伊藤真《民事诉讼的当事人》一书（弘文堂，昭和 53 年）第 26 页以下的作出分析是较为详尽的，并且伊藤说也在该书中对“对内的独立性”“对外的独立性”“内部组织性”“财产的独立性”等要求作出了精辟的论述。

不过，最高裁判所昭和 39 年 10 月 15 日判决（载《最高裁判所民事判例集》，第 18 卷第 8 号，第 1671 页以下）对于“承认无权利能力社团的当事人能力”的要求列举为如下几点：（1）具备作为团体的组织；（2）实行少数服从多数的表决原则；（3）团体的存续不随团体成员的变更而变动；（4）确立诸如“该组织中的代表方法”“大会的运作”“财产的管理”等作为团体的其他要点。

一个组成因素。[5] 因此,对于学校同窗会、行业者团体、街道居委会(不过,按照《日本地方自治法》第260条第2款规定,这种街道居委会也可以组织成为法人)、无法人格的学会(民事诉讼法学会也属于此)、未获得劳动委员会证明的工会、设立中的财团等无法人格团体,也就应当依据《日本民事诉讼法》第29条规定赋予其当事人能力。

关于《日本民事诉讼法》第29条的解释,有必要触及以下两个问题。第一,当民法的权利能力规定与诉讼法的当事人能力规定出现不一致时,法院就有必要在请求趣旨中,根据具体情况对这种不一致作出调整。转移登记就是其中的典型。在登记实务中,登记机关并不受理以无权利能力社团或财团名义提出的登记申请。因此,在判决中,即便法院命令进行团体名义的登记,但由于登记所不受理这种登记,则该判决就成为内容无效的判决。因此,在这种诉讼

---

〔5〕 伊藤教授认为,在无法人格社团与财团成为金钱给付诉讼被告的情形下,应当将"财产的独立性"作为承认其当事人能力的一个要件,不过,在其他的情形下,"财产的独立性"则不是不可或缺的要件,而只是与其他要件一起成为认定团体一般独立性的辅助性要件,参照伊藤真《民事诉讼的当事人》,弘文堂,昭和53年,第71页以下。此外,长谷部教授也认为,并不是在所有的团体应当成为当事人的情形中,"财产的独立性"都会成为问题(并不是每一种情形都将财产的独立性作为团体具备当事人能力的要件),有必要将"财产的独立性"作为承认团体当事人能力之要件来予以考虑的情形是,在以团体作为被告的请求支付金钱诉讼中,不存在对团体债务承担无限责任的团体成员,而且,只有作为责任财产的团体固有财产发生问题之情形,参照长谷部由起子《无法人格团体的当事人能力》,载《成蹊法学》,第25号,昭和62年,第95页以下。

新堂,第121页,其中将无法人格的社团定义为,"拥有与团体成员相独立的、自己进行管理的、并能够对团体债务进行担保的、独立财产之人的结合体",按照这种定义,无法人格的社团就一般地被要求具备财产的独立性之要件。此外,高桥宏志《纠纷解决过程中的团体》,载《基本法学2——团体》,岩波书店,昭和58年,第291页以下,也采用了新堂教授的这一定义。

但是,管野孝久认为,固有财产的存在不应当作为无权利能力社团具有当事人能力的要件。不过,就通常情形而言,团体固有财产是团体活动的经济基础,经济基础越是雄厚、稳固,那么该团体的集团性质也就越加明确,因此,在对"某一团体是否属于无权利能力的社团"作出判断之际,"固有财产的有无"大多成为重要的判断资料,参照管野孝久《居民团体及消费者团体的当事人能力》,载《争点》(旧版),第80页以下。这种观点应当予以赞同,因此,笔者有必要对前述旧稿的观点进行修正。

中，尽管当事人可以是无权利能力的社团或财团，但请求趣旨并不能针对作为当事人的无权利能力社团或财团而作出，而必须采用“向其他特定人（一般而言是团体代表人）进行转移登记”之形式。但是，判例［参照最高裁判所昭和 47 年 6 月 2 日判决，载《最高裁判所民事判例集》，第 26 卷第 5 号，第 957 页以下，收录于《百選 Ⅰ》，第 42 号案件（下田文南解说）］对于这种形式诉讼也予以了否定，因此，应当说这一判决并不妥当。〔6〕

第二，《日本民事诉讼法》第 29 条关于无权利能力社团当事人能力的规定，是否也适用于民法上的合伙呢？以最高裁判所昭和 37 年 12 月 18 日判决（载《最高裁判所民事判例集》，第 16 卷第 12 号，第 2423 页以下，收录于《百選 Ⅰ》，第 42 号案件）为代表的判例观点对此持肯定态度，而学说对此则存在分歧。此前的通说［参照兼子・体系，第 110 页以下；三ヶ月・全集，第 181 页；我妻荣《民法讲义——债权各论（中）》，第二卷，岩波书店，昭和 37 年，第 797 页以下等］对此持否定态度，即反对将民事诉讼法该条规定适用于民法上的合伙。的确，如前所述，典型的民法上合伙属于那种“团体成员的个人色彩较强，团体反映成员意志来运作”的集合体，因此，主张《日本民事诉讼法》第 29 条不适用于这种集合体的观点具有合理性。但是，在现实社会生活中，又存在一些在性质上介于上述典型的民法上合伙与典型的社团之间的团体［星野英一《关于无权利能力社团》（最初发表于昭和 42 年），载星野英一《民法论集第一卷》，

〔6〕 松本博之《非法人社团的当事人能力与实体关系》，载《民商》第 93 卷临时增刊第 2 号——《民商法杂志五十周年纪念论文集——从特别法之视角来看的民法》，昭和 62 年，第 73 页以下。

依据最高裁判所昭和 47 年的这一判决，无权利能力的社团并不能作为原告，而由该团体的代表人成为原告，并提出了“向该代表人进行转移登记”的诉求。除这种形式之外，在这种请求转移登记的诉讼中，判例还认可“所有团体成员成为原告”“非代表人的其他个人成为原告”等形式。但是，在这种转移登记的诉讼中，迄今为止判例似乎还未承认“让无权利能力的社团成为原告”之形式。关于此的详细论述，还可以参照田中丰《关于最高裁判所平成 6 年 5 月 31 日判决的判例释评》，载《曹時》，第 48 卷第 4 号，平成 8 年，第 991 页以下。

有斐阁,昭和 45 年,第 227 页以下,对于“基于民法学视角将社团与合伙予以区别的传统理论”(社团与合伙区别论)进行了批判。可以说星野教授的这篇论文具有划时代意义,读者诸君有必要参阅该文献]。由于这些团体性质本身就处于典型民法上合伙与典型社团之间,因此,费时费力对“这种团体究竟属于哪一种团体”之问题进行审理并作出区分的做法,恐怕也不切实际。如果这种团体是符合前述的“对内独立性”等三个要件的团体,那么其多少具有民法上合伙的色彩,对其进行本案审理并作出判决的做法,可能较为符合实际。而且,《日本民事诉讼法》第 29 条是一条旨在“减轻与团体进行交易之对方当事人起诉负担(可以使对方当事人不必逐个对团体成员提起诉讼等)”的规定,从这一立法趣旨来看,也应当作上述理解。就这一消极意义而言,可对主张“《日本民事诉讼法》第 29 条规定也适用于民法上合伙”的学说[参照新堂,第 121 页;富樫贞夫《民法上合伙的当事人能力》,载《争点》(旧版),第 76 页以下等]予以赞成。〔7〕 通过以上论述也可以看出,《日本民事诉讼法》第 29 条规定中的“社团”,并非“实体法上的社团”,而可以表述为“诉讼法上的社团”。

但是,在针对这些团体作出的判决效力方面,法院在作出“是民法上合伙还是社团”之判断方面会产生很大问题(差异)(参照伊藤真《民事诉讼的当事人》,弘文堂,昭和 53 年,第 76 页)。在民法的合伙中,原则上合伙成员也负担合伙债务(参照《日本民法》第 674 条、第 675 条),因此,法院针对合伙作出的给付判决也可以向其合伙成员进行强制执行。在以这些团体为被告的诉讼中,法院没有必要对“该团体是否属于民法上的合伙(抑或是社团)”作出判断,而且,即便作出这种确定,这种判断也对执行程序产生拘束力。不过,当对合伙成员进行强制执行时,就应当对“该团体是否属于民法上的合伙”之问题作出确定。换言之,如果该团体属于民法上合伙,那

---

〔7〕 关于民法上合伙参与诉讼方式之详细论述,可以参照本书“第九讲　当事人适格”部分的相关论述。

么就应当准用《日本商法》第 81 条第 1 款有关合名公司(实质上属于民法上的合伙)的规定,法院针对合伙作出的判决之反射效及于该合伙的成员,合伙成员也不能对合伙所负有的债务进行争执。当然,合伙成员可以进行“自己不是合伙成员”这样固有形式(属于自己固有的防御方法)的争执,否则就不能拒绝针对其实施的“有关合伙债务的强制执行”。在新堂,第 122 页中,新堂教授认为,债权人(原告)可以向法院提出针对合伙成员的(继承)执行文赋予申请。〔8〕 若该团体属于民法上合伙,则在多数情况下可以视为任意诉

〔8〕 一般的观点认为,只有在判决执行力发生扩张时,才可以赋予执行文。不过,在反射效理论中,由于反射效并未包含执行力扩张,因此也未涉及赋予执行文问题。如此一来,依据《日本商法》第 81 条第 1 款规定的反射效赋予执行文之做法,则显得有所不妥。伊藤教授也只是肯定反射效,而否定执行力的扩张,参照伊藤真《民法上的合伙与诉讼》,载三月章、中野贞一郎、竹下守夫编《民事诉讼法演习第一卷》(新版),有斐阁,昭和 58 年,第 53 页以下,尤其是第 61 页。

但是,新堂说认为,申请赋予执行文之方法与提起新诉(针对合伙成员的给付诉讼)之方法,在实质上是相同的,因此,基于反射效理论,也会得出赋予执行文,尤其是赋予执行文诉讼(《日本民事执行法》第 33 条)之结论。持主张应当赋予债权人“针对合伙成员的执行文”之观点,可见之于来栖三郎《民法上合伙的诉讼当事人能力》,载《献呈菊井维大先生论文集——裁判与法》(上),有斐阁,昭和 42 年,第 349 页。

此外,也有一种颇具影响力的观点主张,不仅是民法上合伙,对于“社团”,也应当将该团体所承受的判决之效力及于该团体成员。换言之,团体成员也不能对团体所负担之责任进行争执。持这种观点的学说,可以见之于新堂,第 96 页以下;中野 = 松浦 = 鈴木 · 旧,第 103 页以下(福永有利执笔)等。此外,西口教授也认为,如果该团体所承受判决的判决效不能及于其团体成员,那么就不应当赋予该团体以当事人能力,参照西口元《无权利能力团体与当事人能力》,载中村英郎编《民事诉讼法演习》,成文堂,平成 6 年,第 66 页以下。高进教授也认为,法人基于谋求其成员福利之目的而设立,故法人成员基于其成员地位享有利用法人设施之权能,但当法院针对法人作出“设施不属于法人”之判决后,成员仍然提出“该设施属于法人因而自己享有利用该设施之权能”之主张,若不排除该主张,则对对方当事人不公平,参照高进见《当事人能力与当事人适格》,载《法教》,第 208 号,平成 10 年,第 9 页以下。的确,在团体败诉后,若团体成员仍然可以主张“团体享有的权利”,且允许其提起诉讼,则会给对方当事人增添麻烦,如此一来,纠纷在实质上并未获得解决,因此,团体所承受的判决之判决效力应当及于团体成员。关于此的详细论述,也可以参照高进见《无法人格团体的诉讼与判决的效力》,载濑川信久编《私法学的再构筑》,北海道大学图书刊行会,平成 10 年,第 397 页以下。

讼担当,因此,在团体成员的程序保障这一点上,也不会存在太大问题(参照本书"第九讲　当事人适格"部分的相关论述)。不过,也并非不可能出现如下这种情形,即前诉判决在大致上是针对团体及其代表人作出的,但在执行的过程中,因该团体被认定为民法上的合

但现在的问题是,如何寻求使这种判决效扩张获得正当化的理论构成。在作为团体或法人代表例子的股份公司中,当公司获得某一判决时,其判决效力并不及于团体成员(公司股东)。股东并不具有"在诉讼上主张股份公司权利义务"之当事人适格(参照高进见《当事人能力与当事人适格》,载《法教》,第 208 号,平成 10 年,第 9 页),但仅因为其是团体成员(公司股东),而让其单纯地承受针对公司作出判决之效力,如此一来是否有些许不妥呢?对此长谷部教授对此抱一种谨慎态度,其认为,当团体成员获得诸如"知悉诉讼系属"等程序保障时,团体所承受之判决的效力可以及于团体成员(正确而言,其理论构成应当是,当团体所承受之判决的效力向团体成员发生扩张时,团体成员可以提出"未获得程序保障"之抗辩),参照长谷部由起子《无法人格团体的当事人能力》,载《成蹊法学》,第 25 号,昭和 62 年,第 95 页以下。此外,伊藤教授也作出了更为细致的论述,其认为,只有在团体具有实质组织性(在代表人实施的诉讼实施中,团体成员的意思能够充分获得反映)的前提下,团体所承受之判决的效力才可以及于团体成员,在团体独立性较强的情形下,仅既判力及于团体成员,但在团体独立性不强的情形中(例如,民法上的合伙等,在这种团体中,成员个人的个体色彩较强),团体判决的既判力与执行力都将及于团体成员,参照伊藤真《民事诉讼的当事人》,弘文堂,昭和 53 年,第 76 页以下。应当说,伊藤教授主张的这种方向无疑是正确的。因此,在无权利能力社团中,一般而言,不应当将团体所承受之判决效力及于团体成员(参照兼子·体系,第 111 页以下)。高进见《当事人能力与当事人适格》,载《法教》,第 208 号,平成 10 年,第 9 页以下也对于"法人所承受的判决之效力及于其承租人"持否定的态度。而且,高进见教授对于"作为执行成员个人财产之前提的判决效扩张"之观点,也予以了否定[参照注释民诉(第一卷),第 441 页以下(高进见执笔)]。总而言之,高进说认为,应当将"仅仅基于团体成员之地位"的情形与"团体成员还附有承租权、固有财产等其他利益"的情形区别开来(与此相对,在伊藤说与长谷部说等观点中包含着"对固有财产的执行"。新堂说也是如此)。这的确是一种意味深长的见解,不过,高进说在理论性说明上似乎有进一步深入探讨的必要(例如,当涉及继承人的固有财产时,对于被继承人的判决之效力可以向继承人扩张)。

不过,即便判决效在法律上不向团体成员进行扩张,在实际中也很少会出现如下这种情形,即团体的主张不能成立,而(团体成员具有当事人适格的场合)团体成员的主张是成立的。鉴于此,在团体遭受败诉时,即便团体成员提起再诉,其结果也多是败诉,如此一来,这种结果与"将团体的判决效扩张至团体成员"之结果,在事实上并无多大差异。

伙而将前诉判决(团体所承受判决)之效力扩张至团体成员,在此情形下,就会对团体成员造成“突然袭击”。因此,一般而言,对于这种判决执行力的扩张,应当抱以审慎态度。换言之,采用“只有在典型的民法上合伙之情形才可以赋予执行文”之做法,应当说是较为妥当的。

其后的判例也朝着“肯定民法上合伙的代表人为任意诉讼担当”之方向发展[参照最高裁判所大法庭昭和45年11月11日判决,载《最高裁判所民事判例集》,第24卷第12号,第1854页以下,收录于《百選Ⅰ》,第49号案件(松原弘信解说)。本书“第九讲　当事人适格　四、任意诉讼担当”部分的相关论述]。因此,对于民法上的合伙而言,至少在其作为原告时适用“承认无法人格社团具有当事人能力”之《日本民事诉讼法》第29条规定的必要性,可以说已经大幅度降低。在前述主张对民法上合伙适用《日本民事诉讼法》第29条规定的最高裁判所昭和37年12月18日判决中,由于该团体是一个旨在回收债权而由三个银行成立的典型的民法上合伙,因此,就当下状况而言,也可以否定对其适用《日本民事诉讼法》第29条规定。在民法上合伙成为被告时,适用任意诉讼担当之做法,固然存有便利于对方当事人原告之宜,但因其须对任意诉讼担当之要件进行主张及举证,故原告可能更愿意选择适用《日本民事诉讼法》第29条规定(承认团体具有当事人能力)之路径。[9]

3. 无法人格社团与财团在诉讼上的对待

依据《日本民事诉讼法》第29条的规定,承认无法人格社团与财团的当事人能力,也就意味着,这些无法人格社团与财团和法人团体一样,可以以团体及其代表人的名义实施诉讼。这些团体不仅在诉讼法上获得当事人能力,而且在实体法方面,即便这些团体为

〔9〕 中野教授也认为,“肯定民法上的合伙以当事人能力”的做法,主要适用于合伙成为被告之情形,而“肯定民法上的合伙以任意的诉讼担当”的做法,主要适用于合伙成为原告之情形,这两者的作用范围不同,中野贞一郎《关于最高裁判所大法庭昭和45年11月11日判决的判例释评》,载《民商》,第65卷第4号,昭和47年,第617页以下,尤其是第626页。

无权利能力之人,其在参与该诉讼之限度内也享有权利能力。因此,即便是无权利能力的社团,在该案件的范围内,也被视作权利义务的归属主体。〔10〕

但是,判例的观点并未作上述理解。对于一起冲绳某一血缘团体"门中"为当事人提起的诉讼,最高裁判所昭和55年2月8日判决(载《判時》,第961号,第69页)认为,当无权利能力社团作为当事人实施诉讼时,该诉讼的对象(诉讼标的)是归属于无权利能力社团成员共有之权利,无权利能力社团并非权利人,因此,对于无权利能力社团提出的"自己为权利人"之确认请求,原判决驳回诉之结果应予以维持。而且,无权利能力社团的代表人也没有处分这种权利之权限,因此,在代表人(代表团体)来实施诉讼时,需要获得全体团体成员的特别合意(授权)。〔11〕而且,这种理解也被针对一起"以入会团体为被告提起的请求确认入会权诉讼"而作出的最高裁判所平成6年5月31日判决(载《最高裁判所民事判例集》,第48卷第4号,第1065页以下)所维持,并使这种理解进一步趋于精致化。具体而言,该判决认为,作为无权利能力社团的入会团体,对属于其成员共有的某不动产提起共有权确认诉讼,该团体在诉讼中享有原告适格,无权利能力社团所获得的判决之效力及于全体成员,入会团体一旦败诉,在实际上就产生"与处分该不动产的共有权"相类似的效果,因此,当入会团体代表人提出确认请求时,需要获得诸如"依据

〔10〕 这种观点可以见之于兼子·体系,第111页;三ヶ月·全集,第182页以下;中野=松浦=鈴木·旧,第103页以下;上田,第91页以下。

〔11〕 对于最高裁判所昭和55年2月8日判决,上原教授展开了批判,参照上原敏夫《关于最高裁判所昭和55年2月8日判决的判例释评》,载《判評》,第266号(《判時》,第992号),昭和56年,第164页以下。

福永有利《无权利能力社团的当事人能力》一文[载木川·古稀(上),第305页以下]是最早对"最高裁判所昭和55年2月8日判决的'需要获得全体团体成员的特别授权'之判示,究竟意味着授予无权利能力社团以当事人能力,还是授予其代表人以代表权"之问题展开分析的先驱性论文。福永教授认为,这一判示应当理解为前者。但是,在其后的平成6年一个判决中似乎朝着后者的方向发展。不过,后者的法律构成是否妥当,应当说还是不无疑问的。

入会团体规章须对该不动产作出处分”之团体大会决议形式的授权。[12] 但是,判例的这一观点是拘泥于如下这一形式论的产物,即

---

〔12〕 不过,最高裁判所平成6年5月31日判决还具有另一个值得赞许的实践性意义,即这一判例改变了此前判例的“将入会权确认严格地理解为故有必要的共同诉讼”之观点(参照最高裁判所昭和41年11月25日判决,载《最高裁判所民事判例集》,第20卷第9号,第1921页以下。该判例认为,必须由全体团体成员来作为共同原告)。应当说,该判例的这一观点与“入会权逐步趋于解体”的社会现状相吻合。但是,其中也存在些许理论上难以解明的微妙之处。关于此的详细论述,可以参照高桥宏志《关于最高裁判所平成6年5月31日判决的判例释评》,载《法教》,第174号,平成7年,第74页以下;山本克己《关于最高裁判所平成6年5月31日判决的判例释评》,载《ジュリ》杂志临时增刊——《平成六年度重要判例解说》,有斐阁,平成7年,第118页以下;小岛武司《关于最高裁判所平成6年5月31日判决的判例释评》,载《私法判例备考》,第11号,平成7年,第129页以下;田中丰《关于最高裁判所平成6年5月31日判决的判例释评》,载《曹時》,第48卷第4号,平成8年,第991页以下。

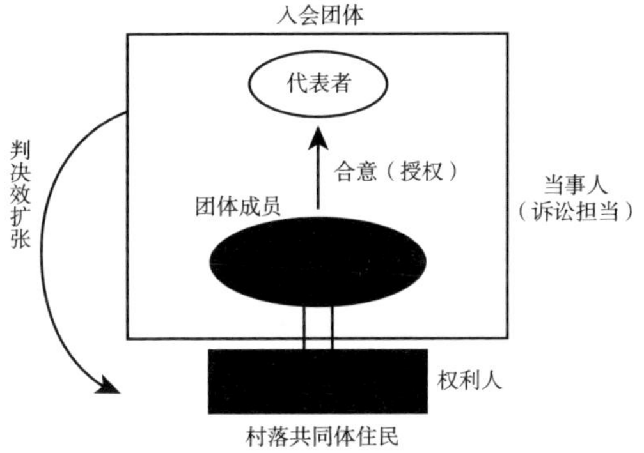

上述判决认为,无权利能力社团所获得判决之效力及于其成员。但是,正如前揭注(8)所述,作为一般论,这样的观点有失妥当。田中丰《关于最高裁判所平成6年5月31日判决的判例释评》,载《曹時》,第48卷第4号,平成8年,第1020页注(22)作了如下解说:若对本判决细加考察,其中的问题点毋宁说在于:(1)为了使确定判决的效果及于社团成员,让何人成为当事人较为适当?(2)在无权利能力社团成为当事人时,代表人实施诉讼是否需要获得特别授权?由此可以看出,田中法官的这一解说显示了如下这种逆向理解,即既然社团所获得的判决并不当然及于社团成员,那么就应当对如下先决性问题作出解决,即为了使社团获得的判决之效力及于其成员,该如何作出处理?(从结论上看,田中说就变为长谷部说、伊藤说那样的“关注程序保障”之结果)。不过,笔者个人认为,对于该判决应作出的理解是,将入会团体视为“基于解释的法定诉讼担当”,故作为诉讼担当的效果,判决效及于作为权利归属主体的村落共同体住民(入会权共有人)(参照《日本民事诉讼法》第115条第1款第2项),而由于该村落共同体住民

承认无权利能力社团权利能力并不合理。一般而言,正如通说所主张的,对于无权利能力人,采用“在其参与该诉讼的范围内,赋予其权利能力”之观点,较为简明且易于理解。

当事人能力为诉讼要件之一,若欠缺该要件,起诉将遭法院驳

与入会团体成员相同,因此也可以表述为“判决效及于入会团体的成员”(但是,就原本意义而言,正如福永说所主张的,“基于村落共同体住民的授权,入会团体才被赋予当事人适格”这种理论构成较为妥当)。

不过,现在的问题在于,在普通无权利能力社团的当事人能力方面,对于“关于冲绳门中的最高裁判所昭和55年2月8日判决”与“关于入会团体的最高裁判所平成6年5月31日判决”判示的见解,能在何种程度上予以一般化呢?自近代前开始,在诸如基于共同所有形态的“门中”“入会团体”等集合体中,将权利规定为成员共同所有的做法,在实质上具有相当合理性。但是,在诸如“学校同窗会”那样的通常无权利能力的社团中,采用“共有构成”完全是出于对“该团体无权利能力”顾虑的结果。不过,就这一点而言,这种法律构成问题也仅仅可以归结为诉状及判决主文的书写方式,这无论在理论上还是实际上都不会存在太大问题。而在实践中较大的问题点都集中于,如何对团体代表人的权限行使科以制约之问题。由于无权利能力社团的内部组织性实质上千差万别,因此,判决的这一点判旨还是应予以赞成。一方面,当“学校同窗会”等社团就同窗会馆的土地或建筑物提起诉讼时,要求在代表人实施诉讼前必须获得社团成员的合意(这是一种广义的表述法,也可以表述为授权)的做法是较为合理的。另一方面,在日常性的普通业务之范围内,就无须要求代表人逐个获得全体成员的合意,不过,如何确定这两者之间的界限,也将成为今后的重要课题(不过,高进教授认为,代表权的限制应当仅限于入会团体的情形,而不应当将其一般扩张适用于通常的无权利能力社团,参照高进见《当事人能力与当事人适格》,载《法教》,第208号,平成10年,第10页以下)。

如果在这种团体作为原告提起诉讼的情形中存在代表权限制,那么在有关基本财产的团体作为被告方的案件中,代表权是否也应当受到限制呢?笔者认为,在这些团体成为被告时,代表人也应获得团体成员的合意,但是,当这种合意成为适法要件时,在团体即将败诉的案件中,也应当预想到团体可能(为了避免自己败诉而)设置“成员故意不形成合意”之诉讼妨碍。因此,与被保佐人及被辅佐人(成年监护法制定之前的准禁治产人)的应诉规则相同,应当理解为在诉讼法层面上不需要“获得团体成员的合意”(关于此的详细论述可以参照,田中丰《关于最高裁判所平成6年5月31日判决的判例释评》,载《曹時》,第48卷第4号,平成8年,第1000页以下),但是,在团体内部(从实体法层面来看)应当尽量形成合意,法院也可以在事实上敦促团体成员达成合意。

笔者对于最高裁判所平成6年5月31日判决的这一解读,曾经获得法政大学山本弘教授、神户大学高田裕成教授以及京都大学山本克己教授等诸位先生各种有益的启发,在此深表谢意。

回。在以无当事人能力者为当事人的诉讼中，若法院对此疏忽进而作出判决时，其他当事人可以通过上诉撤销判决，但是，当该判决的效力确定时，就不能提起再审。不过，在此情形下，因错误地将欠缺“可作为当事人”之一般性资格的人作为诉讼当事人，因此，基于此作出的判决对于纠纷解决无任何意义，而且，也构成“在内容上无效力”的无效判决(参照新堂，第125页)。不过，在诸如承认最典型的民法上合伙以当事人能力等的情形下，这种观点恐怕并不妥当，在这些情形中，不应当将其理解为当事人能力的欠缺，而是在该案件的范围内，应肯定该“当事人”具有当事人能力。

二、诉讼能力

1. 诉讼能力的含义及范围

所谓诉讼能力，是指作为诉讼当事人单独且有效实施或承受诉讼行为所需之能力。例如，幼儿具有当事人能力，故可以作为判决名义人，但是，因幼儿不具有诉讼能力，其不能亲自作出出庭或辩论等诉讼行为，在此情形下，由其法定代理人替代幼儿来实施诉讼行为。如同当事人能力对应于民法的权利能力一样，诉讼能力是与民法上行为能力相对应的制度，与民法行为能力一样，该制度的趣旨也在于对欠缺能力者的保护，而这种制度的设置也多少会对对方当事人造成不便，不过，这种不便应为立法所容忍。

对于当事人“具有诉讼能力”之要求，并非仅限于当事人实施诉讼内行为的情形。在当事人实施诸如诉讼代理权的授予(对律师的诉讼委任)、管辖的合意、撤诉协议的缔结等诉讼外行为时，也要求当事人必须具备诉讼能力，因为这些行为也将对整个程序产生影响，出于程序安定之考虑，对于这些诉讼外行为，也必须适用“具有诉讼能力”之要件(并非基于民法的行为能力，故该行为并非可撤销之行为，此外，对其还应适用无效行为的有关规则)。

被要求“具有诉讼能力”的对象是当事人。因辅助参加人也是“以自己名义及费用亲自参加诉讼并实施诉讼行为”之从当事人，故也须要求辅助参加人具有诉讼能力。对于法定代理人，尽管诉讼法未作明文规定，但也应被理解为需具有诉讼能力之人(《日本民法》

第847条明确规定,未成年人不能成为监护人)。另外,当法定代理人获得简易法院许可成为诉讼代理人(参照《日本民事诉讼法》第54条第1款但书)时,并不要求该诉讼代理人必须具有诉讼能力(《日本民法》第102条也规定,在某人成为代理人时,无须要求其具有行为能力),因此,作为法律论而言,未成年人也可以成为诉讼代理人[参照大审院昭和7年9月17日判决,载《大审院民事判例集》,第11卷,第1979页以下。不过,也有学说对此持反对意见,这种学说可以见之于上田,第95页]。但是,如此一来,作为当事人不能出庭或实施辩论之人,在作为诉讼代理人时却可以实施辩论,这种逻辑多少有点滑稽,因此,法律最后统一作出了"未成年人不具有诉讼能力"之规定。此外,证人与当事人是两种性质不同的诉讼主体,而诉讼能力规则是针对当事人而设的制度,因此,对于"某人是否可以成为证人"之问题的判断,并不适用诉讼能力的有关规则,即便是儿童,其也具有证人能力。由于当事人寻问属于证据调查,因此接受问询的当事人并不要求必须具有诉讼能力。

此外,诉讼能力的有无,应被理解为职权探知事项[参照兼子·体系,第205页以下;三ヶ月·全集,第300页以下;菊井=村松(第一卷),第263页以下。对此表示反对的学说则可以见之于条解,第132页以下(新堂幸司执笔)]。至少,当事人对于"诉讼能力的有无"的陈述,不应当承认其自认的效力。

2. 未成年人与成年被监护人

与民法的行为能力规定一样,未成年人与成年被监护人(《日本成年监护法》制定之前的禁治产人)、被保佐人(同样是准禁治产人)、被辅助人(只有在获得辅助人同意的前提下才能实施诉讼行为之人,以下亦如此)属无诉讼能力人(参照《日本民事诉讼法》第28条)。首先对未成年人与成年被监护人展开论述。这两类人被称为无诉讼能力人或者绝对的无诉讼能力人。不过,若未成年人结婚,则被视为成年人(参照《日本民法》第753条),故也因此具备诉讼能力,此外,在诸如"被许可营业(参照《日本民法》第6条第1款)""成为公司无限责任股东(参照《日本商法》第6条)"等未成年人能够独立实施法律行为的情形下，该未成年人也具有诉讼能力。[13]对于无意思能力之人，尽管没有作出相关规定，但一般而言，其也应当不具有诉讼能力。不过，与未成年人或成年被监护人不同，对于“(某人)是否具有意思能力”之问题，必须个别地作出判断。

欠缺诉讼能力人的范围，与民法上无行为能力人相一致，但是，适用于欠缺诉讼能力情形的规则(处理)，却与民法的行为能力(规则)存在差异。未成年人与成年被监护人不能亲自实施诉讼行为或接受对方当事人所实施的诉讼行为，而只能由其法定代理人来代为实施或接受诉讼行为(参照《日本民事诉讼法》第31条)。若违反上述规定，未成年人与成年被监护人亲自实施的诉讼行为，或者对方当事人对未成年人与成年被监护人实施的诉讼行为，都将归于无效。这种处理与民法上的“未成年人与成年被监护人在获得法定代理人的同意后可以自己实施行为”“未成年人与成年被监护人作出违反此(未获得法定代理人同意)的行为不被视为无效行为，而只作

---

〔13〕 依据《日本民法》第5条规定，对于法定代理人许可处分的财产，在该目的范围内，未成年人可以随意处分。在这种财产处分许可中，未成年人并不具有诉讼能力(还是无诉讼能力人)，因为诉讼能力的赋予是以“该未成年人具备广泛的判断力”为前提的，而在财产处分许可中并不存在这样的要求。关于此的详细论述，可以参照三ヶ月·全集，第192页以下。与此相关联的另一个问题是，未成年劳动者在基于劳动合同的诉讼中是否具有诉讼能力呢？依据《日本劳动基准法》第58条、第59条的规定，亲权人或监护人不能替代未成年人缔结劳动合同，也不能代未成年人领取劳动报酬，由此看来，让亲权人或监护人作为法定代理人来替代未成年人进行诉讼，恐怕难以与此形成整合。既然法律规定未成年人在获得法定代理人同意后(参照《日本民法》第4条、第823条)可以缔结劳动合同，那么在这种涉及劳动合同的诉讼中，较为妥当的处理是，通过准用营业许可的规定，承认未成年劳动者具有诉讼能力，进而可以亲自来实施诉讼行为。

对于此问题，学说上存在若干分歧。多数说认为，在基于劳动合同而产生的事项中，未成年劳动者具有行为能力与诉讼能力。持这种多数说的观点，可以见之于管野和夫《劳动法》(第三版)，弘文堂，平成5年，第284页以下；中野＝松浦＝鈴木·旧，第109页以下(福永有利执笔)；注解民訴(第二卷、第二版)，第38页以下(小室直人、大谷种臣执笔)。对于此，从诉讼法理论视角来看，固然会存在诸如“是否可以将其视为被赋予营业许可的情形”“法定代理人对于其缔结劳动合同的同意是否保证未成年人具有充分判断力”等疑问，但是，从《日本劳动基准法》的整体趣旨来看，应当说还是可以赋予未成年劳动者以独立的地位。当法院认为未成年劳动者不能依据自己力量充分实施诉讼活动时，应当劝告其委托律师，换言之，在此情形下，视为未成年劳动者不具有本讲后述的辩论能力。这样一来，在理论上也将趋于完整。

为可撤销行为”之处理是不相同的。从一般情形来看,诉讼行为远复杂于民法上的交易行为,让未成年人与成年被监护人来知晓诉讼行为的意思,恐怕较为困难,因此,在诉讼法中,一开始就排除了未成年人与成年被监护人的诉讼参与。而且,假设让未成年人与成年被监护人作出违反此规定的行为暂行有效(但可予以撤销),随着诉讼程序的继续进行,以这种暂行有效诉讼行为为基础,又会累积产生其他诉讼行为,而一旦这种暂行有效诉讼行为在后来被撤销,以此为基础的所有诉讼行为都将被推翻,如此一来,又违反了程序安定原则,故而还是有必要让这种违法的诉讼行为“自始就归于无效”。例如,在未成年人委托律师进行诉讼时,若在即将审理终结之时因认定该律师的诉讼代理权被撤销,则将使此前的所有诉讼活动被撤销,进而使整个程序陷入混乱。鉴于此,为了维持程序安定性,对于上述“暂行有效但其后可能被撤销”的不确定状态,诉讼法也一律将其视为“自始无效”。正是出于这种(程序安定)趣旨的考虑,若法院忽略当事人欠缺诉讼能力之要件,进而使无诉讼能力人作出的行为“有效”,对于此,允许法定代理人在其后将其追认为法律上的有效行为(参照《日本民事诉讼法》第34条第2款),通过追认就使此前进行的程序免遭颠覆。因此,当法定代理人追认时,应当对过去的所有行为进行整体性追认,而不能作出“只针对其中一部分行为”之追认。〔14〕

---

〔14〕 由于各个诉讼行为相互关联,故在进行追认时,原则上应当对过去所有行为进行一括性追认,而不能作出只针对部分行为的追认(参照最高裁判所昭和55年9月26日判决,载《判時》,第985号,第76页以下)。在无诉讼能力人作出甲乙丙三个主张的情形下,若追认人只对甲乙主张进行追认,而对于丙主张不予追认,则无论是对法院而言,还是对对方当事人来说,都会产生极大混乱。在这种情形下,采用如下之方式可能是更为简明,即视为法定代理人未追认所有主张,而让其重新实施诉讼行为,进而让其提出其中的甲乙两个主张。

但是,也并不是绝对地不允许法定代理人进行部分追认。例如,第一审程序是由无诉讼能力人实施的,且该无诉讼能力人提起了控诉,在这种情形下,若法定代理人只对该无诉讼能力人提起控诉行为进行追认,并撤销第一审程序,则应予以允许。反之,若让法定代理人不仅对提起控诉行为,而且也必须对整个第一审诉讼行为都予以追认,作为无诉讼能力人方(的法定代理人),也无法进行这样的追认,唯一的途径就是,在判决确定后,通过再审予以解决,但这样一来将造成程序的不经济。关于此的详细论述,还可以参照菊井=村松(第一卷),第317页以下;住吉博《关于最高裁判所昭和55年9月26日判决的判例释评》,载《判時》,第1001号(《判評》,第269号),昭和56年,第162页以下。

3. 被保佐人与被辅助人

被保佐人与被辅助人也属于欠缺诉讼能力之人(参照《日本民事诉讼法》第28条),但与未成年人和成年被监护人相比,对被保佐人与被辅助人进行保护之必要性较低,因此,被保佐人与被辅助人被称为限制的诉讼能力人或不完全诉讼能力人。

有关被保佐人与被辅助人的规定,民法与民事诉讼法也不一致,这其中多少存在一些令人费解之处。总而言之,诉讼行为本身可以由被保佐人与被辅助人自己来实施,而非由法定代理人代为实施(不过,依据《日本民法》第876条之四、第876条之九规定,也存在由法定代理人代为实施之情形)。依据《日本民法》第12条第1款第4项的规定,被保佐人或被辅助人在实施诉讼行为之际需要获得保佐人或辅助人的同意。这种同意并非保佐人或辅助人针对每个具体诉讼行为而作出,而应当就特定案件的整个诉讼追行作出全括性同意。当被保佐人或被辅助人的起诉行为获得保佐人或辅助人同意时,则可以视为获得保佐人或辅助人对整个诉讼实施的同意[保佐人或辅助人也可以在区分不同审级前提下授予同意(授权)。若保佐人或辅助人不区分不同审级授予同意,对于被保佐人或被辅助人的起诉行为作出同意,也就意味着对于包含上诉审在内的所有诉讼实施都作出同意]。而且,《日本民事诉讼法》第32条第2款规定,当被保佐人或被辅助人作出诸如撤诉、裁判上和解、放弃或承认请求、《日本民事诉讼法》第48条规定的退出诉讼、撤销控诉、上告及《日本民事诉讼法》第318条第1款规定的申请等不经判决而使诉讼终结的行为时,须获得保佐人或辅助人的特别同意。由于这些行为会招致重大的后果,一般而言,对于这些行为的授权并未包含在“保佐人或辅助人对于起诉等行为作出的同意”之中,因此,必须获得保佐人或辅助人的特别同意。被保佐人或被辅助人在未获得上述同意前提下作出的诉讼行为,也不是可撤销行为,而是无效行为,但不妨碍保佐人或辅助人对其进行追认。

但是,《日本民事诉讼法》第32条第1款又规定,当被保佐人或被辅助人对于对方当事人提起的诉讼或上诉进行应诉时,无须获得保佐人或保佐监护人、辅助人或辅助监护人的同意或其他授权。如若不然,在一些被保佐人或被辅助人即将败诉的案件中,如果保佐人或保佐监护人、辅助人或辅助监护人未作出同意,那么对方当事人就无法提起诉讼或提起上诉,这无疑是不当的。〔15〕 在此情形下,相对于对被保佐人或被辅助人的保护而言,更应当优先考虑对对方当事人的权利保护。

4. 欠缺诉讼能力时的措施

未成年人或成年被监护人违反诉讼能力有关规定而由本人实施的行为,以及对方当事人违反诉讼能力有关规定而对未成年人或成年被监护人本人实施的行为都是无效的,被保佐人或被辅助人未获得保佐人或辅助人同意下作出的行为也无效(但被保佐人或被辅助人的应诉行为则为有效)。因此,诉讼能力可以被称为诉讼行为的有效要件。当发现当事人欠缺诉讼能力时,法院必须指定期间并命令相关人员进行补正(参照《日本民事诉讼法》第 34 条第 1 款)。所谓补正,是指对过去的行为进行一括性追认并在将来可以实施无瑕疵行为之处置(例如,未成年人退出法庭而让其法定代理人出庭、法定代理人进行诉讼委任等)。命令进行补正的对象可以是欠缺诉讼能力人本人。〔16〕

一般而言,诉讼能力是诉讼行为的有效要件,不过,当在"提起诉讼"之诉讼成立过程本身中就存在欠缺诉讼能力情况(由欠缺诉讼能力人提起诉讼)时,该诉讼系属是不适法的,因此法院应当驳回

---

〔15〕 在被保佐人或被辅助人作为被告提起上诉时,是否需要获得保佐人或辅助人的同意呢?对于此,新堂教授认为,由于对对方当事人提起的诉讼或上诉进行应诉不需要获得保佐人或辅助人的同意,因此作为这种防御的延伸,被保佐人或被辅助人提起上诉的行为也不需要获得保佐人或辅助人的同意,参照条解,第 130 页(新堂幸司执笔)。即便被保佐人或被辅助人提起上诉,由于上诉审中存在"禁止不利益变更"(《日本民事诉讼法》第 304 条)规定,因此,被保佐人或被辅助人不会遭受比第一审更多的不利益,即便被提起附带控诉,被保佐人或被辅助人也不会遭受比原告请求更多的不利益,因此,这种观点具有相当的合理性。

〔16〕 中野贞一郎《在当事人欠缺诉讼能力场合的程序处理》,载中野·論点(Ⅰ),第 81 页以下,尤其是第 83 页。

这种诉讼。当无诉讼能力人受领诉状时,法院也同样不能对此作出本案判决。换言之,在这些情形中,诉讼能力也就成为诉讼要件。[17] 当法院因当事人欠缺诉讼能力而作出驳回诉的判决时,对于该判决,该欠缺能力人能否提起上诉呢?

由于法律规定了欠缺诉讼能力人的起诉或应诉是无效的(被保佐人或被辅助人的应诉行为是有效的),因此"欠缺诉讼能力人提起上诉之行为是否有效"之问题本身似乎包含着一种悖论的意味。不过,笔者认为,在此情形下,应当允许该欠缺诉讼能力人提起上诉,因为,如果本人(被认为欠缺能力者)想对"自身诉讼能力的有无"进行争执,那么保障本人这种争执机会之做法是较为妥当的。[18] 在控诉审中,如果该当事人被认定为"具有诉讼能力",那么第一审作出的驳回诉之判决就应当被撤销,并且该案件也将发回第一审法院重审(必要的发回重审,参照《日本民事诉讼法》第 307 条)。反之,在控诉审中,法院也认定其不具有诉讼能力,法院就作出驳回控诉判决。[19]

---

〔17〕 通说认为,诉讼能力仅仅是诉讼行为的有效要件,一般不能作为诉讼要件予以对待,不过,诉讼成立过程中的诉讼能力欠缺将导致"因诉不适法而驳回诉",因此,只有在此情形下,诉讼能力构成诉讼要件。但是,中野教授对于通说表示了反对意见,即认为,诉讼能力也是诉讼要件,参照中野贞一郎《在当事人欠缺诉讼能力场合的程序处理》,载中野・論点(I),第 82 页。这是一个必须认真考虑的问题,即这种争执似乎可以还原为诉讼要件定义的问题。笔者个人认为,采用通说的立场并不会产生太大的不妥。

〔18〕 柏木教授认为,在这种悖论性事态中,关于诉讼要件的纠纷(法院认为其欠缺诉讼能力,而当事人本人则对"自己诉讼能力的有无"欲进行争执)构成了与本案纠纷相独立的微型纠纷,对于这种微型纠纷,应当适用不同于本案诉讼规定的其他诉讼规则。例如,在关于诉讼能力的微型纠纷中,并不要求当事人具有诉讼能力,在本案审理中适用辩论主义,而在关于诉讼能力的微型纠纷中,由于存在"法院职权审查(职权调查)"的监护作用,因此,适用职权探知主义也不会对当事人造成损害,参照柏木邦良《诉讼要件与诉讼内纷争》,载《民訴雜誌》,第 19 号,昭和 48 年,第 66 页以下,收录于柏木邦良《诉讼要件研究》,リンパック有限公司,平成 6 年,第 251 页以下。笔者认为,对于"法院职权审查"的监护作用不能抱以过分的期待,不过,柏木教授提出的"关于诉讼能力之纷争是不同于本案纠纷的微型纠纷"之观点还是饶有兴味的,这种观点应当予以赞成。

〔19〕 伊藤教授认为,当第一审法院未向当事人作出补正命令时,控诉审法院应当撤销第一审判决并发回重审,而第一审法院应当作出补正命令,参照伊藤,第 97 页以下。

尽管当事人不具有诉讼能力，但法院对此予以疏忽并作出本案判决，在此情形下，该作何处置呢？笔者认为，若欠缺诉讼能力方当事人败诉，欠缺诉讼能力人自身就可以提起上诉或再审，当然也可以由其法定代理人代为提起，因为，在此情形下，法院作出的这种判决应当被撤销，而当产生这种撤销的机会时，让当事人充分利用这种机会完全符合诉讼经济原则。欠缺诉讼能力人在上诉审中可以对“自己诉讼能力的欠缺”之事实进行主张及举证。在上诉审中，如果“其欠缺诉讼能力”之事实获得证明，那么第一审的本案判决将被撤销，控诉审法院应当将案件发回重审，并赋予当事人补正之机会（参照新堂，第 134 页、第 136 页）。[20]

---

〔20〕 在新堂，第 134 页、第 136 页中，新堂教授认为，在控诉审中，当该当事人被认定为“欠缺诉讼能力”时，第一审的本案判决将被撤销并将案件发回重审，对此应当赋予当事人在第一审中进行补正的机会。对于此提出反对意见的观点也颇具影响力。具体而言，中野＝松浦＝鈴木・旧，第 114 页以下（福永有利执笔）；兼子・体系，第 120 页以下；小室ほか・基本法コンメ（第一卷），第 86 页以下（难波孝一执笔）等观点认为，应当在控诉审中命令当事人对诉讼能力欠缺予以补正，若当事人不予补正，控诉审法院则应撤销第一审判决并直接作出驳回诉之判决。这种观点尽管未对“当事人在控诉审中作出诉讼能力的补正后该如何处理”之问题作出进一步说明，但应当说，其可能采取的做法是，要么在控诉审中直接改判第一审本案判决，要么以第一审审理不充分为由将案件发回重审。

无论是新堂说还是福永说等反对说都认为，如果当事人未对诉讼能力欠缺进行补正，那么都会导致驳回诉之结果。只不过新堂说主张，在将案件发回第一审法院重审的基础上，（由第一审法院）作出驳回诉判决，而反对说则主张由控诉审法院直接作出驳回诉之判决。新堂说的做法需要花费更多的时间与劳力，由此可能招致程序资源浪费之批评，但是，考虑到在被告方当事人欠缺诉讼能力的情形下，作为对方当事人的原告可能希望对被告的法定代表人重新实施诉状送达等诉讼行为，但在控诉审阶段，原告能够进行这样的补正（重新送达诉状等）吗？这恐怕还颇具问题。如此看来，新堂说中的考量也是颇为周到的。最高裁判所昭和 45 年 12 月 15 日判决［载《最高裁判所民事判例集》，第 24 卷第 13 号，第 2072 页以下，收录于《百選Ⅰ》，第 54 号案件（松本博之解说）］也认为，当法人的代表人存在错误时，为了在第一审中进行补正，应将案件发回第一审法院重审。从与这一情形比较状况来看，主张“将案件发回第一审法院进行重审”的新堂说是较为妥当的。

而且，因第一审诉讼由该欠缺诉讼能力人实施（也包含缺席情形），故在实质上并不存在（真正意义上的）审理，从这一点来看，也应当从第一审开始对案件重新进行审理。福永说等反对说则主张，不应当将案件发回第一审法院重审，而直接在作为事实审当欠缺诉讼能力方当事人胜诉时,对方当事人没有必要提起上诉或再审。因为,在此情形下,对方当事人已经充分享有本案辩论的机会,如果允许其再以欠缺诉讼能力人为由为对方当事人来提起上诉或再审,进而撤销该败诉判决(对于欠缺诉讼能力人而言是胜诉判决),则不免有“过分保护该对方当事人利益”之嫌,这无疑是不妥的。因为诉讼能力规则原本就是一项旨在保护欠缺能力者的制度。在这种情形下,获得胜诉的欠缺能力者提起的上诉或再审一般不再具有上诉或再审的利益(当获得驳回请求判决的被告提起要求获得驳回诉之判决的上诉时,这种上诉不具有诉的利益。参照新堂,第208页。同样,获得承认请求判决的原告提起的要求获得“驳回诉之判决”的上诉,也不具有上诉利益)。〔21〕

法院忽略当事人欠缺诉讼能力进而作出的本案判决,也是有效判决,并最终形成确定判决。因此,这种判决就成为上诉或再审的对象。但是,新堂教授认为,这种判决固然是确定的,但该判决并不

的控诉审中作出本案判决。但如此一来,就侵害了欠缺诉讼能力人的审级利益,不过,即便基于福永说等的立场,也有可能在控诉审中让该当事人对欠缺诉讼能力作出补正后,将案件发回第一审法院进行重审,如此一来,实际上形成与新堂说同样的结果。不过,基于福永说等立场,欠缺诉讼能力人一方当事人在控诉审中作出“补正”行为,也就意味着对过去的所有行为都作出了追认,故第一审判决也就没有瑕疵,如此一来,“撤销第一审判决并将案件发回重审”的做法似乎又欠缺应有的说服力。不过,作出如下这种解释在理论上也并非不可行,即这种情况下的发回重审属于一种裁量性发回重审(参照《日本民事诉讼法》第308条),因此,即便欠缺诉讼能力人方当事人对过去所有行为作出了追认(第一审判决瑕疵得以消除),但控诉审法院只要认为第一审法院审理不充分,也可以将案件发回重审,这种情形也不是不可以考虑为“欠缺诉讼能力方当事人作出部分追认”之情形。因此,在这一点上,福永说等反对说与新堂说并不存在太大的优劣差异。

综上所述,新堂说似乎更具合理性。山本弘《判例解说》,载《百選Ⅰ》,第105页以下;伊藤,第97页以下;坂原正夫《法院疏忽“当事人诉讼能力欠缺”而作出判决的效力》,载《庆应义塾大学法学部法律学科开设100周年纪念论文集——法律科学篇》,平成12年,第165页以下,等观点也表达了相同的见解。

〔21〕　不过,基于既判力双面性考虑,当从整个纠纷实质来看,欠缺诉讼能力人的胜诉判决不利于欠缺能力人之时,也有必要对该欠缺诉讼能力人赋予救济途径(允许其提起上诉或再审),毕竟从保护欠缺能力者之诉讼能力制度的趣旨来看,不难得出这样的结论。但是,作为解释论,这样的处理会产生对上诉或再审之利益进行修正的结果,因此还是面临不少困难。

产生既判力等判决内容上的效力,因此,当事人也可以通过请求异议之诉(参照《日本民事执行法》第35条)或赋予执行文异议之诉(参照《日本民事执行法》第34条)等方式来进行救济(新堂,第135页中)。无论基于"通过再审等救济途径往往显得比较迂回"之考虑,还是基于"可以对欠缺诉讼能力人进行特别保护"之趣旨的考量,新堂说都应予以赞成。不过,在此情形下,并非判决本身不存在,随着本案判决的作出,该案件的审级将告终结,判决也将获得确定,因此,即便基于上述新堂说的立场,若败诉的欠缺诉讼能力方当事人想提起上诉或再审,也应予以认可。〔22〕

---

〔22〕 无论是通说还是新堂说,都允许欠缺诉讼能力方当事人提起上诉或再审,其原因在于该判决是确定之判决。但是,大审院昭和8年7月4日判决(载《大审院民事判例集》,第12卷,第1745页以下)认为,向无诉讼能力人之对方当事人进行的送达是无效送达,因此,上诉期间不进行,判决也不确定(不是确定判决)。坂原教授也认为,法院忽略当事人诉讼能力欠缺作出的判决并非确定判决,参照坂原正夫《法院忽略当事人诉讼能力欠缺作出判决之效力》,载《庆应义塾大学法学部法律学科开设100周年纪念论文集——法律科学篇》,平成12年,第121页以下。在欠缺诉讼能力人是原告时姑且不论,当欠缺诉讼能力人为被告时,尽管无诉讼能力但还主张自己具有诉讼能力并通过上诉来对自己诉讼能力的有无进行争执,这种做法则显得不太妥当。如果考虑到"诉讼能力是一项保护欠缺诉讼能力人的制度"这一点,那么即便给对方当事人造成一些不利益,也应当优先考虑欠缺诉讼能力人的利益,因此,这种判决是不确定判决,应当赋予其除了再审之外其他的救济途径。对于这种情况的判决,尽管通说认为欠缺诉讼能力人可以提起再审,但是,科以欠缺诉讼能力人提起再审的负担似乎与保护欠缺诉讼能力人的立法趣旨不相符合。应当说,坂原说的上述论述是颇具说服力的见解。

新堂说认为,在此情形下的救济方式不应当限于再审,而应广泛地赋予其其他救济方法,如此一来,新堂说与坂原说两者在结论上相同。而新堂说与坂原说的不同点在于,"这种判决是否是确定判决"这一理论点。具体而言,第一,对于新堂说主张的"这种判决是确定的,但判决并不产生内容上的效力"之观点,坂原说攻击其是"过于隐晦的论述",不过,在债权人代位诉讼中,当原告实际上不是债权人时,也会产生这种"判决是确定的但判决并不产生内容上的效力"的现象,因此,这种现象并不违背常理。第二,依据坂原说,在此情形下,判决无论何时都不产生确定效果,诉讼也将一直处于系属状态中,不过,坂原说也认为,这种判决也仅仅是法律意义上的不确定,从实际上来看并不会产生这样的难点,实践中的确也是如此的。第三,依据新堂说的观点,这种判决是确定的,因此,当被告是欠缺诉讼能力人时,作为其对方当事人的原告就必须从起诉之行为开始重新实施诉讼。而基于坂原说,由于诉讼仍然处于诉讼系属状态,因此,作为对方的原告还存在补正之余地。当原告为无诉讼能力人时,采用"可以进行补正"的做法,是较为便利的。综上所述,可能只有在第三方面,坂原说更具有合理性。

与此不同的另一种情形是，在诉讼成立过程中并不存在诉讼能力的瑕疵，但在其后的诉讼上行为中产生诉讼能力方面的瑕疵，在此情形下，这种具体的诉讼上行为将构成无效行为。例如，对方当事人向无诉讼能力人的法定代理人提起诉讼，在这其中并不存在瑕疵，但是，在送达判决时，并非向该法定代理人，而向无诉讼能力人本人进行，在此情形下，送达就成为无效之诉讼行为。因此，该判决的上诉期间不进行，并应当向该法定代理人重新送达。

而且，在诉讼系属中，当具有诉讼能力之人因"开始成为成年被监护人""未成年人的营业许可被撤销"等事由而变成无诉讼能力人时，诉讼程序因此将发生中断（参照《日本民事诉讼法》第 124 条第 1 款第 3 项）。在中断期间，原则上不允许上述人员实施诉讼行为（参照《日本民事诉讼法》第 132 条），不过，在这些情形中，若上述人员有诉讼代理人，程序就不发生中断（参照《日本民事诉讼法》第 124 条第 2 款）。此外，在诉讼系属中，当具有诉讼能力之人变成被保佐人或被辅佐人时，诉讼程序不发生中断，只是在进行上诉时须获得保佐人或辅佐人的同意（参照新堂，第 137 页）。

关于诉讼能力，最高裁判所也曾作出过一个非常有名的判例，即最高裁判所昭和 29 年 6 月 11 日判决，载《最高裁判所民事判例集》，第 8 卷第 6 号，第 1055 页以下，收录于《百選Ⅰ》，第 51 号案件（山本弘解说）。该判例认为，欠缺诉讼能力人本人提起控诉为有效之行为，与此同时，欠缺诉讼能力人本人撤销控诉则为无效行为。通过采用"提起控诉有效，而撤销控诉无效"之做法对欠缺诉讼能力人败诉进行救济，从结论来看固然是妥当的，但是，对于同一个欠缺诉讼能力人本人的行为，采用"一种行为有效而另一种行为无效"的处理不免有贪图便利之嫌。不过，诉讼法本身关于被保佐人与被辅助人在《日本民事诉讼法》第 32 条第 2 款也作出了如下规定，即当被保佐人或被辅助人作出诸如撤诉、裁判上的和解、放弃或承认请求、《日本民事诉讼法》第 48 条规定的退出诉讼、撤销控诉、上告及《日本民事诉讼法》第 318 条第 1 款规定的申请等非经判决终结诉讼的行为时，必须获得保佐人或辅助人的特别同意。换言之，对于非经判决终结诉讼终结的重大诉讼行为,需要予以特别对待,因此,就法律论而言,本判决的上述处理也并非不可能(关于此的详细论述,可以参照山本弘教授对于本判决的解说)。诉讼能力原本就是一项倾向于保护欠缺诉讼能力人的制度。

5. 人事诉讼

以上是关于普通民事诉讼中诉讼能力的论述。但是,在人事诉讼中,因“尽量尊重本人之意思”构成人事诉讼中的一项重要原则,因此,即便是未成年人,只要其具有意思能力,均被视为具有诉讼能力,而被保佐人或被辅助人则被视为具有完全诉讼能力之人(参照《日本人事诉讼程序法》第3条第1款)。当上述人员不能实施诉讼行为时,法院可以依申请或依职权选任律师作为其诉讼代理人(参照《日本人事诉讼程序法》第3条第2款、第3款)。但是,成年被监护人在人事诉讼中也应当被视为无诉讼能力人(参照新堂,第131页)。

此外,有判例(参照最高裁判所昭和33年7月25日判决,载《最高裁判所民事判例集》,第12卷第12号,第1823页以下,收录于《百選Ⅰ》,第52号案件)认为,在成年被监护人的离婚案件中,应当由作为常设性监护机关的监护人或监护监督人进行诉讼担当,而不应当由个别的特别代理人(参照《日本民事诉讼法》第35条)来进行代理。

三、辩论能力

所谓辩论能力,是指在法庭中现实地实施诉讼行为尤其是辩论之行为的资格(参照新堂,第137页)。依据通说,辩论能力制度的设置,与其说在于保护当事人本人的利益,毋宁说这是一项主要谋求诉讼程序顺利、迅速进行,进而期待司法制度健全运作的公共性制度。〔23〕 因此,不仅是当事人,代理人或辅助人也存在辩论能力的

---

〔23〕 但是,从“向未响应法院释明之人提供律师”等规定来看,辩论能力制度在结果上也使无辩论能力者获得保护。对于这一点,也没有加以否定的必要,因此,就这一意义而言,固然可以对“诉讼能力制度是出于公共性(诉讼进行的顺利且迅速)考量”之理解进行若干修正,但是,若过分强调辩论能力制度的这方面性质,反过来又会发展到另一个极端,即形成“与诉讼能力一样,辩论能力制度也在于谋求对当事人私益的保护,当发生辩论能力欠缺时,也构成上诉或再审的理由”这样的观点[参照上田徹一郎《诉讼实施能力与辩论能力》,载三ヶ月·古稀(中),第91页以下,收录于上田徹一郎

问题。在未采用强制律师主义的日本,辩论能力一直以来未被视为一个重要概念,而且这一制度的运作也似乎并未获得充分重视,但是,就近来状况来看,在高龄者(也包含作为诉讼代理人的律师)的诉讼实施中,尤其凸显出辩论能力方面的问题。

依据《日本民事诉讼法》第155条第1款的规定,被法院认定为的无辩论能力之人不得进行陈述。在当事人、代理人或辅佐人对于案件事实的解明不能进行充分辩论,或者对于法院释明不能响应时,也应当禁止其进行陈述。对于"律师"这种诉讼代理人,也可以禁止其进行陈述。[24] 而且,当法院在认为必要时,也可以作出添附律师的命令,在这种情形下,律师的报酬属于诉讼费用(参照《日本关于民事诉讼费用的法律》第2条第11款),作为委托人负担律师报酬制度的例外,由诉讼败诉方负担该笔律师报酬。

《当事人平等原则的展开》,有斐阁,平成9年,第52页以下;上田,第102页以下]。这种极端观点无疑是不妥的。依据通说,欠缺辩论能力之人尽管是被禁止陈述之人,但在法院未予制止而使欠缺辩论能力之人进行了辩论(作出陈述)的情形下,作为评价规范,这种陈述是有效的,通说的这种观点应当说是妥当的。而且,在未被禁止陈述时,若案件当事人(包括无辩论能力方当事人和对方当事人)在事后提出"无辩论能力"的主张,则应当允许当事人提起上诉或再审。当事人本人具有辩论能力,但其对于法院释明的意思无法充分理解,在此情形下,不委托律师则是当事人本人的责任。在委任律师没有辩论能力时,对于确定判决的救济(上诉或再审)固然是必要的,但是当对方当事人获得胜诉时,就不应允许本方当事人以"本方律师没有辩论能力"为由提出上诉或再审,在此情形下,合理的途径应是以辩论失误为由追究律师的责任。

不过,上田教授认为,"未采用一般强制律师主义,而采用视当事人而定的个别强制律师主义"的做法是立法者的意思。上田教授的这一研究还是饶有兴味的,今后应当作为立法论展开探讨。在新民事诉讼法制定过程中,尽管也出现"赋予法院以选任律师劝告权"的提案(《关于民事诉讼程序改正纲要试案》第二部分"当事人"中的第七小节"诉讼选任代理人的劝告"),由于被认为是属于专家间的职权领域问题,因此,该提案最终未影响立法,也是较为遗憾。

〔24〕 注釈民訴(第三卷),第224页以下(宫里节子执笔)。不过,反对说也颇具影响力。

第八讲　诉讼上的代理

导　读

本讲涉及的内容相对其他各讲,理论性和基础性不那么强,但也是民事诉讼法体系不可或缺的部分。在本讲高桥所阐述的内容中,以下问题值得读者重点关注。

1. 关于律师代理原则

日本与德国不同,没有实行律师强制代理制度,而是实行律师部分强制代理。律师强制代理制度,是指当事人在地方裁判所以上的法院进行诉讼时,就必须委托律师(作为其诉讼代理人)。律师强制代理制度的目的之一,在于确实地保护作为法律门外汉的当事人本人(律师的委托人)之利益,同时也旨在诉讼程序得以顺利地进行。高桥认为,如果将该制度趣旨予以完全贯彻,那么就应当像德国那样采取"强制律师主义"(这似乎也是日本民诉学界所普遍持有的观点。当然,法社会学和法理学的学者有相当部分持不同看法)。日本一方面认可当事人本人进行的诉讼,但在另一方面若当事人想委托诉讼代理人,又必须委托律师。这是日本司法制度在这方面存在的一个问题。

2. 关于律师违反律师法时代理行为的有效性问题

如上述所言，在日本，诉讼代理人在原则上都是律师，因此诉讼代理人的行为也就与律师法有关规定产生一些关联。在这两者的关联中主要存在如下两类关系：第一，就是诉讼代理人与“禁止律师实施双方代理等行为”之《日本律师法》第25条规定的关系；第二，诉讼代理人与律师协会作出停止执业、除名等惩戒处分的关系。笔者认为应当重点关注第二个问题，这一问题在中国似乎论述不多。

此问题在日本学说和实务都存在争议。对于律师违反律师协会的惩戒处分而实施诉讼行为的问题，判例将其分为如下两种情形，分别是“惩戒处分是停止执业的情形”与“惩戒处分是撤销律师登记（退会命令、除名）的情形”（当然这种判例所设想的是在诉讼进行过程中作出惩戒处分的情形）。由于停止执业并未涉及律师的身份及资格的问题，因此属于一种针对违法性较轻的处分，而撤销登记之处分意味着该律师将来不能再从事律师执业活动，因而是一种在违法性严重场合下作出的处分。对此，高桥也持新堂学说，认为“当该当事人在知道律师存在违反《日本律师法》第25条规定之行为后毫不迟延地提出无效的主张时，律师的诉讼行为可以归于无效，若当事人明知存在违法行为但未毫不迟延地提出无效之主张，那么就不能再主张律师的诉讼行为无效”之观点可能更具有稳妥性。

3. 关于法人涉诉时法人表见法理的问题

由于法人只不过是一种存在于法律之上的概念，因此在现实中无法以“法人”之形式来实施诉讼行为，换言之，法人必须通过其代表人来进行诉讼。法人与其代表人的这一关系类似于，“未成年人或成年被监护人”之无诉讼行为能力人与其法定代理人之间的关系，因此，民事诉讼法对于法人代表人也准用法定代理人的有关规定。同样，对于法人代表人的问题，也可以通过准用法定代理人的情形来予以考虑，不过，法人中存在的一个较为特殊的例外（在此种情形下，无法准用法定代理人之情形），那就是，法人与表见法理之间的关系问题。这一问题在我国也实际存在。

在涉及法人的诉讼中，无论是原告为法人还是被告为法人的情形,都必须列明法人之代表人的姓名。对于“法人的代表人为何人”之问题,可以通过查看商业登记或法人登记来予以明确。其面临的问题是,当法人登记簿中所记载的代表人并非是法人的真正代表人时,因原告无法列明法人真正代表人的姓名,这是否会导致其起诉不适法呢?对于这一问题,日本判例的态度是,在非交易行为的诉讼中不适用表见法理,因此,当事人(原告)如果不能明确提出作为对方当事人(被告)之法人的真实代表人,那么这种诉讼将构成不适法之诉。对于判例“表见法理不适用于诉讼行为”之问题的论述,高桥认为还是显得过于粗略,他的论述是:必须将表见法理与作为其前提问题的“法人内部纷争”区别开来;通过内部纷争让法人真正的代表人得以明确,进而可以保证诉讼得以进行。表见代理是一种旨在保护第三人利益的制度,因此,其与不涉及第三人的法人内部纠纷应当是予以相互区别的。此外,在法人知道诉讼系属的情形(真正的代表人知道诉讼系属的场合)下,就没有必要对该法人利益进行保护,因为,在这种情形下,真正的代表人可以而且应当出席该诉讼并要求对此进行改正。因此,当诉状及其他诉讼文书送达该法人的主要营业场所时,可以推定真正的代表人知道该诉讼,而且该代表人认为没有对法人进行保护的必要。这一点也为多数学说所认可。

还需要考虑的是在诉状及其他诉讼文书送达给法人的非真正(虚假)代表人个人,而真正的代表人却对诉讼系属毫不知情的情形下,该如何予以处置的问题。高桥认为,如果不让法人的真正代表人来实施诉讼,那么这些关于代理权欠缺的规定也就可能趋于空洞化与无用化。新堂教授的观点属于介于“表见法理适用说”与“表见法理不适用说”之间的主张,可以说这是一种将上诉程序追补法理与表见法理进行融合的见解。依据这种观点,如果法人方未出席第一审诉讼也即形成所谓的缺席判决,那么在多数情形下法人都将承受这种(缺席判决的)效果(从控诉审开始才可以进行真正代表人的诉讼)。高桥称赞新堂说为“一种解析精湛的折中论”,但还是认为,表见法理适用说能够使这一问题更趋明确化。

目　次

一、诉讼上的代理

1. 诉讼上代理的含义及分类

如同民法将代理认可为法律行为一样，诉讼法中也认可代理。在表明代理人身份的前提下，以当事人名义，但基于自己意思实施或者承受诉讼上行为之人，就是所谓的“诉讼上的代理人”。而诉讼上代理人的行为效果归属于当事人。包含辅助参加人在内的当事人，可以为了自己利益将诉讼委托于律师进行。尽管辅助参加人的诉讼行为效果归属于被参加人（参照《日本民事诉讼法》第45条），但辅助参加人在诉讼中以自己名义实施诉讼行为，因此其并非被参加人的代理人。同样，尽管诉讼担当人所承受判决之判决效也及于被担当人（参照《日本民事诉讼法》第115条第1款第2项），但因诉讼担当人在性质上属于诉讼当事人，因此也不是诉讼上的代理人。

与民法的代理一样，代理之设置分为出于保护无能力者之目的设置代理人之情形，以及旨在扩充、充实具有能力者的事业从而以专业技术者为代理人之情形。若严格分类而言，诉讼上的代理人分为如下两类：第一，代理人与被代理人之间的代理关系并非基于当事人本人（被代理人）意思产生的法定代理人；第二，代理关系基于当事人本人（被代理人）意思产生的任意代理人。作为前者的法定代理人，可以进一步分为“实体法上的法定代理人”与“诉讼法上的特别代理人”，而后者的任意代理人又可以分为“基于诉讼委托的诉讼代理人”与“法令上的诉讼代理人”（参照新堂，第140页）。

2. 代理人的地位与权限

因行为之效果归属于当事人本人,故作为行为实施者(包括承受对方当事人行为)的代理人必须具有代理权。若诉讼代理人不具代理权,其行为对当事人本人不产生效果,因而该诉讼代理人的行为相当于无诉讼能力人之行为,即无代理权之代理人(无权代理人)实施的行为无效。不过,对于这种无权代理人的行为,允许当事人本人进行追认,法院既可以向其作出补正的命令,而且当法官认为存在因补正迟延而产生损害之虞时,也可以使其暂时具有诉讼行为的效果(《日本民事诉讼法》第34条)。若无权代理人参与了包括领受诉状在内的诉讼成立过程,法院应当以诉不适法为由驳回诉。不过,当法院忽略了此点并作出本案判决时,该如何认定这种判决的效力呢?通说认为这是一种构成上诉及再审对象的有效确定判决,而新堂说则认为这是一种"对当事人本人不产生既判力等效果"的无效判决(参照本书"第七讲　当事人能力与诉讼能力"部分的相关论述)。

二、法定代理人

1. 法定代理人

如前所述,非基于当事人本人意思产生的代理人是法定代理人,这是为保护无诉讼能力人的利益而设置的代理人。其中又存在两种类型:其一,因作为实体法的法定代理人,同时也成为诉讼法的代理人;其二,诉讼法上的特别代理人。此外,在对被监禁人员进行送达时,监狱长也成为送达的法定代理人,这种情形也属于法定代理人的范畴(参照《日本民事诉讼法》第102条),不过,前述的两种情形为主要的法定代理人。

2. 实体法的法定代理人

实体法上具有法定代理人地位的人员,在诉讼法上也被作为法定代理人实施诉讼行为(例如,《日本民事诉讼法》第28条规定:"遵从民法及其他法令的规定。")。未成年人的亲权人(参照《日本民法》第824条)或者监护人(参照《日本民法》第838条第1款)在诉讼法上也是法定代理人,成年被监护人的监护人(参照《日本民法》第 838 条第 2 款)在诉讼法上也是其法定代理人。此外,经审判被确定为对诉讼行为享有代理权的保佐人与辅助人,也为法定代理人。

此外,根据《日本民法》有关特别代理人之规定,该特别代理人在诉讼法上也成为法定代理人。例如,失踪人的财产管理人(参照《日本民法》第 25 条以下)、继承财产管理人(参照《日本民法》第 936 条)、在亲权人作出与子女利益相反行为时的特别代理人(参照《日本民法》第 826 条)等。也有学说主张,应当将遗嘱执行人(参照《日本民法》第 1006 条)理解为一种法定代理人。[1]

在多数情况下,这类法定代理人的权限与效果均由实体法作出规定,因此,有关这类法定代理人权限或效果方面的规则,应当适用民法及其他法令(参照《日本民事诉讼法》第 28 条)。例如,在诉讼代理中也同样禁止代理人双方代理或作出违反被代理人利益的行为,不过,诸如监护人与被监护人之间的利益相反行为(参照《日本民法》第 860 条),已经多在《日本民法》中作出明文规定,当代理人作出违反这种规定之行为时,这种行为将被视为无权代理进而构成无效(参照新堂,第 142 页)。

尽管如此,也有诉讼法单独对此作出规定的情形。例如,在实体法上,《日本民法》第 864 条规定,监护人在实施诉讼行为时必须取得监护监督人的同意,但是在诉讼中,为了不给对方当事人造成不必要的麻烦,当监护人对对方当事人提起的诉讼或者上诉进行应诉时,无须取得监护监督人的同意。不过,在监护人实施撤诉、和解及其他不经判决而使诉讼终结之行为时,还是需要取得监护监督人的

---

〔1〕 关于遗嘱执行人是法定代理人还是第三人诉讼担当(因此是诉讼当事人)之问题,恐怕难以通过具体案例作出判断。而且,无论遗嘱执行人是上述何种身份,其产生的最终效果并不会产生太大差异,更何况这种差异也可通过解释将其减少到极小程度,因此无须过分拘泥于这种分类。关于此问题的详尽论述,可以参照谷口,第 408 页以下;本书“第九讲　当事人适格”部分的相关论述。

兼子教授和新堂教授将遗嘱执行人理解为法定代理人,参照兼子·体系,第 127 页以下;新堂,第 145 页以下。而判例及笔者的观点(参照本书“第九讲　当事人适格”部分的相关论述)则倾向于将其理解为第三人的诉讼担当。

特别授权(参照《日本民事诉讼法》第32条)。此外,关于被保佐人以及被辅助人的规定亦相同(不过,在亲权人作为法定代理人时,对于亲权人则无此等限制,即亲权人可为一切诉讼行为)。

当法定代理人存在共同代理时,就承受对方当事人所作诉讼行为而言,出于不给对方造成不必要负担之考虑,可以以其中一人名义承受,但是,从共同代理规定趣旨来看(谨慎性要求、相互牵制之期待),在代理人方实施诉讼行为方面,又要求代理人必须共同作出。因此,当代理人方实施诸如起诉、上诉及其他非经判决诉讼终结的重大诉讼行为时,须由全体代理人以明示方式共同作出,而对于诸如请求否认、提出证据申请等个别诉讼行为,则准用必要共同诉讼之规定(参照《日本民事诉讼法》第40条),一位代理人实施的行为,只有在有利于全体代理人时方产生效力。以上就是新堂说的见解(参照新堂,第148页)。这的确是一种值得赞同的观点。〔2〕

关于法定代理权的消灭以及消灭原因的规则,也应遵循民法及其他法令的规定。其主要的消灭原因包括当事人本人死亡、代理人死亡、监护开始以及破产等。若为未成年人的法定代理人,未成年人成年之事实也构成法定代理权的消灭原因,成年被监护人的监护人在监护开始后,经审判被撤销监护权的,也构成消灭原因。在诉讼系属中,一旦法定代理人的代理权消灭,诉讼程序将因此中断(参照《日本民事诉讼法》第124条,不过同条第2款又规定,若该法定代理人委托有诉讼代理人,则不发生诉讼程序中断,此外,当法定代理人为保佐人或辅助人时,也存在特别规则)。不过,为了强调程序的明确性,《日本民事诉讼法》第36条第1款又规定,若当事人本人或代理人不向对方当事人通知法定代理权消灭之事实,则不产生效力。该规定的立法趣旨在于,无论对方当事人是否知晓都明确地予以统一规范。不过,这种明确性与划一性恐怕难以贯彻于以下两

---

〔2〕 对于此问题持相同观点的文献,还可以见之于菊井=村松(第一卷),第293页以下;伊藤,第106页以下;中野=松浦=鈴木,第105页以下(坂原正夫执笔);上田,第109页以下。

点:第一,尽管诉讼法规定,法定代理消灭的事由,应当由当事人本人或者其新旧代理人通知对方当事人(参照《日本民事诉讼法》第36条第1款),但是,当法定代理人自身死亡时或者在接受“监护开始”之审判时,该法定代理人应当无法通知对方当事人,而且,也无法选任新的代理人,更不可能由新代理人通知对方当事人。就此而言,该法条中的“当事人本人进行通知”所设适用的情形应是“当事人本人因成年或者监护开始之审判撤销而恢复能力”之情形,而并未将法定代理人死亡等情形考虑在内。因此,当法定代理人死亡或者在接受监护开始之审判时,并非基于通知产生,而应当基于死亡或监护开始的审判自身而产生消灭之效果(参照新堂,第149页)。而且,这种消火原因的事由往往在后来被判明,因此也可能会对程序造成不安定的影响(必须指出,无诉讼能力人是一种倾向于保护无能力人的制度,而这种倾向性制度多少会给对方当事人或者法院造成不便)。第二,关于对方当事人知道代理权消灭(的事实)之情形的处理问题。对于此问题,首先有必要关注一个判决,即大审院昭和16年4月5日判决[载《大审院民事判例集》,第20卷,第27页(请求返还借款案件)]。在这一案件中,被告的法定代理人在第一审诉讼系属中丧失代理权(作为亲权人的继母因离婚丧失法定代理权),但并未通知对方当事人。该判决认为,因被告方未在上诉期间提起上诉,判决因此得以确定,最后法院作出不利于法定代理人方的处理。在本案中,由于被告方未就法定代理人丧失代理权之事实通知对方当事人,因而上诉期间不发生中断,进而使第一审判决的上诉期间也得以届满。不过,在本案中存在如下这一特殊情况,即案件的原告是与被告法定代理人(继母)共同居住的(被告法定代理人的)姐姐,因此,在第一审过程中其就应当知道被告法定代理人丧失代理权之事实。新堂教授对于该判决判旨提出了反对意见,新堂教授指出,程序安定要求意味着无须随时关注代理权存在与否之状态,就这一点而言,程序安定要求也包含着对对方当事人保护的因素,当欠缺保护对方当事人之必要时,应当限定于《日本民事诉讼法》第36条规定作出解释(参照新堂,第150页)。换言之,当对方当事人知悉时,因未通知导致的代理权不消灭(拟制继续存在)之状态,一直持续至该审级终局判决送达为止,并从该时点起发生程序中断。〔3〕奈良说认为,在本方当事人向法院就法定代理人的代理权消灭之事实进行申报但法院未通知对方当事人的情形下,〔4〕尽管当事人向法院进行了"代理权消灭"的申报,但法院疏忽了此事实而继续推进程序,这明显违反了诚实信用原则,因此,诉讼程序自当

〔3〕赞成新堂说的观点,可以见之于注釈民訴(第一卷),第499页以下(松原弘信执笔)。

新堂说也不认为在对方当事人知道丧失代理权的场合,从代理权消灭时点开始就产生消灭之效力,或者,从对方当事人知道丧失代理权之时点起产生消灭之效力。新堂教授可能也注意到了如下这一立法经过,即在大正年间的民事诉讼法修改之际,原来提案的条文规定是"原则上因通知而产生消灭的效力,但对方当事人知道代理权消灭的情形不在此限",不过,出于"未能保护对方当事人的利益""欠缺程序的安定化及明确化"等原因,这一规定的但书部分最终在立法中被删除。如此一来,新堂说也仅仅主张自终局判决送达之时点起程序发生中断,进而使上诉期间不进行。这一结论近似于承认上诉程序的追补(参照《日本民事诉讼法》第97条),也类似于本讲后述"对于法人代表人是否适用表见法理"之问题中的新堂说见解(参照新堂,第153页)。不过,欲进行上诉程序的追补,还必须具备"不存在可归责于追补申请人的事由"之要件,因此也不能说两者完全相同。

在对方当事人知道本方法定代理人代理权消灭的情形下,当旧的法定代理人出现在程序中时,该对方当事人应当要求法院排除该旧法定代理人。而当新旧法定代理人因缺席都未出现在程序中时,对方当事人应当敦促法院对此予以注意,并提请法院不要继续推进程序。尽管对对方当事人存在上述要求,但当对方当事人并未如此行事而诉讼发展到可判决阶段时,该作何处理?对于此问题,通说与判例的观点是,在未收到通知之前,即使对方当事人未作上述任何行为,也不会遭受任何制裁或不利益。的确,基于程序安定的要求,这种观点无疑是合理的。

〔4〕根据《民事诉讼规则》第17条的规定,应当首先通知对方当事人,并将该事由向法院申报。就这一规定而言,奈良说恐难以成立,不过,《民事诉讼规则》第47条又规定,在当事人之间难以直接交付文书时,可以将欲交付于对方当事人的文书提交给法院,在这种情形下,奈良说还留有发挥作用的余地。即便在旧法下,当事人也可以通过向法院提交通知书之方式申请向对方当事人送交文书(关于此的相关论述,还可以参照兼子·体系,第130页以下)。

事人向法院申报起程序开始发生中断。[5] 就“以不论对方当事人知还是不知为前提”的《日本民事诉讼法》第 36 条规定的解释论而言,奈良说比新堂说更值得赞同。[6]

由于法定代理人出现“因无诉讼能力人等成为当事人导致无法实施诉讼行为”之情形,因此,在程序上,其享有与当事人相类似的待遇。换言之,在诉状以及判决书中,关于法定代理人的表示并列于当事人之表示(参照《日本民事诉讼法》第 133 条第 2 款第 1 项、第 253 条第 1 款第 3 项),文书的送达也针对法定代理人进行(参照《日本民事诉讼法》第 102 条第 1 款),而且,因法定代理人不具有证人资格,因此与当事人一样,成为当事人询问而非证人询问之对象(参照《日本民事诉讼法》第 211 条)。不过,毕竟法定代理人不同于当事人,因此其不承受针对当事人所作判决的效果。尽管如此,但就法定代理人与当事人本人之间的关系而言,判决对其类推产生参加效,据此法定代理人不能对判决内容提出争执(参照兼子·体系,第 406 页;新堂,第 703 页)。[7]

3. 诉讼法上的特别代理人

所谓诉讼法上的特别代理人,是指依据民事诉讼法规定,为了实

---

〔5〕 奈良次郎《关于法定代理人的若干考察》,载《民訴雑誌》,第 24 号,昭和 53 年,第 33 页以下,尤其是第 63 页。

在这种情形下,对方当事人就无法依据“本方当事人虽就代理权消灭之事实向法院申报但未通知自己”之理由来要求继续推进程序,如此一来,多少会对其造成突然袭击的感觉,而且其为程序所作的准备也将成为无谓之劳作,不过,这种程度的不利益也应在其合理承受范围之内。

〔6〕 奈良说可发挥作用的情形并不多,而且,并不能说奈良说的这一解释论已经充分考虑到对“知道代理权消灭”的对方当事人利益的保护。如此一来,在上诉补正的途径方面,也可以对新堂说的意图作实质考虑。因为,在上诉补正中是否存在可归责于申请人的事由,也可以通过对方当事人的行为及态度作出判断。尽管如此,但“法定代理人未进行通知”之可归责性不容否定,因此,通过这一途径予以救济的情形也不多。

〔7〕 关于除斥与忌避在法定代理人的适用方面,学说上还存在争议。以伊藤说(参照伊藤,第 106 页以下)为代表的多数说认为,在法定代理人上不适用有关除斥与忌避的规定。但是,松本=上野,第 72 页以下认为,当法官与法定代理人具有亲戚或姻亲关系时,应当形成除斥或忌避的原因。笔者个人也认为,在这种情形下,应当构成除斥或忌避的原因。

施具体诉讼行为被法院选任的代理人。由于这种选任非基于当事人意思,因此这种代理人也被归类于法定代理人。

尽管证据保全程序中的特别代理人(参照《日本民事诉讼法》第236条)等,也属于这类代理人,但其主要还是限于针对无诉讼能力人等选任的特别代理人(参照《日本民事诉讼法》第35条)。这种代理人是指,在无诉讼能力人等没有法定代理人,或者有法定代理人但因利益冲突等原因不能行使代理权时,为了不致使对方当事人无法行使权利,而由受诉法院审判长选任的代理人。换言之,由于对方当事人欲以本方当事人的法定代理人为被告提起诉讼,但因本方当事人没有法定代理人或者法定代理人不能实施行为,致使对方当事人无法提起诉讼,在这种情形下,无疑会产生不当,因此法院必须为本方当事人选任特别代理人。法院在选任这种特别代理人时,以受诉法院审判长作出命令的形式进行。选任法定代理人在家庭裁判所属于一项本位性与常态化的措施,若申请法院选任这种特别代理人,申请人须对"因迟延该诉讼而产生损害"之事由予以疏明(参照《日本民事诉讼法》第35条第1款)。一旦获得选任,该特别代理人具有监护人同等权限,因此当有监护监督人时,就监护人须获得授权的事项,该选任的特别代理人也同样需要获得授权(参照《日本民事诉讼法》第35条第3款);当没有监护监督人时,因对选任代理人享有改任权的受诉法院审判长实质享有监督权,因此,该选任代理人在实施某些诉讼行为须获得该审判长的同意(授权)[因为,若允许该选任代理人可不受限制地实施诸如和解等重大诉讼行为,无疑将造成不当后果,而且,除了受诉法院审判长之外,也无其他可作出此种授权的合适人选。此外,以菊井=村松(第一卷),第332页为代表的多数说认为,对于是否提起上诉之问题,特别代理人无须获得特别授权。这种解释论的重要依据在于,若特别代理人的上诉必须获得让其败诉的原审审判长之同意,就会给人自相矛盾之感觉。但是,如此一来,就会面临如下疑问,即允许特别代理人无须特别授权就可以提起上诉之做法是否妥当]。特别代理人因其代理行为可以获得报酬,该报酬作为诉讼费用的一部分,由提出申请方当事人

预交。〔8〕

就原本意义而言,诉讼法上特别代理人属于一项保护无能力人之相对方当事人利益的制度,因此,申请人通常是对方当事人,而无能力人方当事人是否也可以提出选任申请呢?试以“无意思能力的幼儿针对其户籍登记上的父母提起的确认亲子关系不存在诉讼”,或者“无意思能力的养子(幼儿)针对养父母提起的解除收养关系诉讼”为例对此予以说明。在这些诉讼中,由于双方当事人具有户籍登记上的亲子关系,因此幼儿的法定代理人是其父母或养父母,但与此同时该父母或养父母在诉讼中又是对方当事人(被告),为了避免违反“禁止双方代理”的立法趣旨,就不能让父母或养父母成为原告的法定代理人。尽管依据《日本民法》第 826 条第 1 款规定,亲权人应当向家庭裁判所提出为其子女选任(实体法上的)特别代理人的申请,但是,由于父母或者养父母认为存在“具有亲子关系”或者

〔8〕 菊井=村松(第一卷),第 332 页以下;注釈民訴(第一卷),第 497 页以下(松原弘信执笔)。

当对方当事人提出选任特别代理人申请时,如果在实际上不存在这种诉讼法上的特别代理人,那么对方当事人就无法进行诉讼,因此让其预交作为该特别代理人报酬的诉讼费用,也并无不妥。当对方当事人败诉时,由于其自己提出了选任特别代理人申请,因此由其承担该部分报酬的做法也符合情理。反之,如果对方当事人提出选任申请,而本方当事人败诉,那么就由本方当事人负担特别代理人的报酬,对于本方当事人而言,这种特别代理人是非常必要的,因此让其来负担特别代理人的报酬也并无不妥。

但是,如果基于后述的“本方当事人也可以提出选任特别代理人申请”之解释论立场,那么在对方当事人败诉的情形下,由对方当事人承担报酬的做法似乎欠缺充分理由,因为在这种情形下,本方当事人本应预先备好法定代理人,但却没有配备法定代理人(所以提出申请)。换言之,在这种情形下,如果本方当事人预先备好法定代理人,那么就会由其来承担该法定代理人的报酬及其他费用。因此,这部分费用不能纳入诉讼费用并由败诉的对方当事人负担。实际上,在因当事人无辩论能力而法院作出添附律师命令的情形中,也同样存在问题。当法院作出添附律师命令时,该律师报酬纳入诉讼费用,进而适用败诉当事人负担的原则。但是,一方当事人辩论能力的欠缺与对方当事人无关,因此属于可归责当事人本人之事由。这样就形成如下这种失衡的结果,即败诉方负担原则并未贯彻于整个律师报酬之中,而是适用于部分的律师费用(添附律师的费用)。尽管如此,无论作为立法论还是解释论,对于“由败诉的对方当事人负担添附律师费用”之做法是难以予以否定的,毕竟从整体而言,对于诉讼费用负担问题,采用不考虑个案具体情况的形式化处理方式可能较为妥当。

“不存在解除收养关系”之原因事实,其本意就不可能对“(代理幼儿来)提起诉讼”持肯定态度,进而也无法期待其向家庭裁判所提出选任特别代理人申请。对于此,判例认为,作为无能力人的原告可以提出选任(参照《日本民事诉讼法》第35条)诉讼法上的特别代理人之申请。〔9〕而且,在某些案件中,当因向家庭裁判所申请选任(实体法上的)特别代理人可能导致原告来不及时,受诉法院的审判长应当以机动灵活方式作出(《日本民事诉讼法》第35条)诉讼法上特别代理人之选任命令。综上,也有必要认可无能力人方当事人享有申请选任诉讼法上特别代理人的权利(参照新堂,第146页)。〔10〕

---

〔9〕 奈良次郎《关于法定代理人的若干考察》,载《民訴雜誌》,第24号,昭和53年,第33页以下,对于各判例作了详尽分析,的确是一篇颇具参考价值的文献。

〔10〕 由于父母方的主张与子女方的主张相互对立,因此很难想象,父母方会承认子女方的主张,进而依据《日本民法》第826条第1款规定,向家庭裁判所提出为其子女选任(实体法上的)特别代理人的申请。奈良说以此作为主要论据,认为由子女(无诉讼能力人)的亲戚及其他利害关系人申请为其选任(《日本民事诉讼法》第35条规定的)诉讼法上的特别代理人之做法是合法的。

尽管这种问题解决方式违反了《日本民法》第826条第1款的明文规定,但是,可以向家庭裁判所提出选任特别代理人请求的不仅是亲权人,无能力人的亲戚及其他利害关系人也可以提出这种申请。此外,尽管在人事诉讼中很少会出现,但也毕竟存在来不及向家庭裁判所提出选任申请的情形,在这种情形下,受诉法院就不必拘泥于类型,并机械地否定当事人利用诉讼法上特别代理人制度,而应灵活机动作出选任(参照新堂,第139页以下)。从法条的构成要件来看,《日本民事诉讼法》第35条规定预想的适用情形,原本就考虑到了因(选任)迟延有可能产生损害问题,因此,也应当赋予无能力人的亲戚及其他利害关系人以《日本民事诉讼法》第35条规定(特别代理人选任)的申请资格。

在以无意思能力的幼儿为原告,而以其户籍登记上的父母为被告的确认亲子关系不存在的诉讼或解除收养关系的诉讼中,实际上并非幼儿本身而是其他第三人对此抱有实质的利害关切,并且也由该第三人来实施诉讼。在诉讼法上的构想上,有关当事人适格的规则也似乎遵循着与此相同的思维,即往往将最具利害关系之对立方作为对立双方当事人(原告与被告)[关于此观点的详细论述可以参照,谷口安平《判决效的扩张与当事人适格》,载中田·還曆(下),第51页以下。本文的中文译本可以参见谷口安平:《判决效力的扩张与当事人适格》,载谷口安平:《程序的正义与诉讼》(增补本),王亚新、刘荣军译,中国政法大学出版社2002年版,第271页以下。——译者注]。因此,确认亲子关系不存在的诉讼就往往以如下这种形式被提起,即该第三人(通常而言是主此外,最高裁判所昭和 33 年 7 月 25 日判决[载《最高裁判所民事判例集》,第 12 卷第 12 号,第 1823 页以下,收录于《百選 Ⅰ》,第 52 号案件(宫里节子解说)]的立场却颇耐人寻味。这是一起丈夫针对妻子提起的离婚诉讼,妻子经常处于精神不正常状态,但未做出禁治产宣告,在诉讼中,基于妻子未出庭之事实,丈夫提出为其妻子选任《日本民事诉讼法》第 35 条规定的诉讼法上特别代理人之申请。对于这一案件,最高裁判所的判决认为,离婚之行为本身不适合代理,在离婚诉讼中,不应当将诉讼法上的特别代理人作为对方当事人,而应当先让其(妻子)正式接受禁治产宣告(监护开始的审判),然后丈夫以其监护人或监护监督人为对方当事人提起诉讼。

在类型化地否定适用诉讼法上特别代理人这一点上,这一判决似乎把握得过于严格。其后的东京高等裁判所昭和 62 年 12 月 8 日判决(载《判時》,第 1267 号,第 37 页以下)似乎否定了这一判决的观点,其认为,在确认婚姻无效诉讼中,允许适用《日本民事诉讼法》第 35 条规定的诉讼法上特别代理人。笔者认为,后者判例的观点似

张自已为亲生父母的人员)作为原告,而以幼儿与户籍登记上的父母为被告。根据奈良次郎《关于法定代理人的若干考察》,载《民訴雜誌》,第 24 号,昭和 53 年,第 33 页以下的论述,据说也有判例认可"幼儿的生父母作为法定代理人来提起解除收养关系之诉"的做法。这一判例的理由似乎在于,依据原告方(生父母)提出的"存在解除收养关系的原因"之主张,原告(幼儿)本来的法定代理人就应当是其生父母。的确,让生父母作为原告以养父母为被告的思路符合诉讼法的构思,但是,在"解除收养关系之原因是否存在"的诉讼中,让生父母作为原告法定代理人的做法不免有先入为主之嫌(在事先做出"存在解除收养关系之原因"之结论),故而是不妥当的[关于此观点的论述,还可以参照中野=松浦=鈴木,第 103 页以下(坂原正夫执笔);上田,第 107 页以下]。在这种诉讼中,让生父母在法的形式上作为原告的(《日本民事诉讼法》第 235 条)特别代理人,应当说是一种较为妥当的做法。

不过,有力说主张,关于(《日本民事诉讼法》第 35 条)特别代理人的申请,只能由对方当事人提出,而本方当事人不能提出。持这种观点的学说,可以见之于兼子·体系,第 128 页以下;三ヶ月·全集,第 198 页以下。

乎更具妥当性。[11]

三、任意代理人

1. 基于诉讼委托的诉讼代理人

在任意代理人中,存在"基于诉讼委托的诉讼代理人"与"法令上的诉讼代理人"两种类型,不过,单单言及的诉讼代理人,一般是指基于诉讼委托的诉讼代理人。

这种基于诉讼委托的诉讼代理人是指,在具体案件中,接受诉讼实施方全括性代理权之委托的代理人(参照新堂,第155页)。依据《日本民事诉讼法》第54条规定,在地方裁判所及以上级别的法院中,接受委托的诉讼代理人必须为律师,这就是所谓的律师代理原则。这一制度的目的不仅在于防止在社会中一般产生所谓的"三百代言"*之职业,也在于确实保护作为法律门外汉的当事人本人(律师的委托人)之利益,此外,这也促使诉讼程序得以顺畅进行(参照新堂,第156页)。若将该制度目的予以完全贯彻,就应当采用诸如母法国德国那样的强制律师主义,即当事人在地方裁判所以上的法院进行诉讼时,就必须委托律师(作为其诉讼代理人)来进行。不过,日本并未完全贯彻该制度趣旨,其一方面认可当事人本人进行

---

〔11〕 但是,对于前述最高裁判所判决的"不能适用诉讼法上的特别代理人"之观点,新堂幸司教授持赞同态度(参照新堂,第147页以下)。此外,松本=上野,第72页以下;中野=松浦=鈴木,第104页以下;伊藤,第103页以下;小山,第119页以下等也持相同见解。尽管如此,这些观点可能还是考虑到如下因素,即为了保障最合适的人员在诉讼中展开主张及举证活动,就不应当拘泥于"是作为常设机关的监护监督人,还是临时的特别代理人"之形式化选择,或者在离婚诉讼中原本就不可能因选任迟延产生损害。

* "讼棍"或"野律师"为日语中的特有称谓,意为无律师执业证书的人员冒充从事律师工作,来自明治前期无执照律师的报酬为300文之典故。——译者注

的诉讼，但在另一方面，若当事人想委托诉讼代理人，就必须委托律师。[12] 这也是日本司法制度的一个问题点。

由于简易裁判所管辖案件的性质较为轻微，案情较为简单，因此，只要获得法院许可，非律师人员也可以成为诉讼代理人（参照《日本民事诉讼法》第 54 条第 1 款但书）。但是，在地方裁判所及以上级别的法院，如果当事人委托非律师人员作为其诉讼代理人，那么这种委托将构成违法，法院必须排除这种诉讼代理人的诉讼参与，对方当事人也可以要求法院对此进行排除。若当事人本人（委托人）不知道该诉讼代理人不具有律师资格，这种违法诉讼代理人既已实施之诉讼行为无效，或者法院因疏忽未对此予以排除，既已进行的程序整体效力也应当无效。在这两种情形下，当事人本人（委托人）仍具有委托正式律师进行诉讼代理的利益，故而应当承认当事人的程序再实施权。不过，当事人本人也可以对此予以追认（一旦作出追认，所有行为将变为有效）。如此无效的结果就使对方当事人遭受"既已追行程序变成无谓的劳作"之不利益，由此看来，在这种情形下，应当予以优先考虑的是保护当事人本人利益。反之，如果当事人本人知道其诉讼代理人不具有律师资格之事实，除非是被"三百代言"之流欺诈，否则当事人本人不能主张代理行为无效；因为当事人本人（委托人）自己决定委托不具有律师资格之人担任诉讼代理人，而仅仅因自己遭受败诉或其他不利结果就主张其（诉讼代理人）行为无效（主张于己不利之结果无效），这无疑是不正

---

〔12〕 上田教授在概括日本这一制度的特征时，在表述上也将日本承认当事人本人诉讼的特征予以明示化，即称为"本人诉讼与律师代理的原则"，参照上田，第 113 页以下。这种称谓固然是正确的，但在日本"律师代理原则"之称谓已经成为一种习惯，因而在此处也遵循这种习惯称谓。

此外，在日本明治时代的立法时期，也曾就是否确立强制律师主义问题展开过讨论，但由于当时律师数量较少，因而最终在立法上未彻底承认这一原则。就此问题展开相关说明的文献，可以见之于上田徹一郎《律师代理原则的成立与机能》，载上田徹一郎《当事人平等原则的展开》，有斐阁，平成 9 年，第 112 页以下。关于各国律师制度的差异比较之论述，可以参照三月章等共编《各国律师制度的研究》，有信堂，昭和 40 年；兼子一、竹下守夫《裁判法》（第四版），有斐阁，平成 11 年，第 366 页以下。

当的。另外,法院可以随时将该诉讼代理人予以排除,且对方当事人也可以要求法院作出排除之决定。但是,在这种情形下,对方当事人不能因此而主张自己既已实施的诉讼行为无效,因为,对于对方当事人而言,在其知道该诉讼代理人不具有律师资格之事实时,可以要求法院对此进行排除,而在不知道该事实时,也应当被赋予了充分的攻击防御机会(参照新堂,第 158 页)。〔13〕

2. 诉讼代理权的授予与范围

基于程序上的明确性、顺畅性之要求,以及出于对持有律师资格之人信赖之考虑,法律对于诉讼代理权作出了特别规定(以下论述针对律师作为诉讼代理人参与地方裁判所及以上级别法院案件之情形展开)。

首先,诉讼代理人在行使诉讼代理权之际,必须以书面方式就代理权的存在与范围作出证明(参照《民事诉讼规则》第 23 条第 1 款)。当这种书面是诸如诉讼委托书等私文书时,法院可以命令诉

---

〔13〕 不过,非律师的诉讼代理人可以采取一些律师不能使用的强制性诉讼战术,也可以对证人实施伪证教唆等行为。因此,"如何防止通过这些手段侵害对方当事人利益"就必须成为考虑的因素。

但是,若证人作伪证,对方当事人可以此为由提出上诉及再审。至于强制性诉讼战术,对方当事人也可以在程序过程中要求法院对此予以纠正,如果该诉讼战术属于律师不能为之事项,那么对方当事人也应当对该诉讼代理人是否具有律师资格提出质疑,一旦其被判明为不具备律师资格,那么对方当事人就可以要求法院将其予以排除,进而可提出溯及性无效之主张,总而言之,这些都是偏向于保护对方当事人利益的措施。

学说对此问题尚存在分歧。兼子·体系,第 131 页以下;小山,第 127 页以下等观点认为,律师资格属于辩论能力问题,因此可以从程序中排除,但未被排除的无律师资格之诉讼代理人所实施的行为是有效的。与此不同,三月教授认为,由于这是涉及作为司法制度基础的律师问题,因此无律师资格诉讼代理人所实施的诉讼行为应当绝对无效,也不允许当事人本人追认,参照三ヶ月·判例,第 40 页、第 54 页(都是关于律师协会作出惩戒处分的情形)。上述这两种学说均稍显极端,而新堂说主张是否有效应依据当事人本人在主观上(委托人)是否知晓予以确定(尽管在"律师资格是代理权发生及存续的要件"这一点上,三月说与新堂说的见解相同),由此来看,新堂说更为稳妥。与新堂说持相同立场的观点,还可见之于上田,第 114 页以下。不过,佐佐木教授似乎倾向于反对这种以当事人本人知晓与否为标准的见解,参照佐佐木吉男《非辨行为与诉讼上的行为》,载新実務民訴,第 265 页以下,尤其是第 272 页的观点。

讼代理人接受公证员及其他具有公证权限之公务员的认证(参照《民事诉讼规则》第 23 条第 2 款),〔14〕这些都是基于程序明确性要求的规定。不过,这是基于行为规范视角而言的规范,当事后对“是否具有代理权”之问题进行证明时(基于评价规范视角),关于“诉讼代理权的授予与范围”之证明的证据方法,则不限于书面(上田,第 118 页)。诉讼代理权的授予,应适用诉讼能力而非行为能力的有关规定(若可被撤销则有碍程序的安定)。法定代理人或法令上的诉讼代理人,当然可以进行诉讼委托,除上述两种人员外,从当事人本人处合法获得诉讼委托代理权的代理人,也可以将诉讼委托于律师来进行。换言之,委托关系适用民法的一般原则。

其次,基于程序顺畅性要求以及对律师信赖之考虑,诉讼代理权的范围,由法律予以包括性规定。确切地说,法律关于诉讼代理权规定了双重范围。第一重诉讼代理权范围是指,《日本民事诉讼法》第 55 条第 1 款所规定的诉讼代理人当然享有的权限。具体而言,包括诉讼代理人对对方的反诉或第三人参加行为进行应诉、〔15〕实施强制执行与有关假扣押及假处分的诉讼行为、受领对方的清偿等权限,这些权限当然被法律所认可(参照《日本民事诉讼法》第 55 条第 1 款)。由于这是法律对作为律师的诉讼代理人当然赋予的权限,因此委托人与诉讼代理人即便约定对上述权限作出限制,该约定也对对方以及法院无效,而且,即使对方当事人知道这种限制性约定存在,该约定对于对方当事人依然无效。不过,在委托人与诉讼代理

---

〔14〕 在裁判实务中,当法院认为诉讼代理人与当事人本人无法顺畅联系时,法院就会要求诉讼代理人接受认证,在这种情形下,既可能通过认证使诉讼代理人与当事人本人的联络趋于紧密,也可能因无法获得认证导致诉讼代理人辞任。

〔15〕 《日本民事诉讼法》第 55 条第 1 款规定,尽管在法律条文上将其表述为“实施有关反诉、参加诉讼行为”,但是,依据《日本民事诉讼法》第 55 条第 2 款规定,反诉的提起须有特别授权,因此,该条第 1 款规定中所谓的反诉并不是指“提起反诉”,而应当被理解为“对对方当事人提起的反诉进行应诉”。至于该条文中“参加”一词也应作同样理解,也即“第三人主动参加他人之间的诉讼”也是委托的直接对象,因此,同条第 1 款所谓的参加,并非普通的参加行为,而应当被理解为“对第三人参加行为的应诉”。作为条文的表述,这一规定未必是合适的,故应尽早对此予以修改。

人之间,这种限制却为有效(例如,诉讼代理人不得受领对方的清偿),若律师违反这种限制性约定,委托人就可以对律师提出损害赔偿请求,律师协会也可以对律师做出处罚。关于法律当然赋予的《日本民事诉讼法》第55条第1款规定之权限,笔者认为可以考虑进一步予以扩大,判例的观点也认为,可以将诸如"抵销的意思表示"或"时效的援用"等实体法上的权限,列为法律上当然赋予诉讼代理人行使的权限,毕竟在诉讼进行过程中,很多情形下需要代理人随机做出应对,而且其又有律师的职业伦理保障,因此,应当对拥有律师身份之诉讼代理人的这种判断抱以信赖。

第二重诉讼代理权范围是指,《日本民事诉讼法》第55条第2款所规定的,对于一定事项,诉讼代理人必须获得当事人本人特别授权才能实施诉讼行为的代理权限。具体而言,被告人方的代理人提起反诉、各方当事人的代理人提起控诉及上告(审级代理原则)、撤诉或和解等未依判决终结诉讼的行为、复代理人的委托等即属于此。这些权限并非法律当然授予的权限,诉讼代理人实施这些诉讼行为时必须获得当事人本人的个别授权。〔16〕 不过,诉讼代理人一旦获得特别授权,那么该特别授权内容的范围一般作广义理解。例

---

〔16〕 就律师实务状况来看,这些需要当事人本人特别授权的事项也预先印刷在诉讼委托书上,一旦当事人本人委托律师来实施诉讼(签订诉讼委托合同),那么律师也就全括性地获得了所有特别授权。当然,在当事人本人委托律师时,尽管在理论上委托人也可以删除诉讼委托书中印刷的特定事项,但委托人通常因心理上障碍而不会删除。因此,将所有需要特别授权事项都预先印刷于诉讼委托书的做法,是否违反《日本民事诉讼法》第55条第2款规定的趣旨,的确颇具疑问。至少而言,不将"《日本民事诉讼法》第265条规定的法官仲裁之授权"与"一般和解的授权"予以区别(将该事项印刷于诉讼委托书)之做法,恐怕存在问题。关于此问题的详尽论述,可以参照高橋·論考,第189页以下。

控诉及上告的授权也被印刷于诉讼委托书上,这就意味着律师获得了该诉讼所有审级的代理权(审级代理原则),不过,这种审级代理原则实施的空洞化与形式化已然成为日本的现实。就原本意义而言,审级代理原则是一种与德国或法国等国所采用的"律师只能在其登记法院从事律师活动"之律师制度(在德国被称为律师分属制)相照应的制度。因此,该原则在日本实施趋于空洞化也不意外。这也说明不同国家之间律师活动状况差异巨大。

如,最高裁判所昭和 38 年 2 月 21 日判决(载《最高裁判所民事判例集》,第 17 卷第 1 号,第 182 页以下,收录于《百選Ⅰ》,第 56 号案件)认为,被告方的诉讼代理人一旦获得进行和解的特别授权,该诉讼代理人就享有在和解条款中可以对被告所有的不动产设定抵押权之权限,而且在本方当事人与对方当事人之间的关系上,这种和解(条款)也是有效的(最高裁判所平成 12 年 3 月 24 日判决,载《最高裁判所民事判例集》,第 54 卷第 3 号,第 1126 页以下也持相同见解)。〔17〕

---

〔17〕 垣内秀介对这些判例提出了反对意见,参照垣内秀介《诉讼上的和解与诉讼代理权的范围》,载新堂,古稀(上),第 417 页。垣内认为,作为诉讼上的和解,在内容不确定性或流动性、对委托目的的附随性、效果的重大性等诸方面,区别于裁判外的法律行为。因此,若单纯以代理权授予时的当事人意思表示作为其一切正当性根据,不免有不适当的一面。作为反映当事人本人意思的手段而言,在和解具体内容确定阶段确认当事人意思之方法,毋宁说更为直接。不过,既然当事人本人将诉讼委托给了诉讼代理人,那么也应当包括对和解的授权,至少会授权代理人对于诉讼标的的和解权利。因此,只要是有关诉讼标的范围内的和解,即便在和解达成时未确认当事人意思,也不允许主张和解无效。相反,若和解的对象是诉讼标的以外的权利关系时,则需在达成和解协议时确认当事人本人意思。在这种解释下,对于代理权的客观范围无须设定任何界限,换言之,代理权范围为无限,但对于诉讼标的以外的权利关系,作为代理权行使的程序要件,则须对当事人本人的意思予以确认。在此基础上,当届至(1)“可评价为当事人本人做出过明示或默示性追认”、(2)“和解成立后经过一定期间”之应保护对方当事人就和解有效性的信赖利益之状态时,即便是原本无效的和解在评价规范层面也应视为有效。垣内教授的上述见解重视当事人本人的意向,在此意义上具有一定妥当性,但从对方当事人和法院的视角来看,将造成和解的不安定。希望其对此进一步展开思考。无论如何,在缔结和解时,让诉讼代理人和当事人一道出席,对于律师业务而言更为妥适。

上北武男《诉讼代理权的范围》,载小山ほか・演習,第 230 页以下,上北教授认为,当本方当事人通过诸如“明确记载于书面”等明示的意思表示方式告知对方当事人授权范围时,可以对《日本民事诉讼法》第 55 条第 2 款规定的特别授权作出限制。依据这种观点,当事人本人作出的“将和解限定于诉讼标的,不能就其他不动产设定抵押权”的限制授权,也是有效的。但是,如此一来就会引发如下派生性纠纷——书面记载的代理权范围究竟是什么?这不免与“出于对律师信任之考虑,而将这种纠纷防患于未然”的《日本民事诉讼法》第 55 条之立法趣旨发生矛盾。此外,加藤新太郎《律师作用论》,弘文堂,平成 4 年,第 269 页以下,加藤教授也持与上北说相同的观点。小林秀之、田村阳子《诉讼代理人的和解代理权限之限制》,载《判タ》,第 987 号,平成 11 年,第 37 页以下,也倾向于这种观点。笔者认为,对此问题有必要进一步展开探讨。

当事人本人可以委托数名诉讼代理人,不过,各个诉讼代理人单独具有代理权限(参照《日本民事诉讼法》第56条)。即使在当事人本人与诉讼代理人之间作出共同代理的约定,这种约定的效力也仅仅限于内部关系(参照《日本民事诉讼法》第56条第2款)。这也是旨在谋求程序顺畅性的规定。

3. 诉讼代理权的消灭

当诉讼代理人出现死亡、因禁治产被监护、破产、委托关系解除之事由时,诉讼代理权归于消灭(参照《日本民法》第111条、第651条、第653条)。当事人本人(委托人)一旦解任诉讼代理人,委托关系也将被解除,诉讼代理权当然归于消灭。此外,律师资格的丧失,也是诉讼代理权的消灭事由。但是,只有在对对方当事人做出诉讼代理权消灭的通知后,才产生消灭效果(参照《日本民事诉讼法》第36条第1款、第59条)。不过,当诉讼代理人死亡、因禁治产被监护、破产、律师资格丧失时,就无法期待其可以作出上述通知,同样,期待当事人本人作出该通知也不适当,因此,在这些情形下,即使未通知对方当事人,代理权也归于消灭(参照新堂,第166页)。[18]

以对于律师能力及律师伦理的信赖为前提,法律对于诉讼代理权的消灭也作出了特别的规定,即纵使授权人方发生死亡、合并、代

即便是主张"当事人本人对诉讼代理人限制是无效的"前述判例的立场,也同样重视对当事人本人(委托人)的利益保护。具体而言,若诉讼代理人滥用授权,委托人既可以提出损害赔偿请求,也可以要求律师协会对该律师做出处罚。从立法政策的层面来看,对于委托人之利益的保护也是能够达到这种程度。

〔18〕 但是,也有许多学说认为,在这种情形下,当事人本人并非无法通知对方当事人,因此,须以当事人本人作出通知为前提(才产生代理权消灭的效果),持这种观点的学说,可以见之于三ヶ月·全集,第207页以下;伊藤,第117页以下;中野=松浦=鈴木,第113页以下(坂原正夫执笔);注釈民訴(第二卷),第388页以下(中岛弘雅执笔);上田,第119页以下等。

如果采用"当事人本人必须通知"的观点(通知必要说),那么出于程序安定之考虑,在当事人本人通知之前所实施的行为之效力就应当予以维持。但是,由于当事人本人(委托人)知道诉讼代理人死亡等事由往往需要花上数日时间,因此,通知必要说对于当事人本人而言,不免显得过于苛刻。尽管如此,在通知必要说立场下,也可以通过灵活适用上诉追补等制度实现对当事人本人的救济。

理权丧失等事由，律师的诉讼代理权也不当然归于消灭（参照《日本民事诉讼法》第 58 条）。基于这一规定，诉讼代理人（律师）在其后作为继承人等的代理人继续实施诉讼行为，因此，在这种情形下，最后作出的判决应当记载新当事人的姓名（参照最高裁判所昭和 33 年 9 月 19 日判决，载《最高裁判所民事判例集》，第 12 卷第 13 号，第 2062 页以下）。不过，基于审级代理原则之考虑，当诉讼代理人未被授予上级审诉讼代理权时，原审程序就会因判决送达发生中断，上诉期间也暂不进行。〔19〕

4. 当事人本人的地位与权限

依据《日本民事诉讼法》第 24 条第 2 款以及第 157 条等的规定，当事人方面主观上存在“知还是不知”“故意还是过失”等问题时，对于这些问题应当依据诉讼代理人的状况作出判断。但是，如果诉讼代理人是不知的，而当事人本人存在故意或过失的原因，那么当事人不能对“诉讼代理人不知”之事实作于己有利之援用（参照新堂，第 166 页）。

当事人委托有诉讼代理人，并不意味着禁止当事人本人实施诉讼行为。法院也可以命令当事人本人出庭（参照《日本民事诉讼法》第 151 条第 1 款）。由于当事人本人也可以在诉讼中实施诉讼行为，因此，正如最高裁判所昭和 25 年 6 月 23 日判决（载《最高裁判所民事判例集》，第 4 卷第 6 号，第 240 页以下，收录于《百選 I》，第 57 号案件）判示的那样，法院既可以传唤当事人本人出庭，也可以向当

---

〔19〕 当因案件本来就实行审级代理原则而致诉讼代理人不具有上诉审代理权时，诉讼代理人就无须向对方当事人作出“代理权消灭”的通知。因为，当（诉讼代理人在参与诉讼之际）以书面方式对诉讼代理权进行证明之时，该诉讼代理人就已经向对方当事人以及法院作出“自己只代理本审级的诉讼”这样明确的意思表示。关于此问题的详尽论述，可以参照铃木重胜《民事诉讼法专题研讨》，载《法教》，第 91 号，昭和 63 年，第 142 页以下。如此一来，在当事人本人（委托人）在原审诉讼系属中死亡时，诉讼将在判决送达阶段发生中断，判决并不产生确定的效果。

不过，关于诉讼代理人在法律上是否当然成为继承人的代理人之问题，恐怕还不无疑问，关于此详细的论述，参照八木良一《基于当事人死亡的当然继承》，载《民訴雜誌》，第 31 号，昭和 61 年，第 32 页以下。

事人本人送达判决。这一判决妥当性姑且不论,应当说还是向诉讼代理人作出出庭传唤、送达判决之做法恐怕更为妥当(参照新堂,第166页)。甚至也有观点认为,在当事人(或其诉讼代理人)以律师事务所作为送达地点时,若法院送达到该律师事务所以外的地点,则可以将其视为无效送达(不过,若法院适时向当事人本人或其诉讼代理人作出告知,则该无效的瑕疵得以修复)。[20]

当事人本人享有更正权(参照《日本民事诉讼法》第57条)。在当事人本人对于诉讼代理人所作出的事实上陈述予以撤销或更正时,诉讼代理人所实施的该诉讼行为不产生效力。毕竟当事人本人应当更了解事实的详细情况。法定代理人也享有相当于当事人本人的事实更正权。

5.《日本律师法》规定的影响

诉讼代理人原则上为律师,因此诉讼代理人的行为也与律师法相关规定存在关联。在这两者的关联中,主要存在如下两类关系:第一,诉讼代理人与"禁止律师实施双方代理等行为"之《日本律师法》第25条规定的关系;第二,诉讼代理人与律师协会作出停止执业、除名等惩戒处分的关系。

尽管各款规定的内容存在若干差异,但总体来看,《日本律师法》第25条第1款至第5款规定都是诸如"禁止律师进行双方代理"等,旨在保护委托人本人对于律师的信赖,进而确保律师职业的高尚性和公正性的规定。例如,该条第1款规定,律师不能接受"业已与对方当事人达成协议,并接受报酬或对其委托作出承诺"的案件。具体而言,最初律师与当事人A达成协议,A出于对律师的信赖而主动将自己的情况告诉律师,如果允许该律师在其后又可以作为对方当事人B的诉讼代理人,那么将使当事人A承受极大的不利益,同时也有损国民对律师界的整体信赖利益,故而应当禁止律师

---

〔20〕 伊藤真《律师与当事人》,载講座民訴(第三卷),第115页以下,尤其是第124页,伊藤教授认为,在当事人委托有诉讼代理人时,法院对当事人本人进行的送达将构成不适法之送达。此外,伊藤,第115页以下;小室ほか·基本法コンメ(第一卷),第137页以下(加藤新太郎执笔)等也表达了相同的见解。

的此种行为。不过,《日本律师法》第25条规定的是律师职业纪律,作为违反这种规定的后果,也仅仅是律师协会作出的惩戒处分,换言之,律师法并未对律师实施这种行为的效果作出规定。鉴于此,有观点认为,当律师违反《日本律师法》第25条规定时,仅导致律师协会对其作出的惩戒处分,而与诉讼行为的效力无关(该诉讼行为有效)。[21] 但是,如此一来,最初与律师达成协议的A在将来也不能将该律师排除出诉讼,这不免会侵害当事人本人的利益。而且,将对当事人本人的救济仅限于对律师提起损害赔偿这一方式,恐怕也不充分。反之,若将律师违反《日本律师法》第25条的诉讼行为作绝对无效理解,则有可能严重损害对方当事人的利益,而且也会有损程序上的顺畅性利益。因为,当对方当事人获得胜诉时,因本方诉讼代理人(律师)实施的诉讼行为无效,而不得不重新展开诉讼程序,或者即使该律师实施的诉讼行为危害很小、性质轻微,也都一概地被认为无效,那么就会产生程序安定性及顺畅性之问题。鉴于此,有学说主张"律师违反《日本律师法》第25条的诉讼行为原则上是无效的,但应当允许当事人对其进行追认"的观点。不过,在这一观点现实面临的问题在于,在不同的情形(律师违反不同条款规定的行为)下,究竟该由何人享有追认的权利?若律师实施的是违反《日本律师法》第25条第1款与第2款规定的诉讼行为,在后来委托诉讼于律师的委托人B,就不可能成为该追认人,因此对律师这种违法行为可以做出追认之人,只能是先前与律师达成协议的委托人A;若律师违反该条第4款的"律师不能接受(当事人提出的)公务员(如法官)在职务上处理过案件之委托"之规定实施诉讼行为,则双方当事人都有可能行使追认权。总而言之,能够享有这种追认权的主体不仅限于正式将诉讼委托于该律师的委托人B,因此,这种追认不同于一般意义上的追认。而且,"允许委托人追认"也容易诱发追认人采用如下一种诉讼战术,即在明知诉讼代理人存在违反《日本

---

〔21〕 兼子・判例,第44页、第441页、第413页。小山・著作集(第三卷),第152页以下等也都倾向于有效说。

律师法》第25条规定行为时,委托人故意不指出这种违法行为而让诉讼继续进行,而当诉讼出现与己不利之结果时,才主张该律师的行为无效,进而推翻业已进行的程序。因此,提倡之观点可能更具有稳妥性(参照新堂,第142页。这种学说被称为异议说),即“无论是委托人B还是对方当事人A,都可以在将来提出将该律师从诉讼程序中排除出去之申请(委托人可以解任),而且,当该当事人在知道律师存在违反《日本律师法》第25条规定之行为后,毫不迟延地提出无效之主张时,律师的诉讼行为可以归于无效,如果当事人明知存在违法行为但未及时提出无效之主张,那么就不能再主张律师的诉讼行为无效”。〔22〕 此前判例对于此问题的立场也

〔22〕 青山善充《〈律师法〉第25条规定的违反与诉讼法上的效果》,载《ジュリ》杂志第500号特刊——《判例展望》,昭和47年,第315页以下,对此说作出了详细的介绍。除此之外,持异议说之观点的文献,可以见之于伊藤,第118页以下。伊藤说并不认可委托人B提出异议的权利。不过,对于委托人B而言,其对这种(实施违法行为的)律师也无法抱以信赖,因此,在其知悉情况后也会毫不迟延提出异议,如此一来,也存在可以赋予委托人B主张诉讼行为无效的可行性。注釈民訴(第二卷),第345页以下(中岛弘雅执笔);小室ほか·基本法コンメ(第一卷),第132页以下(加藤新太郎执笔);注解民訴(第二卷、第二版),第353页以下等。此外,山木户克己《律师法的违反与诉讼法上的效果》(最初发表于昭和49年),载山木戸·論集,第164页以下等也采用异议说,但是山木户教授在该论集第167页以下又认为,法院无须依当事人申请而依职权就可以将该律师从诉讼中排除出去。的确,法院也可以依职权实施这种排除,但法院一旦依职权实施排除,就意味着当事人丧失提出异议申请的机会(如此一来,当事人就无法提出诉讼行为无效的主张),就此而言,这种做法并不是很妥当,但是,如果法院首先向当事人作出“是否提出异议申请”之释明,那么就会使这种依职权排除的做法趋于合理化。

此外,在最高裁判所大法庭昭和38年的一个判决中,奥野健一法官就此问题陈述过意见,从其表述来看似乎应当被理解为“无效及追认说”,但这种见解与异议说实质上并无多大差异。具体而言,奥野法官认为,由于先行达成协议的当事人A应当知道律师违反律师法规定之事实,因此,A应该可以立即提出无效之主张,若A未及时地提出无效之主张而让诉讼程序继续发展,就意味着A默认这种违法行为的存在,则A在此后不能提出该律师之诉讼行为无效的主张。换言之,当事人(在知悉律师之违法事由后)必须毫不迟延主张无效,从这一点来看,奥野意见几乎完全等同于异议说。此外,谷口,第417页以下,谷口教授也认为,追认说与异议说(责问权丧失说)是可以相互并存(两立)的。

处于不停变化的状态，最后通过最高裁判所大法庭昭和 38 年 10 月 30 日判决[载《最高裁判所民事判例集》，第 17 卷第 9 号，第 1266 页以下，收录于《百選 I》，第 58 号案件(伊藤真解说)]采用了这一结论(异议说)。

关于律师违反律师协会的惩戒处分实施诉讼行为的问题，判例将其分为如下两种情形，分别是“惩戒处分为停止执业”与“惩戒处分为撤销律师登记(退会命令、除名)”(当然判例设想的是在诉讼进行过程中作出惩戒处分的情形)。由于停止执业并不涉及律师身份及资格问题，因此属于针对违法性较轻的处分，而撤销登记之处分则意味着该律师将来不能再执业，故属于在违法性严重情形下作出的处分。就律师违反“停止执业”之惩戒处分而言，最高裁判所大法庭昭和 42 年 9 月 27 日判决[载《最高裁判所民事判例集》，第 21 卷第 7 号，第 1955 页以下，收录于《百選 I》，第 59 号案件(佐佐木吉男解说)]认为，停止执业处分是面向将来的处分，即自该处分作出之后才将该律师排除出诉讼，因此该律师已经实施(违反惩戒处分)的诉讼行为仍然有效。无论是委托人还是对方当事人，都应当在知悉该惩戒处分后毫不迟延地提出排除之申请，否则就不应当保护其正当利益。当当事人不知道存在惩戒处分时，由于不知之状态一般

在当事人毫不迟延提出异议时，律师所实施的诉讼行为是否溯及性地归于无效呢？关于此问题，正如奥野意见所阐述的，在律师作出违反《律师法》第 25 条规定之诉讼行为时，由于当事人能够立即知道这种违法事实的存在，因此很少涉及溯及方面的问题。尽管如此，作为一种教学设例式的思考，可以认为，在当事人在诉讼进行途中毫不迟延地提出异议时，由于提出异议者并不存在懈怠之事由，故该律师诉讼行为溯及性地归于无效。总而言之，主张“律师违法诉讼行为溯及性归于无效”的观点还是较为妥当的，因为这种行为在原本意义上就应当被评价为无效的行为。如此一来，就有可能使律师代理的起诉或提起上诉之行为归于无效，不过，为了保护起诉或提出上诉等行为中当事人本人的利益，可以类推适用诉讼行为追补的有关规定。持这种观点的其他学说，还可以见之于青山善充《〈律师法〉第 25 条规定的违反与诉讼法上的效果》，载《ジュリ》杂志第 500 号特刊——《判例展望》，昭和 47 年，第 315 页以下；山木户克己《〈律师法〉的违反与诉讼法上的效果》(最初发表于昭和 49 年)，载山木戸・論集，第 164 页以下。此外，也有见解将新堂说理解为一种对“溯及无效”持否定态度的学说，不得不指出这种是一种误解。

不会妨害诉讼活动进行,因此无须考虑保护当事人之问题。而且,在惩戒之事实处于非公知状态下,可以优先考虑程序安定与诉讼经济要求,鉴于此,新堂说赞同该判例的观点(参照新堂,第160页)。〔23〕 而对于律师违反“撤销登记之惩戒处分”的情形,最高裁判所昭和43年6月31日判决[载《最高裁判所民事判例集》,第22卷第6号,第1297页(判决书的旁论部分)]认为,在被作出撤销登记处分之后,该“律师”所实施的(违反该惩戒处分)诉讼行为归于无效。新堂说也认为,被撤销登记后“律师”所实施的诉讼行为相当于无诉讼代理人资格所作出的行为,因此原则上应归于无效,但当事人本人可以追认。换言之,出于“只有受正规律师代理的当事人本人利益才值得法律进行保护”这一点考虑,应当将律师违反这种惩

〔23〕 停止执业中的律师,往往也不可能进行诸如“主张展开不充分”“反对寻问不彻底”等不认真的诉讼活动。即使实施了这种马虎的诉讼活动,委托人也难以立即提出要求。某一律师的惩戒处分记录都会在日本律师联合会的机关杂志——《自由与正义》上作出公布,各地方律师协会也不会对此予以保密,因此,若委托人确实想了解这方面情况,还是能够获悉的,但如果期待一般人也能对此了解,则显得过于苛求。因此,就委托人利益而言,也有必要予以保护。不过,若处于停止执业中的律师进行执业活动,其事后将会招致更严厉的惩戒处罚,考虑到这一点,“在这种情形,对于委托人的保护是有效的、及时的”之判断也能够得以成立。

因此,三ヶ月·判例,第40页、第54页;佐佐木吉男《非辨行为与诉讼上的行为》,载新実務民訴,第265页以下,尤其是第276页等学说主张的“律师违反惩戒处分所实施的诉讼行为绝对归于无效”之观点,也颇具说服力。此外,铃木重胜教授也可以说表达了类似的观点,其认为,当律师受到惩戒处分时,其诉讼代理权当然归于消灭,因此也无须对对方当事人就该事由作出通知,但若不允许当事人本人(委托人)进行追认,则有违“保护当事人利益”之原则,参照铃木重胜《民事诉讼法专题研讨》,载《法教》,第91号,昭和63年,第142页以下。

最高裁判所大法庭昭和42年判决中的奥野法官意见认为,处于停止执业中的律师所实施的诉讼行为是无效的,但当事人可以对此追认。由此可以看出,奥野法官的这一见解,可以说与其在律师违反《律师法》第25条规定情形中采用的“准异议说”(奥野意见)是一脉相承的,奥野意见的这两种观点都是较为妥当的。此外,山木戸·論集,第173页以下;中野贞一郎编《现代民事诉讼法入门》(新版),第95页以下等也持异议说。此外,注解民訴(第二卷、第二版),第394页以下也认为,在被“告知时说”予以统一的今日,不应当再对依据“停止执业”与“撤销登记”这两种惩戒处分而产生的效力加以区别。

戒处分的行为理解为无效之行为(参照新堂,第159页)。笔者认为,这种见解应予以赞同。[24]

6. 法令上的诉讼代理人

因法令赋予一定地位之人员以诉讼代理权从而使其成为诉讼代理人之人,就是所谓的法令上的诉讼代理人(参照新堂,第167页)。这种诉讼代理人也被称为"基于法令的诉讼代理人"。尽管其诉讼代理权基于法令被授予,但某人是否具有一定地位,则是基于当事人本人意思的结果,因此在诉讼代理人的分类上,法令上的诉讼代理人还是归于任意代理人的范畴。但是,就"因其处于一定的地位而在法律上当然地从事一定范围业务活动,而且,被全括性地授予诉讼代理权"这一点来看,可以说法令上的诉讼代理人似乎更接近于法定代理人(兼子·体系,第130页),因为基于诉讼委托的诉讼代理人,是在特定案件中基于个别授权而被赋予代理权的诉讼代理人。

作为法令上的诉讼代理人之典型例子包括,经理人(《日本商法》第21条第1款、《日本公司法》第11条第1款)、船舶管理人(《日本商法》第700条第1款)、船长(《日本商法》第713条第1款)、合作组织的参事(《日本农业合作组织法》第41条第3款)等。该类诉讼代理人代理权的范围由法令所确定,一般而言,法令都作出"可以从事裁判上或裁判外之一切行为"的规定。但应当注意的是,法令上的诉讼代理人存在类似于法定代理人的一面,因此法令上的诉讼代理人也可以将诉讼委托于律师(这种受委托的律师并非复代理人,而是本代理人),而且,在有关情形下也享有准当事人的事实更正权(《日本民事诉讼法》第57条),当事人本人死亡也导致法令上诉讼代理人之代理权的消灭。

在经理人代理诉讼时,就会与《日本民事诉讼法》第54条"律师代理原则"以及《日本律师法》第72条"禁止非律师人员从事法律上事务"这两个规定之间产生如何协调关系之问题。具体而言,由于

---

〔24〕 但是,小山升教授认为,被撤销登记后的律师所实施的诉讼行为也应当是有效的,参照《小山·著作集》(第二卷),第169页以下。

不要求法令上的诉讼代理人必须持有律师资格,因此就会出现这样一种情形,即仅仅为了达到“让不具有律师资格但却精通法律的人员进行诉讼”之目的,而将其选任为经理人(法令上的诉讼代理人)来实施诉讼。在这种情形下,选任经理人是否构成规避法律(《日本民事诉讼法》第 54 条以及《日本律师法》第 72 条)的行为呢?对于此问题,一些下级审法院的判例采用一种趋于严格化的解释论,认为这种“经理人”所实施的诉讼行为是无效的,当事人本人也不能追认。参照札幌高等裁判所昭和 40 年 3 月 4 日判决,载《高等裁判所民事判例集》,第 18 卷第 2 号,第 174 页以下;东京高等裁判所昭和 46 年 5 月 21 日判决,载《高等裁判所民事判例集》,第 24 卷第 2 号,第 195 页以下;仙台高等裁判所昭和 59 年 1 月 20 日判决,载《下级裁判所民事判例集》,第 35 卷第 1-4 号,第 7 页以下,收录于《百選Ⅰ》,第 155 号案件(贺集唱解说)等。

对于这一问题,首先可以从“应当如何看待商法上的经理人”这一角度来展开论述。在这个视角下,问题可以转换为,在裁判外交易领域不具有全括性代理权,而仅在裁判领域作为法令上的诉讼代理人之人是否属于商法上的经理人?对于此,贺集唱教授认为,即使这种人被登记为经理人,也不能认为其属于商法上的经理人,因此也不具有诉讼代理权(不是法令上的诉讼代理人),其所实施的诉讼行为无效,但允许当事人本人追认(参照《百選Ⅰ》,第 112 页)。弥永教授却认为,明确被赋予“经理人”之头衔而被选任的商业雇佣者就是商法上的经理人,不论其是否具有全括性的代理权,参照弥永真生《关于仙台高等裁判所昭和 59 年 1 月 20 日判决的判例释评》,载《ジュリ》,第 916 号,昭和 63 年,第 112 页。弥永说的这一见解的根据在于,作为《日本商法》第 38 条第 1 款规定的解释论,应当直接被理解为依据本人(业主)之意思被任命,本人(业主)也应该可以对经理人的代理权作出内部制约,因此,现实中有可能存在不具备全括性代理权的经理人。

作为本问题的关键,与其说是关于经理人的概念问题,毋宁说应当将其作为如下这一涉及司法制度的问题来予以把握,即任命此类经理人是否构成规避“律师代理原则”(《日本民事诉讼法》第54条)以及“禁止非律师人员从事法律事务”(《日本律师法》第72条)法律规定的行为?是否应当承认仅旨在进行诉讼而被选任的经理人?(弥永,前揭也表达了相同观点)。〔25〕判例之所以对于这一问题采用严格解释论,其考量也在于司法的廉正性。新堂说采用与这些判例相反的观点,认为基于委托律师的经济性、律师的数量及分布状况等因素考虑,这种经理人所实施的诉讼行为原则上有效,对方当事人也不能提出对此排除的要求,不过,当“三百代言”充当这种经理人时,可以例外地否认其(诉讼行为)效力(参照新堂,第159页)。正如新堂教授所主张的,除了成为“三百代言”之牺牲品的例外情形,既然本人(业主)在主观意愿上任命其为“经理人”,那么该本人(业主)之利益的确也无须保护,因为,选任这种“经理人”应当是本人作出慎重考虑后的结果(而且,本人又是商人)。但是,现行法仅仅规定,在简易裁判所管辖的案件中,只要经过法院许可,非律师的人员也可以从事诉讼代理,而在地方裁判所及以上的法院,并不承认这种形式的诉讼代理(《日本民事诉讼法》第54条但书)。而且,法律对于法令上诉讼代理人的裁判内代理权(实施诉讼行为的权利),是作为裁判外的全括性代理权之延伸来予以承认的,并在其业务活动的范围内视同为本人的行为。因此,作为这一问题的解释论而言,本人(业主)仅仅出于实施诉讼行为之目的而选任不具有裁判外全括性代理权的“经理人”,应当被视为规避《日本民事诉讼法》第54条以及《日本律师法》第72条规定的行为,法院可以将这种“经理人”排除出诉讼,对方当事人也可以要求法院对此进行排除。〔26〕至于这种“经理人”所实施的诉讼行为是否归于无效的问题,

---

〔25〕贺集唱教授认为,不能将经理人问题与律师代理原则问题予以混同。不过,应当说这两个问题之间的确具有密不可分的关系,参照《百選Ⅰ》,第112页以下。

〔26〕在地方裁判所及以上级别的法院,也会发生这样的问题,即当事人想把诉讼委托于律师,但却找不到接受委托的律师。就这一问题而言,新堂说似乎更具实践意义上的说服力。不过,至少而言,今后的律师数量应当会增加,因此作为一种解释论,认为“这种行为构成规避法律的行为”之理论,在趋势上应值得期待。在前述的仙台高等裁

则显得较为微妙,但无论如何,作为对方当事人而言,不存在主张“这种诉讼行为无效”的利益。〔27〕〔28〕

判所昭和59年1月20日判决的判例中,自第一审的第二次口头辩论期日后,诉讼代理人也变为经理人所选任的律师。

反过来,若基于立法论考量,可能法律也会承认这样一种做法,即对于涉公司的定型化案件,在地方裁判所的诉讼阶段,经法院许可后允许公司职员作为公司的诉讼代理人。不过,笔者认为,这是一个触及律师代理原则之根本问题,故对此不无疑虑。

在现行法框架下,公司法务部可以对公司法庭外法律事务作出处理(参照日本律师联合会调查室编《条解律师法》,弘文堂,平成5年,第530页以下)。毫无疑问,公司法务部可以处理诸如催收公司债务、发送内容证明之邮件等法律事务,但对于法务部职员出庭诉讼之行为,是否也可以理解为这种法庭外法律事务的延伸呢?答案是否定的(如前所述,简易裁判所的场合则另当别论),因为,“必须要求本人或者作为律师的诉讼代理人来实施诉讼”是日本法所采用的立法政策。不过,出于“消除‘三百代言’等非律师人员造成之弊端”的立法政策目的之考虑,恐怕也很难想象,在公司职员作为经理人进行诉讼之情形中会产生这种弊端;而且,在仅为了代表公司实施诉讼行为而被选为公司董事的情形中,也很难找出这种弊端。鉴于此,有观点主张,当某人作为数个公司的经理人或董事来代理公司实施诉讼行为(法令上的诉讼代理人)时,该人的行为类似于律师代理,因此可以认定为属于规避法律行为,但是,若其只是作为一家公司的经理人或董事来代理公司进行诉讼(法令上的诉讼代理人),则法律可认可这种做法。主张这种观点的学说,可以见之于住吉博《关于仙台高等裁判所昭和59年1月20日判决的判例评论》,载《ジュリ》杂志临时增刊——《昭和五九年度重要判例解说》,有斐阁,昭和60年,第135页以下;上田徹一郎《当事人平等原则的展开》,有斐阁,平成9年,第136页以下;上田,第122页以下。的确,似乎没有理由不赞同这种观点,不过,这仍然属于前述立法论范畴的问题。

〔27〕 一旦认定这种“经理人”所实施的诉讼行为无效,将对当事人造成不利益。例如,这种“经理人”起诉的案件在第一审中遭法院驳回请求,而当案件系属于控诉审阶段时,若该“经理人”此前所实施的行为溯及地归于无效,这时反而会对因原告诉讼请求遭驳回而胜诉的被告造成不利益。而且,对方当事人也是在“对方是真正的经理人”之认识前提下来实施自己诉讼行为的,对方当事人事先不会预料到因此遭受的特别损害(若对方当事人的诉讼代理人是律师,则在其看来,最多也只是该经理人所实施的诉讼行为是欠缺律师品质的行为),因此,在这种情形下,无须认可对方当事人主张该“经理人”的诉讼行为无效之利益。对于对方当事人而言,只要认可其要求法院将该经理人排除出诉讼的权利即可,不过,也可以考虑如下这种处理,即在该“经理人”被排除出诉讼后,将“其诉讼行为是否溯及性归于无效”之判断委诸对方当事人的选择(对方当事人既可以主张无效,也可以主张有效)。佐佐木教授采用“片面的无效说”,即不认可法院依照职权排除这种“经理人”,而只是认可对方当事人可以主张无效,参照佐佐

7. 辅佐人

随当事人或诉讼代理人在期日中出庭，并对当事人或诉讼代理人陈述予以补充之人，为辅佐人（《日本民事诉讼法》第60条）。由于是在期日中的附随人员，因此辅佐人不能在期日外实施有关诉讼的行为。此外，成为辅佐人还需获得法院（法官）的许可。

随着纠纷中专业化、技术化因素增多，对于一些事项，即使是具有律师身份之诉讼代理人也不具备这种专业知识，因此让这种专家及技术者成为当事人或诉讼代理人的助手，就显得极为必要，鉴于

木吉男《非辨行为与诉讼上的行为》，载新实務民訴，第265页以下，尤其是第273页。同样持"片面的无效说"之观点，还可见之于注解民訴（第二卷、第二版），第351页以下（伊藤彦造、高岛义郎执笔）。

对于以律师名义但实际上不具有律师资格之人作为诉讼代理人实施诉讼之情形，笔者主张，对方当事人尽管可以要求法院对其予以排除，但不能主张该诉讼行为无效。既然不允许对方当事人主张无效，该规则同样可以适用于仅以实施诉讼行为为目的被任命的"经理人"之情形。不过，如果将"以律师名义但实际上不具有律师资格之人实施诉讼行为"的情形（前者）与"任命非律师人员为经理人"的情形（后者）进行对比，那么后者"经理人"的情形又增加了"规避法律"之因素，因此可以说这种情形的性质更为恶劣，对于这一问题，将来还有进一步探讨的余地。尽管新堂说也将"非律师诉讼代理人的问题"与"仅仅以实施诉讼行为为目的的经理人问题"视为同一问题展开论述（参照新堂，第159页），但认为对方当事人不能要求法院对其予以排除，在这一点上，新堂说与笔者见解有所不同。

〔28〕　除新堂说外，其他持这种观点的文献，还可以见之于注釈民訴（第二卷），第337页以下（中岛弘雅执笔）；仓田卓次《反对说的要点》，载近藤、浅沼编《民事法的诸问题3》，判例时代社，昭和44年，第268页以下。而主张"只有在公司职员作为诉讼代理人情形该诉讼行为才有效"的观点，可以见之于住吉博《关于仙台高等裁判所昭和59年1月20日判决的判例释评》，载《ジュリ》杂志临时增刊——《昭和五九年度重要判例解说》，有斐阁，昭和60年，第135页以下；上田徹一郎《当事人平等原则的展开》，有斐阁，平成9年，第136页以下；上田，第122页以下。

与此相反，主张"这种'经理人'不具有代理权"的观点，可以见之于菊井＝村松（第一卷），第501页以下；田中恒郎《非律师人员实施诉讼代理行为的效力》，载近藤、浅沼编《民事法的诸问题3》，判例时代社，昭和44年，第263页以下；小室ほか・基本法コンメ（第一卷），第132页以下（加藤新太郎执笔）；谷口，第419页以下；中野＝松浦＝鈴木，第116页以下（坂原正夫执笔）；伊藤，第118页以下（不过，伊藤说认为，对方当事人可以主张无效）等。

此,近来也有观点倡导应当积极且灵活地适用辅佐人制度。[29]

四、法人的代表人

由于法人仅为一个法律概念,因此在现实中无法以“法人”之形式实施诉讼行为,换言之,法人必须通过其代表人来进行诉讼。法人与其代表人的关系类似于无诉讼行为能力人(未成年人或成年被监护人)与其法定代理人之关系,因此,民事诉讼法对于法人代表人也准用法定代理人的有关规定(《日本民事诉讼法》第 37 条)。同样,对于法人的代表人,也可以准用法定代理人的相关规则,不过,法人代表人也存在一个较为特殊的例外(无法准用法定代理人之规则),即法人与表见法理之间的关系问题。

在涉及法人的诉讼中,无论法人作为原告还是被告,都必须列明法人代表人的姓名(不过,谷口安平教授对于“原告必须特定被告法人的代表人”之命题持质疑态度,参照谷口,第 411 页)。对于“法人的代表人为何人”之问题,可以通过查看商业登记或法人登记予以明确。但现在的问题在于,当法人登记簿所记载的代表人并非该法人的真正代表人时,若因原告无法列明法人真正代表人的姓名,那么是否会导致其起诉不适法呢?这一问题涉及在如下两种立场之间如何予以衡量的问题。第一种立场是因自身的怠慢或不注意而“未进行真实的代表人登记”或者“未修改代表人登记”之法人立场;第二种立场是“除了信赖登记之外别无他法”的对方当事人之立场。此外,由于法人是一种承担多数人利益的机构,因此在考虑这一问题时,也应当考虑到“法人通过其真实的代表人实施诉讼”之要求。就法律论而言,这一问题通常以“在法人代表人的诉讼实施中是否适用《日本商法》第 14 条等规定的表见法理”之形式展开论述。

对于此问题,判例认为,在非交易行为的诉讼中不适用表见法理,因此,若当事人(原告)不能明确提出作为对方当事人(被告)之法人的真实代表人,这种诉讼则构成不适法之诉(参照最高裁判所

---

〔29〕 西口元《关于民事诉讼中的专家》,载《早稻田法学》,第 72 卷第 4 号,平成 9 年,第 420 页以下。

昭和41年9月30日判决,载《最高裁判所民事判例集》,第20卷第7号,第1523页以下等)。但是,最高裁判所昭和45年12月15日判决(载《最高裁判所民事判例集》,第24卷第13号,第2072页以下,收录于《百選Ⅰ》,第54号案件)未直接作出驳回的判决,而将该案件发回第一审法院重审,并认为,在这种情形下,应当命令当事人对其进行补正。该判例正是出于保护信赖登记的对方当事人(原告)之利益的考虑,而未采取直接驳回诉之判决。不过,应当说这一判例对于"表见法理不适用于诉讼行为"之问题的论述显得过于粗略,因此,笔者有必要对此展开深入的论述。

首先,必须将表见法理与作为其前提问题的"法人内部纠纷"区别开来。通过内部纠纷使法人真正的代表人得以明确,进而可以使诉讼得以进行(正确而言,主张"自己是真正代表人"的人应当成为当事人)。表见代理是旨在保护第三人利益的制度,因此,其应当区别于不涉及第三人的法人内部纠纷。其次,当法人知道诉讼系属(真正的代表人知道诉讼系属)时,就没有必要对该法人利益进行保护,因为在这种情形下,真正的代表人可以且应当出席该诉讼,并要求改正。因此,当诉状及其他诉讼文书送达该法人的主要营业场所时,可以推定真正的代表人知道该诉讼,故不存在对法人予以特别保护之必要。这一点也为多数学说所认可。

但是,现在需要考虑的是如下这种比较少见的情形,即在诉状及其他诉讼文书送达给法人的非真正(虚假)代表人个人,而真正的代表人却对诉讼系属毫不知情的情形下,该如何予以处置的问题。最高裁判所昭和45年12月15日判决(载《最高裁判所民事判例集》,第24卷第13号,第2072页以下,收录于《百選Ⅰ》,第54号案件)即涉及该问题。从法条根据来看,《日本民事诉讼法》第312条第2款第4项规定将代表权欠缺作为绝对上告理由,同时《日本民事诉讼法》第338条第1款第3项规定将代表权欠缺作为再审事由。可以说,这些规定构成了主张"让真正代表人实施诉讼"之表见法理不适用说的有利论据。因为,若不让法人的真正代表人实施诉讼,这些关于代理权欠缺的规定也就可能趋于空洞化与无用化。但是,表见法理适用说也认为,在对方当事人存在恶意时,《日本商法》第 14 条规定的登记代表人也有可能欠缺代表权,因此,《日本民事诉讼法》第 312 条第 2 款第 4 项规定(的存在)也是必要的,而在双方当事人存在通谋时,既已进行的诉讼同样也需要再审,因此,《日本民事诉讼法》第 338 条第 1 款第 3 项规定也具有重要意义。由此可见,这两个法律条文并不能成为(采用表见法理不适用说还是采用表见法理适用说)决定性因素。此外,表见代理不适用说也将《日本商法》第 42 条规定(将表见经理人中的诉讼法行为予以排除)作为其有利论据予以援用。但是,即使在表见经理人的诉讼行为上不适用表见法理,恐怕作出如下的这种解释也是可以成立的,即"此处的表见代理人仅仅是指未作登记的表见经理人,而不包括业已登记的表见经理人,应当将这两种情形予以区分",因此,《日本商法》第 42 条也不构成比较两种学说优劣的决定性因素。反之,若基于表见法理适用说的立场,还可以援用"只要代表人(尽管丧失代理权)未通知对方当事人,那么旧代理人的代理权在诉讼法上不产生消灭的效果,对方当事人仍然可以以旧代理人为对象来有效实施诉讼行为"之《日本民事诉讼法》第 36 条规定,并以此作为于己有利之论据。这是因为,未作变更登记的法人可以被视为"未向对方当事人作出代理权消灭通知"的一种情形。从实质论据层面而言,可以说,表见法理适用说强调未作出变更登记法人一方的归责事由,换言之,尽管法人方存在可归责性事由,但因此使对方当事人必须重新诉讼,无疑将会产生不当。与此相反,表见法理不适用说则关注到法人背后众多人员之利益,即强调应当对"通过真正代表人来进行诉讼"之法人背后者的利益予以保护(也可以表述为"法人的接受裁判权利"),但与此同时,出于双方当事人利益平衡之考虑,作为保护"对因此而不得不重新诉讼"之对方当事人利益的措施,在第一个诉讼(法人方由非真正代表人所实施的诉讼)中,对方当事人多余支出的诉讼费用以及律师费用应当由法人方来承担,而且,只要对其进行这种程度的保护即可。[30]

对于此问题,新堂教授主张一种介于这两者(表见法理适用说与表见法理不适用说)之间的见解。具体而言,当法人因第一审判决文书送达而从控诉审开始才知悉诉讼系属之事实并可以进行诉讼时,不得主张此前代表人的行为无效。但是,当法人完全不知道诉讼系属之事实时,若就"对方当事人也在第一审中对该法人的'代表人'享有代理权之事实不抱任何怀疑"这一点作出证明,那么上诉期间将不进行,并保障从控诉审开始由真正的代表人来进行诉讼(参照新堂,第 154 页)。可以说这是一种将上诉程序追补法理(《日本民事诉讼法》第 97 条)与表见法理相融合的见解。追补应以申请追补方不存在可归责事由为要件,而在此处,新堂教授将"对方当事人在第一审中对法人代表权之存在应当抱以怀疑"这一对方当事人归责性(不存在正当事由)作为可追补的要件。如果能对这一要件作出证明,那么就可以进行上诉程序的追补,换言之,"对方当事人不存在正当事由"之证明责任由法人方承担。依据这种观点,若法人方未出席第一审诉讼并形成所谓的缺席判决,则在多数情形下,法人都将承受这种(缺席判决的)效果(从控诉审开始才可以进行真

---

[30] 除此之外,也有学说从"采用何种学说有助于程序的安定""何种学说与'法人的代表权属于职权探知事项'之原则更协调"的角度出发,对表见法理不适用说与表见法理适用说两者展开比较,不过,这些角度的论述都是相对次要性的论点。关于此的详细论述,可以参照高桥宏志《案例解说》,载《商法判例百选(总则与商行为部分)》(第三版),有斐阁,平成 6 年,第 18 页以下。

持表见法律不适用说的观点,可以见之于丰水道祐《商事公司的诉讼代表与〈商法〉第 12 条规定的关系》,载《松田教授还历纪念论文集——公司与诉讼》(下),有斐阁,昭和 43 年,第 1103 页以下;纳谷广美《案例解说》,载《続百選》,第 28 页以下;本间靖规《法人的代表人》,载小山ほか・演習,第 222 页以下等。而主张表见法理适用说的观点,可以见之于立川共生《作为诉讼当事人的法人代表人之确定与登记的机能》,载宫川、中野编《民事法的诸问题 5》,判例时代社,昭和 47 年,第 306 页以下;竹下守夫《诉讼行为与表见法理》,载実務民訴(第一卷),第 169 页以下;注釈民訴(第一卷),第 510 页以下(高见进执笔);谷口,第 410 页以下;伊藤,第 109 页以下;中野 = 松浦 = 鈴木,第 108 页以下;松本 = 上野,第 74 页以下等。

正代表人的诉讼)。[31]

尽管新堂说的这一见解,堪称为一种解析精湛的折中论,但也存在一些说明上的模糊之处,因此,毋宁积极采用表见法理适用说,这可能会使问题更加明确化。[32]

---

〔31〕 即使基于新堂说的这一见解,对于"是否当然失去第一审审理效果"之问题,也仍然是不甚明确的。因为,从新堂说中可以解读出"法人方丧失第一审审理的效果",但如此一来恐怕则难以对"对方当事人为何也丧失第一审的效果"之问题作出很好的说明。就对方当事人而言,丧失第一审审理的效果往往会给其带来不利益。在此情形下,恐怕不能为了法人方复活第一审(发回第一审进行重审),但为了对方当事人则可以发回重审(《日本民事诉讼法》第308条规定的裁量性发回重审),关于此的详细论述,还可以参照本间靖规《法人的代表人》,载小山ほか·演習,第228页以下。不过,由于控诉审既是续审也是事实审,因此,此情形下发回重审并无太大之必要。

〔32〕 在新堂,第181页以下;新堂幸司《民事诉讼法理论为谁而设?》,载新堂·民訴制度,第1页以下,尤其是第17页以下等的文献中,新堂说都明确地采用表见法理适用说,但不知为何在新堂教授的体系书中,却出现这种"退步"的迹象,关于其中缘由似乎不甚明确。也有可能是新堂教授考虑到"仅仅因法人怠于登记就招致败诉的后果,对于法人而言过于残酷"之反对说意见的缘故。但是,"因怠于进行登记而丧失权利"之法理,往往被适用于以不动产登记为代表的其他法律制度中。

第九讲　当事人适格

导　读

当事人适格的问题无论是在日本民事诉讼理论,还是实务中都是十分重要的问题。当事人适格的概念虽源于德国民事诉讼理论,但在日本,对当事人适格在含义和程序的处置上,与德国稍有不同。例如,在德国,当事人适格的问题,即诉讼实施权属于本案判决要件(本案问题),而非诉讼要件。属于本案判决要件(本案问题),则在缺失该要件时,是以判决驳回;如归于诉讼要件,则以诉讼判决(类似于中国的裁定)驳回(日本)。(在中国,当事人适格的概念和理论逐渐为学界和实务界所了解,并有所运用。但在适用这一概念时,在理解上存在差异。)基于当事人适格问题的复杂性和重要性,高桥先生对这一问题给予了极大的关注,倾注了很大的精力研究和分析这一问题。与日本和德国相比,中国在当事人适格方面的研究还不多,主要的问题在于对国外已有的研究成果关注不够,研究中缺乏程序与实体的结合,实体法学者也缺乏对当事人适格的关照。

1. 当事人适格的含义

当事人适格,又称为正当当事人,是指对于具体的诉讼,有作为本案当事人实施诉讼,要求本案判决的资格。当事人适格不能等同于当事人起诉和应诉的资格,因为具有起诉和应诉资格的当事人不一定具有实施诉讼要求本案判决的资格。在德国,当事人适格被称为"诉讼实施权"。至于为什么在日本要使用"当事人适格"的表述其原因尚不清楚。这对于讲究概念缘起的日本人而言着实有些特殊。

当事人适格与诉讼权利能力不同。诉讼权利能力是作为抽象的诉讼当事人的资格,它与具体的诉讼无关,通常取决于有无民事权利能力。当事人适格是作为具体的诉讼当事人的资格,是针对具体的诉讼而言的,当事人适格与否,只能将当事人与具体的诉讼联系起来,看当事人与特定的诉讼标的有无直接联系。例如,在甲与乙的贷款纠纷中,丙向法院起诉要求甲返还乙的贷款。由于丙与甲乙之间争议的诉讼标的无直接联系,故丙就不是本案的适格当事人。

当事人适格与作为纯粹形式上的当事人也不同。形式上的当事人仅以原告主观上的主张为准,作为原告就是向法院起诉请求权利保护的主体,作为被告即为被诉的主体。而当事人适格则是指对本案的诉讼标的,谁应当有权要求法院作出判决和谁应当作为被请求的相对人。

在中国以前的民事诉讼理论中,既没有区分当事人适格与诉讼权利能力的问题,也没有区分形式上当事人和当事人适格的问题。以往民事诉讼法教科书中有关当事人概念和特征的阐述,实际上是针对适格当事人而言的,中国最高人民法院在司法解释中对原告和被告的规定,实际上也仅指适格的当事人。这一点是我们需要注意的。

2. 当事人适格欠缺的处置

在日本理论中,当事人适格也属于诉讼要件[关于诉讼要件,详见高桥宏志:《重点讲义民事诉讼法(下)》诉讼要件]之一,因此基本上也与其他诉讼要件具有相同的特征。当原告的起诉缺乏这一要件时,诉讼就会遭到法院的驳回。对于(尽管)不具备当事人适格但(法院依然)作出的本案判决,当事人可以提起上诉,不过,"不具备当事人适格”并不能作为申请再审的事由。尽管对于不具备当事人适格而作出的判决不能通过再审予以撤销，但权利义务的归属主体不受该判决的约束，也就是说，在发生诉讼担当的情形中，担当人所获得的判决只有在具备当事人适格时，效力才及于被担当人，被担当人可以在后诉中，对“担当人不具备当事人适格”之事实进行主张与举证，以便阻止判决的效力及于自身。

3. 三大诉讼类型的当事人适格的确定

诉讼类型不同，当事人适格的确定标准也有所不同。

(1)在一般的给付之诉中，主张自己持有诉讼标的之给付请求权之人具有原告适格，而被原告主张为该给付请求权义务人之人就具有被告适格。与第三人诉讼担当场合中的担当人必须对担当原因予以证明不同，在上述的普通诉讼中，当事人只要进行主张即可(无须进行举证)。

(2)在确认之诉中，法院在对确认的利益作出判定之际，一般也是依据“对发生在该原告与被告之间的诉讼作出判决是否具有解决纠纷的必要性与实效性”之标准来判断当事人的正当性。换言之，“确认的利益”与确认诉讼中的“当事人适格”两者原则上处于一种表里一体的关系。应当注意的是，在产生对世效力的确认诉讼之情形中，当事人适格问题则有所不同。

(3)由于“形成诉讼”本身是由法条明文所规定的，因此在形成诉讼中，关于“何人应当成为该诉讼的当事人”的问题，也是由法律条文来作出相应的规定(例如，《日本商法》第 247 条规定的撤销股东大会决议诉讼的原告适格)。诸如在这种法条明文规定之人具有当事人适格的情况下，只要遵循法条的规定即可。但是，对于形成诉讼中的当事人适格，也存在法律条文未作出规定的情形，尤其是关于法人内部纷争中的被告适格问题，学界上还存在较大的争论。关于这一问题，高桥先生在其后有很详尽的论述。

4. 法定诉讼担当与当事人适格

在日本法中，第三人替代诉讼标的之权利义务的主体(或者与权利义务主体同时)持有当事人适格，并且该当事人承受的判决效力也及于权利义务主体的情形,由此被称为第三人的诉讼担当。在这种情形下,第三人成为诉讼的当事人,而不是诉讼代理人。在第三人诉讼担当中,按照法律规定当然发生的诉讼担当就是法定的诉讼担当。若对法定的诉讼担当再做进一步的分类,则可以分为为了担当人利益的法定诉讼担当和为了权利义务归属主体利益的法定诉讼担当。所谓的为了担当人利益的法定诉讼担当,是指第三人基于自己的利益或者自己代表方的利益而对诉讼标的的权利义务享有"管理处分权",并可以基于这一管理处分权进行诉讼担当的情形,其典型的例子包括扣押债权的催缴诉讼以及股东代表诉讼等。对于破产财产管理人,虽然在学界,不同观点会赋予其种种不同的定性,但多数学说还是将其归入这一类诉讼担当。

法定的诉讼担当中的另一种情形则是,为了权利义务归属主体利益的法定诉讼担当(职务上的当事人)。当诉讼标的之权利义务归属主体不可能或者不适于进行诉讼时,由法律规定的一般地应当对归属主体负有保护职责之人进行诉讼担当的情形就是所谓的为了权利义务归属主体利益的诉讼担当。例如,在人事诉讼中,因原来的适格者死亡而代替其成为当事人的检察官、在禁治产人等的离婚诉讼中的监督监护人或监护人、海难救助费用诉讼中的船长等即属于职务上的当事人,遗嘱执行人也可以归入此类。高桥在本讲中,主要对法定诉讼担当中的债权人代位诉讼、遗产管理人的地位、遗嘱执行人的权限、纠纷管理权进一步展开了论述。这些论述具有相当的深度,对中国的理论和实践均具有重要参考价值。

5. 存在对世效情形下的当事人适格

在中国,不少人还没有判决相对性的认识,因此,也没有对世效的认识。对世效是相对于相对效而言的。判决具有对世效力的情形主要集中在社团关系诉讼与身份诉讼中。关于相对效与对世效,可详见本书"第十五讲　既判力"。

对第三人保护的手段。在判决具有对世效力的场合中,未作为诉讼当事人的第三人受到判决效力的拘束,因此,就有必要谋求使这种对世效力产生正当化的根据或手段。通过将当事人适格限定于“能够对纠纷进行最认真且彻底地争执之人”，来提高该判决内容的正当性，进而实现对第三人的保护，可以说是其最基本的根据之一。

而就当事人适格之外的根据或手段而言，首先就是对处分权主义以及辩论主义的限制，也即在民事诉讼的某些方面或领域采用职权探知主义。具体而言，为了防止基于“成为当事人之人”个人所关心的诉讼战略或恣意的诉讼战术而产生的非正当判决，就必须通过法院的监督来提高判决内容的正当性，这种职权探知主义为人事诉讼程序法所采用，而且，行政案件诉讼法也采用职权证据调查，此外，在解释论上，多数的学说也认为，在公司诉讼中也应当对辩论主义进行限制。其次，让第三人知晓诉讼系属，并在其欲进行诉讼参加时，允许其进行诉讼参加之方法也是一种有效的手段与条件，因为在这种情形下，第三人作为参加人参与了诉讼程序，受判决效拘束的第三人在程序权上获得了保障，公司法诉讼中的公告就属于其典型的例子，在解释论上成为热门话题的“传唤”制度也包含着这种因素的考量。再次，在出现欺诈判决的场合，设置“第三人可以提起再审”之途径，尽管这是一种事后性的程序保障，但第三人毕竟可以通过这种方式获得救济，《日本商法》第268条之三规定的股东代表诉讼中的欺诈再审、《日本行政案件诉讼法》第34条规定的第三人再审就是这种方式实定法化的两个例子，不过，多数说认为，即便在一般的民事诉讼中，通过对《日本民事诉讼法》第47条第1款前段规定进行扩张性的解释也可以实现“肯定欺诈再审”之目的。最后，让判决进行“只在判决有利于第三人的判决时，才对其产生对世效力，而在不利于第三人时，判决则不产生对世效”单面性的扩张，也有助于实现对第三人的保护，从实定法的层面来看，在“公司合并无效”“撤销公司股东大会决议”等公司法诉讼中经常能见到这种形式的保护。

从学说的立场来看，通说认为法人是被告适格者。不过，谷口安平教授认为，就要求对股东大会作出的董事选任决议进行撤销或确认无效的纠纷而言，作出这一决议的机关是公司股东大会而不是公司本身,而且,能够推翻这一决议并重新作出其他选任决议的机关也是股东大会而不是公司。公司本身并不能对该决议作出任何的处理。换言之,所谓的"公司"是一项主要规制对外关系的法律技术,而在公司的内部纠纷中其并不具有独立存在的意义。若是从外部来看,内部纠纷则不过是公司(法人)之"杯中的风暴"而已。谷口教授认为,从原本意义上说当然是除原告之外的全体股东(公司成员),但是,这种处置又是不现实的,考虑到"现在的股东大会成为董事会决定的批准机关"之实情,将作为决议提案人的董事长作为被告的做法可能是较为合理的。总而言之,在这种情况下,让代表攻击该股东大会决议一派的原告与代表维持该股东大会决议一派的董事长(被告)成为当事人,也是符合"将利害对立关系最为鲜明的双方作为诉讼当事人才能进行适当的诉讼实施"之观点的,基于这两者争讼之上作出的判决在内容上具有很高的正当性,因此,该判决的效力可以拘束全体关系人。高桥对谷口教授的观点给予了很高的评价,认为谷口教授的相关文章是研究这一问题的必读文章。

目　　次

一、含义

1. 含义

所谓的当事人适格,是指当事人对于作为诉讼标的之特定权利或法律关系可以实施诉讼并请求本案判决的资格(新堂,第188页)。换一角度而言,当事人适格也可以被理解为如下这一问题,即为了使纷争有效且适当地获得解决,应在何人之间展开诉讼?为了解决该纠纷,适当被选出的当事人就具有当事人适格。兼子教授(参照兼子·体系,第158页)对于当事人适格之概念的论述如下:在何人成为当事人时,法院以本案判决方式对"请求的妥当与否",也即"作为诉讼标的之法律关系的存在与否"作出确定才是必要且有意义的,而诉讼标的的利害关系人接受该请求存在与否之确定判决的资格,就被称为当事人适格。

当事人适格也被表述为正当当事人或诉讼实施权。在母法国德国,这一概念似乎多被表述为诉讼实施权(上野教授认为,诉讼实施权概念更易于理解,参照上野泰男《关于当事人的关联事项》,载《民商》,第110卷第4·5合并号,平成6年,第663页以下,尤其在第678页)。而在日本则较多使用当事人适格之表述,其原因尚还不太明确。对应于当事人被分为原告与被告之分类,当事人适格也可以分为原告适格与被告适格。

当事人能力是一种与诉讼标的无关的,一般意义上被认可的资格,而当事人适格则是对应于特定诉讼标的之资格(不过,两者也存在交错与连接的一面,关于此点的详细论述,可以参照新堂,第93页)。此外,诉的利益是从"纠纷解决的必要性及实效性"之请求客观层面考虑的概念,而当事人适格则是从"纠纷解决的必要性及实效性"之当事人主观层面把握的概念,两者在内在方面存在关联。此外,从诉权概念的视角来看,也可以分别将诉的利益与当事人适格置于诉权的客观利益与诉权的主观利益之定位(参照兼子·体系,第153页)。

直至19世纪,在德国民事诉讼法学中,观念中存在的诉的类型只有给付诉讼,因此,在当事人方面也就形成了实体当事人之概念,其认为,作为诉讼标的之实体权利关系的主体即为正当当事人,而主张"自己是这种实体上的主体"之人就是"当事人"。可以说,这是一种将实体法律关系朴素地反映于当事人理论的观点。就买卖价金请求而言,主张"自己是卖主"之人为原告,而主张"自己是买主"的人为被告。而当原告的主张将非卖主的其他人列为被告时,法院就会以当事人错误为由来驳回诉。[1] 但是,依据这种实体当事人概念,就无法对诸如“破产管理人”之非权利义务主体之人(权利义务的主体为破产人)可以实施诉讼之问题作出很好说明(例如,后述的第三人诉讼担当情形),而且,对确认第三人之间法律关系诉讼的当事人问题,也难以作出合理解释。换言之,按照这种观点解释,由于破产管理人不是权利义务归属主体,因而不能成为实体上的当事人。而且,在原告 X 以诉讼外自称是 A 的债权人 Y 为被告提起“要求确认 X 是 A 的债权人”之诉讼的情形中(当然,作为前提条件是该案件的确认利益获得肯定),债务债权关系的实体归属主体是 X 与 A,而作为被告 Y 因不属于实体归属主体,同样也不能成为实体上的当事人(被告)。正是鉴于此点,自德国学者科勒(Kohle)开始对这种实体当事人概念提出质疑(从 1881 年开始发表的诸多论文),并试图重新构建当事人概念。科勒不仅肯定了第三人的诉讼担当,而且,以“以其名义进行起诉或被诉之人”之定义,对当事人概念予以形式化把握,与实体当事人概念相对,这就是所谓的形式当事人概念。

尽管形式当事人概念具有如下这一优点,即对于包含破产管理人与确认第三人之间的法律关系之诉在内的所有诉讼当事人,在概念上能够作出统一说明,但是,也存在概念自身内涵空洞之缺陷,换言之,这种形式当事人概念对于“究竟何人应当作为当事人”之问题,不能提供任何指示。正是基于对形式当事人概念上述缺陷的反

---

〔1〕 即便法院以不是“实体上”的当事人而驳回诉,在此情形下也需要存在该驳回诉判决所指向的当事人(判决名义人)。例如,X 虽非(实体上的)当事人,但也成为驳回诉之判决的当事人(判决名义人)。如此一来,虽然还不至于说“当事人”这一概念在逻辑上存在矛盾,但是也可以说明当事人概念呈二重构造化。如果导入当事人适格概念予以论述,那么由当事人适格之概念来承担前者意义的当事人,而将后者意义的当事人作为当事人概念内涵,通过上述方式可以克服当事人概念二重构造化问题。

换言之,就实体当事人概念而言,一方面,概念本身就包含当事人适格的要素[参照松原后揭注(2)熊本大学法学第 54 号,第 76 页以下],在另一方面,也发挥着驳回诉之诉讼要件功能[参照松原后揭注(2)熊本大学法学第 51 号,第 105 页以下]。但是,无论是德国还是日本,对于上述论点都未必作出了正确的理解。

思与探究,在结果上形成了当事人适格之概念。当事人适格是一个以形式当事人概念为基础,对"何人应当作为当事人"之问题作出指示的概念。〔2〕〔3〕

---

〔2〕　在当事人适格学说史的介绍文献方面,福永有利《关于民事诉讼中"正当当事人"的研究》,载《关西大学法学论集》,第 17 卷第 1 号第 20 页以下(昭和 42 年);第 17 卷第 3 号第 273 页以下(昭和 42 年);第 17 卷第 5 号第 454 页以下(昭和 42 年);第 17 卷第 6 号第 602 页以下(昭和 42 年);第 18 卷第 2 号第 149 页以下(昭和 43 年)具有里程碑意义的地位,在此基础上,上野泰男教授与松原弘信教授进一步深化这一方面的研究。前者文献是上野泰男《法定当事人变更总论》,载《判時》,第 313 号第 26 页以下(昭和 50 年)、第 314 号第 46 页以下(昭和 50 年),后者文献是松原弘信《民事诉讼中当事人概念的形成与展开》,载《熊本大学法学》,第 51 号第 85 页以下(昭和 62 年)、第 52 号第 33 页以下(昭和 62 年)、第 54 号第 59 页以下(昭和 63 年)、第 55 号第 25 页以下(昭和 63 年)。松原弘信教授在其后对当事人展开的研究成果,还可以见之于松原弘信《对于民事程序中"程序主体"概念的一种考察》,载《熊本大学法学部创立十周年纪念论文集——法学与政治学的诸相》,平成 1 年,第 313 页以下。

按照上述这些研究文献中的论述,当事人适格概念的形成背景在于对确认诉讼类型以及第三人诉讼担当的认可。由于现实中存在"非系争实体法律关系主体之人也作为诉讼当事人"的现象,因此实体当事人概念逐渐趋于衰退,取而代之的则是形式当事人概念与当事人适格概念。从表面上看,对于确认诉讼类型的承认,似乎是导致实体当事人概念衰退的契机,但若细加分析,则会发现实际情况并非如此。导致实体当事人概念衰退的原因是对于第三人诉讼担当的承认,关于此的详细论述,可以参照松原前揭《熊本大学法学》第 52 号,第 35 页以下。将诸如破产管理人等的财产管理人不作为法定代理人,而直接作为当事人予以对待的做法,推动了以形式当事人概念逐步取代实体当事人概念之发展进程,并最终完全形成了形式当事人概念,关于此的详细论述,可以参照,松原前揭《熊本大学法学》第 52 号,第 57 页以下。但是,在活跃于 20 世纪开端的赫尔维格(Hellwig)提倡的形式当事人概念说中,确认诉讼类型却发挥着重要作用,关于此的详细论述,可以参照松原前揭《熊本大学法学》第 54 号,第 61 页以下。

在德国民事诉讼法学中,将"与权利客观存在相区别的、作为权利归属主体"之资格称为案件适格[中野教授称为实体适格,参照中野贞一郎《当事人适格的决定因素(上)》,载《判時》,第 819 号,平成 5 年,第 19 页以下,收录于中野·論点(Ⅰ),第 93 页以下]。在实体当事人概念下,这种案件适格具有"作为系争权利归属主体的资格"与"当事人是系争权利之正当当事人的资格"的双重属性。但是,因前者涉及"权利归属于何人"之问题,故而无疑属于本案问题,而后者虽然是正当当事人的问题,但在当时,也是作为本案审理的问题予以对待(因为,"主张为实体权利主体之人是否是真正权利主体"属于本案审理的问题)。总而言之,案件适格、正当当事人等概念,在德国似乎陷如此一来,就使当事人问题与当事人适格问题获得了明确区分。

入相当混同或混乱的状态,关于此的详细论述,可以参照松原前揭《熊本大学法学》第51号,第100页以下。这也似乎暗示着当事人问题的复杂性。松原教授认为,主张将正当当事人问题从本案中分离出来的观点始于赫尔维希,参照松原前揭《熊本大学法学》第54号,第65页以下。

此外,在形式当事人概念形成之初,这一概念并未适用于民事诉讼法上所有关于"当事人"的领域。例如,在既判力主体或诉讼费用原则负担者方面,仍然适用实体当事人概念。但是,随着形式当事人概念逐步占据通说地位,即使在这些规定上也产生与形式当事人概念相结合的"绝对化、一统化"之趋势,关于此的详细论述,可以参照松原前揭《熊本大学法学》第54号,第78页以下。关于这一点的详细论述,也可以参照上田·判決効,第136页;上野泰男《关于既判力主观范围的一种考察》,载《关西大学法学论集》,第41卷第3号,平成3年,第907页以下,尤其是第915页;本书"第十五讲 既判力"部分的相关论述。这的确是个重要的问题,今后还需进一步展开探讨。

〔3〕 在形式当事人概念形成之后,也有学说对此提出了批判,其中较具有代表性的当属德布尔(De Boor)主张的功能性当事人概念说(发表于1941年的论文)。德布尔以"形式当事人概念的内涵过于空洞化"这一缺陷作为其批判出发点,并限定于财产诉讼领域展开考察,作为结论,以"财产"而非"人"为出发点构建了其所主张的当事人概念。具体而言,德布尔认为,由于财产诉讼是发生在两个"纷争财产"之间的争议,因此,对"纷争财产"具有管理权限的管理人,应当作为诉讼的当事人,关于此的详细论述,可以参照松原前揭注(2)《熊本大学法学》第54号,第87页以下。当不符合这种"当事人"条件之人提起诉讼时,该诉讼因不适法而遭驳回,如此一来,当事人概念重新包含了作为当事人的正当性,即诉讼实施权(当事人适格)之要素,而且,这一概念也使案件适格得以复活,当主张的请求权不归属于"纷争财产"时,法院就会在本案中作出驳回请求判决。

若对德布尔说的优点予以列举,那么一般认为其表现在以下两点:其一,当形式上属于同一人财产的部分财产,作为特别财产独立存在时,对于发生在特别财产与其他财产之间的诉讼,能够作出很好的说明;其二,在论述诸如"破产管理人是当事人还是代理人"这种问题时,能够对具体诉讼中的"何人为当事人"之问题作出明确指示。但是,在德布尔的见解中,关于"纷争财产"以及"这种管理"等概念却存在"不甚明确"这样的缺陷,因此德布尔的学说始终没有占据通说地位。不过,在"二战"后,亨克尔(Henckel)部分继承了德布尔说,并将其应用于对形式当事人概念的补充与修正。

亨克尔(发表于1961年的论文)一方面维持形式当事人概念,但同时又认为,原则上诉讼实施权的基础在于"以利益财产为基础进行诉讼的当事人资格"与"对于系争标的物或者责任财产的处分权",因此,财产是当事人适格的基础。如此一来,所谓的当事人是指,"对于一定的利益财产要求进行权利保护之人",而且,既判力主观范围也非通过形式当事人概念,而是基于系争法律关系的主体予以确定。这种观点避免了将形

“何人是当事人”属于当事人问题范畴，在具体诉讼中，应当作为当事人确定的问题予以处理（参照本书“第六讲　当事人的确定”部分的相关论述），而在具体的诉讼中，“何人应当作为当事人”则属于当事人适格的问题。从逻辑顺序上来看，一般需要先对当事人进行确定（当事人确定问题），然后再考虑确定为当事人之人是否具有当事人适格之问题。

当事人适格，也是一个基于解决纠纷之必要性与实效性视角来考虑的概念，因此，在这一概念中应当予以考虑的因素几乎等同于诉的利益概念的考量因素，即需要综合考虑原告、被告及法院（或者一般国民）三者之间的利益。而对于这三者间的利益衡量，应属于法解释论的课题（参照新堂，第 189 页）。此外，在判决效发生扩张的场合，还需要附加“对被扩张之人利益保护”之因素的考量（参照新堂，第 190 页）。这一点似乎类似于行政案件的某些情形，因为，行政案件中就存在调整国家、原告与被告以及第三人之间利益的问题。如大家在行政法的学习中所知的，学界关于《日本行政程序法》第 9 条原告适格规定的论争状况，是较为复杂的。

式当事人概念推向绝对化的问题［关于此的详细论述，可以参照松原前揭注(2)《熊本大学法学》第 52 号，第 25 页以下］。

对于德布尔说以及亨克尔说，究竟该如何评价呢？的确，仅仅依据当事人（形式当事人概念）来判定诉讼法律关系同一性是不充分的，故而有必要着眼于纠纷所涉及的财产，而形式当事人概念过分强调诉讼法属性，因而无法将存在于纠纷基础之中的实体法性质因素包含在内（当事人适格也是诉讼法观念性概念，于是，亨克尔说并非基于当事人适格概念之本身，而切入当事人适格之基础展开论述。在日本的诉讼继承中，也同样使用与实体当事人概念相近似的“纠纷主体地位”之概念。对于此概念也有学说提出了内在性批判，这种批判性的文献可以见之于上野泰男《法定当事人变更总论》，载《判時》，第 314 号，昭和 50 年，第 56 页以下）。对于特别财产的管理，基于当事人与财产关联视角的考察也不可或缺，因为，仅仅依据形式当事人概念对此展开论述，同样也不充分。但问题在于，有关当事人与财产两者之间的联系，是否应提升至一般化程度呢？笔者认为，既然为特别财产，可以作为一种例外对待，也即无须强调至一般化程度，法律上的“人”通常被视为财产一体性的代表，不过，上野教授以扩张性对待当事人与财产联系的视角构筑自己学说（例如，上野泰男《关于既判力主观范围的一种考察》，载《关西大学法学论集》，第 41 卷第 3 号，平成 3 年，第 907 页以下），在这一点上，上野说似乎颇受瞩目。

2. 分类

一般认为,即便在由权利义务主体作为当事人的普通诉讼中,当事人适格也可能成为问题;而在第三人对他人权利义务具有管理处分权的场合,当事人适格问题显得更为突出。上述的后一种场合就是指所谓的第三人诉讼担当的情形。在理论上,尽管当事人适格将上述两者统一包含在内,但是就实际状况而言,当事人适格在前者的普通诉讼情形与后者的第三人诉讼担当情形发挥的功能存在相当大差异。这一点正好与诉的利益之状况形成对应,即在诉的利益中,作为理论而言,其是适用于各种类型诉讼的一般性概念,但是在实际发挥功能方面,诉的利益在确认利益中表现得最为重要(参照本书“第十一讲　诉的利益”部分的相关论述)。

第三人诉讼担当可以分为法律规定的法定诉讼担当与依权利义务主体意思的任意诉讼担当,而在前者的法定诉讼担当中,又可以进一步分为“为了担当人利益的诉讼担当”与“为了权利义务主体利益的诉讼担当(职务上的当事人)”两类(参照新堂,第 192 页)。当判决效力及于其他第三人时,即在具有对世效力的形成诉讼与确认诉讼中,当事人适格理论及其周边问题也发挥着重要作用(参照新堂,第 198 页),因此,当事人适格是与判决效扩张理论以及多数当事人诉讼理论紧密相关的问题。

当事人适格在固有必要共同诉讼中也会成为问题。若非所有关联者成为当事人,固有必要共同诉讼的起诉就会遭法院驳回,换言之,此种情形视为不具有当事人适格之情形(参照新堂,第 201 页)。不过,这毕竟属于多数当事人诉讼领域的问题,在此予以省略。

3. 诉讼上的效果

由于当事人适格属于诉讼要件之一,因此其基本上也与其他诉讼要件具有相同特征。当原告的起诉缺乏这一要件时,该起诉就会遭到法院驳回。

对于(尽管)不具备当事人适格但(法院依然)作出的本案判决,

当事人可以提起上诉,〔4〕不过,“不具备当事人适格”并不能作为申请再审的事由(参照《日本民事诉讼法》第 338 条)。尽管对于不具备当事人适格而作出的判决不能通过再审予以撤销,但权利义务的归属主体不受该判决的约束,换言之,在诉讼担当中,担当人获得的判决只有在具备当事人适格时,其效力才及于被担当人(参照《日本民事诉讼法》第 115 条第 1 款第 2 项),被担当人可以在后诉中,对“担当人不具备当事人适格”之事实进行主张与举证,以便阻止判决效力及于自身(参照新堂,第 264 页;本书“第九讲　当事人适格　三、法定诉讼担当”部分的相关论述)。

当诉讼过程中丧失当事人适格时,就形成《日本民事诉讼法》第 124 条所规定的诉讼程序中断和继承的问题。对于诉讼过程中丧失当事人适格在理论上产生的难点问题,上野教授展开过详尽论述,参照上野泰男《法定当事人变更总论》,载《判时》,第 314 号,昭和 50 年,第 46 页以下。

二、一般给付、确认、形成诉讼中的当事人适格

在一般给付之诉中,主张自己持有诉讼标的之给付请求权之人具有原告适格,而被原告主张为该给付请求权义务人之人具有被告适格。与第三人诉讼担当的担当人必须对担当原因予以证明不同,在上述的普通诉讼中,当事人只要主张(具备)当事人适格即可(无

---

〔4〕 新堂说认为,在诉讼担当的对方当事人败诉时,该对方当事人不能因为诉讼担当人欠缺当事人适格主张不承受判决效力(参照新堂,第 202 页以下)。例如,在股东代表诉讼中,不允许败诉的被告提出“原告是不具备要件的股东”之主张,而且,这一判决也是有效判决。尽管在这一案例中作出这样的判决是妥当的,但当作为原告的诉讼担当人可以要求被告向自己履行给付时,也有必要考虑到被告双重给付的危险,因此,有必要通过适用“对于债权准占有人的偿付”(《日本民法》第 478 条)等手段保护被告人,在这种场合下,似乎应当考虑适用“真正的诉讼担当人(或者权利归属主体)只与虚假的诉讼担当人发生联系”之规则。

须举证)。[5]

---

〔5〕 当事人适格的判断标准未必统一且明确,学界主流对于这一判断标准的说明,呈现出一种二元性的结构。如前所述,一般给付诉讼中的当事人适格,以主张或被主张为权利义务主体为标准即可(若将确认诉讼包含在内,则被定格化为主张或被主张"自己是胜诉判决应当保护实体利益的归属主体"之人,这是一种以法的利益对当事人适格判断标准展开的说明,参照新堂,第190页),但在第三人诉讼担当或固有必要共同诉讼中,则依据管理处分权作为当事人适格的判断标准。当事人适格判断标准,说到底是如下问题,即从解决纠纷的角度来看,以何人作为当事人作出的本案判决是有效且适当的。尽管如此,还是需要借助趋于式微的中间性概念——"法的利益"与"管理处分权"来展开说明。

但是,对于以管理处分权展开的说明遭到了福永有利教授的强烈批判。该批判的要点如下:第一,管理处分权的对象是不明确的。诸如日照权或环境权的管理处分权人究竟是何人?管理处分权的行使对象究竟是笼统性、总括性的财产,还是作为诉讼标的的具体财产,关于这一点的区分不是很明确。第二,在实体法上,某人即使被剥夺管理处分权,那也不是绝对性剥夺,而是一种相对意义上的剥夺,在某些情形下,违反此的行为也仅仅构成相对无效,而且,在这种情形下,可以认可被相对性剥夺管理处分权之人的当事人适格,因为,只要"侵害因限制管理处分权而获益之第三人"的判决之效力不及于该第三人即可。此外,在管理处分权暂时不归属于任何人的情形下,其结果又如何呢?例如,当某物被附条件转让,在附加条件未成就这一期间内,究竟何人享有该物的管理处分权呢?总而言之,管理处分权是一个应当在实体法上加以构筑的概念,若不加批判地将其导入诉讼法领域则会显得过于勉强。第三,具有管理处分权之人是当事人还是代理人,在诉讼法上无法予以区分。在提出上述这些批判的基础上,福永有利教授(尽管最初仅仅限定于财产诉讼中的原告适格)提倡一种"与诉讼结果相关的重要利益"的统一性标准,即以(当事人)是否具有"达到通过独立诉讼来保护之程度"的重要利益来判断其当事人适格的存在与否。但是,福永教授的这一主张似乎并不能作出完整性的说明,就以共有为例,尽管每个共有人都具有"与诉讼结果相关的重要利益",但在固有必要的共同诉讼中,法律对于当事人适格还规定了其他特别要件,反之,对于诸如破产管理人那样的特殊人员,尽管没有"与诉讼结果相关的重要利益",但法律却赋予其特别的当事人适格。有关福永说的以上内容详尽论述,可以参照福永有利《当事人适格理论的再构成》,载山木户·還暦(上),第34页以下。此外,中野教授也赞同福永说。参照中野贞一郎《当事人适格的决定因素(上)》,载《判時》,第819号,平成5年,第19页以下,收录于中野·論点(Ⅰ),第93页以下。关于固有必要的共同诉讼情形的这一问题之论述,可以见之于福永有利《共同诉讼》,载鈴木ほか·演習,第241页以下。

换言之,给付诉讼中当事人适格不太会成为凸显的问题。[6]

对于诸如"不以国家而以个人为被告提出国家赔偿请求之诉讼"或者"以非现行登记之人为被告提起请求转移登记诉讼"那样的,从原告主张本身来看,这种被告明显不能成为义务人的情形,有观点认为,这属于诉讼欠缺被告适格的情形。[7]因为,在这些情形下,法院作出的判决没有解决纠纷的实效性。与此相对,也有观点认为,即便是在这些情形下,也可以先行认定为其具有被告适格,然后再将其作为本案问题予以处理。在上述情形中,尽管说被告是否具有适格属于本案问题,但在实践中法院无须通过证据调查,就可以以原告主张自身不当(参照本书"第十二讲　辩论主义　七、真实义务与完全义务"部分的相关论述)为由驳回原告请求,尽管如此,这种驳回请求判决仍然属于本案判决。由此可以看出,本案问题与当事人适格可能存在交错。

从理论上说,上述这两种观点都能成立,但是,就理论构成而言,应当说主张将其作为本案问题予以处理的观点,更具理论上的

的确,这是一种颇具兴味的学说,而且就实践视角来看,若将"与诉讼结果存在重大利害关系"作为判断标准,则会顺理成章推导出如下的结果,即通过(在本书"第九讲　当事人适格　三、法定诉讼担当"部分所论述的)债权人代位中代位债权人等的诉讼担当,让担当人成为基于自己固有适格的当事人,不过,反过来看,这种学说似乎又具有如下之嫌疑,即仅仅以"导出这样的结论"为目的来构建理论。无论如何,福永教授自身也承认,这一学说并未提供一种完全统一的标准(例如,对于破产管理人的情形)。这样一来,这一问题就可以归结为,对于诸如通过债权人代位、扣押的催缴诉讼(参照《日本民事执行法》第157条)以及债权质权人诉讼(参照《日本民法》第367条)等,通说认为应由第三人诉讼担当的情形,应如何认识及对待?笔者认为,如前所述,在一般给付诉讼与第三人具有管理处分权这两种情形中,各自的利益状况存在截然差异,因此很难确立统一的标准,就当前的状况而言,采用如下之做法可能比较妥当,即在通说框架内,就个别具体事例探讨其妥适结论。此外,关于此问题的详细论述,也可以参照井上=伊藤=佐上,第81页以下(伊藤真执笔)。

〔6〕 新堂教授直接指出,在给付诉讼中,无须单独就当事人适格做出判断。参照注釈民訴(第一卷),第414页以下(新堂幸司执笔)。

〔7〕 小山,第94页以下;条解,第113页以下(新堂幸司执笔)等。谷口教授也持相同见解,参照谷口,第254页以下。

一贯性。[8] 因为,从主张本身来看,如果当事人提出的请求因欠缺理由而导致其本身无法成立,例如,自己承认对方当事人不存在故意或过失,但又以侵权行为为由提出请求,那么法院对此作出驳回请求的判决应当是合理的。而且,被告适格,无论是作为诉讼要件问题,还是作为本案审理问题处理,在其实际的审理内容上并不会产生差别。这样一来,从理论上来看,相对于驳回诉的判决,作出本案判决会在判决效力上显得更加厚重。此外,最高裁判所昭和 61 年 7 月 10 日判决(载《判時》,第 1213 号,第 83 页以下)也采用本案判决说。

在确认之诉中,法院在判断确认利益之际,一般也依据"对发生在该原告与被告之间的诉讼作出判决是否具有解决纠纷的必要性与实效性"之标准来判断当事人的正当性。换言之,"确认利益"与确认诉讼中的"当事人适格"两者原则上处于表里一体关系(参照新堂,第 191 页)。不过,在产生对世效力的确认诉讼中,当事人适格问题则另当别论,关于这一问题将在本书"第九讲 当事人适格 五、存在对世效力情形与当事人适格"部分详加论述。

由于"形成诉讼"本身是由法条明文规定的,因此在形成诉讼中,关于"何人应当成为该诉讼的当事人"的问题,也是由法律条文作出相应规定(例如,《日本商法》第 247 条规定的撤销股东大会决议诉讼的原告适格)。诸如在这种法条明文规定之人具有当事人适格的情况下,只要遵照法条规定即可(参照兼子·体系,第 159 页以下)。但是,对于形成诉讼中的当事人适格,也存在法律条文未作规定的情形(参照新堂,第 198 页),尤其是关于法人内部纷争中的被

[8] 後藤勇《给付诉讼的被告适格》,载《判時》,第 637 号,昭和 62 年,第 7 页以下;藤原、山口编《民事判例实务研究第 6 卷》,判例时代社,平成元年,第 191 页以下,收录于後藤勇《民事实务研究》,平成 8 年,判例时代社,第 431 页以下。而且,中野贞一郎《当事人适格的决定因素(上)》,载《判時》,第 819 号,平成 5 年,第 19 页以下,收录于中野·論点(Ⅰ),第 93 页以下;上田,第 210 页以下等学说也持同样见解。

此外,关于有理性的论述,可以参照加波真一《请求有理性的审查与诉的利益》,载《北九州大学法政论集》,第 21 卷第 3 号第 435 页以下(平成 5 年)、第 23 卷第 3·4 合并号第 353 页以下(平成 6 年)。

告适格问题,学界上还存在较大争议。关于这一问题,笔者也将在本书“第九讲　当事人适格　五、存在对世效力情形与当事人适格”部分展开详尽论述。

三、法定诉讼担当

第三人替代诉讼标的之权利义务的主体(或者与权利义务主体同时)具有当事人适格,并且该当事人承受的判决效力也及于权利义务主体的情形(参照《日本民事诉讼法》第 115 条第 1 款第 2 项),〔9〕即被称为第三人的诉讼担当。在这种情形下,第三人成为诉讼当事人,而非诉讼代理人。如前所述,在第三人诉讼担当中,按照法律规定当然发生的诉讼担当是法定诉讼担当。若对法定诉讼担当再做进一步分类,其中一种情形就是为了担当人利益的法定诉讼担当(参照新堂,第 192 页)。所谓为了担当人利益的法定诉讼担当,是指第三人基于自己利益或者自己代表方的利益而对诉讼标的的权利义务享有“管理处分权”,〔10〕并可基于该管理处分权进行诉讼担当的情形。其典型例子包括扣押债权的催缴诉讼(参照《日本民事执行法》第 157 条)、债权人的代位诉讼(参照《日本民法》第 423 条)、债权质权人的催缴诉讼(参照《日本民法》第 367 条)以及股东代表诉讼(参照《日本商法》第 267 条)。〔11〕对于破产管理人,虽然学界的不同观点会赋予其种种不同定性,但多数学说还是将其

---

〔9〕 也有观点认为,既判力只针对本来权利利益主体产生,并反射性地及于诉讼当事人。这是当事人理论的根本性问题,关于此的详细论述,可以参照本书“第五讲　禁止二重起诉”以及“第十五讲　既判力”部分的相关论述。

〔10〕 就以管理处分权展开说明的观点之妥当性,学界尚还存在争议,关于此的详细论述,可以参照前揭注(5)中的论述。不过,就当下的状况而言,可以说“管理处分权的所在”也提供了决定当事人适格的重要标准。此外,中野教授也认为,当以“与诉讼结果相关的重要利益”来考虑当事人适格时,就“这一利益在实体法上究竟由何人支配”这一层意义而言,管理处分权的归属就成为重要的判断标准,参照中野贞一郎《当事人适格的决定因素(上)》,载《判時》,第 819 号,平成 5 年,第 19 页以下,尤其是第 29 页第 2 段,收录于中野・論点(Ⅰ),第 109 页以下。

〔11〕 关于股东代表诉讼是否属于法定诉讼担当之问题的论述,参照小林秀之《股东代表诉讼的程序法考察》,载木川・古稀(上),第 590 以下;三ヶ月・研究(第六卷),第 14 页注(6)。

归入这一类诉讼担当。[12]

法定诉讼担当中的另一种情形是为了权利义务归属主体利益的法定诉讼担当(职务上的当事人)。当诉讼标的之权利义务归属主体不可能或者不适于进行诉讼时,由法律规定的一般地应对归属主体负有保护职责之人进行诉讼担当的情形,就是所谓的为了权利义务归属主体利益的诉讼担当。例如,在人事诉讼中,因原来适格者死亡而替代其成为当事人的检察官(参照《日本人事诉讼程序法》第2条第3款)、在禁治产人等的离婚诉讼中的监督监护人或监护人(参照《日本人事诉讼程序法》第4条)、海难救助费用诉讼中的船长(参照《日本商法》第811条第2款)等即属于职务上的当事人,遗嘱执行人也可以归入此类。此外,需要予以明确的是,船长在《日本商法》第713条规定的船籍港外实施航海中必要行为时,其身份是法律上的代理人(参照《日本民事诉讼法》第55条第1款、第55条第4款)(参照新堂,第133页),而非职务上的当事人。

尽管在上述法定诉讼担当中存在各种问题,但本文在此处仅就(1)债权人代位诉讼;(2)继承财产管理人的地位(是代理人还是诉讼担当);(3)遗嘱执行人的权限;(4)纠纷管理权说这四个问题展开论述。

1. 债权人代位诉讼

债权人代位诉讼的诉讼标的是债务人S对于次债务人D享有的权利。按照通说(兼子理论)的理解,被赋予这一权利管理权的债权人G所实施的诉讼就是代位诉讼,因此,构成法定诉讼担当。而且,依据《日本民事诉讼法》第115条第1款第2项规定,不论是否有利,代位债权人G所获判决之效力均及于债务人S。判例(参照大

---

〔12〕 应当被称为通说的兼子说(参照兼子·体系,第160页以下)将破产管理人、股东代表诉讼都理解为诉讼担当。关于19世纪后半叶以来发生在德国有关破产管理人地位问题的论争,可以参照福永有利《关于民事诉讼中"正当当事人"的研究》,载《关西大学法学论集》,第17卷6号,昭和43年,第602页。

此外,新堂,第195页认为,就其与破产债权人的关系而言,将破产管理人作为职务上当事人来理解是较为合适的。

审院昭和 15 年 3 月 15 日判决，载《大审院民事判例集》，第 19 卷，第 586 页以下）也持同样见解。不过，由于无当事人适格者获得判决不产生内容上的效力，判决效也不及于被担当人（参照新堂，第 265 页；本书“第九讲　当事人适格　一、含义”部分的相关论述），因此，债务人 S 如果对“代位债权人 G 实际上不是自己的债权人”之事实作出证明，进而否定其当事人适格，那么就可以免受判决效的拘束。以上就是通说的见解。

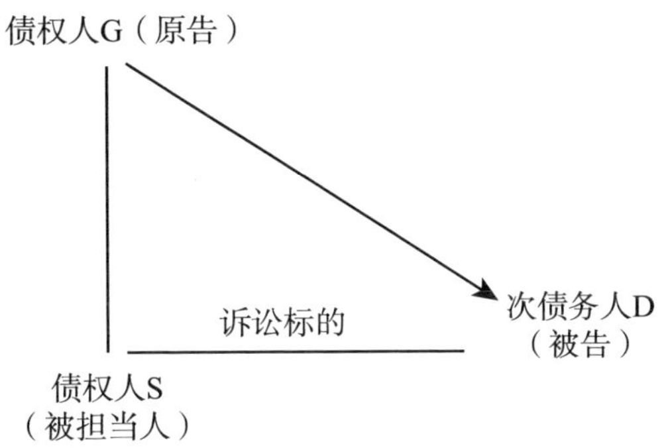

图 9-1

（1）三月说

对于通说的上述见解，三月教授首先对于“无论判决效是否有利，或者说无论代位债权人 G 对于次债务人是否胜诉，该判决效都对债务人 S 产生拘束力”之命题提出了质疑。其认为，在诉讼担当中，就担当人与被担当人之间的关系而言，其类型是多种多样的，例如，在债权人代位诉讼或债权人催缴诉讼中，若担当人介入了被担当人的财产管理，两者就处于一种对立抗衡关系。与此相反，若通过破产管理人等财产管理人，将所有关系人的利害关系予以吸纳，则两者之间没有这种对立抗衡的关系。换言之，在法定诉讼担当中存在对立（抗衡）型与吸收型两种类型。对立（抗衡）型是指，因债务人承认债权人享有与自己固有权限不相容的独立权限，而使对该权利之行使，形成来自两个不同立场对立态势之情形。吸收型，是指在债务人权限处于法律上及事实上的空白状态之前提下，担当人为了填补这种空白而出现的情形。在对立(抗衡)型的情形中,作为其重要的特点,如同多数代位债权人一样,会产生数名当事人适格者。在吸收型情形中,无论是否有利,诉讼担当人所获得判决的效力都及于被担当人,与此相反,在对立(抗衡)型情形中,只有对被担当人有利时的判决,即担当人获得胜诉的判决,才对被担当人产生扩张的判决效。有关此的详细论述,可以参照三月章《日本代位诉讼与催缴诉讼的特异性及其判决效力的主观范围》[最初发表于昭和 44 年,载三ヶ月·研究(第六卷)],第 1 页以下,尤其是第 48 页。

三月教授的这篇论文,基于对法国法与德国法的比较及其历史沿革考察,提出了"诉讼担当应当具有不同的性质"之机理,并且指出,在日本法律继受史及大正《民事诉讼法》修改上存在如下混乱因素——将法国法的债权人代位生硬纳入(不存在债权人代位的)德国法系的诉讼担当。就以上这两点而言,三月说具有较高的学术价值。不过,此后展开的学说与三月说的结论未必都一致。由于三月教授难以对对立(抗衡)型与吸收型作出根本性与范畴性的分类。而且,按照三月说的理解,即便对方当事人(债权人代位诉讼中的次债务人 D)胜诉,该判决效也不能及于被担当人,进而使其负有再诉之危险。基于以上原因,后来的学说很少遵从三月说(参照新堂,第 193 页)。[13]

(2)福永说

继三月说之后首先展开(与通说不同)论述的当属福永说,该说对于"将债权人代位诉讼作为诉讼担当予以对待"之见解持否定的态度。福永说指出,管理处分权的内容是不明确的,因此,通说将管理处分权作为第三人诉讼担当之当事人适格基础的观点不无疑问。在此基础上,福永教授主张,作为当事人适格基础的直接前提在于,

〔13〕 上原敏夫教授通过对德国法以及日本旧民事诉讼法下的扣押债权人催缴诉讼学说史的详尽探讨,对三月说的观点提出了批判,关于此的详细论述,可以参照上原敏夫《催缴诉讼判决对于债务人的效力》(最初发表于昭和 57 年),载上原敏夫《债权执行程序研究》,有斐阁,平成 6 年,第 107 页以下。

"是否具有与诉讼结果相关的重要利益"。例如,在债权人代位诉讼中,代位债权人 G 为了自己利益提起诉讼,而且,允许其行使代位权的事由在于债务人 S 无偿付能力,因此,代位债权是一种重要的利益,代位债权人在代为诉讼中具有自己固有的当事人适格,而债权人代位诉讼决不能被视为为了担当人利益的诉讼担当。

按照这一学说的理解,债权人为了自己利益实施诉讼,被赋予实体法上的代位权,也是为了保护或实现自己债权,而非为了债务人而被赋予催缴权。在债权人与债务人之间,存在一种如同三月说所指出的,对于这一债权的行使来自两个不同立场之相互抗衡、此消彼长的对立关系,债权人可以"代替"债务人,但不是"为了"债务人进行催缴。〔14〕 如此一来,债权人既不持有处分权,〔15〕也不是为了债务人进行代位诉讼,因此,主张"不论代位债权人承受的判决对于

---

〔14〕 对于债权质权人的催缴诉讼(《日本民法》第 367 条),福永说也认为,债权质权人为了自己利益进行诉讼,因此该债权人具有自己固有的当事人适格,关于此的详细论述,参照《小型研讨会——关于债权人代位诉讼与催缴诉讼》,载《民訴雑誌》,第 31 号,昭和 60 年,第 121 页以下福永有利教授的发言。

的确,债权质权人是为了自己利益进行诉讼,但是,当债权人在因诸如债务既已偿还等原因败诉后,欲向债务人(质权的设定人)提起诉讼时,难道就不应当制止债权质权人的这种二重起诉行为吗?笔者认为应加以制止。从这个角度来看,将其作为诉讼担当的观点也具有合理性。正如在本文后揭注(25)所述,"是否为了自己利益"并不能成为判断"是否属于诉讼担当"的标准。此外,三月教授也认为,债权质权人的催缴诉讼是基于质权设定之际的授权而产生的任意诉讼担当,不管是否有利,判决效都及于质权设定人,参照三月章《债权质的实行》,载三ヶ月・研究(第八卷),第 209 页以下,尤其是第 242 页。此外,竹下教授也认为,债权质权人的催缴诉讼是与债权人代位诉讼相同的诉讼担当,参照条解,第 671 页以下(竹下守夫执笔)。

〔15〕 代位债权人还不至于拥有处分权,因此,其不能实施诸如放弃请求、和解等涉及权利处分的诉讼行为。这样一来,在代位债权人提起的诉讼未必都会发展至判决阶段,关于此的详细论述,可以参照池田辰夫《债权人代位诉讼中代位的构造》,载《判時》,第 1005 号,昭和 56 年,第 7 页。不过,就实际状况而言,不允许其进行和解也颇为不便,因此,在诉讼运行中将债务人卷入诉讼进行和解,也是较为常见的做法。

此外,高等裁判所的判例也承认股东代表诉讼中达成的诉讼上和解,关于此的详细论述,可以见之于《商事法务》,第 1354 号,平成 6 年。此外,关于此点的相关论述,也可以参照,高桥宏志《股东代表诉讼与诉讼上和解》,载《商事法务》,第 1368 号,平成 6 年,第 74 页以下。

债务人是有利还是不利,都直接对其产生效力"之观点是不妥当的。代位债权人不应当被理解为第三人的诉讼担当,而应该作为本来的利益归属主体来予以对待,而且,其本身就具有固有的当事人适格。

这一学说在解释论上的结论主要有两个。第一,债务人S也不丧失其当事人适格,〔16〕因此,无论是债权人G还是债务人S都可以成为原告,在双方共同提起诉讼时,就形成类似必要共同诉讼。一方面,在债权人G既已提起诉讼时,出于禁止重复起诉(参照《日本民事诉讼法》第142条)的考虑,债务人S不能再度另诉;另一方面,债务人S只可以进行诸如共同诉讼参加(参照《日本民事诉讼法》第52条)或独立当事人参加(参照《日本民事诉讼法》第47条)那样的诉讼参加。

第二,当债权人对次债务人所获判决有利于债务人S时,判决效将及于债务人S;反之,则不及于债务人S。因为,债务人S自身也具有独立的当事人适格,故当然不承受自己未参与之诉讼的判决效力。〔17〕 但是,如此一来,对于次债务人而言,就会因债权人G败诉后债务人S再次起诉而产生二重应诉之不利益。因此,为了谋求

---

〔16〕 有判例认为,即便债权被扣押或假扣押,被扣押债务的债务人仍可以提起给付诉讼,学说对此也持赞成态度(参照新堂,第178页),并认为,即使不这样,也应当允许其提起确认诉讼或者以解除扣押为条件的给付诉讼。这种观点的确较为符合逻辑,但是,如果考虑到"债务人不应当妨碍既已着手诉讼的债权人"这一点,那么债权人也可以针对扣押以外的债权提起代位诉讼。关于此的详细论述。可以参照前揭注(14)《小型研讨会——关于债权人代位诉讼与催缴诉讼》,第122页的上原敏夫教授发言。此外,对债务人S的当事人适格持否定见解的通说,也允许其进行共同诉讼的辅助参加,(抛开判决主文中的给付内容不论)这种结论与福永说并无多大的差异,因为,肯定债务人S具有当事人适格的福永说,也不允许其另行提起诉讼。

〔17〕 该观点认为,尽管代位债权人为了自己的利益而进行诉讼,但其所享有的只是代位权而无处分权,因此,让债务人必须承受于己不利的判决,则显得不合情理。不过,当判决对其有利时,由于代位债权人G催缴行为的效力在债务人与次债务人之间也产生拘束力,因此判决当然及于债务人。而且,当代位债权人获得胜诉时,自判决确定起,所有诉讼行为都经过了实体法上的评价,对于债权人G的催缴行为,也可以进行实体法上的评价。

平衡,次债务人可以依据《日本民事执行法》第157条第1款的类推,将债务人S作为当事人卷入诉讼。主张由次债务人承担避免二重诉讼之责任,可以说是这一学说的特色。有关福永说的详细论述,可以参照福永有利《当事人适格理论的再构成》,载山木户·還曆(上),第34页以下。应当说这是一篇极具浓厚解释论色彩的力作。〔18〕若抛开福永说中的"承认次债务人享有将债务人卷入诉讼的权利"以及"债权人代位诉讼不是诉讼担当"这两点,可以认为福永说与三月说具有某种亲和关系。

(3)新堂说与池田说

继三月说之后第二个提出与通说不同的观点,当属新堂说与池田说。这是见解主张,应仅在诉讼担当的框架内,通过要求代位债权人G在起诉中实施其他行为来谋求债务人S与次债务人D之间利益平衡。不过,这两种学说也存在一些差异,具体而言,新堂教授认为,要求代位债权人G对债务人S进行诉讼告知(参照《日本非讼案件程序法》第76条第1款),法院在此基础上作出的判决,无论于其是否有利,判决的效力都及于债务人S,据此可以使"因与自己无关的GS之间纷争而可能迫于二重应诉"的次债务人D之利益获得

---

〔18〕 一般认为,如果对于他人之间的法律关系也具有确认利益,那么就可以作为确认诉讼的对象(参照新堂,第186页),福永说将这一原理应用于给付诉讼中,换言之,虽然是他人的权利,但只要原告具有给付诉讼的利益,那么就允许其提起给付诉讼。尽管如此,在确认诉讼中,即便原被告之间的法律关系得到确认,也并不会对权利义务的直接主体产生判决效,但在给付诉讼中,一旦作出给付判决,那么即便对于本来的权利义务主体,也会产生直接影响,参照福永有利《当事人适格理论的再构成》,载山木户·還曆(上),第67页以下。因此,并不能直接通过确认的利益来类推出给付诉讼的利益。在给付诉讼中,应该可以单独确定诉讼担当的领域。此外,关于此问题的详细论述,也可以参照掘野出《团体的任意诉讼担当》,载《同志社大学法学》,第47卷第2号,平成7年,第491页以下,尤其是第549页。

总而言之,关于是诉讼担当还是属于固有的当事人适格之问题的论争,在理论上是个饶有兴味的课题,因此,本文对此也颇费笔墨,究其到底,应当说这一问题反映了理论体系上的论争,关于此还可以参照后揭注(25)。

保护(详细论述参照新堂,第 255 页)。[19]

池田说也是与新堂说相类似的观点,不过在论述上进一步予以细化。关于池田说的详细内容,可以见之于池田辰夫《债权人代位诉讼中代位的构造》,载《判時》,第 986 号第 8 页以下、第 994 号第 3 页以下、第 996 号第 13 页以下、第 1005 号第 3 页以下以及第 1011 号第 3 页以下,昭和 56 年。[20] 池田说首先将债权分为正统型(本来型)与借口型(转用型)两类。前者主要是指金钱债权,而后者是指那些省略中间登记的债权。在此基础上,池田教授又认为,无论是代位债权人 G 对于债务人 S 的债权(被称为 GS 债权),还是债务人 S 对于次债务人 D 的债权(被称为 SD 债权),两者都属于正统型(本来型)债权。在正统型债权中采用诉讼担当理论构成较为妥当。按

---

〔19〕 新堂,第 255 页论述道:"设置使债务人接受诉讼告知进而参加诉讼的路径,若债务人不予以利用,即便是于其不利之判决,判决效也及于该债务人。"对于这一论述,似乎可以做以下两种理解。第一种理解,(判决效及于债务人)限定于进行诉讼告知之情形,换言之,是否进行诉讼告知是任意的,只有在进行了诉讼告知后,判决效才及于债务人,因此,反过来说,代位债权人也可以不进行诉讼告知。此外,坂原正夫《关于债权人代位诉讼中既判力的主观范围》(最初发表于昭和 61 年),载坂原·既判力,第 250 页以下;坂原正夫《关于债权人代位诉讼》(平成元年),载坂原·既判力,第 288 页以下;吉村德重《既判力对第三人的扩张》,载講座民訴(第六卷),第 139 页以下,尤其是第 154 页等也都持这种理解。但是,诉讼告知一般是当事人被要求而作出,因此,新堂教授的以上论述也可以作另外一种理解,即仅仅被解读为,在受到这种诉讼告知后,"是否参加诉讼的决定权"在于债务人(被担当人),按照这种理解,如果代位人不进行诉讼告知就不能进行债权人代位诉讼。笔者个人倾向于采用后者的理解,因为这种理解与文章所强调的保护次债务人、公平以及诉讼经济等整体文脉相并列,更具有整合性。

总而言之,在新堂说中并未明确如下这一点,即在诉讼中,究竟是由何人首先提出诉讼告知。如果参照《日本非讼案件程序法》第 76 条,那么可以理解为,在提起债权人代位诉讼后由法院依职权进行诉讼告知。其后展开的学说认为,应当依照代位债权人 G 提出的申请来进行诉讼告知,并且不允许进行无诉讼告知的代位诉讼。不过,无论是依申请还是依职权进行诉讼告知,在结果上两者并无多大差别,而且在费用上,均由债务人预先交纳。

〔20〕 通过前揭注(14)《小型研讨会——关于债权人代位诉讼与催缴诉讼》,第 57 页以下,尤其是 77 页的池田教授的报告,也可以了解池田说的内容。这些内容其后被收录于池田辰夫《债权人代位诉讼的构造》,信山社,平成 7 年。

照这一见解，池田教授对于博乌索纳德草案的构想也持肯定态度。〔21〕换言之，为了应对处于无财力状态的债务人S机能不全之状况，出于自己利益重要性之考虑，债权人G在欲行使自己对债务人S的权利之际，可以指定相当的期间对其进行催告。对于债权人G的这种催告，若债务人S基于无正当理由拒绝或无视而不向次债务人D行使权利，代位债权人G就取得"对这种管理机能不全的财

〔21〕关于法国法中这方面的详细研究文献，工藤佑严《法国法中债权人代位权的机能与构造》[载《民商》，第95卷第5号第671页以下、第96卷第1号第33页以下以及第2号第208页以下（昭和62年）]一文具有较高的学术价值。

按照工藤上述论文的介绍，在法国，无论是学说还是判例，与以前观点相比，都发生了巨大的变化。以前的通说认可债权人的债权回收机能（直接向自己给付），不过，债权人行使这种机能还要求其通过适当的程序，即裁判上的代位。与日本的单纯获得法院之许可的裁判上代位不同，这种裁判上的代位是债权人将债务人作为被告，并以对审形式展开的诉讼，不过，进行这种裁判上的代位同样也是为了使债权人获得债权（G与S之间的债权）的债权名义，而且，当S与D之间的债权的数额大于债权人G的债权额时，债权人必须在自己债权额的范围内限定请求额。后来随着人们逐渐意识到"即裁判上的代位程序不但较为繁杂，而且还造成费用上的浪费"这一点，当下通说的观点也变为不承认债权人债权回收机能，而只承认其责任财产保全机能的见解。

当下法国的判例与学说均采用债权回收机能否定说，诉讼进行的结果与标的物仅仅被视为债务人的资产，与此相对应，也不要求债权人提出裁判上的代位请求。而"债务人处于资产不良之状态"也仅仅作为诉的利益被要求，因为，债权回收机能否定说使得债权人介入债务人的财产管理的行为得以正当化。不过，诉的利益只是一个大致标准，"无财力"未被严格予以把握。即使债务人的债权额（SD债权）大于债权人的债权额（GS债权），债权人既可以以债务人的债权额来提起诉讼，也可以以债权人的债权额来起诉，上述就是现代法国学说及判例对于债权人代位本身的理解。但是，由于认可如下这一做法，即将"对于次债务人D的债权人代位诉讼"与"债权人G对于债务人S提起的诉讼"在同一个诉讼程序中予以处理，因此就实质而言，还是肯定了债权人G的债权回收机能。通过这种"嫁接型的间接诉权"，债务人作为依旧还是获得了充分的程序保障。

基于上述这些法国法的研究成果，工滕说对于日本法的解释论提出了如下建议，即如果承认债权回收机能，那么债务人就应当同时作为被告，并对债权人的实体权（GS债权）进行确定（不过，也不否定当事人不请求回收债权的债权人代位诉讼），如此一来，判决既判力就及于债权人。而且，还需要就"提起代位诉讼"之事实向其他债权人G′作出告知。债务人在知道提起代位诉讼的事实后，也应当承认"禁止债务人处分"之扣押性效果。

产进行补充的管理权限”。代位债权人G以这种系争的实体权为背景,进而作为诉讼担当人取得诉讼上完整的处分权。只有从债权人G取得这种处分权开始,才形成可以视同为“债务人S自己实施诉讼”之诉讼构造。当债权人G未进行这种权利催告,或者债务人S拒绝这种催告具备正当理由时,借助次债务人D的本案前抗辩,使债权人的代位诉讼因不适法遭驳回。不过,如果债权人G基于正当的特别事由(例如,时效中断的紧急性、债务人住所不明等)而未进行权利催告,那么债权人G也可以不经这种权利催告而直接适法地起诉。代位债权人G对于这种财产管理权限的享有并非排他的,而是由代位债权人G与债务人S共同享有,因而债务人S可以共同诉讼参加(参照《日本民事诉讼法》第52条),如此一来,其结果就形成类似必要共同诉讼(参照《日本民事诉讼法》第40条)。在这种情形下,由于债务人S要求次债务人D向自己给付而进行诉讼参加,因此法院应当命令次债务人D向债务人S直接给付,进而必须变更代位债权人G的请求趣旨。除共同诉讼参加之形式外,债务人S也可以进行独立当事人参加(参照《日本民事诉讼法》第47条)。此外,在债务人S进行诉讼参加后,意味着债务人S已经行使了权利,因此其他债权人G′等就不能进行代位,而只能进行共同诉讼的辅助参加。而当债务人S未进行诉讼参加时,其他债权人G′无须进行权利催告就可进行共同诉讼参加。但在借口型(转用型)的债权中,债权人G应当具有其固有的当事人适格,判决效原则上也是相对的,即债权人G获得的判决其效力不及于债务人S。[22]

---

〔22〕 吉村德重《既判力对第三人的扩张》,载講座民訴(第六卷),第139页以下,尤其是第154页,作出了如下的论述。债权人G基于自己固有的当事人适格可以对次债务人D提起诉讼,这种情形下的判决效原则上只具有相对性,而不及于债务人S,但是,在诉讼过程中,如果债权人G对债务人S进行诉讼告知或者次债务人D提出将债务人S拉入诉讼的参加申请,那么就形成诉讼担当,判决既判力也全面向债务人S扩张。换言之,就诉讼性质而言,在诉讼告知或提出参加申请之程序进行前,是基于债权人G自己固有当事人适格进行的诉讼,而在上述程序进行后,则变为基于债权人G诉讼担当适格进行的诉讼。无论是债权人G进行的诉讼告知,还是次债务人D的参加诉讼,均为当他们觉得这样做有于己有利时实施的行为。关于此的相关论述,也可以参照

这是一种类似于《日本商法》第267条股东代表诉讼的构想,主

照前揭注(14)《小型研讨会——关于债权人代位诉讼与催缴诉讼》,第123页以下吉村德重教授的发言。吉村说这一见解也存在和福永说与池田说相类似之处,不过,由于其并未言及起诉要件问题,因此,应当说还是更接近于福永说。

条解,第670页以下(竹下守夫执笔),竹下教授作了如下论述。当代位债权人G提起诉讼时,就应及时向债务人S进行诉讼告知(类推适用《日本商法》第268条第3款规定),在代位债权人未作出上述诉讼告知前,作为被告的债务人D就可以拒绝对本案进行应诉,若原告未进行这种诉讼告知及起诉,该诉讼也将遭到法院驳回。而一旦代位债权人作出诉讼告知,判决既判力无论有利与否都将及于债务人S,因为,债务人S的利益由代位债权人G所代表。此外,债务人S自身也可以进行诉讼参加,这种情形下的诉讼形态就构成共同诉讼的辅助参加。由于债务人S自身也应当可以提出与代位债权人G请求相独立的给付请求,因此不能进行共同诉讼参加。一旦次债务人D对本案做出辩论时,其就丧失应诉拒绝权。此外,当债务人S未受到诉讼告知时,判决既判力就不及于债务人S。不过,当代位债权人胜诉,也即既判力有利于债务人S时,判决效及于债务人。竹下说还认为,在次债务人不行使应诉拒绝权的例外情形下,也应当认可仅仅发生在债权人G与次债务人D之间进行的诉讼,这也正是竹下说的特色所在。对于此观点,池田教授认为,竹下说那种在当事人适格的层面来考虑"拒绝应诉"之妨碍抗辩构成的做法,恐怕在理论整合上存在问题,池田辰夫《债权人代位诉讼》,载小山ほか·演習,第634页注(25)。不过,笔者认为,竹下说自身并未认为这属于当事人适格的问题。关于竹下说的论述,还可以参照高田裕成《多数当事人纠纷的"划一性解决"与"一次性解决"》,载《民訴雜誌》,第35号,平成元年,第188页以下。

坂原正夫《关于债权人代位诉讼中既判力的主观范围》(最初发表于昭和61年),载坂原·既判力,第250页以下;坂原正夫《关于债权人代位诉讼》(最初发表于平成元年),载坂原·既判力,第288页以下,对债权人代位诉讼的学说展开了详尽的分析,并将学说发展过程分为几个阶段。具体而言,第一阶段是未考虑对债务人保护而将判决效力及于债务人之阶段(兼子理论等);第二阶段是认为败诉判决效力不及于债务人而胜诉判决效力及于债务人的阶段(三月说);而认为应当在注重债务人程序保障的基础上将判决效及于债务人的观点则属于第三阶段(新堂说及池田说之后)。关于此的相关论述,也可以参照坂原正夫《债权人代位诉讼与既判力的主观范围》,载中野·古稀(下),第179页以下。

基本而言,坂原说属于诉讼担当说立场的学说,即认为无论有利与否,判决效都将及于债务人。概言之,坂原说的特色在于如下几点。第一个特色在于对于那种主张只有在债务人参与之前提下才能进行代位诉讼的观点,坂原说认为显得过于偏激(参照坂原·既判力,第273页),进而主张,应当认可没有债务人参与的代位诉讼。正如竹下说所主张的,如果次债务人没有提出异议,也可以考虑在代位债权人与次债务人之间进行个别的相对性诉讼(此外,坂原·既判力,第279页认为,代位诉讼并不当然形成诉讼

张“通过权利催告取得当事人适格”的池田教授自己将其称为“台球(billiards)理论”。

自三月教授提出问题以来,有关学说发展大致状况如上所述。那么,究竟该如何看待债权人代位诉讼问题呢?笔者认为,作为前提而言,应为本来型(正统型)而非转用型(借口型)。作为立法论而言,正如三月教授在其于昭和49年发表的《催缴诉讼与代位诉讼之解释论与立法论的调整》[载三ヶ月·研究(第七卷),第93页以下]一文中所言,在执行制度与保全制度较为完备的日本,尽管面临“保留债权人代位诉讼的意义何在”这样一个根本性问题,但在此处,就

担当,只有当债务人接受诉讼担当时,才形成诉讼担当,而当债务人进行诉讼参加时,则不形成诉讼担当)。坂原说的第二个特色在于,债务人S可以提出要求次债务人D向自己给付的请求。如此一来,无论是债权人G的请求还是债务人S的请求都形成诉讼系属,当法院认为对于两个请求都应认可时,就可以对债务人S作出以代位权消灭为条件的附条件胜诉判决(参照坂原·既判力,第276页)。第三个特色也可以说是坂原说的最大特色,即主张在通常的情形下债务人S也应当是被告。基于当事人适格的关系,G、S债权也将成为审理的对象,因此,也可以将债务人S列为当事人并对G、S债权作出实体上的确定。如此一来,在债权人代位诉讼中,G、S债权也与S、D债权一样成为诉讼标的,不知这是否受到工滕说影响的缘故,因为,坂原说也重视债务人S接受裁判权利的保障(参照坂原·既判力,第255页)。不过,从以上所列举的两篇论文来看,第一篇与第二篇的观点发生了若干变化。在坂原正夫《关于债权人代位诉讼》一文中,坂原教授认为,代位债权人G对于债务人S的诉讼与债权人G对于次债务人D的代位诉讼应当被理解为,准用《日本民事诉讼法》第40条规定而形成的共同诉讼(参照坂原·既判力,第309页),并认为,代位债权人G对债务人S提起确认自己债权的诉讼,债务人S应送达两个诉状,即分别是对自己的诉状与对次债务人D的诉状(参照坂原·既判力,第315页)。尽管坂原说中多少存在难以理解之处,但不得不说这是一种饶有兴味的学说。

笔者个人也深感“将债务人S作为被告”的观点是颇具魅力的。但是,若从当事人权能之视角加以分析,则会发现,债务人S并非需在每个期日都对其送达传唤状的完全当事人,而可以视为“只要在第一个期日中对其送达传唤状即可”的不完全“当事人”(必要的传唤),既然不是完全意义上的被告,那么只要对其进行告知或催告即可。关于此问题的相关论述,还可以参照前揭注(14)《小型研讨会——关于债权人代位诉讼与催缴诉讼》,第123页以下吉村德重教授的发言;吉村德重《判决效的扩张与程序保障权》,载山木户·還暦(下),第118页。另外,日本的诉讼实务似乎对多数当事人诉讼不具好感,关于此的论述参照田尾桃二《关于所谓的纠纷一次性、一举性解决》,载《民訴雑誌》,第40号,平成6年,第37页以下。

解释论而言,应当效仿判例积累的见解,肯定次债务人D对债权人G的直接给付,但与此同时,也应当将“债务人无财力”作为肯定的要件。有鉴于此,就理论而言,对主张通过诉讼告知〔23〕或权利催告来谋求三者间平衡的新堂说及池田说,应予以赞同。〔24〕就三月说而言,在原理上肯定债务人S提起再诉这一点上,似乎难以令人赞同。尽管无财力的债务人S提起再诉,在实际中极为罕见,但是,在理论上应否定这种再诉。至于福永说也存在“因参加申请而造成次债务人负担过重”的问题,而且,福永教授在对所有当事人适格作出统一说明在论述上也稍显晦涩。〔25〕相对而言,同时对“欲提

---

〔23〕与《日本民事诉讼法》第53条以下的诉讼告知不同,此处所言的诉讼告知在性质上,应具有更强烈敦促被告知人参与诉讼之意味。作一比喻,应当说这是一种接近“诉状之于被告”之程度的诉讼告知。关于此的详细论述,可以参照前揭注(14)《小型研讨会——关于债权人代位诉讼与催缴诉讼》,第115页以下的三月章教授发言与第123页以下吉村德重教授的发言。

〔24〕新堂说与池田说在内容上也非完全相同。池田说认为,债权人应当在提起诉讼前向债务人进行催告,而若债务人提起诉讼,则不形成债权人代位诉讼,在这种情况下,债权人可以基于债权人代位权之理由进行辅助参加(参照新堂,第693页)。而新堂说则认为,代位债权人在起诉的同时应对债务人进行诉讼告知,因此,代位债权人成为完全的当事人,债务人则进行共同诉讼的辅助参加(当债务人对债权人当事人适格进行攻击时,则进行独立当事人参加)。

由此可以看出,在有关债权人诉讼地位的认识上,两种学说产生了差异。不过,即便基于池田说的立场,债权人也可能进行《日本民事诉讼法》第47条前段规定的防止欺诈参加(参照新堂,第711页)。而且,池田说认为,当债务人住所不明时,也认可债权人在未进行告知前提下提起诉讼,因此,在实际上两者可能不会产生太大差异。

〔25〕福永说与新堂说的差异之一就是,是否可以将担当人为了自己利益而实施的诉讼视为诉讼担当之问题。在代理问题上,学界也似乎存在类似论争,归根结底,这是一个是否将“在主观上也为了被担当人利益进行”之情形纳入诉讼担当的问题。换言之,这种分歧可以归结为一种概念定义或表述界定之问题。

新堂说认为,诉讼担当仅仅是指为了担当人利益进行的诉讼担当,而原本意义上的诉讼担当未必均是为了被担当人利益而进行。总而言之,新堂说认识到债权人代位诉讼为了担当人利益进行诉讼,在此基础上,基于种种考量,认为债权人代位诉讼也属于诉讼担当。小林教授也采用这种分类,参照小林・プロブ,第135页以下。除此之外,三ヶ月・双書,第239页以下;上田,第224页以下;谷口,第256页以下;纳谷广美编著《民事诉讼法》,八千代出版,平成6年,第50页以下(长谷部由起子执笔);佐上,平成10年,第267页以下等也属于这一立场的见解。中野贞一郎《当事人适格的决定因素

起债权人代位诉讼的债权人 G 的负担”因素进行考量的新堂说及池田说则显得较为平衡。〔26〕尽管在做出“将这种诉讼告知或催告作为代位债权人义务”之解释论这一点上,法条根据较为薄弱,但是,作为解释论,赋予代位债权人以这种没有条文规定的义务应当也是充

(下)》,载《判タ》,第 822 号,平成 5 年,第 28 页,收录于中野・論点(Ⅰ),第 106 页以下,中野教授也将诉讼担当人分为如下三类:1. 为了实现及确保自己权利的诉讼担当人;2. 破产管理人等的财产管理人;3. 职务上的当事人。此外,福永教授也表达了相同观点,参照中野=松浦=鈴木,第 134 页以下(福永有利执笔)。

福永说自身也通过福永有利《第三人的诉讼担当》一文(载《法学论坛》,1983 年 3 月号,昭和 58 年)第 139 页中的论述,部分修正了自己学说的观点,其认为质权债权人等(包含代位债权人)虽然具有作为自己进行独立诉讼之基础的固有利益,但由于民法等实定法采用的是“债权人可以代替债务人进行催收债务”之结构,因此,这种情形应当被视为基于债务人利益来进行的诉讼。这种情形如同选定当事人制度,即选定当事人既基于自己利益,同时也基于选定人的利益而具有当事人适格。

〔26〕 依据通说的理解,对于债权人 G 是否真正具有当事人适格(债权人 G 是不是债务人 S 的真正债权人)之问题,允许债务人事后争执,而且,在对次债务人 D 的诉讼中,也可以就此问题提出争议。

但是,如果基于主张应当对债务人 S 进行诉讼告知之学说的立场,那么也可以作如下理解,债务人 S 知道债权人 G 提起诉讼之情况,并且,通过独立当事人参加,获得了其对债权人 G 的当事人适格予以争执的机会,因此不允许债务人 S 事后对此再次进行争执,否则,至少在债务人 S 与次债务人 D 的关系中有违诚实信用原则。判例也承认,债务人 S 为了对债权人 G 的当事人适格进行争执,可以申请独立的当事人参加(参照最高裁判所昭和 48 年 4 月 24 日判决,载《最高裁判所民事判例集》,第 27 卷第 3 号,第 596 页以下,收录于《百選Ⅱ》,第 175 号案件)。关于此的论述,可以参照前揭注(14)《小型研讨会——关于债权人代位诉讼与催缴诉讼》,第 87 页以下的池田辰夫教授发言与第 101 页以下的上原敏夫教授的发言。

如此一来,当债务人 S 想从债权人 G 回收债权时,就会产生如何理解债务人 S 与债权人 G 之间关系的问题。若仅仅因为进行了诉讼告知而不允许债务人 S 对自己的债务进行争执,那么对于债务人 S 而言,不免显得过于苛刻。如此一来,如坂原教授所主张的,若采用“将债务人 S 也作为被告”之理论构成,则在债务人 S 对债权人 G 的关系上,也可以遮断“G、S 债权不存在”之主张。因此,在一般情况下,没有将债务人 S 作为被告的必要,而只要对其进行诉讼告知即可,但是,当债权人 G 也想在其与债务人 S 之间就自己的请求权作出确定时,应当也可以将债务人 S 作为被告。

分可行的。[27][28]

〔27〕 在此有必要说明几个在本文未论及的问题。

首先,是否有必要承认"没有债务人参与的,仅在债权人与次债务人之间进行的相对性诉讼"之问题。竹下说与坂原说对此持肯定态度,福永说在结果上对此也予以肯定。在因"债务人潜逃"而几乎不可能再诉之情形下,对于债务人的程序保障似乎是没有必要的。但是,反过来问,这种作为对债务人程序保障的诉讼告知对于债权人而言,究竟是多大程度的负担呢？若认为这种负担程度较轻,承认这种"没有债务人参与的,仅仅在债权人与次债务人之间进行的相对性诉讼"之必要性则不大。笔者认为,作为一种理论趋势,应当不承认这种相对性诉讼。

其次,关于债务人 S 的定位存在以下问题。在代位诉讼中,债务人 S 是否可以提出次债务人 D 向自己给付的请求？认为债务人 S 构成共同诉讼辅助参加的新堂说与竹下说,对此持否定态度。坂原说则认为,以代位权消灭为条件,法院可以作出附条件向债务人 S 进行给付之判决。池田说认为,若债务人 S 加入诉讼中,则次债务人的给付对象应为债务人 S,而债权人 G 也应当对请求趣旨做出如上的变更。在债权人以自己名义及费用提起债权人代位诉讼之阶段,新堂说与竹下说应当予以赞同,不过,坂原说也较为符合实际。

再次,就是所谓的私的扣押效问题。具体而言,若债务人知晓债权人行使代位权之事实,债务人 S 能否对债权进行处分？大审院昭和 14 年 5 月 16 日判决(载《大审院民事判例集》,第 18 卷,第 557 页以下,收录于《百選Ⅰ》,第 47 号案件)认为,在这种情况下,债务人不能处分债权,兼子・判例,第 100 页以下对此判例予以肯定。但是,三月教授则认为,债务人具有广泛的债务处分权,参照三ヶ月・研究(第七卷),第 93 页以下。工滕说以及小林秀之、角纪代惠《从程序法视角来看的民法》,弘文堂,平成 5 年,第 156 页以下等观点则认为,至少在债权人提起代位诉讼后,应当限制债务人的处分。平井宜雄教授也认为,不应当承认私的扣押效果,参照平井宜雄《债权总论》(第二版),弘文堂,平成 6 年,第 250 页以下。不过,平井说采用"在起诉后,标的物就无法还给债务人"之解释,因而从结果上来看,其接近于工滕说等的见解。总而言之,笔者认为,与"向自己进行给付的请求"之问题一样,对于债务人的处分应当予以限制。

最后,败诉判决的效力是否也及于其他债权人 G′等之问题。三月说对于如下之观点提出了激烈批判,即主张"既然其他债权人 G′等也具有当事人适格,那么也应当将败诉判决的效力向其进行扩张"之观点。与此相对,池田说则认为,由于债权人代位诉讼具有代表包含其他债权人 G′等在内之性质,判决效应当向这些人进行扩张。笔者认为,在这种情况下,胜诉次债务人的利益是应当予以保护的,尽管会产生反射效的难题(参照本书"第十六讲 反射效"部分的相关论述),但作为理论方向而言,应当认为败诉判决的效力也及于其他债权人 G′等(关于类似必要共同诉讼的相关论述,参照新堂,第 669 页以下)。另外,既然肯定其他债权人 G′等具有当事人适格,那么也应当认可其诉讼参加的权利,至于参加的形态,既可以是共同诉讼参加,也可以是独立当事人参加,不过,采用前者的形态显得更为稳妥。当其他债权人 G′等加入诉讼时,G′等请求债权总额有可能超过 S、D 债权数额,在这种情形下,如果法院对于所有请求都予以承认,那么

2. 继承财产管理人的地位(是代理人还是诉讼担当)

在发生限定承认时,家庭法院从共同继承人中选任继承财产管理人,该继承财产管理人为了继承人而代为继承人行使继承财产管理以及偿还债务中所需之一切行为(参照《日本民法》第936条)。当这种继承财产管理人进行诉讼时,就其性质而言,究竟是属于全体继承人的法定代理人,还是以自己名义参与诉讼(作为当事人)的第三人诉讼担当呢?〔29〕对于此问题作出相关论述的著名判例,是最

就会产生对次债务人执行过度的危险,因此,法院应当在判决主文中写明"在S、D债权额范围内进行给付"。此外,工滕说主张,对于其他债权人G′等,也应当进行债权人代位诉讼系属的告知。这是一种应当予以关注的见解,但是,在一般情况下,只有债务人S才能够知道其他债权人G′等存在与否及住所等情况,而无法期待债权人G或次债务人D可以了解这些情况。尽管债权人G或次债务人D可以通过公告的方式进行诉讼告知,但是,在债权人代位诉讼中使用公告的方式,不免给人"小题大作"之感。因此,当认为债权人G独占S、D债权构成不正当行为之时,其他债权人G′等应当通过行使欺诈行为撤销权(参照《日本民法》第424条)来作出应对,不过,其中也存在"其他债权人G′等是否可以撤销执行行为"这一技术性的障碍(可以通过破产来予以否认。参照《日本破产法》第75条)。

〔28〕 在民法学中,平井教授提出了如下的主张,参照平井宜雄《债权总论》(第二版),弘文堂,平成6年,第250页以下。代位债权人可以直接从次债务人处催收金钱,以便优先清偿自己的债权,因此,这种代位权应当被构建为债权人固有的权利,即应当被理解为包括担保权之性质的权利,在原则上维持"债务人处于无财力的状态"之要件的同时,还应当将"债务人不行使自己的权利"作为要件,债权人只能在自己金钱债权范围内行使代位权。代位权的效果直接针对债权人而产生,判决效力并不及于债务人。从大体上来看,平井说是一种将福永说予以彻底化的见解。

此外,前揭注(27)小林秀之、角纪代惠,第156页以下认为,既然在提起代位诉讼时需要满足"债务人处于无财力的状态"与"债权人向债务人进行诉讼告知或催告"这两个要件,那么就应当承认以"其他债权人也可以在判决确定前进行当事人参加"为条件的、具有债权回收机能的债权人代位诉讼。而所谓的私的扣押效果也应当部分获得承认。可以说,这是一种接近于新堂说及池田说的见解。

〔29〕 不仅仅在限定承认的场合,在分离财产(参照《日本民法》第943条)、放弃继承(参照《日本民法》第940条)等情形中也会产生继承财产管理人。此外,在限定承认情形中,除了《日本民法》第936条规定的继承财产管理人外,也会产生《日本民法》第926条的管理人,严格来说,产生这两种管理人的具体状况并不相同。笔者在此将仅限定于《日本民法》第936条规定的继承财产管理人来展开论述。

高裁判所昭和47年11月9日判决,载《最高裁判所民事判例集》,第26卷第9号,第1566页以下,收录于《百選Ⅰ》,第A4号案件(见图9-2)。

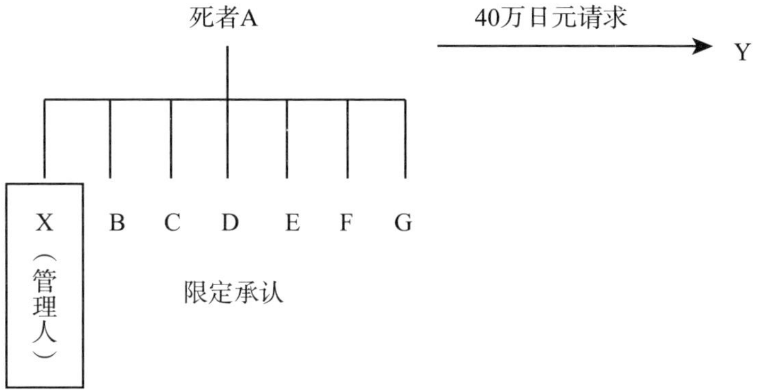

图9-2

在本案件中,原告(继承财产管理人)X以自己名义向Y提起返还借款请求,在第一审中,Y缺席审理,最后法院作出了X胜诉的判决。不过到了第二审,法院依职权主动考量了案件的当事人适格问题,并认为,在本案中,继承财产的权利义务主体是全体继承人,而继承财产管理人(第一审原告)不过是法定代理人,因此本诉讼欠缺当事人适格,最后控诉审法院撤销第一审判决,并判决驳回诉。对于此判决,X提起了上告,上告审法院也驳回了上告。该判决的判旨认为,即便(对某一继承财产)选任出继承财产管理人,该继承财产的归属主体仍然是继承人,由于《日本民法》第936条第2款规定了,"继承财产管理人是为了继承人利益而代为继承人行使权利",因此,继承财产管理人应当作为继承人的法定代理人来行使管理、

此外,当被宣告失踪人的财产管理人(参照《日本民法》第25条以下)进行诉讼时,也同样存在其究竟是代理人还是当事人(以自己名义参与的第三人诉讼担当)这样的问题。判例以及多数说认为其为代理人。此外,对于在遗产分割审判前的保全处分中被选任的遗产管理人,东京高等裁判所平成5年10月28日判决(载《判時》,第1478号,第139页以下)认为,在更正不实登记的诉讼中,应由继承人而非该遗产管理人成为原告。

清算继承财产之职责。换言之,即便是在选任有继承财产管理人的情形中,继承人也仍然具有当事人适格,而继承财产管理人将作为法定代理人来参加诉讼。

尽管判例认定继承财产管理人为法定代理人,但是在学说中,究竟该如何看待这一问题呢?关于继承财产管理人在诉讼中的性质认定问题,笔者认为,无论是将其作为法定代理人,还是视为第三人的诉讼担当,在实际上结果上两者并不会产生太大的差别,因为,无论是法定代理人还是诉讼担当,实际来实施诉讼的都是X,B及其之后的所有继承人都将退居于X背后。而且,从判决效力方面来看,若是采用法定代理人之理论构成,判决则针对作为当事人本人的全体继承人直接产生效力,而若基于第三人诉讼担当之理论构成,判决的效力则基于《日本民事诉讼法》第115条第1款第2项规定间接及于全体继承人。尽管在形式上两者存在一些差别,但从“全体继承人承受判决的效力”这一实际结果来看,两者是一致的。此外,尽管依据这种定性(是法定代理人还是第三人的诉讼担当)的不同,在土地管辖、除斥及忌避、当事人能力、证人能力、中断事由、诉讼费用的负担、诉讼救助的申请等方面会产生差异,但在限定承认之情形中,作出“两者之间不产生差异”之解释也并非不可能。例如,诉讼费用并不是由继承财产管理人个人负担,而应当由继承财产来负担;基于此,在诉讼救助申请方面,当事人的经济状况(参照《日本民事诉讼法》第82条)并不是指继承财产管理人个人的经济状况,而应当基于继承财产来作出考量。在“是证人寻问还是当事人寻问”的问题上,基于代理人说的立场,由于继承财产的归属主体(继承人)是当事人本人,因而对其的寻问构成当事人寻问,同时,继承财产管理人是法定代理人,因此对其的寻问同样也属于当事人寻问(参照《日本民事诉讼法》第211条);反之,基于诉讼担当说的立场,尽管看上去只有继承财产管理人的寻问属于当事人寻问,财产归属主体(继承人)似乎是证人,但从实质上看,也可以将其理解为当事人寻问,而且,就这两者的原本意义而言,“是证人寻问还是当事人寻问”属于责问权放弃的对象,即便对此的判断发生错误,其先前作

出的结论在后来也不会被推翻。〔30〕

因此,若是过分拘泥于“是当事人(第三人的诉讼担当)还是代理人”之形式,可能会显得不太恰当。无论基于何种形式,两者的结果并不会产生太大差别。反之,如果将这种形式上的判断错误作为上诉的理由,那么就会侵害程序的安定,进而有违诉讼经济(参照新堂,第115页)。

总而言之,上述最高裁判所判例的原审法院判决驳回诉之处理并不妥当。就法院而言,纵然不接受“无论作为法定代理人还是作为当事人均可”之观点,〔31〕也不能判决驳回诉,正确的做法应当发回

---

〔30〕 在《日本民事诉讼法》第23条第1项与第2项有关除斥的规定中,作为“与当事人具有近亲关系的法官”之法条中的“当事人”而言,若依据代理人说,则指继承人,不过,即便是基于诉讼担当说的立场,此处所谓的当事人,也可以被解释为财产归属主体(继承人),而非形式当事人(继承财产管理人)。纵使上述这种解释显得过于牵强,但当作为非当事人的财产归属主体(继承人)与法官具有近亲关系时,也将构成忌避的原因(参照《日本民事诉讼法》第24条),如此一来,也可以形成与除斥一样的结果,不过,这两者之间多少还是存在差异,因为,忌避形成的是“该裁判作出之后面向将来的程序违法”之结果,而除斥则导致“程序自始溯及违法”之结果。

当继承财产管理人作为被告时,在土地管辖方面,依据代理人说,财产归属主体(继承人)的住所地具有普通裁判籍,进而可以在继承人之一的管辖法院发生《日本民事诉讼法》第7条的合并管辖籍,而基于诉讼担当说,继承财产管理人的住所地具有普通裁判籍,其他继承人的住所地与案件的管辖无关,即诉讼担当说的土地管辖在范围上比代理人说显得要窄,不过,继承财产管理人也是继承人中的一人,而且,日本法对于继承特别设置了《日本民事诉讼法》第5条第14款、第15款的裁判籍规定,因此,即便依据诉讼担当说,也很少会产生现实的不便。

若非依据形式当事人概念,而是如本书前述所介绍的,以实质当事人概念来考虑当事人相关的规则,在结论上就另当别论了,因为,即使是诉讼担当,也将以实体当事人(继承人)作为标准。

〔31〕 对于认为“无论是当事人还是法定代理人都可以”的新堂说,高野耕一将其称为“融通说”,并提出了“旨在作出法政策色彩浓厚的诉讼法之融通性操作”“民事诉讼理论还俗化的表现”等的批判,参照高野耕一《继承财产管理人、被宣告失踪人的财产管理人以及遗嘱执行人的财产管理人》,载《争点》(旧版),第1000页以下。

在德国,对于“究竟是代理人说妥当还是诉讼担当说妥当”之问题的争论,同样也绵延不绝,关于此的详细论述,可以参照福永有利《关于民事诉讼中“正当当事人”的研究》,载《关西大学法学论集》,第17卷第6号,昭和43年,第602页以下的叙述。依据该论文所述,这一问题可以归结为如下这一理论体系上的问题,即对于诉讼实施不具有

第一审重审,并让当事人对其予以补正[关于在法人代表人发生错误

自己利益之人,可否成为当事人(若能够成为当事人,财产管理人则成为当事人),或者说在(代理人)为了追求被代理本人之外人员利益的情形下,能否认定成立代理(若这一问题获得肯定,财产管理人则作为代理人)之问题。对于此问题,德国学者亨克尔认为,无论采用何种学说,在结果上两者均没有决定性有利的理论根据,因此,现在已经过了“论述何者为正当”的阶段,而由于无论采用何者都会得出相同的结果,因此发展到了“只要决定采用何者即可”的阶段。尽管福永教授自身对于亨克尔的上述论断抱以疑问,但应当说,亨克尔的以上论述更接近实际状况。总而言之,法定代理人与第三人的诉讼担当,在理论层面似乎存在较大差异,但不得不承认,从实际结果来看,两者处于一种接近之关系(进一步可以说存在交错的领域)。稻叶威雄也认为,对于“继承财产管理人究竟是法定代理人还是第三人的诉讼担当”之问题,未必能够作出明确的区分,参照稻叶威雄《职务上的当事人与法令上的诉讼代理人》,载《争点》(新版),第 112 页以下。

在实际中,的确可以作出“融通说”的处理,但是,作为理论而言,还是应当对各自立场予以明确。那么,在理论的层面上,对于“究竟是代理人还是当事人(第三人的诉讼担当)”之问题,应当如何予以把握呢?梅本吉彦教授作出了如下的论述,即一般而言,在第三人管理他人财产的场合以及为了作为财产归属主体的特定个人利益而进行管理的场合,该管理人应当被视为代理人;但在为了所有对特定财产存有利害关系之人的利益而进行管理的场合,若财产管理人是以自己名义对该财产进行管理的,则在诉讼上也成为当事人(第三人的诉讼担当),参照梅本吉彦《代理与诉讼担当的交错》,载講座民訴(第三卷),第 139 页以下,尤其是第 148 页。与德国的同类理论相比,梅本教授的这一理论不同之处在于,将“(代理人)为了被代理人本人之外人员的利益而进行管理的场合”也作为“非代理”的情形予以对待。对于“代理”作如此把握,川岛武夷教授表达了反对意见,并认为,即便是在日本,代理人对于当事人本人也存在忠实义务,相关的详细论述,可以参照川岛武夷《民法总则》,有斐阁,昭和 40 年,第 321 页以下。持相同见解的观点还可以见之于四宫和夫《民法总则》(第四版),弘文堂,昭和 61 年,第 236 页以下。此外,铃木教授也认为,当(代理人)不是为了财产主体的利益,而是为了所有与特定财产存有利害关系之人的利益进行财产管理时,财产管理人参加诉讼将构成第三人的诉讼担当,参照铃木重胜《代理与职务上的当事人》,载小山ほか·演習,第 207 页以下,尤其是第 211 页。

继承财产管理人是从继承人中被选任出来的,而非由继承人之外的其他人担任,因此就“代表人”这一意义而言,可能继承财产管理人与代理人说更具有整合性,但是,这一点并不具有决定性的意义。因为,相对于这一点而言,以下这两点似乎显得更为重要:(1)其他继承人不能与继承财产管理人行为相抵触;(2)继承财产管理人应当履行“清偿继承债务”之清算事务职责,并调整利害人之间的利害关系,进而谋求中立公平的处理。在这两点的延长线上,若继承财产管理人可以以一个继承人为被告提起“某一

时进行补正的观点,参照最高裁判所昭和 45 年 12 月 15 日判决,载《最高裁判所民事判例集》,第 24 卷第 13 号,第 2072 页以下,收录于新堂幸司、青山善充、高桥宏志编《民事诉讼法判例百选第一卷》(对应于新法的修订版),有斐阁,平成 10 年,第 54 号案件(松本博之解说)。不过,与代表人或代理人发生错误的情形不同,在当事人发生错误时,从严格的理论上来说,"补正"恐怕是较为困难的]。

3. 遗嘱执行人的权限

遗嘱执行人具有实施继承财产的管理及其他遗嘱执行中所必需的一切行为之职责(参照《日本民法》第 1012 条),因此,继承人不能实施妨碍继承财产处分及其他遗嘱执行的行为(参照《日本民法》第 1013 条)。由此可以看出,遗嘱执行人具有独立于继承人的地位。但是,《日本民法》第 1015 条又作出"将遗嘱执行人视为继承人的代理人"之规定,由此来看,遗嘱执行人在民事诉讼法上也似乎成为法

财产是否为遗产"的确认诉讼,与其将继承财产管理人视为代理人,毋宁说构成第三人的诉讼担当更为合适。在诉讼法学者中,主张"继承财产管理人是代理人"的学者比较少。山木户教授对于最高裁判所这种"是法定代理人"的判旨表示了反对意见,并认为,对于继承财产中独立的特别财产享有者,应当认可其当事人能力,而应当将继承财产管理人理解为其代表人,或者理解为继承财产管理人以自己的名义成为当事人的法定诉讼担当,参照山木户克己《关于最高裁判所昭和 47 年 11 月 9 日判决的判例释评》,载《判夕》,第 294 号,昭和 48 年,第 90 页以下,收录于山木戸・判例,第 46 页以下。此外,福永教授也对该判例的判旨表示了疑问,并主张采用"继承财产代表人说"是最为妥当的,参照福永有利《关于最高裁判所昭和 47 年 11 月 9 日判决的判例释评》,载《民商》,第 69 卷第 1 号,昭和 48 年,第 105 页以下。此外,住吉博《关于最高裁判所昭和 47 年 11 月 9 日判决的判例解说》,载《ジュリ》杂志临时增刊——《昭和四八年度重要判例解说》,有斐阁,平成 49 年,第 98 页以下,收录于住吉博《民事诉讼判例评释》,法学书院,昭和 53 年,第 195 页以下;铃木重胜《代理与职务上的当事人》,载小山ほか・演習,第 207 页以下;梅本吉彦《代理与诉讼担当的交错》,载講座民訴(第三卷),第 139 页以下等观点认为,继承财产管理人构成"诉讼担当"。福永有利《当事人适格理论的再构成》,载山木户・還曆(上),第 60 页以下,福永教授同样也认为继承财产管理人是"当事人"(诉讼担当)。

定代理人。〔32〕

不过,《日本民法》第1015条关于“继承人的代理人”的拟制,并非一条非常合理的规定,因为,当被继承人依据遗嘱表示“废除推定继承人”之意思时,对此予以执行的是遗嘱执行人(参照《日本民法》第893条),在这种情形下,若将遗嘱执行人理解为继承人的代理人,则不免违背一般常理。即便不言及这一条规定,现实中也经常出现其他诸如“遗嘱执行人依据遗嘱将一定的财产赠与遗赠人”等违反继承人利益的情形。鉴于此,民法上也存在如下这方面的论争,即在遗嘱执行人所实施行为(如遗赠)的效果归属于继承人之过程中,《日本民法》第1015条的规定具有何种意义呢?此外,关于在民法上如何构成遗嘱执行人的法的地位之问题,也成为探讨的对象。〔33〕不过,从诉讼法视角来看,继承人与遗嘱执行人就遗产或遗嘱展开诉讼的情形并不少见,在这些情形中,若依据“遗嘱执行人是继承人的代理人”之理论构成,就形成“原告也是继承人,被告也是继承人”的结果,也即所谓的当事人同一的局面(不过,在另一方面,无论是原告还是被告,都以遗嘱继承人为法定代理人),如此一来,双方当事人之间就缺乏对立的关系,进而无法形成双方当事人对立之构造。这是一种违反诉讼法公理的结果,因此,至少而言,在诉讼法上,遗嘱执行人必须被理解为“以自己名义作为当事人参加诉讼

---

〔32〕 尽管新堂说是一种未排除“作为诉讼担当来予以理解”之观点的“通融说”,但是,在新堂幸司《民事诉讼法》(第二版补正版),弘文堂,平成2年,第115页以下,对于遗嘱执行人问题,新堂教授还是持“是继承人的法定代理人”之观点。兼子·体系,第127页以下;中川善之助《注释继承法》(下),有斐阁,昭和30年,第169页以下(山木户克己执笔)等观点都认为,遗嘱执行人并非继承人的代理人,而应当视为被继承人(遗嘱人)的法定代理人。

〔33〕 中川善之助《注释继承法》(下),有斐阁,昭和30年,第166页以下(山木户克己执笔);田中实《遗嘱执行人》,载《中川善之助教授还历纪念论文集——家族法大系Ⅶ》,有斐阁,昭和35年,第228页以下;中川善之助、泉久雄《继承法》(第三版),有斐阁,昭和63年,第569页以下;铃木禄弥《继承法讲义》,有斐阁,昭和43年,第27页以下;前揭注(33)《新版注释民法(28)》,第337页以下(泉久雄执笔)等。

的诉讼担当”。〔34〕就当下的状况而言,这种理解可以说占据诉讼法上的通说地位。〔35〕

如果将遗嘱执行人理解为法定诉讼担当,那么就面临一个先决性的问题,因为遗嘱执行人只有在其履行“执行遗嘱”之职务权限的范围内才成为当事人,正因如此,这一先决性问题就是,遗嘱执行人职务权限的范围究竟多大?

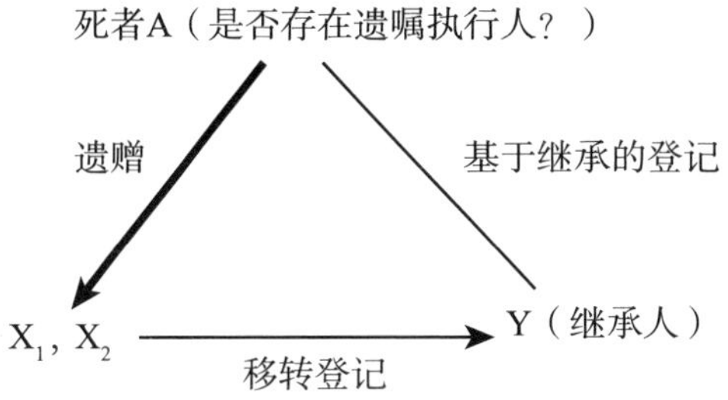

图 9-3

〔34〕 不过,在德国,也有观点主张,“双方当事人对立构造”并不是诉讼法的公理。关于此的详细论述,可以参照福永有利《关于民事诉讼中“正当当事人”的研究》,载《关西大学法学论集》,第 17 卷第 6 号,昭和 43 年,第 616 页以下。

此外,在前揭注(3)中所论及的功能性当事人概念中,即使在形式上由同一人兼具原告与被告双方的地位,但若其背后的纠纷财产不同(例如,继承财产与继承人的固有财产),也可以使原告与被告成为不同当事人。

〔35〕 即便是在认为“遗嘱执行人构成第三人的诉讼担当”的观点阵营中,就“是否属于职务上当事人”这一问题而言,不同观点之间还存在分歧。其中,中野贞一郎《当事人适格的决定因素(上)》,载《判時》,第 819 号,平成 5 年,第 28 页以下,收录于中野・論点(Ⅰ),第 106 页以下;中野＝松浦＝鈴木,第 134 页以下(福永有利执笔),采用所谓的三分类说,即将诉讼担当人分为以下三类:(1)为了实现自己权利的诉讼担当人;(2)财产管理人;(3)职务上当事人,而且认为,遗嘱执行人属于财产管理人的范畴。此外,小林教授也表述了相同的观点,参照小林・プロブ,第 135 页。上田,第 225 页;小山,第 97 页以下;注解民訴(第二卷、第二版),第 23 页以下等观点,也未将遗嘱执行人列入职务上的当事人之范畴。与此相对,新堂,第 256 页以下;纳谷广美编著《民事诉讼法》,八千代出版,平成 6 年,第 50 页以下(长谷部由起子执笔);船越隆司《关于最高裁判所昭和 43 年 5 月 31 日判决的判例释评》,载《民商》,第 60 卷第 1 号,昭和 44 年,第 130 页以下等观点,将遗嘱执行人作为职务上的当事人予以对待。关于此的详细论述,也可以参照谷口,第 257 页以下。如此一来,这种关于“遗嘱执行人是否属于职务上的当事人”之问题,就可以归结为职务上当事人的定义及分类之问题。

首先,最高裁判所昭和 43 年 5 月 31 日判决(载《最高裁判所民事判例集》,第 22 卷第 5 号,第 1137 页以下)对此问题作出判示(见图 9-3)。在这一案件中,死亡的遗嘱人 A 的妹妹 X_1 与 X_2 获得来自 A 的房屋遗赠,但是,A 的养子 Y 基于继承原因获得了该房屋的登记,于是,X_1 与 X_2 以 Y 为被告提出了请求转移房屋登记的诉讼。在第一审中,X_1 与 X_2 获得胜诉,但在第二审中,法院承认了 Y 的遗留分,据此在遗留分范围内对一审判决作出部分变更。对于该控诉审判决,Y 提出上告。在上告审中,法院依照职权对本案的当事人适格问题进行了调查,最后该判例的判旨认为,由于原审法院未对本诉讼中是否存在遗嘱执行人之问题予以明确,当存在遗嘱执行人时,若接受特定不动产遗赠之人提起转移房屋登记(作为执行遗嘱)诉讼,则只有遗嘱执行人才具有被告适格,鉴于此,为了让原审法院就是否存在遗嘱执行人之问题展开更为充分的审理,最后作出撤销原判并发回重审之判决。

但是,这一判决结果并非没有疑问。因为,在本诉讼中,由于 Y 既已获得该房屋的登记,因此,即使 X_1 与 X_2 以遗嘱执行人为被告提起诉讼并获得胜诉,依据该胜诉判决也无法使登记转移到 X_1 与 X_2 的名下。在这种情形下,为了使 X_1 与 X_2 获得该房屋的登记,遗嘱执行人就不得不再度以 Y 为被告提起请求转移登记的诉讼,并基于该胜诉判决使房屋登记返还于被继承人,最后通过执行遗嘱将房屋登记转移给 X_1 与 X_2;因为若让 X_1 与 X_2 以遗嘱执行人为被告来进行本诉讼,那么对于纠纷解决而言不免过于迂回。那么,是否可以否定该判决判旨而承认 Y 的被告适格呢?对于此,新堂教授持肯定态度,并认为,既然房屋登记已经被 Y 所获得,该房屋就可以被视为遗嘱执行人管理以外之财产,而且,出于纠纷直接解决(转移登记)之考虑,也应当认可作为登记名义人之继承人 Y 的被告适格。但是,在这种情况下,也会产生如下这一程序保障问题,即在仅以登记名义人 Y 为被告的诉讼中,遗嘱执行人完全未参与其中。因为,"将房屋登记转移给 X_1 与 X_2"属于遗嘱执行人应当履行的执行遗嘱之义务。如此一来,就陷入一种两难境地,一方面,没有遗嘱执行人参与的诉讼是不妥当的,但另一方面,仅以遗嘱执行人为被告的诉讼又使纠纷的解决显得过于迂回。因此,在仅以遗嘱执行人为被告的诉讼中,只要原告适格符合条件即可,如若不然,对于登记名义人也应当考虑承认其被告适格。〔36〕

---

〔36〕 就原本意义而言,这一案件可以说是一个遗嘱执行人为了执行遗嘱而应成为原告,并从 Y 处收回房屋登记的案件,只是基于某种原因,遗嘱执行人并未采取这样的行动,因此就成了受遗赠人 X_1 与 X_2 以 Y 为被告提起的诉讼。从这一意义上而言,X_1 与 X_2 可以通过行使转用型债权人之代位权,代为遗嘱执行人提起"要求将房屋登记转移给自己"的请求,而且,X_1 与 X_2 可以将自己对 Y 的这种请求与遗嘱执行人对于 Y 的请求合并来起诉。此外,梅本吉彦《代理与诉讼担当的交错》,载講座民訴(第三卷),第 155 页以下;青山善充《民事诉讼法演习》,载《法教》,第 109 号,平成元年,第 116 页以下;纳谷广美《遗嘱执行人诉讼上的地位》,载《明治大学法律论丛》,第 53 卷第 3・4 合并号,昭和 56 年,第 65 页以下,尤其是第 78 页以下等观点均主张,应当通过这种合并请求起诉之方式来解决问题。

的确,债权人代位诉讼的合并提起固然是一种解决之道,但是其中也可能面临一些问题。首先,X_1 与 X_2 是否必须通过合并遗嘱执行人之请求来提出诉讼呢?换言之,X_1 与 X_2 是否可以单独提起债权人代位诉讼呢?对于此问题,青山教授认为,一般而言,遗嘱执行人必须作为被告,因此,不允许受遗赠人单独提起债权人代位诉讼,参照青山善充《民事诉讼法演习》,载《法教》,第 109 号,平成元年,第 116 页以下。不过,就通常债权人代位诉讼而言,主张"允许受遗赠人提起债权人代位诉讼,同时要求被代位人也必须提起诉讼"是一种不太多见的观点[不过,最高裁判所关于保险金请求,曾作出过这样的判例,即最高裁判所昭和 57 年 9 月 28 日判决,载《最高裁判所民事判例集》,第 36 卷第 8 号,第 1652 页以下,收录于《百選Ⅰ》,第 69 号案件(田边诚解说),详细论述可以参照本书"第十一讲　诉的利益"之注(15)]。而且,若基于"受遗赠人在提起债权人代位诉讼时必须对被代位人(遗嘱执行人)进行告知或催告"之拙见的立场,则允许受遗赠人提起债权人代位诉讼的余地可能会更大。所谓的合并起诉,是否意味着提起的诉讼属于一种必须存在共同被告的固有必要共同诉讼呢?笔者认为,答案恐怕是否定的。因为,X_1 与 X_2 可以首先仅以遗嘱执行人为被告来提起诉讼,然后再在另一个诉讼中,以继承人 Y 为被告提起债权人代位诉讼,采用这种形式的起诉(合并起诉)恐怕也是适法的。

除了债权人代位诉讼之构成外,也可以考虑如下这种做法,即将受遗赠人 X_1 与 X_2 以遗嘱执行人为被告的转移登记请求与受遗赠人 X_1 与 X_2 对于继承人 Y 提起的撤销登记请求予以合并。最高裁判所昭和 62 年 4 月 23 日判决(载《最高裁判所民事判例集》,第 41 卷第 3 号,第 474 页以下)认为,当遗赠特定不动产时,在遗嘱人死亡的同时,该不动产的所有权转移给受遗赠人,因此,在这种情形下,即便有遗嘱执行人,受遗赠人也可以以排除所有权妨碍为由请求撤销登记。因此,正如福永教授所论述的,通过将受

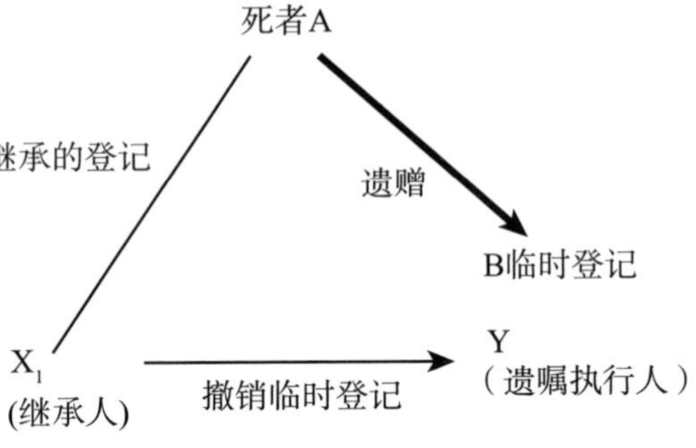

图 9-4

遗赠人 X_1 与 X_2 对于遗嘱执行人的转移登记诉讼与对于继承人 Y 的撤销登记诉讼进行合并起诉的方式,也可以解决本案的问题,参照福永有利《遗嘱执行人的诉讼实施权》,载《北海道大学法学论集》,第 38 卷第 5・6 合并号(下),昭和 63 年,第 1753 页以下,尤其是第 1775 页。相对于债权人代位诉讼,这种方法可能显得更为直接。笔者个人也认为,就当下的状况而言,采用后者的方式可能更为妥当。总而言之,上述最高裁判所昭和 62 年 4 月 23 日判决认可了受遗赠人的撤销继承人名义登记请求。但是,作为本案件的最高裁判所昭和 43 年 5 月 31 日判决,却并未承认受遗赠人的转移继承人名义登记请求。如此一来,是否意味着这两个判决存在矛盾呢?笔者认为,由于这两个案件分别是撤销登记请求与转移登记请求,由于请求本身不同,因此不能说这两者存在矛盾,但是,在一般情况下,允许当事人以"转移登记"代替"撤销登记"之方式提出登记请求,考虑到这一点,关于这两个判例的矛盾性问题也非没有疑问。若想对两者处理的差异作出合理说明,就必须着眼于"遗嘱执行人是否参与遗嘱的执行"这一点展开考察。具体而言,在撤销登记请求中,原告所要求的仅仅是将房屋登记返还给被继承人,因此在此后的将该登记再转移给受遗赠人的过程中,存在遗嘱执行人的参与,因此,法院可以对这种性质的请求作出承认(并不妨碍遗嘱执行人参与执行遗嘱)。但是,若直接承认"将房屋登记转移给受遗赠人"之请求,那么就排除了遗嘱执行人参与登记(执行遗嘱)之可能性,故而不应承认这种请求。换言之,若承认这种"将房屋登记转移给受遗赠人"的请求,则使遗嘱执行人的设置失去了意义[参照前揭注(33)《新版注释民法(28)》,第 314 页以下(泉久雄执笔)]。此外,关于此相关论述,还可以参照松下淳一《关于最高裁判所昭和 57 年 7 月 19 日判决的判例解说》,载《百選Ⅰ》,第 45 号案件,第 93 页以下;冲野真巳《关于最高裁判所昭和 62 年 4 月 23 日判决的判例释评》,载《法協》,第 105 卷第 12 号,昭和 63 年,第 1821 页以下;小山升《遗嘱执行人的地位》(最初发表于昭和 54 年),载小山・著作集(第八卷),第 139 页以下,尤其是第 154 页。福永教授也认为,若承认受遗赠人提出的转移登记请求,也就意味着侵害了遗嘱执行人的管理权,故不予允许,但是,当遗嘱执行人的管理权仅向受遗赠人履行遗赠义务时,还有可关于此问题的另一个判例则是,最高裁判所昭和 51 年 7 月 19 日判决[载《最高裁判所民事判例集》,第 30 卷第 7 号,第 706 页以下,收录于《百選 I》,第 45 号案件(松下淳一解说)(见图 9-4)]。在该案中,遗嘱人 A 立下"将土地遗赠与 B,Y 为遗嘱执行人"的遗嘱,在 A 死亡后,Y 向 B 进行了该土地的临时登记,但与此同时,A 的养子 X 继续在该土地上耕作,并以继承为由获得该土地的登记。X 以遗嘱执行人 Y 为被告提出撤销该土地临时登记请求(在诉讼中也包含着确认遗嘱无效请求,为简便,在此予以省略)。在第一审中,X 获得胜诉,但在第二审中,X 却遭到败诉,法院的理由是"本案件的被告应当是受遗赠人 B"。为此,X 提出上告,但最高裁判所作

能采取其他方法。

福永有利《遗嘱执行人的诉讼实施权》,载《北海道大学法学论集》,第 38 卷第 5 · 6 合并号(下),昭和 63 年,第 1753 页以下,尤其是第 1777 页;五十部丰久《关于最高裁判所昭和 43 年 5 月 31 日判决的判例释评》,载《法協》,第 86 卷第 7 号,昭和 44 年,第 830 页认为,即使遗嘱执行人具有当事人适格,也并不意味着继承人被剥夺了当事人适格,因为,法院对于不具有管理处分权的继承人作出的判决之效果不及于遗嘱执行人,但是,若继承债权人的权利属于"人的请求权",遗嘱执行人则可以对继承人的固有财产进行执行,而且,若遗嘱执行人的管理权消灭,也可以执行其遗产。可以说五十部说是一种可以超越本案件具体案情的一般性意见,这种观点不同于认为"仅依据针对受遗赠人继承人 Y 的胜诉判决就可以进行转移登记"的新堂说。此外,船越教授认为,应当让继承人与遗嘱执行人两者都参与诉讼,由此展开了"当事人本人是继承人,而遗嘱执行人成为其法定代理人"之解释论性质的论述,参照船越隆司《关于最高裁判所昭和 43 年 5 月 31 日判决的判例释评》,载《民商》,第 60 卷第 1 号,昭和 44 年,第 130 页以下。这两者都参与诉讼的见解固然值得赞成,但是,在本案件中,作出"分别将继承人与遗嘱执行人作为当事人本人与法定代理人"之解释则显得过于技巧化,恐怕还颇费周折。此外,也有观点主张,依据《日本民事诉讼法》第 115 条第 1 款第 2 项规定,对遗嘱执行人的判决之效力及于继承人 Y,因此,如果 X_1 与 X_2 对遗嘱执行人获得胜诉,那么就可以从 Y 处转移登记(这种观点可以见之于平井宜雄《关于最高裁判所昭和 57 年 7 月 19 日判决的判例释评》,载《法協》,第 95 卷第 4 号,昭和 58 年,第 781 页以下)。但是,在登记实务中并未采用这种方式的处理(参照松下淳一前揭,第 93 页第三段),而且,此处的遗嘱执行人与继承人 Y 处于一种直接的利害对立关系(如前所述的,这一案件本来应当是一个遗嘱执行人对于继承人 Y 提起的诉讼),而非遗嘱执行效果归属于继承人的一般关系(例如,在遗嘱执行人为了从第三人处收回属于遗产之财产提起的诉讼中,判决效及于继承人)。

出了驳回上告的判决。最高裁判所这一判决的理由在于,若在作出临时登记之当时继承人提出撤销土地临时登记请求,被告应当是受遗赠人,而非遗嘱执行人,在这种情形下,遗嘱执行人为了受遗赠人利益而致力于保持土地临时登记的行为与"遗嘱执行"并无关系,这种行为本身并不属于遗嘱执行,但是,一旦遗嘱执行人执行遗嘱将土地的临时登记转移到受遗赠人名下后,有关临时登记的权利义务只归属于受遗赠人,遗嘱执行人不再对上述临时登记享有权利义务。

尽管这一昭和 51 年最高裁判所判例是针对土地临时登记情形作出,但即便假设其为土地本登记的情形,该判旨的处理也无疑是妥当的。因为,在该案件中,作为遗嘱执行人执行遗嘱行为只要进行转移登记即可,因此,本案可以视为一个脱离遗嘱之执行的案件。[37] 综上所述,在最高裁判所昭和 43 年 5 月 31 日判决的案件中,遗嘱执行人也应当被作为被告,而在最高裁判所昭和 51 年 7 月 19 日判决的案件中,遗嘱执行人却不被作为被告,这两者的结论不相同。总而言之,对于这类问题,应当在考虑"哪些范围属于遗嘱的执行"之基础上,对遗嘱执行人是否具有当事人适格作出判断。不过,不得不遗憾地指出,作出这种结论需要进行非常复杂的

---

〔37〕 平井教授对于该判旨表示了反对意见,参照平井宜雄《关于最高裁判所昭和 57 年 7 月 19 日判决的判例释评》,载《法協》,第 95 卷第 4 号,昭和 58 年,第 781 页以下。具体而言,平井说认为,在继承人以遗嘱执行人为被告而提起的诉讼中,继承人可以要求撤销受遗赠人的临时登记(如前揭注所述,这种立论存在牵强之处),以此为前提,遗嘱执行人应具有被告适格。但如此一来,就结论而言,平井说与拙见是相反的。不过,平井说指出的如下这一点应当予以赞同,即一般而言,相较于遗嘱执行人本来就不具有该管理处分权之可能性,其持有遗产管理处分权的盖然性更高,因此,原告首先以遗嘱执行人为被告提出请求似乎更符合常理,因此"必须减少在原告选择被告方面对其造成困扰的事态"。不过,正如后揭注(38)所述的,较为遗憾的是,作为解释论这种观点不具有一贯性。

此外,也有观点在论及该判例的案情时,认为遗嘱执行人有义务将受遗赠人临时登记变更为本登记,在本案中,遗嘱执行人的执行并未完成。提倡这种观点的文献可以见之于,伊藤昌司《关于最高裁判所昭和 57 年 7 月 19 日判决的判例释评》,载《判評》,第 223 号,(《判時》,第 856 号),昭和 52 年,第 139 页以下。

判断。[38][39]

---

〔38〕　在英国,将遗嘱执行人作为遗嘱人的人格代表人进行遗产清算,与此不同,在日本法中,清算并非遗嘱执行人的法定义务(遗产债务的清偿由继承人来实施),而只是执行遗嘱条款,这一点更接近于法国法的规定。但在遗嘱中,遗嘱人委托遗嘱执行人进行清算也是适法的,而且,这样的做法也较为符合实际[参照川善之助、加藤永一编《新版注释民法(28)》,有斐阁,昭和63年,第270页以下(泉久雄执笔)]。因此,在具体的案件中,对应于遗嘱内容的千差万别,遗嘱执行人的权限也各不相同。在法定的例子中,遗嘱执行人并不具有诸如破产管理人那样大的权限,而且,从不担当清算职责这一点来看,遗嘱执行人也比继承财产管理人所拥有的权限范围更窄。总而言之,遗嘱执行人在诉讼法上的地位是一个极为复杂的问题。

若基于法定的例子予以考虑,遗嘱执行人的职责与任务就是执行遗嘱,也即实现遗嘱人的意思。但此外,尽管遗嘱人的权利义务最终由继承人继承,但如果继承人能够获得被继承人(遗嘱人)信任,那么遗嘱人就无须选任遗嘱执行人,而直接将遗嘱的执行委诸于继承人来进行即可,因此可以说,遗嘱执行人与继承人之间蕴含着一种潜藏的紧张或利害对立关系。如此一来,当与第三人就未被列入遗嘱的财产发生纠纷时,由于该第三人、遗嘱执行人、继承人分别处于不同立场,因此在诉讼上,可以构成涉及"第三人、遗嘱执行人与继承人"的三面诉讼,但是,实定法的趣旨却作出了"优先考虑遗嘱执行人,而将继承人置于其背后"之处理。由于继承人必须服从被继承人所作出的处分,因此,实定法的这一设计具有合理性,且对于第三人而言,这样一来也可以使其获得"避免因设置遗嘱执行人而使诉讼复杂化(例如,以遗嘱执行人与继承人作为共同被告的共同诉讼)"之利益。若从判决效扩张视角来看待上述的关系,那么形成的规则就是,在遗嘱执行的范围内,针对遗嘱执行人作出的判决之效力及于继承人(参照《日本民事诉讼法》第115条第1款第2项)。即使基于某种原因而使继承人具有当事人适格,并且由继承人实施诉讼,但针对继承人所实施的诉讼作出的判决之效力也并不及于遗嘱执行人(遗嘱执行人进行有利于己援用的情形,则另当别论),因为,若让针对继承人的判决效力及于遗嘱执行人,则如前所述,就会形成继承人超越遗嘱执行人实施遗嘱执行之结果,进而使遗嘱执行人的设置丧失意义,而且,这样一来,也会违反《日本民法》第1013条规定的"继承人不能妨碍遗嘱执行人执行遗嘱"之实体法趣旨。尽管如此,如果对作为最终权利归属主体的继承人及受遗赠人与第三人(也可以是继承人与受遗赠人)之间的权利关系作出解决,那么遗嘱执行人也应当不会有所抱怨。福永有利教授认为,既然在遗嘱执行终结后,可以抛开遗嘱执行人,就继承人、受遗赠人与第三人之间展开诉讼,那么在遗嘱执行终结之前,同样也可以抛开遗嘱执行人来进行这种诉讼,参照福永有利《遗嘱执行人的诉讼实施权》,载《北海道大学法学论集》,第38卷第5、6合并号(下),昭和63年,第1753页以下,尤其是第1771页、第1777页。但是,之所以设置遗嘱执行人,就是为了遵循如下这一遗嘱人意思,即继承人与受遗赠人不能抛开作为自己代理人的遗嘱执行人来直接作出解决。在诉讼法上,原则上同样也应当尊重遗嘱人的这种意思[关于此的相关论述,还可以参照前揭注(33)《新版注释民法(28)》,

4. 纠纷管理权说

在消费者纠纷或环境纠纷中,所面临的问题未必都涉及单个当

第318页以下(泉久雄执笔)]。

尽管针对遗嘱执行人作出的判决之效力及于继承人,但这一命题也存在界限,即作为其前提条件,必须以执行遗嘱之范围为限。第三人获得针对遗嘱执行人的给付判决,尽管该当事人可以依据该判决来对遗产进行强制执行,但是对于非遗产(例如,不属于遗嘱执行人管理的继承人之固有财产),该判决就不产生扩张的效力,该当事人也不能对此进行强制执行,在这种情况下,原告就必须以继承人为被告来再次起诉。与"若第三人对被继承人获得胜诉给付判决,就可以以该判决对继承人的固有财产进行执行"这一点相比,上述之限制显然会给第三人造成不便。在这种情形下,遗嘱执行人也不能完全代替被继承人。不过,这也是一种不得已的结果,因为,遗产就是某种程度的独立财产[参照前揭注(33)《新版注释民法(28)》,第273页以下(泉久雄执笔)。此外,若基于"一旦遗嘱条件成就,特定物的受遗赠人就获得该物的物权"之理论构成,也会面临如下这一问题,即第三人获得针对遗嘱执行人的判决之效力是否及于受遗赠人?对于此问题,福永有利教授认为,在继承人以遗嘱执行人为被告提起确认遗嘱无效之诉中,若继承人获得(遗嘱无效)胜诉判决,则该判决效力不及于受遗赠人,否则对于受遗赠人而言,显得过于残酷,参照福永有利《遗嘱执行人的诉讼实施权》,载《北海道大学法学论集》,第38卷第5·6合并号(下),昭和63年,第1753页以下,尤其是第1765页、第1770页]。综上所述,基于遗嘱执行人权限的多样性、判决效扩张及其限制等多重因素的影响,遗嘱执行人在诉讼上地位是不甚明确的,因此,对于此展开的理论论述也难以获得明确性。

以下再来考察判例对于此问题的观点。最高裁判所昭和31年9月18日判决(载《最高裁判所民事判例集》,第10卷第9号,第1160页)认为,当一个继承人欲主张遗嘱无效,并要求对自己享有继承财产的持分权进行确认时,该继承人可以以遗嘱执行人为被告提起诉讼。田尾桃二法官认为,从实务的视角来看,由于一个遗嘱涉及多个关系人与多个物,因此,如果允许进行当事人进行个别性的起诉(或是针对其中一个物,或是针对其中一个关系人),那么就会产生"被告多重应诉之赘""判决相互抵触"的危险,考虑到这一点,通过承认继承人以遗嘱执行人为被告提起的请求确认遗嘱无效之诉来一次性解决"遗嘱是否有效"的问题,这样的做法既便利又富有意义,参照田尾桃二《关于最高裁判所昭和51年3月23日判决的判例解说》,载《曹時》,第30卷第8号,第1313页以下,尤其是第1319页。正是基于这种认识,东京地方裁判所昭和49年7月26日判决(载《判時》,第765号,第84页以下)认为,只有遗嘱执行人才具有被告适格,对于以其他继承人为被告提起的请求确认所有权之诉,应当判决驳回诉。对于东京地方裁判所这个判决,后述的奈良说等观点表示了反对意见。

对于遗嘱规定的遗赠方式是向受遗赠人每月给付一定数额金钱之情形,大审院昭和11年6月9日判决(载《大审院民事判例集》,第15卷,第1029页以下)认为,受遗赠

事人的个体利益，诸如在“夜间停止使用飞机场”等多数情况下，毋宁

人提起的请求给付诉讼不能以遗嘱执行人为被告，而应当以继承人为被告。该判决的理由在于，由于受遗赠人的债权是依据遗嘱直接创设的，因此并不存在遗嘱执行人实际执行遗嘱之可能性，也即在此情形下遗嘱执行人没有可执行的内容。但是，对于此判决，也有观点认为，每月向受遗赠人给付金钱也属于遗嘱的执行，因此，在这种场合下，遗嘱执行人的职责就是一直履行每月给付金钱直到受遗赠人死亡为止，关于此的论述参照前揭注(33)《新版注释民法(28)》，第273页以下(泉久雄执笔)。最高裁判所昭和51年3月23日判决可以说也是一个同判旨的判例。若为了减轻遗嘱执行人负担，则应考虑允许受遗赠人以遗嘱执行人为被告提起诉讼，而非普通的以继承人为被告提起诉讼。当考虑到强制执行遗产时，这一点表现得尤为明显，关于此的详细论述，可以参照福永有利《遗嘱执行人的诉讼实施权》，载《北海道大学法学论集》，第38卷第5·6合并号(下)，昭和63年，第1753页以下，尤其是第1774页。

奈良教授提倡一种“应当从比此前更为狭窄的范围内把握遗嘱执行人被告适格”之解释论，参照奈良次郎《关于继承的诉讼与遗嘱执行人》，载《司法研修所论集》，第59号(创立三十周年纪念特集号)，昭和52年，第36页。奈良教授在其论文中所设想的第一个例子是，被继承人甲在生前将自己不动产转让给原告A，而后被继承人甲又在其遗嘱中主张该不动产买卖无效，并将该不动产遗赠给继承人之一的丙，此外，被继承人甲还选定乙为自己的遗嘱执行人。在此情况下，奈良教授认为，在原告A提起所有权确认诉讼中，具有被告适格之人为继承人丙，而可以不考虑遗嘱执行人乙的被告适格之问题。其理由在于，依据原告的请求原因事实，该不动产并不属于遗产，因此，当原告以此获得胜诉时，遗嘱执行人在“实体法上”并无出现之可能，而当原告败诉时，也就意味着该不动产可能属于遗产，在这种场合下，该不动产可能与遗嘱执行人的职责发生关系，但是在此情形下提起的所有权确认诉讼，也可以让继承人丙作为被告，至于遗嘱执行人，只要通过辅助参加或独立当事人参加之救济途径即可。对于此，中野教授认为，奈良所设定的这一事例属于特定遗赠，因此奈良说的这一观点应当予以赞成，参照中野贞一郎《当事人适格的决定因素(上)》，载《判時》，第819号，平成5年，第28页以下，收录于中野·論点(Ⅰ)，第109页以下。纳谷教授从灵活把握确认利益的角度出发展开了相关论述，其得出的结论与奈良说一致，参照纳谷广美《遗嘱执行人诉讼上的地位》，载《明治大学法律论丛》，第53卷第3·4号，昭和56年，第80页以下。但是，福永教授却对奈良说抱以疑问，福永说的反对意见可以概括为如下几点：首先，当事人适格并不应当是一个基于本案结果作出实体法判断的问题；其次，如果遗嘱执行人为了执行遗嘱而积极以A为被告提起诉讼，那么就应当承认遗嘱执行人的原告适格(在这一点上，不与奈良说形成矛盾)，在这种积极的诉讼中，当遗嘱执行人获得胜诉时，判决的效力也应当及于继承人丙，但与此同时，继承人丙在A提起的确认所有权诉讼中具有被告适格，当继承人丙败诉时，这两个判决的效力就会发生冲突。换言之，一方面，遗嘱执行人可以从A处收回不动产，同时继承人丙基于判决效的扩张也可以收回该不动产，但在另一

说一体性利益往往成为现实的问题。就通常而言,当发生这种一体

一方面,“该不动产所有权归A享有”之事实被另一判决的既判力所确定,如此一来,继承人丙的地位就发生分裂,参照福永有利《遗嘱执行人的诉讼实施权》,载《北海道大学法学论集》,第38卷第5·6合并号(下),昭和63年,第1769页以下。尽管正如纳谷说所主张的,在某些情况下,可以通过灵活把握确认利益来认可以继承人丙为被告的诉讼,但就原则上而言,福永说更为妥当(不过,福永说认为特定遗赠的情形,则另当别论)。

奈良说所设定的第二个事例是,遗嘱人甲在生前将自己不动产赠与A并已经完成交付,但未进行登记,甲在遗嘱中写明将其全部财产遗赠给继承人丙,并选定乙为其遗嘱执行人。在这种情况下,A是否可以以继承人丙为被告提起请求转移登记诉讼呢?奈良说认为,在这种情形下,应当肯定继承人丙的被告适格。其理由在于,若认为不动产在实体上是A的财产,仅将作为附随性债务之转移登记包含在遗产之中的做法恐怕不妥当,当A获得胜诉时,A提起的诉讼之适法性是当然可以获得认可,而只有当A在实体上败诉时,才会产生被告适格的问题。尽管如此,但若事情发展到这种地步,也就没有必要认定A的起诉不适法,相反可以从纠纷根本性解决角度出发,对案件作出本案判决。此外,青山教授也表达了与奈良说相同的见解,参照青山善充《民事诉讼法演习》,载《法教》,第109号,平成元年,第116页以下。但是,不仅是福永说,中野说也对奈良说的第二个设例表示了反对意见,参照中野贞一郎《当事人适格的决定因素(上)》,载《判時》,第819号,平成5年,第29页第三段,收录于中野·論点(Ⅰ),第110页以下。这种反对说认为,在这一设例中,在解决“被继承人的生前赠与是否存在”的实体法问题之前,法院必须对当事人适格作出判断,若生前的赠与不存在,遗嘱执行人作为履行自己职责必须将该不动产的登记转移给受遗赠人,继承人的转移登记行为并不妨碍遗嘱执行人行使其管理处分权。笔者也持与福永说及中野说相同的见解。当事人适格应当是一个在实体判断之前予以考虑的“应在何人之间来进行诉讼”之问题,而且,即便认为应当依据原告的请求原因事实来考虑当事人适格的问题,但由于在这些请求原因事实中存在继承之事实,因此也可以认为遗嘱继承人具有被告适格。从判例的状况来看,似乎未采用奈良说。在一个继承人以其他继承人为被告,并以“被继承人在生前将不动产赠与自己”为由提起请求转移登记的诉讼中,作为下级审判例的东京地方裁判所平成3年6月27日判决(载《判時》,第1414号,第88页以下)认为,在遗嘱执行完成之前,在涉及以遗嘱执行为前提的法律关系之诉讼中,只有遗嘱执行人才具有当事人适格,因此,最后判决驳回诉。可以说,这一判例与前揭东京地方裁判所昭和49年7月26日判决(载《判時》,第765号,第84页以下)基于一种相同的立场。不过,也有判例(东京地方裁判所平成4年4月14日判决,载《判タ》,第803号,第243页以下)认为,在“让特定继承人继承特定财产”之遗嘱中,由于该继承人不需要作出任何行为就能继承该特定财产,在这种情况下,遗嘱执行人就没有执行遗嘱的可能性,因此,当其他继承人以遗嘱继承人为被告提起确认所有权、请求转移登记诉讼时,应当判决驳回诉。需要予以注意的是,在本案中,写明“让……继承”之意思的遗嘱,并不被视为遗赠(关

性利益纠纷时，既成的团体（例如妇女联合会、自治会等）或者专门

于此的详细论述，可以参照最高裁判所平成 3 年 4 月 19 日判决，载《最高裁判所民事判例集》，第 45 卷第 4 号，第 477 页以下），而且，即便作为被告的遗嘱执行人是某信托银行，遗嘱执行人的被告适格也会被否定。此外，在被继承人作出“让……继承”之遗嘱的前提下，有关确认租赁权之诉中被告适格的判例，可以见之于最高裁判所平成 10 年 2 月 27 日判决，载《最高裁判所民事判例集》，第 52 卷第 1 号，第 299 页以下（肯定继承人具有被告适格）以及最高裁判所平成 11 年 12 月 16 日判决，载《最高裁判所民事判例集》，第 53 卷第 9 号，第 1989 页以下（肯定遗嘱执行人具有被告适格）。

不过，在日本，从外部看来，遗嘱执行人的选任是不太透明的，而按照德国法的规定，选任遗嘱执行人之同意（意思表示）应当向法院作出，进而也可以从法院获得遗嘱执行人证明书，利害关系人可以阅览该证明书，关于此的详细论述，可以参照福永有利《遗嘱执行人的诉讼实施权》，载《北海道大学法学论集》，第 38 卷第 5・6 合并号（下），昭和 63 年，第 1761 页。原告在很大程度上不可能知道遗嘱执行人的存在及其权限。由此也可以看出，实际上奈良说的本意与其说在于承认继承人的被告适格之本身，毋宁说是为了对“选择被告发生错误”的原告进行救济。尤其是当原告以继承人为被告的诉讼展开后，被告（继承人）在上级审开始后才提出“存在遗嘱执行人”之主张，在这种情况下，法院如果作出驳回诉的处理无疑是不妥当的。奈良说的这一本意的确可予以赞成，那么对于这一本意该如何予以贯彻呢？在奈良次郎《关于继承的诉讼与遗嘱执行人》，载《司法研修所论集》，第 59 号（创立三十周年纪念特集号），昭和 52 年，第 65 页，奈良教授主张，当原告的选择（被告）发生错误时，应当从遗嘱执行人向继承人，或者反向地从继承人向遗嘱执行人进行诉讼继承，也即作为一般的诉讼继承予以处理。这是一个应予以进一步探讨的提议。不过，若原告在诉讼前知道“存在遗嘱执行人的选任”，则仍然以遗嘱执行人与继承人为共同被告提起诉讼（最高裁判所曾作出过对此予以否定的判决，并认为这种情况下，应当进行主观性的预备合并）之处理可能更为稳妥。

〔39〕　在分析各个具体案例基础上展开论述的优秀文献当属纳谷广美《遗嘱执行人诉讼上的地位》，载《明治大学法律论丛》，第 53 卷第 3・4 合并号，昭和 56 年，第 65 页以下。在该论文第 95 页，纳谷教授认为，在遗赠等诉讼中，尽管遗嘱执行人有可能成为当事人，但通常而言，其并不是唯一的正当当事人，在某些场合下，继承人以及受遗赠人等也具有当事人适格，今后在这方面展开理论性的研究应当是一项较为有意义的课题。小山教授从遗嘱执行人历史沿革出发，对日本这方面的判例进行了考察，应当说小山教授的这篇论文具有重要的意义，参照小山升《遗嘱执行人的地位》（最初发表于昭和 54 年），载小山・著作集（第八卷），第 139 页以下。福永教授对德国法相关理论进行了详细考察，在此基础上，对细分化情形下遗嘱执行人的当事人适格问题展开了论述，参照福永有利《遗嘱执行人的诉讼实施权》，载《北海道大学法学论集》，第 38 卷第 5・6 合并号（下），昭和 63 年，第 1753 页以下。应当说，关于遗嘱执行人当事人适格的原理是极为复杂的（例如，对基于被继承人生前法律原因而发生的债权请求权，原告尽管可以以继承人为被告提起给付诉讼，但是不能根据法院针对继承人作出的给付判决

成立的团体(例如××景观保护委员会等)就会采取提出问题、发动舆论、与加害方进行交涉、召集受害人员等的行动。当这种自主性交涉不能解决问题甚至进而导致纠纷发展至诉讼时,若依据现有一般观念,就应当由数名被害人作为共同原告提起诉讼。但是,进行这样的多数当事人诉讼不但会产生很多麻烦,而且,每个被害人未必都能出现在诉讼中,而将参加诉讼之人作为诉讼当事人也未必妥当。鉴于此,对起诉前的纠纷解决中采取行动之人,赋予其当事人适格,并让其实施诉讼的做法更为妥当,这就是伊藤真教授(参照伊藤真《民事诉讼的当事人》,弘文堂,昭和 53 年,第 101 页以下)所倡导的"纠纷管理权说"。[40]

来对遗产进行强制执行,在这种情形下,也必须获得法院针对遗嘱执行人作出的给付判决)。平井教授也表述了相同的观点,参照平井宜雄《关于最高裁判所昭和 57 年 7 月 19 日判决的判例释评》,载《法协》,第 95 卷第 4 号,昭和 58 年,第 781 页以下。笔者也更倾向于福永说。

〔40〕 尽管伊藤教授自身并未直接言明纠纷管理权说属于法定诉讼担当,而仅仅主张赋予具有纠纷管理权之人以当事人适格。但是,由于纠纷管理权说(伊藤说)主张,应当直接认可受害人以外之人(具有纠纷管理权之人)的当事人适格,而且,只在符合特定要件的场合才承认这种当事人适格,由此来看,可以将纠纷管理权说视为一种"虽无明文法规定,但依据解释形成"的法定诉讼担当。不过,在后来,伊藤教授将纠纷管理权说朝着任意诉讼担当之理论构成方向予以转换,关于此的详细论述参照后述部分。

传统当事人适格理论侧重于排除不适当当事人,而纠纷管理权说则像美国集团诉讼(class action)(参照新堂,第 262 页以下)、德国团体诉讼一样,具有"积极寻找当事人"之特征,可以说这一特征是纠纷管理权说应当予以特别关注所在(参照新堂,第 249 页)。此外,谷口教授也认为,在"允许适当的代表人成为原告,并且将判决效及于利害关系人"这一点上,纠纷管理权说类似于美国法的集团诉讼,而在"只有具有一定纠纷活动实际成绩的团体,才被赋予当事人适格"这一点上,其类似于德国法的团体诉讼,参照谷口安平《集团诉讼中的诸问题》,载実務民訴(第三卷),第 157 页以下,尤其是第 172 页。

关于美国集团诉讼制度以及德国团体诉讼制度论述的文献,可以参照上原敏夫《集团性救济制度的基础研究》,载《法学研究》(一桥大学研究年报),第 11 号,昭和 54 年,第 105 页以下。从纠纷管理权说的角度来论述美国集团诉讼制度与德国团体诉讼制度的文献,可以参照伊藤真《美国当事人适格理论发展的一个侧面》,载《民商》,第 81 卷第 6 号第 753 页以下、第 82 卷第 1 号第 1 页以下,昭和 55 年;伊藤真《德意志联邦共和国的环境保护与团体诉讼》,载《民商》,第 83 卷第 2 号第 189 页以下、第 83 卷第 3 号第 367 页以下,昭和 55 年。

具体而言,纠纷管理权说适用于诸如“停止请求”等在请求性质方面存在纠纷利益一体性的情形。[41] 在起诉前的纷争解决过程中,具体地、持续地采取旨在消除纠纷原因行动之人,也即通过实施各种解决纠纷行为来创造纠纷实体本身之人,将被赋予纠纷管理权。此处所谓“具体的”,并不是指仅一般地对某一行政处分的违法性提起诉讼之行为,而必须是与纠纷原因的制造者进行直接交涉。所谓“持续的”,不是指间断性、零星性的行为,而必须是在自纠纷原因发生到起诉为止的整个期间都采取解决纠纷行动。所谓的“以消除纠纷原因为目的的行动”,是必须以消除为目的的行为,而不是指以补偿金等为条件的交涉。一个纠纷应当仅产生一个纠纷管理权,但是,当与对方当事人进行交涉等采取解决纠纷行动之人分成数个派别时,也可以形成观念上的数个纠纷管理权,且对于这种数个纠纷管理人,也可以并行地认可其当事人适格。不过,当自己个人利益直接遭受侵害时,由于该个人可以独立地享有当事人适格,故而其不必依据纠纷管理权获得当事人适格,因此,即便他在事前未采取解决纠纷行动,也仍然具有当事人适格。总而言之,纠纷管理权并不否定这种自己个人利益直接遭受侵害者的当事人适格,而仅仅意味着,向直接受害者以外之人扩张当事人适格。纠纷管理人所获得的判决,无论是否有利,均拘束其他纠纷当事人,但不拘束其他并行享有纠纷管理权之人。诉讼内的主张及举证,也是诉前交涉活动结果的反映,而且,即使在法院作出有利于原告判决(胜诉判决)之后,也还需要进行“让对方当事人实现该判决的内容进而解决纠纷”的诉讼后活动,而“进行这种诉讼后活动”之职责,也由这种纠纷管理权人来承担。

这的确是一种崭新且灵活的见解。整体而言,纠纷管理权说是应当予以赞同的。但是,学说对于直接遭受侵害人(实体权归属者)

---

[41] 伊藤教授认为,若为损害赔偿请求,无论是多小的数额,其均构成每个人的个别利益,因此,想要承认这种情形下第三人的当事人适格,通过特别立法来予以认可的方式是较为妥当的,参照伊藤真《民事诉讼的当事人》,弘文堂,昭和 53 年,第 113 页以下。

与纠纷管理权人之间的关系,似乎还具有较多问题。〔42〕 的确,无视实体权归属主体的意思而让无关第三人进行诉讼之做法,容易形成对他人权利不当介入或过多干涉之结果。但是,伊藤说并未否定实体权归属主体的当事人适格,进而也同样承认其具有当事人适格。实体权归属主体既可以独立于纠纷管理权人亲自实施诉讼(在这种情形下,纠纷管理权人所实施诉讼的判决效不及于该实体权归属主体,而实体权归属主体所实施诉讼的判决效也不及于纠纷管理权人),也可以与纠纷管理权人共同采取行动,进而在其名义下参与诉讼。当然,实体权归属主体也可以不作出上述的任何一种行动而采取旁观的姿态。不过,诸如在环境诉讼等中,即便加入纠纷管理权人实施诉讼,一般也不会产生对自己不利的后果。而且,纠纷管理权人被赋予当事人适格,仅仅意味着其可以实施诉讼,并不意味着其在诉讼中获得胜诉。例如,在几乎所有实体权归属主体均赞同"开发土地时,伊藤说对于'纠纷管理权人在本案中败诉'之结果",也持肯定态度[参照伊藤真《民事诉讼的当事人》,弘文堂,昭和53年,第146页注(36)]。不过,从判例立场来看,在请求停止建设丰

〔42〕 福永教授指出,应当对作为诉讼标的之权利或法律关系的实体法内容加以明确。具体而言,在街道景观保护委员会针对在建大厦提起的请求停止诉讼中,法院作出停止建设的判决是否拘束"以侵害日照权为由提出抗议"的居民呢?参照福永有利《诉讼功能与当事人适格论》,载《民訴雑誌》,第27号,昭和56年,第148页以下,尤其是第155页。井上教授认为,纠纷管理权人具有"针对诸如机场问题提起诉讼(让诉讼开始)"的当事人适格,但是,当诉讼发展到了停止或拆除等决定性审理阶段,必须让遭受直接侵害的住民进入诉讼,参照井上治典《第三人的参加与卷入诉讼》,载《民訴雑誌》,第27号,昭和56年,第168页以下,尤其是第175页,收录于井上治典《多数当事人的诉讼》,信山社,平成4年,第158页以下。此外,上原教授也认为,在未触及实体法保护目的之前提下展开当事人适格的说明是否具有充分的说服力,恐怕不无疑问,具体而言,纠纷管理权说中的"将当事人适格的基础限定于因每个纠纷产生而导致的当事人行动"以及"当事人适格必然伴随着判决效的扩大而发生扩张"这两点是难以赞同的,参照上原敏夫《判例释评》,载《民商》,第80卷第2号,昭和54年,第208页以下,尤其是第220页注(26)。上野教授尽管未直接论及纠纷管理说,但也认为,当事人适格是一个依实体权内容确定的概念,让民事诉讼法典的规定抛开实体权的性质来承认环境诉讼的当事人适格,恐怕极为困难,参照上野泰男《当事人关联事项》,载《民商》,第4·5合并号,平成6年,第663页以下,尤其是第675页。

前火力发电所诉讼中,最高裁判所昭和 60 年 12 月 20 日判决[载《判時》,第 1181 号,第 77 页以下,收录于《百選Ⅰ》,第 48 号案件(小岛武司解说)以及《公害及环境判例百选》(平成 6 年),第 12 号案件(伊藤真解说)],否定了纠纷管理权说。在该案件中,当事人提出的是基于环境权的停止请求权,该判旨认为:“不是基于自己固有请求权,而是作为所谓的地区居民之代表,其并不具有可以实施本案件的停止请求诉讼的资格……在讲学上,有观点主张,在起诉前的纠纷解决过程中,与对方进行交涉,并持续地发挥消除纠纷原因之重要作用的第三人,对于作为诉讼标的的权利关系具有法的利益或管理处分权,也即取得所谓的纠纷管理权,进而具有当事人适格,但让既无法律依据也未获当事人授权的上述第三人取得诉讼实施权似乎缺乏根据,因而在本案件中未采用这种见解。”

尽管该案件是否适合采用纠纷管理权说,有待进一步讨论(不过,原告方是本人诉讼),且纠纷管理权说自身也可能存在尚未成熟或未完善的部分,但应当说判例予以一概否定的做法令人颇为遗憾。[43]

---

〔43〕 井上治典《关于最高裁判所昭和 60 年 12 月 20 日判决的判例释评》,载《民商》,第 95 卷第 2 号,昭和 61 年,第 284 页,收录于井上治典《多数当事人的诉讼》,信山社,平成 4 年,第 197 页以下,尽管并未对纠纷管理权本身予以全面赞成,但井上教授认为,不采用这种学说就无法使问题得到解决。福永教授也认为,当存在涉及集体固有利益的纠纷时,依据传统的个人法理之诉讼法恐怕难以作出妥适之应对,因此有必要倡导一种新的观点,参照福永有利《作为新诉讼类型的“集体利益诉讼”之法理》,载《民訴雑誌》,第 40 号,平成 6 年,第 61 页以下。此外,也可以参照高桥宏志《纠纷解决过程中的团体》,载《岩波讲座——基本法学 2——团体》,昭和 58 年,第 287 页以下。

鉴于学说及判例的现状,伊藤教授本身通过《纠纷管理权再论——以受理环境诉讼为目标》(载《竜寄喜助先生还历纪念论文集——纠纷处理与正义》,信山社,昭和 63 年,第 203 页以下)一文进一步展开了论述,也使纠纷管理权说进一步得以完善。伊藤教授主张,在纠纷管理权的构建中导入任意诉讼担当的许可要件,其认为,可以将“第三人现实实施管理行为”“对于诉讼标的具有与权利主体相同程度的认知”作为判断纠纷管理权存在与否的要件,如此一来,借助于“从权利人获得授权(基于团体协议也可)”之任意诉讼担当理论,可使纠纷管理权的理论得以灵活化与具体化。上野教授也对伊藤说的这一展开表示赞同,参照上野泰男《当事人关联事项》,载《民商》,第 4・5 合并号,平成 6 年,第 661 页以下。此外,在德国,认为应当承认团体的任意诉讼担当之学说及判例也颇具影响力,关于此的详细论述,可以参照掘野出《德国法中的团体诉讼担当资格》,载《同志社大学法学》,第 45 卷第 3 号,平成 5 年,第 493 页以下。

四、任意诉讼担当

1. 判例

基于原本权利义务主体之意思进行的诉讼担当,被称为任意诉讼担当。尽管也有学说将其称为任意诉讼信托,不过,就当下状况而言,任意诉讼担当之称谓似乎是更为一般化的表述(参照新堂,第257页)。例如,权利义务主体甲将诉讼实施授权于乙,乙以自己名义,也即作为当事人对甲的权利义务展开诉讼,此种情形就构成任意诉讼担当。

在实定法中也存在允许任意诉讼担当之明文规定,例如,《日本民事诉讼法》第30条的选定当事人规定、《日本票据法》第18条的委托取款背书规定。[44]尽管在法律上承认任意诉讼担当,[45]但为了避免由此产生的弊端,在解释论立场上,必须结合律师代理原则(参照《日本民事诉讼法》第54条)、诉讼信托禁止(参照《日本信托法》第11条)等规定,对其具体适用作出适当调整。因为,若权利义务主体甲将诉讼实施授权于非律师的乙,而由乙进行本人诉讼,则规避了"诉讼代理人只限于律师"之法律规定,而且,也会与"禁止进

---

〔44〕 但是,商法的通说却认为,被背书人作为代理人享有行使所有基于票据所产生权利的全括性代理权,而并非基于诉讼担当以自己名义实施诉讼。关于此的详细论述,可以参照铃木竹雄《票据法与支票法》(初版),有斐阁,昭和32年,第267页以下。不过,前田教授则主张,应当同时采用代理人说与诉讼担当说两种学说,参照前田庸《票据法与支票法入门》,有斐阁,昭和58年,第230页以下。

受商法通说的影响,中野教授主张,将被背书人视为基于法令的诉讼代理人(《日本民事诉讼法》第56条)是较为正确的见解,参照中野贞一郎《当事人适格的决定因素(下)》,载《判時》,第820号,平成5年,第28页以下,尤其是第36页,收录于中野·論点(Ⅰ),第130页以下。若依据所谓"融通说"(新堂,第115页以下)立场,被背书人既可以作为任意诉讼担当也可以作为基于法令的诉讼代理人予以构成。

〔45〕 法律认可的任意诉讼担当立法例还有基于《建筑物区分所有法》第26条第4款及第57条等规定或者集会决议产生的管理人、被指定区分的所有人等。

行以诉讼行为为主要目的的信托”之规定发生冲突。〔46〕

原有判例仅对基于“无穷会”产生的债权,判例承认会头(也被称为会主、会长、总代)以自己名义作为当事人来实施诉讼,也即承认这种情形下的任意诉讼担当,而对于其他情形一概不予认可。但是,最高裁判所大法庭昭和45年11月11日判决[载《最高裁判所民事判例集》,第24卷第12号,第1854页以下,收录于《百選Ⅰ》,第49号案件(松原弘信解说)]改变了这一立场。在该案件中,由5个人组成从事建筑之合伙A,合伙人在其合伙协议中约定,赋予合伙人之一的X在建设工程期间代表A与发包人进行交涉、以X的名义请求及受领工程承包款、管理A所属的财产等权限。当发生涉及A的纠纷时,X代表A以自己名义进行了诉讼,在第一审中,法院在未考虑当事人适格问题之前提下作出了驳回请求判决,在第二审中,法院以“A不能进行这样的任意诉讼担当”为理由撤销了第一审判决并驳回诉。对于此,X提起了上告,最高裁判所的判决认可了这种类型的任意诉讼担当,进而作出了撤销原判并将发回重审之判决。

该判决认为,就一般意义而言,在没有规避律师代理原则(《日本民事诉讼法》第54条)或诉讼信托禁止(《日本信托法》第11条)规定之危险,且承认任意诉讼担当较为合理且必要之情形下,允许进行任意诉讼担当,该判例进而作出如下判示:“在民法合伙中,当执行业务的合伙人基于合伙协议以自己名义管理合伙财产,并被授予对合伙财产进行诉讼的权限时,该合伙人并非单纯被授予诉讼实施权,与诉讼实施权一起,也一并被授了实体上的管理权、对外业务执行权等权利,因此,(所有)合伙人对于该执行业务合伙人的这种任意诉讼信托并不具有规避‘律师代理原则’‘《日本信托法》第11条限制’之规定的意思,在这种情况下,只要不存在特别事由,应当

〔46〕 谷口教授认为,将诉讼实施授权于他人,而该被授权人又将诉讼委托于律师来进行之做法,也应当被禁止,因此,《日本信托法》第11条也禁止“野律师”利用正规律师挣钱,《日本信托法》第11条与律师代理原则之规定在规则层面上存在差异,参照谷口,第261页以下,此外,在被“野律师”所利用的律师方面,恐怕也存在律师伦理方面的问题(参照《律师法》第27条,《律师伦理》第11条、第12条、第14条、第24条)。

被视为‘合理且必要’的场合,即使该执行业务合伙人不是依据《日本民事诉讼法》第30条之选定程序规定被选出来的,也应当允许其进行任意诉讼担当。"〔47〕

对于本判决所提出的"在没有规避‘律师代理原则’‘诉讼信托禁止’规定之危险,且存在合理且必要的情形下,允许进行任意诉讼担当"之一般论,尽管稍显几分抽向化,但应当说还是一种较为妥当的观点。不过,也有观点认为,就其中两个要件而言,前者的"没有规避法律之危险"是否构成所谓的必要要件,而后者的"合理且必要的场合"是否构成充分要件,这两者的逻辑关系未必明确,反而倒有从正反两面对同一事项展开论述之嫌。〔48〕但是,笔者认为,整体而言,这两个要件应当说处于一种必要条件与充分条件之关系。在这一最高裁判所大法庭判决作出后,其他判例在这两个要件的基础上,进一步对"允许任意诉讼担当"的具体例子展开探索。在其后的下级审法院判决中,既有持肯定态度的判例,也有否定的判例。〔49〕不过,作为一种发展趋势,对于在选定当事人中欠缺选定行为之情形,也即在被授权人(诉讼担当人)与授权人(被担当人)属于同一权利义务归属主体时,判例似乎更多地倾向于承认任意诉讼担当。上述最高裁判所大法庭判决的民法上组合就属于这种情形之一。总而言之,在允许当事人选定的案件类型中,即使欠缺选定程序,也允许当事采用这种救济方式。但是,对于"由纯粹之第三人实施的诉

〔47〕在该案件中,关于X的授权未必是明确的。合伙协议也并未对"X是否可以以自己的名义来进行关于A的诉讼"作出明确的规定,但是,除了合伙协议外,应当还存在其他合伙人对其作出的个别授权。判旨认为,从合伙协议的内容来看,X应当具有合理的诉讼实施授权。正如后揭注(55)所述的,作为一般论而言,如果诉讼担当人与被担当人之间的实体关系是紧密的,即便没有个别授权,也应当认为X存在诉讼实施的授权。

〔48〕福永教授认为,在多数情形下,这两个要件实际上是重合的,而且,如此一来容易产生体系上的混乱。参照福永有利《当事人适格的扩张及其界限》,载《ジュリ》,第1028号,平成5年,第53页以下,尤其是第56页。

〔49〕金子宏直《任意诉讼担当中的授权——兼评东京地方裁判所平成3年8月27日判决——》,载《一桥大学论丛》,第101卷第1号,平成5年,第212页以下,对该判决以后的下级审法院判决进行了详细考察。

讼担当”的情形,不同判例却存在不同的态度。例如,在针对属于伪满洲国所有但处于日本国内进行的请求返还土地诉讼中,对于中国政府授权日本国进行的诉讼授权(诉讼担当),东京地方裁判所昭和60年12月27日判决(载《判時》,第1220号,第109页以下)持肯定态度,而对于外国公司授权作为其在日本代理商的日本公司进行诉讼(任意诉讼担当)之情形,大阪地方裁判所昭和60年5月16日判决(载《判タ》,第561号,第148页以下)则持否定态度。从整体的立场来看,判例对于“由纯粹第三人进行的诉讼担当”还是持否定态度的。关于此的详细论述,可以参照伊藤真《任意诉讼担当及其界限》,载《争点》(新版),第106页以下。

2. 学说

从学说的立场来看,以前的通说原则上不允许当事人进行任意诉讼担当,但又认为,当权利归属主体因正当业务需要将管理处分权能授予他人时,应允许任意诉讼担当。[50]

对于通说的这种观点,有学说认为,如此把握任意诉讼担当,不免在范围上显得过于狭窄。这种学说认为,应当予以承认的任意诉讼担当包括以下两种情形,即“为了诉讼担当人利益的任意诉讼担当”与“为了权利主体利益的任意诉讼担当”。首先,当诉讼担当人对于他人权利关系的诉讼实施具有自己固有利益时,应当允许其进行任意诉讼担当(为了诉讼担当人利益的任意诉讼担当),例如,业已转让债权的债权让与人对于该债权进行的诉讼(债权让与人对于该诉讼负有担保责任,因而其具有固有利益)、转让房屋之人对于非法占有人提起腾退房屋诉讼等情形即属于此。而且,这种观点认为,与辅助参加利益一样,所谓的自己固有利益,是指该诉讼担当人

---

〔50〕 兼子·体系,第161页以下,兼子教授认为,这种学说又被称为正当业务说。此外,木川·重要問題(上),第50页以下,木川教授对于如下这一点予以了特别强调,即关于“正当业务上的必要”之要件,不应从授权人(被担当人)立场,而必须从被授权人(诉讼担当人)之立场予以考虑。关于这种观点的学说及判例的详细论述,可以参照中野贞一郎《关于最高裁判所大法庭昭和45年11月11日判决的判例释评》,载《民商》,第65卷第4号,昭和47年,第617页以下。

对于诉讼结果所具有的利害关系(新堂,第258页也持相同的观点)。[51] 其次,就是所谓的"为了权利主体利益的任意诉讼担当",即当诉讼担当满足"诉讼担当人被赋予包含诉讼实施权限在内的全括性管理权"以及"诉讼担当人现实且密切参与到作为诉讼标的之权利关系的发生及其管理之中"(诉讼担当人对于该权利关系的参与,不低于权利关系主体对于该权利关系了解之程度)之要件时,也应当允许进行这种任意诉讼担当,例如,用工方违反劳动协议时基于劳动协议行使劳动者权利的工会、民法上合伙的业务执行人、作为无权利能力社团不动产登记名义人的社团代表人、房屋租赁权的管理人等即属于此。这种学说由福永有利教授所倡导,参照福永有利《任意诉讼担当的许可性》,载中田·還暦(上),第75页以下。福永说获得学界多数支持。[52]

不过,在学界中,有力说对于这种将任意诉讼担当之范围予以扩大的学说(福永说)抱以怀疑的态度。例如,中野贞一郎教授就认为[参照中野贞一郎《当事人适格的决定因素(下)》,载《判タ》,第822号,平成5年,第28页以下,收录于中野·論点(Ⅰ),第120页以下],如果置律师代理原则以及诉讼信托禁止原则等的规定于不顾(维持司法程序公正的功能、防止被担当人或授权人成为"野律师"等的牺牲品),进而让在土地管辖、除斥、诉讼费用负担、程序中断等重要事项方面不同于本来权利义务归属主体之人进行任意诉讼担

---

〔51〕 木川教授对那种主张"将辅助参加利益与任意诉讼担当两者的要件视为相同"之观点提出了反对意见,参照木川·重要問題(上),第69页以下。

但是,由于辅助参加人也可以以自己的名义实施关于他人权利义务的诉讼,因此,上述这种说明似乎是行得通的,尽管如此,由于辅助参加的利益千差万别,且辅助参加是指"参加他人之间既已系属中的诉讼"之诉讼行为,因此,相对于任意诉讼担当而言,其在成立要件方面更趋于宽松化。正如木川说所指出的,拘泥于辅助参加利益的解释论并非一种建设性的观点。

〔52〕 这种学说也被称为实质关系说。伊藤真《民事诉讼的当事人》,弘文堂,昭和53年,第113页认为,这种学说几乎成为当下的通说。

此外,福永说还认为,除了这两种情形外,在存在紧急必要情形时,也应当允许当事人任意诉讼担当,关于此观点的详细论述在此予以省略。

当,那么难免会产生不妥之结果(实体关系与诉讼关系产生错位)。基于上述这些事项之考虑,认可任意诉讼担当的要件应当严格予以理解,换言之,应当返回到当事人适格应然框架中来思考这一问题,并以担当人对于他人权利关系是否具有"应独立进行诉讼之保护程度"之重要利益来作为认可任意诉讼担当的标准。具体而言,在"无穷会"的会头、民法上合伙的执行业务合伙人、债权的让与人、房屋的转让人等情形中,允许当事人进行任意诉讼担当,而对于工会或房屋租赁管理人,则应当否定其进行任意诉讼担当。总而言之,中野说认为,只有达到以下这种程度才允许当事人进行任意诉讼担当,即若不认可任意诉讼担当,实际上权利归属主体则难以起诉或进行诉讼实施,且有可能使自己权利无法获得有效保护。

对于学说这种状况,该如何予以评价呢?笔者认为,在未采用强制律师主义的日本,[53]若扩张性地认可任意诉讼担当,则可能造成当事人本人诉讼增加之后果,而对于这种"本人诉讼(扩张)"的趋势是持肯定态度还是持否定态度,构成了福永说(肯定)与中野说(否定)两者在出发点上的根本差异。不过,从具体例子来看,由于对于负有担保责任的债权让与人等情形,中野说也认可其进行任意诉讼担当,因此,两种学说持完全相反态度的具体例,仅限于"工会"与"房屋租赁的管理人"这两种情形。就工会的情形而言,其中可能蕴含着这样一种危险,即作为诉讼担当人的工会实施的不是为了工会成员利益的个别权利救济,而是基于工会整体利益或战略来实施诉讼,而且,就工会组织与其成员之间的力量对比来看,也存在"工会成员被迫进行授权"之危险;若考虑到这两点,出于一般性预防之考

---

〔53〕 在德国法中,由于在地方法院及以上均采用强制律师主义,因此无须像日本这样,在考虑认可任意诉讼担当时论及"规避律师代理规定"之问题,进而更易于采用"认可当事人进行任意诉讼担当"之做法。关于此的论述,还可以参照掘野出《团体的任意诉讼担当》,载《同志社大学法学》,第45卷第3号,平成5年,第503页注(56)的论述。

虑,主张原则上否定工会任意诉讼担当的观点可以说是较为妥当的。[54] 在房屋租赁管理人之情形中,由于"野律师"等人员并不会真正成为管理人,因此基于肯定任意诉讼担当产生的弊端是较少的,而且,当出租人本人居住地远离租赁房屋时,认可任意诉讼担当反而会对出租人形成便利。因此,当担当人被授予包括实体关系在内的全括性管理权时,应当在比中野说更为宽缓之限度内承认任意诉讼担当。不过,相较于作出一般性判断的当事人能力,当事人适格毕竟是针对诉讼标的实体关系作出的个别性判断,因而在具体案件中,在判断是否承认任意诉讼担当之际,有必要附之以"被担当人(授权人)与担当人的实体关系""授权的有无"等方面的微调整。[55][56]

---

〔54〕 对于工会的任意诉讼担当持否定态度的学说,可见之于中野贞一郎《当事人适格的决定因素(下)》,载《判タ》,第822号,平成5年,第34页以下,收录于中野·論点(Ⅰ),第122页以下;木川·重要問題(上),第62页以下等。此外,最高裁判所昭和35年10月21日判决(载《最高裁判所民事判例集》,第14卷第12号,第2651页以下)对此也持否定的态度。

在新堂,第259页以下,新堂教授认为,当被担当人做出的是预先性、全括性授权时,应当否定其任意诉讼担当,而在被担当人做出个别性授权时,则应当予以肯定。林屋教授也表述了相同的观点,参照林屋,第181页以下。

〔55〕 不过从更深入的视角来看,福永说也并非完全没有疑问。正如木川·重要問題(上),第71页以下;松本博之《代理领受人能否作为诉讼担当权人提起催收诉讼》,载椿寿夫编《讲座——现代合同与现代债权的展望3——担保合同》,日本评论社,平成6年,第201页以下,尤其是第219页;中野贞一郎《当事人适格的决定因素(下)》,载《判タ》,第822号,平成5年,第34页以下,收录于中野·論点(Ⅰ),第121页以下等的观点所指出的,在所谓的"为了诉讼担当人利益的任意诉讼担当"与"为了权利主体利益的诉讼担当"这两者之间,并不能很好做出区分。有观点甚至认为,在某些情形下的诉讼担当,既可以被视为"为了诉讼担当人利益"也可以被视为"为了权利主体利益"的诉讼担当。

就任意诉讼担当之分类而言,除了福永说所主张的"为了诉讼担当人的任意诉讼担当"与"为了权利主体的诉讼担当",以及伊藤说所主张的"选定当事人型诉讼担当"与"第三人担当型诉讼担当"之分类外,谷口,第264页以下;松本博之《代理领受人能否作为诉讼担当权人提起催收诉讼》,载椿寿夫编《讲座——现代合同与现代债权的展望3——担保合同》,日本评论社,平成6年,第221页以下等观点主张"与实体权一起委托诉讼实施的诉讼担当"与"仅仅委托诉讼实施的诉讼担当"之分类。在此基础上,

3. 民法上的合伙

下面对民法上的合伙究竟以何种形式出现在诉讼中之问题作简单论述。

谷口教授进一步分析认为,从判例的立场来看,对于那种“仅仅从实体关系出发而被授予诉讼实施权限”之情形的任意诉讼担当,判例抱以肯定态度,对于“仅仅具有一定的实体关系尚不足够,还必须存在特定诉讼的授权才可以认可其任意诉讼担当”之情形,判例持沉默之态度(不过,对于其中工会进行诉讼担当之情形,则持否定的态度),而对于“仅仅存在诉讼实施之授权”之情形,判例则以委托收款背书为例表明了其否定之立场。不过,对于选定当事人,尽管只有诉讼实施的授权,但由于其存在“担当人与被担当人具有共同利益”之其他要件,因此也被判例所肯定。若借用谷口说的这种分类,无穷会的会头与民法上合伙的执行业务合伙人,则属于第一种的“仅仅从实体关系出发而被授予诉讼实施权限”之情形,而债权让与人与房屋租赁管理人则属于第二种的“仅仅具有一定的实体关系尚不足够,还必须存在特定诉讼的授权才可以认可其任意诉讼担当”之情形。笔者个人认为,对于以“具体存在授权”为要件的第二种类型,应当承认其任意诉讼担当。关于此的详细论述,也可以参照上田,第227页以下。

就原本意义上而言,当事人适格是一个考虑“在何人之间进行诉讼才能有效解决纠纷”之概念,因此,这一概念的侧重点在于“将何人作为判决承受人”之问题,也即如何设置判决效的问题。不过,在作为当事人适格问题之一的任意诉讼担当中,由于判决效可以及于被担当人(授权人),因此,就需要从诉讼实施或诉讼行为层面来考虑任意诉讼担当的许可性问题。而且,在诉讼实施层面,存在“提供案件信息”与“诉讼中阶段性决定(是否进行自认、是否达成和解、是否提出上诉等等)”两个方面。福永说之所以将“是否与当事人具有相同程度的认知(了解)”作为标准,是因为其着眼于前者的提供案件信息方面。不过,正如松本教授所指出的,“对于案情非常了解”之特征,通常并不只是当事人的专属特性,因为,被继承人或无权代理人因参与案件也存有这样特征,参照松本博之《代理领受人能否作为诉讼担当权人提起催收诉讼》,载椿寿夫编《讲座——现代合同与现代债权的展望3——担保合同》,日本评论社,平成6年,第220页以下。在诉讼中阶段性决定这一方面,也未必仅限于当事人本人,当代理人具有充分权限时,该代理人也可以作出各种诉讼决定(在委托律师进行诉讼之情形中表现得尤为明显)。尽管如此,在(担当人)被赋予实体关系管理处分权时,无论是在提供案件信息方面是在诉讼决定方面,任意诉讼担当都可以发挥其应有作用。这一点在担当人亲自进行的本人诉讼中,表现得尤为明显。

那么,在非由担当人本人诉讼,而是在担当人委托律师进行诉讼之情形下,其结果又如何呢?出于任意诉讼担当与规避律师代理原则之关系考虑,毋宁说担当人将诉讼委托于律师进行时更不会产生问题,而且,在(担当人)被赋予实体关系管理权的情形中,也不会产生规避“诉讼信托禁止”规定之危险。如此一来,在担当人将诉讼委托于律师进行的情形中,担当人究竟发挥着什么样的作用呢?应当说,在提供案件信息之方

第一种形式是,如最高裁判所大法庭昭和 45 年 11 月 11 日判决

面,担当人的确发挥着作用,但是,就实际状况而言,即便该担当人不被作为当事人(不进行任意诉讼担当)也是可行的,因为,其可以作为证人向律师或法院提供案件信息。但是,在诉讼决定方面,由于担当人具有实体关系的权限,因此作为实体权限在诉讼上的延伸,让担当人作出决定的做法是极为便利的。正是基于这一点(诉讼决定的层面),福永教授指出,任意诉讼担当与支配人或船长等法令上的诉讼代理人形成重合,参照福永有利《任意诉讼担当的许可性》,载中田·還暦(上),第 90 页以下。例如,当房东的居住地远离出租房屋所在地时,在请求变更房租或交付房屋的诉讼中,房东可以让居住在租赁房屋所在地的管理人(管理公司)在接受(房东委托的)当地律师的建议后在诉讼中作出决定,在这种情形下,对于诉讼代理人的律师而言,相对于与远离的房东进行逐个联络,通过采用与居住于当地的管理人联络之方式往往会显得更为便利。事实上,商人选任经理人,只要实现"经理人可以进行诉讼代理"之程度的目的即可,而非商人没有这种选任支配人的权限(尽管非商人也可以选任代理人,但是,出于律师代理原则的规定考虑,非商人的实体上代理人并不能代表被代理人进行诉讼)。而且,从对方当事人或法院的视角来看,这种诉讼担当也不会产生显著的不利益。的确,如果诉讼费用负担人不是富裕的所有人而是管理人时,那么可能会产不妥当结果。据于此原因,在当下的德国学界,也似乎展开了"滥用任意诉讼担当"方面的论讨。尽管如此,在采用"律师报酬未包含在诉讼费用在内"制度的日本,这一问题的危险性似乎相对较小,而且通过作出有关诉讼费用负担人方面的解释论操作,也可以使这一问题获得解决。不过,在委托律师进行诉讼的情形下,即便不允许任意诉讼担当,在授权人与被授权人之间也不至于产生致命的不妥当。因为,远离房屋所在地的所有人向律师作出直接指示的方式也是可行的。从实际状况来看,房屋所有人通过房屋当地管理人来向律师作出指示的情形也不少。前述的否定任意诉讼担当之大阪地方裁判所昭和 60 年判决,也是基于"当事人委托律师来进行诉讼"这一点来作出上述(否定)结论的。如此一来,在委托律师进行诉讼时,承认其任意诉讼担当之必要性显得不那么大。就这一点而言,中野说颇具说服力。但应当指出,将任意诉讼担当仅限于"若是不认可任意诉讼担当,就难以提起诉讼或实施诉讼,进而无法进行有效地保护权利"之场合的中野说,在把握范围上不免显得过于严格。正如松本教授所指出的,在担当人与被担当人具有实体上密切关系之场合,没有必要过分强调律师代理原则或诉讼信托禁止原则之规定,参照松本博之《代理领受人能否作为诉讼担当权人提起催收诉讼》,载椿寿夫编《讲座——现代合同与现代债权的展望 3——担保合同》,日本评论社,平成 6 年,第 222 页以下。对于实体关系与诉讼关系之错位的调整,无论如何也必须通过法定诉讼担当予以解决,因此,对于任意诉讼担当的必要性要件,无须设定得过高。关于德国学界对于"实体关系与诉讼关系之错位"调整的解释论之详细论述,可以参照掘野出《团体的任意诉讼担当》,载《同志社大学法学》,第 45 卷第 3 号,平成 5 年,第 502 页注(11)。此外,关于德国学界这一问题的详细论述,也可以参照八田卓也《关于任意诉讼担当的许可

所认为的,依据合伙协议被赋予业务执行权的合伙人,可以作为任意诉讼担当人诉讼实施(当民法上的合伙作为被告当事人时,肯定执行业务合伙人为该合伙任意诉讼担当人的判例是,东京高等裁判所平成8年11月27日判决,载《判時》,第1617号,第94页以下)。在该案件中,合伙本身并未作为当事人出现在诉讼中,但在判决效力方面,依据《日本民事诉讼法》第115条第1款第2项规定,判决效及于合伙的成员。尽管在本案件的诉讼标的(诉讼上请求)方面,还存在"诉讼标的究竟是向执行业务合伙人进行单独给付,还是向全体合伙人进行给付"之问题,不过,笔者认为,就理论而言,采用后者可能较为妥当。

第二种形式则构成了任意诉讼担当的前提,即由全体合伙人成为诉讼当事人之"固有必要的共同诉讼"之形式。在全体合伙人作

性》,载《法協》,第116卷第2号第273页以下、第3号第412页以下、第116卷第4号第547页以下,平成11年;掘野出《任意诉讼担当的意义与机能》,载《民商》,第120卷第1号第34页以下、第120卷第2号第263页以下,平成11年。

〔56〕 木川·重要問題(上),第65页以下;中野贞一郎《当事人适格的决定因素(下)》,载《判夕》,第822号,平成5年,第35页以下,收录于中野·論点(Ⅰ),第124页以下等观点也主张,应当在消费者团体或环境保护团体等情形中承认任意诉讼担当。不过,中野说认为,对于这些类型的诉讼,不仅仅在当事人适格方面,而且在整个程序结构上都需予以特殊考虑,因此,通过立法形式作出解决是较为妥当的方式。

关于对团体进行诉讼担当的认可之详细论述,可以参照掘野出《团体的任意诉讼担当》,载《同志社大学法学》,第45卷第3号,平成5年,第439页以下。不过,若一般地宽松认可团体的任意诉讼担当,在医疗事故诉讼中,就有可能出现认可该医生所属的医师协会进行诉讼担当之结果,如此一来,在任意诉讼担当的认可范围方面则不免走过了头。此外,在一起基于废除"都营自行车竞赛"而产生的请求损害赔偿诉讼中,对于自行车竞赛选手协会进行的诉讼担当,东京地方裁判所平成3年8月27日判决(载《判時》,第1425号,第94页以下)持否定态度(关于此判例的评论,可以参照金子宏直《任意诉讼担当中的授权——兼评东京地方裁判所平成3年8月27日判决》,载《一桥大学论丛》,第101卷第1号,平成5年,第212页以下)。

不过,作为基于立法论展开论述的上野泰男《关于当事人的关联事项》,载《民商》,第110卷第4·5合并号,平成6年,第663页以下,尤其是第674页;河野正宪《当事人适格的扩大》,载《判夕》,第832号,平成6年,第24页以下,尤其是第33页等观点认为,关于以何种要件认可任意诉讼担当之问题,判例及学说的积累尚不充分。应当说,这种认识是颇具道理的。

为原告当事人时,这可以说是民法上合伙的本来形式(参照兼子·体系,第384页以下;三ヶ月·全集,第218页以下)。在这种形式下,判决效当然及于作为当事人的全体合伙人。

第三种形式是,如同《百選Ⅰ》,第41号案件判决中所论述的,若符合《日本民事诉讼法》第29条规定的要件,合伙组织本身就可以以诉讼当事人(具有当事人适格)的形式出现在诉讼中。在这种形式下,该合伙的代表人准用法定代理人的有关规则进行诉讼(参照《日本民事诉讼法》第37条)。至于该判决的效力是否及于合伙人,可以在作为后诉的授予继承执行文书之诉中作出断定。如果该组织属于真正意义上的民法上合伙,那么判决效力应当及于其合伙人(参照本书"第七讲　当事人能力与诉讼能力"部分的相关论述)。

第四种形式是,将执行业务合伙人作为法令上的诉讼代理人予以对待,并且让其作为诉讼当事人实施诉讼。在这种形式下,由于合伙没有法人格,因而全体合伙人就构成诉讼的当事人。就原本意义而言,在这种形式下,应当以全体合伙人的名义实施诉讼,在此基础上,将执行业务合伙人表示为法令上的诉讼代理人,不过,出于便利诉讼之考虑,将合伙名称与其法令上的诉讼代理人同时作出记载的做法,可能也是适法的。总而言之,就"执行业务合伙人实施诉讼"之实际状况而言,这种方式等同于第一种的任意诉讼担当方式以及第三种的依据《日本民事诉讼法》第29条之方式,因此,应当可以认为这种形式是一种适法的构成(参照新堂,第168页)。尽管在这一点上三种形式相同,但应当说,第一种纯粹的任意诉讼担方式当,并不会导致"法令上的诉讼代理人"之概念发生扩张。尽管在具体的案件中,对于能够适用第四种的法令上诉讼代理人方式的情形,也可以用任意诉讼担当予以补正,而且,任意诉讼担当之构成说到底是一种原则,但这是一种需要对"当事人是否可以说连同诉讼一起进行委托""从中是否具有合理性"等问题进行确认的构成(形式),正因如此,应当说任意诉讼担当是一种更为适合的方式。总而言之,从结果上看,采用何种构成可以归结为对合伙的认定问题(合伙协议的理解等)，但是，即使不适用“法令上的诉讼代理人”之构成(形式)也无大碍(通过第一种与第三种方式也可以作出应对)。〔57〕

五、存在对世效力情形与当事人适格

1. 保护第三人的手段

承认判决具有对世效力的情形，主要集中在社团关系诉讼与身份诉讼中，在这些诉讼中，未作为诉讼当事人的第三人受到判决效力的拘束。于是就有必要寻求使这种对世效力产生正当化的根据或手段。通过将当事人适格限定于“能够对纠纷进行最认真且彻底争执之人”，以提升判决内容的正当性，进而实现对第三人的保护，可以说是其最基本的根据之一。〔58〕

作为当事人适格以外的根据或手段可以归纳为以下几种：第一，对处分权主义以及辩论主义的限制，也即在民事诉讼的某些方面或领域采用职权探知主义。具体而言，为了防止基于“成为当事人之人”个人所关心的诉讼战略或恣意的诉讼战术而产生的非正当判决，就必须通过法院监督来提高判决内容的正当性，这种职权探知主义为人事诉讼程序法所采用(参照《日本人事诉讼程序法》第10条、第14条等)，而且，行政案件诉讼法也采用职权证据调查(参照《日本行政案件诉讼法》第24条)。此外，在解释论上，多数学说也

〔57〕 在任意诉讼担当与《日本民事诉讼法》第29条规定的无权利社团这两者的关系之中，任意诉讼担当之方式适合于合伙作为原告当事人的场合，而《日本民事诉讼法》第29条规定的无权利能力社团之方式适合于合伙作为被告当事人的情形，因此需要将两者同时作为应对的方式，关于此的详细论述，可以参照中野贞一郎《关于最高裁判所大法庭昭和45年11月11日判决的判例释评》，载《民商》，第65卷第4号，昭和47年，第626页以下。

〔58〕 这一点为谷口教授所强调，参照谷口安平《判决效扩张与当事人适格》[本文之中译本可以参见谷口安平：《程序的正义与诉讼》(增补本)，王亚新、刘荣军译，中国政法大学出版社2002年版，第271页以下——译者注]，载中田・還暦(下)，第51页以下。此外，谷口教授还认为，保护第三人的含义还包括，对于“正确的”判决第三人应服从，而对于“不正确的”判决则不应服从，如此强调判决内容正当性的谷口说，的确是一种卓见。

认为,在公司诉讼中也应当对辩论主义予以限制。[59] 第二,让第三人知晓诉讼系属,并在其想诉讼参加时,允许其以诉讼参加之方法,也是一种有效的手段与条件。因为,在这种情形下,第三人作为参加人参与了诉讼程序,受判决效拘束的第三人在程序权上获得了保障,公司法诉讼中的公告(参照《日本商法》第105条第4款)就属于其典型的例子,在解释论上成为热门话题的"传唤"制度,也包含着这种因素考量(《日本行政案件诉讼法》第22条以及第23条规定作出的法院依职权进行的第三人参加)。第三,在出现欺诈判决时,设置"第三人可以提起再审"之途径,尽管这是一种事后的程序保障,但第三人毕竟可以通过这种方式获得救济,《日本商法》第268条之三规定的股东代表诉讼中的欺诈再审、《日本行政案件诉讼法》第34条规定的第三人再审,就是这种方式实定法化的两个例子。不过,多数说认为,即便在一般的民事诉讼中,通过对《日本民事诉讼法》第47条第1款前段规定作扩张解释,也可以实现"肯定欺诈再审"之目的。[60] 第四,让判决进行"只在判决有利于第三人的判决时,才对其产生对世效力,而在不利于第三人时,判决则不产生对世效"的单向性扩张,也有助于实现对第三人的保护,从实定法层面来看,在"公司合并无效""撤销公司股东大会决议"等公司法诉讼中,经常能见到这种形式保护(参照《日本商法》第109条、第247条第2款等)。

对于不同的案件类型,通过选择或合并适用上述这些手段或根据,应当能够实现对第三人的保护(参照新堂,第260页),在此,仅就以当事人适格限定方式下的两种情形展开相关论述。

2. 法人内部纠纷中的当事人适格(被告适格)

在现实的社会生活中,存在许多围绕着"(诸如公司的)股东大

---

〔59〕 小室直人《形成诉讼中处分权主义与辩论主义的限制》,载《西原教授追悼纪念论文集——企业与法(上)》,有斐阁,昭和52年,第361页以下,收录于小室直人《诉讼标的与既判力》,信山社,平成11年,第205页以下。

〔60〕 铃木正裕《判决的反射性效果》,载《判タ》,第261号,昭和46年,第11页以下等。

会决议是否有效”“代表人为何人”这样的诉讼，这些纷争可以被称为法人内部纠纷（从严格意义上说，也可以将发生在无法人格的社团性之人的结合体的内部纠纷考虑在内，在此，为简便起见，仅仅表述为法人）。法院针对这种纠纷作出的判决即便是确认判决（非形成判决），在一般情况下，也认可该判决产生对世效力。在这些诉讼中，具有原告适格者无疑是法人的股东或法定代表人，但在此处需要面对的问题在于，应当如何考虑这种诉讼中的被告适格？

从判例的立场来看，首先是最高裁判所昭和 42 年 2 月 10 日判决（准确而言，应是该案件的原审法院判决，载《最高裁判所民事判例集》，第 21 卷第 1 号，第 112 页以下）曾就此问题表明了态度。在该案件中，某合资公司的无限责任股东以公司其他股东为被告提起了要求确认该被告不是公司无限责任股东之诉讼。判旨认为，在该诉讼中，原告并未以公司作为被告，因而判决的既判力不及于公司，即使原告获得胜诉，也不能向公司提出“该法律关系是确定不变的”之主张，而败诉的被告反而仍然可以对公司提出“自己是公司无限责任股东”的主张。由此看来，不将公司作为当事人的诉讼，并不能从根本上解决纠纷，因此这种诉讼也没有确认利益。在此基础上，该判决进一步认为，在这种情况下，应当将公司作为诉讼当事人，不过，由于只要公司成为当事人即可，因此公司既可以被追加为原告也可以作为被告。其次是最高裁判所昭和 44 年 7 月 10 日判决，载《最高裁判所民事判例集》，第 23 卷第 8 号，第 1423 页以下，收录于《百選Ⅰ》，第 50 号案件（中岛弘雅解说），在该案件中，作为 A 寺庙的前主持 X 以寺庙现在登记上的主持 Y_1 以及任命 Y_1 为 A 寺庙主持的总寺院 Y_2 为共同被告，提起了要求确认“自己（X）具有主持地位”之诉讼。与前述判决一样，判旨也认为，若在“A 寺庙主持为何人”的诉讼中，未将 A 寺庙自身作为诉讼当事人，判决的效力就无法及于 A 寺庙，这种确认“A 寺庙的主持为何人”的诉讼就无法对纠纷作出根本解决，因此该诉讼也没有确认利益。该判决还附带性地认为，在关于确认“何人为法人法定代表人”的诉讼中，如果原告以该法人为被告提起诉讼并获得胜诉，那么原告与法人之间的组织法上地位就获得确定,故就事案性质而言,应当认可这种诉讼,且这种判决产生对世效力,因此,以法人为被告提起的诉讼能够从根本上解决相关当事人之间的纠纷。由此可以看出,判例是以法人作为被告适格者的中心来构筑起自己立场的。〔61〕

从学说的立场来看,通说认为法人是被告适格者。但是,对于此观点,谷口安平《判决效扩张与当事人适格》,载中田·還暦(下),第51页以下提起了一个根本问题。谷口教授认为,就股东大会(董事选任)决议的撤销或确认无效诉讼而言,〔62〕决议作出机关是公司股东大会而非公司本身,而且,能够推翻这一决议并重新作出其他选任决议的机关也是股东大会,而公司本身并不能对该决议作出任何处理。换言之,所谓的"公司"是一项主要规制对外关系的法律技

〔61〕 判例对"将法人作为被告"之肯定态度是显而易见的,而对于"是否可以仅仅将法人作为被告"这一其他问题,也有判例抱以肯定态度。

基于数个"自称是代表人"之人间产生纠纷进而提起确认被告为非代表人的消极确认诉讼中,相对于持"应当仅仅将法人作为被告"之观点的判例,毋宁说持"应当将自称为代表人之人的对方当事人与法人作为共同被告"之观点的判例显得更多。这一点为中岛教授所指出与强调,参照中岛弘雅《关于法人内部纠纷中的被告适格(一)—(六)》,载《判タ》,第524号第35页以下、第531号第15页以下、第538号第31页以下、第544号第20页以下、第553号第32页以下、第566号第20页以下,昭和59年至60年。在免职董事的诉讼中,判例也一贯地认为公司与该董事同时具有被告适格(前揭《判タ》,第531号;最高裁判所平成10年3月27日判决,载《最高裁判所民事判例集》,第52卷第2号,第661页以下,也持相同的见解)。但是,即便基于"在法人中附加其他理事者"之立场,在"法人构成主要的被告适格者"这一点上是不变的,而且,后述谷口说所提出的问题之解决,也取决于法人是否为原本意义上的被告适格者之问题。

此外,对法人内部纷争判例展开综合性研究的文献,除了上述的中岛弘雅教授大作外,还可以见之于,谷口安平《团体纷争与当事人适格》,载《ジュリ》第500号特刊——《判例展望》,昭和47年,第322页以下;高地世茂《关于法人内部纷争诉讼中的当事人适格》,载《明治大学法律论丛》,第56卷第6号,昭和58年,第101页以下。

〔62〕 正如本间靖规教授(参照本间靖规《对世的判决效扩张与程序保障》,载《民訴雑誌》,第33号,昭和62年,第46页以下)所指出,就一般而言,在股东大会决议撤销或确认无效之诉与涉代表人地位确认之诉这两者之间,两者关于被告适格所需要的考量因素有可能不同。不过,笔者认为,若非无特别细分化的需要,则无须对两者的论述予以区分。

术,而在公司内部纠纷解决中,其并不具有独立存在的意义。若从外部视角来看,内部纠纷则不过是公司(法人)的“杯中风暴”(这是谷口安平教授在其《团体纷争与当事人适格》,载《ジュリ》,第500号——《判例展望》一文中的表述)。当言及应当将何人作为被告之问题时,谷口教授认为,就原本意义而言,当然是除原告之外的全体股东(会社设员),但是,这种处置又是不现实的,考虑到“现在的股东大会成为董事会决定的批准机关”之实情,将作为决议提案人的董事长作为被告的做法,可能较为合理。总而言之,在这种情况下,让代表攻击该股东大会决议一派的原告与代表维持该股东大会决议一派的董事长(被告)成为当事人,也是符合如下这一观念,即只有将最具利害对立关系的双方作为诉讼当事人,才能进行适当的诉讼实施。基于这两者争议基础上作出的判决,在内容上具有很高的正当性,因此,该判决的效力可以拘束全体关系人。对于前述的最高裁判所昭和44年7月10日判决的宗教法人案件,谷口教授认为,X之所以选择对立的代表人 Y_1 与任命 Y_1 为主持的总寺院 Y_2 为被告,也是因为X觉得选择与自己对立的具体对手(Y_1 与 Y_2)为被告会有一种稳妥的感觉。以上就是谷口说提起的一个崭新问题,因此谷口教授的这篇文献也属于读者诸君的必读论文。

受到谷口说提起这一问题的影响,在学界中以下三种学说也进一步展开了相关的论述。第一种学说就是福永说。具体而言,福永教授认为,在对公司股东大会决议进行争执的诉讼中,原告本来应当以全体股东为被告提起诉讼,但由于这种做法是不现实的,因此就应当由能够代表全体股东意见的公司(法人)来作为被告,关于此的详细论述参照,福永有利《法人内部纷争的当事人适格》,载新実務民訴,第321页以下。从原理上说,公司(法人)是一个调整、集中公司成员(股东)意思来实施行为的机构,但是,当公司存在一些超越普通股东地位而对公司具有特别重大利害关系之人员时,应当承认其独立于公司的被告适格。例如,当选任董事的股东大会决议受到攻击时,也可以让该被选任的董事作为被告,因为,公司所能够代表的仅仅限于股东的一般利害关系,至于该被选任董事之重大程度的利害关系则不能由公司代表。而且,在公司(法人)的规模不大、股东人数不多的情形下,原告可以返回到当事人的原有形态,即将全体股东作为被告来提起诉讼,而无须将公司列为被告。[63] 可以说,这是一种与主张"将公司与被选任董事作为共同被告(固有必要共同诉讼)"的新堂说相近似的观点(参照新堂,第 261 页、第 664 页。不过,应当说,新堂说看起来更具有亲和性)。

第二种学说是中岛说。这种学说认为,在原告股东以外的公司关系人之中,可以分为"与原告对立一派的股东"与"对纠纷不抱积极关心态度的一般股东"两类。在公司内部纠纷中,代表前者的对立派之人(例如被选任董事)与代表后者的一般股东的公司两者同时具有被告适格,关于此的详细论述,参照中岛弘雅《关于法人内部纠纷中的被告适格(一)—(六)》,分别载《判タ》,第 524 号第 35 页以下、第 531 号第 15 页以下、第 538 号第 31 页以下、第 544 号第 20 页以下、第 553 号第 32 页以下、第 566 号第 20 页以下,昭和 59 年至 60 年。对立派的利益由被选任董事等来代表,但是,如果未让中立或对纠纷不抱关心的一般股东利益之代表作为当事人,进而直接将判决效力及于这些一般股东,那么从后者程序保障的视角来看,这种做法无疑是不正当的,因此,为了保护这些股东的利益,就应当让公司作为被告。如此一来,从结果上看,中岛说类似于福永说,不过,这两者还是存有如下根本差异,即福永说主张将公司(法人)作为第一层次的被告,而将被选任董事等作为第二层次的被告,而中岛说主张将代表对立派的被选任董事作为第一层次的被告,而将公司(法人)作为第二层次的被告。这一点正是中岛说的特色所在。

第三种学说是将谷口说予以彻底化的山本说(关于此详细内

[63] 关于学校法人决议诉讼的被告适格问题之论述,可以参照上原敏夫《关于最高裁判所昭和 48 年 11 月 24 日判决的判例释评》,载《法協》,第 91 卷第 4 号,昭和 49 年,第 709 页以下;井上治典《关于最高裁判所昭和 48 年 11 月 24 日判决的判例释评》,载《判タ》,第 292 号,昭和 48 年,第 89 页以下。两位教授对于发生在小规模法人中的类似问题,也持同样的见解,由此可以看出,这些见解对于依据对世效来处理的方式持怀疑态度。

容,参照山本克己《判例特别研究》,载《民商》,第 95 卷第 6 号,昭和 62 年,第 924 页以下)。与谷口说不同,山本说认为,团体(公司、法人)是股东大会决议的效果归属主体,因此团体必须成为判决的名义承受人,也即公司是必要的被告。不过,山本说也仅仅是一种“在为了在原告起诉之际不使其在选择被告方面产生困扰,也即为了让诉能够适法成立而采用”的理论构成(第一阶段)。因此,在山本说的立场下,当诉适法成立后,团体(公司、法人)的作用也将告终结。换言之,山本说并不允许团体作为当事人来实施具体诉讼活动。而在考虑“由何人来实施具体的诉讼活动”之问题的第二阶段中,山本说主张,对于该纠纷抱有具体性利益的公司股东,既可以进行共同诉讼参加,也可以进行共同诉讼的辅助参加。而且,让想维持股东大会决议之人加入被告(作为被告当事人),而让反对或攻击该决议之人加入原告(作为当事人)来实施诉讼行为。团体的代表人也不是作为代表人,而是作为共同被告或共同诉讼的辅助参加人来实施诉讼。此外,为了保障被告这种机会,原告必须对相关人员进行诉讼告知。当虽有应被告知者但原告未做出诉讼告知时,就导致诉之不适法,若法院忽略此点(原告未进行应进行的诉讼告知)作出判决,则该判决的效力不及于该第三人。不过,考虑到某些股东大会决议的内容特殊性,在某些情况下,被选任的董事也可能作为与团体(公司、法人)被告相并列的必要被告。总体而言,山本说的特色在于,在把握“这种内部纷争只不过是杯中风暴,而作为杯子的团体(公司、法人)也仅仅发挥着作为该决议效力之归属对象的作用”之谷口说精神的基础上,附加了对“恒定何人为被告”之原告方面利益的考量(菱田雄乡《判例释评》,载《法协》,第 115 卷第 12 号,平成 10 年,第 1959 页以下,也对山本说表示了赞同)。

学说关于这一问题的展开状况大致如上所述。那么该如何来看待这一问题呢?笔者认为,作为理论而言,谷口说或者山本说都是颇具魅力的见解。不过,山本说创设了“不能实施诉讼或当事人活动”之当事人概念,在这一点(需要强调的是,山本说的当事人并不是指“可以不实施诉讼活动的当事人”,而是指“不能实施诉讼活动的当事人")上,山本说与传统观念之间似乎有巨大跳跃,同时,就"在股份公司情形下原告至少须对全体股东,在小规模团体情形下须对所有成员进行诉讼告知"这一点而言,也增加了原告负担(对于是否可以采用公告方式对部分成员进行诉讼告知之问题,可能还存在进一步探讨的余地)。而且,既然山本说认为,原告必须对必要相关人员进行诉讼告知,那么该说所追求的"通过恒定被告减少原告在起诉之际选择被告的困惑"之意图,也可能因原告面临着"应当对何人进行诉讼告知"之新问题而遭到破坏。因此,就当下的状况而言,若对于山本说予以完全的赞同,则多少会令人产生不安。谷口说所主张的将公司董事长作为被告,就实际的效果来看,谷口说与主张将公司(法人)作为被告的福永说并无多大差别。〔64〕 因为,无论基于何种立场,实际实施诉讼活动的都是公司董事长。因此,就形式意义而言,正如山本说所指出的,将团体(法人、公司)作为被告的观点,在实践合中是易于被理解的。此外,就福永说与中岛说的关系而言,尽管两者在"应当将何人作为第一层次的被告"之问题上存在差异,但大体而言,中岛说还是可以被视为一种接近于福永说

---

〔64〕 不过,谷口说认为,在诉讼费用与律师报酬负担方面,自己的学说与福永说存在较大差异。具体而言,如果将公司(法人)作为被告,那么诉讼费用等就由公司(法人)承担,而若由董事长成为被告,至少而言,在其败诉时,应由董事长个人而非公司(法人)承担。

但是,通常的情况是否如此呢?恐怕还不无疑问,因为,在涉破产财团诉讼中,破产管理人成为当事人并实施诉讼,即使该破产管理人败诉,诉讼及律师等费用并非其个人而由破产财团承担(不过,在某些情形下,破产管理人个人也有可能对破产财团承担损害赔偿责任,也即由其个人承担因诉讼产生的费用,但这属于一种另当别论的特殊情形)。最终的费用负担并非单纯依胜诉或败诉作出区分,而应当取决于败诉的理由。关于此的详细论述,还可以参照岩原绅作《关于股东大会决议诉讼的构造(九)》,载《法协》,第97卷第8号,昭和55年,第1089页注(14)。

此外,对于认为"谷口说与福永说之间没有太大差异"这种观点,松尾教授提出了较为激烈的批判性见解,参照松尾卓宪《法人的内部纠纷》,载铃木重胜、上田徹一郎《基本问题研讨——民事诉讼法》,一粒社,平成10年,第31页以下。

的见解。[65] 因此,从结果上看,赞同福永说应当无可非议。[66]

---

〔65〕 不过,对于这一问题,中岛说自身在其连载的同一论文[中岛弘雅《关于法人内部纠纷中的被告适格(一)—(六)》,连载于《判タ》]中也似乎作出了若干不同的表述。在《判タ》第538号之前的部分论文中,中岛教授认为,应当将对原告就代表权问题持异议并"自称为代表人"之人作为第一层次的被告,而法人则是第二层次的被告适格者,但在对德国法状况展开讨论后,中岛教授在《判タ》第566号第27页以下的部分(连载的最后篇章)又认为,法人必须作为该诉讼的被告,而"自称为代表人"之人则未必具有被告适格,只有当其具有亲自实施诉讼的意思时,才可以将其作为被告,否则该"自称为代表人"之人可以放弃被告地位或者默示由法人诉讼担当。如此一来,法人与"自称为代表人"之人并不构成固有必要共同诉讼人,而是片面的类似必要共同诉讼之关系,即"自称为代表人"之人并不具有单独的当事人适格,而与法人一起作为当事人形成必要共同诉讼人。

中岛说自身产生这样的摇摆,也从另一个侧面也反映了这一问题的复杂性与困难程度。

〔66〕 岩原教授也认为,想维持决议效力一派股东的利益通常由公司代表人来代表,因此将公司本身作为被告并不会产生不当,在此基础上,让董事长以公司代表人的身份并利用公司的资金与资料来进行应诉,由于董事长以这种身份进行的应诉会受到妥善管理注意义务、忠实义务及其他公司法内部规则的制约,因此,可以期待其更为诚信地实施诉讼,参照岩原绅作《关于股东大会决议诉讼的构造(九)》,载《法協》,第97卷第8号,昭和55年,第1087页以下。岩原教授进一步认为,在德国,出于与商法的沿革以及商法其他条文的整合性之考虑,应当将公司作为被告。关于此的详细论述,也可以参照上柳、鸿常夫、竹内昭夫《新版注释公司法第五卷》,有斐阁,昭和51年,第339页以下(岩原绅作执笔)。笔者个人也赞同岩原说,也即"应当将何人作为被告"的决定因素,存在于岩原前揭论文最后所论述的商法沿革之中。

与此相对,本间教授认为,诸如谷口说那样,将所有问题放置于当事人适格领域予以处理是不妥当的。从原理上来看,当事人适格者应当取决于当事人与诉讼请求的关系,并由此获得固定,从法人的内部法律关系性质来看,法人本身应当具有原理上的被告适格,至于受判决效扩张第三人的程序保障问题,应当通过诉讼参加或传唤等其他途径加以解决。此外,鉴于公司股东大会决议具有公司在社会生活上行为准则之性质,在对该决议效力存在与否进行争执的诉讼中,公司也应当具有第一层次利害关系人的地位。不过,那种认为"仅仅因为股东大会决议是公司的意思决定,而确定公司具有当事人适格,进而当然承认判决对世效力"之观点,的确显得过于"跳跃化",就这一意义而言,谷口说提起问题的积极意义应予以肯定,参照本间靖规《对世的判决效扩张与程序保障》,载《民訴雑誌》,第33号,昭和62年,第46页以下,尤其是第54页。本间靖规《判决的对世效力与程序权保障》,载《龙谷大学法学》,第18卷第4号第666页以下、第19卷第1号第34页以下,昭和61年;本间靖规《关于宗教法人的内部纠纷》,载《龙谷大学法学部创立二十周年纪念论文集——法与民主主义的现代课题》,有斐阁,平成元年,第418页以下,也存在类似的论述。此外,本间靖规《关于法人内部纠纷的基础性综上所述，对于该问题的正确的理解是，在法人内部纠纷中，可以认为法人具有被告适格，不过，当法人中存在超越法人所代表的一般股东之地位的特别利害关系人时，也应当认可这些人员的被告适格，进而将其与法人一起作为共同被告（固有必要的共同诉讼）。在免职董事诉讼以及关于董事选任决议的诉讼之中，该董事也具有被告适格，而在原告对于“自称为代表人”之人提起的消极确认诉讼中，该“自称为代表人”之人与法人共同具有被告适格［对于这种情形，东京高等裁判所平成 6 年 5 月 23 日判决，载《判時》，第 1544 号，第 61 页以下；伊藤真《确认诉讼的机能》，载《判タ》，第 339 号，昭和 51 年，第 37 页以下等的观点主张，应当只将法人作为被告。不过，正如在前揭注〔61〕中的最高裁判所平成 10 年 3 月 27 日判决（载《最高裁判所民事判例集》，第 52 卷第 2 号，第 661 页以下）所认为的，在董事免职诉讼中，形成“将公司与董事作为共同被告”之固有

考察》，载西尾幸夫编《公司诉讼》，法律文化社，平成 6 年，第 192 页以下；本间靖规《法人内部的纠纷》，载《判タ》，第 851 号，平成 6 年，第 4 页以下，对德国的相关判例进行了深入的研究。高地教授也认为，通过将法人作为被告，法人成员（公司股东）的利益就会获得保障，而且，当法人中存在超越一般股东利益的特别利害关系人时，尽管这些人员不具有单独的当事人适格，但可以与法人一起成为共同被告（类似必要共同诉讼），当这些人员受原告起诉告知时，可亲自加入法人方进行共同诉讼参加，参照高地世茂《关于法人内部纷争诉讼中的当事人适格》，载《明治大学法律论丛》，第 56 卷第 6 号，昭和 58 年，第 164 页以下。

就当下学界而言……伊藤真《关于最高裁判所昭和 52 年 7 月 18 日判决的判例释评》，载《ジュリ》杂志临时增刊——《平成五十二年度重要判例解说》，有斐阁，昭和 53 年，第 125 页以下；五十部丰久《判例解说》，载《百選》（二版），第 58 页以下；坂原正夫《法人内部纠纷中的当事人适格》，载小山ほか·演習，第 193 页以下；上田，第 223 页以下；注釈民訴（第一卷），第 512 页以下（高进见执笔），林屋，第 177 页以下等多数的学说都采用法人被告说。对于这种多数说，山本说提出了“团体需要维护自身利益”“多数说所主张的通过集中团体内部各种意见之形式来实施诉讼的论述不过是一种拟制性的说明”等的批判。的确，欲对团体的被告适格进行积极的论证，就不得不使用拟制性的说明（让中立或不抱关心的一般股东利益的代表作为当事人的中岛说也是一种拟制），但是，正如前文所述的，这些多数说的本意仅仅在于，使“团体被赋予被告适格”的做法能够易于获得理解，并尽量地减少其弊端这一消极性意图。不过，如此一来，在诸如股东代表诉讼那样的股东与董事直接发生对决的诉讼中，应当返回到谷口说的立场，采用不为公司这一“杯子”所困惑的解释论。

必要的共同诉讼]。[67]

与此相关联的一个问题是，当法人内部产生关于选任董事决议的纠纷，但该被选任的董事(长)遭到停止执行职务或选任代理人之假处分时，在作为原来案件的撤销股东大会决议诉讼中，代表公司利益者为何人呢？因该假处分被新选任的职务代理人的立场是中立的，未必对于该诉讼抱以充分的热情，从实质性利害对立的视角来看，如果让被停止执行职务的董事(长)与原告进行对决，那么应当能够期待其实施更为充实的诉讼。尽管如此，这毕竟不是此前论

〔67〕 对于主张将被选任董事作为共同被告(固有必要的共同诉讼)的观点，岩原绅作《关于股东大会决议诉讼的构造(九)》，载《法協》，第97卷第8号，昭和55年，第1092页以下；上柳、鸿常夫、竹内昭夫《新版注释公司法第五卷》，有斐阁，昭和51年，第340页以下(岩原绅作执笔)等的观点作出了如下的批判，即认为，如果作这样的理解，那么那些享有将决议作为直接先决问题的权利之人(例如，公司合并决议的对方当事人、转让公司业务决议的对方当事人等)就成为固有必要的共同诉讼人，如此一来，固有必要共同诉讼的范围不免显得过大，而且，依据当下这种趋于严格来把握固有必要共同诉讼之理论，这种理解下的原告负担也显得过重(坂原正夫《法人内部纠纷中的当事人适格》，载小山ほか・演習，第193页以下，也表述了相同的见解)。岩原说进一步认为，就解释论而言，毋宁类推适用《日本行政案件诉讼法》第22条与第23条规定，即法院依据职权或当事人的申请，让权利受到侵害的第三人进行诉讼参加，当该第三人不存在可归责的事由而无法进行诉讼参加时，应当认可其提出再审的权利。的确，《日本行政案件诉讼法》第22条、第23条的诉讼参加以及德国法的传唤制度丰富了多数当事人诉讼中的根据或条件，就学界来说，应当对这些制度的灵活运用进行充分的探讨。但是，将前述的被选任董事等作为共同被告，还不至于形成对原告科以过重负担的结果，因此，采用共同被告说也是并无大碍的。关于此的详细论述还可以参照宫川聪《关于最高裁判所平成7年6月14日判决的判例释评》，载《判例批评》，第451号(《判時》，第1570号)，平成8年，第208页以下。而且，对于最高裁判所昭和44年7月10日判决中的总寺院(包括性的宗教法人)，谷口说尤其倾向于将其作为被告的观点[参照谷口安平《判决效扩张与当事人适格》，载中田・還暦(下)，第67页以下。此外，五十部丰久《判例解说》，载《百選》(二版)，第58页以下，也表述了相同的见解]；与此相对，中岛说则对此抱以批判性的见解，其认为，总寺院与A寺庙的主持地位并无关系，因而不应当将其作为被告[关于此的详细论述参照，中岛弘雅《关于法人内部纠纷中的被告适格(一)、(三)》，载《判タ》，第531号第22页注解(5)、第538号第38页注(20)，昭和59年]。就法律论而言，应当如同中岛说所主张的，总寺院与A寺庙的主持地位并无关联，但是，从纠纷利害关系的实质来看，谷口说似乎更具有说服力，在这种情形下，总寺院并不是作为固有必要共同诉讼人的被告，但仍然可以视其为“可以成为被告”之人。

述的被告适格问题,而是一个"在将法人作为被告的基础上,由何人来代表法人"的问题。若是认为两者都具有被告适格,那么可以考虑采用共同被告的处理办法,但是,如此一来,在代表人方面产生多数代表人之结果恐怕也是非建设性的。最高裁判所昭和 59 年 9 月 28 日判决,载《最高裁判所民事判例集》,第 38 卷第 9 号,第 1121 页以下,收录于《百選Ⅰ》,第 53 号案件,对于此问题作出了判示。这是一个以当事人对律师报酬发生争执之形式出现的饶有兴味的案件。判决认为,因假处分产生的职务代理人代表被告公司来进行诉讼,不过,为了谋求某种平衡,同时认可被停止职务的董事长可以进行共同诉讼的辅助参加(不过,从严格意义上说,仍然残留有一个如何让被停止职务的董事长知悉诉讼系属的问题)。这一判决在"只有公司具有被告适格"之前提上作出了这样的处置,而依据福永说与新堂说等的观点,从被选任董事的角度出发,也可以得出"让被停止职务董事长与公司一起作为共同被告"之处理结果。

3. 身份诉讼中的判决效不利益扩张与第三人保护

在公司法上的诉讼中,诸如承认撤销决议请求等判决,只有在有利于第三人时判决效才单面性地发生扩张,因而也不会产生第三人保障的问题。但是,由于《日本人事诉讼程序法》第 18 条第 1 款仅仅作出了"判决对第三人具有效力"的规定,因此通说认为,在人事诉讼中,无论是胜诉判决还是败诉判决都双面性地产生对世效力。例如,当事人的一个亲戚 X_1 提出撤销不适法婚姻之诉,一旦该判决获得确定,那么结果无论是胜诉还是败诉,该判决的效力都对包括 X_2 在内的其他亲戚产生拘束的效果,而 X_2 等亲戚就不能再提起请求撤销不适法婚姻之诉。当 X_1 获得胜诉时,该判决对于 X_2 等而言是有利,当然也就无须言及再诉的问题,同时,驳回请求的败诉判决也遮断了 X_2 等的再诉,[68] 而且,若是基于承认"存在溯及效"的立场,那么当法院作出婚姻无效的判决时,该"夫妇"的孩子也因对世

〔68〕 山木户克己《人事诉讼程序法(法律学全集)》,有斐阁,昭和 33 年,第 138 页以下;冈亘学《人事诉讼程序法》,第一法规出版,昭和 56 年,第 362 页以下;小山,第 407 页以下。

效力而丧失嫡出子的地位。[69] 一般认为，这种判决双面性地产生对世效力的根据在于，“身份关系划一性与安定性”之实体法的要求，而且，通过程序法上的职权探知主义（参照《日本人事诉讼程序法》第10条、第14条、第26条等）与检察官的积极参与诉讼（参照《日本人事诉讼程序法》第2条第3款、第5条、第6条、第26条等）规定也能保障这一规定正当地发挥作用。但是，如此一来，在自己未参与诉讼程序之前提下作出的判决对自己形成拘束，这不免违反了“程序保障”这一根本原则（参照本书“第十五讲　既判力”关于作为既判力根据论之程序保障的论述部分），而且，职权探知主义或检察官的积极参与诉讼在实际上也未必能发挥其应有的效果。[70] 从德国及法国的立法动向[71]乃至日本的学说立场都开始对这种双面性地产生对世效力的规定提出了反省性意见。

从另外一个角度来看，对这种双面性地产生对世效力进行保障

---

〔69〕 为了保护这种情况下的“嫡出子”之利益，也有国家在实体法上作出如下的规定，即纵使其双亲的婚姻是无效或不存在的，该孩子也不丧失嫡出子的身份。关于德国法相关情况的详细论述参照高田裕成《关于所谓对世效力力论的一点考察》，载《法协》，第104卷第8号第1129页以下、第104卷第11号第1513页以下，昭和62年；而关于法国法中“误想婚”的相关介绍可以参照山口俊夫《法国法概说》（上），东京大学出版会，昭和53年，第403页以下。相对于“允许进行程序法上的再诉或再审理”之制度而言，可以说这是一种更为根本性的保护措施。

〔70〕 奈良次郎《以检察官为当事人的人事诉讼与程序保障》，载《ジュリ》，第856号第94页以下、第857号第78也以下、第858号第101页以下，昭和61年。

〔71〕 关于德国与法国这方面立法动向之详细论述参照高田裕成《关于所谓对世效力论的一点考察》，载《法协》，第104卷第8号第1129页以下、第104卷第11号第1513页以下，昭和62年。

池尻郁夫教授对于这方面也展开过系统性的研究，教授的一系列研究文献可以见之于池尻郁夫《身份判决的对世效力与第三人的程序保障》，载《六甲台论集》（神户大学研究生院），第29卷第1号，昭和57年，第46页以下；池尻郁夫《身份判决的对世效力及其限制》，载《六甲台论集》（神户大学研究生院），第29卷第4号第56页以下、第30卷第1号第84页以下，昭和58年；池尻郁夫《身份判决对于第三人的效力》，载《法教》，第46号，昭和59年，第63页以下；池尻郁夫《人事诉讼判决对于第三人的效力（一）（二）》，分别载《爱媛法学会杂志》，第12卷第1号第3页以下，《爱媛大学法学》，第18号第1页以下，昭和60年；池尻郁夫《家事审判程序中的强制参加》，载《家庭法院月报》，第43卷第6号，平成3年，第1页以下。

的规定可以分为事前规定与事后规定。所谓事前规定,是指让具有重大利害关系之人在判决作出之前参与到诉讼系属之中的规定。例如,《德国民事诉讼法》第640条第e款规定:(1)在亲子关系诉讼中,当双亲中的一方未作为当事人参与诉讼时,必须对其进行诉讼告知,并在口头辩论期日里对其进行传唤;(2)当母亲提起撤销父亲对(私生子的)承认之诉时,必须对该孩子进行诉讼告知,并且在口头辩论期日里进行传唤;(3)双亲中的一方或孩子可以作为本方当事人或对方当事人的辅助人来进行诉讼参加。依据这一规定,在仅仅以父子为当事人的确认嫡出父子关系或非嫡出父子关系存在与否之诉中,母亲应当被传唤,在仅仅以父子为当事人的否认嫡出关系诉讼中,母亲也应当被传唤。此外,从上述第2项的明文规定来看,当母亲以(被认为是)父亲为被告而提起撤销父亲对(私生子的)承认之诉时,应当对孩子进行传唤。试以否认嫡出关系之诉为例,从诉讼标的的视角来看,这是发生在(被认为是)父亲与孩子之间的纠纷,而具有当事人适格者也是父亲与孩子,而从当事人对于诉讼标的关系的视角来看,作出"将母亲也理解为当事人(共同诉讼人)"之解释恐怕是较为困难的,但是,基于母亲对此具有的实质性重大利害关系之考虑,也应当对其进行传唤,因为在德国法中存在所谓的审问请求权之保障,〔72〕这种保障又被称为"必要的传唤"。此处所言的传唤只需在第一个期日进行即可,而在后续的各个期日中则没有进行的必要,而且,被传唤之人可以依据自己的判断来决定加入何方当事人来进行共同诉讼的辅助参加。当对应当被传唤之人未进行传唤时,法院基于此作出的判决应当通过上诉被撤销或驳回。在法院存在"应当进行传唤而未予传唤"之疏忽基础上作出的

---

〔72〕《德国基本法》(宪法)第103条规定,任何人都享有向法院提出进行法律上审问之请求的权利,也即倾诉抱怨或不满的权利。

关于此的详细论述可以参照,绀谷浩司《审问请求权的保障及其问题点》,载《民訴雜誌》,第18号,昭和47年,第143页以下;福里茨·鲍洼《德国法中审寻请求权的发展》(铃木正裕译),载《神户大学法学杂志》,第18卷第3·4合并号,昭和44年,第512页以下。

判决获得确定时，对于这种生效判决的处理，学说及判例的见解则发生了分歧，判例及传统的学说认为，应当被传唤而未被传唤者只能提起宪法抗告（一旦宪法抗告获得承认，原诉讼程序就得以复活），而另一种新学说则主张，应当被传唤而未被传唤者可以另行提起第二个诉讼（判决效的相对化）。[73]

所谓事后规定，是指赋予第三人以对"在自己未参与基础上作出的判决"进行攻击或否定其拘束力之权能的规定。例如，在法国法中采用一种暂定性对世效力（或者暂定性绝对效力）的见解。例如，在确认亲子关系不存在之诉中，当法院作出驳回请求的判决后，"存在亲子关系"的效果产生对世性的效力，换言之，在这种情形下，对于任何人都可以适用该判决的内容，第三人也不能提出违反该判决内容的主张（就这一意义而言，前诉判决具有"对抗性"），但是，第三人可以通过提起"第三人撤销之诉"[74]来否定该前诉判决（就这一意义而言，前诉判决仅仅具有"相对性"的效力）。而能够提起这种"第三人撤销之诉"之人仅仅限于在前诉也即上述例子的确认亲子关系不存在之诉中具有原告适格之人（从严格意义上说，原告适格是德国式或日本式的表述，而不是法国式的表达）。通说认为，针对"第三人撤销之诉"作出的承认请求判决将对世性地产生撤销前诉判决的效力，其结果就是，这一次作出新的判决就具有新的对世

---

〔73〕 关于德国这方面状况的详细论述可以参照，高田裕成《关于所谓对世效力论的一点考察》，载《法协》，第104卷第8号第1129页以下、第104卷第11号第1513页以下，昭和62年。

此外，由于"必要的传唤"是一种旨在让"从诉讼标的关系来看不能具有当事人适格之人"参加诉讼的制度，因此，其中包含着当事人适格扩张的要素。但是，在德国的身份关系诉讼中，被传唤之人进行的是共同诉讼的辅助参加，因为其并未当然地被视为当事人（诉讼关系人）。与此相关的，在德国的行政诉讼法却存在"被传唤者当然地成为诉讼关系人（当事人）"之规定，基于此，传唤所包含的当事人适格扩张之要素得以外在化与显现化。总而言之，尽管同样被称为传唤，但其规定的内容依据实定法的不同规定而有所差别，关于此的详细论述可以参照高田裕成《关于所谓对世效力论的一点考察》，载《法协》，第104卷第8号，昭和62年，第1167页以下。

〔74〕 关于"第三人的撤销判决之诉"的研究可以参照，德田和幸《法国民事诉讼法的基础理论》，信山社，平成6年，第196页以下。

的通有性(对抗性),简而言之,就是让具有对世效力的判决有顺序地进行替换。也就是说,身份诉讼判决具有对世效力,第三人若不亲自提起“第三人撤销之诉”,则也要受该判决的拘束,但是,第三人可以通过提起“第三人撤销之诉”来否定前诉判决的判决效,进而确立新的具有对世效力之判决。可以说,一方面,基于身份关系的划一性之考虑,应当对对世效力进行保障,但另一方面,基于程序保障之要求,也应当设置第三人否定该判决效扩张的途径,正是通过这样一种形式让这两者维持某种平衡。〔75〕尽管如此,这种方式还是会对身份关系与判决的“安定性”形成某种侵害,因为,如果允许(第三人)在事后推翻判决,那么就会导致这种“后诉判决推翻前诉判决”事情频繁发生,因此,即使在法国,也作出了诸如“让第三人强制性地参加诉讼”的事前规定。作为上述的事前规定与事后规定相结合的典型例子当属《法国民法》第311条之10规定,即“1. 关于亲子关系的判决对于非当事人之人也可以产生对抗的效力,不过,这些人员享有提起第三人撤销判决之诉的权利;2. 对于被判断为应当共同作出判决的所有关系人,法官可以依职权命令其参加诉讼”。

受德国法及法国法这种发展的影响,日本学界也开始提倡一种新的解释论,而这种解释论以将利害关系人分为两种类型为其出发点。具体而言,第一种类型就是,因系争身份关系直接涉及自己身份而对其具有重大或密切之利害关系的人员,例如,在确认母子关

〔75〕 高田裕成教授提出的“一次性解决”与“划一性解决”之分析是一种颇为有益的论述(参照高田裕成《多数当事人纠纷的“划一性解决”》,载《民訴雜誌》,第35号,平成元年,第186页以下)。所谓“一次性解决”,是指应当在一个纠纷中解决多数当事人的纠纷,而所谓的“划一性解决”,是指给多数人当事人纠纷确立一体性(划一性)的解决基准。日本法的固有必要共同诉讼可以说是同时谋求这种“一次性解决”与“划一性解决”两种理念的一种制度。若是基于这种分析框架而言,则法国法的“暂定性对世效力”可以说是一种强调“划一性解决”理念而抛弃“一次性解决”理念的制度,因为,在这种制度下,划一性对世效力会随着每一次对“第三人撤销判决之诉”的承认而发生替换。

系不存在之诉中，基于承认请求判决而丧失嫡出性的父亲、[76]在否认父子间嫡出关系诉讼中基于承认请求判决而变为非嫡出母的母亲、[77]确认非嫡出父子间的父子关系之诉与撤销（对私生子的）承认或承认无效之诉中（参照《日本人事诉讼程序法》第27条）的孩子的母亲等即属于此，在这些诉讼中，当事人就应当对这些人员进行传唤。不过，对于第三人进行的诉状送达与期日传唤只要进行一次即可，而无须进行持续性的送达或传唤。当未进行这种必要的传唤时，身份判决的对世效力就不及于这些人（参照《日本人事诉讼程序法》第18条第2款）。例如，即便法院对于撤销不适法婚姻诉讼作出了驳回请求之判决，应当被传唤（而未被传唤）的第三人可以再次提起撤销不适法婚姻之诉，而且，后者的请求一旦获得承认，那么后者判决在时间上具有优先性的效力（具有对世效力）。如此一来，在实质上形成第三人提起的再审，不过，在这种情形下，也没有必要要求第三人必须采用通常的再审形式，而只要让当事人就采用"第三人再审"还是采用"与前诉诉讼标的相同的独立之诉"两种形式作出

---

〔76〕　关于确认嫡出亲子关系之诉是否属于父、母及孩子之间的固有必要的共同诉讼之问题，学说及判例尚存在争议。最高裁判所昭和56年6月16日判决，载《最高裁判所民事判例集》，第35卷第4号，第791页以下认为，这不构成固有必要的共同诉讼，因而可以对父子关系与母子关系分别进行审判。关于此观点的详细论述可以参照佐上善和《第三人提起的确认亲子关系存在或不存在之诉与被告适格》，载《民商法杂志五十周年纪念论文集（一）——判例中法理论的展开》，昭和61年，第222页以下；铃木正裕《关于最高裁判所昭和56年6月16日判决的判例释评》，载《民商》，第86卷第6号，昭和57年，第942页以下，尤其是第952页。

〔77〕　不过，依据《日本民法》第775条的规定，在否认嫡出关系之诉中，应当让孩子或行使亲权的母亲成为被告。这种条文的理解应当是较为合理的［参照山木户克己《人事诉讼程序法（法律学全集）》，有斐阁，昭和33年，第60页］，总而言之，在母亲参与诉讼的场合下，母亲获得了程序保障，因此，没有必要对母亲进行传唤。关于此的详细论述还可以参照本间靖规《身份诉讼的判决效与程序权保障》，载《龙谷大学法学》，第19卷第2号，昭和61年，第183页以下，尤其是第204页。

选择即可。[78]

第二种类型就是,对于系争身份关系的利害关系并未达到第一种类型那种直接程度之第三人。例如,基于承认(私生子)父子关系的判决而使继承权遭受侵害的妻子、系争身份关系仅仅涉及继承权、抚养义务及其他财产权的第三人等即属于此。由于这些人对系争身份关系仅仅具有次要层次的利害关系(第二次元的利害关系),因此在诉讼进行时,法院没有必要对其进行传唤,但是,也应当保障这些第三人的诉讼参加的机会,因而当事人对其负有诉讼告知的义务。"由于诉讼告知只要让该第三人知晓诉讼系属及其进展的程度即可[参照旧《日本民事诉讼法》第77条(现行《日本民事诉讼法》第53条)],因此,与诸如'必要的传唤'那样的,必须采用送达诉状、在期日中传唤诉讼参与人之措施相比,这种方式减轻了当事人的负担"[关于此的详细论述,参照吉村德重《判决效的扩张与程序权保障》,载山木户·還暦(下),第138页以下]。[79] 受到诉讼告知的第三人可以进行共同诉讼的辅助参加或者独立当事人参加。不过,即使未受到该诉讼告知,这类第三人也不具有对前诉判决所确定的身份关系予以否定的利益,因此,没有必要认可其提起独立之诉或第三人再审的权利。但是,对于作为自己财产上请求先决事项的相对

---

〔78〕 吉村德重《判决效的扩张与程序权保障》,载山木户·還暦(下),第139页主张,当出现对于确认亲子关系存在判决提出"自己是嫡出亲"主张之人、对于确认婚姻存在判决提出"自己是其中一方配偶"主张之人等的"自称权限人"时,应当对其类推适用《日本人事诉讼程序法》第18条第2款规定,因为,这些自称权限人是对于系争身份关系具有独立地位的密切关系人,其程序权必须获得保障。因此,当在前诉中判明存在自称权限人时,就必须对其进行传唤。

关于德国对于自称权限人的详细论述可以参照高田裕成《关于所谓对世效力论的一点考察》,载《法協》,第104卷第8号,昭和62年,第1178页以下。

〔79〕 在必要的传唤中,被传唤人是否当然地被视为诉讼参与人,这恐怕还是个难题。如果当然地被视为诉讼参与人,那么德国法关于身份关系诉讼的规定就应当不同于第三人要求进行诉讼参加的规定,关于此的相关论述可以参照前揭注(73)。不过,笔者认为,对于"被传唤人是否成为当事人"问题,有必要进一步进行探讨。

性身份判决,这类第三人可以对其效力提出争执。〔80〕这类第三人可以基于(前诉当事人的)欺诈来提起再审(欺诈再审),〔81〕而且,当前诉程序中存在再审的事由时,该第三人可以代替前诉当事人主张这种事由,进而提起再审(不过,如前所述的,该类第三人不能仅仅以“自己未受到诉讼告知”为由来提起第三人的再审)。以上就是吉村德重《判决效的扩张与程序权保障》,载山木户·還暦(下),第118页以下〔82〕所主张的观点,这一见解的基本立场是应当予以赞同

---

〔80〕 所谓的自己财产上请求是指,诸如第三人通过提起确认所有权诉讼,来对在请求承认(私生子的)亲子诉讼中胜诉方当事人所具有的继承权进行否定,在这种情形下,如果该胜诉方当事人占有了财产,第三人则可以提起请求返还财产的诉讼,并在其前提问题中对其继承权予以否定。

〔81〕 第三人基于“前诉当事人为了侵害第三人权益而进行诉讼”之理由提起的再审。在日本,最早的判例认为,身份关系诉讼判决只有在不构成欺诈诉讼的前提下才产生对世效力,关于此的详细论述可以参照池尻郁夫《身份判决对于第三人的效力》,载《法教》,第46号,昭和59年,第63页以下。

〔82〕 对于吉村说这一见解,本间靖规《身份诉讼的判决效与程序权保障》,载《龙谷大学法学》,第19卷第2号,昭和61年,第200页以下,提出了如下的批判,由于这些具有间接利害关系之第二次元的第三人也具有“兄弟姐妹出现”之身份上的地位,因此,吉村说对于这种“具有间接的利害关系”之第二次元第三人的处置与对于“具有直接、密切且重大的利害关系”之第一次元的父、母亲的处置并没有差别。

可能是受到这种批判的影响,吉村教授通过吉村德重、牧山市治编《注解人事诉讼程序法》(修订版),青林书院,平成5年,第281页以下(吉村德重执笔),似乎也对自己的立场进行了部分的修正,认为对于第三人也没有必要进行“必要的传唤”,而只要进行诉讼告知即可,而且,自己继承权或抚养义务及其他财产权间接地受到影响的第三人同时在身份上的地位也受到了影响,因此,当这种第三人事前参加的机会未获得保障时,程序保障的欠缺符合《日本民事诉讼法》第338条第1款第3项的再审事由规定,因此该第三人可以提起通常的再审之诉,此外,当这些第三人作为原告,而以前诉的双方当事人为被告提起新的独立之诉时,可以通过类推适用《日本人事诉讼程序法》第18条第2款规定来否定前诉判决效的扩张。此外,吉村德重《判决效的扩张与程序权保障》,载山木户·還暦(下),第141页以下,认为对于仅仅是财产权遭受侵害的第三人,没有必要认可其提起“对身份关系划一性确定进行争执的再审或独立之诉”的权利(不过,当存在通常的再审事由或欺诈再审的事由时,应当允许其提起再审之诉),由此可以看出,吉村说也朝着“认可这种第三人以提起再审权利”之方向迈进了一步。

但是,这并不意味着不能在“是否成为非嫡出母”之身份与“是否产生兄弟姐妹关系”之身份中间划出明确的界线,因为将兄弟姐妹的身份仅仅作为继承权或抚养关系等

的。此外,高田裕成教授也认为,吉村教授的这一论文是一篇稍显抽象但极具意义的文献(详细论述可以参照,高田裕成《身份诉讼中的对世效力论》,载新堂·特别講義,第 361 页以下)。[83]

但是,从日本判例的立场来看,似乎并未朝着这一方向迈进。例如,最高裁判所平成元年 11 月 10 日判决,载《最高裁判所民事判例集》,第 43 卷第 10 号,第 1085 页以下,收录于《百選Ⅱ》,第 197 号案件就说明了这一点。在本案中,前诉是原告以检察官为被告提起的在父亲死亡之后请求承认(私生子)亲子关系诉讼,在承认请求判决确定后,被确定为父亲之人的子女根据《日本民事诉讼法》第 338 条第 1 款第 3 款的代理权欠缺之规定,以前诉原告与检察官为被告,并基于"自己未知道该诉讼系属"之理由,提起了通常的再审之诉。对于此,尽管作为原审法院的福冈高等裁判所认为该再审是适法的,但最高裁判所还是认为,不具有作为前诉的请求承认(私生子)亲子关系诉讼之当事人适格的其他子女(父亲的其他子女)也不具有通常再审的原告适格,因此否定了其提起的再审之诉。就现行法解释

财产性的关系来予以处理的做法也不能说是不妥当的。在法国,认为身份关系具有可分性的观点颇具有影响力,关于此问题的相关详细论述可以参照高田裕成《关于所谓对世效力论的一点考察》,载《法協》,第 104 卷第 11 号,昭和 62 年,第 1562 页、第 1592 页。此外,条解,第 676 页以下(竹下守夫执笔),其认为,这种身份关系具有可分性,不过,与吉村说不同,竹下说认为,对于第一次元的具有直接利害关系者负有诉讼告知的义务,但无须对其进行传唤,因为如果该第三人受到传唤,那么其并未当然地获得程序上的地位,如此一来,这种传唤就无异于诉讼告知。关于此的论述还可以参照,前揭注(73)、(79)。而对于第二次元的仅仅具有间接关系财产上利害关系的第三人之见解,竹下说也不同于吉村说,具体而言,竹下说并未一般地肯定其诉讼告知的义务,不过,在一些具体的情形中,当法官认为难以作出符合实体真实的判决时,作为职权探知的一项内容,法院可以敦促当事人进行诉讼告知,或者依据职权将这些第三人作为证人,并对其进行寻问。而且,这种第二次元的第三人即使参与诉讼的机会未获得保障,也将受到判决效力的拘束,不过,在某些利害关系程度较高的场合下,通过类推适用《日本民事诉讼法》第 338 条第 1 款第 3 款规定,可以承认第三人以提起再审之诉或欺诈再审之诉的权利。

〔83〕 吉村=竹下=谷口,第 300 页以下(井上治典执笔);小林·プロブ,第 130 页、第 373 页;上田,第 73 页以下,也采用这种观点。关于此的论述也可以参照谷口,第 363 页以下;林屋,第 521 页以下。

论而言，在这一案件中，“是否应当承认该当事人通常再审的原告适格”之问题的确是一个颇具探讨价值的问题，即便基于吉村说的立场，在这种情况下，恐怕也难以得出否定前诉判决对世效力的结论。从最高裁判所这一判决的口吻来看，最高裁判所对于第三人的程序权保障态度似乎较为冷淡。不知是不是基于这一缘故，通过平成 9 年的民事诉讼法修订，《日本人事诉讼程序法》新设了第 33 条有关“通知利害关系人”的规定，即“法院在认为适当时，根据最高裁判所的诉讼规则规定，在父亲死亡之后提起的请求承认（私生子的）亲子关系等诉讼中，对于其他作为继承人的子女及其他因诉讼关系而产生损失之人进行诉讼系属的通知，不过，该通知以诉讼记录判明其姓名及其住所或居所者为限”。由于这是一条训示性的规定，因而作为解释论，即使法院未进行这种诉讼系属的通知也不构成程序的违法（参照中野贞一郎《解说新民事诉讼法》，有斐阁，平成 9 年，第 92 页以下）。[84]

---

〔84〕 从以前的学说到现今的《日本人事诉讼程序法》第 33 条规定的制定为止，应当说其间的观念存在若干差异，但无论如何，《日本人事诉讼程序法》第 33 条规定也仅仅适用于“继承权遭受侵害之人”，也即吉村说所主张的第二次元关系的第三人，而直接涉及自己身份关系的第一次元第三人则被排除在外。如此来看，第二次元第三人的程序保障权之实际必要性似乎显得更为迫切。

但是，这样一来就产生以下几点后果：首先，实定法并未对第一次元的第三人作出立法上的处置，因此，作为解释论的学说依然主张，应当对第一次元第三人进行必要的传唤，笔者个人也倾向于这种观点。其次，《日本人事诉讼程序法》第 33 条规定充分贯彻着如下这样一个原则，即“应当对继承权受到侵害之人也即继承分减少之人进行通知（而无须对继承分增加之人进行通知）；但是，当在诉讼中存在能够代表该第三人利益的当事人时，则不受此限”，因此，在婚姻无效案件中，无须对夫妻间的孩子进行通知，因为，在这种情形下，孩子的利益已经由夫妻代表，因而适用除外规定。然而在事实上，这种场合下的夫妻是否能够充分地代表孩子的利益，恐怕还是颇具疑问的，在国外，这种情况下的第三人（孩子）的程序保障也成为热门的话题，即使基于日本解释论的立场，在这种情况下，也还是有必要对孩子（实际上是孩子的特别代理人）进行必要的传唤。最后，《日本人事诉讼程序法》第 33 条应当被理解为一种训示性的规定，在法院懈怠进行这种通知时，也不会对判决效的（扩张）产生影响，但是，在这种情形下，同时也应当采用吉村说的观点，即继承分遭受侵害者可以作为自己财产权的前提问题来提起诉讼，进而达到相对地否定判决效之目的（使该判决的判决效不及于自己）。关于以上诸点的详细论述可以参照高桥宏志《人事诉讼中的程序保障》，载講座新民訴法（第三卷），第 349 页以下。

第十讲　审判权的界限

导　读

高桥先生在本讲中讨论了法院审判权的界限问题。高桥先生对这一问题论述的一个突出特点是,结合日本的具体情形加以展开,因此,可以说更具有日本特色。在论述的方式上没有像其他讲那样,从抽象的概念入手,而是直接切入具体的案件,在具体案件中讨论审判权界限的问题,其论述方式就是我们通常所说的判例评析。

审判权的界限问题,在中国民诉法的语境中表达为“主管”,即法院对哪些纠纷拥有主管的权力。可以主管就意味着法院对这些纠纷可以受理、审理和裁判。在笔者的民事诉讼法教科书中称为“裁判权的范围”。在日本,关于审判权界限问题的讨论通常属于宪法中讨论的问题,对这一问题的法律规范的原则被规定在日本宪法和法院法中。

高桥在本讲提到的四个最高裁判所的判例都与宗教有关。审判权界限的问题实质是法律与社会的关系问题,例如法律与政治、法律与道德、法律与艺术、法律与科学,也包括法律与宗教的问题。在日本,法律与宗教关系有其特殊的背景,两者的关系在司法方面反映比较突出，也比较复杂，受到日本社会的广泛关注，也为民诉法学界所关注。因此，高桥先生在本书中单列专章对这一问题进行了讨论和研究，以回应其他学者关于这些问题所阐发的观点。

在关于涉宗教纠纷的审理上，高桥支持如下做法：从两个阶段中把握宗教与法院之关系问题。在第一阶段，首先需要审查案件的诉讼标的是什么，只有在确认诉讼标的属于法律上争讼的前提下才进入第二阶段。在这一阶段，审查法院对前提问题能够审理到什么程度呢？在诉讼标的层面，只要不直接涉及宗教问题，便可以作为审判的对象。高桥强调的是，“不直接涉及”。但同时高桥又认为，司法判断与宗教教义和宗教活动的界限将根据诉讼标的纠纷解决之必要性程度予以微妙调整。这种微妙的调整，给进一步探讨留下了空间。

中国民事司法实践虽然也会涉及宗教问题，但法院通常都会远离，有关宗教事务的纠纷，即使涉及民事关系，也会尽可能地通过政策方法和路径加以解决。所以，我们几乎看不到这方面的判例。这也反映出中国政策调整的宽泛性。在中国，关于审判权行使争议更多的往往不是法律与宗教、政治、伦理、科学等界限问题，而是审判权内部的行使问题，即民事审判权与行政审判权、刑事审判权的界限问题。因为不同性质的案件需要由不同的审判机构适用不同的程序来加以审理。相反，在日本这样的问题并非他们研究的关注点。

目　　次

一、法律上的争讼(《日本法院法》第 3 条)

法院行使司法权的基本作用在于,通过对事实适用法律之方式解决纠纷(确切而言是明示解决标准)。但是,有些纠纷不能或不应通过适用法律方式加以解决。例如,A 与 B 所主张的学说之间,何者是正确的? A 神与 B 神之间,何者是正确的? A 画作与 B 画作之间,哪一幅更美? 这些学术、宗教、审美上的争议,不宜通过法院裁判加以解决。于是,法院应当处理的案件必须为“法律上”的争讼。而且,既然是“争讼”,其必须存在具体的争议,抽象意义上的关于法律是否合宪之争议,不能成为日本司法权行使的对象(新堂,第 237 页)。不过,在历史上也存在过法院对法律问题提出咨询意见的制度。

以上是我们在宪法课程中所学到的内容,但在具体的民事案件判例中,如何体现法院审判权不干涉宗教上问题呢? 以下将对最高裁判所的四个判例展开分析。

二、種德寺案件

首先是種德寺案件[最高裁判所昭和 55 年 1 月 11 日判决,载民集 34 卷 1 号 1 页,百选(四版)一案件(伊藤真解说)]。简单而言,X 寺的住持 Y 因为放弃寺务等原因被罢免,X 寺向法院提起 Y 腾退本堂、库里*的请求。与此相对,Y 向法院提起确认 X 寺主持地位以及代表役员(作为宗教法人寺院的代表,参照《日本宗教法》第 18 条,相当于股份公司的董事长)地位的请求。关于住持地位的确认问题,判决认为,由于住持属于宗教上的地位,故而不属于关于具体权利或者法律关系的确认,进而不构成确认之诉的对象,本诉因欠缺对象适格构成不适法之诉,应予以驳回。但是,由于其后法院对本堂等建筑物的腾退请求予以认可,因此,作为其前提的住持是否被罢免,也即关于住持地位对判断,判决论述如

---

* 本堂、库里均为日本寺庙中的建筑名称,故在文中采用日语表述的直译。——译者注

下,“因(住持地位问题)涉及其他具体权利或法律关系的纠纷,故作为判断该法律纠纷的前提,需要对特定人是否具有住持地位做出判断,在此情形下,除非判断内容涉及宗教教义的解释,否则对于住持地位的存在与否,也即选任或罢免适当与否之问题,法院应具有裁判权”。

这一判决可以说是此前诸多判例的集大成。一直以来,判例不允许提起就住持地位本身确认之诉,而对作为宗教法人概念的代表役员之地位确认,认为属于法律问题,进而构成适法之诉。但是,依据大多数寺庙的规定,作为住持之人同时也是代表役员,因此,允许提起代表役员的地位确认之诉,就意味着法院可以对作为前提问题的“何人为住持”做出判断。[1]

那么,该如何看待这个判例理论呢?应当说,在寺庙进行社会活动之现实下,对寺庙的法律代表人(代表役员)之归属做出确认,是法院应予解决的纠纷,这与涉公司代表人地位纠纷相同。但是,作为确定代表役员人选之前提问题,必须对作为住持的人选做出判断。就此意义而言,住持地位才是问题之根本。如此一来,基于纠纷解决的根本性考虑,认可确认住持地位之诉,可以说是诉讼法上的预期。若住持地位无法成为诉讼标的,就有可能产生问题。例如,在代表役员确认诉讼中败诉的寺庙一方对判决不满,虽然承认判决所认定的代表役员,但若寺庙坚持认为住持是其他人选,法院对此恐也无能为力,如此一来,该寺庙在事实上形成两个管理者。但是,将住持这一宗教上地位作为诉讼标的,无论如何会产生国家权力(法院也是国家权力)直接介入宗教问题之印象。因此,作为次

---

〔1〕 仅就種德寺案件而言,不论是关于罢免事由存在与否的实体层面问题,还是罢免程序是否遵守相关规定的程序层面问题,似乎法院均可以审理判断。但是,对包含下级审法院在内的判例展开综合研究的住吉教授认为,审判权的行使应当保持谦抑,即应仅限于程序性事项,参照住吉博《宗教团体内部纠纷和假处分》,载新实务民诉 14, 317 页,收录于住吉博《诉讼的救济和判决效》(昭和 60 年,弘文堂)120 页。此外,同样对包含下级审判例在内展开的综合研究,参照松浦馨《宗教上的地位 · 以信仰对象为中心的诉讼和法律上的争讼》,民商 94 卷第 2 号第 234 页、第 3 号第 369 页(昭和 61 年)、本间义信《宗教团体内部纠纷和民事裁判权》,载中野 · 古稀(上)第 29 页。

优选择,将代表役员地位作为诉讼标的,解决这个问题,就可以期待多数情况下的住持争议在事实上获得同样解决,应该说在处理国家与宗教这一微妙的问题上,这种做法很具妥当性。[2]

三、本门寺事件

本门寺事件(最高裁判所昭和 55 年 4 月 10 日判决,载《判時》,第 937 号第 85 页),X 请求确认自己是 Y 寺的代表役员,作为前提问题,现就何人(X 还是 A)为寺庙住持问题产生了争议。由于代表役员被登记为 A,A 作为 Y 寺的代表参加诉讼。在 Y 寺,由于教规中不存在继承住持之位的相关规定,因此,被多数信徒推举而成为住持的 X 与根据前任住持的意愿而成为住持的 A 之间产生了争议。

判旨认为,法院审判权的行使,应以与宗教活动自由或教义解释无关的事项范围为界限,"X 作为 Y 寺的住持进行活动是否具有相应的资格"这种有关宗教教义或者活动相关的问题不应被法院审理。但是,对于"选任是否遵循了 Y 寺住持选任程序的规定"以及"如何解释上述程序的规则"问题,法院可以进行审理与判断。与此同时,该判决对原审法院如下的判旨予以认可,即"不能认为存在住持选任的相关惯例,进一步讲,既没有关于住持选任的相关规则,也不存在已经确立的相关惯例,既然如此,只有对照寺庙本质以及 Y 寺固有的特殊性来确定住持选任具体程序、方法是否符合条理性,并据此来判断其效力。就本案而言,在将 X 选任为 Y 寺住持之问题上,充分征求了寺的信徒、信仰该寺教义的僧侣以及在沿革上与该

---

〔2〕 对于種德寺案件中被认为不适法的住持地位确认,伊藤教授主张应当视其为适法,参照伊藤真《宗教团体内部纠纷与法院的审判权》判例时代 710 号(平元)第 4 页;而新堂教授认为,可以视其为不适法,参照新堂幸司《宗教团体内部纠纷与法院的审判权》新堂·特别讲义,第 166 页;新堂·本文后揭讲座民诉 2,第 20 页(新堂,基础 245 页,第 281 页所收)。有关认为住持地位确认适法的下级审判例,参照松浦·前揭注(1)民商,住吉·前揭注(1)新实务民诉。认为天主教修道会会员地位确认诉讼适法的下级审判决,可见名古屋高等裁判所昭和 55 年 12 月 18 日判决(载《判時》第 1006 号,第 58 页,该判决认为,这关系到市民法的地位和权利)。由此可以看出,对于这一问题理解未必一致。相关论述,可以参照高桥宏志《审判权的界限》,新争点,第 18 页。

寺存有紧密关系的各分寺(含塔中)等各方的意愿,并依据上述各方总意见形选任住持的程序与方法,故而符合上述条理性”。判决结果是X获得了胜诉。

在这一案件中,可以看到法院如下的态度,即审判不涉及宗教活动或教义解释而仅限于程序事项,但是,对哪一种选任程序符合条理性问题作出了判断(也使用了“Y寺固有的特殊性”这一表述),可以理解为一种基于(司法)介入(宗教)相当程度作出的判断。尽管如此,判决的这一结论应当予以肯定,因为这一案件所涉纠纷以X与A之间对立之形态得以激化,进而使法院不得不作出判断。可以说,本案的纠纷解决必要性较高,迫使法院审判权之行使推进到司法与宗教界限的临界点附近。〔3〕

综上,从種德寺案件和本门寺案件中可以看出判例的如下的趋势,若诉讼标的属于法律上的纠纷,法院只能以不涉及宗教教义解释为限进行审判(特别是关于程序事项),并作出本案判决。

四、板まんだら案件*

作出与上述判决不同判断的,当属板まんだら案件(最高裁判所昭和56年4月7日判决,载民集,第35卷第3号,第443页)。在该案件中,Y会(创价学会)的原会员X以Y会为被告,提起因要素错误而主张捐赠无效并返还不当得利541万日元的请求。所谓错误,是指被Y会作为本尊的板まんだら实际上是伪造的,因为Y会声称广宣流布**已经达成所以自己被要求捐赠,但Y会之后又声称广宣流布并未达成。第一审法院认为,X所主张的“错误”属于信仰问题而非法律上争讼,因而判决驳回诉;第二审法院认为,作为诉讼标的的不当得利返还请求属于法律上的争讼,故撤销一审判决并发

---

〔3〕 主张将纠纷解决的必要性大小作为判断要素的观点,可见之于新堂·特别讲义,第166页,特别是第191页(新堂·基础,第268页);松浦·前揭注(1)民商,第94卷第2号,第263页。此外,中岛教授也持同样观点,参照中岛弘雅·别事件批判·判评,第361号=判时1297号,平成元年,第201页。

* 所谓的板まんだら,是指日本佛教中的一种宗教信物,故在此保留日文原文。——译者注

** 广宣流布是日本佛教中的一种宗教仪式。——译者注

回重审。Y 会上告后,最高裁判所撤销原判并驳回控诉,换言之,最高裁判所认为本案判决驳回诉是妥当的处理方式。“本件诉讼虽然在形式上是关于具体权利义务或者法律关系的争议,但有关信仰对象的价值或者宗教教义之判断,构成了本请求适当与否判断的前提问题,是左右本案诉讼结果的重要因素。而且,综观本诉讼经过的相关记录,可以发现上述前提问题之判断,也构成本件诉讼的争点以及双方当事人主张证明的核心内容。因此,就其实质而言,不可能通过法律适用以实现纠纷的终局性解决。”但是,该最高裁判所判决附有寺田法官的少数意见。具体而言,寺田法官认为,原告请求属于金钱给付请求,故不能说不属于法律上的争讼,而作为前提的宗教事务,故不属于法院审判权的行使对象,在此种情形下,法院仅仅不能认可有关宗教问题的主张并判断捐赠行为是否有效。但就无效原因而言,原告仅仅主张存在错误而未主张其他具体内容,这相当于将不属于错误之事实作为错误予以主张。总而言之,只要依据主张证明责任作出本案判断即可,应判决驳回请求而非驳回诉。

对于以不当得利返还请求(依据旧诉讼标的理论所作的表述,依据新说,则为 541 万日元的支付请求)为诉讼标的的诉,(本判决)认为不属于法律上的争讼,就这一点而言,本判决包含有与之前两个判决不同之内容。在前两个判决中,若像寺田意见那样采驳回请求,则显得过于直接。〔4〕 并且,判旨作出“就实质而言”之论述,即该判决需以作出一种超越法律论之判断为前提,故在理论上具有不安定因素。而作为诉讼法理论,对于实质判断能避免尽量避免则为明智之举。中野教授曾指出该判决存在很多疑点,参照中野贞一

〔4〕 新堂·講座民訴(第二卷),第 7 页、第 9 页,收录于新堂·基础,第 288 页、第 290 页。但是,新堂教授对于来自同一小法庭的另一判断则予以保留,参照新堂·講座民訴(第二卷),第 18 页注 11,收录于新堂·基础,第 299 页注(7)。有关本诉讼的事实描述,参照《曹時》,第 36 卷第 1 号,昭和 59 年,第 169 页、第 180 页注(3)吉井直昭调查官的解说。

郎·百选(二版),第 10 页。[5][6]

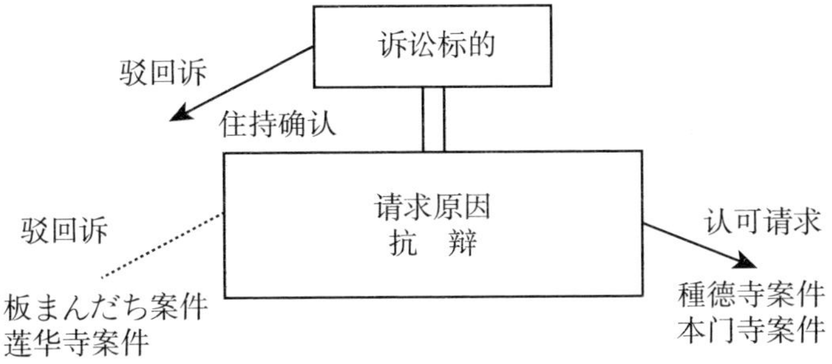

图 10-1

在对以上三个判决的其他分析中,新堂教授主张将有关审判权界限和制约的审理分成两个阶段[参照新堂幸司《审判权的界限》,

---

〔5〕 也有观点为了使判旨正当化,主张将诉讼标的理解为对宗教团体的捐赠,进而认为不适宜在法院进行争执,并认为构成宗教上请求而非法律上请求,参照松浦·后揭《竜嵜喜助先生还历纪念论文集——纠纷处理与正义》,信山社,昭和 63 年,第 11 页。但是,像这样着眼于请求的社会属性之理解,也会给判断带来不安定因素,在能够避免使用这种判断方式情况下尽量避免,可能才是诉讼法上的明智之举。

此外,伊藤教授认为,主张只是宗教问题,因而不存在作为本案审理的对象,据此可以以没有本案审理为由判决驳回诉,参照伊藤真《民事审判权的界限》,载井上=伊藤=佐上,第 19 页,特别是第 29 页。但是,审理主张自身是否失当也属于本案问题,因此上述观点恐怕改变了本案审理的应然规则。关于伊藤说的上述见解,也可以参照伊藤真《法院的审判权的界限》,载小山ほか·演習,第 19 页。

〔6〕 板まんだら案件无论如何都是原告败诉的案件,要么判决驳回诉,要么判决驳回请求。对于被告而言,无论基于哪种形式胜诉均可以接受,但在本诉讼中被告强烈要求法院判决驳回诉。

因此,有必要探讨驳回诉与驳回请求之间的差异。在诉讼法理论体系上,仅就实益论视角而言,应当说二者并无太大的区别。在驳回请求之后,原告无法再次起诉,而当被判决驳回诉时,只有驳回原因之判断产生既判力,在驳回原因消失后,原告便可以再次起诉,但宗教问题上的驳回原因往往难以消失。二者的差异,与其说是法律论层面,毋宁说是诸如事实效或波及效之事实论层面的差异。换言之,判决驳回诉之处理,会使被告地位在更广的先例拘束射程(在其他当事人的其他事件中被卷入)范围中获得安定。

尽管不是针对宗教问题的讨论,伊藤教授认为,相较于驳回请求判决,诉讼判决更有助于被告地位的安定,参照伊藤真《诉讼判决的功能和上诉利益》,载《法政论集(名大)》,第 73 号,昭和 52 年,第 1 页。

载講座民訴(第二卷),第1页,特别是第10页,收录于新堂·基础,第291页]。具体而言,首先,在第一阶段对诉讼标的本身是否属于“法律上的争讼”问题进行审理,这一点获得肯定后,再深入到第二阶段,对作为第二阶段审理的争点及构成前提之问题予以审理,在将无效原因限定于一定范围内对处分效力进行审查。通过上述案例,可以认为这种二阶化审理模式为判例所采纳。而且,在第二阶段的审理中,为了尊重宗教团体的自律作用,当团体作出决定时,只能对团体决定是否符合程序正义进行审查。一般来说,只要诉讼标的自身具有法律地位便构成适法,尽管如此,但也有判例认为,即使具有法律上的地位,若这种法律地位只限于表面的话,也构成不合法之诉。新堂教授肯定了这一判例(如板まんだら案件)结果,并认为,第一阶段审理多少存在空间。总而言之,在受到团体处分的被处分者争议的处分抗争型诉讼中,第一阶段因不适法判决驳回诉与进行到第二阶段判决驳回诉讼请求之间并没有太大不同,但在请求实现团体处分的处分贯彻型诉讼中,第一段审理中判决驳回诉与进入第二阶段审理作出本案判决(也有可能认可请求)之间,则会产生很大差异。

五、莲华寺案件

莲华寺案件[最高裁判所平成元年9月8日判决,载民集,第43卷第8号,第889页,百选Ⅰ1事件(谷口安平解说)。不过,上述《民集》所载仅为第一个事件。后续判决,可见《判时》第1329号,第11页;《判タ》,第711号,第80页]具体如下。因为Y不改变其违反教义的异说言论而遭受剥夺僧籍之处分,由于Y不再是寺院住持,X寺向法院请求Y腾退寺院建筑物(处分贯彻型)。与之相对,Y以X寺为被告提起代表役员地位确认请求。Y主张,因作出剥夺僧籍之处分的法主A,未从前法主获血脉相承(宗教用语,法主地位的委让行为与仪式),故A不享有法主地位,而且,自己的言论并不明显属于教义中的异说。第一审法院在进行本案审理后,认可了X寺的建筑物腾退请求,判决驳回Y的代表役员的确认请求。控诉审法院认为,若不属于法律上的争讼,两个诉都应当被判决驳回诉。最高裁判所同样驳回了上告并认可控诉审法院的上述意见。判旨的逻辑与板まんだら案件相同,“即便是在涉及双方当事人具体权利义务关系或者法律关系之诉讼中,宗教团体内部惩戒处分的效力构成决定请求适当与否的前提问题,而且,处分效力的有无又是当事人纠纷的本质争点,因其与宗教教义和信仰的内容息息相关,故若不介入以上教义、信仰的内容则无法判断其效力。而且,当该判断成为决定诉讼结果之不可或缺要素时,则诉讼在本质上不适合通过适用法律实现终局解决,故不属于《日本法院法》第3条规定的法律上争讼”。而且,作为应严格恪守中立的法院而言,绝对不允许其按照X寺主张作出剥夺僧籍处分有效之判断,毕竟这属于涉及宗教事项的纠纷。

但是,与種德寺案件同样,本诉讼的诉讼标的也是建筑物腾退、确认代表役员地位。在種德寺案件中,法院作出了认可建筑物腾退请求、驳回代表役员地位请求的判决,但在本诉讼中,为何没有作出本案判决呢?可能因为種德寺案件没有出现教义问题,而莲华寺案件中存在教义解释的问题,因此二者在案情形态上存在差异。但是,法院在莲华寺案件中对于建筑物腾退和代表役员地位确认请求判决驳回诉,这一处理意味着什么呢?是否将纠纷交由裁判外的自治性解决呢(鱼住庸夫《本判例解说》,载ジュリ,第948号,平2年,第200页)?毕竟,很难料想这种纠纷可获得自主性解决。并且,腾退建筑物的强制执行权为国家所垄断独占,一旦判决驳回诉,X寺应该也别无他法。此外,是否允许自力救济,或者是否可以先占为胜呢?[伊藤教授指出,这是对当事人接受裁判的权利的侵害,参照伊藤,前揭注2,判タ。最高裁判所平成10年3月10日判决,载判时,第1683号,第95页,否定了自力救济,并认可占有收回请求。]代表役员的确认亦同,作为涉寺院法律关系的归结点,纠纷解决的必要性较高(在本门寺案件中可见)。法院对于这种请求,并不能直接将实质性判断带入判决中,而应在“诉讼标的·请求原因·抗辩”之诉讼法框架下作出判断,并作出本案判决。

即使是作本案判决,但法院不能对涉宗教教义解释进行审理,当事人无法对处分权以及处分事由之存在进行主张举证,因此是否应作出驳回请求之判决呢(中野教授主张驳回请求说,参照中野贞一郎《批判》,载判タ,第704号,平成元年,第76页)?与建筑物腾退请求被驳回不同,在代表役员确认问题上,由于X寺不能对处分事由的存在(异说性)进行主张举证,被处分者Y将会胜诉。〔7〕但如此一来,将极大动摇宗教团体的内部秩序。此外,这种结果对于被处分者一方而言,也助长了其故意制造教义争点之诉讼战术(種德寺案件中就管长正统性也产生过争议)。如此一来,正如学说所言,应当尊重宗教团体自律的决定和处分,只要其中没有程序瑕疵,即可以将其作为判决的基础。[新堂·本文前揭講座民訴(第二卷),第1页,收录于新堂,基础,第281页];松浦馨《民事诉讼中司法审查的界限》,载《竜嵜喜助先生还历纪念论文集——纠纷处理与正义》,信山社,昭和63年,第1页;安武敏夫《关于宗教判断事项的考察(上)》,载《判时》,第1177号,昭和61年,第164页;笹川纪胜《宗教团体内部纠纷与司法审查》,载芦部还历《宪法诉讼与人权理论》,昭和60年,有斐阁,第215页。〔8〕从就解决案件视角来说,相较于

---

〔7〕本间教授持驳回诉之观点,但在中野说的所言及之情形中,主张将代表役员确认的处分权限、处分事由不存在之主张,即证明责任由Y承担,无论是建筑物腾退请求,还是代表役员确认请求,都可以判决驳回请求,参照本间靖规《第一审判批》,载龙谷法学,第18卷第1号,昭和60年,第77页。

〔8〕在宗教团体内分成两派之情况下,也有学说主张不应当尊重自律性决定。但是,仅仅因为少数派的存在就轻视团体自律性决定,这也是一种基于实质判断的观点。不论分成多少派别,只要遵循了程序规定,就应当视为宗教团体的决定。反过来说,自律决定尊重论也使用程序性审查。只有在程序性瑕疵较大时,才不能将其作为团体决定而驳回请求(依据观点,也可能是驳回诉)。自律决定尊重论与本门寺案件中的程序事项审理论较为接近,或者可以定位为一种其延伸的立论。安西明子更彻底地将视角转向团体内部的程序运营,参照安西明子《宗教团体纠纷中本案审理的方法》,载《福冈大学法学论集》,第43卷第4号,平成11年,第331页,是一种令人关注的学说。

此外,在板まんだら案件中,如果存在团体自律性决定,法院也有可能驳回请求。当然,如果自律决定的作用仅限于宗教团体内部人员之间,而在脱离宗教团体的人与宗教团体之间不发挥作用,那么在结果上就形成寺田意见和中野说所主张的驳回请求。

在美国与法国,也存在以宗教自律性决定为基础进行判决的判例动向,参照吉崎畅洋《司法介入宗教内部纠纷的界限》,载《法学杂志(大阪市大)》,第35卷第1号,昭和63年,第161页;小泉洋一《法国法院对宗教纠纷的态度》,载《阪大法学》,第137号,昭和61年,第45页;佐藤幸治=木下毅编《现代国家和宗教团体》,平成4年,岩波书店。

莲华寺案件判旨中所言的法院中立性，应该说这一做法反而更为妥适。〔9〕

综上所述，关于涉宗教纠纷的审理，可以作为如下这两个阶段中宗教与法院之关系问题予以把握。在第一阶段需审查诉讼标的是什么。在确认诉讼标的属于法律上争讼的前提下进入第二阶段，在该阶段审查法院对前提问题能够审理到什么程度。在诉讼标的层面，只要不直接涉及宗教问题，便可以作为审判的对象；在前提问题层面，不能直接触及宗教教义和宗教活动，但这一界限会根据诉讼标的纠纷解决之必要性程度予以微妙调整（无论如何可以对程序性事项行使审判权），这正是判例的一种动向，也较为妥当。但是，判例中也存在另一种动向，这种动向基于宗教性对诉讼标的的法律上争讼性做实质判断并予以否定，尽管新堂说对板まんだら案件中的这一做法抱有好感，但应当说其仍不无疑问。

有关法律上争讼的讨论，并未停留于宗教问题领域，还与统治行为论、部分社会论等理论存有关联。在这些理论中，作出本案判决的做法（尊重自律决定）反而成为主流。〔10〕

---

〔9〕 中野说和松浦说中对于主张及证明责任的对象事实（主要事实）存在不同理解。在中野说下，和通常的情形一样，处分权限和处分事由的存在是对象事实；在松浦说中，承认团体自主决定之事实成为对象事实。参照高桥宏志・批判・リマークス一号（平二），第203页；伊藤真《宗教团体内部纠纷诉讼构造和审判权的范围》，载《宗教法》，第10号，平成3年，第154页。

〔10〕 但是，抛开宗教团体和国会在性质上的差异，关于适用部分社会这一上位概念来进行概括论述之问题性，参照大泽秀介《莲华寺案件解说》，《ジュリ》，第947号，平成元年，第83页；佐藤幸治《现代国家和司法权》，昭和63年，有斐阁，第147页。从最近的学说和判例展开来看，井上教授指出，虽然判例的结论没有改变，但是案件类型发生了变化，参照井上治典《关于宗教团体惩戒处分的司法审查的新趋势》，载判评510号=判时1749号，第180页；判评511号=判时1752号，第180页。另外，在最近的临济宗案件（最高裁判所平成21年9月15日判决，载《判时》，第2058号，第62页），滨崎教授作出了相同的判断，参照滨崎录・リマークス，第41号，第102页。

作为其他案例而言，包括以下两个案件，即最高裁判所平成7年2月11日判决［载《民集》，第49卷第2号，第231页，百选（四版）14号事件（德田和幸解說）；八田卓也《判評》，载《法協》，第24卷第7号，第881页］和最高裁判所平成14年2月22日判决，载《判時》，第1779号，第22页，百选（三版）2号案件。此外，参照山本和彦《审判权的界限》，山本（和）基本问题，第33页。

第十一讲　诉的利益

导　读

诉的利益是日本民事诉讼理论上的一个重要概念。这一概念源于德国民诉理论。诉的利益问题也是日本民诉理论与实践中的一个基本问题。正是基于此,高桥先生在重点讲义一书中,设专章对这一问题进行了透彻的分析和讲解。笔者认为,在中国民事诉讼理论和实践中引入这一概念具有实际意义。在中国,理论界和实务界都已经在诉讼实践中运用这一概念分析和处置有关诉的利益问题。当然,日本与中国的诉讼语境有所差异,需要将这一概念的认识置于不同的语境之中。通过阅读高桥的解读分析,无疑将有助于全面、正确地理解和运用诉的利益这一概念的内涵和外延。

诉的利益,是指对于具体的诉讼请求,是否具有进行本案判决的必要性和实效性(判决所能够实现的实际效果)。这一概念之所以强调作出本案判决的必要性和实效性,是因为在大陆法系民事诉讼理论中(如日本),将诉的利益归入诉讼要件,也就是本案判决的要件。在大陆法系国家的民事诉讼理论中,诉讼要件并不是起诉的要件或诉讼开始的要件。这一点我们需要特别加以注意。(参看《民事诉讼法重点讲义》导读“诉讼要件”部分)在中国的现行民事诉讼制度中,没有诉讼要件审查制度。类似诉讼要件或本案要件的内容都被归入起诉要件之中。这是中国现有诉讼制度与德国、日本、韩国等国家诉讼制度的一个比较大的区别。

诉的利益针对的是具体的诉讼请求是否有进行诉讼或本案判决的必要性和实效性。如果从纠纷本身是否应当通过诉讼程序由法院加以解决这一更广泛的角度而言,上述关于诉的利益的表述可以称之为狭义的诉的利益,后者可以称为广义的诉的利益。广义的诉的利益讨论的是特定的纠纷是否由法院审判解决,侧重点是审判权行使的范围问题;狭义的诉的利益是在法院对该特定的纠纷拥有主管权限的前提下,就其诉讼的必要性和实效性展开的议论。

诉的利益这一概念的功用在于,有助于人们对诉讼的必要性和实效性进行审查和判断。如果认为当事人提起的诉讼没有必要性和实效性,即认为没有诉的利益,对此,法院就可以驳回诉或起诉(在中国制度背景下)。诉的利益这种“过滤功能”被称为“消极功能”。在诉讼中,关于是否存在诉的利益有可能成为诉讼争议的焦点问题之一。在诉讼系属之后,当事人对法院关于诉的利益的判断不服的,可以就法院对诉的利益,即诉讼的必要性和实效性的判断提出异议,寻求程序上的救济,例如提起上诉。在中国通常是对不予受理或驳回起诉的裁定给予上诉的权利,以便其获得司法救济。

诉的利益的功用并非仅仅是消极地排除或过滤一些没有必要性和实效性的诉讼。从保障诉权行使的角度,只要具有诉的利益,法院就应当予以审理并作出裁判,从而实现其诉权。另外,诉的利益这一概念还具有积极确认权利的功能。法院正是通过对诉的利益的把握,弥补实体法规定的不足。对于实体法上没有明确规定,却认为有诉的利益——在解决纠纷实现抽象的实体方面具有意义时,可以将该纠纷引入程序,通过程序实现实体法的合理解释,明确新的权利规范。尤其是强调通过判例细化和明确实体权利的国家。判例法国家自不必说,即使不是判例法的大陆法系国家,也往往通过诉讼创设一些新的实体权利。例如,日本就是通过判例实际创造了

"日照权"的概念和权利。诉的利益有助于通过审判程序针对具体情形落实实体法的抽象规定,以弥补司法解释抽象规定的不足。在中国,隐私权、肖像权、名誉权实际上也是通过诉讼实践逐步获得认知和承认的。权利义务的认定也往往需要针对具体争议情形才能加以确定。作为抽象规范的司法解释虽然相比法律已经有所细化,但依然具有抽象性。诉的利益的概念恰恰能够使法院在审判程序中针对具体案例予以解释和裁量,使其正当利益转化为明确的权利。应当注意的是,中国尚未完成司法制度的现代化转型,诉的利益这一功能也就无法得到体现。实践中,法院很少通过这一功能积极确认某种新型的实体权利。

诉讼的必要性和实效性之所以被称为诉的利益,是因为诉讼的必要性和实效性对诉讼主体具有利害关系。诉的利益究竟是谁的利益,是关于诉的利益的本质问题。如果立体地对诉的利益进行考察,可以发现诉的利益不仅与当事人——原告和被告——有关,也与法院或国家有关。也就是说诉的利益并非只是单一诉讼主体的利益。首先,诉的利益与法院或国家的利益之间的关联在于,法院或国家是诉讼制度的运营者,因此,法院或国家必须考虑运营的必要性和实效性。对于法院而言,没有诉的利益的案件必将浪费有限的司法资源,增加法院的审理负担。特别是在案多人少的现实中,法院与特定诉讼的诉的利益就有了更密切的关联。其次,与原告利益的关联。诉的利益这一概念从语义上最容易理解的是与原告的利益关联。的确,诉的利益不可能将原告的利益关联排除在外。原告的利益体现在原告可以通过诉讼获得司法判决以维护自己的实体权利或权益,这种利益是基于原告的权利或利益实际处于危险或不安的状态。最后,是与被告的利益关联。诉的利益与被告的关联在于,任何诉讼都将消耗被告的人力、财力和精力。尤其是因为被告处于消极被动的地位,所以诉讼对被告的影响在这个意义上更为突出。被告可能因为被强制卷入没有意义的案件而牵涉或消耗人力、时间和物力。在实践中,被告往往会就诉的利益问题提出抗辩。由于关乎诉讼主体各方利益,尤其是在中国,正处于诉讼爆炸的时代,因此,正确把握诉的利益是有效利用司法资源同时又能有效维护人们权利的重要课题。

目　　次

一、定义与概念

所谓诉的利益,是为了考量具体请求的内容是否具有进行本案判决之必要性以及实效性而设置的要件(参照新堂,第 172 页)。作为一个诉讼要件,诉的利益以通过本案判决使纠纷获得有效解决为内容,在当事人欠缺此种利益时,诉会遭法院驳回。

与当事人适格一样,诉的利益需根据具体诉讼的状况,并紧密结合请求的内容来作出判断。在这一点上,诉的利益与作为"与案件内容无关"之一般性事项的其他诉讼要件形成鲜明对比(参照新堂,第 168 页)。[1]

---

〔1〕 此前的权利保护请求权说认为,应当将诉的利益作为实体法属性的概念予以把握,因此,当欠缺诉的利益时,法院不应当作出驳回诉的判决,而应当作出本案判决或者与之相近性质的判决,而且,由于诉的利益具有实体法性质,当法院通过其他方面来判明请求不具有理由时,法院可以不对诉的利益作出判断而直接作出驳回请求判决。有关这种观点的详细论述,可以参照三ヶ月·全集,第 59 页以下;三月章《权利保护的资格和利益》,载三ヶ月·研究(第一卷),第 1 页以下,尤其是第 11 页。

就当下学界而言,一般都将诉的利益理解为诉讼要件,并将"诉的利益"与"当事人适格"作为与请求内容紧密相关的两个诉讼要件来予以把握。但是,笔者认为,在某些情形下,其他诉讼要件也有可能需要结合请求内容来作出判断,例如,国际裁判管辖等领域中也会存在需要深入考察请求内容或案件内容来作出判断的情形,因此,不能说只有"当事人适格"与"诉的利益"这两个诉讼要件才需要与案件实体内容紧密相关。

诉的利益概念的形成,与确认诉讼作为一般诉讼类型被认可这一历史事实密切相关。具体而言,确认的对象在原理上是无限制的,因此,某人可以将现实中的任何人作为被告来提起诸如"要求确认自己养的猫业已死亡"这样的诉讼,但如此一来,就会产生以下两个问题。第一,对于这种诉,法院是否有受理并作出本案判决的必要?第二,通过本案判决使什么样的纠纷获得了解决?为了排斥这种无意义的确认之诉,就必须设置"确认(之诉)利益"这一要件,而且,一旦在确认诉讼中设置了确认(之诉)的利益之要件,那么同样考虑到给付诉讼中也可能存在不同程度的类似问题,于是就有必要超越"确认之诉"或"给付之诉"之具体类型,最终形成一般形态的诉的利益之概念。

诉的利益的内容为解决纠纷的必要性与实效性,当原告认为存在这种解决纠纷的必要性与实效性时,就可以提起诉讼。〔2〕

---

〔2〕 山木户教授对于"诉的利益为何人之利益(诉的利益的主体)"的问题展开了详细探讨,参照山木户克己《诉的利益之法的构造》,载山木戸·論集,第114页以下。

山木户说认为,原告能够发起诉讼(起诉)之基础在于原告的必要与意愿,因此,在诉的许可性方面,原告利益(原告的诉讼实施利益)构成了诉的利益的主体、根基或轴心,诉的利益应当明确地被理解为"原告应当具有的利益与必要"或者"原告应存在的利益与必要"(参照山木戸·論集,第129页以下)。与作为诉讼标的之权利或法律关系内容的实体利益以及原告胜诉利益不同,诉讼实施利益,是指作为消除原告主张(原告判断并主张自己存在)实体利益所面临的危险或不安之法律手段,原告进行诉讼并要求获得本案判决的利益与必要。这种"利益与必要"根源于原告主张的实体利益陷于危险或不安。而且,作为诉讼要件的这种原告的诉讼实施利益,必须具备正当性(参照山木戸·論集,第134页以下)。这种诉的利益之正当性,应当通过综合衡量原告诉讼实施利益(诉的利益内在性制约)、被告及法院的利益、第三人利益、国家利益、社会一般或者公共利益等(诉的利益外在性制约)作出判断(参照山木戸·論集,第135页以下)。

对于"否定这种正当性事实"的主张责任与举证责任,原则上由被告负担;而对于"是否违反法院、国家、第三人及公共利益"之事实,则应由法院依职权判断(参照山木戸·論集,第138页以下)。

就整体而言,山木户说似乎稍显抽象,福永教授对山木户说的内容进行了批判,参照福永有利《诉的利益》,载《法学论坛》,1982年12月号第122页以下、1983年1月号第138页以下、1983年2月号第12页以下。与此相对,福永说显得颇为简洁。不过,笔者难以看出两种学说之间的根本性对立。总而言之,在主张"由被告承担诉的利益的证因此,诉的利益以如下形式出现,即原告认为自己存在诉的利益在先,接着由除原告以外之人再来判断"原告是否真正存在诉的利益"。在这种形式下,对于诉的利益,既可以从原告以外的法院或国家之如下立场来把握,即某诉是否值得受理(若受理此诉,是否会造成加重法院负担、浪费司法资源、损害国民一般利益等后果)? 也可以从被告的如下立场来理解,即避免让对方对无解决纠纷之必要性与实效性的诉进行应诉。[3] 从结果上看,诉的利益还是应当取决于

明责任"这一点上,山木户说颇具自己的特色,不过,关于这种观点妥当性还需进一步讨论。此外,野村教授对德国及日本关于诉的利益的学说沿革作出了整理与归纳,参照野村秀敏《诉的利益之概念与功能》,载講座民訴(第二卷),第127页以下。

在日本,曾有判例对于当事人针对"为了偷税实施串通"之行为提起的诉讼,作出了驳回诉之判决(参照仙台地方裁判所昭和62年12月23日,《判タ》,第675号,第221页以下),尽管在该判决中未直接言明该诉讼欠缺诉的利益,不过,也可以将该案件理解为一种"原告提起的诉讼不具有解决纠纷之必要性"的情形。

〔3〕 上北教授也认为,在对诉的利益功能进行考察的学说中,关于是重视私的利益还是重视公的利益,或者如何协调这两者间关系,学说上也存在对立,参照北武男《关于诉的利益一种考察》,载《民訴雑誌》,第21号,昭和50年,第113页以下,尤其是第148页。

三月说倾向于"重视国家或公共利益"之立场。三月教授认为,权利保护之利益属于诉讼法(或公法)要素与实体法(或私法)要素之间的过渡领域问题,不过,由于从现象上看,这一问题是作为"无法作出本案判决"之障碍出现的,因此,应当将其视为民事诉讼法制度运行中存在的国家利益,参照三ヶ月・研究(第一卷),第1页以下。此外,三ヶ月・全集,第55页,也言及"国家利益"之观念。此外,尽管在出发点上与三月说稍显不同,谷口安平教授也认为,当国家的利益与原告之私的利益一致时,(原告)才具有完全之诉的利益,参照谷口,第106页。

与此相对,主张基于被告立场来把握诉的利益问题之观点,可以见之于松尾卓宪《民事诉讼中被告的应诉义务——诉的利益概念与功能再省思之序说》,载《九州大学法学》,第61号第1页以下、第62号第73页以下,平成3年。松尾教授指出,此前有关诉的利益观点均围绕着其与本案判决的关系展开论述,这种路径难免存在局限性,松尾教授颇具新意地倡导,应当以被告应诉义务(从原告角度而言是应诉强制)之形式来探讨诉的利益之问题。所谓应诉强制问题,是指在个别的具体案件中,被告为何必须积极应对原告确定的请求之问题。松尾教授认为,对于这一问题,只有在考察事案类型的基础上,并依据不同情形,在某种程度上结合考量诉讼前以及诉讼外的状况,才能作出解答。若结合山木户说来对此予以说明,则可以说,原告展示其诉讼实施利益的过程,就是设定被告应诉义务的过程。

原告、被告以及法院(广而言之是一般国民)三者之立场及利害的平衡(参照新堂,第226页)。

诉的利益是事关“在该诉讼中,通过法院作出本案判决是否使纠纷得到实效性解决”的问题,扩而言之,也可以从“纠纷本身原本是否应当在法院中予以解决”这一司法权界限的问题范畴来对诉的利益展开论讨,这被称为广义的诉的利益。关于此问题,笔者将在其他文献中专门予以论述,故在此仅就更为具体的狭义的“诉的利

由此可以看出,松尾说包含着对“从本案判决角度来把握诉的利益”之通说观点的批判。那么,对松尾说该如何予以评价呢?如后所述,在将来给付之诉中,被告在诉讼外否定其义务之行为,被通说视为构成诉的利益基础的典型例子。但单纯的权利客观(实体法的)性并非决定性因素,就这一意义而言,通说仅仅着眼于“当事人是否具有通过本案判决来解决纠纷的必要性及实效性”之思维,可能在视野上显得过于狭窄。井上治典教授也认为,对于诉的利益本质的把握,应当从如下层面进行探求,即原告通过诉讼对被告进行论争或者谋求解决纷争是否具有正当理由?而且,不应仅限于“判决”之诉讼结果,还需重视诉讼程序过程本身,参照井上治典《诉的利益》,载井上=伊藤=佐上,第95页以下。此外,水谷教授也认为,所谓的被告应诉之讼累,并非仅指被告需跑几回法院,而须着眼于诉讼活动具体内容来探讨其内涵。在请求排除妨碍的给付诉讼中,被告方必须就自己享有占有权之事实予以主张及举证,而在所有权确认诉讼中,被告则无此必要(参照水谷畅《对于诉的利益论的一个视角》,载《法政理论》,第11卷第3号,昭和54年,第30页以下,尤其是第69页),水谷教授正是以这种差异为切入点来对诉的利益问题展开论述。不过,在将来给付诉讼中,正如“定期行为”那样,仅依其实体法性质就能构建诉的利益基础,在此种情形下,诉的利益也无需结合诉讼前及诉讼外状况予以考虑,尽管如此,总体来说,诉的利益不是立足于单一因素考量的概念(由于松尾说提倡根据具体的事案来判断诉的利益,由此可见,松尾教授也并没有否定“定期行为”之例子的意思)。从本案判决视角来展开的说明(通说),的确未从正面关注程序过程本身,但这并不意味着,这种观点积极排斥其对程序过程的考量。因此,在本书中,笔者关注到松尾说的观点,但在诉的利益概念之理解上,还是采用“着眼于本案判决”之通说的说明。此外,关于诉的利益之基本论述的文献,还可以见之于野村秀敏《诉的利益及其功能》,载三月章、青山善充编《民事诉讼法的争点》(新版),有斐阁,昭和63年,第162页以下。条解,第775页以下(竹下守夫执笔)。将诉的利益定式化地理解为具有如下两个功能的诉讼要件,即(1)强制被告进行应诉;(2)确保原告要求法院作出的针对具体请求之本案判决具有必要性及实效性,因此这一定义反映出对诉的利益与应诉强制之间的关联性认识,进而该定义获得松尾说的积极评价。关于松尾说的详细论述,也可以参照松尾卓宪《诉的利益之概念与功能的再思考》,载《民訴雑誌》,第43号,平成9年,第238页以下;松尾卓宪《确认利益》,载《争点》(3版),第126页以下。

益”之问题展开论述。[4]

二、各种诉中共通性之诉的利益

在诉的利益中，首先需要论及的是，在所有诉讼类型中都存在的“共通性诉的利益”，即不论给付、确认、形成之诉的类型差异，一般性存在的诉的利益之问题。在论及这种共通性之诉的利益时，通常被列举的事项包括，起诉不受禁止（参照《日本民事诉讼法》第142条、第262条第2款，《日本人事诉讼程序法》第9条）、无不起诉的合意、无仲裁协议等（参照新堂，第228页）。[5]

但是，这种将这些事项与诉的利益联系起来的思考逻辑，本身并非不无疑问。例如，依据《日本民事诉讼法》第262条第2款的规定，基于终局判决作出后当事人撤诉导致禁止再诉，对此只要依据该条文自身效力就能作出充分说明，而无须借助于诉的利益概念这一媒介予以说明。同样，《日本民事诉讼法》第142条的二重起诉禁止之规定以及关于仲裁协议的事项，也同样如此。换言之，将这种事项单纯视为消极诉讼要件即可，而无须借助于共通性诉的利益之概念。事实上，新堂，第204页第4行中也作出了同样论述。此外，考虑到不起诉的合意也可以作为撤诉协议予以对待，因此也无须将其与诉的利益进行关联，而只要依据合意本身的效果就能作出充分说明，而且，在当下，主张以撤诉协议来论述“不起诉合意”问题的学说，也具有相当影响力（参照新堂，第304页）。

总而言之，将这些事项与诉的利益关联起来的思考逻辑，尽管在体系化上具有一定意义，但多少也存在使诉的利益概念内涵扩散化

---

〔4〕 关于诉的利益之判例状况的介绍，可以参照铃木正裕《诉的利益》，载《ジュリ》杂志第500特刊号——《判例展望》，昭和47年，第341页以下；渡边惺之《关于诉的利益之战后民事判例》，载《民訴雜誌》，第21号第208页以下（昭和51年）、第22号第250页以下（昭和51年）、第25号第200页以下（昭和53年）、第26号第174页以下（昭和54年）。

〔5〕 兼子·体系，第153页以下；小山，第234页以下；中野＝松浦＝鈴木，第120页以下（福永有利执笔）；谷口，第111页以下；上田，第206页以下；注解民訴（第六卷、第二版），第109页以下等。

的危险。固然,这并非非常重要的问题,但作为理论而言,主张无需将诉的利益与这些事项关联起来的观点,应当说还是更具妥当性。〔6〕

三、给付之诉的利益

1. 现在给付之诉的利益

现在给付之诉,是原告主张其具有"可以向被告提出给付请求"的地位但现实未受到被告给付的诉讼,〔7〕因此,这种诉讼当然具有纠纷解决的必要性与实效性,仅凭"该诉讼是现在给付之诉"这一点,原告原则上就具有诉的利益,而可以不问"在提起诉讼前,原告是否催告被告""被告是否拒绝履行""被告是否没有任意偿付的意思"等事由。不过,当被告对原告的请求未予争执而立即承认时,原告尽管获得胜诉,但案件的诉讼费用应当由原告来承担(参照《日本民事诉讼法》第 62 条,新堂,第 232 页)。

尽管如此,给付之诉的利益在理论上至少还存在如下几个问题。首先,当原告已经持有确定的给付判决时,在原则上其不具有诉的利益,但是,当因时效中断而致使当事人(原告)除选择提起诉讼之外别无其他适当的救济方法,或者因判决书原本发生灭失而使当事

〔6〕 竹下教授也表述了相同的观点,参照条解,第 779 页以下(竹下守夫执笔)。

此外,松尾说认为,从历史上看,既判力、二重起诉禁止、再诉禁止等,均是与诉的利益相互区别的独立诉讼要件,参照松尾卓宪《民事诉讼中被告的应诉义务——诉的利益概念与功能再省思之序说》,载《九州大学法学》,第 61 号,平成 3 年,第 6 页以下。三月教授在承认诉的利益与二重起诉禁止等诉讼要件之间存在关联的同时,又指出,若将这些事项作为诉的利益予以对待,则会导致诉的利益之概念不必要的扩大化,因此就结论而言,三月教授主张,一方面应注意到这些诉讼要件之间存在密切联系,但另一方面,应当期待诉的利益发挥填补这些明文规定的各种制度之间空白的功能,参照三ヶ月·全集,第 56 页以下。这种观点无论是在理论上还是在实践中都是较为妥当的。

〔7〕 "原告现实未受到被告给付",也即"被告未清偿债务"之事实,应当由被告作为要件事实予以主张,原告对此并不负有主张责任。因此,在原告对于"其具有给付之诉的利益"之说明中,也没有必要提出"现实未受到被告的给付"之主张。这一点为新堂教授所提及(参照新堂,第 232 页以下),总而言之,这是一个易于理解的道理。

人(原告)不能获得执行文正本时,应例外承认其具有诉的利益(参照本书“第十五讲　既判力　二、既判力的作用与性质”部分的相关论述)。那么,在当事人等持有诸如“和解笔录”或“调解笔录”等非(具有既判力的)确定判决(参照本书“第十七讲　诉讼上和解”)但又具有可强制执行的债务名义时,又该作何看待这种情形下的诉的利益问题呢?笔者认为,在这种情形下,为了获得既判力并使权利关系获得确定,当事人(原告)仍具有提起给付之诉的利益,因为,当事人在此情形下提出的给付之诉具有如下这一重大的意义,即纵使权利人可以依据这些债务名义申请强制执行,但通过这种给付之诉预先遮断了债务人在此过程中可能提起的请求异议之诉(参照《日本民事执行法》第35条)。不过,也有学说认为,若基于这一原因考虑,则无须认可当事人给付之诉的利益,而只要通过认可其确认之诉的利益即可实现这一目的,因此,在这种场合下只认可当事人提起确认之诉,可能更为合理(参照三ヶ月·全集,第61页以下)。

其次,在当事人存在数个法律规定的主张途径(主张方法)的情形下,如何看待给付之诉的利益之问题。例如,在当事人既享有“请求执行判决之诉(参见《日本民事执行法》第24条)”这一主张方法,又具有“提出基于违法假执行之损害赔偿请求”之简易主张途径(参见《日本民事诉讼法》第260条第2款)时,是否认可“当事人不通过这些主张途径而提起通常给付诉讼”之诉的利益呢?对于此问题,应当通过对“立法承认这些主张途径之趣旨”与“给付之诉”两者之间利害得失的衡量(原告的利益、被告以及法院的不利益等的衡量)予以个别性判断,在上述的执行判决与假执行的损害赔偿请求中,若原告选择采用通常给付之诉的主张方法,则认可该通常给付诉讼之诉的利益。但是,在请求“恢复拍卖请求撤销登记”的诉讼中,既然认可了“执行异议”之主张途径,那么当事人就没有提起通常给付之诉的利益(参照新堂,第234页)。这是一个涉及具体主张途径的解释问题,因此关于此的详细论述应当属于各个条文解释论范畴之作业。[8]

给付之诉的目的在于债权人对债务人的强制执行,因此,在债权人对债务人无法强制执行时,其就是否没有诉的利益呢?答案恐怕并非如此,即便是在债权人无法强制执行的情形下,也不能立即断言其不具有诉的利益(参照新堂,第232页)。这是因为,法院认定原告存在请求权并作出给付判决,同样也使(给付之诉)具有重要意义。例如,某人与某著名画家达成为其描绘肖像画的协议,若让该画家在非正常状态下创作肖像画的描绘,则失去了肖像画的意义,因此,可以说这是一种不适合(无法)强制执行的债务,而只能是期待画家任意履行的义务,不过,既然存在描绘肖像画的合同,原告就存在请求权,当原告想提起要求画家履行债务的给付之诉时,还是

---

〔8〕 三ヶ月·研究(第一卷),第25页以下;三ヶ月·全集,第61页以下;注解民訴(第六卷、第二版),第192页以下;小山,第237页以下等观点认为,在当事人存在"继承执行文"之主张途径的情形以及"因具有外国判决或仲裁裁决而请求执行判决"之主张途径之情形下,当事人不具有提起通常给付之诉的利益。

与此相对,也有观点认为,在上述情形下,当事人仍然具有提起通常给付之诉的利益,持这种观点的文献,可以见之于新堂,第178页以下(不过,承认外国判决的既判力);条解,第778页以下(竹下守夫执笔);谷口,第114页以下;中野=松浦=鈴木,第123页以下(福永有利执笔);中野贞一郎《民事执行法》(第三版),青林书院,平成10年,第165页以下;铃木忠一、三月章主编《注解民事执行法第一卷》,第一法规出版,昭和59年,第389页以下(青山善充执笔)等。与通常给付之诉相比,请求执行判决的主张途径,无论在程序还是费用上,一般都不能说更有利于原告,因此,作为笔者个人的见解而言,还是倾向于这种肯定说。不过,这一问题还关系到执行关系诉讼的构造及意义、仲裁裁决以及外国判决既判力意义等其他问题,因此,还有进一步探讨的余地。

应允许原告提起这种诉讼。〔9〕

与此相关的一个重要的案件(判例)是最高裁判所昭和41年3月18日判决,载《最高裁判所民事判例集》,第20卷第3号,第464页以下,收录于《百選Ⅰ》,第67号案件。这是一起分别在“X—Y1”“Y1—Y2 ”“Y2—Y3”之间发生连续转移不动产登记的案件,在该案件中,X直接针对Y3提起了请求撤销登记诉讼,最终的结果是以X败诉告终,判决也因此获得确定,在这种情形下,X是否仍然具有“其对于Y1与Y2提起请求撤销登记”之诉的利益呢?在此,首先有必要明确该问题的一个背景,即按照登记实务的做法(登记事务所的处理方式),如果因Y2对Y3没有获得(请求撤销登记的)胜诉判决而致使无法撤销Y2与Y3之间的登记,那么对于此前的X与Y1以及Y1与Y2之间的登记而言,纵使X对于Y1或Y2获得了请求撤销登记的胜诉判决,事实上也无法实现撤销登记。为了防止给登记阅览人造成混乱,在发生连续转移的一连串登记中,就不能单

---

〔9〕 就现代文化观念而言,夫妻一方提出的要求同居诉讼,也属于无法强制执行的诉讼[参照中野贞一郎《民事执行法》(第三版),青林书院,平成10年,第104页以下],但当事人提出这种诉讼仍然存在诉的利益。不过,注解民訴(第六卷、第二版),第195页以下认为,与战前的状况不同,夫妻一方提出的要求同居之请求,属于家事审判事项,而非诉讼事项,基于这种学说的立场,法院应驳回这种给付之诉。

与此相对,三月教授认为,在明显无法强制执行进而使给付判决丧失意义的情形下,当事人应当不具有要求给付判决的利益,而可以承认其单纯的确认之诉的利益,而且,在这种场合下,所谓执行不能,仅仅是指在性质上执行不能的请求权情形,也包含执行对象灭失等其他情形,参照三ヶ月·研究(第一卷),第27页以下。在三ヶ月·全集,第62页中,尽管三月章教授也表达了相同的观点,但教授同时又指出,“是否能够强制执行”属于执行机关判定事项,因此,在法院裁判之际,作为裁判机关的法院无须对“强制执行的可行性”进行慎重调查,由此可以看出,三月教授的立场在此稍稍发生了转变。但是,学界多数说还是认为,强制执行的可行性与诉的利益并不具有直接关联性。关于此多数说的见解,可以见之于注解民訴(第六卷、第二版),第109页、第190页;小山,第236页以下;中野=松浦=鈴木,第120页以下(福永有利执笔)等。

此外,有判例以“即便双方当事人达成不执行的和解,法院仍然可以作出给付判决”之事案为前提,对给付判决主文的书写方式进行了论述,关于此的详细论述,可以见之于最高裁判所平成5年11月11日判决,载《最高裁判所民事判例集》,第47卷第9号,第5255页以下。

独撤销其中处于中间位置的登记(若允许单独撤销中间登记,对于阅览人而言,则会造成“现在的权利人是X还是Y3”这样的混乱)。如此一来,当X在其对Y3的请求撤销登记诉讼中败诉时,登记就未返还于X,在这种情形下,就会产生如下疑问,即X对于Y1及Y2提起请求撤销登记之诉,是否就变得无意义,或者说是否已经没有了解决纠纷的实效性?换言之,既然无法强制执行,那么X对于Y1或Y2提起的诉讼,是否不具备给付之诉的利益?

对于此问题,这一判决作出如下回应。撤销登记程序请求权属于权利人请求义务人作出“应当致力于共同申请撤销登记”之意思表示的权利构成,因此,对于这种请求权的强制执行,就是让义务人作出这种意思表示,基于给付判决的确定而可以拟制义务人存在这样的意思表示(参照《日本民事执行法》第173条)。这种意思表示正是该给付判决的强制执行,而这种意思表示的存在(作出),就意味着强制执行的终结。当然,当事人持该判决到登记事务所将变更事项现实地记载于登记簿之行为,也属于广义上的执行,但并非严格意义上的强制执行。因此,纵使当事人未进行登记簿的变更,也并不意味着该判决无法强制执行。总而言之,这种判决能够依据《日本民事执行法》第173条获得强制执行,而不会形成“执行不能”的结果,因此,那种提出“因该案件执行不能而没有诉的利益”之批判性观点是不妥当的。以上就是该判决的逻辑,作为形式逻辑而言,这种论述无疑是正确的。

但是,当事人在该诉讼中关注的是能否现实地进行登记变更的问题。应当说,该判决并未对此作出正面回答。不过,丰水调查官的解说对此问题作出了回答(《关于最高裁判所昭和41年3月18日判决的案例解说》,载《曹時》,第18卷第5号,昭和41年,第791页以下)。具体而言,丰水调查官认为,X对于Y1及Y2获得胜诉判决,也就意味着X与Y3之间有可能在其后达成和解,即Y3对于“撤销登记”之判决作出回应。如果法院因该(X对于Y1及Y2)诉讼不具有诉的利益而驳回诉,那么当Y3改变原来的主意时,X就不得不提起针对Y1及Y2的再诉,而这种做法是颇费周折的。如果X

对于 Y1 及 Y2 因享有实体权而能够获得胜诉,那么在第一个诉讼中,法院就可以作出胜诉判决。〔10〕

尽管发生 Y3 改变原先主意(与 X 达成和解)的情形在现实中极为罕见,但并不能否定出现这种情况的可能性,正是着眼于这种现实,丰水调查官展开了自己的论述,这一论述大致上也成为一种说明性观点(参照新堂,第 232 页)。但是,从本判决应当获得的启示是,〔11〕即便是在判决无法强制执行的情形下,诉讼仍然具有给付之诉的利益,甚至当判决无法进行广义的执行时,该诉讼之诉的利益也不容否定,与此同时,笔者有必要再次明确如下这一命题,即只要存在请求权,原则上即有给付之诉的利益。

在原告给付债权被(假)扣押的情形中,这种"只要存在请求权原则上即有给付之诉的利益"的观点也为判例所采用。具体而言,由于 X(原告)的债权被(假)扣押,因此,机关 X 对于 Y 无法现实进行催缴或者强制执行(禁止 X 向 Y 进行催缴或强制执行),但 X 仍然可以从法院获得"Y 向 X 进行无条件给付的判决"(命令 Y 向 X

---

〔10〕 不过,当 Y3 改变原来主意时,不是将登记从 Y1 到 Y3 进行逐步转移,而是将登记从 Y3 直接"转移"给 X,这可能更为符合实务的做法。如此看来,丰水说的说服力似乎不太充分。

而且,在本案中,存在 X 对于 Y1 及 Y2 的请求已经获得法院承认(获得胜诉判决)之事由。既然法院作出承认请求判决,那么法院就不能在上告审中仅因其没有诉的利益而驳回诉,因此,本判决的结果可以获得肯定。这也正是对后述形成之诉的利益部分所言及的"新堂说"与"铃木说"(参照铃木正裕《诉的利益》,载《ジュリ》杂志第 500 特刊号——《判例展望》,昭和 47 年,第 341 页以下)两种观点的应用。但是,若遵循这种立场,则在一种与本案相反的情形下,即当法院作出驳回 X 对于 Y3 请求的判决后,X 才从第一审开始提起其对 Y1 及 Y2 的撤销登记请求,在这种情形下,其结果又如何呢?答案可能正好与本案的情形相反,即这种诉讼不具有诉的利益。

〔11〕 针对此判决,谷口教授对于包含共同诉讼在内的许多方面,展开了详细而精辟的分析与论述,参照谷口安平《关于最高裁判所昭和 41 年 3 月 18 日判决的判例释评》,载《民商》,第 55 卷第 4 号,昭和 42 年,第 667 页以下。

支付若干金钱的判决)。[12] 不过,在学说中,也有一种颇具影响力的观点认为,法院作出Y向X进行无条件给付的判决,会产生X启动强制执行(要求Y清偿等)的现实危险,而由Y承担此危险(起动责任),这对于Y而言不免过于苛刻,因此,应当只允许法院作出附以"只有在确认判决或(假)扣押被解除的情形下,原告才能要求被告进行给付"之条件的给付判决(附条件给付判决)。[13]

2. 将来给付之诉的利益

对于"基于期限未届满或者附条件等原因,原告在口头辩论终结之时仍未处于可要求被告履行债务之状态"的给付请求权,民事诉讼法认可债权人(原告)提起将来给付之诉(参照《日本民事诉讼法》第135条)。不过,法律对此类诉讼的提起予以严格限制,即仅限于"原告存在预先提出这种请求之必要"的情形,这也被称为"将来给付之诉的利益"。

具体而言,这种情形可以分为如下两类。第一类是义务人已经就义务的存在或状态提出争议的情形。在这种情形下,在原告无法期待在应当提出请求之时(将来)能够从被告处及时获得给付,因此,法律赋予其将来给付之诉的利益。例如,在持续性或反复性给

---

〔12〕 在破产程序中,当法院向债务人作出禁止清偿的保全处分时,债务人因此就不能向原告进行任意清偿,尽管如此,在这种情形下,原告仍然可以获得债务人向其进行无条件给付的判决(参照新堂,第233页以下)。不过,这其中也存在禁止清偿保全处分的效力问题,与前述的"原告的债权被(假)扣押"的情形并非完全相同。希望各位同学在学习破产法之后再度思考这一问题。

〔13〕 例如,野村教授认为,只有在以确认之诉或者假扣押被解除为条件的给付之诉中,法院才可以作出要求被告无条件进行给付的判决。而且,作为债务人的原告X所获得的败诉判决之既判力并不及于假扣押的债权人,因此,旨在阻却遮断假扣押债权人向其提起再诉的第三债务人Y,可以通过类推适用《日本民事执行法》第157条第1款规定,要求法院向假扣押债权人作出参加命令,参照野村秀敏《关于最高裁判所昭和41年3月18日判决的判例释评》,载《判評》,第286号(《判時》第1055号),昭和57年,第210页以下。这的确是一个饶有兴味的见解。

笔者个人也认为,在原告债权被(假)扣押的状况下,是否应当拘泥于"只要存在请求权原则上即有给付之诉的利益"之命题,还是抱有疑问的,关于此的详细论述,可以参照高桥宏志《判例解说》,载《公司法判例百选》(第五版),有斐阁,平成4年,第182页以下。

付义务中,若义务人对于已至履行期的部分义务已经存在不履行之事实,原告对于将来部分义务就具有诉的利益[不过,关于基于将来(时期)侵权行为的损害赔偿的状况则另当别论,有关详细参照后述相关部分论述]。第二类情形是诸如"履行稍有迟延将使整个债务履行无法实现契约目的的定期行为履行请求"(参照《日本民法》第542条)、"因履行迟延将造成极大损害的抚养费请求"那样的,出于这些债务自身特殊性之考虑,而赋予原告将来给付之诉的利益之情形。有观点认为,在这种情形下,即便义务人保证其会履行义务,也认可权利人的将来给付之诉的利益(参照新堂,第234页)。[14]

此外,替代本来给付的"代偿请求",也经常作为"具有将来给付之诉的利益"之例子被学者所引用(参照新堂,第235页)。所谓代偿请求,是指权利人考虑到本来请求可能执行不能而提起的损害赔偿请求。不过,对于这种代偿请求,只有在当事人将其与本来的请求合并提起时,才被认可具有诉的利益。例如,当权利人提出"要求义务人交付某物,若无法交付该物则支付若干万日元金钱"这样纯粹的合并请求时,在该合并请求中的后者就是代偿请求。尽管这是一种附条件的将来给付之诉,但由于双方当事人已经对本来请求提出了争执,因此认可其将来给付之诉的利益。[15]

---

〔14〕 兼子·体系,第155页以下;条解,第822页以下(竹下守夫执笔);中野=松浦=鈴木,第123页以下(福永有利执笔)。

与假扣押或假处分中保全的必要性不同,在将来给付之诉的利益中,并不考虑债务人的财力或执行的困难等因素,因为,将来给付之诉与假扣押及假执行制度完全不同。因此,即便采取假扣押或假执行的措施,当事人仍可以提起将来给付之诉,关于此的详细论述,还可以参照条解,第821页以下(竹下守夫执笔)。

〔15〕 在未与本来给付请求合并而单独提起代偿请求的情形下,若赋予其将来给付之诉的利益,恐怕较为困难。应当说,正是因为与本来的给付之诉进行合并,代偿请求才能获得认可,因此,此处的诉之合并存在某种特殊性,采用另诉方式提出请求会导致与采用合并方式提出请求不一样的结果。最高裁判所昭和57年9月28日判决(载《最高裁判所民事判例集》,第36卷第8号,第1652页以下)对于"通过代位行使保险金请求权方式向保险公司请求被保险人保险金"的做法予以了肯定。对于该判例,同样也可以从这种观点出发进行探讨。不过,判例百选(第一版)第69号案件(田边诚解说)对此观点予以了否定。

以上三种情形可以说是古典型将来给付之诉的利益。不过,关于大阪国际机场事件的最高裁判所大法庭昭和 56 年 12 月 16 日判决[载《最高裁判所民事判例集》,第 35 卷第 10 号,第 1369 页以下,收录于百选(第四版),第 22 号案件(长谷部由起子解说)]中所论及的将来损害赔偿请求,却对这些古典型将来给付之诉的利益提出了新的问题。该判决对于将来给付之诉的利益问题作出了如下饶有兴味的论述:

将来给付之诉,主要是指诸如附期限请求权或附条件请求权那样的,既已存在作为权利发生之基础的事实关系及法律关系,但是,基于这种事实关系或法律关系之具体给付义务的成立还需要"一定时期的到来"或"债权人能够无须或易于举证的其他一定事实的发生"等条件,而当这种具体的给付义务在将来成立时,若债务人再次进行诉讼,则无须对上述请求权的所有成立要件进行举证的请求权。因此,作为一种例外,可允许当事人提起这种诉讼,而在涉及将来的侵权行为中,即便可以预知同一形态的行为在将来仍将持续,但这种将来的侵权行为在构成上是否等同于现在的侵权行为,以及其应当赔偿的损害范围是否会有所变动等因素,都将取决于今后展开的复杂事实关系。随着这种事实的展开,关于此的法的评价也会发生相应变化,因此,对于损害赔偿范围请求权的成立与否及其额度的多少之问题,无法从根本上预先作出明确的认定。换言之,只有在请求权得以具体且现实地成立之时点,才能对将来侵权行为的"损害赔偿范围请求权的成立与否及其额度的大小"作出认定。因此,那种允许(当事人)提起这种侵权行为的将来给付之诉,并认为在这种情形下,关于权利的成立要件具备与否,当然由债权人承担举证责任,而对于"事由之变动",则作为债务人应举证的"发生阻却新的权利成立事由"予以把握,并让债务人负担其举证责任的做法无疑是不当的,因为在当事人提起的这种诉讼中,欠缺本来仅仅作为例外予以承认将来给付之诉的"请求权适格"。

在该判决中,作出了"欠缺请求权的适格"之论述,而此处所谓的“欠缺请求权适格”(资格)似乎是指一种不适合定型化地依据本案判决之方式作出处理的事项。但是,这种定型化在结果上也是个程度问题,故而笔者认为,在此处可以换言为“欠缺将来给付之诉的利益”。〔16〕 无论如何,该判决的“未认可将来之损害赔偿”之结论,在当下时点也并非不可理解。毕竟,对于其中的“使用机场是否构成侵权行为”“若构成侵权行为,则其损害额达到何种程度”等问题,学界未必展开了充分的探讨。而且,对于承认这种将来损害赔偿请求情形下的处置措施,即关于既判力的范围、对被承认请求额的修改、强制执行的方法等论讨,也有待今后展开探讨。〔17〕 不过,说到

---

〔16〕 就原本意义而言,权利保护资格与权利保护利益曾经是两个相互区别的概念,关于此的详细论述,可以参照兼子・体系,第 152 页以下。不过,正如三月教授所论述的,在这两个概念之间并没有明确的界限,而且,无论哪一个概念,在诉讼上的对待并未有所不同(都采用驳回诉的措施),因此,当下的学界已经不重视这两者之间的区别,而都将其包含于诉的利益之表述中,参照三ヶ月・研究(第八卷),第 8 页以下。此外,上田教授也表述了相同的观点,参照上田,第 206 页以下。不过,松尾法官对此提出了反对性的主张,参照松尾卓宪《诉的利益之概念与功能的再思考》,载《民訴雜誌》,第 43 号,平成 9 年,第 238 页以下。

此外,林屋教授认为,一般将“被称为诉的利益之事项”称为请求适格,参照林屋,第 182 页以下。应当说这是一种独到的表述法,不过,这可能是一种接近于该判决的表述法。

〔17〕 伊藤教授也认为,在这一案件中,如果被告就“自己曾经谋求过某种对策”之事实作出主张及举证,那么是否必然构成请求异议之事由,恐怕未必是明确的,让被告对不确定的因素进行主张及举证无疑会使被告被科以过重的负担,参照伊藤真《将来请求》,载《判時》,第 1025 号,昭和 57 年,第 23 页以下。不过,在“通过指定给付终结时期来作出判决”这一点上,伊藤说不同于采用“在适法还是不适法中进行二者选其一”之该判决观点(多数意见)。

此外,也可以参照田原睦夫《关于最高裁判所大法庭昭和 56 年 12 月 16 日判决的判例释评》,载《民商》,第 87 卷第 4 号,昭和 58 年,第 545 页以下,尤其是第 591 页;竹下守夫《关于请求停止强制执行与将来损害赔偿的诸问题》,载《判時》,第 797 号,昭和 51 年,第 33 页以下;角森正雄《关于将来给付之诉》,载《富山大学经济论集》,第 27 卷第 3 号,昭和 57 年,第 74 页以下;条解,第 820 页以下(竹下守夫执笔);新堂・民訴制度,第 153 页以下。

不过,在最高裁判所对将来损害赔偿请求予以否定的大阪国际机场事件判决作出后,却有下级审法院对基于工厂噪音之侵权行为的将来损害赔偿请求持肯定态度,关于此的详细论述,可以见之于大阪地方裁判所昭和 62 年 3 月 26 日判决,载《判時》,第 1246 号,第 116 页以下。

底这是一个“在原告与被告之间,应当由何者来负担将来产生的不确定因素之举证及起诉责任才较为妥当”的问题。从理论上来看,可以由被告方予以承担。从实际状况来看,正如判决本身所指出的,“将来的损害赔偿请求”一直以来以如下之形式获得承认,即要求不动产不法占有人支付相当于占有期间之地租及房租数额的损害赔偿金。不过,这种情形的事案是较为定型化的,因为这种情形符合该判决所言及的三个要件:(1)事实关系的存在及其持续化可以获得预测;(2)关于请求权的成立与否及其内容,能够明确地预测出存在有利于债务人的将来变动事由;(3)即便将上述变动(事由)作为请求异议事由而科以债务人起诉之负担,也不产生不当后果。这三个要件可以说是依据学说及判例之积累而形成的结果,至于如何明确符合这三个要件的情形,则是今后探讨的重要课题。〔18〕

---

〔18〕 关于将来给付之诉的一般性论述,可以参照中野贞一郎《将来给付之诉》,载中野·論点(Ⅰ),第134页以下。

此外,即便是诸如支付“相当于不动产不法占有期间之地租与房租”的损害赔偿金这样固定化的请求标的,在其后(将来)也有可能依据情势变更(经济情势的变更)而发生赔偿数额不合理的情形。应当说,这属于既判力强弱度的问题。就制度层面而言,德国法所承认的判决变更之诉是一种较为简洁明了的制度,而就解释论而言,主张“灵活且柔化把握将来给付判决中关于赔偿额的既判力”之观点,是较为妥当的。如此一来,当情势变更超出法院判决当时合理预测的程度时,应当允许原告提出追加请求的诉讼,而被告可以提出旨在减少赔偿额的请求异议之诉(参照《日本民事执行法》第35条)。关于此的详细论述,还可以参照小岛武司《既判力的缩小与扩张》,载鈴木ほか·演習2,第272页以下;河野正宪《确定判决与情势变更》,载木川·古稀(上),第770页以下;角森正雄《将来给付判决与情势变更》,载《富山大学经济论集》,第34卷第2号,平成元年,第41页以下;最高裁判所昭和61年7月17日判决,载《最高裁判所民事判例集》,第40卷第5号,第941页以下,收录于《百選Ⅱ》,第150号案件(池田辰夫解说);本书“第十五讲　既判力”部分的相关论述。不过,轻易承认变更数额,也会使既判力论趋于淡化(被忽视),因此,当存在既判力被忽视之危险的情形下,就应该否定将来给付之诉的利益(对将来给付之诉取而代之的是,仅仅对请求权存在与否作出确认的确认判决,而请求的数额则留待将来确定),关于此的详细论述,可以参照高桥宏志《确定判决后的追加请求》,载中野·古稀(下),第249页以下;山本弘《将来损害的扩大及缩小或损害额算定基准的变动与请求损害赔偿诉讼》,载《民訴雑誌》,第42号,平成8年,第25页以下。

四、确认的利益

1. 概说

就确认之诉而言,因确认对象性质上并无限定,故有必要通过诉的利益来对此予以调整。在这一点上,确认之诉与“基于诉讼标的之性质(支付1000万日元金钱的请求权)而必然承认其诉的利益”之给付之诉,以及“因性质上属于实定法认可其必要性而特别予以个别化规定,故只有存在法律规定才承认诉的利益”之形成之诉,形成了鲜明的对照。

总而言之,只有当原告的权利或法律地位现实处于不安之状态,而且,作为消除这种不安方法的“在原被告之间对作为该诉讼标的之权利或法律关系存在与否作出判决”,对于纠纷的解决是有效且适当之时,法律才认可确认的利益(确认之诉的利益)(参照新堂,第236页)。关于确认利益可以做出各种分类,不过,笔者认为,新堂说所主张的,从后述的“选择作为解决手段之确认之诉的妥当性”“如何妥当地选择确认对象(诉讼标的)”“应解决纠纷的成熟性之观点(是否具有‘即时确定’的现实必要)”这三个视角展开的分类,对于读者理解确认利益之问题颇为有益。〔19〕

此外,通过平成年间的民事诉讼法修改,新设了“请求变更已作出的命令定期赔偿金额的确定判决之诉”之规定(参照《日本民事诉讼法》第117条)。

当原告设定“一定期间之前”这样的期限来提出请求时,则该如何予以对待呢?基于处分权主义考虑,原告的这种请求方式并无问题,即将其作为部分请求予以处理,在这种情形下,由于前后提出请求的期间是不同的,因此也会减少二重审理等的弊端。这的确是一个饶有兴味的问题。

〔19〕 在确认之诉中,可以说存在各种使用形态。于是,有学说对于确认之诉的功能展开分类讨论。竹下教授将确认之诉的功能分为如下三类:(1)在权利侵害等发生之前提起的确认之诉所具有的预防性救济功能;(2)以作为请求权基础的某物权或全括性法律关系为对象的确认之诉所具有的全括性救济功能;(3)诸如因团体等关系而使公司董事与股东等具有内部关系的人员须遵从一定准则行事(对这些人员形成规制)的规制性救济功能,参照条解,第804页以下(竹下守夫执笔)。此外,汉斯·休德尔基于实体法视角,也将确认之诉分为先行性确认之诉(将来给付诉讼的先行)、保全性确认之诉(为了消除法的不确实性,进而稳固原告的法律地位)、排除妨碍性确认之诉(目的在于排除既已发生的权利侵害,因此这是在不允许当事人对权利侵害提出停止

2. 选择作为解决手段之确认之诉的妥当性

当纠纷当事人存在确认诉讼以外的纠纷解决形态(其他形态的诉讼等)时,原则上应当否定其确认的利益。就这一意义而言,可以说确认之诉是一种补充性救济手段(当不存在其他救济手段之时才使用)。

因此,若权利人可以通过给付之诉行使请求权,则无"要求对该请求权自身进行确认"的利益。对于这种请求权,纠纷的解决只要

请求等情形下进行的确认诉讼类型)三个类型,参照汉斯·休德尔《从民法视角来看的确认之诉的类型》(佐上善和介绍),载《法学论丛》,第93卷第2号,昭和48年,第87页以下。但是,上述学说中似乎并没有将这些功能与确认利益联系起来展开论述。

与此相对,伊藤教授尝试着将确认诉讼分为如下八类:(1)以纠纷的根本性解决(包含优越性地位的确保)为目的的确认诉讼(诸如中间确认诉讼等);(2)以替代给付诉讼为目的提起的确认诉讼;(3)在法制上确保通过确认诉讼全面解决纠纷的情形(例如行政诉讼等);(4)为了谋求裁判的波及效果提起的确认诉讼;(5)具有预防性目的的确认诉讼;(6)以全括性解决为目的的确认诉讼(身份关系诉讼等);(7)(相较于个人利益)更旨在实现社会利益的确认诉讼;(8)已解决团体内部纠纷为目的的确认诉讼。伊藤教授主张,应当将这种分类与确认利益有机结合起来,例如,对于是否允许对过去的法律关系进行确认之问题,依据不同的功能类型,得出的答案也会有所不同,参照伊藤真《确认诉讼的功能》,载《判タ》,第339号,昭和51年,第28页以下。笔者也认为,通过确认诉讼的种类来对确认利益进行分类以及整理的观点是颇具魅力的,尽管如此,由于这种观点并未展开深入讨论,因此笔者在此还是采用前述新堂说之分类。

此外,对于中间确认之诉(参照《日本民事诉讼法》第145条)中的确认利益,伊藤教授认为,由于确认之诉与给付之诉等诉讼合并在一起,因此无须单独认可其确认利益(具体而言,对于过去法律关系的确认持肯定态度),参照伊藤真《确认诉讼的功能》,载《判タ》,第339号,昭和51年,第28页以下。此外,仓田卓次《诉讼中之诉》,载仓田卓次《民事实务与证明论》,日本评论社,昭和62年,第38页以下,尤其是第69页;仓田卓次《作为盲点的中间确认》,载仓田卓次《民事实务与证明论》,日本评论社,昭和62年,第88页;菊井=村松(第二卷),第87页以下等也表达了相同的观点。与此相对,新堂,第659页以下;三ヶ月·研究(第一卷),第32页以下;兼子·体系,第380页以下;条解,第861页以下(松浦馨执笔)等则持反对意见,即认为需要赋予中间确认之诉以单独的确认利益(或者资格)。笔者认为,无论如何,法院都需要对该诉讼中的先决问题(确认之诉)进行审理,因此,的确无须将确认利益作为进入审理之要件予以考虑,但是,作为"是否可以作出本案判决"之要件,确认利益仍然还是必要的,就这一点而言,反对说更具有理论体系上的一贯性。不过,如下所述,"对于过去的法律关系中没有确认的利益(资格)"之命题不应予以维持。而且,其与争点效功能(并不要求确认的利益)之关系的调整,也可能需要重新予以考虑。

通过给付之诉的方式，就足以达到（解决纠纷的）必要且充分的程度，而且，在“是否具有执行力”这一点上，给付判决在纠纷解决的实效性上更具有优势，因此，基于这种请求权的纠纷并非确认之诉所应解决的纷争。[20] 不过，正如在本书“第十一讲　诉的利益　三、给付之诉的利益”部分所述，以例外形式承认下述情形请求权的确认利益则另当别论。这些例外情形包括：（1）基于被（假）扣押之请求权提起的给付之诉，因被否定（给付）诉的利益而代之以“肯定其确认利益”的情形（当然，在这种情形下，也可以采用附“解除假扣押之条件的给付之诉”的方法）；（2）对于作为将来给付请求权的原因判决性质的确认之诉，应当承认其确认利益的场合（参照前述部分）；（3）如三月教授所主张的，当业已存在其他形式的债务名义（例如执行证书）时，就不能认可其给付之诉的利益，而只允许当事人提出确认之诉的场合。此外，破产债权确定之诉也是实定法本身（《日本破产法》第 244 条）所认可的一种例外情形（参照新堂，第 238 页）。[21]

---

[20]　与此不同，由于可以进行基于不动产交付或撤销登记的物权请求权的给付诉讼，因此，当事人也可以针对该物权自身提起确认诉讼[参照最高裁判所昭和 29 年 12 月 16 日判决，载《最高裁判所民事判例集》，第 8 卷第 12 号，第 2158 页以下。因为在这种情形下，确认诉讼的对象并非请求权。关于此的详细论述，可以参照新堂幸司《案例解说》，载《百選》（初版），第 54 页以下，收录于新堂・判例，第 310 页以下]。

此外，奥田教授指出，就债权而言，给付诉讼的对象是从债权派生出来的“请求权”，但确认诉讼的对象却不是该“请求权”，而是“债权”，参照奥田昌道《债权总论（上）》（第一版），筑摩书房，昭和 57 年，第 12 页以下。

[21]　除此之外，东京地方裁判所平成 3 年 3 月 28 日判决（载《判時》，第 1403 号，第 74 页以下）认为，在当事人无法提起给付义务时，允许当事人提起关于不可替代作为义务的确认诉讼，这也可以说是一种例外性情形。本案的案情稍显复杂，关于此的判例释评，可以参照松下淳一《关于东京地方裁判所平成 3 年 3 月 28 日判决的判例释评》，载《判評》，第 400 号（《判時》，第 1415 号），平成 4 年，第 191 页以下。最高裁判所平成 11 年 1 月 21 日判决（载《最高裁判所民事判例集》，第 53 卷第 1 号，第 1 页）对于确认存在返还押金请求权之诉的确认利益，持肯定态度。

此外，尽管不是作为请求权确认之问题予以对待，而是在“是否存在其他合适之方法”的意义上，最高裁判所平成 2 年 7 月 19 日判决（载《判時》，第 1360 号，第 115 页以下）认为，在关于亲子关系的诉讼中，原告（子女方）不能因父亲不承认（存在亲子关系）而提起“存在亲子关系的确认之诉”（否定确认利益）。

不过，佐上教授却对“确认诉讼仅仅处于补充性地位”之论点提出了质疑，参照佐上，平成 10 年，第 87 页以下。

另外,对于作为本案判断前提的程序问题的确认,当事人原则上也不存在提起另诉之诉的利益。例如,最高裁判所昭和 30 年 5 月 20 日判决[载《最高裁判所民事判例集》,第 9 卷第 6 号,第 718 页以下,收录于《百選Ⅰ》,第 66 号案件(草野芳郎解说)]就认为,关于诉讼代理人(律师)是否具有代理权之问题,当事人并不具有通过另诉进行争执的利益。〔22〕因为,对于本案判断之前提问题,无须通过另诉之方式,而只要在本诉讼(同一诉讼程序)中作出判断即可。同样,关于撤诉的效果、诉讼要件的存在与否、是否发生诉讼中断或继承等问题,当事人原则上也不具有另诉之确认利益。〔23〕

3. 如何妥当地选择确认对象(诉讼标的)

这是基于"选择什么样对象作为诉讼标的来作出确认判决,才能够提高纠纷解决的实效性"的视角来考虑确认利益的问题。对于这一稍显技术化的问题,即"在存在应解决法的纠纷之前提下,将其表述为何种诉讼标的"之问题,此前的学术界从中归纳出以下三个命题。〔24〕

---

〔22〕 不过,该案件本身则是关于记载诉讼代理权的律师委任状真伪与否的确认之诉(详见后述),因而其确认利益的状况稍显复杂,关于此的详细论述,还可以参照中田·判例,第 188 页以下。

〔23〕 条解,第 812 页以下(竹下守夫执笔)。但是,关于和解无效之问题,传统的观点都认为,既可以通过"申请指定期日"这种程序内的方法,也可以通过确认之诉方法(即便当事人采用确认之诉之方式也是适法的),因为,和解的效力不仅仅事关程序的进行,同样也涉及实体法规定的重大事项,关于此的详细,可以参照本书"第十五讲 既判力"部分的相关论述。

〔24〕 此前的学说是将确认的对象(资格)与狭义的确认利益区别开来进行论述的,而由此问题展开论述的三个命题则属于确认对象(资格)的范畴。这种区别正好对应于权利保护资格与权利保护利益之区别。对这种区别进行应用的文献,可以见之于中田·判例,第 259 页、第 262 页、第 178 页;条解,第 850 页以下(竹下守夫执笔);小山,第 204 页以下;谷口,第 122 页以下;注解民訴(第六卷、第二版),第 112 页以下等。但是,正如前注(16)所论述的,权利保护资格与权利保护利益之间的区别逐渐趋于相对化,与此相对应,确认对象(资格)与确认利益之间的区别也逐步淡化,并出现以确认利益之概念予以统合的趋势。这一点在"当事人不能要求对过去之法律关系进行确认"之第二个命题中表现得尤为明显。持这种观点的文献,可以见之于山木户克己《关于法律行为效力确认诉讼的适法性》,载山木戸·論集,第 101 页以下;石川明《过去的法律关系与确认诉讼》,载《庆应义塾法学研究》,第 31 卷第 12 号,昭和 33 年,第 1080 页以下;铃木正裕《诉的利益》,载《ジュリ》杂志第 500 特刊号——《判例展望》,昭和 47 年,第 341 页以下;五十部丰久《过去法律关系的确认》,载《ジュリ》杂志单行本第 4 号——《续学说展望》,昭和 40 年,第 126 页以下;中野=松浦=鈴木,第 125 页以下(福永有利执笔)等。

（1）第一个命题是，当事人不能要求对事实进行确认，而只能针对法律关系提出确认请求。因为，对于纠纷之法的解决而言，法院单纯的案件事实（例如20年的占有）确认不会直接产生效果，反而会使纠纷的解决过程过于迂回，故应直接将法的效果及法律关系（基于时效的所有权取得）作为确认的对象。不过，可以说这一命题的内容仅仅是大致妥当的。不过，既然只是大致妥当的命题，那么就不应当单纯地拘泥于此。因为，就原本意义而言，事实与法律关系或法的评价之间的区分，就是一个非常微妙且复杂的问题，依据这种区分而构建的事项当然也是非建设性的。如下所述，当“事实”的确认会导致纠纷得以根本性或全括性解决时，也可以承认这种事实的确认利益。而且，就实际状况来看，《日本民事诉讼法》本身也通过第134条规定承认了“确认书面（文书）真伪之诉”这一关于事实的确认。

所谓确认文书真伪之诉，是指以如下事实为确认对象的诉讼，即某文书是否依据“主张自己为文书制作者”之人的意思而作成（关于所谓的确认文书真伪与否之详细论述，可以参照新堂，第540页以下）。例如，对“遗书是否真实地由被继承人依据其意思而书写”之事实进行的确认。不过，这也并不意味着，只要是涉及“书面的真伪与否”，当事人就可以在任何情形下都能提起确认诉讼。作为提起这种诉讼要件的确认利益表现在，一旦该书面的真伪性获得确认，就必须使整个纠纷得到解决（就遗书而言，一旦“遗书由被继承人真实地所书写”之事实获得确认，那么继承人之间的纠纷就会获得解决）。换言之，在争执不仅仅涉及文书的真伪性，而且与基于该文书而实施的法律行为之效果也产生关联的情形下，即便法院只对文书的真伪性作出确认，也无多大的意义。在这种情形下，应当将涉及法律行为之效力的事项作为诉讼标的（参照新堂，第240页；草野芳郎《案例解说》，载《百選Ⅰ》，第135页以下）。〔25〕

---

〔25〕条解，第815页以下（竹下守夫执笔）；菊井＝村松（第二卷），第89页以下等观点认为，不应当将确认文书真伪之诉类推应用于关于其他事实的确认。笔者认为，尽管这样的例子并不多，但是就理论上而言，即便是“文书真伪的确认”之外的确认，若这种确认存在确认利益，仍然可以对其进行“事实的确认”。此外，谷口教授也表达了相同的观点，参照谷口，第123页以下。对此持反对见解的文献，可以见之于中野贞一郎《确认诉讼的对象》，载《判夕》，第876号，平成7年，第7页以下。

(2)第二个命题是,当事人不能要求确认过去的法律关系(事实更是毋庸置言),而只能对现在法律关系提出确认请求。

这一条命题的根据同样在于,即便对过去的法律关系作出确认,现在的法律关系仍然有可能发生变化,因此,毋宁以现在的法律关系作为的确认对象。同样,这一命题也可以说是一个大致妥当的命题;因为就现实状况而言,也存在如下情形,即过去的法律关系是纠纷中其他各种法律关系的根源,因此,对过去法律关系予以明确也有助于纠纷的根本性解决。在这种情形下,第二个命题的要求(限制)就应当趋于淡化,因而第二个命题也只是一个大致妥当的命题。

与此第二个命题相关的一个重要问题是,确认遗嘱无效之诉是否适法?在学界,关于遗嘱是否有效,一直被作为"过去"的法律关系予以理解(因为,这是诉讼标的的前提问题),而基于遗嘱的"现在"的法律关系,则是指当遗嘱被认定为有效或无效时,诸如某建筑物是否归"继承人之一的A"所有那样的问题。判例对于确认遗嘱无效之问题,此前倾向于否定立场,即便是对确认利益予以肯定的最高裁判所昭和大法庭47年2月15日判决(第三审)(载《最高裁判所民事判例集》,第26卷第1号,第30页以下,收录于《百選Ⅰ》,第61号案件),该案件的第一审判决与第二审判决对于本案件的确认利益也均持否定的态度。尽管通过上述最高裁判所大法庭判决表明了"确认遗嘱无效之诉是适法之诉"之态度,但这一判决书似乎建立在一种矛盾见解(思维)之上。第一种见解(思维)是,由于确认的对象只能是现在的法律关系,而从形式上看,遗嘱无效的确认属于对过去的法律关系的确认,故而是不适法的,但是,从其内容来看,"确认遗嘱无效"可以被理解(善解)为在遗嘱被认定为有效的前提下,要求法院对由此产生的现在特定法律关系之不存在作出确认。如果基于这种理解,即便当事人未将请求趣旨的表述变更为"现在的具体法律关系",审理判断对象也不会因此而欠缺明确性,故允许原告提起确认遗嘱无效之诉。这种见解(思路)基本上为该判决的前半部分所遵循,就其实质而言,这是一种旨在维持上述第二个命题的思维。[26] 而第二种见解(思维)则是,通过对作为双方当事人直接争执对象之基本的法律关系效力作出判断,可以提高确认诉讼的解决纠纷之机能,判决的后半部分基本遵循着这种思维[关于此的详细论述,可以参照井上治典《案例解说》,载《百選》(二版),第 110 页以下]。

若基于根本性或全括性解决纠纷的视角重新审视确认诉讼,即便是过去的法律关系,也应当允许法院以判决形式对“团体的意思决定机关所作出决议是否有效”之问题作出确认。最高裁判所昭和 47 年 11 月 9 日判决(载《最高裁判所民事判例集》,第 26 卷第 9 号,第 1513 页以下)认为,当事人针对未被诸如《日本商法》第 252 条等明文规定的学校法人理事会作出的决议,提起的确认无效之诉,也应当承认其确认利益(不过,该判决的这一观点表述在判决书旁论部分,作为该案件的判决结论则认为,因欠缺其他诉讼要件而驳回诉)。[27]

---

〔26〕 对于要求确认被告与第三人之间的不动产买卖合同无效之诉讼,最高裁判所昭和 41 年 4 月 12 日判决[载《最高裁判所民事判例集》,第 20 卷第 4 号,第 560 页以下,收录于《百選Ⅱ》,第 117 号案件(小松良正解说)]认为,不允许法院毫无限制地承认其确认利益,而应当向当事人作出“将其变更为对现在法律关系的确认”这样的释明。最高裁判所大法庭判决第一种思路可以说是这一判例观点的延伸。

法院采用这种将请求趣旨善解为涉及现在的法律关系之确认(而非过去法律关系之确认),并通过释明使当事人对此作出变更之对策,在学界中也被一些学说所赞成(关于此的详细论述,可以见之于中田・判例,第 179 页等)。不过,遗嘱的法律效果具有广泛性,假设(遗嘱之)现在的法律关系的数量扩张至 1—3 个不动产、1—30 个动产乃至 1—50 个债权的程度,鉴于此,可能不采取变更请求趣旨之做法还是更为稳妥。

东京地方裁判所平成 2 年 12 月 12 日判决(载《判時》,第 1376 号,第 88 页以下)也认为,如果让当事人就遗嘱所涉及的每个内容分别提起确认之诉,那么无疑会使程序陷入混乱,因此,应当允许当事人提起确认遗嘱无效之诉,如此一来,对于一份遗书,当事人不能针对其中的某一部分来提起确认无效诉讼,当事人应当要求法院对现在的具体法律关系作出确认。应当说,这一判决意味着,承认确认遗嘱无效之诉是否适法,并非单纯的“是现在还是过去”之请求趣旨的表述问题。

〔27〕 不过,在一起当事人针对几乎是相同性质另一团体——青少年对策委员会——作出的“以促进青少年健康成长为目的的志愿者团体会长选任决议”提起的“确认该协议不存在”诉讼中,东京高等裁判所昭和 61 年 2 月 27 日判决(载《判タ》,第 612 号,第 46 页以下)则认为,这种确认之诉不具有确认利益。这一判决的结论,并非基于纠纷的根本解决之角度,而是从“法院应当解决的纠纷是什么”之视角出发考虑的结果(判决书的判示部分认为,将这类纠纷委诸于团体内部自主解决是较为妥当的)。

此外,出于根本性解决纠纷之考虑,对于作为人际关系之基本的身份关系(确认)的多数情形,法院也应当承认其确认利益(参照新堂,第238页、第241页)。对于此问题,判例也持相同见解,在最高裁判所大法庭昭和45年7月15日判决[载《最高裁判所民事判例集》,第24卷第7号,第861页以下,收录于《百選Ⅰ》,第65号案件(山本克己解说)]中,对于母亲提出的确认战死者为自己儿子之请求,法院承认其具有确认利益。换言之,即便是在子女死亡之后,也认可母亲提出的“存在亲子之身份关系”的确认之诉(由于子女既已死亡,因此通过类推适用《日本人事诉讼程序法》第2条第3款规定,由检察官担当被告)。这一案件的背景状况是,该母亲想从政府获得战死军人遗族养老金,但本案判决并未提及这一情况,而仅仅作出了一般意义上的论述,其认为:

亲子关系……是作为身份关系之基本的法律关系。当由此产生的法律效果中存在现在法律上纠纷且为了解决该纠纷而需对上述法律关系作出确认时,当然地具有确认的利益,不仅如此,即便是在户籍记载不符合真实情况的情形下,若为了明确真实身份关系,而需按照《日本户籍法》第116条规定,基于确定判决来更正上述之记载,也应当承认其确认利益。

除这一判决之外,许多判例都普遍存在“因需更正户籍记载而承认确认利益”之倾向,不过,纯粹的“需更正户籍记载”之理由,是否足以成为承认确认利益的依据?这恐怕不无疑问。从根本性解决纠纷的角度考虑确认利益之问题,应当说是其应然的方向。关于这一点,该判决中的大隅健一郎法官如下补充意见作出了确实的表述,其认为:

针对现在权利或法律关系的个别性确认,未必能使纠纷获得根本性解决,恰恰相反,在某些情形下,对于作为这些权利或者法律关系之基础的过去基本法律关系作出确定,反而成为直接地、根本地解决现存纠纷的最合适且必要之手段,当出现这种情形时,即便是当事人要求对过去的法律关系作出确认而提起的诉讼，也应当承认其确认利益，故允许当事人提起这种确认之诉的做法是较为合理的。[28]

判例对于确认遗产范围之诉（确认遗产之诉）的诉的利益持肯定态度，这可以说是判例关于确认遗嘱无效诉讼观点的自然延伸。作为其典型的例子，莫过于最高裁判所昭和61年3月12日判决［载《最高裁判所民事判例集》，第40卷第2号，第389页以下，收录于《百選Ⅰ》，第64号案件（中西正解说）］。[29] 在该案件中，当事人对于共同继承人的范围以及继承财产的比例并无争议，只是对"多达11套的房屋及土地是属于遗产还是属于继承人的固有财产"之问题存有争议。对于这种情形，该判决认为，可以将其以"因共同继承形成的关于该不动产（11套房屋及其土地）共有权之确认诉讼"之形

---

〔28〕 在该判决中，除了大隅健一郎法官的补充意见外，还附有松田二郎等四位法官的反对意见。这些反对意见提出"对于过去之事实关系进行确认通常会缺乏证据""此前一直未被认可的身份关系因突然被承认而有可能对第三人造成不可预料的冲击"等论点，可以说这些法官对"不允许对过去的法律关系进行确认"之形式论的背后作出了某些深刻的思考。尽管这些反对意见具有相当的道理，但就反对观点的解释论而言，还是铃木正裕《关于最高裁判所大法庭昭和45年7月15日判决的判例释评》，载《民商》，第64卷第5号，昭和46年，第887页以下等观点的论述更具代表性，因为，"不允许对过去的法律关系进行确认"的原因并不仅仅局限于"证据的欠缺"与"身份关系发生激变"等因素。

此外，当事人是否可以无条件地提出对过去的法律关系进行确认之请求呢？这可能还颇成问题（关于此的详细论述参照，山本克己《案例解说》，载《百選Ⅰ》，第133页以下；林屋，第176页以下）。作为进行这种确认的要件而言，该判决的判旨似乎认为应当是"关涉当事人一方的生存"之要件，不过，至少而言，"要求与现在的一个法律关系具有具体的联系"也是一个不可或缺的要件。

关于"在亲子中的一方当事人死亡后，提出的确认亲子关系之诉"之判例及学说的详细状况论述可以参照，林淳《过去法律关系的确认》，载小山ほか・演習，第349页以下。

〔29〕 参照井上治典《关于最高裁判所昭和61年3月12日判决的判例释评》，载《ジュリ》杂志临时增刊——《昭和六一年度重要判例解说》，有斐阁，昭和62年，第125页以下；山本克己《关于确认遗产之诉的若干问题》，载《判タ》，第652号，昭和63年，第20页以下；小山升《为了确定遗产范围的民事诉讼》，载小山・著作集（第八卷），第172页以下；小山升《确认遗产之诉的适法性》，载小山・著作集（第八卷），第177页以下；松下淳一《关于最高裁判所昭和61年3月12日判决的判例释评》，载《法協》，第108卷第1号，平成3年，第159页以下等。

态予以把握,在此形态下的该诉讼当然属于适法之诉,同时该判决又认为,如果原告以与此不同的"确认遗产之诉"之形态来提起诉讼,那么该诉讼也是适法的。具体而言,该判决的相关论述如下:

原告提起的确认遗产之诉,其确认对象并不涉及诸如上述的共有持分比例等事项,而仅是关于"该财产是否现实属于被继承人的遗产"之确认诉讼。换言之,就是当事人要求确认"共同继承人就该财产是否具有遗产分割前的共有关系"的诉讼,该原告的胜诉确定判决的既判力,可以对"该财产属于遗产分割的对象财产"之判断作出确定,因此,在其后进行的遗产分割程序中以及该审判确定后,就可以遮断当事人对该财产的遗产归属性提出的争议,而且,基于此也可以谋求更符合原告前述意思的纠纷解决,因此,这种诉讼应当是适法之诉。

在该案中还存在这样一个细节,即法官对遗产分割的调解未获成功,遗产分割的审判程序在事实上也未进行。因此,正如判旨中所阐述的,在遗产范围确认诉讼中,纠纷解决的根本性与全括性构成了"家事调解、家事审判程序进行"之基础。换言之,该判决肯定遗产范围确认之诉具有确认利益的另一特殊原因在于,本案件确认利益与家事审判之间的关联性。不过,该判决不仅考虑了程序进行的利益,而且,如判旨所述,出于"使审判安定化"〔30〕之实体效用考

---

〔30〕 如果在原告 ABC 与被告 DEF 之间进行了遗产范围确认诉讼,那么该诉讼的诉讼标的及其判决既判力将在 ABC 与 DEF 之间产生,从更严格意义上说,A 与 B 与 C 之间或者 D 与 E 与 F 之间,并不受既判力的拘束。当在 A 与 B 之间再度发生涉及遗产归属纠纷时,并不能依据前诉判决既判力予以遮断,而应当依据诸如争点效或者参加效力等判决拘束力来作出应对。以上就是谷口教授所指出的"箭头方向的界限问题",参照谷口安平《关于多数当事人诉讼》,载《法教》,第 86 号,昭和 62 年,第 6 页以下。

此外,正如山本教授所认为的,那种认为"原告至少以'与其就遗产归属发生争执的共同继承人'中的一人为被告提起遗产范围确认之诉,而且,对于一些立场不甚鲜明的人员应当进行诉讼告知"的观点,是一种从其他视角考虑的、旨在消除"箭头方向"之弊端的立论,参照山本克己《关于确认遗产之诉的若干问题》,载《判タ》,第 652 号,昭和 63 年,第 28 页注(33)。这的确是一种饶有兴味的见解(此外,还可以参照本书"第九讲　当事人适格"部分的相关论述)。

虑,在审判成立后,也不允许各方当事人对该审判的效力进行争执。总而言之,遗产范围的确认是一种具有与遗嘱无效确认近似效果的确认类型,因此,应当承认其确认之利益。

此外,在与前述第二个命题具有关系的案件中,还存在另一类特殊类型案件,即所谓的国籍诉讼。例如,出生于美国的第二代日裔于"二战"前返回日本,并恢复了以前因政治迫害而丧失的日本国籍,但是,从美国国籍法来看,这种行为构成丧失美国国籍的原因,到了"二战"后,该第二代日裔向美国政府提出了"确认其具有美国国籍"的申请,但遭到美国政府的拒绝,而若要向美国法院提起美国国籍的确认诉讼,当事人也必须进入美国,但这种进入美国的许可同样遭到了美国政府的拒绝。于是,这些第二代日裔向日本法院提出了"原告基于出生之事实而现实且持续地具有日本国籍"之确认之诉,这就是所谓的国籍诉讼。在这一诉讼中,请求趣旨是颇具奇妙意味,由于其侧重点被放置于"原告基于出生获得国籍"这一点上,因而,可以说是一种对过去的法律关系确认的情形。从此点来看,该诉讼的确认利益似乎应当被否定。而且,在事实上,最高裁判所昭和 24 年 12 月 20 日判决(载《最高裁判所民事判例集》,第 3 卷第 125 号,第 507 页以下)也作出了这样的判示。但是,该诉讼真正的确认对象应当是"允许恢复日本国籍处分无效之确认",〔31〕作为行政案件,本诉讼具有充分的适法理由。不过,即便遵循后者这样的理解,对于本诉讼而言,也仍然会产生如下问题,即纵使日本法院在日本也作出这样的判决,但作为原告诉求的最终目标的"国籍确认"之纠纷能否真正得以解决?这恐怕仍不无疑问的。因为,从法律上看,日本法院作出的判决并不能使美国政府或美国法院负有承认"原告享有美国国籍"之义务。但就本案的实际状况而言,又存在如下这一客观情势,即如果日本法院作出这样的判决,那么美国承

〔31〕 之所以不将该诉讼的请求趣旨仅仅理解为"单纯的允许恢复国籍处分无效确认"[参照竹下守夫《案例释评》,载《百選》(初版),第 52 页以下],似乎因为在本案件中还需要考虑美国方面的做法。此外,铃木法官对这一诉讼的详细背景有过详尽论述,参照铃木忠一《国籍诉讼》,载《曹時》,第 6 卷第 3 号,昭和 29 年,第 217 页以下。

认“这些原告享有美国国籍”的盖然性(可能性)是较高的。当考虑到存在这样的纠纷背景时,这种纠纷获得解决之盖然性也是较高的,因而有必要承认其确认利益。以上就是新堂说的见解[参照新堂,第240页注(1)]。不过,对于这种国籍诉讼改变此前判例立场(变为承认其是适法之诉)的最高裁判所昭和32年7月20日判决[载《最高裁判所民事判例集》,第11卷第7号,第1314页以下,收录于《百選Ⅰ》,第60号案件(吉村德重解说)]直接指出,认可国籍诉讼之确认利益的原因仅仅在于“存在进行户籍更正的必要性”。笔者认为,不仅包括“存在进行户籍更正的必要性”之原因,新堂说等所主张的“客观情势”之考虑,也应当成为“承认国籍诉讼具有确认利益”的根据。〔32〕

(3)关于确认对象选择的第三个命题是,必须是“是……”的积极性确认,而不能是“不是……”的消极性确认。

在原告与被告就某一块土地的所有权归属发生时,当原告提出“自己是该土地的所有人”之积极的确认请求并获得胜诉时,“原告

〔32〕 中田教授对于该判决的判旨提出了如下质疑,即因出生之事实而享有日本国国籍,并不具有作为确认之诉及其判决主文判断对象的适格性,而且,美国如何处置日本法院的判决,只不过是一种间接效果,参照中田·判例,第252页以下。与此相对,新堂,第240页以下;条解,第806页、第810页(竹下守夫执笔)等观点认为,即便是过去的事实或法律关系,当不存在其他更有效且合适的“保护原告地位”之手段时,应当承认其确认的利益,而本案的国籍诉讼就是这种情形的典型。

伊特教授等学者曾主张,并非既判力,而是作为判决事实效果之波及效,也能成为承认确认利益的根据,参照伊藤真《确认诉讼的功能》,载《判タ》,第339号,昭和51年,第28页。新堂教授也认为,如同伊藤教授所主张的,国籍诉讼是因判决事实效之根据,而被承认具有确认利益的典型例子,参照新堂幸司《民事诉讼与纠纷的解决》,载新堂·民訴制度,第57页以下,尤其是第69页。此外,笔者认为,事实上的利益及期待也可以成为“肯定确认利益”的根据,参照高桥宏志《确认利益》,载鈴木ほか·演習2,第67页以下。与此相对,山本教授主张,应当将事实上的问题融入法律论中来予以考虑,参照山本弘《权利保护利益之概念的研究》,载《法協》,第106卷第2号第157页以下、第106卷第3号第396页以下、第106卷第9号第1549页以下(平成元年),这的确是一种颇具新意的观点。此外,关于山本说提及的“民事诉讼法是拘束法官的公法”之观点,也可以参照井上治典、高桥宏志编《趣味民事诉讼法》,有斐阁,平成5年,第1页、第165页。

是土地所有人"之判断就会依判决既判力而获得确定,但若原告提起"被告不是该土地的所有人"之消极的确认请求,即便获得胜诉,判决主文的既判力还是对"该土地的所有人为何人"之问题无法作出确定。因此,相对于要求作出消极性确认之方式而言,可以说要求作出积极性确认的方式具有更高的"解决纠纷的实效性"。〔33〕尽管这一命题也具有相当广泛的合理化根据,但是,这同样也只是一个大致性的标准,而不具有绝对意义(参照新堂,第242页)。

从判例的状况来看,对于这一命题的态度也经历了一个从"绝对化"到"相对化、大致化"的过程。首先来看最早的大审院昭和8年11月7日判决(载《大审院民事判例集》,第12卷,第2691页以下)。这是一起因登记簿上第一顺位抵押权人开始实现抵押权,而导致第二顺位抵押权人提出"要求确认该第一顺序抵押权不存在"之消极性确认诉讼的案件。该判决的判旨认为,原告应当提出的确认请求是"确认自己是第一顺序抵押权人",而不能是"确认第一顺位的抵押权不存在"。换言之,原告应当要求法院作出积极确认而不应是消极确认,因此,原审法院驳回诉的判决是正确的。这是一种严格遵循上述第三个命题的做法,但应当说这一结论并不妥当。在当时,原告应当是为了阻止被告实现其抵押权而提起了本诉讼,并要求确认"被告不是抵押权人",进而可以依据该确定判决来阻止抵押权实现(若对照现行法规定,则是《日本民事执行法》第183条),原告的这一做法无疑是较为简明的。尽管原告也可以提出"自己是第一顺位的抵押权人"之积极确认,并依据胜诉判决阻止被告

〔33〕若考虑到争点效因素,即便是消极性的确认,只要在判决理由中存在"何人是土地所有人"的判断,那么该判断也能产生拘束力。但是,争点效并不是通常发生的效力,而是一种附条件发生的判决拘束力,因此,并不能得出"因为存在争点效就可以承认消极的确认"这样的结论。

对抵押权的实现,但如此一来则过于迂回且不可靠。〔34〕 应当说,这一判决观点过分拘泥于第三个命题,而忽视了对纠纷实际状况的考量(参照新堂,第 242 页;新堂·判例,第 314 页)。总而言之,对于某些案件,可能采用消极性确认的方式较为妥当。最高裁判所昭和 39 年 11 月 26 日判决[载《最高裁判所民事判例集》,第 18 卷第 9 号,第 1992 页以下,收录于《百選Ⅰ》,第 62 号案件(尽管是属于商标法领域的判决)]就转变了判例的这一传统立场。这一案件起因于一个"在毛巾类产品中同时存在两个'三只鹤'商标"的纠纷,在该案件中,原告并未提起"要求确认自己是商标权所有人"的积极确认,而提起要求确认被告的商标权不存在的消极确认之诉,对于此请求,该判决肯定了原告消极确认之诉的诉的利益。〔35〕

总而言之,无论是第一个命题(不是事实,而是法律关系),还是第二个命题(不是过去,而是现在),抑或第三个命题(不是消极的,而是积极的),都只能作为大致的标准,并不具有绝对意义。

此外,尽管作为确认对象的诉讼标的,通常都是原告与被告之间的法律关系,但也不应仅限于此(参照新堂,第 243 页)。因为,为了消除原告地位的不安定,在某些情形下,要求对"原告与第三人之间

〔34〕 依据《日本民事执行法》第 183 条的解释,所谓能够证明"不具有该条第 1 款所指的担保权"的确定判决,不仅是指在判决主文中表明"不具有担保权"的判决,而且法院只在判决理由判断中作出"不具有担保权"之陈述(在判决主文中未表明)的确定判决也属于此,关于此的详细论述,可以参照浦野雄幸《条解民事执行法》,商事法务研究会,昭和 60 年,第 834 页以下等。因此,即便在判决主文作出"原告是第一顺位抵押权人"之判断,在判决理由中还是可以出现"被告不是第一顺位抵押权人"之判断。若在一个"自己是第一顺位抵押权人"的积极确认诉讼中,即便原告基于"被告是后顺位抵押权人"之理由获得胜诉,但这也不能保障在判决理由中会出现"被告不是抵押权人"这样的判断。如此一来,在是否实现"要求被告停止实现抵押权"之原告目的方面,这种积极确认之诉的确是不可靠的。

〔35〕 由于存在两个独立的商标权,因此,即便原告获得"自己一方是商标所有权人"之确认,这种确认与"他方享有该商标权"并无关系,依据这种确认也不能撤销他方享有的商标注册。总而言之,在这一案件中,仅仅获得"自己一方是商标所有人"之积极确认是不充分的。不过,这一案件包含着商标法的某些特殊性,关于这一案件的详细分析,可以参照吉村德重《案例解说》,载《続百選》,第 81 页以下;饭重男《案例解说》,载《百選》(二版),第 114 页以下。

的法律关系”作出确认的诉讼，也可能是有效且妥当的。例如，在发生于两个以上“自称是债权人”之人员间的争议中，原告（其中一个“自称是债权人”之人）可以以其他的“自称是债权人”之人为被告，提出“自己是第三人（债务人）的债权人”的确认诉讼。在这种情形下，原告与被告之间的法律关系并未成为该诉讼的诉讼标的。若将这一命题予以一般化，则可以表述为“原告要求获得现实保护的地位有可能与诉讼标的相分离”。因此，在某些情形下，法院必须从其他视角来考虑如下问题，即针对诉讼标的作出的判决是否具有“使原告要求现实保护的地位得以安定”之作用？对于确认利益存在与否的判断，在某些情况下，法院也应相对脱离诉讼标的之束缚，而基于纠纷实际状况、详细经过等因素予以灵活判决（参照本讲所论及的国籍诉讼就是典型例子）。

4. 应解决纠纷成熟性的观点（是否具有“即时确定”的现实必要）

只有当原告的权利或地位产生不安或危险时，才能认可确认请求的确认利益，而且，原告的这种不安与危险必须是现实存在的。若原告的权利或地位并未处于不安或危险的状态，原告提起的诉讼则无意义，尽管存在不安或危险，但若这种不安或危险是抽象的或者空想的，原告只要在不安或危险处于具体化或现实化的阶段提起诉讼即可。以下，将分成“被告给原告地位造成不安或危险”与“不安或危险的现实性”两部分来分别展开论述（参照新堂，第 243 页）。

（1）对于原告地位造成的不安或危险

通常情况下，当被告否定原告法的地位、被告所主张的法的地位与原告法的地位相抵触时，原告的地位就会产生不安或危险。例如，在原告享有某不动产的登记与占有的情形下，当被告提出“自己是该不动产所有人”之主张时，就可以视为原告的地位产生了不安或危险。即便在被告并未主张自己是该不动产所有人，而主张该不动产属于第三人所有的情形下，也应当肯定原告方提出确认诉讼的利益（关于此的详细论述，可以参照针对“有限公司持分权人”之案件作出的最高裁判所昭和 35 年 3 月 11 日判决，载《最高裁判所民事判例集》,第 14 卷第 3 号,第 418 页以下)。[36]

但是,在某些情形下,即便被告并未对原告法的地位或权利进行争议,也应当肯定原告的确认利益。例如,"要求中断时效""诸如户籍等公簿上的记载存在错误而致使原告真实法的地位无法体现,为了对此进行修改而必须要求法院作出判决"等情形即属于此。在上述这些情形中,被告并未对原告的地位提出争执,但也要肯定原告的确认利益。此外,在《日本民事诉讼法》第 47 条规定的独立当事人参加之情形中,由于应创造"参加人—原告—被告"之三面关系的参加人,应当同时针对原告与被告双方来确立请求,即便参加人对于其中并无特别争议的原告一方或被告一方提出(确认)请求,也应当肯定参加人这种确认的利益(参照新堂,第 243 页、第 718 页)。[37]

---

〔36〕 在一起"对于原告主张自己是所有人的土地,被告主张国家为该土地所有人"的案件中,第一审法院肯定了原告的确认利益,但是,在控诉审中,法院基于"原告有可能在其后以国家为被告另行提起所有权确认诉讼"等特殊因素考虑,并未承认原告的确认利益,关于此的详细论述,可以参照福冈高等裁判所平成 6 年 3 月 31 日判决,载《判夕》,第 858 号,第 257 页以下。

〔37〕 由于判例的观点认为,参加人必须针对原告与被告双方提出请求才能构成独立当事人参加,而这正是因判例上述观点而产生的问题(参照最高裁判所大法庭昭和 42 年 9 月 27 日判决,载《最高裁判所民事判例集》,第 21 卷第 7 号,第 1952 页以下,收录于《百選Ⅱ》,第 174 号案件),不过,经过平成年间的民事诉讼法修改后,由于法律认可了准独立当事人参加(参照新堂,第 710 页),因此,这种状况可能多少已有所改变。

在给付之诉中,即便被告未提出争执,也应当肯定原告的给付之诉的利益(参照本讲的相关论述),因为,这是基于给付之诉所固有的"纠纷解决的紧迫性"之根据的结果。在确认诉讼中,如果该诉讼的确认对象属于基本权利,那么也应当可以赋予其与给付诉讼相同的对待与考虑。例如,原告提出了"自己是所有人"的确认之诉,而被告对此立即表示承认,在这种情形下,法院并不是因为其没有确认利益而驳回诉,而是与给付之诉一样,将其作为承认请求(或者认诺请求)的情形予以对待,不过,在诉讼费用方面,可以考虑由原告方承担。

不过,东京地方裁判所平成 3 年 8 月 28 日判决(载《判夕》,第 777 号,第 213 页以下)否定了占有权的确认利益,作为这一判旨的根据,该判决认为,由于被告对原告的占有并未提出争议,因此,仅仅通过占有权确认并不能消除原告法的地位之不安定(而应当行使占有诉权)。应当说,这是基于占有权与所有权之间差异而得出的结果。

从判例的状况来看，不少判例往往在考虑“对方当事人是否提出争执”这一问题之前，先对“原告原本是否具有应予以保护之法的地位”之问题作出判断，这一点在身份关系诉讼中表现得尤为明显。〔38〕 最高裁判所昭和 31 年 6 月 26 日判决（载《最高裁判所民事判例集》，第 10 卷第 6 号，第 748 页以下）认为，当户籍上存在非基于原告意思的协议离婚申请时，原告提起的确认该协议离婚无效请求具有诉的利益，而且，当原告具有要求与被告进行裁判上离婚之意思时，原告提起的诉讼也同样具有诉的利益。既然原告要求与被告进行离婚，那么只要协议离婚的户籍登记维持现状不变，该户籍登记也能反映出“离婚”之实际状态，尽管如此，原告仍然可以提起“不能接受协议方式离婚”之诉（肯定原告提起的诉讼具有诉的利益）。〔39〕 此外，最高裁判所昭和 62 年 7 月 17 日判决（载《最高裁判所民事判例集》，第 41 卷第 5 号，第 1381 页以下，收录于《百選Ⅰ》，

〔38〕 关于婚姻无效或收养关系无效究竟是确认之诉还是形成之诉，这还是一个争议较大的问题。对于此问题，尽管并未进行深入的论述，不过山木户教授直接指出，若从简便的角度来考虑，那么应当在确认利益之层面来对这两种情形展开论述，参照山木户克己《人事诉讼程序法》，有斐阁，昭和 33 年，第 14 页以下。关于人事诉讼中的诉的利益问题，上北教授展开了详细的论述，参照上北武男《形成诉讼中的诉的利益——基于人事诉讼中利害关系人的权利或法的地位之视角》，载《同志社大学法学》，第 44 卷第 6 号，平成 5 年，第 884 页以下。

〔39〕 判例的做法是，当原告提起离婚之诉时，被告也可以提起要求离婚的反诉。在这种情形下，尽管都是同一夫妻之间的离婚请求，但由于分别是原告提起的请求与被告提起的请求，因而两者的诉讼上请求（诉讼标的）不同。不过，对于这种情形，也有下级审法院的判决认为，无论是原告还是被告都要求进行离婚，并且存在“婚姻关系难以存续”之重大事由（《日本民法》第 770 条第 1 款第 5 项），因而法院可以直接作出承认请求之判决。对于此见解，也有一种颇具影响力的反对观点认为，当一方当事人以另一方当事人“不贞”为由来提起离婚诉讼时，就不能作出这样的处置，关于此的详细论述，可以参照吉村德重、牧山市治编《注解人事诉讼程序法》（修订版），青林书院，平成 5 年，第 117 页以下（小岛武司、山城崇夫执笔）。应当说，在采用有责主义的婚姻法中，这种反对论的观点颇具合理性。

总而言之，之所以让当事人对提出的请求必须明确到“由何方当事人提出”之程度，可以说是完全根源于法律对于在身份关系诉讼中每一个行为之真实性的重视与强调。在后述的“即便收养关系是无效的，仍然承认原告具有解除收养关系无效的确认利益”的情形，也同样反映了这一原则。

第 11 号案件)也认为,在原告提起确认收养关系无效之诉时,即便被告提出“作为解除收养关系之基础的收养关系是无效的”之主张,原告仍然具有确认的利益。如果收养关系真的无效,那么即便“解除收养关系”被认定为无效,最终还是无法维持收养关系,因此,纵使法院作出“解除收养关系”无效之判决,养子的地位仍然无法恢复。尽管如此,该判决还是认为,在确认“解除收养关系”无效之诉中,法院并不对“收养关系是否有效”之问题进行审判。〔40〕在这两起案例中,假设事实的确如原告所主张的那样,那么“原告通过该诉讼来获得胜诉”与“不承认诉的利益而驳回原告的起诉”这两种处理的结果是一样的。换言之,在前者中即便婚姻关系宣告被解除,在后者中“养子的地位无法恢复”之最终结果也不会改变。〔41〕不过,判例因考虑到“存在更正户籍的必要性”而肯定其诉的利益。应当说,判例之所以承认这种诉的利益,不仅基于单纯的“存在更正户籍的必要性”之考虑,而且也应当考量如下重要因素,即对于作为人之基本的每一个身份行为真实性予以探究,并将每个此种行为忠实地反映到户籍登记上。

关于确认遗嘱无效的最高裁判所昭和 56 年 9 月 11 日判决(载《最高裁判所民事判例集》,第 35 卷第 6 号,第 1013 页以下)则颇具某种微妙意味。在该案件中,继承人共有 9 人,而按照遗嘱的内容,其中 5 人没有被分配财产,于是该 5 人中的 2 人以被分配财产的 4 名继承人为被告提起了确认遗嘱无效之诉。在该诉讼中,被告方提出了“原告方属于特别受益人(参照《日本民法》第 903 条),其具体的继承份为零,因此本案并不具有确认的利益”之主张。如果原告的具体继承份真的为零,那么纵使该遗嘱被确定为无效,并依此按

---

〔40〕 中岛弘雅《关于最高裁判所昭和 62 年 7 月 17 日判决的判例释评》,载《民商》,第 98 卷第 4 号,昭和 63 年,第 501 页以下。

〔41〕 这一点正好与在财产关系诉讼中同样问题的处理形成鲜明对比。例如,Y 所有的某不动产之所有权登记的登记原因存在错误,但只要通过其他原因就能表明该不动产所有权归 Y 享有,那么(即便是登记原因存在错误)是否允许 Y 提起诸如撤销登记等诉讼呢?由于 Y 具有该不动产的所有权正确的记载,故不能承认这种诉的利益。

照法定的继承份进行财产分割,原告仍然无法分配到财产。不仅如此,若遗嘱被认定为无效,则在已经依据遗嘱获得财产的继承人之间也须重新分割财产,如此一来,容易造成“不当介入他人之间权利关系”的结果。在本案中,正是“原告是否具有这种程度之实体上法的地位”之问题,构成了决定是否具有确认遗嘱无效之诉的利益时需考量的因素,而对于“具体的继承份是否为零”之问题,判决的判旨则认为,只要在其后的遗产分割时对此进行考虑即可,而无须在确认遗嘱无效之诉中作出判断(因此,肯定本案的确认利益)。

那么,是否可以说,从其他方面来看,这一判决(肯定原告提起的诉讼具有确认利益)都能获得肯定呢?具体分析如下:第一,确认遗嘱无效之诉属于地方裁判所管辖的诉讼,但纵使地方裁判所对作为其诉讼要件之确认利益的“是否享有具体继承份”之问题作出了判断,该判断也不能拘束负责遗产分割的家事裁判所,家事裁判所仍然可以另行作出判断,也即本判决并未突破“是否享有具体的继承份”之问题应当专门由家事裁判所(而非地方裁判所)作出判断这一规则,因此,从法院权限来看该判决可以获得肯定。的确,这一点构成了一个论据,但应当说这只是一种消极论据。第二,即便原告没有具体的继承份,但“其仍然是继承人”之结果不会改变,因此,作为继承人地位而言,原告享有介入“遗嘱是否有效”之问题的权限,因此从这一角度来说,这一判决也可以获得肯定。这可以说是一个积极论据,而且具有相当的说服力。但是,如此一来就会面临如下这一更为基本的问题,即既然原告等人具有继承人的地位,那么为何能在不享有具体利益前提下介入遗嘱中呢?对于此问题,恐怕就不得不作出诸如“作为被继承人意思体现者之一的继承人享有明确被继承人意思之权限”这样的解释。第三,尽管遗产分割程序应当对应于具体的继承份来进行,但继承人之间的赠与活动也应当是适法的,因此,即便是具体继承份为零的继承人也有可能参加到遗产分割程序中,即可能作为补偿而接受其他(有具体的继承份)继承人的赠与。这是一个基于具体利益视角展开论证(该判决可以获得肯定)的论据。但是,由于这仅仅是“可能意义上存在的”赠与,因而这不过是一种事实上的利益或期待。的确,正如前面国籍诉讼中所论述的,在某些情形下,当存在事实上的利益或期待时,应当肯定其确认利益。但若效仿国籍诉讼,在考虑其确认利益之际,必须对"该案件是否存在赠与之盖然性"之因素予以考量(尽管国籍诉讼的判决未在其判决文中探讨其盖然性,但事实上确实存在这样的客观情势)。如此看来,在这一案件中,仅依据某一个"允许原告提起确认遗嘱无效之诉的论据"是不充分的,概言之,只有综合这三个论据才能肯定这种情形下原告提起诉讼的确认利益。〔42〕

(2)原告不安或危险的现实性

原告的不安或危险应当具有现实性,且必须是现在的不安或危险。对于将来之法的地位,一般而言,只有其法的地位在将来真正出现问题时原告才有必要进行诉讼,而且,将来的事态进展往往是不确定的,即便法院对将来的事态预先作出判决,但只要事件存在其他进展,那么所作的判决就会变得毫无意义。因此,一般而言,在现时点对于将来的法律关系之确认,并不具有确认的利益。〔43〕但是,正如"对于过去法律关系之确认不具有确认的利益"之第一命题不具有绝对意义一样,若对于将来法律关系进行先行确认具有适当的理由与根据,也应允许当事人提起确认诉讼(具有确认的利益)。例如,当正在计划使用某种制作方法来建设工厂的某公司被其他公司提出"该公司的制作方法侵害了其专利权"之主张时,应允许该公司提起确认侵害专利权不存在之诉(要求对"将来即便通过该制作方法制造、销售,也不会侵害被告公司的专利权"予以确认),并获得判决。因为,若不允许原告提起这种确认之诉,被主张"侵害专利权"一方当事人就会在决定公司命运"是停止还是继续实施工厂建设"之抉择上让自己处于不利地位,这种结果对于该方当事人不免

〔42〕 高桥宏志《关于最高裁判所昭和56年9月11日判决的判例释评》,载《法協》,第100卷第1号,昭和58年,第187页以下;小山升《确认遗嘱无效诉讼的诸问题》,载小山·著作集(第八卷),第126页以下。

〔43〕 小山,第240页以下;注解民訴(第六卷、第二版),第112页以下等表明了这一观点。

过于苛刻。〔44〕但是,主张专利权方又不存在紧迫的不安或危险,因此,一般而言,该方当事人不具有"确认侵害专利权"之诉的利益。因为,只有在将来纠纷更为成熟的阶段,即从该制作方法被使用(或即将被使用)之阶段开始,该方当事人才能提起停止侵害或损害赔偿之诉。持这一态度的判例(在纠纷未成熟阶段否定确认利益)可以见之于最高裁判所昭和30年12月26日判决(载《最高裁判所民事判例集》,第9卷第14号,第2082页以下,收录于《百選Ⅰ》,第63号案件)。在该案件中,某一推定继承人在被继承人健在(尚未死亡)阶段就要求确认被继承人与第三人之间的土地买卖合同无效,该判决否定了其确认利益。具体而言,该判决认为,推定继承人仅

〔44〕 条解,第808页(竹下守夫执笔)。

野村秀敏《纠纷的成熟性与确认利益(一)—(八)》(载《判時》,第1213—1232号,昭和62年,收录于野村秀敏《预防性权利保护研究》,千仓书房,平成7年,第217页以下)通过对日本、德国、法国以及美国的相关判例及学说展开广泛研究,在此基础上就"纠纷的成熟性与确认利益"之关系展开充分论述。该论文主要内容概括如下:在高度复杂化的现代社会中,因法律关系不明确导致产生重大的经济与社会损害,为了尽早消除这种弊端就应当灵活运用确认诉讼的预防功能。在美国的判例中,多可以见到"确认不存在侵害专利权诉讼"与"确认不存在支付保险金义务诉讼"(若按照美国法的说法,这就是所谓的"宣告性判决")。此外,相对于美国状况,法国的法院则存在"更早期肯定纠纷之成熟性"的倾向,即即便原告的不安或危险尚还处于原告主观认识程度,也认可"原告向被告提出质问,被告必须作出回答"之诉的利益,而美国对于确认利益的认可则尚未达到这种程度。野村说自身则认为,若原告的不安或危险仅处于主观程度,恐怕还不足够,相反,若在这种程度就认可"作为私人之原告可以向同样是私人的被告进行质问"之诉的利益,则不免显得"过分"。换言之,野村教授赞成美国法的立场。在作出以上论述后,野村教授主张,应当在参考美国法专利关系案件基础上,探求日本法中有关确认利益判断的详细因素。如此一来就形成如下之结论,即须以个案(case by case)方式来对确认利益存在与否作出判断。

而且,野村说还认为,与将来法律关系的确认一样,针对抽象法律关系的确认利益也应予以肯定,因为,将来法律关系的确认之对象往往是非现实存在的抽象法律关系。例如,当事人要求预先对"关于就业规则是否有效"作出确认而提起的诉讼,即属于此。不过,野村说自身也否定"要求确认自卫队违宪之诉"的确认利益,因为,在这种确认请求中,对于抽象法律关系的确认,已经超越了确认利益问题的范畴,而关系到"法院是否可以脱离具体案情就法律问题作出劝告性意见(咨询性意见)"这一司法权应然状态问题。总而言之,相对于将来法律关系的确认而言,抽象法律关系之确认应当受到更多的限制。

仅享有“在将来全括地继承被继承人权利义务”的期待权,就现阶段而言,推定继承人当然不能享有属于被继承人的个别权利。此外,遗嘱人在其生前不能对遗嘱中的继承人提起确认遗嘱无效之诉(不具有确认的利益)[持这种观点的判例及学说可以见之于最高裁判所昭和 31 年 10 月 4 日判决,载《最高裁判所民事判例集》,第 10 卷第 10 号,第 1229 页以下;新堂幸司《民事诉讼法研讨》,载《法学教室》(第二期),第 1 号,昭和 48 年,第 181 页以下]。[45]

---

〔45〕 野村教授对于“仅仅依据将来的法的地位之理由来否定推定继承人确认利益”之观点表示了反对意见。但反过来,野村教授又对该判决的结论表示赞同,其之所以认为推定继承人没有确认利益的理由在于“被继承人可以自由对自己财产作出处分,反过来说,推定继承人所具有的地位不过是一种事实上的期待性利益而已,被继承人可以自由剥夺推定继承人的这种地位”。而且,遗嘱人之所以对于自己的遗嘱没有确认利益,并非因为“这种确认对象属于将来的事物”,而是因为遗嘱人具有诸如“自由撤销遗嘱”“制作新的遗嘱”等其他适当的手段。因此,在遗嘱能力发生争议、主张遗嘱内容违反公序良俗等情形中,一方面遗嘱人无法通过制作新遗嘱等其他方式作出处理,而且,被继承人对自己死亡后自己财产归属产生的不安或危险也需进行消除,因此,应当肯定其确认利益,参照野村秀敏《纠纷的成熟性与确认利益(八)》,载《判時》,第 1232 号,昭和 62 年,第 14 页以下,收录于野村秀敏《预防性权利保护研究》,千仓书房,平成 7 年,第 386 页以下。

的确,在否定确认利益的论述方面,“在继承实现之前,推定继承人不一定健在”“在继承实现之前,推定继承人有可能欠缺或被剥夺继承资格”等时间性理由的成立,似乎并不具有太高盖然性,因而以此为由的观点也不具有充分的说服力。如此一来,为了否定“推定继承人提起的诉讼”之确认利益,就有必要从诸如野村说等学说所主张的“推定继承人无法限制被继承人作出的处分,因而也没有要求第三人将财产返还给被继承人(不满足债权人代位的要件)之实体权利”之观点中来寻求论据。不过,纵使继承人所作出的财产处分是无效的,但是否就能够作出这样的断言呢?对此恐怕还是存在若干疑问。例如,被继承人进行的买卖真的是无效的,被继承人当然能够取回财产,而且,在继承实现后,(推定)继承人也应可以收回该财产。新堂教授也对此提出了如下的质疑,参照新堂,第 244 页以下。如果在现在没有确认判决的利益,难道在将来就会有确认的利益吗?不过,从另一角度来看,如果将来是较为遥远的“将来”,那么第三人从被继承人处取得的财产就会因取得时效届满而使推定继承人无法取回该财产。如此一来,这就不是单纯的“在现在起诉为时过早,而可以在将来提起诉讼”之问题。因此,纵使被继承人在生前实施了无效买卖的行为,但实体法并未赋予推定继承人要求第三人将财产返还给被继承人的权限(诸如债权人代位权那样的权限),而作为其反射效果,即到了将来,在继承人可以提起诉讼之阶段,又可能因“第三人的取得时效届满”“时间过长无法进行证据收集而导致的证据不充分”等原因而造成继承人败诉。因而,

此外,关于所谓的"确认债务不存在之诉具有攻击性"之问题,

为了能够协调这种矛盾,对于种种实体法规定的要求,不得不进行适当地"打折"。

综上所述,这并非纯粹"起诉是否为时过早"这一纠纷成熟性中的时间要素问题,就其实质而言,与其说是"B 原告的不安或危险是否具有现实性",毋宁说更接近于"对于 A 原告之地位是否造成不安或危险"(原告是否具有值得保护的法的地位)之问题,因为,这一问题涉及原告法的地位之实体法评价。关于此的详细论述,可以参照野村秀敏《纠纷的成熟性与确认利益(八)》,载《判時》,第 1232 号,昭和 62 年,第 14 页以下,收录于野村秀敏《预防性权利保护研究》,千仓书房,平成 7 年,第 386 页以下。

从下述这些判例来看,也能证实上述结论(这并非"起诉是否为时过早"的时间问题,而是涉及对原告实体法地位评价的问题)。首先是大阪高等裁判所平成 4 年 5 月 27 日判决,载《判夕》,第 803 号,第 251 页以下。在该诉讼中,作为第三人的原告以收养方为被告提起确认收养关系无效之诉,该原告是被告的第五亲等的血亲,而且,被告还制作了"将自己全部遗产赠与原告"的遗嘱,在这种情形下,大阪高等裁判所的该判决还是承认原告具有在被告(收养方)健在期间提起确认收养关系无效之确认利益。其次,对于一起生父提起的要求确认孩子与户籍登记上的父亲之间"不存在亲子关系"的诉讼,仙台高等裁判所平成 5 年 11 月 30 日判决(载《判夕》,第 868 号,第 246 页以下)认为,当孩子与户籍登记上的特别收养关系成立后,生父并不具有提起确认之诉的利益,因为,在这种情形下,生父对于该孩子没有认领的可能性(不过,最高裁判所平成 7 年 7 月 14 日判决,载《最高裁判所民事判例集》,第 49 卷第 7 号,第 267 页以下,对于该判决则作出了"撤销原判决并发回重审"的处理)。再次,对于一起推定继承人在遗嘱人尚还健在时就以遗嘱人与遗嘱继承人为被告,提起的要求确认陷入老年痴呆状态的遗嘱人作出的公证遗嘱无效之诉,最高裁判所平成 11 年 6 月 11 日判决(载《判時》,第 1685 号,第 36 页以下)以该诉不适法为由作出驳回诉之判决(否定其确认利益)。不过,对于一起要求确认"某财产属于《日本民法》第 903 条第 1 款规定的特别受益人继承财产"的诉讼,东京高等裁判所平成 2 年 10 月 30 日判决(载《判時》,第 1368 号,第 70 页以下)尽管也作出了驳回诉之判决,但其判决理由认为,所谓的"特别受益人的继承财产"只有在作为遗产分割的前提概念时才具有意义,其并非私主体之间独立权利义务的客体,因而对此的确定属于非讼案件。如果从原告之法的地位来看,也可以对此做出如下解释,即这种确认不过是中间性、过渡性争议,故并非成熟的纠纷,进而不能承认其确认利益,这一判决的观点也被最高裁判所平成 7 年 3 月 7 日判决(载《最高裁判所民事判例集》,第 49 卷第 3 号,第 893 页以下)所维持。此外,最高裁判所平成 12 年 2 月 24 日判决(载《最高裁判所民事判例集》,第 54 卷第 2 号,第 523 页以下)也否定了当事人提出的关于确认具体继承分之诉的确认利益。

除这一问题之外,关于确认利益(其他问题)的判例概况介绍,可以参照谷口安平、井上治典编《判例释评民事诉讼法第四卷》(新版),三省堂,平成 6 年,第 80 页以下(山本克己执笔)。

也可以从纠纷成熟性的观点来展开论述。在确认债务不存在的诉讼中,债务人是原告,而债权人成为被告。而且,证明责任的负担基于“债权人与债务人”(非原告与被告)之视角展开分配(参照本书“第十四讲　证明责任　二、证明责任的注意点”部分的相关论述),因此,作为债权人的被告对于债权发生事实负有证明责任,如此一来,作为被告的债务人就无法主动选择时期,故处于一种迫于进行诉讼(对债权发生事实进行主张及举证)的状态,正因如此,确认债务不存在诉讼具有“强制起诉功能”,或者具有先发攻击(先发防御)之性质。例如,当发生一起交通事故后,加害方(债务人)在受害方(债权人)未准备好证据的较早时期内,就以受害方为被告提起“确认损害赔偿债务不存在之诉”,在这种情形下,尽管受害方享有损害赔偿的实体权,但也可能因证据不足而败诉。作为防止这种强制起诉功能被滥用的对策之一,法律对于这种“确认不存在之诉”规定了更严格的确认利益之要件,并考虑让原告(债务人)就“因被告主张债权而给其造成何种不安或危险”作出积极阐明。〔46〕 从实务的状况来看,东京高等裁判所平成 4 年 7 月 29 日判决(载《判時》,第 1433 号,第 56 页以下)也以此对策作为问题展开了详尽论述。具体而言,第一审判决认为,被害方与加害方对于损害额的认识往往存在差异,对于“虽当事人抱着消除这种差异之诚意进行协商但仍然无法达成协议”,或者“加害方抱着诚意与受害方进行协商,但受害方仍然不让步”而提起的确认债务不存在诉讼,就必须将“存在确认利益”作为确认债务不存在之诉的起诉要件,由于在本案件中,原告并未对这种确认利益进行主张及举证,因而法院作出了驳回诉的判决。但在控诉审中,法院撤销了该一审判决,其理由在于,第一审法院对于“确认利益的存在与否”之问题未穷尽充分的审理,就一般论而言,在“被告人症状未确定”以及“当事人之间的协商或交涉正在持续,并且这种持续不会构成解决纠纷的障碍”等情形下,应当不承

〔46〕 奈良次郎《关于消极的确认之诉》,载《民訴雑誌》,第 21 号,昭和 50 年,第 65 页以下;浅生重机《确认债务不存在诉讼》,载新実務民訴,第 363 页以下。

认原告的确认利益。不过,从控诉审判决的口吻来看,似乎对于“在上述这些情形下否定原告确认利益”之做法还是持慎重态度。无论这一案件的结论是否妥当,一般而言,应当期待通过确认利益的调整在控制这种确认债务不存在诉讼,进而使其能够发挥应有的作用(东京高等裁判所平成9年7月24日判决,载《判時》,第1621号,第117页以下,通过作出肯定确认利益的中间判决来应对这一问题)。关于这一问题的论述,也可以参考坂田宏《关于确认金钱债务不存在诉讼的一点考察》(载《民商》,第95卷第6号第818页以下、第96卷第1号第66页以下,尤其是77页以下)这一文献。〔47〕

五、形成之诉的利益

形成之诉是因实体法需要而个别地、具体地设置规定的诉讼类型,因此,当(原告)能够提起符合这种个别化规定要件的诉讼时,原则上该诉讼具有诉的利益。不过,形成之诉中也例外地存在“使法律关系发生变动之意义丧失”或者“在起诉后,诉讼因显得事后性而变得无意义”等情形(参照新堂,第244页)。最能体现这种例外状况的情形当属行政案件,最高裁判所大法庭昭和28年12月23日判决(载《最高裁判所民事判例集》,第7卷第13号,第1561页以下,收录于《百選Ⅰ》,第71号案件)就是这一方面的典型判例。在这一案件中,原告(国民)准备在皇宫外的广场上举行“五一劳动节”的庆祝活动,因此向被告(行政机关)提出了“使用皇宫外广场土地”的申请,被告对于原告的这一申请,作出了“不允许使用皇宫外广场土地”之处分,于是原告提起了撤销该“不允许使用土地”处分的诉讼。第一审法院作出了承认请求的判决,但是到了控诉审阶段,诉讼上还处于系属中,就已经过了五月一日。在这种情况下,纵使控诉审法院作出撤销“不允许(在五月一日)使用皇宫外广场之土地的处

---

〔47〕　松下教授也认为,作为一般论而言,对于确认交通事故之损害赔偿债务不存在诉讼,应当要求以更严格的确认利益,参照松下淳一《关于东京高等裁判所平成4年7月29日判决的判例释评》,载《ジュリ》杂志临时增刊——《平成四年度重要判例解说》,有斐阁,平成5年,第143页以下。

分”的判决,原告也无法在节日里使用该广场,因此,控诉审判决认为,撤销“不允许使用之处分”之诉的利益已经丧失。从确保行政适法性的角度来看,这一判决似乎存在问题,[48]但从诉的利益之角度来看,应当说这是一种较为直接的处理方式。

除了行政案件外,在作为一般民事案件的“撤销股东大会决议诉讼”中,也存在一系列关于这一问题的判决。以下就其中较为典型的三个判决来展开论述。第一个判例是最高裁判所昭和45年4月2日判决(载《最高裁判所民事判例集》,第24卷第4号,第223页以下,收录于《百選Ⅰ》,第79号案件)。这是一起撤销“关于选任公司管理层的股东大会决议”的诉讼,第一审法院作出承认请求的判决,但在控诉审系属中,基于该协议被选任的所有董事因任期届满而退任,而且,公司又通过另一次股东大会选任出新的董事。在这种情形下,纵使控诉审法院撤销这一选任公司董事的决议,旨在“排除这些董事”的判决结果已经变得毫无意义。对于控诉审的判决结果(认为原告不具有诉的利益),原告认为,尽管被告现在已经不是董事,但只要法院作出撤销该决议的判决,那么被告就变成无董事资格之人,进而可以向其追究责任,因而“撤销该违法的股东会决议”还是具有实际意义。原告以此为由提起了上告,最后的上告审判决认为,只要不存在特别事由,撤销“业已退任董事的选任决议”就没有实际的意义,故本案件欠缺诉的利益。

那么,究竟该如何评价这一判决呢?在这一案件中,原告曾提出“撤销选任决议还具有追究董事责任的实际意义”之主张,应当说,从法律论视角来看,撤销该选任董事决议并非“追究董事责任”的必须要件。因为,如果仅仅由于选任决议存在瑕疵,而让被选任股东

[48] 受德国行政法院法的启发,松本教授主张,在撤销行政处分的诉讼中,当作为撤销对象的行政处分在诉讼中途失效时,当事人可以将“撤销(行政处分)诉讼”变更为“确认行政处分违法诉讼”,参照松本博之《撤销行政处分诉讼中的撤销对象与诉的利益》,载《法学杂志》(大阪市立大学),第19卷第3·4合并号,昭和48年,第591页。而且,对于本案件,松本教授也认为,法院可以作出确认“不允许使用之处分构成违法”之判决(参照同文第610页以下)。

对其在任中的行为承担侵权行为责任,那么就法律论而言不免显得过于严格,而若要追究这些董事于《日本商法》第266条以下规定的董事责任,也只有在满足各个法律条文规定之要件的前提下才能追究其责任,而撤销选任决议并不属于其中要件之一。总而言之,“董事选任决议的瑕疵”与“追究董事在任中责任”应当被理解为两个不同问题。而且,反过来说,即便法院撤销了该董事选任决议,进而产生溯及效,但也决不能说,该“董事”所作出的每个社团法上或交易法上行为就会因适用表见法理而当然被认定为无效,进而限制该行为的效力。而且,当该“董事”业已实际从事过董事之工作时,董事选任决议瑕疵也不意味着该“董事”所获得的报酬应当作为不当得利而当然返还给公司。从上述种种论点来看,认为“撤销业已退任之董事的选任决议是一种没有实际意义的行为”的判例观点,应当予以赞成。〔49〕

但是,与这种观点形成鲜明对比的另一种反对这一判决的见解认为,撤销股东大会决议之诉是一种旨在保障公司运营适法性的诉讼,因此,只要公司运营存在不适法之处,就存在撤销决议之诉的利益。换言之,撤销股东大会决议诉讼的目的,并不在于因撤销判决

---

〔49〕 主张这种观点的文献,可以见之于竹内昭夫《判例商法1》,弘文堂,昭和51年,第179页以下(第23号案件);鸿常夫《公司法判例百选》(新版),有斐阁,昭和45年,第111页以下。就其实质而言,可以说这是一种“撤销决议判决不产生溯及效”的立场(就严格意义而言,是一种“根据每个问题使溯及效相对化”的立场)。前田教授也主张溯及效否定说,参照前田弘雅《撤销决议之诉中诉的利益灭失》,载北泽、浜田编《商法的争点第一卷》,有斐阁,平成5年,第125页。与此相对,铃木教授认为,撤销决议判决具有溯及效,因此对于那种认为“诉的利益原则上发生灭失”之判决观点应当予以否定,参照铃木正裕《判例解说》,载《続百選》,第83页以下;铃木正裕《诉的利益》,载《ジュリ》杂志第500特刊号——《判例展望》,昭和47年,第341页以下,尤其是第343页等。此外,条解,第718页以下(竹下守夫执笔);小山,第244页以下等也表述了相同的观点。大龙儿教授对这一倾向的观点展开了充分的论述,参照大龙儿《关于最高裁判所昭和45年4月2日判决的判例释评》,载《判評》,第338号(《判時》,第1221号),昭和62年,第213页以下。

如此一来,这就可以归结为如何看待撤销决议判决效果之问题。在此,姑且采用鸿常夫、竹内昭夫等所主张的“溯及效限定说”立场,以便与后述的谷口说、新堂说等形成对应。

而带来的具体性"实际意义",而在于确保公司适法且适当运营之利益。正因如此,公司股东大会一旦作出不适法决议,该决议必须被撤销,由此使公司的运营得以健全化。换言之,撤销股东大会决议之诉具有一般性预防效果。应当说,相较于这种一般性预防效果,"诉讼必须具有具体性实际意义"的衡量因素就显得较为次要。若从原告股东权利视角来对此予以构成,则这种诉的利益之根据就变为,股东要求董事遵循法律或章程来运营业务的权利,在股东的这种权利遭到侵害时,股东基于此权利提起的诉讼应该是适法的(该诉讼也符合诉的利益之要件)。〔50〕 此外,还存在一种介于上述两种截然对立观点之间的中间性见解。这种观点认为,就法的理论而言,股东提起撤销选任董事决议之诉并非追究董事责任的必须要件,但从事实上看,在"追究因该有瑕疵之决议当选董事责任的诉讼""对公司造成损害赔偿等诉讼(第二个诉讼)"中,在举证方面,"撤销选任董事决议"又成为一个对原告有利的证据。而且,从诉讼经济视角来看,当双方当事人关于撤销决议的攻击防御已经达到相当程度时(例如,将近控诉审的结案阶段),法院作出驳回诉的判决

〔50〕 主张这种观点的文献,可以见之于谷口安平《关于最高裁判所昭和 45 年 4 月 2 日判决的判例释评》,载《民商》,第 54 卷第 2 号,昭和 45 年,第 61 页以下;谷口,第 129 页以下;中岛弘雅《撤销股东大会决议诉讼的功能与诉的利益(一)—(三)》,载《民商》,第 99 卷第 4 号第 439 页以下、第 99 卷第 5 号第 599 页以下、第 99 卷第 6 号第 785 页以下,平成元年。

谷口安平教授对于此问题曾作了如下论述:撤销股东大会决议诉讼之诉的利益,并非个别的、具体的利益,而是公司成员,尤其是股东作为股东享有的,旨在保障公司运营适法性的治理介入权。换言之,这种诉讼并不是以维护股东个人利益作为其直接目的,而在于维护股东对于"公司内部关系适当且适法运用"而享有的一般性利益……该判例之所以强调"撤销决议之诉应当具有具体的实际意义"这一点,想达到"禁止股东对公司滥诉"之目的可能是其中原因之一。但纵使如此,判决也应当明确阐明这一理由,并以此来否定诉的利益。而单纯以"没有具体的实际意义"为由来否定诉的利益之做法,应当只限于诸如公司解散后设立无效之诉等情形。中岛说则更彻底贯彻"撤销股东大会决议之诉的目的在于保障公司运营之适法性"之理念,因此,对于以没有实际意义为由来否定诉的利益之判例观点,中岛说持更强烈的反对态度。而且,中岛说还进一步主张,被撤销选任决议的"董事"在任职期间所获得的报酬及其他费用,应当作为不当得利返还给公司,在这一点上,中岛说也不同于前述的竹内说等观点。

反而使此前积累的攻击防御归于无用,因此,让法院继续作出本案判决(不仅限于承认请求判决,当然也包括驳回请求判决)的做法,这可能也符合“业已穷尽各自攻击防御”当事人的期待,反之,若双方当事人的攻击防御尚未积累到一定程度(程序并未进展到相当阶段),法院则可以就此驳回诉。应当说这是一种“根据程序具体展开状况来考虑诉的利益”的观点[参照新堂幸司《撤销股东大会决议之诉》,载铃木(竹)、大隅兼修,上柳、鸿常夫、竹内昭夫编《公司法演习第二卷》,有斐阁,昭和 58 年,第 82 页以下,收录于新堂·基础,第 405 页以下]。[51]

那么,究竟如何来评价上述种种不同倾向的观点呢?作为理论观点来看,第二种的适法性保障说显得颇具激进性且富有魅力,不过,在作为私益性纠纷的股东大会决议关系诉讼中强调“适法性保

---

〔51〕 若撤销判决的实际意义仅在于“便于第二个诉讼之举证”,撤销判决的形式意义就相对趋于淡化,因此,毋宁采用前述松本说所主张的“当事人可以将其变更为确认决议违法诉讼”的观点。不过,若基于行政诉讼来考虑的松本说,原则上所有(无论是行政行案件还是民事案件)的诉讼都可以适用这种观点,但是,作为一般民事诉讼,没有必要全括性地认可这种变更,因此,只要采用新堂说所主张的“只有当诉讼程序进展到相当程度时才能变更”的观点即可。梅本教授也表达了相同观点,参照梅本吉彦《判例释评》,载《昭和四九年度重要判例解说》,有斐阁,昭和 50 年,《民事诉讼法》第 6 号案件,第 124 页以下。

如果第二个诉讼并非追究公司责任的诉讼,而是追究“使有瑕疵的决议得以产生”的常务董事等人员责任的诉讼,那么被告当事人与第一个诉讼的当事人是不同的。如此一来就产生如下一系列问题:(1)在第一个诉讼中是否也可以以公司为被告?(2)当事人是否可以变更为常务董事?(3)公司在第一个诉讼中所获得的判决之效力是否及于第二个诉讼的常务董事?(4)因在举证上比较容易,故与判决效扩张不同,是否可以不考虑两个诉讼之当事人的差异?(5)而且,一个更为根本的问题在于,如何判定攻击防御是否积累到相当的程度?对于“案件是否接近终结阶段”(“攻击防御是否积累到相当的程度”)的问题,最了解的应当是法官,因而,可以将这一问题委诸法官的裁量性判断。但如此一来,也必须料想到后揭注(59)中山本弘教授提出的严厉批判。此外,对于“能否因为举证方便而认可诉的利益”之问题,正如后述的第三个判例所认为的,应当否定其诉的利益。总而言之,新堂说一方面趋于灵活化,但也因为这种灵活性也产生了某种程度的不安定性。

障”，似乎在观念上又稍显“过头”，[52] 而且，即便基于这种学说立场，也仍然存在不具有诉的利益之例外情形，但这种学说对于这种例外情形的说明似乎稍显晦涩。[53] 因此，对于此问题较为合理的见解应当是，以第一种的实际意义说为基础，在某些情况下，适当发

---

〔52〕 新堂教授对于“适法性保障说”提出了，“撤销决议的效果是否产生合并无效之效果呢？如果脱离诸如‘只要决议不被撤销是否就无法追究董事的责任’等问题，那么‘保障团体公正意思之决定方法’在实际上是否就变得不可行了呢？是否存在适合于司法机关可操作的其他对策呢？”等的质疑，参照新堂幸司《撤销股东大会决议之诉》，载铃木（竹）、大隅兼修，上柳、鸿常夫、竹内昭夫编《公司法演习第二卷》，有斐阁，昭和 58 年，第 91 页以下，收录于新堂·基礎，第 412 页以下。此外，岩原教授也认为，适法性保障说的确是一种易于理解的观点，但撤销决议诉讼毕竟是一种私人间的纠纷解决方式，对应这种纠纷的解决对策，应当具有具体纠纷解决之效果，而适法性保障说并未赋予诉讼这种效果，参照上柳、鸿常夫、竹内昭夫《新版注释公司法第五卷》，有斐阁，昭和 61 年，第 337 页以下（岩原绅作执笔）。

〔53〕 如前所述，谷口说认为，在公司解散后的设立无效之诉中，法院可以以没有实际意义为由来驳回诉（铃木教授认为，这是一种形成判决没有溯及效的情形，参照铃木正裕《诉的利益》，载《ジュリ》杂志第 500 特刊号——《判例展望》，昭和 47 年，第 341 页以下），因此，即便基于这种学说的立场，也可能存在上述的没有诉的利益之情形。不过，这种诉被驳回（没有诉的利益）的情形，应当少于第一种“实际意义说”下的诉被驳回情形。

不过，更彻底反对“驳回诉”的中岛说，尽管不是一种诉的利益论，但在其《股东大会决议诉讼与诉权的滥用》，载《法学》，第 54 卷第 6 号，平成 3 年，第 1136 页中，中岛教授认为，若股东大会决议存在重大瑕疵，就应不考虑原告的主观意图或动机而绝对地予以撤销，当原告仅以给公司造成损害为由提起诉讼时，如果原告未滥用诉权，那么也应当撤销该股东大会决议。不过，对于诸如后述的第三个判例那样存在再决议的情形，中岛教授认为，这种情形没有诉的利益，参照中岛弘雅《关于最高裁判所平成元年 6 月 2 日判决控诉审的判例释评》，载《商事法务》，第 1180 号，平成 4 年，第 2 页以下。总而言之，中岛说也并未对“否定诉的利益”一概地抱以不认可态度，也仍然对“否定诉的利益”之情形与“肯定诉的利益”之情形作出了区分，不过，对于这种区分边界的说明则显得较为晦涩，关于此的详细论述，可以参照后揭注（58）。

挥"旨在谋求妥当处理"之新堂说的灵活性。〔54〕 此外,就前述最高裁判所昭和45年4月2日判决之案例而言,在控诉审中,如果公司董事的任期未临近于诉讼终结期间,那么即便基于新堂说的立场,该判决结论也是能够获得支持的(参照新堂,第245页)。

第二个判例是最高裁判所昭和58年6月7日判决[载《最高裁判所民事判例集》,第37卷第5号,第517页以下,收录于《公司法判例百选》(第五版),第37号案件(小林登解说)]。在这一案例中,为了使"短时间内作出的会计等文书"能在股东大会上获得通过,公司未让部分股东出席会议,而且冻结该部分股东对该文书提出修改的动议权,最后作出了承认该会计文书的股东大会决议,鉴于此,未出席大会的股东提起了撤销股东大会决议诉讼,而且,在诉讼审理期间,在后来举行的各次股东大会中,其后的所有决算案(会计文书等)都适法(没有发生不让部分股东出席,或冻结动议权的情形)地被股东大会决议所承认。在本案件中,无论是第一审法院还是控诉审法院都肯定了该诉讼的诉的利益,作为上告审的最高裁判所该判决也认为,如果承认会计文书等的股东大会决议被撤销,纵使该会计文书的内容没有违法或不当之处,那么该承认决议也将溯及性地无效,上述会计文书的内容就因此变得不确定,因而也使得以此为前提的其后数次之会计文书变得不确定,公司就不得不对被撤销的

---

〔54〕 小岛武司《诉的利益》,载三月章、中野贞一郎、竹下守夫编《民事诉讼法演习第一卷》(新版),有斐阁,昭和58年,第93页以下,尤其是第102页。

新堂说肯定诉的利益之原因在于,从诉讼经济与当事人期待之视角出发,为了避免使"已有相当积累的程序"归于无用。因此,当将诉的利益之概念作为"避免无谓的程序浪费"予以把握(将"避免无谓的程序"作为本案判决要件)时,这种观点是颇具说服力的,因为,既然前面进行的程序已经展开得非常充分,那么相对于后续仅剩的程序(作成判决)而言,"避免前面程序的浪费"显然具有更重大的意义。但是,依据传统学说立场,对于诉的利益之把握,未必都是作为"避免无谓的程序浪费"予以理解,而且,正是考虑到"因作出多余的本案判决而产生的副作用反而会使当事人之间的事态趋于恶化",才设置"诉的利益"之概念予以调整,考虑到这一点,更加难以对肯定这种情形下的诉的利益作出说明。总而言之,在诉的利益乃至诉讼要件方面,新堂说与传统理论存在相异质的部分。关于此的详细论述,还可以参照佐上和善《诉讼要件及其审理》,载井上=伊藤=佐上,第203页以下。

会计文书重新作出承认决议,即便后来各次的计算文书都是在股东大会上适法的。由此可以看出,在这一案件中,首先必须对“某时期会计文书的承认决议一旦无效,那么后续各期的会计文书是否也构成违法或无效”之实体法问题进行考虑。该判决采取的是“无效被继承”的立场,因此,即便是后续各期的会计文书适法地获得(股东大会)承认,当事人仍然具有撤销先期承认决议之诉的利益,因为,若先期的承认决议一旦被撤销,则将动摇后续对各期计算文书作出承认(的决议)。但是,对于这一点,似乎还存有其他见解,〔55〕若遵循这种见解,则可能得出“诉的利益在中途丧失”的结论。总而言之,尽管是一种实体法的解释,但可以看出,在上述判决与第一个的最高裁判所昭和 45 年 4 月 2 日判决的基础观点多少存有差异。〔56〕

---

〔55〕 中岛教授对该判决的判旨持赞同意见,但同时也提及了其他学说,参照中岛弘雅《关于最高裁判所昭和 58 年 6 月 7 日判决的判例释评》,载《法協》,第 106 卷第 11 号,平成元年,第 2083 页以下。小林教授也对这些学说进行了介绍,参照小林登《关于最高裁判所昭和 58 年 6 月 7 日判决的判例解说》,载《公司法判例百选》(第五版),平成 4 年,第 78 页以下。

例如,田村教授认为,一般而言,可以赞同该判决的观点,但是在本案件这种“利益处分的资产未流失到公司外”的情形中,也可能需另当别论(对后续年度会计文书等作出承认的结果就是,在与此相关的范围内,可以使“前年度中未确定部分”被后续的会计文书所吸收,进而获得确定),参照田村谆之辅《关于最高裁判所昭和 58 年 6 月 7 日判决的案例解说》,载《法教》,第 36 号,昭和 58 年,第 76 页以下。

〔56〕 如果后续期的股东大会决议完全不能消除先前期股东大会决议中的瑕疵,那么当撤销董事选任股东大会决议时,就会产生“后续的董事将逐个被否定”的问题。换言之,在应当被撤销选任决议(被撤销职务)的董事 A 是公司的常务董事,而当该常务董事 A 召集的股东大会中 B 等数人被选任为新董事时,如果最初的选任董事决议被撤销,那么就意味着 A 不是常务董事,而“选任 B 等为董事的股东大会”是一个由无召集权之人(A)召集的会议,因此,该股东大会就可能被评价为一个“不存在”的股东大会,如此一来,新选任的董事 B 等将会丧失其董事的地位。而且,同样,从董事 B 等中选任的常务董事也可能召开新的股东大会,而由这种股东大会作出的董事选任决议也将归于无效,据此这种瑕疵将逐步被后续者所继承(参照最高裁判所平成 2 年 4 月 17 日判决,载《最高裁判所民事判例集》,第 44 卷第 3 号,第 526 页以下)。中道教授认为,正是因为此才使得“撤销最初的 A 之董事选任决议”具有实际意义,参照中岛弘雅《撤销股东大会决议诉讼的功能与诉的利益(三)》,载《民商》,第 99 卷第 6 号,平成元年,第 806 页以下。但是,出于结果不合理性及非常理性之考虑,一般而言,都将这种常务

第三个判决则是最高裁判所平成4年10月29日判决(《最高裁判所民事判例集》,第46卷第7号,第2580页以下,收录于《ジュリ》杂志临时增刊——《平成四年度重要判例解说》,有斐阁,《商法》第5号案件,第114页以下)。在这一案件中,某公司的部分股东以股东大会在作出关于董事退职抚慰金决议时违反说明义务为由,提起撤销该股东大会决议的诉讼,在该决议被撤销后,公司股东大会又作出了同一内容议案(不过,在该份议案中对董事退职抚慰金总额作出了明示)的再决议[……当"第一个决议被撤销"获得确定时,这一再决议产生溯及既往(第一个决议)的效力]。在控诉审阶段,法院认为随着第二个决议(再决议)的作出,关于撤销第一个决议诉讼之诉的利益已经丧失,因此撤销了原判决并作出驳回诉的判决。最高裁判所的该判决也认为,由于撤销第一个决议已经没有实际意义,因此驳回诉的判决应予以肯定,对于上告方当事人提出的"在基于违反说明义务而可以向董事施以制裁这一点上,撤销决议仍然具有实际意义(参照《日本商法》第489条第1款第17项之二)"之上告理由,最高裁判所的该判决认为,就法律论的视角而言,要求对董事进行这种制裁并不以"撤销该第一个决议"为必须要件,而且,也不能仅从举证上便利的角度来考虑这种情形下诉的利益。

那么,该如何看待这一判决呢?当股东大会作出与有瑕疵的决议具有相同内容再决议时,关于这种再决议的效果,似乎存在诸多

董事A所召集的股东大会决议理解为有效决议,关于此的详细论述,可以参照大龙儿《关于最高裁判所昭和45年4月2日判决的判例释评》,载《判評》,第338号(《判時》,第1221号),昭和62年,第213页以下(不过,大龙教授认为,对此作出理论说明似乎是较为困难的)。从这种有效化说与该判决观点来看,尽管都意识到了"承认董事选任股东大会决议"与"承认会计文书等股东大会决议"两者之间的差异,但其多少存在未将两者予以整合的嫌疑。

不过,最高裁判所平成11年3月25日判决(载《判時》,第1672号,第136页以下)认为,"选任股东等股东大会决议的不存在"构成了"后任董事选任股东大会决议存在与否"的先决问题。在确认先行决议不存在的诉讼中,即便将其与确认后行决议不存在的诉讼进行合并,在这种情况下,其(先行决议不存在之确认)仍然具有诉的利益。

学说。〔57〕对于这种第二个决议具有替代第一个决议的效力的情形,实际意义说会认为诉的利益发生灭失,而若基于适法性保障说的立场,则也会同样得出“没有诉的利益”之结果,〔58〕若基于新堂说的立场,由于是在控诉审阶段出现的再决议,因此可能会得出相反的结论,不过,也有可能出现“依据程序的具体进展状况来否定诉的利益”的结果(例如,再决议发生在 3 月,而控诉审判决的宣告时间却是 12 月,因此这种再决议的作出并未接近于控诉审的终结时期)。

无论是上述哪个判决,其结论的妥当性很大程度上有赖于实体法解释。一方面,以实体法解释为前提,导致了诉的利益判断多义性的生成;另一方面,从纠纷解决之实效性及有效性的角度对此施

---

〔57〕关于再决议的效力及意义的论述,可以参照藤井俊雄《关于最高裁判所平成 4 年 10 月 29 日判决的判例释评》,载《私法判例备考》,第 8 号,平成 6 年,商事法第 5 号案件,第 124 页以下;西尾幸夫《股东大会再决议诉的利益》,载西尾幸夫编《公司诉讼》,法律文化社,平成 6 年,第 1 页以下。不过,西尾说对于该判决的观点持反对意见,其认为,再决议只有面向将来的效力,即便存在再决议,原告对于“追究第一个决议的瑕疵”仍然具有法的利益。

〔58〕基于适法性保障说的立场,即便是在作出再决议时,也容易倾向于“应当撤销有瑕疵的第一个决议”之观点。但是,中岛教授认为,“决议是否构成违法”之问题属于瑕疵法的评价的问题,因此当具有溯及效的第二个决议适法且有效地被作出时,第一个决议的违法性也将被消除,而且,在法院作出的判决形式上,并不是以“追认请求不存在理由”为由驳回请求判决(本案判决),而可以是驳回诉判决,因为,撤销原因并不会溯及性归于消灭,参照中岛弘雅《关于最高裁判所平成元年 6 月 2 日判决控诉审的判例释评》,载《商事法务》,第 1180 号,平成 4 年,第 7 页以下。

所谓适法性保障,是指创造或保障“可以适法地作出股东大会决议”的状态,故而只要第二个决议是适法作出的,那么就能达到“适法性保障”之目的。因此,对于这种情形,可以作出驳回诉的判决。就逻辑上而言,这是一种能够充分成立的观点。但是也可以作如下考虑,即如果第一个决议是违法的,那么只有采取“作出撤销该决议判决”的做法才能使“将来公司的运营趋于健全化”的理想得到彻底体现,而且,从适法性保障说的根本思维来看,这种观点更具有一贯性。或者说,认为“法院不应作出驳回诉判决,而是以‘第二个决议的作出导致第一个决议原因消灭’为由作出驳回请求判决(本案判决)”的观点也是较为稳妥的。因为,“若撤销原因没有消灭,则应当作出撤销判决”是一种与适法性保障说相符合的处理。尽管这不是一个太大的问题,但如同多数学说一样,适法性保障说的内部隐含一种自我修正原理。

以微调整，则正是诉的利益意义所在。即便在形成之诉中，对于诸如前述第一个及第二个判例那样的情形，也有可能得出“不具有诉的利益”之结果。〔59〕〔59-2〕

〔59〕 谷口教授着眼于生成中权利的视角作出了如下论述(尽管这一论述并非专门针对形成之诉，而是就诉的利益之一般性问题展开的论述)：诉的利益是一个属于“救济法”领域的概念，诉的利益具有决定是“让其进入诉讼之前，就作出驳回诉之判决”，还是“让其进入诉讼，并作出实体判断”之“筛选”的作用，即在定位上，可以说是一个处于实体法与诉讼法中间的概念。换言之，诉的利益发挥着“将实体法之欠缺与不足部分与诉讼法联系起来”的功能，“是否认可诉的利益，以及是否创设权利生成的契机”之关键在于，是否存在“应保护法的利益”谷口安平《权利概念的生成与诉的利益》，载講座民訴(第二卷)，第 163 页以下[本文的中文译本可以见之于，[日]谷口安平：《权利概念的生成与诉的利益》，载[日]谷口安平：《程序的正义与诉讼》(增补本)，王亚新、刘荣军译，中国政法大学出版社 2002 年版，第 178 页以下——译者注]。此外，谷口，第 107 页以下也有相类似的表述。

对于此，山本弘《权利保护利益概念的研究》，载《法協》，第 106 卷第 2 号第 157 页以下、第 106 卷第 3 号第 396 页以下、第 106 卷第 9 号第 1549 页以下(平成元年)一文提出了如下的质疑。依据谷口说的见解，“诉的利益首先被定位于实体性权利，但实体法丧失了作为规制、引导诉的利益之规范功能，因此，对于诉的利益之概念是否能够发挥上述的功能之问题，就不得不委诸于具体诉讼中法官的裁量性判断”“当诉的利益、权利保护之利益被赋予谷口教授所倡导的功能时，对于诉讼制度的种种诉求与不满，诉讼制度并未配备对这些所谓‘应当作为诉讼制度本来性使命’予以识别的武器，如此一来，难道不是直接暴露出自己的缺陷了吗？”(参照山本弘《权利保护利益概念的研究》，载《法協》，第 106 卷第 2 号，平成元年，第 168 页以下)。的确，正如山本教授所论述的，在母法国的德国，权利保护请求权论者对于权利保护利益之问题，首先考虑的是实体权，并不会考虑如下之观点，即“以诉的利益来驳回实体法允许的情形，而让实体法未认可的情形进入诉讼”之观点。但是，在确认债务不存在之诉中，确认的利益并非集中于个别的具体权利，而是扩散至“原告的财产、信用或技能”之由私法来保护的权利整体。对于权利保护请求权论者而言，在观念上形成了如下这种意识，即在对于这种原告的地位(由私法来保护的权利总体)的保护与对于个别的具体性原告权利的保护之间，两者并没有差别(参照山本弘《权利保护利益概念的研究》，载《法協》，第 106 卷第 9 号，平成元年，第 1587 页以下)，不过，就当下而言，从我们的视角看来，这两种保护还是存在若干差异的。总而言之，“在以诉讼前的实体法既存性为前提，并通过诉讼来考虑对其保护的权利保护请求权论中，被保护利益的总量应当是，在诉讼前既存的并由实体法预先作出一义性确定的利益”(参照山本弘《权利保护利益概念的研究》，载《法協》，第 106 卷第 9 号，平成元年，第 1602 页以下)。

如此看来，谷口说着眼于生成中的权利，而山本说则对“以权利既存观念为前提的权利保护请求权论”展开了论述。应当说,两者的基础与对象领域均不相同。山本说立足于“日本也应当采用权利既存观念”这一前提展开论证,以便切实把握日本的现实国情(从山本论文来看,可以解读出作者的这样一种倾向,不过,山本教授对于权利保护请求权说以后的学说研究则予以了保留)。谷口说将权利分成原理性权利、具体性权利与手段性权利三种,而在裁判中生成的权利只能限于后两者,而且,在诉的利益判断中应当予以考虑的对象是“当事人值得保护之法的利益”,由此可以看出,谷口说也是从实体法关系来把握诉的利益(此外,谷口教授也认为,如何看待实体法的制度趣旨将对诉的利益判断产生很大的影响,参照谷口,第 130 页以下)。换言之,谷口说似乎并未与山本说形成正向对立。作为诉的利益解释论问题而言,山本教授在其《权利保护利益概念的研究》,载《法协》,第 106 卷第 9 号第 1579 页注(21)中所论述的“纠纷是否具有成熟性,应当由实定的法规来作出客观的、一义性的确定”之论断具有重要的意义。但是,当消极确认的基础扩散至“依据私法来进行保护之权利总体”时,应当被赋予何种程度的客观性与一义性就成为一个重要的问题。换言之,实体法与实体权之间也存在一个幅度,在这一幅度中,应该确定一种什么样的“允许提起诉讼”之界限,也就成为一个现实问题。对于此,笔者认为,正如新堂说所述的,作为一种微调整,就必须融入被告与法院之间利益衡量维度的考量。在本讲所列举的,“对于没有具体继承份的原告提起的确认遗嘱无效之诉,肯定其确认的利益”(参照最高裁判所昭和 56 年 9 月 11 日判决,载《最高裁判所民事判例集》,第 35 卷第 6 号,第 1013 页以下)等就是其典型例子。此外,关于山本弘教授的问题关心点,还可以参照エキサ民訴,第 1 页以下、第 165 页以下。

〔59-2〕 一直以来,确认利益都存在如下教条,即因消极确认不适法而请求积极确认,因过去法律关系确认不适法而请求确认现在的法律关系。这涉及如下这一问题,即对于实体法上存在的应保护利益,如何采用更为妥当的诉讼标的形态呢?因此,可以将该诉求定位于实体法和诉讼法的中间领域、过渡领域。这在英美法中被称为救济法。新堂,第 245 页也提出了这一点。

正如谷口教授所指出的,诉的利益正处于这一救济法的地位,参照谷口·前揭注(59)讲座民诉②,第 163 页。谷口教授认为,在新的权利生成过程中,例如民事禁止请求权,在最初,法院采取的对策是一开始未将其作为问题,禁止请求权并非纠纷之解决,故在早期多采用因不具备诉的利益而驳回诉之做法。毕竟这种请求不在解决纠纷菜单之列,故采用驳回诉予以应对。不过,在这其中,也存在因诉的利益获得认可使法院进入本案审理的情形。尽管也存在本案审理中诉讼请求被驳回之情形,但也有通过本案审理最终承认请求并作为权利予以认可。如此一来,是否承认诉的利益,在本案审理和判决过程中是区分开的,诉的利益也发挥着连接实体法和诉讼法的作用。就此而言,诉的利益属于救济法。作为对权利生成过程中的认识,固然是如此的。

新堂说也认可救济法这一领域,并认为属于实体法和诉讼法的过渡领域,新堂教书认为,救济法属于(大陆法系传统)不太常见的领域。在何种情况下可以认可禁令,在何种情况下不可施加禁令而必须进行损害赔偿,这在英美被作为救济法来讨论。一次性给付赔偿还是定期金给付也是救济法的内容[川嶋四郎《民事诉讼中救济形成过程的课题》,载新堂·古稀(上),第 219 页;川嶋四郎《民事诉讼过程的创造的展开》,弘文堂,平成 17 年;川嶋四郎《禁令救济过程的未来的展望》,日本评论社,平成 18 年;川嶋四郎《民事救济过程的展望的指南》,弘文堂,平成 18 年],小额程序中的限期宽限和分期偿还命令(《日本民事诉讼法》第 375 条)同样是救济法的内容。至此都是学术上的分类和定位。

在新堂说中,肯定了将来损害赔偿请求,限定一年或一年半的期限(大阪国际机场夜间飞行禁令请求案件)同样作为救济法而得到肯定。将将来的损害赔偿限定为一年或一年半,在实体法上是比较困难的(这一期间内权利并没有消减,而是以损失的持续为前提),这是将其定位为救济法来克服这一问题的尝试。此外,在住宅区内,把自己家门前作为垃圾放置场的居民,不同意垃圾放置场的迁移,向其他居民提起了禁止扔垃圾的请求,作出半年后将产生禁令请求权判决的东京高等裁判所平成 8 年 2 月 28 日判决,载《判时》,第 1575 号,第 54 页,同样将其作为救济法而给予了肯定的评价。垃圾放置场的禁止诉讼也是,半年后超越了忍受限度的理论在实体法律上(或者作为证明度)进行是相当不合理的,可以说是通过将其定位为救济法来克服这一无理行为的巧妙的解释论。

作为大方向,今后应当加以灵活运用(但是,救济法这一词语是多义的,谷口说、新堂说乃至川嶋说都存在微妙的差异。有可能会成为“魔法词汇”)。作为案件的处理,新堂说所列举的例子可以说是较好的处理方式。但是,作为处理技术,大冈裁判是不容忽视的,应该说没有什么比法官自以为是的正义感更为棘手的了[虽然视角不同,广田尚久《专业的规范意识》井上正三 = 井上治典 = 高桥宏志编《对话型审理》(平八,信山社)三二六页]。另外,作为本来的样子,不用根据法官的先行判决,而应当通过立法向法院授权。这在山本弘·前揭论文注(59),这是通过对德国法学传统中实体法定位的历史理解来进行的批判。应当尽量明确法官的权限范围。

总之,救济法这一领域设定在理论上很有趣,虽然很有建设性,但是这一行为超越了立法转而较多委托法院进行裁量则是一个问题(将法官聘用制度从大陆型转为美国型,这一问题可能会缩小,但变更任用制度来扩大法官造法的范围本身就存在争议)。

第十二讲　辩论主义

导　读

在中国民事诉讼理论中,有辩论原则的概念。不过,关于辩论原则的内涵,学术有两种不同观点。其中一种观点认为,所谓辩论原则就是指承认当事人双方有辩论权利这一基本规范,其法律上的依据是《民事诉讼法》第12条的规定。另一种观点则认为,《民事诉讼法》关于辩论权利的规定,不能称为原则,因为此规定并不是约束当事人与法院这一基本关系的规范,只是对当事人诉讼权利的宣示。作为体现当事人主义的民事诉讼法基本原则应当是具有约束性的辩论原则,中国民事诉讼法上关于当事人辩论权的规定如果要称为"原则"的话,也只能称为"辩论权原则"。持约束性辩论原则观点的学者认为,中国民事诉讼体制应当实现转型,从职权主义朝向当事人主义转换。转型后的诉讼体制在民事诉讼法上就应当将约束性的辩论原则作为民事诉讼法的基本原则之一。这是因为大陆法系国家的当事人主义体制的一个基本特征就是在民事诉讼中实现辩论主义。辩论主义是当事人主义诉讼体制的体现,不承认辩论主义就不能说实现了这种转型。辩论主义也就是国内学者所说的有约束性的辩论原则。

本讲中，高桥先生详细地阐述了辩论主义的含义、根据、机能，辩论主义与释明权的关系，法律问题的指出义务、真实义务。这些内容有助于我们深入理解辩论主义的内涵和作用，尤其是释明权、法律问题的指出义务、真实义务内容阐释对中国当下民事诉讼理论的研讨和实践有很重要的意义。

1. 辩论主义的含义

关于辩论主义的含义，高桥指出，辩论主义是指将确定裁判基础事实所必需资料的（主张事实、提出证据申请）提出权能及责任赋予当事人行使及承担的原则。与此相对，将确定事实所必需资料之探寻作为法院职责（来予以对待）的原则，则为所谓的职权探知主义。辩论主义与职权主义的界限在于：一般而言，在以私益问题为对象的普通民事诉讼中采用辩论主义，而在涉及公共利益的人事诉讼中则采用职权探知主义。关于辩论主义与职权主义，可参见新堂《新民事诉讼法》中的论述。（新堂幸司：《新民事诉讼法》，林剑锋译，法律出版社2008年版，第305-319页。）

按照通说，辩论主义的内容分解为以下三项。

(1)直接决定法律效果发生或消灭的必要事实（这被称为主要事实），只有在当事人的辩论中出现才能作为判决的基础（换言之，法院不能将当事人未主张的事实作为判决基础）。

(2)法院应当将双方当事人无所争议的主要事实当然地作为判决基础，就这一意义而言，法院也受其约束（自认）。

(3)法院能够实施调查的证据只限于当事人提出申请的证据（禁止职权证据调查）。

但高桥也指出，对于第三项内容在日本其实并未到达绝对化的程序。

2. 辩论主义的根据

之所以辩论主义能够作为日本民事诉讼法的一项原则（在日本法的条文上并没有明确规定，其原因在于承认辩论主义是不言自明的），是因为该项原则事关法院与当事人之间权限与责任的分配。

民事诉讼的基本关系就是法院与当事人之间的关系。但也要注意的是,该原则并不涉及原告与被告之间的关系。尽管主张责任被分配于原告与被告之间,但违反辩论主义是指法院将双方当事人均未主张的事实作为判决基础的情形,即不负有主张责任当事人主张的事实也可以作为判决的基础,这就是所谓的主张共通原则。

关于辩论主义的根据,多数说认为是基于"涉及私益的事项应当由当事人自由处理"之考量的结果,辩论主义之所以将作为裁判前提的事实关系之解明委诸当事人,其根据在于纠纷解决内容中对当事人的意思尊重,"私权自治"就是辩论主义的根据。这一观点也被表述为"辩论主义的根据在于民事诉讼本来的性质或本质",由此简称为本质说。中国学界关于辩论原则根据的认识也是基于这一观点。虽然还有其他一些学说,但结论都差异不大。

3. 辩论主义与释明义务

辩论主义显然有将法院在民事诉讼中的地位消极化的特征和意义。但如果将国家(法院)置于消极的地位的做法极端化,则法院只要基于当事人主张的事实作出判决即可。这样可能导致当事人因自己的不注意而未提出应当主张的事实进而招致败诉时,法院也可以将这种责任推诿于当事人本身。但是,这样的结果就使得应该胜诉的当事人未获得胜诉,诉讼完全脱离了国民的正义情感,进而不免带有某些投机性的色彩。由此,不仅在日本,在其他西方国家也都自然提出应当予以适当干预的观点。这就是法院释明义务的缘起,即在当事人的诉讼活动存在不明确或可疑之处时,法院可以要求当事人予以释明(澄清或说明),而且,在某些情形下,法院必须要求当事人予以释明。如果这种释明权或释明义务被正当地行使,而且当事人予以积极地响应,那么就能实现妥当且公正的裁判。正是鉴于此,日本判例通常认为,通过释明可以消除因"机械地、形式地"适用辩论主义而产生的不合理因素,因此,一般都认为,释明具有修正及补充辩论主义的作用。但也只是修正和补充辩论主义,而非否定辩论主义。高桥对如何具体的理解释明义务进行了细致的分析,对于我国民事诉讼理论中人们对释明义务问题的讨论是有参考价值的。

4. 辩论主义与真实义务或完全义务

基于辩论主义的要求，应当认可当事人对于事实的处分权，如果对此以一种极端的形式来予以把握，那么就可以得出当事人可以在辩论中作出任何行为这样的结论。与此不同，在日本还有一种观点，认为应当对此予以限制。这样的观点来源于德国法*和奥地利法，主张基于民事诉讼中的诚实信用原则，当事人不能违反自己的认识提出主张，当事人不能通过对某一事实的主张或争执来对法院的判断产生误导。

对于日本是否也应当如此加以限制，实行真实义务或完全义务，高桥的观点是有必要展开以下两项作业：第一项是从“是否与辩论主义充分协调”之角度出发来确定真实义务与完全义务内容的作业；第二项则是确定在当事人违反真实义务或完全义务来提出主张之情形下产生何种效果（制裁）的作业。基于第一项作业，真实义务并不是以“让当事人陈述真实”之积极性义务为内容的，而仅仅具有“禁止当事人在不知的前提下提出主张或作出否认”之消极性内容，换言之，当事人不能违反自己的主观性事实认识（主观性真实）来提出主张或作出否认。因此，作为术语而言，使用“率直义务”或“诚实义务”之表述可能更为正确。高桥的结论是，在日本的解释论上，这两种义务与辩论主义是协调的，但作为评价规范而言，这两种义务是不存在的。作为行为规范，虽然可以肯定这两种义务的存在，但由于仅仅是一种行为规范，因而也无法期待其发挥很强的效果。

目　　次

---

* 《德国民事诉讼法》第 138 条第 1 款规定，“当事人应当就事实状况作完全且真实的陈述”，学术上也称为“完全义务”或“完全陈述义务”与真实义务。

一、辩论主义的内容

所谓辩论主义,是指将确定裁判基础事实所必需资料的(主张事实、提出证据申请)提出权能及责任赋予当事人行使及承担的原则。与此相对,将确定事实所必需资料之探寻作为法院职责(来予以对待)的原则,则为所谓的职权探知主义(参照新堂,第379页)。

基于其不言自明性,法条对此并未作出直接规定(《德国民事诉讼法》也没有直接条文,据《德国民事诉讼法》制定当时的立法理由书记载,本法律采用辩论主义是不言自明的)。一般而言,在以私益问题为对象的普通民事诉讼中采用辩论主义,而在涉及公共利益的人事诉讼中则采用职权探知主义(参照《日本人事诉讼程序法》第10条第2款、第14条、第31条)。不过,在同样以公共利益为问题的行政案件诉讼中,法律条文却规定只是部分地采用职权探知主义(《日本行政案件诉讼法》第24条的职权证据调查)。

按照通说(兼子理论)的观点,辩论主义的内容分解为以下三项。

(1)直接决定法律效果发生或消灭的必要事实(这被称为主要事实),只有在当事人的辩论中出现才能作为判决的基础(换言之,法院不能将当事人未主张的事实作为判决基础)。

(2)法院应当将双方当事人无所争议的主要事实当然地作为判决基础,就这一意义而言,法院也受其约束(自认)。

(3)法院能够实施调查的证据只限于当事人提出申请的证据(禁止职权证据调查)。

不过,上述第三项内容的"禁止职权证据调查"并未达到其他两项内容的绝对化程度。因为,大正年间修改后的旧《日本民事诉讼法》第261条认可法院可以依职权进行补充性的证据调查,[1]尽管这一条文在昭和23年被删除,不过,现行的《日本民事诉讼法》通过第186条、第218条以及第228条第3款等规定,部分地承认"职权证据调查"。[2] 笔者在对"部分的职权证据调查"予以保留的基础上,在大致三个层面来理解辩论主义。不过,其中的"自认"与"禁止职权证据调查"两个内容应当属于证据法的问题,因此,本讲仅针对辩论主义第一项内容展开论述。[3]

首先,换个角度而言,辩论主义的第一项内容涉及诉讼资料与证据资料区分的问题。所谓的诉讼资料是指从当事人辩论中获得的

---

〔1〕 旧《日本民事诉讼法》第261条的规定如下:"当法院依据当事人申请的证据不能获得心证时,或者在法院认为存在着其他必要之情形下,可以依职权进行证据调查。"

〔2〕 谷口教授认为,上述的第三项内容不应当被包含在辩论主义之内,而应当作为与辩论主义相区别的证据当事人提出主义(证据提出中的当事人主义)予以把握(参照谷口,第197页以下)。与此相反,莱伊波特教授认为,在德国,尽管法院可以依职权进行除证人调查外的其他所有证据调查,但是,原则上还是应由当事人提出证据申请,而且,就"当事人不能要求法院进行职权证据调查"这一限度而言,上述第三层含义也可以归入辩论主义之中[参照莱伊波特《民事诉讼与意识形态——以辩论主义为例》,载阿兰斯编《西德民事诉讼法的现在》(小岛武司编译),中央大学出版部,昭和63年,第64页以下]。

〔3〕 这涉及主要事实与间接事实的区分问题。小林教授主张,应当重视诉讼各个阶段的功能性考察,参照小林・審理,第159页、第166页。小林教授通过这种考察得出的结论是,不能将"当事人未主张而法院可以考量的事实""裁判上的自认""作为再审事由的判断遗漏"等问题混为一谈,而应分别考虑。的确,在辩论主义第一项内容(事实的主张)与第二项内容(自认)中,各自应考虑的问题存在一些技术性差异。但是,从当事人与法院作用分担的角度来看,辩论主义的三项内容之间也存在可以统合的一面,在此,笔者暂且将此前所言的三个内容都作为辩论主义来予以理解。从历史发展来看,本来被认为是毫无关联的"应主张之事实""自认"等的法理被统一包含于"辩论主义"这一新的理论之中,关于此的详细论述,可以参照铃木正裕《辩论主义》,载《司法研修所论集》,第77号,昭和61年,第3页以下。但是,斋藤教授并未将自认纳入辩论主义的范畴,参照斋藤,第204页以下。矶村义利教授认为,自认的拘束力是处分权主义的一个内容,参照矶村义利《释明权》,载《民事诉讼法讲座第2卷》,有斐阁,昭和29年,第475页以下。此外,山木户教授也认为,自认对于法院的拘束力在性质上不同于辩论主义其他的两个内容,参照山木户克己《辩论主义的法构造》,载中田・還暦(下),第7页以下,收录于山木戸・論集,第6页以下。

裁判资料(能作为判决之基础的事实),〔3-2〕而证据资料则是指证据调查所获得的内容(证言内容等)。〔3-3〕例如,在请求返还借款的诉讼中,法院依据证据调查的结果,即便知道存在"债务人已经清偿"之事实,但只要债务方当事人未对"已经清偿"之事实提出主张,法院就不能以"已经清偿"之事实为基础来作出判决(不能作出驳回请求的判决),而且,也不能用证据资料认为"已经清偿"来补充诉讼资料(基于当事人主张的"业已清偿"之资料)。换言之,即便是法院通过证据能够认定的事实,但若未经当事人主张,法院则不能基于该事实作出判决(参照新堂,第383页)。

其次,辩论主义的第一层含义衍生出主张责任的概念。具体而言,在辩论主义下,只要是未被当事人主张的主要事实就不能作为法院裁判的基础,反过来说,为了使主要事实能够作为判决的基础,当事人就必须对其进行主张,换言之,对于某主要事实提出主张的责任在于当事人(由当事人承担)。而且,当事人对于主要事实负有主张责任表现为,若当事人未主张该主要事实,则使该事实不能成为判决的基础,进而使该当事人遭受不利益。有关哪方当事人承担主张责任,构成主张责任的分配问题。通说认为,主张责任分配与证明责任分配一致(参照本讲"二、根据及功能"部分的相关论述)。因此,一般将两者统合在一起表述为"主张与证明责任"。

例如,在当事人依据《日本民法》第587条规定来实现消费借贷的权利时,原告(严格上说是债权人,关于此的详细论述参照,本讲

〔3-2〕 像本讲这样的定义为通常之理解,上野泰男教授则主张将证据也包含于诉讼资料内,参照上野泰男《辩论主义》,载《新争点》,第132页。尽管可以评价为一种广义的诉讼资料,但这种广义上的资料而言,是否表述为裁判资料更为合适妥当?

〔3-3〕 不利益陈述存在多种形态。既有可能是引起损害自我主张的有理性(首尾一贯性)之不利益陈述(所谓的主张自身失当),也有可能是因认可或驳回对方当事人请求而导致无须证据调查(所谓的等价值主张法理)的不利益陈述。关于这两种不利益陈述的详细论述可以参照本讲注解(60)部分。不过,有观点不认可将等价值主张法理纳入不利益陈述之分类,参照松本、上野,第382页。无论如何,不利益陈述毕竟对陈述方当事人存在遭受突然袭击的危险,因此应对当事人的真实意思予以确认方可作为判决的基础。

“二、根据及功能”部分的相关论述）对于物的返还约定与物的授受（与清偿期届满）两个要件事实承担主张与证明责任，而关于清偿之事实则由被告（严格上说是债务人）承担主张与证明责任。因此，若原告未主张物的授受之事实，“存在物的授受”之事实则不能作为判决的基础，进而原告败诉（驳回请求）。这种情形就表明原告未履行主张责任。反之，当被告未主张业已清偿之事实时，该事实也不能成为判决的基础，[如果返还约定与物的授受（与清偿期届满）之事实得到证明]进而导致被告败诉。

在辩论主义中，应当予以注意的是，该项原则事关法院与当事人之间权限与责任的分配，而不涉及原告与被告之间的关系问题。尽管主张责任被分配于原告与被告之间，但违反辩论主义是指法院将双方当事人均未主张的事实作为判决基础的情形。换言之，不负有主张责任当事人主张的事实也可以作为判决的基础（对于不负有主张责任事实的陈述就意味着对自己不利事实的陈述），这就是所谓的主张共通原则（其不同于普通共同诉讼中的主张共通原则，参照新堂，第675页）。尽管这种将辩论主义只限于“法院与当事人之间关系”的理解在近来也遭到一些学说的批判，〔4〕但是，传统的辩论主

〔4〕　井上教授提出了如下的批判，即在此前关于辩论主义的理解中，并没有出现“应当由何方当事人提出资料”之着眼于双方当事人之间作用分担的视点。参照井上治典《程序保障的第三波》，载新堂・特别講義，第99页以下，收录于井上・手続，第50页以下。不过，辩论主义在传统上一直是作为法院与当事人之间关系的问题来予以理解的，井上说的批判固然可贵，不过，有关原被告之间作用与责任的规制，笔者更希望作为辩论主义以外的问题来对待。此外，松本教授对主张共通原则持反对态度，松本教授认为，一旦认可主张共通原则，当本应有利于一方当事人的事实未被该当事人援用或者积极否认时，法院未经费时费力的证据调查即认定该事实并做出判决，即便不违反辩论主义，也与当事人公平原则或当事人之间的作用分担等相冲突。参照松本，自认，第309页；松本、上野，第302页。河野教授也呼吁，应当注意主张共通原则引发的不合理措施，并主张应妥当行使释明权。参照河野・行為，第235页。山本和彦教授也认为，主张共通原则不无疑问，因为不利益陈述可能侵害对方当事人私权自治中的有利事实处分权。参照山本，第133页。

与之相反，山本克己教授指出，主张共通原则辩论权的要求，属于适用辩论主义之前的问题，参照山本克己前揭注（2），第181页。此外，垣内教授提出了以下颇有意义的分析，即（在日本）主张共通原则具有实现实体真实的意义，鉴于此，兼子理论主张将未

义所考虑的就是法院与当事人之间的关系,而不涉及原告与被告之间的关系。

二、根据及功能

1. 辩论主义的根据

普通民事诉讼采用辩论主义的根据何在?[4-3] 关于此问题,当下的学界存在如下几种见解。

第一种观点认为,辩论主义是基于"涉及私益的事项应当由当事人自由处理"之考量的结果,辩论主义之所以将作为裁判前提的事实关系之解明委诸当事人,其根据在于纠纷解决内容中对当事人的意思尊重(参照新堂,第379页),概而言之,"私权自治"就是辩论主义的根据。这一观点也被表述为"辩论主义的根据在于民事诉讼本来的性质或本质",由此简称为本质说。兼子一、小山升、村松俊夫、新堂幸司、铃木正裕及其他诸位教授都持这种观点,因而也可以说是一种多数说。[6]

第二种观点认为,纠纷最具利害关系者应为纠纷当事人,如果利用当事人的这种利己心,进而将诉讼资料的提出责任委诸当事人承担,那么就会使诉讼中必要资料的收集成为可能,反之,若法院负担

经对方援用的不利益陈述作为证据调查的对象,进而形成通说,但在德国,未必将主张共通原则与追求实体真实关联起来。参照垣内秀介《主张责任制度与辩论主义的若干考察》,载青山,古稀,第73页以下,特别是第89页。

〔3-4〕 (增补)辩论权(《德国基本法》第103条的法律审问请求权)是比辩论主义更高层次的价值。山本克己《董事人权》(铃木,古稀,第61页)作出如下论述。

辩论权在积极层面体现为双方当事人对等(武器对等原则),因此只要是当事人主张的事实对于案件具有意义,法院都应当予以斟酌,而不论由何方当事人主张。对立当事人之间的主张共通原则的根据即在于此[前揭注(4)已经言及]。因涉及当事人的权利,主张共通原则应被理解为法院必须斟酌该事实的法院义务。辩论权在消极层面体现为,法院在程序参与者(当事人)事先未获得表明意见机会的事实或者证据调查结果作为裁判基础

〔6〕 井上教授认为辩论主义为私权自治的反映,这(井上说)就是将此前本质说予以进一步发展的新本质说,参照井上治典《程序保障的第三波》,载新堂·特別講義,第98页以下,收录于井上·手続,第49页以下。井上教授主张,此前的本质说因考虑到判决之结果而存在局限,而新本质说认为,诉讼程序的作用与目的在于通过自由主体诉讼活动来恢复与实现当事人自治,因此辩论主义构成民事诉讼的本质。

诉讼资料的收集,则无现实之可能性,这就是辩论主义的根据之所在。总而言之,辩论主义旨在发现真实之合目的性考虑的产物,因此这种观点被简称为手段说。菊井维大、三月章、斋藤秀夫及其他诸位教授倡导这种观点。

第三种观点认为,辩论主义是历史的产物。在普通民事诉讼中采用辩论主义,是基于尊重私权自治、发现真实的效率、防止突然袭击、确保当事人对裁判公平性的信赖等的多元化根据而形成的历史结果,这种观点被简称为多元说,也为近来的有力说,关于此的详细论述,可以参照竹下守夫《辩论主义》,载小山ほか·演習,第 375 页以下。〔7〕

除此之外,关于辩论主义的根据,还存在旨在防止对当事人突然袭击的学说〔8〕、旨在保障当事人攻击防御机会的程序保障说〔9〕以

---

〔7〕 三月教授赞成多元说,由此看出原来持手段说的三月章说,在辩论主义本质论的观点上已经发生转变。参照三月章《民事裁判中的诉讼指挥》(最初发表于昭和 54 年),载三ヶ月·研究(第八卷),第 80 页以下。上田教授的观点也可以说是一种多元说,参照上田,第 308 页以下。

〔8〕 田边公二主张这种观点,参照田边公二《反对论》(最初发表于昭和 32 年),载近藤、浅沼《民事法的诸问题第 1 卷》,判例时代社,昭和 40 年,第 82 页以下。但是,田边说并未对辩论主义的根据论展开真正意义上的论述。此外,新堂和住吉等教授观点似乎对防止突然袭击说也颇具好感,参照新堂幸司《对共同诉讼人孤立化的反省》,载《法協》,第 88 卷第 11·12 合并号,昭和 46 年,第 928 页以下,收录于新堂·訴訟物(下),第 56 页以下;住吉博《民事诉讼读本(第二版)》,法学书院,昭和 51 年,第 262 页以下。

〔9〕 这是小林秀之教授所主张的学说,参照前揭注(3)小林·審理,第 27 页以下。小林说认为,辩论主义可以分成两个侧面,即将判决基础之事实资料的收集作为当事人责任与权能的一面,与法院不能对当事人未主张之事实作出认定的另一面,前者就被称为本来性辩论主义,而后者则是功能性辩论主义。而且,本来性辩论主义在禁止法官利用自己私知、释明权的范围以及禁止职权证据调查方面发挥作用,也即应当被理解为一种宣扬如下这种理念的基本原理,即最能实现当事人程序保障、满足当事人心理及发现真实等价值的民事裁判结构,就是辩论主义构造;而功能性辩论主义则应当被理解为一种"保障当事人攻击防御机会"的原理(程序保障说)。

一般学说对于辩论主义的论述,往往将以下三个维度的论述混同在一起,即主张"辩论主义是自由主义与个人主义的反映"之思想维度、主张"法官应当是被动的、消极的"之法官作用维度以及主张"当事人未主张事实不能作为判决基础"之法解释技术维

及法探索主体说[10]等。

但是,上述这些根据论,与其说是法解释结论的直接依据,毋宁说其更具有强烈的理论体系化的色彩。尽管法院可以通过证据资料判明事实,甚至法院通过释明提示当事人主张事实,但只要当事人拒绝主张,那么法官就不能以此事实作为判决的基础,对于以上

度。这种做法会使论述本身产生混乱,因此,将辩论主义分成两个侧面的小林说,应当是颇有卓见的。本讲无论在论及辩论主义哪一方面,都将重点放置于小林说所言的“功能性辩论主义”视角。吉野教授也赞成将辩论主义分成两个侧面的见解,参照吉野正三郎《诉讼审理中法官的权限与责任》,载《立命馆大学法学》,第 197 号,昭和 63 年,第 1 页以下,收录于吉野正三郎《民事诉讼中法官的作用》,成文堂,平成 2 年,第 1 页以下。

而且,小林说比较重视大陆法系的辩论主义与英美法系的当事人主义(adversary system)(当事人主义是基于直接使用日语当中汉字的翻译表述,而在日语中也存在着“论争主义”这一表述,国内多将其译为对抗制——译者注)的比较。当然,其他比较重视这种比较的文献,还可以见之于谷口安平《辩论主义与当事人主义之间》[Taniguchi, Between Verhandlungsmaxime and Adversary System, Festschrift für Karl Schwab(1990) S. 487](本文的中文译本可以见之于,谷口安平:《当事者主导原则与对抗式辩论原则——大陆法系和英美法系之间的日本民事诉讼制度》,载谷口安平:《程序的正义与诉讼》,王亚新、刘荣军译,中国政法大学出版社 2002 年版,第 22 页以下——译者注)。当事人主义(adversary system)应当说是一种倾向,因此很难对其作出教义学意义上的定义,尽管美国的法官在诉讼中处于被动地位,但是美国民事诉讼规则却允许法官灵活认定当事人未主张的事实,而且作为辩论主义双胞胎的处分权主义(通过申请事项的限制)也为其明文否定(总而言之,在美国民事诉讼中,辩论主义的规制较为宽松);而在德国,尽管辩论主义的规制非常严格,但法官却可以行使释明权等权力,因此在诉讼中的地位是主动的,这样看来,在德国与美国是存在上述交错的。关于美国法状况的详细论述,可以参照椎桥邦雄《美国民事诉讼中当事人主义的基础研究》,载《山梨学院大学法学论集》,第 15 号,平成元年,第 66 页以下。

〔10〕 伊东乾教授认为,辩论主义是基于“法之本身应需要作为私人之诉讼当事人进行探索”这一考虑的结果,参照伊东乾《辩论主义》,学阳书房,昭和 50 年,第 62 页以下。若不认可当事人对于事实与证据的支配权,则无法保障当事人的法探索主体性。与其他的学说相比较,可以说这是一种接近于本质说的观点。

结论,学界几乎不存在其他异论〔11〕,而根据论都是围绕着如何对上述这种结论作出最合理说明之形式展开[参照中野=松浦=鈴木,第195页以下(铃木正裕执笔)]。在对这一结论的说明上,可以说主张因尊重私权自治禁止国家(法院)介入的观点最具合理性。多元说在说明上稍显晦涩。至于主张防止突然袭击或程序保障的学说,既然承认法院释明权,那么法院通过释明可以防止采取旨在防止突然袭击的保障措施,这样一来则有可能产生与上述结论相反的结果。同样,在手段说中,尽管可以做出"当事人未主张的事实是不真实的"这样的假定,但是,对于如下这点的说明仍不充分,即当法基于从证据资料形成确信时,上述这种假定将被推翻。反之,若将手段说推演到极致,即从发现真实之目的来考虑辩论主义,则恰恰可能得出相反的结论。因此,在辩论主义根据的说明上,私权自治说的优势地位毋庸置疑。〔12〕 尽管如此,仍有必要注意以下三点。

第一,作为一种历史事实的考察,多元说无疑是正确的,即从历史上看,辩论主义是基于偶然的、无意识的、政治思想上的等多元因素而形成的。但是,作为一种民事诉讼理论体系中的根据论,仅仅言及这种历史事实恐怕是不充分的,因此,作为法教义学上的定义,私权自治说比多元说显然更胜一筹(谷口教授虽然也持多元说的观点,但同时又认为不能绝对地不顾及私权自治说,参照谷口,第199页)。

---

〔11〕 中村英郎教授认为,辩论主义是发现真实的方法,因此,在某些情形下,也应当允许法院依职权收集诉讼资料,参照中村英郎《民事诉讼法》,成文堂,昭和62年,第291页以下。但是,在当事人不响应法院释明时,法院是否可以将当事人未主张的事实作为判决的基础呢?对于此问题,书中并未言明。

〔12〕 在法解释论上展开的争议一般都是以如下这样方式进行的,即如果依照某根据论会得出A之具体结论,若采用另外的根据论则又会得出B之具体结论。但辩论主义"根据"论并未表现为这种形式,这也是根据论被称为"仅仅是理论体系上的争论"的原因所在。不过,在对于"不采用职权探知主义"这一点的说明上,辩论主义的根据论却颇具意义。

不过,在小林说前述所主张的本来性辩论主义领域中,手段说具有倡导"法官应当积极进行活动,尤其积极灵活行使释明权"之实践性意义(参照新堂,第380页以下)。尽管如此,应当说,根据论与具体的结论之间还是存在相当大差距。

第二,作为一种历史认识,多元说也颇具合理性,因为,绝不能说辩论主义是各国民事诉讼都普遍采用的本质(就这一意义上而言,本质说这一名称具有误导性)。证明上述论点的反面论据就是,在前东德,如果当事人不响应法官的释明,那么法院也可以对该事实作出认定,而奥地利学界的通说也对此持肯定态度。此外,在德国,尽管是一种少数说,也存在这种观点,而这种观点会得出与彻底贯彻手段说后一样的结论。[13] 因此,在日本,应当说基于历史的、社会的发展结果导致了在民事诉讼中采用辩论主义。[14]

---

〔13〕 有关东德情况的详尽论述可以参照,高地茂世《关于德意志民主共和国(东德)新民事诉讼法典》,载《明治大学法律论丛》,第 55 卷 2·3 合并号第 81 页以下(昭和 57 年)、第 55 卷第 6 号第 83 页以下(昭和 58 年),尤其是第 55 卷第 6 号第 89 页;莱伊波特《民事诉讼与意识形态——以辩论主义为例》,载阿兰斯编《西德民事诉讼法的现在》(小岛武司编译),中央大学出版部,昭和 63 年,第 71 页以下;有关奥地利情况的相关论述,可以参照前揭注(3)小林·審理,第 20 页、第 132 页、第 142 页。

〔14〕 在德国,主张以协动主义(协同主义)代替辩论主义的观点似乎显现出较强的势头。所谓协动主义,是指法官与当事人应协同致力于收集事实,以便双方活跃地进行法的讨论,并认为,自 1979 年的简化法实施以来,实定的民事诉讼法也显现出这样的趋势,进而使"将收集事实只委诸当事人权限"的辩论主义趋于淡薄化。关于这种观点的详尽论述,可以参照巴萨曼著《社会性的民事诉讼法》(森勇译),成文堂(原著昭和 53 年,译著平成 2 年);基勒斯著《西德诉讼制度的课题》(小岛武司编译),中央大学出版部,昭和 63 年。但是,即使在德国也没有对协动主义作出严密的定义,关于这一点,基勒斯也承认,协动主义也只仅仅停留在学者的论讨层面,参照前揭基勒斯,第 385 页以下,而巴萨曼也认为,对事实的最终判断还是应当委诸当事人,"对于法官的提示(释明)是否遵循"的决定权也在于当事人,因此,在规制作用方面辩论主义并没有受到太大的动摇,参照前揭巴萨曼,第 129 页以下。与此相对,基勒斯则否定自认的拘束力,并认为法官的释明具有优先性,关于此的详细论述,可以参照前揭基勒斯,第 371 页以下。在日本,吉野正三郎教授对协动主义持赞同的态度,有关的详细论述,可以参照吉野正三郎《诉讼审理中法官的权限与责任》,载《立命馆大学法学》,第 197 号,昭和 63 年,第 38 页以下,收录于吉野正三郎《民事诉讼中法官的作用》,成文堂,平成 2 年,第 38 页以下,具体而言,吉野教授认为,即便法官对事实进行了释明,但若是当事人未予以主张,那么该事实还是不能成为判决的基础。总而言之,关于协动主义与辩论主义的关系,似乎还存有进一步探讨的余地。此外,关于协动主义的相关论述,还可以参照前揭吉野正三郎,第 1 页以下;吉野正三郎《西德辩论主义的论争》,载《判タ》,第 507 号,昭和 58 年,第 182 页以下,收录于吉野正三郎《民事诉讼中法官的作用》,成文堂,平成 2 年,第 137 页以下。

第三，严格来说，此处所言的私权自治可能并不是指民法学中所论述的私权自治（关于此问题，近年来也似乎存在争议。有关此的详细论述可以参照，星野英一《意思自治原则与私权自治原则》，载星野英一主编《民法讲座第一卷》，有斐阁，昭和 59 年，第 335 页以下）。如果在民法领域中来考虑私权自治，那么首先想到的会是契约自治。但是，除自认之外，辩论主义中的第一项与第三项内容均不存在“双方当事人意思一致”的因素，因为只要一方当事人提出主张或申请即可（法院就可以作为裁判的基础）。也就是说，在民事诉讼中所言的“私权自治”大致上是作为禁止国家权力积极地、主动地介入私人之间的事情这一意义来予以使用的。换言之，这种意义上的私权自治在“国家权力不能积极地、主动地介入，进而将（提出事实及证据的）发动权保留于当事人”方面，具有与民法中的私权自治相同的基础。〔15〕

一旦认为辩论主义是私权自治的体现，那么辩论主义与处分权主义的关系也就自然地得以明朗化。尽管处分权主义也是私权自治的体现（因此，将辩论主义与处分权主义合称为广义的辩论主义），但两者还是存在如下的区别，即处分权主义是私权自治在请求趣旨层面的体现，而辩论主义则是私权自治在请求原因事实以及抗

---

〔15〕 前揭注（3）小林・審理，第 4 页以下与第 25 页以下，对于私权自治论及本质说展开了严厉批判。小林教授认为，能以“私权自治”作为根据来作出说明的对象，仅限于“自认”，如若不然，难道未采用辩论主义国家的民事诉讼就违反了民事诉讼的“本质”？在兼子理论中关于辩论主义的表述，的确存在如同小林所批判的不适当之处，但是，这应当被合理解读为修辞意义上的不妥。因为双方当事人都不主张事实或都不提出证据申请，也就禁止了法院（国家）主动介入，换言之，在这种情形下，就不提出主张或申请这一点而言，可以拟制为“双方当事人达成一致”［而在前揭注（3）小林・審理，第 5 页以下，小林教授认为，仅仅限定于双方当事人真正达成合意之情形］，归根结底，这也是一种吹毛求疵式的表述层面争议。此外，对于“本质论”批判较为成熟、系统的文献，还可以见之于三月章《辩论主义的动向》（最初发表于昭和 29 年），载三ヶ月・研究（第一卷），第 71 页以下；三月章《有关辩论主义最近动向的若干问题》（最初发表于昭和 24 年），载三ヶ月・研究（第五卷），第 256 页、第 262 页。

此外，山本教授对于辩论主义概念的混乱状况进行了明晰地梳理与分析，参照山本克己《辩论主义的预备性考察》，载《民訴雜誌》，第 39 号，平成 5 年，第 170 页以下。

辩层面的体现。当然,从法技术的视角来看,两者发挥作用的领域是不同的,因此处分权主义也可以与职权探知主义结合起来(参照新堂,第381页),尽管如此,从大的方面来看,可以说处分权主义与辩论主义的背景与基础是相同的。

2. 辩论主义的功能

尽管辩论主义的根据在于当事人的私权自治,但在现实的诉讼中,当事人也不会随意地不响应法院的释明。〔16〕辩论主义在现实诉讼中发挥的作用及功能与其说是尊重当事人的意思,毋宁说在于防止突然袭击。也就是说,由于辩论主义的存在,当事人未主张的事实就不能作为判决的基础,因此,对于当事人来说,只要将自己的精神集中于对方当事人主张的事实(以及自己主张的事实)即可。这也对"法院不能对突然袭击的事实进行认定,进而不能以此作为判决的基础"之原则形成保障。〔17〕

如此一来,是否造成突然袭击在实际上就成为"判断是否违反辩论主义"的关键(严格地说,即便在没有造成突然袭击的情形下,当法院将当事人未主张的事实作为判决基础时,也是违反辩论主义的做法,但这还不至于成为上告审撤销原判决的理由,因此,防止突然袭击的观点也存在"作为上告制度之反映"的一面,关于此的详细论述可以参照,新堂,第290页)。

在判例方面,例如,最高裁判所大法庭昭和45年6月24日判决[载《最高裁判所民事判例集》,第24卷第6号,第712页以下,收录于《民事诉讼法判例百选》(第二版),第70号案件(奈良次郎解

---

〔16〕 根据本德尔《民事诉讼与意识形态》,载阿兰斯编《西德民事诉讼法的现在》(小岛武司编译),中央大学出版部,昭和63年,第99页以下的论述,本德尔法官在30年以上的法官生涯中,当事人不响应法院释明的情况不过5次,而且这些不响应释明的情形多是些诸如不名誉的、涉及经营及家庭秘密的事实。在确切超过10000例案件中,当事人都是抱着感谢的心情响应法官的这种释明。

〔17〕 但是,由此产生的防止突然袭击的观点并不能成为辩论主义的根据。关于此的详细论述,可以参照新堂幸司《民事诉讼法演习》,载《法教》(第二期),第3号,昭和48年,第165页以下。此外,关于根据与功能概念的混同之详细论述,可以参照上田,第307页以下。

说)]也持“辩论主义的功能在于防止突然袭击”的观点。具体而言,在一起请求支付票据金的诉讼中,当事人(原告)既可以通过主张持有连续背书票据(适用《日本票据法》第16条第1款),也可以基于主张实质性权利的转移(适用《日本票据法》第14条第1款)来实现其权利。尽管当事人(原告)诉状等诉讼文书中记载的主张是后者,但法院判决认为应当将其理解为前者的主张(并不存在直接违反辩论主义的问题,而属于主张的解释、判断遗漏的案件),即认为,在原告持有存在经连续背书之记载的票据,而该原告基于该票据请求票据金的情形下,将其作“原告当然地会主张适用《票据法》第16条第1款规定”之理解是较为合理的。由于原告持有的票据存在连续背书的记载这一事实是易于为外人所知道的,因此,不存在“对被告造成突然袭击,进而使被告处于不安定的地位”的危险。从严格考虑主张责任的角度来说,如果当事人可以主张两个要件事实的规范,那么就如松本法官等反对意见所指出的,不应当将两者予以混同,但是,可以看出这一判决以“没有造成突然袭击”为杠杆来对当事人的主张进行拟制,也可以说这个判决充分表明其强调防止突然袭击之态度。

防止突然袭击的视角在如下这个问题上也发挥着作用,即当事人主张的事实与法院认定的事实在何种程度上必须完全一致,或者说,两者达到何种程度不一致就会违反辩论主义?换言之,在不违反应主张方当事人意思的前提下,是否对对方当事人造成突然袭击,就成为判断法院是否违反辩论主义的标准。因此,在诸如“缔结合同的时间”“建筑物的平方数”等事实状态方面,当事人主张与法官判定的些许不一致,可以不视为“违反辩论主义”,判例也持这种观点。不过,判例认为,这种偏差以两者具有社会观念层面的同一性为限。[18] 此外,在“不造成突然袭击”的合理范围内,也应允许法院通过对当事人主张进行适当解释,使自己的认定与当事人主张趋

---

〔18〕 上田教授认为,除防止突然袭击功能外,也可以从“争讼内容自主性决定”“确保对裁判公正信赖”等视角来考虑辩论主义的功能问题,但是,“防止突然袭击”视角还是占据主要地位,参照上田,第309页以下。

于一致。关于此的典型的例子就是,在房屋租赁合同的诉讼中,尽管当事人的“业已作出解除合同告知”之事实主张未获认定,但法院认为,起诉行为本身之中就包含着解除合同的意思表示(参照最高裁判所昭和 26 年 11 月 27 日判决,载《最高裁判所民事判例集》,第 5 卷第 12 号,第 748 页以下)。[19]

三、主要事实与间接事实

在诉讼中所有被用事实是否都需要适用辩论主义呢,换言之,是否所有事实都需要当事人主张呢?对于此,作为通说的兼子说(参照兼子·体系,第 193 页以下)认为,需要当事人主张的事实仅限于主要事实,而并非所有事实。

在诉讼法上,事实可以分为主要事实、间接事实以及辅助事实三种。所谓的主要事实又被称为直接事实,是指在判断权利产生、变更或消灭之法律效果中直接且必要的事实,换言之,是与作为法条构成要件被列举的事实(要件事实)相对应的事实。若以《日本民法》第 587 条规定的消费借贷而言,那么关于“返还约定”与“物的授受”(多数场合中是金钱的授受)的事实,就是消费借贷合同发生的主要事实。所谓间接事实,也被称为凭证(证据),是指在借助于经验法则及逻辑法则的作用,在推定主要事实过程中发挥作用的事实。例如,“突然资金周转不灵”之事实,是可以用于推定“金钱的授

---

〔19〕 与此相关联也允许法院作出诸如“无论合同是在原告主张的期日成立的,还是在被告主张的期日成立的,双方当事人对于合同成立本身不存在争议,因此……”这种选择性判断,关于此的详细论述,可以参照中野 = 松浦 = 鈴木,第 206 页以下(松浦馨执笔)。在医疗过错诉讼中,对于原告提出的注射器消毒不彻底的主张,法院作出的“注射器不良”或者“注射器消毒不彻底”二择其一的选择性认定(参照最高裁判所昭和 32 年 5 月 10 日判决,载《最高裁判所民事判例集》,第 11 卷第 5 号,第 715 页以下)也不会对作为被告的医院方造成突然袭击,这也是一个典型的例子,有关此的详细论述,可以参照上田,第 321 页以下;竹下守夫《辩论主义》,载小山ほか·演習,第 380 页以下。但是,在前揭注(3)小林·審理,第 102 页以下,小林教授却认为,在当事人不认为自己已经充分穷尽攻击防御方法的情形下,法院就违反了辩论主义。尽管如此,无论何种学说,均以“有无造成突然袭击”来作为考虑的标准。此外,选择性认定也是主要事实问题领域中所凸显的问题,关于此的详细论述,可以参照新堂,第 288 页以下;本书“第九讲 当事人适格”部分的相关论述。

受”这一主要事实的间接事实。而所谓辅助事实,是指用于明确证据能力或证据力(证明能力)的事实。例如,当存在着某证人经常说谎、证人是当事人的朋友或亲戚之事实时,该证人证言的证明力必然会降低,而这些事实就是典型的辅助事实。

那么为什么辩论主义的适用仅限于主要事实,而间接事实与辅助事实可以不经当事人的主张而直接作为判决的基础呢?一般观点都是依据“间接事实与证据的同质性”“法官的自由心证主义”(参照《日本民事诉讼法》第247条)这两点来展开说明。换言之,在诉讼中,法院为了判断权利义务存在与否而进行事实认定,而能成为事实认定之终局性对象的就是主要事实,就其与判断这种“主要事实存在与否”过程之关系而言,间接事实与证据处于相同的地位(对于推定是否存在“金钱的授受”之主要事实来说,授受金钱的收条之证据与“突然资金周转不灵”之间接事实具有相同的作用)。因此,在证据评价领域发挥作用的“自由心证主义”可以适用于法院对于间接事实存在与否的判断,换言之,对于间接事实,法院无须当事人的主张也可以自由作出认定。反之,若要求间接事实也须经当事人主张,那么在当事人未进行主张的情形下,法院就不能利用通过证人证言等其他证据可以判明的间接事实,如此一来,势必使法官的事实认定陷于不自由及不自然的窘境,进而违反赋予法官自由心证主义的法律趣旨[参照中野=松浦=鈴木,第200页(铃木正裕执笔)的论述]。

但是,如此一来就会产生如下这样的疑问,即仅仅依据这种停留于概念层面的说明能否一般地将间接事实排除在辩论主义之外?或者说,如此的认识是否使辩论主义的防止突然袭击之功能得到充分发挥?这种疑问也正是种种批判说登场的原因所在(以下的论述不包括辅助事实,而仅限于间接事实)。

首先的问题就是关于主要事实的把握问题。关于这一问题,最初是以如下这种形式被提出,即在《日本民法》第709条规定的“过失”或者《日本借地借家法》第28条规定的“正当事由”这些不特定的概念下,主要事实是指什么?[20] 以前的通说将作为法规构成要件的要件事实直接理解为主要事实,因此,上述的"过失"或"正当事由"就被理解为主要事实,而作为这些主要事实之根据的具体事实则被定位于间接事实。对于这些具体的间接事实,无须当事人主张法院就可以直接予以认定。例如,如果当事人(原告)提出"被告存在酒醉驾驶"的事实主张,那么即便双方当事人对被告是否酒醉驾驶存有争议,法院也可以依据证据调查获得的"被告存在酒醉驾驶"之事实作出判决。但是,这样的判决会对当事人造成突然袭击。因此,对于主要事实的这种把握遭到了其他学说的批判。当下的学界认为,主要事实应当是能成为审理对象的事实,而且必须是能成为证明及证据调查对象的具体事实。而作为法律条文构成要件被列举的事实(要件事实),有的是被抽象化的事实(在被表述为"事实"的场合),有的则不属于事实,而是一种评价性的概念(规范性的概念),《日本民法》第 709 条规定的"过失"以及《日本借地借家法》第 28 条规定的"正当事由"等即属于此。例如,"过失"并不能直接作为证明对象,能直接作为证明对象的事实是诸如"酒醉驾驶"、"超速驾驶"以及"旁观驾驶"等能被评价为"过失"的具体事实,而且,这些具体事实才是主要事实。[21] 目前,这种观点已经成为学界通说(不过,其中也并非没有质疑之处,关于此的详细论述,可以参照土屋文昭《事实认定的再思考》,载《自由与正义》,第 48 卷第 8 号,平成 9 年,第 72 页以下)。依据这种通说,当事人单单提出"存在过

〔20〕 提出这种问题应当始于山内敏彦《一般条款及抽象性概念与要件事实(主张与举证责任)》(最初发表于昭和 42 年),载本井、贺集唱编《民事实务笔记第三卷》,判例时代社,昭和 44 年,第 1 页以下。

〔21〕 也有观点对于这些事实使用"准主要事实"之表达。仓田卓次法官认为,虽然在一般条款中的具体事实是主要事实,但是为了强调被适用构成要件要素与普通法律条文的差别,应当避免采用"主要事实"之表述法,而代之以"准主要事实"这一称谓,参照仓田卓次《一般条款与证明责任》(最初发表于昭和 49 年),载仓田卓次《民事实务与证明论》,日本评论社,昭和 62 年, 第 252 页以下。此外,三月教授也认为,诸如"故意""过失"等这种作为抽象构成要件之基础的具体事实应当被称为"准主要事实",参照三ヶ月・双書,第 196 页以下。

失”的主张,并不构成主要事实的主张,因此,当事人还必须提出诸如“酒醉驾驶”等具体事实之主张。〔22〕 而且,若当事人未提出“酒醉驾驶”之主张,那么出于辩论主义的限制,法院就不能对此作出认定。

综上所述,在法律条文中构成要件所记述的事实为要件事实(由于其中也有可能不是真正意义上的事实,正确地说,应当被称为“构成要件要素”或者“构成要件标识”),而使要件事实获得充实的具体事实则是主要事实。例如,在《日本民法》第 587 条所规定的消费借贷之情形中,其中之一的要件事实就是“金钱的授受”,而此情形下的主要事实,则是指在何时以何种方式(是现金还是支票抑或是银行转账等)授受金钱这样充实化的事实。因此,在表述上也存在“要件事实”与“主要事实”明确的区别。而且,关于“某要件事实(构成要件要素)所对应的是什么样的主要事实”之问题的考虑,则属于法律解释上的问题,或者是事实与法律适用(包摄)中的解释问题,因此,在性质上属于法解释领域的范畴,而不是事实认定领域的问题。例如,必须是什么样的事实(主要事实)才能称得上是《日本民法》第 709 条规定的“存在过失”,以及什么程度的醉酒驾驶构成“过失”等均属于法解释的问题。

其次被提出的问题是,如果按照上述观点来对主要事实(将主要事实与法条的文语相对地区别开来)重新予以把握,那么基于这种把握方式的主要事实与间接事实的区别,能否作为决定辩论主义适用的有效标准呢?因为,在实务中,有些判例并未遵循这一标准。例如,一个较早的判例(大审院大正 5 年 12 月 23 日,载《大审院民事判例集》,第 22 辑,第 248 页以下,收录于《百選Ⅰ》,第 18 号案件)

〔22〕 在原告仅提出“存在过失”的主张,而被告对此予以承认(权利自认)时,原告也无须提出具体化的主张,不过,这应当是另当别论的情形。关于此点的详细论述,可以参照前揭注(21)青山善充《主要事实与间接事实的区别与主张责任》,第 367 页以下,尤其是第 397 页。关于德国学界的论争状况之详细论述,可以参照畑瑞穗《民事诉讼中主张过程的规制》,载《法協》,第 112 卷第 4 号第 488 页以下(平成 7 年)、第 114 卷第 1 号第 1 页以下(平成 9 年)。

就是其典型例子。具体而言,在一起撤销建筑物所有权登记诉讼中,事人Y主张自己一直在交纳房屋税之事实,据此来推定当事人X未取得房屋的所有权,在此,Y主张的事实是推定(否定)有关所有权归属这一主要事实的间接事实。原审(控诉审)判决认为,尽管Y一直支付房税的事实是明确的,但是,Y之前的房屋所有权人A曾与X达成"A(Y)可以支付房屋税"的约定,在本案中也可以推定出这一约定的存在,而房屋税的实际承担者与所有权人是可以分开的,最后法院认定X是房屋所有人。不过,其后的大审院撤销了这一判决,即认为,X与A(Y)之间特别约定的存在应当是基于当事人主张予以确定的事实,但是,在原审诉讼中,X既未对存在这样的约定提出主张,法院也未对Y进行释明,因此,法院未基于当事人主张就认定事实的做法违反了辩论主义。由于特别约定的存在是否定间接事实的事实,故而其在性质上也属于间接事实,因此这一判决可以被解读为,即使对于间接事实,当事人也存在主张的必要。〔23〕

除此之外,最高裁判所昭和33年7月8日判决[载《最高裁判所民事判例集》,第12卷第11号,第1740页以下,收录于《百選Ⅰ》,第94号案件(坂本庆一解说)]也是一个较为典型的判例。这是一起基于红糖行纪合同请求支付行纪费用的诉讼。在第一审与第二审中,X均主张自己与Y之间缔结了行纪合同,但第二审法院却认定Y的代理人A与X之间形成行纪合同关系。于是,当事人以"法院对于代理人关系的认定并非基于当事人的主张"为由提起上告,但上告审法院驳回了上告,即认为:"无论当事人本人还是通过代理人,达成关于支付行纪费用的特别约定,两者在法律效果是一样的,因此,原判决作出的X与Y的代理人A之间达成行纪合同之认定并不违反辩论主义……"但是,在本案中,"是代理人还是当事人本人作出意思表示"是导致法律效果产生的直接且必要之事实,故而其在性质上属于主要事实,而且,这两者主张及举证的路径不同,因

---

〔23〕 近藤完尔教授认为,这一判决存在错误,即忽视了该事实并非须当事人主张的主要事实,参照近藤完尔《当事人未主张的事实》(最初发表于昭和47-52年),载近藤莞尔《民事诉讼论考(第二卷)》,判例时代社,昭和53年,第57页以下。

此,这一判决将主要事实理解为无须当事人主张事项,可以说是一个违反辩论主义的判决。不过,也有观点从“是否造成突然袭击”之辩论主义功能视角出发,认为法院作出这样的结论也是妥当的。[24] 因为,在这一案件中,代理人A作为证人被寻问,因此,就Y方面而言,也能充分地估计到法院可能会将A的参与关系认定为代理关系。

无论如何,以上述判例为契机,[25] 主张诸如“主要事实与间接

---

〔24〕 认为此判决违反辩论主义的观点可以见之于,坂井芳雄《通过代理人达成合同之事实是否需要主张?》(最初发表于昭和32年),载近藤、浅沼编《民事法的诸问题》,判例时代社,昭和42年,第73页以下;基于防止突然袭击功能视角,认为这一判决还算妥当的观点可以见之于,田边公二《反对论》(最初发表于昭和32年),载近藤、浅沼《民事法的诸问题》,判例时代社,昭和42年,第82页以下。此外,奈良教授认为,在当事人通过第三人作出意思表示时,若该第三人仅仅起传达人作用,则可以视同为与当事人本人缔结合同,而若是通过代理人作出的,则构成代理行为,因此,判断该第三人仅仅是传达人还是代理人,很大程度上取决于证据调查的结果,综上,从这种微妙事实认定的关联性来看,也不能一概地责难裁判例对于代理与辩论主义之处理立场。参照奈良次郎《主要事实与间接事实的区别》,载《争点》(新版),第224页以下。

〔25〕 对于“主要事实需当事人主张,间接事实无须当事人主张”之命题的态度,判例是否存在某种程度偏离之倾向呢?关于此问题,学界上存在不同见解。小林教授认为,若对判例细加分析,可以说存在很大程度的偏离,参照前揭注(3)小林·審理,第75页以下。此外,小山升《民事判例漫策》,判例时代社,昭和57年,第52页以下;竹下守夫《辩论主义》,载小山ほか·演習,第369页以下等也持相近似的观点。与此相对,前揭注(21)青山善充《主要事实与间接事实的区别与主张责任》,第367页以下;奈良次郎《主要事实与间接事实的区别》,载《争点》(新版);近藤完尔《当事人未主张的事实》(最初发表于昭和47—52年),载近藤莞尔《民事诉讼论考第二卷》,判例时代社,昭和53年,第57页以下,等观点均认为,固然其中存在一些例外情况,但从整体上看,判例还是遵循这一命题的。可以说,因论者采用的解释论不同,决定了其对于这一问题的不同认识。在谈及自己与小林说在这个问题认识上产生差异的原因时,青山教授认为,小林说将大正一段时期的判例(而后被其他判决实质变更的判决)与战后最高裁判所的判例一概地进行简单对比,在每一起可能为表面上文字表述所迷惑的案件中,小林说关于“其中作为问题的事项是主要事实还是间接事实”之分析都是不严密的。参照前揭注(21)青山善充《主要事实与间接事实的区别与主张责任》,第392页注(46)。不过,青山教授针对小林说的上述批判似乎也有“过度”之嫌,因为,小林说的分析也是经得起充分评判的。此外,能否如青山说所认为的,大正时期的判例在后来经过后续判例的实质变更呢?关于此问题的论述,可以参照竹下守夫《辩论主义》,载小山ほか·演習,第375页以下。

事实不能作为辩论主义适用标准""辩论主义适用标准应当从其他因素予以考量"等各种批判说开始登场。在这些批判说中,主张探寻关于"事实是否需要经过当事人主张"之新标准(辩论主义适用的新标准)的理论见解,大致可分为以下三类。

第一种观点认为,无论其是否属于主要事实,只要对于诉讼胜败产生影响的重要事实都适用辩论主义(未经当事人主张,法院就不能对该事实作出认定),这种观点为田尾桃二教授所主张[参照田尾桃二《对于主要事实与间接事实的二三点疑问》,载兼子·還暦(中),第269页以下],即认为,在考虑当事人应当对哪些事实进行主张时,与其基于主要事实与间接事实的区别,毋宁从该事实与诉讼的关系出发,从"该事实是否对诉讼胜败产生影响"的角度来作出判断,即以"该事实是否成为诉讼真正的争点"作为标准。〔26〕

第二种观点主张,无论是主要事实还是间接事实,所有事实都须经当事人主张才能作为判决基础,不过,当双方当事人对于主要事实的存在与否发生争议时,该主要事实就成为证明的主题,在法院直接针对此证明主题(主要事实)实施的证据调查过程中,偶尔有可能在证据资料中出现能推定该事实存在与否的间接事实,在这种情形下,该间接事实即便未经当事人主张,也可以成为主要事实的判断资料。因为,若按照第一种观点,即只有对诉讼的胜败产生影响的间接事实,才无须当事人主张进而可以作为判决的基础,如此一来,就有可能对对方当事人造成突然袭击,并剥夺了其应有的防御权,进而丧失当事人对于裁判的信赖。该见解为竹下守夫教授所倡导(关于此的详细论述,可以参照竹下守夫《辩论主义》,载小山ほか·演習,第369页以下,此外,竹下说也认可摸索性证明,在摸索性证明的情形中,出现于证据资料中的间接事实,即便未经当事人主

---

〔26〕 在田尾桃二的这一论文中,作者列举了一些难以区分是主要事实还是间接事实的例子。除了"过失"等不特定的概念外,还存在"默示的意思表示"等也属于此,关于此的详细论述,可以参照该论文第82页以下。此外,田尾论文的特色还在于,抛开辩论主义、主张责任等"公理性原则",从纯功能性视角出发思考"(事实)是否需要当事人主张"的问题,因此田尾教授这种理解与本书的立场稍稍存有差异。

张也可以作为推定"证明主题之事实存在与否"的判断资料,不过,若因此对对方当事人造成突然袭击,则应当类推适用《日本人事诉讼程序法》第14条但书的规定,对对方当事人进行寻问)。

第三种观点认为,需要当事人主张的主要事实,并不是由法律予以形式性规定的事实,而必须基于"该法律的立法目的"、"作为当事人的攻击防御方法是否明确"以及"从审理的整理及促进之视角来看应认定事实的范围是否明确"等因素考量,对应具体类型予以归纳性确定(参照新堂,第384页)。对应主要事实与间接事实之区分而言,基于以上标准归纳性地被确定为需要当事人主张的事实是主要事实,而除此之外的事实则为间接事实。[27]

那么,对于上述三种观点应当作如何之评价呢?尽管在具体的结论上,三种观点并无太大的差异,不过,作为三种见解之基础的第一种观点所提倡方向,无疑是妥当的。由于民事诉讼以法规为出发点构建其内在逻辑性,因此,在忽略此前提下对主要事实作出定义的第三种观点,不免令人心生疑虑(也会产生"基于这种区分标准的主要事实能否与证明责任结合起来"之疑问)。至于第二种观点,若所有事实原则上都需当事人主张,那么在把握范围上不免有过于宽泛之嫌,因为,原则上需要法院对于每个事实是否被当事人主张予以逐一确认,一旦某一事实未被主张,法院就应当让当事人重新展开辩论(辩论的再开,参照《日本民事诉讼法》第153条),这样一来

---

〔27〕 新堂说的这一见解是受到石田说启发的结果,关于石田说参照石田穰《举证责任的现状与未来》,载《法协》,第90卷第8号,昭和48年,第1102页以下,收录于石田穰《民法与民事诉讼法的交错》,东京大学出版会,昭和54年,第3页以下。无论是新堂说还是石田说,其论讨的主题都是关于主要事实抽象度(具体化程度)问题,围绕着"过失是否是主要事实"这一问题展开。因此,与其说是关于主要事实与间接事实一般区别之论述,毋宁将这两种学说论述的对象理解为"主要事实充实程度"之问题(不过,将处于充实之外的事实作为间接事实对待)。关于此的详细论述,可以参照后揭注(34)。不过,在石田穰《证据法的再构成》,东京大学出版会,昭和55年,第256页以下,石田教授修正了自己的学说,对于主要事实恢复使用通常的表述法。

就会造成程序的烦琐与冗长。[28]

此外,也有一种在基本思路上与第一种观点相同,但内容却有所不同的观点,这就是主张"将主要事实与间接事实的区别作为辩论主义适用之大致基准"的学说。该学说主张,在适用这一大致标准的基础上,对于某些重要的间接事实也适用辩论主义,反之,对于某些主要事实,如果该事实对于诉讼而言是不重要的事实,那么就不适用辩论主义,在具体判断过程中,通过作为辩论主义功能的"防止

---

〔28〕 第一种观点与第二种观点之间的差异,可能没有表面显现得这么大。特别是在平成8年修改后的新民事诉讼法下,在进入证据调查之前,需要当事人充分提出包含间接事实在内的所有事实,以此明确证据调查的对象,因此这两者几乎就不可能产生实际的差异。但是,在当事人未在事前充分提出间接事实的情形下,两种观点理论上依然存在如下差异。若依据第二种观点,即原则上所有事实仍然需要当事人主张,为此就要重新进行范围广泛的辩论,而若依据第一种观点,那么只有主要事实与重要的间接事实,才需要当事人主张,因此重新进行辩论的范围是较窄的。不过,第二种观点(竹下说)应当被理解为注重于"使当事人尽可能主张事实"之行为规范的学说,而主要事实及重要间接事实说则是侧重于"事前主张未被充分提出场合"之评价规范的见解,基于此,也可以考虑将两者进行某种程度的协调。在德国的实务界中,法院会让当事人充分提出事实,关于此的详细论述,可以参照前揭注(3)小林·審理,第140页以下;松村俊夫《间接事实的含义与价值》,载《上智大学法学论集》,第13卷第2·3合并号,昭和45年,第3页以下,尤其是第17页;木川统一郎《促进诉讼政策的新展开》,日本评论社,昭和62年。

在德国,上述第二种观点是通说。小林教授指出,日本的通说(兼子理论)是基于对德国法的误解而产生的见解。参照前揭注(3)小林·審理,第77页、第139页。具体而言,在德国,辩论主义适用于所有事实,不过,因自由心证主义的关系,间接事实即便未经当事人主张,法院也可以对此作出认定。而兼子理论对此产生了误解,将主要事实与间接事实的区别直接作为辩论主义适用范围的标准(区别)。但是,也不得不指出德国的观点本身也存在不明确之处(竹下守夫《辩论主义》,载小山ほか·演習,主张应当对此重新予以合理地再构成),总而言之,在辩论主义的第一个含义上,德国理论与兼子理论在结论上并无大的差异,但现存的问题恰恰如同小林说所指出的,战后的兼子理论也将这种主要事实与间接事实的区别导入辩论主义的第二个含义(自认)与第三个含义之中。

突然袭击”之标准予以调整。[29] 可以说这是一种稳妥性较强的解释

---

〔29〕 小岛武司《辩论主义》,载林屋礼二、小岛武司编《民事诉讼法研讨》,有斐阁,昭和 60 年,第 231 页以下;村松俊夫《民事裁判的研究》,有信堂,昭和 30 年,第 22 页、第 33 页;荻原金美《瑞典法中的主张责任论》,载《民商》,第 100 卷第 6 号,平成元年,第 1094 页以下。小林说也具有这种倾向,前揭注(3)小林・審理,第 168 页以下的观点接近于此说;中野=松浦=鈴木,第 205 页以下(铃木正裕执笔)的见解也近似于此说。

即便除去“存在过失”等不特定的概念,主要事实与间接事实的区分,也仍然存在其他难题。在实务中,诸如缔结买卖合同的动机、经过、买卖合意成立时的周边状况、支付合同价款的资金筹措方法等,与主要事实相关联的主要事实周边情况,都被作为间接事实予以对待[参照田尾桃二《主要事实与间接事实之区别的必要性及其标准》,载《争点》(旧版),第 218 页以下]。但是,由于这些事实是作为社会事实的关联要素形式出现,因而面临着在法律层面上对此如何予以明确区分之问题。关于此问题,不同观点之间存在分歧。与此相关的一起典型的案件是关于当事人对间接事实自认的判例,参照最高裁判所判决昭和 41 年 9 月 22 日判决,载《最高裁判所民事判例集》,第 20 卷第 7 号,第 1392 页以下,收录于《百選Ⅰ》,第 104 号案件(福永有利解说)。在这起诉讼中,因继承关系接受 A 所享有债权的 X 向 Y 提出了支付债权的请求,Y 对此提出如下抗辩,即由于 A 购买 B 的房屋,作为支付价金的一部分,A 对 Y 的债权已经转让给 B(因此,X 不是债权人),在诉讼中,X 也对“A 向 B 购买房屋”之事实作出承认,但对于 A 与 B 之间的债权转让持否定态度,后来 X 又撤销了对“A 向 B 购买房屋”之事实的自认,至此为止的问题是,能否允许 X 撤销这一自认呢?最高裁判所认为,该诉讼中的主要事实是债权转让,而作为自认之对象的买卖房屋,只不过是认定这一主要事实的资料(间接事实),因此当事人对于间接事实的自认没有拘束力(也就意味着可以撤销该自认)。但是,小林秀之教授[参照前揭注(3)小林・審理,第 96 页以下]与石田穰教授(参照石田穰《举证责任的现状与未来》,载《法協》,第 90 卷第 8 号,昭和 48 年,第 1102 页以下,收录于石田穰《民法与民事诉讼法的交错》,东京大学出版会,昭和 54 年,第 25 页以下)都反对将作为债权转让原因行为的房屋买卖作为间接事实来予以对待,而主张应当将其理解为主要事实。此外,对于主张“债权转让之事实是间接事实,并将其作为诸如不在现场那样的典型间接事实予以理解”之见解,三月教授表达了质疑。参照三月章《关于最高裁判所判决昭和 41 年 9 月 22 日判决的判例释评》,载《法協》,第 84 卷第 8 号,昭和 42 年,第 1088 页以下,收录于三ヶ月・判例,第 246 页以下。尽管关于这种事实可能存在“是主要事实还是间接事实”之论争,但是笔者认为,即便该事实是间接事实,也应当作为重要的间接事实予以对待,也即只有经过当事人主张,才能作为法院判决基础(关于此点的详细论述,还可以参照村松俊夫《民事裁判的研究》,有信堂,昭和 30 年,第 22 页以下)。

关于众所周知的事实是否需要当事人的主张问题,竹下教授认为无须当事人主张,参照竹下守夫《辩论主义》,载小山ほか・演習,第 382 页以下。此外,也有学说从证明责任的角度来论述要件事实(主要事实)的含义及其重要性,关于此的详细论述,可以参照伊藤滋夫《要件事实与实体法》,载《ジュリ》,第 869 号,昭和 61 年,第 14 页以下。

论见解,而且按照这种观点的理解,也能在这一解释论框架内对判例予以合理解读。

与此相对,也有观点主张应当继续维持"辩论主义只适用于主要事实"之命题(判例原则上也遵循这一命题),不过,对于法院未经释明就将当事人未主张的重要间接事实作为判决基础的情形,这种观点并不将其视为违反辩论主义(的情形),而认为这是法院违反释明义务(的情形),因此,在这种情形下应当撤销这种判决[参照前揭注(21)青山善充《主要事实与间接事实的区别与主张责任》,第400页以及第405页注(67)]。与上述的"辩论主义适用于主要事实及重要间接事实"的观点相比,尽管在"是违反辩论主义还是违反释明义务"的把握上,两者存在差异,但从结果上看,两者又可以说是一致的。不过,在某些临界事例中,这两者还是会产生若干差异,例如,在对于"当事人未主张事实且未响应法院释明"之情形的对待上,依据青山说,即便当事人并未主张事实,但只要法院对此作出释明也可以作出认定,因为这是在"私权自治的要求"、"自由心证主义的要求"以及"诉讼运营效率化的要求"之间谋求平衡的结果;与此相对,仍将这种情形作为辩论主义问题对待的学说则认为,法院不能认定当事人未主张且未响应释明的事实。从实际的情况来看,很难想象当事人会不响应法院释明,因此,可以说这种差异也不过是纯理论层面的争议,不过,作为理论上的观点而言,无疑后者较为妥当。

四、若干判例

有学者认为,尽管存在一些例外情形,但还是应当将主要事实与间接事实的区别作为是否适用辩论主义的大致标准,并从这一标准出发对涉及"事实是否需要当事人主张"的若干判例展开考察。[30]对于未经当事人主张而法院做出认定的事实,相较于"是主要事实还是间接事实"之直接判断而言,毋宁在当事人对该事实提出主张

[30] 《法教》,第116号,平成2年,第116页以下,载有青山教授关于辩论主义的研讨问题,据说实际上也是在该学年期末考试中出现的问题。

时，进行该事实是抗辩事实还是积极否认事实之分析，此种考察方法可能有助于减少混乱。〔31〕具体而言，若被判断为抗辩事实，则构成主要事实；若属于积极否认事实，则属于间接事实。抗辩与积极否认（附理由的否认）尽管都是旨在推翻对方当事人主张的事实主张，但抗辩是抗辩方当事人负有证明责任的事实，即在承认对方当事人主张之事实的基础上提出的新的事实，而积极否认则是与对方当事人主张之事实互不并存或互不两立的事实，也即所谓的“悖反事实”，这种事实的证明责任由对方当事人（而非主张方当事人）承担（参照新堂，第304页）。

1. 关于某一事实是否为主要事实的判例

（1）最高裁判所昭和25年11月10日判决，载《最高裁判所民事判例集》，第115号，第551页以下。

在这一诉讼中，当事人X与Y均是既已死亡者A的儿子，尽管双方发生争议的房产以Y的名义进行所有权保存登记，但X主张自己因新建而原始取得该房子，并请求变更房产登记。对于此，Y主张如下：X、Y均向A提供资金以新建房产，因此该房产的原始取得人为A，而后A又将该房产赠与自己。原审判决认为，A、X、Y三人共同新建这一房产，因此三人原始取得房产的共有权，而后X、Y将共有权中自己的持分权赠与A，使该房产成为A的单独所有物，最后A又将该房产赠与Y。当事人X以法院认定当事人未主张之事实为由提起上告，上告审法院驳回了X的上告请求，即认为，对于事实的由来（经过）等事项，法院可以依据证据作出与当事人主张不同的认定。原判决所认定的事实只不过是关于“将该房产赠与Y的A取得该房产所有权的经过”的事实而已。

X的主张：X（原始取得）

Y的主张：A（原始取得）→Y

〔31〕参照铃木正裕《主要事实与间接事实》，载三月章、中野贞一郎、竹下守夫编《民事诉讼法演习第一卷》（新版），有斐阁，昭和58年，第231页以下。

法院的认定:A、X、Y(原始取得) →A →Y

但是,这一判决可以说是不妥当的。就持分范围而言,"A、X、Y三人同时原始取得该房产,而后X、Y又将自己的持分赠与A"之事实主张,是Y在承认"X原始取得"这一主要事实的基础上,提出的关于"X的事后丧失所有权原因"的新主张,因此该主张在性质上属于抗辩,从理论上讲,该事实应当构成Y方应主张的主要事实,即直接导致权利消灭之法律效果发生的主要事实(与此相反,Y提出的"A为房产原始取得人"的主张与"X取得房产原始所有权"之主要事实直接形成互不并存的关系,作为一种悖反性质之事实被包含在X方所主张的主要事实之中,因此在性质上属于积极否认)。如此一来,原审法院未经当事人主张就直接对Y应主张及举证的主要事实作出认定,故而违反了辩论主义,上告审判决因没有指出这一点,同样存在错误。〔32〕 此外,在该案件中,所有的事实都出现在辩论中,由此也可以看出,当事人(尤其是Y)与法院对于事实法律构成的认识存在差异,从这一角度来看,这一判例与本讲"六、法的观点指出义务(法律问题指出义务)"所列举的最高裁判所昭和41年4月12日判决(载《最高裁判所民事判例集》,第20卷第4号,第584页以下)有所类似。

(2)最高裁判所昭和55年2月7日判决,载《最高裁判所民事判例集》,第34卷第2号,第123页以下,收录于《百選Ⅰ》,第95号

---

〔32〕 山木户克己《关于最高裁判所昭和25年11月10日判决的判例释评》,载《民商》,第35卷第3号,昭和32年,第420页以下,收录于山木戸·判例,第184页以下。近藤完尔《当事人未主张的事实》(最初发表于昭和47—52年),载近藤莞尔《民事诉讼论考(第二卷)》,判例时代社,昭和53年,第104页以下;铃木正裕《主要事实与间接事实》,载三月章、中野贞一郎、竹下守夫编《民事诉讼法演习(第一卷)》(新版),有斐阁,昭和58年,第218页以下;井上繁规《不动产所有权转让过程的认定与辩论主义》,载牧山市治、山口和男编《民事判例实务研究(第三卷)》,判例时代社,昭和58年,第229页以下等观点也认为,一概认为关于所有权由来经过之事实不属于主要事实之见解是不妥当的,所有权由来经过也有可能是主要事实。

案件(藤原弘道解说)。

X 的主张:A →B →C
Y 的主张:A →C →Y
法院的认定:A →B →C →Y

这也是一起涉及家庭内部纠纷的请求转移持分登记案件。X 主张,所有权是从 A 转移到 B,然后因发生继承而从 B 转移到 C。对于此,Y 认为,所有权由 A 转移到 C,然后因继承从 C 转移到 Y。但法院所作出的认定却是,所有权首先由 A 转移至 B,而且通过遗赠从 B 转移至 C,而后因继承而从 C 转移至 Y。由于从 B 转移至 C 这一环节中的遗赠之事实未经当事人主张,最高裁判所认为原审法院的事实认定违反了辩论主义,因此撤销这一判决并将案件发回重审。最高裁判所的判决认为:主张因继承取得特定财产的当事人只要对(1)当被继承人的上述财产出现争议时,该被继承人在生前取得该财产的所有权;(2)自己因被继承人死亡而继承其财产这两个事实进行主张及举证即可。若是(1)之事实得到证明,那么该当事人对于“在其后至被继承人死亡为止的阶段中,不存在诸如构成该继承人丧失上述财产所有权原因”之事实,以及“也不存在因被继承人特别的处分行为而使上述财产脱离继承财产范围”之事实,就不负有主张及举证的责任。后者这两个的事实都属于“对上述继承人的财产继承取得进行争执”之人(对方当事人)应提出的抗辩,因此由这些争执方当事人对此承担主张及举证的责任。

这一判决观点可以说是妥当的。究竟是“A 转移至 B”,还是“A 转移至 C”,可以说是两个无法并存的事实,因此在性质上属于积极否认(作为悖反性质之事实被包含在 X 所主张的主要事实之中)。但是,在承认 B 取得所有权的基础上,作出的关于“B 所有权取得的事后消灭”之主张,则属于抗辩,因此这是需要当事人主张的主要事实。由此可以看出,通过这一判决(最高裁判所昭和 55 年 2 月 7 日判决),实务界对上述(1)判决(最高裁判所昭和 25 年 11 月 10 日判

决)的立场进行了修正。〔33〕

(3)最高裁判所昭和46年6月29日判决,载《判時》,第636号,第50页以下,收录于《百選Ⅰ》,第19号案件。

这是一起请求支付票据金的诉讼,在该案件中,被告Y提出了"业已清偿原因债权"的抗辩。法院驳回了被告的这一抗辩,但是被告的确存在着清偿债务的行为,于是,法院就作出"这一清偿债务行为属于被告对其他债务进行的清偿,而不是针对本案债务进行的清偿"之认定。对于此,被告Y以"'针对其他债务的清偿'是当事人未主张的事实"为由提起了上告。上告审法院(最高裁判所)驳回了Y的这一请求,该判决认为:法院非基于原告主张的请求原因事实而是原告未主张的事实关系来承认原告的请求,或者法院基于被告主张之外的事实来认定被告抗辩进而驳回原告的请求,上述做法均违反了辩论主义,故不予允许,但是,在被告否认原告主张的请求原因事实,或者原告否认被告主张的抗辩事实之情形下,由于作为上述(原告)请求原因或(被告)抗辩而被主张的事实在证据上无法获得认定,事实审法院对于"与上述事实无法并存的,且对方当事人不负有主张及举证责任"之事实作出认定,并以此来作出"作为上述(原告)请求原因的主张或(被告)抗辩因无法获得证明而予以驳回"的认定,应当说,法院的这种处理并未违反辩论主义,即便该认定所涉及的事实并未出现在当事人的主张之中。因为,在上述情形下,作为主张者的当事人所承受的不利益,完全是基于自己所主张的请求原因事实或抗辩事实无法获得证明而产生的后果,而并非因其他事实被法院认定而直接导致的结果。

法院认定的"Y对于其他债务的清偿"属于与"Y对于本案债务的清偿"之抗辩事实无法并存的事实,若当事人对此提出了主张,则

〔33〕 在判例(2)中其后还存在如下这一情况,即在发回重审的控诉审中,法院作出了"是生前赠与,而不是死因赠与"的认定,当事人以"该认定不属于当事人主张的事实为由"再次提起了上告,不过,最高裁判所驳回了这一上告。关于此的详细论述,可以参照最高裁判所昭和57年4月27日判决,载《判時》,第1046号,第41页以下。这一案件如此反复的状况也在客观上说明了事实认定的困难性。

可以说是针对抗辩事实的积极否认,因此其也不属于主要事实,进而原则上也不会造成突然袭击。综上所述,上述(3)判决的判旨可以说是妥当的[关于此的详细论述,还可以参照新堂,第387页注(1);鈴木ほか·演習2,第89页以下(高桥宏志执笔)]。

2. 关于主要事实充实程度的判例

(4)最高裁判所昭和32年5月10日判决,载《最高裁判所民事判例集》,第11卷第5号,第715页以下,收录于《百選Ⅱ》,第112号案件(新堂幸司解说)。

这是一起因"注射产生皮下溃烂"而引发的医疗过错案件,在该诉讼中,双方当事人对"医疗方在注射之际是否存在过失"之问题产生争议,X提出了"医疗方的注射器消毒不彻底"的主张,原审法院作出了"医疗方存在或是注射液不良或是注射器消毒不彻底之过失"的认定。对于此,被告以"注射液不良并非当事人主张的事实"为由提出了上告,但是,上告审法院驳回了被告的上告,该判决认为:注射液不良与注射器的消毒不彻底,无论哪一者都是足以构成医疗行为过失的原因事实,因此,即使法院做出的这样的存在过失之判断,作为基于(医疗方)过失的事实认定而言,应当并无不明确或不确定之处。

可以看出,这一判例观点遵循旧通说的见解,将"过失"理解为主要事实,进而将"注射器消毒不彻底"与"注射液不良"视为"推定主要事实存在与否"之间接事实,进而认为,这种间接事实并不需要当事人的主张,法院对此也可以作出择一性认定。但是,若依据现在的通说,则如前所述,过失被认为是一种法的评价(而不是主要事实),而主要事实则是被评价为"过失"的具体事实。不过,作为这种主要事实的具体事实具有如下这种特性,即若要对其予以具体化,则可以进行任何程度之具体化。因此,这种具体化程度应当取决于法律规范的趣旨、攻击防御方法的明确性等因素。而这一案件可以说正是进行这种具体化操作的事例。

那么,对于这一判决究竟该作何评价呢?在医疗过错诉讼中,若让原告提出太过具体化的事实,则不免过于苛刻,同时,作为专家的被告方而言,即便原告提出某种程度抽象化的主张,医疗方也能判断出大致状况,因此,在本案中,原告的主张只要达到“医疗方在实施注射行为之际存在消毒不彻底的过失”之程度即可,而无须具体化至“是注射液不良还是注射器消毒不彻底”之程度。就被告医疗方而言,即便是在原告未对主张予以具体化、特定化的情形下,法院也会作出同样认定,因此,也应允许法院作出择一性认定。总而言之,这是一个“主要事实是什么以及事实的具体化程度”之法解释领域的问题。这一问题类似于以下这个解释问题,即对于“授受金钱”之主要事实,应当在日期及其他条件上进行何种程度的具体化(参照新堂,第386页、第95页)〔34〕。

---

〔34〕 伊藤(滋)·認定,第223页以下的详尽分析对于深化理解这一问题是颇为有益的。

主要事实并非从一开始就需严密且细致予以特定化。对于“或是在11月15日或是在11月16日进行金钱的授受”这一主要事实,(当事人)既可以进行择一性主张,(法官)也可以进行择一性认定,而且,即便是在法官关于“金钱的授受”之心证获得确定时,(法官)也可以做出这种择一性认定。此外,关于“金钱授受的场所或是在新宿分店或是在涉谷分店”之问题,同样也是如此。不过,在涉及消灭时效问题的情形下,“金钱授受的日期是15日还是16日”就成为重要的事项。在这种情形下,就不允许法院进行择一性认定,而必须严格作出“究竟是哪一日”这样确定化的事实认定,而且若法院对此不能作出认定,就必须通过适用证明责任作出裁判。那么,该如何看待注射器案件(参照最高裁判所昭和32年5月10日判决)呢?笔者认为,在这一案件中,法院是否可以作出“注射液不良与注射器消毒不彻底”之择一性认定的关键,取决于这一事实是否关乎案件的大局。通常而言,这种事实很重要,因此是关乎案件大局的事实,进而法院不能作出择一性认定。尽管原告“选择其中任何一者”来预备性提出主张之行为是适法的,但法院作出择一性认定则将构成违法,因为,在这种情形下,还不能说法院形成了事实认定上的确实心证(参照中野·推認,第9页以下)。而且,当原告仅就其中一者提出主张时,若法院依据另一者做出认定,则会对被告造成突然袭击(应当被撤销判决并发回重审)。不过,当法院的认定是基于谨慎推翻其他原因而做出的,(法官)所考虑的原因也仅是“或是注射液不良或是注射器消毒不彻底”之其中一者时,其结果又如何呢?如果法院在谨慎推翻其他原因的过程中,就也向被告作出了告知,那么就不能说造成突然袭击。因为,这就如同以下这种情形,即当法院能够作出“基于特定时间的特定餐饮导致的食物中毒”之程度的认定时,应当允许进行“中毒的原因物质或是鸡肉汤或是炸猪排”之择一性主张(当事人)或择一性认定(法院)(是消极的事实认定,与通常的积极的事实认定存在差异)。

不过,当将"实施注射行为之际的消毒不彻底"作为主要事实予以对待时,不应当将使该主要事实得以具体化的"注射器的消毒不彻底"与"注射液不良"等事实视为该主要事实的间接事实。因为,尽管可能会存在程度方面的问题,不过,间接事实应当是用于推定主要事实存在与否的其他事实,而上述的两个事实并不是其他事实,而是事实的具体化程度(之事实)。若对此贯以名称,那么应当称其为"辅助的主要事实"。[35] 在实务的使用中存在"含糊的事实"

综上所述,纵使允许法院进行择一性认定,那么其中被法院作出择一性认定的事实,原则上也应当会出现在当事人的主张中。即便未出现在当事人的主张中,择一性认定也很少会对当事人造成突然袭击。而且,如果法院作出的推翻其他事实的事实认定,进而使该事实认定在"不至于造成突然袭击"之范围内,那么对当事人未主张的事实进行择一性认定,也不至于构成"撤销判决并发回重审"的事由。注射器案件正是从这一角度出发使该判决获得了正当性(关于其他的案例,可以见之于最高裁判所平成 9 年 2 月 25 日判决,载《最高裁判所民事判例集》,第 51 卷第 2 号,第 502 页以下,尤其是第 516 页部分)。总而言之,主要事实具体扩充到什么程度,是一个依据该事实与案件及争点的关系予以相对性决定的问题。

不过,小林秀之教授却认为,被告 Y 认为自己对注射器经进行了彻底消毒,进而以此产生对该案件的信赖预期,而法院对当事人未主张的注射液不良之事实作出认定,那么将对其造成突然袭击,而且,如此一来也侵害了 Y 的防御权,因此,对该判决的判旨表示了反对意见[参照前揭注(3)小林・審理,第 102 页]。竹下守夫《辩论主义》,载小山ほか・演習,第 381 页;近藤完尔《当事人未主张的事实》(最初发表于昭和 47 至 52 年),载近藤莞尔《民事诉讼论考第二卷》,判例时代社,昭和 53 年,第 163 页以下等观点,则赞成该判决的观点。中野教授也认为,一般而言,不应允许法院进行选择性(择一性)的事实认定,因为在这种情况下,被选择的任何一个事实都欠缺法官充分的心证,但是,本案之所以允许法官进行(择一性的)过失之认定,是基于"大致的推定"立法例产生的结果,因此,本判决的判旨应当予以赞成(参照中野・推認,第 9 页以下)。

〔35〕 山木户克己《自由心证主义与举证责任》(最初发表于昭和 50 年),载山木戸・論集,第 50 页以下存在这样的论述:"当事人为了充实主张责任提出的,并为抽象性、全扩性主要事实所包含的,更为具体化、个别化的事实,尽管是作为主要事实的补充事实出现的,但说到底其依然属于主要事实(补充性主要事实),可以说,在性质上,这种补充性主要事实不同于用于推定'主要事实存在与否'之普通间接事实。"在该书第 53 页注(6),对于"主要事实与间接事实之区别问题"的第三说(石田说、新堂说),山木户教授认为,这两种学说(石田说、新堂说)将一定抽象度以上的具体事实视为间接事实的见解,似乎存在质疑。关于此问题的论述,也可以参照石川义夫《主要事实与间接事实》,载実務民訴(第二卷),第 26 页以下。

之表述,这似乎是一个将这种补充性主要事实与间接事实两者包含在内使用的术语。[36]

五、释明权与释明义务

如果将"国家(法院)不能主动介入"这一观念予以极至化,那么法院只要基于当事人主张的事实作出判决即可,如此一来,纵使当事人因自己不注意而未提出应主张的事实,进而招致败诉,在此情形下,法院也可以将这种责任推诿于当事人自身。但是,这样的结果就使得应胜诉当事人未获胜诉,诉讼完全脱离了国民的正义情感,反而不免带有些许投机性色彩。鉴于此,在当事人主导观念较强的美国,进入 21 世纪以来,那种诉讼的游戏理论(sporting theory)逐渐遭到以罗斯科·庞德为代表的多数学者批判。在同样强调当事人主导理念的法国,也出现对这种观念予以修正的动向。[37]

此处所谓的"不对当事人放任不管"是指形成如下的这种观念,即在当事人的诉讼活动存在不明确或可疑之处时,法院可以要求当事人予以释明(澄清或说明),而且,在某些情形下,法院必须要求当事人予以释明。德国早在 1877 年制定的民事诉讼法典中就作出了释明权与释明义务的相关规定。尽管《日本民事诉讼法》第 149 条作出的仅仅是"法院享有要求当事人进行释明之权限"的规定(大正 15 年修改前的旧《日本民事诉讼法》第 112 条第 2 款规定,法院可以让当事人进行必要陈述),但通说及判例还是将释明作为义务予以对待。

---

〔36〕 对于这种"含糊的事实"之术语,贺集唱《民事裁判中的诉讼指挥》,载《曹時》,第 24 卷第 4 号,昭和 47 年,第 11 页以下进行了相关的分类整理。

〔37〕 关于这种主要动向的详细论述,可以参照三月章《民事诉讼中的诉讼指挥》(最初发表于昭和 54 年),载三ヶ月·研究(第八卷),第 57 页以下。关于法国民事诉讼法之相关状况的论述,可以参照江藤价泰《法国民事诉讼法研究》,日本评论社,昭和 63 年;佩罗《对审的原理与法官对于攻击防御方法的职权指示》(北村一郎译),载《ジュリ》,第 925 号,平成元年,第 99 页以下。

释明(也被称为要求进行释明)[38]的内容,不仅仅限于质询或敦促当事人对于事实的主张,还包括敦促当事人进行举证的活动。按照一种较为权威的观点的理解,释明可以分为“澄清不明确的释明”、“消除不妥当的释明”、“补充诉讼材料的释明”、“新提出诉讼材料的释明”以及“举证方面的释明”五个类别。[39]

如果这种释明权或释明义务被正当行使,而且当事人予以积极响应,那么就能实现妥当且公正的裁判。正是鉴于此,连判例都认为,通过释明可以消除因“机械地、形式地”适用辩论主义而产生的不合理因素(参照后揭最高裁判所昭和45年6月11日判决),因此,一般都认为,释明具有修正及补充“辩论主义”的作用。[40] 在实施

---

〔38〕 释明之表述并不仅仅指当事人的行为,同时也指审判长质询当事人的行为。“审判长进行释明”之表述,是指审判长向当事人进行质询等的行为。应当予以注意的是,法律上的释明与日常用语中释明,在含义上有所差别,关于此的详细论述,可以参照中野・推認,第230页注(2)。

除此之外,在实务界也经常使用“判决释明”之表述法,这一表述的含义是指,当法官在口头辩论中忘记进行释明,并认为若进行释明当事人就应当会提出某项事实主张时,在判决中作出“该事实被当事人主张”之记载的行为。在不造成突然袭击的合理范围内,也可以认可法官这种较为合理的做法,关于此的详细论述,可以参照右田尧雄《民事诉讼法》,嵯峨野书院,昭和53年,第209页以下。

〔39〕 奈良次郎《诉讼资料收集中法院的权限与责任》,载講座民訴(第四卷),第125页以下,尤其是第144页。

〔40〕 此处所言的“辩论主义”并不是指诉讼法技术层面或者功能视角的辩论主义(当事人未主张的事实不能作为判决基础。在本书前述部分提及的小林说),而是指“法官不能积极介入,而只能消极听取当事人的主张”这一法官被动性意义上使用的辩论主义。即使法官进行释明,但是否响应这种释明的决定权在于当事人,从这一意义上说,释明不具有任何修正及补充(功能性的)“辩论主义”的作用。

由此可以看出,辩论主义的概念具有多重含义,如此一来,对于释明与辩论主义关系的把握,不同学说会产生不同的理解。例如,矶村义利《释明权》,载《民事诉讼法讲座第二卷》,有斐阁,昭和29年,第477页以下,矶村教授认为,“尽管释明来源于职权主义,进而对辩论主义形成限制,但释明并非弱化或消除辩论主义的敌对物,而是从保护正当权利者利益视角出发来限制辩论主义弊端并弥补其缺陷的概念”。此外,谷口教授也认为,释明接近于判决资料收集层面的职权主义(参照谷口,第192页以下)。上田教授认为,释明权是为了谋求恢复辩论主义各种功能的概念(参照上田,第323页以下)。在奈良次郎《诉讼资料收集中法院的权限与责任》,载講座民訴(第四卷),第131页以下,奈良教授认为,释明权的根据在于谋求准确、妥当且合乎真相的纠纷解决。上

释明的程序方面,法律规定由审判长行使释明权(参照《日本民事诉讼法》第 149 条第 1 款),当事人不能直接要求对方当事人进行释明,而必须通过审判长来进行发问(参照《日本民事诉讼法》第 149 条第 3 款),释明可以在口头辩论期日里进行。而且,法院也可以作出诸如要求当事人本人出庭、勘验或者鉴定等适当的处分(释明处分,参照《日本民事诉讼法》第 151 条。说到底,这是要求当事人进行释明的手段,而不是为了促使法官形成心证的证据调查,在实务中法官并不太使用释明处分。不过,最近随着和解兼辩论程序的扩大适用,可能会促使法官利用释明处分)。如果当事人对于释明心存不服,可以提出《日本民事诉讼法》第 150 条规定的异议,不过,当事人的这种异议不能针对独任法官作出的释明,因此有观点认为这种异议并不具有太大的实效性。[41]

关于释明权及释明义务,在解释论上存在两个问题。第一,在什么情形下,产生法院应尽的释明义务,反过来说,在何种范围内,即便法院未实施释明行为,也不构成当事人提出上告的理由,进而导

述诸观点都将释明的功能理解为对辩论主义的修正及补充。与此相对,竹下守夫教授认为,与其将释明权与辩论主义结合起来,毋宁探究释明权的原有含义,这样一来可以更好实现口头辩论主义或对审构造这一目的:一方面对于法院而言,释明权有助于解决案件;另一方面,对于当事人而言,也有助于进行充实且充分的辩论[参照竹下守夫《案例解说》,载《百選》(二版),第 169 页以下]。此外,山木户教授也认为,主张将释明权与辩论主义结合起来的观点,是不明确的(参照山木户克己《辩论主义的法构造》,载山木戸·論集,第 22 页以下)。笔者个人也赞同竹下说及山木户说,即认为应当让释明权相对脱离辩论主义,并从辩论权角度来看待释明权的做法,可能更具有建设性。

无论如何,从"让应胜诉当事人获胜"这一方面来看,释明可以说是民事诉讼的"大宪章"(Magna Charta)。不过,若深入考虑以何为标准来决定"应当胜诉的当事人",这恐怕又将成为一个难题,此外,释明权与"民事诉讼并非像刑事诉讼那样追求实体真实,而只需追求形式真实即可"这一命题之间的关系,也是需要进一步予以考虑的问题。

〔41〕 荻原金美《诉讼指挥与当事人》,载新実務民訴,第 96 页以下。作为驳回这种异议的判例,可以见之于东京高等裁判所昭和 56 年 3 月 3 日判决,载《判時》,第 1000 号,第 95 页以下。

致原判决被撤销呢?[42] 关于这一问题的见解,随着时代的变迁而不断变化,"二战"前的大审院认可法院释明义务的范围较广,而"二战"后最高裁判所的观点却缩小其范围,甚至达到几乎不认可法院释明权之程度。不过,从昭和三十年代起,最高裁判所的立场又再次朝着"认可法院释明义务并不断扩大其范围"的方向发展,这种趋势一直延续至今(参照新堂,第294页)。[43] 尽管法院对于案件的处理能力不能达到理论的应然性要求,不过,就理论而言,也不应当将释明权的范围理解得过于狭窄。作为"判断法院是否产生释明义务"一个大致的标准在于,在因法院未进行释明而使裁判结果发生逆转之盖然性较高的情形下,上级审法院应当在斟酌双方当事人公平的基础上(而且,附加以上告申请受理的一般要件)撤销违反释明义务的原审法院判决。[44]

因此,这是个应当通过判例积累来予以确立的标准,作为从较大范围来把握释明义务的最近判例是最高裁判所昭和51年6月17日判决[载《最高裁判所民事判例集》,第30卷第6号,第592页以下,收录于《百選》(二版),第74号案件(竹下守夫解说)]。这是一起依据《日本民法》第508条规定的时效消灭而发生债权抵销的案件,在该诉讼中,关于抵销的成立时期成为诉讼中的一个重要问题,上级审法院认为,从票据的背书栏中记载的事实来看,抵销的成立也可以考虑为其他的时期,进而认为原审法官违反了释明义务,因此

---

〔42〕 矶村教授认为,是否进行释明取决于法官的裁量,法院未进行释明之行为不能成为当事人提出上告的理由(参照矶村义利《释明权》,载《民事诉讼法讲座(第2卷)》,有斐阁,昭和29年,第478页以下)。不过,就当下而言,无论是判例还是学说都认为,法院在某些情形下未实施释明行为,将成为当事人提出上告的理由。

〔43〕 矶村义利《释明权》,载《民事诉讼法讲座(第2卷)》,有斐阁,昭和29年,第478页以下;奈良次郎《诉讼资料收集中法院的权限与责任》,载講座民訴(第四卷),第141页以下;中野·推認,第216页以下。小岛武司《释明权行使的标准》,载新堂·特別講義,第332页以下,尤其是第335页,等观点认为,法院行使释明权经历了从"职权主义的积极释明模式"到"古典辩论主义的消极释明模式"再到"强调程序保障的积极释明模式"这一阶段性发展过程。

〔44〕 中野·推認,第223页以下对此有详尽的论述。关于此的论述,也可以参照奈良次郎《诉讼资料收集中法院的权限与责任》,载講座民訴(第四卷),第158页以下。

作出撤销原判决并发回重审的判决。

关于释明的第二个问题所涉及的并非法院不行使释明权,而是因法院过度行使释明权而违法的情形,换言之,即法院过度行使释明权的问题。与这一问题相关的典型判例(在该案件中,由于事关诉的变更之释明,因而法院的释明不是对辩论主义的"补充",而是对处分权主义进行的补充)是一起因法院实施敦促当事人进行诉的变更之释明行为而是否构成违法的案件,参照最高裁判所昭和45年6月11日判决,载《最高裁判所民事判例集》,第24卷第6号,第516页以下,收录于《百選Ⅰ》,第100号案件。该判例的判决认为:纵使法院的释明可能涉及具体的请求原因,事实审法院仍然可以对原告作出这种释明,同时,法院也可以在某些情形下,依据不同的发问方式向当事人提示具体的法律构成,以明确当事人的真实意思,因此,法院将连带保证债务变更为承包债务的释明行为并不构成违法。〔45〕

但实际上,这一问题却面临"如何看待释明违法情形之效果"的难题。由于原审中的法院释明活动既已进行,当事人响应法院释明的主张也已经提出,在上告审阶段,法院就难以排斥当事人因响应(原审法院之)释明而提出的这种主张。换言之,法院以"当事人因响应法院过度释明而提出的主张"作为判决基础之行为构成违法,因此在这种情形下,如果上告审法院撤销原判决并发回重审,那么当事人有可能再次"自发地(而不是经法院释明)"提出这种主张,而如果上告审法院不发回重审而径行改判,并判决该当事人败诉,那么也不免有将"(原审)法院的错误"转嫁由当事人承担的嫌疑(不过,在理论上也存在这样一种可能,即在当事人完全没有可能自发

〔45〕 中野贞一郎《诉的变更与释明义务》,载中野·推認,第139页以下,对此展开了详尽的分析。此外,若基于新诉讼标的论的立场,则不认为这是诉的变更之情形,而仅仅属于法的观点变更。

在奈良次郎《诉讼资料收集中法院的权限与责任》,载講座民訴(第四卷),第159页以下,奈良教授认为,当因诉讼标的不同形成诉的变更时,当事人不受既判力约束而可以再次提起诉讼,因此,撤销原判决的做法是不妥当的,并认为,法官虽有释明权,但并无释明义务。

地提出这种主张的情形下，即便法院通过撤销原判决径行改判来扭转胜败，也可以将该责任归结为当事人自身。但是，从结果上来看，仍然会残留有“应当胜诉的当事人在其知道这种情况后又无法让其获胜”这样的后遗症，因此，让“因撤销原判径行改判而遭受败诉结果”之当事人接纳与理解这种结果，恐怕是较为困难的）。如此一来，纵使原审法院的释明因对对方当事人造成不公平感而多少显得“过度”，但只要该释明符合案件的真相，该释明就不构成诉讼法上的违法。而当这种释明与案件的真相不符时，“事实认定上的错误”也可以构成当事人提出上告的理由，在这种情形下，法院这种过度的释明也将被包含于其中（事实认定的错误），并可以依此来作出更正，总而言之，在法院过度释明符合案件真相时，应当说的确没有加以更正的手段。〔46〕

综上所述，就评价规范而言，并不存在法院行使释明权违法的情形，但作为法院的行为规范而言，法院还是应当自律地避免进行“错误诱导当事人进而扭曲案件事实”之释明，应当说，法院释明权行使也存在一定的限度。就这一点而言，经常成为话题的例子，当属“法

---

〔46〕 奈良次郎教授也认为，如果法院过度的释明与案件真相相符合，那么就不得不容忍这种违法的释明[参照奈良次郎《诉讼资料收集中法院的权限与责任》，载講座民訴（第四卷），第138页注（15）、注（16）]。此外，中野・推認，第248页以下，也表达了相同的观点。与此相对，坂原正夫教授则认为，法院的这种过度释明将构成撤销判决的事由，参照中野贞一郎编《现代民事诉讼法入门（新版）》，法律文化社，平成10年，第179页以下（坂原正夫执笔）。

此外，也有观点认为，法院过度释明将构成法院回避的事由，持这种观点的文献可以见之于，村松俊夫《民事裁判的研究》，有信堂，昭和30年，第26页以下；小山，第292页以下；小岛武司《释明权行使的标准》，载新堂・特別講義，第349页以下；吉野正三郎《诉讼审理中法官的权限与责任》，载《立命馆大学法学》，第197号，昭和63年，第33页以下，收录于吉野正三郎《民事诉讼中法官的作用》，成文堂，平成2年，第33页以下等。

对于上述种种学说，在奈良次郎《诉讼资料收集中法院的权限与责任》，载講座民訴（第四卷），第139页、第149页，奈良教授认为，法院释明权的行使不可能存在滥用，对于那种“释明权的行使导致扭曲真相”的批判也难以苟同，无论法院怎么行使释明权都不会形成过度行使的结果。不过，在奈良次郎《释明权与释明义务的范围》，载实務民訴（第一卷），第225页以下，奈良教授又认为，必须对释明予以适当的限制。

院关于消灭时效方面”的释明。具体而言,从法官的传统做法来看,对于具有“立即使诉讼终结”之作用消灭时效的释明,法院持消极态度。尽管从理论上看,法院纵使作出了这方面的释明,因“是否援用该消灭时效”最后取决于当事人自由,因此会得出“法院可以进行这种释明”这样的结论,但是,“对此不进行释明”也可以说是实务中形成的明智之举。〔47〕

与此相关,还存在所谓的“权利抗辩”的问题。〔48〕其具体内容是指,尽管在辩论中出现了导致权利发生或消灭的主要事实,但仅仅达到这种程度尚还不足够(作为法院判决的基础),只要当事人没有作出权利行使的意思表示,那么这种主要事实就不能成为判决的基础。可以说,民法的形成权多属于此。作为其典型的例子,就是关于留置权的抗辩。关于此的判例可以见之于,最高裁判所昭和27年11月27日判决,载《最高裁判所民事判例集》,第6卷第10号,第1026页以下,收录于《百選Ⅰ》,第99号案件(坂田宏解说)。该判决认为:对于诸如免除偿付等事实抗辩而言,如果该抗辩的受益人对构成事实抗辩的事实关系提出主张,不论对方当事人是否也对此主张提出,一般而言,法院必须对此予以斟酌(可以作为判决的基础)。与此不同,作为诸如留置权等的权利抗辩而言,尽管作为抗辩

〔47〕 武藤春光《关于民事诉讼中的诉讼指挥》,载《司法研修所论集》,第56号,昭和50年,第73页以下,尤其是第84页,武藤教授认为,“消灭时效可能成立”并不是法院在法庭中的释明,而仅仅是在和解的过程中对原告诉讼代理人提出的质问。此外,奈良次郎《释明权与释明义务的范围》,载実務民訴(第一卷),第222页以下,奈良教授认为,在持“即便不对时效进行释明也不构成违法”之裁判例观点的背景下,法官往往具有不太期望“通过时效届满来解决问题”的微妙心理。此外,小岛教授也表述了相同的观点,参照小岛武司《释明权行使的标准》,载新堂·特別講義,第348页以下。最高裁判所昭和31年12月28日判决(载《最高裁判所民事判例集》,第10卷第12号,第1639页以下)对于取得时效(不是消灭时效)问题存在以下论述,即认为,只要当事人未对取得时效进行援用,即便法院未对此作出释明,该行为也不构成违法。关于这一案例的评析,可以见之于山本和彦《关于最高裁判所昭和31年12月28日判决的判例释评》,载《法協》,第103卷第8号,昭和61年,第1670页以下。

〔48〕 坂田宏《权利抗辩概念的再评价》,载《民訴雜誌》,第41号,平成7年,第202页以下。

取得的事实关系在诉讼中被当事人主张，但只要权利人未表明行使该权利的意思，法院就不能对此予以斟酌［不能作为判决的基础，参照《日本民事诉讼法》第 186 条（现行法第 246 条）］。而且，即使在诉讼中出现诸如使一方当事人取得某种权利等事实，但只要该当事人没有行使该权利的意思表示，那么法院就不应当享有“确认该当事人是否具有行使该权利的意思，或者敦促其行使该权利”的职责。

就当下状况来看，该判决书最后部分的“法院不具有这种释明义务”之判旨，无疑是稍欠妥当的，因为，与“可能招致全面败诉”之消灭时效问题不同，作为留置权权利抗辩而言，权利人最差的败诉结果也仅仅是获得如下这种附条件给付判决，即以对方支付被担保债权为交换条件的交付留置物之判决，故而法院应可以进行这种释明。

六、法的观点指出义务（法律问题指出义务）

1. 法的观点指出义务

由于辩论主义涉及的是“作为诉讼资料之事实”之收集权限及责任的问题，因而被认为是一个仅（专门）涉及事实的概念。但是，诉讼中所谓的事实并不是无目的、无规制地被（当事人）提到辩论中的，被提到辩论中的事实应当是受实体法法的观点支撑的事实。因此，依据所采用的法的观点不同（例如，是侵权行为还是债务不履行），被主张的事实也会产生差异。

对于这种法的观点与事实的关联性问题，在那些因认定当事人未主张事实而被认为违反辩论主义的判例中，实际中凸显的真正问题点都集中于“法的观点”或“法律构成”方面。作为这种判例的典型就是最高裁判所昭和 41 年 4 月 12 日判决，载《最高裁判所民事判例集》，第 20 卷第 4 号，第 548 页以下，收录于《百選Ⅰ》，第 31 号案件。

X 的主张：$X \rightarrow Y_1 \rightarrow X$

Y_1 的主张：$X \rightarrow Y_1 \rightarrow A(Y_2)$

法院的认定：$X \rightarrow Y_1 \rightarrow \underset{\sim}{X} \xrightarrow{\text{让与担保}} A(Y_2)$

本案是一起请求撤销所有权登记的诉讼,在本案中,X 主张本案土地原本为其所有,为了清偿债务而将土地转让给 Y_1,后来 X 又用从 A 处借来的金钱将土地从 Y_1 处购回。而 Y_1 则主张,本土地原本是 X 所有,但是,X 因偿还债务而将土地转让给 Y_1,其后 Y_1 又将土地转让给 A,不过,将土地转让给 A 时,附有“X 在一定期间内向 A 支付 95 万日元,X 将收回该土地”之条件,由于在规定的时间内条件未成就,因此以 A 儿子 Y_2 的名义对该土地进行了登记。最后法院认定的事实是,X 用从 A 处借取的金钱从 Y_1 处回购了本案之物件(土地),并且 X 又立即以该土地向 A(Y_2)提供让与担保。对于此,Y_1 以“向 A 提供让与担保并非是当事人主张的事实”为由提出上告。最高裁判所以原审法院违反辩论主义为由撤销了原判决,并将案件发回重审,该判决认为:原审法院认定了“X 从 Y_1 处回购了该土地”之事实,但 X 在实际上不享有该土地所有权,应当说是基于“X 已经将本土地转让给了 A”之缘故,而不是基于“Y_1 因代物清偿而从 X 处取得本案的土地”之原因,因此,“X 向 A 转让本土地”之事实,并非是当事人在原审口头辩论中主张的事实,应当说,原判决依据当事人未主张的事实来排斥 X 的前述请求,故而违反了辩论主义。

尽管这一判决认为原判决违反了辩论主义,但是,从案件的具体情况来看,该事实本身是出现在原审的辩论中的。换言之,“A 提供金钱,并且以该笔金钱将物件(土地)从 Y_1 处转移至 X 处或 Y_2 处”之原生性事实是充分被当事人主张的。对于该原生性事实,X 将其作为“以该金钱从 Y_1 处买回该土地”之法的事实来予以构成,而 Y_1 将其作为“Y 附特别条件地将该土地转让给 A(Y_2)”之法的事实来予以构成,而原审法院则将其作为“X 以从 A 处借取的金钱从 Y_1 处回购了物件(土地),并且 X 又立即以该土地向 A(Y_2)提供让与担保”之法的事实来予以对待。可以看出,按照这三种构成被法的评价之原生性事实,是出现在原审的辩论中的。

在本讲“五、释明权与释明义务”部分中论述的最前面两个判例(最高裁判所昭和 51 年 6 月 17 日判决与最高裁判所昭和 45 年 6 月

11 日判决)实际上也并非仅仅是关于事实问题的判例,在这些案例中,当事人所采用的法的观点与法院所采用的法的观点也存在差异,释明与其说是针对事实本身作出的,毋宁说与法的观点构成问题(依据实体法来对案件进行法律构成的方法)紧密相关。

如果将辩论主义作为一个仅仅关于事实的概念予以把握,并将事实之法的评价理解为"不受当事人主张拘束的,可以委诸法院自由进行"的操作,那么可以说在这些案件(原审)中原生性的事实均出现过,因而法院并没有违反辩论主义。而且,这样一来也符合传统对于辩论主义的理解。"汝给吾事实,吾赐汝法律"的古老法谚,即传递着这样的原理。应当说,在这些案件中,原审法院并未违反此意义上的辩论主义[参照新堂,第 389 页;竹下守夫《辩论主义》,载小山ほか · 演習,第 381 页;近藤完尔《当事人未主张的事实》(昭和 47—52 年),载近藤莞尔《民事诉讼论考第二卷》,判例时代社,昭和 53 年,第 197 页]。

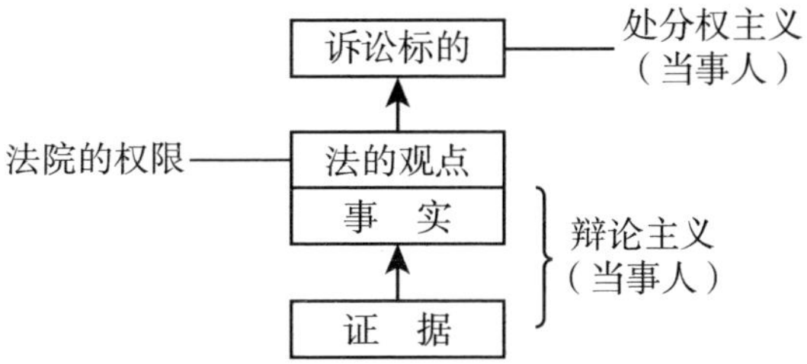

图 12-1

但是,纵使认为这些案件未违反辩论主义,原审法院的这种处理恐怕也难以获得赞同。因为,只有法院就"自己可能采用何种法的构成"向当事人作出阐明,并与此相应地保障当事人进行充分的主张及举证活动,才符合防止突然袭击的理念。就传统理论框架而言,可以认为,在这些案件中,法官未充分履行其释明义务[参照新堂幸司《关于最高裁判所昭和 41 年 4 月 12 日判决的判例释评》,载《法协》,第 84 卷第 3 号,昭和 42 年,第 394 页,收录于新堂 · 判例,第 262 页以下;前揭注(3)小林 · 審理,第 105 页以下]。总而言之,法官的释明不仅仅针对事实,法的评价以及法律构成也属于释明的对象,就这一意义而言,释明的范围要大于辩论主义的使用范围。〔49〕

正是基于以上这种认识,最近的理论开始对辩论主义的外围领域展开探究,其中的一种观点认为,与其采用一般的“法官是否违反辩论主义”之形式,毋宁以“法官是否违反释明”之形式来把握问题。这种观点由小林秀之教授[参照前揭注(3)小林·審理,第28页、第105页]所倡导。〔50〕

传统理论认为,辩论主义仅仅是关于事实层面的概念,法的观点领域属于法院的专权,因此当事人与法的观点并无关系。另一种观点则对上述传统观念进行了自觉反省,进而认为,在法的观点或法律问题的层面上,也有必要认可“防止突然袭击”之考量,从而保障当事人在这一层面上的参与。具体而言,当法院想适用当事人未注意之法的观点时,法院就附有如下义务,即应向当事人开示这种法的观点,并让当事人在其与法院之间就法的观点或法律构成进行充分讨论。这种义务被称为法院的法的观点指出义务或法律问题指出义务,也被称为法的对论之要求。在德国,通过1976年简素化法的修改,《德国民事诉讼法》对此作出了明文规定,而《日本民事诉讼法》第278条第3款规定将这种义务予以实定法化。在法国,新《法国民事诉讼法典》第16条对此也作出了相应规定。不过,这种制度

〔49〕 正如《法学实践研讨会·座谈会——诉讼指挥》,载《法治》,第32号,昭和58年,第86页以下的新堂幸司教授发言所述的,释明可以分为针对事实的释明与专门针对法律的释明。武藤教授也认为,关于事实问题与法律问题的讨论才是真正的释明与口头辩论,参照武藤春光《关于民事诉讼中的诉讼指挥》,载《司法研修所论集》,第56号,昭和50年,第77页以下。

〔50〕 如果既符合当事人实质武器平等的原则,又能够使法院认定具有证据的重要事实,并且所认定的事实是公正解决纠纷所必要的(多数情形下会扭转诉讼的胜败结果),那么单单基于“法院对当事人未作主张的事实作出认定将会对当事人造成突然袭击”之理由,并不会得出法院不能进行这种事实认定之结论,在这种情形下,正确的做法是,法院应当通过释明来让当事人穷尽其攻击防御手段[参照前揭注(3)小林·審理,第28页以下]。由此看来,小林说不仅仅针对法的观点或法律构成,对于事实层面,也主张将释明义务(而不是辩论主义)予以一般化。

的侧重点在于让法院指出法的观点，并与当事人进行讨论，但法院并不受其与当事人讨论结果的拘束。对于当事人提出的原生性事实负有法律解释之最终责任的法官，可以优先考虑自己的法的观点，并且可以以此来作出判断，在这一点上，法的观点指出义务恰恰与优先考虑当事人意向的辩论主义形成鲜明的对比。但是，当法院在未指出法的观点之前提下作出裁判时，将会因"违反法的观点指出义务"而构成"撤销判决并发回重审"的事由。在这种观点论述的文献方面，德田和幸《法领域中程序权的保障》（最初发表于昭和 55 年），载德田和幸《法国民事诉讼法的基础理论》（信山社，平成 6 年，第 86 页以下）具有理论上的先驱地位，而山本和彦《民事诉讼中法律问题的审理构造》［载《法协》，第 106 卷第 4 号第 22 页以下（平成元年）、第 106 卷第 9 号第 1606 页以下（平成元年）、第 106 卷第 10 号第 1751 页以下（平成元年）、第 107 卷第 3 号第 323 页以下（平成 2 年），收录于山本和彦《民事诉讼审理构造论》，信山社，平成 7 年，第 17 页以下］则对此观点展开了最为详尽的论述。〔51〕 如果法的观点指出义务可被视为释明，那么第一种观点具有相当的合理性，但是，作为理论而言，主张"尽管也将法的观点指出义务作为释明的一

---

〔51〕 早在昭和 29 年，矶村义利《释明权》，载《民事诉讼法讲座 2 卷》，有斐阁，昭和 29 年，第 478 页以下，就对此问题有所论述，即认为"当法院与当事人的见解存在差异时，有关法律上观点的质问与讨论就特别显现出重要意义，如果不进行这种质问与讨论，当事人就无法提出与法院法律解释相应的诉讼资料，而且，当法院依据当事人未曾预料的法的观点作出裁判时，会给当事人造成突然袭击"。

吉野教授认为，当事人一旦在诉讼中向法院提出诉讼资料，那么关于该诉讼资料的法的评价就不受当事人支配，法官的法判断权具有优先地位，参照吉野正三郎《诉讼审理中法官的权限与责任》，载《立命馆大学法学》，第 197 号，昭和 63 年，第 33 页以下，收录于吉野正三郎《民事诉讼中法官的作用》，成文堂，平成 2 年，第 32 页以下。但是，法的判断权并非由法官所垄断，对于当事人也应当保障其行使"影响法官的法判断权"之权利，这就是所谓法官与当事人的"法律上的讨论"，在法的适用过程中，这种"法律上的讨论"形成法官与当事人的"协同性"之基础，在这一领域中，适用"协同主义"是较为妥当的。此外，奈良次郎《诉讼资料收集中法院的权限与责任》，载講座民訴（第四卷），第 152 页以下；三ヶ月・研究（第八卷），第 73 页以下等其他学说也对"法官与当事人的协同、协作"持认可态度。不过，关于将"协动（协同）主义"予以概念化的意义以及其妥当性，则是另当别论的问题，关于此的论述可以参照，前揭注（13）。

种形态,但又相对独立予以把握"的第二种观点似乎更具有妥当性,因此,笔者认为,今后的学说应当朝着第二种观点主张的方向予以推进。〔52〕

2. 具体例

如果法律问题指出义务如此被作为与辩论主义原旨相比稍显异质化的概念予以理解,那么此前一直以"是否适用辩论主义"之形式展开论争的"公序良俗、权利滥用、诚实信用原则等一般条款的适用是否需要当事人主张"之问题,就可以转变为另一种形式的问题。以下笔者想就这一问题展开论述。此外,为了方便起见,也将"法院依职权认定过失抵销"之问题合并予以考虑。

所谓的"公序良俗、权利滥用与诚实信用原则的适用是否需要当事人主张"之问题,是指当法院基于证据资料可以认定违背公序良俗、权利滥用或违反诚实信用原则之事实时,即便当事人未主张,法院是否也可以依此来作出判决(辩论主义是否可以不适用于这些

---

〔52〕 山本说认为,作为一般而言,法律问题指出义务是释明义务的一种形态,但是当上级审法院依职权采用与原审法院不同的法的观点时,应当从宪法上的审问请求权来寻求法律问题指出义务的根据。而且,违反法律问题指出义务,是指法院未就该法的观点与当事人展开讨论,因此,判决既判力不及于该法的观点,当事人可以以再诉方式来主张该法的观点。关于此的详细论述,可以参照山本和彦《民事诉讼中法律问题的审理构造》,载《法协》,第107卷第3号,第400页以下,平成2年,收录于山本和彦《民事诉讼审理构造论》,信山社,平成7年,第325页以下。由此可以看出,山本说接近于小室说的立场,参照小室直人《诉讼对象与既判力对象》,载《法学杂志》(大阪市立大学),第9卷第3·4合并号,昭和38年,第345页以下,收录于小室直人《诉讼标的与既判力》,信山社,平成11年,第1页以下。

此外,在法理学意义上对法的观点指出义务展开探讨的文献,可以见之于山本克己《关于民事诉讼中所谓的"Rechitsgespr ch"》,载《法学论丛》,第119卷第1号第1页以下、第119卷第3号第1页以下、第119卷第5号第1页以下,昭和61年;阿多麻子《法的观点指出义务》,载《判タ》,第1004号,平成11年,第26页以下。

一般条款)之问题。对于此,多数说持肯定态度。〔53〕具体而言,公序良俗、权利滥用与诚实信用原则是“不能任由当事人私下处分”之法的一般原则,可以说这些原则均是具有强烈公益色彩的“帝王规范”,〔54〕因此基于私益自治的辩论主义就应当不予适用。此外,在适用这些一般原则条款的案件中,不允许被告承认原告的请求,也成为多数说的另外一个根据。

这一问题也关系到另外一个问题,即违背公序良俗、权利滥用与违反诚实信用原则的主要事实是一种什么样的事实?对于此问题,笔者将基于作为近来之通说的“被评价为违反公序良俗等一般原则的具体事实是主要事实”之观点来推进以下的论述。如此一来,此处的问题就转变为如下这一问题,即尽管当事人未主张该主要事实但法院基于证据资料可作出认定,在这种情形下,是否可以将其作为判决基础?若对此予以肯定,则明显将对当事人造成突然袭击。〔55〕因为,纵使被评价为违反公序良俗等一般原则的具体事实出现在证据资料中,当事人也有可能未予关注。换言之,必须考虑到如下这种情形,即在当事人主张中论及了这种原生性事实,但是,当事人未意识到这是可以被评价为“违背公序良俗”、“权利滥用”或

---

〔53〕 作为多数说的见解,可以见之于篠田省二《权利滥用、违反公序良俗是否需要主张?》,载実務民訴(第二卷),第35页以下,尤其是第50页;青山善充《主要事实与间接事实之区别与主张责任》,载講座民訴(第四卷),第367页以下,尤其是第403页;谷口,第216页以下等。不过,在竹下守夫《辩论主义》,载小山ほか・演習,第377页以下,竹下教授认为,“违背公序良俗”之事由未经当事人主张也可以作为法院判决基础(不适用辩论主义),但是,“权利滥用”与“违反诚实信用原则”之主张应当适用辩论主义,这些主张必须在辩论中出现。

田尾教授主张在损益抵销以及慰问金的算定方面也不适用辩论主义,参照田尾桃二《主要事实与间接事实之区别的必要性及其标准》,载《争点》(旧版),第286页以下。

〔54〕 前揭注(52)篠田省二《权利滥用、违反公序良俗是否需要主张?》,第38页以下;青山善充《主要事实与间接事实之区别与主张责任》,载講座民訴(第四卷),第375页以下。

〔55〕 前揭注(52)篠田省二《权利滥用、违反公序良俗是否需要主张?》,第53页以下,篠田教授也认为,即便法院对当事人未主张的事实予以斟酌也不违反辩论主义,但是,从防止突然袭击的视角来看,还是采用“让当事人穷尽其主张与举证”的做法较为妥当。

“违反诚实信用原则”的事实,在此情形下,若法院以此作出判决,就会对当事人造成突然袭击。多数说认为,如果涉及的是帝王规范,那么关于“防止造成突然袭击”的价值考量就应当“让道”。但是,多数说面临的难题在于,法院是否可以不对当事人“违背公序良俗等一般原则”之阻却事由的举证活动予以保障呢?(这并不是“阻却事由是否真正存在”之结果意义上的问题,而应当理解为“是否让当事人对阻却事由的存在进行充分主张及辩论”之程序意义上的问题)由此可见,多数说尚还存在一些不明确之处。

因此,为了避免由此对当事人造成突然袭击,法院应当就“辩论中出现被评价为违背公序良俗等一般原则的事实”向当事人作出说明,并敦促当事人进行事实主张或法的讨论,在通常情形下,通过法院的这种说明,当事人会提出该事实的主张,并与对方当事人展开辩论,基于此问题似乎获得了解决。但是,在当事人不响应法院这种释明时,其结果又如何呢?以及该如何作出应对呢?依据一般辩论主义的要求,在这种情况下,法院不能将该事实及其法的观点用于判决,但是,若考虑到涉及的“违背公序良俗”等法的一般原则之因素,那么应当说,即便当事人未对此等事实进行主张或援用,法院也可以将其作为判决基础,这样的处理可以说较为妥当,而且,这也正是帝王规范的意义之所在。因此,对于“违背公序良俗”等一般原则之事实,并非简单地不适用辩论主义,较为稳妥的解释是,在肯定法律问题指出义务的基础上,让辩论主义要求后退。〔56〕

尽管在学说的论述上,似乎才刚刚找到论讨的端绪,但是在实务中却较早出现了这一方向的判例,即名古屋高等裁判所昭和 52 年 3 月 28 日判决[载《下级裁判所民事判例集》,第 28 卷第 1—4 号,第 318 页以下(该案件的第一审判决是简易法院作出的判决,本判决是上告审判决),收录于《百選Ⅰ》,第 102 号案件(荻原金美解说)]。

〔56〕 山本和彦《民事诉讼中法律问题的审理构造》,载《法協》,第 107 卷第 3 号,平成 2 年,第 391 页以下,收录于山本和彦《民事诉讼审理构造论》,信山社,平成 7 年,第 317 页以下;山本和彦《狭义的一般条款与辩论主义的适用》,载《广中教授古稀祝贺论文集——民事法秩序的形成与展开》,创文社,平成 8 年,第 67 页以下。

该判决认为:关于权利滥用之事实(抗辩),作为其基础的客观或主观事实只要在口头辩论中出现即可,换言之,作为抗辩事实并不需要被告明确提出主张,但是,当依据事实审法院证据调查的结果认定原告的请求涉及权利滥用时,法院应当向被告就其是否提出关于上述事实之抗辩主张作出释明,若被告主张上述抗辩,则法院也必须赋予原告方当事人相关的防御方法手段,只有这样,才能将权利滥用之抗辩事实作为判决基础。

基于此,最后名古屋高等裁判所作出了“撤销原判决并发回重审”的判决。在本案中,尽管所涉及的仅仅是抗辩事实的释明,但是,判决书所言及的实质,可以说已经近似于法律问题指出义务问题,尽管这种论述仅具有萌芽性质。〔57〕

一般认为,与上述“违反公序良俗之事实是否需要当事人主张”之问题具有类似性的另一个问题,就是“法院是否可以依职权认定过失抵销”(换言之,过失抵销是否需要当事人主张)之问题。关于这一问题的判例,可以见之于最高裁判所昭和 43 年 12 月 24 日判决,载《最高裁判所民事判例集》,第 22 卷第 13 号,第 345 页以下,收录于《百選Ⅰ》,第 98 号案件。该判决认为,尽管不需要债务人提出“过失抵销”之主张,但还是需要其对此进行举证。的确,正如众多的判例释评所指出的那样,这是一个意思不甚明确的判例。

对于这一问题,多数说认为,过失抵销不适用辩论主义,对于被评价为过失的事实,无须当事人主张法院就可以通过证据资料来作出认定,进而可以依职权进行过失抵销。其根据在于“过失抵销是

〔57〕 山本和彦《民事诉讼中法律问题的审理构造》,载《法協》,第 106 卷第 10 号,平成元年,第 1997 页以下,收录于山本和彦《民事诉讼审理构造论》,信山社,平成 7 年,第 212 页以下。对此提出批判性观点的文献,可以见之于德田和幸《关于名古屋高等裁判所昭和 52 年 3 月 28 日判决的判例释评》,载《判タ》,第 364 号,昭和 53 年,第 122 页以下。

公平理念的体现”“损害额的算定属于非讼案件”等。[58]

与此相对,少数说认为,过失抵销还是须经当事人主张的,“当事人主张的事实是否被评价为过失”之法的判断的确属于法院的专权,但是,这种专权与“无须当事人主张”之专权性还是存有差别。[59]

那么,该如何来看待这一问题呢?姑且不论在实体法上如何把握过失抵销的问题,如果仅仅从程序法上的“防止突然袭击”的视角来看,那么法院仅基于证据资料中出现的事实而直接依职权来认定过失抵销的做法,恐怕并不妥当的。应当说,对于“过失抵销”,还应当适用普通的辩论主义,故而需要当事人的事实主张。而且,当当事人在自己主张中无意识地论述“用于过失抵销”之事实时,若法院基于此而直接认定过失抵销,法院的这种做法尽管还不至于构成违反辩论主义的行为,但应当说还是属于一种不妥当的行为。因此,在过失抵销中也应当肯定法院的法律问题指出义务。此外,不仅仅是关于“过失的有无”方面,而且,在“过失的比例”的问题上,也应当让当事人与法院进行充分的法的讨论,这样的处理才是较为妥当的

[58] 前揭注(52)篠田省二《权利滥用、违反公序良俗是否需要主张?》,第51页以下;石田穰《关于最高裁判所昭和43年12月24日判决的判例释评》,载《法协》,第87卷第3号,昭和45年,第421页以下;丰水道佑《关于最高裁判所昭和43年12月24日判决的判例释评》,载《昭和四三年度最高裁判所重要判例解说》,有斐阁,昭和44年,第994页以下等。此外,前揭注(3)小林·審理,第101页以下,也对这一判例进行了分析。

[59] 仓田卓次《关于最高裁判所昭和43年12月24日判决的判例释评》,载《続百選》,第123页以下,收录于仓田卓次《交通事故赔偿的诸相》,日本评论社,昭和51年,第220页以下;竹下守夫《辩论主义》,载小山ほか·演習,第384页以下等的观点认为,判例的观点应当被理解为,不仅仅认为过失抵销不是权利抗辩,而且,对于构成过失内容之具体性事实的认定,也不排除辩论主义的适用。此外,右田尧雄《案例解说》,载《百選》(二版),第164页以下,也表达了相同的见解。

做法。[60] 那么在当事人未响应法院指出法的观点之情形下,该如何处理呢?笔者认为,过失抵销毕竟不属于“帝王规范”,因此较为妥当的做法是,仍旧对其适用辩论主义,即只要当事人没有提出主张,法院就不能认定过失抵销。

七、真实义务与完全义务

1. 主张的规则

当事人的行为可以被分为申请、主张与举证三类(参照新堂,第370页)。与辩论主义存在特别关系的,当属其中的主张。以下笔者就主张的规则问题作出论述。

所谓主张,是指当事人陈述法律效果或事实的行为,其中可以分为法律上的主张与事实上的主张两类。当言及“法律上”或“事实上”之时,所谓的“上”是从德语“auf”以及法语“sur”中翻译过来的,表述不太确切(若用英语表述,则是“upon”),其确切含义是“关于”。因此,所谓的“事实上”,其确切的含义是“关于事实”,而并不是指“de facto”(经过平成年间的民事诉讼法修改,条文已经使用“关于事实的主张”这样的表述)。同样,所谓的法律上主张,就广义而言,包括当事人关于“法规的存在与否、解释适用之意见”的陈述,而狭义的法律上的主张,仅指当事人关于“具体权利关系存在与否”的主张。自己是土地的所有人、买卖合同无效等即属于此。从严格意义上讲,辩论主义与法律上的主张无关(即便当事人作出自认,也属于权利自认,而非原本意义上的自认),但是这并不意味着,不需要当事人与法院就事实的法律层面展开讨论,这一点也已经在前面

---

〔60〕 对于新堂幸司《诉讼与非讼》,载《争点》〔新版〕,第16页以下,所持的“如果认为是非讼化之缘故,那么反而使‘当事人与法院进行’的法的讨论变得更为重要”之观点,山本和彦教授予以了很高的评价(关于此的详细论述可以参照,山本和彦《民事诉讼中法律问题的审理构造》,载《法协》,第107卷第3号,平成2年,第365页以下,收录于山本和彦《民事诉讼审理构造论》,信山社,平成7年,第293页以下)。此外,村松俊夫教授也认为,纵使是非讼案件,当存在争议时,法院在确定某一事实之基础上来确定赔偿数额的行为也必须获得当事人的认可(参照村松俊夫《间接事实的意义与价值》,载《上智大学法学论集》,第13卷第2·3合并号,昭和45年,第33页以下)。

的“法的观点指出义务”之部分作出了论述。只不过关于法律层面的最终判断权由法院享有。

所谓的事实上主张,是指当事人就“具体事实存在与否”之问题作出的陈述。对于本方当事人提出的事实主张,对方当事人所采取的态度可以分为四类,即分别是否认、不知、自认与沉默(参照新堂,第372页)。具体而言,“否认”,是指当事人作出“不存在这样的事实”之否定性陈述,并对此进行争执的行为;“不知”,是指当事人作出“不知道这样的事实”之陈述的行为;“自认”,是指当事人作出“承认这样的事实”之陈述的行为;而“沉默”,是指当事人未作任何陈述的状态。

在这其中,否认是对对方当事人的主张进行争执的行为,自认是未作争执地予以承认的行为,因此这两者的含义是明确的,但关于“不知”与“沉默”的区分,就必须通过法律来作出应对。在日本法中,“不知”的陈述被推定为争执(参照《日本民事诉讼法》第159条第2款),即将其作为否认予以对待。而“沉默”被推定为不争执(参照《日本民事诉讼法》第159条第1款),即将其视同为自认,这种行为就被称为“拟制自认”。在拟制自认方面,应当予以注意的是,在当事人缺席口头辩论的情形下也适用拟制自认,不过,当对该当事人的传唤是通过公示送达的方式来进行时,则不适用拟制自认(参照《日本民事诉讼法》第159条第3款)。

关于主张的第一个规则就是,当事人撤回主张原则上是自由的。通过这一条规则使辩论的机动性与生动性获得保障。不过,与此不同,自认会产生拘束法院的效果,因此,不允许当事人自由撤回自认,自认的撤回必须符合一定的要件。至于拟制自认,一旦当事人提出争执就不产生自认的效果,因此,当事人随时都可以通过改变态度并进行争执来推翻这种拟制自认。

关于主张的第二个规则是,允许当事人在提出主张时进行假定性主张(这一点不同于申请)。当事人提出矛盾或不一贯的主张,其本身固然不会造成不适法,但这种行为本身也就没有意义,而且,在某些情形下,“主张自身的失当”会直接导致法院作出驳回请求判

决，这通常被称为“主张的有理性”或“主张的一贯性”。[61] 但是，即

---

〔61〕 所谓的有理性或主张（首尾）的一贯性，是指诉讼请求在原告主张本身中具备符合实体法上的理由。以上就是中野＝松浦＝鈴木，第 28 页以下（德田和幸执笔）所作的定义。换言之，在当事人（尤其是原告）的主张具备法律论上的理由，被主张的事实全部被假定为真实时，该主张就被视为具有法的正当性。反之，尽管当事人将其主张全部假定为真实，但该主张不能在法律上被认可为正当。例如，在请求返还借款诉讼中，原告陈述被告清偿债务之事实、“要求确认法律上未认可的物权”等情形即属于此。在这种情形下，主张欠缺这种有理性，进而会遭到法院的驳回请求判决。在实务中，这也被称为“主张自身失当”。在实定法中，关于“督促支付”的《日本民事诉讼法》第 358 条就规定了这种趣旨，而在被告缺席的所谓的缺席判决中，也应当进行这种审查。关于此的详细论述，可以参照中野贞一郎《主张责任与证明责任》，载中野・现在，第 221 页注（5）。此外，也可以参照，加波真一《请求有理性的审查与诉的利益》，载《北九州大学法政论集》，第 21 卷第 3 号第 435 页以下（平成 5 年）、第 22 卷第 3・4 合并号第 353 页以下（平成 6 年）。

与有理性（首尾一贯性）原则相关联的另一个关于主张的原则，就是等价值主张的理论（主张等价原则）。所谓的等价值主张的理论，具体是指，原告主张请求原因 A，被告对此予以否定，而且，被告也陈述了否认该主张的理由，但在该否认理由中包含着可以支持原告请求成立的其他实体权根据 B，如果原告援用 B，那么就形成被告的自认，而若不援用，则仍然属于被告对原告主张的否认，在这种情形下，法院可以承认原告的请求，而且，法院无须对 AB 事实进行证据调查就可以作出“原告请求成立”之认定。因为，无论 A 是真实的，还是 B 是真实的，在作为原告请求之根据这一点上，两者是等价值的。应当说，无须证据调查（法院就可以作出事实认定）这一点是这一理论的重大意义所在。鈴木ほか・演習，第 101 页以下（铃木正裕执笔），对于这种等价值主张理论列举了如下这一具体例子，即在一起请求支付买卖价金的诉讼中，原告提出的主张是，被告向其购买了 500 个每个定价为 200 日元的桔子，因此请求被告支付 10 万日元的买卖价金，被告否认了原告主张的这一事实，其作出否认的陈述是，自己向原告购买的是 400 个每个定价为 250 日元的桃子，但自己未支付买卖价金 10 万日元（铃木教授原文的论述更为详细）。此外，可以做如下教学上的设例，在原告提起某物的所有权确认诉讼中，原告主张从被告处购买了此物，但被告主张购买此物的是原告的父亲而非原告，但是，双方当事人对原告是已经去世父亲的唯一继承人之事实均予以认可。这是一种为德国学说及实务承认的理论，关于此的详细论述，可以参照木川统一郎《诉讼促进政策的新展开》，日本评论社，昭和 62 年，第 72 页、第 158 页。对于这种等价值主张理论的适用，法院往往通过在判决理由部分作出“无论基于原告的主张，还是基于被告的主张，请求都可以获得承认”之形式的表述来实现。在日本，鈴木ほか・演習，第 101 页以下（铃木正裕执笔）；铃木正裕《关于辩论主义的诸问题》，载《司法研修所论集》，第 77 号，昭和 61 年，第 1 页以下等观点，对此理论也抱以特别好感。此外，中野＝松浦＝鈴木・旧，第 221 页注（12）（铃木正裕执笔），也对该理论作出了相当篇幅的论述；松本博之《关于等价值陈述的理论》，载木川・古稀（中），第 47 页以下，收录于松本・自白，第

便是“放在一起就会形成一种矛盾关系”的数个陈述,如果被当事人分阶段且假定地予以主张,那么这种矛盾关系就会因此而消失,这正是“允许当事人进行这种假定性主张”的原因之所在。例如,原告提出的“自己对于某物所有权的取得原因是买卖,假定不是通过买卖而取得所有权(此处就是假定的部分),就依据时效而取得该物的所有权”之主张、被告作出的“自己没有向原告借钱(否认),假定该否认不成立,自己也已经清偿了债务”之陈述,即属于此。

就主张的第二个规则而言,应当予以注意的是,在当事人进行假定性主张时,法院不必拘泥于其实体法逻辑顺序或历史顺序,而可以依据其中易于审理或易于“形成判决”的主张作出判决。在上述案例中,法院可以不审理买卖关系而直接依据“时效取得”来作出判决,或者不对“消费借贷合同的成立”进行审理而直接依据“被告业已清偿债务”来作出判决。因为,无论是基于何者,对于法院作出的“是承认请求还是驳回请求”之判决结论而言并无差异,而且,就与此相对应的既判力(参照《日本民事诉讼法》第114条)而言,既判力仅仅是针对“是承认请求还是驳回请求”之判决结论而产生,而与“是买卖取得还是时效取得”的判决理由(请求原因)部分并无关系(关于这一部分判断不产生既判力,关于此的详细论述,参照“第十五讲　既判力”部分的相关论述)。在后诉中,即便当事人主张不同于前诉判决理由事实的事实,也不会与前诉的既判力形成抵触,这

293页以下;松本博之《判例释评》,载《私法判例备考》,第17号,第124页以下;池田辰夫《判例释评》,载《ジュリ》杂志临时增刊——《平成九年度重要判例解说》,有斐阁,平成10年,第125页以下;冈伸浩《判例释评》,载《判タ》,第990号,平成11年,第79页以下等文献,对于了解这一理论也是颇为有益的。但是,在我国,兼子一《为对方当事人所援用的当事人于己不利之陈述》(最初发表于昭和7年),载兼子·研究(第一卷),第199页以下;吉村德重《案例解说》,载《続百選》,第118页以下等观点认为,尽管法院可以将当事人这样的主张作为判决基础,但是,必须经过证据调查,因此反对等价值主张理论。当原被告双方主张不一致时,出于发现实体真实之考虑,还是应当进行证据调查。木川教授通过具体例子展开比较,参照木川统一郎《诉讼促进政策的新展开》,日本评论社,昭和62年,第188页以下。那么,该如何评价这一为德国实务界所采用并旨在“彻底排除多余的证据调查”的法技术呢?笔者认为,就日本的司法传统和状况而言,兼子说这一方的见解可能更易于接受。

种被作为前诉判决理由的事实并不会束缚当事人的手脚，因此，反过来说，依据何种事实及理由作出判决，应当赋予法院自由选择权。例如，在请求转移登记诉讼中，依“买卖”之理由获得胜诉的当事人，在另一个的请求确认所有权诉讼中可以提出“时效取得”之主张，进而也可以依此获得胜诉。不过，由于《日本民事诉讼法》第 114 条第 2 款针对“抵销的抗辩”规定了既判力的例外情形，因此，在假定主张方面也会形成例外情形，即在当事人假定性提出抵销抗辩时，法院就应当按照该“假定”的主张来作出审理及判断（参照新堂，第 372 页。关于这种处理措施的问题之论述，可以参照新堂，第 610 页；本书“第十五讲　既判力　五、争点效”部分的相关论述）。

不过，以上展开的，仅仅是理论上的观点论述，就日本法院的实际状况而言，据说法院不会采用诸如“不经过对‘消费借贷合同的成立与否’的审理，而直接依据‘清偿债务’来作出驳回请求判决”那样的做法。日本法院会按照实体法逻辑顺序，先对“消费借贷合同成立与否”进行审理，然后才进行“是否清偿债务”之审理，这种做法也是适法的，而且，这种做法是一种应被定位于裁判运行及诉讼指挥框架内的处理措施。〔62〕

2. 真实义务与完全义务

假定性主张原则上也允许当事人自由撤回，而且，基于辩论主义

---

〔62〕　但是，也有学者对日本的这种实务做法提出批判意见，木川统一郎《促进诉讼政策的新展开》，日本评论社，昭和 62 年，第 179 页以下认为，就与证据调查的关系而言，日本的民事法官对于《日本民事诉讼法》第 182 条（现行法第 243 条）“当诉讼发展至适于作出裁判之时，法官应当作出终局判决”之规定的轻视，已经达到了相当严重的地步，日本法官抱有的“希望先对诉讼中的所有争点、所有有意义的证人进行全部的证据调查，然后再慎重地对案件记录进行讨论”之观念似乎是根深蒂固的。而且，就与上级审的关系而言，为了不使自己作出的“判决主文”被上级法院推翻，法官可能产生如下这种想法，即对案件进行全面证据调查的做法是较为安全的。此外，在证据调查过程中，发生法官更换的情形也是较多的，因此，也可能导致法官对于心证形成本身没有充分的自信，这也是造成法官过多进行证据调查的一个重要原因。面对如此沉重的负担，法院应当避免进行多余且无用的审理行为。可以说这是一种非常严厉的批判。此外，木川统一郎《民事案件的审理与判决书的合理化》，载《判タ》，第 731 号，平成 4 年，第 4 页以下，尤其是第 20 页，也论及了德国的“理由的唯一性原则”。

要求,应当认可当事人对于事实的处分权,若对此予以极端化理解,则可以得出“当事人可以在辩论中作出任何行为”之结论。

与此相反,也存在一种“应当对当事人的辩论活动进行一定限制”的观念。作为母法的德国法受1895年《奥地利民事诉讼法》第178条规定的影响,于1933年增加了体现这种观念的相关规定,即《德国民事诉讼法》第138条第1款规定,“当事人应当就事实状况作完全且真实的陈述”。在讲学上,这就被称为完全义务(也被称为完全陈述义务)与真实义务。此外,《德国民事诉讼法》第138条第4款规定,“对于某种事实,只有在它既不属于当事人自己行为,又不是当事人自己所感知对象时,才可以作出不知的陈述”,基于此,对于当事人不知之陈述也作出了限制。

德国法的这一立场对于辩论活动中的恣意及无序予以了限制。换言之,就是一种“当事人不能违反自己认识(来提出主张)、当事人不能通过对某一事实的主张或争执误导法院的判断”的思想。这种思想尽管是一种立足于伦理立场上的观念,不过,作为解释论的理论构成而言,也可以将其理解为“诚实信用原则在诉讼上的体现”。[63]

现在的问题在于,日本的民事诉讼法解释论是否也应当认可这种完全义务与真实义务呢?作为这一问题的前提,笔者认为有必要展开以下两项工作:第一,需要从“是否与辩论主义充分协调”之视角出发,确定真实义务与完全义务的内容;第二,需要明确当事人违反真实义务或完全义务提出主张时[64]的效果(制裁)。

首先就第一个问题而言。真实义务并非以“让当事人陈述真实”之积极性义务为内容,而仅仅具有“禁止当事人在不知前提下提

---

〔63〕 关于此的详细论述,可以参照中野·推認,第164页以下;上田,第332页以下。此外,也可以参照伊藤,第254页以下。

〔64〕 真实义务与完全义务通常是在事实上主张的方面成为问题,但又不仅限于事实主张的领域,在法律上的主张、申请、举证之领域,也可能会产生真实义务与完全义务的问题。关于此的详细论述,可以参照中野·推認,第156页以下。尽管如此,首先还是应当在事实主张方面来思考真实义务与完全义务。

出主张或作出否认”之消极性内容。换言之,当事人不能违反自己主观事实认识(主观性真实)来提出主张或作出否认。因此,作为术语而言,使用“率直义务”或“诚实义务”之表述,可能更为准确。而且,若将其作为率直义务或诚实义务予以把握,则可以看出这种真实义务也是与辩论主义相互协调的。因为,辩论主义也不至于说是一个鼓励当事人撒谎的原则,作为辩论主义的一种内在性制约,率直义务或诚实义务也可以获得应有定位[不过,将“一方当事人违反自己的主观认识来对对方当事人主张的事实作出自认”之行为理解为违反真实义务的行为,那么自认中的真实义务就有可能与辩论主义形成矛盾或抵触。但是,若是将自认的定义理解为“对于某事实无争议的意思表明”,那么作为自认制度的本来趣旨而言,也允许当事人违反自己主观认识作出(自认),因此,在自认中论述真实义务问题,本身也就丧失了意义。参照本书“第十三讲　自认”部分的相关论述]。

与此相对,若完全义务的内容被理解为,当事人必须将自己对于事实的认识全部提出到辩论中,而不能对其中任何部分进行隐瞒,则这种义务会与辩论主义中的当事人事实主张处分权发生抵触。因为,辩论主义是一项“将是否主张某一事实(或者是否隐瞒某一事实)的决定权委诸于当事人自由决定”的原则。基于此,学界产生了两种方向的观点。一种方向的观点主张,应当从正面承认这种抵触,并将完全义务作为辩论主义的修正物予以定位,〔65〕而另一种方向的观点则认为,完全义务的内容是较为淡薄化、空洞化的,因此可以将其视为与真实义务(诚实义务)具有相同内容的一项义务,并基于此来谋求完全义务与辩论主义的协调。若基于后一种方向的立场,完全义务的内容就不是“命令当事人进行完全陈述”,而应当被

〔65〕 在1933年的民事诉讼法典制定后的德国,这种观点发挥着极大的影响,关于此的详细论述,可以参照中田淳一《关于诉讼上的真实义务》(最初发表于昭和11年),载中田淳一《诉讼及仲裁的法理》,有信堂,昭和28年,第65页以下。此外,山木户教授也做过“完全义务与辩论主义发生抵触”之论述,参照山木戸・論集,第20页以下。

理解为,只有在当事人基于隐瞒部分事实作出了不完全陈述,且从整体上看违反其主观真实时,才禁止其进行这种陈述。〔66〕 作为理论上的观点而言,恐怕后者较为稳当。综上所述,就真实义务及完全义务与辩论主义的关系而言,真实义务与辩论主义是相互协调的,而完全义务是否与辩论主义协调,则取决于完全义务被赋予的内容,若完全义务的内容较为淡薄化、空洞化地予以把握,则与辩论主义是协调的,若被厚重化、充实化地予以把握,完全义务就与辩论主义形成抵触,进而成为辩论主义的修正物。但是,即便认为完全义务与辩论主义发生抵触,进而视为辩论主义的修正物,恐怕也难以据此直接得出"在我国的解释论中不能采用真实义务及完全义务"这样的结论。〔67〕 因为,可以灵活地作出如下这种考虑,即即便辩论主义在这一限度内被完全义务所修正,对应于这种修正,应如何在两者之间合理划定具体界限,也可以委诸解释论的操作。尽管如此,(对于完全义务予以)空洞化把握的观点较为稳妥。

其次,将转入"在当事人违反真实义务或完全义务之情形下将产生何种效果(对于违反的制裁)"之问题的论述。既然是一种义

---

〔66〕 中野·推認,第156页以下。如果忠实"完全"之词汇原意来进行考察,那么就会要求本方当事人对于对方当事人负有主张及证明责任的事实也应当进行陈述,因此,原告也需要对(被告的)抗辩事实进行陈述,但是,在陈述方面做出这种程度要求,恐怕有失妥当。因此,将完全义务作为真实义务的一个方面来予以把握的观点是较为妥当的,而且,最近德国的通说对于完全义务的把握,也似乎采用这种见解。关于此的详细论述,可以参照莱伊波特《民事诉讼与意识形态》,载阿兰斯编《西德民事诉讼法的现在》,中央大学出版部,昭和63年,第79页以下。

〔67〕 伊东乾教授认为,由于其违反辩论主义(与辩论主义不协调),因此不能承认真实义务,参照伊东乾《民事诉讼中的真实义务》(最初发表于昭和27年),载伊東·研究第1页以下、第39页以下。与之相反,将辩论主义理解为"旨在发现真实的合目的性手段"之手段说则主张,应当理所当然承认真实义务,因为,真实义务也有助于发现真实,关于此的详细论述,可以参照三ヶ月·双書,第199页以下;三月章《关于辩论主义最近动向的若干问题》(最初发表于昭和42年),载三ヶ月·研究(第五卷),第289页以下。

此外,对于"民事诉讼中的真实"问题,作出详细论述的文献,还可以见之于井上治典《民事诉讼与发现真实》,载鈴木ほか·演習,第13页以下;井上治典《民事诉讼》,载长尾、田中编:《现代法哲学(第三卷)》,东京大学出版会,昭和58年,第238页以下。

务,那么就应当考虑,当事人违反这种义务所作出的主张,将被赋予“因不适法而不被采用”的效果。而且,作为诉讼行为的适法要件而言,也可以考虑将“当事人是否违反真实义务”作为法院职权调查事项。〔68〕如果当事人的主张被认定为不适法,那么该主张将不为法院所采用,如此一来,就相当于当事人未提出该主张,可以视为该当事人对对方当事人的主张没有争议,进而成立拟制自认。以上仅仅是一种逻辑上的结论[因为,在当事人违反完全义务时,可能会表现为另外一种相反的形式,即对于作出不完全陈述当事人所隐瞒的事实,法院认定(拟定)其为“存在”。不过,本讲下述对于制裁效果的考察都仅限于真实义务领域来展开论述]。

但是,所谓的“违反真实义务”,必须仅限于当事人违反自己主观真实(事实认识)而作出不真实陈述之情形(当事人的陈述仅违反客观事实,并不构成真实义务的违反)。在通常情况下,只有通过法院事实认定并在明确客观事实后,“与客观事实不符”的当事人主张才得以显现出来,故而也只有在这个时候才能知晓当事人的主张是否违反真实义务。但是,到了“客观事实得以明确”这一时段,诉讼已经发展至“适于作出终局判决的成熟阶段”(参照《日本民事诉讼法》第243条),法院若不顾及此点,进而为了追究当事人的违反真实义务行为,而对“当事人主观事实认识”这一难以证明的事实进行探究,如此一来,不免会招致判决迟延的后果。而且,纵使这种当事人违反真实义务的事实获得证明,基于此而认为当事人的主张溯及地不适法,进而不予采用,但判决结论并不因此而有所不同。因此,作为诉讼制度而言,这种“为了制裁而制裁”的做法是不切实际的。即便是在当事人提出主张后法院立即怀疑“该主张违反真实义务或完全义务”之情形下,法院与其探究“当事人主观事实认识是什么”这一不易证明的难题,毋宁直接将精力集中于“客观事实的认定”,可能更有助于实现“审理的迅速化”,而且,这种做法更符合诉讼实

---

〔68〕山木户克己《辩论主义的法构造》(最初发表于昭和45年),载山木戸・論集,第1页以下,尤其是第17页。

际。综上所述,如果基于这种见解的立场,那么对于当事人违反真实义务或完全义务的行为就没有给予现实制裁的必要(参照新堂,第 391 页)。

不过,当出现那种万分之一概率的“法院马上就能判明当事人主张违反真实义务”之情形时,法院也是可以作出“不采用该主张进而成立拟制自认”之处理的,而且,作出这种处理,实操性也不会存在障碍。当然,仅仅因为考虑到上述这种极端情形而承认真实义务,的确也是一种立场,不过,对于这种立场,如下的这种反论也是可以成立的,即对于这种罕见且极端的情形,依据“诚实信用原则”或“基于辩论全趣旨(《日本民事诉讼法》第 247 条)作出认定”之手段也就足以作出应对,〔69〕因此没有必要单独确立“真实义务”。综上所述,真实义务在制裁方面是不充分的,就评价规范而言,可以说真实义务没有效果或者说效果很弱。不过,是否因此否定真实义务作为行为规范的存在价值呢?这恐怕还是一个另当别论的问题。中野教授[参照中野贞一郎《民事诉讼中的真实义务》(最初发表于昭和 37 年),载中野·推認,第 153 页以下,尤其是第 173 页]认为,尽管真实义务没有制裁效果,但是作为一项法的义务(指没有与任何直接的现实效果相结合的、纯粹观念性的法形象)而言,其仍然是存在的。新堂教授(参照新堂,第 392 页)也认为,应当期待真实义务

---

〔69〕 如果依据辩论全趣旨来作出处理,那么就会形成“认定该事实为不真实”之结果。但是,也不能基于此而当然认定对方当事人的主张是真实的。对方当事人主张既有可能是真实的,也有可能是不真实的,因此需要法院进行证据调查。与此相对,当法院因认定当事人违反真实义务而成立拟制自认时,对于对方当事人主张的事实就无需进行证据调查。如此一来,使用“真实义务”与使用“辩论全趣旨”这两种解决手段在结果上会产生差异,但是,在“法院立即判明当事人违反真实义务”之情形下,对方当事人主张的事实也是可以获得认定的,因此,在实际上,两种手段也不会产生太大差异。

能够发挥作为诉讼代理人律师的行为规范之功能。〔70〕

关于在日本的解释论中是否应当承认真实义务及完全义务之问题，可以作出如下的总结，即这两种义务与辩论主义是相互协调的，但作为评价规范而言，这两种义务是不存在的，而作为行为规范来说，固然可以肯定这两种义务的存在，但由于仅仅是行为规范，因而也无法期待其发挥很现实的效果。〔71〕

〔70〕 同样主张“应当在诉讼代理人的义务之方向推进真实义务之研究”的优秀文献，还可以见之于加藤新太郎《真实义务与律师的作用》，载《判時》，第 1348 号，平成 2 年，第 3 页以下，收录于加藤新太郎《律师作用论》，弘文堂，平成 4 年，第 246 页以下。《美国联邦民事诉讼规则》第 11 条规定，1983 年的民事诉讼规则修改，也要求律师应当就“自己的申请或主张是具有根据的，并没有不当的目的”作出署名，关于此的详细论述，可以参照加藤新太郎的上述论文。此外，另一个与真实义务不同的关于“因律师活动造成名誉损害与辩论主义关系”之问题的论述，可以参照加藤新太郎《判例释评》，载《判夕》，第 734 号，平成 2 年，第 37 页。关于美国民事诉讼规则其后的相关修改之详细论述，可以参照，《座谈会——〈美国民事诉讼规则〉第 11 条规定与律师的作用》，载《判夕》，第 920 号，平成 8 年，第 23 页以下。

〔71〕 与此相对，《德国民事诉讼法》第 138 条第 4 款规定，对于“不知之陈述”的限制则显得非常积极化，其适用范围也是较为明确的。具体而言，当某一方当事人对于在其领域内发生的事实作出不知之陈述时，若法官认为该当事人对于该事实不应当是不知的，则可以通过详细释明来敦促该当事人提出该事实，如果该当事人无正当理由不响应法官的这一释明，那么法官可以准用《德国民事诉讼法》第 157 条第 2 款规定来驳回当事人不知之陈述。不过，在通常情况下，法官将其作为一种辩论全趣旨予以对待，进而可以让其对自己心证的形成产生影响。此外，也可以参照森勇《关于消极性事实证明的一点考察》，载《神田教授追悼纪念论文集——交易保护的现状与课题》，苍文社，平成元年，第 375 页以下；森勇《关于主张与否认的具体化》，载《民訴雑誌》，第 34 号，昭和 63 年，第 209 页以下；木川统一郎《促进诉讼政策的新展开》，日本评论社，昭和 62 年，第 91 页以下、第 127 页以下、第 164 页以下；畑瑞穗《民事诉讼中主张过程的规则》，载《法協》，第 112 卷第 4 号第 488 页以下（平成 7 年）、第 114 卷第 1 号第 1 页以下（平成 9 年）；伊东俊明《不知陈述的规则》，载《民商》，第 117 卷第 4·5 合并号第 622 页以下、第 117 卷第 6 号第 841 页以下，平成 10 年。此外，瑞典民事诉讼禁止当事人进行单纯否认，关于此的详细论述，可以参照荻原金美《瑞典法中的主张责任论》，载《民商》，第 100 卷第 5 号，平成元年，第 890 页以下。

第十三讲　自　认

导　读

关于自认,通常的定义是,当事人在诉讼的口头辩论或准备程序(现行法下的准备辩论程序)中作出的与对方当事人主张一致且于己不利之陈述(兼子一的表述)。与此不同,新堂教授的定义是,当事人表明“不对对方当事人主张的于己不利之事实进行争执”之意思的辩论陈述(事实主张的一种)。高桥认为,新堂教授强调(自认成立中的)当事人意思要素。还有学说将自认的重点置于“对方当事人主张的事实与自己主张的事实的一致”这一点上,而不考虑当事人意思要素,这种学说的根据在于,当事人关于事实认识的表明与报告属于事实主张,换言之,双方当事人就事实认识形成一致就视为自认成立,而应当舍弃“是予以争执还是不予以争执”之当事人意思要素的考量。基于“事实认识的一致”,即主张“自认是观念上表示”之学说成为日本当下学界的通说。在中国,理论上也以此认识作为自认的定义。

在诉讼中,一旦成立自认,那么作为自认的效果就是,法院受该自认事实的拘束,法院不能将与自认相反的事实作为判决的基础(辩论主义的第二个内容)。作出自认的当事人也受自认的拘束,进而不能自由地撤回自认。因此,对于一方当事人作出自认的事实,对方当事人就无须进行证明(参照《日本民事诉讼法》第 179 条)。尽管自认的根据应当在辩论主义中来予以谋求,但是,自认的效果却在于"对方当事人对于自认事实的无须证明",这种效果对于对方当事人而言尤其具有重要的意义。因为,对方当事人作出"无需证明"的判断,那么就有可能作出诸如"不要求对处于病危状态的重要证人实施证据保全"等的消极性回应,在这种情形下,如果自认人自由地撤回自认,那么就会使对方当事人陷入困境。由此看来,"让自认产生拘束力,并禁止自认人自由撤回"的意义也即自认的"机能"在于"对对方当事人的信赖保护"。

在中国司法解释中已经明确规定了自认制度。2001 年最高人民法院的《关于民事诉讼证据的若干规定》(以下简称《民事证据规定》)首次规定了自认制度。2015 年出台的《关于适用〈中华人民共和国民事诉讼法〉的解释》(以下简称《民诉法司法解释》)基本承继了 2001 年《民事证据规定》关于自认的规定。《民诉法司法解释》第 92 条第 1 款规定:"一方当事人在法庭审理中,或者在起诉状、答辩状、代理词等书面材料中,对于己不利的事实明确表示承认的,另一方当事人无须举证证明。"

与日本法上的自认制度不同的是,按照中国《民诉法司法解释》的规定,"自认的事实与查明的事实不符的,人民法院不予确认"。法院之所以要查明事实,一般情形下是基于当事人,也就是自认人的请求。之所以提出这样的请求,是因为自认人试图推翻自认,但没有推翻自认所要求的理由。因此,就以自认事实与真实不符作为理由。笔者认为这一规定实际上否定了自认的存在价值。如前所述,自认的"机能"在于"对对方当事人的信赖保护",而在我国的司法解释中并未注意到对对方当事人信赖保护的重要意义,当然也与片面地理解以事实为根据这一原则有关。

目 次

三、违反众所周知事实的自认
四、自认的撤回或撤销
五、附理由的否认与附限制的自认
六、权利自认

一、自认的含义及要件

1. 含义

作为自认的一般定义,是指当事人在诉讼的口头辩论或准备程序(现行法下的准备辩论程序)中作出的,与对方当事人主张一致且于己不利之陈述(参照兼子·体系,第245页)。但是,新堂教授对自认作出的定义是,当事人表明对对方当事人主张的于己不利事实不予争执之意思的辩论陈述(事实主张的一种,参照新堂,第464页)。由此可见,新堂教授强调(自认成立中的)当事人意思要素。与强调当事人意思要素的新堂说相反,也有学说将自认聚焦于"对方当事人主张事实与自己主张事实的一致性"这一点,而不考虑当事人意思要素。这种学说的根据在于,当事人关于事实认知的表明与报告属于事实主张,换言之,双方当事人就事实认知形成一致就视为自认成立,而应舍弃"是否争执"之当事人意思要素的考量。这种不考虑当事人不予争执之意思,而基于"事实认知一致"这一点之上把握自认概念的学说,也即主张"自认是观念上表示"之学说成为当下学界的通说。〔1〕 究竟应当强调当事人的意思表示,还是应当

---

〔1〕 参照注解民訴(第七卷、第二版),第253页以下等。此外,井上教授也主张,应当将自认把握为当事人对事实的报告,参照井上·法理,第42页。与此相反,有些学说则强烈主张应当重视自认中的当事人意思要素,除新堂教授外,主张此观点还可以见之于山本和彦《裁判上的自认》,载山本(和)·基本問題,第151页以下。在德国,存在着从重视意思(自认意思)到观念上通知的转变过程,直至现在,德国的通说也似乎依然采观念上通知之立场。关于德国法转变之论述,参照河野宪一郎《民事自认法理的再检讨》,载《一桥法学》,第4卷第1号第299页、第2号第475页、第3号第975页,平成17年;伊东俊明《民事诉讼中自认撤回的规制》,载《横滨经济法学》,第11卷第3号,平成15年,第1页。河野说与伊东说均采意思说(但是,伊东论文指出,德国法的"自认意思"并非指产生不可撤回效的"效果意思"。意思之用语,并非作为民法上意思表示中的效果意思,而作为当事人内心意思性要素予以使用。拙见也同样如此)。河野论文也认为是"基于当事人意思的程序处分行为"。

重视当事人事实认知的表明（而不考虑意思表示）？在这一基本立场上的差异，将导致两者在有关自认的成立、自认的撤回以及权利自认等各个问题论述中产生微妙差异。笔者在此遵循“考虑当事人意思要素”的新堂说立场展开以下论述。〔2〕

在诉讼中一旦成立自认，其效果就是，法院受该自认事实的拘束，法院不能将与自认相反的事实作为判决的基础（辩论主义的第二个内容）。作出自认的当事人也受自认的拘束，进而不能自由撤

〔2〕 似乎并不存在对两种学说之优劣作出评判的基准。不过，若细究“当事人为何进行自认”这一问题，则可以对两种学说作出某种程度的比较。首要的情形是，自认方当事人因认为对方主张的事实真实故对其予以承认（自认）之情形，这种情形毋庸置言（都会认为成立自认）。与此不同的另一种情形是，尽管对方当事人主张的事实与自己的认知存在差异（不一致），但考虑到该事实在诉讼中并未如此重要，费时费力地对其进行证明恐怕并不明智，故为了将精力集中于更重要的事实之争执，以便使自己可以获得整个诉讼的胜利，在这种想法之下，该当事人也有可能并可以对此事实作出自认。如果基于“将自认视为观念上表示”之通说立场，前者的情形当然符合其关于自认的要求，但对于后者情形，则有可能予以排斥［不将其视为自认，不过，通说也可以通过确立某种中间命题施以操作，也可以得出不排斥后者情形之结论。而且，就实际而言，也似乎不排斥这种情形（视其成立自认）］。相反，若是基于“强调意思要素”之新堂说立场，那么后者的情形是符合其关于自认之定义的（当然地可以成立自认），而且，在性质上，新堂说也不积极排斥前者的情形，就这一意义而言，新堂说对于自认成立所包含的范围大于通说。

此外，上述的两种学说（比较）与真实义务（参照本书“第十二讲　辩论主义”章节中的相关部分论述）也可能存在某种关联。如果基于强调真实义务的立场，那么就容易与注重当事人观念（事实认知）表示的学说（通说）结合起来，因为，在这种立场下，当事人那种“认识到某事实是不真实的但仍然争执到底”的态度将完全被否定，即被评价为违反真实义务之行为。不过，真实义务的真谛在于，防止当事人作出“尽管知道某事实不真实但仍然通过争执拖延诉讼，进而给对方当事人及法院造成不必要麻烦”之行为。而自认由于能够产生无需证据调查之效果，因此，在性质上也属于一项促进诉讼制度。因此，在违反主观事实认知这一方面，强调“不予争执”之意思（自认），固然与真实义务相抵触，但是，在“不会拖延诉讼终结时间”这一点上，这种学说也并违背真实义务所追求的目标。总而言之，当事人违反自己事实认知而不予争执之态度，也还不至于与真实义务产生矛盾。此外，关于自认与真实义务的关系之论述，还可以参照松本博之《十九世纪德国普通诉讼法中的民事自认法理》，载《法学杂志》（大阪市立大学），第18卷第1号，昭和46年，第1页以下，尤其是第7页注（17），收录于松本·自认，第223页以下；松本博之《裁判上自认法理的再检讨》，载《民訴雑誌》，第20号，昭和49年，第67页以下，尤其是第96页，收录于松本·自认，第63页以下；林屋，第382页以下等。

回自认。因此,对于一方当事人作出自认的事实,对方当事人无须证明(参照《日本民事诉讼法》第179条)。尽管自认的根据应当在辩论主义中寻求,〔3〕但是,自认的效果却在于,对方当事人无须证明自认的事实。对于对方当事人而言,这种效果尤其具有重要的意义。因为,一旦对方当事人作出无须证明之判断,那么就有可能作出诸如"不要求对处于病危状态的重要证人实施证据保全"等消极性回应,在这种情形下,若允许自认人自由撤回自认,则使对方当事人陷入困境。由此看来,"让自认产生拘束力,并禁止自认人自由撤回"的意义,也即自认的功能在于对对方当事人信赖之保护。〔3-2〕

---

〔3〕 不过,伊藤教授认为辩论主义只不过是自认根据之一,参照井上=伊藤=佐上,第130页以下(伊藤真执笔)。小林教授也表述了相同的观点,参照小林·証拠,第218页以下。

〔3-2〕 但是,自认中拘束法院的审判排除效与拘束当事人的不可撤回效之间的关系颇为微妙[此点笔者受启发于高田裕成教授在某研究会上发言。此外,可以参照高田裕成,百选(三版),第132页;宇野聪《裁判上自认的不可撤回性》,载铃木,古稀,第443页]。

依当事人自认事实做出裁判这种法院拘束力,是从辩论主义推导出来的结果。法院拘束力的根据在于辩论主义,固然没有问题,但是,能否从辩论主义出发推导出当事人拘束力呢?拘束法院但不拘束当事人,进而允许当事人自由撤回自认,这也不违反辩论主义的要求,因为,无论自认人是否撤回自认,法院并未介入当事人的私空间,在此意义上也符合辩论主义的要求。如此一来,不可撤回效无法从辩论主义自身获得正当根据,但若没有不可撤回效,对方当事人无法对自认事实抱以安心。由于自认随时可能被撤回,所以对方当事人无法相信自认的事实无须证明,进而必须注意保留证据方法。作为其结果,自认应具有的聚焦争点、无须证据调查之作用式微。鉴于此,为了保障自认的作用,不得不形成不允许撤回自认之规则。关于自认的不可撤回效,通常会言及禁反言或者对方信赖之保护。的确,一旦成立自认,对方当事人产生无须证据调查之期待,而打破这种期待的行为,可以说构成一种禁反言。但问题在于,不仅仅无须证据调查之期待,(对方当事人)无须注意获得与保管证据方法之期待也是否应当予以保护?若认可保护对方当事人的这种期待,则禁反言的内容过于厚重。换言之,与其说禁反言是不可撤回效的根据或原因,毋宁认为,禁反言是承认不可撤回效产生的结果。这也是自认规则属于循环论的原因所在。

若进一步深入思考,可以发现,通过驳回错过时机攻击防御方法(《日本民事诉讼法》第157条)或争点证据整理程序之效果(《日本民事诉讼法》第165条),也可以实现"不能撤回"之规则设定。认为可以通过驳回错过时机攻击防御方法做出处理的观点,参照小野寺忍《为了民事诉讼的功能化运营——对于限制自认撤回标准的确认》,载木

2. 要件

自认的成立要件可以归纳为以下四点:(1)当事人关于事实的陈

川,古稀(中),第 147 页。首先,试着在争点证据整理程序终结进入集中证据调查后予以思考,由于在该阶段,应证明的事实已经获得确认(《日本民事诉讼法》第 165 条),在此情形下,撤回自认并使证据调查重新进行之行为,通常被视为错过时机的攻击防御方法而遭驳回。即便不依据不可撤回效,对自认的撤回也应予以否定。不过,在现行法第 157 条下,当没有重大过失或者不导致诉讼终结迟延时,攻击防御方法不会遭驳回。就教学上的设例而言,通过其他事实预进行的证据调查,也可以对自认的事实展开证据调查,在这种情况下,并未导致诉讼终结的迟延,故也允许撤回自认。当然,此情形下,自认事实的证明责任为发生转移,依然有原本方当事人负担。在多数情形下,证明责任的原本负担方往往是自认的对方当事人,这种撤回多少会使对方当事人在证据调查方面承受负担。若依据承认不可撤回效的通说,违反真实的自认人负担证明责任,自认事实的证明责任发生转移,对方当事人的负担多少有所缓和。此外,在要求单独对错误予以举证的通说下,错误证明之本身会导致诉讼终结的迟延,因此也构成依据《日本民事诉讼法》第 157 条的驳回。通说的解释对于对方当事人是有利的。

接下来,对争点证据整理程序过程中的自认展开论述。如下所述,在争点证据整理程序过程中,为了使当事人自由展开主张,对于自由成立应持谦抑态度。不过,在事实关系复杂的案件中,争点证据整理过程也允许成立自认以促进审理的聚焦和提高效率。在此情形下,仅依据《日本民事诉讼法》第 157 条错过时机攻击防御方法的驳回,恐怕是不充分的。由于是在争点证据整理过程中,故而很容易得出不会导致诉讼终结迟延之结论,进而在多会允许撤回自认。在此情形下,证明责任不发生转移。若依据承认不可撤回效的通说,进入证据调查后的阶段中证明责任发生转移,进而有利于对方当事人。

综上所述,做出如下之定论也并非不可能,即自认效果仅为法院拘束力(审判排除效),当事人拘束力(不可撤回效)是适用《日本民事诉讼法》第 157 条的结果,而非自认之效果。在多数情形下并无太大差异,但在上述提及的边界性事例中,承认当事人拘束力(不可撤回效)的通说有利于自认的对方当事人,并在促进争点凝练方面影响力最强,与此同时,当事人在自认时更趋慎重,进而降低自认的频度,而一旦作出自认,因对方当事人可以信赖该自认,故促使其放松在证据收集及保全的努力,以上为遵循通说的结果。此外,(通说下的)可以不对病危重要证人采取证据保全(因自认事实不可撤回),也具有符合人之伦理的意味。总而言之 ,作为笔者结论而言,从辩论主义或裁判拘束力出发固然不能推导出自认的当事人拘束力,但肯定自认的当事人拘束力将放大自认的效果,而仅仅依据《日本民事诉讼法》第 157 条的驳回攻击防御方法并不能做出应对。

此外,也存在主张以争点证据整理程序结果的拘束力来消解自认效力的观点或倾向,应当说这是一种自认论相异质的讨论。因为,争点证据整理结果的拘束力也及于有述;(2)当事人在口头辩论或辩论准备中作为辩论之陈述;(3)与对方当事人的事实主张一致;(4)当事人针对于己不利之事实作出的陈述。以下将顺次展开说明。

第一,自认须为当事人有关事实的陈述。法律主张以及作为适用法律结果之法律效果陈述,不同于纯粹的自认。当事人关于权利关系或法律效果作出的陈述,被称为权利自认。关于权利自认,笔者将在本讲第六部分展开论述。

第二,只有当事人在口头辩论或辩论程序中作出的作为辩论之陈述才构成自认。在除这两种程序以外的其他场合,即便当事人承认于己不利之事实陈述,那也属于"裁判外自认",而不属于此处所述的"裁判上自认"(简称为自认)之范畴。当一方当事人在裁判外作出的于己不利事实之承认(裁判外的自认)成为证据调查结果时,也即当法院明确知道存在裁判外自认时,这种裁判外自认也仅仅属于一种证据资料,因此只能作为法官自由心证的对象,而不产生自认效力(对于法院及当事人的拘束力)。此外,当事人在某一案件中作出的裁判上自认,对于其他案件而言也仅仅是一种裁判外的自认。而且,只有作为辩论的事实陈述才能成为自认,因此,当事人在作为证据调查的当事人寻问中陈述的事实,也仅仅是作为证据资料,而不构成自认。〔4〕

利方当事人,在此点上,不同于以不利为要件的自认。从争点排除、争点证据整理之视角对自认展开细致分析的山本说,争点证据整理中的"应证明事实的确认"是排除争点的合意(作为审理契约的争点决定合意),或者是一种弱排除(并非直接排除,可能成为错过时机的攻击防御方法),这区别于作为从争点中排除之意思的自认,参照山本(和),基本问题,第159页注(10)。研究会新民诉法,第185页中伊藤真教授发言也持同样观点。

〔4〕 在当事人缺席第一次口头辩论期日时,当事人若提出了书面,那么该书面将被拟制为该当事人的陈述(参照《日本民事诉讼法》第158条),对于这种拟制陈述是否成立自认之问题,学界尚存在争议。新堂,第466页认为这种拟制可以成立自认,而兼子教授则持相反意见,即认为这种拟制陈述不构成自认,参照兼子·体系,第247页。笔者认为,既然在这种情形下的诉状已经被拟制成陈述,因此也可以成立自认。

第三,必须与对方当事人的事实主张形成一致。通说认为,关于“主张的一致”,只要当事人进行援用即可,而在时间上不论两种主张的先后关系。具体而言,通常的自认成立过程是这样的,即一方当事人先作出于己有利事实的陈述,然后另一方当事人(自认人)作出承认该事实的陈述,在这种情形下,当然成立自认。反之,若一方当事人(自认人)先作出于己不利事实的陈述,而对方当事人在此后对该陈述进行援用,在这种情形下也成立自认,这就是所谓的先行自认(或者自发性自认)。由于先行“自认”在对方当事人进行援用之前是不成立的,因此,只要对方当事人未进行援用,作出不利陈述的当事人可以随时撤回该不利陈述,而一旦被对方当事人援用,就产生自认拘束力,当事人就不能自由撤回该不利陈述。以上就是通说的见解。对于此问题,新堂教授也作出了相同论述(新堂,第465页)。但是,当一方当事人主动(先行)作出于己不利事实陈述时,当事人多数情形下未对如下问题形成很好的认知,即这种不利陈述在诉讼中究竟具有何种意义?若不顾及于此,进而认为“一旦对方当事人进行援用,就立即成立自认,进而不允许其撤回其不利陈述”,则容易给先行自认当事人造成突然袭击之感。因此,在这种情形下,即便对方当事人进行援用,自认也不能立即成立,而应当给予先行自认当事人进行“是否继续维持该不利事实陈述”之再考虑机会,如此一来,既可以使自认方当事人对“自认成立”心悦诚服,也有助于防止产生错误。如果将“自认被把握为在诉讼中不对自认事实予以争执之意思”的新堂说予以延伸,那么也可以展开上述这种理论构成。具体而言,在作出不利事实先行陈述的当时,先行自认人是否真正具有不予争执之意思是不明确的,因此,在对方当事人进行援用的阶段,就必须对自认人的意思进行再确认。换言之,在对方当事人提出援用后,如果先行自认人立即提出撤回先行自认的请求,那么应当认可这种撤回(正确而言,不是认可其撤回,而是自认根本未成立)。[5] 从严格意义上来说,这就是所谓的先行自认否定论,也即是一种在较窄范围内把握“自认之成立”的学说,的确是一种值得关注的学说。[6]

---

〔5〕 谷口教授认为,尽管当事人违反事实真相但因认为该事实是琐碎性、次要性的争点而作出自认时,只要当事人在认为是“琐碎性、次要性”这一点上存在错误且没有重大过失,那么也应当允许其撤回自认的要求,参照谷口,第218页以下。

对于这种情形,笔者认为其并不构成自认的撤回,而应当被视为自认本身没有成立,尽管这两者在判断内容上并没有太大差异。不过,上述谷口教授并没有将如下问题作为论述的对象,即这种情形应当被视为自认的撤回还是自认本身不成立?就此意义而言,笔者在此处予以引用恐怕并不妥当,此外,在本书的其他部分也存在认为“不作为自认不成立而作为撤回自认予以处理”之情形。

〔6〕 兼子教授认为,在发生诉的变更之情形下,当对方当事人在先前曾作出过否认,其后又想援用本方当事人作出的先行陈述时,如果让该先行陈述成立自认进而产生自认的拘束力恐怕是不合理的,如果在对方当事人进行援用后,先行自认人仍然维持该陈述,那么该先行陈述将成立自认,参照兼子一《关于被对方当事人援用的当事人于己不利之陈述》,载兼子·研究(第一卷),第199页以下,尤其是第237页。但是,兼子教授的这种论述在兼子一《民事诉讼法概论》,昭和13年,岩波书店,第284页(关于自认的论述部分)以及兼子·体系,第28页(关于自认的论述部分)两处均未见到。新堂教授认为,在因进行诉的变更而使系争利益产生显著变化的情形下,应当存在承认自认人撤回自认的余地,新堂,第652页。不过,新堂教授的这一观点不属于先行自认否定论。

如果基于“将自认理解为观念(事实认知)的表明”之(通说)之立场,并与“(真实的)事实只有一个”之理解相结合(如果加上真实义务的考量,那么更是如此),那么就会倾向于采用先行自认肯定论。因为,不论自认在诉讼中具有什么样的意义,事实仍旧还是事实,因而“基于该事实来作出判决”的做法是应当予以赞同的。与此相反,如同松本博之教授在其《十九世纪德国普通诉讼法中的民事自认法理》一文中[载《法学杂志》(大阪市立大学),第18卷第1号,昭和46年,第1页以下]所述的,“主张承认自认中当事人意思要素”的此前学说,在先行自认问题上陷入困境(无法作出说明)。因此,与“观念之表明”的立场相反,强调自认中当事人意思要素的学说不得不倾向于先行自认否定论。不过,如果将先行自认否定论的精神(不予争执意思的确认)予以彻底化,那么即便是在自认一度成立后,在当事人提出其他的法律构成或其他事实主张时,也可以重复进行“确认自认人是否具有不予争执之意思”这样的操作,进而重新判断自认成立与否。对于此见解,也许会提出这样的反对论,即这样一来不仅使诉讼变得烦琐,而且也有违公平性。笔者认为,由于这是一个自认成立后的问题,因此在理论结构上可以将其作为自认的撤回(而不是自认的成立)问题来予以对待,随着诉讼中情势的发展变化,应当是可以认可这种自认的撤回(在这种情形下,可以基于“自认人有无错误”之撤回要件来作出判断)。

作为自认成立的最后一个要件是,须为当事人作出的于己不利之陈述。关于这一不利益要件之问题,学界上存在三种立场。第一种是在“败诉可能性”这一点上来把握不利益内容的“败诉可能性说”;第二种是在“对方当事人负有证明责任”这一点上把握不利益内容的“证明责任说”;第三种是“不利益要件不要说”,即主张自认成立原本就不需要“于己不利陈述”之要件。通说以及新堂说采用的,均是败诉可能性说。这种学说认为,只要法院基于该陈述事实作出的判决将导致陈述者败诉(部分败诉或全部败诉)即可(这一要件获得满足)。可以看出,败诉可能性说对于不利益性内涵的把握趋宽泛化。不过,新堂说通过进行“确认陈述人是否具有没有争执之意思”这一中间项操作,也使这种宽泛性受到某种程度的制约,因此,从结果上看,新堂说对于不利益性的把握并没有看上去(像通说)那么宽泛化。而证明责任说则认为,所谓的不利益陈述,是指自认方当事人对对方当事人负有证明责任的事实作出的陈述(参照三ヶ月・全集,第388页以下等)。反过来说,若当事人对本方负有证明责任的事实作出不利益陈述,则不成立自认,即便对方当事人的陈述与此陈述一致,陈述人依据随时(适时)提出主义可以自由撤回。〔7〕

与上述两种学说相对,不利益要件不要说(松本博之说)出于

---

〔7〕 作为当事人对自己负有证明责任之事实作出的不利益陈述,例如,基于要物合同提出请求的债权人原告作出“不需要(债务人)交付该物”的陈述、基于应书面缔结的合同提出请求的原告作出“合同是以口头方式缔结”的陈述等,即属于此。证明责任说认为,在这些情形中,原告作出了欠缺首尾一贯性的主张,因此,如果让自认成立,进而不允许原告撤回自认恐怕是不适当的。妥当的做法就是,法院进行释明,进而让原告对应当修改的主张进行修改,总而言之,在这种情形下,承认其自认拘束力将会产生不当后果。

在上述的例子中,的确应当通过法院的释明来否定自认的成立(这与“对陈述人的无争执意思进行再确认”之方式是相同的),但是,在诸如“作为债务人的被告一方面主动作出‘自己未清偿债务’之陈述,但在另一方面又通过对‘合同的成立’予以积极否认及抗辩之方式进行争执”这样的例子中,“偿还债务”是被告负有证明责任的事实,但“自己未清偿债务”之陈述可以被视为被告的自认(自认成立),因为,被告的这种争执方式具有合理性。因此,作为一般论而言,相对于证明责任说而言,败诉可能性说更具有合理性。此外,关于此问题的相关论述,还可以参照竹下守夫《裁判上的自认》,载《民商》,第44卷第3号,昭和36年,第464页注〔2〕。

“一旦自认成立,则无须实施证据调查,故而可促使诉讼尽早结束”之考虑,主张对自认成立本身应广泛予以认可,进而在自认成立方面排除不利益性之要件。[8] 但与此同时,松本教授又主张,作为在自认成立方面广泛认可一个相配套(平衡)的要求就是,在自认撤回要件的把握上也应当趋于宽松化,即只要自认人作出“自认违反真实”之证明,就允许自认人撤回自认,以此实现自认在成立与撤回之间的平衡(参照松本博之《裁判上自认法理的再检讨》,载《民訴雑誌》,第20号,昭和49年,第67页以下,收录于松本·自白,第19页以下,这是一篇关于自认的优秀论文,读者诸君有必要进行研读)。在松本说下,作为排除不利益要件的结果是,只要事实陈述一致,就在双方当事人之间成立自认。[9]

---

[8] 池田教授也认为,在民事自认成立上不需要设置“不利益”之要件,参照池田辰夫《裁判上的自认》,载三月章、中野贞一郎、竹下守夫编《民事诉讼法演习第一卷》(新版),有斐阁,昭和58年,第243页以下。

[9] 在不利益要件说立场下,自认仅仅针对作出不利益陈述一方当事人产生。纵使(双方当事人的)事实陈述一致,但该事实对于于己有利的对方当事人而言,并不成立自认,因此,该对方当事人可以依据自由撤回主张原则自由地撤回自己的事实陈述。

之所以采用“于己有利的事实陈述可以撤回,而于己不利的事实陈述则不能撤回”这种反差巨大的对待,是基于如下考量的结果,即作出于己不利之事实陈述的当事人应当会对该陈述后果进行慎重的考虑。这一考量同样也构成了“让自认拘束自认当事人,进而禁止其自由地撤回自认”之命题的正当化根据。至于“当事人可以自由撤回于己有利之陈述(主张)”之命题的根据则解释如下:由于“主张”在性质上是于己有利的事实陈述,即便当事人在一种慎重程度较低的状态下也可以提出主张,而且,若禁止当事人将自己主张变更为更为有利的主张,则显得过于苛刻,当事人不免会抱有不满,因此采用“允许当事人自由撤回于己有利陈述”的做法是较为妥当的,当然,这种撤回自由不能因自己主张无意中与对方当事人主张一致而被剥夺。与此相对,松本教授则认为,若允许当事人自由撤回自己陈述,则会引起审理的混乱,因此,无论是主张还是自认,当事人都不能自由撤回,参照松本博之《裁判上自认法理的再检讨》,载《民訴雑誌》,第20号,昭和49年,第69页以下,收录于松本·自认,第19页以下。松本说的观点的确具有一定合理性,但是,若非基于“引起审理混乱”这一点,而是着眼于“撤回的归责性”这一点,“当事人的主张允许自由撤回,而自认则不允许自由撤回”这种区别对待的做法也会获得相应的正当性。尽管如此,“不允许自由撤回自认”的观点也有循环论证之嫌(或者说,这种观点具有仅仅作为“赋予自认以无需证明效果”之现行法反映或根据的嫌疑),对于此问题有必要进一步予以探讨。

松本说之所以排除不利益要件，是因为考虑到，随着程序发展，关于“有利陈述还是不利陈述”之判断会发生变化，如此一来，不利益要件无法发挥其作用，或者说这种不利益要件只能沦落为一种事后性的拟制或操作。作为对此的详细说明，松本论文中列举了如下两个饶有兴味的例子。

（设例A）

在一起请求返还借款本金及利息的诉讼（原告于昭和48年5月1日提起）中，原告提出“该笔借款的还款期是昭和38年4月10日”之主张，被告作出了承认之陈述（在利息方面是对被告不利的），但是，接着被告又提出“该债权因10年消灭时效完成而消灭”之主张，在此情形下，原告的自认是否成立呢（或者说原告是否可以将还款期的主张变更为昭和38年5月10日呢）？

（设例B）

在一起请求返还100万日元借款的诉讼中，原告主动作出“被告已经偿还其中10万日元借款”之陈述（对原告是不利的）。在被告对此进行援用后，原告又主张，“由于该10万日元的部分偿还有效，剩余的90万日元债权将因此发生时效中断”（原告先发制人式地遮断了被告提出“时效完成”之抗辩）。在此情形下，被告的自认是否成立呢（或者说被告是否可以撤回其关于“部分偿还”之援用呢）？

若依据松本说，无论上述哪个设例，自认都将针对双方当事人而

总而言之，自认的典型例子是，原告对某事实提出主张，而被告作出对该事实予以承认的陈述，作为结果就形成双方当事人事实陈述的一致，但是，主张与陈述之本身是各方当事人分别实施的单独行为。与此相对，也可能存在着如下这种情形，即双方当事人积极地形成一致，并达成“将某事实排除在该诉讼证据调查对象之外，进而不进行争执”之合意的情形。这就是所谓的诉讼上合意（或被称为诉讼契约或诉讼上协定），而其中的一种证据契约就被称为自认契约（参照新堂，第482页以下）。尽管自认与自认契约之间并不存在很大的差异，但是应当说两者还存有根本的区别点，即自认拘束自认当事人而不拘束对方当事人，进而对方当事人可以撤回自己陈述，而在自认契约中，双方当事人都要受到该合意的拘束。不过，若基于“认为自认对双方当事人都形成拘束”之松本说的立场，自认与自认契约之间则不存在这方面的差别。

成立,因为,松本说认为无须考虑"于己不利"之要素。〔10〕 而在败诉可能性说下,尤其是基于其中"对先行自认予以广泛认可"之学说的立场,对于上述设例中的问题恐怕难以作出确切的回答(判断)。〔11〕 若基于证明责任说的立场,则有关设例 A 的回答将取决于如下这一问题的判断结果,即关于还款期限的证明责任由哪一方当事人承担? 而对于这种条件及期限的证明责任分配问题,不同观点之间存在较大分歧。就学界大致状况而言,抗辩说(认为被告对此事实负担证明责任)是多数说,但也存在否认说(认为原告对此事实负担证明责任),甚至还有一种颇具影响力的学说认为,在消费借贷型诉讼中,由原告(债权人)对这类事实负担证明责任,而在买卖型诉讼中,则由被告(债务人)对此事实负担证明责任。〔12〕 若遵循最后一种观点,即由原告对此事实承担证明责任,则不成立自认。在设例 B 中,关于"部分偿还"之事实应当由被告承担证明责任,不过,在这一设例中,"部分偿还"同时也是原告负有证明责任之时效中断事实的组成部分。如此一来,就形成对双方当事人都成立自认的结果。总而言之,证明责任说的结论(自认是否成立)因受制于学说关于证明责

〔10〕 松本说强调当事人的自我责任。这种自我责任的具体含义是指,当事人应当真实陈述,因此,当对方当事人将该陈述作为真实事实予以援用时,当事人应该受自己先前陈述的拘束,换言之,这是一种建立在真实义务上的自我责任。关于这种自我责任的详细论述,可以参照松本博之《裁判上自认法理的再检讨》,载《民訴雑誌》,第 20 号,昭和 49 年,第 86 页以下,收录于松本·自认,第 41 页以下。松本说的这种自我责任是一种以"(真实的)事实只有一个"之命题为前提的自我责任,尽管以"真实是不可知的,故可能存在多个可选择之陈述"之命题为前提的"通过自我决定选择其一"之自我责任,也同样使用"自我责任"之表述,但这两者内容却截然不同,对于这一点应当予以注意。

〔11〕 在条解,第 945 页以下(松浦馨执笔),松浦教授也列举了与设例 B 相类似的例子,并认为,当陈述对双方当事人都能够产生不利(败诉可能)的事实时,可以视为双方当事人的陈述分别成立自认。在这种观点下,应该会认为,设例 A 的原告、设例 B 的被告都成立先行自认。小林教授也表述了相同的见解,参照小林·証拠,第 240 页以下。

〔12〕 关于此种学说的详细论述,参照田尾桃二《关于条件与期限的举证责任》,载《民訴雑誌》,第 18 号,昭和 47 年,第 23 页以下;司法研修所编《民事诉讼中的要件事实第一卷》,法曹会,昭和 60 年,第 275 页以下。

任分配问题的争议,包含着某种不安定性。与上述这些学说不同,基于"通过对先行自认无争议之意思再确认予以调整"之学说的立场,无论是设例 A 的原告还是设例 B 的被告,在对方当事人进行援用后,若陈述人立即撤回自己的先行陈述进而主张其他事实,自认就不会成立。设例 A 的原告可以将还款期的主张变更为昭和 38 年 5 月 1 日,而设例 B 的被告则可以提出消灭时效之主张,进而使原告对时效中断之事实进行主张及举证。新堂说尽管没有直接言明这种结论,但应当说,新堂说本身与这种结论具有某种亲和性。〔13〕

综上所述,松本说固然是一种明快的观点,但是,在诸如上述设例那样的情形中,若承认成立自认,对于当事人而言则不免过于残酷,而且,是否仅仅依据松本说所主张将自认的撤回要件设置为"违反真实"就可以实现自认制度的整体(成立与撤回)平衡,关于这一点恐怕也还不无疑问。〔14〕 证明责任说也具有"证明责任分配本身存在难题"之弱点。〔15〕 与这些学说相比,笔者认为,主张对先行自认

---

〔13〕 福永教授也认为,承认自认成立必须要求陈述者处于能够认知事实不利益性之状态中,参照有利《裁判上的自认(一)》,载《民商》,第 91 卷第 5 号,昭和 60 年,第 806 页以下。

〔14〕 春日教授也对松本说作出了消极评价,参照春日伟知郎《自认》,载小山ほか·演習,第 420 页以下。此外,小林教授也表述了相同意见,参照小林·証拠,第 240 页以下。

〔15〕 池田教授也认为,由于不同学说对于证明责任的分配问题本身存在较大的对立与分歧,因此,采用证明责任说会产生混乱,参照池田辰夫《裁判上的自认》,载三月章、中野贞一郎、竹下守夫编《民事诉讼法演习第一卷》(新版),有斐阁,昭和 58 年,第 242 页以下。

此外,证明责任可以被理解为一个仅适用于主要事实的概念,因此,在逻辑上,证明责任说存在否定间接事实自认的可能性。不过,如下这种主张"原则上采用证明责任说,但在其与自认的关系中,例外地考虑在间接事实中也适用证明责任的相关规则"的见解,也并非不能成立,总而言之,在间接事实自认成立的问题上,证明责任说还不至于存在决定性的缺陷。

松本博之《裁判上自认法理的再检讨》,载《民訴雑誌》,第 20 号,昭和 49 年,第 67 页以下,尤其是第 70 页,收录于松本·自认,第 60 页以下,举了一个饶有兴味的例子,即在原告 X 与被告 Y 就同一建筑物的所有权进行争执的诉讼中,当 X 作出该建筑物所有权的转让途径是"A—B—X"之陈述,而 Y 对于同一问题作出"A—C—Y"之陈述时,

予以调整的学说(先行自认调整说)在结论上最具稳妥性。[16]

以下来考察判例对于这一问题的态度。最高裁判所昭和35年2月12日判决,载《最高裁判所民事判例集》,第14卷第2号,第223页以下,收录于《百選Ⅰ》,第103号案件(田边诚解说)(小林秀之教授对于该判例也作出过相关的释评,参照《法学教室》,第100号,平成元年,第152页以下)。在基于所有权提起的请求返还房屋诉讼中,被告就作为占用之正权源的"借用关系"提出主张,在原告对此主张进行援用后,被告又撤回"借用"的主张,而改为主张"租赁关系"。本判决认为,自认是于己不利之事实陈述,因此原告对于被告"存在借用关系"之主张的承认成立自认,而"借用"之陈述对于被告而言不构成自认,既然(对于被告而言)自认未成立,被告当然可以撤回其主张。

若基于松本教授所主张的"将不利益性排除在自认的要件之外"之立场,这一判决无疑是一个问题判决,即在本案件的情形下,也应当承认(对被告而言也)成立自认(但是,即便基于松本说的立场,若"借用"之事实违反真实,换言之,若被告能对"存在租赁关系"作出主张及举证,也允许自认人撤回关于"借用"之陈述,因此,就结果而言,松本说与其他学说相同)。若基于证明责任说立场,因被告

X在其后是否可以作出"该建筑物最先主人并非双方当事人主张一致的A,而是第三人D"这样的变更性陈述呢?若基于"对于自己举证事项的陈述也成立自认"(败诉可能性说)的立场,双方当事人作出的"关于该建筑物的最初所有人为A"的一致陈述,也可以视为成立自认。但是,在这种情形下,只有在证据调查结果大致表明该房屋的转让途径是"A—C—Y"时,X作出的"该房屋最初所有人为A"的陈述,才会给其带来败诉可能性,因此,松本教授提出的问题是,是否在诉讼发展到了法院斟酌这种证据调查结果之程度时,才问及败诉可能性问题呢?不过,对于这种情形,多数学说都认为其成立自认,例见新堂,第465页以下(不过,法院应当对当事人的意思进行确认);小林·証拠,第242页以下等。

〔16〕 在设例B中,原告采用了一种可以被评价为"给被告设圈套"的诉讼战术,因此,否定成立先行自认的做法,应是较为正当的。不过,就实务而言,当原告作出"一方面请求100万日元,另一方面又主张被告已经偿还10万日元"之陈述时,法院可能会敦促原告将请求缩减至90万日元。若原告请求被缩减,则其作出的"部分偿还"之陈述、以及对此陈述的援用,都将丧失意义,先行自认问题也将因此获得消解。

对于“存在借用关系”之事实负担证明责任，因此，被告作出的“借用”之陈述不成立自认，进而得出与该判决相同的结论，即允许被告自由撤回该陈述。而先行自认调整说则认为，若被告在原告援用后立即撤回其陈述，则应当视为自认不成立，如此一来，也形成与该判决一样的结果。不过，这一案件涉及“是借用还是租赁”的问题，双方当事人关于此的一致陈述，并非事实自认而属于后述的权利自认，因而其中也包含着一些应当在权利自认理论框架中予以考虑的事项。〔17〕

接下来笔者有必要论及最高裁判所作出的另一个饶有兴味的判例，即最高裁判所昭和 41 年 9 月 8 日判决，载《最高裁判所民事判例集》，第 20 卷第 7 号，第 1314 页以下，收录于《百選Ⅰ》，第 108 号案件（河野正宪解说）（也可以参照木川统一郎《诉讼促进政策的新展开》，日本评论社，昭和 62 年，第 194 页以下）。在该案件中，X 向 Y 提出转移土地登记的请求，X 提出的是“继承”与“取得时效完成”之主张，而 Y 提出的主张分别是“自己买取了该土地”与“该土地是自己借用给 X，因此取得时效不成立”（第一个诉）。此外，Y 向 X 提起了请求拆除房屋返还土地的诉讼（第二个诉），最后这一个诉与 X 对于 Y 提起的诉（第一个诉）被法院合并审理。在第一审与第二审中，Y 都获得了胜诉，不过，在上告审中，最高裁判所认为，在这一案件中，在“对于 X 提出的取得时效之主张，Y 提出借用事实”这一点上存在问题，就其与 Y 对于 X 的拆除房屋并返还土地之请求的关系而言，Y 的这一主张会招致 Y 的败诉后果，因此，撤销原判决并将案件发回重审。

在这一案件中，以下两点应当予以注意。第一，Y 提出的借用之主张是就“X 对于 Y 提出请求”之关系（在第一个诉中）而作出的，而且，在“Y 对于 X 提出请求”之关系（第二个诉）中，明确显示出 X 未援用此主张。若这一主张被 X 援用，对于 Y 而言则成立自认。这种“当对方当事人予以援用时就成立自认，但未被援用”之行为，就

〔17〕 关于此案件的评析，还可以参照福永有利《裁判上的自认（一）》，载《民商》，第 91 卷第 5 号，昭和 60 年，第 808 页以下。

被称为对方当事人未援用的于己不利之陈述,简称为不利益陈述。而且,从辩论主义的第一个内容(要义)来看,不负有主张责任之当事人作出的陈述,也可以作为判决的基础,因此,尽管不利益陈述未经援用不成立自认,但这也仅仅意味着该陈述不产生自认的拘束力,而这种不利益陈述仍然可以作为判决基础(参照“第十二讲 辩论主义 一、辩论主义的内容”部分的相关论述)。明确了这一点,那么上述最高裁判所昭和41年9月28日判决(《民事诉讼法判例百选第一卷》第108号案件)也可以说是一个妥当的判决(不过,若法院毫无限制广泛地将不利益陈述作为判决基础,在某些情形下,也会产生突然袭击的危险)。

应当予以注意的第二点是,在被合并的第一个诉与第二个诉中,当事人提出的某一事实主张在两个请求(第一个诉与第二个诉)之间必须一致化或一体化。换言之,对于Y而言不能作出如下行为,即在第一个诉中希望使用“借用事实”之主张,而在第二个诉中不希望使用该“借用事实”的主张[参照木川·重要問題(中),第399页以下]。辩论主义尽管将事实收集的权限与责任委诸当事人,但也绝不能容忍当事人这种程度的恣意[参照新堂,第466页注(1)]。〔18〕不过,对于这一见解的根据探寻则多少显得有点麻烦。因为,尽管“事实认定的统一性”可以作为其大致的根据,但是,在一些可以另行起诉的案件中,当事人在该另诉中不主张该事实(对于事实主张的分别使用)的做法,至少在事实上是可行的,而当两个诉的辩论被合并时,当事人就丧失了这种“对于同一事实分别提出不同主张”的自由,如此一来,这种根据的说明不免隐含着“不合理”的一面。因此,在这种主要争点共通的两个诉讼中,若不适用基于禁止二重起诉趣旨的“禁止另行起诉及强制合并”之做法,就无法保证当事人主张的一贯性(参照新堂,第193页)。因此,只有在此基础上才可以提出“事实认定的统一性”(与证据共通原则相同的命题)

---

〔18〕 如果Y在两个诉中就同一事实主张作不同的使用,那么该如何处理呢?法院应当通过释明要求其统一于其中一个主张。但是,若Y不响应法院的释明,其结果又如何呢?在辩论无法分离的情形下,法院应当依据《日本民事诉讼法》第157条第2款驳回其中一个主张,或者对于两个主张一并予以驳回。

之根据。[18-2]

二、间接事实的自认

自认针对主要事实而成立，并且，在“法院必须将该自认事实（主要事实）作为判决基础”这一意义而言，自认拘束法院，而在“当事人不能撤回自认”这一点上，自认拘束当事人，这是辩论主义的第二个内容。对于这一点，学界似乎不存在异议。不过，也有学说认为，自认对于当事人的拘束力并非辩论主义的直接效果，而是禁反言的效果。[19]

〔18-2〕 当事人对对方所主张的事实未明确提出争议时，可以被拟制为自认（《民事诉讼法》第159条）（参照新堂，第514页）。该拟制自认虽可以表现为默示之意思，但应当说这并非指从意思层面把握自认学说所谓的意思。无论如何，在对方当事人未对不利益陈述明显争议时，可以视为成立拟制自认。但是，这构成对对方当事人有利的事实，因此在自认增加不利益要件时，在定义上不能被视为自认，故应当解释为不成立拟制自认[注释民诉(3)，第295页（坂原正夫执笔）持这一立场]。但是，拟制自认规定的趣旨在于如下这一点，即如果侧重于（自认）可以省略证据调查这一点，那么在对方当事人未对不利益陈述明显予以争议时，则无须花费额外成本去实施调查证据。尽管严格而言这不属于自认，但却产生了省去证据调查的效果，这一点难道不应该得到认可吗？畑瑞穗教授也认为，从私权自治观点来看，若双方当事人意见一致，法院就会受到拘束而不能认定其他事实，参照畑瑞穗《辩论主义和相关周边的备忘录》，载新堂・古稀（下），第71页以下，特别是87页注(44)。

一直以来，通说认为拟制自认并不局限于主要事实，无论是针对间接事实还是辅助事实，都可以成立拟制自认[注释民诉(3)，第295页（坂原正夫执笔）、秋山等コンメⅢ，第364页。不过，对于法院不具备拘束力]，应当注意这与一般的自认规则上存在不同。

〔19〕 持这种观点的学说，可以见之于兼子・体系，第248页以下；三ヶ月・判例，第252页以下；小林・証拠，第202页以下；上田，第342页以下等。不过，兼子教授在其《民事诉讼法体系》一书中，在作出“自认是基于辩论主义”之说明的基础上，其后又在另外的小标题下作出了“自认对于当事人的拘束力是基于禁反言的果”这样的叙述，由此可以看出，兼子教授这一论述是否表明其具有如下之意思呢？即自认对于当事人的拘束力与辩论主义完全没有关系。对于此点，恐怕不甚明确。

总而言之，将“自认对于当事人的拘束力”之根据仅限定于禁反言，在理论上恐怕不无疑问。因为，在“不允许撤回自认”之背景下，自认因“无须证据调查”而拘束法院（辩论主义），而作为一种反射性影响，从理论上说，由此也对当事人产生拘束力。此外，正是因为法院受到自认的拘束，从而使对方当事人对于证据收集及保存没有必要抱以十分的关注，从这一点来看，“不可撤回”之自认对于当事人的拘束力也与辩论主义存在关联。关于此问题的详细论述，还可以参照伊东乾《辩论主义》，学阳书房，昭和50年，第134页以下；坂原正夫《裁判上自认法则的适用范围》，载講座民訴（第六卷），第173页注〔20〕。

那么,间接事实是否也可以成立自认呢? 判例对于间接事实自认的成立持否定的态度。例如,最高裁判所昭和41年9月22日判决[载《最高裁判所民事判例集》,第20卷第7号,第1392页以下,收录于《百選Ⅱ》,第104号案件(福永有利解说)]即持这种观点。[20] 在学界中,以前的通说也认为,由于辩论主义仅仅适用于主要事实,因此当事人对于间接事实的陈述将不成立自认。[21] 尽管如此,通说对于当事人就间接事实作出的"与对方当事人主张一致的于己不利"之陈述,也并非不承认其任何效果。对于当事人作出这种类型的陈述也承认其如下效果,即法院无须经证据调查即可予以认定,不过,这种陈述既无拘束当事人的效果,也不认可对法院的拘束力。如此一来,当法院从其他证据调查获得心证时,也可以作出其他的认定,当事人也可以自由撤回这种陈述。之所以如此,完全是基于自由心证主义的结果。具体而言,由于在双方当事人之间存在的是关于主要事实的争议,因此法院应当基于自由心证来对主要事实的存在与否作出认定,而若肯定间接事实自认的成立,那么法院就不得不以"该被自认的间接事实当然存在"为前提来对主要事实的存在与否作出认定,如此一来则与自由心证原则产生抵触,而且,从法官视角来看,这种做法也会产生可能使法官被迫进行一种"不合理或者至少是不稳妥"的事实认定之嫌。

与此相反,也有学说主张,对于当事人针对间接事实作出的"自认",固然不能承认其对法院产生拘束力,但是,从禁反言的视角来看,当事人应当受到这种"自认"的拘束,进而不能自由撤回(参照三

---

〔20〕 关于这种判例的其他论述,还可以参照福永有利《裁判上的自认(一)、(二)、(三)》,载《民商》,第91卷第5号第124页以下、第92卷第1号第76页以下、第92卷第2号第56页以下,昭和60年;竹下守夫《裁判上的自认》,载《民商》,第44卷第3号,昭和36年,第482页以下。

〔21〕 参照兼子·体系,第248页以下。此外,也可以参照丹野达《关于间接事实与辅助事实的若干考察》,载《司法研修所论集创立五十周年纪念特集号第二卷》,平成9年,第1页以下,尤其是第7页。

ヶ月・判例,第246页)。[22] 不过,对于这种观点主张的"不认可其对法院的拘束力而承认其对当事人的拘束力"之做法,作出"既不妥当也不彻底"之批判,恐怕也是可以成立的。具体而言,一方面因自认当事人不能自由撤回自认,故当事人不能基于违反该自认的事实(间接事实)来展开辩论;另一方面,法院仍然可以实施其他证据调查,进而基于与该自认事实不同的其他间接事实来作出事实认定,如此一来,对于当事人而言,恐怕是不当且不利的[从防止突然袭击的视角来看,当法院基于与该自认事实不同的其他间接事实来(对主要事实)作出判断时,较为妥当的做法是,法院向双方当事人开示其心证,进而让双方当事人穷尽关于这种间接事实的攻击防御方法。因此,按照这种逻辑,也应当排除间接事实"自认"对于自认当事人的拘束力]。或者说,假设如通说所认为的,将"违反真实"与"错误"设为撤回自认的要件,若自认当事人要求撤回自认并可以对"违反真实"之要件予以主张及举证,那么即便"违反真实"之要件获得证明,但因法院不受自认拘束,也可以基于与该自认事实不同的间接事实来对主要事实的存在与否作出认定,因此,在这种情形下,"自认人必须对'错误'之要件进行主张及举证"之要求,就变得没有实际意义(不过,若采取判例那样的"从存在'违反真实'之事实可以推导出当事人'错误'之要件的成立"之观点,这一难题则在很大程度上会获得消解,在这种观点下,这一难题也仅在"当事人明显不存在错误"的情形下才显现)。[22-2]

此外,也存在与以上两种学说截然相反的观点,该观点主张,也应认可间接事实的自认,不过,与主要事实自认的不同,法院可以依

---

〔22〕 谷口教授也认为,应当限制自认方当事人对"间接事实自认"的撤回,参照谷口,第220页以下。谷口教授这一论点的根据似乎在如下这一点,即若当事人作出了间接事实的"自认",则会产生法院无需经过证据调查就可以对该事实作出认定之效果。此外,谷口说对于这种"自认"的撤回要件,并列地设置了"违反真实"与"错误"两个要件,不过,谷口教授进一步认为,其中的"错误"是更为根本的撤回要件。

〔22-2〕 对于三月说的批判,可见山本克己《关于间接事实的自认》,前揭《法教》第283号,第79页。

据自由心证,基于其他间接事实对主要事实的存在与否作出认定(参照新堂,第 362 页)。[23]

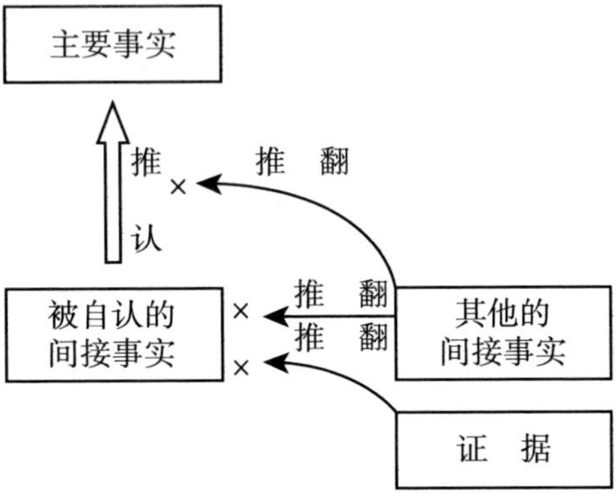

图 13-1

对于以上各种学说该如何评价呢?笔者认为,新堂说应当说更具合理性。从其与自由心证主义关系的视角来看,如下之命题应当说是一种妥当的逻辑,即只要其他间接事实未足以推翻该被自认间接事实(即便法官对该被自认间接事实存疑),即可以让法官从被自认的间接事实(以此作为前提)来推定主要事实。因为,这种心证形成等同于如下这种心证形成过程,即在诸如存在法律推定等情形中,若当事人对于作为该推定前提事实作出自认,并且,诉讼中也存在当事人旨在推翻该推定的举证活动,法官依据该前提事实对主要事实作出认定,也应当是可行的[参照新堂,第 467 页注(1)]。不过,此处的事实毕竟属于间接事实,因此,在自认规则上不能完全等同于主要事实(的自认)。具体而言,在如下两点上应当予以注意(参照上图)。第一,与推定一样(或者说与间接反证的逻辑结构一样),[24](法院)对于其他间接事实的认定,可以对"从该被自认间接

〔23〕 此外,上田教授也主张类似的结论,参照上田,第 346 页以下。

〔24〕 正如本书"证明责任"部分所述的,间接反证是一个不必要的理论及概念,因为,存在"通过结合间接事实与经验法则进行推认"与"基于与此相并存的具体间接事实进行推认"这两种动摇主要事实存在的事实认定途径。

事实到主要事实”之推认形成障碍,换言之,在这种情形下,法院可以不受该自认间接事实的拘束。第二,当足以推翻自认间接事实的其他间接事实获得认定时,该间接事实的自认不产生拘束力。若为主要事实的自认,即便推翻(否定)该自认事实的其他事实获得认定,法院也须受自认的拘束,而在间接事实“自认”的情形下,当基于其他间接事实或证据,该被自认的间接事实本身被否定时,自认的拘束力将消失(自认对于当事人的拘束力也消失,因此,法院应当对此予以释明)。因为,在这一范围内,法官所奉行的仍然是自由心证主义,也即这还是由自由心证主义支配的领域。〔25〕 此外,在辩论主义的第一个内容(当事人未主张的事实不能作为判决基础)中,也将主要事实及重要间接事实作为其对象,那么这两者之间是否存在逻辑上的必然联系呢?〔26〕 姑且不论这一问题,同样在辩论主义的第二个内容(自认)中,若肯定间接事实的自认,则可以敦促当事人实施自主性的、负责任的诉讼活动,进而有助于实现事实认定的简明化、迅速化。

新堂教授为了论证上述一般论,专门设例对此展开详细论述(参照新堂,第 468 页),不过,在这一设例的论述中似乎多少存在某些难以理解之处。首先,新堂教授使用的这一设例之原型是《民事

〔25〕 与此相反,若将“肯定间接事实自认”的观念予以彻底化,则在间接事实自认的情形中,即便可推翻该自认间接事实的其他间接事实(或证据)获得认定,也可以考虑维持该间接事实自认的拘束力(法院仍然受此拘束),因为,在主要事实自认发生这种情况时,既然自认仍然拘束法院,那么在间接事实自认的情形中,职业法官也可以进行同样的操作。但是,在主要事实的情形中,一旦形成自认,那么(对于自认事实的)事实认定的操作将因此而结束,剩下的仅仅是法院适用法律规范的操作。而且,法律规范的适用就其性质而言,是一项“在对事实的存在与否作出假设(拟制)后才能进行”的操作,至少而言,其前提是法官对于该事实认定抱有较少的心理抵触。而在间接事实自认的情形中,即便成立自认,其后也仍然留有“该间接事实是否可以推认主要事实存在与否”之事实认定的操作,而并非适用法律规范程序。在这种情形下,若违反自己心证来作出事实认定,即便是职业法官,其心理上的抵触也不可忽视。

〔26〕 山木户教授也认为,这两者存在逻辑上的联系,参照山木戸・判例,第 259 页以下。不过,对于这种认为“无论是在‘是否需要当事人主张’问题上、还是在‘自认拘束力’问题上,抑或是在‘法院判断遗漏’等领域中,对于‘主要事实与间接事实的区别’的适用应当趋于一致化”的观点,小林教授提出了批判,参照小林・審理,第 159 页以下。

诉讼法判例百选第一卷》中的第 104 号案件,但两者在金钱等方面是不同的。其次,作为“从该设例所使用的间接事实到主要事实”之推认基础的经验法则,也不具有很高盖然性,因此,作为典型例子而言,这一设例并不具有充分说服力。此外,在该处的括弧中,新堂教授作出了关于“是附回购约定的买卖还是让与担保”之事实是主要事实的论述,但是就通常观点而言,这种事实仍然属于间接事实,因为,在此相类似的消费借贷诉讼中,“借款人为何进行贷款”之理由,也仅是认定消费借贷合同的间接事实。〔27〕 综上所述,新堂教授关于这一设例的论述恐怕存在问题,尽管如此,作为该设例的结论,也即新堂教授主张的,“若当事人对于间接事实作出自认,则应让自认产生拘束力,法院也应以该间接事实为前提(即便法院对于此间接事实抱以疑虑)来推认主要事实”之理论本身还是妥当的。

最后需要言及的是,当事人关于辅助事实的陈述是否成立自认的问题。不过,无论是学说还是判例,均不会针对一般的辅助事实来展开这一问题的论述,而仅将辅助事实中的“关于文书真伪与否之自认”作为论述对象。就判例的立场而言,最高裁判所昭和 52 年 4 月 15 日判决(载《最高裁判所民事判例集》,第 31 卷第 3 号,第 371 页以下,收录于《百選Ⅰ》,第 105 号案件)认为,当事人关于书证真伪与否的“自认”不拘束法院。但是,学说对此判例展开了较为严厉的批判。笔者也认为,可以肯定这种关于“书证真伪与否”之自认会产生拘束力。〔28〕

---

〔27〕 不过,三月教授也认为,应当对“原形态间接事实”与“发挥间接事实功能的事实”相互予以区别,并认为,本案件(《民事诉讼法判例百选第一卷》第 104 号案件)的事实并非原形态间接事实,而是发挥间接事实功能的事实,对于此应当适用主要事实的相关规则,参照三ヶ月·判例,第 254 页以下。此外,还可以参照小林·証拠,第 234 页以下。

〔28〕 对于此问题持肯定说立场的见解,可以见之于坂原正夫《裁判上自认法则的适用范围》,载講座民訴(第六卷),第 169 页以下;小林·証拠,第 231 页以下;上田,第 3437 页以下;高桥宏志《关于最高裁判所昭和 52 年 4 月 15 日判决的判例释评》,载《法協》,第 96 卷第 2 号,昭和 54 年,第 213 页以下;春日伟知郎《民事证据法论集——情报开示、证据收集与事案的解明》,有斐阁,平成 7 年,第 159 页以下等。由于文书真伪与否之辅助事实属于《日本民事诉讼法》第 134 条规定的对象事实,故应允许对方当事人对其进行认诺。

三、违反众所周知事实的自认

当陈述人对于违反众所周知事实之事实作出自认时，是否应当认可这种自认的成立以及承认其拘束力呢？对于此问题，学界中存在两种学说。

兼子理论基于“强调辩论主义”以及“在当事人期待的范围内解决纠纷”之基本立场，认为即便自认人作出的陈述违反众所周知的事实，也成立自认（参照兼子·体系，第 248 页）。〔29〕

但是，若忠实贯彻兼子教授的这一见解，则形成“任何第三人都不可能相信的事实都会被作为判决基础”的结果，长此以往将会破坏人们对于法院的信任。因此，明显违反众所周知事实的自认，应当予以否定的（参照新堂，第 468 页）。不过，主要事实是众所周知事实的情形较为少见，因此，就这一意义而言，这种论述似乎缺乏实际意义（而且，这种“自认”多基于误解而产生，在这种情形下，法院依据释明就可以作出“自认不存在”之处理），但是，毕竟还存在当事人所主张的间接事实违反众所周知事实的可能，因此，当基于“承认对间接事实的自认”之学说的立场时，这种论述并未丧失其实际意义。

四、自认的撤回或撤销

自认一旦成立，就对当事人形成拘束，换言之，不允许作出自认当事人任意撤回该自认。〔30〕 但是，在符合一定要件时，自认人也可

---

〔29〕 在兼子一《民事诉讼法概论》，昭和 13 年，岩波书店，第 230 页、第 286 页中，兼子教授认为，当自认的内容违反显著之事实时，该自认不拘束法院。在战后，伴随着辩论主义理解的变化，兼子教授也改变了原先立场。关于此的详细论述，可以参照兼之一《回到民事诉讼的起点》，载《法协》，第 65 卷第 2 号，昭和 22 年，第 76 页以下，收录于兼子一《民事法研究第一卷》（再版），酒井书店，昭和 25 年，第 475 页以下，尤其是第 492 页。此外，也可以参照本书“第一讲　民事诉讼的目的”之相关部分。

〔30〕 于己有利的主张可以自由被撤回，于己不利事实的陈述在被对方当事人援用之前也可以自由被撤回，与此相对，自认则不能被自由撤回。而且，判例也认为，关于“自认不能被自由撤回”这一点，法院不能通过诚实信用原则斟酌具体情况来作出个别性判断，而应当课以其如下所述的统一要件。而关于这一观点的根据及理由，说到底在于现行法对待自认的态度，即将自认事实当然、必须地作为判决基础，且无须证据调查。此外，还可以参照前揭注(9)。

以撤回或撤销自己作出的自认。[31] 允许自认人撤销自认包括下述三种情形。[32]

第一,对方当事人同意撤回自认的情形。对对方当事人信赖利益的保护,是自认对自认当事人产生拘束力功能所在(主要是防止证据的逸失,参照本讲"一、自认的含义及要件"部分的相关论述),既然该对方当事人都同意撤回,那么就可以遵从其意思。若对方当事人对于撤回未提出异议并对(自认人)在撤回自认后提出的主张进行应答,也可以视为对方当事人同意自认人撤回自认(参照最高裁判所昭和 34 年 9 月 17 日判决,载《最高裁判所民事判例集》,第 13 卷第 11 号,第 1372 页以下)。[33]

---

〔31〕 一般而言,自认的撤回与撤销未必获得严格区分,因此两者被互换使用。在此,笔者也同样使用撤回之表述。

此外,即便是在诸如"先行自认否定论"那样严格对自认成立进行检验的学说中,也可能会遭受"其中关于不成立与撤回之区别变得模糊"这样的批判[参照前揭注(6)]。因为,即便一方当事人作出了自认,但是在"该自认人未曾预料的法律构成获得提示"之阶段,需要对于其不予争执的意思存在与否进行再确认,如果在这个时候其自认的意思已经不存在了,那么该自认就不成立(而非撤回)。而且,若仅以"错误"作为撤回自认的要件,区分撤回与不成立界限则显得更加流动化了(两者的区别更加不明确)。但是,作为程度问题而言,还是可以考虑"不成立"与"撤回"之间的区别。此外,小林教授也认为,尽管需要对自认进行成立与撤回这两个阶段予以确认,但也应当承认成立与撤回之间原理层面的流动性,参照小林·証拠,第 248 页以下。尽管针对的是权利自认之问题,但小岛教授也认为,进行"对自认成立的事前确认与对自认撤回的事后确认"之两阶段确认是非常必要的,参照小岛武司《裁判上的自认》,载林屋礼二、小岛武司编《民事诉讼法研讨》,有斐阁,昭和 60 年,第 234 页以下。

〔32〕 诉讼代理人在对某事实作出自认后,当事人本人立即对该事实予以了否定,这种情形构成《日本民事诉讼法》第 57 条规定的"基于更正权的撤回自认"。如果加上这种情形,那么允许自认人撤回自认应当有四种情形。

〔33〕 如果以"(允许自由撤回自认)将拖延诉讼完结"或者"引起审理的混乱"等公益性的理由,作为"不允许自认人随意撤回自认"之观点的成立根据,那么只要获得对方当事人同意就允许撤回自认之的做法,恐怕存在问题。关于此的详细论述,可以参照竹下守夫《裁判上的自认》,载《民商》,第 44 卷第 3 号,昭和 36 年,第 470 页以下。但是,笔者认为,对于上述公益性理由,可以采用将自认撤回申请视为提出《日本民事诉讼法》第 157 条规定的错过时机攻击防御方法,并以此为由驳回自认人的撤回申请,而且,只要通过这种方式就足以作出应对[小林教授也表述了相同观点,参照小林·証拠,第 254 页注(6)],因此,作为自认撤回的要件而言,只要获得对方当事人同意就允许撤回自认之观点,仍然是可行的。

第二,自认人因第三人对其实施应受到刑法上惩罚行为而作出自认的情形。对自认人作出这种应当受到刑法上惩罚的行为,既可以是对方当事人,也可以是第三人。无论是从正当程序要求的视角来看,还是从《日本民事诉讼法》第 338 条第 1 款第 5 项的再审事由之立法趣旨出发,都应当允许自认人撤销(撤回)在这种情形下作出的自认。而且,基于这种情形的撤回自认,无须满足《日本民事诉讼法》第 338 条第 2 款规定的要件(参照最高裁判所昭和 36 年 10 月 5 日判决,载《最高裁判所民事判例集》,第 15 卷第 9 号,第 2271 页以下)。〔34〕

第三,自认被证明是基于"违反真实"且"错误"而作出的情形。不过,判例进一步认为,如果"自认是违反真实"之要件获得证明,那么也就可以认定该自认基于错误而作出(参照最高裁判所昭和 25 年 7 月 11 日判决,载《最高裁判所民事判例集》,第 4 卷第 7 号,第 316 页以下),因此,只要自认人对"违反真实"这一点作出证明即可。〔35〕 而且,判例还认为,此处所谓的错误,只要是自认人存在关于事实认识的错误(误解)即可,而不论其对于错误的造成是否具有主观上的过失(即便是基于自认人的过失而造成的错误,也允许其撤回自认)(参照最高裁判所昭和 41 年 12 月 6 日判决,载《判時》,

〔34〕 因为《日本民事诉讼法》第 338 条第 2 款规定的是,当事人对于确定判决可以提起再审申请的要件,而在"判决尚未确定就要求撤回自认"的情形下,没有必要,也无法设置这种要件。关于此的详细论述,可以参照福永有利《裁判上的自认(二)》,载《民商》,第 92 卷第 1 号,昭和 60 年,第 98 页以下。不过,当自认人在上告审中才提出撤回自认时,因上告审在性质上属于法律审,法院不能进行事实认定,故而当事人撤回自认就须满足《日本民事诉讼法》第 338 条第 2 款的规定,关于此的详细论述,可以参照竹下守夫《裁判上的自认》,载《民商》,第 44 卷第 3 号,昭和 36 年,第 483 页以下。

〔35〕 对于这种推认是否属于"推定"之问题,学界还存在不少争议。福永教授认为,应当将其解释为,与《日本民事诉讼法》第 228 条等规定相同的证据法则,参照福永有利《裁判上的自认(二)》,载《民商》,第 92 卷第 1 号,昭和 60 年,第 96 页。但是,也有学说对于如下之见解提出了质疑,这种见解将"若自认内容违反真实,也就意味着该自认基于错误而作出"理解为经验法则或逻辑法则,关于这种学说的详细论述可以,参照柏木邦良《关于裁判上自认的撤回》(最初发表于昭和 37 年),载《司法研修所创立十五周年纪念论文集》(上),第 300 页以下,尤其是第 326 页。

第468号,第40页以下)。[36] 尽管如此,关于这种“违反真实”与“错误”的要件,学界还存在诸多论讨。

首先,第一种学说主张,只要当事人作出“违反真实”的证明,就允许其撤回自认。在这一学说内部又存在两种倾向。一种倾向认为,一旦成立自认,无须对方当事人的证明即可将自认事实作为判决基础,故而对方当事人对于相关证据的收集及保存抱以一种懈怠的心理(例如,对方当事人对即将赴国外的证人不采取证据保全措施等),在这种情形下,若允许自认人随意撤回自认,则会给对方当事人的证明活动造成障碍,反之,若让作出自认方的当事人对此事实负担证明责任,并让其就此展开证明活动,即便最后的结果是撤回自认,也不会给对方当事人造成影响。总而言之,可以将其作为一种“违反禁反言及制裁”予以对待,因此,只要自认人证明违反真实,就允许其撤回自认,这种观点由松本博之教授倡导(详细论述可以参照松本博之《裁判上自认法理的再检讨》,载《民訴雜誌》,第20号,昭和49年,第76页以下,收录于松本·自白,第26页以下)。[37] 另一种倾向则不是从“禁反言”的角度,而是从“法院应当基于真实来进行裁判”之观念展开说明,即认为,只要自认人作出“自认违反真实”的证明就允许其撤回自认,而若是再附加以“错误”的要件,进而对撤回作出更为严格的限制,则将导致“法院非基于真实作出裁

〔36〕 有关判例对于这一自认撤回要件立场的发展过程之论述,可以参照福永有利《裁判上的自认(二)》,载《民商》,第92卷第1号,昭和60年,第84页以下。在大审院时代,判例仅仅将“基于自认人的错误”作为这种撤回自认情形的要件。

〔37〕 关于不需要“错误”之要件的理论根据,松本博之教授认为,这一要件(错误要件)来源于德国普通法的“同时提出主义”之诉讼构造,因此就现在的诉讼构造而言,这是一个不妥当的要件,关于此问题的详细论述可以参照,松本博之《裁判上自认的撤销》,载小室直人编《判例演习讲座民事诉讼法》,世界思想社,昭和48年,第298页以下。

此外,松本教授认为,自认的“撤回要件”是对于“违反真实”的证明,进而改变了教授此前的表述方式(由“撤销”变为“撤回”),而且,主张自认的撤回原则上是自由的,不过,在自认撤回自认时应当课以自认人“证明自认违反真实”之负担。关于“撤回”之表述的详细整理可以参照,池田辰夫《诉讼实施行为中的自我责任》,载新堂·特別講義,第319页以下,收录于池田辰夫《新世代的民事裁判》,信山社,平成8年,第324页以下。

判”之结果的出现，这种结果恐怕有违司法裁判的宗旨。〔38〕

与上述这种立场相反，也有学说对“违反真实”之要件进行了批判，并主张应当以“自认人的自我责任”为中心来考虑自认撤回的要件构成，这种学说由池田辰夫教授所倡导（详细论述可以参照池田辰夫《诉讼实施行为中的自我责任》，载新堂·特别講義，第 319 页以下，收录于池田辰夫《新世代的民事裁判》，信山社，平成 8 年，第 360 页以下）。池田教授认为，就原本意义而言，自认应当属于主张层面的问题，而将“违反真实”这样证明层面的问题纳入“自认”这一主张层面问题领域的做法是不合理的，因此，应当专门地将其考虑为主张层面中的禁反言问题。一旦从禁反言角度来考虑自认问题，那么就不存在“（自认人的）先行陈述是否违反真实”的问题，而应当是，当事人前后陈述或态度的矛盾之本身，导致了后行陈述被驳回。因此，若从禁反言及自我责任来考虑撤回要件的构成，“在作出自认之时是否存在能让自认人作出正确认知的客观状况”以及“是否存在使对方当事人对此抱以信赖的情况”这两点，就成为自认撤回要件应考虑的中心问题（关于此的详细论述，可以参照池田辰夫《诉讼实施行为中的自我责任》，载新堂·特别講義，第 329 页，收录于池田辰夫《新世代的民事裁判》，信山社，平成 8 年，第 168 页）。大致而言，池田说是一种近似于将“错误”作为自认撤回要件的学说。〔39〕

那么，该如何来评价这一问题上的学说对立呢？笔者认为，尽管就最终意义而言，自认问题可以归结为，“基于实体真实作出裁判”

---

〔38〕 关于这种倾向的详细论述，参照柏木邦良《关于裁判上自认的撤回》（最初发表于昭和 37 年），载《司法研修所创立十五周年纪念论文集》（上），第 300 页以下。如果在自认撤回上再附加上“错误”之要件，那么就会引起倾向于“轻易认可自认撤回”之立法者的反感，而且，从法院应基于真实作出裁判之观念来看，附加这一要件也是不合理的，因此，对于历史沿革下来的“错误”之要件，应当予以否定。

〔39〕 参照伊东乾《辩论主义》，法学书院，昭和 50 年，第 144 页以下。坂原教授也表述了相同观点，参照坂原正夫《裁判上自认法则的适用范围》，载講座民訴（第六卷），第 187 页。此外，尽管持一种“违反真实”与“错误”之二元论观点，但是上田教授也认为，错误之要件更应当被重视，并且，这一要件更具有一种不可或缺的重要地位，参照上田，第 343 页以下。

之理想与“当事人自我责任”之理念之间如何协调之问题。[40] 不过,若将当事人的“在诉讼中对于某事实不予争执”之意思考虑为自认的中心内涵(参照本讲“一、自认的含义及要件”部分的相关论述),那么将“错误”作为自认撤回要件来对待的观点,显得更为直接明了。但是,那种“对于自认人的这种错误可以不顾其是否存在过失”观点,恐怕还是颇具疑问的。至少而言,在自认人存在重大过失的情形下,不应允许其撤回自认。而且,错误的对象也不仅限于事实的误认,当事人对于法律的误解,也可以视为错误的一种情形,[41] 总而言之,在自认人不予争执之意思的形成过程中,如果自认人存在非基于自身重大过失的事实上误认或法律上误解时,应当允许其撤回自认。

但是,自认人就“存在错误”之现实证明并非易事。若考虑到这一现实难题,则也可以理解实践中如下之便利做法,即通过要求自认人证明违反真实来代替错误之证明(参照井上治典《民事诉讼与真实发现》,载鈴木ほか·演習,第13页以下,尤其是第18页。此外,谷口,第218页也认为,“违反真实”就是“错误”的间接事实)。而且,尽管池田说提出的上述批判也具有一定合理性,但是,自认的

---

〔40〕 竹下教授则认为,自认问题的考量取决于“自认所具有的促进审理机能”与“裁判与社会现实衔接之要求(实体真实)”两者之间的对比,参照竹下守夫《裁判上的自认》,载《民商》,第44卷第3号,昭和36年,第484页以下。

〔41〕 福永教授认为,应当追究自认人错误中的自认归责性(重大过失),参照福永有利《裁判上的自认(二)》,载《民商》,第92卷第1号,昭和60年,第94页以下。竹下教授认为,法律的错误也即关于事实重要性的错误,也可以导致自认的撤回,参照竹下守夫《裁判上的自认》,载《民商》,第44卷第3号,昭和36年,第479页以下。谷口教授也认为,在当事人对于那些违反真实但只是对细节且次要性的争点作出的自认时,如果当事人在认为“该争点是细节性且次要性”这一点上不存在重大过失,那么应当允许其撤回自认,参照谷口,第218页以下。

此外,在民法学中,有一种颇具影响力的观点主张,如果错误方当事人是善意且无过失的,那么对方当事人就不能对该错误提出主张。例见,四宫和夫《民法总则》(第四版),弘文堂,昭和61年,第178页以下。这的确是一种应当予以关注的见解。不过,在自认中,即便让自认人撤回其自认,仍然留有对该事实实施证据调查的余地,因此,与实体法情形不同,在诉讼法中,可以作出与“因错误无效会对对方当事人造成致命影响”之实体法场合不一样的考虑。此外,还可以参照下一个注解的内容。

效果毕竟在于“自认事实的无需证明”，因此，将（违反真实）的证明与撤回自认联系起来，还不至于当然构成不合理。如此一来，也可以对“因撤回自认使对方当事人产生的证据欠缺”之不利益予以救济。就这一意义而言，“将违反真实与错误这两者作为自认撤回要件，并且，只要自认人对违反真实之要件作出证明就可以推认错误之要件成立”之判例立场（当“自认人不存在错误”之事实得以明确时，就不认可其撤回自认）在实践中也可以获得肯定。〔42〕不过，需要强调的是，撤回自认的本来要件应当是“错误”，因此，不应当让自认人直接对“违反真实”进行证明，正确的方式应当是，让自认人在主张“错误”（并且达到疏明程度）的基础上（总而言之，应当对“为何作出自认”之事实予以明确），进入对“违反真实”的证明（在这一限度内，这种方式就与主张“将违反真实的证明不作为撤回要件，而是作为自认人撤回自认后的一种负担予以对待”的松本说具有某些类似性）。在这一问题论讨尚未成熟的现阶段，笔者的上述思考可能未必显得明快，但也应当是可行的。〔43〕

---

〔42〕　小林教授认为，违反真实之要件是一个弥补对方当事人因“基于自认人错误而撤回自认”而产生不利益的要件，这一要件可以被评价为如下实体法要件在诉讼法中的变异体，即“要求无重大过失或对方当事人具有认知可能性”之实体法要件，参照小林・証拠，第253页以下。因此作为结论而言，小林教授采取“违反真实”与“错误”的二元论立场。

〔43〕　注釈民訴（第七卷），第167页以下（太田胜造执笔）也采用与笔者类似的见解。

此外，新堂教授认为，当自认被认定为存在错误但其内容又不违反真实时，即便撤回自认，法院也可以基于自由心证认定存在“该自认事实”，如此一来，也会形成同样的结果。仅凭这一点，也不应当认可自认人存在错误但自认内容又不违反真实时的自认人撤回利益，参照新堂，第469页以下。由此看来，对于“仅仅将错误作为撤回要件”之观点，新堂说持批判态度。

的确，从“判决”这一诉讼的最终阶段来看，在这种情形下，自认人应当没有撤回利益，而且，认可其撤回利益也有违诉讼经济。但是，就当事人印象而言，“因不能撤回自认而败诉”的情形与“因证据调查结果而败诉”的情形之间，应当存在很大差异。因为，就原本意义而言，若当事人未作出自认，法院就须进行证据调查，而且，该自认是基于自认人错误而作出，并非自认人真实意思及判断的体现。

此外，也可能会听到这样一种观点，即纵使通过其他事实证据调查明确了“自认事实不真实”之阶段，对于实务家（法官）而言，恐怕也难以认同“不允许自认人撤回自认”。

五、附理由的否认与附限制的自认

在此,有必要稍稍偏离自认论来对相关概念做一番整理,即对附理由的否认与附限制的自认之用语进行简单探讨。

首先是否认与抗辩的区别问题。所谓否认,是指对对方当事人主张予以否定的主张。这是一个在对方当事人对某事实负担证明情形下存在的概念(参照新堂,第374页)。在当事人进行否认时,如果不言及其他而仅作出否认或进行争执,那么就形成单纯的否认,而若是基于某种理由来作出否认,则构成附理由的否认。例如,在请求返还借款的诉讼中,当事人提出的"(自己)是收到过金钱,但这不是借款,而是对方当事人赠与的金钱"之主张就是附理由的否认。在这一附理由的否认中,该当事人"收到金钱"之部分的陈述,使得主要事实中的"金钱交付"成立自认,如此一来,也就意味着,该方当事人仅对"还款约定"之部分予以否认。但是,在这种情形下,如下之规则仍然不变,即仍然由对方当事人对这部分事实(还款约定)承担证明责任。

所谓抗辩,是指为了最终达到否定对方当事人主张的法律效果,而在肯定对方当事人所主张事实的前提下,又附加地提出自己负担证明责任的新事实主张。例如,在请求返还借款的诉讼中,"(自己)的确曾获得过借款,但已经偿还"中的"已经偿还"(清偿债务)之主张就相当于抗辩。而且,在抗辩中,"曾经获得过借款"之陈述部分意味着成立自认,这就是所谓的附限制的自认(参照新

而且,也有见解认为,若没有自认,法院就须对该事实进行证据调查,因此,即便自认被撤回,法院也只是对该事实重新实施证据调查,故法官应当不会有特别的抵触情绪。竹下教授也指出,实务界似乎存在这么一种倾向,即对于逐渐成为公正解决之束缚的自认,法官持抵触情绪,但对于撤回自认,则持宽松化态度,参照竹下守夫《裁判上的自认》,载《民商》,第44卷第3号,昭和36年,第478页、第480页、第485页。此外,就与该事案的关系而言,认为自认法理未必是事案解决的关键因素,是福永教授的研究的一个关注点,关于此的详细论述,可以参照福永有利《裁判上的自认(一)、(二)、(三)》,载《民商》,第91卷第5号第124页以下、第92卷第1号第76页以下,昭和60年。此外,也可以参照,《座谈会——民事辩护实务是否发生了变化》,载《判タ》,第923号,平成9年,第5页以下,尤其是第32页西口元教授的发言。

堂,第 465 页)。[44] 这种附限制的自认,是指针对一体化主张中的一部分(主张)而成立的自认,体现了自认的可分性。不过,这种"可分"并非指自认本身的部分可分,而仅仅意味着,即便仅针对某一主张的一部分作出的陈述,也可以成立自认。

如上所述,抗辩包含着附限制的自认,而抗辩假定(预备性的抗辩)的情形则与此完全不同。同样以上述诉讼为例,如果当事人提出"自己没有向原告借过钱,假设自己借过钱,也已经偿还了"之主张,这种主张就是所谓的抗辩假定,其中的"自己借过钱"之部分,并不成立自认。因此,在当事人作出假定抗辩时,法院必须基于证据调查及辩论全趣旨来对该事实作出认定。

六、权利自认

"以事实为对象"的自认,构成了自认论的基础。但是,诉讼中的事实并非完全意义上的社会学事实,而是多少被实体法构成要件所引证化了的事实。因此,所谓的"与对方当事人主张的一致"之情形,不仅仅在事实方面,而且,在作为其延长线的法律方面也有可能产生。如果对诉讼中的法律面陈述进行分类,那么可以分成如下三类:第一,是当事人关于法规及经验法则的存在与否、内容及解释的陈述;第二,是当事人对于特定事实是否符合特定法规构成要件之评价的表明;第三,是当事人关于法的效果存在与否的陈述。在上述的第一类陈述中,例如,纵使双方当事人关于法规的解释达成了一致的意见(主张),法院也不受此拘束。同样,在第二类陈述中,即便双方当事人就"某一事实符合某一法规的构成要件(法规适用)"达成一致意见,这种陈述一般也被用来否定其对于法院的拘束力,因为,法规的解释及适用本来就是法院的职责。[45] 但是,当事人关

---

〔44〕 参照中田淳一《关于附限制的自认》,载中田淳一《诉讼及仲裁的法理》,有信堂,昭和 28 年,第 85 页以下。

〔45〕 关于这一分类的详细论述,可以参照福永有利《裁判上的自认(三)》,载《民商》,第 92 卷第 2 号,昭和 60 年,第 211 页以下;竹下守夫《裁判上的自认》,载《民商》,第 44 卷第 3 号,昭和 36 年,第 448 页以下。关于判例对于这一问题的立场之论述,也可以参照上述文献。

于第三类的“法的效果存在与否”作出的陈述,则与此不同。因为,这些陈述可以构成法的三段论中的小前提。如此一来,就产生如下问题,即当事人对于作为诉讼标的前提的权利关系或法律效果(这些权利关系或法律效果是构成判断诉讼标的存在与否之小前提)作出予以承认的陈述(参照新堂,第 471 页),是否适用自认规则呢?在讲学上,对对方当事人就这些权利关系或法律效果之主张予以承认的陈述,被称为权利自认。学界对该自认的适格性及效果展开了论述。例如,在基于所有权侵害的损害赔偿请求中,被告承认原告所有权的陈述即属于此。原告与被告承认对方就作为诉讼标的的权利关系本身之主张的陈述,构成所谓的“权利的放弃及认诺”,与此不同,权利自认,是指承认对方就诉讼标的权利关系前提的法律关系之主张的陈述。〔46〕

〔46〕 基于所有权的请求返还诉讼中的“所有权存在与否”,明显是一种先决性的法律关系,因此,可以将其作为中间确认之诉(参照《日本民事诉讼法》第 145 条)的对象。但是,侵权行为诉讼中的“过失”、返还租赁房屋诉讼中的“正当事由”等不特定概念,是否也是一种先决性法律关系?恐怕还不甚明确,就其性质上而言,毋宁说是一种构成要件的适用。既然属于构成要件的适用,那么即便双方当事人就“某背书是空白背书(该背书适用空白背书的规则)”这一点不予争议(达成一致),双方当事人这种一致的见解也不拘束法院(参照大审院大正 7 年 3 月 7 日判决,载《大审院民事判例辑》,第 24 辑,第 379 页以下)。与此相同,纵使双方当事人关于“票据收款人栏的表示是个人”这一点达成一致,法院也仍然可以作出“票据收款人栏的表示是法人”之判断(参照东京地方裁判所昭和 31 年 10 月 10 日判决,载《下级裁判所民事判例集》,第 7 卷第 10 号,第 2884 页以下)。因此,诸如侵权行为诉讼中的“过失”、返还租赁房屋诉讼中的“正当事由”等不特定概念,应当不能成为权利自认的对象。坂原教授认为,当事人关于事实构成要件妥当性的主张不能作为权利自认的对象,参照坂原正夫《权利自认论》,载《庆应义塾法学研究》,第 44 卷第 2 号,昭和 46 年,第 210 页以下,尤其是第 223 页。右田法官认为,此处所述的先决性法律关系仅限于,当事人就与法的三段论小前提相关联的、个别的法律效果或法的结论提出的法律关系主张,而当事人关于事实之法的评价则应当被排除在外,参照右田尧雄《当事人对于民事诉讼中先决性法律关系之合意的效力》,载《司法研修所论集》,第 1975 年第 2 号,昭和 50 年,第 1 页以下,尤其是第 4 页、第 5 页。铃木教授也认为,当事人关于具体事实适用构成要件妥当性之陈述,一直以来被视为“广义”的法律上之陈述,即便在双方当事人之间就此达成一致,也不会产生拘束法院的效力,参照铃木俊光《关于马丁·比尔德拜耳著〈民事判决基础对于当事人影响的范围与界限〉一文的介绍》,载《明治大学法律论丛》,第 52 卷第 4 号,昭和

这种权利自认并非针对事实本身，而是当事人承认对方就法的效果或法适用结果作出的于己不利之陈述，因此，如何看待权利自认的效力，也就成为学界的一个热门话题。不同学说对此问题分别展开了细致论述。〔47〕大致而言，对于这些学说可以作出“从否定说到折中处理，再到肯定说”这样连续性的把握。

首先，否定说认为，自认是仅仅关于事实的概念，因此不认可权利自认的存在［参照菊井维大《民事诉讼法（下）》（修订版），弘文堂，昭和 34 年，第 290 页］；兼子理论对于此问题的论述则显得更为慎重，兼子教授认为，一旦存在权利自认，固然无须对方当事

---

55 年，第 101 页以下。

但是，也有观点认为，与所有权存在与否的判断一样，在诸如“过失”或“正当事由”等不特定概念中，同样包含着法的判断或法的评价，因此，这些不特定概念也可以被理解为权利自认的对象（参照新堂，第 471 页以下）。此外，柏木教授也认为，不特定概念也属于纯粹的法律概念，因此，当事人对此予以承认的陈述，也只能是权利自认，参照柏木邦良《自认》，载小山升、中野贞一郎、松浦馨、竹下守夫《演习民事诉讼法（上）》，青林书院新社，昭和 48 年，第 425 页以下，尤其是第 428 页。上田教授认为，对于不确定事实，也应当作与权利自认同样的考虑，参照上田，第 349 页以下。此外，福永教授也认为，对于当事人有关过失的自认，姑且不论其属于事实自认还是权利自认，但应当肯定其产生拘束力，参照福永有利《裁判上的自认（三）》，载《民商》，第 92 卷第 2 号，昭和 60 年，第 217 页以下。田边法官对于上述诸学说进一步予以彻底化，进而主张当事人关于法律问题一致的拘束力都应当被肯定，参照田边诚《当事人关于法的判断之权限——以权利自认为中心》，载《判タ》，昭和 61 年，第 50 页以下，尤其是第 78 页。

不过，一方面，当事人关于“某背书是否属于空白背书”之法的陈述，对于法院没有拘束力；另一方面，认可当事人关于“是否存在过失”之法的陈述产生拘束力。有关此对待的根据，还需进一步探讨。若要追溯这种根据，可能是基于如下考虑的结果，即就感觉而言，在前者情形中，存在与法院的法适用及法解释发生直接抵触的可能性，但在后者情形中，因法院判断的幅度较大，故两者发生抵触的可能性较小。

〔47〕 关于昭和 45 年之前德国与日本之学说及判例的详细论述，可以参照坂原正夫《权利自认论》，载《庆应义塾法学研究》，第 43 卷第 12 号第 2086 页以下（昭和 45 年）、第 44 卷第 1 号第 50 页以下（昭和 46 年）、第 44 卷第 2 号第 210 页以下（昭和 46 年）。而关于其后的学说及判例之详细论述，可以参照田边诚《当事人关于法的判断之权限——以权利自认为中心》，载《判タ》，昭和 61 年，第 50 页以下；松本博之《双方当事人关于附限制的认诺与先决性法律关系作出一致陈述的效力》，收录于松本 · 自认，第 141 页以下。

人证明,但这种自认不能排除法院的判断,只要作为权利自认基础的事实出现在辩论中进而被法院认定,那么法院仍然可以作出与该权利自认相反的法律判断(参照兼子·体系,第246页)。兼子教授的这种观点维护了"法的适用属于法院专权事项,故不受当事人主张的拘束"之原则。也有学说将兼子说进一步予以彻底化,即主张,在不拘束法院的范围内,权利自认也不拘束当事人,因此,当事人可以自由撤回[参照坂原正夫《权利自认论》,载《庆应义塾法学研究》,第43卷第12号第2086页以下(昭和45年)、第44卷第1号第50页以下(昭和46年)、第44卷第2号第210页以下(昭和46年)]。

不过,兼子教授还主张,尽管是当事人使用法律术语作出的陈述,但是,如果这些法律术语所代表的是诸如"买卖"或"租赁"那样的日常法律关系,而且这种陈述被认为是关于具体事实关系的表述,那么应当将其视为事实自认(参照兼子·体系,第246页)。通过这种"法律术语中也存在事实关系"之折中处理,兼子说将权利自认分为事实部分与法律论部分,进而主张应当承认权利自认中事实部分的(本来的)自认效力。这种观点与判例的观点大致相同。[48]

作为肯定说的三月说认为,如果作为法的三段论之小前提的法律关系成立自认,那么法院也可以不经证据调查就直接将其作为法的推论之基础(详细论述可以参照三ヶ月·全集,第387页以下),不过,其中可能产生如下之问题,即自认人是否准确理解了其自认的内容?鉴于此,权利自认的成立还必须限于"日常使用并达到普通人能够理解内容之程度"的法律概念。因此,在三月说立场下,因

〔48〕 参照最高裁判所昭和37年2月13日判决,载《判時》,第292号,第18页以下。在该诉讼中,在"系争房屋是否可以被称为法律上的房屋(不动产)"这一点上,诉讼代理人作出了"尽管该房屋尚未完工,但作为法律上的建筑物已经被不动产化了"之陈述。判决认为,该法律上陈述同时包含着一种作为表达具体事实关系的事实性陈述,因此,在"本案房屋是一个具有屋顶和四面墙壁,并固定于土地之上的建筑物"这一事实范围内,应当将其肯定为事实自认。不过,对于这一判决的解读,也有观点提出了批判观点,关于此的详细论述,可以参照新堂·判例,第371页以下。

法的推论存在错误而允许自认人撤回权利自认的余地较大(详细论述可以参照三ヶ月・全集,第 387 页以下)。由此可以看出肯定说与折中性处理之间存在的某种连续性。[49] 新堂教授认为,当当事人确实理解这种法律关系内容,并在此基础上明显具有不予争执之意思时,应当认可其自认的效力(参照新堂,第 472 页)。反过来说,若当事人同时提出与权利自认内容相矛盾的事实主张,也就不能说“当事人明显具有不予争执之意思”,在这种情形下,应当否定成立权利自认。而且,新堂教授还认为,在当事人使用“买卖”等日常性法律术语的情形中,对于事实自认的成立还存在一个限制条件,即只有当事人用这些法律术语来直接且明确地表达具体事实时,才形成事实自认。由此来看,在认可权利自认成立方面,新堂说考虑的权利自认之拘束力似乎更强[谷口说(谷口,第 221 页)与小林说(小林・証拠,第 223 页)也可以说是相类似立场]。

判例对于此问题的态度显得较为复杂。其中一种最具影响力的判例观点认为,如果双方当事人仅仅对法的效果作出陈述,并且形成一致,那么应当成立自认,而当被法所适用的素材(事实)出现在诉讼中(事实与对该事实的法适用过程均被当事人陈述)时,即便双方当事人关于法的效果之陈述形成一致,也不构成自认(关于此的详细论述,可以参照竹下守夫《裁判上的自认》,载《民商》,第 44 卷

---

〔49〕 允许自认人撤回的仅仅是法的推论部分,而对于作为其基础的事实部分,则适用事实自认的撤回要件。具体而言,当出现权利自认撤回之问题时,必须将其分为“被视为事实主张的部分”与“法律推认的部分”,在此基础上分别对其拘束力的有无作出考虑。对于事实自认与权利自认,应当连续性地予以把握。

此外,折中性处理的观点与肯定说还存在如下这一较大差异,即对于双方当事人基于日常法律术语作出的陈述形成一致之情形,兼子说认为,这将形成事实自认(新堂,第 472 页也持相同观点),而三月说则认为这种情形将构成权利自认。由此看来,在兼子说及新堂说中,关于该权利自认的拘束力显得更强。关于此的论述,也可以参照铃木俊光《关于马丁・比尔德拜耳著〈民事判决基础对于当事人影响的范围与界限〉一文的介绍》,载《明治大学法律论丛》,第 52 卷第 4 号,昭和 55 年,第 101 页以下。

第3号,昭和36年,第475页)。[50]

那么,对于上述种种观点究竟该作何评价呢?概言之,此处的问题可以说是一个如何在以下这三个要素之间予以衡量、协调的问题,(1)"在纠纷解决范围内可以在何种程度上认可当事人在法律层面上的决定机能"之判断;(2)"在纠正当事人错误之法的判断方面,应当在何种程度上认可负有法适用职责之法院的介入"之考量;(3)保护自认当事人与保护对方当事人之信赖利益(参照新堂・判例,第371页)。在当事人针对先决性法律关系提起中间确认之诉时(姑且不考虑诉的利益之因素),当这一法律关系的主张被对方当事人认诺时,法院就应当遵从这种认诺,因此,当事人在法律层面上的决定机能大致是应当获得承认的。[51] 因此,主张不认可权利自

---

〔50〕 右田法官也赞同这一判例理论,即认为,在法律关系一致的陈述与事实主张同时被当事人提出时,即便事实主张是后被提出的,事实主张也具有优先的效力,法院应当对此优先作出判断,而不考虑当事人关于先决法律关系是否达成一致之问题,参照右田尧雄《当事人对于民事诉讼中先决性法律关系之合意的效力》,载《司法研修所论集》,第1975年第2号,昭和50年,第1页以下,尤其是第4页[对此观点抱以反对意见的学说,可以见之于柏木邦良《自认》,载小山升、中野贞一郎、松浦馨、竹下守夫《演习民事诉讼法(上)》,青林书院新社,昭和48年,第425页以下,尤其是第432页]。而且,即便双方当事人对于先决法律关系达成一致,法院也应当通过释明尽可能使事实出现在辩论中。因为,如此一来,既可以发现权利自认中诸如违反公序良俗那样的不明确关系,也可以事前防止当事人遭受不测之不利益。此外,在撤回方面,尽管不允许当事人简单地撤回权利自认,但是,当事人可以随时通过提出基础事实之方式来否定法律关系一致陈述之拘束力,总而言之,这是一种近似于"自由撤回"的见解。

〔51〕 这是德国学界的一种观点。与具有认诺判决制度的德国不同,日本对于认诺采用的是"在调查笔录上作出记载"之做法,而且,这种调查笔录上的记载是否具有既判力,目前尚还存在争议。不过,即便没有既判力,认诺内容的拘束力也应当获得认可(参照本书"第十六讲　反射效"部分的相关论述),因此,也可以得出与德国学界同样的结论。

不过,对于此似乎也可以提出如下这种反论,即在发生认诺时诉讼将因此而终结,而在成立权利自认时诉讼还将持续进行,法官也必须对此作出判断。因此,这两种情形还是存在较大差异。但是,"诉讼尽管持续,但法院受自认的拘束"之情形,也同样可能发生在当事人对于主要事实的自认中。而且,法院必须基于"在其看来不可进行"之法适用来作出判决,类似于法院必须基于"在其看来不可能存在"之主要事实来作出判决,这两者的差别也仅仅在于,在前者情形中,法官心理抵触较少,而在后者情形中心理抵触则较大。况且,在法院看来是否是一种不可进行的法适用,只有在事实出现的时候才能明确,若依据新堂说,在这种情形下,法官可以通过释明来否定权利自认,因此,也不会构成太大问题。

认任何效力的观点不免显得过于消极，如果双方当事人对于法的结论确实没有争议，那么也没有必要硬让其提出事实（若将该事实作为事实自认予以对待，则在这一事实的范围内可以促进审理）。兼子教授对于权利自认是否产生拘束力问题，结论不甚明确，而且，在兼子说下，也存在突袭裁判的危险（即便作出了权利自认，法院仍然可以基于辩论中出现的事实来作出其他法的判断。鉴于此，在法院与当事人之间进行法的讨论就显得非常必要，参照谷口，第221页）。而自由撤回说则认为，无论是对方当事人还是法院，都不能信赖权利自认，故对于法院与对方当事人均不产生拘束力，这种见解不免给人一种稍显不完善的感觉〔坂原正夫教授自身也通过其《裁判上自认法则的适用范围》一文［载講座民訴（第六卷），第176页以下］改变了自己的观点，进而主张，权利自认的撤回应当以“错误”为要件〕。而那种主张“将权利自认分成事实面与法律面，进而只认可事实面成自认”的学说，尽管在“依据具体情况来作出判断”这一点上显现出其合理的一面，不过，作为一般论而言，不免显得过于技巧化。

如此来看，具有“能够灵活作出应对”之优点并肯定权利自认的新堂说，无疑是一种较为妥当的见解。在双方当事人未提出事实而仅仅提出法的效果之结论并形成一致的情形下，如果法院作出对双方当事人不予争议意思予以简单确认之释明（在这种情形下，要求法院进行彻底的释明，恐怕既不合适也不可能，而且，也有违促进诉讼的方针），那么就可以承认权利自认对法院的拘束力。在当事人提出事实的情形下，若双方当事人关于“该事实法适用之结果”的一致判断与法院的判断存在差异，那么就构成释明或法的讨论之情形（换言之，在这种情形下，法院应当进行释明或与当事人进行法的讨论）。在多数情形下，通过这种释明或法的讨论，可以消除当事人存在的误解等情况，进而导致“权利自认本身不成立”之结果。不过，虽然法院进行了释明，但双方当事人仍然不改变其一致陈述，在这种少数情形下，的确也面临“究竟是依据权利自认还是法院判断来作出判决”之难题。笔者认为，在这种情形下，可以优先考虑权利自认的效力，而且，即便是在“法院认为双方当事人的一致可能存在过失”之情形下，法院也应当遵从这种双方当事人的一致来作出裁判，毕竟双方当事人都认为可以存在过失，而且，纠纷说到底是双方当事人之间的纠纷。〔51-2〕

不过，“维持判决的客观正当性”也是一个重要的原则，因此，如果承认诸如“承认违反《日本利息限制法》的利息成立”“承认基于赌博之金钱请求成立”等权利自认的效力，那么新堂说的论述将会面临问题(因此，新堂说也应当不会承认这些情形下的权利自认)，而且，对于这些权利自认的承认，也会与“在这种情形下，不承认请求的认诺”之新堂教授的另一见解发生矛盾。对于此种情形，就应当考虑基于强行性法规趣旨的制约。换言之，如果承认权利自认会造成违反强行性法规的后果，那么就应当否定权利自认(为了进行这种“权利自认是否违反强行性法规”之判断，法院可以通过释明让当事人提出事实)。

还有一个较为重要的问题是，在权利自认肯定论下，该如何考虑权利自认撤回的问题呢？对于“取得对方当事人的同意”与“自认人因第三人对其实施应当受到刑法上惩罚行为而作出自认”这两种情形，当然允许自认人撤回权利自认。只是在权利自认的撤回中，也是否原封不动地套用事实自认撤回情形中的“违反真实”与“错误”这两个要件呢？笔者对此持否定态度。因为，如果在权利自认的撤回中也要求自认人对“违反真实”与“错误”这两个要件作出证明，那么就与权利推定的情形一样，关于“违反真实”之证明的范围变得非常宽泛，这对于自认人而言不免过于残酷。因此，权利自认人在对与“错误要件”(的疏明)相对称的“违反真实要件”进行证明时，只

〔51-2〕 如果法院做出释明但当事人未予响应，那么在符合存在过失或正当事由时(在判断特定事实是否符合特定法律规范构成要件的评价时)，法院的判断应具有优先地位，而在决定所有权归属时，则当事人一致的判断优先，由此可以在当事人和法院之间某得某种平衡。但是，这样的操作未免太过细腻。

要对与该法律效果不相并存的某一个事实作出证明即可。[52] 此外，在权利自认中，由于当事人的判断发挥着主要作用，所以主张以"错误"为核心来设置权利自认撤回要件，也是一种颇富魅力的见解。[53]

---

〔52〕 参照竹下守夫《裁判上的自认》，载《民商》，第44卷第3号，昭和36年，第479页以下，尤其是第459页的末尾部分。此外，还可以参照福永有利《裁判上的自认(三)》，载《民商》，第92卷第2号，昭和60年，第232页以下。

若将事实自认撤回的"违反真实"要件直接作为权利自认撤回的"违反真实"要件，其结果又如何呢？例如，在基于物权请求权的诉讼中，被告作出了"原告是所有权人"的权利自认，之后又提出了撤回该权利自认的申请。在这种情形下，"原告是所有权人"之违反真实与作为权利推定之"原告是所有权人"的情形中的反对证明具有相同的结构，为了实现对该"违反真实"的证明，被告就必须对"否定原告全部的所有权取得途径(或者，全部的所有权消灭原因)"逐一进行证明。如此一来，权利自认人就被课以对"原告不是通过买卖来取得""不是通过时效取得""不是通过继承取得"等多种事实负有证明责任。这种结果对于权利自认人而言，不免显得过于残酷。因此，在这种情形下，适用"让权利自认人的对方当事人就所有权取得(权利根据)的特定事实提出主张，而让权利自认人仅就此事实的违反真实负担证明责任"之规则是较为妥当的。例如，让权利自认人的对方当事人提出"从诉讼外第三人A买取该物"之事实，而让权利自认人对"不存在该买卖"之事实承担证明责任(笔者的这一观点受到神户大学畑瑞穗教授的启发)。由于让对方当事人对"若无权利自认，自己则须对此主张"的事实提出主张，因此，这样的处理也不会给其造成特别的负担。在此，笔者也考虑了"这样一来是否对于权利自认人过于优待"之批判意见，因此，除了上述违反真实之外，还附加了权利自认人必须对"存在错误"予以疏明之要件，而且，由于被认定"权利自认人存在重大过失"的情形是较多的，因此对于"错误"之疏明也并非易事。总而言之，设置这样的撤回权利自认之要件，并不会对权利自认人形成过于优待的后果。

〔53〕 关于这种观点的详细论述，参照文字浩《权利自认》，载《争点》(3版)，第231页以下；田边诚《当事人关于法的判断之权限——以权利自认为中心》，载《判夕》，昭和61年，第50页以下，尤其是第80页。具体而言，这种观点认为，当自认人存在错误且对方当事人对于错误具有认知可能性时，应当允许权利自认人撤回自认，不过，权利自认人对于该错误具有重大过失的情形，不在此限。

不过，从中可能会面临如下之问题，即此处的错误究竟是关于什么的错误？试以作出"原告是所有人"之权利自认的被告错误为例，被告的错误既有可能是指，被告的认知是原告从诉讼外的A买取了该物，因被告的这一事实认知存在错误，故作出了权利自认；也有可能是指，被告作出了原告依据时效取得该物的所有权之评价，由于被告的这一评价存在错误，因此作出了权利自认。在后者的法评价错误中，在多数情形下被告都有可能被认定为"存在重大过失"(因此无法撤回权利自认)。因此让权利自认撤回者也对"对方当事人关于对于错误具有认知可能性"之事实负担证明责任，对于对方当事人而言，也不会产生过分的不利益。

此外,与此相关的另一问题是,是否应当认可拟制权利自认?对于此问题,新堂说持否定态度(参照新堂,第470页)。〔54〕

以下来考察几个相关判例。首先是最高裁判所昭和30年7月5日判决,载《最高裁判所民事判例集》,第9卷第9号,第985页以下,收录于《百選Ⅰ》,第106号案件。该案件涉及"自认人承认预扣的消费借贷金额"之自认的拘束力问题,该判例对此予以了否定。在这一案件中,自认人在事实上是否已经在充分理解"预扣除"之含义基础上来表明其不予争执之意思,似乎不甚明确。而且,自认人也提出了与权利自认相矛盾的事实主张,因此,对于这一判决,可以将"自认人不予争执之意思不明确"之理由作为其正当化根据(参照新堂·判例,第371页)。但是,从本案的实际情况来看,即便在本案

而在前者的事实层面之错误中,作为权利自认人作出自认之前提的事实在很大可能上未出现在辩论的过程中,如此一来的结果就是,作出"原告享有所有权"之权利自认的被告,尽管本来是基于"原告从诉讼外的A买取该物"之事实认知来作出权利自认的,但由于不想对此予以撤回,因此,有可能捏造并提出"自己作出的事实认知是原告从诉讼外的B买取了该物,进而在此基础上作出了权利自认,但自己的这一事实认知存在着错误"之虚假主张。对于权利自认人的这种诉讼战术,既可以通过"重大过失"或"对方当事人具有认知可能性"来予以遮断,也可以仅仅依据"错误"之要件来作出应对。即便是在被告(权利自认人)实际存在将"原告从诉讼外的A处买取"误认为"原告从诉讼外的B处买取"之错误的情形下,权利自认人负担的"对方当事人具有认知可能性"之证明责任将成为其要求撤回权利自认的壁垒,因此其仍然还有无法撤回权利自认的危险。此外,在"无法充分地阻止这种恶性诉讼战术"之情形下,可以采用如同前注〔50〕所述的措施,即让对方当事人就诸如"自己从诉讼外A处买取"那样的特定事实提出主张,在此基础上,科以权利自认人负担证明"该事实违反真实"的证明责任。

〔54〕 右田法官对此也同样持否定态度,参照右田尧雄《当事人对于民事诉讼中先决性法律关系之合意的效力》,载《司法研修所论集》,第1975年第2号,昭和50年,第1页以下,尤其是第29页。与此相对,田边法官则肯定了拟制权利自认,参照田边诚《当事人关于法的判断之权限——以权利自认为中心》,载《判タ》,昭和61年,第50页以下,尤其是第81页。

在当事人出庭审理时,拟制权利自认与默示的权利自认之间的界分则趋于流动化,因此,不会存在太大问题,在时间中成为问题的往往是当事人缺席审理的情形。关于此的详细论述,可以参照藤原弘道《动产所有权的证明》,载《民訴雑誌》,第34号,昭和63年,第17页以下。

件第一审中,自认方当事人也委托有律师,因此,自认人能够在理解"预扣除"之含义基础上作出自认。由此看来,可能法院明确考虑到作为该案件核心的《日本利息限制法》之法规强行性,或者意识到因此导致对方就该自认的信赖利益不值得保护,并在此基础上否定了该自认的拘束力。〔55〕

其次是东京地方裁判所昭和 49 年 3 月 1 日判决,载《下级裁判所民事判例集》,第 25 卷第 1—4 号,第 129 页以下,收录于《百選Ⅰ》,第 107 号案件(松本博之解说)。在该案件中,当作为被告的国家对自卫队飞机在飞行事故中就"存在过失"作出自认时,判决认可了该自认的拘束力,不过,判决并非将其作为权利自认,而作为事实自认予以对待。总而言之,在这一案件中,法院特别考虑到"自认人(国家)具有法的素养"这一点,这一立场似乎非常符合新堂说的主张[参照新堂,第 472 页注(1)]。不过,在这一案件中不存在自认人撤回方面的问题,即便被告主张了与原告所主张具体事实不同的事实,但最后还是会认可"存在过失"之结论。〔56〕

通过这两个判例内容可以看出,判例对于权利自认问题,似乎未形成统一理解。

---

〔55〕 福永教授对于这一案件作出了深入的评析,参照福永有利《裁判上的自认(三)》,载《民商》,第 92 卷第 2 号,昭和 60 年,第 235 页以下。此外,小林教授认为,该判例的立场应当作如下理解,即即便双方当事人对于当事人纯粹的法规或合同之解释形成一致见解,也不能对法院形成拘束力,参照小林·証拠,第 226 页以下。

〔56〕 松本教授对此也作出了分析,即认为,不应当允许被告(国家)对具体的过失事由进行争执,参照松本博之《关于东京地方裁判所昭和 49 年 3 月 1 日判决的判例释评》,载《法学杂志》(大阪市立大学),第 21 卷第 1 号,昭和 49 年,第 204 页以下。

第十四讲　证明责任

导　　读

证明责任作为客观证明责任，在中国大陆有称为“举证责任”的，也有称为“证明责任”的。在中国大陆最早研究证明责任的学者是李浩教授，其在西南政法大学的硕士论文即是研究证明责任（当时称为举证责任），以后受日本、中国台湾地区民诉理论的影响，客观证明责任逐渐为中国大陆所接受，当然在实务界也有不少人并不知晓客观证明责任与主观证明责任或行为证明责任的不同。在2001年《民事证据规定》出台之后，证明责任得以规定，尽管并不完善。2015年《民诉法司法解释》又再次规定了证明责任（称为“举证证明责任”），并且对证明责任分配的原则作出规定。实践中也在践行证明责任制度，虽然在理解上并不统一且存在分歧。因为证明责任本身就是一个复杂的问题。通过本讲，我们能够更充分、更全面地了解证明责任。作为导读，需要简要地了解一下内容。

1. 证明责任的作用或意义

只有当某一事实处于真伪不明时，证明责任才得以发挥作用，因此，在定义上，为了更加确切地表明证明责任绝不是"应当进行证明活动的行为责任"这一含义,证明责任也被表述为"客观的证明责任"或者"作为结果责任的证明责任"。当事实真伪不明时,证明责任就要发挥作用了。也就是说,一旦事实认定处于真伪不明的状态时,证明责任的规范就决定了哪一方应该承担相应的不利后果。但是,上述的这一论点并不意味着,证明责任只有在审理的最终阶段才具有意义。抗辩与否认这一对概念正是依据"证明责任的存在与否"这一点而相互予以区别的,而且,从抗辩或否认对于诉状书写方式的影响来看,证明责任的作用在审理之初起就以间接的形式产生影响。证明责任可以指引当事人在诉讼中的举证和证明。正因如此,证明责任也被称为民事诉讼的脊梁骨。

高桥指出,曾经也有学者认为,证明责任是指当事人应进行证明活动的行为责任,而且,近来也有一股强调"作为行为责任之证明责任"的动向。但是,作为术语的约定,单独言及的证明责任就是指客观的证明责任。中国《民事诉讼法》第 67 条第 1 款的当事人对其主张的事实应当提出证据加以证明就是行为意义的证明责任。

有的人会指出,为什么会出现事实真伪不明的情形呢?当事人不是应当对自己主张的事实加以证明吗?法官不是也有义务查明事实吗?为什么在英美法系国家的事实认定中没有真伪不明,只有真实与否的二分状态呢?这是许多人,包括一些学者的困惑。

当事人的确有行为意义上的证明责任,但如果双方主张的事实是对立且矛盾的,法官也无法判明时,应当如何处置呢?这种状态就是真伪不明的状态。真伪不明是一种客观状态,但也是一种主观认识,因为真伪不明总是相对的,而非绝对的。其实在中国的诉讼实践中,许多法官在无法判明事实时,往往也不采用真伪不明的说法,而是以其中一方没有达到证明标准为由判其承担不利后果。但问题在于,另一方在这种状态时,必然会因为真伪不明状态实际存在而不服,采用什么方法吸收此种不满是有讲究的。大陆法系国家采用证明责任规范来吸收不满,基于某种根据确定其在真伪不明时,决定由谁承担不利后果。英美法系通过陪审团避免了真伪不明情形的发生,也可以通过说服责任,吸收由此发生的不满,但这种方式需要法官具有相当的司法权威才能予以支持。相比而言,大陆法系法官由于顾及其权威性,不愿意让法官承担此种风险,因此采用证明责任的方法予以应对。

2. 证明责任适用的前提

证明责任适用的前提是真伪不明。因此证明责任的适用必须在法官经过审理之后,综合全案的情形,包括当事人的事实主张与证明,才能判定是否处于真伪不明,在不能判明时才适用证明责任予以裁决。在中国实践中,常常是在没有充分进行事实调查、审理之前便适用证明责任予以裁决是误解。是否真伪不明,法官应当实事求是,不可勉强。当然,事实真伪已明也是相对的,因此要强调法官心证的重要性。真伪不明与法官的心证有密切的联系,因此,如果没有完善的自由心证制度作为基础,在事实认定上必然存在问题。

3. 证明责任的负担只需限于主要事实

只要对主要事实的存在与否作出确定,法院就能够决定是否适用实体法规,进而作出裁判。与此相对,间接事实与辅助事实,就无须适用证明责任规则。当然,间接事实也存在真伪不明的情形,但是,即便对于某一间接事实的存在与否把握不定,即关于其存在与否,形成五五分或者三七分的心证,那么法官只需通过其他的间接事实或者综合考量辩论全趣旨来对主要事实的存在与否作出认定即可,而且,通过这样的方式也能够作出极为细致的认定。

4. 主张责任与证明责任

按照辩论主义,如果当事人不提出于己有利的主要事实,那么就会因法院不适用与该事实相对应的法律而导致自己承受不利的裁判,这种不利益或危险就被称为主张责任。由于主张责任也只能由一方当事人负担,因此也会产生如何分配的问题。通说认为主张责任的分配与证明责任的分配是一致的,即主张责任是因不主张主要事实而使相对应的法律不被适用而产生的不利益,而证明责任则是，因主要事实未被证明而导致相对应的法律不被适用而产生的不利益，因此，两者在分配上是归属于同一人的。

5. 证明责任分配的标准

在日本，长期占有通说地位的是“法律要件分类说”（更准确地讲应是德国罗森贝克教授的“规范说”）。在中国无论是2001年《民事证据规定》，还是《民诉法司法解释》在证明责任的分配标准上也都是采这一学说的。不过，在2019年《民事证据规定》中并没有涉及证明责任及分配标准，也许是对证明责任持有怀疑。近几十年来，日本学界关于分配的基准或标准，在学说上存在诸多争论。高桥的基本观点是，在事实真伪不明的情形下，应当从该实体法规范的趣旨来考虑应当由哪一方当事人获胜。当然也不是说，在所有情形下，实体法趣旨都能对此明确地作出规定，因此，考虑双方当事人之间的公平，也应当成为决定的标准。就原则而言，应当由主张变更现状的一方承担证明责任为好。

不过，在中国的司法语境下，我个人还是认为“规范说”更方便适用。这里有一个司法环境和法制发展的阶段问题。在中国，如果证明责任制度要真正发挥作用，需要对实体法尤其是要件事实构成有精深的了解，如果对实体法权利及其要件事实不甚了解，必然不能有效地进行证明责任的分配。

目　　次

一、证明责任的含义

确定事实并适用法律是裁判所呈现的构造。法官对于事实的确定委诸自由心证进行,即法官在运用五种证据调查程序(证人询问、鉴定、书证、勘验与当事人询问)及斟酌辩论全趣旨(参照《日本民事诉讼法》第 247 条)的基础上形成心证。

但是,在某些情形下,即便在穷尽了这些手段后,法官对于事实依然不能达到确信状态,换言之,法官的心证不能达到证明标准,这种对于事实不明的状态被称为真伪不明(确切地说,是事实主张的真伪不明,在此简略化为,事实的真伪不明)。为数不少的文献都认为,真伪不明的拉丁语之表述为“non liquet”。

当陷于这种事实真伪不明时,法院该怎么办?从古至今,当然存在各种对策,“若事实不明则不进行裁判”就是其中对策之一〔1〕,此外也存在诸如“将手放进热水,查看手是否被烫伤”那样的委诸神之判断的“盟神探烫”式神判〔2〕,更有甚者,通过双方决斗来裁断案件的结果。不过至于近代,各国民事诉讼法所采用的方式是,通过假定(拟制)该事实存在或者不存在来作出裁判。〔3〕这就是所谓的“依证明责任作出的裁判”。证明责任的定义是从当事人角度来构建的,即当某一事实处于真伪不明时,通过假定(拟制)该事实存在或者不存在来作出裁判,进而使一方当事人遭受的危险或不利益,被称为证明责任。被科以这种不利益的当事人表现为“负担证明责

---

〔1〕 竜嵜·証明責任,第 7 页记载,古代法官就曾作过“我不知道”这样的判决。

〔2〕 卡拉曼德莱伊《诉讼与民主主义》(小岛武司、森征一译),中央大学出版部,昭和 51 年,第 7 页,记载有如下这样的民族神话,即将当事人捆绑在距水边等距离的粗棍上,依据“两者中的哪一个人”先被鳄鱼袭击来确定案件结果。有关这种审判的详细介绍可以参照,巴德莱特《中世纪的裁判》(竜嵜喜助译),尚学社,平成 5 年。

〔3〕 严格地说,通过证明责任被假定为存在或不存在的对象是法律要件要素,而不是与法律要件要素相对应的具体事实(主要事实)。关于此的详细论述,还可以参照松本博之《要件事实论与证明责任论》,载《判タ》,第 679 号,昭和 63 年,第 89 页以下,收录于前揭注(4)松本·証明責任,第 336 页以下。作为这一方面判例的综合性研究文献,可以见之于本间义信《证明责任》,载《民商》,昭和 60 年,第 92 卷第 6 号第 822 页以下、第 93 卷第 1 号第 50 页以下。

任”。总而言之,法律预先规定的,当某一事实真伪不明时,一方当事人承受的不利负担(handicap)就是证明责任。

例如,在基于消费借贷合同(参照《日本民法》第 587 条)提起的请求返还借款诉讼中,法律预先规定,原告(后述)对于“授受金钱”与“还款约定”之事实负有证明责任,而被告(后述)对于“清偿债务”之事实负有证明责任。因此,法院在穷尽了证据调查后,若“授受金钱”或者“还款约定”之事实仍然处于真伪不明,那么就会对原告作出不利的裁判,即驳回诉讼请求。反之,“授受金钱”与“还款约定”之事实被证明后,若“被告有无清偿债务”之事实仍然处于真伪不明,则被告将遭受不利裁判,即承认诉讼请求。如此一来,即便是在事实真伪不明的情形下,法院也能够作出裁判。

只有当某一事实以真伪不明告终时,证明责任才得以发挥作用,因此,在定义上,为了更加确切表明证明责任绝非属于应进行证明活动之行为责任概念,证明责任也被表述为“客观证明责任”或者“作为结果责任的证明责任”。法官依据自由心证主义展开事实认定,不过,当事实以真伪不明告终时,发挥作用的就是证明责任,因此,可以说证明责任在自由心证主义穷尽之时开始发挥作用。但是,这一论点并不意味着,证明责任只有在审理的最终阶段才具有意义。抗辩与否认这一对概念正是依据“证明责任的存在与否”这一点予以区别(参照新堂,第 304 页),而且,从抗辩或否认对于诉状书写方式的影响来看,证明责任在审理之初就以间接形式发挥作用。正因如此,证明责任也被称为民事诉讼的脊梁骨(backbone)。[4]

曾经也有学者认为,证明责任是指当事人应进行证明活动的行

〔4〕 松本教授将证明责任的这种作用表达为事前作用,参照前揭注(4)松本・証明責任,第 9 页。关于这种诉讼内事前作用的详细论述,可以参照村上博已《民事裁判中的证明责任》,判例时代社,昭和 55 年,第 201 页以下。

为责任,而且,近来也有强调“作为行为责任之证明责任”的动向。〔5〕但是,作为术语的约定,单独言及的证明责任就是指客观证明责任。另外,证明责任之术语是当下的表述用语,以前也被称为立证责任或者举证责任,这些都是对德语“Beweislast”一词的翻译。即便是现在,立证责任与举证责任这一表述也仍然非常通用。〔6〕

在日本,自昭和40年开始,学界曾就证明责任问题展开过一场大讨论,而在此之前,证明责任论领域一直为罗森贝克教授的学说所支配,在罗森贝克证明责任论的主要内容中,包含着一项“法规不适用”之重要原则(关于罗森贝克学说将在本讲“四、证明责任的分配”部分详细论述)。这一原则认为,当实体法的要件事实被认定存在时,实体法才得以适用,反之,若要件事实被认为不存在,实体法则不被适用,而且,当要件事实处于真伪不明时,实体法也不能被适用。换言之,罗森贝克将真伪不明与法规不适用直接联系起来,因此,不适用“于己有利”之法规而使一方当事人承受的不利益,就被定义为证明责任。但是,按照一般常识的理解,当实体法的法律要件存在时就发生法律效果,既然如此,在法律要件的存在与否处于

---

〔5〕 这种立场又可以分成两个系列。一个系列的观点就是,按照文字直接所表述的,将其“作为行为责任之证明责任”来予以理解的学说,持这种观点的文献,可以见之于佐上善和《举证责任的含义与机能》,载井上=伊藤=佐上,第139页以下;佐藤彰一《证明责任论的课题(2)》,载新堂·特别講義,第464页以下;佐藤彰一《举证责任论中的行为责任抬头与客观证明责任概念的含义》,载《立命馆大学法学》第165·166合并号,昭和57年,第582页以下;竜嵜·証明責任。有关作为行为责任之证明责任的介绍,将在本讲“三、证明责任的周边概念”与“四、证明责任的分配”之部分中详加论述。

另一个系列的立场则主张,与证明责任相比,更应当优先考虑主张责任与作为行为责任之证明责任。持这种观点的文献,可以见之于并木茂《民事诉讼中主张与证明的法理》,载《判タ》,第645号第4页、第645号第4页,昭和62年。对于该学说的评价,可以参照《研究会——证明责任论的现状与课题》[松本博之、并木茂、春日伟知郎、仓田卓次、吉野正三郎、莱伊波特(Leipold)],载《判タ》,第679号,昭和63年,第4页以下。

〔6〕 参照前揭注(4)松本·証明責任,第2页以下。松本教授认为,正是证明“责任”这一术语的表达方式,容易使人联想到这一概念与当事人之间的关系,而证明责任作为真伪不明之时解决裁判问题之首要本质,往往会被忽视。但是,证明责任之术语作为约定俗成的结果既已存在,而且,也没有发现用来代替比责任更合适的术语,因而仍然采用证明责任的提法。

真伪不明时,关于法律效果是否产生问题,应当说无法从实体法本身找到答案。因此,在将法律要件真伪不明与“实体法不适用”直接联系起来这一点上,法规不适用原则存在较大的逻辑上的跳跃。那么,当法律要件处于真伪不明时,应该怎么办呢?在近代法制下,即便是在真伪不明的情形下,法院也不能拒绝作出裁判,因此,法官必须对于“是否适用实体法”这一问题作出决定。而将这种指示法官是否适用实体法的规范,理解为证明责任规范,并认为这种证明责任规范存在于实体法内部的观点,在理论上应当更具说服力。〔7〕

---

〔7〕 主张法规不适用原则的观点认为,当实体法法律要件被证明时,实体法才得以适用,而证明责任规范说认为,当实体法法律要件存在时,实体法才得以适用,因此,两者还是有所区别。实体法不仅仅在裁判层面发挥裁判规范的作用,而且,也在社会生活层面起到规制人们行为的作用。若考虑到这一点,证明责任规范说一方似乎更具说服力。证明责任规范说由莱伊波特教授倡导并展开,有关这一学说的详细介绍,参照春日伟知郎《证明责任论的一个视点》,载《判タ》第350号,昭和52年,第97页以下,收录于春日伟知郎《民事证据法研究》,有斐阁,平成3年,第336页以下;莱伊波特《民事诉讼中的证明标准与证明责任》(春日伟知郎译),载《判タ》,第562号,昭和60年,第39页以下;小林·証拠,第145页以下;前揭注(4)松本·証明責任,第19页以下。此外,也有观点认为,罗森贝克也对证明责任规范之概念本身也持肯定态度,但在法规不适用原则下,证明责任规范的含义被埋没了,关于此的详细论述,可以参照春日伟知郎《证明责任论的一个视点》,载《判タ》,第350号,昭和52年,第102页以下,收录于春日伟知郎《民事证据法研究》,有斐阁,平成3年,第346页以下。

但是,佐藤教授认为,无论是主张在法律要件得到证明时发生法律效果的观点,还是提倡在法律要件存在时发生法律效果的见解,都会产生矛盾。例如,在莱伊波特说中,就存在判决不遵循实体法本身的难点。而这一难点只能通过采用“以行为责任来构筑证明责任”之方法才能获得解决,在此基础上,佐藤教授对证明责任规范说展开了批判(也是对罗森贝克说的批判),参照佐藤彰一《举证责任论中的行为责任抬头与客观的证明责任概念的含义》,载《立命馆大学法学》第165·166合并号,昭和57年,第582页以下。尽管这一论文展开了极为细密的论述,但也存在因过于细致以致迷失方向的嫌疑。

按照证明责任规范说的理解,并非在所有真伪不明的情形下都不适用实体法,也有可能指示适用实体法的情形。至于在哪些情形会指示适用实体法,最典型的例子当属存在“法律上推定”的场合。根据《日本破产法》第126条规定,当(破产人)发生支付不能时将被宣告破产,而且,一旦其出现“支付停止”之事实,则可以被推定为支付不能。这样一来,只要证明存在支付停止的事实,就可以被宣告为破产,但是,在这种情形下,应当说作为原来法律要件的“支付不能”并没有得到证明,即处于一种真伪不明的状态。

如果从当事人角度重新把握这种证明责任规范的作用,那么就可以作出如下定义,即所谓的证明责任,是指当事实处于真伪不明时,作为指示"是否适用实体法"而产生的结果,并由一方当事人承担的危险或者不利益。近年来,即便是在证明责任规范说阵营中,也有观点认为,在真伪不明时指示不适用实体法,且这些观点占据了压倒性多数的地位。这样的结果就使证明责任规范说与罗森贝克说在结论上并无多大差异。但是,毕竟这两种观点的基础上存在微妙差异,而且,正是因为这种差异存在,相对于罗森贝克说而言,证明责任规范说可以以一种更趋灵活化、发展化的形式来把握证明责任概念,因此,笔者个人更倾向于采用证明责任规范说。[8]

二、证明责任的注意点

证明责任(规范)是一项旨在让法院在事实真伪不明时可以裁判的法律技术,因此,其应具备以下两个前提。

其一,关于某一事实负有的证明责任必须由一方当事人来承担,

因此,法律上推定规则可以被理解为,在真伪不明时指示适用实体法的证明责任规范。

不过,作为推定前提事实的"支付停止"之事实处于真伪不明时,又会形成什么样的后果呢?在这种情形下,关于"支付停止"这一要件本身不能再作为证明责任规范予以对待,由于这种推定规定不是实体法规而是证明责任规范,因此在没有得到证明的情况下不能被适用。

〔8〕 但是,在德国,近来也出现针对莱伊波特说的批判意见,学界的论争也似乎出现转向的趋势。由于莱伊波特认为,证明责任规范是在指示是否适用实体法中产生的不利益分配之规范,因此,莱伊波特将证明责任规范作为实体法性质予以把握的见解也受到了批判,并且在学界出现主张将证明责任规范予以中性化把握的动向。关于此的详细论述,可以参照春日伟知郎《证明责任论的方法与个别问题的解决(上)》,载《判夕》,第679号,昭和63年,第109页以下;吉野正三郎《西德证明责任论的现状》,载《判夕》,第679号,昭和63年,第123页以下;莱伊波特《民事诉讼中的证明标准与证明责任》(春日伟知郎译),载《判夕》,第562号,昭和60年,第39页以下。

对于这种证明责任规范说的观点及其批判说,松浦教授作出如下消极评价:"可以说这种论争多是一种观念上或者说是'鸡生蛋还是蛋生鸡'式的争论,因此并未使规范说的主体部分发生动摇。"参照条解,第932页以下(松浦馨执笔)。的确,这种论争具有浓重的观念性色彩,但作为此论讨前提的多数基础理论本身就具有观念性,而且,就实际情况来看,莱伊波特的证明责任规范说在很大程度上动摇罗森贝克说也是一个不能否认的事实。不过,也可以说,其中存在部分特有的德国式论争的色彩。

而不是由双方当事人同时承担。例如,就消费借贷合同主要事实的"还款约定"而言,如果设定原告(后述)对于"存在还款约定"之事实负有证明责任,同时设定被告对于"不存在还款约定"之事实负有证明责任,那么法院就无法裁判。因为,当"是否存在还款约定"的事实陷入真伪不明时,若按照上述分配方式,法院既可以基于"存在"之事实真伪不明作出对原告不利的驳回请求判决,也可以因"不存在"之事实真伪不明作出对被告不利的承认请求判决。但是,对于同一请求而言,不能作出既驳回又承认的矛盾裁判。因此,证明责任应当只能由其中一方当事人承担,而且,也不能以诸如"某一事实存在与不存在"这样,从正反两方面对事实证明予以分割之形式分配证明责任,而必须是以"事实的存在与否"这样的形式,由一方当事人整体负担。至于该由哪一方当事人承担证明责任,则属于证明责任分配的问题,笔者将在本讲"四、证明责任的分配"部分详加论述。

不过,当诉讼中存在数个请求时,也有可能存在使双方当事人对于某一事实同时负有证明责任的情形。例如,基于买卖合同 X 向 Y 提出支付价金请求,与此同时基于同一买卖合同,Y 向 X 提出交付合同标的物的请求。在这种情形下,基于买卖合同成立这一相同的事实之上,存在上述 X 对 Y 以及 Y 对 X 的两个请求,在前者请求中由 X、在后者请求中由 Y 分别对"买卖合同成立"这一事实承担证明责任。因此,当该事实处于真伪不明时,X 与 Y 就会同时败诉。但即便如此,在同一个请求中,同一事实的证明责任并非由双方当事人同时负担,而只由于存在数个请求导致双方当事人分别在各自请求中败诉,因而也并不违背常理(参照新堂,第 348 页)。

为了简便起见,以上论述均以"原告与被告"负担证明责任之方式展开,但实际上,这样的设定并不正确,因为,在诸如请求确认债务关系不存在诉讼中,原告与被告的地位可以不顾及实体法律关系规定进行互换。因此,关于证明责任的负担,不是在原告与被告之间,而以"债权人与债务人"或者"权利人与义务人"之方式予以把握,应当说才是正确的理解。总而言之,证明责任的分配取决于实体法律关系,而不随原告与被告地位的变动发生变化。若以还款约定为例,无论是在请求返还借款诉讼中处于原告地位的债权人,还是在请求确认债务不存在诉讼中处于被告地位的债务人,都由债权人(不论是作为原告还是被告)固定不变地对此事实承担证明责任。而且,由于证明责任承担者均由实体法律关系预先确定(固定不变),因此,在诉讼过程中,证明责任承担者也不发生变化(参照新堂,第349页)。

关于证明责任应当注意的第二点就是,证明责任的承担只需限于主要事实,因为只要对主要事实的存在与否作出确定,法院就能够决定是否适用实体法规并作出裁判。

与此相对,间接事实与辅助事实(不过,文书真伪问题除外)就无须适用证明责任规则。当然,间接事实也存在真伪不明情形,但是,即便对于某一间接事实的存在与否把握不定,即关于其存在与否,形成五五分或者三七分的心证,那么法官只需通过其他间接事实或者综合考量辩论全趣旨来对主要事实的存在与否作出认定即可,而且,通过这种方式也能够作出极为细致的认定[伊藤(滋)·認定,第175页对此有详尽的分析]。在间接事实层面,根本没有必要对其存在与否作出假定,相反,作出这种假定反而可能产生消极后果。总而言之,主要事实的真伪不明吸收了间接事实的真伪不明。由此可以看出,在辩论主义与证明责任领域,主要事实概念的作用有所差异,因为,辩论主义适用于主要事实与重要的间接事实(参照“第十二讲　辩论主义”部分的相关论述),而证明责任则仅适用于主要事实。

不过,近来也出现一种观点,该观点主张,并非所有的主要事实都需适用证明责任。该观点认为,当出现类似于《日本借地借家法》第28条规定的“正当事由”这种综合判断型的不特定概念时,作为正当事由的每个具体事实都被视为主要事实,但是当这些不特定概念的主要事实处于真伪不明时,也无须像对待主要事实那样通过证明责任来假定(拟制)其存在与否,而只要作出类似于间接事实的处理即可,即法官对其存在与否维持着五五分或者四六分之真伪不明心证,并综合判断其他主要事实来对该正当事由的成立与否作出法的判断。例如,当"长子因结婚所需想使用租赁房"之主要事实处于真伪不明时,法官可以在维持其真伪不明状态的前提下对"正当事由"的成立与否作出判断,反之,若直接将其拟制为不存在,就法解释而言则是不妥当的。的确,这是一种饶有兴味的见解,应当说这种观点不无道理。〔9〕

此外,经验法则与法律法规虽然也是证明的对象(参照新堂,第337页),但也无须适用证明责任规则。当经验法则处于真伪不明时,只要从结果意义上来看待,即将其作为主要事实的真伪不明予以处理即可,因为证明责任的适用所需考虑的仅限于主要事实。至于法律法规,例如,在外国法的内容处于不明确的情形下,所面临的并非证明责任问题,而属于法律渊源论问题。至于地方条例以及习惯法,也同样如此。与通过证明责任来处理的多数情形一样,若经验法则或习惯法不明确,法院则不予以适用,但这本身并不属于指示是否适用实体法的证明责任问题(参照新堂,第349页)。〔10〕

---

〔9〕《研究会——证明责任论及其周边问题》(贺集唱、竜嵜喜助、春日伟知郎、仓田卓次、加藤雅信、霜岛甲一),载《判タ》,第350号,昭和52年,第47页以下贺集唱教授的发言。《研究会——证明责任论的现状与课题》(松本博之、并木茂、春日伟知郎、仓田卓次、吉野正三郎、莱伊波特),载《判タ》,第679号,昭和63年,第11页以下春日伟知郎教授的发言;松本教授对此也表示赞成,参照松本博之《要件事实论与证明责任论》,载《判タ》,第679号,昭和63年,第89页以下,收录于前揭注(4)松本·証明責任,第336页以下。贺集唱《判例释评》,载《私法判例备考》,第5号,平成4年,第18页,对于《日本民法》第110条规定的正当理由也持同样的见解。反对观点认为,对于作为正当事由的每个主要事实,均应适用证明责任,即当这些事实处于真伪不明时,也应拟制为不存在,关于此的详细论述,可以参照条解,第938页以下(松浦馨执笔)。

〔10〕 上田,第339页以下。

三月教授认为,在外国法不明确的情形下,可以适用日本法,参照三月章《外国法的适用与法院》,载三ヶ月·研究(第十卷),第53页以下。村上博己《证明责任的研究》(新版),有斐阁,昭和61年,第6页以下持作为通说的"近似法适用说"之观点。此外,村上博己《民事裁判中的证明责任》,判例时代社,昭和55年,第223页以下认为,若国内地方条例或者习惯法不明确,无疑应准用证明责任的分配法则。

此外,还可以参照山本克己《外国准据法不明确情形的处理》,载《法学论丛》,第134卷5·6合并号,平成6年,第197页以下。

三、证明责任的周边概念

1. 证明的必要

在自由心证主义的范畴中,当法官的心证朝着对方当事人有利的方向形成,例如,对方当事人的证明活动即将成功时,本方当事人就产生打破法官这种心证的必要。因为,若该当事人无动于衷任由其发展,则会使对方当事人的证明获得成功,这就是所谓的"证明的必要"(或者被称为立证的必要、举证的现实必要)(参照新堂,第349页)。例如,在请求返还借款诉讼中,如果原告关于还款约定的证明活动即将成功,被告就必须对"不存在还款约定"之事实展开证明活动(但是,就还款约定事实的证明责任而言,还是一成不变由作为原告的债权人承担,证明责任并不转移至被告债务人)。在整个诉讼过程中,负有这种证明之必要的当事人,可能随着法官心证游移时刻变化,而证明责任则在整个诉讼过程中自始至终地固定由一方当事人承担,因此,在这一点上,两者存在明显差异。因此,也可以说,证明之必要的程序内在性与证明责任的程序外在性形成了鲜明对比。

证明的必要也不同于本证与反证中的必要度问题(所谓本证,是指为了证明本方负有证明责任事实提出的证据或实施的证明活动,而对于对方负有证明责任之事实提出的证据或实施的证明活动,则谓反证,参照新堂,第341页)。在对方当事人为本证方之情形下,严格来说,只有当法官的心证持有超越证明标准(法官在事实认定中达到确信心证之程度)之确信时,本方当事人才产生证明的必要,而且,这种情形下证明之必要,在法官心证降低到证明标准以下时就得以消灭。反之,在对方当事人为反证方而本方当事人为本证方的情形下,法官心证在证明标准以下就产生证明之必要,而且一直持续到法官的心证达到证明标准以上为止(参照新堂,第349页)。[11]

总而言之,如果说证明责任是法的、规范意义上的概念,那么证

〔11〕 上田,第338页以下。

明之必要则属于对应法官心证的事实性概念。

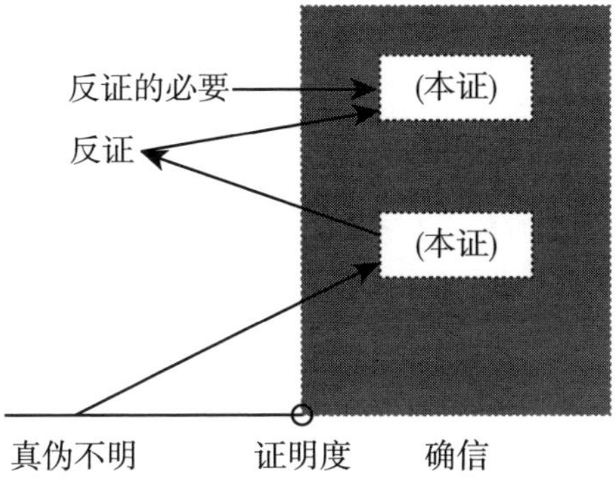

图 14-1

2. 主观证明责任

客观证明责任是解决事实处于真伪不明时如何适用法律的手段。无论在辩论主义还是职权探知主义下,都有可能发生事实真伪不明的问题,因此,辩论主义诉讼与职权探知主义诉讼都需要适用客观证明责任规则。但是,在辩论主义下,证明活动的进行依赖于当事人的发起与推动。因此,有学说认为,在采用辩论主义诉讼中存在"作为当事人应进行证明活动之行为责任"的主观证明责任。例如,法院通过行使释明权敦促当事人进行举证之原本意义也就在于,法院敦促负有作为行为责任之主观证明责任当事人来履行这种责任。〔12〕

但是,该学说同时也认为,主观证明责任的所在(分配)与客观的证明责任的分配是一致的。但是,在近来的论讨中出现的部分观点认为,法院也可以敦促不负有客观证明责任的当事人进行举证,若按照这种见解的理解,则不免会产生如下两点疑问:第一,这一概

〔12〕 三月教授认为,在辩论主义下,作为行为责任的主观证明责任应当明确地作为证明责任之映像来予以把握,同时,对于主张责任这一行为责任,也应当将其作为主观证明责任之先行概念予以明确,参照三ヶ月 · 全集,第 406 页以下。此外,三ヶ月 · 双書,第 443 页以下也有类似的论述。

念的独立性是否过于淡薄?〔13〕 第二,关于两种责任的分配规则是否当然一致?因此,新堂说(参照新堂,第351页)认为,关于导入主观证明责任概念的实际效果,似乎并未经充分论证。

与之相反,也有学者对主观证明责任之概念予以了进一步发展,即以证据提出责任的形式来论述主观证明责任,而且这种学说近来也逐渐显现出强劲的势头。松本教授认为,在辩论主义下,当双方当事人都不提出证据时,法院就无法实施证据调查,因此在这种情形下就会产生如下问题,即为了避免法院作出“未证明”之处理,哪一方当事人必须提出证据呢?以此为内容形成了所谓的“抽象证据提出责任”(主观证明责任)之概念。而且,抽象证据提出责任之所在(分配),原则上与客观证明责任分配是一致的。因此,这一概念的实际作用就在于以下两点:第一,当负有抽象的证据提出责任的当事人完全未提出证据时,法院无须对对方当事人提出的反证实施证据调查,就可以作出“未证明”的处理;第二,负有抽象证据提出责任的当事人成为法官敦促当事人举证的首要对象[参照前揭注(4)松本·証明責任,第9页]。〔14〕

松本说认为,由于抽象的证据提出责任的分配与客观证明责任的所在(分配)是一致的,因而这一概念面临独立性欠缺之质疑,但是,当负有客观证明责任的当事人不进行证明活动时,为何法院可不对对方当事人提出的证据实施调查呢?在这一点的解释上,若仅

〔13〕 三ヶ月·全集,第406页以下也认为,由于主观主张责任与主观证明责任都是以客观证明责任为前提,并从中演绎出来的概念,而且,该两者责任的分配均遵循后者,因此必须指出,其独立性是比较缺乏的。

〔14〕 其他对证据提出责任或主观证明责任有所论述的文献,可以见之于歌德拜尔德《举证责任分配的基本问题》(松本博之译),载《民商》,第82卷第5号,昭和55年,第685页以下;村上博己《证明责任的研究》(新版),有斐阁,昭和61年,第6页、第13页;小林秀之《美国民事诉讼法》(新版),弘文堂,平成8年,第203页以下;吉野正三郎《集中讲义民事诉讼法》,成文堂,平成2年,第192页以下等。与此相对,在《研究会——证明责任论的现状与课题》(松本博之、并木茂、春日伟知郎、仓田卓次、吉野正三郎、莱伊波特),载《判夕》,第679号,昭和63年,第36页以下莱伊波特教授的发言中,莱伊波特教授对现行法下的主观证明责任持否定立场。

依据客观证明责任这一概念,就会缺乏足够的说服力(因此,必须用抽象证据提出责任之概念来展开说明)。因此,作为行为责任的抽象证据提出责任(主观证明责任)概念之创设的实际效用也在于此。关于这一点,笔者认为松本说应当予以赞成。[15]

松本教授又进一步提出了具体的证据提出责任之概念,参照前揭注(4)松本·証明責任,第11页以下。这一概念的内容与所论述的"证明之必要"之概念具有相同内容,这种证据提出责任的分配与客观的证明责任的所在(分配)是不一致的,即随着诉讼的具体展开而不断在双方当事人之间发生转移。松本说认为,在当事人若不提出证据法官心证就会凝固的状况下,也即在法官需要敦促当事人进行反证的情形下,为了避免承受败诉不利益而必须提出反证证据的必要,就相当于负有抽象证据提出责任当事人提出证据的必要,因此,这种必要可以被称为证据提出责任,由于法院可以通过预先告

---

〔15〕 若仅仅依据客观证明责任之概念,就无法得出"法院可以不对对方当事人提出的证据实施调查"之结论。仅仅依据客观证明责任可能会得出如下这种结果,即法院通过对对方当事人提出的证据实施调查,或是认定反对事实的存在,或是认定事实真伪不明来适用客观的证明责任,进而作出对负有客观证明责任当事人不利的裁判。因此,在积极解释为何法院可以不对对方当事人提出的证据实施调查这一点上,应当说抽象证据提出责任(主观的证明责任)之概念显示了其应有的实际作用,参照木川·重要問題(中),第389页以下。此外,竜嵜教授认为,存在着两种不同性质的真伪不明,即因(负有客观证明责任的当事人)未充分举证的过失责任真伪不明,以及当事人进行了充分举证的无过失责任真伪不明,而两种不同性质真伪不明之存在也与这一问题有关,参照竜嵜·証明責任,第187页以下。

在上述情形下,如果法院对对方当事人提出的证据实施调查,那么这样的证据调查是否构成违法(若为违法,就会产生诸如该证据调查所需的诉讼费用由何方当事人负担等问题)?虽然松本说对此并未做出论述,不过,应当说这样做还不至于构成违法,至少还不是达到被上级审法院撤销判决或驳回判决之程度的违法。由此看来,认可这种证据提出责任概念的实际效用可能没有那么大。笔者还认为,"法院在可以不对对方当事人提出的证据实施调查,即便实施证据调查也不至于构成违法"这一问题状况与本书在"第十二讲 辩论主义"所论述的主张之规则、法院审理的顺序等问题有类似的一面。

松本说主张的抽象证据提出责任的概念的第二个实际效用在于,使负有这种责任的当事人成为法院首先敦促举证的对象。这种说法也只在证据调查开始时点才能成立,因此,关于该概念的这一实际效用恐怕也并不显著。

知负有具体证据提出责任的当事人“如果其不提出证据,案件将就此终结”之方式来敦促其提出证据,因此,在防止突然袭击之程序权利保障上,这一概念发挥着积极作用,这也是承认具体的证据提出责任概念的积极意义之所在。但是,笔者仍然认为,还是将“证明的必要”作为事实层面的问题予以把握显得较为合理,而无须另外承认具体证据提出责任之概念。〔16〕

3. 主张责任

正如在本书辩论主义部分所述的,如果当事人不提出于己有利的主要事实,那么就会因法院不适用与该事实相对应的法律而导致自己承受不利的裁判,这种不利益或危险就被称为主张责任。由于主张责任也只能由一方当事人负担,因此也会产生如何分配的问

〔16〕 小林教授将松本说所主张的抽象的证据提出责任与具体的证据提出责任合二为一,进而倡导一种证据提出责任(主观证明责任)的概念(参照谷口,第 225 页以下),并认为,将证明的必要纳入证据提出责任概念之内,无论对于诉讼实际而言,还是对于法院通过释明敦促当事人举证之问题来说,都能作出很好说明,而且,能够控制当事人个别的举证活动,在防止突然袭击方面,也能发挥很好的作用,参照小林·証拠,第 153 页以下。

但是,在法官进行“应当敦促哪一方当事人进行举证”之判断过程中,“证据提出责任”是否发挥了其独特的作用呢?敦促哪一方当事人举证是根据法官心证来决定的,哪一方当事人负有“证据提出责任”也是依法官心证决定,换言之,“心证—证据提出责任—敦促当事人举证”与“心证—敦促当事人举证”这两种模式的说明,在实际效用上并无差异,因此,“证据提出责任”不免带有“无用之中介”的嫌疑。而且,就“控制当事人活动”与“防止突然袭击”这两点而言,这也并非“证据提出责任”概念本身所产生的效果,而是通过法院敦促当事人举证(或者开示心证)带来的间接效果。从双方当事人的视角来看,若法院不做提示,当事人则很有可能不知道证据提出责任是否已经转移到自己一方。因此不得不指出,具体证据提出责任之概念基本上仅限于事态说明层面,至于其在解释论上的实际效用,恐怕并未获得充分论证。

三月教授也强调,举证的现实性必要应当与主观的证明责任相互区别开来,证明的必要并不是一个法的概念,而仅是指一种事实性的状况,如果将证明的必要导入证明责任中,那么就会使作为法的概念之证明责任带有完全相异质的事实性因素,这不免会引起证明责任概念本身的混乱,因此必须对这种观点予以严厉的批判,参照三ヶ月·全集,第 411 页以下。不过,三月说直接的批判对象并非近来的松本说与小林说,而是“二战”后不久的中岛说(关于中岛说的详细论述,参照中岛弘道《举证责任研究》,有斐阁,昭和 24 年)。

题。通说认为主张责任的分配与证明责任的分配是一致的（参照新堂，第285页）〔17〕，即认为，主张责任是因不主张主要事实而使相对应的法律不被适用而产生的不利益，而证明责任则是，因主要事实未被证明而导致相对应的法律不被适用而产生的不利益，因此，两者在分配上是归属于同一人的。

但是，这一通说遭到了如下两点的批判。第一，事实未被主张时的不利益承担者与事实真伪不明时的不利益承担者是否必然一致？尽管因未主张事实产生的不利益与因对该事实未进行举证活动产生的不利益归由一个人来承担，在感觉上并未有什么不妥之处，但是，证明责任并不是当事人应当进行证明活动的行为责任，而应当被理解为，即便当事人进行了证明活动，但事实仍陷于真伪不明时所承受的客观证明责任。因此，可以说，负有主张责任当事人与负

〔17〕 兼子・体系，第262页；三ヶ月・全集，第410页以下；条解，第941页以下（松浦馨执笔）；上田，第304页以下；司法研修所编《民事诉讼中的要件事实（第一卷）》，法曹会，昭和60年，第20页以下；等等。此外，也可以参照春日伟知郎《证明责任论的方法与个别问题的解决（上）》，载《判タ》，第679号，昭和63年，第121页注（38）。

伊藤法官则从“作为裁判规范的民法”之视角出发，人为且有意识地使“主张责任”与“证明责任”趋于一致，参照伊藤滋夫《要件事实与实体法》，载《ジュリ》，第869号，昭和61年，第14页以下；以及伊藤滋夫《要件事实与实体法（续）》，载《ジュリ》，第881号第86页以下、第882号第56页以下，昭和62年，关于笔者对于这种观点的评价，可以见之于高桥宏志《要件事实与诉讼法学》，载《ジュリ》，第881号，昭和62年，第98页以下。此外，春日教授指出了伊藤说与德国普维庭说的共同性，参照春日伟知郎《证明责任论的方法与个别问题的解决（上）》，载《判タ》，第679号，昭和63年，第121页。不过，笔者认为，对此问题还是有必要进一步予以深入探讨。与此相对，松本教授也展开了反批判，参照松本博之《要件事实论与证明责任论》，载《判タ》，第679号，昭和63年，第86页以下，收录于前揭注(4)松本・証明責任，第329页以下，几乎对伊藤说展开了全面的批判，而伊藤滋夫法官通过其《要件事实与实体法断想》一文，载《ジュリ》，第945号第103页以下、第946号第98页以下，平成元年。

有客观的证明责任当事人有可能出现不一致。〔18〕

第二,从严格意义上来讲,主张责任也可以分别从客观主张责任与主观主张责任两个层面予以考察。所谓的客观主张责任,是指在辩论终结时点对主张进行整理之际,因遗漏主张而产生的责任。不过,从实际状况来看,至少当原告对于自己应当主张的请求原因事实存有遗漏时,若法院就此作出原告败诉的判决,则多会产生法院违反释明义务之问题。因此,实际发生的客观主张责任之问题,往往是以下这种在实务中极为罕见的情形,即在法院已经就请求原因事实作出释明的前提下,当事人仍然不响应法院释明(而遗漏主张)的情形。因此,可以说主张责任更能体现其现实功能的场合毋宁是在主观主张责任之领域,即在诉讼的初始阶段逐步确定审理的对象以及争点之时,应当让哪一方当事人提出何种事实主张的问题。〔19〕因此,如果说在证明责任的分配中考虑的是客观证明责任(辩论终结之时),那么在主张责任的分配中,则是主观主张责任(在辩论的初始时期)问题,由此看来,主张责任的分配与证明责任的分配也有可能出现不一致。

对于此,该作何评价呢?笔者认为,上述的两点批判都属于抽象论的论述,从抽象的层面来看的确不无道理。但是,若进一步予以具体化考虑,尤其是将主张责任分配独立于证明责任之分配来单独进行考虑时,那么不得不指出,似乎两点批判所包含的论断中还欠

〔18〕 试进一步对这种分类说予以延展,如果基于"主张者只要进行主张即可,而证明活动由负有证明责任的对方当事人承担"的立场,那么就会产生如下弊端,即纵然主张者提出根据薄弱之主张,也会使对方当事人疲于进行证明活动。考虑到这一点,因此,当采用这种学说时,就有必要深入探讨此前学说并未言及的如下两种理论,将"应当限定于有根据的主张"之观点予以具体化与实质化的理论,以及让不负有证明责任当事人也进行证明活动的理论。关于主张的实质化与具体化的论述,可以见之于森勇《关于主张与否认的具体化》,载《民訴雑誌》,第 34 号,昭和 63 年,第 209 页以下;畑瑞穗《民事诉讼中主张过程的规则》,载《法協》,第 112 卷第 4 号第 488 页以下(平成 7 年)、第 114 卷第 1 号第 1 页以下(平成 9 年)。

〔19〕 三月教授进一步认为,主观证明责任在实践中具有重要的意义,参照三ヶ月·全集,第 408 页以下,极力倡导主观的主张责任,而在该书第 410 页。

缺某种决定性论据。[20] 因为，尽管这些批判提出了关于原告请求的本质要素应当由原告来承担主张责任，但对于哪些要素是本质要素，这种判断则显得含混不清。例如，在请求返还房屋诉讼中，“被告不享有占有权源”，是属于原告请求的本质要素还是非本质性要素，进而是否可以由被告承担主张责任呢？[21] 若欠缺这种决定性论据，则使如下这种判断具有类似性，即“在何种程度的事实获得证明的前提下，通过适用与之相对应的法规可以使原告获得胜诉”之判断与“在何种程度的事实出现在辩论中之前提下，通过适用与之相对应的法规可以使原告获得胜诉”之判断。因此，主张“对应于证明责任之分配来考虑主张责任分配问题”的学说可以说是一种着眼于实际的合理观点。反过来说，如果说通说的根据在于此种认识，那么只要具有合理的理由，也可以承认“证明责任与主张责任发生

---

〔20〕 关于将主张责任独立于证明责任来单独考虑的困难性之论述，可以参照伊藤滋夫《要件事实与实体法（续）》，载《ジュリ》，第 882 号，昭和 62 年，第 56 页以下，以及伊藤滋夫《要件事实与实体法断想》，载《ジュリ》，第 946 号，平成元年，第 104 页以下。

此外，对于设定类似于证明责任规范的主张责任规范之构想，太田教授持肯定态度，参照太田・証明論，第 137 页以下；而《研究会——证明责任论的现状与课题》（松本博之、并木茂、春日伟知郎、仓田卓次、吉野正三郎、莱伊波特），载《判タ》，第 679 号，昭和 63 年，第 13 页以下春日伟知郎教授的发言，对此的态度则显得较为消极。

〔21〕 对于此，通说当然地认为由被告承担“占有权源”的主张及证明责任。

但是，还有一种学说从类似于本质要素的视角出发，提倡一种不同于通说的关于“主张及证明责任之分配”的见解，关于此的详细论述参照前揭注（4）松本・証明責任，第 246 页，以及松本博之《要件事实论与证明责任论》，载《判タ》，第 679 号，昭和 63 年，第 96 页以下，收录于前揭注（4）松本・証明責任，第 352 页以下。松本教授认为，在原告基于所有权要求撤销被告所有权登记的情形下，对于登记名义人（被告）的所有权取得原因（买卖等）不存在或者无效之事实，原告负有主张及证明责任。而且，在松本博之《要件事实论与证明责任论》，载《判タ》，第 679 号，昭和 63 年，第 97 页以下，收录于前揭注（4）松本・証明責任，第 355 页以下，松本教授进一步认为，在请求返还不动产诉讼中，被告对于事实审口头辩论终结之时的占有权源负有主张及举证责任，因此，占有权源的消灭事由不属于原告的再抗辩事实。

不一致"的例外情形。[22] 不过,在现实诉讼中,被告缺席时往往产生客观主张责任问题。当被告缺席时,依据《日本民事诉讼法》第159条的规定,被告对于原告主张之事实产生拟制自认的效果,如此一来,判决就仅仅依据原告所主张的事实作出。在这种情形下,诉讼中就会直接面临如下这种以纯粹的客观主张责任之形式出现的

---

〔22〕 其中承认"存在主张责任与证明责任两者的分配不一致"之例外的观点,可以见之于村上博已《证明责任的研究》(新版),有斐阁,昭和61年,第43页以下;村上博已《民事裁判中的证明责任》,判例时代社,昭和55年,第204页以下;《研究会——证明责任论的现状与课题》(松本博之、并木茂、春日伟知郎、仓田卓次、吉野正三郎、莱伊波特),载《判夕》,第679号,昭和63年,第9页、第18页,春日伟知郎教授的发言,以及同书第17页以下松本博之教授的发言;松本博之《要件事实论与证明责任论》,载《判夕》,第679号,昭和63年,第93页,收录于前揭注(4)松本·証明責任,第342页以下;前田达明《主张责任与举证责任》,载《判夕》,第569号,昭和61年,第2页以下;荻原金美《民事证明论决之书》,载《民訴雑誌》,第44号,平成10年,第1页以下。此外,关国外的这种观点,参照荻原金美《瑞典法中的主张责任论》,载《民商》,第100卷第5号,平成元年,第898页以下;小林秀之《美国民事诉讼法》(新版),弘文堂,平成8年,第227页以下。

一直以来,被学界视为主张责任与证明责任不一致的情形包括以下几种情况。首先,《日本民法》第117条规定的无权代理人责任之情形[原告就无权代理负有主张责任,而被告对此负有证明责任,关于此的详细论述,可以参照村上博已《证明责任的研究》(新版),有斐阁,昭和61年,第43页以下等],也有学说持反对的意见,即认为在这种情形下,不属于主张责任与证明责任不一致之情形,这种观点可以见之于司法研修所编《民事诉讼中的要件事实(第一卷)》,法曹会,昭和60年,第105页以下;《座谈会——民事法中的学说与实务》,载《ジュリ》,第756号,昭和57年,第42页以下武藤春光教授的发言;远藤、水本、北川、伊藤《民法注解财产法第一卷——民法总则》,青林书院,平成元年,第536页以下(平手勇智执笔)。其次,基于履行迟延的损害赔偿请求权之情形(原告对于履行期中是否履行之事实负有主张责任,而被告对此负有证明责任,关于此的详细论述,可以参照前田达明《主张责任与举证责任》,载《判夕》,第569号,昭和61年,第2页以下;中野贞一郎《主张责任与证明责任》,载中野·现在,第213页以下;仓田卓次主编《要件事实的证明责任——债权总论》,西神田编集室,昭和61年,第34页以下)。持反对意见的观点,可以见之于伊藤滋夫《要件事实与实体法(续)》,载《ジュリ》,第882号,昭和62年,第59页以下,以及伊藤滋夫《要件事实与实体法断想》,载《ジュリ》,第946号,平成元年,第105页以下(伊藤教授认为,在这种场合下,原告对于履行期间业已经过之事实负有主张及证明责任)。

如此一来,按照伊藤说等反对说的理解,在现行法下并不存在"主张责任与证明责任不一致"的例外情形。

问题,即原告主张的事实达到何种程度就可以获得胜诉?若遵循通常的"客观主张责任是主观主张责任的反映"之概念思维,则原告从诉讼一开始就须陈述的最低限度之事实,在此处就被称为"范围事实"(负有证明责任的事实),而且,这种事实也是以前判决书之"指出事实栏"中作为原告主张予以记载的事实。[23]

不过,对于以下这两点应当予以注意。第一点是作为这种操作出现的结果,原告负有主张责任的事实以及由此产生的原告必须陈述的最低限度之事实,是一种颇具人为化、技巧性之构成的事实。例如,在请求返还借款的诉讼中,按照一般理解,原告(正确而言应当是债权人,在此为了简便起见,简称为原告)对于"还款约定"与"授受金钱"承担证明责任,而被告对于"清偿债务"负有证明责任,而且,作为这一关系在主张责任方面的投影,当原告在诉讼中请求返还借款时,只要提出"原告基于被告的还款承诺已经将金钱交付给被告,因此,请被告返还多少万日元"的主张即可(不过,本书前面所论述的主要事实发生扩张的情形,则另当别论)。但是,在一般社会生活中,人们在催讨债务之时往往会说,"因借款人作出还款的承诺而向其贷款,但是,借款人并未返还,因此请返还借款",换言之,贷款方(原告方)提出了"借款人未返还借款(不存在清偿债务)"之主张。但是,在诉讼中,清偿债务的证明责任由借款人(被告方)承担,因此,借款方对于未清偿债务之事实并不负有主张责任。这种与一般社会生活状态相区别的某种差异,也正是这种事实具有人为性、技巧性构成的原因之所在。不过,原告对于"不存在清偿债务"之事实不负有主张责任,并不意味着原告不可以对此提出主张,而只是在法律上原告没有提出这种主张的必要,因此,多数原告仍然

---

〔23〕 所谓的新样式判决书并未遵循证明责任及主张责任的分配规则来对事实进行整理。关于新样式判决书的论讨,可以参照《小型研讨会——于民事判决书的新样式》,载《ジュリ》,第958号,平成2年,第15页以下;《小型研讨会——关于民事判决书的新样式》,载《判タ》,第741号,平成3年,第4页以下;西野喜一《裁判的过程》,判例时代社,平成7年,第439页以下。经过平成年间民事诉讼法修改后,民事判决书的新样式属于民事诉讼法规定的内容(参照《日本民事诉讼法》第253条第2款)。

还是会对此提出主张。〔24〕 总而言之,关于主张责任这方面的探讨,说到底不过是一种理论上的论述,在某种意义上,甚至可以说是吹毛求疵的论述。

应当予以注意的第二点,与前述的第二点批判相关,即对于"当事人应当在何时之前提出何种程度的事实"的问题,仅仅依据主张责任未必能够作出充分的应对。考虑到审理迅速及充实等因素,似乎可以说,在诉讼开始就应当期待当事人尽可能多地提出事实。而且,在依公示送达开始的诉讼中,若自觉地意识到"出现某种事实原告就可以获得胜诉"的问题,则能否作出如下的结论呢?即原告应当在比客观主张责任之对象事实更大的范围更广内积极主张事实。所有这些都是在理论层面上颇具探讨价值的事项。但问题是,对于这些事项,是否都可以通过主张责任的概念来予以概括或把握?换言之,采用这种做法似乎更具有建设性,即作为一种概念的用法,可以让主张责任大致成为证明责任对应概念,在此前提下,使用其他概念来论述主张责任的这一理论问题。就现状而言,学说也已经开始通过事案说明责任的概念、〔25〕诉的有理性或诉

〔24〕 参照佐藤彰一《证明责任论的课题(2)》,载新堂·特别講義,第472页以及其中所引用的文献。

〔25〕 伊藤法官认为,如果对"当事人在诉状中应记载何种程度的非请求原因之事实(就这一意义而言是不具有主张责任的事实)"之问题予以一般化阐述,那么可以说是一个当事人应当在何种程度的辩论中对于如下几类事实予以主张之问题:(1)该当事人不负有主张责任的要件事实(例如,对于原告而言的抗辩事实);(2)在对方当事人负有主张责任之事实中予以先行否认的事实(例如,在被告主张抗辩事实之前,原告主张的与抗辩事实相矛盾的事实);(3)其他事实(例如,在起诉前原告与被告进行交涉的经过)与间接事实。参照伊藤滋夫《要件事实与实体法》,载《ジュリ》,第869号,昭和61年,第18页以下。这一问题可以说是一个从各个立场来看都需要充分探讨的重要问题,尤其是基于强调诉讼实际形态的实践性立场,而关于此的答案,也绝非仅依据前述的"主张责任与证明责任一致"之见解就能获得说明。当仅就"为了适当且迅速解决纠纷,当事人应当在什么时期内进行何种程度的事实主张"的方面展开论述时,使用主张责任之表述并不合理。而且,该论文关于间接事实的论述,也颇具兴味。伊藤法官主张,应当将当事人的这一责任称为事案说明责任或事案说明义务。

状言及责任之概念〔26〕来把握这些事项。总而言之,仅依赖主张责任、

---

〔26〕 中野教授基于诉的有理性之考虑,从如下这一问题视角展开相关论述,即当事人必须陈述何种程度的事实才能使主张得以完整?参照中野贞一郎《主张责任与证明责任》,载中野·现在,第213页以下。不过,中野说一方面认为出于诉的有理性之要求,主张责任与证明责任有可能出现不一致,因此中野说似乎在主张责任概念范围内展开相关的论述;但在另一方面又认为,基于诉的有理性的事实主张只限于抽象层面即可,而主张责任的事实主张则是具体的。受中野说这一见解的影响,《研究会——证明责任论的现状与课题》(松本博之、并木茂、春日伟知郎、仓田卓次、吉野正三郎、莱伊波特),载《判タ》,第679号,昭和63年,第23页以下仓田卓次法官的发言,提倡一种"诉状言及责任"的概念,即认为,这种意义的抽象主张责任,是原告为了使诉状请求原因的主张具有理由所需的与该要件之证明责任分配大致无关的,但又必须言及该主张的要件,基于此视角形成的当事人在诉讼进行中的责任,也即所谓的诉状言及责任。按照仓田说的这一见解,诉状言及责任可以理解为不同于主张责任的另一个概念意义上的责任。

不过,最早展开这方面论述的文献,当属前田达明《主张责任与举证责任》,载《判タ》,第569号,昭和61年,第2页以下。前田说认为,对于"基于《民法》第415条规定的履行迟延的损害赔偿请求权"与"债务人在履行期限内未履行"之事实,债权人负有主张责任,而债务人则负有证明责任,进而对司法研修所编《民事诉讼中的要件事实(第一卷)》,法曹会,昭和60年,第105页中所提出的观点进行了批判。对于此,伊藤滋夫《要件事实与实体法》,载《ジュリ》,第869号,昭和61年,第14页以下;伊藤滋夫《要件事实与实体法(续)》,载《ジュリ》,第881号第86页以下、第882号第56页以下,昭和62年;伊藤滋夫《要件事实与实体法断想》,载《ジュリ》,第945号第103页以下、第946号第98页以下,平成元年等论文对前田说展开了反批判,而中野说则从诉的有理性角度,对前田说表示了赞同。关于前田说的相关内容之论述,还可以参照前田达明《主张责任与举证责任(续)》,载《判タ》,第640号,昭和62年,第65页以下;前田达明《主张责任与举证责任(再续)》,载《判タ》,第694号,平成元年,第29页以下。

这种学说上的对立,也体现在《关于要件事实的研讨》,载《法政研究》,第57卷第1号,平成2年,第119页以下的讨论中,寒竹刚法官(参照第119页)赞同司法研修所的观点或伊藤说,而同样作为法官的谷水央先生(参照第141页)却倾向于中野说。总而言之,这一论述可以归结为如下问题,即当原告未就"债务人在履行期内履行债务"之事实提出主张时(进一步将设定的情形予以尖锐化,同时还发生被告缺席之情形),是否应当设置作为原告胜诉之制约或抗衡因素?对于此,寒竹法官认为,应当承认原告的请求(不应当设置抗衡的因素)(参照第187页),而谷水法官则认为,应当适用比"主张责任""证明责任"之表述更为宽泛的概念来考虑这一问题。谷水法官认为,在上述的情形下,原告未尽到使主张本身具有理由的主张责任(参照第188页),由此看来,谷水法官似乎不赞同在这种情形下承认原告的请求。笔者个人认为,由于主张责任是人为化、技术性的概念,因此,作为理论而言,不应当设置抗衡的因素,不过,基于履行迟延的损害赔偿也属于可能存在实体法上的问题。关于请求异议诉讼的详细论述,可以参照

证明责任等概念,的确面临工具不足之问题,因此,作为理论而言,这些学说颇具价值。〔27〕

此外,也有学说认为,在债务不存在确认诉讼中,主张责任与证明责任是不一致的。按照这种学说的理解,在请求确认债务不存在的诉讼中,作为原告的债务人必须提出"何种债务不存在的"主张。换言之,当自称为债权人之人主张于某年某月某日向其提供了多少借款时,债务人必须提出诸如"其记不得借款这一事情"这样的主张。而且,一旦作为原告之债务人提出这种主张,作为被告的债权人就对"该债权存在"之事实承担证明责任。简言之,这是一种主张责任与证明责任之负担发生分离的例外情形,即债务人对"某债权不存在"之事实负有主张责任,而债权人就"该债权存在"之事实承担证明责任。但是,应当说,这种说明还存在若干不正确之处。在请求确认债务不存在诉讼中,作为原告债务人就债权所作陈述,并非当事人(原告)基于主张责任所作的陈述,而应当视为旨在特定诉讼标的所作的陈述。而且,特定诉讼标的关系的事实已经出现在辩论中,因此,主张责任并不构成问题,而仅有可能是证明责任方面的问题。如此一来,所谓的主张责任与证明责任之负担的分离,也不过是一种偶然的现象。而且,严格来说,为了特定诉讼标的所陈述

春日伟知郎《民事证据法论集——情报开示、证据收集与事案的解明》,有斐阁,平成7年,第239页以下。

当原告未尽主张责任时,会直接遭受"法院不采纳该事实"的不利益,那么在原告未尽事案说明责任或诉讼言及责任时,应当科以何种不利益呢? 按照提倡有理性或诉讼言及责任之学说的见解,直接科以原告"驳回请求"的不利益,这一点似乎接近于主张责任(这一点也是可以推测出来的,不过,伊藤滋夫《要件事实与实体法断想》,载《ジュリ》,第946号,平成元年,第105页以下不赞同中野说),而在事案说明责任的学说中,论者并未言及制裁的问题。

〔27〕 在刑事诉讼法中,在这一问题上似乎也存在概念多样化的倾向。关于此的详细论述,可以参照田中开《举证责任——证据提出责任——争点形成责任》,载《法教》,第119号,平成2年,第28页以下。

的事实与作为主张责任陈述的事实未必是一致的。〔28〕

四、证明责任的分配

1. 学说的源流

证明责任应当如何在当事人之间进行分配？对于此问题，新堂教授（参照新堂，第351页）所持的观点可以说是一种新的学说。此前的通说被称为法律要件分类说（参照新堂，第352页），不过从更严格的角度来说，作为通说渊源的罗森贝克学说应当被称为规范说。〔29〕

---

〔28〕 村上博已《民事裁判中的证明责任》，判例时代社，昭和55年，第204页以下。

《研究会——证明责任论的现状与课题》（松本博之、并木茂、春日伟知郎、仓田卓次、吉野正三郎、莱伊波特），载《判タ》，第679号，昭和63年，第23页以下，仓田卓次法官的发言认为，在确认债务不存在诉讼中，主张责任与证明责任未发生分离，不过，原告在特定"未作争议"之债务的限度内，负有"诉状言及责任"。

〔29〕 规范说也被称为法规说，关于此的详细论述可以参照春日伟知郎《证明责任论的方法与个别问题的解决》，载《判タ》，第679号，昭和63年，第110页注（3）；而关于法律要件分类说的名称之论述参照竜嵜・証明責任，第168页以下。关于规范说与法律要件分类说的区别以及其他的证明责任分配论之详尽论述，可以参照前揭注（4）松本・証明責任，第39页以下。

关于在法律要件分类说成为证明责任分配论通说之前的日本学说史，可以参照石田穰《证据法的再构成》，东京大学出版会，昭和55年，第9页以下，以及竜嵜・証明責任，第119页以下。通过这些文献，我们可以知道真正意义上的证明责任论研究始于冈松参太郎博士，而影响力较大的则是雉本朗造博士的学说。雉本说属于所谓的特别要件说。该学说的主要见解在于，将发生法律效果的必要要件分为特有要件（特别要件）与一般性要件（一般要件）两类，原告对于特别要件负有证明责任，而被告对于一般要件负有证明责任。例如，就借款债权而言，授受金钱与还款约定（《日本民法》第587条）属于特别要件，而权利能力与行为能力的存在、代理权的存在、欺诈或胁迫的不存在等为一般要件。根据石田穰教授的论述（参照石田穰《证据法的再构成》，东京大学出版会，昭和55年，第9页以下），雉本说被评价为漏洞较少且展开了实质利益衡量体系的学说，并且该学说为田中和夫博士、中村宗雄博士所承继。除雉本说之外，冈治玄浩的《举证责任论》提出了近似于待证事实分类说的独创学说。所谓的待证事实分类说是主张按照需要证明之事实的性质来分配证明责任的学说。例如，将事实分为积极事实与消极事实（某事实不存在的证明），由于对于消极事实的证明较为困难，因此由对方当事人对此负担证明责任；或者将事实分成内心事实与外界事实，由于内心事实的证明较为困难，因此由对方当事人对此负担证明责任。其后，通过兼子一博士的昭和13年《民事诉讼法概论》、昭和29年《民事诉讼法体系》以及《举证责任》（载民事诉讼法学会编《民事诉讼法讲座第二卷》，其后收录于兼子一《民事法研究第三卷》，酒井书根据石田穰教授的论述（参照石田穰《证据法的再构成》，东京大学出版会，昭和55年，规范说一般被分成以下五点内容予以理解。〔30〕第一,法规不适用原则。如本书前面所述,这一原则是指,实体法的要件事实的存在只有被法官抱以确信程度的心证,该法律才被适用,因此,不但当法官对于“该事实的不存在”抱以确信时不适用该实体法,而且,在“该事实的存在与否”处于真伪不明的情形下,也不适用该实体法。

第二,当事人在于已有利之法律的要件事实处于真伪不明时,将要承受不适用该法律产生的不利益。换言之,当事人对于己有利之法律要件事实负担证明责任。

第三,是关于“如何判断是有利法规还是不利法规”的问题。规范说认为,这一问题应当从实体法律的相互逻辑关系中去谋求解决之道(法规范相互补充、支持以及排斥的关系),〔31〕即从实体法性质出发,实体法律可以被分为以下三类,即分别是作为权利发生之根据的权利根据规定、妨碍法律效果产生的权利妨碍规定,以及一旦形成就会使权利消灭的权利消灭规定。而且,主张作为基础性规定的权利根据规定之人是权利人,相反,若主张性质相反的权利妨碍

第9页以下),雉本说被评价为漏洞较少且展开了实质利益衡量体系的学说,并且该学说为田中和夫博士、中村宗雄博士所承继。除雉本说之外,冈治玄浩的《举证责任论》提出了近似于待证事实分类说的独创学说。所谓的待证事实分类说是主张按照需要证明之事实的性质来分配证明责任的学说。例如,将事实分为积极事实与消极事实(某事实不存在的证明),由于对于消极事实的证明较为困难,因此由对方当事人对此负担证明责任;或者将事实分成内心事实与外界事实,由于内心事实的证明较为困难,因此由对方当事人对此负担证明责任。其后,通过兼子一博士的昭和13年《民事诉讼法概论》、昭和29年《民事诉讼法体系》以及《举证责任》(载民事诉讼法学会编《民事诉讼法讲座第二卷》,其后收录于兼子一《民事法研究第三卷》,酒井书店,昭和25年,第119页以下)等一系列文献著作,在我国的证明责任论领域中,将法律要件分类说确立为通说。

此外,关于罗森贝克说的文献,有仓田卓次法官(当时)优秀的日文译著,罗森贝克《证明责任论》(修订版)(仓田卓次译),判例时代社,初版于昭和47年,修订版于昭和62年。其中关于证明责任分配论,参照该书第106页以下的论述。

〔30〕 有关罗森贝克说的概要,可以参照竜嵜·証明責任,第167页以下;春日伟知郎《证明责任论的一个视点》,载《判タ》,第350号,昭和52年,第102页以下,收录于春日伟知郎《民事证据法研究》,有斐阁,平成3年,第345页以下。

〔31〕 关于此点的详细论述,可以参照前揭注(4)松本·証明責任,第42页以下。

规定与权利消灭规定的人就是义务人，这两者分别对各自主张的实体规定之要件事实负担证明责任，因为，对于权利人与义务人而言，这两种性质相反的规定分别是于其有利的规定。[32]

第四，是关于如何识别权利根据规定、妨碍规定以及消灭规定的问题。规范说认为，这需要依据法律条文的形式结构予以识别。法律条文中所采用的"本文"与"但书"这种法条书写方式就是最好的例子，即法条的"但书"部分，应当被视为与"本文"部分的权利根据规定性质相反的权利妨碍规定。此外，原则是权利根据规定，而例外是权利妨碍规定。由于法律一般对"一旦成立就消灭"的权利（权利消灭规定），均作了较为明显的规定，因此这类规定比较易于识别。[33]

第五，罗森贝克还认为，以上述四点为前提，在证明责任的分配上，应当排除每个法官的实质考虑（否则容易造成不同法官作出不同证明责任分配之结果），而只能基于实定的实体法规来进行，因为实体法规是由精明的立法者历经几个世纪构筑起来的正义。日本的法律要件分类说（兼子理论）一方面继承了罗森贝克规范说，但另一方面，未继受这种排除法官实质考虑这一点（第五点）。因此，日本的法律要件分类说可以说具有如下的特色，即虽未排除法官的实质考虑，但却在结果上作出与规范说相同的论述。[34][35]

---

〔32〕 除这三类性质实体法规定外，罗森贝克还设置一种权利排斥性或抑制性的规定。这就是赋予"被请求方当事人"（被告）以形成权的规定，例如，消灭时效的抗辩、解除权以及抵销权等规定即属于此。参照罗森贝克《证明责任论》（修订版）（仓田卓次译），判例时代社，昭和年，第18页以下。

但是，日本的法律要件分类说一般都未将这种权利排斥性或抑制性规定单独地予以列举，而是将其视同为权利消灭规定，因此，本书也采用日本的三分类说来展开以下的说明。

〔33〕 关于此点的详细论述可以参照，前揭注（4）松本・証明責任，第42页以下。

〔34〕 竜嵜・証明責任，第169页以下。

〔35〕 除此之外，罗森贝克的规范说还包括所谓的"构成要件完备"法则，由于这是一项与间接反证概念有关的原则，因而在此予以省略。关于该法则内容的详细论述，可以参照罗森贝克《证明责任论》（修订版）（仓田卓次译），判例时代社，昭和年，第178页以下；竜嵜・証明責任，第168页以下。

占据通说地位长达半个世纪以上的规范说,近年来无论是在德国还是日本均遭到了不少批判。概而言之,批判主要集中于以下三点。

第一点批判主要是针对前述的"法规不适用原则"而展开的。这种观点认为,当事实处于真伪不明时,在逻辑上并不必然地导致法规不被适用,而应当通过某种考虑对法规的适用或不适用作出指导。虽然这种观点本身是一种抽象论,但的确也动摇了规范说的基础。

第二点批判是,对于规范说所倡导的"从实体法性质出发,将实体法分为权利根据规定、权利妨碍规定以及权利消灭规定三个种类"之可行性提出的质疑。批判说认为,如果说对于权利根据规定与权利消灭规定,依据"权利是产生还是消灭"之基准,还能在实体法上作出区分,那么对于权利根据规定与权利妨碍规定,是否也可以按照实体法的性质予以区分呢?恐怕还是颇具疑问的。

就具体举例而言,由于在取得时效中存在"善意"与"恶意",〔36〕因此,在"以所有之意思占有动产达 10 年以上者取得该动产的所有权,但是,恶意情形不在此限"这一实体法规定(按照规范说理解,依据法律条文的结构,本条文中的"恶意"是权利妨碍事实)与"以所有的意思善意占有动产达 10 年以上者取得该动产的所有权"这一实体法规定(按照规范说理解,依据法律条文结构,本条文中的"善意"

---

〔36〕 在日本,对规范说的批判始于柏木邦良《西德民事诉讼法学的现状(4)》,载《ジュリ》,第 493 号,第 123 页以下,收录于柏木邦良《民事诉讼法的视点》,リンバック有限公司,平成 4 年,第 120 页以下,而后继续展开这种批判的学说可以见之于,石田穰《举证责任论的现状与未来》,载《法協》,第 90 卷第 8 号,昭和 48 年,第 1059 页以下,收录于石田穰《民法与民事诉讼法的交错》,东京大学出版会 ,昭和 54 年,第 3 页以下。关于这一"取得时效"的例子记载于该书第 13 页注(2)。此外,还可以参照《研究会——证明责任论及其周边问题》(贺集唱、竜嵜喜助、春日伟知郎、仓田卓次、加藤雅信、霜岛甲一),载《判タ》,第 350 号,昭和 52 年,第 19 页以下,加藤雅信教授与仓田卓次法官的发言。

在德国,对规范说的批判始于莱伊波特(Leipold)教授,关于这一批判的主要内容,可以参照莱伊波特《民事诉讼中的证明标准与证明责任》(春日伟知郎译),载《判タ》,第 562 号,昭和 60 年,第 39 页以下。

是权利根据事实）之间，两者的实体法性质存在什么差别呢？（言下之意，批判说认为这两者没有差别）。而且，作为实体法性质上的"善意"与"恶意"，不过是一对正反关系的概念，即对于同一事项的表述既可以从正面（善意）的角度，也可以从反面（恶意）的视角做出表述，故而无法对两者作出区别。关于这一点，还可以再以"错误"为例予以说明。"合同的合意没有错误，合同得以成立"这一实体法规定（依照规范说，本条文中的"错误"是权利根据事实）与"合同存在合意得以成立，但是，存有错误时不在此限"之实体法规定（按照规范说，本条文中的"错误"属于权利妨碍事实）中，"错误"与"合意"都是实体法要件要素，两者在这一点上并无差异。尽管如此，在解释论上均一致将"错误"视为权利妨碍事实，而这应该是基于其他某种因素考虑而使义务人（主张错误者）承担"错误"的证明责任，并以此为前提反过来说明"错误"属于妨碍规范。由此可见，权利妨碍规定并不具有实体法性质，而只是一个按照"被指示的证明责任分配之结果"做出的分类概念。因此，证明责任分配论应当着眼于深究"让义务人对实体法要件要素中'错误'承担证明责任"的考量因素，并对其展开实质性探究。

在这场论争中，批判说似乎占据了优势，也更具合理性〔37〕，不过，对于此处所言的"实体法"应予以注意。批判说中所言的"实体法"，被理解为规范每个人行为的法体系，并以所有的事实均处于明

---

〔37〕 三井教授对以取得时效为例来展开说明的石田说表示赞成，认为必须修正罗森贝克关于权利根据规定与权利妨碍规定的规范说，参照三井哲夫《要件事实的再构成》（增补新版），法曹会，昭和51年，第17页以下。但是，该书第29页又反对石田教授以"错误"为例而展开的相关解说。

此外，三井说认为实体法是一种抗辩的体系（除前揭书著外，还可参照三井哲夫《关于法律要件分类说的修正及醇化的若干具体事例的解说》，法曹会，昭和58年）。关于三井哲夫的《要件事实的再构成》（增补新版）（信山社，平成5年）一书的评析，参照《研究会——证明责任论及其周边问题》（贺集唱、竜嵜喜助、春日伟知郎、仓田卓次、加藤雅信、霜岛甲一），载《判タ》，第350号，第6页以下；《研究会——证明责任论的现状与课题》（松本博之、并木茂、春日伟知郎、仓田卓次、吉野正三郎、莱伊波特），载《判タ》，第679号，昭和63年，第4页以下。关于新特别要件说的分类之论述，可以参照竜嵜・証明責任，第170页以下。

确状态(上帝视角下的事实)为前提。作为立法者而言,也是遵循着“在某一事实存在的前提下,就产生某种特定的法律效果”之思路,并且,同样以“所有事实均处于明确状态”为前提来构建实体法体系的。在这种前提下(善意与恶意、有无错误都处于明确状态来考虑法律效果),“以所有意思占有动产达10年以上者取得该动产的所有权,但是,恶意情形不在此限”这一法律命题与“以所有意思善意占有动产达10年以上者取得该动产所有权”这一法律命题之间,以及“合同的合意没有错误,合同得以成立”之法律命题与“合同存在合意得以成立,但是,存有错误时不在此限”之法律命题之间,在实体法性质上是相同的,故而也不存在差别。

但是,如果从实体法另一方面的性质来看,即实体法也是裁判规范,而且具有在裁判中通过主张责任对法院产生影响的性质,那么“合同的合意没有错误,合同得以成立”之法律命题与“合同存在合意得以成立,但是,存有错误时不在此限”之法律命题之间就会产生差异。就前者而言,如果原告对于合意与错误的不存在不提出主张,那么就会因主张本身不当而遭到法院驳回诉讼请求之结果,与此相反,在后者的场合,原告只要对合意提出主张即可,法院也只需对原告这一主张进行确认。但是不得不指出,这种见解是一种将实体法放置于诉讼程序中予以考虑,并融入了纯粹的实体法以外因素考量的观点。这也正是笔者认为批判说更具有合理性的原因之所在。〔38〕

批判的第三点是对于“规范说所主张的法规结构,究竟能依赖到何种程度”之质疑。这种批判在日本表现得尤为激烈。例如,在

〔38〕 前揭注(4)松本·証明責任,第516页以下,松本教授也认为,实体法对于社会的规制,并不是通过“事无巨细地赋予具体的生活关系以法律效果”的形式,而是采用如下这种形式,即对形成于一定事实的法律要件赋予法律效果,并当发生否定这种法律效果之特别事情时,例外地否定这种法律效果。因此,实体法本身就暗含着这样的价值判断:(1)即便是对于权利存在而言的重要事实,只要未被当事人主张就不能成为判决基础;(2)因此,在行为规范层面,权利根据规定与权利妨碍规定是互不区分的,但是,作为裁判规范而言,这两者又能够相互区别,而且,法律对于一定要件作出了这种区别。

《日本民法》第415条后段规定的，因履行不能而产生的损害赔偿请求中，条文可以被解读为“当因可归责于债务人事由引起履行不能时，债权人可以请求其损害赔偿”，从条文结构来看，该条文权利根据规定的要件事实可以被理解为“债务人归责事由的存在”与“履行不能”两个。但是就债务人的归责事由而言，从债权法公平视角出发，通说与判例都认为由债务人对于“归责事由的不存在”承担证明责任［关于此的详细论述，可以见之于最高裁判所昭和34年9月17日判决，载《最高裁判所民事判例集》，第13卷第11号，第1412页以下，收录于《百選》（二版），第82号案件（贺集唱解说），收录于《百選Ⅱ》，第34号案件］。此外，从日本民法立法当时的资料来看，关于条文的书写方式，法典起草者（梅谦太郎、穗积陈重、富井政章）也表明，即便牺牲证明责任的分配，也要在民法条文中采用国民易于理解之表述。换言之，起草者自身也承认，在日本，条文表述方式（书写方式）难以采用证明责任分配之标准。〔39〕

2. 分配的标准

由上可以看出，至少在日本并未采用纯粹的规范说，那么决定证明责任的分配标准究竟是什么？关于此问题，目前主要存在以下两种学说。

第一种就是被称为利益考量说的“石田说”与“新堂说”，不过，这两者之间还是存在某些差异的。新堂教授主张（参照新堂，第351页），根据双方当事人公平的观点与法规的立法趣旨来决定证明责任的分配。所谓双方当事人公平的考量因素包括：“举证的难易”（由于消极性事实难于证明，因此科以对此提出争议的对方当事人来承担证明责任）、“与证据距离的远近”（科以接近证据的一方当事

---

〔39〕 石田穰《民法与民事诉讼法的交错》，东京大学出版会，昭和54年，第46页以下。

此外，竜嵜·証明責任，第184页以下，作出如下推测，日本的立法者未考虑结果责任的证明责任（客观的证明责任），而仅仅具有主观的证明责任之观念，如果是这样的，那么也就必须追究“为何主观的证明责任的分配标准与客观的证明标准的分配标准是一致”之问题。

人来承担证明责任)以及“盖然性的高低”(科以主张盖然性低事实的一方当事人来承担证明责任)等因素。〔40〕

第二种学说主张主要以“实体法的趣旨”以及“基于实体法的价值判断”作为标准,而不能将“举证的难易”以及“与证据距离的远近”等证据法的考量因素作为证明责任分配标准。〔41〕 例如,竜嵜说

---

〔40〕 根据石田穰《民法与民事诉讼法的交错》,东京大学出版会 ,昭和 54 年,第 45 页以下的论述,决定证明责任分配的顺序如下:首先,若立法者意思是明确的,则依据这种明确的立法者意思,如果立法者的意思不明确,那么按照当事人与证据距离的远近;其次,依据举证的难易程度;再次,依据盖然性的高低;最后,由当事人对规定于己有利法律效果的权利根据规定与权利消灭规定进行举证。让证明责任的分配标准显现出明显的顺序性,可说是该学说的特点。

前揭注(4)松本·証明責任,第 56 页以下,松本教授对石田说的这一观点进行了批判。有观点认为,即便是在美国法中,“与证据距离的远近”这一证明责任分配标准也未获得重视,关于此的详细论述,可以参照小林秀之《美国民事诉讼法》(新版),弘文堂,平成 8 年,第 229 页以下。

〔41〕 可能不是正确的分类,但是下面的观点可以被理解为一种强调实体法的见解。

竜嵜教授认为,在法院不得不作出承认或驳回诉讼请求之判决的情形下,必须依据预防目的、权利实现的确保以及弱者保护等实体法的趣旨、不同的案件内容、法官价值判断来决定证明责任的分配,参照竜嵜·証明責任,第 194 页、第 196 页。从宽泛的意义而言,这种观点是以实体法标准来把握证明责任分配,但同时又未忽视对实体法的延伸部分之因素考量。

在小林·証拠,第 76 页以下,尽管小林教授对利益衡量说显现出浓厚的兴趣,但在该书 78 页,小林教授也认为,利益衡量的诸要素中不能进行一般意义的排序,证明标准可以通过实体法的立法趣旨(例如,就前述的《日本民法》第 92 条第 2 款而言,安全因素为首要的考虑因素)予以类型化决定,而且,证明责任是一个“应当由实体法来决定的,在真伪不明时如何适用实体法(保护哪一方当事人)”的解释问题,因而属于一种政策性判断。

前揭注(4)松本·証明責任,第 79 页以下,松本教授也认为,证明责任分配的观念,来源于使当事人诉讼地位尽可能趋于平等的公平要求,在该书第 79 页,松本教授认为,就法解释而言,实质性的、内在性的原理及考虑是重要的,例如,在需要区分“是违反给付义务(附随给付义务),还是单纯违反保护义务”之情形中,应当考虑诸如“便捷交易与保障安全”“关于一定职业危险与企业危险之责任的强化”“其他实体法规的目的”“一定事案的例外性质”等因素。

春日教授也认为,除证据上的考量之外,实体法上的考量也必须予以充分兼顾,参照春日伟知郎《证明责任论的一个视点》,载《判タ》,第 350 号,昭和 52 年,第 132 页以下,收录于春日伟知郎《民事证据法研究》,有斐阁,平成 3 年,第 424 页以下。此外,关于

认为,利益衡量说将“举证之难易”及“与证据距离的远近”等考量双方当事人公平的因素作为提出证据的行为规范与行为责任的标准是妥当的,但是其不适合于作为当事人实施了证明活动但事实仍真伪不明场合之处理手段的客观证明责任之分配标准。〔42〕那么,所谓的实体法趣旨究竟具体是指什么呢? 对于此问题,松本说认为,作为合同法乃至民法整体的趣旨在于保护交易安全。若依据松本说,因错误是损害交易安全的行为,因此,从保护交易安全出发,在该事实处于真伪不明时,应当视为“无错误”,即由主张错误的一方承担证明责任。“基于错误意思表示的无效,是对意思表示外观的信赖,因损害交易安全,故错误的证明责任由主张错误的当事人承担。在错误者自身主张错误的情形下,作为证明责任分配的决定标准也不是单纯的距离证据远近之证据法考虑,而应当做出诸如‘交易安全’等实体性、规范性因素考量。”〔43〕

学说有关证明责任分配的基准之分歧如上所述,但与其追问这两者根本上差异何在,毋宁可以说两者存在连续性,只不过在把握的侧重点上有所不同。〔44〕尽管如此,就观点本身而言,笔者认为第二种观点把握的方向基本较为妥当,即作为这种观点的基本见解就

此点的相关论述,还可以参照歌德拜尔德《举证责任分配的基本问题》(松本博之译),载《民商》,第 82 卷第 5 号,第 689 页以下。

在认为“不属于证明责任分配论”之证明标准决定论的观点阵营中,也存在类似的论述。例如,太田・証明論,第 152 页以下,在论及证明标准应如何予以设定这一问题时,太田说主张,应当依据在认定事实发生错误时原告与被告遭受的损失与产生的效用来决定证明标准,而这种损失与效用可以通过该适用法规范的趣旨及目的作出评价。过高设定证明标准,将因证明困难导致不当依证明责任判决的情形增多,当出现违背该适用实体法规范的目的及趣旨之结果时,应降低证明标准。关于证明标准多层次的构成之论述,可以参照本德尔《证明标准》,载阿兰斯编《西德民事诉讼法的现在》(小岛武司编译),中央大学出版部,昭和 63 年,第 249 页以下。

〔42〕 竜嵜・証明責任,第 182 页以下。

〔43〕 前揭注(4)松本・証明責任,第 57 页以下。

另外,在普维庭《证明责任与证明标准》(获原金美译),载《竜嵜喜助先生还历纪念论文集——纠纷处理与正义》,信山社,昭和 63 年,第 188 页,存在如下事例,即论证基于社会有益性考虑由债务人对“清偿债务”事实承担证明责任的事例。

〔44〕 小林・証拠,第 171 页以下。

是,在事实真伪不明情形下,应当从该实体法规范趣旨来考虑由哪一方当事人获胜。不过,并不能说在所有情形下,实体法趣旨都明确作出规定,因此双方当事人公平原则也应当成为决定的标准。换言之,人们不应当因“似是而非”之根据使自己利益或权利受损,因此,就原则而言,应当由主张变更现状的一方承担证明责任。〔45〕证明困难经常会使特定类型当事人败诉,如果这种情况不符合该实体法规设立的趣旨,那么证明困难也应当成为证明责任分配标准的参考因素。〔46〕综上所述,笔者认为,大致采用多方面因素考量的利益衡量说较为妥当。〔47〕

由于证明责任的分配标准以实体法趣旨为中心,因此,证明责任分配的个别问题的解决毋宁说属于实体法领域的问题。以下笔者对判例的情况略作考察。

关于虚假表示中的善意与恶意,最高裁判所昭和35年2月2日判决(载《最高裁判所民事判例集》,第14卷第1号,第36页以下)以及最高裁判所昭和41年12月22日判决(载《最高裁判所民事判

〔45〕 休巴普《关于最近举证责任论从规范说的脱离点》,载休巴普《德国程序法的诸问题》(石川明译),成文堂,昭和54年,第58页以下,休巴普教授认为,证明责任分配的原理在于,向对方当事人主张并申请判决某请求权之人应当对“请求权的存在”之事实承担证明责任。在该书第60页中,休巴普教授作出如下赞同莱伊波特教授见解的论述:“莱伊波特教授认为,主张某法律效果的人扮演着攻击者的角色。由于其处于攻击者的地位,因此被科以举证责任,与此相反,对方当事人处于防御性地位而且希望保持原有状态,因此,举证责任意味着保护被确定的状态以及基于此形成的最广义占有状态。”

此外,前揭注(4)松本·証明責任,第76页存有如下的论述:“本书所言的证明责任消极性基本法则与莱伊波特教授主张的保护占有状态之趣旨相同。”

〔46〕 莱伊波特《民事诉讼中的证明标准与证明责任》(春日伟知郎译),载《判タ》,第562号,昭和60年,第45页以下,尽管是关于表见证明所作的论述,但也言及了这一问题。

〔47〕 “权利妨碍规定”这一术语,当作为结论确定后的分类用语时可以保留下来(关于此的详细论述,可以参照小林·証拠,第167页以下。不过,小林教授同时也指出,这属于日本民法起草过程中的问题)。以此为限,主张维持法律要件分类说的松本说,被归类为修正的法律要件分类说,应当予以注意的是,此处的权利妨碍规定与规范说的权利妨碍规定在内容上存在差异。

例集》,第 20 卷第 10 号,第 2168 页以下)认为,第三人对于善意的事实承担证明责任。但是,前揭注(4)松本・証明責任,第 80 页以下;小林・証拠,第 172 页以下等观点认为,相较于通过虚假表示作出法律行为外观之人,信赖这种外在化且具有利害关系的第三人之利益更值得保护,让主张法律行为无效之人对恶意之事实承担证明责任,有利于促进交易安全,因此,对上述判例的判决趣旨表示反对。

关于安全注意义务问题,最高裁判所昭和 56 年 2 月 16 日判决(载《最高裁判所民事判例集》,第 35 卷第 15 号,第 56 页以下,收录于《百選Ⅱ》,第 121 号案件)认为,原告应当对安全注意义务的内容予以特定,且由原告承担违反该义务之要件事实的主张与举证责任。尽管该趣旨并非完全针对证明责任分配问题作出,但是特别提及的几个论点还是颇具兴味的。〔48〕 关于准消费借贷、违背诚信行为的判例将在本讲"五、间接反证"部分予以论述。

的确,证明责任分配是一个难解的课题。关于这一问题还可以参阅以下的文献:竜嵜・証明責任;春日伟知郎《证明责任论的一个视点》,载《判夕》,第 350 号,昭和 52 年,第 97 页以下,收录于春日伟知郎《民事证据法研究》,有斐阁,平成 3 年,第 333 页以下,与春日伟知郎《证明责任论的方法与个别问题的解决(上)》,载《判夕》,第 679 号,昭和 63 年。德国学者的文献可见休巴普《关于最近举证责任论从规范说脱离的一点论述》,载休巴普著《德国程序法的诸问题》(石川明译),成文堂,昭和 54 年,第 43 页以下。〔49〕

---

〔48〕 关于该判决的评释可以参照,竹下守夫《关于最高裁判所昭和 35 年 2 月 2 日判决的判例释评》,载《民商》,第 86 卷第 4 号,昭和 57 年,第 613 页以下。

〔49〕 作为论及证明责任分配的著作,可以见之于村上博己《证明责任的研究》(新版),有斐阁,昭和 61 年;司法研修所编《民事诉讼中的要件事实第一卷》与《民事诉讼中的要件事实第二卷》,法曹会,平成 4 年;仓田卓次兼修《要件事实的证明责任——债权总论》,西神田编集室,昭和 61 年;仓田卓次兼修《要件事实的证明责任——合同法上卷》,西神田编集室,平成 5 年;仓田卓次兼修《要件事实的证明责任——合同法下卷》,西神田编集室,平成 10 年;远藤、水本、北川、伊藤编《民法注释财产法 1——民法总论》,青林书院,平成元年等。

五、间接反证

在有关证明责任的论争中,与分配标准问题相并列的另一焦点,则是间接反证概念的问题。简单而言,所谓的间接反证,是指反证人对于其负有证明责任的某间接事实所实施的反证(参照新堂,第355页)。具体来说,是指在对某主要事实负有证明责任的当事人从经验法则出发,对作为推定该主要事实存在的间接事实作出充分证明的情形下,对方当事人为了阻止这种推定成立,通过对其他能与之相对立的间接事实的证明而使该主要事实陷于真伪不明状态的证明活动。对方当事人对于其他能与之相对立(互不并存)的间接事实负有证明责任(确定责任)。当判决书中出现"在没有特别情事之前提下,应当作出这样的认定"这样的判决表达时,"特别情事"往往是指间接反证。总而言之,间接反证是一个在事实认定领域发挥作用的概念。[50]

竹下教授列举了如下关于间接反证的具体例子[参照竹下守夫《间接反证之概念的效用》,载《法学教室》(第二期),第五号,昭和49年,第144页以下]。在某日深夜,A公司的法定代表人Y用公司的车将谈判对方B送回家,不料在途中因汽车坠落入道路左侧悬崖造成B死亡。在B的妻子X对Y提起的损害赔偿请求诉讼中,如果能对汽车是从悬崖坠落之事实作出认定,那么在没有其他特别情事的前提下,作为主要事实的"Y存在过失"就能得到推定。这是基于"若驾驶者不存在操作失误,汽车一般不会坠落入悬崖"这一经验法则来考虑的结果。但是,在这个时候,如果Y对于"汽车是因为另一卡车超车,并在超车时卡车的左后部位接触到了Y汽车的右前部导致坠入悬崖"之事实,提出主张并获得证明,那么法官就不能认定"Y存在过失"。因为,在这种情形下,"行进中的汽车一旦被卡车触碰并朝相反方向弹出去,汽车驾驶者通常难以控制汽车"之经验法则将发挥作用,并对推定的成立形成障碍。通过对"被卡车触碰"这

---

〔50〕 仓田卓次、饭岛悟《间接反证》,载小山ほか·演習,第509页以下,尤其是第516页。

一其他间接事实的证明,使"Y 存在过失"之主要事实处于真伪不明状态的反证,就是所谓的间接反证。

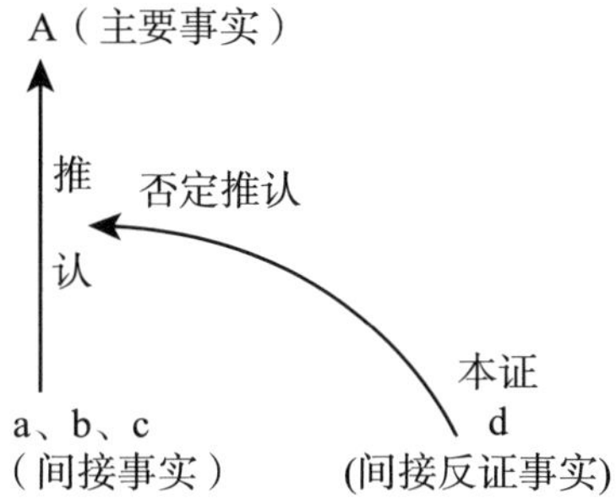

图 14-2

不过,从上述例子也可以看出,间接反证概念存在两个问题。第一,关于主要事实把握的问题。在上述例子中,由于"过失"是一个法条明文规定的规范性构成要件要素,因而直接作为主要事实予以理解。但是,正如本书辩论主义部分〔51〕所述的,"存在过失"是一种法的评价,因而不能直接作为证明的对象,而其主要事实应当是,被评价为"存在过失"的具体性事实。因此,在上述关于间接反证的例子中,至少对于主要事实的把握存在问题。

第二,自创设这一概念的罗森贝克以来的学者都认为,间接反证事实对于对方当事人而言是本证,也就是说要求法官对间接事实的存在须抱以确信的程度,因此,在罗森贝克等学者的观念中,对方当事人应当对该间接事实承担证明责任(确定责任)。但是,这种认为对方当事人对于该间接事实承担证明责任的观点并不符合常理。因为,这种观点将本应作为抗辩对待的事实置于间接反证的地位予以把握,至于这种观点为何不将这种事实作抗辩对待,是因为在罗森贝克规范说所提倡的法规构造中难以存在抗辩(当事人难以进行

〔51〕 不过,在竹下守夫《间接反证之概念的效用》,载《法教》(第二期),第五号,昭和 49 年,也有"(此处的'过失'作大致的事实来予以对待)"这样的括号式注解,由此可以看出,竹下教授也意识到了这一问题。

抗辩)。总而言之,可以认为,为了能与罗森贝克规范说形成协调,使本来应作为抗辩对待的事实,不得不穿上“间接反证”这件隐形外衣(不过,在上述交通事故的案例中,则不属于抗辩)。尽管,仅就这一隐形外衣或者表述本身而言,间接反证概念似乎不存在什么问题。但是,正是间接反证这一隐形外衣的存在,使“是否为抗辩”这一本来属于证明责任分配层面的问题(应当作为法解释问题)却变为“间接反证”这样一个事实认定层面的问题,如此一来,就会产生一种“模糊问题所在”的危险。

因此,一般而言,并无创设间接反证这一概念的必要[参照新堂幸司《民事诉讼法》(第二版修订版),弘文堂,平成 2 年,第 356 页,不过,在新堂,第 497 页中,新堂教授对此的论述似乎在口吻上趋于缓和化]。[52]

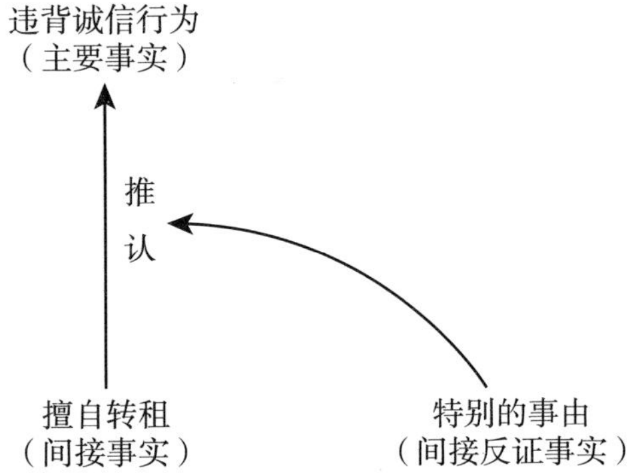

图 14-3

对于以下这一案例(参照最高裁判所昭和 41 年 1 月 27 日判决,

---

〔52〕 从广义上对间接反证提出批判的学说可以见之于,石田穰《民法与民事诉讼法的交错》,东京大学出版会,昭和 54 年,第 63 页以下;春日伟知郎《证明责任论的一个视点》,载《判タ》,第 350 号,昭和 52 年,第 118 页以下,收录于春日伟知郎《民事证据法研究》,有斐阁,平成 3 年,第 388 页以下;村上博己《民事裁判中的证明责任》,判例时代社,昭和 55 年,第 196 页以下;前揭注(4)松本·証明責任,第 51 页以下;太田·証明論,第 138 页以下;山木户克己《自由心证与举证责任》,载山木戸·論集,第 38 页以下;等等。

载《最高裁判所民事判例集》,第20卷第1号,第136页以下,收录于《百選Ⅱ》,第122号案件),如果通过间接反证理论来予以说明,那么就会在主要事实把握上产生问题,当然这一判例本身是合理的。关于因《日本民法》第612条规定的擅自转租而产生的解除权,通说的解释均认为,当存在“不足以认定违背诚信行为”之特别事由时,不产生解除权,该“不足以认定违背诚信行为”之特别事由就是由租借人方(被告方)承担主张及证明责任的抗辩事实。然而,在日本最推崇罗森贝克说的仓田卓次法官,却将这种情形作为间接反证予以理解。具体而言,仓田说认为,依据判例法违背诚信行为构成了《日本民法》第612条解除权发生的要件事实,因此,“擅自转租”应当被理解为,推认这种违背诚信行为成立的间接事实,而“不足以认定违背信义行为”之特别事由应当作为动摇、推翻这种推认的间接反证事实予以把握(尽管仓田法官的这一论述是针对其他案件作出的释评,载《民商》,第62卷第1号,昭和45年,第63页,收录于仓田卓次《民事实务与证明论》,日本评论社,昭和62年,第222页)。仓田法官这一论述可能是旨在维持“将特别事由作为间接反证予以对待”这种判例的表述方式,但应当注意的是,若将违背诚信行为等规范性、评价性的概念作为主要事实予以对待,则显得不合理。换言之,此处进行的,是否真正属于依据经验法则从“擅自转租”之间接事实到“违背诚信行为”这一其他事实的推定行为呢?答案应当是否定的,因为,这种行为应当是将某事实(擅自转租)纳入违背诚信行为之范畴的评价行为。换言之,该行为并非从A事实到B事实之推定,而是对A事实进行的法的评价(或者是适用或者解释法的行为)。如此一来,可以说此处的间接反证之概念具有如下作用,即将法的评价或法的解释行为隐蔽于事实认定(从A事实推认出B事实)的外衣之下。

第二个可以论证“为了维持罗森贝克的规范说而使用间接反证概念”之观点的例子则是,关于准消费借贷中旧债务存在的证明责任判例,具体的案例可以见之于最高裁判所昭和43年2月16日判决(载《最高裁判所民事判例集》,第22卷第2号,第217页以下,收录于《百選Ⅱ》,第 120 号案件)。

该判决认为,在准消费借贷合同中,若作为合同标的的旧债务不存在,则该准消费借贷就不具有效力,关于旧债务存在与否之事实证明责任,由主张因“旧债务不存在”对准消费借贷效力提出争执的一方当事人承担。换言之,该判例将“旧债务的存在与否”视为债务人(被告)的抗辩。

但是,就《日本民法》第 588 条条文的解读而言,“旧债务的存在”可以说是准消费借贷合同的成立要件(权利根据事实)。换言之,从条文的表述方式来看,旧债务存在应属于权利根据事实,而不可能构成抗辩。因此,在将“旧债务的存在”视为权利根据事实之基础上,呈现如下这样一种结构,即只要准消费借贷的新协议书得以出示,那么旧债务存在就能在事实上牢固地获得推定,而若是旧债务不存在,则这种特别的事由则应作为间接反证由债务人方负担证明责任(参照仓田卓次《案例释评》,载《民商》,第 59 卷第 2 号,昭和 43 年,第 116 页以下,收录于仓田卓次《民事实务与证明论》,日本评论社,昭和 62 年,第 207 页以下)。

但是,上述的这种见解,也是因为顾及“法律条文的表述方式”“法规的构造”等原因而采用间接反证的概念,若不考虑上述因素,即便将其视为抗辩也不会产生任何不妥当。在这一事例中,尽管不能说仓田说在逻辑上存在不妥,[53]但这至少可以成为“主张将间接反证予以一般化承认的仓田说遵循罗森贝克说并强调法规构造”的又一例证。[54]

---

〔53〕 不过,前揭注(4)松本·証明責任,第 64 页、第 389 页,松本教授认为,准消费借贷中也存在三种类型,而仓田说只适合其中的“债务变更合同中的准消费借贷”之类型,在这种情形下,能否从“新的协议书”推定出“旧债务存在”之事实,恐怕还是存在疑问的。

〔54〕 就准消费借贷问题的本身而言,仍然面临一些难题,即按照判例所认为的,若将“旧债务存在与否”视为抗辩,则在主张责任方面,债权人(原告)是否无需主张“旧债务的存在”之事实呢?

第一种观点认为,若将其视为抗辩,则原告对于旧债务也不负有主张责任,不过,原告应当就“要件事实是准消费借贷”这一点作出明示,同时必须特定旧债务(这种情形类

第三个例证则是著名的新潟水俣病判决，参照新潟地方裁判所

似于，在确认债务不存在之诉中，虽然原告不负有债务成立要件的主张责任，但是，在诉讼标的的特定之关系上必须特定债务）。这种观点可以见之于贺集唱《准消费借贷中旧债务成立与否的主张及举证责任》，载宫川、贺集唱编《民事实务笔记》，判例时代社，昭和 43 年，第 113 页以下。

第二种观点认为，可以对“主张责任的所在与证明责任的所在是分离（不一致）”之命题予以肯定。这种观点可以见之于船越隆司《实定法秩序与证明责任（五）》，载《判タ》，第 127 号，昭和 63 年，第 162 页以下。住吉博《“间接反证”的思维》，载住吉博《民事诉讼读本》（第二版），法学书院，昭和 51 年，第 388 页以下；前揭注（4）松本·証明責任，第 390 页以下。

第三种观点认为，主张责任的所在与证明责任的所在并未发生分离（不一致），而只是让原告方承担所谓的“诉状言及责任”，关于此的详细论述，可以参照《研究会——证明责任论的现状与课题》［松本博之、并木茂、春日伟知郎、仓田卓次、吉野正三郎、莱伊波特（Leipold）］，载《判タ》，第 679 号，昭和 63 年，第 23 页以下仓田卓次法官的发言。

第四种观点可以见之于村上博己《证明责任的研究》（新版），有斐阁，昭和 61 年，第 248 页以下。这种观点通过先决性权利关系事实的证明责任分配法则理论对此展开说明。具体而言，“旧债务存在与否”，其本身并非单纯的事实，而应当是一种法律状态，这种旧债务的权利根据事实由原告方负有主张及证明责任，而旧债务的权利障碍事实由被告方承担主张及证明责任。可以说这是从上述第二种观点变异过来的见解。

就实务状况来看，似乎也倾向于采用第一种观点（不过，大岛明认为，实务家也比较欢迎第二种观点，参照大岛明《书式——民事诉讼的实务》，民事法研究会，平成 9 年，第 182 页以下）。尽管如此，作为理论而言，除第一种观点外，第二与第四种观点也颇具吸引力。对准消费借贷的主张及证明责任的详细论述，还可以见之于仓田卓次兼修《要件事实的证明责任——合同法上卷》，西神田编集室，平成 5 年，第 471 页以下。

若将第一种观点予以进一步探究，则接近于三井哲夫《要件事实的再构成》（增补新版）（法曹会，昭和 51 年）所主张的返还约定说（参照仓田卓次《民事实务与证明论》，日本评论社，昭和 62 年，第 212 页以下），即认为，无论是消费借贷，还是准消费借贷，或是诺成性消费借贷，原告只要对返还约定作出主张与举证即可，要物性、旧债务等事项都应当视为抗辩。返还约定说尽管在理论上是可行的，但是这是一种将实体法替换为抗辩体系的学说，其自身合理性还不无疑问。关于返还约定说的详细论述，可以参照《研究会——证明责任论及其周边问题》（贺集唱、竜嵜喜助、春日伟知郎、仓田卓次、加藤雅信、霜岛甲一），载《判タ》，第 350 号，昭和 52 年，第 36 页以下；《研究会——证明责任论的现状与课题》（松本博之、并木茂、春日伟知郎、仓田卓次、吉野正三郎、莱伊波特），载《判タ》，第 679 号，昭和 63 年，第 4 页以下；仓田卓次主编《要件事实的证明责任——合同法上卷》，西神田编集室，平成 5 年，第 453 页以下等。

昭和46年9月29日判决,载《下级裁判所民事判例集》,第22卷,第9·10合并号(单行本),第1页以下,收录于《百選Ⅱ》,第113号案件(贺集唱解说),收录于《百選》(二版),第81号案件(藤原弘道解说)。

该判例认为,本案的因果关系被分解为以下三个方面:第一,被害人的疾患特征与形成疾患的原因物质;第二,原因物质到达被害人的详细经过;第三,加害企业排出原因物质。在此基础上,该判例认为,只要原告方通过相关证据能对第一、二点作出无矛盾的说明,那么就可以视原告就法律上的因果关系做出了证明。且当原告就第一、二点作出这种程度的举证时,也即当有关污染源溯源的证明达到需要企业方举证之程度时,只要企业方不能就第三点也即自己工厂并非污染源之事实做出说明,那么就可以在事实上推定存在第三种因果关系,如此一来,就应视为整体法律因果关系获得证明。

对于此(尽管直接针对的是其他案件),也有学说认为,如果第一、二点获得认定,那么关于第三点的存在就能获得推定,进而使"第三种因果关系不成立"的事实(例如,被告企业在作业过程中不产生该原因物质)视为被告承担证明责任的间接反证事实[关于此的详细论述可以参照好美清光、竹下守夫《关于水俣病第一次诉讼第一审判决之法的检讨》,载《判評》,第154号(《判時》,第646号),昭和46年,第108页]。

但是,将这种情形作为间接反证予以构成的观点恐怕也存在问题,也即在这种情形下,原告为了获得胜诉必须对什么样的事实做出何种程度的主张与举证呢?换言之,原告为了获得胜诉,是仅就第一、二点作出主张及举证即可,还是需要进一步对第三点进行主张及举证呢?这属于法解释的问题(第三点是否属于抗辩),而间接反证论则并未考虑这一点,因为,间接反证说将这一问题转换为了事实认定或法官心证之问题。在本案件这种情况下,作为法解释上正确考量应当是,只要第一、二点事实获得证明,且"不存在第三点事实"未积极获得证明,就可以认定整体法的因果关系成立。作为一种法解释论的考量，关于本案中第一、第二以及第三点事实的证明，在举证活动进行之前就被类型化地作出规定，因此，对于间接反证说的上述见解提出如下这种批判恐怕也是可以成立的，即将“间接反证”之思维与抽象要件事实的证明责任分配结合在一起的论述可能产生如下的风险，即将本应属于法解释领域的问题作为心证形成的举证过程之问题予以对待，进而使其埋没于自由心证领域内。因这种做法模糊了问题所在，故而应予以排斥（参照新堂，第497页）。〔55〕而且，在本案件中，与前述的违背诚信行为一样，因果关系的有无也属于法的评价，而非真正意义上的事实。

就近来状况而言，对于作为间接反证例子的确认父子关系请求中出现的“多数关联者的抗辩”，多数学说也认为这不构成间接反证。〔56〕

综上所述，就一般意义而言，间接反证的概念是无用的，但是在众多的学说中，也有观点认为，尽管在这些间接反证对例子面临“概念无用化”之质疑，但是，间接反证本身是事实认定的一种方式，在从间接事实到主要事实的推认过程中，间接反证理论的效用依然不

---

〔55〕 当第一、二种因果关系的主要事实获得主张及举证时，类型化地使第一、二种因果关系成为间接事实，并使其他主要事实的第三种因果关系也获得推认，这种构想颇为奇妙。若作出如上类型化的推定，则将第三种因果关系的反对事实作为抗辩予以构成的做法，可能显得更为直接明了（与暂定真实一样）。

其他关于新潟水俣病判决的判例释评，还可以参照《百選》（二版），第81号案件（藤原弘道解说），藤原法官认为，关于第三种的“加害企业排出原因物质”并非是因果关系要件事实，而是加害行为本身。关于这种见解，也可以参照贺集唱《损害赔偿诉讼中因果关系的证明》，载講座民訴（第五卷），第183页以下。如果这种论断得以成立，那么无论是本书所引用的好美=竹下说，还是对此展开批判的新堂说，都将面临极大的挑战。

〔56〕 仓田卓次《父子关系的证明》，载仓田卓次《民事实务与证明论》，日本评论社，昭和62年，第299页以下；小林·証拠，第202页以下。

容否定。〔57〕

的确,基于"间接事实与经验法则之组合"的推认,以及与此相并存的、个别的基于间接事实的推认,均构成通常事实认定过程的形式,鉴于此,主张"对方当事人必须对间接反证事实进行本证,并对此负有证明责任"之观点并非没有实际意义。因为,当这些间接事实处于真伪不明时,只要让其处于这种状态(而无须对此作出存在或不存在之拟制),并综合对主要事实存在与否作出判断即可。而且,对于这种间接反证事实,究竟进行何种强度的证明活动才能对主要事实形成动摇(是否接近本证)?这一问题本来就应取决于"从间接事实到主要事实进行推认过程中"经验法则所具有的盖然性之强弱。〔58〕 总而言之,让对方当事人对这种间接反证事实"承担证明责任",并将间接反证予以概念化的做法还是不无疑问的。〔59〕

---

〔57〕 中野=松浦=鈴木,第315页以下(青山善充执笔)。

谷口,第238页以下,谷口教授也认为,间接反证是一个出于便利考虑形成的概念,实质上其具有转换证明责任之性质的概念。在以侵权行为为中心的领域中,在法律要件细分化与证明责任再分配的过程中,作为一个过渡性概念的间接反证应当获得积极评价。与其说间接反证是一个过渡性概念,毋宁是一个永远需要的概念。应当说,谷口说接近于青山说,也是基于"将间接反证不作为纯粹的事实认定过程之概念"这一点上展开论述的。

〔58〕 松本博之《关于损害赔偿请求中因果关系举证的若干考察——自由心证与举证责任的交错》,载《民訴雑誌》,第24号,昭和53年,第75页以下;贺集唱《间接反证》,载《争点》(新版),第254页以下。总而言之,在经验法则盖然性较高、从间接事实到主要事实推认之盖然性较高的情形下,间接反证事实获得证明的可能性(以及其中被适用的经验法则之盖然性)也应当是较高的,可以说接近于本证。但是,在从间接事实到主要事实推认之盖然性较低的情形下,关于间接反证事实的证明,只要达到"未至确信"之较弱的程度即可。此外,伊藤(滋)·認定,第111页以下展开的分析也颇为有益。

〔59〕 不过,小林教授却提出了如下的反论,即认为,间接反证固然不能确切等同于客观证明责任之本身,但是其具有类似于客观证明责任的效果,而且对方当事人对于间接反证事实负有行为责任(证据提出责任),参照小林·証拠,第202页以下。尽管如此,小林教授也并未全面肯定间接反证概念,而是作为对"间接反证"最根本的疑问,同时提出"间接反证是否具有降低证明标准的作用"之问题(参照同书第203页)。

吉野教授将间接反证作为主观的证明责任予以说明,并认为这是一种颇具说服力的理论,参照吉野正三郎《集中讲义民事诉讼法》,成文堂,平成2年,第198页以下。

六、避免通过证明责任作出判决的对策(一)

依据证明责任分配论的理解,证明责任并不必然由持有证明手段的当事人承担。因此,当事实真伪不明时,法院通过适用证明责任作出判决有可能产生不符合具体正义(与事实真相不符)的情形。于是有必要开发一些尽可能使案件避免通过证明责任来裁判(使案件事实尽可能少地处于真伪不明状态)的法律技术。

在这些技术中,首先需要论述的是,基于实体法视角的"证明责任转移"与"法律推定"。

1. 证明责任转移

所谓证明责任转移,是指与普通证明责任分配不同的,在某些特定情形下由对方当事人对反对事实承担证明责任的法律技术(参照新堂,第 353 页)。例如,在侵权行为中,一般由受害方(原告)对加害人存在过失承担证明责任,但是在发生小汽车交通事故的情形下,依据《日本自动车损害赔偿保障法》第 3 条但书之规定,由加害方(被告)对于过失不存在(反对事实)承担证明责任。如此一来,因受害方不能证明"加害方存在过失行为"而招致败诉(法院按照一般证明责任分配作出判决)的情形就会大幅减少。

当然,若实定法对证明责任转移作出明文规定则无问题,但是,在有关证明责任转移的解释上,究竟能在何种程度上认可这种证明责任转移,则成为解释论上的一个课题。关于这种解释论上的争论,虽然在表面上表现得较为激烈,但其中大多数都是在说服力上欠缺强有力理论支撑的见解(都难于超越"转移是妥当的"这样政策论的层面)。而且,这项法律技术在我国的判例中也似乎不太被使用。不过,作为立法论而言,证明责任转移是较为有用的。[60]

---

〔60〕 作为一种解释论,也有学说将证明责任转移导入危险领域范畴展开论述,即认为,将危险领域中实施行为的证明责任转移至对方当事人。但是,由于危险领域的界线较为模糊,赞同这种观点的支持者似乎也不多。关于这种见解,可以参照池田条男《关于举证责任分配的一点考察》,载《北海学园大学法学部十周年纪念论文集——法学政治学的课题》,日本评论社,昭和 52 年,第 159 页以下。

2. 推定

从某事实推认出其他事实的行为,就是推定。在这其中,按照适用法规之法规化方式进行的推认,被称为法律推定,而在法官自由心证范围内进行的推认,则是事实推定(此处所谓的“事实”是defacto的意思)。此外,在法律推定中又可分为两种类型,即分别是“对事实进行推定的事实推定”与“对权利或法律关系本身进行推定的权利推定”,不过,权利推定属于例外。

权利推定的典型例子是《日本民法》第118条规定的基于占有的所有权推定。〔61〕

一旦存在法律权利推定,对方当事人为了推翻推定就必须对“可能造成目前状态的所有发生原因事实之不存在”,或者“某种消灭原因事实之存在”进行主张与举证,因此,可以说权利推定将对方当事人置于一种非常残酷的境地,〔62〕这也是法律只将权利推定认可为一种例外制度的原因所在。

关于法律事实推定的例子是《日本破产法》第126条关于破产原因的规定。若某人(法人或自然人)想进行破产宣告,则必须处于支付不能状态(参照《日本破产法》第126条第1款)。但是,支付不能的内涵相当广泛,其内容不仅仅指人的资产,还包括人的信用与劳动力,因此对于这些事项的证明未必容易。鉴于此,《日本破产法》第126条第2款进一步规定,若存在支付停止之事实,就可以推定出支付不能之事实。支付停止是外在地表明债务人普遍不能偿还债务的行为,典型例子就是拒付票据,而传统型的例子则有“半夜潜逃”,这样一来,就极大降低了证明难度。

总而言之,法律(事实)推定就是一项“以对易于证明事实的证

〔61〕 不过,近来也出现一种反对将《日本民法》第188条视为权利推定规定的观点,关于此的详细论述,可以参照藤原弘道《占有的推定力及其诉讼上的功能》,载藤原弘道《时效与占有》,日本评论社,昭和60年,第179页以下。前揭注(4)松本·証明責任,第203页以下,松本教授对藤原说进行了批判。

〔62〕 兼子一《推定的本质及效果》,载兼子·研究(第一卷),第295页以下,关于推翻权利推定之论述,可以参照该书第330页以下。

明来替代对难以证明事实之证明”的方式,并使法院能够作出一定裁判的法律技术。基于此,尽可能避免了如下之情形,即因难以证明而使事实真伪不明,进而使法院不得不适用证明责任作出判决的情形。

不过,是否利用推定的决定权在于当事人,因此,当事人也可以选择对难以证明的“支付不能”之事实进行证明。而且,推定不同于拟制(视为),对方当事人也可以进行反对证明,即便当事人存在“支付不能”的事实(存在“半夜潜逃”行为等),但若对方当事人对“没有支付不能”(还具有信用)的事实作出证明,则产生不能破产宣告之法律效果。但是,若细加分析这种关系,则就可以看出,由对方当事人对“没有支付不能”之事实承担本证(证明责任)。因此法律事实推定可以说具有如下这种功能,即一方当事人通过对推定前提的事实(支付停止)的证明而将原来的主要事实(支付不能)之证明责任转移给对方当事人。〔63〕

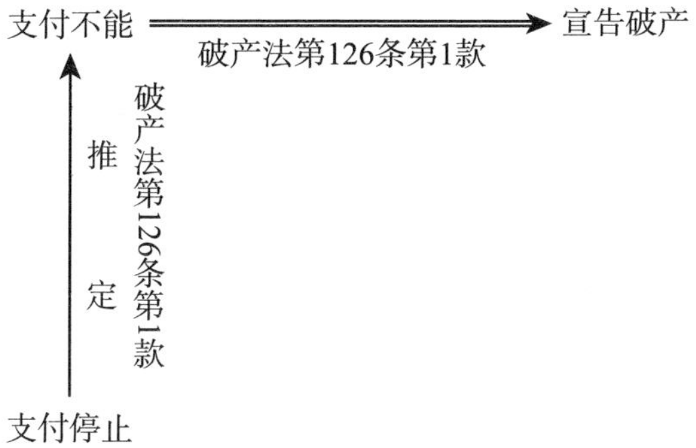

图 14-4

3. 法条上使用“推定”之术语但不属于推定的情形

有些法律条文虽然使用“推定”的术语,但这种“推定”不属于上述含义的推定(参照新堂,第 355 页)。

---

〔63〕 关于登记的推定力之论述,可以参照前揭注(4)松本·証明責任,第 217 页以下以及信浓孝一《登记注销请求与登记的推定力》,载《判時》,第 1302 号第 8 页以下、第 1305 号第 11 页以下(平成元年)。

此种情形又可以分为两类。第一类是表示法律行为解释的规定，典型例子就是《日本民法》第136条第1款关于期限利益的规定。

另一类则是所谓的暂定真实(或者暂定性真实)，即指不存在推定前提事实的无条件推定。《日本民法》第186条第1款关于占有的规定即属于此。占有人的所有意思、善意、稳定且公然，均为无条件被推定的要件。换言之，当《日本民法》第186条第1款与民法第162条关于取得时效的规定相结合时，在《日本民法》第162条第1款中规定的“20年时间”、“所有的意思”、“稳定且公然”、“他人之物”以及“占有”这些要件中，《日本民法》第186条对于“所有的意思”“稳定且公然”这两个要件是无条件予以承认的，如此一来，《日本民法》第162条规定的内容就等同于“占有他人之物达20年，就取得该物的所有权。但是，非‘以所有权意思、稳定且公然’占有的，则不在此限”〔64〕。

七、避免通过证明责任作出判决的对策(二)

证明责任转移与法律推定，可以说是实体法本身所采用的，避免“通过适用证明责任作出判决”的法律技术。此外，有学说倡导一些未被实体法采用，但又可以避免案件事实陷于真伪不明的解释论上的法律技术。〔65〕 这些学说倡导的对策主要集中于侵权行为领域，

---

〔64〕 不过，也有学者对将《日本民法》第186条视为暂定真实的观点进行批判。关于此的详细论述，可以参照藤原弘道《所有权的取得时效的要件事实》，载藤原弘道《时效与占有》，日本评论社，昭和60年，第107页以下。

此外，关于《日本民事诉讼法》第228条第2款规定的“文书真实性推定”属于真正意义上的推定，还属于法定证据法则之问题，参照注釈民訴(第七卷)，第153页以下(太田胜造执笔)。

〔65〕 德国民事诉讼法的立法者曾经主张，对于未完全获得证明情形下的真伪不明，通过让当事人宣誓方式予以解决。由于没有客观证明责任的概念，因此，不是通过适用证明责任对真伪不明作出裁判，而是让使法官获得7成程度心证的一方当事人进行真实宣誓，并且，当该当事人作出宣誓时，则视该事实是存在的(补充宣誓)。有学者指出，在那个时代，裁判宣誓将处于确信程度以下的心证提升到证明标准之高度，这对于考量“现在的客观证明责任之合理性”问题是较为重要的。关于此的详细论述，可以参照竜嵜·証明責任，第19页、第38页。在以下各种主张避免通过证明责任作出裁判的观点中，似乎都倾向于主张“应当复活这种德国裁判宣誓功能”。

以下对此逐一加以考察。

1. 表见证明与大致的推定

在所谓的“定型化的事态经过”(具有高度盖然性的经验法则)发挥作用的情形下,无须经过细致认定,就可以直接对某事实作出认定,这在德国的判例及学说中被称为表见证明。如果对表见证明作一生动的比喻,那么一般的事实认定过程好比乘坐各站点都停靠的列车,而表见证明则是通过特快列车直接到达终点站来进行的特殊的事实认定。表见证明概念多在过失与因果关系的场合被论及。在德国关于表见证明的典型例子是,在停泊于固定场所的船舶与其他船舶发生碰撞事故中,承认其他船舶的驾驶者存在(故意)过失的表见证明;在铁路道口截路机适时关闭时发生列车撞人事故之情形下,承认被撞者存在(故意)过失的表见证明。所谓定型化的事态经过,是指一种定型化的事态发展过程,其具体定义为“无须经过像一般生活经验那样详细解明就可以认定其存在,并基于其定型化之性质无须考虑个别事实具体情况的事态发展过程”〔66〕。总而言之,在生活中,事态通常都按照这样的过程发展。上述列举的对停泊船舶的碰撞以及截路机关闭后的道口事故,的确就是这样发生、发展的。由于不属于通常的经验法则,因此其也被表述为“经验原则”。在日本,判例中对于过失或因果关系也存在“大致推定”之表述,该“大致推定”可以说是一个与表见证明几乎相同的概念。〔67〕

---

〔66〕 春日伟知郎《表见证明》,载《判夕》,第 686 号,平成元年,第 46 页以下,收录于春日伟知郎《民事证据法研究》,有斐阁,平成 3 年,第 109 页以下。

〔67〕 中野・推認,第 39 页以下,中野教授认为,与德国的表见证明的状况不同,日本的“大致推定”是基于大量判例积累而形成的结果,并使“定型化的事态经过”这样的形式标准得以固定化,而其中的部分标准则形成作为裁判习惯法的“表见证明原则”,尽管如此,中野教授还是肯定了“表见证明”与“大致的推定”两者之间的相似性。此外,小林教授也认为,表见证明与大致的推定虽然没有直接的关系,但两者发挥着类似作用,参照小林・証拠,第 59 页以下。

但是,也有观点指出,德国的表见证明是只要“存在某种过失”即可,而日本的“大致推定”在实务中必须要求当事人主张特定的过失事实,因此,日本并不能采用德国式的表见证明。关于此的详细论述,可以参照《研究会——证明责任论的现状与课题》(松本博之、并木茂、春日伟知郎、仓田卓次、吉野正三郎、莱伊波特),载《判夕》,第 679 号,昭和 63 年,第 73 页并木茂教授的发言。

表见证明或大致推定的特色在于,当事人只要对事态发展外形经过作出证明即可,无须法院对事实做出更细微、更具体的认定(在上述例子中,法院无须对船舶驾驶者存在什么样过失进行具体认定),或者只进行“存在某种过失事实”这样概括式事实认定即可,或者也可以进行“或是注射液体不良,或是注射器消毒不完全”这样二选一的事实认定。〔68〕由于此处用于认定过失或因果关系的经验法则具有高度盖然性,因此,在表见证明或大致推定中允许存在这样的特点。虽说如此,就具体纠纷而言,也可能会出现不符合这种经验原则的情形,换言之,对方当事人可以就事态发展过程存在例外的、不符合“定型化的事态经过”提出反证。此外,法院在表见证明中的失误(应被认为表见证明的场合未被认定为表见证明,或不应被认定为表见证明的场合作为表见证明予以对待)构成上告的理由(这种上告受理申请应当被认可)。也有观点认为,上述的反证是间接反证。〔69〕的确,在这种情形下,由于被推翻的经验法则的盖然性较高,因此对于间接反证事实的证明,必须达到相当高的程度。如本讲“五、间接反证”部分中关于间接反证概念一般论所述的,对方当事人对间接反证事实不必承担证明责任(参照本讲前述部分)。这种表见证明或大致证明,在性质上是属于事实推定,还是属于由加害人与受害人分担证明责任的情形,抑或是证明标准降低的情形?关于此,学说还存在分歧,不过,多数说认为其属于事实推定的一种。

关于以上论述的基本文献,当属中野贞一郎《过失的“大致推

---

〔68〕 春日教授指出,在表见证明中,“主张具体化”的要求则趋于缓和化,参照春日伟知郎《表见证明》,(载《判タ》,第686号,平成元年,第62页以下,收录于春日伟知郎《民事证据法研究》,有斐阁,平成3年,第150页以下)。木川·重要問題(下),第518页以下也存在类似的论述。

〔69〕 中野·推認,第14页、第18页。与此相对,渡边教授认为,只需对基于经验法则的过失推认可产生合理怀疑的事情作出证明即可,而反对事实由对方当事人承担证明责任,参照渡边武文《表见证明与举证减轻》,载吉川·追悼(下),第154页以下。

定”》,载中野·推認,第1页以下。〔70〕

但是,若对德国表见证明的判例细加研究,〔71〕也可以看出,尽管有些情形未必具有高度盖然性但还是被认定为表见证明(所谓的个别表见证明。在梅毒输血事件中,尽管第三期梅毒患者通过输血感染病毒的概率较小,但法院还是认定输血是感染的原因),但与此同时,有些具有高度盖然性的情形未被视为表见证明(尽管挂号信件到达对方之盖然性极高,但未被法院认定为“到达”)。〔72〕因此,在具体案件中,至少一部分情形的表见证明,是融入了实体法价值判断的事实证明的(或者降低证明标准)。〔73〕还有观点认为,在经验法则盖然性较高的情形中,本来就可以在自由心证框架内予以解

---

〔70〕 春日伟知郎《表见证明》,载《判タ》,第686号,平成元年,第46页、第34页;春日伟知郎《证明责任论的一个视点》,载《判タ》,第350号,昭和52年,第133页以下,分别收录于春日伟知郎《民事证据法研究》,有斐阁,平成3年,第39页以下、第333页以下也对德国与日本的学说以及日本的判例展开有详尽的论述。此外,谷口,第235页以下;上田,第360页以下;林屋,第313页以下等文献也对大致推定有过相关论述。

〔71〕 渡边武文《表见证明与举证减轻》,载吉川·追悼(下),第154页以下。

〔72〕 有一种纯粹基于实体法立场的观点,对此做出如下解析,即在这一案件中否定表见证明的原因在于,《德国民法》对通知采用的是到达主义而非送信主义,换言之,若在此案件中承认表见证明,则会实质地承认通知上的送信主义,这不免与立法价值取向发生冲突。关于此的详细论述,可以参照中野·推認,第36页注(34)。这种将表见证明与实体法联系起来的见解,的确是颇具新意的。但是,也有观点对此提出了批判,即认为,不承认挂号信中表见证明案件的具体情况是,原告在诉讼中提出挂号信发信与到达之主张,是在挂号送达证明保管期间的2年届满之后,正是原告这种主张的特殊性导致了表见证明在该案件中被否定,其实在本案中,表见证明的否定与盖然性问题并无关系。关于此的详细论述,可以参照春日伟知郎《表见证明》,载《判タ》,第686号,平成元年,第46页注(40)a,收录于春日伟知郎《民事证据法研究》,有斐阁,平成3年,第124页以下,以及渡边武文《表见证明与举证减轻》,载吉川·追悼(下),第169页注(10)。

〔73〕 太田·証明論,第175页以下;莱伊波特《民事诉讼中的证明标准与证明责任》(春日伟知郎译),载《判タ》,第562号,昭和57年,第43页以下。

与此相对,藤原弘道《大致的推定与证明责任的转移》,载講座民訴(第五卷),第147页以下,藤原法官认为,主张“在一定情形下只要达到低程度心证即可”的观点是否具有其合理的根据还是颇具疑问。此外,在该书第137页,藤原法官认为,大致推定就是证明责任的转移。

决,因此,在这种情形下,无须专门言及表见证明概念,〔74〕而表见证明的作用就在于,当盖然性并没有那么高时对举证困难一方当事人予以救助。〔75〕换言之,这些观点认为,在表见证明中应当考虑"举证困难之法的评价""适用实体法规范的目的""对方当事人行为的可责难性或惩罚性"等实体要素,如此一来,这不免与将表见证明视为基于经验法则的事实推定的多数说形成对立。〔76〕这些在表见证明问题上的少数说观点应当予以关注,而且,尽管属于少数说,但这些学说从正面角度对"避免通过证明责任作出判决之对策"之问题展开论述。〔77〕

---

〔74〕 藤原弘道《所有权取得时效的要件事实》,载藤原弘道《时效与占有》,日本评论社,昭和 60 年,第 139 页、第 144 页;贺集唱《损害赔偿诉讼中因果关系的证明》,载講座民訴(第五卷),第 195 页注(9);太田·証明論,第 178 页以下。

〔75〕 渡边武文《表见证明与举证减轻》,载吉川·追悼(下),第 157 页以下。竜嵜·証明責任,第 61 页以下,关于德国学说的分析也显现出同样的趋向。

〔76〕 关于"法的评价(价值判断)与事实认定交错"之问题,首先由竜嵜喜助教授在《百選》(二版),第 80 号案件(竜嵜喜助解说)中提起,春日伟知郎《表见证明》,载《判タ》,第 686 号,平成元年,第 45 页以下,收录于春日伟知郎《民事证据法研究》,有斐阁,平成 3 年,第 106 页以下,春日教授也指出,法院屡屡在医疗过错案件中作出"因果关系与过失的一体性认定"。除去少量无价值的事实认定外,不得不说这种一体性认定是一种介入价值判断的认定。此外,关于此的论述,还可以参照土屋文昭《事实认定的再思考》,载《自由与正义》,第 48 卷第 8 号,平成 9 年,第 72 页以下。

与上述观点相反,贺集唱《损害赔偿诉讼中因果关系的证明》,载講座民訴(第五卷),第 191 页以下,贺集教授认为,事实认定中介入价值判断在理论上难以获得肯定。据推测,贺集说这一论点的背景在于,贺集教授对于如下这一点之担忧,即因允许介入价值判断后,可能导致法官在事实认定产生恣意。山木户克己《自由心证与举证责任》,载山木戸·論集,第 54 页以下,山木户教授也认为,应当倡导在事实认定中排除价值观与政策性考量影响之理念。

〔77〕 太田·証明論,第 215 页以下。太田说认为,"今后应抛弃不明确且易于误导的'大致的推定'这一'事实问题'层面上的'隐性外衣',而应当对隐藏于其中的法的政策性价值判断予以正面的论述"。依据该书的观点,在判例中的"大致推定"中,有关过失的大致推定并非事实认定问题,而属于所谓的"疑似结果责任"之法的命题,而在因果关系的大致推定中,可以分为"具有降低证明标准的功能"与"具有课以提出反证责任功能"两类。此外,还可以参照小林·証拠,第 56 页以下;伊藤(滋)·認定,第 140 页以下。

2. 反证提出责任

可以用于事实认定的口头辩论全趣旨(参照《日本民事诉讼法》第 247 条),是指在辩论过程中显现的所有资料。当负有证明责任当事人的举证即将奏效(证明获得成功)时,对方当事人不提出旨在阻止法官形成确信的反证,这种情况也应当属于辩论全趣旨。而且,在当事人需要进行反证且反证不困难时,若认为负有证明责任当事人的事实主张是不真实的,除非存有特别事由,否则其应提出反证,这本身也是一个经验法则。因此,在这一经验法则下,法院根据诉讼的具体状况可以通过斟酌对方当事人不提出反证的行为来判断案件事实是否获得证明,有学说认为,这就是所谓的反证不提出法则,或被称为反证提出责任。概言之,当法官对事实的存在与否达到某种程度的心证时,如果存在上述不提出反证情况,那么法院就可以根据这一情况使原来心证上升到证明标准之高度(可以形成确信)。〔78〕

尽管属于一种停留于抽象论层面的论述,但是,就"当负有证明责任当事人证明活动出现困难(未达到证明标准)时,可以予以一定程度的救济(通过反证不提出达到证明标准)"这一点而言,反证提出责任理论值得关注。

但是,这一理论面临的问题是,关于反证提出责任之要件不甚明确,而且,从当事人的角度来看,所谓的"需要进行反证且反证不困难之情形"也包含有相当模糊的一面。〔79〕 有观点对这种理论产生

---

〔78〕 山木户克己《自由心证与举证责任》,载山木戸・論集,第 31 页以下。不过,山木户克己教授的这一理论,与其说是单独使用反证提出责任的理论,毋宁说是为了说明间接反证及表见证明而创设的一个理论。

〔79〕 不仅仅是要件不明确,而且在理论构造上也存有一些不透明之处。前揭注(4)松本・証明責任,第 14 页以下;太田・証明論,第 209 页以下等观点认为,在未达到证明标准时,对方当事人是否产生反证的必要还是颇具疑问的。此外,中野・推認,第 16 页以下也认为,当法官心证未达到确信程度时,法官不能因为对方当事人不提出反证之行为,而使自己的心证达到必要的证明标准。此外,关于此的论述,还可以参照伊藤(滋)・認定,第 144 页;小林・証拠,第 62 页以下;佐藤彰一《举证责任论中行为责任的抬头与客观的证明责任的含义》,载《立命馆大学法学》,第 165・166 合并号,昭和 57 年,第 589 页注(9)。或者说,这并不属于证明标准问题,而可能是所谓的解明度问题(关于解明度问题的详细论述,可以参照太田・証明論,第 105 页以下)。

如下担忧,即反证提出责任是一种自由心证范围内的事实推定,因此,即便能对其进行理论化的构筑,该理论所能发挥作用的空间也并不会太大。[80] 总而言之,反证提出责任应当说是一项逐步展开讨论的理论。

3. 证明妨碍

如果不负有证明责任的一方当事人,通过诸如隐瞒重要证人居所或让其逃往国外、更改文书内容、疏于保管收条等重要文书等种种故意或过失行为毁损证据方法,进而妨碍(对方当事人)利用证据方法(证明妨碍),那么就会使负有证明责任的当事人陷于难以证明(证据缺乏)的境地,进而使案件事实处于真伪不明的状态。在这种情形下,若法院通过适用证明责任原则作出判决而使负有证明责任的当事人败诉,则有不当且不公平之感。于是,就应当考虑以证明妨碍为杠杆来开发“避免通过证明责任作出裁判”的法律技术。其实,实定法本身就设置有有关证明妨碍的规定,即《日本民事诉讼法》第224条第1款(不遵守文书提出命令)、《日本民事诉讼法》第224条第2款(文书毁灭)以及第208条(当事人寻问拒绝)等。现在的问题在于,能否超越这些为实定法所规定的情形,一般地构筑以证明妨碍为根据的“避免通过证明责任作出裁判之对策”?

首先,关于证明妨碍的理论构成,学界存在较大分歧。有观点主张,将其作为实体法上的证据保存义务予以构筑;也有学说主张,应当将证明妨碍视为违反诚实信用原则的一种情形;还有观点主张,将其作为违反诉讼协力义务予以把握。其次,在证明妨碍的构成要件上,众多学说对于“在当事人存在故意或重大过失的情形”进行制裁这一点上没有争议,但是,关于是否也包含无重大过失之情形问题,学界出现了争议。此外,在证明妨碍的效果(制裁)方面也存在三种观点的论争,即分别为:(1)主张一旦发生证明妨碍,就将证明责任转移至对方当事人的观点;(2)主张通过适用“一旦实施证明妨

---

〔80〕 如果从正面来论及降低证明标准问题,那么可能会产生某些作用。关于此的详细论述,可以参照太田·証明論,第210页以下。

碍,就存在于实施者不利的事实”的经验法则,在自由心证框架内予以处理的观点;(3)主张法官可以依据自由裁量来对事实(用被毁损证据进行证明的待证事实本身)作出认定(换言之,可以降低证明标准)的观点。关于第一种观点,从转移证明责任中划一寻求制裁,固然有其有利的一面,但与此同时,无法依据证明妨碍方式及程度的差异灵活作出不同处置。如果按照第二种通过适用经验法则依自由心证予以处理的观点,那么在因过失使证据方法毁损的情形下,并不能说这种证据方法是于毁损者不利的,因此这种经验法则本身就不能成立。

因此,作为合理的理论构成应当是,在发生证明妨碍的情形下,将其作为双方当事人公平之问题予以考虑,法院通过适用诚实信用原则,在从其他证据获得的心证基础上综合考虑妨碍的方式、可归责的程度以及被妨碍证据的重要程度,最后依据自由裁量对事实作出认定(参照新堂,第371页)。〔81〕此外,在实定法上也存在证据妨碍的根据,这一理论作为解释论而言,是颇为有用的。〔82〕

4. 不负有证明责任当事人的事案(事实)解明义务

如果将从客观证明责任导出主观证明责任的观点予以极端化考虑,那么就会产生这样一种结果,即不负有证明责任的当事人在诉

〔81〕 持这种观点的文献还可以见之于,本间义信《证明妨碍》,载《民商》,第65卷第2号,昭和46年,第181页以下;渡边武文《当事人证据行为的规制》,载講座民訴(第五卷),第161页以下;山木戸・論集,第43页以下;小林・証拠,第127页以下。关于德国学说争论的详细论述,可以参照春日伟知郎《关于证明妨碍的近来动向》,载《判タ》,第412号第9页以下、第413号第17页以下、第414号第23页以下(昭和55年),收录于春日伟知郎《民事证据法研究》,有斐阁,平成3年,第191页以下;竜嵜・証明責任,第80页以下;阿兰斯著《德国民事诉讼的理论与实际》(松本博之、吉野正三郎编译),信山社,平成3年,第40页以下,其中《民事诉讼法体系中的证明妨碍》一文首载于《民商》,第87卷第1号,昭和57年,第1页以下。

不过,藤原法官认为,实务中将证明妨碍问题放置于自由心证之框架内来予以处理,参照藤原弘道《所有权取得时效的要件事实》,载藤原弘道《时效与占有》,日本评论社,昭和60年,第154页以下。

〔82〕 关于证明妨碍最近的判例是东京地方裁判所平成2年7月24日判决,载《判時》,第1364号,第57页以下,收录于《百選Ⅱ》,第124号案件。

讼中无须进行任何的证明活动,而只要在对方当事人(负有证明责任的当事人)的本证即将奏效时提出反证即可。那么是否可以容忍这种对案件解明不协助的做法呢?从双方当事人公平视角出发,恐怕还是不无疑问的。

因此,一种深受德国学说影响的观点(关于此的详细论述,可以参照春日伟知郎《收集及提出证据过程中当事人行为的规制》,载《民訴雑誌》,第 28 号,昭和 57 年,第 60 页以下,收录于春日伟知郎《民事证据法研究》,有斐阁,平成 3 年,第 233 页以下)主张,应具备以下四个要件:(1)负有证明责任当事人出示能明确表明自己对权利主张具有合理基础的线索;(2)该(负有证明责任)当事人客观上处于无法解明事实的状况(与事实隔绝);(3)不存在可责难性;(4)不负有证明责任的对方当事人具备可易于解明事实的可期待性。当具备上述四要件时,不负有证明责任的对方当事人就产生事案解明义务(事实解明义务)。如果对方当事人不履行这种义务,那么法院就可以将负有证明责任当事人的主张拟制为真实。而且,在主张具体事实阶段[83]、证明活动阶段以及诉讼前收集证据过程之

---

〔83〕 佐藤教授认为,在事实主张方面,不负有主张责任当事人也应当负有"应主张的责任",参照佐藤彰一《特殊判例研究》,载《民商》,第 84 卷第 1 号,昭和 56 年,第 113 页以下。

此外,因不持有(证据)信息而陷于证明困境的当事人,可能无法对主张予以具体化展开,在这种情况下,当事人就不得不以笼统化或是大致推测之方式暂定性地提出主张,而使这种主张得以具体化的事实,反而需要从基于该主张展开的证明活动(文书提出命令、证人询问等)中寻求。这样一来,虽然使"不持有信息的当事人,因事实真伪不明,使法院通过适用证明责任做出其败诉判决"之危险得以降低,但是,这种以获取信息为目的的证据申请本身是否合法,恐怕还是颇成问题的。在德国,这一过程被称为摸索性证明。关于此的详细论述,可以参照佐上善和《民事诉讼中摸索性的证明》,载《民商》第 78 卷临时增刊号——《末川教授追悼纪念论文集(3)》,昭和 53 年,第 200 页以下;竹下守夫《摸索性证明与违反文书提出命令的效果》,载吉川·追悼(下),第 163 页以下;小林·証拠,第 130 页以下;中野贞一郎编《现代民事诉讼法入门》,法律文化社,昭和 60 年,第 210 页以下(渡边武文执笔)。

阶段,[84]都会产生这种事案解明义务。

在近来,一种以“因证据片面存在(证据方法只集中存在于一方当事人)[85]与因(对方当事人)不作为而产生的证明妨碍”(不提出自己的证据方法)为背景的理论,也经常被提及,这种理论主要针对医疗过失事故来展开论述。具体而言,在医疗过失诉讼中,作为原告的患者方承担证明责任,但当原告方出示“医疗方存在过失,或者这种过失与发生损害存有因果关系”之线索时,对证明活动具有可期待性的医疗方,就应当通过提出病历等方式对“自己不存在过失或因果关系不成立”予以证明,如果医疗方不履行这一义务,那么法院就可以将原告方的“存在过失、因果关系成立”的主张拟制为真实,反之,如果医疗方履行了这一义务,并进行了这方面的证明活动,那么即便事实处于真伪不明,按照证明责任的归责原则,也判决负有证明责任的患者方败诉。

就这一理论本身而言,还存在许多值得详细探讨的余地,[86]因

---

〔84〕 产生于诉讼之前这种义务,是指在具体预测到将来提起诉讼时,利害关系人对将来诉讼中具有重要意义的证据方法应保存之义务。例如,在因医生在患者伤口内遗留手术纱布而使患者不得不再次进行手术的情形下,作为医院方负有的应保存这块手术用纱布,或至少对纱布的大小形状作出记录的义务。关于此的详细论述,可以参照春日伟知郎《收集及提出证据过程中当事人行为的规制》,载《民訴雑誌》,第 28 号,昭和 57 年,第 81 页以下,收录于春日伟知郎《民事证据法研究》,有斐阁,平成 3 年,第 255 页以下。

〔85〕 廣尾胜彰《诉讼资料收集中当事人的作用》,载《九州大学法学》,第 52 号,昭和 61 年,第 151 页以下作出了如下的论述,根据在德国主张这一问题的学者斯蒂尔纳之论述,其论述对象并非限于证据片面存在之情形,而是作为当事人的一般义务展开论述,进而指出,德国的学说与春日说存在差异。

〔86〕 在德国,该理论主张者斯蒂尔纳教授认为,当前亟待解决的问题在于:(1)是否可以基于诉讼中的发现真实理念简单地推导出事案解明义务;(2)承认事案解明义务后,将导致证明责任与主张责任产生什么变化？小林教授也提出如下的疑虑,即这种理论会使主张责任与证明责任的区别趋于模糊,而且,可能使当事人沦为简单的向法院提供信息者,进而丧失其应有的诉讼主体地位,参照小林・証拠,第 127 页以下。

此,笔者认为该理论在今后将会有进一步的发展。〔87〕

5. 具体事实陈述与证据提出义务

事案解明义务以提供明确自我权利主张合理基础的线索为要件,但这种线索究竟需要进行何种程度的主张及举证,则显得不甚明确。对此提出上述批判并主张无须提供线索的理论,就是所谓的具体事实陈述与证据提出义务论。

松本教授在参考德国学说讨论的基础上,倡导以诚实信用原则为根据的具体事实陈述与证据提出义务,该义务的要件包括:(1)不负有证明责任当事人置身于事案经过之外;(2)不具有自身解明事实的可能性;(3)若离开对方当事人则无法展开必要的解明;(4)可以期待对方当事人具体事案(松本博之《关于民事诉讼中不负有证明责任当事人的具体事实陈述与证据提出义务》,载《曹時》,第49卷第7号,平成9年,第1611页,特别是第1643页)。特别是在上述文献第1644页,松本教授明确指出,只要当事人作出具体陈述显然难以对方当事人,那么对方当事人被科以具体事实陈述与证据提出

〔87〕 谷口教授也认为,期待这一理论在今后进一步展开,参照谷口,第243页以下,上田教授认为,这可以被评价为一种着眼于当事人实质平等考虑的理论,参照上田,第376页以下。关于此问题的详细论述,还可以参照竹下守夫《关于伊方原子能发电所诉讼的最高裁判所判决与事案解明义务》,载木川·古稀(中),第1页以下。

与此相反,阿兰斯教授作出了如下批判:如果将事案解明义务视为诉讼上的一般义务,那么就会与现行(德国)的民事诉讼法体系产生不契合,或者说,因这种义务要件的不明确可能造成法官的裁量权过大之问题。作为陷于证明困境(证据缺乏)当事人的救济手段,可以通过在实体法规定信息请求权之方式予以实现。参照阿兰斯《民事诉讼中不负有证明责任当事人的解明义务》(松本博之译),载《民訴雑誌》,第29号,昭和58年,第57页以下,收录于阿兰斯编《德国民事诉讼的理论与实际》(松本博之、吉野正三郎编译),信山社,平成3年,第3页以下。对于阿兰斯的这一观点,铃木正裕教授提出了如下之疑问:阿兰斯教授所言的实体法上的信息请求权是否真正具有实体法性质?而且,在日本,几乎不存在作为实体法上信息请求权根据的条文,因而在日本创设实体法上的信息请求权恐怕较为困难,关于此的详细论述,可以参照《民訴雑誌》,第29号,第105页以下铃木正裕教授的发言。此外,关于德国的信息请求权的详细论述,可以参照春日伟知郎《收集及提出证据过程中当事人行为的规制》,载《民訴雑誌》,第28号,昭和57年,第90页以下,收录于春日伟知郎《民事证据法研究》,有斐阁,平成3年,第268页以下。

义务是不充分的,故有必要设置与对方当事人的连结点(接触点,关于此也可以参照松本=上野,第305页)。若违反具体事实陈述与证据提出义务,将招致驳回请求或驳回抗辩(本案败诉)之结果。

在最高裁判所平成4年10月29日判决[载《最高裁判所民事判例集》,第46卷第7号,第1174页、百選(四版)第62号案件(垣内秀介解说)]的伊方核电站案件中,上告审认为“关于被告行政机关作出上述判断(核反应堆的设置许可)存在不合理之处的主张与举证责任原本应由原告承担,但考虑到有关该核反应堆设施安全审查的资料均由被告行政机关持有等因素,故对于作为判断依据的具体审查标准、调查审议及判断过程等无不合理之处,被告行政机关方首先有必要就其合理的根据及资料提出主张并举证。当被告行政机关无法穷尽上述主张及举证时,就应在事实上推定被告行政机关的上述判断存在不合理之处”。换言之,该判决未言及明确自我权利主张合理基础的线索。就此意义而言,该最高裁判所判例与其说是依据事案解明义务,毋宁说更接近于松本说的具体事实陈述与证据提出义务。

但是,为何无须以提供线索为要件呢?其正当性可以从核反应堆设施安全性这种特殊性获得肯定,即该案件属于以下这种特定类型案件,即因涉及高度专业性,若被告行政机关不首先进行主张及举证,恐原告无法进行充分的主张及举证。在这种案件类型中,也存在保护国民属于行政机关设置目的这一特别连结点,故在案件中无须以提供线索为要件。松本说的具体事实陈述与证据提出义务可以很好地适用于此。那么,在医疗过错案件中又如何呢?在医疗过错案件中,尽管也存在被告医疗方不主张及举证原告就无法充分主张及举证的特殊性,但被告医疗方毕竟存在基于诊疗契约的说明责任,而这种说明责任不至于要求医疗方需要在诉讼中进行主张举证。因此,在医疗过错案件中,与其彻底不要求提供线索而科以被告具体事实陈述与证据提出义务,毋宁采用要求提供线索的事案解明义务说恐更为妥当。无论是事案解明义务说,还是具体事实陈述与证据提出义务说,均是颇具魅力的思考。今后应进一步深化该问

题的讨论。[87-2]

6. 合比例认定(对应于心证程度的认定)

即便当法官心证未达到证明标准而使事实认定处于真伪不明时,法官内心一般也会存在四六分或三七分的心证比例,但是,对于这种证明(法官的确信)未果之情形,法院必须遵照证明责任规则作出驳回请求判决。不过,如果是和解或调停,法官就可以提出与四六分或三七分心证比例相对应金额的和解方案。

这种在和解或调停中可行的合比例认定事实方式,能否导入某些案件的判决中呢?这就是所谓的按心证度进行合比例认定的问题。一个以仓田卓次法官为裁判长的下级审判决[东京地方裁判所昭和45年6月29日判决,载《判時》,第615号,第38页以下,收录于《百選Ⅱ》,第123号案件(高田昌宏解说)]就存在这样的做法。具体而言,在交通事故与后遗症因果关系的认定中,法官对肯定因果关系证据与否定因果关系证据形成的心证分别为七成与三成,由于肯定因果关系存在的心证度为70%,因此法院对原告请求中的70%损害额予以支持。该判决做出的论述如下:从证据上看,当原告请求可获得认可的范围为70%时,若拟制其为100%存在,则将不当造成有利于受害方的结果,反之,若完全驳回原告请求,则会不当造成加害方得利,与其如此,毋宁在这种情形下承认70%的损害额,这样的结果既与证据上能获得肯定的因果关系存在之判断形成对应,又符合作为侵权行为损害赔偿理念的"公平分担损害"之精神,而且,也较符合一般常理,并能在结果上实现正义。

〔87-2〕 关于平成4年的该最高裁判所判例,竹下教授等主张采用事案解明义务说[参照竹下守夫《关于伊方原子能发电所诉讼的最高裁判所判决与事案解明义务》,载木川·古稀(中),第1页以下],而伊东教授则认为,判例肯定了实体法上的信息提供义务(参照伊东俊明《主张过程中的当事人信息提供义务》,载《横滨国际经济法学》,第15卷第3号,平成19年,第1页)。对于此,也可以参照垣内秀介·百選(四版),第133页;伊东俊明《关于主张过程中当事人信息提供义务的一点考察》,载《民诉杂志》,第56号,平成22年,第190页。

对于这种未达到证明标准,若按照一般处理,则会因事实真伪不明作驳回请求处理的情形,这种承认 70% 请求的处理方法,从正面避免了适用证明责任来作出裁判。因此,这种做法也在学界产生相当大的反响。

第一个反应是,将其理解成所谓的"作用度"的问题,并欲将这一概念纳入传统理论的框架内。但是,所谓的"作用度",是指当存在几个损害原因时,对每个原因所造成的结果认定各自的比例,并按照这一比例分割损害赔偿额的概念(例如,一个人在被 A 车撞了后又被 B 车撞的事故)。但是,作用度概念一般是在分别肯定各自原因与结果形成因果关系基础上才被论及的。〔88〕而上述判决的论述并未肯定其他原因与结果之间的因果关系,因此上述判例中的合比例认定应当不同于作用度理论。〔89〕

第二个反应是,从侵权行为中的"公平负担损害"之理念出发,正面承认这种合比例认定。作为一种实体法的解释,这种见解应当予以肯定[参照新堂,第 350 页注(1)]。〔90〕

总而言之,从实体法应然性出发肯定"合比例认定"之理论,固然不成问题,但是,从诉讼法立场对此予以正面承认,恐怕还颇成问

〔88〕 村上博已《损害赔偿请求诉讼中按照心证比例进行的认定》,载村上博已《民事裁判中的证明责任》,判例时代社,昭和 55 年,第 66 页以下。

〔89〕 《研究会——证明责任论的现状与课题》(松本博之、并木茂、春日伟知郎、仓田卓次、吉野正三郎、莱伊波特),载《判夕》,第 679 号,昭和 63 年,第 62 页以下仓田卓次法官的发言。

〔90〕 不仅仅限于侵权行为领域,合比例认定也被用于请求返还贷款诉讼中的"偿还"方面。关于此的判例,可以见之于东京地方裁判所昭和 49 年 7 月 18 日判决,载《判时》,第 764 号,第 62 页。不过,住吉博《民事诉讼判例评释》,法学书院,昭和 53 年,第 225 页以下却对此做法提出了批判。

题。应当说,这种合比例的认定还只能限用于和解与调停。〔91〕

7. 作为行为责任的证明责任

至此为止的论述都围绕着客观证明责任展开。有观点对客观证明责任提出如下批判:客观证明责任作为一种结果责任,是在不得不归责于当事人的情形下,强迫法院不当作出断定(通过证明责任作出判决)的手段,不仅如此,作为结果责任的客观证明责任不能规制诉讼前或诉讼中当事人的行为,因而也不能成为所谓的“诉讼之脊梁骨”(backbone),这一与当事人具体行为无关的客观证明责任理论构成,不免带有某种无过失责任性质之嫌。

这一批判说进一步导出的结果是,当事人应当负有的“证明的责任”应是作为行为责任的证明责任。如此一来,就使得“在负有这种行为责任当事人不履行这种责任时,科以该当事人某种不利益(最终极的不利益就是败诉)”之做法获得正当化根据。反之,当该当事人尽到这一行为责任时就不能科以其某种不利益。但问题在于,尽管双方当事人都履行了这种证明责任,但事实仍陷于真伪不明时该怎么办呢?对于此该学说认为,如果对行为责任的分配予以合理地构筑,那么几乎就不会出现事实真伪不明的结果,不过,万一出现真伪不明,由于当事人不负有责任,因此也不能科以其败诉的

〔91〕 伊藤(滋)·認定,第 192 页以下展开的分析是非常有益的。关于这方面的其他文献,还可以见之于山木戸·論集,第 47 页以下;贺集唱《损害赔偿诉讼中因果关系的证明》,载講座民訴(第五卷),第 187 页、第 193 页;村上博己《民事裁判中的证明责任》,判例时代社,昭和 55 年,第 56 页以下;小林·証拠,第 75 页以下。不过,谷口,第 241 页以下持可以理解的态度。此外,贺集教授认为,合比例认定不能适用于责任成立的因果关系领域,但在责任范围的因果关系(《日本民法》第 709 条后段规定的“因此”之情形)领域中是否适用,还是一个值得探讨的问题,参照贺集唱《损害赔偿诉讼中因果关系的证明》,载講座民訴(第五卷),第 188 页以下。本井《因果关系的认定与证据》,载《判タ》,第 669 号,昭和 63 年,第 14 页以下也持同样见解。

有观点主张,不按照法官心证比例进行合比例的认定,而是通过计算事态概率或统计学方法的本身来进行(合比例的)事实认定。关于此的详细论述,可以参照三木浩一《概率性证明与诉讼上心证的形成》,载《庆应义塾大学法学部法律学科开设百周年纪念论文集(法律学科篇)》,庆应通信,平成 3 年,第 631 页以下;关于这方面在反垄断法领域的论述,可以参照伊藤真《违反反垄断法的损害赔偿诉讼》,载《ジュリ》,第 963 号第 54 页以下、第 965 号第 53 页以下(平成 2 年)。

不利益,那么法院可以不作判断(不作本案判决)。[92]

这种观点将此前的“由结果责任的证明责任(客观证明责任)指引当事人举证活动”的学说方向进行了一个180度的转向,并试图仅以行为责任的证明责任规制当事人的举证活动,可以说,这是一种极负有挑战性的学说。不过,就目前阶段而言,这一学说还存在不能具体构建行为责任分配原则之缺陷。因此,当前对于这一学说的妥当与否作出判定,可以说还为时尚早。[93]

竜嵜教授主张,将“应提出证据当事人尽管提出了证据,但事实仍真伪不明”分成两种情形予以考虑(参照竜嵜·証明責任,第187页以下),可以说该观点与上述批判说有着异曲同工之处。这两种情形分别是,因当事人本人“没有能力、笨拙以及不注意”等主观原因造成案件结果真伪不明的情形(可以科以该当事人不利益),与尽全力举证但事实仍不幸陷于真伪不明的情形(是否科以该当事人不利益,则存在疑问)。该学说主张,对于前种情形应当追究当事人的行为责任。而且,在强调“日常生活中一般人常识”这一点上,竜嵜说也与上述学说存在共同点(上述学说也强调诉讼前行为责任与行动标准之间的连续性)。那么对于后一种情形,该如何处理呢?关于这种情形的解决之策,竜嵜说提出并探讨了以下种种方法,即通过采用将案件移送到其他法院、独任案件移交合议庭审理、原审法官回避而由其他法官审理[94]以及换用和解等方式,最后由法官依

---

〔92〕 佐上善和《举证责任的含义与功能》,载井上=伊藤=佐上,第139页以下。佐藤彰一《证明责任论的课题(2)》,载新堂·特別講義,第464页以下也对证明责任问题持相类似见解。

〔93〕 前揭注(4)松本·証明責任,第315页以下,松本教授认为,对于这一学说的妥当性作出判定并非为时尚早,因为这种行为责任说在判断乃至规制方面都缺乏应有的安定性,因而不能视为一种具有原理性的学说。此外,小林·証拠,第151页以下也有类似的表述。

〔94〕 对于移送、裁量合议、回避三种方法,除了竜嵜喜助教授自己也承认的实定法难点外,作为这些方法前提的“A法官的心证(确信)与B法官的心证(确信)不同”之论点,也应当予以注意。作为社会学上的事实,依不同法官可能会有不同心证(确信),但是,就规范意义而言,无论哪位法官心证必须大致相同,绝不允许因法官不同使同一案件胜败结果产生差异。关于此的详细论述,可以参照新堂,第338页以下;太田·証明論,第27页以下。

价值判断对案件进行裁判。不过,这种判断是一种不得已而为之的措施,因此当发现有新证据时,也应当认可再审(就最终作出本案判决这一点而言,竜寄说与上述说又存在差异)。

8. 真伪不明(non liquet)判决

所谓真伪不明判决,是指当案件事实被判明为真伪不明时,法院作出的驳回请求判决。在德国,这种真伪不明判决最初在确认婚外亲子关系不存在诉讼中被采用,而后又被立法所承认。〔95〕 具体而言,关于婚外父子关系的证明责任,由对此予以主张的儿子一方承担,在作为原告的父亲对作为被告的儿子提起的确认亲子关系不存在的诉讼中,当事实处于真伪不明时,应当作出对儿子方不利的驳回请求判决(亲子关系不存在)。

但是,在德国判例中,在请求进行血统上确认的诉讼中,当案件事实真伪不明时,并不适用证明责任规则,而一律作出驳回请求判决。不过,针对确认亲子关系不存在请求作出的驳回请求判决与通常的"确认法律关系不存在"判决不一样,即这种判决不会导致亲子关系存在这一事实获得确定。〔96〕 而且,这种观点通过1969年《德国民法》与《德国民事诉讼法》的修改为实定法所承认。具体而言,在确认亲子关系不存在之诉中,当因"具有亲子关系"之事实存在而作出驳回请求判决时,法院在判决主文中应当写明"因存在父子关系之事实而驳回请求"的判旨。这样一来,反过来可以使"因事实真

〔95〕 参照竜寄·証明責任,第48页以下。

〔96〕 在确认债务不存在的请求中,作为被告的债权人对于"债务成立"之事实负有证明责任,而作为原告的债权人对于"债务消灭"等事实负有证明责任。于是,当债务成立与否之事实陷于真伪不明时,法院就会作出于被告方的债权人不利的裁判,即作出承认请求的判决,反之,当债务成立事实得到证明(债务消灭等事实得到证明或者真伪不明)时,则作出驳回请求的判决。总而言之,针对确认债务不存在请求作出的驳回请求判决,通过判决既判力的作用,使"存在债务"(被告人是债权人)这一事实获得确定,参照上图。如果将这一原理适用于确认亲子关系不存在诉讼中,那么针对确认亲子关系不存在请求的驳回请求判决,也应当会对"存在亲子关系"这一事实作出确定。但是,德国的判例认为,针对确认亲子关系不存在请求作出的驳回请求判决,不会导致"存在亲子关系"这一事实获得确定。

伪不明作出驳回请求的情形”得以明确化(如果法院作出的判决未在判决主文写明上述判旨,那么就意味着该驳回请求是基于事实真伪不明的驳回请求判决),而且,在这种因事实真伪不明而驳回请求的情形下,判决并不赋予父子关系确定的效果,并且允许通过新的鉴定提起恢复原状诉讼(相当于日本的再审)。

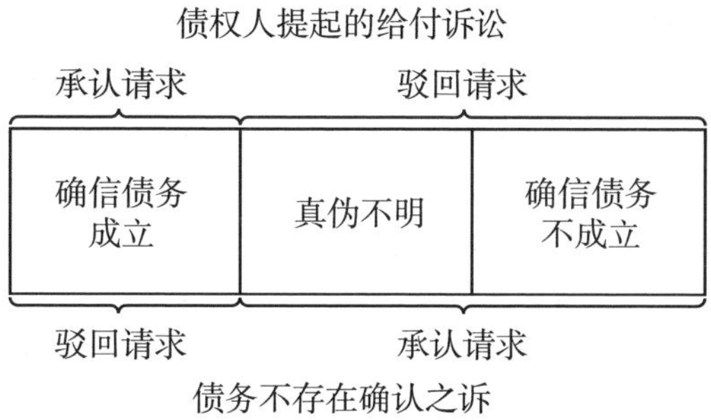

图 14-5

这种真伪不明判决的意义就在于以下两点:第一,当父子关系真伪不明时,通过判决驳回原告的“确认亲子关系不存在”之请求,保护儿子一方的利益(由于并没有被认为“不存在亲子关系”,因此儿子可以继续接受父亲一方支付的抚养费);第二,并未通过判决既判力作出确定(形成遮断效),而仍然留有“随着科学的发展并通过新的鉴定对案件事实予以新的解明”之余地。〔97〕

应当说这是一种在特定类型案件中发挥效用的理论。〔98〕

9. 降低证明标准

有学说认为,在矿害或公害事件中,被害方(原告)对于因果关系的举证,只要“因果关系存在”达到相当高程度的盖然性即可,〔99〕并认

〔97〕 竜嵜教授认为,应当重视在科学发展领域中来寻求“回避适用证明责任作出裁判”的对策,科学的发展可能会进一步将“适用证明责任作出裁判”的方式置于例外地位。参照竜嵜・証明責任,第 57 页。

〔98〕 如本书的行为规范说部分所介绍的,竜嵜教授主张,不仅仅限于特定类型的案件,应当在一般意义上允许当事人采用通过发现新证据来提起再审的方式,参照竜嵜・証明責任,第 195 页以下。

〔99〕 德本镇《企业侵权行为责任研究》,一粒社,昭和 49 年,第 130 页以下。

为,这种程度固然超过疏明层次但又未达到证明的高度。这是一种主张可以在特定案件类型中降低证明标准的观点,也就是所谓的盖然性说。在民法学者中,这种学说具有一定的支持度。〔100〕

另一种学说对盖然性说予以进一步细致化发展,即认为,在按照一般证明标准会导致证明困难,进行产生不当的证明责任判决(通过适用证明责任作出的判决),最终有违实体法规范目的及趣旨,在此情形下,应当降低证明标准。该学说列举了以下情形作为降低证明标准的案件类型:(1)关于医学、化学及物理学等因果关系难以证明之情形;(2)公害、矿害以及产品责任情形;(3)诸如交通事故中因被告投保可以转移损害风险之情形。〔101〕

若对法官实践操作有所实然把握,则正如太田法官(参照太田·証明論,第191页以下)关于"大致推定"部分分析所论述的,降低证明标准的做法是可行的。而且,一旦降低证明标准,真伪不明的领域将会缩小,进而可以减少通过适用证明责任作出判决的情形。就此意义而言,降低证明标准可以说是一个根本解决之道,但问题在于,该依据什么样的理论构成实现降低证明标准的正当化呢?〔102〕若简单因存在必要就降低证明标准,恐怕缺乏应有的说服力。尽管可以在理论上主张,应在民事裁判中普遍降低证明标准(证据优越说),〔103〕但笔者认为,还是应当在特定的案件类型中,通

〔100〕 不过,贺集唱《损害赔偿诉讼中因果关系的证明》,载講座民訴(第五卷),第188页以下对盖然性说展开了批判。

〔101〕 关于此的详细论述,可以参照太田·証明論,第214页以下。

〔102〕 山木戸·論集,第28页以下,山木户教授主张将其作为一种证据法则予以对待。在此前,加藤新太郎《证明标准降低的法理》,载木川·古稀(中),第110页以下,收录于加藤新太郎《程序裁量论》,弘文堂,平成8年,第124页以下,以及伊藤(滋)·認定,第185页以下对此问题也有所论述。

〔103〕 关于民事裁判中的证明标准之论述,可以参照村上博己《民事裁判中的证明责任》,判例时代社,昭和55年,第1页以下;小林·証拠,第66页以下;本德尔《证明标准》,载阿兰斯编《西德民事诉讼法的现在》(小岛武司编译),中央大学出版部,昭和63年,第249页以下。上述所有的论文都对所有案件与事实的证明标准予以一元化确定做法提出反对或质疑。此外,还可以参照荻原金美《瑞典证据法序说》,载《神奈川法学》,第25卷第3号,平成2年,第73页以下。

过明示的实定法解释论根据实现降低证明标准。加藤教授主张，在满足以下三个要件的前提下可以降低证明标准：(1)事案性质决定了事实证明困难；(2)依据实体法的规范目的与趣旨，证明困难将导致显著的不正义；(3)无法找到与原则性证明标准具有等价值举证的其他可替代手段[参照加藤新太郎《证明标准降低的法理》，载木川·古稀(中)，第110页，收录于加藤·裁量，第124页]。伊藤(滋)·認定，第185页也认为，包含费用、时间等因素在内的事案性质决定了举证困难在本质上无法避免时，且也综合考量了与案件相关的法律制度趣旨、应适用或类推的实定法规范趣旨等因素，因案件中证明不充分导致一方当事人败诉将显著违反双方当事人公平，应对降低证明标准予以肯定。对此应予以赞同(高橋·下，第41页)。若将上述学说进一步予以深化，并通过将其与表见证明、证明妨碍等形成统合，进而发展壮大，最终将发展成为一个非常有用的理论。

第十五讲　既判力

导　读

“既判力”在学术界已经逐步为人们所熟悉。我甚至认为《民事诉讼法》的下一次修改最重要的是确立既判力制度。中国民诉法以及民诉法实践中的许多矛盾问题均在于该制度没有明确。由此也就引发第三人撤销之诉、执行异议、案外人异议之诉等相关问题的纠结。既判力关联到诉讼标的、禁止重复诉讼、当事人、纠纷相对性解决与一次性解决的关系等问题，因此，也是一个关系基础理论的问题。既判力制度源于德国，为以后的日本、韩国、中国台湾地区民事诉讼法所认可。基于中国实体法与大陆法系国家的同构性以及民事诉讼理论上的联系，笔者认为中国有条件，也应当建立既判力制度。

一、既判力的含义和作用

在日本，既判力的基本含义是，终局判决一旦获得确定（中国使用的“生效”而没有使用“确定”。应该说，“确定”更为准确，因为只要送达，判决就会发生一定的效力，但未必发生既判力），该判决针对请求所作出的判断就成为规制双方当事人今后法律关系的规范，当双方当事人对同一事项再度发生争执时，就不允许当事人提出与此相矛盾的主张，而且当事人不能对该判断进行争议，法院也不能作出与之相矛盾或抵触的判断。

通说认为，既判力是实现“解决纠纷”之民事诉讼制度目的不可或缺的制度性效力。具体而言，如果没有既判力，那么确定判决的判断就会随时被推翻，败诉的当事人也可以对纠纷反复地进行争议，纠纷就永远不会得到解决。这既是既判力存在的根据也是既判力的作用。更具体地讲，既判力的作用主要针对的是“后诉”。既判力针对“后诉”发生作用时，存在消极与积极两个侧面。在既判力作用的消极方面，即当事人不能提出与既判力之判断相反的主张与证据申请，法院也不能接受当事人提出的违反既判力的主张，对于违反既判力的证据申请，法院应当予以驳回，换言之，不让违反既判力的当事人主张与证据申请进入（后诉）审理就是既判力消极作用的表现形式。既判力的积极作用表现为，后诉法院必须以产生既判力之判断为前提来作出判决。

二、既判力的核心问题——既判力的范围

既判力是一种禁止当事人对同一纠纷再度提出争议的强制性效力，因此就必须对其所涵盖的范围进行限定。这也是既判力制度和理论中最核心的问题。既判力范围，在理论上可以分为既判力的时间范围、客观范围（物的范围）和主观范围（主体范围）。

1. 既判力的时间范围

在时间范围上，既判力在事实审的口头辩论终结的时点上发生效果或作用。口头辩论终结时点作为既判力产生时间的根据在于如下两点考虑：首先从口头辩论一体性的角度来看，辩论在其终结时点可以作出一体性的判断。其次从当事人的视角来看，到口头辩论终结时点为止的所有事由都应当是当事人能主张的事由，因此，禁止对这些事由再行争议，对于当事人而言也是无可厚非的。应当注意的是，在中国裁判的事实并非以辩论终结之时为节点，尽管理论上认为应当以辩论终结为节点，但在实践中依然存在宣告辩论终结后，仍有可能将未经辩论的事实作为判决的事实根据。

2. 既判力的客观范围(物的范围)

除抵销的情形外,既判力仅仅基于包含在判决主文内的法院判断而产生。而且,所谓的判决主文是指,对应于原告在诉状中提出的请求趣旨,法院以诉讼上的请求(诉讼标的)为内容作出的判决事项。实质上,既判力的客观范围就是裁判的诉讼标的——争议的实体权利或法律关系。原则上判决的理由具有既判力。其理由是如果判决的理由也具有既判力,就难免会对当事人造成突然袭击。同时一旦具有既判力也就必然导致防御的扩大化。这一点需要我们特别注意。当然完全不具有约束力,也会导致后诉与前诉的矛盾。这一问题就涉及了后面会提及的争点效的问题。当然,既判力客观范围问题如果进一步展开还涉及基于后遗症的赔偿、抵销抗辩等问题。

3. 既判力的主观范围(主体范围)

判决对哪些主体有既判力(约束力)就是既判力的主观范围。在德国和日本,在既判力的规范方面,实行的是既判力相对性原则。

由于确定判决是对诉讼双方当事人之间的争议作出的终局性判断,而且这种判断是在给予当事人双方充分的程序保障,给予当事人双方行使诉讼权利的自由的情形下作出的,因此对该当事人双方有约束力,当事人不得对该争议事项再行提起诉讼要求法院作出判断,即使法院受理也不得作出与前诉法院对该事项判断相矛盾的判断。这种仅对当事人双方具有的约束力就是所谓既判力的相对性。既判力原则上只在当事人之间发生,符合既判力作为诉讼法制度设置的本质要求。这就是既判力相对性原则。在某些特殊情形下,既判力的相对性原则也存在例外的可能,即判决的实质确定力也可能对当事人之外的主体发生约束力。

按照既判力相对性原则的基本含义,既判力仅在诉讼当事人之间产生,这一原则不仅有助于纠纷的终局解决,保障法律关系的稳定,同时能够为没有参加诉讼的案外第三人的民事权益提供程序保障,防止他人通过诉讼侵害案外第三人的民事权益。因为案外第三人不受他人诉讼的判决既判力的拘束,他人之间的诉讼结果如果有损案外第三人的合法权益,该第三人可以寻求诉讼救济。如果按照既判力相对性原则,中国的第三人撤销之诉有可能存在问题。既判力制度是一种最好的保护第三人实体权益的制度。不承认和不设置既判力制度都是不可取的。

三、争点效理论

为了使争议一次性得到解决,防止前诉与后诉的矛盾,日本学者新堂幸司提出了另一种思路,这种思路不是考虑既判力的扩张,而是在既判力之外,提出一种效力。这种效力不同于既判力,既判力的范围仍然按照过去的原则只及于判决的主文,而这种新的效力及于判决的理由。确切地讲,应当是判决理由中各争点的判断在后诉中不得加以争论。这种效力就称为"争点效力"或"争点效"。这样,前诉判决对后诉的拘束力就包含了既判力和争点效力两种。

争点效力理论主要是吸取了美国法中的既判力理论和德国的既判力扩张以及日本学者有关参加诉讼效力扩张的思想营养。争点效力的理论根据是诚实信用原则和公平原则。前诉判决理由中的各争点在前诉中当事人之间已经进行了争辩,法院也对这些争点问题进行了实质上的审理,并作出了判断,因此就不应当允许后诉的当事人在诉讼中再行争议。如果再争议既违反了诚实信用原则,又不符合公平原则。争点效力理论的最大优点就在于,既可以保持既判力客观范围原则,又能够防止重复诉讼、矛盾裁判,也能避免新诉讼标的理论的缺陷。在对待争点效的问题上,高桥总体上是赞同的,但指出了争点效理论存在的一些问题,例如,当事人如果仅对判决主文满意,但对理由不满意能否提起上诉?这种情形在我国也实际存在,尤其是在没有明确既判力客观范围的情形下就必然会发生。另外,还有争点效与诚实信用原则的关系等,都是争点效理论没有解决的问题。

目　次

一、既判力的本质及根据

1. 既判力本质论

确定判决之判断被赋予的共有性或拘束力,就是既判力。按照新堂教授的观点(参照新堂,第403页),终局判决一旦获得确定,该判决针对请求所作出的判断,就成为规制双方当事人今后法律关系的规范,当双方当事人对同一事项再度发生争执时,不允许当事人提出与此相矛盾的主张,而且,当事人不能对该判断予以争议,法院也不能作出与之相矛盾或抵触的判断。简而言之,不允许对该判断再起争执的效力就是既判力。

为何法院的判断会被赋予这种既判力(共有性)呢?而且,在现实中也有可能出现与真实实体法状态不相符的不当判决,那么如何来理解这种不当判决也具有既判力之问题呢?若要对这些问题作出回答,就不得不言及既判力本质论问题。关于既判力本质论,在学界中存在各种学说,若对此大致进行分类,则可以分为实体法说与诉讼法说。实体法说从"判决拘束力作用于(当事人之间的)实体关系"之视角把握既判力,因此,即便是不当判决,也(按照不当判决)将实体法状态变更为判决所判定的内容。换言之,这一判决就被视为双方当事人就判决内容达成的和解协议。就这一意义而言,实体法说应当被理解为,既判力首先对双方当事人发生作用,当实体法状态发生变化时,后诉法院就必须基于这种新的实体法状态作出新的裁判,因此,后诉法院也要受到既判力拘束。与此相对,诉讼法说则认为,既判力是与实体关系无关的、具有"国家裁判权统一判断"之诉讼法上效果的判决拘束力。换言之,若基于诉讼法说立场,既判力意味着后诉法院不能受理与前诉确定判决相矛盾的主张。可以看出,诉讼法说首先是从"判决拘束力专门作用于法院与法院之间关系"之视角把握既判力,不过,当当事人想求助于法院(向法院提起后诉)时,也会考虑到这种判决拘束力的作用,因此当事人就会按照前诉判决内容实施自己在法院外的行为。如此一来,即便基于诉讼法说立场,也会得出"既判力将反射性地作用于当事人"之结论。

从上述两种学说的具体说明来看,在感觉上可能实体法说更易于理解且显得更为简洁明了,但实体法说也面临如下难题,即难以对"既判力仅仅作用于双方当事人之间"之实定法(《日本民事诉讼法》第115条第1款第1项)规定作出说明(例如,所有权应当是所有权人对所有其他人的权利,但确认所有权判决的既判力,却仅仅作用于双方当事人之间。关于反射效的论述可以参照本书"第十六讲　反射效"部分的相关论述),而且,依据实体法说也难以对既判力消极作用作出很好的解释。因此,作为一种技术性的说明,诉讼法说似乎更占有优势,不过,就完全切断与实体法的关系这一点而言,感觉诉讼法说欠缺某种朴素性。鉴于此,许多关于既判力本质论的观点都是围绕着如何修正、协调实体法说与诉讼法说这两者关系提出主张并展开论述的。〔1〕

作为"如何看待法及诉讼"这一一般性法学问题而言,这种关于既判力本质论探讨所显现的重要意义固然毋庸置言,〔2〕但是,在对于既判力解释论中最重要的问题——"既判力效力的界限何在"之

---

〔1〕　在日本,兼子理论主张"权利实在说"。在兼子理论中,既判力同时具有继承实体法与诉讼法之血统的特征,不过,从结果上来看,一般都认为兼子理论的既判力本质说还是接近于实体法说。关于权利实在说的详细论述,可以参照铃木正裕《关于兼子博士的既判力论(权利实在说)》,载《兼子·還暦(上)》,第315页以下。

此外,吉野正三郎教授在既判力本质论上采用具体法规范说,关于此的详细论述,可以参照吉野正三郎《集中讲义民事诉讼法》,成文堂,平成2年,第218页以下。

〔2〕　条解,第591页以下(竹下守夫执笔),竹下教授认为,在对作为"法或权利与既判力或判决拘束力的关系"这样一般性法学问题进行论述这一点上,既判力本质论还具有重要意义。畑郁夫教授也认为,主张"无需对既判力本质论进行探讨"的观点是不妥当的,从微观层面来看,有关既判力的逻辑上整合性探究、历史意义与社会意义的确认等问题,在解释论上仍然具有意义,参照畑郁夫《既判力的本质与作用》,载《争点》(新版),第274页以下。

问题的探讨上,既判力本质论几乎没有发挥作用的余地,因此,在解释论上很难说既判力本质论还是一个具有实益性的命题(参照新堂,第573页)。[3] 如此一来,对于既判力本质论的理解,只要达到"把握既判力性质"之程度即可,而无须深入探讨。而且,当下的学界近乎趋于共识地认为,就既判力的性质而言,其既具有实体法说的一面又有诉讼法说的一面,或者既判力具有同时作用于当事人与法院之性质。[4]

---

〔3〕 主张"既判力本质论在解释论上的无用性"之观点,可以见之于铃木正裕《对于既判力论的一点考察》,载中田·還曆(下),第25页以下;铃木正裕《既判力本质论的实际作用》,载《争点》(新版),第260页以下等。

〔4〕 若从纯理论的视角来看,诉讼法说基本上更具优势,关于此的详细论述,可以参照,升《民事诉讼法》(第五版),平成元年,青林书院,第389页以下;条解,第592页以下(竹下守夫执笔);伊藤,第443页以下等。换言之,"为了使诉讼制度有效解决纠纷而拘束后诉法院"是既判力的核心所在。尽管如此,在判决确定后,当事人也是按照该判决既判力的内容来实施自己行为的,也即既判力内容反射地规范当事人行为之作用,也是不容否定的。但是,与其说既判力是规范性的(当事人即便在诉讼外也必须遵从既判力的内容),毋宁可以将其作为一种事实效力予以把握。一旦将既判力视为一种事实效力,那么就不能再说既判力本质论之于解释论的无用性。事实效力在确认利益及其他利益问题说明中,也可以成为解释论的根据,关于此相关的论述,可以参照伊藤真《裁判的效力论》,载《ジュリ》,第731号,第151页以下。此外,尽管诉讼法说具有理论上优势,但是对于诉讼法解释理论而言,就会产生如下这样这种外在危险,即诉讼法说单方面强调国家秩序与安定之要求。小室ほか·基本法コンメ(第一卷),第229页以下(井上正三执笔),井上教授认为,时至今日,在判决正确性中寻求既判力根据的实体法说,尽管在形态上已经发生变化,但作为一种理论其影响依然根深蒂固,并在既判力本质论大河的底流中奔腾不息。

伊藤教授认为,既判力既具有实体法性质的一面,又具有诉讼法性质的一面。通过既判力赋予当事人解决纠纷的实体性地位,就是其实体法性质的一面,这被称为独立既判力,而既判力诉讼法性质的一面表现在,当对方当事人在其他诉讼中对既判力赋予的本方当事人实体地位进行攻击时,既判力就会阻断对方当事人的这种行为,这被称为附随既判力。独立既判力原则上在诉讼外发挥作用,而且,这种独立的既判力也是判决产生波及效力的根据,参照伊藤真《既判力的两种性质》,载《民商》第78卷临时增刊——《法与权利》(3),昭和53年,第266页以下。关于判决的波及效力之详细论述,可以参照伊藤真《确认诉讼的机能》,载《判タ》,第339号,昭和51年,第28页以下。如同伊藤说一样,这种通过强调既判力作用于实体法生活这一点,对实体法说与诉讼法说予以再统合的倾向,在德国表现得尤为明显。关于此的详细论述,可以参照斯坦因、尤纳斯、莱伊波特《德国民事诉讼法注释书》(第二十版),第332条。

2. 既判力的根据

对于如何看待既判力的根据,即当事人为何受既判力拘束之问题,目前的学界大致上存在如下三种学说。

第一种学说认为,既判力是实现"解决纠纷"之民事诉讼制度目的不可或缺的制度性效力。具体而言,如果没有既判力,那么确定判决的判断就会随时被推翻,败诉当事人也可以对纠纷反复地进行争议,如此一来,纠纷就永远得不到解决。而阻止这种恶性循环,使纠纷解决制度真正发挥作用,进而谋求被判决所确定的权利安定,正是既判力的根据所在。特别倡导"一事不再理"原则的三月说,可以被视为这一学说的典型代表(参照三ヶ月・全集,第 17 页以下)。〔5〕

第二种学说认为,既判力的根据除这种制度性效力外,还在于其赋予当事人种种程序上的权能,并且使得"当事人在想行使权能时可以自由行使"。换言之,作为赋予程序保障之反面的自我责任,也被这种学说追加为既判力的根据,即一种主张将"制度性效力"与"程序保障"同时视为既判力根据的二元论观点。不过,若对学说进行详细考察,就会发现其中并非为并列的二元论,"程序保障及自我责任"旨在使既判力拘束得以"正当化"(参照新堂,第574 页。因此,从严格意义上讲,这种学说下的既判力根据仍然在于制度性效力),故而"程序保障及自我责任"应理解为既判力产生的条件。〔6〕 上田徹一郎教授主张所谓的提出责任说,〔7〕也属于

---

〔5〕 注解民訴(第五卷、第二版),第 123 页以下也是属于这种"制度性效力说"的观点,即认为,既判力本体就是根源于一次性解决纠纷原则的诉讼制度本身之要求。

〔6〕 小山,第 387 页以下,小山教授认为,既判力的根据应当从确保"确定判决之判断的法的安定性"之社会必要性中去予以寻求,而当事人在程序中享受权利与利益之保障则是既判力的实质条件,据此,小山教授对既判力的根据与条件两者作出区分。

〔7〕 上田教授认为,作为认可法的安定性要求与对方当事人地位的安定性要求之前提条件,即为"当事人权的保障",参照上田徹一郎《遮断効与提出责任》,载上田・判決効,第 224 页以下,尤其是第 236 页。由此可以看出,上田说属于"制度性效力与程序保障"的二元论阵营。上田说的特色在于,使这些要求与实体法所认可的法的地位形成对应(这被称为实体关系的程序保障要求),而且,特别强调"包括后诉法院判决在内的全体纠纷解决结果应当尽可能接近实体法权利关系"之要求。关于上田说的详细论述,还可以参照上田,第 446 页以下。

这种二元论的见解。[8]

第三种学说认为,应当仅仅从"程序保障与自我责任"方面来寻求既判力根据。具体而言,一旦当事人在前诉中"获得程序保障",那么在该当事人方面就产生在前诉中应主张及举证的自我责任,而这种提出责任就是既判力的根据。由于这种学说将这种提出责任进一步纯粹化为提出责任效,因此多不使用"既判力"之表述,而代之以"失权效"之称谓。而且,在这种立场下,不是以"在确定判决中已经作出判断",而是以"程序已经实施"之本身作为考量这种失权效的起因,因此,对于这种失权效的论述,并非仅限于诉讼标的范围,而必须直接着眼于整个前诉程序来展开。这一学说主要由所谓的程序保障学派所主张。[9]

根据论固然不能解决既判力领域的所有问题,但却能够提供一个解决问题的视点。因此,如果从解决问题的视点来判断既判力根据论的妥当性,那么作为一种理论见解,应当说第二种学说(二元论)更具有合理性。在主张既判力的根据在于制度性效力这一点上,第一种学说无疑是正确的,不过,若仅以此为据,则在论述既判力界限方面,不免有过于粗略之嫌。[10] 而提出责任说的不足之处

---

〔8〕 竹下教授也将既判力的制度目的与既判力的正当性根据区分开来予以论述,因此,竹下说也可以被列入这种二元说的分类。参照条解,第593页以下(竹下守夫执笔)。此外,小林·プロブ,第370页以下,也认为既判力的根据应当是多元化的。

〔9〕 水谷畅《后诉中的审理拒绝》,载《民訴雑誌》,第26号,昭和55年,第59页以下;井上治典《判决效的遮断》,载井上=伊藤=佐上,第217页以下;井上正三《既判力的客观界限》,载講座民訴(第六卷),第317页以下;井上正三《既判力的客观范围》,载《争点》(新版),第278页以下等。此外,关于这种观点的详细论述,还可以参照《研讨会——民事诉讼法理论动向的探寻》,载《法学论坛》,1983年2月号,第36页以下。

〔10〕 近藤完尔《执行关系诉讼》(修订版),判例时代社,昭和44年,第262页以下,针对当事人主观上的"知不知"与既判力的拘束之间的关系展开论述,近藤教授认为,不论当事人是否知晓,既判力就对基于这些原因的请求权主张予以全部封杀(形成遮断),其结果将不当侵害债务人(不仅仅是债务人,还包括全部败诉当事人)的利益,尽管如此,但还是应当容忍这种必然的弊端。此外,住吉博《诉讼的救济与判决效》,弘文堂,昭和60年,第322页以下尽管未采用相同的表述,但也表述了类似见解。此外,住吉博教授在该书的第244页以下的论述,可以说是从救济法视角对"制度性效力论"赋予了新的基础(根据)。

在于，这种观点至今为止还不能说已经对其学说的核心问题——当事人在什么情形下产生提出责任之问题，作出了充分的说明。[11]

以上就是关于既判力根据论的大致介绍，但是，如前所述，对于“具体某事由的主张是否被遮断”这样的问题，并非仅依据既判力根据论就能获得解决，而必须在既判力论的磁场中，通过考量该主张的实体法特征来作出判断，[12] 鉴于此，在某些情形下也会得出诸如“撤销权被遮断”，“抵销权未被遮断”这样个别化、具体化的结论（关于此的具体论述，将在本讲“三、既判力时间界限”部分展开）。不过，这些结论之间的差异，并非仅仅因为该主张的实体法特征而产生，还与论者对于“既判力磁场强度”所持的立场存在关联。换言之，即便学说所持的既判力根据论构造相同，但若在既判力根据论上强调制度性要求（或者胜诉当事人权利关系安定性要求），则会在更广的范围内认可既判力的遮断，而注重程序保障要求的论者，则会对遮断持消极态度，并更倾向于再审理。尽管难以对每个学者所持的既判力论作精确定位，不过，从大致情况来看，新堂说中的磁场最强，而三月说的磁场则相对较弱，而第三波学派的情况与其表面上措辞的激烈程度截然相反，就实践性而言，其磁场最弱。

二、既判力的作用与性质

1. 既判力的作用

作为实际问题而言，既判力作用于“出现后诉”之情形。而且，在既判力对“出现后诉”发生作用时，存在消极与积极两个方面。首

---

〔11〕 对于这种提出责任效说，新堂教授曾专门撰文［参照新堂幸司《提出责任效论的评价》，载新堂·訴訟物（下），第259页以下］作出评论。对于此，住吉教授认为，新堂说也属于这种提出责任效说（程序保障说）的观点，参照住吉博《救济性诉讼与判决效》，弘文堂，昭和60年。应当说这是住吉教授的一种误解。的确，新堂说中包含着这一方面的论述，故而也不能说两者完全没有近似之处，但至少就体系书层面的新堂说而言，无疑是一种二元论立场。

〔12〕 上田·判決効，第224页以下；高桥宏志《既判力的作用》，载三月章、中野贞一郎、竹下守夫编《民事诉讼法演习》（新版），有斐阁，昭和58页，第75页以下。不过，相对于拙见而言，上田说更强调实体关系的程序保障要求，反言之，拙见更注重于既判力磁场方面的把握。

先,就既判力作用的消极方面而言,当事人不能提出与既判力之判断相反的主张与证据申请,法院也不能受理当事人违反既判力的主张,对于违反既判力的证据申请,法院应当予以驳回。换言之,不让违反既判力的当事人主张与证据申请进入(后诉)审理,就是既判力消极作用的表现形式。命令被告支付 1000 万日元的判决一旦获得确定,如果该当事人在标准时前(关于标准时的说明参照本书后述部分)提出诸如"已经清偿""消灭时效完成"等主张时,原则上〔13〕都会因既判力的消极作用而遭法院排斥。其次,作为既判力的积极作用的体现,后诉法院必须以产生既判力之判断为前提来作出判决。例如,当在前诉的所有权确认诉讼中胜诉的 X 在后诉中提出转移登记程序请求时,基于前诉判决既判力的积极作用,后诉法院以"X 享有所有权"为前提来作出后诉判决,即原则上应当判决 X 胜诉。这种消极作用与积极作用以一种相互补充之关系构成了既判力拘束后诉的核心要义。〔14〕

如本讲"四、既判力物的范围"部分所述,既判力针对诉讼上请求(诉讼标的)而产生。"被告是否应当向原告支付 1000 万日元""不动产所有权是否归原告"等法院关于诉讼标的的判断,一旦依照判决内容获得确定,就阻断了双方当事人对该诉讼标的的再度争议。那么前诉诉讼标的以何种形式对后诉产生作用,或者前诉诉讼标的在什么情况下对后诉发挥作用呢?针对这一问题,可以列举如下三种不同情形:(1)前后诉的诉讼标的相同;(2)前后诉的诉讼标的处于对立矛盾之关系;(3)前诉诉讼标的与后诉诉讼标的存在先

---

〔13〕 在驳回请求判决之既判力消极作用中,存在新堂教授所提出的问题(参照新堂,第 610 页)。具体而言,在请求返还借款诉讼中,法院作出的驳回请求判决并不能排斥被告的"债务不成立"主张。关于此的详细论述,还可以参照本讲后述部分的相关论述。

〔14〕 就与既判力本质论之关系而言,学界曾经发生过"消极作用与积极作用何者更为优越"之论争。关于此争议的详细介绍,参照新堂幸司《民事诉讼中的一事不再理》,载新堂·訴訟物(上),第 125 页以下;铃木正裕《既判力的本质》,载《争点》(旧版),第 260 页以下。

决关系。[15] 此外,新堂教授(新堂,第 597 页)并未将“前后诉的诉讼标的存在矛盾关系”列为一种独立的情形,但也没有排除这种情形的意思。新堂教授似乎将其视为“前后诉的诉讼标的相同”的一种情形。

首先,对前后诉诉讼标的相同之情形予以说明。其典型例子是,原告在前诉中提出“被告支付 1000 万日元”或“确认某土地所有权”请求,但被判决败诉,该原告再次以同一请求提起诉讼。在这种情形下,基于驳回请求(前诉)判决既判力的作用,该请求在后诉中也将再次被法院驳回。不过,因存有后述的既判力时间界限因素,所以当前诉判决的实体关系在标准时后发生变化时,法院会在判断中附加新的事由作出本案判决(参照新堂,第 597 页。三月教授也认为,若没有出现新的事由,后诉法院应当驳回诉,参照三ヶ月・全集,第 300 页)。

与之相反,如果原告在前诉中胜诉后又以同一诉讼标的再度起诉,在这种情形下,在考虑既判力作用之前,首先需要解决的问题是,该原告在后诉中是否具有诉的利益。就原则而言,既然在前诉中已经获得胜诉判决,在后诉中前诉原告则不再具有诉的利益。不过作为例外,在诸如时效中断、判决原本灭失等情形下,当事人仍然具有诉的利益,后诉法院应当遵从既判力来作出判断(参照新堂,第 598 页;本书“第十一讲　诉的利益　三、给付之诉的利益”部分的相关论述)。

其次,前后诉诉讼标的处于矛盾对立之关系的情形。例如,在请求支付 1000 万日元诉讼中败诉的被告,又提起确认同一债务不存在的诉讼或者请求返还同一金额不当得利诉讼,或者 X 以 Y 为被告提起所有权确认之诉,在该诉讼中败诉的被告 Y 又以确认同一物之所有权为请求提起再诉之情形即属于此。在此情形下(若以后者情形

---

〔15〕 针对这一问题也可以作出如下说明,即“只有当前后诉的诉讼标的存在相同及其他关系时,既判力才开始发生作用”。固然这种说明并无太大不妥,不过,就原本意义而言,自对前诉诉讼标的之法院判断产生既判力起,既判力就已经开始对存在诉讼标的相同及其他关系的后诉发生作用,因此上述说明不免有本末倒置之嫌。

为例),就诉讼标的也即诉讼上请求而言,在前诉中是 X 对于 Y 的所有权确认请求,而在后诉中是 Y 对于 X 的所有权确认请求,可见前后诉讼标的只是在主体方面存在诸如“X 与 Y 之间”这样的差别,尽管如此,按照当下学界的一般观点,并不将两者视为诉讼标的相同之情形,而视为两者的诉讼标的存在矛盾对立关系。在这种情形下,由于既判力的作用,后诉法院原则上驳回原告请求。〔16〕

前后诉的诉讼标的处于先决关系的情形(或者表述为,前诉的诉讼标的是后诉诉讼标的的前提问题)之典型,就是前述的“前诉是所有权确认之诉(请求被法院承认),而后诉是转移登记请求”的情形。前诉的既判力判断“原告享有所有权”,后诉法院须以此判断为前提,也即基于既判力积极作用来决定后诉的判决内容。在这种情形下,后诉法院一般会承认(原告)的请求。

以上就是关于既判力在后诉中作用的论述,应当予以注意的是,无论在何种情形下,后诉法院均应当以本案判决(驳回或承认请求)方式来作出裁判。在本书前述关于诉讼标的论的论述中,依据新诉讼标的论的见解,在对“在侵权行为诉讼中败诉的原告不能以债务不履行为由提起再诉”的理由展开说明时,往往使用“被既判力阻断”“不能再诉”等表述,这些只是一种习惯性表述,其实这种表述是不正确的。换言之,在这种情形下,正确的理解是,败诉的原告仍然可以以债务不履行为由提起再诉,因为,再诉本身并未构成不适法之诉。尽管这种再诉是适法之诉,但是,作为本案判决内容而言,由于后诉请求与前诉的既判力发生抵触,因而法院会立即作出驳回请求判决。

2. 既判力的性质

既判力的作用具有两面性,在前诉中胜诉的当事人也要受到该既判力的拘束,因此,由此产生的拘束力在后诉中反而有可能对(前诉)胜诉方产生不利。例如,在请求确认房屋所有权诉讼(前

---

〔16〕 如果对后者的相互确认所有权例子予以更严密的考虑,那么在前诉中 X 的所有权一旦被确认,依据实体法上的“一物一权”原则,就不能认可 Y 对于同一物的所有权。

诉)中原告胜诉,其后被告又提起请求返还土地的诉讼(后诉),在后诉中原告就不能提出"该房屋不属于自己所有"的主张。或者,在基于部分请求否定论立场下,在支付1000万日元请求中胜诉的原告,在后诉中不能提出"自己享有1000万日元以上的债权额"的主张。[17] 总而言之,既判力在后诉中既可能产生有利作用,也可能产生不利之效果,这就是所谓的既判力作用的两面性(参照新堂,第598页)。

在德国与日本,既判力均[17-2]被理解为法院依职权调查事项。当事人即便未援用既判力,法院也可以依职权指出并将其作为判决的基础(在资料收集方面也适用职权探知主义,而且,对于法院而言既判力属于显著事实)。如此一来,双方当事人就不能达成忽略既判力作用之合意。即便双方当事人达成合意,法院也不受此合意的拘束,而可以按照依职权收集的前诉判决之内容来作出后诉判决。不过,当事人在判决确定后,可以就变更实体法律关系(而非既判力)达成实体法上的合意。例如,在X与Y之间的所有权确认诉讼中,在X获得胜诉后,如果X与Y之间达成将所有权本身让与给Y之实体法上的合意(买卖或者赠与),那么这种合意应当是合法有效的,双方当事人这一达成合意行为就成为后述的标准时后的新事由。但是,在这种情形下,双方当事人不能通过达成无视既判力作用之合意,并要求法院对X与Y之间的原有法律纠纷再次予以审理

---

〔17〕 若采用部分请求肯定论,那么债权人在后诉中就可以主张债权额是1000万日元以上,进而提出支付剩余金额的请求。不过,将这一例子用于说明既判力的两面性是否妥当,这本身就存在问题。因为,从严格意义上说,既判力的两面性意味着前诉既判力仅对如下之主张形成遮断,即"支付1000万日元"之请求获得承认的原告,再次提出的"不存在要求支付1000万日元的请求权"之主张,而与"是否存在1000万日元以上的债权"的问题无关。关于此的详细论述,参照本书"第四讲 部分请求"部分的相关论述。

〔17-2〕 法国《民事诉讼法》第125条修改后,规定"裁判事项的权威"(日本法中的既判力)可以由法院依职权考虑,参照小柳春一郎《法国法中的边界确定诉讼与土地所有权(2)》,载《民商》,第139卷第1号,平成20年,第24页注解(128)。

判决。[18] 尽管既判力属于法院依职权调查事项,但在现实中,法院有可能疏忽既判力作用,进而在后诉中作出与前诉既判力相矛盾的判决。在这种情形下,又该如何处理呢?对于存在数个(一个以上)判决的情形,一般论认为,由于民事中的事态是时刻可能发生变化的,因此标准时较新的判决,也即后诉判决具有优先性。不过,考虑到《日本民事诉讼法》第338条第1款第10项规定,与前诉判决相抵触的后诉判决可以通过再审来予以撤销,因此,如果后诉判决通过再审被撤销,那么通过再审作出的新判决,即以前诉判决为前提的新判决,则具有普遍效力。但在通过再审被撤销之前,标准时较新的后诉判决则具有普遍效力(参照新堂,第596页)。[19][20]

---

〔18〕 在命令被告向原告支付1000万日元的判决确定生效后,若原告与被告之间达成"被告只支付600万日元,其他400万日元予以免除"之和解协议,自然是无可厚非的。不过,实际中还可能存在这样一个问题,即败诉后的被告因手头不宽裕想从应偿付的1000万日元中减免若干债务,那么能否允许当事人就减免额度问题委托仲裁进行裁断呢?出于仲裁与和解之间的共同性考虑,应该允许当事人提出这种仲裁申请。与此有所不同的另一个问题是,双方当事人能否回避"被告向原告支付1000万日元"的判决,而委托仲裁机构重新对该请求权是否存在之本身进行审理呢?换言之,在提起后诉的情形下,固然不允许双方当事人达成否定既判力之合意,但能否允许当事人通过仲裁达成否定既判力之合意呢?而且,当其中一方当事人就该仲裁裁决向法院申请执行判决(《日本关于公示催告程序及仲裁程序的法律》第802条)时,法院是应当承认这一仲裁裁决,还是应当受"被告向原告支付1000万日元"之前诉判决内容的拘束呢?出于既判力制度之趣旨考虑,答案应该是后者,但若考虑到"实定法并未将既判力规定作为撤销仲裁裁决事由"这一事实,那么前者的解释也是可以成立的。东京大学研究生院的樱田直弘同学提出了这一颇有意义的见解。

〔19〕 是否具有违反既判力之再审事由,一般通过查看两个判决就能立即见分晓,因此,尽管是暂时性的,"让存在再审事由的后诉判决仍享有优先性"的做法难免有不稳妥之感。不过,若将这种再审理解为形成之诉,这种不稳妥性则属于形成诉讼的普遍性问题。

〔20〕 关于既判力作用及性质的理论如上所述。但是,在裁判实务中是否也按照上述理论予以理解,则应另当别论。坦率而言,实务对于诉讼标的的范围与既判力的范围是否一致的问题,似乎尚还存在争议。井上教授认为,裁判实务在判断(前后两诉)诉讼标的是否相同的问题之际,首先基于实质性(政策性)因素的考量来决定前诉既判力是否应当及于后诉,当认为既判力应当及于后诉时,可以认为两者诉讼标的是相同的。若将这一观点予以一般化,则可以表述为,法院并非通过既判力消极作用直接驳回当事人主张或证据申请,而是先对前诉判决妥当与否进行判断,当认为大致妥当时,就适用既判力规则作出"前诉既判力对后诉形成遮断"之处理,参照井上正三《既判力的客

三、既判力时间界限

1. 范围与界限

既判力是一种禁止当事人对同一纠纷再度提出争议的强制性效力,因此就必须对其所涵盖的范围予以限定。与“诉的利益”“当事人适格”等民事诉讼其他领域的问题一样,对于这种范围限定也必须综合考量各种因素(factor)。对于此问题,新堂教授(参照新堂,第578页)所列举的因素如下:(1)当事人对于“有助于正当解决纠纷”之争点穷尽攻击防御的义务;(2)尽可能实现纠纷的终局性解决;(3)纠纷相对性解决所必需的充分条件;(4)既判力与实体法秩序的协调性;(5)调整既判力与既判力之外的争点效及诚信原则的守备范围等。的确,从根源上讲,这些因素应当是考量既判力范围限定的决定性因素,不过,从思考经济或者确立可适用具体基准的角度来看,一般认为,既判力界限在理论上可以分为时间界限、物的界限(客观界限)与人的界限(主观界限)三个纬度(参照新堂,第577页)。〔21〕也有观点用“范围”之术语代替“界限”之称谓,那么这

观界限》,载講座民訴(第六卷),第317页以下;井上正三《既判力的客观范围》,载《争点》(新版),第279页以下等。此外,奈良次郎《有关判决效的最近理论与实务》,载実務民訴(第二卷),第315页以下,尽管其中不是专门论述既判力问题,而是针对所谓的证明效问题,但奈良教授认为,对于诸如较大争点之类的事项,法官一般都持有一种尽量避免受前诉判决之拘束的微妙心理。不过,假设法官未遵循既判力理论来处理实务问题,那么这又是否构成违反既判力的做法呢?的确,当法官行为超出必要限度时,此种做法应当被视为违法,反之,若仅为必要的限度内,法官的做法则可以被视为广义的(法官)诉讼指挥或者裁量权问题,故而应允许这种做法。关于此的详细论述,可以参照高桥宏志等编《趣味民事诉讼法》,有斐阁,平成5年,第141页以下的高桥宏志发言部分。

〔21〕 上田·判決効,第260页以下等观点认为,时间界限是客观范围的问题。井上治典《既判力与后诉的处理(2)》,载鈴木ほか·演習2,第264页以下也持同样见解。如下文所述,时间界限并非仅依据标准时之基准机械地予以确定,就此意义而言,仅仅着眼于“标准时”之时间要素是不正确的。但是,作为传统的既判力客观范围(界限)之概念(用法),是围绕着“既判力是仅及于判决主文的判断,还是也及于判决理由中的判断”这一问题展开的,因此这种表述法下的“客观范围”与“时间范围”并不属于同一问题,而应当是指“确定判决对何种范围内的事由形成遮断”之意义上的“客观”问题,因此这两者仅仅是一种表述法的差异。本讲使用的是传统意义上的时间界限之表述用语。关于此的详细论述,也可以参照中野贞一郎《既判力的标准时》,载中野·論点(Ⅰ),第243页以下,尤其是第260页。

三种界限则分别表述为既判力的时间范围、物的范围以及人的范围。

2. 时间界限

在此,首先对既判力时间界限(时间范围)问题展开论述。既判力于事实审的口头辩论终结时点产生效果(法条上的根据是《日本民事执行法》第35条第2款)。将口头辩论终结时点作为既判力产生时间的根据在于如下两点考虑:第一点,从口头辩论一体性角度来看,辩论在其终结时点可以作出一体性判断(参照新堂,第400页);第二点,从当事人视角来看,至口头辩论终结时点为止的所有事由应当是当事人能主张的事由,因此,禁止对这些事由再度争议,对于当事人而言也无可厚非。这种事实审的口头辩论终结时点[若判决只经过第一审就得以确定,则是第一审口头辩论终结时点;若诉讼进入第二审(控诉审),则是第二审口头辩论终结时点;而第三审由于是法律审,因此,即便诉讼发展到第三审,仍然以第二审口头辩论终结时点为准]就被称为既判力的标准时或基准时。作为诉讼标的的民事权利关系或者法律关系时刻都可能发生、变更或者消灭。某一诉讼的判决既判力基于"在该标准时上作为诉讼标的之权利关系存在与否"之判断而产生。换言之,既判力所确定的仅仅是"权利关系在标准时上是否存在",而对于"在标准时以前权利关系是否存在"未作确定。例如,当要求支付1000万日元的请求遭法院驳回时,该(驳回请求)判决既判力确定的仅仅是"请求人在标准时上不存在1000万日元的给付请求权",而并不对"标准时以前请求人不存在该请求权"作出确定(参照新堂,第581页)。如果考虑到"债务人在口头辩论终结前清偿债务,并且在诉讼中进行主张及举证"之情形,那么上述命题成立的根据也就不言自明。在这种情形下,在诉讼的前半部分中,原告存在给付请求权,但如果让判决既判力对"在标准时前原告不存在该请求权"作出确定,这无疑是不当的,而且也有越权之嫌(当出现这种"在口头辩论终结时前被告清偿债务"之事由时,一般引起的后果就是原告撤诉。而"法院作出驳回请求判决"则不过是课堂上的设例而已)。而且,既判力所确定的是

“在标准时上(原告的)请求权存在与否”,至于标准时后的事项也与既判力无关,在某种意义上,这也是不言自明的结论。在标准时后出现的新事由并不能成为前诉的判决依据,因为,当事人即便想主张这种新事由,但客观上也无法主张。因此,如果让前诉判决既判力在后诉中对此新事实予以遮断,就显得不妥当。例如,若被告在标准时后进行债务清偿,则原告权利得到了实现,当原告向法院申请强制执行时,被告就可以提出标准时后的“清偿债务”之事实的主张,以制止该强制执行请求(请求异议之诉,参照《日本民事执行法》第 35 条)。这种不受既判力遮断的标准时后之事实,一般被称为标准时后的“新事由”。

既判力时间范围对后诉发生作用表现为如下两种形式:第一,与法院在标准时上作出的“诉讼标的存在或者不存在”之判断发生抵触的当事人主张,将在后诉中被排斥(消极作用);第二,后诉法院也必须以前诉法院在标准时上作出的判断为前提来作出判决(积极作用)。例如,命令被告向原告给付 1000 万日元的判决一旦确定,法院所认为的“在标准时上原告存在 1000 万日元给付请求权”之判断就产生既判力,由于当事人在后诉中不能提出与之相抵触的主张,因此,诸如“在标准时前进行了清偿”“原来的合同存在错误”“消灭时效已经完成”等主张,就会被既判力遮断,这种效果被称为既判力的遮断效或者排除效。〔22〕 而且,当支付 1000 万日元的给付判决确定后,被告人的“该债务不存在,进而以不当得利为由,要求原告返还其在判决后支付给原告的 1000 万日元”之主张,也要受到既判力遮断,因为,法院所认为的“标准时上原告存在 1000 万日元请求权”之判断产生既判力,在此前提下,由于没有法律上的原因,因而被告人的不当得利之主张不能成立。

---

〔22〕 关于遮断效(失权效)是否属于既判力效果之问题,学说上似乎还存在若干分歧,但就整体而言,多数学者认为,可以将遮断效视为既判力的效果。关于此的详细论述,还可以参照中田淳一《确定判决的失权效》,载中田淳一《诉与判决的法理》,有斐阁,昭和 47 年,第 129 页以下;阪口裕英《驳回诉判决与驳回请求判决》,载講座民訴(第六卷),第 89 页以下等。

依据通说的见解,期限的到来也属于标准时后的新事由。在前诉中,因期限未到来而使请求遭驳回的原告,并不会因该判决既判力而永远地丧失该请求权。在该判决作出后,当该期限到来时,原告可以再诉。而且,当再诉具备其他实体要件时,法院就应当作出承认请求判决。这一结论本身也几乎为所有学说所认可,只不过通说将其作为既判力时间界限问题予以说明,〔23〕即在前诉中,因期限未到来而作出的驳回请求判决,其所确定的仅仅是,原告在标准时上没有可以诉求的请求权,而"在标准时后期限到来"之事实主张,则属于标准时后的新事由,这种事实处于既判力范围之外,因此不受既判力的遮断。但是,若依据通说的这种说明(作为时间界限的问题予以说明),则无法对下述情形作出合理说明。具体而言,在前诉中因"被告业已偿还债务"而败诉的原告,也对"期限在标准时后到来"进行主张与举证(尽管通常很难发生此种情况,而仅为设例而已),因该主张与举证不受前诉既判力的拘束,故而可以对请求权存在与否,乃至"被业已偿还债务"等问题再度争议。因此,对于"因期限未到来而判决驳回请求"之情形,不视为既判力时间界限问题,而是作出如下之解释可能显得更合理,即出于"期限未到来"这一驳回理由的特殊性考虑,进而使其受前诉既判力的约束(所谓的一时性驳回)。〔24〕〔25〕

---

〔23〕 注解民訴(第五卷、第二版),第 94 页以下。

〔24〕 条解,第 601 页以下(竹下守夫执笔);井上治典《既判力与后诉的处理(2)》,载鈴木ほか·演習 2,第 264 页以下;吉野正三郎《集中讲义民事诉讼法》,成文堂,平成 2 年,第 234 页以下;高桥宏志《既判力与再诉》,载三ヶ月·古稀(中),第 521 页以下;注釈民訴(第四卷),第 326 页以下(高桥宏志执笔)。

加波真一《民事判决无效的原理》,载《北九州大学法政论集》,第 21 卷第 4 号,第 774 页注(161)认为,暂时性驳回并非仅限于期限未到来之情形,在原告基于所有权而提起的请求排除妨碍诉讼中,法院以被告并未占有标的物而驳回请求也属于暂时性驳回。一般而言,当权利成立要件以外之要件欠缺时,就会产生"暂时性驳回"的问题,因此,暂时性驳回并不限于期限未到来之情形。正如这种观点所指出的,这些情形也可以视为暂时性驳回的例子。

因被告已清偿债务而判决原告败诉,其后原告又对期限于标准时后到来之事实进行主张与举证,对于此情形,争点效理论可以作出合理化处理。因为,依据争点效理论,

3. 基于可预料性的调整

依据通说的见解，只要是受既判力遮断的主张，将在后诉中一律

法院对于“被告已经清偿债务”作出的判断产生争点效，因此，在后诉中法院就可以依此直接驳回请求。如此一来，只要认可争点效理论，对于“期限未到来”之说明，无论是作为既判力时间界限问题，还是依据驳回理由的拘束力予以说明，在实际结果上并无差异。但是，争点效并非一般产生之判决效力，例如，当原告对“被告业已偿还债务”之作出自认时，(被告业已偿还债务之事实的判断)就不产生争点效。在此意义上，“期限未到来”属于既判力时间界限问题还是作为驳回理由拘束力之问题，对此还有进一步探讨的必要。

此外，在参照德国的理由说基础上，松本教授认为，以主张发生新事由(松本说中的新事实)为由允许提起再诉，仅限于在前诉判决中因不具备而被作出驳回请求判决的基础法律要件要素，参照松本·前揭注(14)松本·既判力，第27页。以期限未到来而言，期限未到来将导致驳回请求，但只要主张期限新的到来，则允许提起再诉。在此范围内，为了保障前诉判决的既判力，应肯定前诉判决理由后对法院的约束力。但这种约束力并非是被民诉法否定的判决理由中判断的“独立的既判力”[松本·前揭注(14)，松本·既判力，第38页]。如此一来，在前诉驳回请求理由层面，形成了请求的暂时性驳回和普通性驳回(无条件驳回)之明确区分，而期限未到来是暂时性驳回的典型例子，在这种情况下可以主张期限到来提起再诉，但是在普通性驳回的情况下，因请求权在实体上不存在而遭驳回，故即便主张期限新的到来也不允许提起再诉。但是，前诉法院在作出暂时性驳回时，只要认定期限未到来即可，拘束力也仅在这一范围内产生。即使前诉法院认定了期限的具体日期，这一具体日期也不会产生拘束力[松本·前揭注(14)，松本·既判力，第43页]。如上所述，只有驳回请求判决中的驳回事由才对后诉法院产生约束力。以期限未到来而言，只有(针对被告的)请求权在前诉标准时尚不成立之判断产生拘束力，该拘束力禁止后诉法院作出前诉标准时上期限届满、请求权存在之判断。而对于诸如合同缔结、有效性等问题，可以重新开始辩论，因此后诉法院可根据其结果得出与前诉法院判断不同的结果[松本·前揭注(14)松本·既判力，第47页、第63页]。不过，被告也享有如下这一审理顺序的指定权限，即首先请求对终局性驳回理由(全面的驳回理由)进行审理，在终局性驳回理由不成立时，再请求对暂时性驳回理由进行审理[松本·前揭注(14)，松本·既判力，第95页]。因此，受到驳回请求判决的被告，尽管在形式上取得了胜诉，但仍具备提出作出终局驳回请求的控诉利益[松本·前揭注(14)，松本·既判力，第93页、第95页]。从武器对等原则来看，受终局性驳回请求判决的原告，也应可以提起变更为暂时性驳回的控诉[事实审上诉，松本·前揭注(14)，松本·既判力，第96页]。松本=上野，第610页也持相同观点。

松本教授展开的无疑是优秀的研究，在肯定暂时性驳回这一点上与拙见相同，但该如何评价上述的认可被告审理顺序指定权呢？从法院的视角来看，在明显属于期限未到来并可以作出暂时性驳回请求判决时，若被告提出诸如合同不成立、债务已偿还、消

被排除,而无论这种主张在前诉中是否被当事人提出。具体而言,当

灭时效等理由进而请求终局性驳回,法院也必须对上述事项进行审理。确实,若为抵销的预备性抗辩,则被告同样将因丧失反对债权而遭受实质败诉,进而也产生既判力(《日本民事诉讼法》第 114 条第 2 款),故而被告的审理顺序指定权可以获得肯定。但是,暂时性驳回并非被告的实质败诉,只是将确定的胜负延期作出而已。作为可以选择终局性驳回理由与暂时性驳回理由之顺位主张的被告而言,可能存在"想依据终局性驳回理由获得全面胜诉"之不满,但应该不是强制法院在该诉讼中进行无用审理之不满(作为教学案例而言,原告如果做出期限未到来的不利益陈述,其主张本身构成失当。在主张本身失当的前提下,为了被告进行审理,恐怕也并不妥当。不过,这是原告进行不利益陈述的情形,与被告将终局性驳回理由和暂时性驳回理由进行排序的情形完全不同。但是,就顺位指定权而言,在债务不成立和债务清偿中,因为预想可以在后诉依清偿债务不成立请求返还所借之物,故首先债务清偿对于被告是有利的,因此被告不享有从债务清偿开始审理的顺位指定权)。因此,受暂时性驳回请求判决的被告,并不具有要求作出终局性驳回请求的控诉利益。另外,松本说认为,前诉的暂时性驳回请求判决的拘束力仅限于期限未到来这一点,被告就债务清偿进行主张举证,即使法院认为被告未清偿进而判断债权存在,该判断也不对后诉产生拘束力。因不产生拘束力故在后诉中可以再次进行审理,如此一来,难道不可以否定要求进行审理的被告的顺位指定权吗?另外,因受被告主张的终局性驳回理由和暂时性驳回理由之影响,原告提起将来给付的预备诉讼(将来给付的诉的利益,基于被告主张的终局性驳回理由,也即针对债务存在与否的争议而产生),对于这一预备之诉,须对作为原告债权存在理由反证的终局性驳回理由进行审理。换言之,在提起将来给付的预备诉讼中,如果不仅是被告,而是双方当事人都希望对终局性驳回理由进行审理,那么法院必须进行审理,而当仅有被告希望审理时,则应当优先考虑法院审理顺序的机动性。另外,受终局性驳回请求判决的原告,因为败诉而产生控诉利益。因此,如果在控诉审中原告作出期限未到来之自认,控诉审应当作出暂时性驳回请求判决。从表面上看,原告被认可将全面的驳回请求判决变更为暂时性驳回请求判决的控诉权,但这也仅仅是认可控诉利益的反射而已。若重视与之相符的平衡性,则也会对被告的控诉权产生如下的想法,即准照允许被告提起驳回请求判决(相较于驳回诉)的控诉,也应当允许被告提起终局性驳回请求判决(相较于暂时性驳回请求判决)的控诉。尽管如此但因在控诉审中不认可被告的审理顺序指定权,故控诉审法院可以以暂时性驳回请求判决不违法为由直接驳回控诉。可见认可被告提起控诉依然很困难。当然,法院可以容易地对终局性驳回理由作出判断,因此法院对于终局性驳回理由的审理优先于对暂时性驳回理的审理,作为诉讼指挥而言是合法的,所以被告没有审理顺序指定权。松本说认为具体的期限日期并不产生拘束力,但若满足争点效的要件,应当也可以产生争点效。新堂幸司《诉讼标的和既判力》,载新堂·诉讼标的(上),第 156 页肯定了争点效。不仅是具体的期限,其他事项若满足要件也产生争点效。

被告在前诉中提出“业已偿还债务”之主张遭驳回时，在后诉中该主张当然地被遮断（不能对此再度争议），不仅如此，即便是该被告未在前诉中提出“业已偿还债务”的主张，在后诉中该主张也要被遮断。而且，在这种情况下，也不问当事人在前诉中是否基于“过失”等原因而未提出该主张。换言之，即便当事人在前诉中因过失未提出主张，该主张在后诉中也要被前诉既判力遮断。通说认为，“既判力统一地、机械地产生遮断效”之性质，也正是既判力制度性效力的优势所在。

但是，近来的观点认为，如果当事人对于前诉中的主张不具有可预料性（可期待性），那么既判力遮断效就不及于该主张（参照新堂，第 581 页）。〔26〕如果采用这种观点，那么在后诉中，当一方当事人提出“在前诉中其就该主张的提出不具有可预料性”之理由时，法院应当对这种可预料性的有无进行审理，如此一来就会产生如下这种消

关于暂时性驳回，也可以参照越山和广《驳回请求判决和可再诉性（2·完）》，载《近畿大学法学》，第 45 卷，第 3-4 号，平成 10 年，第 129 页；第 46 卷，第 4 号，平成 11 年，第 47 页。

〔25〕 在此稍拓展一下话题。在行政诉讼领域往往面临这样一个特殊问题，即撤销某一行政行为的判决既判力是否及于因该行政行为提起的国家赔偿诉讼呢？关于此问题的详细论述，可以参照盐野宏《行政法（2）》，有斐阁，平成 3 年，第 139 页以下；阿部泰隆《抗告诉讼判决对于国家赔偿诉讼的既判力》，载《判タ》，第 525 号，昭和 59 年，第 15 页以下等。关于“不作为违法确认判决”之既判力的判例，可以见之于熊本地方裁判所昭和 58 年 7 月 20 日判决，载《判時》，第 1086 号，第 33 页；福冈高等裁判所昭和 60 年 11 月 30 日判决，载《判タ》，第 574 号，第 27 页以下等。

〔26〕 在这些观点中，既有围绕着未被主张事实之遮断问题展开论述的学说，也有对未被主张之法的观点是否遮断问题进行论述的学说。认为“未经审理的法的观点，原则上不受既判力遮断”之观点，可以见之于条解，第 606 页以下（竹下守夫执笔）；小室直人《诉讼对象与既判力》，载《法学杂志》（大阪市立大学），第 93 卷第 3-4 号，昭和 38 年，收录于小室直人《诉讼标的与既判力》，信山社，平成 11 年，第 1 页以下。而主张“从法律问题（法的观点）指出义务视角展开论述，即认为当法院违反法的观点指出义务时，既判力就应当缩小其遮断范围（将违反上述义务的法的观点除外）”的观点，可以见之于山本和彦《民事诉讼中法律问题的审理构造》，载《法協》，第 107 卷第 3 号，平成 2 年，第 332 页注（9）以及第 400 页以下，收录于山本和彦《民事诉讼审理构造论》，信山社，平成 7 年，第 258 页以下、第 325 页以下。关于最高裁判所平成 9 年 3 月 14 日判决的论述，可以参照本讲的相关部分论述。

极性后果,即既判力的效果(划一性、机械的适用性)将因此被削弱。正是鉴于此,通说对于这种观点持排斥态度(伊藤,第448页以下也否定通过主张可预料性来予以调整的做法)。尽管如此,考虑到既判力根据或者既判力制度正当化根据之一在于程序保障,这种基于可预料性的调整应予以肯定(参照本讲"既判力的本质及根据"部分的相关论述)。具体而言,当一方当事人在前诉中对于其可主张之事项不具有可预料性时,也即未获得程序保障时,既判力遮断效就不能及于这种主张。这与如下之观点几乎基于完全相同的原理,即标准时后出现的新事实,因未获得程序保障而不受(前诉)既判力的拘束。作为拙见而言,也赞成这种观点,即尽管这种观点伴有些许负面作用,但还是应当通过主张可预料性对既判力的遮断范围予以调整。[27] 不

---

〔27〕 铃木正裕《既判力的遮断效(失权效)》,载《判夕》,第674号,昭和63年,第4页以下,从既判力与再审的角度出发,对这种可预料性说展开了批判,有关详细的论述将在本讲注(156)处予以展开。

论据在于《日本民事诉讼法》关于再审的第338条第1款第5项规定。具体而言,依据该项规定,当因他人应受刑罚的行为影响,无法提出足以影响判决的攻击防御方法时,可以提起再审,这一再审之诉的提起是以受到既判力拘束为前提,并破除既判力为目标。既然在他人应受刑罚行为时会受到既断力拘束,那么当事人非因自己过失而导致不能提出的事实,也当然受到既判力拘束。铃木教授认为,主张既判力松动化的观点不提及《日本民事诉讼法》第338条第1款第5项规定,无疑是不合理的。的确是很有说服力的批判。中野教授也同样反对基于可预料性的调整,并主张维持通说,参照中野贞一郎《既判力的标准时》,载《判夕》,第809号,平成5年,第22页,收录于中野·论点Ⅰ,第243页。

不过,针对铃木说可以提出如下的反对论。第一,铃木说总结了非基于过失导致当事人无法提出时应免受既判力拘束的各种学说,不过,"非基于过失导致当事人无法提出"这一范围不免过大。依拙见而言,在不存在可预料性的情况下,可以将其作为"因超过时间范围而不受既判力拘束"的延伸予以把握。非基于过失而无法提出之情形与没有可预料性之情形不可同列而语。例如,保证人在其他诉讼中被起诉且因债务清偿而胜诉,主债务人没有在针对自己的诉讼中主张保证人债务清偿,此种情形可以认为主债务人不存在过失。但是,主债务人对(债权人针对)保证人提起的其他诉讼报以关注,则具有充分的可预测性,进而对主张债务清偿也具有可预料性。因此,不具有可预料性的范围要小于不存在过失之范围,尽管不能否认从中存在很多重合的情况。

第二,由于不具备在前诉中提出的可预料性情形和《日本民事诉讼法》第338条第1款第5项的情形存在部分重叠,因此需要调整其守备范围。虽然在法律条文中没有明

过，这一观点面临的问题在于，应当在何种程度上把握这种可预料性

文规定，但被施以再审之诉负担的，应当被理解为存在他人应受刑罚的行为，且作为攻击防御方法（作为主张对象的事实）获知之情形。若非如此，尽管存在应受刑罚的他人行为，但只要该事实自身未获知，则不具有可预料性，故使之免受既判力拘束。换言之，需要区分以下两种情形，即存在认知该事实并在诉讼中有主张可能性的情形和原本就未认知该事实之情形，就前者情形而言，还不至于不具有可预料性。

第三，铃木说自身也认可的一点，这尤为重要。在存在再审事由时，判例也认可再审之诉以外的损害赔偿请求等其他救济路径，依据该判例立场，请求再审之诉与不受既判力拘束之间的差异很小。如中野教授（中野贞一郎《判例问题研究强制执行法》有斐阁，昭和50年，第94页以下）所言，若去掉第二项的刑事有罪判决等要件，这种差异则会更小。因此可以考虑如下这一再构成，即就原本而言，诸如《日本民事诉讼法》第338条第1款中“受诉法院未依法组成”那样的第1项和第2项的再审，实际上（从沿革来看）也包含了判决无效（判决当然无效）情形。如果可以进行再构成，那么现行法中的再审则包含以判决产生既判力为前提的再审和不产生既判力的再审这两种情况的混合。换言之，在后者的判决无效情形中，判决因无效故可以将其无视，而对于想要撤销判决的人，则可以允许其提起再审。在当事人确定论中，作为非当事人的被冒用人尽管不受既判力拘束但可以提起再审，可以视为其中一例。之所以在不具有可预料性时不受既判力拘束，因为可以将其与判决无效时被冒用人视同对待。《日本民事诉讼法》第338条第1款第3项的代理权欠缺，在解释上，一般扩张至未获程序保障之情形，当未获程序保障时，依不受既判力拘束作出处理，但对于希望通过再审撤销判决的当事人，也允许其提起再审。总而言之，在允许再审的情况下可以分为两种情况：（1）一旦准备再审就不允许提起再审以外的攻击；（2）在提起再审的同时允许提出再审以外的攻击。在因他人应受刑罚行为影响而无法提出攻击防御方法的情况下，一般只允许进行再审（重要的考量在于，若不设置有罪刑事判决的二项要件，再审申请就会激增）。从理论上来说，若应受刑罚行为特别恶劣，则也可以视为判决无效（从骗取判决案件中可以看出这一端绪）。在现行再审规定中，曾有从判决无效理论出发，将再审事由作为上告理由的历史沿革，但向再审的再编成未必经过充分的讨论，加波教授曾就这一点作出过生动的论述，参照加波真一《（民事）判决无效的法理（1）-（3）》，载《北九州大学法政论集》，第21卷第2号，平成5年，第265页；第4号，平成6年，第721页；第22卷第2号，平成6年，第181页；加波真一《再审制度和既判力限制（判决无效）论》，载铃木·古稀第861页以下。

此外，在加波·前揭《北九州大学法政论集》，第22卷第2号的论述中，在历史沿革上，再审之诉原本并非形成诉讼。再审至少在日本法上没有将其作为形成诉讼的必要（同第194页）。在德国立法中，也未特别考虑如下这一点，即将再审作为攻击既判力的唯一途径[同第283页注(200)]，因此没有必要严格区分再审救济和以判决无效为由的救济，在存在再审事由或者类似瑕疵时，即允许再“审理”。在这种情况下，对于瑕

内容的严格性抑或是宽松性呢？出于既判力制度性效力(纠纷解决性、法的安定性)之考虑,可能倾向于从严把握可预料性的范畴,即仅在相当于标准时后的新事由的程度上,认可基于可预料性的调整。因此,当事人仅以“在前诉中自己不知道该事实存在”为由主张其不受既判力遮断恐怕是不足够的,应当说,只有当其在前诉中存在合理事由而不知道可以提出该主张时,该主张才可以不受既判力

疵的主张,适用与再审同样的规定(同第196页)。对于判决无效情形,并非自始不产生既判力,而认为,一定事由(瑕疵)的存在,依据这一瑕疵所及范围对确定判决的既判力予以限缩,并在此范围内允许再审理。应当说这是一种将再审和判决无效予以统一理解的立场(同第198页)。而且,在实际未被当事人作为争点的情形下,尽管从法院认定的事实来看,明显属于法院依职权调取及释明并应作为争点的事项,但法院未经上述程序就做出判断,该事实认定存在欠缺程序保障之瑕疵,故应允许对其进行再“审理”。判断遗漏应当包含这种实际未成为争点的事项。在铃木·古稀,第889页,铃木教授也认为,若法院对现行再审事由以外的再“审理”事由作出认定,就可以进入前诉确定判决内容的再审程序,现在的问题在于,需要根据欠缺程序保障各种瑕疵的形态和特征,对限制主张规制与再审事由之间的整合性展开探讨。

笔者认为,可以援用加波说。因为,只要法院审理并能够认定不具备可预料性的主张,就可以进行再审理,这也是拙见。不过,对于诸如标准时后的新事由那样的不具备可预料性事项,主张以瑕疵范围制约(缩减)既判力的加波说制约规则变得无用,而应该是全面的再审理。另外,从理论构成的角度来说,笔者从可预料性这一既判力的正当化根据展开论述,而加波说是从扩张判断遗漏这一实定再审理由展开论述的。虽然存在这样的差异,但是拙见依然可以援用加波说,并可以据此来回应铃木说的批判。

另外,小林教授认为,日本的再审制度过于纠结于再审事由,且程序负担过重,所以判例通过以下问题上对其他再审理对制度予以了进一步发展,包括再审外侧再审事由的诉讼内考虑、确定判决骗取、不实公示送达中上诉追认等。

参照小林秀之《司法改革的影子和横断式考察的杂想——再审和再审理诸制度的再构筑》,载小岛·古稀(上),第387页以下。如前所述,笔者也认为过度拘泥于现行法的再审事由也并非建设性的思考。

另外,与请求异议之诉的执行停止相比(《日本民事执行法》第36条),再审的执行停止中加重了对“因执行产生无法补偿损害之虞”的释明(《日本民事诉讼法》第403条),一旦释明不到位,选择再审方式是非常危险的。具体而言,在再审中,若为可以弥补之损害,即便产生也不会停止强制执行,这正是民诉法的方针。这也可以说是日本法再审壁垒高的另一佐证。由此可以引申的讨论是,与其展开与再审的平衡论来封堵判决当然无效,毋宁灵活运用这种差异,将判决当然无效适当地编入其中。如果出现判决违反前诉判决的既判力(《日本民事诉讼法》第338条第1款第10项)等情况,那么可以采取这一请求异议之诉的执行停止。

遮断。作为其典型例子是,第三人于标准时前向原告清偿债务的情形。在此情形下,若因第三人未将清偿债务之事实及时通知被告,进而使被告无法在前诉中提出"业已偿还债务"之抗辩时,则在后诉中被告可以不受既判力拘束,进而可以提出第三人业已偿还债务之主张,这就是井上治典教授所倡导的观点(参照吉村=竹下=谷口,第288页以下;井上=伊藤=佐上,第217页以下)。对于这种情形(被告在后诉主张第三人业已偿还债务之事实),笔者认为,仅依据"在前诉中被告未提出第三人业已偿还债务之主张"的理由是不充分的,而必须考虑被告在前诉中未提出该事实是否具有合理理由,在此基础上对该主张是否受既判力遮断之问题作出判断(关于这种做法在实务中产生的后遗症之论述,可以参照本讲后述的"基于后遗症赔偿"部分的相关论述)。〔28〕〔28-2〕

至于判例对于此问题的观点,正如后述的最高裁判所昭和57年关于空白票据补充权问题的判例,在判决书中所阐明的那样,"若存有特别事由,则不受既判力遮断效拘束"。尽管该判例并未对特别事由与基于可预料性调整之间的关系予以明确,但也足以表明了判例对此问题的立场。〔29〕

---

〔28〕 在这种情形下,原告就有可能分别从被告与第三人处获得双重偿付,这种结果无疑是不当的,因此,原告从第三人处获得的偿付应当作为不当得利而返还给第三人,因为,被告提出返还之诉求应当受既判力遮断。

〔28-2〕 在最高裁判所平成20年7月10日[载《判時》,第2020号,第71页;《ジュリ》杂志临时增刊——《平成20年度重要判例解说》民诉第7号事件(左瀬裕史解说)]判决书中,有如下之论述,即"在前一案件的反诉中,应当说很难期待同时提出本案迟延损害金赔偿请求"。这种观点与基于可预料性调整具有亲和性。不过,该判决在结论上将其明确解释为部分请求,并依部分请求作出处理。就部分请求论而言,属于费用限定型部分请求,故允许提起残部请求。

〔29〕 若当事人并非在主张事实方面不具有可预料性,而是在提出证据方法上没有可预料性,则该如何处理这种情形呢?从现行法所持的"因证据不充分即导致败诉"(证明责任规则,参照《日本民事诉讼法》第181条第2款)立场来看,在当事人在前诉中对于证据方法的提出不具有可预料性时,前诉既判力原则上应当不对该证据方法产生遮断效。不过,是否将新证据,尤其是新发现的文书作为再审事由,还是立法论上的一个值得探讨的问题。关于德国法相关情况的论述,可以参照丰田博昭《基于新发现文书的再审之诉》,载《修道法学》,第7卷第1号第37页以下(昭和59年)、第7卷第2号第217页以下(昭和60年)。

4. 形成权的遮断——撤销权

既判力时间界限领域中的一个传统性课题是,如何看待形成原因发生于标准时前但在标准时后行使形成权之情形?撤销权、解除权、空白票据补充权、抵销权、买进建筑物请求权等,就是其中的典型例子。

就撤销权而言,通说与判例都认为,若撤销事由发生于标准时前,则该事由被既判力遮断,因此当事人就不能在标准时后行使该撤销权,并提出与前诉判决相矛盾或抵触的主张。作为这方面最为有名的判例,恐怕莫过于最高裁判所于昭和 55 年 10 月 23 日作出的一个关于因欺诈而被撤销的判决[载《最高裁判所民事判例集》,第 34 卷第 5 号,第 727 页以下,收录于《百選Ⅱ》,第 142 号案件(片山克行解说)]。该判决认为,"在前诉中,X 可以行使该撤销权并主张其效果,但其未行使及提出主张,因此在本诉(后诉)中,X 的上述主张不能与前诉确定判决的既判力发生抵触"。

不过,中野教授曾撰文对此判决展开过严厉的批判(参照中野贞一郎《关于最高裁判所昭和 55 年 10 月 23 日判决的判例释评》,载《民商》,第 84 卷第 6 号,昭和 56 年,第 902 页以下)。中野教授观点(中野说)具体如下:就原本意义而言,为既判力所反映及确定的是"标准时上的权利及法律关系",虽存在"欺诈"之撤销原因但未被撤销之法律关系状态,也属于此(标准时上的权利及法律关系),换言之,因存在撤销原因而有可能在将来被撤销的权利关系也为既判力所确定。如果撤销权人在将来行使该撤销权,那么并不与既判力发生丝毫的抵触或矛盾,因为既判力本身就包含了"撤销权人在将来行使撤销权的可能性"之内涵。反之,若按照通说的主张,即因既判力产生而使撤销原因消灭,故撤销权人在此后则不能行使撤销权,如此一来就等同于剥夺了权利人享有《日本民法》第 126 条规定的撤销权行使保障期间之权益("5 年消灭时效期间",不过,在中野说中采用"除斥期间"之表述)。这种做法改变了实体法规定,因此,基于此而产生的既判力不免具有某种不正当性。此外,通说还认为,既然无效事由也受既判力遮断,那么让性质比之更轻的撤销事由受既判力遮断,自然也是理所当然的。不过,“是无效还是撤销”并不取决于瑕疵性质的轻重,而是取决于具有行使该项权利人的意思,因此,通说的这种说明显然是欠缺说服力的。综上所述,对于这种情形正确的理解应当是,撤销权人对于撤销权的行使不受既判力的遮断。中野教授同时又承认,通说所指出的“被告在前诉中故意不行使撤销权而等到原告申请强制执行后,突然行使该撤销权,即提出请求异议之诉,进而阻止强制执行(中野说表述为阻止原告强制执行的手段)”这种权利滥用之不正当情形在现实中的确不少见,不过,为了阻止被告这种不正当行为,并不能依据“机械地、划一地遮断与前诉确定判决存在逻辑矛盾或抵触的后诉主张”之既判力作用方式,而应当依据诚实信用原则作出处理。尽管在结论上是前诉既判力可以遮断后诉的这种主张,但这并非既判力作用的结果(而是诚实信用原则的产物),这一点也可以说是中野说的精华之所在。[30]

那么,该如何评价中野说呢?保障《日本民法》第126条规定的撤销权行使期间可以说是中野说中最为重要的论点之一。不过,这一期间规定也仅仅意味着,撤销权人一旦超过这一期间就不能行使

---

〔30〕 参照中野·論点(Ⅰ),第250页以下。

对于通说所主张的“前诉既判力遮断被告行使撤销权,但并不遮断原告或者第三人行使撤销权”之观点,中野说认为没有理论的一贯性,进而也展开了批判。姑且不考虑中野说对于“既判力不及于第三人行使的撤销权”批判之妥当性,就中野说对于“原告行使撤销权”的批判而言,其中也有不无合理的一面。具体而言,中野教授认为,“作为卖方的原告当事人在请求买卖价金的诉讼中胜诉后,又要求撤销买卖合同并返还标的物”的做法肯定是不正当的。而且,“该卖方当事人在请求买卖价金的诉讼中败诉后,要求撤销买卖合同并返还标的物”的做法同样也可以考虑为不正当的行为。不过,笔者认为,尽管依据既判力理论来对后者情形作出处理恐怕较为勉强,但对于前者之情形,依据既判力理论中的既判力双面性(的延长)来作出处理也并非不可能。如此一来,在对撤销权遮断的处理上,可以不必遵从中野说,尽管中野说以“无论是原告撤销权的行使,还是被告撤销权的行使均可依据既判力理论以外的诚实信用原则作出处理”之平衡引以为傲。

不过,作为买方的原告在请求交付标的物诉讼中获得胜诉后,因无法获得标的物而转为提出损害赔偿请求,这种行为类似于代偿请求(参照新堂,第639页),因此这种转请求并不违反前诉判决的既判力。

撤销权,至于在这一期间内权利人的权利行使是否当然地受到保障,恐怕还颇具疑问。至少在对方当事人提起诉讼来谋求纠纷的解决之前,不应当被视为保障权利行使的期间。当诉讼被提起时,只要不存在特别的事由,被告在该诉讼中也应当致力于解决包含撤销事由在内的整个纠纷,毕竟对被告作如此要求也并无不妥。〔31〕此外,尽管中野说也预备了通过诚信原则调整的解决方案,但在既判力领域中,诚实信用原则毕竟只是一项部分适用的原则(参照最高裁判所昭和 49 年 4 月 26 日判决,载《最高裁判所民事判例集》,第 28 卷第 3 号,第 503 页)。而且,就实际问题而言,两者会产生如下差异,即若依据诚实信用原则予以遮断,则由前诉的胜诉当事人对“违反诚实信用原则”进行主张及举证,而若依据既判力的遮断,则由前诉的败诉当事人对“未抵触既判力”进行主张及举证。对于此,笔者认为,既然前诉程序业已经过,采用后者的“让前诉败诉当事人负担主张及举证责任”的做法(依据既判力的遮断)可能比较符合“双方当事人负担平衡”的原则,因此,笔者还是倾向于“在前诉发生撤销事由进而使当事人能够行使撤销权(而不行使)的情况下,既判力遮断该撤销权”之通说及判例的立场。

5. 解除权

对于解除权问题,通说与判例所持的态度与上述撤销权的观点相同(参照新堂,第 582 页。在旧诉讼标的论下,不将解除权问题纳入既判力理论的范畴,而是放置于诚实信用原则下来予以处理。参照最高裁判所昭和 59 年 1 月 19 日判决,载《判時》,第 1105 号,第 48 页)。不过,近年来,上田徹一郎教授通过对解除利益状况的详尽分析,主张应当分不同情形讨论“既判力和解除权”问题,即“解除权享有人为原告”的情形不同于“解除权享有人为被告”的情形。具体而言,首先,当履行迟延构成解除原因时,解除权人若不指定一定期间并向对方进行催告,则不产生解除权,因此,仅仅因为前诉判决标

〔31〕 河野正宪《形成权的机能与既判力》,载河野·行為,第 121 页以下,尤其是第 143 页。谷口教授也认为,通说的观点更具常识性,参照谷口,第 326 页以下。

准时前存在解除"原因",前诉判决并不能对解除"权"形成遮断,因为,既然解除权都未产生,那么解除权人也就未获得"审理解除权存在与否"之程序保障。[32] 其次,即便是在发生解除权的情形下,原告债权人对于"是要求债务人履行原来债务,还是通过行使解除权来要求恢复原状"的选择权,也应当予以保障。因此,当原告在前诉中要求债务人履行原来债务时,前诉判决就不能遮断后诉债权人(前诉原告)行使解除权。在这种情形下,作为债务人的对方当事人可以在前诉中行使《日本民法》第547条所规定的"针对解除权行使"的催告权,若债务人在前诉中未行使这一催告权,则不能阻止作为债权人的原告在后诉中主张解除权,也即,前诉判决并不遮断解除权。[33] 此外,作为债务人的被告之所以能拒绝原告的请求,也仅仅因为其具有行使解除权之法的地位。因此,当作为被告的债务人在前诉中未主张其解除权时,前诉既判力将遮断其在后诉中提出的解除权主张。以上就是上田说的论点。[34]

那么,该如何来评价上田说的上述见解呢?在上田说中,关于"被告享有解除权情形"的观点与通说一致,即前诉判决遮断后诉解

---

〔32〕 如何看待"只有进行催告才能对迟延履行产生解除权的情形(存在解除'事由',但不产生解除'权'的情形)",这的确构成一个重要问题。至少而言,在催告人业已进行催告,但在该合理期间届满之前口头辩论就发生终结时,前诉判决不遮断解除权。反之,若在催告人具有充分催告时间但未进行催告时,则也可以让前诉判决遮断该解除权。如此一来,关于解除权是否受前诉判决遮断的问题就转化为如下问题,即将其以"除存在特别事由(或者欠缺可预料性)外,原则上前诉既判力对其形成遮断"的形式纳入既判力理论体系中予以考虑,还是将其置于既判力理论外的诚实信用原则下予以解决之问题。但是,就前者而言,不免存在将特别事由或者可预料性扩大化的危险。竹下教授认为,不应要求催告人在前诉中指定一定期间并进行催告,参照条解,第637页以下(竹下守夫执笔)。笔者认为,作为一般论,还是这种将这一问题置于诚实信用原则下予以处理的做法显得更为稳妥。

〔33〕 上野泰男《个别案件判例研究》,载《名城法学》,第29卷第3号,昭和55年,第59页以下、第74页以下也对此持相同的观点。

〔34〕 参照上田·判决効,第255页以下。池田辰夫《基准时后的解除权行使与既判力》,载《曹時》,第42卷第11号,平成2年,第2925页以下,尤其是第2960页,收录于池田辰夫《新世代的民事裁判》,信山社,平成8年,第197页以下,也持与上田说相类似的观点。

除权主张。对此应予以肯定。不过,该如何看待上田说对于原告享有解除权情形的观点呢?尽管上田教授在其论述中并未列举丰富的具体案例,〔35〕但是,如果考虑到"原告基于其在前诉中的法的地位而不得不将解除权保留于将来予以行使"这种情形,那么应当说上田说的观点是颇为合理的。〔36〕〔37〕

---

〔35〕 在上田说中列举的具体案例是最高裁判所昭和 54 年 4 月 17 日判决,载《判時》,第 931 号,第 62 页以下。不过,这一案件的具体案情则稍显复杂,应当说具有相当的特殊性,并不具有普遍的典范意义。关于这一判例的详细研究,可以参照上野泰男《个别案件判例研究》,载《名城法学》,第 29 卷第 3 号,昭和 55 年,第 59 页以下。

〔36〕 有必要通过具体例子来考察上田说的这一见解。例如,在一起买卖合同中,卖方未在合同约定的履行期限内(迟延)交付标的物,作为买方的原告提起要求卖方交付标的物诉讼(此处暂于不考虑标的物差异问题。关于这一问题的论述,可以参照山本和彦《既判力的时间界限》,载《判タ》,第 1000 号,平成 11 年,第 241 页以下)。在这一案例中,原告(债权人、买方)诉求的是"履行原来的债务"。在这种状况下,与其说作为原告的债权人拥有"或是要求被告(债务人、卖房)实施'履行原来的债务',或是解除合同并要求被告恢复原状"的选择权,毋宁说原告以其要求被告实施"履行原来的债务"为请求的起诉行为本身就意味着原告已经作出了选择(选择"履行原来的债务")。因此,对于"选择权须一般获得保障"这一观点的内容,似乎还存有再考虑的余地。

但是,当合同履行不能时,也存在一些诸如下述之情形,即被告故意将自己履行不能之事实予以隐瞒,而原告在不知"被告履行不能"的前提下(如果原告知道被告履行不能就会解除合同)提出要求被告实施"履行原来的债务"并业已获得判决。在这种情形下,即便是在判决确定后,原告所享有的"因被告履行不能而解除合同"之权利仍应获得保障。但是,在这种状况下,因原告对于"基于被告履行不能而解除合同"之主张并没有可预料性,故这一案例并不能推导出相同的结论。

〔37〕 池田辰夫《基准时后的解除权行使与既判力》,载《曹時》,第 42 卷第 11 号,平成 2 年,第 2925 页以下,尤其是第 2960 页,收录于池田辰夫《新世代的民事裁判》,信山社,平成 8 年,第 197 页以下,以及池田辰夫《基准时后的形成权行使之遮断的根据与界限》,载《阪大法学》,第 39 卷第 3・4 合并号,平成 2 年,第 793 页以下,收录于池田辰夫《新世代的民事裁判》,信山社,平成 11 年,第 71 页以下,池田教授论述了关于约定形成权的德国判例状况。这一判例的具体案情如下:在租赁合同中双方当事人约定,承租人在合同期限届满(1985 年年末)后至迟不得超过 12 个月前归还租赁物,若希望延长租赁期间,则单方面享有延长 10 年期限的权利。出租人在 1981 年提起一个预备性的合并之诉,即主位请求是要求承租人马上返还租赁物,并且预备性地提出于 1985 年年末返还租赁物的请求。经审理,法院作出承认原告预备性请求的判决(前诉),该诉讼于 1983 年 1 月 7 日获得确定。但是,承租人于判决确定后的 1983 年 1 月 31 日以书面方式提出上述续租的请求。虽然出租人基于法院的前诉生效判决申请强制执行,但承租

6. 空白票据的补充权

针对原告提起有关空白票据补充权之再诉问题,最高裁判所于昭和 57 年作出了相应的判决[参照最高裁判所昭和 57 年 3 月 30 日判决,载《最高裁判所民事判例集》,第 36 卷第 3 号,第 501 页以下,收录于《百選》(二版),第 143 号案件(上田徹一郎解说)]。具体案情如下:在前诉(票据诉讼,参照《日本民事诉讼法》第 350 条以下)中,由于票据出票日项上的空白,X 提出的支付约定票据金额的请求遭到法院驳回。X 对此判决提起异议申请(参照《日本民事诉讼法》第 357 条),而后又撤回该异议申请,前诉的驳回请求判决由此得以确定(第一审中获得确定)。但是,后来 X 通过补充票据出票日项上的空白再度提出支付约定票据金额的请求(再诉)。无论是原审法院还是最高裁判所均认为,在这种情形下,前诉判决对后诉产生既判力,进而作出驳回请求的判决(在这一判决书中值得注意的一点是,在判决书的旁论部分指出,若存在特别事由,也可以例外地承认后诉不受前诉既判力拘束)。

人以行使续租权为由提出请求异议之诉,最后后诉法院承认承租人基于续租权提出的请求异议,前诉法院在判决中曾判明,“本判决并不是剥夺承租人续租权的裁决”。

池田教授通过援用这一判决主张“前诉判决并不遮断约定的形成权”。的确,就终极意义而言,约定的权利是否受到前诉既判力的遮断之问题,有赖于约定的趣旨,因此,不能否定其中可能存在的不发生既判力遮断效之情形。不过,对于遮断效以及约定的趣旨存在特别的事由(或者可预料性的欠缺),原则上由否定遮断效的一方当事人负有主张及举证责任。

此外,池田教授进一步主张,若权利人想把解除权保留于将来行使,则须在(前诉的)诉讼记录或者判决中对此点予以载明。如果站在池田说的立场上,这种做法无疑是一种妥当的处置。但是,池田辰夫《基准时后的解除权行使与既判力》,载《曹時》,第 42 卷第 11 号,平成 2 年,第 2967 页注(65),收录于池田辰夫《新世代的民事裁判》,信山社,平成 11 年,第 235 页以下,池田教授也认为,如果双方当事人达成关于这方面的合意,那么也可以作出双方当事人“忽略遮断效作用”这样的解释。如此一来就形成如下这样一种结果,即“被包含于诉讼标的范围之内的一部分争点被置于既判力效力范围之外,并且随着所谓‘质的部分请求’之论述的展开而触及既判力本质论的问题(职权调查事项性)”。新堂教授所提倡的“程序事实群”理论(参照本讲相关论述)也与这种结果存有近似的一面,笔者认为,对此结果有必要进一步予以探讨。关于此问题的详细论述,还可以参照山本和彦《基于违反法律问题指出义务而导致既判力范围的缩小》,载《判夕》,第 968 号,平成 10 年,第 78 页以下。

对于空白票据,票据法的通说与判例都认为,基于"票据中存在空白事项"之事由,法院应当作出驳回请求之判决。在这种情形下,法院的驳回请求判决是基于票据的形式层面之理由而作出的,而对于"原告是否具有票据上的权利(的基础)"之实质层面,法院并未进行审理及判断。如此一来,这种驳回请求判决可以说是一种类似于驳回诉的判决(若是驳回诉判决,当事人可通过对欠缺的诉讼要件补足的方式提起再诉)。而且,从被告立场来看,通过"因空白事项未补充而驳回请求"之判决理由,可以预测出原告会在事后补充票据的空白事项。鉴于此,也有学者认为,当因票据存在空白事项而遭驳回请求时,也允许原告提起再诉[参照高见进《关于最高裁判所昭和 57 年 3 月 30 日判决的判例释评》,载《判評》,第 288 号(《判時》,第 1061 号),昭和 58 年,第 192 页以下]。但是,从原告(X)的角度来看,对于前诉的驳回请求判决,或是通过提出异议或是通过提起上诉等程序来补充这一空白事项,也不过是举手投足之劳的事情,如果 X 对于这种轻易劳作都不愿付出,那么科以其不利益也似乎无可厚非。总而言之,X 在前诉中"补充票据空白事项"已经在程序上获得了保障,因此原则上前诉判决既判力遮断标准时后空白事项补充权。

7. 抵销权

关于抵销权与既判力之关系问题的判例方面,其典型例子莫过于最高裁判所昭和 40 年 4 月 2 日判决,载《最高裁判所民事判例集》,第 19 卷第 3 号,第 539 页以下。该案件的具体情况如下:在前诉判决标准时前就可以抵销但未作抵销之意思表示的被告,在前诉中败诉,当前诉原告提出强制执行申请后(在强制执行的过程中),被告以"自己可以主张抵销"为由提出请求异议之诉,最后该判决判定被告胜诉。尽管学界的通说也认可判例的这一做法,但反对此立场的学说也具有相当广泛的影响。[38] 坂原正夫《关于在既判力标

---

〔38〕 盐崎法官认为,就实务的感觉而言,原告以可抵销为由提起的请求异议之诉之做法,似乎并不是非常符合情理,参照盐崎勤《关于在既判力标准时后行使形成权的一点论考》,载《司法研究论集》,1985 年第 1 号,昭和 60 年,第 1 页以下。井上教授也对于那种认为"前诉判决既判力不遮断抵销权主张"的观点抱质疑态度,参照吉村 = 竹下 = 谷口,第 289 页以下(井上治典执笔)。

准时后行使抵销权问题》，载《庆应义塾大学创立一百二十五年纪念论文集法学部法律学》，昭和58年，第241页以下，收录于坂原·既判力，第11页以下，坂原教授认为，原告基于胜诉判决获得可强制执行的地位（形成一种在将来能够现实获得金钱的期待），而对方当事人的抵销主张以及基于此提出的请求异议之诉将破坏原告的这种地位与期待，因而对方当事人的这种抵销主张无疑是不正当的。此外，被告在既判力标准时后行使抵销权，即便被该既判力遮断，作为其结果也仅仅意味着，被告不能以该反对债权进行抵销，但该反对债权本身并未丧失。[39] 被告可以通过另行起诉从原告处获得反对债权，因此被告的抵销权即便被前诉判决既判力遮断，也并未给被告造成大的损失，反过来，胜诉原告可强制执行的地位则应当优先予以考虑。

那么，该如何看待既判力与抵销权之间的问题呢？笔者还是倾向于通说与判例的观点。抵销的确是一种抗辩的防御方法，不过从“以牺牲自己债权来进行冲抵债务”这一性质来看，抵销又是一种偿还的方法，就这一意义而言，在败诉判决确定后，允许债务人主张抵销的做法也并无不当（这种做法其实等同于，债务人在标准时后偿付应能在标准时前偿付的债务），或者应当尊重权利人在选择“在何时以何种方式行使自己债权”上的意思自由，就这一点而言，抵销权不同于“无须牺牲自我利益”的撤销权及解除权的情形。反之，如果遵循反对学说的观点，那么不仅否定了作为被告的权利人享有这种自由，还会在此基础上形成如下这种局面：一方面原告对被告实施（申请）强制执行，另一方面被告也向原告进行催缴（在某些情形下也可能是申请强制执行）。这种相互交错的强制执行不免显得过于迂回，同时有违程序经济。的确，在原告的财产状况在前诉判决确定后发生恶化，进而导致被告对原告享有的反对债权现实价值趋于

---

〔39〕 新堂，第583页以下存在“反对债权本身是否丧失？”这样的表述。不过，就一般而言，反对债权本身并不丧失，抵销权人丧失的仅仅是行使“主张进行抵销”这种权利的方法。关于此的详细论述，可以参照新堂·訴訟物（下），第170页以下。

“使反对债权本身丧失”可以是一种强制提出反诉的措施，关于此的详细论述，可以参照上野泰男《通过强制性反诉促进诉讼的单一化》，载《法学杂志》（大阪市立大学），第19卷第2号，昭和47年，第266页以下。

下降的情形下,双方当事人相互交错进行强制执行之做法,也具有对原告方当事人有利的意味。但是,抵销的担保机能恰恰在于防止这种“反对债权现实价值趋于下降”情形的发生,若剥夺其这种在前诉败诉判决确定后显现化的担保机能,对于被告而言则不免过于苛刻。因此,就结论上而言,抵销权不应受前诉判决既判力遮断。〔40〕

---

〔40〕 河野·行為,第145页以下;上田·判決効,第250页以下;上田,第453页以下。

对于抵销权是否受既判力遮断之问题,学界中还存在各种“吸收肯定说与否定说两者各自所具有的合理部分”之折中说。在这种折中说的阵营中,又存在如下两种观点的分歧(松本博之《既判力》,载《法教》,第208号,平成10年,第28页以下也主张类似的观点),一种折中说主张,“若权利人在标准时前意识到抵销的条件已经成就(但不行使),其抵销权则予以失权,反之,若权利人未意识到抵销条件已经成就,则不予以失权”(参照兼子·体系,第341页以下);另一种折中说则认为,“只有在反对债权与诉求债权存在牵连关系时,权利人的抵销权才予以失权(梅本吉彦说,关于此的详细论述,可以参照坂原·既判力,第17页以下)”。但是,“折中说”这一称谓本身的特性就注定了这种见解在明确性方面的不足,因此,就“抵销是否受既判力遮断”这一问题而言,作出明确说明的观点可能显得更为妥当。

对于基准时后的形成权行使与既判力关系的问题,伊藤教授以一种“行使形成权的法律效果是否与判决(基准时上的权利关系之判断)发生矛盾及抵触”之定式作为标准展开考察,参照伊藤,第449页以下。具体而言,两者若发生矛盾或抵触,形成权则受既判力遮断,反之则不受既判力遮断。与本文这种“对不同情形分别考量”的决疑论式……考察方法相比,伊藤教授那种浓缩思考的定式考察(处理)方式,无疑更具有法律理论上的简明性,但是,正如山本和彦教授在其《既判力的时间界限》一文(载《判夕》,第1000号,平成11年,第241页以下)中所指出的那样,伊藤说的定式不免有过于浓缩之嫌。例如,如果适用伊藤说的定式,那么对于“抵销的主张与前诉判决的既判力发生抵触”这一命题就不能作出一义性判断(以被告在前诉中享有债权为前提,如果这种债权是可以溯及性地予以消灭的,那么抵销的主张就不与前诉判决发生矛盾或抵触),而且,在这种定式下,以坂原说为代表的反对学说的这种论述显然缺乏说服力。就伊藤说的结论而言,当事人关于撤销权的主张受既判力遮断,而有关解除权、抵销权、票据的空白补充权、买进建筑物请求权的主张则不受既判力遮断。

山本和彦《既判力的时间界限》(载《判夕》,第1000号,平成11年)一文主张,当事人在后诉中提出的形成权主张,原则上全面受前诉既判力遮断,不过,在后诉中被主张的形成权可以分为“过去存在的一次性事实作为形成原因”与“多数的事实或者持续性的一定状况作为形成原因”两种情形,对于这种两种情形应分别予以考虑,前者的形成权应受前诉既判力遮断,而后者则不受前诉既判力遮断,作为后者的典型例子就是抵销权。尽管在论述方法上多少存有差异,但就其实质内容而言,山本教授的这一观点无疑与笔者的观点具有诸多的亲近性。

8. 买进建筑物请求权

在请求拆除建筑物返还土地的诉讼中,若被告未行使《日本借地借家法》第 13 条规定的买进建筑物请求权,则在法院作出的承认请求判决确定(生效)后,该被告能否行使买进建筑物请求权呢?

解决这一问题的关键在于,如何理解或把握买进建筑物请求权的趣旨。多数说认为,在判决确定后,被告可以行使这种买进建筑物请求权。〔41〕 其理由在于,买进建筑物请求权并不是依附于“拆除建筑物返还土地请求权”之上的瑕疵,而是一种单独构成的权利,就这一点而言,这种买进建筑物请求权类似于抵销权,而且,允许被告在判决确定后行使该权利,不但能保护借地人的利益,也有助于保护建筑物。判例方面也通过最高裁判所平成 7 年 12 月 15 日判决(载《最高裁判所民事判例集》,第 49 卷第 305 号,第 51 页以下)将买进建筑物请求权视为判决确定后的请求异议事由,并认可被告可以行使这种权利[该判例认为,由于被告的拆除建筑物义务已经免除,前诉确定判决在此范围内丧失执行力。不过,基于案情的特殊性,该判决并未言及“如何行使买卖价金请求权”的问题。关于此判例的释评,可以参照垣内秀介《关于最高裁判所平成 7 年 12 月 15 日判决判例释评》,载《法協》,第 115 卷第 2 号,平成 10 年,第 291 页以下。福冈高等裁判所平成 7 年 12 月 5 日判决(载《判タ》,第 901 号,第 263 页以下)也将买进建筑物请求权作为请求异议事由]。与此相对,也有相当的学说认为,买进建筑物请求权是一种攻击防御方法,即其具有“旨在削弱土地所有人拆除建筑物返还土地请求权”的抗辩性质,因此权利人必须在前诉中行使该权利,进而在前诉判决

---

〔41〕 畑郁夫《判例释评》,载《判タ》,第 390 号,昭和 54 年,第 242 页以下;条解,第 637 页以下(竹下守夫执笔);小林秀之《拆除建筑物返还土地诉讼与买进建筑物请求权的行使》,载《金融法务事情》,第 1287 号,平成 3 年,第 16 页以下;中野贞一郎《执行力的客观范围》,载山木户 · 還暦(下),第 288 页以下,尤其是第 331 页,收录于中野 · 現在,第 258 页以下;中野 = 松浦 = 鈴木 · 旧,第 490 页以下(吉村德重执笔);几代通、广中俊雄《新版 · 注释民法第十五卷》,有斐阁,平成 1 年,第 589 页以下(生熊长幸执笔);注釈民訴(第四卷),第 323 页以下(高桥宏志执笔)等。

确定后应受前诉既判力遮断。[42]

按照前述多数说的见解,被告在判决确定后提出的买进建筑物请求权被视为请求异议的事由,但是,对于"承认这种请求异议的判决(请求异议诉讼判决)内容应当如何予以构成"之问题,同属这一多数说阵营中的不同观点,也产生了截然分歧。有观点认为,判决应当全部承认被告的请求异议,进而全面排除前诉判决的执行力,而土地所有人的要求被告"搬出"建筑物返还土地的请求,则应当通过另诉方式提出,因此这一判决内容还应当就"具有同时履行关系的买卖价金给付(土地所有人向建筑物所有人支付建筑物价金)"之问题作出裁断[参照畑郁夫《买进建筑物请求权的行使与请求异议诉讼》,载《司法研究所创立十五周年纪念论文集(上卷)》,昭和37年,第343页以下]。也有观点认为,随着被告行使买进建筑物请求权,在法律上当然形成建筑物的买卖关系,如此一来,原告只有支付建筑物价金才能申请强制执行,因此法院只要做出部分承认请求异议之判决就可以变更前诉判决的执行力(参照原强《关于最高裁判所平成7年12月15日判决的判例释评》,载《法学教室》,第188号,平成8年,第76页以下,其中关于此的表述为,"请求异议诉讼的判决应当写明,若土地所有人不支付建筑物价金就不能执行返还建筑物的请求"。此外,关于此问题的相关论述,还可以参照中野·现在,第303页)。最后,还有一种较为折中的观点主张,将前诉判决执行力从"拆除建筑物"削弱为"搬出建筑物",进而在这一限度内部分承认被告提起的请求异议,而对于被告提出的"支付买卖价金"之请求,则不将其置于请求异议之诉中,而应在建筑物所有人提起的另诉中作出处理。

---

〔42〕 河野·行為,第144页以下;河野正宪《关于最高裁判所平成3年12月20日判决的判例释评》,载《ジュリ》杂志临时增刊——《平成三年度重要判例解说》,有斐阁,平成4年,第124页以下;《百選Ⅰ》,第94号案件(广尾胜彰解说);几代通、广中俊雄《新版·注释民法第十五卷》,有斐阁,平成1年,第588页以下(铃木禄弥执笔);铃木禄弥《借地法(下卷)》(修订版),有斐阁,昭和55年,第1317页以下;度部美由纪《判例释评》,载《法学新报》,第61卷第2号,平成9年,第411页以下等。

在主张“买进建筑物请求权受既判力遮断而不承认请求异议之诉”的后一种学说立场中，对于“支付买卖价金请求是否允许被告另行提起诉讼”之问题，不同观点同样也存在分歧。部分观点认为被告不能对此另行诉讼，而另有观点则主张被告可以另行提起支付买卖价金请求的诉讼[关于此的详细论述，可以参照《百選Ⅱ》，第144号案件（山本克己解说）。此外，也可以参照东京高等裁判所昭和53年7月26日判决，载《高等裁判所民事判例集》，第3卷第3号，第484页以下，在该案件中，被告在第一次诉讼中并未主张买进建筑物请求权，在第二次诉讼中提出的请求异议之诉遭法院驳回，在第三次诉讼中，东京高等裁判所作出承认买卖价金请求的判决，可以说被告在建筑物被拆除之前，行使了买进建筑物请求权]。

综观上述诸种观点，主张“不允许被告提起请求异议之诉，但可以就支付建筑物价金请求而另行诉讼”的最后一种观点是颇具魅力的（从“倾向于从严把握既判力遮断效”之拙见的立场来看，这种学说可能最具一贯性。此外，新堂，第548页；山本和彦《既判力的时间界限》，载《判タ》，第1000号，平成11年，第247页以下等观点，也都持这种看法），不过，从立法趣旨来看，实体法设置买进建筑物请求权，是旨在保护借地人或者建筑物所有人之利益，若基于此视角，则主张“通过请求异议之诉，以土地所有人支付买卖价金命令来转换、弱化前诉判决的执行力”的学说，无疑最能体现这种立法趣旨。

通过以上对于不同类型形成权的详细论述（撤销权与票据空白补充权受前诉既判力的遮断，而抵销权与买进建筑物请求权则不受其遮断），应当说，形成权是否受既判力遮断，并非仅取决于既判力理论的构造，在诉讼法的既判力理论框架内，如何看待各种形成权主张的实体法性质，也成为解决这一问题的重要考量因素。

四、既判力物的范围

1. 既判力的对象

除抵销的情形（参照《日本民事诉讼法》第114条第2款）外，既判力仅仅基于包含在判决主文内的法院判断而产生（参照《日本民事诉讼法》第114条第1款）。而且，所谓的判决主文，是指对应于原告在诉状中提出的请求趣旨,法院以诉讼上请求(诉讼标的)为内容作出的判决事项。因此,判决既判力基于诉讼上请求(诉讼标的)而产生(至于诉讼判决的既判力,则另当别论,关于此可以参照本讲"十、诉讼判决的既判力"部分的相关论述)。诉讼是双方当事人围绕着诉讼上请求(诉讼标的)而展开的争议,因此,这种"仅仅针对这种争议判断产生既判力"的规定也非常合情合理。由此看来,相对于其正面的表述而言,毋宁说《日本民事诉讼法》第 114 条第 1 款的更为重要的意义,在于该法条的反面含义,质言之,法院判决主文之外,也即关于诉讼上请求(诉讼标的)以外的判断,并不产生既判力。换言之,即便是法院作出的判断,若属于判决理由中的判断,则该判断不产生既判力。

之所以不承认判决理由中判断产生既判力,是基于如下这一点考虑,即相对于诉讼上请求(诉讼标的)而言,作为判决理由中判断对象的当事人主张,处于手段性、次元性之地位,正是因为这种判断的手段性与次元性,于是就存在当事人未对作为这种判断之基础的争点予以严肃考虑的可能性,若让这种争点也产生拘束力,进而在这种争点与其他诉讼标的的关系上,阻断当事人对其争议的可能性,则难免会对当事人造成突然袭击。而且,从这种争点与本案诉讼标的关系来看,不让法院针对这种争点作出的判断产生既判力,不但不会使双方当事人因对这种争点进行过于严格争议而浪费过多时间,而且,在某种程度上也会使当事人更易于作出自认。如此一来,就有助于促进法院机动且迅速地对诉讼标的作出审理及判断。反之,如果让这种手段性、次元性的辩论也产生既判力,那么在判决确定之后,当事人就不能提出与之相矛盾或抵触的主张,如此一来,当事人在其与该诉讼之诉讼标的的关系上不能自由处分这一争点,考虑到在将来发生的其他诉讼中可能会使用关于这种争点的判断,当事人在本诉讼中就不得不彻底且慎重地对此展开争议。

此外,从法院立场来看,不让判决理由中的判断在该诉讼范围内产生既判力,不但可以使法院不拘泥于实体法的逻辑顺序,而且还有助于实现"能够最为直接、迅速且廉价地对诉讼标的作出判断"的法院诉讼指挥(参照新堂,第 372 页)。例如,在请求返还借款的诉讼中,当被告提出债务不成立并预备性地提出“业已清偿债务”之主张时,法院可以不对“债务成立与否”进行审理,而直接认定被告偿还债务之事实,进而作出被告胜诉判决(参照本书“第十二讲 辩论主义”部分的相关论述)。反之,如果让判决理由中判断(债务人是否偿还债务)也产生既判力,那么该案件就会丧失这种审理灵活性,法院须按照实体法上的逻辑顺序或者遵照当事人指定的顺序按部就班地对诉讼中所有争点作出慎重的判断,这样一来,不免使程序显得过于繁重冗长(参照新堂,第 587 页)。[43]

正是鉴于此,日本法采取了“判决理由中判断不产生既判力”的立场,不过,反过来看,这种立场也存在着稍显“过度”的一面。例如,在基于所有权的登记请求、基于所有权的排除妨碍请求等诉讼中,诉讼上请求分别是登记请求权与排除妨碍请求权,因此该诉讼的判决既判力仅仅基于这两个请求分别产生,而作为该诉讼主要争点的所有权问题,由于在该诉讼中属于判决理由中判断的事项,因而不产生既判力。如此一来,在请求撤销登记程序诉讼中败诉(因所有权属于原告)的被告,由于不受前诉判决既判力约束(“所有权属于原告”之判断属于判决理由中的判断,进而不产生既判力)而可以再次提起“请求确认自己是所有权人”之确认诉讼。[44] 为了应对

---

〔43〕 不过,在实务中,法官是否经常忽略这种实体法逻辑顺序而灵活机动地实施诉讼指挥,则属于另一层次的问题。就日本的实务状况而言,据说法官们往往还是遵循实体法逻辑顺序,即首先对“债务成立与否”进行审理,当对此作出认定时方进入“被告是否偿还”之事实的审理。若问这种做法适法与否,则应当说,作为法官在诉讼运行中的自由裁量,无论是仅在对“被告是否偿还债务”之事实进行审理之后就作出被告胜诉判决的做法,还是采用遵循实体法顺序从“债务成立与否”到“是否偿还”来推进审理的方法,这两种做法均为适法。参照本书“第十二讲 辩论主义”部分的相关论述。至于在这两者中,何种裁量更具合理性,应当说,作出这种判断就必须考虑包含再诉可能性在内的案件具体状况,因为,基于“偿还债务”而获得胜诉的被告,也可以以“债务不成立”为由提起请求返还偿还金之不当得利诉讼(参照新堂,第 610 页)。关于此问题的详细论述,还可以参照本讲“基于后遗症的赔偿”之部分。

〔44〕 但是,兼子教授认为,在有关所有权登记诉讼中,诉讼标的不仅仅是登记请求权,所有权也构成诉讼标的的主要内容,因此法院就所有权作出的判断也产生既判力。

这种不合常理的情形,无论是德国法还是日本法,都设置了一种救济途径,即在当事人欲使作为诉讼请求前提的问题(判断)也产生既判力时,可以通过提起中间确认之诉(参照《日本民事诉讼法》第145条)使其获得既判力(参照新堂,第588页)。通过设置这种中间确认之诉,尽管在大体上使这一问题获得某种程度的解决,但仅依据这种措施就是否能够充分地应对上述这一问题,恐怕还颇具疑问。总而言之,那种"否定判决理由中判断的既判力,并完全不承认其拘束力"的做法,不免带有一些不妥之处,而正是这种不妥当的存在,促使德国的"既判力向判决理由中判断扩张"理论以及日本的争点效理论的产生。〔45〕 尽管如此,"既判力仅于判决主文中判断产生"是《日本民事诉讼法》第114条第1款明文规定的一项法律制度。

2. 基于后遗症的赔偿

如果既判力只针对判决主文判断产生,即针对诉讼上请求(诉讼标的)产生,那么基于新诉讼标的论与旧诉讼标的论立场的不同,对于既判力物的范围之认识,两者存在很大差异(参照新堂,第585页)。关于这一点已经在本书诉讼标的论部分有所论述。

对于这一颇具理论意味的诉讼标的与既判力关系之问题,基于

---

〔45〕《德国民事诉讼法》第322条对既判力的客观范围作出了规定,即判决在针对"依诉或者反诉提起的请求"作出裁判的限度内具有既判力。对此法条立法沿革进行探究的霜岛甲一教授,在其《德国民事诉讼法第322条的前史》一文(载《民訴雜誌》,第8号,昭和37年,第108页以下)中认为,在这一法条中,立法者意思并未获得明确(属于急于制定法典草率立法的结果),关于该法条中的"作出裁判的限度内"之限定句,究竟是作"在基于所有权的请求返还诉讼中,当法院以被告并未占有为由作出驳回请求的判决时,对于所有权的判断并不产生既判力"这样的理解,还是按照著名的萨维尼判决要素论所主张的"判决理由中的判断都产生既判力"予以理解呢,恐怕还是存在不少疑问的。霜岛甲一教授的这一文献的确饶有兴味。总而言之,即便是在母法国的德国,也不能说立法者就已经明确地表达他们持"判决理由中的判断不产生既判力"之立法意图,因此,可以说这是一个从一开始就潜伏于其中的问题。

此外,关于日本法的沿革相关论述,可以参照坂原正夫《关于民事诉讼法第199条第1款的沿革》,载《庆应义塾法学研究》,第54卷第4号,昭和56年,第629页以下,收录于坂原·既判力,第180页以下。坂原教授认为,日本法的这一法条未必是从德国法直接导入的。

交通事故等侵权行为产生的请求赔偿后发性后遗症损害诉讼,似乎能作出最好说明。具体而言,在前诉中,原告提出的一定数额损害赔偿请求获得法院承认,若受害人在此后发生前诉当时未发现的后发性后遗症,原告基于这种后发性后遗症的损害赔偿请求是否受前诉既判力遮断呢?从结论上看,无论是判例还是学说都认为,原告不受前诉既判力的遮断而可以基于后发性后遗症来提起再诉(参照新堂,第296页)。作为判例的立场,最高裁判所昭和43年4月11日判决(载《最高裁判所民事判例集》,第22卷第4号,第862页以下,收录于《百選Ⅱ》,第149号案件)也认为,应当允许原告提起调解后的再请求,进而作出"撤销原判并发回重审"的判决。

现在的问题在于,应当在何种理论构成下将"允许当事人基于后发性后遗症提起再诉"之结论予以正当化呢?第一种观点认为,可以以"诉讼标的不同"之理由来展开说明。例如,在基于损害身体的赔偿请求诉讼的诉讼标的与其后因死亡而基于侵害生命的赔偿请求诉讼中,由于这两者的诉讼标的不同,因此后者的请求不受前诉既判力遮断。这种说明固然显得比较明快,不过,在"如何在侵权行为中将诉讼标的予以细分化"这一点上,还是存在困难,而且,就理论层面而言,也会产生"以何种理论作为诉讼标的细分化根据"之难题,例如,这种学说必须对"衣服的损害与手表的损害这两者的赔偿请求的诉讼标的是否相同"等问题作出回答。〔46〕第二种观点主张,以"部分请求的理论构成"予以解释。具体而言,将前诉视为所有损害赔偿中的部分请求,因此受害人可以提起作为残部请求之后诉。但是,由于学界对部分请求理论本身存在较大分歧,而且,有相当的学说对"提起部分请求的可否性"之问题持否定态度(部分请求否定论)(参照新堂,第294页;本书"第四讲　部分请求"部分的相关论述),因此,若基于部分请求否定论的立场,这种部分请求化的

---

〔46〕关于损害赔偿请求诉讼诉讼标的方面的论述,可以参照井上治典《损害赔偿请求诉讼的诉讼标的》,载三月章、中野贞一郎、竹下守夫编《民事诉讼法演习第一卷》(新版),有斐阁,昭和58年,第106页以下;岩村弘雄《人身损害中的主要事实》,载有泉亨主编《现代损害赔偿法讲座第七卷》,日本评论社,昭和49年,第29页以下。

理论构成肯定是行不通的。而且,即便基于部分请求肯定论的立场,也会面临一些问题。具体而言,如果按照“在前诉中原告必须对该诉讼标的是部分请求(还存在残部请求)之事实予以明示”的判例理论,那么在发生后遗症的情形中,原告在前诉中本来就无法对“该诉求是部分请求”之事实(前诉当时无法知道存在后遗症)予以阐明(也正是因为此才被称为后发性后遗症),由此看来,这种理论构成也颇成问题。第三种观点主张,以既判力时间界限理论来解决此问题。具体而言,前后诉的诉讼标的虽然相同,但后遗症并未发生于前诉标准时之前,因而后遗症构成前诉标准时后的新事由,进而受害人可以以此为由提起再诉。这种主张的确是一种颇具技巧性的理论构成。但是,从后遗症的性质以及形成过程来看,在事故发生当时就形成了后遗症的原因(只是受害人当时不知道而已),因此将其作为标准时后的新事由似乎显得过于牵强。而且这种观点与“不论当事人知道与否,也不论当事人就‘不知道’是否存在过失,存在于标准时前的事项都受既判力遮断”的通说理论,显然无法形成协调关系。鉴于此,第四种观点干脆推翻通说理论的这种前提,主张依据如下之理论对此作出处理,即在当事人在前诉中对于未主张的事实不具有可预料性时,该事实不受既判力的遮断(参照本讲“基于可预料性的调整”部分的相关论述)。具体而言,当发生性后遗症时,受害人一般在前诉中并不知道这种病症存在,也即受害人对此主张的提出不具有可预料性,因此,受害人对于后遗症提出的主张不受前诉既判力遮断。综观上述种种观点,作为理论构成而言,无疑第四种观点最具合理性与稳妥性,而且,如果其所倡导的前提理论(基于可预料性的调整)能够得到认可,那么也可以说是一种问题最少的理论构成。[47]

但是,第四种理论构成也存在如下两个需反省的问题。第一个

---

〔47〕 谷口,第 334 页以下;关于诸种学说及其批判的论述,参照新堂幸司《纠纷解决后的损害增大及其赔偿请求》,载新堂·訴訟物(上),第 193 页以下;井上治典《后遗症与裁判上的救济》,载《ジュリ》第 548 号特集——《医疗与人权》,有斐阁,昭和 48 年,第 314 页以下;条解,第 616 页以下(竹下守夫执笔)等。

问题是,如果依据这样的可预料性调整予以处理,那么就会使“诉讼标的相同”之意义趋于淡泊化,具体而言,“前诉与后诉的诉讼标的尽管相同,但因后诉主张不受(前诉)既判力遮断,故允许当事人提起再诉”与“将当事人不具有提出可预料性的请求作为其他诉讼标的予以构成,进而使前诉与后诉的诉讼标的不同”这两种论述,在实际上几乎无差异。

另一个较为根本性的问题,可以说是第一个问题的延伸,即在探寻上述理论构成的作业过程中,诉讼标的究竟发挥何种作用之问题。如果细加考察上述种种观点的探寻过程,尤其是第一种至第三种理论构成的思考过程,那么就会发现,每种观点的思考过程基本都是,先对“前诉既判力及于后遗症的后诉是否妥当”之命题作出实质判断(就其实质而言,是一种介于“寻求救济之受害方要求”与“期待在前诉中已经完全解决纠纷之加害方要求”两者之间的平衡),在得出这种结论后,才将这种结论反映到诉讼标的论(或者与之相类似的部分请求论)之上。由此可以看出,至少对于后遗症问题而言,似乎在理论上可以脱离诉讼标的论,而仅依据既判力理论来展开实质意义上的论述。上述状况的产生,有可能基于“后遗症是一个界限性问题”之原因而导致,但同时也应当指出,这种状况也反映了诉讼标的概念的局限性,或者诉讼标的概念在民事诉讼体系中的地位式微之趋势(参照本书“第二讲　诉讼标的”部分的相关论述)。新堂教授在其《新民事诉讼法》一书(弘文堂,平成 10 年)第 279 页注(2)论述这一问题时,甚至根本未使用“诉讼标的”之表述,这也是否暗含着某种象征意义呢?

但是,若将这一问题进一步予以一般化,即是否可以切断既判力与诉讼标的的关系呢? 这恐怕又属于另外一个问题(第三波理论的倡导者就以切断这两者的关系为目标)。关于这一问题的结论,正如本讲后面部分所述的,就一般论而言,应当说诉讼标的概念对既判力论还是发挥着一定作用的。

3. 抵销的抗辩

既判力的范围原则上仅限于判决主文中的判断,不过若是抵销的抗辩,则即便是判决理由中的判断,法律自身也例外地赋予其既判力(参照《日本民事诉讼法》第114条第2款)。此处所谓的抵销抗辩既具有抗辩性质,同时其本身又是当事人提出的可以单独构成诉讼标的的反对债权,也即其具有类似于反诉的特殊性。[48] 反过来说,只有使"抵销的抗辩"产生既判力,才能防止当事人对该抵销抗辩的重复使用。例如,当法院以反对债权不存在为由作出承认请求判决后,被告以反对债权为由再次提起诉讼(以自己为原告,而以前诉的原告为被告)时,若不使前诉中的"抵销抗辩"(之判断)产生既判力,则无法阻止被告的这种后诉(无法立即驳回请求),于是法院就不得不进行再审理,对方当事人也被迫进行应诉,因为,前诉的诉讼标的是X对Y债权的请求,依据《日本民事诉讼法》第114条第1款规定,既判力只能基于这一请求(诉讼标的)而产生,而若无《日本民事诉讼法》第114条第2款规定,前诉既判力作出的"原告于前诉标准时上享有1000万日元的请求权"之确定效力,对于判断"Y对X是否享有反对债权"将不产生任何遮断作用,因为,前诉中作出的"Y对X不存在反对债权"判断,属于判决理由的事项。如此一来,Y就可以基于被前诉判决理由所否定的"Y对于X"之债权来提起再诉,并要求法院对此进行再审理,而且,基于辩论主义要求,如果X的攻击防御在后诉中处于劣势,那么法院在理论上也可能作出与前诉判决理由相矛盾的判断,即承认该债权存在。而且,即便是如下这种情形,即从审理结果来看,反对债权(Y对X的债权)被认定为存在,抵销得以成立,进而X对Y的请求(诉讼标的)在前诉中遭到驳回之情形,在此情形下,由于前诉既判力不及于反对债权,因而无法阻止Y基于其对X享有的债权(反对债权)提起支付请求之再诉,因为,依据《日本民事诉讼法》第114条第1款规定,既判力所

[48] 关于抵销性质的详细论述,可以参照中野贞一郎《抵销的抗辩》,载中野贞一郎《诉讼关系与诉讼行为》,弘文堂,昭和41年,第90页以下。对于"抵销的抗辩"问题持少数说的观点,可以见之于木川统一郎、北川友子《诉讼上的抵销与既判力》,载《比较法学》,第29卷第1号,平成7年,第71页以下;小林秀之、吉田元子《试论无条件的抵销》,载《判夕》,第921号,平成8年,第41页以下。

确定的仅仅是"X 对 Y 的债权不存在",至于"Y 对 X 的债权(反对债权)是否因抵销而消灭"只不过是判决理由中的判断(因而不产生拘束力)。由此看来,这种"一个债权的重复使用、重复审理"的做法,无疑是不妥当的。正是为了防止这种不妥情形的发生,《日本民事诉讼法》第 114 条第 2 款例外地认可,法院在判决理由中作出的关于抵销之判断,也产生既判力。[48-2]

关于《日本民事诉讼法》第 114 条第 2 款的根据及合理性,获得了学界的一致肯定,而且,因反对债权不存在使抵销抗辩被驳回的法院判断也产生既判力,对此学界似乎不存在什么争议。不过,在因反对债权存在而使抵销被法院认可的情形下,对于如何表述这种情形产生既判力之问题,学界尚还存在对立。以兼子说、新堂旧说

〔48-2〕 即使在诉讼外进行抵销,但只要在诉讼中予以了证明,也可以产生《日本民事诉讼法》第 114 条第 2 款的既判力。换言之,抵销的意思表示并非必须在诉讼中进行。当在诉讼外进行抵销时,也会产生反对债权重复行使之弊端。但是,在物品的交付请求诉讼中,被告主张尚未支付货款(同时履行抗辩),对此,原告主张用其他债权进行抵销,在这种情况下,法院有关抵销的判断是否产生既判力呢?当受动债权不是诉讼标的而未产生既判力时,关于自动债权(反对债权)也不产生既判力。《日本民事诉讼法》第 114 条第 2 款的适用仅限于诉求债权产生既判力之情形。

此外,就原本而言,抵销的既判力,是在如下这两种因素间谋求平衡的结果,即(1)抵销一旦被认可,则不允许重复行使反对债权;(2)受动债权(诉求债权)不存在之判断产生既断力。换言之,若仅有《日本民事诉讼法》第 114 条第 1 款规定,虽然可以产生诉求债权不存在的既判力,同但不产生反对债权不存在之既判力,由此可能导致债务人再度行使抵销债权。不过,当反对债权因抵销以外的其他理由被认定不存在时(例如,反对债权因债务清偿而消灭之理由),上述这一平衡的基础并不完备。当诉求债权被认定为存在时,主张的抗辩仅与单纯不认可之普通抗辩的结构相同,而若为债务清偿这种普通抗辩,对于承认请求判决则不可能重复行使债务清偿之抗辩,因为,已经被既判力消极效果阻止。但是,由于抵销的反对债权可以构成其他诉讼标的,若仅规定《日本民事诉讼法》第 114 条第 1 款第 1 项,对于因抵销以外的理由而被认定不存在的反对债权,则仍有再诉的可能。正是为了阻止这种情况发生,才有必要设置《日本民事诉讼法》第 114 条第 2 款规定。总之,在反对债权产生既判力这一点上是相同的,但作为肯定既判力的具体内容,是因抵销而消灭?还是因抵销以外理由而不存在?这两者之间多少有些不同。兼子・体系,第 344 页也对两者分别论述做出,即认为"当抵销抗辩被驳回时,自动债权之不存在获得确定,当抵销抗辩获得认可且全部或部分驳回请求时,判决确定的效果是,作为请求的受动债权与自动债权同时存在,但请求因抵销而消灭"。

为代表的观点认为,法院作出的“原告的诉求债权与被告的反对债权同时存在,这两种债权因抵销而消灭”之判断产生既判力,换言之,法院的“诉求债权与反对债权存在”与“两种债权因抵销而消灭”这两种判断都产生既判力(参照新堂·旧版,第16页,不过,在新堂,第589页,新堂教授已经改变了自己的观点)。[49] 与此相对,以中野说为代表的多数说则主张,只有法院作出的“反对债权存在”之判断产生既判力。这种多数说的理由是,“两种债权因抵销而消灭”这一判断相当于判决理由中的判断,故而不产生既判力,而且在逻辑上,这种观点也与《日本民事诉讼法》第114条第1款规定的一般既判力情形形成吻合。[50]

那么,该如何看待这一问题呢?若遵循既判力论的一般观点,应当会采用多数说所主张的表述方法。就既判力论而言,兼子说及新堂旧说所主张的“原告的诉求债权与被告的反对债权同时存在,这两种债权因抵销而消灭”之表述,无疑是一种异类的表达。至于其原因,据说在于如下这一点,即只有采用这种表述方式,才能排除下述两种情形后诉。第一种是原告方提出再诉的情形,即因被告反对债权自始就不存在,因此“因抵销而导致原告的诉求债权消灭”的判断无效(债权消灭也无效),于是原告有可能以返还不当得利或者侵权行为损害赔偿为由,提起要求返还这部分债权的再诉;第二种则是被告方提出再诉的情形,即由于原告的诉求债权因其他理由(并非依抵销)而被认定为不存在,因此被告以反对债权进行的抵销无效(反对债权消灭也无效),于是被告以返还不当得利或者侵权行为

---

〔49〕 梅本吉彦《抵销的抗辩与既判力》,载《争点》(旧版),第270页以下;林屋,第492页以下,也赞成于这种表述。

〔50〕 中野贞一郎《关于民事诉讼法第199条第2款规定》,载中野贞一郎《诉讼关系与诉讼行为》,弘文堂,昭和41年,第141页以下;小山,第398页以下;条解,第618页以下(竹下守夫执笔);注解民訴(第五卷、第二版),第84页以下。此外,关于《日本民事诉讼法》第114条第2款中“成立或者不成立”之法条的表述,有观点认为,插入“成立”之词语是立法中的失误,而“不成立”应当作“不存在”之理解,关于此的详细论述,还可以参照中野贞一郎《关于民事诉讼法第199条第2款规定》,载中野贞一郎《诉讼关系与诉讼行为》,弘文堂,昭和41年,第141页以下。

损害赔偿为由,提起要求返还反对债权的再诉。无论是多数说,还是兼子说及新堂旧说,均主张应当以前诉既判力遮断这种再诉,两者在这一点上是一致的。不过,这两种学说之间还是存在一些差异的,这种差异产生于“采用何种表述来对此予以表达”的问题。说到底,这是一种“无关实质,仅针对表达”的论争。对于兼子说或新堂旧说所顾及的上述两种情形,多数说认为,对于原告方提起的再诉,只要适用基于《日本民事诉讼法》第 114 条第 1 款规定的在判决主文中驳回请求之既判力即可,而对于被告方提起的再诉,只要适用基于《日本民事诉讼法》第 114 条第 2 款规定的,法院作出的“反对债权不存在”之判断的既判力即可。对于此,兼子说及新堂旧说则认为,仅仅依据这样处理并不充分。笔者认为,多数说的这种表述还是足以应对这种情形的处置的,因为,在第一种情形中,由于被告的反对债权自始不存在,原告基于自己债权抵销行为的无效而提出返还不当得利等请求,对于这些请求,只要适用“前诉判决主文中的驳回请求”之既判力就可以予以遮断。而且,由于“X 对 Y 债权的不存在”之事项,也为前诉既判力所确定,因此作为 X 对 Y 债权之派生物的“返还不当得利请求”,当然也受既判力遮断,否则,即便是在“因被告偿还债务而使原告败诉”的普通情形中,原告也可以以被告的这种偿还行为无效为由,提起返还不当得利请求的诉讼,这显然不符合常理。同样在第二种被告提起再诉的情形中,“在标准时上被告的反对债权不存在”之判断,一旦为前诉既判力所确定,以该反对债权为理由的其他任何作为反对债权之变相的请求(例如,返还不当得利请求、侵权行为损害赔偿请求等),都将受到既判力遮断。〔51〕

---

〔51〕 铃木正裕《连带债务与判决效》,载《判タ》,第 391 号,昭和 54 年,第 12 页注(4);中野贞一郎《抵销的抗辩(下)》,载《判タ》,第 893 号,平成 8 年,第 4 页以下。总而言之,“判决的判断没有不当”之事实也受既判力确定,而关于“不当认定”的主张,则受既判力遮断。关于此的详细论述,可以参照注釈民訴(第四卷),第 332 页以下(高桥宏志执笔)。

吉村教授认为,依据一般既判力论之表述方式,新堂旧说所列举的例子都将被既判力遮断,不过,兼子说与新堂旧说的表述方式却有着其独特的优势。具体而言,在抵销抗辩中,法院对于原告的诉求债权(受动债权)与被告的反对债权的审理与判断,必须总而言之,上述关于抵销抗辩既判力问题的学说论争,还是具有重要的意义的。通过这种论争,至少明确了抵销抗辩在既判力方面的三点特色。第一,《日本民事诉讼法》第 114 条第 2 款规定的"特别既判力"的产生,仅限于"为了判断原告诉讼上请求妥当与否,而必须对被告是否存在反对债权予以实质性判断"之情形。反过来说,在诸如"依据《日本民事诉讼法》第 157 条规定,因当事人错过时机提出抵销抗辩而遭驳回"、"依据《日本民法》第 509 条规定,因受动债权是侵权行为债权而不能抵销"以及"因抵销条件未成就而不能抵销"等情形中,抵销的抗辩尽管被纳入辩论,但法院并未对此展开实质审理,故这些抵销抗辩并不产生既判力。[52]

按照这种先后顺序进行,而且,旨在确保法院这种分别判断正当性的程序保障,也应当反映到既判力论之中。因此,譬如在当事人为了请求支付抵销前利息提起的后诉中,债务人对于"抵销时存在诉求债权与反对债权"之事实的争议,应当受前诉既判力遮断,而关于这一点,只有依据兼子说与新堂旧说的表述方式才能获得解决,参照吉村德重《抵销的抗辩与既判力》,载《法政研究》,第 46 卷第 2—4 号,昭和 55 年,第 620 页以下。此外,中野=松浦=鈴木·旧,第 501 页以下(吉村德重执笔)也表达了同样的观点。的确,应当说这是一种"倡导将程序保障之特殊性反映到既判力论"的独到见解。不过,对于吉村教授作为结论而列举的上述案例,完全能够通过争点效理论予以解决,而且,通过争点效理论的解决,能使这种表述方式获得逻辑上的一致与协调。因此,关于《日本民事诉讼法》第 114 条第 2 款规定的既判力表述命题,还是采用多数说的观点较为合适。关于此的详细论述,还可以参照条解,第 628 页以下(竹下守夫执笔);山本克己《抵销的抗辩与禁止不利益变更原则》,载《ジュリ》,第 897 号,昭和 62 年,第 59 页以下,尤其是第 61 页。

〔52〕 只有在法院对作为主要争点的争议作出实质性判断时,抵销抗辩才产生既判力,就这一点而言,其类似于争点效理论。那么,《日本民事诉讼法》第 114 条第 2 款规定的"抵销抗辩之既判力"是否是争点效的替代物,或者一旦承认争点效理论,是否就意味着第 114 条第 2 款规定就毫无用处呢? 的确,其中的第一个特色(甚至第三个特色也)被争点效理论所消解,不过,作为第二个特色的"须遵循审理顺序",并不能完全被争点效理论所代替,因为,不强调审理顺序,正是争点效理论特色之所在(参照本讲"争点效的要件与效果"部分的论述)。因此,《日本民事诉讼法》第 114 条第 2 款规定并不能被争点效理论所替代或消解。此外,当原告就反对债权作出自认时,不产生争点效,而在同样情形下,却仍应当产生第 114 条第 2 款规定的拘束力。

第二,出于使抵销抗辩产生既判力之程序的完备性考虑,该程序将在这一限度内丧失审理灵活性。换言之,只有在原告的诉求债权(受动债权)被确定为存在后,法院才能进入"以反对债权进行抵销抗辩"的审理。如果被告提出的是"业已偿还债务"之一般性抗辩,即便原告的债权是否成立(如是否存在错误)之问题未获确定,在审理顺序上,法院也可以让当事人先对这种抗辩进行举证,而该抗辩一旦获得证明,法院就可以作出驳回请求判决。换言之,对于其他一般性(非抵销)抗辩,法院可以在原告债权未确定的前提下先对抗辩进行审理(参照本书"第十一讲　诉的利益"部分的相关论述),因为,无论是以抗辩成立为由,还是以债权错误无效为由,在驳回请求判决中,作为判决理由部分的抗辩或是债权错误无效的判断,均不会产生既判力(参照新堂,第 372 页)。而抵销抗辩之状况则完全不同,由于法院对于抵销抗辩的判断会产生既判力,一旦抵销,被告也将确定地丧失该反对债权,如此一来就势必要求,只有对原告的诉求债权存在与否作出确认后,法院才能进入抵销抗辩的审理。换言之,在原告诉求债权尚未确定的前提下,法院不能作出"因被告反对债权被确认为存在,于是基于债权相互抵销而驳回原告请求"这样的处理。〔53〕〔54〕

第三,产生既判力的反对债权额度以抵销对抗的金额为限(参

---

〔53〕 也有学者主张如下观点,当法院不遵从审理顺序,即在法院未对受动债权作出审理之前提下,仅仅通过对反对债权的审理就承认抵销,进而作出驳回请求判决,在此情形下,这种判决不产生既判力,并应当允许当事人提出再诉,关于此的详细论述,可以参照吉村德重《抵销的抗辩与既判力》,载《法政研究》,第 46 卷第 2—4 号,昭和 55 年,第 620 页以下;山本克己《抵销的抗辩与禁止不利益变更原则》,载《ジュリ》,第 897 号,昭和 62 年,第 59 页以下;条解,第 629 页以下(竹下守夫执笔)。

〔54〕 在因成立预备性抵销抗辩而使原告请求遭驳回时,表面上看,似乎获得胜诉的被告实质上也承受了"丧失反对债权"之不利益,因此,在这种情形下,应当例外承认被告对于这种驳回请求判决享有上诉利益。关于此的详细论述,可以参照新堂,第 757 页以下。

照《日本民事诉讼法》第114条第2款)。[54-2] 即便当被主张的反对债权中部分金额获得认可时,原先相对抗(债权)的全部数额将产生既判力(其中,被认可的部分产生"因抵销而消灭"的既判力,而被提出但未予以认可的部分,则产生"驳回请求"的既判力)。当反对债权大于诉求债权时(例如反对债权为1500万日元,而诉求债权为1000万日元),超过部分(500万日元)不产生既判力。若想让这一部分产生既判力,则须被告对这一部分提起反诉(不过,若法院对于反对债权发生原因事实作出的判断能产生争点效时,则应属于另当别论的问题。关于此的详细论述,可以参照新堂,第590页)[55]

五、争点效

1. 一个案例

尽管判决理由中判断不产生既判力,但如此一来又会产生何种后果呢？能对这一问题作一生动解答的,莫过于最高裁判所昭和44年6月24日判决,载《判時》,第569号,第48页以下,收录于《百選Ⅱ》,第145号案件(富樫贞夫解说)。

案件具体情况如下:X向Y转让了房屋,房屋登记也已经转移给Y,但X在后来以存在欺诈为由要求撤销该房屋买卖,并提起撤销房屋转移登记的诉讼(1号案件)。与此同时,Y也提起要求X交

〔54-2〕 与之相反,认为反对债权全额产生既判力的观点,可见之于松本=上野,第572页;松本博之《部分请求后的残部请求和既判力及诚实信用原则》,载松本·既判力,第201以下,特别是第421页;高见进《部分债权的抵销抗辩和判决效力》,载青山·古稀,第225页以下,特别是第228页。

但是,在以1500万日元的反对债权抵销1000万日元的诉求债权的时,若法院能认定反对债权的金额在1000万日元以上,就不应当拘泥于其金额是1200万日元还是1300万日元之审理。因为,这样将导致诉讼迟延。如此一来,不认为反对债权全额产生既判力的通说恐怕更妥当。

〔55〕《日本民事诉讼法》第114条第2款规定所应对的是"被告提出抵销抗辩"的情形。那么,在"原告方预先考虑到被告存在反对债权,而在将该反对债权的金额先予以抵销后再提起诉讼"的情形下,该如何处理呢？梅本教授认为,因这种情形与抵销抗辩的结构相同,故这种抵销也产生《日本民事诉讼法》第114条第2款所规定的既判力,参照梅本吉彦《基于抵销之诉》,载《法学志林》,第69卷第1号,昭和46年,第21页以下。

付房屋的诉讼(2号案件)。在第一审中,同一法官在同一期日对两个请求作出了如下的裁断,即认定该房屋买卖不存在欺诈,同时作出Y胜诉的判决(意味着驳回X的撤销登记请求,承认Y提出的交付房屋请求)。X对于这两个裁断均提起了控诉,在控诉审(第二审)中,法院对于这两个案件分开审理(分开予以系属),因Y交付房屋请求诉讼(2号案件)的审理进展较快,故在控诉审与上告审中,法院分别驳回X控诉与上告请求,并且最终作出了Y胜诉之判决。在此判决确定3个月后,由于在X的撤销登记请求(1号案件)的审理中,法院认定房屋买卖存在欺诈之事实,因此作出撤销买卖的判决(承认X请求的判决)。如此一来,因第二审中的程序分离而使得法院对于同一房屋作出"既承认X撤销登记请求又承认Y交付房屋请求"的矛盾判决,进而使XY围绕着同一房屋的纠纷难以获得最终解决。依据2号案件之判决,房屋所有权本来应当确定为Y所有,但由于1号案件在控诉审判决中存在与此相矛盾的判断,Y不得不向最高裁判所提出"1号案件控诉审判决违法"的上告。最后最高裁判所作出驳回Y上告请求判决。最高裁判所的判决认为,2号判决的既判力只针对交付房屋请求而产生,而法院作出的"驳回作为其前提的欺诈之抗辩,进而认定所有权归Y所有"之判断,属于判决理由中判断,因此不产生既判力,与2号案件的交付请求权不同,1号判决的对象是"X是否具有撤销登记请求权",因此两者的既判力并没有互相抵触或冲突。

表15-1

	第一审	第二审	上告审
1号案件:X的撤销登记请求	Y胜诉	X胜诉	X胜诉
2号案件:Y的交付房屋请求	Y胜诉	Y胜诉	Y胜诉

若将问题仅限于既判力范围,则正如最高裁判所的这一判决所述的,撤销登记请求权的既判力与交付房屋请求权的既判力在逻辑上并未发生抵触或冲突,但是,从现实的视角来看,仅仅依据这种解

释是否就能对这一案件作出充分的应对呢?对于同一幢房屋,“房屋登记转移给X,而建筑物又转移给Y”这两种不同判决结论是否具有足够的说服力?X与Y的纠纷究竟该如何解决?尽管这一判决的判旨也似乎意识到这些问题,即在该判决书中作出过“对于房屋所有权存在与否问题,当事人可以提起第三个诉讼(所有权确认诉讼)”这样的判示,不过,即便遵循“只有提起第三个诉讼才能解决纠纷”之思路,那么通过这种所有权确认判决,就能使纠纷获得最终了断吗?假如,在第三个诉讼中,即便法院确认了胜诉的X对于房屋享有所有权,但因确认判决没有执行力,若Y不主动遵从并履行判决,X又将不得不提起交付房屋请求的第四个诉讼。但是,这种第四个诉讼中的交付房屋请求,就会与第二个(Y提起的)交付房屋请求诉讼中的Y胜诉判决的既判力形成对立及矛盾。如此一来,第二个诉讼的判决既判力就阻碍了X在第四个诉讼中胜诉。换言之,纵使X在第三个所有权确认之诉中胜诉,也没有强制实现该判决内容的方法。按照这一判决的判旨,除非双方当事人达成和解,否则纠纷将永远得不到终局解决。〔56〕〔57〕

---

〔56〕 新堂幸司《否定争点效的最高裁判所判决遗留的残局》,载新堂·訴訟物(上),第269页以下。

假定X在第三个所有权确认诉讼中胜诉后,进而提起第四个请求交付房屋诉讼,那么就实际而言,该第四个请求交付房屋诉讼,既与第二个Y提起的请求交付房屋诉讼形成矛盾关系,同时又与第三个所有权确认诉讼形成先决关系。换言之,第四个诉讼的请求同时受“基于矛盾关系”之既判力与“基于先决关系”之既判力的双重影响。就既判力理论而言,当存在数个冲突判决时,一般认为标准时在后的判决应当具有优先的效力(参照本讲“既判力的性质”之相关论述)。若机械遵照这一原理,则可能得出“标准时在后的第三个判决效力优先,进而以此作为处理根据”之结论。但是,标准时在后的判决效力之所以优先,是基于如下这一考虑的结果,即民事案件在判决后实体法状态存在着变动之可能性。而在本案件中,实体法的状态并未发生变动(并未出现诸如X通过支付和解金取得房屋的所有权等情况),因此,若通过机械地适用这一原理来予以处理,则势必显得过于勉强。不过,在内容矛盾的数个判决处于相互对立的非常状况下,也并不是不可以作出如下的这种解释论(尽管有流于贪图方便之嫌),即为了消除这种判决间的对立,通过提起第三个确认所有权诉讼,并使该诉讼判决既判力直接破除第二个判决的既判力,最终使X在第四个诉讼中胜诉。而且,这种解释论也正是最高裁为了更好把握这种纠纷的处理，就必须考虑一个“如何避免在第一个程序与第二个程序中出现内容矛盾的判决”的对策。如果在第二个判决中，“Y享有所有权”这种属于判决理由中的判断也被赋予既判力，并将该判断既判力适用于第一个诉讼中，那么就能实现防止矛盾判决之目的，但这样一来又会违反《日本民事诉讼法》第114条第1款之实定法规定。于是就有必要寻求一种既能对这种出现矛盾判决之情形作出应对，又不会与《日本民事诉讼法》第114条第1款规定发生抵触的理论，这种理论就是所谓的争点效理论。这一理论由新堂幸司教授所倡导，新堂教授提出这一理论的主要两篇论文分别是新堂幸司《既判力与诉讼标的》（最初发表于昭和38年）与《附条件给付判决及其效果》（最初发表于昭和38年），载新堂·訴訟物（上），第145页以下。

2. 争点效的要件与效果

对于争点效的定义，新堂教授作出了如下论述：在前诉中，被双方当事人作为主要争点予以争执，而且，法院也对该争点进行了审理并作出判断，当同一争点作为主要的先决问题出现在其他后诉请求的审理中时，前诉法院对于该争点作出的判断所产生的通用力，就是所谓的争点效。依据这种争点效的作用，后诉当事人不能提出违反该判断的主张及举证，同时后诉法院也不能作出与之相矛盾的判断（参照新堂，第559页）。从作用层面看，争点效类似于既判力，即在诸如《百選Ⅱ》，第145号案件的情形中，使“所有权归Y享有”

判所这一判决作出“进行第三个诉讼”这样提示的意图之所在。

此外，也有观点认为，在这个案件中，如果提起第三、第四个诉讼，并且X获得胜诉，那么纠纷就能得到彻底解决，关于此的详细论述，可以参照新堂幸司《判决的遮断效与诚实信用原则》，载三ヶ月·古稀（中），第479页以下，尤其是第480页；大阪高等裁判所昭和59年2月16日判决，载《判タ》，第525号，第111页以下。

〔57〕 以上就是关于《百選Ⅱ》，第145号案件的论述，而且，作为这种论述的前提是基于如下之认识，即先行败诉的X仍然主张自己享有所有权（因存在欺诈而主张撤销）的做法是不正当的。不过，也有观点认为，X提出这种主张未必就不正当，关于此参照竹下守夫《判决理由中的判断与诚实信用原则》，载山木户·還暦（下），第72页以下，尤其是第114页注（38）。对此观点予以反对的评论，可以见之于新堂幸司《判决的遮断效与诚实信用原则》，载三ヶ月·古稀（中），第489页以下。

之第二个判决的判断(或者法院作出的不承认“因欺诈而撤销买卖”的判断)产生拘束力,〔58〕当事人也不能进行与之相反的主张及举证,

---

〔58〕 关于争点效产生层面的问题,即争点效究竟是在法的判断之层面上产生,还是在事实认定,尤其是主要事实认定之层面上产生,迄今为止还是争点效理论中的一个重要问题,关于此的详细论述,可以参照仓田卓次《关于所谓的争点效理论》(最初发表于昭和41年),载仓田卓次《民事实务与证明论》,日本评论社,昭和62年,第91页。新堂幸司、奈良次郎、谷口安平、马场、三宅省三《关于争点效理论的座谈会1-5》,载《判時》,第586号第3页以下、第588号第6页以下、第589号第3页以下、第591号第7页以下、第592号第10页以下(最初发表于昭和45年)中,最重大的关注点也可以说在于“争点效产生层面”的定位问题。就学说而言,吉村教授认为,争点效是针对主要事实的判断而产生的,参照吉村德重《判决理由中判断的拘束力》,载《法政研究》,第33卷第3—6号,昭和42年,第449页以下,尤其是第493页;住吉教授也认为,并不是基于权利或法律关系的层次,而应当是在一定生活事实关系是否满足法律要件之判断的层次上来把握争点效,参照住吉博《“争点效”的本质》(最初发表于昭和44—45年),载住吉博《民事诉讼法论集第一卷》,法学书院,昭和53年,第187页以下,尤其是第249页。与此不同,新堂说的观点则稍显复杂化。新堂教授在上述座谈会中曾明确提出,应当在争点与后诉的关系中来决定争点效产生的层面(参照新堂幸司、奈良次郎、谷口安平、马场、三宅省三《关于争点效理论的座谈会1》,载《判時》,第586号,第7页以下),但在其他多数的情形,新堂教授也认可在主要事实层面上产生争点效之见解(参照新堂幸司、奈良次郎、谷口安平、马场、三宅省三《关于争点效理论的座谈会1》,载《判時》,第588号,第6页)。但是,最先承认争点效理论的京都地方裁判所昭和40年7月31日判决(载《下级裁判所民事判例集》,第16卷,第1280页以下)却认为,争点效在所有权层面产生拘束力(关于此的详细论述,可以参照新堂幸司、奈良次郎、谷口安平、马场、三宅省三《关于争点效理论的座谈会1》,载《判時》,第586号,第7页)。这一案件的具体案情如下:在基于所有权的请求返还土地之前诉中,原告X获得胜诉(实质上是一起关于土地边界的纷争,双方就系争土地究竟是属于X所有还是属于Y所有之问题发生争执),此后Y又提起请求确认该土地所有权的后诉。在后诉中,Y提出了在前诉中未言及的“取得时效”之主张。京都地方裁判所(控诉审)由于采用“在所有权层面上肯定争点效”的观点,因而作出了驳回请求的判决(不过,在上告审中,大阪高等裁判所昭和42年2月15日判决,载《下级裁判所民事判例集》,第18卷第2号,第136页,并不承认争点效理论,因而撤销该判决并发回重审)。总而言之,如果在所有权层面肯定争点效,那么在前诉中未主张的事项(取得时效)就会在后诉中遭到排斥,而若是在所有权以下的层面来把握争点效,则在后诉中展开本案审理的余地就会增大(取得时效就会被审理)。新堂说认为,在本案件中,可以在所有权层面产生争点效,与此相对,住吉说[参照住吉博《“争点效”的本质》(最初发表于昭和44—45年),载住吉博《民事诉讼法论集第一卷》,法学书院,昭和53年,第249页以下]与吉村说(参照吉村德重《判决理由中判断的拘束力》,载《法政研究》,第33卷第3—6号,昭和42年,第476页以下)等观点

在第一个诉讼的控诉审中，法院也必须以此为前提实施审理。如此

认为，在本案的后诉中，不应当排斥 Y 提出的取得实效之主张。

究竟如何来看待这一问题呢？若从争点效要件尽可能地予以明确化之视角来看，采用“仅就现实发生争执之点产生争点效”这种保守的把握方式，可能较为稳妥。因此，在一般情况下，在主要事实层次上产生争点效[参照竹下守夫《判决理由中的判断与诚实信用原则》，载山木户・還暦（下），第 100 页以下]，不过，这并不意味着争点效只在主要事实层次产生。仓田法官也认为，在诸如处分文书的真伪性等辅助事实或间接事实层次也可能产生争点效，参照仓田卓次《关于所谓的争点效理论》（最初发表于昭和 41 年），载仓田卓次《民事实务与证明论》，日本评论社，昭和 62 年，第 91 页以下。总而言之，如果争点效原则上是在主要事实层次产生，那么即便在上述京都地方裁判所的案件中，关于取得时效的主张并不会遭到争点效排斥。但是，若进一步展开问题，恐怕有会面临其他难题，即若依据“未被争点效所覆盖”之一般诚实信用原则，是否无法对“取得时效”的主张予以排斥呢？这其实是本讲后述所触及的程序事实群问题。现在反过来看，在当时，尽管新堂教授仅在争点效的框架内（还未提出程序事实群的理论）对京都地方裁判所的该判决展开论述，但是，从内容上看，教授可能也同时对“基于争执而产生的遮断效（争点效）”与“基于未进行争执而产生的遮断效”这两者进行了考虑。总而言之，可以说新堂教授从一开始就意识到争点效与程序事实群之间紧密的联系[新堂说在其后的新堂幸司《判决的遮断效与诚实信用原则》，载三ヶ月・古稀（中），第 479 页以下，尤其是第 512 页中，就展开了“主要的争点、期待解决（结果）的争点、正当的期待解决（结果）之争点”这样一种理论框架的论述。而且，在新堂幸司《正当的期待解决之争点》，载中野・古稀（下），第 1 页以下，新堂教授延续了这种理论框架的论述。关于这种理论框架的概要，可以参照新堂，第 616 页以下。但是，富樫教授反对这种基于程序事实群产生的遮断效，并认为，争点效与遮断效并不协调]，参照富樫贞夫《判决理由中判断的拘束力》，载《争点》（新版），第 296 页以下。综上所述，姑且不论这一问题是否可以被称为“争点效产生层次”的问题，就结论而言，笔者认为，正如新堂说所主张的，从前诉与后诉的关系出发，可以在主要事实层次以上的“先决性法律关系”之层面来承认这种拘束力。

此外，也存在许多反对争点效理论的学说，其中比较具有代表性的，就是主张“应当以中间确认之诉替代争点效来予以处理”的学说（该学说最前沿的观点可以见之于，坂原正夫《默示的中间确认之诉》，载《庆应法学研究》，第 53 卷第 12 号，昭和 55 年，第 1827 页以下，收录于坂原・既判力，第 121 页以下）。但是，争点效一般基于主要事实层次产生，而主要事实层次的判断，并不能成为中间确认之诉的对象，因此这种争点效否定论的根据还有必要进一步予以修正。此外，还可以参照仓田卓次《关于所谓的争点效理论》（最初发表于昭和 41 年），载仓田卓次《民事实务与证明论》，日本评论社，昭和 62 年，第 95 页以下。

也有学说以争点效的产生情形过于模糊为由对争点效理论进行了批判，而对这种

一来,Y就能在第一个诉讼中获得胜诉,进而形成纠纷的统一性解决。相对于既判力难以回避制度性效力这一点而言,争点效理论在这种制度性效力的层面上显得更为宽松化,作为争点效理论基础的逻辑在于,在后诉中,若允许当事人对前诉中双方当事人已经认真、严肃进行争执且法院作出判断的争点再度进行争执,并提出与之矛盾或抵触的主张,则不免有违反诚实信用原则的嫌疑,而且,对于当事人而言这也会造成不公平。简言之,争点效理论是从诚实信用原则或者双方当事人公平原则出发来谋求其理论根据的。这也是将诚实信用原则作为判决效力予以定位的原因之所在(但同时必须指出,争点效理论并未被一般的诚实信用原则所消灭或替代,而仍然被定位于判决的制度性效力)。[59]

概言之,关于争点效产生的要件可以从以下五点来把握(参照新堂,第606页)。

第一,产生遮断效的争点属于"在前后诉讼的两个请求妥当与否的判断过程中"的主要争点。因为,若赋予非主要的争点以拘束力,则会对当事人造成突然袭击,进而损害旨在"避免造成突然袭击"的审理机动性。

第二,当事人在前诉中已经对该主要争点穷尽了主张及举证。换言之,当事人对此争点也已进行认真且严肃的争议。不过需要注意的是,这一要件并不涉及"穷尽"或者"认真严肃"之程度问题,在自认、拟制自认以及证据契约等领域并不产生争点效。[60]

第三,法院对于该争点业已作出实质判断。法院未作出实质判

批判进行反驳的理论构筑是加藤教授所倡导的统一请求权理论、反诉性抗辩理论等,详细论述可以见之于加藤雅信《财产法的体系与不当得利法的构造》,有斐阁,昭和61年,第594页以下;加藤雅信《从实体法视角来看的诉讼标的论争》,载新堂·特別講義,第146页以下。此外,林屋教授认为,对于一直以来的"争点确定程序无法存在于日本民事诉讼法下"之担忧,近来所谓的新式判决书(参照《日本民事诉讼法》第253条)可以说是一项有助于确定争点的有力措施,参照林屋,第495页。

〔59〕 关于"是以诚实信用原则的判决效力之形式来予以定位"还是"以判决的制度性效力来予以定位"的论述,可以参照新堂·訴訟物(上),第170页以下。

〔60〕 参照新堂幸司、奈良次郎、谷口安平、马场、三宅省三《关于争点效理论的座谈会2》,载《判時》,第588号,昭和45年,第6页以下。

断的事项并不产生争点效。

第四，前诉与后诉的系争利益几乎相等（或者前诉的系争利益大于后诉的系争利益）。如果前诉的系争利益之数额少于后诉之数额，那么当事人只需进行这种利益（前诉）程度的诉讼即可。因此，在系争利益数额更高的后诉中，就不能使前诉中的相关争点产生拘束力，而应当赋予当事人再度进行“认真严肃争执”的机会。例如，当前诉诉讼标的是利息债权请求时，若本金债权的成立与否在起诉中也成为争点，但这一争点不产生争点效，并不对本债权请求诉讼的后诉形成拘束。〔61〕

第五，在后诉中，当事人必须援用（主张）这种争点效（不过，在新堂，第613页，新堂教授认为，关于争点效的资料可以由法院依职权进行探知）。

基于上述要件成立的争点效与既判力相比，存在以下三个差异点：〔62〕

第一，既判力基于判决主文而产生，而争点效基于判决理由中判断而产生。〔63〕

第二，既判力是“不论当事人在诉讼中以何种形式进行争执”都普遍产生的制度性效力，故而即便是缺席判决也产生既判力，而争点效只有在“当事人对此进行认真严肃争议，并由法院作出实质判断”的情形才得以产生。换言之，相对于既判力而言，争点效的产生

〔61〕 不过，关于是否应当由援用争点效的当事人对这一“系争利益相同”的要件承担主张及证明责任之问题，可能还存在进一步探讨的余地。似乎也可以做这样的理解，即由援用争点效方的对方当事人，对于“系争利益是不同的”之事实承担主张及证明责任，因为，一旦当事人对争点效进行抗辩，这种要件就成为再抗辩。

〔62〕 也有观点对既判力与争点效的相同点展开论述，参照本讲后述“既判力与争点效的守备范围”部分的相关论述。

〔63〕 那么是否就可以断言判决主文的判断事项一律不会产生争点效呢？可能论及这一问题并无实际意义，但这也并不妨碍将其作为理论上的一个问题。由于判决主文的事项发生既判力，于是就没有争点效发挥作用的空间，但是也不是不能说，包含在既判力范围内的争点也能够产生争点效。新堂・訴訟物（上），第175页中有关论述，尽管在趣旨与文脉上与以上论述有所不同，但也使用了“争点效淹没于既判力遮断效之中”这样的表述。

被限制以更多的条件。

第三,既判力属于法院依职权调查事项,而争点效须经当事人援用(主张)才能被适用。[64]

《日本民事诉讼法》第114条第1款规定的“判决理由中判断不产生既判力”之原则与争点效,在如下这种关系中也可以相互得以协调(参照新堂,第601页)。《日本民事诉讼法》第114条第1款规定的“判决理由中判断不产生既判力”之原则,旨在保障当事人处分争点的自由以及法院审理的机动性,因为,一旦承认判决理由中判断也产生既判力,就会丧失这种合理的保障。同时,争点效也并未否定这种当事人处分自由及审理机动性之保障,而是在肯定这种保障的基础上,在当事人现实地对争点进行认真严肃的争执且法院对此作出判断之情形下产生的一种效力,因此争点效理论也是一种基于审理机动性考虑的理论。换言之,《日本民事诉讼法》第114条规

---

〔64〕 一般而言,无论是既判力还是争点效,在当事人认为于己有利时都会加以援用。但是,就理论上而言,由于争点效属于需要当事人援用的事项,因此,如果法院对当事人进行争点效适用上的释明(提示当事人可以援用争点效),而当事人加以拒绝,那么法院在诉讼中仍然不能适用争点效事项,同样,若双方当事人就排除适用争点效事项达成合意,法院也不能予以适用,而且,争点效之事项不能成为再审之事由(参照《日本民事诉讼法》第338条第1款第10项)。如此一来,法院就不得不对已经产生争点效的前诉法院判断再度审理。

在辩论主义下,法院适用一般的诚实信用原则无需当事人主张(参照本书“第十二讲 辩论主义”部分的相关论述),即若法院能通过证据资料认定违反诚实信用原则,则可以直接以此作出裁判(无需当事人主张)。那么这一原理与争点效中“必须经当事人援用法院才能适用”的原理是否协调呢?这的确是一个理论上的难题。不过,从性质上看,争点效并不仅仅是诚实信用原则的产物,而且还具有作为裁判效力之制度化性质的一面,因此,可以说争点效遵循的原理与一般诚实信用原则所遵循的原理有所不同[主张诚实信用原则说的竹下守夫教授,在其《判决理由中的判断与诚实信用原则》一文中(载山木户·還曆,第112页以下)也认为,争点效的适用需当事人援用]。而且,这一事实也从反面反映出争点效“在一般诚实信用原则以外领域发挥作用”这一特征。正是由于其中存在这种法院不能依职权适用的领域,因此当事人援用就成为必需的要件。正如住吉教授所指出的那样,从“原本意义上具有补充性、保守性”的诚实信用原则发展到“对判决制度性效力予以类型化”的争点效,的确存在一个较大飞跃,参照住吉博《“争点效”的本质》(最初发表于昭和44—45年),载住吉博《民事诉讼法论集第一卷》,法学书院,昭和53年,第200页。

定保障的是,在其与该诉讼标的的关系上,当事人对争点不进行争执的自由,而争点效则是在当事人放弃这种不进行争执自由并现实地对争点进行争执之情形下产生的效力,因此两者并不矛盾。

此外,这种争点效还具有促使新诉讼标的论所倡导的“一次性解决纠纷”理念得以实现的功能(参照新堂,第604页)。新诉讼标的论的目的在于实现一次性解决纠纷之理念,但因其本身仅仅是一种诉讼标的论,故不可避免存在固有的局限,即在诉讼标的发生替换的情形下,就无法发挥其一次性解决纠纷之作用。例如,就前述的《百選Ⅱ》,第145号案件而言,在请求转移登记程序诉讼与请求交付房屋诉讼中,两者的诉讼标的各不同,因此无论是依据诉讼标的还是既判力,都不能对此作出圆满解决(无法实现纠纷的一次性解决)。与此相对,由于争点效是基于判决理由中的判断并作为诉讼标的之前提问题而产生的效力,因而可以超越诉讼标的的框架来发挥其作用,并依此能真正实现“纠纷解决的一次性”以及“判决效力的统一性”之理念。[65]

最后,争点效对于新诉讼标的论如下之弊端具有弥补之功能,即(新诉讼标的论)因抛弃实体法上的法的评价而过于抽象化把握诉讼标的(参照新堂,第605页)。例如,在本书前述的因铁路事故而提起的损害赔偿诉讼中(参照本书“第二讲 诉讼标的”部分的相关论述),案件的诉讼标的是超越“侵权行为”或者“债务不履行”等实体法性质判断层面的“获得损害赔偿”之诉讼法地位,而不论是“侵权行为”,还是“债务不履行”,不过是实体法上的法的观点而已。换言之,在新诉讼标的论下,这种“侵权行为”或是“债务不履行”,都属于判决理由中事项,因而法院对此作出的判断不具有既判力,但依

〔65〕 那么“纠纷的统一性解决”究竟是争点效的目的,还是仅仅适用争点效产生的附带性结果?对于此问题,小山教授认为,由于现行《日本民事诉讼法》并未将“纠纷的统一性解决”作为一项制度性的要求,因此后者的理解颇为合理,参照小山升《关于所谓的争点效》,载《小山·著作集》(第二卷),第89页以下。小山教授的这一认识的确具有相当的合理性,不过,应当说争点效的思维中也包含着对现行法立场批判的一面。

据争点效理论,则能够使这种法的观点之判断产生拘束力,也即让“债务不履行”这种的实体法性质之判断产生争点效,进而可以在后诉中阻止当事人提出与之相矛盾的主张。而且,如前所述,争点效仅仅针对法院作出判断的事项而产生,与未作判断的事项并无关联,因此当法院作出“债务不履行”判决时,该判决的争点效也仅仅及于“债务不履行”之事项,换言之,该判决的争点效并不阻止将来有可能进行的“该权利是否也可以评价为侵权行为”之法的评价再实施活动。如此一来,争点效理论可以技巧性地解决新诉讼标的论与法的实体属性之间的这一问题。〔66〕

尽管这种争点效理论并未被诸如《百選Ⅱ》,第 145 号案件那样

---

〔66〕 关于承认请求判决对于法的性质判断拘束力的问题,竹下教授认为,当作为既判力内容组成部分的侵权行为获得认定时,依据这种既判力会导致“抵销禁止”(参照《日本民法》第 509 条)之结果,参照条解,第 608 页以下(竹下守夫执笔)。不过,从性质上看,这种既判力应当允许法院在将来进行“法的评价再实施”。井上教授主张,姑且不论“这种拘束力是否是既判力”之问题,应当在肯定“法院对法的性质判定”之拘束力基础上,承认当事人的指定权,参照井上正三《既判力的对象与法院的选择权》,载《立命馆大学法学》,第 32 号第 73 页以下、第 33 号第 27 页以下(最初发表于昭和 35 年)。与此相对,大久保教授认为,与其引起指定权以及上诉等问题,毋宁否定“法院对法的性质判定”之拘束力,毕竟这种处理也无过于不妥之处(大久保邦彦教授作为实体法学者来撰写的这一关于诉讼标的论的论文的确具有非常重要的意义),参照大久保邦彦《请求的识别与法的性质判定之区别》,载《民商》,第 103 卷第 6 号,平成 3 年,第 30 页以下。

在“自认以及拟制自认是否产生拘束力”之问题上,上述的既判力说与本讲的争点效说也会产生差异。就纯粹理论视角而言,当法院作出“侵权行为”之缺席判决时,持“可以对侵权行为之性质判定进行争执”之观点的争点效说,应当说更具有灵活性上的优势,但无论如何,两种学说在允许法院进行“法的评价再实施”这一点上,并无多大的差异。“法的评价再实施”与既判力概念之间能否协调,还是一个尚待探讨的现实问题,但对于这一问题,也绝不能作出“两者不能相互协调”这样的断言(参照新堂,第 606 页以下,新堂教授也仅仅认为,如果将其作为既判力对待,那么就容易产生法院不能进行法的评价再实施这样的误解)。反之,若是将其作为争点效,则在通常情况下就会产生不允许法院进行“法的评价再实施”之结果。例如,在法院作出“赠与”之实体法性质的判定后,就不允许当事人重新提出“买卖”的主张。如此一来,就不难发现,此处的“法的评价再实施”问题是指,当发生诸如产生请求权竞合等实体法状况时,允许进行的“再实施”,而其与“是否为争点效”之问题并无直接关系。

的判例运用，至少是最高裁判所认可，〔67〕但是在学界中，可以说获得了较为集中的支持，〔68〕不过在这些学说中间，也逐渐分化为如下

〔67〕 但是，正如在本讲后面所述的，判例也大胆地通过适用诚实信用原则来遮断后诉。尽管这种适用诚实信用原则的做法，并未等同于采用争点效理论，但其中也并非无重合部分。对这些判例展开分析的文献，可以见之于竹下守夫《关于争点效及判决理由中判断拘束力之判例的释评》，载《民商》创立五十周年纪念暨第93卷临时增刊第一卷——《判例中法理论的展开》，昭和61年，第259页以下；管原雄二《判决理由中判断的拘束力》，载后藤男、山口和男编《展望判例法1》，判例时代社，昭和58年，第279页以下；《是既判力还是争点效抑或是诚实信用原则？——以判例为素材》，载《小山·著作集》（第二卷），第107页以下；原强《判例中通过诚实信用原则使判决效扩张化的现象》，载《札幌学院法学》，第6卷第1号第1页以下（平成2年）、第8卷第1号第31页以下（平成3年）；东松文雄《关于针对争点作出的判决理由中判断的拘束力》，载《判時》，第1362号（平成2年）、第1392号（平成3年）；富樫贞夫《判决理由中判断的拘束力》，载《争点》（新版），第296页以下。

〔68〕 不过，学界中持否定争点效理论观点的学者也占有相当的比例。即便是同样提倡新诉讼标的论的三月章教授，也是其中一人。三月教授对于争点效理论展开批判的文献包括：三月章《既判力的客观范围》，载三ヶ月·研究（第七卷），第85页以下；三月章《纠纷解决的一次性与法的评价再实施的可能性》，载三ヶ月·研究（第八卷），第1页以下；三ヶ月·双書，第142页以下等。概括而言，三月说批判争点效理论的理由主要包括：违反立法者的诉讼政策（《日本民事诉讼法》第114条第1款）、不必要地加重前诉程序的负担以及产生范围不明确等。纳谷教授以事后性、个别性的救济之视角作为其出发点，对于摸索制度应然状态的做法（纳谷教授认为争点效即属于此）予以否定，并具体以请求登记诉讼为例对其观点展开论述，在这种诉讼中，如果法院向当事人作出“当事人可以提起确认所有权的中间之诉”之释明，而当事人未予以响应，那么法院应当仅仅将“请求登记诉讼”作为不适法之诉来予以驳回，参照纳谷广美《基于所有权的登记请求诉讼》，载三ヶ月·古稀（中），第250页以下。木川教授认为，美国的状况姑且不论，在日本不应当采用争点效理论，参照木川·重要問題（上），第225页以下。此外，木川说还指出，当前诉的判决不正当时，适用争点效理论就会产生将这种不当性扩大化的危险。上谷教授也曾指出，争点效否定论中存在以下这种顾虑，即以《百選Ⅱ》，第145号案件为例，若是法院不适用争点效，卖方X则会在后来的第三、第四个诉讼中获得胜诉，从而最终解决了纠纷，反之，若承认争点效理论，案件的最后将是以买方Y的胜诉而告终，参照新堂幸司、奈良次郎、谷口安平、马场、三宅省三《关于争点效理论的座谈会2》，载《判時》，第588号，昭和45年，第8页以下的谷教授的发言。不过，使不正当判决效力进一步扩大之危险同样也存在于既判力理论中，因此可以说，这是在肯定判决拘束力之时不可避免产生的副作用，而并非争点效理论的特有问题。

也有学说不赞成争点效理论这样的理论构成逻辑，而主张采用“将既判力向判决理由中的判断予以扩张”之办法来解决问题。关于这种学说较早的代表，是上村明广

两种不同的倾向。第一种倾向是,在认可争点效具有“将诚实信用原则予以制度化的效力”之特征的基础上,形成倾向于强调其制度性效力之立场;第二种倾向则是,强调适用诚实信用原则之立场。〔69〕若将争点效作为制度性效力予以彻底化,固然具有提高可预测性的优点,但与此同时又会产生丧失灵活性之负面作用,反之,若是过于强调诚实信用原则的适用,则出现拘束力过于“扩张”之弊

《关于既判力客观范围的一个问题》,载《冈山大学创立十周年纪念论文集——法学与法史的诸问题》,昭和34年,第179页以下。而近年来的典型代表,则是柏木邦良《诉讼标的概念的机能》,载講座民訴(第二卷),第181页中倡导的所谓的“相对性既判力理论”。这一理论认为,“由于既判力来源于前诉法院判断之法的意义的不可争执性,因此从实体法视角来看,一切使前诉判决之法的构成(判决三段论法)发生动摇以及其法的意义发生灭失的法的行为,都应当被视为触犯前诉既判力的行为,故不予允许”,“禁止提出这种攻击防御方法的原则仅仅适用于如下之情形,即以支持与前诉诉讼标的存有法的脉络关系之后诉诉讼标的为目的而使用的情形。而当为了支持没有法的脉络关系之后诉诉讼标的而使用这种攻击防御方法时,则不受这种禁止原则的拘束”,因此这种拘束力应当表述为“相对性既判力”。可以看出,这是一种建立在深厚德国法造诣上的理论。不过,这种学说在仅仅以实体法为基准这一点上,似乎缺乏灵活性。正如德国的学说所认为的[参照柏木邦良《西德民事诉讼法学的现状》(8)、(9),载《ジュリ》,第531号第74页、第532号第96页以下,收录于柏木邦良《民事诉讼法的视点》,リンパック有限公司,平成4年,第195页以下],仅仅以实体法作为基准展开之论述,并非没有疑问。此外,还可以参照,富樫贞夫《判决理由中判断的拘束力》,载《争点》(新版),第280页以下。关于德国理论方面的介绍,吉村德重《西德有关判决理由之既判力理论的新展开》,载《法政研究》,第39卷,第2—4号,昭和48年,第453页以下,也可以说是一篇具有重要意义的文献。此外,也可以参照注釈民訴(第四卷),第345页以下(高桥宏志执笔)。

〔69〕 强调争点效要件明确化,进而倾向于将其作为制度性效力予以对待的观点,可以见之于吉村德重《判决理由中判断的拘束力》,载《法政研究》,第33卷第3—6号,昭和42年,第449页以下;住吉博《“争点效”的本质》(最初发表于昭和44—45年),载住吉博《民事诉讼法论集第一卷》,法学书院,昭和53年,第187页以下。而倾向于诚实信用原则的观点,可以见之于《小山·著作集》(第二卷),第89页以下;小山,第394页以下;中野贞一郎《争点效与诚实信用原则》,载中野·推認,第201页以下等。而对这些学说的逻辑予以深入、尖锐的分析的文献,可以见之于,富樫贞夫《民事诉讼中禁止“再度争议”的效力》,载《熊本大学法学部创立十周年纪念论文集——法学与政治学的诸态》,成文堂,平成2年,第271页以下。此外,还可以参照吉村德重《判决理由中判断的拘束力》,载《争点》(旧版),第278页以下。

端。总而言之,只有不过分偏向于任何一种倾向,才能充分发挥争点效理论的优势。[70]

3. 关于争点效的诸问题

关于争点效理论,有必要考虑如下三个问题。第一,如果承认争点效理论,那么在当事人对判决主文之判断较为满意,而对判决理由中的判断不服时,能否仅为了修正判决理由中的判断提起上诉呢?虽然争点效理论将争点效作为类似于既判力予以定位,但是,在当事人未对判决结论心存不服的情形下,仅出于防备"是否会发生尚不明确的后诉"之目的,就允许当事人对发生争点效的判决理由中之判断提起上诉,不免有浪费上诉程序制度之嫌,故应不予允许。不过,对于此问题,可代之以"未被赋予上诉机会的判断不产生争点效"之形式作出处理。[71]

---

〔70〕 就这一方面而言,新堂教授的观点自身也并非没有过动摇。具体而言,新堂教授在有关争点效的第一篇论文《既判力与诉讼标的》(最初发表于昭和 38 年),载新堂・訴訟物(上),第 176 页中,主张争点效与新诉讼标的论是连续的,由此可以看出,新堂教授将其作为制度性效力予以把握,而在此后的新堂幸司、奈良次郎、谷口安平、马场、三宅省三《关于争点效理论的座谈会 1—5》,载《判時》,第 586 号第 3 页以下、第 588 号第 6 页以下、第 589 号第 3 页以下、第 591 号第 7 页以下、第 592 号第 10 页以下(最初发表于昭和 45 年)中,教授又强调诚实信用原则,而在新堂教授的系书中(出版于昭和 49 年),又显示出新堂教授再次将其作为制度性效力(判决效的一种)予以理解的一面,而在本讲所论及的新堂幸司《诉讼标的概念的作用》(最初发表于昭和 52 年)一文中,教授又似乎表现出强调程序事实群、评价规范,即在争点效把握上注重灵活性的一面。总而言之,在这两种倾向之间,的确存在一种非常微妙的平衡关系。

〔71〕 争点效与上诉之间的关系,也是个颇为微妙的问题。对于此问题,新堂说自身也存在观点上的变化。作为第一篇论文的新堂幸司《既判力与诉讼标的》(最初发表于昭和 38 年),载新堂・訴訟物(上),第 176 页注(3),新堂教授认为,在某些情形下可以赋予产生争点效之判断以"上诉利益",而在此后的新堂幸司、奈良次郎、谷口安平、马场、三宅省三《关于争点效理论的座谈会 1—5》,载《判時》,第 586 号第 3 页以下、第 588 号第 6 页以下、第 589 号第 3 页以下、第 591 号第 7 页以下、第 592 号第 10 页以下(昭和 45 年)中,新堂教授一方面认为争点效的上诉一般不会成为现实问题(《判時》,第 588 号第 11 页以下),但在另一方面又认为,存在着虽然产生争点效但又不承认其上诉利益的可能性(《判時》,第 591 号第 11 页)。

此外也有观点认为,从上诉的关系来看,即便一审判决理由之判断不产生争点效,进而使上诉审法院必须对该争点进行再审理,依据前诉判决所认定事实的证据效力(主张及证明责任的转换、事实上推定等)也可以减轻上诉法院再审理的负担。关于此的详细论述,可以参照东松文雄《关于针对争点作出的判决理由中判断的拘束力》,载《判時》,第 1362 号(平成 2 年)、第 1392 号(平成 3 年)。

第二,争点效是将诚实信用原则予以制度化的理论,但是并不因争点效的要件达到某种程度的规定化而使争点效完全覆盖诚实信用原则,即便肯定争点效理论,也应当承认在争点效的外围仍然留有“诚实信用原则”或“禁反言”发挥作用的余地。

试以新堂,第 609 页中所列举的请求返还贷款诉讼为例,在该诉讼中,被告并未将“债务不成立”作为争点,而仅仅提出“业已偿还”的抗辩,对于这种情形,就需要依据诚实信用原则或禁反言(而非争点效理论)作出处理。不过,在进入这一问题之前,必须明确作为其前提存在的一些问题。首先,如果被告提出了“债务不成立”与“业已偿还”(假定抗辩)两个争点,法院也对这两个争点进行了审理,最后在认定债权成立的基础上,又认定被告的“业已偿还”之假定抗辩成立,于是作出驳回请求判决,那么在这种情形下,“债权成立”与“业已偿还”两个争点都将产生争点效(参照新堂,第 610 页第 2 行)。不过,由于被告在该诉讼中胜诉(驳回原告请求),因此,即便不服法院作出的“债务成立”之认定,被告也不能对此提出上诉。由此看出,“债务成立”之认定未被赋予上诉的机会,因此,如上所述,在这种情形下,可以视为这一争点并未产生争点效。尽管被告不能对此提出上诉,但当原告提出上诉时,在上诉审中法院就必须对此加以审理,若发生这种情形,则可以肯定该争点产生的遮断效(争点效)。〔72〕 其次,由于法院对“业已偿还债务”之假定抗辩能够很快作

〔72〕 因驳回请求遭败诉的原告可以提起上诉,在该上诉审中,原告应当会对被告是否“业已偿还”之事实提出争执,被告也可以对“债务成立与否”进行争执。那么是否可以将上诉仅限定于“被告是否业已偿还债务”这一争点来进行呢？尽管也有学说提出“上诉限定于争点来进行”之观点,不过,作为一般论而言,还是认为,争点是不受限定的。关于此的详细论述,可以参照右田尧雄《控诉审判与争点的限定》,载《民訴雑誌》,第 23 号,昭和 52 年,第 61 页以下。不过,若控诉审法官基于诉讼指挥而将其审理实质地集中于“债务是否业已偿还”这一争点上,则属于另当别论的情形。

如果不是控诉审而是上告审,那么情况又会怎么样呢？在日本,由于上告采用“对上告理由进行回答”的形式,因此让当事人在上告审中提出理由是强制性的。因此,即便是控诉审中败诉的原告提起上告,并仅就“业已偿还”这一点进行攻击,若上告审法院对此予以否定性的回答,也可以作出驳回上告的判决。换言之,在上告审中,存在对“债务存在与否”不予审理的可能性,如此一来,作为未被赋予上诉机会的争点,否定该

出认定,而对"债权的成立与否"作出判断则需要花费很多时间(例如,是否存在错误、是否存在过失),因此,在法院依据首先作出的"被告业已偿还债务"之认定而直接驳回请求时,该如何看待这种情形呢?笔者认为,在这种情形下,判决当然地产生既判力,而且法院作出的"被告业已偿还债务"之判断也可以产生争点效。但是,这样的结果似乎并不具有太大的意义。〔73〕因为,就该判决的既判力方面来看,如果因驳回请求而胜诉的被告以债权自始不成立为由再度提起"请求原告返还不当得利之偿付款"的诉讼时,那么前诉的既判力并不能阻止被告的这种再诉。因为,为前诉判决的既判力所确定的是,原告在标准时上不存在请求权,而"原告不存在请求权"与"被告具有要求返还不当得利请求权",两者在逻辑上并不矛盾(只有当原告胜诉时,既判力才发生效果。因为在原告胜诉的情形下,"在标准时上原告存在请求权"与"被告具有要求返还不当得利请求权"这两种判断在逻辑上就会产生矛盾。换言之,原告胜诉判决的既判力能够对被告提起的返还不当得利请求诉讼形成遮断)。至于在争点效方面,由于"被告业已偿还债务"之判断产生争点效,当事人在其后就不能提出"未偿还债务"的主张,但关于"被告业已偿还债务"之争点效,并不能阻止法院在将来对"债权是否成立"进行的再审理,因为,在前诉中,法院并未对"债权是否成立"进行审理,故而"债权是

争点产生争点效的立论也可以成立。不过,如果将争点效产生,严格限定于主要事实之判断[前揭注(58)],那么可能仅仅在事实审中承认"争点效的产生"[原强《判例中通过诚实信用原则使判决效扩张化的现象》,载《札幌学院法学》,第6卷第1号,平成2年,第46页注(15)就指出,就日本承认争点效的判例而言,都是在前诉中,或最多是控诉审中,当事人进行争执的争点产生的争点效]。在通过平成年间民事诉讼法修改后,由于上告属于裁量的事项,因此进一步增强了这种观点的说服力。无论如何,从其与上诉的关系来看,对于主张"两个争点都产生争点效"的新堂说提出的异论,也是可能成立的。此外,关于此的相关论述,还可以参照竹下守夫《判决理由中的判断与诚实信用原则》,载山木户·還曆(下),第98页以下。

〔73〕 在德国,有学说认为,当被告选择主张多个驳回请求之事由时,被判决所选择的驳回请求事由之判断(判决理由中的判断)不产生拘束力(参照新堂,第609页)。此外还可以参照文字浩《亨克尔的实体法与诉讼法》,载《法学论丛》,第87卷第5号,昭和45年,第74页以下。

否成立”之争点并不产生争点效,毕竟争点效只是针对法院作出判断的事项产生,对于未作判断的事项并不产生争点效[尽管从实体法的逻辑来看,“承认业已偿付”也可以被视为“债权成立”的前提条件,但是,基于诉讼法立场,“承认业已偿付”与“债权成立”似乎并不具有如此紧密的联系。从诉讼法视角来看,若法院能够认定债务不成立,就可以直接作出驳回请求判决。同样,如果法院认定被告业已偿还债务,那么也可以直接作出驳回请求判决。而且,无论是基于“债务不成立”作出的驳回请求判决,还是基于“被告业已偿还债务”作出的驳回请求判决,该判决的既判力都仅仅针对“驳回请求”这一判断而产生,至于判断理由,(无论是“债务不成立”还是“被告业已偿还债务”)均与既判力无关。因为,无论基于何种理由作出的驳回请求判决,在诉讼法上都具有同等价值,因此,无论是“被告业已偿还债务”还是“债务不成立”,都是相互独立且具有同等价值的争点。“被告业已偿还债务”与“债务不成立”这两者并没有结合在一起,而是处于一种相互独立的关系。应当说,关于“被告业已偿还债务”之判断产生的争点效,当然地不能对“债务不成立”产生任何影响,而且,由于法院并未对“债务成立与否”予以审理及判断,因此被告可以在后诉中对此进行争执]。[74] 若允许被告提起这样返还不当得利的再诉,则正如新堂教授在其《新民事诉讼法》一书(弘文堂,平成10年)第610页第4行中所阐述的,法院如下之处理方式的合理性就颇值得质疑,即在不对债权成立与否作出审理的前提下,仅依据作为假定抗辩的“被告业已偿还债务”之判断,就直接作出驳回请求判决[参照前揭注(43)]。的确,若不能遮断被告提起的再诉,就必然会降低判决在解决纠纷上的作用,但是这种判决(处理方式)能够遮断原告方提起的再诉,就这一点来看,这种做法未必是不妥当的(若考虑到在现实中,这种情形下的被告提起再诉的可能性

〔74〕 无论是原告还是被告,都不能对“存在被告业已偿还债务之事实”予以否定,因此,如果在后诉中“债务不成立”获得法院认定,那么这种偿付在法律上就成为“非债之偿付”,于是被告方就产生返还不当得利请求权。总而言之,尽管当事人不能对存在“偿付”之事实进行争执,但其法的意义却在于“可争执的关系”。

极小,则更应肯定这种处理方式的可行性及妥当性)。

在进行以上的探讨后,下面有必要返回正题展开论述,即被告在前诉中未提出“债权不成立”之主张,只是提出“被告业已偿还债务”之抗辩,并基于此获得胜诉(驳回请求),其后,被告以“该债权不存在”为由,提起要求原告返还“偿付款”之不当得利的后诉,那么该如何处理这种情形呢?如上所述,前诉既判力不能遮断被告的这种后诉,尽管法院关于“被告业已偿还债务”之判断产生争点效,但该争点效也不能排斥后诉法院对未成为前诉争点的“债务不成立”进行审理。不过,就本案的实际情况来看,尽管被告在前诉中(主观上知道)可以将“债务不成立”作为争点提出但未提出(主张),而仅提出“被告业已偿还债务”之抗辩,并基于此而获得胜诉,被告而后又反过来以“债务不成立”为由,要求原告返还“偿付款”之不当得利,应当说,被告的这种行为不免有违反诚实信用原则之嫌。因此,对于被告提起的这种后诉,可以依据禁反言及诚实信用原则予以遮断(参照新堂,第 10 页第 6 行)。总而言之,在这种情形下,对被告之主张发挥遮断作用的是禁反言及诚实信用原则,而非争点效。〔75〕

---

〔75〕 不过,就当下的新堂说而言,与其说是依据禁反言理论,毋宁说采用本讲后述的“基于程序事实群的调整”理论,更能对此情形作出合理的说明。

竹下教授认为,对于这种情形作出“违反诚实信用原则(禁止作出矛盾行为)”之评价似乎不能成立。因为,纵使被告相信债务不成立(或者债务被免除),出于证据等因素的考虑,应允许被告当事人的如下之做法,即先以业已偿还债务为由获得胜诉,而经过其仔细的考虑后,在后诉中提出债务不成立等的主张并进行举证。而且,尽管“债务不成立(或者债务被免除)”与“被告业已偿还债务”在法的效果层面处于矛盾对立的关系,但从事实层面来看,这两者可以并存(例如,在债务人偿还债务后,法院又判明债务不成立,或者债务人的“偿还债务”与“免除债务”的意思表示发生错位)。因此,对于这种在事实上能够并存的事项不应当适用诚实信用原则(禁止作出矛盾行为),参照竹下守夫《判决理由中的判断与诚实信用原则》,载山木户 · 還暦(下),第 98 页以下。

的确,诚如竹下教授所言,可能存在允许被告先以业已偿还债务为由获得胜诉,而后经过仔细思考后又在后诉中就债务不成立提出主张并进行举证之情形。不过,对于如下命题能否一般化地予以承认呢?即在所有未触及债务不成立的情形中均允许被告提起后诉。对于此问题,恐怕还需要对前诉程序的具体情况作出判断后才能作出决定吧。而且,就一般情况而言,在前诉中完全未触及“债务不成立”之事实的前提下,若要对此提起后诉,被告当事人就应阐明“完全未触及”的合理性理由。

因此,在争点效的外围还留有诚实信用原则及禁反言发挥作用的余地。

第三,对于竹下守夫《判决理由中的判断与诚实信用原则》一文[载山木户·還曆(下),第72页以下]中所主张的"争点效与诚实信用原则是并存的"之观点如何予以定位的问题。竹下说认为,即便同样是违反诚实信用原则,对于胜诉方当事人而言,产生的是"禁止作出矛盾行为"之诚实信用原则,而对于败诉方当事人来说,产生的是"权利失效"之诚实信用原则。竹下教授通过分析这两者的差异,认为争点效仅与后者的诚实信用原则发生关系。[76] 而且,在前者的"胜诉当事人违反诚实信用原则"的情形中,例如,因"合同有效"而获得买卖价金的卖方(胜诉方当事人),在其后以"合同无效"为由要求返还买卖标的物,在这种情形下,对于卖房提起的后诉,就应当依据"禁止作出矛盾行为"的诚实信用原则予以排斥,而且,起排斥作用的诚实信用原则之要件,与争点效的要件是不同的,而这一点具有很强的实践意义。具体而言,即便当对方当事人作出自认或者拟制自认时,这种判决理由中的判断也将产生拘束力(但依据争点效理论,这种判决理由中的判断不产生争点效),尽管该判断并未被赋予上诉机会,而且,这种遮断效的产生,也不问前后诉经济利益是否具有同等性。

竹下教授做出了非常深入的论述。不过,究竟应如何定位竹下说与争点效的关系呢?一种观点认为,争点效只针对败诉当事人产生,而将胜诉当事人排除在争点效范围之外。另一种观点认为,由于争点效是一种达到某种制度化程度的效力,因此,无论对于胜诉当事人还是败诉当事人,争点效都同样产生作用,但是,除这种制度

[76] 但是,新堂教授曾指出,关于权利失效能否作为争点效的基础,似乎还存有很大疑问,参照新堂幸司《判决的遮断效与诚实信用原则》,载三ヶ月·古稀(中),第479页以下。

此外,富樫教授也认为,竹下说所言的诚实信用原则并不是双方当事人之间的诚实信用原则之本身,而是一种以判决为前提的效力,即应当将竹下说定位于判决的拘束力层面,参照富樫贞夫《判决理由中判断的拘束力》,载《争点》(新版),第280页以下。

化的争点效外，其他实体法上的诚实信用原则也发挥着作用，而且，在当事人胜诉之情形中，相对于依据争点效的效力而言，依据诚实信用原则（禁止作出矛盾行为），更能发挥其排斥后诉主张的作用，换言之，在这种情形下，并非争点效而是处于争点效外围的诚实信用原则发挥着作用。笔者个人倾向于后者之见解。〔76-2〕

4. 形成对象的重复

在民事诉讼法学的理论中，存在一个涵盖“诉讼标的构成”、“既判力论”以及“争点效论”这三个领域的特殊问题，也即所谓的“重复形成对象”问题。例如，股份公司董事在未通知部分股东的前提下，召开股东大会并作出决议，股东基于此提起撤销该股东大会决议的诉讼，法院作出了撤销该股东大会决议的承认请求判决。但在该判决确定后，该公司董事在未通知部分股东的前提下，再次召开股东大会并作出相同内容的决议。在这种情形下，应该如何看待后者股东大会决议的效力呢？在因原告想撤销该股东大会决议而再次提起撤销股东大会决议的诉讼中，法院须从头开始重新审理呢，还是承认第一个撤销股东大会决议判决对第二个股东大会决议的拘束力，进而缩短后诉的审理进程呢？这就是所谓的“重复形成对象”问题。同样，“行政机关重复作出其行政处分”“因第三人提起婚姻不合法诉讼而导致婚姻关系被撤销后，原来夫妻之间再次形成的婚姻关系”“第三人异议之诉的承认请求判决确定后，债权人以同一债务名义对同一标的物重复申请强制执行”等，也可以被理解为这种“重复形成对象”的情形。

如果前诉的判决不对重复的形成对象产生任何效力，那么股份公司或者行政机关就可以不断地将形成对象予以反复，只至耗尽原告的财力与精力为止。而且，从最终结果来看，还可能会使这种违法的股东大会决议或者行政处分继续得以存在。这种“若原告败诉，就必须遵从该股东大会决议或者行政处分，而若被告败诉，则可

〔76-2〕 争点效的主观范围及于口头辩论终结后的承继人、实质上可视同为当事人之人（请求标的物持有人、辅助参加人）。新堂，第681页。

以通过重复作出的手段予以逃避”的做法,也有违双方当事人平等的理念。鉴于此,有必要使前诉的判决对其后重复的形成对象产生某种法的拘束力[参照伊藤真《既判力的两种性质》,载《民商》杂志第78卷临时增刊——《法与权利》(3),昭和53年,第270页以下]。不过,若承认“前诉的判决对其后重复的形成对象产生某种法的拘束力”,那么如何在理论上对其进行构筑,恐怕未必容易。对于此问题,首先,有观点认为,出于纠纷实质上的同一性考虑,在决议或行政处分被判决撤销后,当有关机关重复作出“与之具有相同内容并存在同样瑕疵”的决议或行政处分时,该决议或处分应当被撤销,属于前诉之撤销判决应实现的法的效果之目标秩序,因此,应当通过具体地、扩张地解释具有先决关系的前诉既判力,将该判决的既判力及于诉讼标的不同的后诉〔77〕。其次,也有学说认为,基于行政诉讼的特殊性考虑,即在法治主义原则下,私人享有要求行政机关不作出违法行政行为的基本权,因此,在撤销行政处分之诉中,诉讼标的是确认该类行政处分的一般违法性之请求(而非确认具体的、个别的行政处分违法性的请求,换言之,诉讼标的具有该类处分一般违法性之广义性)。若以征收处分为例,在前诉判决作出撤销行政机关的征收处分后,当行政机关再次作出与之内容相同的征收处分时,若原告主张并举证前后征收处分存在同一性(尤其应当予以注意的是,违法的原因事实以及前诉的事实并未因时间流逝发生变化),进而原告对存在前一个征收处分被确定判决所撤销之事实予以主张及举证,则被告就不能提出“违法的原因事实不违法”之抗辩,同时也不能对“后一征收处分的违法与否”进行争执,因为前诉判决关于该征收处分违法之判断(前诉法院作出的当“存在一定事实”或者“是一定事实”时,“一定处分是违法”之判断)具有通用力

---

〔77〕 参照上村明广《重复形成对象与既判力》,载《民商》,第55卷第1号,昭和41年,第28页以下。

(既判力)。[78] 最后,也有观点主张,可以通过中间确认之诉对"公司等机关不享有作出一定内容决议的权能"之情形作出处理(参照池田辰夫《形成判决的既判力》,载林屋礼二、小室直人编《民事诉讼法研讨》,有斐阁,昭和60年,第312页以下)。

综观上述种种观点,可以发现,前后的决议及处分之间的先决关系,很难以一般论展开论述,这一点也为上述各观点的论者所承认(正因如此,称其为扩张)。而且,那种认为"超越行政处分之具体形式,将确认该类处分具有一般违法性作为诉讼标的"之观点,也有脱离普通诉讼标的概念之嫌(参照铃木正裕《形成判决的既判力》,载《法学论丛》,第67卷第6号,昭和35年,第42页以下)。因为,在一般的民事诉讼中,即便是在相同的当事人之间重复发生同样的交通事故,也不能因为前后请求的先决关系或者前后诉讼标的相同,而让前诉判决的既判力及于后诉。而且,在法院对"是否存在相同的瑕疵"进行审理这一点上,这种对重复形成对象的拘束力,也不同于普通既判力产生的拘束力。如此一来,正如小山升教授在其《关于行政处分撤销判决的效力》[载《田中二郎先生古稀祝贺论文集——公法的理论(中)》,有斐阁,昭和51年,第1203页以下,收录于小山·著作集(第二卷),第139页以下]一文中所分析的,重复形成对象之问题的核心在于,前诉法院作出的,当"存在一定事实"或者"是一定事实"时,"一定处分违法"之法的判断是否具有通有性之问题。因此,这种拘束力近似于判决的先例性价值(先例拘束力),即属于法的评价甚至是法的解释领域之问题。如果让前诉A法官之判断,在法的方面拘束后诉B法官,恐怕较为困难。而且,从当事人立场

---

〔78〕 小山升《关于行政处分撤销判决的效力》,载《田中二郎先生古稀祝贺论文集——公法的理论(中)》,有斐阁,昭和51年,第1203页以下,收录于《小山·著作集》(第二卷),第139页以下。由于小山说仅依据于从基本权出发的行政诉讼特殊性,因此并未承认"撤销股东大会决议判决"以及"撤销不合法婚姻判决"中的拘束力。但是,本间靖规《形成诉讼的判决效》,载講座民訴(第六卷),第283页以下,尤其是第304页注(72),认为,由于法赋予撤销诉讼的"遵守法令"之控制机能是相同的,因此就小山说内在的理解而言,应当是不区别行政处分与公司股东大会决议的。

来看,既然前诉法院确定的这种拘束力属于当事人主张举证活动的结果,故可轻易阻断当事人对此再度主张。不过,考虑到法的评价或者法的解释属于法官专属权力,也有可能存在拘束力无法遮断后诉之情况。但与此同时,也存在当事人对事实无争议而只将法的解释作为争点的诉讼,在这种情形下,前诉判决也产生既判力(后诉法官受前诉该法解释的拘束),其中的诸如"判定性质"那样的法的判断也可以产生争点效(参照本书相关部分的论述)。如此一来,就产生如下之观点,即认为,在"只凭一方当事人意思就可以重复同类行为,并以该行为是否有效作为审判对象"的诉讼中,若"一定瑕疵构成撤销原因或者无效原因"之法的判断不产生拘束力,则无法实现解决纠纷的信赖保护与法的安定,而且,即便对重复同类行为的一方当事人科以拘束力,在结果上也不会产生不当,故而应承认这种判决理由中判断的拘束力[参照条解,第 598 页以下(竹下守夫执笔)]。就实质论而言,这种见解是应当予以赞成的。〔79〕

六、既判力与争点效的守备范围

(1)对于作为制度性效力的既判力,争点效应当如何发挥其补充性的机能呢?新堂,第 584 页,列举了如下这一例子。

在 X 对于 Y 提起的前诉中,原告以"买取"为理由提出确认某土地所有权的请求,但由于"X 买取"之事实被认定为不存在,最后法院作出驳回请求判决。在该判决确定后,X 又提起第二个诉讼,在该

---

〔79〕 注釈民訴(第四卷),第 335 页以下(高桥宏志执笔)。石川明、小岛武司编《新民事诉讼法》,青林书院,平成 9 年,第 253 页以下主张通过争点效来进行拘束。

此外,从实定法角度来看,"禁止重复同样的行政处分",可以通过《日本行政程序法》第 33 条规定获得保障,对于这种撤销判决的拘束力,通说将其视为一种被实定法赋予的、特殊的实体法效力,而非作为既判力予以对待[参照园部逸夫编《注解行政案件诉讼法》,有斐阁,平成元年,第 418 页以下(村上敬一执笔)]。不过,盐野教授主张将其理解为既判力,参照盐野宏《行政法》(第二版),有斐阁,平成 3 年,第 145 页。从民事诉讼理论来看,主张将其作为法律要件上效力予以理解的观点,可以见之于铃木正裕《形成判决的既判力》,载《法学论丛》,第 67 卷第 6 号,昭和 35 年,第 42 页以下;中田淳一《判例释评》,载《民商》,第 34 卷第 1 号,昭和 31 年,第 72 页以下,收录于中田淳一《民事诉讼法判例研究》,有斐阁,昭和 47 年,第 205 页以下。不过,本间教授对此观点提出了质疑,参照本间靖规《形成诉讼的判决效》,载講座民訴(第六卷),第 298 页以下。

诉讼中,X 主张自己享有该土地所有权,在此基础上,以 Y 自其买取之时至前诉判决标准时前的非法侵占土地为由,要求 Y 支付相当于地租数额的损害赔偿金。对于该第二个诉讼,该如何予以处理呢?

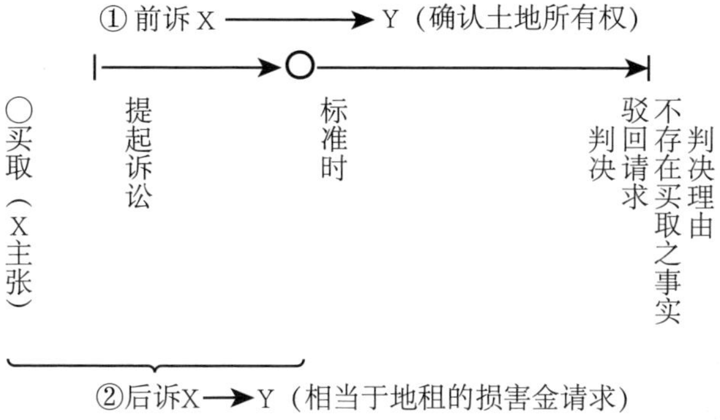

图 15-1

前诉判决既判力确定的事项是,在标准时上 X 不享有标的物的所有权。因此,在没有出现标准时后新事由的情况下,X 对于 Y 不能主张自己在标准时后享有该土地所有权,故而标准时后的相当于地租数额损害金之请求,也要受到前诉既判力的遮断,进而该请求应当遭法院驳回。但是,既判力的效果或作用仅限于此,因为,“在标准时之前 X 不享有所有权”之事项并非既判力的确定对象(参照本讲“既判力时间界限”部分的相关论述)。“X 没有买取之事实”也仅仅是判决理由中的判断,因而也不产生既判力。如此一来,(第一个诉讼)既判力并不遮断第二个诉讼,无论是法院还是对方当事人,都不得不卷入关于“是否存在买取之事实”的再审理,因而在某些情形下可能产生截然相反的结论。

若要阻止 X 提起第二个诉讼(直接驳回请求),则须依据争点效理论。当作为前诉判决理由中的“没有买取之事实”之判断具备争点效要件时,后诉法院也以该判断作为前提,因此,在后诉中法院就可以直接得出驳回请求的结论。如此一来,对于当事人不顾法院业已作出“没有买取之事实”判断之前提而提起的(恐怕是不正当的)第二个诉讼,诉讼法上也存在阻止其发生的武器。

既判力与争点效各自基于这样的守备范围对后诉产生拘束力。[80]

(2)接下来有必要通过对如下这个现实判例(最高裁判所昭和49年4月26日判决,载《最高裁判所民事判例集》,第28卷第3号,第503页以下,收录于《百選Ⅱ》,第146号案件)来分析既判力与争点效这两者的关系。这是一个当事人对限定承认(参照《日本民法》第922条以下)发生再度争执的案件。在该案件的前诉中,X(破产财产管理人)基于限定承认之原因获得了"对方当事人Y(继承财产管理人)在继承财产的限度内支付400万日元"的胜诉判决(不过,该案件的实际金额状况因迟延损害金等关系而显得较为复杂,在事实上超过了400万日元,但本书为简便起见,暂定为400万日元)。在该判决确定后,X又在本诉讼(后诉)中,以继承人Y等三人为被告提出"不受继承财产的限制来支付400万日元"的请求,因为Y等三人存在隐匿部分继承财产,并恶意地不将该部分财产记载于财产目录上的行为,依据《日本民法》第921条的规定,这种行为可以被视为"单纯承认"。在本诉讼(后诉)中,法院最后判决驳回诉,并且判决的效力依此获得确定。最高裁判所的判示如下:

在"命令被告在继承财产的限度内进行支付"之判决(所谓的附保留判决)确定后,就意味着债权人不能对"与上述诉讼的第二审口头辩论终结时以前存在的'限定承认'具有互不兼容关系的事实(例如《日本民法》第921条规定的法定单纯承认之事实)"提出主张,也不能为了获得"无保留的判决"提起新的诉讼。尽管前诉直接的诉讼标的是给付请求权,也即债权(继承债务)的存在及其范围,但是,其中所包含的"限定承认的存在及其范围"不仅仅作为准诉讼标的被审理判断,而且,当"限定承认"获得认定时,这种认定在主文中予以阐明,因此前诉法院作出的关于"限定承认的存在及其效力"的判断,应当产生一种准既判力的效力。而且,依据《日本民事诉讼法》

---

〔80〕 也有学说以其他的例子(物的所有权确认与对物的损害赔偿)来分析既判力与争点效的守备范围问题,有关此的详细论述,可以参照小岛武司《既判力的标准时》,载小山升、中野贞一郎、松浦馨、竹下守夫《演习民事诉讼法(上)》,青林书院新社,昭和48年,第554页以下。

第 545 条第 2 款(《日本民事执行法》第 35 条第 2 款)规定,只有基于口头辩论终结后产生的“需要提出异议”之原因,才能对确定判决提起请求异议之诉,该条文的法意应当作如下理解,即基于权利关系安定、诉讼经济以及诉讼上的诚实信用原则等考量,在法院对作为判决基础的口头辩论中可主张事由作出判断后,该判断的效力通过这样方式被确定后,就不能随意地发生变更。遵循这一法条趣旨,不允许债权人主张在前诉中(如上所述)可主张的事实。在本案件中,同样不允许对前诉确定判决所认定的“限定承认的存在及其效力”再度进行争执。

可以说这一判决包含着各种饶有兴味的观点,可以按照以下顺序对其中六点分别予以剖析。

1. 既判力的根据与诚实信用原则

该判决的判旨是从“权利关系的安定、诉讼经济以及诉讼上的诚实信用原则等视角”出发来把握旧《日本民事诉讼法》第 54 条第 2 款(现《日本民事执行法》第 35 条第 2 款)的“既判力遮断效之趣旨”的。

该判决的这一观点尽管以判决书旁论的形式出现,但这一表述具有一种划时代的意义。〔81〕旧的通说将既判力理解为解决纠纷的制度性效力,对于既判力根据的认识,也仅限于本判决中的“权利关系安定”,而该判旨的观点却在此基础上,将“诚实信用原则”以及“诉讼经济”也作为既判力的根据。至于该判决(的法官)在何种程度上意识到“诚实信用原则当然也属于争点效的根据”之问题,在此姑且不论,至少而言,该判决内容在客观上展示了“既判力与争点效两者的根据发生部分重合”这一重要问题(由于判例不承认争点效理论,因此,让法院认识到两者根据关系的重合,的确

〔81〕 对于该判决这一表述的意义,有观点予以低调评价,关于此的详细论述,可以参照柏木邦良《诉讼标的概念的机能》,载講座民訴(第二卷),第 190 页以下,收录于《百選》(二版),第 238 页以下(柏木邦良解说);住吉博《救济性诉讼与判决效》,弘文堂,昭和 60 年,第 252 页以下;与之相反,也有观点认为这一表述是判决效灵活化的先兆,进而给予高度评价,关于此的详细论述,可以见之于新堂幸司《诉讼标的概念的作用》,载新堂 · 訴訟物(下),第 113 页以下。

是过于勉为其难了)。[82]

就学界的状况而言,当下的多数说也如该判决所言及的,将诚实信用原则或与其相类似的原理作为既判力的根据之一(参照本讲“既判力的本质及根据”部分的相关论述)。因为,当事人因享有程序保障而产生自我责任,是诚实信用原则及禁反言的另一种表现方式。而且,诚实信用原则并非一成不变,其有赖于每个案件的具体利益考量,因此,从逻辑上看,必须承认在既判力中应当融入灵活的考量因素。

当然,以上的论述表明两者的根据只是部分发生重合,而并不意味着既判力的根据完全等同于争点效的根据。[83] 不过,正如前面关于撤销权论述部分中中野说所指出的,可以将争点效作为诚实信用原则问题(而不是既判力问题)予以对待,以此对两者进行区别。的确,不将诚实信用原则与争点效纳入既判力的框架,而承认两者各自的守备范围,进而认为两者是可以并存的,但也不得不承认,既判力与诚实信用原则是存在交错的(就当下关于此问题的判例及理论之介绍参照本讲“七、既判力与诉讼标的——基于程序事实群的调整”部分的相关论述)。不过,正如后述“4. 前诉判决的既判力”部分所述的,本判决的判旨还是固守于既判力时间界限的理解,而并未对在诚实信用原则中言及的趣旨予以活性化的阐明。

---

〔82〕 参照谷口安平《关于最高裁判所昭和 49 年 4 月 26 日判决的判例释评》,载《判例批评》,第 193 号(《判時》,第 765 号,昭和 50 年),第 146 页以下;谷口,第 343 页以下。进一步对既判力与争点效之相同点展开论述的文献,可以见之于井上治典《基于判决效的遮断》,载井上=伊藤=佐上,第 217 页以下,尤其是第 222 页;吉村德重《判决遮断效与争点效的交错》,载実務民訴(第二卷),第 355 页以下;此外,还可以参照井上正三《关于可否提出部分请求问题的利益考量与理论构成》,载《法教》(第二期),第 8 号,昭和 50 年,第 79 页以下。

〔83〕 吉村教授也承认,就最终意义而言,在诉讼标的范围内发挥作用的既判力与在判决理由中判断上发挥作用的争点效,两者的要件是不同的,参照吉村德重《判决遮断效与争点效的交错》,载実務民訴(第二卷),第 355 页以下。主张“无论是既判力还是争点效都是前诉程序之贯彻力”的住吉说也认为,争点效是第二层次的前诉程序贯彻力,因此两者并不相同,关于此的详细论述,可以参照住吉博《“争点效”的本质》(最初发表于昭和 44—45 年),载住吉博《民事诉讼法论集第一卷》,法学书院,昭和 53 年,第 187 页以下;住吉博《救济性诉讼与判决效》,弘文堂,昭和 60 年,第 244 页以下。

2. 债务与责任

从包括民法学在内的讲学上来看,学说在对债务与责任予以区分[84]的前提下,认为限定承认并不是债务问题而属于责任问题,并将这种责任限定于继承财产之内。

那么在判决程序中如何看待这一"债务与责任"之区别呢?从绝对的视角来看,可以说在判决程序中关注的仅仅是债务的存在及其金额,而责任则属于强制执行的问题,与判决程序并无关联。不过,就当下而言,也有判例未采用这种绝对立场,而是认为,限定承认的问题也可以放置于判决程序中予以处理,并在限定承认获得认定时,可以在判决主文中作出"在继承财产的限度内支付 400 万日元"这样的表述,这一点似乎也获得了通说的肯定,不过,当限定承认未获认定时,法院就不是在判决主文中,而应当在判决理由中作出"限定承认未被认定"之表述。

尽管这种"限定承认"在判决程序中作出处理,但无论如何这还是属于责任问题,若基于"判决程序应当处理的本来事项是债务问题"之立场,则会得出如下结论,即诉讼上请求(诉讼标的)是判决程序的本位性事项,而责任问题则属于债务的附加性事项。而且,由于既判力是针对诉讼标的产生的,因此若基于上述的立场,法院对于上述的责任问题(对继承财产的限定)的判断就不产生既判力。但是,无论如何这是判决主文中表述的重要事项,故应不允许当事人对此再度争执,因此,在该判决书中使用了"该'准诉讼标的'产生一种'准既判力的效力'"这样的表述。那么这种"准既判力的效力"究竟是一种什么样的效力,以及这种效力与否定争点效的最高裁判所昭和 44 年 6 月 24 日判决[载《判時》,第 569 号,第 48 页以下,收录于新堂幸司、青山善充、高桥宏志编《民事诉讼法判例百选第二卷》(对应于新法的修订版),有斐阁,平成 10 年,第 145 号案件

---

[84] 关于债务与责任的论述,参照奥田昌道《债权总论(上)》,筑摩书房,昭和 57 年,第 94 页以下。与此相对,平井宜雄教授[参照平井宜雄《债权总论》(第二版),弘文堂,平成 6 年]则认为,"无责任的债务"之概念本身,在法技术意义上还是颇值得质疑的。此外,也可以参照铃木禄弥《关于所谓的"有限责任"》,载《判タ》,第 716 号,平成 2 年,第 4 页以下。

(富樫贞夫解说)]中的“类似于既判力的效力(争点效)”之间有何差别呢?[85] 正是因为存有这样的疑问,可以说本判决还存在进一步深入思考的余地。

假设在如下这种与本案件的“在前诉中出现限定承认问题”不同的情形下,即前诉中被告并未提出限定承认,而原告已经对被告的固有财产申请强制执行,在这种情形下,被告能否提出限定承认的主张呢? 这可以说是既判力时间界限问题的又一例子。对于这一问题,以前的大审院昭和15年2月3日判决(载《大审院民事判例集》,第19卷,第110页以下)持肯定态度,而且,在学界中,认为“关于限定承认的抗辩不受前诉既判力遮断”的观点也占有相当比例。[86] 但是,在性质上,限定承认并非像抵销那样,被告通过提出自己反对债权做出的抗辩,而是类似于撤销权或者解除权的防御性抗辩,因此,这种抗辩应当受前诉既判力遮断。[87]

综上所述,在本判例中既存在关于债务与责任的一般性问题(例如,是否承认这两者区别;若予以承认,则如何看待其实体法属性之问题等),而且,也蕴含有“责任也是否构成诉讼标的的一部分”“责任是否可以作为判决程序的对象”等理论上的具体问题。[88]

---

〔85〕 新堂教授在持有这种问题意识的前提下对本判决展开分析,参照新堂幸司《明示限定责任的给付判决之效力》,载新堂·訴訟物(下),第1页以下。

〔86〕 兼子一《增补强制执行法》,酒井书店,昭和30年,第52页以下;三月章《民事执行法》,弘文堂,昭和56年,第102页以下;《注解民事执行法第一卷》,第一法规出版,昭和59年,第591页以下(吉井直昭执笔)等。

〔87〕 中野贞一郎《民事执行法》(第三版),青林书院,平成10年,第220页以下;新堂·訴訟物(下),第18页以下;小山升《关于最高裁判所昭和49年4月26日判决的判例释评》,载《小山·著作集》(第二卷),第329页以下;高桥宏志《既判力的作用》,载三月章、中野贞一郎、竹下守夫编《新版·民事诉讼法演习(第二卷)》,有斐阁,昭和58页,第75页以下等。

〔88〕 稻田龙树《承认“限定承认”之附保留判决的效力》,载《判夕》,第391号,昭和54年,第25页以下;田尾桃二《关于继承的限定承认与给付判决的若干考察》,载《司法研修所论集》,第1974卷第2号,第22页以下;吉村德重《关于最高裁判所昭和49年4月26日判决的判例释评》,载《民商》,第72卷第4号,昭和50年,第675页以下;小山升《关于最高裁判所昭和49年4月26日判决的判例释评》,载《小山·著作集》(第二卷),第329页以下。

不过，本书还是基于“本判决的限定承认也属于判决程序的对象（事项），并视同为一般的抗辩”之立场来展开后面部分的论述。

3. 继承财产管理人的权限

在本案件中，前诉的被告是继承财产管理人，而后诉的被告则是数个继承人，因此就会产生如下之问题，即以继承财产管理人为被告的前诉判决之既判力能否及于后诉继承人？由于判例将继承财产管理人理解为法定代理人（参照最高裁判所昭和 47 年 11 月 9 日判决，载《最高裁判所民事判例集》，第 26 卷第 9 号，第 1566 页以下，收录于《百選Ⅰ》，第 6 号案件。参照本书“第九讲　当事人适格”部分的相关论述），因此，认为前诉判决的效力及于数个继承人。但是，从原本意义上来说，继承财产管理人的法定代理权基于继承财产的管理产生，而对于每个继承人的固有财产，应当说继承财产管理人并不享有其代理权。

鉴于此，一般论认为，在债权人以“作为法定代理人”的继承财产管理人为被告提起的诉讼中获得的判决，该判决的效力在继承财产的范围内及于每个继承人，但对于每个继承人的固有财产并不产生效力。〔89〕因此，在针对每个继承人固有财产提起的后诉中，继承

给付判决，不仅意味着请求权的确定，也包含对强制执行的指示，换言之，给付判决具有双重机能，因此，如果对这种诉讼标的的构成以及判决程序对象之问题进行深入思考，那么就会碰到一些理论上的难点。例如，在要求拆除建筑物返还土地的诉讼中，“拆除建筑物”之部分属于执行方法的指示，而非诉讼标的的组成部分，因此，应当将其理解为判决程序（确定请求权的程序）本来对象之外的事项，关于此的详细论述，可以参照中田淳一《民事诉讼法判例研究》，有斐阁，昭和 47 年，第 276 页以下，尤其是第 285 页。对此观点进行批判的文献，可以见之于上野泰男《个别案件判例研究》，载《名城法学》，第 29 卷第 3 号，昭和 55 年，第 59 页以下。

〔89〕　有关此的详细论述，可以参照上野泰男《关于最高裁判所昭和 49 年 4 月 26 日判决的判例释评》，载《法学杂志》（大阪市立大学），第 21 卷第 3 号，昭和 50 年，第 104 页以下；此外，谷口安平《关于最高裁判所昭和 49 年 4 月 26 日判决的判例释评》，载《判例批评》，第 193 号（《判時》，第 765 号），昭和 50 年，第 146 页以下；吉村德重《关于最高裁判所昭和 49 年 4 月 26 日判决的判例释评》，载《民商》，第 72 卷第 4 号，昭和 50 年，第 675 页以下等文献，也表达了相同的观点。此外，主张应当将前诉判决对 Y 的拘束力与对其他继承人的拘束力予以区分的观点，可以见之于水谷畅《关于最高裁判所昭和 49 年 4 月 26 日判决的案例解说》，载《ジュリ》杂志临时增刊——《昭和四九年度重要判例解说》，有斐阁，昭和 50 年，第 113 页以下；本书“第九讲　当事人适格”注〔2〕。

人可以就继承债务的存在与否及其数额进行争执。而且,基于继承人的程序保障之视角,也应该会得出同样的结论。因此,在本案件中也蕴含着这样的问题。

但是,在本案件中,由于债权人提起的再诉遭法院驳回,在“继承人在再诉中能否对继承债务进行争执”之问题未获得显现化之前,诉讼就告终结(正如在其后的“4. 前诉判决的既判力”部分所述的,从驳回再诉可预料性的视角来看,这是不当的)。而后诉法院作出驳回诉的依据是,后诉被告在本案前的抗辩中就提出了在前诉判决主文中予以保留的“限定承认”之主张。尽管无法预料前诉判决的判断对继承人产生不利,但在本案件的后诉中,也应允许继承人对前诉判决进行于己有利的援用。毕竟是继承人自己主动进行的援用,故可以忽略由此援用所产生的不利益,而且,继承人援用的目的在于对抗债权人以原告身份参与的前诉判决,因此债权人原则上也不能拒绝其对该判决的援用。

综上所述,有关继承财产管理人的诸多问题仍有待进一步展开。

4. 前诉判决的既判力

在对上诉几个问题进行探讨后,下面就进入本节课题——既判力与争点效问题的论述。

在本案件的前诉中,法院在判决主文中之所以能作出限定承认的判断,其前提条件究竟是认定被告抗辩成立?还是原告方承认限定承认进而变更请求趣旨呢?该判决对此并没有作出明确交代。若基于前者,则该判决可以被视为部分承认请求判决。也即原告提出的是无保留(不附加“在继承财产的限度内”这一限定)的请求,而法院在认定被告抗辩成立的基础上作出附保留判决。例如,原告请求的是1000万日元,而法院在承认被告提出的“业已偿付300万日元”之抗辩的基础上作出“被告向原告支付700万日元”之判决。在这种部分承认原告请求(或者驳回部分请求)的情形下,原告对于被驳回的300万日元请求提起的再诉,当然受既判力的遮断。与此相反,新堂说认为,该判决是基于“原告变更请求趣旨”之前提作出的,而且,原告提出的请求是部分请求。具体而言,尽管原告可以提出无保留的请求，但其提出的却是附保留(附加“在继承财产的限度内”这一限定)的请求，在这种情形下，因原告主动缩减请求事项(参照《日本民事诉讼法》第246条)，故在其后就不能扩张地提出无保留之再诉。以新堂说为代表的这种观点，可以说是关于这一问题的一般论。由于新堂说在部分请求问题上持部分请求否定论(正确而言，应当是残部请求否定论，有关详细论述参照新堂，第294页以及本书“第四讲　部分请求”部分的相关论述)，因此，为了与这种观点形成整合，作为残部请求的无保留请求，原则上将受前诉既判力的遮断。〔90〕

无论如何，若不拘于债务与责任的区别，无论是承认被告抗辩成立，还是原告主动减少请求提出诉讼，均可以作为前诉判决的既判力问题予以处理。如此一来，正如新堂说所主张的，关于本案件的

〔90〕 不过，后来的新堂说又进一步认为，即便是部分请求，本案件的部分请求也应当被视为一种与“后遗症诉讼中的残部请求”相类似的情形，因此，其结论又发展到“原告可以对此提起再诉”。无论如何，新堂说属于一种将这一问题放置于部分请求框架内处理的学说，关于此的详细论述，可以参照新堂・訴訟物(下)，第9页以下。

谷口安平《关于最高裁判所昭和49年4月26日判决的判例释评》，载《判例批评》，第193号(《判時》，第765号)，昭和50年，第149页第三段，对于此问题表达了如下的观点。(旧)判例所持的观点是允许当事人明示地提出部分请求，而在此处所论述的是，在(原告)提出全部继承债务的基础上，附加“在继承财产限度内”这一限定的情形，因此，案件中的部分请求可以说也是被明示的，不过，一般观念中的部分请求通常例子是指，诸如“仅仅以1000万日元中的500万日元来提出诉求” 这样的情形，而本案件的限定承认情形与此稍显不同，换言之，本案件的情形近似于如下这种部分请求之情形，即原告自认为被告已经偿还300万日元(总债权为1000万日元)，进而仅提出700万日元的请求，在此之后，又提出关于“自认为被告已经偿还”部分的300万日元之再诉。总而言之，本案的限定承认情形与典型的部分请求情形存在一定差异。在这种情况下，不允许原告提出“自认为被告已经偿还”部分的300万日元请求之再诉，与其说是基于既判力的作用，毋宁说其遮断根据在于诚实信用原则及禁反言。

总而言之，“若原告附保留地提出前诉，就不允许原告提起再诉”之观点，在理论上会产生一些其他难题，但无论如何，这种拘束力针对前诉中的非争点事项产生，故不属于争点效的范畴，而且，这也并非“限定承认”情形所独有的问题，即便被告已经偿还债务，也会产生同样的问题，因此，并无必要称其为“准既判力的效力”，而可以将其视为“附加以诚实信用原则因素考量的既判力作用”。

处理,只要依据既判力即可,而无须论及其他依据。[91]

如上所述,尽管可以将其作为既判力问题予以对待,不过,在本案的处理中,在既判力时间界限方面仍存有某些疑义,即在本案件的后诉中,X 主张被告存在“部分隐匿继承财产,并未将其记载于财产目录”之《日本民法》第 921 条规定的限定承认无效事由。对于此,判决以这些事由存在于前诉标准时前为由,简单地认为应当予以遮断。的确,这些限定承认无效事由存在于前诉的标准时前,故依据通说,这些事由处于前诉既判力的时间范围内,进而受到遮断,本案件判决的这一判旨也应该是基于这种思路得出的结论。但是,如果基于“通过在前诉中当事人对于主张提出的可预料性来调整既判力时间范围”之立场,那么得出的结论就会截然不同。隐匿财产等事实是被告继承人方实施的行为,就原告方而言,难于轻易知悉,因此,当 X 于标准时后才知道这些事情时,若无条件地认可既判力的遮断效,对于 X 而言,则不免显得过于残酷。[92] 当当事人的主张在前诉中不具有提出的可预料性时,既判力并不对其发生作用,因

---

〔91〕 新堂·訴訟物(下),第 17 页以下。

〔92〕 小山教授提出了这一见解,参照《小山·著作集》(第二卷),第 339 页以下。新堂·訴訟物(下),第 9 页以下;谷口安平《关于最高裁判所昭和 49 年 4 月 26 日判决的判例释评》,载《判評》,第 193 号(《判時》,第 765 号,昭和 50 年),第 149 页以下;吉村德重《关于最高裁判所昭和 49 年 4 月 26 日判决的判例释评》,载《民商》,第 72 卷第 4 号,昭和 50 年,第 675 页以下,上述三种观点尽管在实体的理论构成上有所差异,但都一致地倾向于这一认识。此外,也有观点从继承财产管理人权限的视角出发,主张在以继承财产管理人为被告的诉讼中,原告不可能提出限定承认无效之主张,因此,在以继承人为被告的后诉中,允许其提出该主张也是理所当然之事,关于此观点的详细论述,可以参照吉村德重《关于最高裁判所昭和 49 年 4 月 26 日判决的判例释评》,载《民商》,第 72 卷第 4 号,昭和 50 年,第 675 页以下;上野泰男《关于最高裁判所昭和 49 年 4 月 26 日判决的判例释评》,载《法学杂志》(大阪市立大学),第 21 卷第 3 号,昭和 50 年,第 104 页以下。

此,必须指出本判决的结论在这一点上不无疑问。[93]

5. 与争点效的联系

新堂教授认为,当被告作为抗辩对“限定承认存在与否”进行争执时,法院对此作出的判断将产生争点效,并引用最高裁判所这一判例来对此展开说明[参照新堂,第678页(d)]。但是,如上所述,对于本案件,无须使用争点效理论,而依据既判力就能作出处理。那么对于新堂教授的这一论述应如何予以理解呢?

新堂教授的这一论述,可以被理解为,对于该书第678页(d)前段所论及的“法院作出附条件判决”之情形的说明。例如,抵押权设立人以业已偿付300万日元抵押债务为由,提起的请求撤销该抵押权登记的诉讼,在该诉讼中,被告提出债务人还有50万日元剩余债务的主张,于是法院对这50万日元的债务进行了审理,最后法院认定该剩余债务不存在,并将该判断记载于判决理由中;或者在认定债务人还有30万日元的剩余债务,并作出以“支付30万日元”为条件的给付判决。无论上述何种情形,法院关于剩余债务的判断都可以产生拘束力。那么,这种关于剩余债务的判断产生的拘束力,究竟是既判力还是争点效呢?这是一种法院将“剩余债务存在与否”之争议作为争点予以认定(判断)时才产生作用的拘束力,换言之,在诸如因被告缺席而作出缺席判决等而使该事项未成为争点的情形下,法院关于剩余债务的判断就不产生拘束力。因此,关于剩余债务的判断之拘束力,可以被视为争点效,不过,这并不意味着被告(抵押权人)丧失了剩余债权。即便是在发生后诉被前诉既判力遮断的情形下,被遮断的仅仅是依据剩余债权进行同时履行之抗辩,

---

〔93〕 不过,若基于“责任问题不构成诉讼标的”这一前提,则难以依据既判力理论来对此作出处理。而且,当对“限定承认被认定,进而将该判断记载于判决主文”的情形与“限定承认未被认定,并将该判断记载于判决理由”的情形进行统一规制时,应当使用类似于争点效的诚实信用原则作出处理。主张这种倾向的观点,可以见之于稻田龙树《承认“限定承认”之附保留判决的效力》,载《判夕》,第391号,昭和54年,第25页以下。的确,这是一种饶有兴味的见解。即便是采用这种观点来对此问题进行考虑,其结论也应当是,X在后诉中可以提出限定承认无效的主张。

而当事人对于剩余债权之本身并未失权[在附相互给付之条件的给付判决中,剩余债务被记载于判决主文中,但其仅仅作为强制执行的条件。在本案件中,诉讼标的仅仅是撤销登记请求,剩余债务并不构成诉讼标的,因此剩余债务也不是既判力的对象。换言之,“记载于判决主文中的事项”与“该事项发生争点效”这两者在逻辑上并不矛盾。关于这一点,也可以从“当法院认定剩余债务不存在时,该认定就属于判决理由(而非判决主文)中的判断”这一命题中获得理解]。与此相对,对于限定承认“抗辩”之情形,应当采用的则是与之相反的见解(参照本讲前述部分),即若被告在前诉中未对此提出主张,则该主张形成失权的结果,换言之,无论该事项是否成为争点,都将产生拘束力。可以说,这种拘束力属于既判力范畴(至少而言,也是与既判力相接近的拘束力)。因此,在新堂,第608页中,新堂教授将附条件的判决与限定承认的“抗辩”并列记叙的做法,多少会产生误导之效果。

但是,关于限定承认的判断与争点效是否全然无关呢?对于此的答案可能是否定的。当然,在诸如本案件的情形中,只要依据既判力就可以解决当事人对于同一债权提起再诉的问题,但是,若当事人提出其他债权(其他诉讼标的),则将变为争点效的问题。例如,X在后诉中,提出的诉求并非本案件的400万日元,而是其他的500万日元继承债权,在这种情形下,前诉中的关于“限定承认存在与否”的判断,就产生争点效(时间界限的问题则另当别论)。这一命题也是被新堂·訴訟物(下),第26页中的论述所阐明的。

综上所述,新堂,第608页中作出的“限定承认的抗辩产生争点效”之论述,尽管从引用本判例的关系来看,多少存在误导之嫌,但作为论述本身并无错误。

6.《日本民法》第937条或者侵权行为问题

依据《日本民法》第937条的规定,在存在限定承认无效事由的情形下,继承债权人对于其不能从继承财产中获得偿付的债权额,可以要求继承人偿付(可以行使权利)。如此一来,在本案件中,即使“X基于同一债权提起的要求无保留判决”之再诉受到前诉既判力的遮断，似乎 X 也可以依据《日本民法》第 937 条规定对 Y 行使要求其偿还债务的权利。

不过，就既判力理论而言，这样的处置是否可行呢？首先，《日本民法》第 937 条是实体法的规定，可以说，其立法趣旨所考虑的规制对象，仅仅是进行限定承认程序之情形，而未考虑从中出现附责任限定判决之情形。那么，在出现附责任限定判决之情形下，又该如何看待呢？需要注意的是，如果 X 依据《日本民法》第 937 条收回了全部数额的债权，那也是归结于未出现附责任限定判决之原因。换言之，当事人(X)依据《日本民法》第 937 条提起的再诉使附责任限定判决的既判力趋于空洞化。因此，从既判力理论的视角来看，倾向于遮断当事人依据《日本民法》第 937 条规定提起再诉的观点，应当较为合理(基于可预料性调整提起的再诉，则另当别论)。〔93-2〕

这一问题又与如下问题密切相关。若当事人不当获得判决的行为构成侵权行为，在原诉讼未经再审的前提下，受害人是否可以提出损害赔偿请求(侵权行为请求是否可以绕过前诉既判力之障碍？参照本讲“九、既判力与再审”部分的相关论述)。

以上就是从既判力与争点效之守备范围命题派生出来的若干理论问题。由于本判例与上诉种种问题都能发生联系，因而在理论上这是一个极具评析价值的判例。而且，以上展开的论述并未穷尽其中所有问题，在该判例中，至少还存在“德国式责任判决的思维”以及“决定法的性质之既判力”等问题。关于此的详细论述，可以通过

〔93-2〕 松本=上野，第 608 页认为，《日本民法》第 937 条规定的给付之再诉，不受既判力拘束。若基于新诉讼标的理论的二分肢说，因事实关系(要件事实)不同，故诉讼标的与前诉不同。基于旧诉讼标的说，也得出同样的结论。

笔者认为，以继承财产为限保留的继承债权人，若使用《日本民法》第 937 条规定的途径，可以进行无保留的强制执行，如此一来造成了制度间的不整合。但是，在此可以发挥基于可预料性调整的功能，继承债权人可以提起攻击以继承财产为限保留的再诉，若获得胜诉，则可以进行无保留的强制执行。此时，攻击以继承财产为限保留的再诉与《日本民法》第 937 条规定的途径，在新诉讼标的理论一分肢说下(姑且不论额是否完全相同)，属于诉讼标的同一但构成多个法的观点之情形。

参照谷口安平《关于最高裁判所昭和 49 年 4 月 26 日判决的判例释评》一文[载《判評》,第 193 号,昭和 50 年(《判時》,第 765 号)]来展开进一步的学习。

七、既判力与诉讼标的——基于程序事实群的调整

1. 一个判例

关于本节内容的论述,首先从一个判例开始,即最高裁判所昭和 51 年 9 月 30 日判决,载《最高裁判所民事判例集》,第 30 卷第 8 号,第 799 页以下,收录于《百選 I》,第 15 号案件(原强解说)。该案件的争执标的物是依据《日本创设自作农特别措施法》被征收的农地,在前诉中,前土地所有人基于该农地的回购合同提起转移登记程序请求,在此基础上,作为预备性请求,一并提出了要求被告返还“业已交付的部分回购款”之不当得利请求。前诉最后的结果是,法院作出驳回主位请求而承认预备性请求之判决,判决依此确定(昭和 41 年 12 月)。而原告于次年 4 月提起的后诉是,以昭和 23 年的征收农地处分无效为由的转移登记程序请求,前土地所有人同时又附加提出“要求被告收割地上农作物并返还土地”之请求。第二审及最高裁判所依据诚实信用原则驳回该后诉。判决书的相关理由如下所述:

> 基于以上事实关系,尽管前诉与本诉(后诉)的诉讼标的不同,但本诉毕竟是(前土地所有人对现土地所有人)以征收处分无效为前提并以收回该土地为目的提起的诉讼,因此,应当说本诉在实质上是对前诉展开的再度争执。在前诉中,尽管不存在任何障碍使前土地所有人无法提出本诉之请求,但其没有提出该请求,而且,考虑到本诉的提起距上述征收处分作出之时已经超过 20 年,若允许前土地所有人提起本诉,则会使基于该征收处分的土地受让人(或者继承人)的地位处于长期不安定的状态,因此依据诚实信用原则,不允许前土地所有人提起本诉。

概言之,该判例认为,前后诉的诉讼标的尽管不同,但后诉实质

上是对前诉进行再度争议，故后诉应受到前诉判决的遮断。而且，该判决并非依据“诉讼标的=既判力”，而是依据诚实信用原则作出裁判。[94]

在本案件中，“牵涉到战后的农地征收”以及“农地征收经过了20年以上”等特别因素是值得重点考虑的问题。若基于这种特殊性来适用诚实信用原则，则淡化了这一判例作为先例的价值。[95] 在判决作出后，在学者所作出的各种判例释评中，倾向于这一方面来作出解释的释评占据着多数。至少而言，各种判例释评都费心致力于如下这种努力，即使传统民事诉讼理论与本判决理论构成之间形成协调。[96]

与此相对，也有学者对于本案件的处理，关注其中涉及“既判力与诉讼标的”的根本性问题部分，并以该判决为契机进一步将判决效理论予以深化。从这种方向关注本判例的代表性文献，当属新堂幸司《诉讼标的概念的作用》；载新堂·訴訟物（下），第113页以下。[97] 事实上，该判例在很大程度上促使后来的“法院（判例）敢于

---

〔94〕 实际上，无论是作为原告的前土地所有人，还是被告的现土地所有人，双方当事人在数量上都是数人，因此本案中还存在判决效主观范围方面的问题。关于此的详细论述，可以参照本讲的“依据诚实信用原则扩张前诉的效力”之部分论述。而从判决效主观范围角度对本案作出详细分析的判例释评，可以见之于水谷畅《关于最高裁判所昭和51年9月30日判决的判例释评》，载《判タ》，第345号，昭和52年，第86页以下。

〔95〕《百選》（二版），第236页以下（三月章解说）较为绝对地主张了这一观点。此外，持这种观点的文献，还包括柏木邦良《诉讼标的概念的机能》，载講座民訴（第二卷），第191页以下；住吉博《救济性诉讼与判决效》，弘文堂，昭和60年，第253页以下。

〔96〕 小山升《关于最高裁判所昭和51年9月30日判决的判例释评》，载《小山·著作集》（第二卷），第343页以下；水谷畅《关于最高裁判所昭和51年9月30日判决的判例释评》，载《判タ》，第345号，昭和52年，第86页以下；山木户克己《关于最高裁判所昭和51年9月30日判决的判例释评》，载《ジュリ》杂志临时增刊——《昭和五一年度重要判例解说》，有斐阁，昭和52年，第131页以下；高桥宏志《关于最高裁判所昭和51年9月30日判决的判例释评》，载《法協》，第95卷第4号，昭和53年，第788页以下等。

〔97〕 关于此的详细论述，也可以参照新堂幸司《诉讼标的概念的两种作用》，载新堂，诉讼标的（下），第159页以下。

依据诚实信用原则来遮断后诉”之做法的形成。〔98〕

在进入新堂说的论述之前,有必要对本案中前诉与后诉的诉讼标的是否同一之问题稍作分析。在本案件中,前诉是基于回购合同的转移登记程序请求(返还部分合同价金这一点姑且不论),而后诉是代替“基于征收处分无效的撤销登记程序请求”之转移登记程序

〔98〕 后来的判例都以昭和51年的该判决之定式,即依据“是否属于实质性的再度争议”“当事人在前诉中是否可以提出”“是否将对方当事人的地位不当置于不安定之状态”等作为标准果断地排斥后诉(参照新堂,第614页以下)。关于此的相关论述,还可以参照原强《判例中通过适用诚实信用原则使判决效扩张化的现象》,载《札幌学院法学》,第6卷第1号第1页以下(平成2年)、第8卷第1号第31页以下(平成3年)。不过,也有诸如最高裁判所昭和59年1月19日判决(载《判時》,第1105号,第48页以下)这样极少数的判例,依据诚实信用原则作出撤销“驳回诉”之原判并发回重审的判决。对于这些判例,新堂教授将其评价为,“对依据诚实信用原则来排斥后诉之界限作出划分”的判决,参照新堂·判例,第283页以下。

其实,对于上述判例的这一动向,也并非没有疑问,学说中也提出了一些批判。首先,小山升《是既判力还是争点效抑或是诚实信用原则?——以判例为素材》,载《小山·著作集》(第二卷),第107页以下,通过对判例进行详细的分析后认为,这些判例中不免存在诚实信用原则适用基准不统一的嫌疑,小山教授进而主张,依据简便的一般条款作出处理应当是将来的发展趋势。其次,竹下守夫《关于争点效及判决理由中判断拘束力之判例的评价》,载《民商》创立五十周年纪念暨第93卷临时增刊(1)——《判例中法理论的展开》,昭和61年,第259页以下中,竹下教授认为,在这些判例中,依据请求层面的根据来排斥后诉(驳回诉)的判决较多,这样一来容易导致形成比例失衡的结局,原则上的做法应当是依据主张层面的根据来排斥后诉。此外,这些判例中也存在少数将判决效力扩张至当事人之外的第三人的判决,这些判决无疑面临着第三人程序保障视角上的问题[参照竹下守夫《关于争点效及判决理由中判断拘束力之判例的评价》,载《民商》创立五十周年纪念暨第93卷临时增刊(1)——《判例中法理论的展开》,昭和61年,第285页以下]。

总而言之,正如后面所述的,尽管超越诉讼标的之范围产生遮断效的做法,在理论上也是可行的,不过,现实的裁判例也不免有稍显简便之嫌,至少对于“为何后诉或者后诉的主张受到遮断”之理由的阐述是不甚明确的(有观点认为,从传统理论框架来看,判例所阐述的理由令人难以理解,关于此的详细论述,可以参照水谷畅《关于最高裁判所昭和51年9月30日判决的判例释评》,载《判夕》,第345号,昭和52年,第86页以下)。关于这一点是应当予以关注的。此外,池田教授也认为,主张“依据诚实信用原则来作出处理处理”之既判力论所持有的“简便的宽松性”应当逐步趋于严格化(不过,池田说对于争点效也持消极的态度),参照池田辰夫《关于最高裁判所昭和51年9月30日判决的判例释评》,载《私法判例备考》,第4号,平成4年,第135页以下,收录于池田辰夫《新世代的民事裁判》,信山社,平成8年,第237页以下。

请求(收割地上农作物返还土地的请求,明显属于其他独立的诉讼标的,故在此不予讨论)。如果依据旧诉讼标的论,那么这两者属于不同的诉讼标的,但若依据新诉讼标的论,因事实上未对该土地进行两次转移登记,因此其实体法上的地位还是只有一个,这两者可以视为同一个诉讼标的。尽管本案件在用"转移登记"代替"撤销登记"这一点上,多少会有一些特殊之处,不过,在要求进行转移登记这一限度内,前后诉的诉讼标的还是可以视为相同的。〔99〕如此一来,基于新诉讼标的论的立场,似乎无须适用诚实信用原则,而仅仅依据"对同一诉讼标的再诉情形"之既判力理论,就可以作出处理。但是,在后诉中还存在"收割地上农作物并返还土地"的合并性请求(预备性请求),因此即便采用新诉讼标的论,也可以认为本案件中的前后诉诉讼标的不同。因此以下的论述都是以"前后诉的诉讼标的不同"这一认识前提来展开的。

2. 程序事实群与判决效

如上所述,尽管前后两诉的诉讼标的是不同的,但前述的最高裁判所判决还是认为前诉判决遮断后诉。之所以如此,其原因在于承认判决遮断效的范围与诉讼标的的范围存在错位(并未完全一致)。如果依据"判决遮断效的范围与诉讼标的范围是一致"之传统理论,那么最高裁判所这一判例的这种做法的确不予允许,不过,若正视诉讼标的概念的作用,"遮断效范围与诉讼标的范围不一致"的立论则可以成立,这也正是新堂说的精华之所在。

具体而言,诉讼标的这一概念具有多义性,〔100〕如果要在程序过

---

〔99〕 参照东京地方裁判所昭和 63 年 12 月 20 日判决,载《判時》,第 1324 号,第 75 页以下,收录于《百選Ⅱ》,第 137 号案件。

关于请求登记诉讼的诉讼标的的详细论述,可以参照盐月秀平《请求转移所有权登记诉讼的请求同一性》,载《民訴雜誌》,第 29 号,昭和 58 年,第 1 页以下。

〔100〕 在新堂教授的论文中,首先分析出如下两种诉讼标的:其一,当事人希望法院对此作出判决而将其作为申请事项的诉讼标的;其二,为了使作出的判决被赋予判决效力的诉讼标的。前者是当事人(原告)的要求,就这一意义而言,其性质上属于主观的,而后者是制度所赋予的,就这一意义而言,其性质上属于客观的。不过,在实定的制度中,前者往往是在法院考虑后者的前提下,依据原告的请求而获得确定,因此两者必然具有密不可分的关系。作为对这一分析的延伸,新堂教授对本文所论述的"作为行为规范"之诉讼标的与"作为评价规范"的遮断效范围展开了分析。

程中对这种多义性的诉讼标的概念进行分析,那么在程序的最初阶段,诉讼标的首先具有对如下这一问题作出预先性指示的功能,即在该诉讼终结时,什么对象将获得法院的判断。换言之,这一阶段的诉讼标的具有行为规范功能,即在某诉讼进行前,对于"该诉讼中会出现何种结局"作出预先性的警告。例如,在请求登记诉讼中,诉讼标的对于该登记请求权的解决结果(产生既判力的遮断效)将作出预先警告;在支付1000万日元的请求诉讼中,诉讼标的对于该给付请求权的结果也预先作出警告。当事人以这种警告为基准来展开自己的主张举证活动,而法院也以此为基准实施诉讼指挥。而且,这种行为规范的诉讼标的,在诉讼之前就已经形成、确定,故不能决定该诉讼程序实际上该如何进行,而对诉讼预先设定一个定型的、静止的框架。在诉讼终结后,诉讼标的还具有"对于该判决赋予何种效力"之功能。作出的判决究竟将被赋予何种程度效力?这一问题的答案取决于诉讼制度的目的、败诉人的程序保障、诉讼经济等各种因素的考量。由此可以看出,在诉讼标的与判决效的关系中,前者意义上的(对"该诉讼中会出现何种结果"作出警告之意义上的)诉讼标的,固然发挥着重要的作用,不过,对于这种"作出的判决将被赋予何种程度的效力"之问题,诉讼标的并非遮断效的唯一决定基准。因为,"程序在实际上如何进行"之状况,也在决定遮断效范围考量中具有重要意义。例如,在上述最高裁判所判例中,就前诉程序中的案件争点状况而言,双方当事人似乎以明示或者默示达成了如下协议,即仅将回购合同作为案件争点,而对于征收处分无效不予过问,或者说,通过法院诉讼指挥也能了解到这种协议之存在,因此,在后诉中当事人违反前诉中存在的这种程序进展状况(这就是所谓的程序事实群),提出征收处分无效之主张,这无疑是不当的,故而有必要对这种主张予以遮断。如此一来,在"被预先警告"之意义的诉讼标的法框架内,附加上程序事实群因素考量,就构成"决定遮断效的范围或者既判力的范围"的评价规范。因此,诸如上述最高裁判所判例所采用的"使既判力超越诉讼标的框架产生作用"的做法,也是无可非议的。当然,在多数案件中,作为行为规范的“被预先警告”之诉讼标的框架与作为评价规范之遮断效的范围应当是一致的，否则诉讼标的就丧失了预先警告的意义。但是，就理论而言，在某些情形下，两者也可能存在错位（不一致）。以上就是新堂说的主要内容。

那么，应该如何看待新堂说的这一观点呢？应当说，新堂说基本上应予以赞成，而且，作为一种理论，也指明了未来的发展方向，〔101〕不过，其中也残留有待完善的部分。

（1）首先的问题是，作为程序事实群之概念的内容是什么？对于此问题，新堂教授在前述论文中列举了“前诉中的争点状况”“法院的诉讼指挥或释明”“案件在时间方面的进展状况”“被告方对策的有无（例如，是否可以提起反诉等等）”等事项。与其说新堂教授对于程序事实群这一概念阐述稍显笼统与粗略，毋宁说，这一概念自身的特征就决定了无法对其进行严密的定义。〔102〕尽管如此，综观上述所列举的种种事项，这一程序事实群概念与（一直以来的）着眼于前诉程序过程的“诚实信用原则”具有某些相似之处。因此，新堂说与先前言及的最高裁判所昭和 49 年 4 月 26 日判决（载《最高裁判所民事判例集》，第 28 卷第 3 号，第 503 页以下，收录于《百選Ⅱ》，第 146 号案件）认为的“将诚实信用原则作为既判力根据之一”之观点，似乎存在某些相同之处。总而言之，这一理论的论述并未完全摆脱此前的学说及判例之见解，故对其作出相应的理论定位也是可能的。

不过，不得不指出，从程序事实群的角度来看，本诉讼的昭和 51 年的判决并未对前诉程序的发展经过作出判断，尤其未对争点状况

〔101〕 谷口教授认为，诉讼标的可以分为两类：第一，“作为诉讼开始基点”的展望性诉讼标的；第二，“作为遮断效集聚表现”的事后性、回顾性诉讼标的，参照谷口，第 336 页以下。尽管不能说谷口教授的这一论述完全等同于新堂说，但可以说两者的论述展示了同一倾向。

〔102〕 吉村教授认为，将程序事实群的内容予以具体规则化，对于程序事实群理论而言，固然是个苛刻的要求，但若不对此予以明确化，程序事实群则有可能沦为一个“暗箱”（black box），如此一来，不免产生“过度赋予法官自由裁量”的危险，参照吉村德重《判决遮断效与争点效的交错》，载実務民訴（第二卷），第 365 页以下。

的判断作出充分阐述,就这一点而言,这一判决还是残留有一些遗憾之处的。[103]

(2)在前述论文的最后,新堂教授认为,争点效也是程序事实群的一种应用。那么,对于这一论述该作何评价呢?如果本诉讼的昭和51年判决(法官)抱有"程序事实群"的理论观念,那么就会认定该诉讼的程序事实群是"对回购合同有效性的争执",进而对"未发生争执的征收处分无效"之主张予以遮断。简言之,程序事实群是对"未争执事实"的遮断。而争点效,至少而言争点效的核心部分,则是对双方当事人业已争执过事项的遮断。由此看来,"作为对未争执事项形成遮断"的程序事实群与"作为对业已争执过事项形成遮断"的争点效,两者之间的关系也并非不能协调。[104] 因为,就争点效方面而言,如果提升此处所言"争点"的抽象度,即在本案件中,不将争点定位于现实发生争执的回购合同,而提升到所有权存在与否的层面来予以考虑,那么就可以得出"争点效也对未进行争议的所有权取得等事项(征收处分无效)形成遮断"之结论。因此,在新堂说体系下,从"争点效"向"程序事实群"方向的发展,可能也是一种自然的展开过程。[105]

尽管如此,程序事实群毕竟是对事物状况的一种总称,因而在这一点上,其不同于具备严格要件的争点效。因此,能依据争点效予

---

[103] 小山升《关于最高裁判所昭和51年9月30日判决的判例释评》,载《小山·著作集》(第二卷),第343页以下;水谷畅《关于最高裁判所昭和51年9月30日判决的判例释评》,载《判タ》,第345号,昭和52年,第86页以下;山木户克己《关于最高裁判所昭和51年9月30日判决的判例释评》,载《ジュリ》杂志临时增刊——《昭和五一年度重要判例解说》,有斐阁,昭和52年,第131页以下;高桥宏志《关于最高裁判所昭和51年9月30日判决的判例释评》,载《法協》,第95卷第4号,昭和53年,第788页以下等。

[104] 富樫贞夫《民事诉讼中禁止"再度争议"的效力》,载《熊本大学法学部创立十周年纪念论文集——法学与政治学的诸态》,成文堂,平成2年,第303页以下。

[105] 不过,在倡导争点效时期的新堂说(最初阶段),对于"深入前诉发展过程的详细状况来予以考察"之做法,持相当谨慎的态度。关于此的详细论述,可以参照新堂幸司、奈良次郎、谷口安平、马场、三宅省三《关于争点效理论的座谈会3》,载《判時》,第589号第6页以下等。

以处理的事项，应当优先适用争点效进行处理，而且，在依据程序事实群作出处理时，法官仅仅作出“依据程序事实群”的说明是不充分的，而应当具体地作出“从程序过程中的何种事项对何种主张产生遮断”之类的评价。就这一意义而言，应当说程序事实群是一个类似于“正当事由”等内容空洞的概念。〔106〕

（3）对于新堂说将诉讼标的概念与遮断效的范围相对化予以分离这一思路，在理论上应当如何评价。在新堂说中，关于诉讼标的概念与遮断效范围的相对化分离的观点，其实在争点效中就已经存在，因为，争点效的功能之一就是，即便在不同的诉讼标的之间也能产生遮断作用。此外，在争点效中，由于“存在主要的争点”“当事人已经穷尽了主张及举证”“法院作出了判断”“系争利益是相同的”“当事人进行援用”等要件的限制（参照本讲“五、争点效”部分的相关论述），因此，即便超越诉讼标的的范围，争点效也能够发挥遮断作用。与此相反，在最高裁判所昭和 51 年判决的本诉讼中，前后诉的诉讼标的不同，而且，在难以说明其明确基准的情况下驳回了（与前诉诉讼标的）不同的诉讼标的。如此一来，就使“若前后诉的诉讼标的不同，当事人可以进行‘再’诉（正确地说，是可以另诉）”这一

---

〔106〕 在后来，新堂说又通过新堂幸司《判决的遮断效与诚实信用原则》［载三ヶ月・古稀（中），第 475 页以下］一文又进一步提出“主要的争点——期待解决（结果）的争点——正当的期待解决（结果）之争点”的理论框架（参照新堂，第 616 页以下）。所谓的主要争点，是指在前诉中双方当事人现实地进行争执的争点。期待解决（结果）的争点，是指一方当事人期待的、会产生最终结果的争点。而正当的期待解决（结果）争点，是指从包含对方当事人态度在内的程序事实群来看，即便对该方当事人这种期待进行保护也符合公平的争点。在这样一个理论框架内，若在案件中主要的争点、期待解决（结果）的争点以及正当的期待解决（结果）争点三者是一致，则适用争点效，而本案件（最高裁判所昭和 51 年判决）则属于主要的争点与期待结果的争点在最后会发生错位的情形。而且，这种“消除这种错位与不一致，进而使结果期待的争点成为正当的期待结果争点”之考虑与争点效考虑相比，两者无论是范围还是根据上都存在差异。新堂说在这一点上可能是吸取了谷口教授关于诉讼标的两种分类观点（前揭注〔101〕）的结果（谷口，第 336 页），但无论如何，最为重要的一点是，新堂说的这一见解明确提供了一种“在具体的案件中，将什么事实作为程序事实群的内容”的判断方法。此外，关于此的详细论述，还可以参照注釈民訴（第四卷），第 351 页以下（高桥宏志执笔）。

传统理论保障遭到颠覆。那么是否应当将“对本案件判决持肯定态度”的新堂说视为一种接近倡导程序保障的第三波学派的观点呢？第三波学派在论及遮断效(该学派称为失权效)范围的决定因素时，全面否定了诉讼标的的基准性(完全不以前后诉的诉讼标的是否一致作为标准)，因为，该学派主张，无论在诉讼标的的外部还是内部，都将“当事人是否负有提出该主张责任”作为唯一的决定标准。〔107〕

但是，新堂说自身也存在与“完全否定诉讼标的概念”之观点相反的论调。因为，在新堂说中，预先警告被视为诉讼标的概念的功能之一，而且，通过这种警告功能使诉讼标的成为决定遮断效的重要基准。新堂说这种“一方面肯定诉讼标的概念效用，但在另一方面又对遮断效的范围予以微调整”的二元性构成，至少就目前来看，应当说是一个稳妥且富有活力的结构。〔108〕 而对于第三波学派，新堂幸司教授也对其理论中“失权效的基准之不明确”这一点曾展开过批判，关于此的详细论述，可以参照新堂幸司《提出责任效论的评价》[载新堂·訴訟物(下)，第259页以下]。〔109〕

(4)最后的问题是，程序事实群是否具有“使遮断效的范围变得小于诉讼标的的范围”之作用呢？

---

〔107〕 参照水谷畅《后诉中的审理拒绝》，载《民訴雜誌》，第26号，昭和55年，第59页以下。另外，也有观点主张，代之以“使事实显现化的责任”或者“双方当事人武器平等原则”予以调整，不过，这种主张看起来稍显抽象。

〔108〕 尽管有观点主张从动态的角度来把握诉讼标的(参照本书“第二讲　诉讼标的”部分的相关论述)，但应当说新堂教授未必赞同这种见解，因为，新堂说认为，作为行为规范的诉讼标的在作出警告的框架内，其内容或含义是一贯的，故而并不发生变化。不过，由于诉讼标的又具有评价规范的一面，在主张依据评价规范对遮断效的范围进行调整这一点上，新堂说与动态把握诉讼标的的观点又存在较为接近的一面。此外，谷口教授所主张的观点，也应当属于动态把握诉讼标的观点的一种，参照谷口，第336页以下。

〔109〕 井上教授在对新堂说从争点效理论向程序事实群理论的观点发展过程作出了详尽的分析后，一方面认为新堂说是一种不定型程序保障观点，但同时又对新堂说拘泥于诉讼标的的做法作出了否定性的评价，进而指出，新堂说中最终的支配因素还是在于其倡导的“一次性解决纠纷”之理念，参照井上正三《既判力的客观范围》，载《争点》(新版)，第278页以下。

由于被告的程序保障未受到侵害，而程序事实群内容主要涉及的是原告程序保障问题，因此，作为一般论而言，程序事实群理论似乎可以获得肯定。笔者个人也认为，在可预料性的范围内，也应当赞成这种理论。但是，如果双方当事人通过明示或者默示的合意来设定程序事实群的内容，那么与“遮断效及于诉讼标的外部”之情形不同，遮断效就会在较窄范围内产生拘束力，如此一来，是否就有可能与“既判力属于法院依职权调查事项，故而不允许当事人达成否定既判力的合意”之原则发生冲突呢？笔者认为，在既判力产生后，当事人的确不能通过达成合意的方式来否定既判力，但是，双方当事人在既判力发生之前的程序阶段中就“将某争点保留于将来的后诉”达成合意的行为，应该不违反上述原则。不过，允许双方当事人达成这种“保留某争点”的合意，意味着对诉讼标的的分割，也即通过私人合意使一般产生的既判力不再产生。而且，“是否允许当事人以这样的方式来利用诉讼制度”之问题，还与部分请求论（质的部分请求）以及诉的利益论等领域的理论紧密相关，因此，这一问题还存有进一步探讨的空间。[110] 就这一点而言，程序事实群究竟会产生什么消极作用，应该说还是该理论有待完善的部分。

八、既判力人的范围（主观范围）

既判力原则上只及于对立的双方当事人之间。判决是为了解决对立的双方当事人之间的纠纷而作出的裁断，而且，正如处分权主义与辩论主义等原则所明确的，诉讼中的程序保障也仅仅赋予诉讼中的双方当事人。在民事诉讼中，纠纷仅在各方当事人之间做出相对性解决，而且，只要达到这种相对性解决程度即可。[111]

---

〔110〕 奈良教授主张不能赞成“将既判力的范围变得小于诉讼标的的范围”之观点，参照奈良次郎《争点效》，载小山ほか・演習，第574页以下。

〔111〕 关于相对性解决原则的德国法系学说史的详细论述，参照水谷畅《判决效的相对性理论序说》，载《立命馆大学法学》，第111・112合并号第482页以下（昭和48年）、第113号第38页以下（昭和49年）。

关于《日本民事诉讼法》第115条第1款第1项（既判力的人的范围）所规定的“当事人”，松原教授通过相关论文（松原弘信《死者名义诉讼或姓名冒用诉讼判决确定后所

但是,也存在适用这种相对性解决原则不妥当的情形。依据这

采用的理论基础》,载青山·古稀,第427页以下;松原弘信《当事人理论中当事人权的研究序说》,载《熊本法学》第122号,平成23年,第31页以下)做出了如下论述。根据确定当事人中规范分类说(二重规范说)的观点,死者名义诉讼中应诉的继承人被理解为当事人,如此一来,就应当重新审视通说(通说将既判力相对性原则中的《日本民事诉讼法》第115条第1款第1项的当事人理解为形式当事人概念)。换言之,继承人并非以"这个人的名义"被诉,所以不是形式当事人,而应当以实质当事人概念进行考虑。在死者名义诉讼中,继承人是在实质当事人概念下的《日本民事诉讼法》第115条第1款第1项所说的"当事人"(实质当事人)。在姓名冒用诉讼中,从评价规范的视角来看,未被赋予当事人程序保障机会的被冒用人,不属于《日本民事诉讼法》第115条第1款第1项所说的"当事人"。当事人权和当事人概念应具有不可分割的紧密关系,故将被赋予当事人权的冒用人理解为当事人具有理论性。

而且,松原教授对于当事人概念做了如下定义,即认为当事人,是以自己名义起诉或被诉并获得参与程序主张利益的地位和机会的判决名义人(将当事人权与形式当事人概念结合起来的产物),在此基础上主张,《日本民事诉讼法》第115条第1款第1项规定的作为判决名义人的当事人,应当将"参与程序并被赋予作为诉讼主体主张利益的地位和机会(当事者权)的人"作为"实质上的当事人"包含在其中。参照松原弘信《当事人理论中的当事人概念》,载《民訴雑誌》,第53号,平成19年,第1页以下;松原弘信《既判力相对性原则中"当事人"概念的再构成》,载《熊本ロージャーナル》,第2号,平成20年,第25页以下。此外,还可以参照本书相关部分论述。

松原说就当事人定义而言,在行为规范中规定"通过以自己名义起诉或被诉方式参与诉讼程序,并被赋予主张利益的地位和机会成为判决名义人的人",在评价规范中则规定"通过以自己名义起诉或被诉方式参与诉讼程序,并被赋予过主张利益的地位和机会,成为判决名义人的人",后者为《日本民事诉讼法》第115条第1款第1项的"当事人"。以冒用姓名诉讼的被冒用人而言,因未被赋予当事人权(程序保障),所以在概念规定上,被冒用人不属于《日本民事诉讼法》第115条第1款第1项的当事人。与之相反,通说则以形式当事人概念来把握《日本民事诉讼法》第115条第1款第1项的"当事人",故认为被冒用人是当事人且受既判力的拘束,被冒用人不能以《日本民事诉讼法》第338条第1款第3项的缺乏程序保障为由提起再审。少数说[这也是本人观点。前揭注(27)]则认为,被冒用人虽是当事人,但由于缺乏手续保障这一既判力正当化的根据,所以不受既判力拘束。松原说认为被冒用人不属于当事人,故不受既判力拘束,而少数说则认为其属于当事人但不受既判力拘束。无论基于哪种学说均可以作出相关解释,但是作为理论一贯性而言,松原说更具优势(新堂,第663页也引用了松原说,未被赋予程序保障的人不是《日本民事诉讼法》第115条第1款第1项所说的"当事人")。但是,松原说为了使冒用人受到既判力拘束,将其理解为实质当事人。因为冒用人不是"以自己名义起诉或被诉"的人,在松原说的定义中冒用人不属于当事人,所以

种相对性解决原则不能解决的情形主要为如下两类：第一类是必要的共同诉讼之情形；第二类则是既判力或者判决效之主观范围发生扩张之情形。本讲将对后者的情形展开论述，不过，以下的论述将以下两种情形排除在外：其一，在人事案件或者与法人相关的案件中，个别化通过法律或者解释扩张的情形；〔112〕其二，《日本民事诉讼法》第 48 条规定的诉讼脱退情形。换言之，以下的论述对象限定于《日本民事诉讼法》第 115 条规定的以一般形式扩张既判力之情形，具体而言包括：(1)既判力扩张至口头辩论终结后的诉讼继承人。(2)既判力扩张至请求标的物的持有人。(3)既判力扩张至诉讼担当的被担当人这三种情形。其各自的扩张根据分别可以概括为：权利关系的安定、欠缺必须赋予程序保障之实质性利益、利益的代理行使(有关详细将在后面展开论述)。而且，作为承认既判力(人的范围)扩张的一种解释论，本讲也将对(4)在法人格否认情形

为了使其受既判力拘束而重构了实质当事人概念。其结果导致了当事人概念的二元化。这是松原说的意义和问题性之所在。为了使其受到既判力的拘束，即使不是当事人，只要将其作为受既判力扩张的第三人即可。倡导规范分类说(二重规范说)的新堂说也认为，将冒用人称为当事人还是受判决效力之人，只是语言表述的问题。笔者认为，若将规范分类说(双重规范说)作为过渡期的解释论，则可以将冒用人作为例外的当事人，但在将规范分类说(双重规范说)视为一种常态化的理论且重视体系性的松本说立场下，冒用人必须成为《日本民事诉讼法》第 115 条第 1 款第 1 项的“当事人”。是否赞同松原说的实质当事人，笔者有必要再做思考。

此外，菱田教授认为，不应受制于当事人概念之束缚，“只要既已成为纠纷或纠纷解决之主体，并被赋予与当事人同样的参加诉讼机会且充分行使了该机会，纵使是第三人也应当受到既判力的拘束”。

〔112〕 以《日本人事诉讼程序法》第 18 条为代表的身份关系诉讼、《日本商法》第 109 条为代表的公司关系诉讼等就属其中典型。对于此问题，高田裕成教授展开过系统研究，相关文献可以见之于高田裕成《集团性纠纷中的判决效》，载講座民訴(第六卷)，第 177 页以下；高田裕成《关于身份关系诉讼中的对世效力论》，载新堂・特別講義，第 361 页以下；高田裕成《关于所谓的对世效力论的一点考察》，载《法協》，第 104 卷第 8 号第 1129 页以下、第 104 卷第 11 号第 1513 页以下，昭和 62 年；高田裕成《多数当事人纠纷的“统一性解决”与“一次性解决”》，载《民訴雑誌》，平成元年，第 186 页以下；此外，也可参照本书“第九讲　当事人适格”部分的相关论述。关于法国民事诉讼法中判决效人的范围(所谓的绝对效)之论述，参照伊藤洋一《法国行政诉讼研究》，东京大学出版会，平成 5 年，第 113 页以下。

下是否发生既判力扩张之问题展开论述。

1. 口头辩论终结后的诉讼继承人

在口头辩论终结后,也即在既判力的标准时后,判决的既判力扩张至“成为诉讼标的权利主体或义务主体之人”以及“对于作为诉讼标的的权利关系或以此为先决关系的权利关系,取得当事人适格之人”。例如,从原告处获得作为诉讼标的之债权的受让人、从被提起“请求确认所有权诉讼”的被告处获得请求标的物的受让人、从被提起“基于土地租赁关系终结而请求拆除房屋返还土地诉讼”的被告处获得该房屋的受让人和租赁人等即属于此(参照新堂,第 591 页)。[113]

---

〔113〕 在口头辩论终结后,当被告方发生债务继受时,关于债务继受人是否视为诉讼继承人之问题,学界尚还存在争议。以新堂幸司教授(参照新堂,第 418 页)以及铃木正裕教授[参照铃木正裕《判决的反射性效果》,载《判タ》,第 261 号,昭和 46 年,第 5 页注(8)]为代表的多数说认为,应当将其视为诉讼继承人,不过对此问题的反对说也颇具影响力。

上野教授认为,就一般论而言,所谓的诉讼继承,是指对以前诉讼主体诉讼实施权(当事人适格)为基础的法的地位进行继承的情形,在这种一般论下,作为金钱诉讼被告适格之基础,不仅要求被告是债务人,而且被告也是该债务责任财产的主体。在发生债务承受时,纵使该债务本身发生了继承,但两者的责任财产却是不同的,因此并不能说债务承受人继承了“以前诉讼主体(被告)的诉讼实施权为基础”的法的地位,故而判决的既判力不能扩张至债务承受人,参照上野泰男《关于既判力主观范围的一点考察》,载《关西大学法学论集》,第 41 卷第 3 号,平成 3 年,第 395 页以下,尤其是第 423 页。此外,竹下教授也对这种既判力扩张抱以否定态度,参照条解,第 664 页以下(竹下守夫执笔)。

但是,对于债权转让即债权人方发生债权继承的情形,上野说又认为债权受让人继承了这种法的地位(发生诉讼上的继承),并允许既判力对其进行扩张。若遵循上野说上述对于债务继受情形说明的思路,在债权转让中,也并不能说债权受让人已经继承了“以前诉讼主体(原告)诉讼实施权为基础”的法的地位。而且,在口头辩论终结后,债务承受人对于败诉被告的债务继受,往往无论债务是免责的还是重叠的(并存的),而且,也无必要赋予债务承受人以对“前诉讼主体(被告)在口头辩论终结之前不存在该债务”提出主张的权利[在债务承受人不知道存在前诉判决的情况下,产生后注(116)所论述的问题]。因此,本讲采用多数说的观点。

此外,作为债务继受的派生问题,有关口头辩论终结后的保证人也面临问题。与重叠性继受债务之情形对比来看,似乎保证人也应当受到既判力的扩张。但是,在法的形式上,保证债务毕竟不同于被告的主债务,故而与诉讼(债务)继承概念之间也存在差异(就实质而言,即便不承认既判力对其扩张,也还不至于侵害胜诉债权人的权利关系。

不过,如何在理论上对这些情形作出统一说明,目前尚还存在问题。对于此,最近出现的有力说主张,以当事人适格转移理论来对此予以说明,即认为在这些情形中,均发生当事人适格的转移。[114]但是,这一学说并不能对如下情形作出合理解释,即在X基于代物清偿向Y提起的请求转移所有权登记诉讼(前诉)中,X获得胜诉,在获得所有权登记后,又将该所有权转让给Z,其后Y以X、Z为被告提起请求撤销登记的后诉,由于前后诉的诉讼标的不同,因此,在这两个诉讼中,作为与诉讼标的紧密相关之概念的当事人适格,也未必相同。对于此情形,似乎难以作出"X当事人适格的向Z发生了转移"这样的说明。与此相对,新堂说则主张,应当将其理解为,前诉中被解决的纠纷以及由此派生出来的纠纷主体地位发生转移,换言之,当"作为第三人与对方当事人之间纠纷对象的权利义务关系"被视为"前诉双方当事人之间的诉讼标的之权利义务关系"在口头辩论终结后的发展或派生时,该第三人为诉讼继承人。[115]

不过,在这一点上却与重叠性债务继受相同)。因此,主张不让判决效扩张至保证人的观点,还是较为稳妥。当然,正如后注〔120〕所论述的,如果保证人没有"对主债务存在与否进行争执"的独立利益,那么结果则是相反的。而且,在保证人与债权人也可以就"不能对前诉判决所确定的债权存在之判断进行争执"达成合意(一种不起诉的合意)。关于此的详细论述,可以参照中田淳一《判决的效力》,载中田淳一《诉与判决的法理》,有斐阁,昭和47年,第143页以下,尤其是第149页。

〔114〕 参照小山,第402页以下等。

〔115〕 新堂幸司《从诉讼当事人处获得登记之人的地位》,载新堂·訴訟物(上),第334页以下。

纠纷主体地位的"转移"之表述,多少存在误导之嫌。例如,在本讲所列举的例子中,并非X丧失主体地位而Z获得X的地位,而是XYZ都成为纠纷的主体。总而言之,此处所谓的"转移",尽管称其为转移,其实质上是重叠性的转移。因此,可能使用"发展"或者"扩大"之表述更为合适。

此外,关于当事人适格的转移、纠纷主体地位的转移之说明,吉村德重《既判力向第三人扩张》,载講座民訴(第六卷),第139页以下,尤其是第166页所主张的"继承人从前诉讼主体获得实体地位"的观点也具有相当的影响力;上田教授也从当事人与继承人之间的客观性、可预见性的实体法地位之依存关系中来寻求其根据,参照上田,第468页以下;此外,上野泰男《关于既判力主观范围的一种考察》,载《关西大学法学论集》,第41卷第3号,平成3年,第422页以下;伊藤,第471页以下等观点也认为,(实总而言之,第三人成为口头辩论后的诉讼继承人的条件限制是较为宽松的,一般而言,既无论是一般的诉讼继承还是特定的诉讼继承,[116]也不问诉讼标的的权利关系是债权还是物权(由于这关系到形式说与实质说之说明方法问题,因此在后揭注〔122〕中将予以详尽的论述),甚至是法律上的原始取得,也可以形成口头辩论后的诉讼继承,[117]对于不知道存在前诉的第三人,也可以让前诉的既

体上的)依存关系说基本上是正当的。如果返回来看"将这种实体上的依存关系说改为当事人适格说"的中田淳一教授的观点[参照中田淳一《既判力(执行力)的客观范围》,载中田淳一、三月章《民事诉讼法演习第一卷》,有斐阁,昭和38年,第205页以下],那么就会看出,将其作为当事人的适格予以对待才应当是正确的理解。概而言之,与其说这是"在何人之间进行诉讼"之颇具诉讼法技巧的当事人适格问题,毋宁将其当作"权利归属于何人,何人负担义务,以何人为对方当事人就能获得胜诉"之更具实体法关系意味的问题。此外,也曾有学说将"权利归属于何人,义务由何人承担"的问题作为案件适格(Sacegitimation)来展开过论述,关于此的详细论述,可以参照松原弘信《民事诉讼法中当事人概念的形成及其展开(一)》,载《熊本大学法学》,第51号,昭和62年,第85页以下,尤其是第100页;本书"第九讲　当事人适格"部分的相关论述。综上所述,当事人适格的转移、纠纷主体地位的转移、实体性依存关系等,尽管在表述上各不相同,但就其实质而言并无多大差异。

〔116〕 一般诉讼继承人原则上全部地继承前诉讼主体的权利义务,因此,就这一点而言,与特殊诉讼继承认在利害关系状况上存在差别,因此也有观点主张,将口头辩论终结后的诉讼继承认只限定于特定诉讼继承人,而将一般的诉讼继承人排除在外。上田教授认为,一般继承人并非作为口头辩论终结后的诉讼继承人来承受扩张的既判力,而是作为具有准当事人地位的实质当事人来承受判决的既判力,参照上田徹一郎《判决效范围的决定与实体关系的基准性》,载《民商》,第93卷第3号,昭和60年,第317页以下,尤其是第336页。作为一种体系性的说明,上田教授的这一观点的确难能可贵,但其理论的实际效益未必很大。平成年间修改后的新《日本民事诉讼法》第115条第1款第3项规定,也已经使这一观点显得不合时宜。

〔117〕 在后述的形式说中,即便是在口头辩论终结后从被告处即时取得动产之人,也可以作为口头辩论终结后的诉讼继承认予以说明,因此,可以说,即便是法律上的原始取得,也可以形成口头辩论后的诉讼继承。

但是,这种即时取得,也是作为一种"从前诉讼主体的被告处转让过来"之事实而存在的。若超越此点,对于非从前诉讼主体转让过来之情形也承认既判力扩张之做法,无疑应予以否定。不过,村松教授认为,在X以不法侵占为理由对Y提起的请求返还房屋诉讼中,当作出X胜诉的判决确定,并且Y搬出房屋后,若与Y无关的Z又单独开始侵占该房屋,则应认可该判决既判力(以及执行力)扩张至Z的侵占行为,因此,X可

判力向其进行扩张(该第三人受前诉既判力的拘束)。[118]不过,在时间方面存在一定限制,即继承之事实应当发生在口头辩论终结

以依据继承执行文书申请返还房屋的强制执行,参照松村俊夫《从诉讼与执行之视角来看的占有继承》,载《法学新报》,第 68 卷第 7 号,昭和 36 年,第 463 页以下。此外,谷口教授也认为,如果将 X 的利益与 Z 的利益进行比较,Z 所固有的提出异议之利益是极为次要的,因此应当作上述的理解,参照谷口,第 351 页以下。两者的利益衡量,如上所述,不过,在未发生 Z 从前诉讼主体(Y)转让过来(不法侵占之事实)的情形下,也肯定判决效的扩张,则不免有不妥当之感。上田教授也表达了类似的观点,参照上田·判决効,第 188 页。不过,新堂,第 591 页以下,将时效取得人也作为诉讼继承人,在这种情形下,时效取得人的占有即便不是从前诉讼主体转让过来的,也视为诉讼继承。那么,对此应如何予以理解呢?在采用形式说立场的新堂说下,这一时效取得人不依存于前诉讼主体,而可以提出自己固有的时效抗辩,因此,作为结论而言,是时效取得人可以阻止原告的强制执行,在这一点上,不同于上述的村松说的结论。

此外,《日本民事保全法》第 62 条作出"禁止转移占有的假处分"之规定,可以说是在立法上承认了"通过以公示作为要件来对非传来的占有取得人进行效力扩张"。关于此的详细论述,可以参照原井龙一郎《禁止转移占有的假处分》,载中野贞一郎等编《民事保全讲座第二卷》,法律文化社,平成 8 年,第 461 页以下。

〔118〕　对于不知道存在前诉之人,是否也可以将前诉既判力向其扩张呢?从继承人程序保障的视角来看,在理论上这种既判力的扩张方式似乎存在问题。鉴于此,高见教授认为,例如,在请求拆除建筑物返还土地的诉讼中被告败诉,而后被告将该建筑物转让给第三人(继承人),尽管该继承人在受让该建筑物时也进行了通常的商业调查,但仍然不知道存在着前诉判决之事实,在这种情形下,为了保障继承人的程序权,应当否定前诉既判力对该第三人的扩张,但即便赋予该继承人以程序保障,进而提起关于该建筑物的第二个诉讼,但在该诉讼中,继承人在实体法上获得胜诉的可能性依然不大(若前诉讼主体败诉,继承人也多会获得败诉的结果),参照高见进《判决效对于继承人的扩张》,载《北海道大学法学论集》,第 31 卷第 3·4 合并号,昭和 56 年,第 1223 页以下。不过,在实际的判例中,未见过此种先例,而且,这种观点未成为多数说。因此,"实施了通常的商业调查"究竟到何种程度,就成为较为关键的问题,如果是继承人方进行了程度很高(非常细致)的调查,高见说认为在理论上也有充分的理由得以成立。不过,似乎也可以展开如下这样一种论述,这即通说之见解,通说认为,的确,既判力的扩张以"继承人知道存在着前诉"之事实为默示性前提,因此,对于这种前提遭破坏之情形,高见说具有说服力,但是,如果考虑到前诉中胜诉方当事人的利益,那么"继承人是否知道判决的存在"则属于发生继承一方当事人内部的事情,而将前诉中胜诉方当事人,卷入基于这种内部纷争而发生的再诉,这对于胜诉方而言是不公平的,在这种情形下,继承人只要追究前诉讼主体的责任即可。因此,本讲采用后者(通说)的观点。

后,而口头辩论终结前发生的继承将构成诉讼继承问题。[119] 可以说,将判决既判力扩张至这种口头辩论终结后的诉讼继承人的目的在于,维持纠纷解决的实效性。例如,在所有权确认诉讼中,当原告在获得胜诉后将该所有权转让给第三人时,如果确定所有权判决的既判力不拘束该第三人(继承人)与被告之间的关系,而该第三人必须在被告之间再度进行诉讼,那么对于从胜诉原告获得转让物的第三人而言是不公平的,同样,当该诉讼中败诉的被告将诉讼标的物转让给第三人时,如果让胜诉原告与受让人再度进行诉讼,那么在败诉被告顺次地将标的物进行数次转让的情形下,纵使原告在几次的诉讼中都获得胜诉,也无法彻底获得安心。反之,如果让前诉判决的既判力向继承人扩张,尤其是继承人于己不利地受到扩张时,那么就继承人的立场而言,是否获得了充分的程序保障呢?对此,从事后角度来看,前诉讼主体在某种意义上也可以说是为了"在前

---

〔119〕 关于"继承成立于何时"的问题,不同的学说之间也存在着争议。在请求拆除建筑物返还土地的诉讼中,建筑物的所有权转让发生于口头辩论终结前,但转移登记的办理却在口头辩论终结后,在这种情形下,建筑物受让人是否成为口头辩论终结后的诉讼继承人呢?尽管这并非对抗要件本身问题,但还是应当以登记为标准来认定该建筑物受让人是否属于口头辩论终结后的诉讼继承人。不过,在这种情形下,也应当允许前诉对方当事人对继承人提出"让义务继承人承担诉讼"(参照《日本民事诉讼法》第50条)的申请,而且在此限度内,也应当允许诉讼继承的基准与既判力扩张的基准存在着错位(不一致),关于此的详细论述,可以参照条解,第665页以下(竹下守夫执笔)。此外,上野教授认为,应当将基于建筑物占有的土地占有与基于建筑物所有的土地占有予以区分,并且,以后者的登记为标准来作出判断,参照上野泰男《关于既判力主观范围的一种考察》,载《关西大学法学论集》,第41卷第3号,平成3年,第425页以下。至于判例的态度似乎并未采纳学界的观点,即不以登记作为标准。关于以上的详细论述,还可以参照小山升《关于口头辩论终结后诉讼继承人之标准的学说展开》,载《小山·著作集》(第二卷),第180页以下,尤其是第221页。

关于此问题,也可以从实体法层面出发,作为"当将何人作为被告时,土地所有人能获得胜诉"之问题加以考察。几代教授对判例的主流观点进行了批判,并认为,应当将建筑物登记所记载之人作为被告并判定土地所有人胜诉,参照几代通《不法侵占土地的责任与建筑物登记》,载几代通《不动产物权变动与登记》,一粒社,昭和61年,第70页以下。由此可以看出,几代通教授也是将登记作为判断的标准。关于此的相关的判例,可以见之于最高裁判所平成6年2月8日判决,载《最高裁判所民事判例集》,第48卷第2号,第373页以下。

诉当时不存在”的继承人而进行诉讼(前诉),而且,判决是享有前诉纠纷主体地位之双方当事人相互争执的结果,因此,可以说判决内容具有很高的正当性,换言之,是获得程序保障的。至少而言,为了维持被前诉判决作出判断的权利关系之安定性,在继承人这种程度上的程序保障方面必须作出牺牲。就这一意义而言,“将前诉既判力扩张至口头辩论终结后的诉讼继承人”也可以说是立法者的一个决断。[120]

也有观点基于受让人不能享有前诉讼主体之外的权利之理由,对既判力扩张至继承人之根据作出说明。的确,无权利人的受让人是无权利人,同样,败诉方的受让人也应当是败诉人。应当说,这是一种稍偏向于实体法因素考虑的逻辑,[121]从诉讼法角度看,这种观点就意味着,在受让人自己成为当事人的诉讼中,当“前诉讼主体为无权利人”之事实获得确定时,受让人自愿承受“自己是无权利人”之事实。但是,在既判力发生扩张的情形中,“前诉讼主体是无权利人”之事实,只在前诉中获得确定,而受让人根本没有通过诉讼获得争执的机会(没有程序保障)。以受让人不能享有前诉讼主体之外权利为根据,对“受让人继承前诉(自己没有参加的诉讼)所确定的事实(前诉讼主体是无权利人)”作出说明,恐怕较为困难。因此,还是必须将“为了使前诉所确定的权利关系趋于安定”作为“既判力扩

---

〔120〕 上田·判决効,第161页以下。在大正15年修改前的《日本民事诉讼法》中,在关于判决既判力扩张至口头辩论终结后的诉讼继承人之规定中,只承认对一般诉讼继承人的扩张,而没有向特定诉讼继承人扩张的规定。而在判例方面,至少从抽象层面来看,也并未承认前诉既判力向特定诉讼继承人的扩张,而通过大正15年民事诉讼法的修改,民事诉讼法明文设置了“既判力扩张至特定诉讼继承人”的规定,综合上述情形,从立法史的角度来看,这一规定的设置,可以说存在着立法者某种决断性因素。关于包含立法在内的学说史之详细论述,可以参照小山升《关于口头辩论终结后诉讼继承人之标准的学说展开》,载《小山·著作集》(第二卷),第180页以下,尤其是第221页。关于大正15年民事诉讼法修改的资料,可以参照松本博之、河野正宪、德田和幸编著《日本立法资料全集10——民事诉讼法(大正改正编)1》,信山社,平成5年。

不过,竹下教授对于这种“不以理论上结论而只以立法者决断加以说明”的观点提出质疑,参照条解,第596页以下(竹下守夫执笔)。

〔121〕 参照谷口,第350页以下。

张至口头辩论终结后的诉讼继承人”的主要根据。[122]

在“既判力扩张至口头辩论终结后的诉讼继承人”中,首先面临的一个问题是,在既判力向诉讼继承人扩张的情形下,若继承人方存在与前诉讼主体无关的(独立的)攻击防御方法,则该如何处理呢?例如,甲对乙提起了请求拆除建筑物返还土地的诉讼,甲获得胜诉后,乙又将房屋私自转让给丙,而丙在前诉既判力的标准时前从甲处获得了该土地的租赁权,对于这种情形,该如何处理呢[参照新堂,第592页(a)例子]?在这种情形下,由于甲赋予了丙土地租赁权,因此也就不能提出拆除建筑物返还土地的请求,但是,丙又是口头辩论终结后的诉讼继承人,按照以上的论述,甲对乙的判决既判力似乎可以向丙扩张。

那么应当如何来协调这两者的关系呢?由于既判力的最终结果也是为了与实体法秩序相协调,因此,在这种情形下,当然应该保护丙的利益。对于这一结论,学说意见似乎一致。不过,尽管结论相同,但关于如何在理论上予以构成(或者予以说明)的问题,学界存在实质说与形式说的对立。实质说认为,从甲乙丙三人的权利关系来看,如果甲与乙之间的判决既判力及于丙,那么就会产生实质不当,因此,丙不属于《日本民事诉讼法》第115条规定中的口头辩论

---

[122] 不过,出于“实体法判断优先”之考量,作出“受让人也必须继承前诉讼主体作为当事人实施的诉讼结果”之决断,也非不可行。

如果不是作为既判力扩张的问题,而是作为反射效问题来予以论述,那么在债权人对主债务人提起的诉讼中,不仅是债权人的败诉判决,即便是债权人的胜诉判决之效力,也及于保证人,因此,在德国法或者法国法中,也能发现其存在着“不重视保证人的独立程序保障”之特征。关于法国法的相关论述,可以参照高田裕成《关于身份关系诉讼中的对世效力论》,载新堂·特別講義,第361页以下;高田裕成《关于所谓的对世效力论的一点考察》,载《法協》,第104卷第8号第1129页以下、第104卷第11号第1513页以下,昭和62年;高田裕成《多数当事人纠纷的“统一性解决”与“一次性解决”》,载《民訴雑誌》,平成元年,第186页以下。所谓保证的应有之意就是,保证人应当确保“对于主债务人不能向债权人主张的事项,保证人也不能提出主张”。与此相反,日本的法律则重视保证人独立的程序保障,那种认为“即便是在主债务人败诉的情形下,也仍然应当保障保证人对主债务存在与否进行争执机会”的观念,可以说是较为根深蒂固的,关于此的详细论述,可以参照《百選Ⅱ》,第157号案件的判旨。

终结后的诉讼继承人。简而言之，实质说是遵循“先对既判力是否扩张作出实质判断，然后判断其是否属于诉讼继承人”之逻辑顺序来考虑的观点。与此相反，形式说尽管严格遵循着本来的定义，即从形式上对丙是否属于口头辩论终结后的诉讼继承人（纠纷主体地位的转移或发展）作出判断，但是，对于既判力扩张的形式，则仅仅以“丙不能对甲乙之间无法争执的事实进行争执”为由予以形式化把握，如此一来，丙也不能对“乙必须拆除建筑物返还土地”之事实进行争执，但是，既判力的扩张并不能阻止丙提出其与乙无关（丙所固有）的攻击防御方法。

从判例的态度来看，实务界赞成实质说。以下用最高裁判所昭和 48 年 6 月 21 日判决［载《最高裁判所民事判例集》，第 27 卷第 6 号，第 712 页以下，收录于《百選Ⅱ》，第 152 号案件（高见进解说）］对这两种学说作一说明。在本案件中，A 持有土地的登记，在前诉中，Y 以该登记是双方通谋的虚假表示为由提出转移登记请求，并获得了胜诉。在前诉判决确定后，该土地被拍卖，X 获得了该土地（从法律上看，形成 A 向 X 的转让关系）。由于 Y 基于前诉判决进行了土地的转移登记，因此 X 为了恢复土地的登记名义，提起了请求转移登记的诉讼（后诉）。对于 A、Y 之间通谋虚假表示而言，X 是善意第三人。该判例的判决认为，X 并不是 A 的口头辩论终结后的诉讼继承人，因此在后诉中判决 X 胜诉，这可以说是一种实质说的观点。相反，若采用形式说，则将承认 X 是口头辩论终结后的诉讼继承人，进而不能对“A 必须向 Y 转移登记”之事实进行争执，但是，由于 X 可以提出“自己是善意第三人”之固有攻击防御方法，因此，从结果上看，X 也可以恢复土地的登记。

那么，这两种说明方法究竟何者更具有优势呢？与实质说相比，形式说的优点可以列举为如下三点：第一，若采用形式说，不管前诉的结果是胜诉还是败诉，都能对既判力的扩张作出说明。假设一种与上诉案例不同的情形，即在前诉中 A 的登记并非通谋虚假表示，进而 A 获得胜诉，在这种情形下，若按照实质说，则前诉判决的既判力会扩张至 X，最后 X 也能实现对 Y 的转移登记请求。因此，基于实质说的立场，当前诉讼主体在前诉中败诉时，不承认既判力对继承人的扩张，反之，在（前诉讼主体）在前诉中获得胜诉时，则承认既

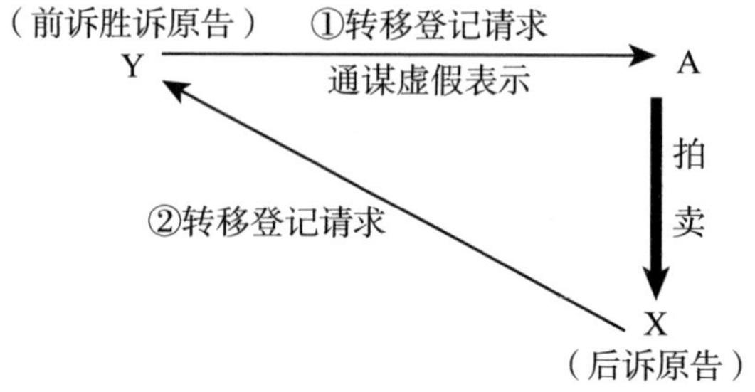

图 15-2

判力对继承人的扩张。与之相比,在形式说的立场下,无论前诉讼主体在前诉中败诉还是胜诉,都承认“既判力的扩张”,因此,就这一点而言,形式说更具有理论上的一贯性(在 A 败诉时,X 可以提出自己固有的防御方法)。第二,在形式说下,后诉当事人的主张及举证与前诉的既判力无关。反之,若是采用实质说,当 X 主张“自己是善意”之事实并获得举证时,前诉的既判力不发生扩张,反之,若不能对此予以举证,前诉既判力则发生扩张,如此一来,可能会与“既判力属于职权调查事项”之原则发生矛盾。第三,在与诉讼继承的整合性方面,形式说也更具有优势。当继承人 X 在口头辩论终结之前进行诉讼继承时,若 X 就“自己是善意”之事实作出举证,按照实质说的观点,法院就会因 X 不具有继承资格而驳回 X 的起诉,如此一来有违诉讼经济。相反,在形式说下,由于“X 的善意”属于案件的本案问题,因此并不会直接产生驳回诉之结果(参照新堂,第 593 页)。综上所述,应当说形式说在思维上更具严密性。[123] 接下来,

---

〔123〕 在同样是具有形式说之称谓的众多学说中,存在着“既判力扩张上的形式说”与“执行力扩张上的形式说”这样的分歧。就当下而言,在既判力扩张方面采用形式说的新堂说,在执行力的扩张方面采用的却不是形式说,而是所谓的权利确认说(参照新堂,第 623 页)。在执行力扩张的学说方面,中野教授所主张的起诉责任转换说则是接近于形式说的一种见解[参照中野贞一郎《民事执行法》(第三版),青林书院,平成 10 年,第 116 页]。新堂说之所以将形式说限定于既判力扩张范围,是因为新堂教授认识到以下这一点,即“既判力的扩张”与“执行力的扩张”两者各自所依据的利害状况存在很大差异。

再以另外一个不动产重复转让的案例来对此予以进一步说明。在该案件中,受让人M对于转让人L提起了请求转移登记的诉讼,在该诉讼中受让人M获得了胜诉,在此后,被告L又重复将该不动产转让给N,并让第二受让人N获得了不动产登记。对于这种情形,若是采用形式说就能作出如下颇具技巧性的说明,即第一受让人M的胜诉判决既判力扩张地及于N(N不能对“L必须将不动产登记转移给M”之事实进行争执),但是,由于N可以提出作为自己固有防御方法之主张——该不动产登记已经转移至N,因此,N可以在自己对第一受让人提起的后诉中获得胜诉。以上就是新堂教授在其《从诉讼当事人处获得登记之人的地位》一文[载新堂・訴訟物(上),第297页以下]作出的论述,读者非常有必要阅读这一重要文献(不过,由于该文也论及了诉讼继承、执行力的扩张等问题,因此,也可以在对上述内容有所了解后再进行此文的阅读)。〔124〕

---

〔124〕 新堂幸司《承受既判力与执行力的口头辩论终结后之继承人范围》,载新堂・訴訟物(上),第137页以下。

但是,上田教授对形式说提出了批判,并主张应当采用实质说,参照上田徹一郎《判决效范围的决定与实体关系的基准性》,载《民商》,第93卷第3号,昭和60年,第338页,此外,吉村教授基于对实体继承要件在后诉程序中的主张及举证责任之分担明确化视角,对形式说与实质说进行了分析,参照吉村德重《既判力向第三人扩张》,载講座民訴(第六卷),第150页以下。伊藤教授则主张,无需采用实质说抑或是形式说之理论构成,参照伊藤,第478页以下。

关于前述的因前诉诉讼标性质不同(是物权请求权还是债权请求权)而导致在“既判力扩张”方面产生差异之问题,也因所采用(实质说或者形式说)的说明方法不同可以作出不同理解。例如,前诉是承租人基于租赁合同对出租人提起的交付房屋请求,并且,该承租人获得了胜诉,但在后来被告出租人又将该房屋卖给了第三人。从“买卖破除租赁”的实体法视角来看,在对抗要件未得到满足的情形下,即便是在前诉中胜诉的承租人也应当无法要求房屋买受人交付该房屋。

鉴于此,中田教授从旧诉讼标的论的立场出发,主张当诉讼标的是物权时(基于所有权的返还请求),既判力进行扩张,而诉讼标的是债权时(基于租赁关系的返还请求),既判力则不发生扩张,参照中田淳一《既判力(执行力)的客观范围》,载中田淳一、三月章《民事诉讼法演习第一卷》,有斐阁,昭和38年,第205页以下。三月教授认为,即便是基于同一债权提出返还请求,也分为两种情形,即承租人对房东(户主)提出请求的情形(前提是承租人不享有该房屋物权,在这种情形下被称为交付请求权)与承租人向转租人提出请求的情形(前提是承租人享有该房屋的物权,在这种情形下被称为返不过,基于形式说立场的说明又会引发出如下两个问题。

第一个就是,关于形式说与诉讼标的之间关系的问题。在上述通谋虚假表示的案例中,如果是基于旧诉讼标的论(将具有通谋虚假表示之属性的请求作为诉讼标的来予以对待)的立场,那么仅仅依据这种说明应当是足够的,但若是采用新诉讼标的论,那么该案件的诉讼上请求(诉讼标的)则是不具有"通谋虚假表示"属性的、纯粹的转移登记请求,而且,法院针对该请求作出的"通谋虚假表示无效"之判断也仅仅是判决理由中的判断,尽管如此,如果认为 X 仍然能够提出"自己对于通谋虚假表示是善意的第三人"之防御方法,那么其根据又何在呢?换言之,也就可以表述为如下这一问题,即既然通谋虚假表示属于判决理由中的判断事项,那么也就意味着该判断与既判力无关,因此,既判力也不扩张地及于 X,如此一来,X 的防御方法之指向对象难道不是不存在了吗?对于此问题,应当作出的解释是,A、X 的既判力扩张,不仅是既判力的扩张,还伴随着争点效的扩张(参照新堂,第 611 页)。对于被扩张的争点效(对"不是通谋虚假表示"之主张形成遮断的效力),X 可以提出"自己是善意第三人"的主张,并以此对抗 Y 因"通谋虚假表示"之判断而获得的胜诉判决。

如此一来,就引发第二个问题,即为了对抗 X 提出"自己是通谋虚假表示的善意第三人"之主张,能否允许前诉胜诉人 Y 在后诉中将法律观点构成(法的观点之构成)由"通谋虚假表示"变更为"无权代理(善意第三人也可以对此提出主张)"?对于此问题,新堂教

还请求权),在后一种情形下,尽管属于债权请求权,但不发生既判力扩张,参照三月章《请求返还特定物诉讼中占有继承人的地位》,载三ヶ月·研究(第一卷),第 285 页以下。仙台高等裁判所平成 7 年 10 月 31 日判决采用了三月说的这一观点。但在其后,三月章教授又采用形式说,即认为,即便是债权请求权,也承认其发生既判力扩张。换言之,若采用形式说,即便诉讼标的是交付请求权,前诉的既判力也及于继承人,但是,由于继承人可以提出"买卖破除租赁"这一自己固有的防御方法,因此,从结果上来看,继承人在后诉中获得胜诉。三月教授通过这种形式,使实体法的框架得以保全。只要采用形式说,前诉诉讼标的无论是物权请求权还是债权请求权,既判力都向继承人扩张。关于此的详细论述,还可以参照上野泰男《关于既判力主观范围的一种考察》,载《关西大学法学论集》,第 41 卷第 3 号,平成 3 年,第 412 页以下;谷口,第 355 页以下。

授认为,不允许前诉胜诉人 Y 在后诉中作出上述变更[参照新堂幸司《口头辩论终结后的诉讼继承人》,载新堂·訴訟物(下),第 353 页]。其理由在于,既然继承人 X 受争点效的拘束,那么作为一种平衡,Y 同样也要受争点效拘束,故而不能进行变更。这的确是一个颇具说服力的见解,不过,对于“在法的评价再实施过程中,可以允许当事人提出其他法的观点(就此处而言,不是通谋虚假表示,而是无权代理)”之做法作出合理的说明,原本就是争点效理论引以为傲的一个优点,因此,依据争点效理论,并不能对在前诉中未争执的“无权代理”之主张形成遮断。那么,依据诚实信用原则或者禁反言能否作出合理的解释呢?可能论证过程颇费周折,不过,从结果来看,Y 的这种变更行为对于 A 而言,的确形成了禁反言,而且,恐怕也违反了程序事实群的原理。但是,对于 A 以外的其他人,也即该法律效果指向对象完全不同的 X,如果 Y 也不能提出这种主张,那么对于 Y 而言,则不免显得过于苛刻,因为,在前诉中,Y 应当无法预料“将来会出现 X”之事实,而且,对于 Y 而言,证明 A 存在“通谋虚假表示”之事实显得更容易。因此,假设 X 在前诉中就出现,那么在前诉中也可以提出“无权代理”之主张。总而言之,在后诉中,Y 可以提出“无权代理”的主张,而且,应当让双方当事人(XY)对该事实进行充分的争执。[125][126]

---

〔125〕 水谷畅《关于最高裁判所昭和 48 年 6 月 21 日判决的判例释评》,载《民商》,第 71 卷第 2 号,昭和 49 年,第 355 页以下;河野正宪《判决效的主观范围》,载林屋礼二、小岛武司编《民事诉讼法研讨》,有斐阁,昭和 60 年,第 297 页以下;吉村德重《既判力向第三人扩张》,载講座民訴(第六卷),第 148 页以下;丹野达《关于既判力主观范围的一种考察》;载《曹時》,第 47 卷第 9 号,平成 7 年,第 2037 页以下。此外,井上教授认为,对于继承人就“前诉讼主体权利义务关系本身的攻击防御方法”提出再度争议采取完全予以遮断的做法是否妥当,还是一个值得进一步予以思考的问题,参照吉村=竹下=谷口,第 298 页以下(井上治典执笔)。

〔126〕 竹下教授认为,在如下的案例中,应当承认既判力的扩张。这一案例的主要案情如下,X 对于 Y 享有 400 万日元的债权(甲债权),X 将甲债权转让给了 A,Y 以其对 A 享有 500 万日元债权(乙债权)为由提起诉讼(前诉),于是 A 以甲债权为由提出抵销主张。在这一前诉中,法院认定乙债权仅为 300 万日元,进而驳回了 Y 剩余的请求。在前诉判决确定后,A 将甲债权剩余的 100 万日元再转让给 X,而 X 基于这 100 万

2. 请求标的物的持有人

在请求返还特定物的诉讼中,对于特定物的持有不具有固有的利益,但为了当事人利益而专门持有该特定物之人也受既判力的扩张(参照新堂,第594页)。学说通常都是以“在被告败诉的场合,判决的既判力扩张至为了被告利益而持有该标的物之人”这样的形式来对这一问题展开论述(在被告胜诉的案例中,当败诉的原告以标的物持有人为对方当事人提起再诉时,由于受前诉既判力的扩张,因此原告也会再次败诉。不过,至少就实际的状况而言,还尚未出现这样的案例)。

标的物的持有人主要包括标的物的受委托人、管理人、同住人以及管家等(一般认为,不论其持有行为是有偿还是无偿的,不过这种观点也并不是没有疑问的)。上述这些人员是为了当事人的利益而占有标的物,自己对于标的物并不具有占有利益,因此,当当事人(被告)在诉讼中败诉,而被命令必须向原告交付标的物时,这些请求标的物持有人也当然地必须向原告交付该标的物,换言之,判决的既判力向其进行扩张,而且,这种扩张的发生既不问该请求是物

日元的债权向Y提出后诉,在后诉中,Y主张乙债权为500万日元,因此,通过前诉中的抵销,甲债权的剩余部分已经消灭。出于防止当事人重复使用带有“《日本民事诉讼法》第114条第2款规定的抵销”之性质债权之考虑,竹下教授主张前诉既判力向Y扩张,因此,法院应当驳回Y的请求。参照竹下守夫《关于最高裁判所昭和48年6月21日判决的判例释评》,载《私法判例备考》,第4号,平成4年,第131页以下。

如果将竹下教授的这一案例进一步予以一般化,那么就可以表述为,在前诉中存在着Y的败诉债权(乙债权),而前诉胜诉方A又将另一个债权(甲债权)转让给X,对于该债权(甲债权)受让人X提出的债权诉求,作为前诉败诉原告以及后诉被告的Y,能否以“存在乙债权”为由,提出“因转让前的抵销而使甲债权消灭”的主张呢?如果从前后诉的诉讼标的的视角来看,很难说在本案中发生了继承,因为,后诉原告所受让的,并非作为前诉诉讼标的的债权,而是另外一个债权(甲债权)。此外,在纠纷的主体地位方面,也不符合继承的特征,因为,因抵销而被主张消灭的乙债权与后诉原告X并无关联。但是,如果仅仅因为前诉的胜诉被告A转让了后诉被告Y不能主张的乙债权,就允许后诉被告Y对此提出主张,则不免显得不当。而且,这也违反了旨在防止“因发生口辩论终结后的继承而导致前诉判决效果崩溃”之既判力扩张的根本原理。由于实施前诉的主体是Y,因此在程序保障方面也不会存在太大问题。如此一来,在这种状况下,适用既判力扩张的“类推”之做法,无疑是应当予以肯定的。

权请求权还是债权请求权,也无论该物是动产还是不动产。此外,这种既判力的扩张与判决的标准时也无关系,无论是标准时前开始占有之人还是标准时后开始占有之人,判决的既判力都向其扩张。同时,该判决的执行力也向上述人员扩张(参照《日本民事执行法》第23条第3款)。[127]

标的物持有人,一方面区别于诸如受雇人、法人的代表人等的"并非自己固有(独立)的占有,而是被包含于当事人占有之中"的占有机关;另一方面又不同于诸如标的物承租人、质权人等"对于标的物之占有具有自己固有利益"之人,可以说标的物持有人的性质介于这两者之间。如果将其放置于强制执行领域来看,那么这三者的关系就会进一步得以显现化。具体而言,由于前者对于诉讼标的的占有,没有自己固有的占有利益,因此,占有机关就被包含在当事人的债务名义(在此处,法院可以考虑针对其作出判决)之中,债权人只要依据该债务名义就可以对占有机关进行执行,而且,该占有机关的姓名(或名称)也可以不出现在执行法上。而就标的物持有人的情况来看,由于其占有是独立的,因此在执行法上必须出现标的物持有人的姓名(或名称),不过,也只要达到上述的这种程度即可,即将针对被告(执行债务人)的债务名义之既判力以及执行力向其进行扩张,并且,只要法院作出针对标的物持有人的继承执行文书即可。最后,来看看标的物的承租人及质权人的状况,由于上述人员对于标的物的占有,具有其固有的占有利益,而且,这种占有利益

---

[127] 如果在这种场合不承认判决执行力的扩张,那么将会产生什么样的后果呢?如此一来,胜诉原告(执行债权人)申请强制执行的是,被告对受委托人等人员享有的返还请求权。具体而言,胜诉原告(执行债权人)依据《日本民事执行法》第170条规定,先从法院获得"允许原告行使被告对受委托人享有的返还请求权"之命令,然后依此命令要求受委托人交付标的物。但是,在这种情形下,若受委托人任意拒绝了胜诉原告的这一请求,则原告就不得不提起催交诉讼。鉴于此,如果让判决的执行力扩张至受委托人,那么就会消除这种不方便,原告直接可以将受委托人等(标的物持有人)作为执行债务人,进而使胜诉原告可以对受委托人等人员(标的物持有人)提出"强制的提出申请"(参照《日本民事执行法》第168条、第169条)。

受严格保护,因此,不仅需要该人员的姓名在执行法上出现,而且,由于这些人员不受(前诉)判决既判力及执行力的扩张,故而必须要有针对这些人员的独立之债务名义。换言之,标的物的承租人及质权人并非《日本民事诉讼法》第115条规定的标的物持有人,原告(债权人)必须对其重新提起诉讼,并且在后诉中,就其与后诉被告(承租人或质权人)的关系而言,原告也必须就"自己对前诉被告享有权利"之事实重新进行主张与举证,进而获得最后的判决。

事实上,在标的物持有人之概念中,有关既判力扩张的作用方式的说明,所依据的并非形式说,而应当是实质说(关于形式说与实质说的详细论述,可以参照本章相关部分)。具体而言,首先,对于"既判力扩张是否妥当"作出实质判断,若在承租人等类型中,判断出既判力扩张的结果是不当的,则认为这些人员不属于标的物持有人。反之,如基于形式说予以说明,则其论述思路如下:只要这些人员具有"标的物持有人"的形式,就承认既判力向这些人员扩张,然后承租人等人员可以提出自己固有的防御方法。但是,遵循这种思路并不能对承租人等情形作出很好说明。因为,承租人往往不具有可以对抗原告之自己固有的抗辩,因而承租人在后诉中就极易招致败诉的结果,进而难以保护自己对于标的物占有的固有利益。如此一来,为了对承租人等人员进行程序上的保护,并非依据"让其提出固有防御方法"之形式,而是就"原告(也是前诉原告)与前诉被告之间的权利存在与否"之事实,赋予其在后诉与原告独立争执的机会,也即承租人不受前诉既判力的扩张(在后诉中,即便承租人获得了就"前诉被告的义务存在与否"之事实争执的机会,在多数情形下,承租人仍然会败诉。尽管两者的结果相同,但作为一种程序法上的考量而言,"后诉未获得保障而且其程序地位被剥夺"与"后诉获得保障但作为当事人进行争执的地位被剥夺"这两者的意义是完全不同的)。其次,在诸如受委托人等的标的物持有人之情形下,形式说思路的说明,就显得更无用武之地。具体而言,对于前诉被告不能争执的事项，受委托人当然也不能争执，而且这些人员又不具有自己固有的防御方法，因此，形式说所具有的优势就无法得以发挥。[128]正是由于前诉既判力向标的物持有人形成扩张，因此，标的物持有人可以被视同为前诉的被告。在立法者观念中，X（前诉原告）与Z（标的物持有人）之间并不存在X与Y（前诉被告）之间的法律关系或其他法律关系，因为Y与Z被视同为一人，而且，在包含某种程度实体法判断的强制执行中，（通过继承执行文书这一形式）也视Y与Z为同一人。[129] 因此，就这一意义而言，相对于请求标的物持有人受判决既判力扩张而言，可能更重要的意义在于如下这一点，即请求标的物持有人受判决执行力的扩张的影响。[130]

尽管都被作为既判力扩张的法定情形规定在《日本民事诉讼法》第115条第1款中，但是，"既判力向口头辩论终结后继承人扩张"之情形与"既判力向请求标的物持有人扩张"之情形，两者的根据却是不同的。前者在于"使被判决的权利关系趋于安定"之决断，而后者的根据则在于，因标的物持有人被视同为当事人而欠缺必须赋予其程序保障的实质性利益。如果在既判力向口头辩论终结后继承人发生扩张的情形中，前诉讼主体与继承人之间尚存有一定差距，那么在既判力向标的物持有人扩张的情形中，标的物持有人与当事人之间就无差距。正确而言，只有无差距之人才能被理解为标的物持有人，而诸如承租人等与出租人尚还存在距离的人员，

---

〔128〕 但是，中野教授认为，尽管实际出现的情形不多，但请求标的物的持有人有时也会存在着"权利滥用""时效取得"等属于自己固有的抗辩，因此，对于请求标的物持有人，也应当依据形式说对既判力的作用方式作出说明，参照中野贞一郎《口头辩论终结后的继承人》，载《判タ》，第806号，平成5年，第17页以下，尤其是第20页，收录于中野・論点（Ⅰ），第213页以下。

〔129〕 上野泰男《关于既判力主观范围的一种考察》，载《关西大学法学论集》，第41卷第3号，平成3年，第907页以下，尤其是第913页。

〔130〕 上野泰男《关于既判力主观范围的一种考察》，载《关西大学法学论集》，第41卷第3号，平成3年，第907页以下，尤其是第913页；条解，第667页以下（竹下守夫执笔）。不过，从"将赋予执行文书之诉作为通常给付之诉来予以对待"的新堂说看来，一旦形成赋予执行文书之诉，那么执行力的扩张就将丧失意义，而仅仅存在着既判力的扩张（关于此的详细论述可以参照新堂，第633页以下）。

并不能成为标的物持有人。对于口头辩论终结后继承情形与标的物持有人情形中出现的既判力扩张,必须将两者区别开来予以理解。[131]

一旦认定既判力向请求标的物持有人扩张的根据在于,其欠缺必须赋予其程序保障的实质性利益,那么就会提出如下解释论上的问题,即除请求标的物持有人之外,还存在着其他欠缺必须赋予其程序保障的实质性利益的情形,对于这些情形也是否可以承认既判力的扩张呢?新堂教授对此问题持肯定态度(参照新堂,第595页),新堂教授认为,在以逃避执行为目的而虚假地将标的物转让给第三人的情形中,该第三人也受判决既判力的扩张,虚假转让之事实一旦获得认定,那么就视该第三人为前诉判决的当事人。[132]

而且,即便是标的物获得登记之情形下,结果也是如此。在判例方面,也有如下这一下级审判决[参照大阪高等裁判所昭和46年4月8日判决,载《判時》,第633号,第73页以下,收录于《百選Ⅱ》,第153号案件(长谷部由起子解说)]采用这种观点。该案件的具体案情如下:在前诉中,X以A公司为被告,并基于买卖合同提起请求转移登记诉讼,最后X胜诉,判决也以此获得确定。但是,就在第一

---

[131] 上野教授将既判力扩张的情形分为如下的两大类:其一,诸如口头辩论终结后继承的"继承人型"情形;其二,诸如标的物持有人、诉讼担当的被担当人那样的"当事人型"情形。在此基础上,上野教授对这两种类型的当事人扩张之间的差异展开了细致分析,进而得出形式说适用于前者,而实质说适用于后者的结论,参照上野泰男《关于既判力主观范围的一种考察》,载《关西大学法学论集》,第41卷第3号,平成3年,第907页以下,尤其是第913页。此外,上田说等观点也认为,继承人与标的物持有人或者被担当人是不同的,并将后者概念化为"实质的当事人",参照上田·判決効,第126页以下;上田,第463页以下。

[132] 竹下教授进一步将这种观点予以定型化,即认为,即便标的物持有人在主观意思上是为了自己利益而占有,但若该占有取得行为存在着违反诚实信用原则等事由,就其与对方当事人关系而言,标的物持有人对于占有所具有的固有利益将无法获得法律保护,因此也不能要求获得程序权的保障,参照条解,第668页以下(竹下守夫执笔),关于此的详细论述,也可以参照上田·判決効,第137页以下;太隅一郎《关于民事诉讼法第201条后段规定的请求标的物持有人》,载近藤、浅沼编《民事法的诸问题2》,判例时代社,昭和41年,第335页以下,尤其是第341页。

审判决即将被宣告前,A 公司以“公司业已将该不动产赠与给公司社长的儿子 Y”为由,将登记转移到 Y 的名下。于是,X 又以 Y 为被告再次提出请求转移登记的后诉,在后诉中,Y 对作为前诉对象的“A 与 X 间的买卖关系”提出争执。判决认为:

> A 公司向 Y 转移登记并不具有有效的登记原因,Y 也不具有应保持该登记的任何利益,后诉实质上的当事人就是 A 公司本身,因此,Y 只不过是前诉当事人单纯意义上的登记名义人,其性质相当于请求的标的物持有人,故而可以类推适用“既判力扩张”之规定,Y 对 X 与 A 之间的买卖关系不能再度提出争执。〔133〕

如此一来,若是进一步扩大范围,即对于所有为了逃避金钱债权的强制执行而将自己财产虚假转让给第三人的情形,是否都可以适用既判力扩张呢?这涉及如何看待“金钱债权的担保财产”之差异的问题。就一般意义而言,这不应当作为既判力扩张问题,而必须作为民法的欺诈行为撤销权等问题予以处理。此外,在介入法人格因素的情形中,也是否可以通过否认法人格来实现既判力的扩张呢?这正是下述“4. 法人格否认的情形”部分所要讨论的问题。

3. 诉讼担当情形中的被担当人(利益归属主体)

在发生诉讼担当的情形中,担当人所承受的判决之效力也及于被担当人(参照《日本民事诉讼法》第 115 条第 1 款第 2 项)。〔134〕该法条的根据在于,担当人是代理被担当人来实施诉讼的,也即根源于担当人对被担当人利益的代理行使。受既判力扩张之人(被担当

---

〔133〕　由于诉讼标的是登记请求权,与其说是既判力的扩张,毋宁说是争点效的扩张,如此一来,同样也可以达到扩张前诉判决拘束力的目的。

〔134〕　当担当人为人事诉讼中的检察官时,由于应被称为被担当人的权利关系之本来主体(如请求死后确认关系诉讼中的父亲)是死者,因而该主体不具有当事人能力。在这种情形下,就不能作出既判力及于该死者(权利关系的本来主体)的说明。因此,对于这种担当人属于职务上的当事人,而实质的权利关系归属主体又欠缺当事人能力的情形,与其作为《日本民事诉讼法》第 115 条第 1 款第 2 项规定的既判力扩张之问题,毋宁作为对世效力问题予以处理。

人)与前诉当事人(担当人)之间的关系很近,因此在这种情形下,对于既判力的作用方式的说明,也不能依据形式说,而应当采用实质说。被担当人固然能够提出"不是诉讼担当"(前诉当事人不具有当事人适格)之攻击方法,而且,这种攻击方法一旦成功(获得证明),就可以免于承受既判力的扩张作用(参照本书"第九讲 当事人适格"部分的相关论述),但是,在被担当人承受扩张的既判力后,其本身就没有自己固有的防御方法,因为,被担当人就被视同为诉讼当事人(担当人),而且,诉讼标的本来就属于被担当人的权利义务,鉴于此,毋宁可以说,既判力作用本来针对的"当事人"对象就是被担当人,而既判力只是扩张地及于担当人。[135]

此外,作为一种少数说,三月章教授将诉讼担当分为两大类:第一类是诸如破产财产管理人那样的"利益吸收型"的诉讼担当;第二类则是诸如债权人代位权那样的"对立抗衡型"的诉讼担当。在此基础上,三月说认为,在后者(对立抗衡型的诉讼担当)中,担当人的胜诉判决之效力及于被担当人,而当担当人败诉时,判决的效力不及于被担当人。关于此学说的种种问题,已经在本书的当事人适格部分作出详尽的论述,在此就不再赘述。

4. 法人格否认的情形

尽管没有法条上的根据,但作为解释论上一个经常被论及的问

[135] 如此一来,就无法以形式当事人概念来对当事人作出一贯性的理论说明,关于此的详细论述,可以参照本书"第九讲 当事人适格"部分的相关论述。作为其实际表现,就会产生"向被担当人的继承人进行既判力扩张"的问题。具体而言,如果基于形式当事人概念之立场,那么担当人是当事人,因此继承人也将作为担当人的继承人予以对待(是具有诉讼担当资格的继承人),但是,在这种情形下,对于作为权利义务归属主体的被担当人之继承人,又将如何对待呢?通过类推适用,被担当人的继承人也必须承受既判力对其进行的扩张。反之,如果脱离形式当事人概念之束缚,那么就能够对"由于被担当人原本就是既判力的承受人,因此既判力也向其继承人发生扩张"之现象作出很好的说明。

关于此问题的详细论述,还可以参照上田·判决効,第 136 页、第 156 页;上野泰男《关于既判力主观范围的一种考察》,载《关西大学法学论集》,第 41 卷第 3 号,平成 3 年,第 915 页以下。平成年间修改后的新《日本民事诉讼法》第 115 条第 1 款第 3 项从立法上解决了这一问题,不过,在理论的说明上还残留有相当的问题。

题是,能否将法人格否认的法理适用于判决效的扩张领域呢?以下述判决为代表的判例观点,对此抱以否定的态度。最高裁判所昭和53年9月14日判决,载《判時》,第906号,第88页以下,收录于《百選Ⅱ》,第155号案件(伊藤真解说),该案件多被称为“上田养猪”案件。该案件的案情具体如下:原告(X)基于交通事故以“株式会社上田养猪”(A公司)为被告,提起请求损害赔偿诉讼(前诉),前诉最终的结果是被告A公司败诉。不过,在前诉的诉讼系属过程中,A公司意识到自己即将败诉,又设立“上田养猪株式会社”(Y公司),并将自己的资产转让给Y公司。在前诉获得胜诉的X,在执行阶段发现A公司的资产已经转移殆尽,于是又以Y公司为被告提起赋予执行文书之诉(后诉),在后诉中,X对A公司与Y公司的法人格予以了否认。原审(控诉审)法院对于前诉既判力与执行力向后诉的Y公司发生扩张予以了肯定,并作出了承认X请求的判决。但是,最高裁判所撤销了这一控诉审的判决并发回重审。最高裁判所的判决认为:

> X公司设立Y公司的意图在于逃避A公司的债务,这种行为构成法人格的滥用,依据法人格否认的法理,X对于A公司的损害赔偿请求也可以向Y公司提出,但是,就诉讼程序或强制执行程序的性质而言,其旨在对权利关系作出公权性确定,并迅速且确实地实现权利,故须强调程序明确与安定,就此要求而言,应不允许前诉既判力与执行力向Y公司扩张。

简而言之,其认为,法人格否认法理仅仅是实体法上的原则,在判决效的扩张领域并不能适用法人格否认法理。不过,该判决认为其根据在于“程序的明确与安定”,可以说这种说明未必显得很明确。

那么,该如何评价这一判决呢?首先,江头宪治郎《关于最高裁判所昭和53年9月14日判决的判例释评》,载《ジュリ》,第754号,昭和56年,第114页以下,江头教授指出,由于在设立Y公司的过程中,存在亲属提供新资金并担任Y公司董事之事实,因此关于上田养猪案件本身,是否存在法人格否认的要件还是值得怀疑的,江头教授进而认为,作为实体法上的理论构成,与其说是法人格否认,毋宁认定为“商号续用”可能更为合理。

在此,有必要抛开上田养猪案件,先对法人格否认理论作一般性的考察。依据商法的判例以及多数说的观点,法人格否认可以分为如下两种情形:其一,因存在“公司与公司股东之间财产混同”“没有明确会计区分”“不召开股东大会”等事实,而在形式上使公司趋于形骸化之“法人格形骸化”的情形;其二,负有竞业禁止义务之人让自己控制的公司从事竞业行为之“滥用法人格”的情形。从程序法视角来看,在诸如“为了应付纳税,小规模个体商人成立的法人”等法人格形骸化的情形中,由于公司与董事长(兼公司控制股东)在社会实际形态上并没有作出区分,因此对于这种情形,主张“通过法人格否认将公司承受的判决效力扩张至董事长”之观点的数量相当可观。〔136〕 对于法人格滥用的情形,主张“与权利滥用一样不值得进行保护,进而通过法人格否认来扩张判决效”的观点也具有相当的影响。〔137〕 换言之,法人格形骸化情形下的既判力扩张,类似于“代理行使利益的诉讼担当”或“欠缺实质性利益的请求标的物持有人”的当事人型既判力扩张,而法人格滥用情形下的既判力扩张,则接近于“旨在安定胜诉当事人地位的口头辩论终结后之继承”的继承人型既判力扩张。

---

〔136〕 上田·判决効,第143页、第164页;上田徹一郎《判决效的范围决定与实体关系的基准性》,载《民商》,第93卷第3号,昭和60年,第317页以下,尤其是第335页;上田,第464页以下;中野贞一郎《民事执行法》(第三版),青林书院,平成10年,第115页以下;森本滋《关于最高裁判所昭和53年9月14日判决的判例释评》,载《判タ》,第308号,昭和54年,第70页以下等。

〔137〕 中野=松浦=鈴木,第418页以下(伊藤真执笔);《百選Ⅱ》,第334页以下(伊藤真解说);铃木正裕《关于最高裁判所昭和53年9月14日判决的判例释评》,载《ジュリ》杂志临时增刊——《昭和五三年度重要判例解说》,有斐阁,昭和54年,第153页以下;小岛武司《关于最高裁判所昭和53年9月14日判决的判例释评》,载《法律广场》,第32卷第5号,昭和54年,第84页以下。林屋,第196页以下等。

福永有利教授在其《关于法人格否认法理的诉讼上的诸问题》一文中(载《关西大学法学论集》,第25卷4—6合并号,昭和50年,第1097页以下),对于通过法人格否认来扩张判决效的问题作出了较为系统的探讨。尽管该论文直接目的在于研析与评论竹下守夫教授的依存关系说(参照同论文,载《关西大学法学论集》,第1117页以下部分)。福永教授指出,“实体法上的法人格否认”之要件的应存在时期,与“诉讼法上(为了扩张判决效)的否认法人格”之要件的应存在时期是不一样的。一般而言,“使作为非前诉当事人之Y公司承担实体法上责任”的要件是如下两个:其一,A公司(本来的责任主体、前诉当事人)对X负有责任;其二,A公司与Y公司之间存在着法人格否认的要件。如果存在着第二个的实体法上法人格否认的要件,那么也就被认为存在着“为了进行判决效扩张而否认法人格”的要件,鉴于此,如果X对于A公司的判决向Y公司进行扩张,那么Y公司就不能否定第一个要件的存在。如此一来,X只要对第二个要件的存在作出主张及举证,那么也可以向Y公司主张权利。以上就是福永说的主要内容。但是,若遵循福永说,作为第二个的“实体法上的法人格否认”之要件应当存在的时期,就是相关人员作出滥用法人格行为之时期(实施竞业行为之时、转移资产之时等),或者在法人格形骸化的情形中,存在该要件之时就是“成问题的法律行为或事实行为”被作出或出现之时。至于“为了进行判决效扩张而否认法人格”之要件应当存在的时期,由于其涉及判决效力问题,因此应当理解为前诉程序的进行过程之中。如此一来,在相关人员作出竞业行为之时,就具备了法人格否认的要件,但在前诉程序的进展过程中,并不存在法人格否认的要件。当前诉程序中不存在法人格否认要件时,就不发生判决效扩张的问题。反之,若是在前诉进行过程中存在着法人格否认的要件,但在作出实体法上的行为之时却不存在法人格否认的要件,那么对于这种情形该如何对待呢?就最终结果而言,在这种情形下,尽管Y公司不对X承担责任,但是前诉的既判力发生扩张,Y公司不能对上述第一个的“A公司负有责任”之事实进行争执,不过,作为Y公司自己固有的防御方法(关于是抗辩还是积极否认,也成为问题),必须让其能够对“不存在实体法上法人格否认之要件”进行主张及举证。若进一步予以一般化的阐述,则可以表述为,因两者之要件的应存在时期不同,故作为X而言,就必须对“程序法上的法人格否认之要件”与“实体法上的法人格否认之要件”这两者作出主张及举证。若仅仅对后者作出主张及举证,则并不意味着X对于后者作出了主张及举证,如此一来,在后诉中承认X“基于法人格否认而进行判决效扩张”之实际利益,似乎并没有看上去那么大。〔138〕 对于上田教授的实质当事人说所主张的通过法人格否认来扩张判决效的观点,福永说认为,姑且不论欠缺实质性利益的情形,在代理行使利益的场合,在前诉之时就应当存在“代理行使利益”之法人格否认的要件,而且,在前诉中,仅仅只有“A公司是否负有债务”被作为诉讼标的,而“Y公司是否与A公司一起共同负有责任”并未成为审判的对象,就这一点而言,并不能说A公司是为了Y公司而代理行使利益,因此,在后诉中,必须对作为第二个的“Y公司的责任要件”进行审理,如此一来,承认“基于法人格否认而发生的判决效扩张”之实际利益,也仍然是不大的。但是,通过以上论述福永说所得出的结论是,即便是同为法人格否认,其中也存在着“实质的利益欠缺型”“利益代行型”“滥用型”等各种类型,应当根据事案的具体情况,对其根据与要件作出不同考虑。而且,福永教授还进一步认为,在诸如具有法人

〔138〕 不过,如果在前诉程序中存在着法人格否认的要件,那么可以推定前诉也存在着“在此前实施实体法上行为之时点的法人格否认要件”,如此一来,就减轻了X的举证责任,在这种情形下,其实际作用还是显而易见的。在福永有利《关于法人格否认法理的诉讼上的诸问题》,载《关西大学法学论集》,第25卷第4—6合并号,昭和50年,第1128页以下,福永教授自己也认为,在法人格形骸化类型情形中,可以进行这种推定。

此外,福永说还认为,诉讼法上(为了判决效扩张)的法人格否认与实体法上的法人格否认,尽管两者要件的应存在时期是不同的,但在内容上却是相同的。关于这一论点,也可以说福永说存在着一些问题,关于此的详细论述,可以参照江头宪治郎《关于最高裁判所昭和53年9月14日判决的判例释评》,载《ジュリ》,第754号,昭和56年,第116页以下。

外形(实际上并非法人)公司,可以类比于请求标的物持有人那样的“实质利益欠缺型”之情形,无论是判决既判力,还是判决执行力,都可以向其进行扩张,在“利益代行型”的情形中,可以认可判决既判力的扩张,但执行力不进行扩张,而在“滥用型”的情形下,则要根据滥用的程度,决定是否扩张判决的既判力与执行力。[139]

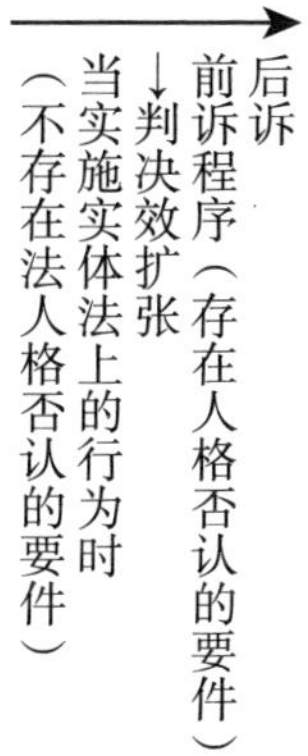

图 15-3

但是,反过来看,福永说展开的细致分析,反而对“基于法人格否认法理的既判力扩张”之问题设定本身的有效性形成了质疑。这也是江头宪治郎教授对于福永说提出的一种评析。具体而言,事实上,法人格否认的法理在实体法学上也是不无疑问的。正如“当将法人的形骸化作为实质存在要件予以考虑之时会产生混乱”所表明的那样,法人格否认的法理并非具有统一实体的法理,而是一种应

---

〔139〕 吉村教授认为,在法人格形骸化情形中,A 公司在前诉中实施诉讼行为可以被视为对 Y 公司的利益代理,因此前诉判决执行力可以及于 Y 公司,但在法人格滥用情形中,也是否一般性地承认判决效扩张呢?这可能还是颇具疑问的。当 A 公司在前诉进行过程中,为了逃避将来被执行,而在隐瞒对方当事人的前提下设立 Y 公司并使前诉判决获得确定时,也即在 A 公司通过前诉的具体过程来滥用法人格的情形下,前诉判决的既判力可以向 Y 公司扩张,但是 Y 公司可以提出“不具备实体法上的法人格否认要件”之主张(这一点与福永说相同),至于判决执行力则不会向 Y 公司发生扩张,参照吉村德重《执行力的主观范围与法人格否认》,载大石、黑田、冈田编《裁判实务大系第七卷——民事执行法诉讼》,青林书院,昭和 61 年,第 3 页以下。

当分别考虑各种情形的集合性法理,姑且不论法人格否认法理是否像诸如“权利滥用”一般条款那样的,具有在实定法规则无法作出应对时,作为最后解决依据或者过渡期法理论之作用,但是,作为解释论的应然方法而言,则不应当依赖于像法人格否认那样的中间命题。在判决效的扩张方面,也同样如此,即无论法人格否认法理是否可以作为一般条款,都应当探讨更为实质性的扩张根据或扩张要件。江头说的这一见解基本上是应予赞同的。[140]

那么,若是遵循江头说的上述见解,考虑以更实质化的既判力扩张理论来替代法人格否认,其结果又如何呢?坦率而言,在程序法的领域,迄今为止还没有这方面可见的成果。而且,法人格否认本身就是一个复杂的集合体(理论),因此,取代它的理论也似乎难以推翻法人格否认理论整体。同时,仅依据既判力扩张的理论来对此作出处理,恐怕也颇成问题。例如,像上田养猪案件那样,在公司为了逃避执行而进行财产转让的情形中,作为一种既存的法理,存在着诈害行为撤销权理论,当依据诈害行为撤销权理论进行处理时,Y公司就可以对“A公司负有债务”之本身与诈害行为之要件进行争执。而在依据法人格否认法理来扩张既判力的情形下,Y公司无法对“A公司负有债务”进行争执,由此可以看出,适用法人格否认的法理有利于债权人X。此外,基于诈害行为撤销权的法理,X所能提出主张的,仅仅限于被转让的财产,而基于法人格否认法理,在理论上,X可以将“被转让的财产”与“Y公司的财产”均视为对方的责任财产,从这一点来看,法人格否认的法理同样有利于作为债权人的X。但是,正是基于这一点,江头说并不主张应当在判决效的扩张领域中推广适用法人格否认的法理,而是提出了“在依据法人格否认

---

〔140〕 江头宪治郎《法人格否认的法理》,东京大学出版会,昭和55年。关于判决效部分的论述,可以参照该书第419页以下。实体法上的法人格否认与程序法上的法人格否认,似乎具有如下这种关系,即在实体法上被认定为法人格否认时,在诉讼法上也往往容易被认定为法人格否认,当在实体法上受到限定时,在程序法上也容易被限定。

此外,福永说认为,江头说是应当予以肯定的,但为了照顾整体平衡,还是有必要从整体视角来把握法人格认定问题。

的法理作出处理时，为何会产生利于债权人 X 的结果”之问题，进而认为应当质疑法人格否认法理处理结果的妥当性（或者与其他情形处理的平衡性）。[141]

那么，既判力的扩张论究竟是什么样性质的理论呢？例如，对于“在口头辩论终结后，A 公司将财产转让给 Y 公司”这种情形，也不是不可以考虑为以“口头辩论终结后的继承人”为依据来肯定既判力的扩张，[142] 也即将其视同为债务的继承。但是，就一般而言，将债务的继承或特定物的继承，视同为不具有特定关系的责任财产让

---

〔141〕 对于上田养猪案件，竹下守夫《关于最高裁判所昭和 53 年 9 月 14 日判决的判例释评》，载《判タ》，第 390 号，昭和 54 年，第 248 页以下，作了如下的论述。一般认为，构成滥用法人格的情形应当存在如下两方面要件：第一个方面就是，新的 Y 公司设立之时存在着：①企业具有实质的同一性（支配性要件）及②以逃避债务为目的（目的性要件）两个要件（①与②是法人格否认的要件）；第二个方面要件是，③X 对 A 公司享有债权（甲债权）。如果①与②之要件得到证明，那么判决的既判力向 Y 公司扩张，Y 公司不能对③之“甲债权的存在”之事实进行争执。但是，在撤销欺诈行为的情形下，Y 公司设立之时的“X 的权利既已存在”也成为既判力扩张的要件，如此一来，X 为了使判决既判力向 Y 公司进行扩张，就必须对“甲债权在 Y 公司设立之际就已经存在”之事实进行主张及举证。因为，尽管这是旨在“遮断关于③的甲债权的存在与否之争执”的既判力扩张，但是，为了使该既判力扩张得以进行，X 必须就“③的甲债权的成立”进行主张及举证。因此，在撤销诈害行为型的情形中，既判力扩张的效果并不很强烈。此外，竹下守夫《案例解说》，载《公司法判例百选》（第五版），第 4 号案件，也表达了同样的意思。

竹下说自身也认为，为了使既判力发生扩张，仅仅依据①与②的要件即可。例如，只要存在②的逃脱债务之目的即可，而除此之外的③之“甲债权于新公司设立之时就已存在”，不被视为既判力扩张的要件，而“X 的债权在 Y 公司设立之时就已存在”，可以考虑作为法人格否认之实体法上的要件。但是，即便是在这种情形下，让既判力发生扩张的根据也仅仅在于“甲债权存在于前诉标准时上”，而“甲债权成立于 Y 公司设立之前”则属于判决理由中的判断，其效力并不发生扩张，如此一来，X 仍然必须就“甲债权在 Y 公司设立之时就已存在”作出证明，因此，其负担还是不变的。

不过，就本案件的问题而言，也不是不可以使用“使产生于判决理由中判断的争点效发生扩张”的方法作出应对。总而言之（姑且不论是否全面依据竹下说），竹下说也表明了如下这一点，即如何基于法人格否认进行既判力扩张，未必是非常“明确”的。

〔142〕 奥山恒朗《法人格否认的法理与实际》，载実務民訴（第五卷），第 157 页以下，尤其是第 174 页提出了这一个问题。

与,恐怕是较为勉强的。[143] 那么,是否可以稍微脱离《日本民事诉讼法》第115条的规定予以考虑呢?例如,在前诉中A公司的诉讼实施受Y公司控制的情形下,若允许Y公司对A公司所承受的判决进行争执,则无疑是不妥当的,因为,在这种情形下,A公司的诉讼实施将被视为Y公司所实施的行为,在判决效方面,也同样应当产生像"自己进行诉讼"那样的效果,即Y公司受此判决的拘束。事实上,在美国法中自古就存在着"当事人的利害关系人"之观念,即认为,具有当事人性质的相关人员应当作为当事人的利害关系人(privy),进而让其受判决效的拘束,而且,在实质上控制前诉之人,也包含在这种利害关系人之范畴内。[144] 在日本,尽管不存在明确主张"控制前诉之人受既判力扩张"的学说,但也不能说学界中完全没有这方面的考虑。[145] 而且,在日本,也有一种学说主张,法定代理人要受到"自己作为法定代理人所实施诉讼"之判决效的拘束(参照新堂,第703页)。这种思路也可以适用于具有法人外形的个人企业涉诉之情形,即在这种情形下,让针对公司(个人企业)诉讼作出的判决效力及于代表人(控制股东)。但整体而言,这些理论目前

---

〔143〕 主张"将当事人适格作为责任财产主体基础"的上野说(参照上野泰男《关于既判力主观范围的一点考察》,载《关西大学法学论集》,第41卷第3号,平成3年,第395页以下,尤其是第422页)也认为,不能肯定既判力的扩张。上野说认为,当存在债务的继承但没有责任财产的继承时,应当否定既判力的扩张(参照本讲相关部分论述),换言之,只有在两种继承同时发生的时候,才肯定既判力的扩张。因此,在仅仅发生责任财产继承的情形下,也不能肯定既判力的扩张。

〔144〕 关于美国法中的"当事人的利害关系人"之介绍,可以参照吉村德重《判决效的扩张与正当程序》,载《法政研究》,第44卷第1号,昭和52年,第1页以下,尤其是第16页。"控制被保险人所实施的前诉"之保险公司,就是典型的当事人之利害关系人。

〔145〕 在论及当事人确定之问题时,主张"既判力的扩张是与当事人确定相区别的问题"之论点的论者,就必须构筑其相关的既判力扩张理论。在此,也不是不能考虑使用"对诉讼起实质支配作用之人受判决效拘束"之理论来作出说明。具体而言,在继承人实施诉讼的情形下,尽管因作为形式当事人的被继承人是死者而可能存在无当事人能力之问题,但是,也可以以"继承人支配诉讼"为由不允许继承人对前诉判决再提出争执。在冒用姓名诉讼中,也是如此(不过,在冒用姓名诉讼中,"如何使被冒用人免受判决效的拘束"之问题,也非常重要)。

似乎还处于尚未成熟的阶段,因此其前景也不甚明确。[146]

5. 依诚实信用原则的前诉效力扩张

如前所述,自最高裁判所昭和 51 年 9 月 31 日判决(载《最高裁判所民事判例集》,第 30 卷第 8 号,第 799 页以下,收录于《百選Ⅰ》,第 15 号案件)开始,判例也开始采用“依据诚实信用原则来遮断后诉”的做法(参照新堂,第 614 页)。简单而言,这是一起围绕农地征收的土地展开的诉讼。简要案情如下:前诉是 A 以 BC 为被告并基于土地回购协议提起的“请求转移登记诉讼”,A 在前诉中败诉,而后诉是 ADEF 以 BCG 为被告并以征收处分无效为由提起的“请求转移登记(代替撤销登记)的诉讼”,后诉法院依据诚实信用原则驳回了后诉。在当事人方面,与前诉相比,后诉的原告方增加了 DEF,被告方增加了 CG,尽管如此,后诉的结果(驳回诉)也同样意味着,法院也驳回了这些增加的当事人关系之间的诉讼。对于这些不受前诉既判力扩张的当事人,法院依据诚实信用原则驳回了后诉。不过,从案件的实际状况来看,后诉原告方的 DEF 尽管不是前诉的当事人,但是与 A 具有兄弟关系(A 是长兄),因此 DEF 可能知道前诉的存在。而被告方中的 G 是前诉的部分诉讼标的物的受让人,因此,法院驳回后诉,意味着 G 胜诉,可以说前诉判决向其产生有利的作用。由此看来,在该案件中,将“知道存在前诉判决”之认识状况,扩张至非前诉当事人之人,对于这些人而言,其中也可能存在着难以预测的利害情况。总而言之,就最高裁判所作出判决之当时而言,这一判决可以说是一个例外情形,不过,后来就逐渐出现更多依据诚实信用原则将既判力扩张至前诉当事人以外之人的判例。

那么,对此该作何评价呢?与法人格否认一样,依据诚实信用原则这一一般条款来作出的处理,也是应对实定法不完备状况下的最后解决之道,或者是一种过渡性的解决办法,在这一意义上,这种处

〔146〕 但是,仅依据判决效扩张的理论并不能完全作出应对,因为,公司的债权人必须就“自己对于公司代表人也具有权利”作出说明。在当事人型的既判力扩张中,只有同样考虑到实体法判断因素才能确立其理论。如此一来,就有可能使用广义的表见法理。

理方式的积极作用不容否定。不过,作为学说的原本目标而言,应当去设定一种更为明确的解释论框架,至少而言,也应当就诚实信用原则适用的具体要件作尝试性的探求,[147]而学界的现状,似乎正处于实施这种探求作业的过程中。

九、既判力与再审

1. 判决的不当取得(骗取)

若要撤销确定判决所产生的既判力(其他的判决效也准用于此),那么只能通过再审,换言之,只要未经再审,判决的既判力就不能被否定,这是民事诉讼法的基本构造。由于既判力是为了防止审理的反复(争议的反复)而设置的制度,因此,破除这种既判力也就必然要求有严格的程序。对于这种原则性的道理,学界应该不会存在异议,不过,是否可以说,应当绝对地、完全地固守"不经再审就不能撤销既判力"这一原理呢?从判例的状况来看,有几个判决对此原理作出了灵活化(宽缓化)的理解。[148]

其中之一就是最高裁判所昭和 44 年 7 月 8 日判决,载《最高裁判所民事判例集》,第 23 卷第 8 号,第 1407 页以下,收录于《百選Ⅱ》,第 151 号案件(住吉博解说)。本案件的案情具体如下:Y(前诉原告)对 X(前诉被告)提起请求返还借款的诉讼,在诉讼过程中,双方当事人在裁判外达成了和解,X 向 Y 偿付了借款,但 Y 并未按照双方的合意而撤诉,进而获得了胜诉判决,最后向法院提出强制执行的申请(X 在清偿债务后,法院向 X 通知了变更期日的决定,最后也向其送达了 Y 胜诉的第一审判决书)。于是,X 就不得不对同一个债务进行再次偿付,进而使 Y 撤销强制执行申请,不过,在其后 X 以 Y 的这种行为构成不当取得、不当使用确定判决为由提起了损

---

〔147〕 原强《判例中通过诚实信用原则使判决效扩张化的现象》,载《札幌学院法学》,第 6 卷第 1 号第 1 页以下(平成 2 年)、第 8 卷第 1 号第 31 页以下(平成 3 年)一文,通过对判例的详尽分析试图探求诚实信用原则适用的具体要件。就判例的实际状况来看,一般而言,当前诉判决有利于第三人时,该前诉判决既判力扩张至第三人。

〔148〕 有关此的详细的论述,可以参照冈田幸宏《关于判决的不当取得》,载《名古屋大学法政论集》,第 133 号第 71 页以下(平成 2 年)、第 134 号第 385 页以下(平成 2 年)、第 136 号第 381 页以下(平成 3 年)、第 137 号第 437 页以下(平成 3 年)。

害赔偿之诉(正确而言,是在第二审中将请求异议之诉变更为损害赔偿之诉)。原审是X通过再审之诉要求撤销该判决的诉讼,因为,只有提起再审之诉才能对确定判决所确定的口头辩论终结前的事由提出主张(因既判力的作用)。尽管在后诉的原审中,法院驳回了X的请求,但最高裁判所却判决撤销原审判决并发回重审。最高裁判所的主要判决理由论述如下:

在判决的成立过程中,诉讼当事人为了达到侵害当事人权利之目的,通过作为或者不作为之形式,实施了种种妨碍对方当事人参与诉讼,以及以虚假的事实欺骗法院的不正当行为,该当事人因此获得本不应获得之确定判决,并且向法院提出强制执行申请,在这种情形下,并不能因判决确定无法直接追究该当事人不正当行为的责任,即便遭受损害的对方当事人存在着再审事由而可以对上述之确定判决提起再审之诉,这也不妨碍其通过独立的诉讼提出因该侵权行为而遭受的损害赔偿请求。

法院在上述判例中作出的是一个关于不当取得或者骗取判决问题的判决。概而言之,这一判决认可了这样如下做法,即纵使在当事人存在再审事由的情形下,当事人可以不经再审直接提起损害赔偿请求之诉。那么从理论的视角来看,这一判决是否正当呢?对于此,学说上也存在着肯定与否定两种对立意见。否定说的理由如下:前诉之确定判决承认了Y存在请求权,因此Y可以行使该请求权,若后诉又对“因Y的(行使请求权)行为是侵权行为而不能行使该请求权”作出认定,则不免会与前诉的既判力产生冲突与矛盾(更技术性而言,既然“Y能行使请求权”之事实为前诉判决所认定,那么Y从X处获得清偿的行为就是正当的,也并未对X造成损害,因此X欠缺提起损害赔偿请求的要件)。如何看待判决之不当取得,最终关系到如下这一价值衡量之问题,即对于“基于确定判决既判力之法的安定性”与“判决的正当性(具体的妥当性)”这两者之间,应当更重视何者之价值取向的问题。正是为了协调这两者的关系,民事诉讼法才设立再审制度,因此,就解释论视角而言,应当通过对再审事由的类推来谋求其他必要的救济途径,而这种不经再审程序的救济方式是应当予以否定的。[149]

与此相反,基于肯定说立场的一些观点认为,在是否存在侵权行为原因的判断中,如果对"是否存在符合再审事由之事由"作出严格判断,那么在实际上这种方式并不意味着动摇了既判力制度(参照新堂,第568页),换言之,提起直接的损害赔偿请求,在实质上也并非否定再审,而是属于所谓的"再审之途径"。[150] 除此之外,肯定说

---

[149] 中野贞一郎《判例问题研究——强制执行法》,有斐阁,昭和50年,第94页以下。在该书第105页中,中野教授认为,《日本民事诉讼法》第338条第1款第4项至第7项规定的再审事由的理论根据是,如果存在着这些事由,也就意味着"判决的事实资料不当地被作出"之事实已经非常明显,即便是在不具备同条第2款之要件(刑事有罪判决等)的情形下,当事人也可以提出再审。

主张"原则上应当通过再审进行救济,而作为例外性救济,允许直接提出侵权行为、不当得利的损害赔偿请求"的观点,也可以被列为否定说的立场。此外,上田教授也认为,近来的下级审判决出现一种将再审程序实质性地纳入"请求损害赔偿诉讼"予以处理的倾向,并对原则与例外界限提出了质疑,参照上田徹一郎《骗取判决的既判力与不当得利》,载《谷口安平教授还历纪念论文集——不当得利与事物管理的研究(3)》,有斐阁,昭和47年,第265页以下;上田,第438页以下;上田徹一郎《关于最高裁判所昭和44年7月8日判决的判例释评》,载《私法判例备考》,第3号,平成3年,第138页以下。

此外,绀谷所主张的观点也可以说是一种否定说,参照绀谷浩司《确定判决的无效与诈取(骗取)》,载講座民訴(第七卷),第335页以下。

[150] 井上教授认为,即便是在当事人直接提起损害赔偿或请求异议之诉的情形中,当事人也会提出"存在着不当取得判决的事实"之主张,而且,这种主张也将成为审理的一个内容,因此,这种诉讼在功能上附带有再审的性质(隐蔽性再审)"。参照吉村=竹下=谷口,第280页以下(井上治典执笔)。

中野教授认为,作为一种"以判决当然无效为前提而提起的诉讼",当事人对于诸如"命令转移登记"那样的判决,可能以并列或者续发的方式提起"请求撤销转移登记""请求损害赔偿""请求返还不当得利"等诉讼。对于此,如果各自受理请求的法院如果对前诉判决的有效无效作出不同的判断,那么不免会引起混乱,这也正是必须经过再审才能撤销既判力的意义之所在。参照中野贞一郎《判例问题研究——强制执行法》,有斐阁,昭和50年,第98页以下。此外,三谷忠一《确定判决与请求异议之诉》,载《曹時》,第43卷第8号,平成3年,第164页以下,也表达了类似的观点。应当说中野说的这一论述是非常合理的,但若承认争点效理论,则不会出现"不同受诉法院各自作出不

中也有观点认为，随着事态的发展、时间的流逝，在某些情形下，在开始的再审程序中，若法院仅对原来诉讼的诉讼标的进行原本意义上的重复审判，则会显得不合时宜，因此，须经再审才能救济之观点，也未必妥当。就上述案件而言，当X通过提起再审使法院对前诉请求（Y的返还借款请求）重新进行审理及判断时，由于X已经向Y支付了金钱（偿还债务），即便最后法院作出驳回请求（X胜诉）的判决，这种针对X的救济方式也不免有迂回之嫌。〔151〕

同判断"的局面。

此外，冈田说主张，若其（冈田说）所主张的要件得到满足，判决则变为当然无效，进而可以直接认可当事人提出的损害赔偿请求。参照冈田幸宏《关于判决的不当取得》，载《名古屋大学法政论集》，第133号第71页以下（平成2年）、第134号第385页以下（平成2年）、第136号第381页以下（平成3年）、第137号第437页以下（平成3年）。

〔151〕 河野正宪《诈取判决的既判力》，载河野・行為，第323页以下，尤其是第349页与第355页。

与此相对，中野教授认为，即便提起再审之诉，也必须以原判决被撤销为前提条件，并只有在此基础上才允许当事人在再审的本案中追加新请求或者提起反诉。若作出这样的条件限定，也能够应对事态的变化。参照中野贞一郎《判例问题研究——强制执行法》，有斐阁，昭和50年，第103页以下。

但是，这种观点在管辖方面也不无问题。如果是经过控诉审审理的案件，那么再审的管辖就专属于控诉审法院（参照《日本民事诉讼法》第340条），新请求的追加与反诉也就系属于控诉审。如此一来，在采用"承认直接提起损害赔偿请求学说"的前提下，因审理是从第一审开始的，故在审级利益上有利于再审的原告。不过，中野教授提出如下的质疑，即为何要赋予X以"在原本再审中就未被赋予的审级利益"呢，而且，也不存在"导致再审之外之利益发生变动"的根据，因此，关于管辖的议论可能陷入一种循环论证。

此外，冈田教授认为，管辖问题并不具有决定意义，参照冈田幸宏《关于判决的不当取得》，载《名古屋大学法政论集》，第137号，平成3年，第476页以下。在同论文第462页，冈田教授又进一步认为，作为一种解释论而言，当再审的审理进入本案阶段后（作出再审开始决定后），可以依据《日本民事诉讼法》第17条进行管辖移送。即便是控诉审的再审，也可以通过法官裁量发回一审法院进行审理，以此就可以对此问题作出处理。

那么究竟应当如何评价这两种对立的立场呢?[152] 笔者认为,后一种立场(肯定说)在形式上似乎否定了既判力(认定判决当然无效),但在实质上却对“再审事由的存在与否”作出判断,就这一意义而言,后说较为合理。[153]

---

〔152〕 石川教授将此前关于判决不当取得的学说分为如下三类:(1)既肯定既判力又肯定直接提起损害赔偿请求的学说;(2)肯定直接提起损害赔偿请求的学说(在这一学说中,有的观点否定既判力,有的观点肯定既判力);(3)肯定既判力但又主张扩张再审事由范围的学说。参照石川明《不当取得判决及其救济》,载《三月章先生古稀祝贺论文集——民事程序法的革新》(下),有斐阁,平成3年,第1页以下。关于这方面判例与学说之概要性论述,可以参照上田徹一郎《关于最高裁判所昭和44年7月8日判决的判例释评》,载《私法判例备考》,第3号,平成3年,第138页以下。此外,石川说还认为,让对方当事人承担“必须经过再审”之负担是不妥当的,尽管不允许当事人对该判决所确定的法律关系自身进行争执,但是可以考虑设定一种“承认以另行诉讼方式来提起侵权行为或不当得利”之第二既判力的概念,进而允许当事人可以提出损害赔偿请求。

近来关于判决不当取得的论讨中,大致主要针对以下两种情形,即完全没有程序保障的情形与并非完全没有程序保障的情形。对于前者,学界的多数观点都倾于肯定为“判决当然无效(否定既判力)”,关于此的相关论述,可以参照河野·行為,第337页以下;条解,第640页以下(竹下守夫执笔)。此外,绀谷浩司《确定判决的无效与诈取(骗取)》,载講座民訴(第七卷),第368页以下;石川明《不当取得判决及其救济》,载《三月章先生古稀祝贺论文集——民事程序法的革新》(下),有斐阁,平成3年,第18页以下等学说也表达了相同的观点。

〔153〕 此外,关于在上述案件中是否存在再审事由,也可以说是一个问题。新堂说认为,由于被告接受裁判权受到侵害,因此存在着《日本民事诉讼法》第338条第1款第3项规定的再审事由。

但是,中野说认为,在上述案件中,收到期日变更通知与第一审判决送达的X,无论是通过在口头辩论期日中出庭的方式,还是通过提起上诉的方式,都可以达到阻止前诉判决确定之目的,但X并未这么做,因而他必须承担由此带来的不利益,因此,在本案中不存在再审事由。冈田教授也对上述案件中是否存在再审事由之问题,抱以同样的疑问。参照冈田幸宏《关于判决的不当取得》,载《名古屋大学法政论集》,第133号第71页以下(平成2年)、第134号第385页以下(平成2年)、第136号第381页以下(平成3年)、第137号第437页以下(平成3年)。

最高裁判所平成10年9月10日判决(载《判時》,第1661号,第81页以下),对于诉讼中原告基于重大过失(其实是知道被告营业场所)而向法院作出“不清楚被告经营场所”回答之行为,判决并未认定其为“旨在侵害被告权利的行为”,进而认定前诉判决的既判力具有优先性。由此也可以看出,判例对于否定前诉判决持相当慎重的态度。

但是,在当事人直接提起的损害赔偿诉讼中,并不能满足“再审事由的存在与否属于职权探知之事项”(参照新堂,第 814 页)与“再审之诉的提起存在期间限制”(参照《日本民事诉讼法》第 342 条)之要求,因此,可以说这种直接提起的损害赔偿之诉并不能完全取代再审之诉。作为理论而言,尽管存在这样的缺陷,而且,在“应当经过再审”之外形上也丧失了“坚固性”,但从整体来看,还是后说更具有灵活性与合理性。[154] 因此,在理论层面上,“直接提起请求返还不当得利诉讼”这种旁道也可以获得肯定。

对于如下这个认可“不经再审来撤销既判力”之做法的判例,又该作何评价呢?即最高裁判所昭和 37 年 5 月 24 日判决,载《最高裁判所民事判例集》,第 16 卷第 5 号,第 1157 页以下。该案件的前诉是一个基于交通事故的损害赔偿请求诉讼,由于 A(前诉被告)引发的交通事故造成了 Y(前诉原告)的受伤,进而致使 Y 无法从事其马车运输的工作,最后 Y 获得了承认 50 万日元请求的判决。五年后,Y 提出了向 A 继承人的 X 等人进行强制执行的申请,X 等提起了请求异议之诉(后诉)。对于这种情形(后诉),正确的理解应当是,Y 的身体(受伤)在后来(前诉判决作出后)获得了康复,而且也正在经营其原有的马车运输,因此,基于这种情势变更 A 不能进行强制执行。但是,在第一审与第二审中都判决 X 等败诉,原判决认为,X 等提出的“Y 的身体(受伤)在(前诉)判决后获得康复,进而能够继续经营马车运输”之主张,构成了对前诉判决所认定的“Y 基于受伤程度以及丧失劳动力而致使应得利益之丧失”的争执,如此一来,否定了前诉判决所确定的“Y 对于 A 的损害赔偿请求权存在”之判断,因此,这一主张违反了前诉判决既判力,故而不予允许。但是最后,最

关于此方面的判例,还可以参照那霸地方裁判所平成元年 12 月 26 日判决(载《判時》,第 733 号,第 166 页以下)。

〔154〕 职权探知主义与辩论主义尽管在理念上存在很大差异,但在实际运用上,两者的差异恐怕并未那么大,如果考虑到这一点,那么就会对“强调职权探知主义,进而固守于再审之形式”之思维予以某种程度宽缓化的考虑。而且,在期间限制这一点上,尽管作出完整的理论构成较为困难,但绝不能说,不可以将其放置于损害赔偿请求之中来予以考虑。

高裁判所却撤销了原判决(控诉审判决),并将案件发回重审。最高裁判所的判旨认为:

> 即便是确定判决所确定的权利,权利人也应当基于诚实信用原则予以行使,而不能滥用权利,这是一个毋庸赘述的道理,前诉判决所认定的Y对于A存在着损害赔偿请求权,是基于“Y在将来不能从事经营活动”这一前提下获得肯定的,当该判决被作出后,发生了如同X所主张的“Y的身体快速康复,并能够进行正常的经营活动”这样的情势变更时,若让Y获得针对X等提出的前诉确定判决债务名义的执行文书(由于在前诉判决作出后,A不堪损害赔偿义务的负担而自杀),进而对X等进行强制执行,那么即便Y行使的是基于确定判决的权利,也违背了诚实信用原则,故不免有滥用权利之嫌。

至少从结果方面来看,前诉判决在事实认定上发生了错误,因此,大冈地方裁判所(发回重审后的审理法院)作出的“不允许强制执行”的结论是具有说服力的,不过,作为诉讼法理论而言,又该如何看待呢?这就涉及如何理解上述判旨的问题。若将其解读为“Y虽然存有权利,但其行使权利的方式构成权利滥用”,则应当不会产生什么问题。因为,这种理解既未否定前诉判决的既判力,同时又使Y对X等的强制执行不能实现。但是,如果将“Y的身体(受伤)快速康复”作为权利滥用的主要依据,那么就涉及前诉判决所认定的事实问题,可以说这一点对前诉判决的既判力形成否定或限制。〔155〕 而且,在这一案件中并不存在法律规定的再审事由(如果存在着Y伪造证据等事实,则另当别论)。既然不存在再审事由,即便基于新堂说的立场,也很难承认后诉的X等提出的请求异议。作为既判力理论而言,作出原判决(后诉的第一审与控诉审)这样的理解,恐怕还是较为正确的。

---

〔155〕 山木户克己《关于最高裁判所昭和37年5月24日判决的判例释评》,载《民商》,第2号,昭和38年,第252页以下,收录于山木戸·判例,第295页以下。山木户说认为,在某些情形下,可以对既判力作出限制。

那么,对于这一案例,既判力理论是否就完全无法作出应对呢?笔者认为,答案未必如此,因为,如果将这种情形作为“后发性后遗症”的相反情形来予以考虑,恐怕就可以使既判力理论作出应对。具体而言,当前诉当事人的主张中存在着没有可预料性的后发性后遗症时,前诉的判决既判力就不能对其予以遮断,作为其相反的情形,当在前述的主张中存在着不可预料“受伤快速痊愈”之事实时,那么也不是不可以采用“前诉判决既判力不能对其形成遮断”的理论构成。若能够作出这样的理解,即便不经再审,也可以依据既判力理论对本案件作出处理。〔156〕

---

〔156〕 不过,笔者认为,将负伤程度的再评价列入“可预料性”之中的做法稍显不妥,因此,在该文中笔者改变了本文的论述。参照高桥宏志《确定判决后的追加请求》,载中野·古稀(下),第249页以下,尤其是第266页,

此外,铃木正裕《关于既判力的遮断效(失权效)》,载《判タ》,第674号,昭和63年,第4页以下,对于主张“既判力不及于不可预料的情形”的观点(参照本讲“基于可预料性的调整”部分的相关论述)进行了激烈的批判,并作出了如下的评价:

铃木说的论据在于有关再审的《日本民事诉讼法》第338条第1款第5项的规定。具体而言,该法条规定,基于他人应受刑罚行为作出的自认或妨碍提出“可以影响判决”之攻击或防御方法的,当事人也可以提起再审之诉,不过,提起这一再审之诉以“判决既判力及于这种攻击或防御方法”为前提,而且提起再审的目的也在于撤销“判决既判力对于这种攻击防御方法的拘束”。当基于他人应受刑罚行为而作出自认或妨碍提出“可以影响判决”之攻击防御方法时,既然既判力都及于这种攻击防御方法,那么对于当事人基于自己过失而未能提出的事实,既判力也当然对其形成拘束。铃木说的这一批判,可以说颇具说服力,对其进行反驳,恐怕并非易事。此外,中野教授也对基于可预料性调整的做法表达了反对意见,认为应当维持通说,参照中野贞一郎《既判力的标准时》,载《判タ》,第809号,平成5年,第22页以下,收录于中野·論点(Ⅰ),第243页以下。

但是,对于这种批判的论点,笔者试图从以下几点来进行反驳。第一,尽管铃木说对主张“既判力不及于当事人因过失而未能提出的事实”的学说进行了概括,但是其所认为的“当事人因过失而未能提出的事实”,在范围上不免显得过大。笔者认为,所谓的“不可预料的情形”应当作为“既判力不及于超过时间界限的情形”之延伸来予以把握,对于仅因自己过失而未提出的事实,并不存在着不可预料性。

第二,由于在前诉中当事人不具有提出(某事实)可预料性的场合与《日本民事诉讼法》第338条第1款第5项规定的场合存在着部分重合之处,因此,有必要对其各自的守备范围予以调整。在此有必要稍稍偏离法条的文理来作一分析,即当存在着他人应受刑罚的行为,且当事人自己认识到该攻击防御方法(作为主要对象的事实)时,是否

综上所述,作为诉讼法理论而言,当存在再审事由时,不通过再审之诉之形式,而直接允许当事人提出相应侵权行为请求之"其他途径"也并非不可能,但在没有再审事由的情形下,应当尽可能维持前诉判决中关于"权利关系存在与否"之判断的通用力(既判力)〔157〕。

2. 将来给付之诉中的情势变更

在上述第二个的最高裁判所昭和 37 年 5 月 24 日判决中,(至少从结果方面来看)前诉判决存在着事实认定的错误,因为,前诉判决认定当事人 Y 今后不能从事经营活动,但在事实上 Y 又恢复了健康并可以从事其经营活动。当事人 Y 能否在将来从事经营活动,应当说属于基于口头辩论终结时点之资料作出的"将来预测性"判断,而且这种判断不可避免存在着将来产生某种变化的可能。但是,作为法律论而言,损害被认为是既已发生的事实,而损害认定的基础就是受害人应得利益的丧失。这种判断并不是针对将来发生损害的评价,而是对现在损害的评价,当这种评价发生错误时,若允许对其进行再评价,确实会对既判力制度形成动摇。不过,平成 8 年《日本民事诉讼法》第 117 条,对于现在损害的定期金赔偿之情形,规定"当口头辩论终结后,工资水平及其他损害额计算基础的情势发生

应被科以"提起再审(来推翻既判力)之负担呢?答案恐怕是否定的。正确的应当是,当存在着他人应受刑罚的行为,且妨碍了当事人自己认识这种事实时,才不存在着提出主张的可预料性,在此情形下,既判力不对其形成遮断。总而言之,笔者认为,应当对"当事人并非不可能认识到该事实并在前诉中主张"的情形与"当事人完全不可能认识到该事实"的情形予以区分,前者的场合应当被视为"不至于没有可预料性"的情形。

第三,这一点也为铃木说自身所承认,即如果依据前揭判例中的"即便存在再审事由,除了再审之诉外,也认可当事人提出损害赔偿请求的其他救济方法"之观点,那么"要求提起再审之诉"与"认为既判力不及于这种事实"之间的差异就变得非常小,因为,即便基于"既判力不及于这种事实"的立场,让当事人必须在后诉中就"前诉中存在不可预料性"进行主张及举证,也可能较为困难。如果如前揭注〔149〕中的中野说所主张的,可以忽略《日本民事诉讼法》第 338 条第 2 款的刑事有罪判决等要件,那么这种差异将会变得更小。

〔157〕 在关于限定承认的《百選Ⅱ》第 146 号案件中,认可当事人基于《日本民法》第 937 条可以提起再诉,关于此的详细论述,可以参照本讲前述的相关部分。

显著变更时”,可允许当事人提起变更金额之诉。

那么,该如何看待将来给付判决呢?在法院作出将来给付判决的情形下,这种判断仍然是针对将来作出的预测性判断,而作为法律论而言,也仍然是法院对未发生之将来权利的一种判断,在理论上,也可以从正面承认这是针对将来的预测。因此,与普通判决(现在之诉)相比,也可以认为这种判决的既判力相对较弱,若将来发生显著的情势变更,也存在着对判决进行修正的余地。[158] 事实上,判例也作这样的理解。最高裁判所昭和 61 年 7 月 17 日判决,载《最高裁判所民事判例集》,第 40 卷第 5 号,第 941 页以下,收录于百选(第四版),第 83 号案件(三上威彦解说)即属于此。在原告请求腾退建筑物的前诉中,附随性地要求被告每月支付相当于土地实际腾退前之租金的“47800 日元损害赔偿金”获得认可(该部分属于将来给付判决),但是,在该判决作出后,基于经济方面情势之变更,每月 47800 日元的损害赔偿显得不太足够,因此原告提出追加“相当于前诉差额的 87242 日元”损害赔偿请求之后诉,对于这一后诉,原审以及最高裁判所的判决都基本上承认了这一追加请求。[159]

由此可以认为,将来给付判决中的既判力本来就较为弱化,不过,应当设置何种要件(例如,从何时开始)来允许变更其既判力,可

---

〔158〕 此外,也可以参照小岛武司《既判力的缩小与扩张》,载鈴木ほか·演習 2,第 272 页以下;星野雅纪《将来给付之诉的要件与既判力》,载《判タ》,第 524 号,昭和 59 年,第 53 页以下,收录于后藤男、山口和男编《展望判例法 2》,判例时代社,昭和 59 年,第 260 页以下;山本弘《将来损害的扩大与缩小或者损害额算定基准的变动与请求损害赔偿诉讼》,载《民訴雜誌》,第 42 号,平成 8 年,第 117 页以下。

〔159〕 不过,池田辰夫对于本判例的解说,收录于池田辰夫《新世代的民事裁判》,信山社,平成 8 年,第 251 页以下认为,由于本案是相当于地租金额的变更,因此应当作为请求变更地租诉讼予以对待,而不应当认为其是“基于情势变更修正既判力”的判例。

与此相对,河野教授则将该案件置于既判力理论中来展开论述,参照河野正宪《关于最高裁判所昭和 61 年 7 月 17 日判决的判例释评》,载《ジュリ》杂志临时增刊——《昭和六十一年度重要判例解说》,有斐阁,昭和 62 年,第 122 页以下。

能是今后必须进行深入探讨的课题。[160] 而且,一旦将来给付之诉的(承认既判力变更)的要件轮廓获得确定,那么对于"基于情势变更来修正通常判决(现在之诉)既判力,尤其是变更赔偿金额的算定及评价"之课题的论述,也可能具备更强的可行性(参照"第十一讲 诉的利益"部分的相关论述)。[161]

十、诉讼判决的既判力

一直以来,既判力是作为针对本案判决之概念被论述的,这一点尤其被既判力本质论中的实体法说所强调。

但是,在诉讼判决方面情况又如何呢?例如,在因为没有诉的利益而法院作出驳回诉的判决后,当在没有追加新事由的前提下原告提起再诉时,法院是否必须对该再诉之诉的利益进行再审理呢?在这种情形下,法院若是采取以"存在着前诉的驳回诉判决"为由来拒绝进行再审理之做法恐怕是较为妥当的。如果肯定法院这种针对再诉的处理方式,那么前诉判决(诉讼判决)这一机能等同于既判力,因此,可以说诉讼判决也存在着既判力。[162]

如此一来,时至今日,认为"诉讼判决也具有既判力"的观点,占

---

〔160〕 大阪地方裁判所平成元年2月9日判决,载《判時》,第1339号,第114页以下也认为,应当承认原告提出的相当于地租的损害赔偿金差额请求。不过,判决并未言及是否存在被告方妨碍强制执行的问题。由于胜诉原告(债权执行人)可以随时申请腾退土地的执行,因此,当原告怠于申请这种执行时,承认其差额请求的必要性就显得不大。如此一来,从谋求双方当事人平衡的视角来看,采取"融入被告方妨碍强制执行方面因素考量"的做法是较为妥当的。不过,星野雅纪《将来给付之诉的要件与既判力》,载《判タ》,第524号,昭和59年,第53页以下,收录于后藤男、山口和男编《展望判例法2》,判例时代社,昭和59年,第260页以下认为,对于被告的执行妨碍,应当通过间接强制(参照《日本民事执行法》第172条)来作出应对,而不能将其直接作为"承认原告差额请求"的基础。关于此的详细论述,还可以参照高桥宏志《确定判决后的追加请求》,载中野·古稀(下),第249页以下;高田裕成《定期金赔偿判决与变更之诉》,载講座新民訴法(第一卷),第169页以下。

〔161〕 可能会产生如下问题,例如,在法院作出以原告给付腾退费为条件的承认腾退房屋请求判决后,当原告给付的腾退费过高时,原告应当获得何种救济呢?

〔162〕 关于诉讼判决既判力问题状况的详细论述,可以参照上田徹一郎《驳回诉判决的既判力》,载上田·判决効,第88页以下。

据着通说地位(参照新堂,第567页),[163]与本案判决的既判力相比,驳回诉判决的既判力具有以下三个特殊性。

第一,驳回诉判决的既判力只针对作为驳回理由的诉讼要件而产生,不对其他的诉讼要件产生拘束力。这种既判力并非一般地确定该诉讼的诉讼要件不存在,其针对的仅仅是作为驳回理由的诉讼要件,并对其不存在作出确定。换言之,关于欠缺某个具体诉讼要件之判断,不仅仅是判决理由中判断,也成为判决主文并特定诉讼判决的既判力对象。因此,只要当事人(原告)对作为驳回理由的诉讼要件作出补正,就可以再诉。通过这种处理,在被驳回诉时,原告也可以较容易地提起再诉。至于为何让原告容易地提起再诉,是因为驳回诉的判决并未对案件进行本案审理,原告至少享有一次接受本案审理的机会,是应当获得保障的。[164]

第二,对于作为起诉行为有效要件之"诉讼能力要件"所作出的驳回诉判决,该判决的既判力并不发生遮断后诉的作用。在因无诉讼能力而导致起诉无效的情形下,当当事人在法院作出驳回诉判决后再次提起诉讼时,法院必须就"原告在再诉时是否具有诉讼能力"进行再一次审理,换言之,前诉驳回诉判决的既判力并没有发生作用(参照新堂,第576页)。

第三,驳回诉判决的既判力也存在着标准时的限制问题。但是,在驳回诉判决的既判力范围内,对于标准时前存在事由的把握应当宽松化。例如,在因原告不具备《日本民事诉讼法》第29条的无法人格社团之要件而遭到驳回诉的情形下,原告在标准时上具备该要件但未予以主张,或者原告易于具备该要件(例如完备一定的规章

---

〔163〕 但是,阪口裕英《驳回诉判决与驳回请求判决》,载講座民訴(第六卷),第89页以下不承认诉讼判决具有既判力,并认为,只要当事人提出新的证明资料(而不是标准时后的新事由),法院就应当对此进行再审理。

此外,关于诉讼判决既判力问题另外的研究(诉讼要件论与所谓的权利保护请求权论),可以参照霜岛甲一《诉讼判决的既判力》,载《法学志林》,第61卷第1号,昭和38年,第1页以下。

〔164〕 参照高桥宏志《既判力与再诉》,载三ヶ月・古稀(中),第521页以下。

等)但未予以完备,因此而遭驳回诉判决的既判力,不能遮断原告提起的再诉。在驳回请求之判决(本案判决)的情形下,原告基于自己举手之劳就可以避免“驳回请求”但未作出这种行为时,让其产生失权的效果,应当说是妥当的(例如空白票据补充权,参照本讲前述的相关部分论述),但与此不同,对于驳回诉之判决(诉讼判决)也产生失权的效果,无疑是不当的,因为,必须保障原告至少接受一次本案审理的机会,而诉讼判决是并未经本案审理程序而作出的判决。[165]

十一、既判力补论

1. 一个判例

最近出现了一个饶有兴味的,涉及遗产确认中固有必要共同诉讼既判力的判例,这就是最高裁判所平成9年3月14日判决,载《判夕》,第937号,第104页以下,以及《判時》,第1600号,第89页以下。笔者在此就本判例中的既判力理论与遗产分割的处理作一番探讨。

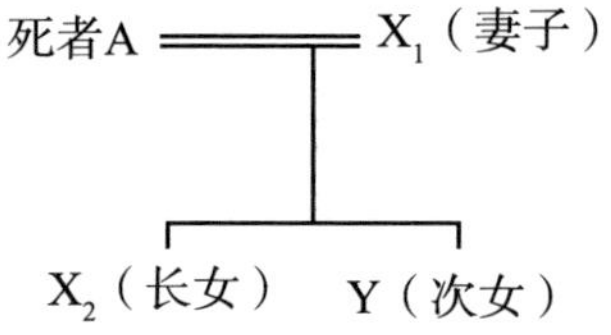

图 15-4

本案的事实关系较为简单。这是一起发生在某死者A的妻子X_1、长女X_2与次女Y之间的纠纷。纠纷的对象是某一块土地,该土地是A于昭和30年通过买卖从B处获得,并进行了所有权转移的登记。A死于昭和37年,由于发生继承方面的纠纷,昭和46年Y提

〔165〕 反过来,法院作出的“存在诉讼要件”的判断之拘束力又是如何的呢?如果法院认定存在诉讼要件,那么就要进入本案审理,因而“存在诉讼要件”的判断,不过是判决理由中判断(也包含中间判决的情形)。但是,法院基于当事人认真争执作出的判断,例如,“存在《日本民事诉讼法》第29条的无法人格社团要件”之判断,应当存在着产生争点效的可能性。不过,在现实中可能并没有太多“诉讼要件的争点效及于其他事项”的情形。

出遗产分割的调解申请，但调解未果，于是 X_1 以 Y 为被告提起确认所有权与转移登记程序的请求（前诉），X_1 提出了如下主张，从 B 处买取土地的并非 A 而是 X_1，即便不是，X_1 也基于时效取得该土地所有权。对于此，Y 提出“从 B 处买取土地的并非 X_1 而是 A”这样的附理由否认，并主张，“A 将该土地赠与了 Y”。前诉的第一审判决承认 X_1 的请求，但判决理由似乎不甚明确（昭和 50 年）。于是，Y 提起了控诉，控诉审法院则作出了完全相反的驳回请求判决（X_1 败诉）（昭和 60 年）。该判决的理由是，从 B 处买取土地的是 A。但是，“A 将土地赠与给 Y”之事实也未获法院认定（与本案相关的另一个细节是，Y 以自己是土地所有人为由向借地人 C 提起了返还土地请求，Y 的这一请求也遭法院驳回，关于 Y 对 C 的诉讼情况在此予以省略）。如此看来，控诉审判决全面否定了 X_1 的主张，对于 Y 的主张，尽管认可其前半部分（土地由 A 买受），但未认定其后半部分（A 将土地赠与给 Y）。对于这一控诉审判决，X_1 等提出了上告，但最高裁判所驳回了上告，前诉结果因此而确定（昭和 61 年）。

在此之后，对于该土地的继承问题，法院再次进行了调解。在调解中，由于 Y 再次主张“自己是该土地所有人（从 A 获得）”，因此 X_1 与 X_2（作为共同原告）以 Y 为被告提起了本诉讼（后诉）（平成元年）。在后诉中，原告提出“该土地为 A 的遗产”的确认请求，并要求对应于遗产共有持分来对土地所有权进行转移登记。对于此，Y 提起了“确认 X_1 不具有共有持分权”的反诉。在后诉的第一审中，法院承认 X_1 与 X_2 的请求（平成 3 年）。在前诉中，尽管 X_1 在转移登记程序请求中败诉，并且其中的判断产生既判力，但是，前诉的（基于单独所有权的）登记请求权与后诉的基于遗产共有持分权的登记请求权，在性质上是不同的，如此一来，也就回避了既判力问题。在 Y 提起的控诉审中，法院对于 X_1 与 X_2 的遗产确认请求与 X_2 的转移登记请求，均作出了驳回控诉的判决（换言之，控诉审法院也承认这两个请求），但对于 X_1 的转移登记请求，控诉审法院却作出了与一审法院相反的驳回请求判决，与之相对应，承认了 Y 提出的“确认

X_1 不具有共有持分权”的反诉请求(平成4年),其理由在于,前诉判决的既判力遮断了 X_1 提起的转移登记程序请求。从控诉审判决的结果来看,一方面认为本土地是共同继承人 X_1、X_2 与 Y 的遗产,但另一方面,却又认为继承人之一的 X_1,既不能向 Y 主张(该土地的)所有权,也不能主张转移登记程序请求,如此一来,就陷入了一种矛盾的局面。对于此问题,控诉审判决的判旨也仅仅作出如下论述,即认为“这是一个应当在将来按照遗产确认的确定判决来进行遗产分割之际予以考虑的问题”,并未展开进一步具体说明。[166]

对于这一个控诉审判决,双方当事人都提起了上告,最高裁判所的判决(也就是本判例的判决)均驳回了上告。对于 X_1 提出的上告(认为前诉判决既判力遮断后诉是违法的),最高裁判所的判决认为:

在前诉中,X_1 仅主张基于本案件土地买卖及取得时效而取得土地所有权,而并未提出在事实审口头辩论终结之前产生的“因 A 死亡而继承该土地”之主张,由于“旨在驳回 X_1 提出所有权确认请求”的前诉判决获得确定,因此,X_1 在本诉讼(后诉)中提出的基于继承取得共有持分的主张,与前诉判决的既判力发生抵触。在前诉中,作为 A 共同继承人的 X_1 与 Y,双方就本土地所有权取得提出了主张,并进行了争执。对于这两方提出的取得所有权主张,前诉判决都予以了驳回,并作出了本土地归 A 所有之判断。在前诉判决确定后,即便存在着 Y 为了主张该土地所有权而提起本诉等事由,也不允许 X_1 提出上述主张。

---

〔166〕 不过,此处引用的判旨部分,并非直接针对“X_1 一方面是继承人,但在另一方面不具有所有权(共有持分权)”之矛盾逻辑而作出的论述,而是在如下这一文脉中对此作出间接的说明,即因前诉中的所有权及登记请求权中败诉的 X_1 是共同原告之一,故应排斥 Y 提出的“后诉 X_1 与 X_2 的遗产确认请求之固有必要共同诉讼是不适法之诉”主张。

不过,在驳回 X_1 上告的判旨中,还存在着福田法官的反对意见。该反对意见认为,在诸如本案这样发生在继承人之间的纠纷中,纠纷的实际状况是,该土地究竟是归 X_1 所有,还是归 Y 所有,抑或是属于继承人的遗产?对于这种形态的纠纷,即便当事人在提出所有权的主张时未预备性地提出继承共有持分的主张,一般也可以使纠纷获得解决。Y 对于在前诉中被驳回的“单独所有权(主张)”再次予以提出的行为,违反了诚实信用原则,而仅因为 X_1 在前诉的阶段中未预备性地提出继承共有持分的主张,就让其产生失权效果,这种结果对于 X_1 而言,不免过于苛刻。对于福田法官的这一反对意见,根岸法官又作出了如下的补充意见,即认为,在前诉判决作出后,Y 仍然持“不承认 X_1 具有持分共有”之态度,从 Y 的这种态度来看,在前诉中,X 能够预备性地提出“基于继承的持分共有”之主张,但由于 X 固执于对其而言最为有利的“单独所有权”之主张,因而没有提出“持分共有”的主张,由此看来,要求“X 在前诉中预备性地提出请求”,对于 X 而言,也不能说是一个苛刻的要求。

对于 Y 提出的上告(认为因属于固有必要共同诉讼,故应驳回诉),最高裁判所的判旨认为:

在共同继承人甲、乙、丙中的甲与乙之间,旨在驳回甲所有权确认请求的判决(前诉判决)获得确定,基于该确定判决既判力的作用,即便甲不能向乙提出“基于继承取得持分共有”之主张,甲也可以提出针对该土地的遗产确认之诉。不过,遗产确认之诉是为了在全体共同继承人之间就“特定财产属于被继承人的遗产”作出确定的诉讼(参照最高裁判所昭和 61 年 3 月 13 日判决,载《最高裁判所民事判例集》,第 40 卷第 2 号,第 389 页;最高裁判所平成元年 3 月 28 日判决,载《最高裁判所民事判例集》,第 43 卷第 3 号,第 167 页),上述确定判决既判力所确定的仅仅是“在甲与乙之间,甲不具有该土地的所有权”。前诉判决(既判力)并未对“甲具有继承人的地位”以及“上述土地属于被继承人的遗产”作出否定,因此,甲并未丧失提出遗产确认之诉的原告适格,换言之,甲应当具有“要求在共同继承人之间就上述土地遗产归属性作出合一确定”之利益。[167]

2. 对前诉判决既判力的探讨

依据本判决内容,一方面本土地属于A的遗产,但另一方面,作为共同继承人之一的X_1,却不能向另一个共同继承人Y提出持分共

---

〔167〕 如何在“遗产确认之诉是固有必要共同诉讼”与“在作为部分共同继承人的X_1与Y之间,存在着驳回所有权(包含共有持分的)确认请求判决”这两者之间形成整合,恐怕还颇成问题。对于此问题的解决,正如判旨所述的,应当也承认X_1的原告适格,并使其形成固有必要共同诉讼。

如果从继承人X_2的利益来考虑,仅因X_1对于Y败诉而不允许其提起遗产确认之诉,恐怕并不可取。从X_2利益出发,对这种X_2提起的遗产确认之诉应当予以肯定。如此一来,X_2可以成为原告,而X_1不能成为当事人,那么采取“承认抛开X_1的遗产确认之诉”之解决方式,其结果又如何呢?若是采用这种方式,恐怕会面临如下这一问题,即尽管因X_1在其对于Y提起的诉讼中败诉,故不能向Y提出共有持分的主张,但是,X_1仍然可以向其他共同继承人(本案中的X_2)提出共有持分的主张,因此,如果排斥X_1所有主张,这对于X_1而言不免显得过于残酷,而且,这种方式也有违“遗产确认之诉是基于全体共同继承人进行的固有必要共同诉讼”之原则。那么,能否采用下面这种解决方式呢?即尽管X_1不能成为原告,但在X_2作为原告当事人的诉讼中,让X_1作为被告,这似乎也并非是不可行的解决办法,因为,在这种解决方式下,全体共同继承人都成为诉讼当事人,如此一来,满足了固有必要共同诉讼之要件。但是,究其到底,这仅仅是在法技术上颇具技巧的解决方法而已,就实际状况而言并不可行,因为,让在诉讼外组成共同战线的X_1与X_2,在诉讼中分别成为被告与原告,这种做法无论如何都是不可行的。总而言之,这一“承认X_1与X_2为共同原告”的判旨,应当予以赞成。

不过,从根本上而言,“让共有持分的争议在一部分共同继承人之间进行”的做法,也存在问题。尽管从理论层面来看,认为“在X_1与Y之间X_1不具有共有持分,或在Y与X_2之间Y不具有共有持分,或在X_2与X_1之间X_1不具有共有持分”的观点是可行的,但就实际处理而言,这样的做法极易导致混乱。因此,最好也应当将共有持分的争议,作为固有必要共同诉讼来予以理解。若基于这种理解,即便在本案的前诉中,X_1也可以提出确认共有持分的请求,由于这是一种固有必要共同诉讼,因而基于“欠缺X_2”之理由,法院会直接作出驳回诉的判决,而后如果在X_2(欠缺)方面获得补正,X_1仍然可以就此提起再诉。而且,以上的论述也意味着,单独所有权确认并不能简单地包含共有持分确认,这一点也符合本讲“4. 民法学者的视点”中民法学者的观点。不过,较为遗憾的是,无论是判例还是通说,均未将共有持分确认理解为固有必要共同诉讼。至于其原因,恐怕还是在于其过分地拘泥于“共有持分权是可以单独且自由处分的权利”之观念。

有的主张。那么该如何看待这一结果呢？应当说这是一个不稳妥的解决基准。之所以会产生这种不稳妥的解决基准，是因为前诉判决既判力发生了作用。尽管判旨否定了前诉判决既判力（对于后诉的拘束）作用，但是能否在解释论上，作出“在这种情形下，前诉判决既判力不及于后诉”之解释呢？

从学说上看，在本判决之前就有几个学说展示了这种可能性。第一种见解是木川说，关于此的详细论述，可以参照木川统一郎《法律要件与请求原因》，载木川统一郎《民事诉讼政策序说》，有斐阁，昭和43年，第31页以下。木川说认为，如果基于每个具体权利发生要件事实来把握诉讼标的，那么“基于买卖的所有权确认”（判决既判力）不遮断同一当事人提出的“基于取得时效的所有权确认请求”。按照木川说，就本案的情况而言，在前诉中，X_1 提出的“基于买卖的所有权取得”之主张，并不包含“基于继承的所有权（共有持分）取得”，于是，X_1 就基于继承的所有权（共有持分）取得另行提起的诉讼（后诉），是适法之诉。但是，这是从正面对小山升教授、三月章教授以及新堂幸司教授等所提倡的新诉讼标的论予以反对的学说，尽管在理论上并非不可行，但不得不指出，这种学说在“纠纷的一次性解决”方面会面临着诸多问题，因为，如此一来，被告不得不进行数次的应诉。

第二种见解是基于新诉讼标的论立场的竹下说，关于此的详细论述，可以参照条解，第606页以下。竹下说认为，既判力的遮断效不及于特定的法的观点。具体而言，如果在前诉的审理过程中存在着完全不构成问题（争执对象）或者不能期待其作为问题之法的观点，那么当事人关于“基于这些观点之上的请求妥当与否”的争执，并未获得程序权保障，因此，前诉判决既判力不及于这些法的观点。例如，当事人在后诉中可以就前诉中未作为问题（争执对象）的法人格否认来提出主张。不过，竹下说也认为，作为例外，基于同一事实关系产生的且在前诉中可以主张（可以期待原告对此进行主张）之法的观点，则要受到（前诉判决）既判力遮断，因为，对于能够在前诉中获得审理的法的观点，实质上还是应当优先考虑对方当事人的

"期待通过前诉判决来解决纠纷"之信赖利益。此外,山本教授也认为,当法院违反法律问题指出义务(法的观点指出义务)而未在诉讼中向当事人指出法的观点时,当事人可以基于这种法的观点提起后诉(前诉判决的既判力不对其形成遮断),但是,作为评价规范而言,还需要考量胜诉对方当事人的利益,因此,必须要求后诉原告对于"在前诉中未提出这种法的观点"之行为不存在过失。参照山本和彦《民事诉讼审理构造论》,信山社,平成7年,第325页以下。

无论是竹下说还是山本说,都属于一种较为细致的理论,这两种学说都可以说是对最早提出主张的小室说[关于此的详细论述,参照小室直人《诉讼标的与既判力》,载《法学杂志》(大阪市立大学),第9卷第3·4号,昭和38年,第345页以下,收录于小室直人《诉讼标的与既判力》,信山社,平成11年,第1页以下]予以补充并再构成的学说。就本案的具体情况而言,这种学说又会产生何种结果呢?若基于竹下说的立场,则作为一般论而言,买卖之法的观点与继承之法的观点是不同的,在很大程度上其中一个法的观点(请求既判力)的遮断效可能不及于另一个法的观点,因为,在买卖与继承之间,两者的背景事实一般存在很大差异。但是,当例外地满足"基于同一事实关系产生"之要件,而可以期待原告在前诉中提出后者之法的观点时,其结果又如何呢?例如,在铁道事故中,基于侵权行为的损害赔偿请求与基于债务不履行的损害赔偿请求,就是基于同一事实关系产生的两种法的观点,无论原告基于何种法的观点提起诉讼(前诉),在该诉讼中均可以期待其提出另一种法的观点之主张。在本案中,买卖与继承是两个不同的事实关系,因此继承之法的观点似乎不受买卖之法的观点遮断,但是,在本案中存在着"死者A从B处买取土地"的事实,法院也对此事实作出了认定,这一事实的成立应当是被证据所证明的。而且,在本案中,除了一般论所认为的存在买卖与继承两个事实关系之状况外,也似乎可以作出"这两者都是起因于从B处买取土地这一同一事实关系"之判断,如此一来,后诉的主张在前诉中存在着可主张的可预料性,因此,即便基于竹下说的立场,本案件的后诉也存在着"受前诉判决既判力遮断"

的可能性。山本说是一种在作为法院行为规范之法律问题指出义务(法的观点指出义务)中附加以“对方当事人对胜诉判决信赖”之评价规范考量的精密化学说。作为一般论而言,山本说存在着一种将法院违反释明义务与否定既判力联系起来的意向,在这一点上,山本说颇令人赞同,但就本案的状况来看,与竹下说一样,既然 Y 对继承之构成提出了主张,那么对于 X_1 而言,也充分存在着提出这种主张的可能性,如果 X_1 在前诉中未予以主张,那么就构成山本说理论中的“存在过失”,因而也受前诉判决既判力的遮断(上述的根岸法官补充意见的出发点即在于此)。总而言之,即便基于这两种学说的立场来看待本案件,前诉判决的既判力也似乎是及于后诉的。〔168〕〔169〕

---

〔168〕　不过,笔者认为,主张“在前诉中未被审理的法的观点不受前诉判决既判力遮断”的学说,在条件限制上不免显得过于宽松,即便同样作为一般论而言,竹下说与山本和彦说的具体内容也不相同,关于此的详细论述,可以参照注釈民訴(第四卷),第 317 页以下(高桥宏志执笔)。笔者认为,只要将判断标准限定于“是否属于具有主张可预料性的事实”即可。至于在那些“事实已经出现,但是法的观点仍未出现”的情形中,则没有对这种法的观点进行救济(不被遮断)的必要,不过,对于这种情形,无论是竹下说还是山本和彦说,似乎都主张通过其理论的例外性框架予以遮断,因此作为结论而言,两者并没有太大差异。

不过,这种学说在“当法院违反释明义务时,当事人可以提起再诉”这一点上,具有一定说服力,但是依据日本法律,即便法院基于错误法律解释作出判决,也不构成再审事由,而承认该判决具有通有力(既判力)。因此,在解释论上,作“当法院在前诉中违反释明义务时,当事人只能通过上诉来追究,而不能提起再诉(后诉)”之理解,是较为妥当的。因为,对于法院违反释明义务行为,当事人只有通过送达后的判决才能发现。如果发现此问题但未提出上诉的当事人,当然也不能提起再诉。在本案件中,如果 X_1 不固执于单独所有权确认(参照根岸法官的推测),那么在前诉中可以提起上告。不过,对于笔者所持的既判力论,井上治典教授(参照井上治典、高桥宏志编《趣味民事诉讼法》,有斐阁,平成 5 年,第 136 页中的井上治典教授的发言)提出是否“过于严格”之疑问。此外,当真正出现法律解释错误的判决时,作为实际问题而言,也存在着主张“法院承认当事人提起再诉”的动向,关于此的详细论述,可以参照高桥宏志《既判力与再诉》,载三ヶ月・古稀(中),第 521 页以下。

〔169〕　在本判决作出后,对于另一起与本案件相类似的诉讼,出现了认为“应当承认法院违反释明义务并撤销原判决”的判例,即最高裁判所平成 9 年 7 月 17 日判决,载《判タ》,第 950 号,第 113 页以下。在该案件中,原告 K 基于“自己租赁了土地并在土地上修筑房屋”之主张提出了土地租赁权确认、房屋所有权确认以及返还房屋等请求。对于此,被告 B 主张,“租赁土地并修筑房屋”之人并非 K,而是作为 K 父亲的死者 D。

除此之外,也存在其他认为既判力不及于后诉的学说,[170]不过,从诉讼法理论来看,采用既判力及于后诉的观点较为妥当。

3. 遗产分割的处理

正如本案中最高裁判所判决所作出的结论那样,将前诉判决的既判力及于后诉,如此一来,其后的遗产分割该如何作出处理呢?一方面判决确定了本土地为死者 A 的遗产,但另一方面又认为共同

控诉审判决认可了被告 B 的主张,并驳回了 K 的请求,后来 K 又提起了上告,并在上告中预备性地提出了"控诉审法院违反释明义务"的主张。最高裁判所承认 K 的上告请求,最后撤销控诉审判决,并将案件发回重审。如果按照这一判例的观点,那么在本案件中,若 X_1 在前诉中以"法院违反释明义务"为由来提出上告,那么上告审可能也会撤销原判并发回重审。《判タ》杂志的评论认为,最高裁判所的上述两个判决(平成 9 年 3 月 14 日判决与平成 9 年 7 月 17 日判决)处于一种相互补充的关系。不过,依据新《日本民事诉讼法》的规定,是否受理上告申请取决于最高裁判所的裁量,当事人提出的"法院违反释明义务"之事由,通常不具有"构成有关法令解释的重要事项"(参照《日本民事诉讼法》第 318 条)的保障,对于这种扭转胜负的案件,最高裁判所应当尽可能地受理上告申请。

如果 X_1 未对基于继承的所有权取得提出主张,那么法院是否可以就此作出判决呢?这恐怕也将成为一个问题。从要件事实论的视角来看,"死者 A 的买受土地与 A 的死亡(进而继承开始)""X_1 是一个共同继承人"之主要事实,都已经出现在 Y 的主张(或者辩论全趣旨)中,法院依据继承作出的判决并没有违反辩论主义。但是,如果考虑到该问题属于当事人也未能预料的争点时,恐怕就存在着问题,为了保障当事人反驳的机会,法院应当负有法律问题指出(法的观点指出)或释明义务(后述的研究会中贺集唱教授的主张)。

〔170〕 新堂教授认为,基于"审理过程中的细节及经过"之程序事实群的作用,也有可能使既判力(遮断效)的范围小于诉讼标的的范围,参照新堂幸司《诉讼标的的概念的作用》,载新堂·訴訟物(下),第 113 页以下;池田教授认为,基于双方当事人合意,也可以将特定争点留待后诉审理,参照池田辰夫《解除权遮断与既判力》,载池田辰夫《新世代的民事裁判》,信山社,平成 8 年,第 197 页以下,尤其是 235 页。但是,这些见解恐怕违反了如下这一诉讼法的公理,即既判力属于法院职权调查事项,并不能允许当事人以合意予以变更(参照本书"第二讲 诉讼标的"以及本讲"七、既判力与诉讼标的——基于程序事实群的调整"部分的相关论述)。而且,在本案件中,原告在后诉中提出的也是单独所有权主张,"继承"这一点并非作为"保留于后诉来进行"的程序事实群或当事人合意。此外,加波教授主张,通过积极地类推"法院判断遗漏"来进行再诉的扩张,参照加波·再審,第 155 页以下。依据加波说的这一见解,X_1 主张不被遮断的可能性极高,但是,加波说在认可再诉的范围上不免过于宽泛。

继承人之一的 X_1(对于 Y)不享有该土地所有权(遗产共有持分权),因此,在实际的遗产分割处理中,就必须化解判决的这一矛盾。Y 的上告代理人在上告理由中,首先设定本土地的价值为 150 个单位,而包含该土地在内的所有遗产总价值为 900 单位,在此基础上进一步展开其论述。笔者在此也想借用该代理人的这一设定来展开以下论述。

第一种可以考虑的处理方案是,在强调“本土地属于 A 的遗产”这一点基础上,在 X_1、X_2 与 Y 之间自由地按照每个人 300 个单位的比例进行分割。的确,在遗产分割的调解中,每个继承人都可以相互自由地将自己的持分进行交换,取得超过持分以上遗产的行为也可以视为一种赠与,也即这种行为是适法的,因而也不会产生什么问题。但是,在法院依据权力进行裁断的审判中,如果法院对于“X_1(对于 Y 而言)不具有该土地的所有权(遗产共有持分权)”之事实作出了判定,且该判定产生了既判力,那么即便这种遗产分割调解是适法的,但若是无视这种既判力的作用,恐怕也会面临较大问题。

第二种处理方案是,在 X_1、X_2 及 Y 之间按照各自 300 个单位自由进行分割,不过,X_1 所能取得的遗产是除该土地之外的 300 个单位。这种方案着眼于“X_1 除该土地之外提出的共有持分不受既判力遮断”这一点,并试图在“本土地是 A 的遗产”与“共同继承人之一的 X_1(对于 Y)不享有该土地的所有权(遗产共有持分权)”这对矛盾之间,寻求某种协调。的确,这是一种颇具技巧的处理方案,但仍不过是一种贪图便利的观点。

第三种处理方案是,考虑到判决既判力的作用,从 X_1 应取得的遗产部分减去“X_1(对于 Y)不能主张该土地的共有持分部分”,不过,X_1 对于 X_2 仍然可以提起共有持分的主张。对于遗产中的本土地而言,X_1 尽管不能向 Y 提出持分主张,但仍然可以向 X_2 提出主张,如此一来,本来应当归属于 X_1 继承的 50 个单位就被分成两个部分,其中 25 个单位归 Y 继承,而另外 25 个单位(X_1 可以向 X_2 提出主张的部分)仍然归 X_1 所有。作为本土地分割的结果是,75 个单位归 Y,50 个单位归 X_2,25 个单位归 X_1 继承。就遗产整体而言,Y 获得 325 个单位，X_2 获得 300 个单位，而 X_1 则取得 275 个单位。

第四种处理则是 Y 的上告代理人所主张的方案，即在强调判决既判力的基础上，X_1 对于本土地本来应取得部分的 50 个单位转移给 Y 继承。这种方案的分割结果是，Y 获得 350 个单位，X_2 获得 300 个单位，而 X_1 获得 250 个单位。但是，这种处理忽视了"X_1 对于 X_2 可以主张本土地的共有持分"这一点，同时，"Y 对于 X_1 的所有权并未获得积极的确认"这一点也被忽略了。换言之，本案判决并未积极承认 Y 为本土地的所有人，而认定该土地为 A 的遗产，因此，可以预测，如果 Y 针对 X_1 提起"单独所有权确认"的第三个诉讼，那么 Y 必然会招致败诉的结果，因为，在该判决的判决理由中，已经明确表示该土地的单独所有权既非 X_1 也非 Y 所享有，[171] 应当说，Y 的上告代理人主张的第四种处理方案忽略了这一判决理由。

综上所述，在关于遗产分割的审判中，法院应当会采用上述第三种处理方案。暂且不论种种处理方案妥当性，无论如何，从结果上来看遗产分割肯定可以进行，因此，即便前诉判决的既判力及于后诉，也不会产生致命的破绽，这也可能是最高裁判所在判决中未表述出来但早就看准的一点。

4. 民法学者的视点

笔者在自己所属大学举办的研究会中，曾就本判决进行过专题报告。对于主张"必须贯彻前诉既判力"之拙见，与会的民法学者大都持反对意见，而且，关于遗产分割的处理问题，支持第一种处理方案的学者也不少见。

作为理论而言，所谓的分割前的遗产共有持分究竟是一个什么

---

〔171〕 事实上，从判决整体来看，判决的既判力与争点效存在着冲突的部分。法院的认定是"死者 A 买取该土地，进而该土地是 A 的遗产"之判断，但在 X_1 对于 Y 提起的前诉中，这一判断只不过是判断理由中判断，因此这种判断产生争点效，但在另一方面，前诉既判力所确定的是"X_1(对于 Y)不具有该土地的所有权(共有持分权)"。换言之，依据争点效，由于本土地属于 A 的遗产，因而作为共同继承人之一的 X_1 也具有持分，但依据既判力，X_1 则不具有持分。如果争点效与既判力发生冲突，作为诉讼法理论而言，应当优先考虑的是既判力。

样的概念呢?[172] 民法学者认为,预定进行分割的遗产共有持分权,只不过是一个过渡性、暂时性的概念,或者是具有"为了防止一个共同继承人侵占遗产"而设立的、具有保全性质的概念。如果将其等同于民法本来意义上的共有持分,恐怕还是疑问颇多的。如果对这一疑问追究到底,那么就会展开如下这种更为根本性的批判,即对于判例及实务中的"认可分割前共有持分的确认请求、登记"之做法都应当受到批判。如果将分割前的共有持分的意义如此予以极小化,那么在本案件中,法院在遗产分割时可以无视"分割前共有持分的确认以及基于此的驳回登记请求"之前诉判决的既判力,进而采用第一种处理方案。

在这种民法学者观点的延长线上,就会潜藏着这样一个结论,即共有持分确认之诉实际上可以分为两种:第一类型是继承人方对于外部人员(非继承人)主张所有权(共有持分)的情形;第二种类型则是共同继承人内部发生的共有持分纠纷的情形,其典型的例子就是存在"某一财产属于遗产还是特定继承人的固有财产"的情形。这两种共有持分确认之诉的含义存在较大差异。在继承人方向外部第三人主张所有权(共有持分)时,如果先行主张的是基于买卖关系之请求,在这种关系的请求败诉后,当事人又主张"基于继承关系"的请求,那么就会给对方当事人(外部第三人)造成极大麻烦,因此,无论是买卖关系还是继承关系(甚至是取得时效等),原告都必须一并提出主张。实际上,传统观点(也包括笔者的既判力论)所预想的正是这种情形。那么,对于共同继承人之间的内部纠纷,又该如何对待呢?民法学者认为,可以设想另一种与遗产确认之诉相反的所有权确认诉讼。具体而言,当共同继承人之间发生"某财产属于遗产还是特定继承人的固有财产"之纠纷时,若将主张"其为遗产"之人作为原告,那么可能就形成遗产确认之诉。但是,如果将主张"其为自己的固有财产"之人作为原告,那么提起的应当是所有权确认诉讼,而其他共同继承人 Y_1、Y_2 与 Y_3 则成为被告,进而提出"这一

---

〔172〕 对于原判决,德田教授认为,通常的所有权主张是否完全不同于基于继承的共有持分权,这一问题恐怕还需要进一步探讨,参照德田和幸《判例释评》,载《判評》,第 420 号(《判時》,第 1476 号),平成 6 年,第 201 页以下。由此可以看出,德田说也抱以相同的疑问。

财产为遗产”的主张(附理由的否认)。如果判决认定该财产为遗产,那么就应当驳回 X 提出的所有权确认请求。在该判决作出后的遗产分割中,当 X 基于“该财产应当是遗产”之理由提出“自己也想获得其中的分割”之申请时,如果 Y_1、Y_2 与 Y_3 提出“X 在主张单独所有权请求的诉讼中败诉,因此 X 对于被所有权主张包含在内的共有持分之主张也将产生失权的效果”之反驳,那么是否应当采纳 Y_1、Y_2 与 Y_3 的这一主张呢?如果采纳这一主张,就意味着 Y_1、Y_2 与 Y_3 推翻了在诉讼中作出的“该财产属于遗产”之主张,因为,这可以说是一种前后矛盾的行为。应当说,在作为共同继承人之间遗产确认诉讼之反面的所有权确认诉讼中,驳回请求判决并不遮断原告提出的共有持分主张。

笔者也认为上述的见解颇具魅力,但不得不指出,这是一种基于民法理论立场但欠缺与诉讼法融合性的观点,故从诉讼法的视角出发对此提示以下问题点。第一,即便认为在共有持分确认之诉中存在着两种类型,但是这种观点所面临难点在于,从外观上难以对这两种情形作出判断(区分)。因为,当 X 对于 Y 提出所有权确认请求时,这究竟是对外部人员提起的诉讼,还是对内部共同继承人提起的诉讼?对于此,可能需要判断具体状况作出辨别。如此一来,就形成“原告提起诉讼的既判力范围不明确”之结果,作为诉讼法理论而言,这可能不妥当。尽管通常从被告的主张可以使其中的情况(究竟是对于外部人员还是对于共同继承人内部提起的诉讼)得以明确,但是,作为诉讼法理论而言,由被告主张决定既判力遮断效范围的观点,有违一般诉讼法原理。〔173〕 第二,“原告主张财产单独所

---

〔173〕 不过,由于在诉状等诉讼文书中未予明确,可能导致法院直到最后也无法知道(被告究竟是第三人还是共同继承人),尽管如此,但对于原告与被告而言,“究竟是共同继承人(继承的主张不被遮断)还是外部第三人(继承的主张被遮断)”是不言自明的,因此,也不会对当事人造成突然袭击。如此一来,似乎没有必要过分拘泥于诉讼法理论(的要求)。而且,在针对基于期限未到来判决驳回诉之……情形中(参照本讲前述部分),这一判决并未对以“期限到来”为由提起的再诉形成遮断,从外观来看,该判决的既判力范围也是不易辨别的,而且,既判力遮断效的范围也取决于被告的主张(前诉的判决主文仅仅是驳回请求,从主文来看,“是否可以提起再诉”这一点也不甚明确,而且,如果被告未提出期限未到来的主张,那么前诉判决的既判力也并不限定于这一争点),在这一点上也可以视为诉讼法理论的一个例外。

有权,而被告主张财产是遗产"之情形是一种典型的设例,仅仅停留于这种理论上的设例层面,其中可能没有问题,但若是在本案那样的实际情形中,若双方当事人相互主张土地的单独所有权,其结果又如何呢?尽管将其视为针对外部第三人提起的诉讼(遗产的主张被遮断),也是一种见解,但这种观点多少会给人一种不释然、不明确的感觉。因此,当法院在判决理由中认定该土地属于遗产时,可以采用的解决办法是,共有持分的主张不被遮断。但是,若要驳回原告的单独所有权之请求,就必须作出"请求的要件事实不存在"之认定,就这一意义而言,"该财产属于遗产"之认定,属于一种判决书的旁论,对于此,法院既有可能在判决理由中积极作出陈述,也可能不作出陈述。因而,将这种裁量性的认定与既判力范围联系起来(既判力范围取决于这种裁量性的认定)的做法,不免会给诉讼法理论造成混乱。当在客观上属于共同继承人之间的诉讼时,在前诉中,若是法院并未对此点予以注意,在这种情况下,如果认为遗产的主张不被遮断,那么其结果又如何呢?正如前揭注(174)所论述的,在这种情形下,原告及被告应当知晓相关情况,因而也不会产生突然袭击的问题。不过,正如本讲的既判力时间范围与形成权部分所论述的,关于"撤销权是否被遮断""抵销权是否被遮断"之问题,通过着眼于主张的客观内容来论述判决效的方式,可能更符合诉讼法的一般思维。那种通过着眼于原告与被告之人的属性来左右既判力的见解,是一种实体法的,而非诉讼法的观点。就诉讼法层面而言,固然不能说这些学说无法克服诉讼法因素考量的障碍,但至少可以说,其中存在着难以逾越的鸿沟。[174]

作为结论而言,民法学者的解释论是富有魅力的,但只不过是一种刚刚具备端绪的论述而已,是否可以将这种解释论应用于本案件,恐怕还是颇具疑问的。综上所述,最高裁判所对于本案件作

---

〔174〕 从诉讼法层面来看,即便是被告作出"在诉讼中主张该财产是遗产,而在其后的遗产分割审判中主张没有共有持分权"这样前后矛盾的行为,也是可以作出说明的。有关争点效理论中的这种说明,可以参照竹下守夫《判决理由中判断与诚实信用原则》,载山木户·還暦(下),第72页以下。

出的结论固然存有不妥之处,但应当说,在法律论上很难推翻其结论。因为,让人们在诉讼中必须抱以高度注意,这可能会显得过于苛求。[175]

---

〔175〕 这种情形不仅仅限于诉讼,在现实生活中,例如,在入学考试的面试结束后,接受面试之人为了取得更好的成绩而想再次进行面试,这种要求恐怕是行不通的。即便该面试者真正具有实力(真正的权利人),他也必须在适当的时候展示出来(进行主张及举证)。对于此,可能也会提出"面试者可以在下一年度再次接受考试"的反驳,那么这种再次的考试,可以说是在"被赋予重新学习期间"之基础上进行的考试,进而可以被考虑为相当于既判力理论中的"标准时后基于实体法变化的新事由"。

山本教授也对本判决展开了详细的释评,不过,山本教授的观点与拙见相反,参照山本和彦《基于违反法律问题指出义务的既判力范围缩小》,载《判タ》,第968号,平成10年,第78页以下。此外,新堂教授表达的观点也与拙见相反,参照新堂幸司《既判力与诉讼标的再论》,载原井·古稀,第247页。

第十六讲　反射效

导　读

判决的反射效与既判力的概念有密切的关系。没有既判力也就没有反射效。判决的既判力一般发生在当事人之间，非当事人不受既判力的拘束。但有时对某案的判决也会通过对该案当事人的作用，而间接影响到当事人之外的第三人。判决的这种间接的作用就如同光线的反射，因此学者将其称为反射效力或反射效。在本讲中，高桥对反射效问题进行细致分析和阐述，一以贯之地将学理和诉讼实践有机结合。由于中国学理上很少使用反射效这一概念，因此，在阅读时可能存在些许陌生感。

关于判决对案外第三人的作用，在日本也有学者将其称为既判力的扩张，这些学者不主张以反射原理来解释这种作用效果，即认为这种间接作用既然是基于当事人与案外第三人之间在实体法上的联系，将判决在当事人之间发生的既判力扩张到案外的第三人，使该第三人同样受到该判决原有效力的影响。这样一来，判决既判力的扩张与判决既判力的反射就有所不同：反射效力论认为是一种间接的作用，而既判力扩张论认为是一种直接扩张效果。既判力扩张论的这种认识与该观点所依据的对既判力性质的认识有关。既判力扩张论是以既判力的诉讼法说为基准的。依据既判力诉讼法说的观点,判决效力不可能创设新的实体法关系。而反射效力是以判决具有实体法效果为基础的。在中国,学者们很少使用反射效的概念来解释判决效力的扩张,而是直接使用判决效力扩张的概念笼统地加以解释。

依照反射效力论的观点,反射效力不同于既判力,反射效力与既判力的区别主要在以下几方面:

1. 既判力属于诉讼法上的效力,只能在诉讼法上作为抗辩的理由,产生诉讼上的抗辩效果。例如,后诉的被告人可以在后诉中主张该诉已经判决,法院应当驳回后诉原告人的诉讼请求。如果后诉的诉讼标的确实已经法院判决,则法院应当驳回后诉原告的诉讼请求,后诉不能成立。反射效力则不仅产生诉讼法上的效果,而且发生实体法上的效果。

2. 在大陆法系国家,法院依职权调查事项和当事人主张事项有明确的界限,法院不得随意超越。既判力是否存在就属于法院职权内的事项,而反射效力是否存在就属于当事人主张的内容,没有当事人的主张,法院不能主动考虑反射效力的问题。

3. 在规定参加人制度的国家或地区,第三人参加制度,又分为"独立参加"和"从参加"两种情形。在这种制度背景下,就又凸显既判力与反射效力的另一个区别,即既判力及于独立的诉讼参加人,而反射效力则及于"从参加人"。因为独立的诉讼参加人实际上的地位就是当事人,既判力的主体范围在当事人之间发生。从参加人的诉讼地位不是当事人,当然判决于其之上的作用就只能是一种反射作用。这一点是容易理解的。

4. 对于当事人之间共谋、串通的诉讼,既判力效力所作用的当事人不能以共谋串通为由主张该诉讼的判决无效,只有反射效力所作用的案外第三人才能主张该判决无效。这是从另一个角度,即从能够主张判决无效的主体范围来观察既判力和反射效力。

5. 既判力往往伴随有执行力。反射效力就不会伴随有执行力,因为反射效力在本质上不是判决原有的直接效力，因此不可能伴有执行力。

6. 只有判决主文才发生既判力，而反射效力不只限于由判决主文产生，判决理由亦可能产生反射效力。

判决反射效力的发生主要是因为不同法律关系之间的联系，没有这种联系也就没有反射的基础，不会发生效力的反射。最典型反射效力的情形涉及主、从债权债务关系的诉讼。例如，在有担保债权债务关系场合，关于主债权债务的诉讼，法院最终判决主债权债务关系不成立。由于主债权债务关系不成立，作为从债权的担保权也就不能成立。因此，无论是在诉讼中，还是在诉讼外，原担保人都可以根据该判决主张担保债务不存在。在诉讼中原担保人以此为抗辩理由时，法院就应当驳回原告的诉讼请求，前诉判决的这种作用就是反射效力。

目　　次

一、反射效概念

既判力原则上仅拘束诉讼双方当事人，不过，当判决对与当事人具有实体法上特殊关系（从属关系或依存关系）的第三人反射性地产生有利或不利影响时，判决这种效力被称为判决的反射效（或者反射效力）（参照新堂，第 625 页）。

例如，在债权人对主债务人提起的诉讼中，当债权人败诉时，由于保证债务具有从属性（参照《日本民法》第 448 条），因此主债务人胜诉的判决效力会有利波及保证人，进而在债权人对保证人提起的后诉中,保证人也能获得胜诉。此外,依据《日本商法》第80条、第81条的规定,合名公司所受的判决效力有利或不利波及该合名公司的股东,这也属于反射效的一种典型例子。[1] 而且,与既判力不同,这种反射效不属于依职权调查事项,因而在诉讼中必须经当事人援用才产生效力,在双方当事人达成(不适用反射效的)合意的情形下,并不产生反射效,承受反射效之人的诉讼参加,并不构成共同诉讼辅助参加,而属于普通的辅助参加。此外,在某些情形下,为了使反射效更有效地发挥作用,不仅判决主文的既判力发生扩张,而且,判决理由中判断效力(争点效)也须发生扩张。[2]

---

〔1〕 关于产生反射效的其他情形之论述,可以参照铃木正裕《既判力的扩张与反射效果(一)》,载《神户大学法学杂志》,第9卷第4号,昭和35年,第508页以下,尤其是第514页以下。其中所列举的情形包括:一般债务人、对于自称权利债务人之间的诉讼义务人之效果、连带债务人相互之间、承租人与转租人、共有人相互之间等。

〔2〕 原强《第三人对于判决理由中判断的援用(一)》,载《上智大学法学》,第30卷第1号,昭和62年,第161页以下。作为这种情形的典型例子,就是主债务人获得胜诉判决之情形。在这种情形下,当因主债务人的无能力而导致主债务被撤销时,依据《日本民法》第449条规定,债务人负有与主债务人相互独立的债务,因此,在其对主债务人提起的诉讼中败诉的债权人,提出"在对主债务人之诉讼中败诉的原因是主债务人无能力"之主张时,保证人仅援用主债务人胜诉判决的判决主文(既判力)是不足够的(保证人仍然会败诉),而必须援用诸如"因主债务人已经清偿债务而导致债务消灭"等判决理由中判断。如果在本案件中承认争点效理论(争点效发生扩张),那么争点效成立要件的灵活性也在此处得到了反映,即相对于判决主文(既判力)的扩张而言,争点效的扩张能作出更为灵活的处理。不过,在诸如缺席判决以及当事人自认的情形中,只发生判决主文(既判力)的扩张,而不存在判决理由中判断部分(争点效)扩张的问题。

不过,对于连带债务,兼子教授认为,在连带债务发生抵销的情形下,产生反射效,而在诸如清偿连带债务的情形下,则不产生反射效。兼子一《连带债务人中一人承受判决的效果》(最初发表于昭和31年),载兼子·研究(第一卷),第369页以下。兼子教授这一主张的根据在于,如果(连带债务)发生抵销,那么依据《日本民事诉讼法》第114条第2款规定,产生(法院对于抵销之判断)既判力的效果,而在清偿连带债务等其他场合,这种判断只属于判决理由中判断,故不产生既判力。但是,正如在本书"第十五讲 既判力"部分所述的,如果认可争点效扩张,那么就可以忽略法院对于(连带债务)"抵销"与"清偿"之判断在判决效力上的区别。关于此的详细论述,还可以参照铃木正裕《连带债务与判决效》,载《判タ》,第391号,昭和54年,第4页以下,尤其是第11页。

那么，究竟在反射效理论与既判力扩张之间存在什么差异？对于扩张根据，是否仅仅依据第三人与当事人之间的实体法从属关系就能作出充分说明？在何种情形下产生反射效？这些都是反射效理论中面临的一些问题。

首先对反射效理论与既判力扩张的差异问题作一探讨。其实，这一问题根源于德国民事诉讼法学上有关既判力本质论的论争（参照"第十五讲　既判力"开头部分的论述）。换言之，这一问题在理论上发端于实体法说与诉讼法说之对立。具体而言，基于实体法说，论者就能够将这些"判决效向第三人扩张"的情形作为既判力扩张问题来予以说明，反之，若依据诉讼法说，则无法对此作出很好说明。于是诉讼法说对于无法用既判力扩张予以说明的某些情形，就使用反射效的概念来进行说明。相对于既判力是诉讼法效力而言，反射效则被视为实体法效力，因此两者在"是否需要当事人援用""当双方当事人达成合意时，能否否定效力""能够否定共同诉讼辅助参加"等各个方面均存在差异。但是，铃木正裕教授认为，若抛开这种历史沿革因素，这种"反射效与既判力扩张之间的差异"之表述本身的合理性就值得怀疑了（参照铃木正裕《判决的发射效果》，载《判タ》，第 261 号，昭和 46 年，第 2 页以下）。依据铃木教授的观点，反射效也应当被理解为法院依职权调查事项，因为，以双方当事人达成合意否定效力扩张，也同样存在于既判力扩张的某些情形下（例如，依据既判力也可以肯定"基于欺诈的再审"），而且，承受反射效之人的诉讼参加，也应当被理解为共同诉讼辅助参加。[3]

的确，反射效的效用在于，不让法院对于该（产生反射效的）事

〔3〕 铃木正裕《判决的反射性效力》，载小山ほか・演習，第 601 页以下。由于判决效向第三人扩张被视为既判力扩张，因此，在诸如以主债务人与保证人为共同被告提起的诉讼，就应当是类似必要共同诉讼。但是，由于两者的诉讼标的不同，因此这种共同诉讼只是关于"主债务存在"之片面必要共同诉讼。关于此的详细论述，还可以参照铃木正裕《判决的反射效果》，载《判タ》，第 261 号，昭和 46 年，第 15 页第 4 段。

项进行审理,在这一点上,其与既判力作用并无差别,因此,对于“究竟是反射效还是既判力的扩张”之性质方面的命题,也无确定之必要(参照新堂,第625页)。[4]

那么,以当事人与第三人之间的实体法从属关系为根据,能否对判决效向第三人扩张作出充分的说明呢?实体法从属关系(依存关系)可以说是自德国普通法时期以来,就被视为是对“判决效扩张”问题作出说明的传统依据,[5]在协调判决的效力与实体法秩序的关系方面,这一概念的功能应予肯定,而且,这一概念在实际上也发挥着“作为判决效扩张之大致标准”的效用。例如,在诸如双方当事人达成和解协议等作出实体法处分时,若第三人须遵从这种处分,则当事人与第三人之间的实体法从属关系就成为判决效扩张的大致标准,从而使实体法从属关系发挥着重要作用(参照新堂,第627页,此外,新堂教授也对“这一概念在作为判决效发生扩张之标准方面发挥着卓越的作用”之见解,也展开了详尽的论述)。但是,在纠

〔4〕 尽管如此,如果将争点效扩张包含在反射效之内予以考虑,那么对于“是否需要当事人援用”“当双方当事人达成合意时,能否否定这种效力扩张”“能否否定共同诉讼辅助参加”等问题,还留有进一步探讨的必要,因为争点效需经当事人援用才能发生作用。此外,高田教授认为,既然关于双方当事人有无达成(否定判决效的)合意的审理会产生新纠纷的危险,那么应当将“是否进行这种审理”的选择权赋予当事人,从这一意义上讲,援用说似乎更有道理,参照高田裕成《判决的反射效果》,载《争点》(新版),第300页以下。共同诉讼辅助参加也关系到辅助参加的理解问题。不过,由于这些都是较复杂、较为庞大的问题,本讲在此予以省略,而本讲后面论述均以不区分反射效与争点效之上述差异为前提。

山本教授认为,纯粹作为实体法效果的反射效与既判力的扩张应当相互予以区别,作为实体法上效果的概念,以债务形态的牵连性为标准,在保证债务以及合名公司的情形中,应当肯定反射效发生作用,而在连带债务的情形中则应当否定反射效的扩张。作为既判力扩张的典型例子是,在债务人败诉后,实行扣押的一般债权人将被视为口头辩论终结后的继承人,参照山本和彦《反射效》,载《判夕》,第980号,平成10年,第54页以下。

〔5〕 关于此历史沿革的详细论述,可以参照铃木正裕《既判力的扩张与反射效果(二)》,载《神户大学法学杂志》,第10卷第1号,昭和35年,第37页以下。同时,也可以参照吉村德重《既判力扩张中的依存关系》,载《法政研究》,第26卷第4号(昭和35年)、第27卷第1号(昭和36年)、第28卷第1号(昭和36年)。

纷相对解决以及程序保障等现行观念下,应当说,仅依据当事人与第三人的实体法从属关系,已经无法作出充分说明,而且,一般在发生反射效案例中,同时还包含着众多复杂的其他因素,因此也有必要在个案中,具体地、个别地来对判决效扩张根据作出分析。鉴于此,本讲将分为判决效(反射效)“有利波及第三人”与“不利波及第三人”两种情形分别对相关问题展开论述。

二、反射效不利波及第三人的情形

作为反射效不利波及第三人的例子,包括“合名公司所受判决的效力波及公司股东”以及“债务人获判决之效果波及其一般债权人”之情形。对于这些情形,仅依据当事人与第三人实体法从属关系,似乎无法作出说明,因此,作为最简便的解释方法是,通过类推适用“既判力扩张”的三个实定法(《日本民事诉讼法》第 115 条)根据(分别是权利关系安定要求、欠缺程序保障所必须实质利益、代理行使利益主张,参照本书“第十五讲 既判力”相关论述)来寻求这两种情形判决效扩张的正当性根据。〔6〕

对于这一问题,在新堂,第 626 页以下,新堂教授作出了如下阐述。由于合名公司的股东之间存在着高度信赖关系,因此,公司代表人实施诉讼的行为,可以被视为代理行使每个股东诉权利益之行为。换言之,股东在加入合名公司成为股东之行为,就意味着该股东当然地(向公司代表人)授予了任意诉讼担当,因此,通过类推《日本民事诉讼法》第 115 条第 1 款第 2 项的“代理行使利益主张”之规

---

〔6〕 竹下守夫《试论判决的反射效果》,载《一桥大学论丛》,第 95 卷第 1 号,昭和 60 年,第 30 页以下,并未将“产生反射效”作为不同于“既判力发生扩张”的特殊情形予以对待,而认为,反射效与既判力扩张之间存在连续性。可以说,竹下教授明确主张将反射效作为既判力扩张的一般性问题予以解决。与竹下教授这种正面论述的视角不同,山本和彦教授在其《反射效》(载《判夕》,第 980 号,平成 10 年)一文中则采用一种相反的径路来探析这一问题。

定,可以肯定这种情形的判决效扩张。[7] 此外,关于一般债权人的判决效扩张,除债权人代位权与债权人撤销权外,一般债权人通常不具有对债务人财产实施处分的权能,而仅具有"从债务人总财产中获得偿付"的地位,因此,当判决确定"某一财产不属于债务人"时,即便让该判决的判决效波及一般债权人,也不会产生不当。而且,一般债权人通过行使《日本破产法》规定的否认权就可以保护其自身的利益。由此可以看出,新堂说对于后者的"一般债权人"情形的说明,并未使用《日本民事诉讼法》第 115 条规定的根据(代理行使利益主张),而更像是采用了"欠缺程序保障所必需的实质利益"之根据。[8]

---

〔7〕 但是,竹下教授认为,在这两种判决效向第三人发生扩张的情形中,不利的判决效(反射效)不能波及合名公司股东,因为,尽管说其是合名公司股东,但还不至于将"可能造成自己固有财产被执行"的事项也委托给代表股东(合名公司代表人)实施诉讼。不仅如此,竹下教授还认为,当原告可以将合名公司及其股东作为共同被告提起诉讼时,该合名公司所受的不利判决之判决效也不能波及公司股东。因为,原告有可能将合名公司及其股东作为共同被告。参照竹下守夫《试论判决的反射效果》,载《一桥大学论丛》,第 95 卷第 1 号,昭和 60 年,第 44 页以下,以及条解,第 698 页以下(竹下守夫执笔)。

此外,有关合名公司判决效发生扩张论述的文献,还可以见之于本间靖规《关于合名公司所受判决对于公司股东产生的效力》,载《北海道大学法学论集》,第 31 卷第 3·4 合并号上册(昭和 56 年),第 32 卷第 3 号(昭和 57 年),第 33 卷第 2 号(昭和 57 年),第 34 卷第 1 号(昭和 58 年)。

〔8〕 在债权人对于债务人提起的所有权确认诉讼中,如果该判决的判决效不波及债务人的一般债权人,那么对于原告(胜诉当事人)而言,可能较为苦恼。因此,在这种情形下,如同口头辩论终结后继承人一样,胜诉当事人的权利关系安定性要求,就显得非常重要,而是,由于是由"债务人"这一(与一般债权人)最具利害关系的当事人来实施的诉讼,因此,这也可以视为一种债务人对于一般债权人进行间接的"主张利益的代理行使"之情形。

但是,作为一般债权人经常被论及的例子是,发生在民事执行中的"分配异议诉讼"之情形。竹下教授认为,对于债务人的一般债权人,尽管《日本破产法》第 248 条明文规定了(债务人的判决向一般债权人)发生既判力扩张,但《日本破产法》同时也设置了"破产财产管理人"这一保护性制度,而在民事执行法中并没有"破产财产管理人"这类制度性保护,因此,在分配异议之诉中,提出异议之债权人应当不受"对方债权人对于债务人提起诉讼所获得的"确定判决的拘束,参照竹下守夫《试论判决的反射效果》,载《一桥大学论丛》,第 95 卷第 1 号,昭和 60 年,第 44 页以下,以及条解,第 698 页以下与上述两种情形不同,对于"甲向乙出租土地,而乙又将该土地转租给在该土地上拥有房屋的丙"之情形,最高裁判所昭和 31 年 7 月 20 日判决(载《最高裁判所民事判例集》,第 10 卷第 8 号,第 965 页以下)认为,当承租人(乙)获得不利判决时,该判决的效力不波及转租人。具体而言,在甲与乙之间展开的请求"拆除房屋并返还土地"的诉讼中,即便甲获得胜诉判决,该判决的判决效并不扩张至丙,丙仍然可以与甲就"甲与乙之间是否存在租赁关系"之事实进行争执。〔9〕这样的处理不但符合"甲与乙的解除协议不影响丙的地位"之实体法理论,同时也与"承租人不属于《日本民事诉讼法》第 115

(竹下守夫执笔)。而且,铃木正裕、三月章编《注解民事执行法第三卷》,第一法规出版,昭和 59 年,第 400 页以下(中野贞一郎执笔);中野贞一郎《民事执行法》(第三版),青林书院,平成 10 年,第 458 页以下;香川主编《注释民事执行法(4)》,きんざい出版社,昭和 58 年,第 337 页以下(近藤崇晴执笔);山本和彦《反射效》,载《判タ》,第 980 号,平成 10 年,第 60 页以下等文献也表达了相同的观点。

此外,对反射效问题持一般性反对态度的后藤勇教授,却对"债务人承受判决的判决效波及债务人的一般债权人"之观点持肯定态度(参照后藤勇《确定判决的反射效力》,载《判タ》,第 347 号,昭和 52 年,第 11 页以下)。后藤教授的这一观点并非以"债务人与其一般债权人存在实体法从属关系"为根据,而是基于如下之根据得出的结果,即第三人(一般债权人)对于判决当事人之间的权利关系不具有直接争执之法律上权利与利益。

如果否定判决对于债务人的一般债权人产生反射效,那么就可能产生如下这一理论上的难点,即可能难以将"多数债权人同时行使债权人代位权"的情形理解为类似必要共同诉讼(参照本书"第九讲　当事人适格"部分的相关论述),因为按照一般观念性理解,在类似必要共同诉讼中,其中一个债权人获得的债权人代位胜诉判决,该判决的判决效波及债务人,而这种判决的效力以反射效的方式波及其他的债权人。关于此的详细论述,可以参照注釈民訴(第二卷)(德田和幸执笔)。但是,对于这一难点,若不作为反射效的问题,而是作为必要共同诉讼的解释论问题予以处理,则也可能获得妥当的解决。

〔9〕　参照兼子一《关于最高裁判所昭和 31 年 7 月 20 日判决的判例释评》,载《法协》,第 74 卷第 5・6 合并号,昭和 33 年,第 655 页以下。此外,也可以参照中田・判例,第 194 页以下;中田淳一《判决的效力》,载中田淳一《诉与判决的法理》,有斐阁,昭和 47 年,第 143 页以下。但是,也有观点认为,德国的状况未必如此,关于此的详细论述,可以参照铃木正裕《判决的反射效果》,载《判タ》,第 261 号,昭和 46 年,第 4 页第 1 段。

条规定的请求标的物持有人(故不受既判力扩张)"之既判力扩张原理具有整合性。同样,在债权人对于主债务人的诉讼中,债权人获得胜诉的判决之既判力也不能不利地波及保证人(该判决对于保证人而言是不利的),因为,有过于侵害保证人的程序保障权之嫌。[10]

三、反射效有利波及第三人的情形

当判决效有利波及第三人时,首先应当予以注意的是,关于如何把握问题视角的问题,即不应当从受判决效扩张之第三人的程序保障,而应该从承受不利益之败诉当事人(前诉当事人)的程序保障之视角来考虑这一问题。判决效有利波及第三人的情形可以分为如下两种类型:第一种是防御性的类型,即第三人为了维护自己地位而使用于己有利之判决效的情形;第二种则是攻击性的类型,即第三人为了获得自己的地位而攻击性地使用于己有利之判决效的情形。关于前一种类型,一直以来被我国学界所论及的最典型例子就是,主债务人的胜诉判决有利波及保证人的情形。保证人可以通过防御性地援用这一判决(判决效)来阻止债权人向其提出的请求(第二个诉讼)。学界对于这种情形的根据的认识,如同对待此前的反射效一样,并非从保证债务的附随性来展开说明(在新堂,第628页,新堂教授认为,仅仅依据保证债务的附随性之根据,并不能对此作出很好说明),而应从诉讼法视角出发来寻求其说明的根据。具体而言,由于债权人与其债权最具利害关系的债务人之间已经认真且严肃地展开了诉讼(主债务不存在),因此作为债权人而言,应当穷尽其所有攻击防御之手段,换言之,既然债权人已经行使了接受裁判的权利,且其结果是败诉,那么债权人提出的"以保证人为对方当事人进行再审理"的要求就可以视为其对纠纷进行重复争执的行为,而且,债权人也应当知道"存在保证人"之事实,故而在不可预测

---

〔10〕 但是,也有观点认为法国的状况未必如此,关于此的详细论述,可以参照高田裕成《关于所谓对世效力论的一点考察(二)》,载《法協》,第104号第11号,昭和62年,第1543页以下;木川统一郎《判决对于第三人的影响》,载《法学新报》,第64卷第12号第903页以下(昭和32年)、第65卷第1号第17页以下(昭和33年)、第68卷第3号第159页以下(昭和36年)。

方面，债权人并未遭受不利益。反之，若是该有利判决的判决效不波及保证人，那么在保证人败诉时，保证人可以向主债务人提出追偿请求，如此一来，在实质上剥夺了主债务人从债权人处已经获得的胜诉利益，[11]这无疑是不当的。换言之，对于这种情形下产生的反射效，可以通过类推适用“向口头辩论终结后的继承人扩张既判力”之根据来寻求其正当化基础。[12]

总而言之，如果在主张自己利益的机会方面获得充分保障的当事人，在前诉中败诉，那么在该当事人与其他第三人之间展开的后诉中，也不能主张其已经败诉的利益，[13]因此，与上述情形相反，如果债权人先对保证人提起诉讼，而且在该诉讼(前诉)中，债权人与保证人就“主债务存在与否”进行了认真且严肃的争执，进而因主债务被认定为不存在而致使原告败诉，那么在债权人针对主债务人提

---

〔11〕 若在此情形下不承认判决的反射效，尽管债权人在其对主债务人提起诉讼中败诉，但仍有可能在其对保证人提起的诉讼中获得胜诉。败诉的保证人在履行偿还债务的义务后，可以向主债务人提起追偿诉讼。如此一来，是否承认保证人的这种追偿请求，就涉及在保证人与主债务人的诉讼中是否认可主债务及保证债务的问题。在辩论主义与自由心证主义下，法院既有可能作出与第一个判决相同的“驳回请求”的判决，也有可能作出与第二个判决一样的“承认请求”的判决。因此，从结果上看，纠纷只是在债权人与主债务人、债权人与保证人以及主债务人与保证人三者之间获得相对解决，关于此的详细论述，可以参照新堂，第628页以下。在这种状况下，若在第三个保证人对主债务人提起的诉讼中主债务人败诉，则意味着法院推翻了第一个主债务人胜诉的判决结果，如此一来，主债务人能否对债权人提出请求返还不当得利的第四个诉讼呢？这恐怕又会成为一个问题。主债务人对于保证人败诉，也就意味着，在第三个诉讼中，主债务人存在着导致其败诉的责任，因此必须切断(主债务人与债权人之间的)不当得利的因果关系，否则会陷入无限循环过程中，但是，谷口教授对主债务人提起第四个诉讼予以肯定，参照表谷口，第367页以下。

〔12〕 参照竹下守夫《试论判决的反射效果》，载《一桥大学论丛》，第95卷第1号，昭和60年，第42页以下，以及条解，第697页以下(竹下守夫执笔)。

〔13〕 铃木正裕教授在其《连带债务与判决效》一文(载《判夕》，第391号，昭和54年)第4页第4段中指出，由于一方当事人在主张自己权利方面已经被赋予充分攻击防御之机会，因此，该当事人也不能对其他人再次主张该权利，这是一种较为普遍的观点。

至于探究这一观点的根据，那么可以说在于实定法(《日本民事诉讼法》第115条规定)的三种类型的基础(三种类型的基础均为其根据)，不过，似乎感觉这种观点还存在着其他方面的根据。

起的第二个诉讼(后诉)中,债权人再次提出的“主债务存在”之主张,就会受到前诉判决的遮断(参照新堂,第630页)。[14] 在这种情形下,前诉的诉讼标的是针对保证债务履行提出的请求,而后诉的诉讼标的则是针对主债务履行提出的请求(这是一种遵循旧诉讼标的论作出的表述,在新诉讼标的论下,前后两诉的诉讼标的相同),因此,法院作出的“不存在主债务”的认定,属于判决理由中的判断,故而这种情形属于争点效的扩张。[15]

以下进入第二种类型的论述,即第三人攻击性地使用于己有利扩张之判决效的情形。例如,在发生飞机坠毁事件后,一名死者家属在对航空公司的诉讼中获得胜诉,如果其他家属在后诉中对此进行于己有利援用,法院对于被前诉判决理由中判断所认定的“航空公司负有责任”之问题不再重复审理(这种情形也并非既判力扩张,而属于争点效扩张。在后诉中,法院不再对“航空公司负有责任”之问题进行审理,而只要审理每个原告的损害赔偿即可),如此一来,尽管航空公司对于争点(航空公司责任的存在与否)的主张机会获得了充分的程序保障,但是,以此来遮断航空公司在后诉的再主张,不免留有违和感。而且,从因判决被援用而承受不利益的前诉败诉当事人的状况来看,若属于防御性情形,第三人进行于己有利的援用,也仅仅意味着,前诉中败诉的当事人无法通过再诉获得前诉中

---

〔14〕 竹下守夫《试论判决的反射效果》,载《一桥大学论丛》,第95卷第1号,昭和60年,第47页以下,以及条解,第700页以下(竹下守夫执笔)也对此持肯定态度。

此外,在论述争点效扩张部分的新堂,第612页中,新堂教授还认为,在债权人对保证人提起的诉讼中,当主债务人辅助参加时,债权人也不能对主债务人就前诉中的“主债务不存在”之判断再度争执。因此,主债务人在其辅助参加时,可以以上述形式,而在其未辅助参加时,则以反射效形式获得前诉的判决效。这样一来,可能会给未辅助参加的主债务人带来不当利益之嫌,但是,因为被赋予了这种效果而导致主债务人不进行辅助参加,也不会产生什么难以预料的弊端。

不过,在新堂,第612页中,新堂教授也并未明确表示是“主债务人辅助参加时”,因此也可以将其解读为反射效的一种。

〔15〕 争点效准用“既判力扩张(参照《日本民事诉讼法》第115条)”之规定予以扩张(参照新堂,第611页以下),争点效扩张可以视为“既判力扩张形式”以外的一种判决效扩张情形。

败诉的诉求(例如,债权人在其对主债务人诉讼中败诉的1000万日元,无法通过后诉从保证人获得偿还),而若为攻击性扩张,第三人援用则使前诉败诉的当事人在后诉中再次丧失与前诉利益相当的利益[在前诉中已经向某原告败诉(支付)1000万日元的航空公司,在后诉中对其他原告也将败诉1000万日元,即总共支付2000万日元],这将会对因第三人援用判决而承受不利益的败诉当事人产生极为重大的影响,如此一来,不免与纠纷的相对解决原则产生正面冲突。此外,就进行这种攻击性援用的死者家属而言,若某一死者家属在前诉中败诉,他们可以不受该判决的拘束(不进行援用),反之,若获得胜诉,则受该判决的拘束(进行援用),这样的结果多少会令人产生(双方当事人地位)欠缺公平之感。因此,一般而言,对于第三人进行的攻击性援用,应予以否定。〔16〕

但是,对于诸如公正贸易委员会那样的公益性机关,因某人(法人或自然人)违反《日本反垄断法》而获得的胜诉判决,如果私主体通过对此判决进行有利地(攻击性地)援用来提出损害赔偿请求(参照《日本反垄断法》第26条),那么从这些机关的公益性角度出发,也许可允许判决效扩张,总而言之,这将成为今后的重要课题。〔17〕

四、反射效理论

通过以上论述可以看出,似乎依据程序法理论逻辑就能对"肯

---

〔16〕 竹下守夫《试论判决的反射效果》,载《一桥大学论丛》,第95卷第1号,昭和60年,第47页以下,以及条解,第700页以下(竹下守夫执笔);霜岛甲一《关于既判力的相对性》,载《判タ》,第307号,昭和49年,第31页以下。

〔17〕 在美国,对于争点效扩张问题,似乎出现一种强化"肯定第三人对前诉判决(争点效)予以攻击性利用"的趋势。关于"美国法中第三人对于判决理由中判断进行援用"之论述,可以参照原强《第三人对于判决理由中判断的援用(二)》,载《上智大学法学》,第33卷第2·3合并号,平成2年,第245页以下;霜岛甲一《关于既判力的相对性》,载《判タ》,第307号,昭和49年,第31页以下;吉村德重《判决效扩张与正当程序》,载《法政研究》,第44卷第1号第1页以下(昭和52年)、第44卷第2号第2页以下(昭和52年);小林秀之《美国民事诉讼法》(新版),弘文堂,平成8年,第263页以下;大桥真弓《美国法中判决效主观范围论的序说》,载《法协》,第103卷第9号第1486页以下(昭和61年)、第103卷第10号第2050页以下(昭和61年);细野敦《判决效的主观扩张理论及其经济分析》,载《判タ》,第828号,平成6年,第72页以下。

定反射效之案例中的正当化根据”作出说明,但是,若基于纯粹的程序法立场,反射效理论仍然会给人残留有一种不明确之感,因为,实体法状况会对反射效理论产生重大影响。

如上所述,作为反射效在程序法上的正当化根据之一,在自己利益的主张机会方面已经获得充分程序保障的当事人,在其与其他第三人之间展开的诉讼中,不能再次主张“业已败诉的利益”。以下就试以这一程序法上正当化根据为例,说明“实体法状况会对反射效理论产生重大的影响”之命题。例如,X、Y、Z 三人就某一不动产的所有权产生争议,X 首先对 Y 提起了所有权确认诉讼,在该诉讼中 X 败诉,而后 X 又对 Z 提起所有权确认请求。若仅仅依据上述这一程序法根据,则在后诉中 Z 可以对 Y 的胜诉判决予以于己有利的援用,因为,X 就所有权问题的争执已经在前诉中获得了充分的程序保障。这就是霜岛甲一教授在其《关于既判力的相对性》(载《判夕》,第 307 号,昭和 49 年,第 31 页以下)一文中所做的推论,但霜岛教授对于上述状况下的这种结论并未予以肯定。那么,在这种情形下的第三人援用,与在债权人败诉情形下的保证人援用之间究竟存在何种差异呢?对于此问题,恐怕需要依据“保持胜诉当事人利益之必要”才能作出合理说明。具体而言,保证人向胜诉的主债务人提出追偿请求,意味着主债务人在前诉中胜诉的意义已经降低,若主债务人在这一追偿请求的诉讼中败诉,那么就“债权人对主债务人”、“债权人对保证人”以及“保证人对主债务人”这三种关系而言,整个纠纷呈现出实体法关系不安定局面。当然,如果 X 在其对 Y 提起的所有权确认诉讼中败诉后,在对 Z 提起的诉讼中获得胜诉,那么同样也会造成 X、Y、Z 三者之间实体法关系的不安定,但是,在后者情形下,并不会产生 Z 向 Y 提出追偿请求的问题(对于保证人的保护)。由此可见,在这种情况下,前诉当事人与第三人之间的这种实体法关系在量上紧密程度之差异,就成为是否允许第三人援用前诉判决效的基准。因此,作为在反射效中的一般论述,就可以概括为:首先依据“实体法判断”或者“实体法公平感”来对案件展开具体衡量,由此得出的“防止矛盾判断”之结论,然后依据诉讼法上的“对于胜诉当事人的利益保护”或“代理行使利益主张”等根据，对上述结论做出事后性的强化说明。新堂说（参照新堂，第628页）在论述“债权人败诉判决的拘束力波及保证人”之根据时，将关联纠纷统一解决作为首要考虑因素，这种论法也颇具象征意味。总而言之，反射效理论并不单纯取决于程序法理论逻辑方面的根据，而应当是一种融合实体法判断与程序法判断的综合理论。〔18〕

但是，这种实体兼程序的综合性观点并不当然导致“否定反射效”之结果的产生。作为实定法的《日本民事诉讼法》第115条，将“请求标的物持有人”规定为既判力扩张的一种法定情形。当学者们作出“受托人属于请求标的物持有人，而承租人不属于此”之解释时，这种解释操作本身就是一种实体法的利益分析。同样，在既判力范围的众多决定因素中，也包含着“与实体法秩序相互协调”这样基于实体法视角的考量因素（参照新堂，第580页）。

作为结论而言，在反射效范围内应当认可判决效的扩张。不过，无论基于程序法根据，还是实体法根据，在具体案例中，只要这种根据在量上有所差异，则其结果也有所不同，因此，关于究竟在何种情形下认可这种反射效的问题，学说及判例上的争议仍然在持续。〔19〕

---

〔18〕 伊藤教授也认为，实体法因素也对反射效理论产生重大的影响，参照井上=伊藤=佐上，第242页以下（伊藤真执笔）。

此外，小山教授认为，当债权人对该债权的债务人提出债权存在之主张时，若允许该债权人对其他人（保证人）提出该主张，则与“债权是债权人对于债务人的权利”之原则产生冲突，参照小山升《债权人与主债务人之间的判决与保证人》，载《小山·著作集》（第二卷），第256页以下。由此可以看出，小山教授的这一论述对反射效理论持肯定态度，不过，这似乎是一种更强调实体法因素优先考虑的反射效肯定论。

〔19〕 主张“因实体法追偿关系的存在是一个关键因素，而肯定一个连带债务人所获得的胜诉判决也产生反射效”的观点，可以见之于兼子一《连带债务人中一人承受判决的效果》（最初发表于昭和31年），载兼子·研究（第一卷），第369页以下；小山升《连带债务与判决效》，载《小山·著作集》（第二卷），第274页以下；小山升《判例释评》，载《小山·著作集》（第二卷）。

但是，铃木教授却从连带债务的担保功能出发，主张应当肯定债权人在后诉中提出的再审理要求，参照铃木正裕《连带债务与判决效》，载《判夕》，第391号，昭和54年，第4页以下，尤其是第11页。具体而言，当债权人首先以其中一个财产状况不良的连带债务人Y（若债权人知道Y的财产状况不良就不会对其提起诉讼）为被告来提起诉不过,正如“既判力时间界限”领域中的买进建筑物请求权与空白票据补充权问题一样,学界及实务界对于“在何种情形下认可反射效问题”之争议的持续,可能也是判决效理论一种不可避免的宿命。〔20〕〔20-2〕

讼时,若因Y的资金不足导致债权人败诉,在这种情形下,从连带债务的担保功能来考虑,应允许债权人以另外的连带债务人Z为被告再度提出再审理的要求(而不能直接适用前诉判决的反射效),即债权人既可以向Y回收债权,也可以要求Z清偿债务,正是连带债务担保功能的题中应有之意。对于铃木教授的这种观点,小山教授提出了批判,小山教授认为,所谓的连带债务担保功能并不保障债权人的二次重复诉讼,所保障的仅仅是,即便一个连带债务人财产状况不良,债权人也可以从另外的债务人处获得清偿,参照小山升《债权人与主债务人之间的判决与保证人》,载《小山·著作集》(第二卷),第256页。应当说小山教授的这种批判非常合理。铃木教授自己也在其《连带债务与判决效》一文中[载《判タ》,第391号,昭和54年,第9页注(7)]认为,尽管债权人既可以在其对Y的诉讼过程中将Z卷入该诉讼,也可以以不想与Y进行诉讼(由于知道Y的财产状况不良)为由而撤诉,但债权人并未采取这种做法而任由诉讼进一步发展,结果导致自己败诉,因此,应当说债权人的行为表明了其对于承受败诉判决是心甘情愿的,铃木教授的这一论述,可以视为对其前面论述的一种批判。

〔20〕 即便学界否定反射效理论,就实际而言可能也不会产生很大问题。因为可以作这样的考虑,即纵使前诉判决不具有规范性地遮断再审理的效力,在实务中,当前诉判决作为证据被当事人提出时,后诉法官一般都会在后诉中作出与前诉判决之判断相符合的认定,换言之,后诉法官通过作为判决事实效之一的证明效来处理“遮断主张再审理”的问题。而且这种处理方式更具有其独特的灵活性,即当前诉判决的认定准确、合理时,后诉法官就会作出与之相符的判断,反之,若是前诉判决的认定不合理,后诉法官则将不遵从这一判决,而由自己作出合理的判断,因此,这种处理方式也可能被认为是一种最具实用性的方法。

但是,在这种委诸于后诉法官裁量的处理中,当前诉判决的认定是合理且正确时,后诉法官采用的“仅将前诉判决作为证据原因”之做法,可能未必妥当。在这种情形下,后诉法官并未直接接触前诉的书证原本或是证人,因此可以说后诉法院的裁判在实质上并不是一种基于证据的裁判,这不免违反直接主义、口头主义等民事诉讼基本原则。而且,在这种情况下,前诉判决在形式上也仅为一个证据,因此当对方当事人为了进行反证而提出证人询问的证据申请时,若后诉法院都予以驳回,则会显得不符合情理。此外,奈良教授认为,在前诉中,双方当事人发生激烈的争执与对抗,而事实认定是一个十分微妙的过程,因此前诉判决在后诉中并不能充分发挥证明效作用,参照奈良次郎《有关判决效的最近理论与实务》,载実務民訴(第二卷),第291页以下,尤其是第321页。奈良教授在该论文中还认为,从一般社会常理来看,即便前诉判决的判断存在错误,在后诉中,法官按照(前诉中的)基本性纠纷(主债务的存在与否等)的解决结果

五、反射效判例

从判例的状况来看，尽管最上级审（最高裁判所）的态度并未从

来对从属性纠纷（保证债务的存在与否等）作出认定也是妥当的。此外，对反射效抱以肯定态度的观点，还可以见之于林屋，第523页以下；小林·プロブ，第395页以下；吉野正三郎《集中讲义民事诉讼法》，成文堂，平成2年，第252页以下；谷口，第366页以下；吉村德重《判决的反射性效力》，载《ジュリ》杂志第300号特刊——《学说展望》，昭和39年，第264页以下等。

作为反射效否定说的观点，可以见之于三ヶ月·全集，第35页以下；后藤勇《确定判决的反射效力》，载《判タ》，第347号，昭和52年，第11页以下；伊藤，第496页以下等。此外，上野教授也认为，反射效只是继承人型既判力扩张的一种情形，在前诉中原告（出租人或债权人）可以将转租人（与承租人）或保证人（与主债务人）作为共同被告，而且，转租人或保证人的责任财产与承租人或主债务人的是不同的，因此这两者（承租人与转租人，或者主债务人与保证人）的被告适格也不同，鉴于上述理由，上野教授否定了反射效（既判力的扩张），参照上野泰男《关于既判力主观范围的一点考察》，载《关西大学法学论集》，第41卷第3号，平成3年，第429页以下。

此外，水谷教授从反射效提出责任的视角对反射效理论进行了分析，认为应当让可能受到反射效扩张的第三人也同时参加到诉讼（前诉）中，参照水谷畅《后诉中的审理拒绝》，载《民訴雑誌》，第26号，昭和55年，第83页以下。

尽管未直接论及反射效的问题，竹下教授提出了如下解释论，即对于"从诉讼当事人处受让诉讼标的物且知道诉讼处于系属中之事实但未进行诉讼参加"的第三人，可以通过类推解释《日本民事诉讼法》第115条第1款第2项的规定，而将该诉讼的判决效向其进行扩张，参照条解，第701页以下（竹下守夫执笔）。这种观点的确对诉讼继承主义的根据提出了极大挑战。

〔20-2〕　松本教授在松本博之《反射效力论和既判力扩张论》（最早发表于平成13年，收录于松本·既判力，第267页以下）一文中作出如下论述。认为反射效力说实质在于既判力扩张说之观点是存在问题的。以保证人为例，若通过其他方式无法充分确保实体法债务的附随性，则依据既判力扩张的依据的必要性很小。因为保证人可以主张归属于主债务人的抗辩权（包括导致主债务不存在的事项），故只要这样即可。这是对实体法抗辩权的贯彻，而不应通过既判力扩张将其提升至依职权调查事项的层面。在持分公司的无限责任社员（出资人）之情形下，公司一旦失去抗辩权，只不过将社员视同为社员所代表的公司，因此既判力不向社员进行不利扩张，这应当被理解为特别的失权效。在此情形下，即便社员无法主张公司债务不存在，也不会存在程序保障问题。在租赁人和转借人的从属关系中，有利的反射效力也不会获得认可。这种情况下承认既判力扩张，属于片面的既判力扩张，无法从武器对等原则获得正当根据。债务人的一般债权人不能对债务人与第三人之间的确定判决提出争议，这就意味着除破产、债权人代位权、债权人撤销权等情形外，法律上未承认一般债权人。在民事执行法中的分配异

正面否定反射效理论,不过,其中既有判例抱以近似承认反射效的口吻,也有判例对此抱以否定的态度。

作为前者观点的代表就是,最高裁判所昭和 52 年 10 月 21 日判决,载《最高裁判所民事判例集》,第 30 卷第 9 号,第 903 页以下,收录于《百選Ⅱ》,第 156 号案件(松浦馨解说)。该判例的案情具体如下,债权人 Y 针对主债务人 A 与保证人 X 提起了共同诉讼,由于主债务人 A 对 Y 进行争执,而保证人 X 不进行争执,因此法院将 X 针对 A 与针对 X 的辩论进行分离,在债权人 Y 对保证人 X 展开的诉讼中,法院作出债权人 Y 胜诉的判决,判决效力也因此确定。但是,在另一个主债务人 A 对 Y 进行争执(债权人 Y 对于主债务人 A)的诉讼中,法院却作出债权人 Y 败诉的判决。概而言之,债权人 Y 对于保证人 X 提出的请求获得胜诉,而其对于主债务人的提出请求则遭受败诉的结果。当债权人 Y 基于第一个的"债权人 Y 胜诉的判决"(债务名义)来申请强制执行时,保证人 X 基于第二个的"主债

议诉讼中,异议债权人只能主张与债务人相同的异议事由和再审事由,而无法主张债务人不能主张的异议事由和再审事由,这应当被理解为执行法上的特别失权效。但是,在串通取得债务名义时,异议债权人可以对此提出主张。总而言之,这是一个应依实体法讨论[而非诉讼法讨论(反射效)]解决的问题。山本和彦说也主张依实体法予以处理,不过在表述上存在相当差异。

此外,竹下教授认为,现在多数见解认为既判力本质论为诉讼法说,自此立场下,即使主债务人获得胜诉判决(驳回请求判决),也无法据此消灭实体法债务,故保证债务也不会随之消失。尽管如此,关于债权人不能向保证人请求的拘束力(反射效),也很难从实体法上找到理由,参照条解,第 620 页(竹下守夫执笔)。而山本教授认为,这并不意味着权利本身消灭,而使判决确定下的权利变成无法诉求之状态,可以看出是权利的"状态"发生了变动,该请求权在当事人之间形成这一状态的事实自身具有对世性。笔者认为,这一问题存在着实体法判断和诉讼法判断的混合(若混合这一表述不合适,也可以称之为融合)。拙见倾向于从法律关系的统一性寻求该实体法判断(不因求偿等产生混乱),而山本和彦说从"债务状态中的牵连性"角度出发予以精密化处理。在连带债务中结论自然是明确的,但就山本(和)·基本问题一九二页注(30)所言的问题,由于债权人无需对所有连带债务人取得胜诉,故无需通过概率计算之论据适用相互性理论,也没有必要否定对连带债务人有利的片面性防御性的反射效果。对此有必要再度深入思考。无论如何,反射效论确实是未经对复杂事物予以精密区分前提下就适用的理论。

务人 A 胜诉的判决”来提出请求异议之诉(第三个诉讼)。针对这一请求异议之诉,最高裁判所作出的判决书中尽管存在着近似于承认反射效的论述部分,即认为:“一般而言,在债权人提起的请求履行保证债务诉讼中,保证人可以通过援用主债务人胜诉的确定判决来确保自己在后诉中获得胜诉判决,尽管如此……”不过,作为最后的结论,却作出了驳回(异议)请求的判决,因为,该判决认为,“保证人 X 自己所承受判决的既判力优先于,来自于主债务人 A 胜诉之确定判决的反射效”。

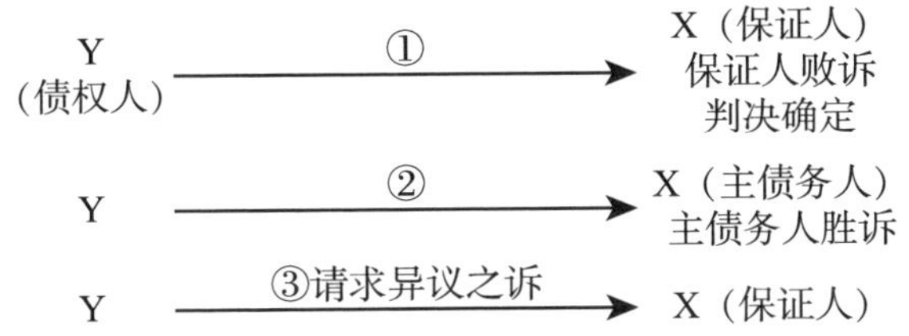

图 16-1

那么,应当如何来评价这一判决呢?笔者认为,这是一个涉及“在理论上如何把握主债务人 A 胜诉的第二个判决向第三个诉讼产生的影响”之问题。在传统的反射效理论之框架下,由于第二个判决视同为债权人 Y 与主债务人 A 之间达成的和解协议,因此,论者对于此问题就会以“这种和解的效果是否波及保证人 X”之形式来展开论述,即考虑到债权人 Y 与主债务人 A 之间不能达成“Y 不向 A 提出债权请求,但仍保留对保证人 X 的请求履行债务的权利”这种相对性和解协议,因此,Y 与 A 的和解协议的效力也波及 X,由于第二个判决反射效的作用而致使 Y 不能对 X 提出请求(山本和彦《反射效》,载《判タ》,第 980 号,平成 10 年,第 58 页以下,也表达了相同的观点)。但是,能否将第二个判决视为和解协议,这本身就会成为一个问题,至少而言,第二个判决不能被视为主债务人 A 对于债权人 A 的债务清偿(若属于债务清偿,保证人则可以提出“此为第一个判决标准时后新事由”之主张)。一方面,依据反射效程序法上的正当化根据,能使法官作出的“债权人 Y 以与其最具利害关系的主债务人A为被告已经尽全力进行了争执,但仍然败诉”之判断效力发生扩张,获得“大致”合理化的根据;但另一方面,就本案实际状况而言,债权人Y对保证人X已经进行了严格且认真的争执,至少而言,无论是作为债权人Y还是保证人X而言,两者争执机会都获得了程序保障,并且,最后Y获得了胜诉。因此,如果单纯地将第二个判决(效力)向保证人X进行有利扩张,那么在第一个诉讼中的X自我责任方面就会存在问题。对于这一两难推论的结果,最高裁判所所作的本判决,主要还是基于第一个判决即判力的立场来对问题作出解决。具体而言,将“基于第一个判决标准时的遮断”与“第二个判决之A的胜诉事由”结合起来,若第二个判决之A的胜诉事由属于第一个判决标准时前能够提出的事由,保证人X就不能对此进行主张。这可以说是一种遵循如下原理进行类推的结果,即对于在前诉标准时前享有可提出撤销但未提出的当事人,不允许其在后诉中提出主张。从程序保障与自我责任之视角看,判决这种立场应予以肯定。

但是,若考虑到“保证人向主债务人进行追偿”这一点时,本判例的这种解决方法似乎又欠缺妥当性。因为,前诉原本是债权人Y以主债务人A与保证人X为共同被告而提起的诉讼,而法院将两者的辩论进行分离,并首先作出“仅仅判定X败诉”的判决(不过,仅依据“法院未将两者的辩论予以分离”之根据,也不能得出X胜诉的结果,若基于主张共通原则或者片面类似必要共同诉讼、准必要共同诉讼之视角来看,则无论是A的主张,还是X的主张,都将被法院同时评价,据此X也有可能获得胜诉)。如此一来,在前诉中,法院将两者辩论进行分离的做法是否适法呢?若依据必要共同诉讼之通说,本案这种情形属于《日本民事诉讼法》第39条规定的普通共同诉讼,因此在本案中,法院依据《日本民事诉讼法》第152条规定进行的辩论分离尽管在结果上会产生不妥当,但从程序法的视角来看,也并无不妥之处。

不过,若进一步对法院这一“辩论的分离”行为细加分析,则会得出如下这一结论,即若保证人X为了回应法院诉讼指挥(辩论分离)而主动接受这种“可能导致自己败诉”程序上分离的(法院)决定,保证人就不能在主债务人胜诉后对第二个判决进行援用。但是,就本案的实际情况而言,X 对 Y 提起的诉讼仅仅抱一种"任凭主债务人 A 处置"的心态,正是基于此导致了其在诉讼中表现得不积极,但这绝不意味着,保证人抱有"即便自己败诉也无所谓"之心态,在这种情形下,法院将辩论予以分离的做法无疑是不当的,因此,即便法院将两者辩论进行分离,在债权人 Y 对主债务人 A 的判决作出之前,也应当中止对"债权人 Y 对保证人 X"之辩论的审理。法院不顾及这种实际情况,仍然不当地先作出 X 败诉的判决,正是因为法院存在这种错误,而应当允许保证人在后来对于 A 之胜诉判决的援用。以上就是霜岛甲一教授《关于最高裁判所昭和 52 年 10 月 21 日判决的判例释评》一文中提出的观点,可以说这是一种饶有兴味,并与"基于程序事实群的调整"之观点紧密联系的见解。〔21〕

以下进入对反射效持否定态度判例的探讨。作为持这种观点判例的典型代表当属前揭最高裁判所昭和 31 年 7 月 20 日判决以及最高裁判所昭和 53 年 3 月 2 日判决[载《判時》,第 886 号,第 35 页以下,收录于《百選Ⅱ》,第 157 号案件(本间靖宽解说)]。关于前者在前面已经有所论述,故在此主要针对后者展开论述。本案的具体案情如下,当事人 X 在遭遇了交通事故后,以肇事车辆的提供者 B 与道路管理人 Y(国家机关)为共同被告提起诉讼。在第一审中,B 基于反对债权提出抵销主张,最后法院的判决认定了该抵销主张,并在减去反对债权相应数额后作出损害赔偿额的认定,判决也以此获得确定。但是,由于另一个被告 Y 并未提出抵销主张,因此,在第一

〔21〕 后藤教授认为,由于保证人 X 可以在第一次(债权人对主债务人)或者第二次(债权人对保证人)的诉讼中对债权人的请求原因进行争执,因此在实务中几乎不存在如下之情形,即保证人因抱有完全听凭于主债务人处置之想法,而自己不对请求原因积极争执。参照后藤勇《确定判决的反射效力》,载《判タ》,第 347 号,昭和 52 年,第 19 页。

此外,也有观点认为,当主债务人出庭而保证人缺席时,法院应当作出如下指示,即对于"出庭的主债务人是否可以为了保证人的利益进行诉讼参加"之问题展开讨论,参照原朋一《关于通常共同诉讼审理的诸问题》,载牧山市治、山口和男编《民事判例实务研究(第二卷)》,判例时代社,昭和 57 年,第 174 页以下,尤其是第 184 页。在实务中,这种对策往往比较妥当。

审判决中所确定的损害赔偿额并未减去反对债权数额。于是,在控诉审中,Y 以自己的损害赔偿额也应当减去相当于 B 的抵销数额为由,要求自己获得的第一审判决也具有与“X 与 B 之间的判决”相同的效力。[22] 控诉审法院认可了 Y 的这一请求,但是,最高裁判所最后的判决结果却撤销了这一判决并将案件发回重审。最高裁判所的判决认为:

对于在其他的债务人与债权人之间展开的诉讼中所作出的债务消灭之判决,若在后诉中法院欲以该判决作为基础,就必须对上述抵销在实体法上是有效之问题作出判断及认定,即便存在着“肯定作为当事人的债务人与债权人之间抵销效力”的确定判决,该判决的效力也不波及其他债务人与债权人之间展开的诉讼。

总而言之,如果存在 B 的抵销,那么 Y 的债务将得以减少,但是,在 X 与 Y 的诉讼中,法院还必须对“X 与 B 之间存在着有效的抵销”之问题展开审理及认定,而不能仅因存在着 X 与 B 之间的判决,就直接将该判决(抵销)的效力波及 X 与 Y 之间的诉讼。由此看来,这一判决对于反射效理论持否定态度。

在反射效理论状况不明确的现状下,法院作出这种判决可能也是一种不得已而为之的处理。[23]

---

〔22〕 作为一个事实问题,“Y 是否援用反射效”还是颇具疑问的,因为,如果 X 未对 Y 的主张提出争执,那么也可以视为成立拟制自认,关于此的详细论述,可以参照铃木正裕《连带债务与判决效》,载《判タ》,第 391 号,昭和 54 年,第 4 页以下,尤其是第 11 页。

〔23〕 其实在本案中还存在如下问题,即如果承认 B 所主张的抵销,那么就会违反《日本民法》第 509 条的规定。因此,最高裁判所最后作出“撤销原判决并发回重审”之判决的重要原因在于,让 X 在重审程序中提出抵销无效的主张。关于此的详细论述参照《小山·著作集》(第二卷),第 281 页。因此,将最高裁判所这一判决纯粹作为否定反射效理论判例理解的做法似乎并不妥当,即便遵循“错误的前诉判决也可以对后诉产生拘束力”之奈良说的观点[参照奈良次郎《有关判决效的最近理论与实务》,载実務民訴(第二卷),第 291 页以下,尤其是第 321 页],还是难以将前诉中的错误法律解释适用于第三人。

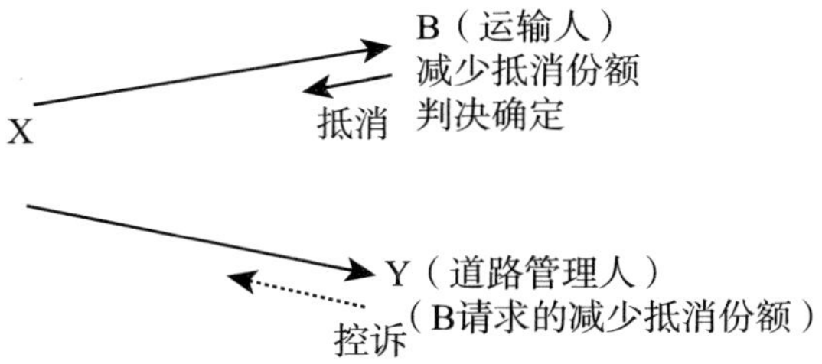

图 16-2

第十七讲　诉讼上和解

导　读

在日本的学理上，在法院面前进行的和解就被称为“裁判上的和解”，即“诉讼上的和解”。在日本，和解正越来越受到重视。和解“能够超越实定法的界限来作出与纠纷实际状况相对应的处理”的功能受到许多人的积极肯定。日本对和解的重视也受到美国民事诉讼对于和解重视现象的影响。

在中国，人们很容易将日本诉讼上的和解与中国的法院调解或诉讼调解相提并论。实际上两者有很大的区别。过去，日本不强调法院在当事人和解中的主动干预，现在已有所不同，制度上允许法官就当事人和解的内容提出建议。在实践中，当事人通常也愿意接受法院对和解的建议，在这一点上，日本诉讼上的和解已经趋近中国的法院调解。但两者之间依然有很大的不同，需要我们特别注意。由于中国调解的强势，以及在超越实体法和事实方面有更大的宽容度，因此，虽然中国也承认和解，但和解几乎没有实际存在的空间。通过本讲，读者可以从中了解日本和解的法理和原理，学者和实务者对和解问题的思考，对于我们认识中国的调解也有一定的意义。

在中国,法院调解毫无疑问具有既判力,调解书一旦生效,不仅诉讼终结,且具有与生效(确定)判决相对的既判力效力。法律规定,调解书与判决具有同等效力。如果调解书违法只能通过再审予以救济。然而,在日本,诉讼上的和解是否具有既判力在理论上是有争议的,制定上也没有明确。在性质上,中国调解被视为一种审判方式,是法院解决纠纷的手段。在日本,关于和解协议的性质,高桥比较欣赏新堂教授的观点,即"诉讼上和解之法的性质"理解为,以私法上和解的性质为主,并在此基础上附加诉讼上合意之性质的考虑(两面说)。既然以司法上的和解性质为主,那么,民法上法理就自然要运用于和解的处理。这一点就与中国对法院调解争议的处理有所不同了。这就有了如此学术上的观点,即一旦和解本身的内容存在无效原因时,当事人可以通过提起确认和解无效诉讼之方式加以解决。在这种情形下,法院首先有必要对作为前提问题的"和解是否无效或撤销"作出判断,若是认定和解有效,那么法院就作出宣告诉讼终结的判决;反之,如果和解是无效的,当然确认无效之后,是恢复原来的诉讼程序,还是另行开始新的诉讼程序,学界存在争议。当然还有一种通过继续进行原来诉讼之途径来进行主张的方法,即向进行和解的法院提出指定期日的申请,并让法院对"和解的无效"作出判断。在日本的实务上也有此操作。

目　　次

一、含义

依据见解不同,可能在定义上存在不同表述,但作为一般而言,在法院面前进行的和解被称为“裁判上的和解”,以此与“裁判外的和解”(相当于《日本民法》第695条规定的和解契约)形成对应。而且,这种裁判上的和解可以进一步被分为“起诉前的和解”与“诉讼上和解”两类(参照新堂,第323页)。所谓起诉前的和解,是指在当事人提起诉讼前,诉讼未处于系属的状态下,双方当事人在简易法院出庭中达成和解,并将和解内容记载于和解笔录的情形(依据《日本民事诉讼法》第275条的规定,其也被称为即决和解)。而诉讼上和解则是指在当事人提起诉讼后,诉讼处于系属的状态下,双方当事人在法院(法官)面前达成和解,并将内容记载于和解笔录的情形(参照《日本民事诉讼法》第267条)。由于这两种和解基本遵循着相同的原理,因此,本讲在未作特别说明的情况下,主要针对诉讼上和解展开论述。

在提起的诉讼中,其中多数都未发展至判决阶段就以和解形式而告终结。从法院处理案件的角度来看,和解也占据着相当大的比例。不过,在法官团体的圈子内,曾经流行过“不要当和解法官”之说法,这反映了法官群体的内在意识,即法官的使命在于判决案件,而和解只是没有书写判决书能力之人所为的低层次事务。但时至今日,一种认为“和解能够超越实定法界限来作出与纠纷实际状况相对应的处理”之积极性评价(和解肯定论)显现出强劲的势头。此外,也有观点认为,和解一旦成立,诉讼就因此而告终结,而且当事人也不会提出上诉,和解的案件具有相当高的可执行率,因此,从这种案件处理方式的效率来看,和解的作用也值得肯定。可以说,实务界评价和解的观点已经经历了一个历史性变迁的过程。〔1〕 此外,

---

〔1〕 也有观点饶有兴味地将和解分为“避免非此即彼(all or nothing)型”和解与“超越判决型”和解两类。提倡这种观点的论文,可以见之于草野芳郎《法官诉讼上和解之和解观发生变迁下的和解运作之摸索》,载《判タ》,第704号,平成元年,第28页以下;草野芳郎《和解程序中法官与当事人应然作用》,载《竜嵜喜助先生还历纪念论文集——纠纷处理与正义》,信山社,昭和63年,第457页以下;草野芳郎《和解技术论》,信山社,平成7年。

此外,关于和解观变迁状况的文献,可以见之于大石忠生、加藤新太郎《诉讼上和解的定位》,载后藤勇、藤田耕三编《诉讼上和解的理论与实务》,西神田编辑室,昭和62

就学说状况而言，多数的观点都将和解视为处理纠纷的主要方式，甚至有学说构筑一种“将和解要素融入判决”的理论。依据这种理论，法律可以作出如下规定，即若被告方经济不宽裕，即便未取得原告方积极同意，法院也有权作出诸如“命令被告分期偿还债务”这样的和解性判决。[2]尽管在法律条文上难以直接作出这样的规定，[3]不过，可以预见的是，关于诉讼上和解的研究必然会给民事诉讼理论带来新的冲击。因受写作目的之限，在此的论述不会深入到这种理论层面，而主要围绕诉讼上和解领域的传统解释论问题来展开。

此外，在《日本人事诉讼程序法》第13条规定中，存在所谓的“和谐”之概念。此处所谓的“和谐”，是指在离婚诉讼中，双方当事人和好，非依据该离婚诉讼程序就圆满达成解决纠纷的方法，以及双方当事人因此撤诉而使诉讼终结的情形。[4]《日本人事诉讼程序法》第13条规定，双方当事人如有达成和谐的可能时，法院可

年，第22页以下。

随着和解观的变迁，关于和解技巧的研究也迎来繁荣的局面，关于这种研究的文献，可以见之于伊藤博《劝导当事人和解的技巧与实际》，载《司法研修所论集》，第73号，昭和59年，第22页以下；草野芳郎《和解技术论》，载《判夕》，第589号，昭和61年，第8页以下；后藤勇、藤田耕三编《诉讼上和解的理论与实务》一书（西神田编辑室，昭和62年）所收录的论文等。

关于外国和解制度的参考文献，可以见之于谷口安平《比较法视野中的诉讼上和解》，载《法学论丛》，第79卷第6号，昭和37年，第57页以下。

〔2〕 对于和解性判决或者和解性辩论等问题，井上治典教授展开过系统研究，相关研究成果可见之于井上治典《民事程序论》一书（有斐阁，平成5年）所收录的论文，尤其是该书的第117页以下、第139页以下以及第238页以下。此外，水谷教授也对此问题展开了革新性的论述，参照水谷畅《争点整理——和解性辩论与和解性判决》，载“交涉与法”研究会编《裁判内交涉的理论》，商事法务研究会，平成5年，第90页以下。关于笔者个人对于井上治典理论的评价，可以见之于高桥宏志《纠纷与诉讼的功能》，载岩波讲座——《社会科学的方法6——社会变动中的法》，岩波书店，平成5年，第199页以下。

〔3〕 参照井上治典、高桥宏志编《趣味民事诉讼法》，有斐阁，平成5年，第1页以下、第45页以下、第165页以下。

〔4〕 冈垣学：《人事诉讼程序法》，第一法规出版，昭和56年，第229页以下。

以依职权中止诉讼程序即设置一定的“冷静期间”。因此,和解与和谐在读音(训读)上是相同的,但无论是文字还是内容,两者均不同。

二、诉讼上和解之法性质论

诉讼上和解,一方面具有双方当事人自主解决的性质,但在另一方面,由于这种纠纷解决在法院中进行,并使诉讼由此终结,故而诉讼上和解又具有与确定判决相同的效力。正是鉴于此,学界很早就开始对于“诉讼上和解究竟是一种什么样性质的行为”之问题展开了论讨。关于这一问题的论述主要存在如下四种学说。

第一种观点就是主张“诉讼上和解也是私法行为”的学说,即认为,诉讼上和解只是当事人不经意在口头辩论等期日中实施的和解行为,其在本质上仍然属于私法行为。这种私法行为说旨在肯定诉讼上和解与民法上和解契约之间的连续性。〔5〕

与此相对,第二种的诉讼行为说则认为,与私法上和解不同,诉讼上和解是一种独立的诉讼上合意。如后所述,在这种学说内部,因是否肯定达成和解上的既判力,又存在不同观点的对立。〔6〕

第三种观点就是所谓的并存说。这种学说认为,尽管诉讼上和解在现象上是一个行为,但在法律上,却存在作为私法行为的和解与作为诉讼行为的合意(严格而言,诉讼终结的合意)两个行为,而且这两个行为是并存的。而作为私法行为的和解与作为诉讼行为的合意这两者分别独立存在并各自独立发挥作用,可以说,这一点正是并存说的最根本出发点之所在。不过,如前所述,在并存说内

---

〔5〕 作为私法行为说的观点,可以见之于法律实務講座(第三卷),第122页以下、第141页以下;石川明《关于诉讼上和解的研究》,庆应通信,昭和41年,第24页以下;石川明《诉讼行为的研究》,酒井书店,昭和46年,第6页以下等。依据石川说,在诉讼内,当事人在法官面前达成了实体法上和解,而法院对此作出确认及公证就是诉讼上和解。新堂教授也表达了类似的观点,参照新堂,第330页。

〔6〕 在诉讼行为说中,主张“诉讼中和解存在既判力”的观点,可以见之于兼子·体系,第306页以下;小山,第441页以下;兼子一、竹下守夫《民事诉讼法(法律学讲座双书)》(新版),弘文堂,平成5年,第160页以下。而否定诉讼上和解具有既判力的观点,可以见之于三ヶ月·全集,第446页等。

部也有观点承认这两者之间存在的关联性。[7]

第四种观点则是所谓的两性说(两面说)。具体而言,两性说认为,诉讼上和解在法律上也是一个行为,但这一行为却具有两面性质——私法性质与诉讼法性质。这种学说与并存说的区别在于,两性说肯定诉讼上和解之行为中的私法方面与诉讼法方面的互通与交流,换言之,按照两性说的见解,如果诉讼上和解行为中存在私法上无效的原因,那么在诉讼法上也必然导致该行为无效。这种学说也为判例的主流所采纳。[8]

---

〔7〕 条解,第715页以下(竹下守夫执笔);伊藤,第397页,所采用的并存说就肯定两者之间的关联性。

〔8〕 就学说状况而言,持两性说的观点,可以见之于中野=松浦=鈴木·旧版,第401页以下(松浦馨执笔);吉村德重《诉讼上和解》,载三月章、中野贞一郎、竹下守夫编《民事诉讼法演习第二卷》(新版),有斐阁,昭和62年,第62页以下,尤其是第65页。

此外,包含德国学说在内的,关于诉讼上和解性质论的详细状况之论述,可以参照岩松=兼子编·前揭注(5),第100页;石川·前揭注(5)《诉讼上和解的研究》,第1页以下;石川·前揭注(5)《诉讼行为研究》,第23页以下。

私法行为说仅仅着眼于民法的和解契约,在此基础上附之以笔录记载。应当说,对于通过笔录记载赋予了法律上的执行力,私法行为说可以作出很好说明,但在诉讼终结说明方面则较为薄弱。尽管可以说明和解契约成立导致判决利益消失,但诉的利益消失导致的是驳回诉之判决。是否可以作如下说明,即在笔录记载中法律赋予诉讼终效果?

相反,诉讼行为说则着眼于笔录记载方面。兼子理论强调诉讼上和解是判决替代物。这源于对和解既判力的肯定。但是,诉讼行为说对于诉讼上和解与民法上和解契约之关系的说明上则比较隐晦。对于不构成诉讼上和解内容但同时又被记载于笔录之中的现象,也可能稍显奇怪。换言之,法院所做的只是对和解契约内容进行确认,这和法院基于和解契约作出判决的状况相同。参照后揭注(19)。与之相对,中田说将终结诉讼意思作为诉讼行为说的核心,即所谓的诉讼终结合意。尽管中田说易于理解,但在对诉讼上和解契约与民法上和解契约的内容关系之说明上,则比兼子理论更为疏远。

并存说、两性说均着眼于和解契约与笔录记载两个方面。

但是,正如兼子理论所言及的,作为在诉讼系属中成立的和解,对当事人来说存在诉讼上和解以及基于该和解(依据和解请求变更实体法上法的地位)请求判决两条道路,而并不当然成立诉讼上和解(若向法院主张和解,当然构成诉讼上和解,属于依据法国法的规定,但日本法并非如此)。即便存在私法上的和解契约,当事人也可以在诉不过,上述诸种性质论并未演绎性地解决“有关诉讼上和解是否具有既判力”等其他问题(参照新堂,第 330 页),因为,无论从上述的何种学说出发,经过适当修正都能推导出相同结论。例如,对于前述的“诉讼上和解行为存在民法上的无效原因之时”的处理问题,若严格遵循并存说,则无效部分仅限定于和解行为中的私法上和解方面,而并不导致其中的诉讼上合意方面的无效。但是,在民法上行为之有效性成为诉讼终结合意条件的情形下,前者无效也将导致后者无效。从这层意义上来看,关于诉讼上和解性质的种种学说可以说是一种无谓的论争,即仅仅是一种“旨在进行理论上说明”的技巧性论争。

作为一种纯理论意义上的论述,新堂说主张应当将“诉讼上和解之法性质”理解为,以私法上和解的性质为主,并在此基础上附加诉讼上合意之性质的考量(参照新堂,第 330 页),但同时新堂教授也再次强调,这种纯粹的诉讼上和解之法性质论并无太多实际意义。

在此前关于诉讼上和解之法性质论中,“私法上瑕疵如何与诉讼上效果发生关联”之问题,成为争论的中心议题。不过,对于与上述命题呈相反逻辑的某一状况,实务界的一个判例却作出了如下饶有兴味的判决结论。这一判例就是广岛高等裁判所昭和 40 年 1 月 20 日判决,载《高等裁判所民事判例集》,第 18 卷第 1 号,第 1 页以下,收录于《百選 I》,第 93 号案件(佐佐木吉男解说)。案件具体情况如下,在最初的诉讼中,并不具有代理权的 A 公司常务董事 Y 代表本公司与对方当事人达成诉讼上和解,A 以 Y 未获得公司授权为

讼中主张实体法状态发生变更,并请求作出与和解契约内容相同的判决(不过,在肯定和解既判力的学说中,因和解与判决的效果相同,故可以视为不存在请求判决的利益。但在限制既判力说或既判力否定说下,因为判决具备和解不具有的既判力,所以肯定当事人的请求判决利益)。如若不然,由于是依据笔录记载达成诉讼上和解,故必须要有当事人的意思表示。那么,该如何看待这一争议呢?新堂说对从和解性质论中演绎性地推导出的结论抱以警戒性,新堂教授认为,多数学说立足于结论逆向展开的性质论,在解释论上并无意义。但是,正如新堂说所言,过度拘泥于此的性质论则陷入了概念法学的弊端。笔者个人认可两性说和认可牵连性的并存说。

由提出确认和解无效之诉,并获得了胜诉。对于此判决,X 以 A 公司为被告提起了本诉讼(广岛高等裁判所案件)。X 主张,在最初诉讼中达成的和解,作为诉讼行为而言,因存在的无权代理之事由的确是无效的,但作为私法行为而言,由于这一和解行为符合《日本商法》第 262 条规定的表见董事之情形,因此作为私法上和解而言,这种和解又是有效的。广岛高等裁判所的判决认可 X 的这一主张,即认为,裁判上和解是一种包含私法上和解在内的诉讼行为,即诉讼上和解以承载私法和解内容之形式而存在,因此,若私法上和解无效,则裁判上和解无效,但是,诉讼法上无效通常不意味着,作为其基础的私法上和解也同样无效。

其中“尽管作为诉讼上和解无效,但作为私法上和解有效”之观点,正是这一判决的特色之所在。〔9〕 但是,这一论述好比“用右手给予的东西又通过左手夺回来”,既然如此,毋宁一般性地表述为,诉讼上和解之诉讼行为可以适用表见法理,这可能会显得更加清晰明了。〔10〕

对于诉讼上和解,尽管可以采用“分为实体法与诉讼法两个层面来分别予以考虑”的方法,但这种方法会导致结果的分割,因此,在分析过程中,若能避免则应尽量避免。

三、要件与程序

诉讼上和解的要件大致包含如下几点(参照新堂,第 324 页)。

---

〔9〕 但是,也有学说认为,在进行诉讼上和解时,当事人正是考虑到诉讼上的有效性才进行实体法方面的和解(例如,诉讼上和解的执行力成为其达成和解的动机),因此,诉讼上和解在诉讼法方面的无效,也将导致实体法方面的无效。关于此观点的详细论述,可以参照井上正三《关于广岛高等裁判所昭和 40 年 1 月 20 日判决的判例释评》,载《民商》,第 57 卷第 4 号,昭和 43 年,第 636 页以下。

〔10〕 新堂 · 判例,第 145 页以下;谷口安平《关于广岛高等裁判所昭和 40 年 1 月 20 日判决的判例评论》,载《民商》,第 54 卷第 6 号,昭和 41 年,第 919 页以下。

作为私法行为说主张者的石川明教授在其《关于诉讼上和解的研究》(庆应通信,昭和 41 年,第 99 页)一书中认为,实体法上的和解当然地适用《日本商法》第 262 条的规定,而且,法院对该和解的公证性质也仍然存在,因此从整体上看,该诉讼上和解是有效的。

1. 诉讼的系争利益任凭当事人自由处分(在离婚诉讼中也允许当事人进行诉讼上和解,《日本人事诉讼法》第37条。但问题在于,这是否是有关诉讼请求的真正意义上的和解呢?《ジュリ》临时增刊第1259号——《新人事诉讼法与家事法院实务》,平成15年,第104页);〔10-2〕

2. 依据和解条款所认可的权利义务是法律许可的事项且不违反公序良俗;

3. 由于诉讼要件是本案判决的要件,而和解不是判决,因此一般而言,和解并不需要具备诉讼要件(本案判决要件);

4. 当事人具有诉讼能力。〔11〕

《日本民法》第695条,对于和解的含义作出"当事人互让……"

〔10-2〕 人事诉讼法虽然不允许裁判离婚原因事实予以自认(《日本人事诉讼法》第19条第1款),但允许当事人就裁判离婚请求权进行和解(《日本人事诉讼法》第37条)。这意味着不能对主要事实进行处分(自认),但允许对基于主要事实的请求权进行处分(和解),无疑存在不合理之处。因此,《日本人事诉讼法》第37条所说的"和解",并非针对裁判离婚请求权的和解,应当被理解为协议离婚的系统和解。在离婚诉讼过程中当然允许当事人协议离婚,但也面临如下这一难题,即只要是协议离婚,纵使在法官面前达成了协议(和解),若在提交之前反悔,离婚申请也不会被受理。鉴于此,需要对《日本人事诉讼法》第37条作如下解释,即由于是在法官面前达成的协议,故已经获得了充分的公证,和调停离婚一样,不允许当事人反悔。参照高桥宏志等《ジュリ》临时增刊第1259号——《研究会 人事诉讼法的基本构造》,平成15年,第3页以下,特别是第104页以下。

〔11〕 由于诉讼上和解也关系到和解性质论的问题,因此,在诉讼要件以及诉讼能力的构成问题上,不同的和解性质论之间也存在争议。将诉讼上和解彻底视为私法行为的学说认为,无需与诉讼相关的任何要件,在当事人主体能力方面,无需诉讼能力而只要将行为能力作为要件即可,因此,诉讼上和解也无需适用律师代理的原则(参照《日本民事诉讼法》第54条)。关于此观点的详细论述,可以参照石川明《关于诉讼上和解的研究》,庆应通信,昭和41年,第64页以下、第94页以下、第106页以下。但是,如果基于诉讼行为说,或者考虑到"和解笔录所记载的事项实质具有执行力"这一点,那么在诉讼上和解的成立构成中必须包含当事人能力等诉讼要件,而且,也可以适用律师代理原则,关于此的详细论述,可以参照小山,第442页以下。

由于从和解性质论进一步予以演绎,就会使论述显得僵硬化与复杂化,因此,采用从"和解笔录中所记载的事项具有执行力"之角度展开实质性考虑的观点是较为妥当的,如此一来,基本上,后者观点更具合理性。不过,对于诉讼要件,还是有必要逐一、分等规定,那么裁判上和解也是否以当事人互让为必要条件,就成为一个问题(在民法解释论上,关于此点也存在争议,因篇幅所限,在此不予论述)。在主张当事人必须互让的学说阵营中,有观点将“互让的程度与形态”作广义理解。例如,被告承认原告全部请求,而作为补偿,原告承担诉讼费用,在这种情形下,因存在原告承担诉讼费用之事实,因此也可以认为存在当事人的互让(参照新堂,第 323 页)。因此,按照这种见解,在实际中几乎不存在“当事人不互让”的情况。以此观点为前提,有可能面临如下这一理论问题,即当出现“被告承认原告的全部请求,而同时也承担诉讼费用”之内容的“和解”时,该如何看待这种和解情形的性质呢?对于此,主张“这种情形应当被视为请求认诺而非和解”的观点,尽管在理论上较为合理,但是,在这种情形下,当事人是以和解愿望提出这样申请,若法院对此予以拒绝,也似乎不太符合情理,而且,将其作为和解来对待也不会产生什么特别的实际问题。因此,笔者认为,可以不将当事人互让作为诉讼上和解的要件。[12]

别地予以考察。具体而言,诉讼上和解可以不审查诉的利益等事项;当事人适格尽管也属于无需审查的事项,但从实体法视角来看,当事人是否具有处分权限则是需要审查的事项;当事人能力则属于比较微妙的事项,对于此,可能需要根据案件具体情况,作出诸如“是否具有非法人团体的性质”“和解内容是包含执行力的事项,还是仅仅具有确认力(无需执行)的事项”等个别性的判断,此外,在法官要件方面,“主持和解的法官是否是符合法律规定(《日本民事诉讼法》第 338 条)的法官”等,也是必须具备的要件。

〔12〕　法律実務講座(第三卷),第 129 页以下。关于此的详细论述,也可以参照中野=松浦=鈴木·旧版,第 395 页以下(松浦馨执笔)。

此外,还存在与此稍有所不同的另一个问题,即对于因原告撤诉而由被告负担诉讼费用的情形,是否也可以作为和解来予以看待呢。关于此问题,三月教授认为,可以将其视为和解的一种情形,参照三ヶ月·全集,第 442 页以下;与此相对,法律実務講座(第三卷),第 131 页以下;条解,第 712 页以下(竹下守夫执笔);上田,第 11 页以下等观点则认为,在这种情形下,因未进行本案审理,因此不能将其视为和解,而应当作为撤诉予以对待。

另外,还存在如下这个与“当事人互让”较为相关的问题,即为了进行和解,双方当事人之间是否必须存在“争议”呢?对于此问题,有观点持肯定态度,进而认为,尤其是在起诉前和解中,《日本民事诉讼法》第 275 条第 1 款规定了“对于民事争议,当事人表明请求的旨意、原因以及争议的实情,可以向对方当事人的普通审判籍所在地的简易法在诉讼上和解中,诉讼当事人当然是针对诉讼标的来达成和解的,但是,当事人能否就包含诉讼标的以外的法律关系达成和解,以及是否可以将和解内容扩及于第三人呢?在某些情形下,将和解事项扩张至诉讼标的之外的法律关系以及诉讼外的第三人是非常必要的,而且,这种和解扩张的效用又较大,故笔者认为,对于此问题应予以肯定,而这种在诉讼上和解扩张至于其他诉讼标的或主体的情形,就被称为合并和解或者准合并和解(具体而言,将既已系属于其他法院的诉讼标的或者第三人卷入本诉讼和解中之情形,是合并和解;而将未系属于法院的诉讼标的或者第三人卷入本诉讼和解的情形,为准合并和解)。例如,在某一起所有权纠纷中,将邻接的土地也纳入和解内容,在请求返还借款诉讼中,将保证人也卷入诉讼上和解,上述种种做法往往有助于纠纷的整体性解决。不过,对于将诉外第三人纳入诉讼上和解的情形,由于该第三人并非诉讼当事人,并且,作为理论构成而言,诉讼上和解是发生在诉讼当事人之间的和解,因此,多数学说将这种情形的和解定位于起诉前和解(参照新堂,第 324 页)。尽管这种类型的和解不仅限于在简易法院中进行,但在管辖方面也不会存在大的问题,因此,可以将其作为起诉前

院提出和解申请",换言之,起诉前和解须以存在"民事争议"为必要套件,若允许双方当事人对于无争议之事项也能达成诉讼上和解,则有违民事执行法将"执行证书的对象限定于金钱及其他可替代物"(参照《日本民事执行法》第 22 条第 5 款)的立法趣旨。但是,判例却对这种"存在争议"之事由作广义理解,即只要对其作出了债务名义,就承认其为起诉前和解。从裁判实务的角度来看,这其实是一个"如何在实践中发挥法官检验作用"之问题,无论如何,就解释论而言,由于这种起诉前和解是在法官而非在公证人面前进行的,因此无须以存在执行证书为其必须要件,换言之,对于此的理解必须作某种程度的广义理解。不过,石川教授对于此问题则持一种比判例见解更趋限定化的态度,即认为,"争议"也可以存在于权利实现不确实的情形中,因此,起诉前和解的成立必须具备将来给付之诉利益之要件,参照石川明《关于诉讼上和解的研究》,庆应通信,昭和 41 年,第 26 页以下。

和解或者准起诉前和解予以对待。〔13〕〔14〕

〔13〕 兼子·体系,第305页以下。但是,兼子教授的这一观点以诉讼行为说为前提,而在诉讼行为说的前提下,往往不言及起诉前和解等概念,在这种学说下,包含诉外第三人在内达成和解之情形,都可以被视为诉讼上和解。关于此学说的详细论述,可以参照石川明《关于诉讼上和解的研究》,庆应通信,昭和41年,第86页以下;法律実務講座(第三卷),第111页以下。对这种情形的和解,无论作何种理论上的定位,都是可行的,因此,的确没有必要将其必须定位于"起诉前和解"。

〔14〕 关于和解是否可以附以条件,也是一个颇为复杂的问题。

由于此处所谓的条件具有不同层次的含义,因此有必要按照其不同层次的含义来分别予以说明。第一种条件是指,作为和解条款内容意义上的条件,例如"当原告向被告支付若干金钱,被告就进行转移登记"(停止条件),或者"在登记转移给原告后,若原告不支付剩余款项,则将登记返还于被告"(解除条件)等即属于此。由于这种意义附加条件的成就与否,并不影响和解自身的成立,也不会侵害诉讼上和解的安定性,因此,学界也近乎一致地认为,在和解中附加这种意义的条件是合法的。第二种条件是指与诉讼上和解成立相关的条件。例如"被告可以分期偿还债务,但如果存在一次延迟支付之事实,和解就得以解除"等类型的条件即属于此。这一条件几乎等同于后述的"因不履行和解内容而导致的和解解除"之情形,尽管以这种条件解除和解后会面临"如何处理旧诉"的问题,不过基于整体考虑,应当说附加这种条件还是合法的。但在这种类型的条件中,如果不是解除条件而是停止条件,那么可能会产生合法性之问题。例如,在以第三人同意作为和解成立条件之情形下,在停止条件(第三人同意)未成就时,和解无法成立,而诉讼也就必然处于系属中状态,在这种状态下,法院可以进行诉讼的审理并作出判决,如果在法院作出审理及判决之后但在判决确定之前的期间内,该停止条件得以成就(取得第三人的同意),那么法院此前进行的审理及判决都将成为无谓之劳作,从诉讼经济的角度来看,对于附加这种停止条件的诉讼上和解的有效性,应当予以否定。尽管作为一种实际的处理方式,可以在这种停止条件成就之前暂时中止诉讼,但从理论上来看,这样的状态意味着和解尚未成立。关于此的详细论述,可以参照法律実務講座(第三卷),第135页以下。最后一种条件是指纠纷对象自身意义上的条件。例如,双方当事人在"是否清偿债务"的纠纷中达成被告支付一半请求数额的和解,但其中附加以"若无法出示借款收条,则该和解解除并进行再度交涉"之条件,这种附加条件是否合法呢? 井上治典教授认为,这种附加条件和解并不会对纠纷形成最终解决,无论如何,就日本通常的观点而言,这种附加条件和解并不是判决认可的解决方式[就国外的状况而言,也存在将发现新书证作为再审理由的立法例,关于此的详细论述,可以参照铃木正裕《关于既判力的遮断效(失权效)》,载《判タ》,第674号,昭和63年,第4页以下]。尽管在裁判外和解中,也不是不可以通过附加这种条件来对纠纷作出暂定性处理,但是,就将"和解内容记载于和解笔录"的裁判上和解而言,能否作出这种临时性处置还是不无疑问。在调解中,除了中间措施(参照《日本民事调解法》第12条)外,作为终局性措施而言,这种临时性处理恐怕是不合法的。

此外,尽管主张私法行为说的石川明《关于诉讼上和解的研究》,庆应通信,昭和41年,第67页以下,也认为,在诉讼上和解中可以附加任何条件,但是,其中并未明确言及最后这种类型的条件。

诉讼上和解的程序,应当在该诉讼的期日中进行。当然这种诉讼期日不仅限于口头辩论期日,还包括该口头辩论的准备期日,而且,在为和解而特别设置的和解期日中也可以进行和解程序。在民事保全程序或者证据保全程序中,双方当事人也可以进行本案的和解。至于在法院方面,诉讼上和解的程序既可以在受诉法官前进行,也可以在合议庭、受命法官以及受托法官前进行。当双方当事人对和解的内容作出陈述,并将其陈述记载于和解笔录时,诉讼上和解就得以成立。〔15〕此外,无论是在口头辩论终结后,还是法院作出终局判决后,甚至是在上告审中,双方当事人都可以进行诉讼上和解(新《日本民事诉讼法》通过第264条、第265条规定,分别新设了"书面应诺和解条款"与"法院制定和解条款"的制度。关于此制度的详细论述,可以参照高桥宏志《书面和解与法官仲裁》,载《判タ》,第942号,平成9年,第47页以下,收录于高橋·論考,第181页以下)。

从法院的立场来看,法院在诉讼程序的任何阶段都可以向当事人提出和解的建议(参照《日本民事诉讼法》第89条,新堂,第325页)。而且,法院也可以依据职权对纠纷进行(与和解不同的)调解(参照《日本民事调解法》第20条第1款),〔16〕不过,必须予以注意的是,无论如何,法官不能让当事人有如下之感觉,即法官是为了不想写判决书才提出"当事人进行和解"之建议或是依职权调解。〔17〕

---

〔15〕 关于"和解笔录之记载是属于和解成立要件,还仅仅是和解效力的发生要件"之问题,学界尚还存在争议。如果基于"和解笔录仅是和解效力的发生要件"之立场,那么双方当事人的陈述在和解成立后就不能被撤回,不过,执行力等效力则发生在和解笔录记载之后,关于这种观点的详细论述,可以参照法律実務講座(第三卷),第144页以下。尤其是在私法行为说前提下,容易导致产生这种观点,不过,绝对不允许当事人撤回其作出的陈述,也不免会给人过于苛刻之感。鉴于此,三月教授认为,如果双方当事人能够达成一致合意,那么也可以撤回其作出的陈述,参照三ヶ月·全集,第448页以下。

〔16〕 对于"何种案件适合和解,何种案件适合依职权调解"之问题,可以参照日本法律家协会编《民事调解的研究》,东京布井出版社,平成3年,第283页以下。

〔17〕 作为这一问题的典型情形就是,因案情本身复杂而难以书写判决书,于是法官就强迫性地建议当事人进行和解。小山捻《争点整理之管见》,载《判タ》,第815号,平成5年,第43页以下,尤其是第46页第3段,也提出了这种问题。关于此问题的论述,还可以参照三ヶ月·全集,第448页以下。

四、效力

当和解笔录制作完成后，其具有与确定判决相同的效力（参照《日本民事诉讼法》第267条），换言之，和解笔录制作完成，就意味着诉讼的终结，和解的内容产生执行效力。至于“和解笔录是否产生既判力”的问题，也与放弃或承认请求（是否产生既判力）问题一样，学界对此存在较大争议。大致来看，关于此问题的学说，可以分为既判力肯定说、限制既判力说与既判力否定说三种。依据既判力肯定说，只有（和解笔录中）存在再审事由时，当事人才可以提起相当于再审之诉（准再审之诉）的诉讼。[18] 因此，在这种学说下，当事

---

〔18〕 关于此学说的详细论述，可以见之于兼子・体系，第309页以下；小山，第444页以下；小山升《诉讼上和解与调解》，载《小山・著作集》（第七卷），第253页以下。此外，藤原法官认为，从实务状况来看，如果允许当事人对生效的和解笔录进行争执，很少会起到纠正错误无效笔录的作用，反而会成为抱有反复对纠纷进行争执之恶意当事人一种很好的利用手段，因此，既判力肯定说能获得更多的共鸣，不过，如果仅仅以此前所积累之判例为前提，采用既判力肯定说并非一个实务性的做法，参照藤原弘道《诉讼上和解的既判力与和解效力的争议方法》，载后藤勇、藤田耕三编《诉讼上和解的理论与实务》，西神田编辑室，昭和62年，第479页以下，尤其是第488页以下。

除此之外，也存在从其他视角展开论述的既判力肯定说。具体而言，诉讼上和解具有既判力，但是当事人仍然可以对其中的“实体法上无效或撤销”之事实提出主张，因而也不必要将这种主张方法定位于“准再审之诉”的位置。关于此观点的详细论述，可以见之于山木戸・論集，第434页以下；梅本吉彦《关于诉讼上和解的效力》，载三ヶ月・古稀（中），第555页以下。此外，中野教授对于“承认及放弃请求”之问题，也持这种既判力肯定说，参照中野贞一郎《请求承认的要件与效力》，载《判タ》，第814号，平成5年，第11页，收录于中野・論点（Ⅰ），第189页以下。

这种既判力肯定说（中野说）的核心要义在于，与判决相比，进一步扩大了（针对和解）再审事由的范围，而且允许当事人采用再审诉讼之外的主张方法。如此一来，就使此前的既判力概念以及与此相关的再审概念发生变化。而在原来的既判力肯定论与既判力否定论之对立中，两种学说都是以再审事由或再审之诉的概念不变为前提的，就这一点而言，中野说与此前的既判力肯定论或既判力否定论并非处于同一层次展开论述。而这种“变更既判力及再审事由之概念”学说的优点在于，能够对判决主文之内容的不可争执性作出很好的说明，但是，正如在后注（注19）中所论述的，和解的效果是依据《日本民法》第696条而产生的，因此，就当下而言，在诉讼上和解中遵从这种学说并无太大实际意义。

译者注——《日本民法》第696条（和解的效果）规定：与当事人的一方依和解被认为有系争标的的权利或者相对人被认为无此系争标的的权利之场合，在其人从来无此权利的确证或其相对人有此权利的确证出现时，其权利视为因和解而移转于其人，或者视为因和解而消灭。

人不能对和解中的"实体法上无效及撤销原因"提出主张。笔者认为,既然说和解是当事人自主纠纷解决方法,那么按照这种学说的主张,对于和解的当事人而言,这种结论不免显得过于苛刻。而限制既判力说则主张,只要和解中不存在"实体法上的无效及撤销原因",和解笔录就产生既判力。笔者认为,这种主张不免会与要求"应当超越瑕疵的主张"之既判力的概念发生矛盾,因此,还是应当采用既判力否定说,即应当允许当事人对和解中的"实体法上的无效及撤销原因"提出主张。〔19〕 此外,由于通常情况下的和解条款会

〔19〕 既判力否定说成为当前的多数说,这种学说可以见之于岩松三郎《民事裁判中判断的界限》,载岩松三郎《民事裁判研究》,弘文堂,昭和 63 年,第 99 页以下;三ヶ月·全集,第 444 页以下;法律実務講座(第三卷),第 153 页以下;石川明《关于诉讼上和解的研究》,庆应通信,昭和 41 年,第 126 页以下;新堂,第 255 页以下;条解,第 718 页以下(竹下守夫执笔);中野=松浦=鈴木·旧,第 407 页以下(松浦馨执笔);谷口,第 468 页以下等。这种学说认为,否定和解既判力的原因在于,和解是当事人自主的纠纷解决方法。具体而言,既判力与判决这一法官的判断作用密切相关,而和解是当事人自主判断,属于当事人合意而非法官判断作用。法官当然可以参与和解,且可以参与的事项很多,但是参与程度却因案件性质不同而千差万别,而并非像判决那样,可以一般地作出有强制力的判断。另外,在既判力本质论中,诉讼法说成为当下的多数说,在诉讼法说下,国家法院判断的统一性被视为重要问题,不属于法院判断的和解与既判力并无关系。事实上,同样不属于法官判断的仲裁判断在学说上也被肯定了既判力(但是,《日本仲裁法》第 45 条规定"与确定判决具有同一效力"),但有学说认为,与判决既判力不同,仲裁既判力并非依职权调查事项,当事人通过合意来否定这一既判力也是有效的(小岛武司《仲裁法》,青林书院,平成 12 年,第 317 页)。

或者也可以作如下论述。若当事人主张民法上的和解契约并以此获得判决,则产生既判力,对于此点应无所争议。在此法官的判断作用仅限于认定缔结了民法上和解契约这一事实。而且,若对方对此予以自认,法官的作用则仅仅是接受和解契约。即便如此,还是会产生既判力。在诉讼上和解中,法官所做之事实际上与之(和解契约的主张与自认)无异。法官只是接受笔录记载。如此一来,肯定诉讼上和解的既判力的兼子理论,并非如此不合理。当然,在遵循判决逻辑时,这从一开始就不具有实际操作性,因为有可能引发上诉。故(诉讼上和解)无法产生诉讼终结效。因此,遵循判决逻辑的处理,与笔录记载时的处理路径存在一定差异。由于诉讼上和解可以产生诉讼终结效,且实体法上的解决基准也可以随之固定,在权衡二者之下,若意思表示存在瑕疵,则可以考虑予以事后斟酌及纠正。由此可以看出既判力否定说的实践意义,且这一意义不容轻视。而且,认为基于民法上和解契约所作判决也产生既判力,是上述兼子理论的前提,但是,正如谷口教授所言,在采用基于和解作出判决的法律制度的国家,相较于普通

记载各种事项,因此和解笔录没有显得像判决主文那样简洁,如此一

判决,针对"和解"判决的瑕疵展开攻击获得了更广泛的认可。基于和解的判决之既判力与通常判决的既判力也无法相提并论,参照谷口安平《美国和解判决的效力》,最初发表于昭和35年,收录于谷口·纷争,第3页以下。此外,《日本仲裁法》第38条允许基于和解作出仲裁判断(与基于和解作出判决相对应),将和解过程中的意思表示瑕疵也当然作为撤销事由。三木浩一=山本和彦编《新仲裁法的理论和实务(ジュリスト增刊)》,有斐阁,平成18年,第315页。总而言之,作为理论而言 ,兼子理论不无道理,但既判力否定说可能更为妥当。

近年来,在"承认与放弃请求"之问题领域,学界也逐渐开始对限制既判力说进行再度评价。作为既判力作用而言,其存在两个不同方面:(1)不允许当事人提出与判决主文判断相矛盾的主张;(2)(与此相对应的)不允许当事人对判决的形成进行攻击(因此,当事人不能对"意思及陈述存在实体法上瑕疵"提出主张)。在判决的情形下,既判力作用主要着眼于前者,后者一般隐含于前者之中,因此后者不会出现问题。但是,在放弃或承认请求的情形或者诉讼上和解的情形中,由于关系到当事人的意思与陈述,因此,在既判力作用方面后者的问题开始浮现出来。换言之,在考虑既判力作用时,应当将着眼点放置于后者,而且,出于允许当事人对瑕疵提出主张之考虑,应当否定"和解笔录"或"放弃或承认请求"上的既判力。但是,在放弃或承认请求的情形或者诉讼上和解的情形中,既判力作用中仍然存在前者之方面,若完全否定其中的既判力,就无法阻止本已放弃请求的原告就同一请求提出的再诉,法院也不得不对此进行再审理。这种情形无疑是不当的,因此,对原告的这种再诉或者主张必须予以遮断,即应当在这个方面承认既判力。总而言之,在不存在"实体法上的无效或撤销"的限度内(后者),应当承认既判力(前者)。主张上述观点的学说,还可以见之于松本博之《请求的放弃或承认与意思的瑕疵》,载《法学杂志》(大阪市立大学),第31卷第1号,昭和59年,第167页以下;伊藤,第406页以下;中野贞一郎《请求承认的要件与效力》,载《判タ》,第814号,平成5年,第11页以下,收录于中野·論点(Ⅰ),第189页以下。

由此看来,限制既判力说可以说是一种通过深入既判力概念内部来将其分解为两个部分的观点。不过,在和解的情形下,进行这种分解似乎没有多大实际意义,因为,对于当事人提出的违反和解条款(与判决主文相对应)之再诉及再主张,尽管无法用既判力予以阻止,但可以通过《日本民法》第696条规定予以遮断。鉴于此,在放弃或承认请求领域采用限制既判力说的中野说,在和解领域也主张既判力否定说,关于此的详细论述,参照中野贞一郎《请求承认的要件与效力》,载《判タ》,第814号,平成5年,第17页以下,收录于中野·論点(Ⅰ),第189页以下;中野贞一郎《民事调解的既判力》,载《判タ》,第816号,平成5年,第30页以下,收录于中野·論点(Ⅰ),第266页以下。笔者认为,即便在放弃或承认请求之场合,也无需采用限制既判力说,而采用既判力否定说,不过,无论如何,在和解的场合中,只要采用既判力否定说即可,因为,就目前的状况而言,根本没有必要将既判力概念予以分解(为时尚早)。

来,在主张和解产生既判力的学说阵营中,对于“哪些和解条款产生既判力以及怎样产生既判力”的问题,不同观点之间也存在较大争议。

在当事人可以对“无效或撤销”之瑕疵进行争执的情形下,当事人可以通过哪些主张方法(途径)予以争执呢?对于此,判例肯定了如下三种主张方法。其一,通过继续原先诉讼途径予以主张之方法,即向进行和解的法院提出指定期日的申请,并让法院对“和解的无效”作出判断(参照大审院昭和6年4月23日判决,载《大审院民事判例集》,第10卷,第380页以下);其二,通过另诉方式提起确认和解无效之诉来主张和解中的“无效或撤销”之瑕疵之方法(参照大

此外,在向第三人扩张方面,既判力否定说受到了批判。因为在既判力否定说下,不能使用《日本民事诉讼法》第115条,所以诉讼上和解的效力无法向口头辩论终结后的承继人扩张。这是不恰当的,和解的既判力也应当予以肯定。将既判力扩张至承继人,原本就是立法者的决定,所以这也并非不合理,而现在的问题在于,在和解之情形下,既判力能否无原则地扩张至继承人。而且,执行力扩张存在着实定法的根据——《日本民事执行法》第23条,因和解获得权利者的利益在此限度内(可以对承继人采取强制执行)应受到保护。因此,在既判力未扩张的请求异议之诉中,进行实体审理,也不会产生太坏的影响。与此同时,即使否定既判力扩张,受让人(承继人)在实体法上也会受到拘束(例如,依据《日本民法》第468条,债权让与的债务人可以就对让与人的事由对抗受让人)。同时,在实体法上也可以作如下解释论,即和解效果及于恶意继承人。反过来说,与法院判决不同(在判决情况下,权利义务被拟制为获得了正确判定),在和解情形下,(权利义务因让步发生扭曲)对善意承继人产生效力无疑是不妥当的。最高裁判所昭和26年4月13日判决(载《最高裁判所民事判例集》,第5卷第5号,第424页)、东京地方裁判所平成15年1月21日判决(载《判時》,第1828号,第59页,越山和广·评论·リマークス,第29号,平成16年,第120页)虽然认可既判力扩张,但表面上判示的表述不无疑问。

另外,在这一问题上,基于并存说的既判力扩张肯定说存有若干疑问。在并存说中,私法行为的部分(和解契约)似乎并不产生既判力的扩张(契约不拘束第三人)。因此,既判力的扩张属于其中诉讼行为部分(论者认为这是诉讼终结的合意)。但是,诉讼终结的合意原本就适合于既判力的扩张吗?诉讼终结的合意不能导致请求异议之诉不适法(前诉终结这一事件只及于承继人),并且,也无关乎纠纷解决基准的共通性。这一合意的功能仅在于终止了前诉,其既非解决纠纷的协议,也非不提起再诉的协议。

另外,关于和解的各种解释论,垣内教授作出过有益的论述,参照垣内秀介《和解》,载长谷部=山本=笠井,第195页。

审院大正 14 年 4 月 24 日判决，载《大审院民事判例集》，第 4 卷，第 195 页以下）；其三，依据执行法规定提起请求异议之诉（参照《日本民事执行法》第 35 条），进而否定基于和解协议的强制执行之方法（参照大审院昭和 14 年 8 月 12 日判决，载《大审院民事判例集》，第 18 卷，第 903 页以下）。〔20〕 此外，就实际状况而言，以错误或欠缺代理权作为"无效或撤销"之事由的案件占据着压倒性多数的比例。

不过，从学界的状况来看，多数的观点似乎倾向于将当事人的这种主张方法（途径）限定于一种途径。在这种主张"应当限定于一种主张方法（途径）"的观点阵营中，大致而言可以分为如下两种观点，第一种观点主张，当事人应当采用提出指定期日申请的方式，而第二种观点则主张，当事人应当通过提起确认和解无效诉讼之方式。提出指定期日申请的方式也就意味着，当事人请求继续进行原来的诉讼程序，因此，在这种情形下，法院首先有必要对作为前提问题的"和解是否无效或撤销"作出判断，若认定和解有效，法院就作出宣告诉讼终结的判决，〔21〕反之，若和解是无效的，就继续进行原来的

---

〔20〕 此外，也有判例在判决书旁论部分认可当事人提起再审之诉，关于此的详尽论述，可以参照藤原弘道《诉讼上和解的既判力与和解效力的争议方法》，载后藤勇、藤田耕三编《诉讼上和解的理论与实务》，西神田编辑室，昭和 62 年，第 495 页以下。

〔21〕 宣告诉讼终结的判决也是诉讼判决的一种，因此当事人可以对此判决提起上诉，关于此的详细论述，可以参照法律实務講座（第三卷），第 159 页以下。

这种提出指定期日申请的方式，实质上可以说是某种意义上的再审。与诉讼进行过程中的通常意义上的指定期日申请之概念不同，这种意义的指定期日申请，借鉴了通常意义上之指定期日申请的既存框架，但其实质含义却是针对和解提出的再审请求。关于此的详细论述，可以参照山木戸・論集，第 422 页以下；藤原弘道《诉讼上和解的既判力与和解效力的争议方法》，载后藤勇、藤田耕三编《诉讼上和解的理论与实务》，西神田编辑室，昭和 62 年，第 492 页以下；条解，第 720 页以下（竹下守夫执笔）。此外，柏木教授也将指定期日申请定位于一种所谓的"附随诉讼"，此处所言的指定期日申请也不能作为通常意义的指定期日申请来予以理解，参照柏木邦良《诉讼要件与诉讼内纷争》，载《民訴雑誌》，第 19 号，昭和 48 年，第 66 页以下，尤其是第 131 页，收录于柏木邦良《诉讼要件的研究》，リンパック有限公司，平成 6 年，第 215 页以下。

不过，也有判例认为，当因和解被认定为有效而使诉讼终结时，法院应当作出宣告诉讼终结的判决，基于此，法院也应当作出驳回指定期日申请的处理，关于此的详细论述，可以参照东京高等裁判所昭和 61 年 2 月 26 日判决，载《判タ》，第 612 号，第 128 页。

诉讼程序。这一学说的优点在于,当和解被认定为无效时,原来的诉讼程序可以原封不动继续进行,因此,该诉讼中原来的“自认的拘束力”“证据调查等效果”等的诉讼状态也能够不变地得以延续。就这一点而言,可以说这种方式类似于再审之诉。从程序视角来看,采用这种方式较为简便。而且,采用这种方式,原来参与诉讼上和解的法官,能够对“和解是否无效”等问题很好地作出判断,因此,这一学说又具有“原来的法官能够更好胜任审查和解是否无效之职责”的优点。不过,当当事人在上级审达成和解时,若按照这种学说,则必须向该上级审法院提出指定期日的申请,如此一来,关于和解无效的审理就无法获得“三级审”的程序保障(如果和解是在终局判决宣告后成立的,那么在当事人想对此和解提出无效或撤销的主张时,是否可以提出判决宣告后的指定期日申请呢?尽管对于此问题展开理论上说明是较为困难的,不过,笔者认为,也应当认可这种状况下的指定期日申请)。而且,由于案件的案宗记录是被返还于第一审法院保存的,因此,在当事人向上级审法院提出指定期日申请时,上级审法院可能没有案宗记录,为此进行的法院间调档工作也较为麻烦。如果当事人是在案件的上告审中达成和解,那么在当事人提出这种指定期日申请时,法院就不得不在作为法律审的上告审中对“和解是否有效”之事实进行审理,这一点恐怕也不甚妥当。此外,如果考虑到法官调动工作之因素,那么“原来参与和解的法官进行审理”的优点也会丧失,因此,也会产生欠缺“前后审理中必须是同一个法官”之保障问题。此外,在和解成立与当事人提出指定期日申请的时间间隔过长的情形下,“利用原来诉讼状态”这一优点,也未必能体现出其应有的优势,而且,在包含诉讼标的之外法律关系或者诉外第三人而达成的和解中,由于这些“涉外”部分中并不存在于原来的诉讼中,因此也不能成为当事人指定期日申请的对象,对于此,当事人只能例外地提起确认和解无效之诉。

与此相对,提起确认和解无效之诉方式的优点在于,能够赋予“和解无效审理”以三级审的程序保障。而且,对于“和解是否有效”之问题,也能使裁判者形成与其对于裁判外和解情形同样的认识及理解,即"和解是否有效"是不同于和解本身的独立纠纷,通过新的诉讼来解决这种纠纷,可以使这两种和解(裁判外和解与诉讼上和解)在这一点上获得理论上一贯性。不过,现在面临的问题是,在确认和解无效之诉中,当和解被认定为无效时,接下来又该如何处理呢?对于此问题,学说尚还存在分歧。有观点认为,在这种情形下,应该使原来的诉讼(以下简称为旧诉)得以恢复,为此必须经过指定期日申请的程序。〔22〕与此相对,另有观点主张,不应当通过恢复旧诉的方式,而必须让当事人提起普通的新诉。〔23〕在"可以利用原来的诉讼状态"这一点上,前者的观点较为便利,但若是采用这种方式,在审级方面可能会形成"处理一个纠纷适用六个审级"(确认和解无效之诉中的三个审级加上旧诉恢复中的三个审级)之结果,如此一来,不免有违纠纷解决制度的经济性要求。〔24〕而若采用后者的观点,由于另行提起新的诉讼,因此原来的诉讼状态就无法得到利用,在新诉中,法院就必须从头对案件进行审理,这也不免有违诉

〔22〕石川明《关于诉讼上和解的研究》,庆应通信,昭和41年,第154页以下;石川明《诉讼行为的研究》,酒井书店,昭和46年,第9页以下。不过,石川说将和解的瑕疵分为实体瑕疵与纯诉讼瑕疵两类,并认为,只有和解上存在前者性质的瑕疵时,当事人才能提起确认和解无效之诉,而若为后者,则属于应放置于程序内处理的事项,因此,可以通过继续进行原来诉讼程序的方式来对其作出解决。而且,石川教授还强调,此处的确认和解无效之诉属于特殊类型的救济诉讼。

〔23〕尽管对此点未直接言明,三ヶ月·全集,第45页中的相关论述也可以视为这种观点。

〔24〕与这种不经济的观点相反,若是采用"提起新诉说",则可以作出将确认和解无效之诉与新诉合并提起之处理方法,如此一来,就可以对两个诉讼作出一括性处理,而且,在审级方面最多也只是三级。但在这种学说下,又会产生如下理论性问题,即确认和解无效诉讼在性质上属于形成诉讼性的救济诉讼,因此,若确认之诉没有获得确定(最终生效),法院就无法进入新诉的审理(在逻辑上无法同时进行审理)。正如最高裁判所昭和40年3月26日判决[载《最高裁判所民事判例集》,第19卷第2号,第508页以下,收录于《百選Ⅱ》,第158号案件(高桥宏志解说)]对于一起撤销欺诈行为诉讼所作出的判决那样,如果原审法院在确认和解无效之诉未确定的情况下就进入新诉的审理,那么当确认和解无效之诉在上诉审中遭驳回请求时,原审中法院对新诉的审理就成为无谓之劳作。不过,这也是一个在诉讼合并领域中应予再考虑的一般问题。

讼效率的要求。[25] 不过,关于"和解是否无效"的纠纷是否属于应当获得三级审程序保障的独立纠纷,可能还是一个需要进一步考虑的问题。就实际中存在较多的代理权瑕疵之情形而言,在判决情形下这也只是一个再审的事由(参照《日本民事诉讼法》第338条第1款第3项),因此,很难说关于代理权瑕疵的纠纷解决应当获得三级审的程序保障。[26]

如上所述,这两种对立的学说各有利弊,至于哪一种学说更具合理性,似乎也很难作出确切评价。鉴于此,有学说转换了考虑这一问题的视角,即不从比较何种学说优劣立场出发,而主张将"采用何种途径"的选择权赋予当事人行使,换言之,像判例立场一样,承认救济途径的多样性(参照新堂,第332页)。[27] 由于民事纠纷时刻都在发生变化,因此和解行为本身就成为纠纷的新展开,即在达成和解后,当事人关于和解存在"无效或撤销"之瑕疵的争执,已经转

---

〔25〕 不过,若采用这种观点,也存在如下这一较为便利的办法,即在新的诉讼中,当事人可以将原来诉讼(旧诉)的诉讼记录作为书证予以提出。此外,当事人也可以在新诉中继承旧诉的证人询问等证据调查之效果,旧诉的自认在事实上也受到撤回之限制,如此一来,实际上就能起到与诉讼状态继承一样的效果。而且,如果旧诉与新诉的当事人以及诉讼标的都是相同的,那么在实质上也不会产生突然袭击等弊端。

尽管将上述的这些论点直接作为"新诉提起说"的主根据是较为困难的,但将其作为从根据予以灵活应用,也并不是不可能的事情。笔者个人认为,在诸如后述的基于当事人不履行和解导致和解解除等的情形中,可以以此作为从根据来采用新诉提起说,但在和解无效的情形下,则应当采用指定期日申请说。

〔26〕 如前述石川说将这种瑕疵予以二分化,即分为实体上的瑕疵与纯诉讼上的瑕疵,石川教授将代理权瑕疵作为纯诉讼上的瑕疵予以对待,按照这一理论,应当通过继续进行旧诉程序让当事人对和解的效力进行争执。但作出这样细化的分类是否妥当,也正是石川说面临的一个问题点。

〔27〕 持这种观点的学说,还可以见之于河野正宪《关于诉讼上和解及其效力的纠纷》,载河野·行為,第255页以下;藤原弘道《诉讼上和解的既判力与和解效力的争议方法》,载后藤勇、藤田耕三编《诉讼上和解的理论与实务》,西神田编辑室,昭和62年,第497页以下;梅本吉彦《关于诉讼上和解的效力》,载三ヶ月·古稀(中),第571页以下;吉村德重《诉讼上和解》,载三月章、中野贞一郎、竹下守夫编《民事诉讼法演习第二卷》(新版),有斐阁,昭和62年,第69页以下;池田浩一《对于无效和解笔录的救济程序》,载吉川·追悼(上),第392页以下;上田,第418页以下;林屋,第293页以下。

变成旧诉诉讼标的未能予以包含的新纠纷。而且,当事人也有可能因某种事由的发生,早已或者现在不希望继续进行旧诉的程序,而只要求对和解无效之事实作出确认。例如,在上述其中的一个判例中,旧诉是确认隐居无效的诉讼,在诉讼过程中,双方当事人达成“该隐居有效,但作为条件被告向原告转移财产”的和解,此后被告因认为该和解无效而提出了确认和解无效之诉。该判例观点如下,从这一过程来看,纠纷由作为旧诉之诉讼标的的隐居无效争议已经转化为财产转移的争议(原告隐居人已经死亡),而被告试图以(判决的)既判力来否定关于财产转移和解之效力(如果被告采用恢复旧诉之指定期日申请的主张方法,那么法院对于和解无效的认定也仅仅只是中间判决的内容,或者只是属于判决*理由中的判断,而这种判决内容或判断并不产生既判力)。〔28〕 因此,在不同案件中,主张和解无效的最合适途径也有所不同,究竟采用哪种主张方法(途径),将这种选择权赋予当事人行使可能会更加妥当。

从实务角度来看,这一判决的观点的确是一种颇具说服力的实践性见解。当双方当事人都认为可以采用提起确认和解无效之诉方式时,法院也就没必要强制当事人必须通过提出指定期日申请的方式。就这一意义而言,选择说应予以赞成。〔29〕 不过,这一学说也存在如下这一缺陷,即这种观点存在稍偏向于攻击和解方(主动主张和解无效方)当事人利益的嫌疑。因此有违双方当事人平等原

---

* 隐居是日本原先家族法中户主制下的概念,作为民法上的隐居,是指在生前将户主地位转让给继承人的法律行为。1947 年,随着《日本国宪法》的施行及民法修改,户主制与隐居制度被废止。——译者注

〔28〕 河野·行為,第 273 页以下;藤原弘道《诉讼上和解的既判力与和解效力的争议方法》,载后藤勇、藤田耕三编《诉讼上和解的理论与实务》,西神田编辑室,昭和 62 年,第 494 页以下。

〔29〕 石川明教授虽然采用确认和解无效之诉说,但在其书著《关于诉讼上和解的研究》,庆应通信,昭和 41 年,第 154 页以下也认为,当双方当事人都认为可以采用继续旧诉程序的方式时,即便法院强迫当事人采用确认和解无效之诉的方式,也是无用的。

则,应当说,对方当事人(防御方)的利益及观点,同样也需保护。[30]例如,双方当事人在控诉审即将终结之前达成和解,当一方当事人对这种和解提出确认和解无效之诉时,作为对方当事人而言可能也会有这样的想法,即与其和攻击方展开和解有效与否之争议,毋宁恢复旧诉,并就原来诉讼标的作一了结,这样就形成如下结果,即攻击方希望采用提起确认和解无效之诉的方式,而防御方希望采用提起指定期日申请之方式。在这种情况下,就不应当遵循通常的"优先考虑攻击方意愿"之原则。[31] 因此,就实务的视角而言,采用选择说几乎不会产生任何问题,即当双方当事人对采用何种主张方法(途径)形成明示或默示的合意时,就可以遵从这种主张方法,但是作为理论而言,还是应当对"何种方式才是原则性途径"之问题作出较为明确的说明。笔者认为,就抽象角度而言,还是采用指定期日申请的方式更为妥当,[32]因为,关于和解无效的争议属于再审的一种情形,对此应当准用再审的有关规定,因此,无论在管辖法院方

---

〔30〕 松本博之·书评,载《民商》,第100卷第6号,平成元年,第1105页以下,尤其是第1114页。

〔31〕 设想这种情形的河野正宪教授认为,在当事人选择的方式存在显著不当时,法院可以通过作出诉的变更之释明或者依职权移送来对此予以调整。在法院作出移送决定的情形下,也应当认可当事人对此提出即时抗告(参照《日本民事诉讼法》第21条)的权利(参照河野·行為,第280页以下)。此外,吉村德重《诉讼上和解》,载三月章、中野贞一郎、竹下守夫编《民事诉讼法演习(第二卷)》(新版),有斐阁,昭和62年,第70页以下也提及了法院释明及移送等方法。

在裁判实务中,采用"附加这种调整性措施"的选择说,可能是较为普遍存在的做法。作为笔者个人而言,原则上采用指定期日申请说,但同时也认可某些场合下不适合采用这种指定期日申请的方式,因此拙见在实质上与这种调整选择说并无多大差别。此外,相关论述还可以参照后注(40)。

〔32〕 条解,第720页以下(竹下守夫执笔);中野=松浦=鈴木·旧,第409页以下(松浦馨执笔)。此外,注解民訴(第五卷、第二版),第193页以下等观点认为,原则上赞成指定期日申请说,但考虑到可能存在和解成立与主张无效间隔时间过长等情形,例如,当和解成立后,经过4年以上当事人才提出和解无效主张时,还是应当采用确认和解无效之诉或者请求异议之诉的方式。

不过,这些学说原则上认为确认和解无效之诉没有确认利益,因此,纵使在双方达成一致意见的情形下,当事人也必须采用提出指定期日申请的方式。

面，还是在旧诉诉讼状态之恢复方面，指定期日申请与再审的特征更为接近。至于在无法获得三级审之程序保障这一点上，这并不属于其特有的问题，一般的再审之诉也会面临同样问题。尽管如此，指定期日申请之方式也只能适用于和解的原则性情形，也即作为一种原则性的主张方法。如前所述，当面临诸如上级审尤其是上告审中的和解或准合并和解等复杂的应用型和解时，这种方式恐怕无法作出充分应对，不过，对于这种复杂的应用型和解，指定期日申请方式也并非完全不能作出妥善处理。例如，当纠纷的焦点发生转移时，可以适用诉的变更制度，〔33〕当将诉外第三人被附加到和解中时，可以通过配合适用诉的主观追加合并制度（参照新堂，第680页）作出处理。不过，对于这些复杂的应用型和解情形，也没有必要强行将其纳入指定期日申请方式之框架，而应当例外地适用确认和解无效之其他方式。因此，主张以指定期日申请为原则的学说，实际上也仅仅是适用于如下情形之原则，即指定期日申请之方式不会勉强地与和解无效之诉发生竞合之情形。尽管这种说明似乎欠缺特别的说服力，但作为一项探寻理论逻辑的作业，达到这种程度的说明，应当足以令人满意了。

此外，当和解处于强制执行阶段时，若允许当事人准用《日本民事诉讼法》第398条的停止执行规定，则无须通过请求异议之诉，只要依据指定期日申请之方式，也能作出充分应对。〔34〕

五、解除

和解本身并不存在瑕疵，而是当事人在和解成立之后不履行和解的内容，在这种情形下，是否可以解除和解呢？例如，当债务人未

---

〔33〕 但是，双方当事人在上告审中达成和解时，就会面临上告审中能否进行诉的变更这样的难题。即便出于和解无效状况之考虑，而例外地允许当事人进行诉的变更，但由于在上告审中法院不能进行事实的审理，因而也不得不发回原审法院重审，而且，这种做法是否合法还是个问题。鉴于此，对于上告审中成立和解之情形，干脆就不采用指定期日申请的方式，而采用确认和解无效之诉（提起新诉）之方式。

〔34〕 但是，竹下教授认为，在强制执行阶段，应当采用请求异议之诉的方式，因为，仅依据指定期日申请之方式无法作出充分应对，而只有另行提起确认和解无效之诉，才能类推适用《日本民事诉讼法》第398条的执行停止之规定，参照条解，第721页以下（竹下守夫执笔）。

按照和解约定的内容履行分期偿还债务之义务时,债权人能否解除这一和解呢？即若可以解除,则是否意味着诉讼终结效的丧失,进而使旧诉得以恢复？答案是当然不能解除,因为该和解内容可以付之于强制执行。此处论述的是,是否仅应当进行强制执行,还是在不履行时也允许解除和解协议之问题。

尽管被称为诉讼上和解,但即便基于既判力肯定说的立场,当事人在其后的不履行是处于时间界限之外的行为,因此不履行行为属于标准时后的新事由,进而当事人可以主张解除和解,对于此点不存在争议。当然也可以事先在和解自身内容中附以解除的条件,在这种情形下,解除具有当然的效力。

那么,一旦作出解除,其结果是导致基于和解产生的诉讼终结效消灭,还是因原来诉讼终结效未消灭而被视为另外的纠纷呢？对于此问题,学界尚还存在争议。在解除的主张方法上,若基于前者立场,当事人则提出指定期日申请,而若采用后者,当事人则提起新诉。作为判例的观点而言,最高裁判所昭和 43 年 2 月 15 日判决[载《最高裁判所民事判例集》,第 22 卷第 2 号,第 184 页以下,收录于《百選Ⅱ》,第 159 号案件(田头章一解说)]认为,诉讼终结效不消灭,因此当事人可以提起新的诉讼。〔35〕

就学界的状况来看,存在指定期日申请说与新诉提起说的对立,这一对立正好与和解无效问题领域的指定期日申请说与新诉提起说的对立形成对应,但由于无效与解除之间存在状况差异,因此这两种对立并非完全并行。尽管如此,与和解无效领域中的指定期日申请说一样,此处的指定期日申请说,一方面包含着如下的优点:(1)可以利用旧诉的诉讼状态;(2)此前参与和解的法官更能胜任“涉及判断有无不履行之前提”的和解条款解释工作。但在另一方

---

〔35〕 不过,这一判例可以解读的内容并非如此单一。具体而言,这一判例是作为触犯“禁止二重起诉原则”之问题被提起的,而且,该判例是对此问题作出的回答,因此,该判例仅仅认为可以提起新诉,并不意味着否定当事人可以采用指定期日申请之主张途径。关于此的详细论述,可以参照吉村德重《诉讼上和解》,载三月章、中野贞一郎、竹下守夫编《民事诉讼法演习(第二卷)》(新版),有斐阁,昭和 62 年,第 71 页以下;池田浩一《关于无效和解笔录的救济程序》,载吉川·追悼(上),第 303 页以下。

面,也面临着问题,对于以下这点无法作出合理解释,即“有无不履行”以及由此产生的“解除是否有效”之争议不是附着于和解自身的瑕疵,而是新的纠纷。此外,既然普通合同(契约)不履行而产生的合同解除都能获得三级审的程序保障,从平衡角度来看,对于和解协议的解除也应赋予其三级审的程序保障,就成为应当优先考虑的因素。但是在采用指定期日申请说下,这种三级审程序保障(尤其是“在上级审中成立的和解”之解除)很成问题。而新诉提起说的优点与缺陷,恰恰与指定期日申请说的情况相反,即在三级审的程序保障方面具有优势,但在无法利用旧诉诉讼状态这一点上又存在欠缺。鉴于此,于是出现了一种对这两者进行取长补短的折中说。折中说首先将和解分为两种类型。第一种就是所谓的普通型和解,即指以此前的法律状态为前提,并仅对该法律状态进行量的变更之和解情形(例如,在请求返还借款诉讼中,双方当事人达成延缓偿付期或者分期偿还债务的和解);第二种情形则是更改型和解,具体而言是指,不问此前的法律状态(与此前的法律状态进行质的决裂),并在此基础上创设新的法律关系之和解情形(例如,在请求返还房屋的诉讼中,双方当事人达成“被告以基于新条件的承租来代替返还该房屋”的和解)。当普通型和解被解除时,因原告可以恢复原来的诉讼标的,进而要求被告立即返还全部借款,因此当事人应当采用指定期日申请方式,而在后者的情形中,纵使让纠纷恢复到原来的“是否存在租赁房屋”之诉讼,其实际意义也不大,因而毋宁让当事人采用提起“要求返还房屋”之新诉的方式,可能更为妥当。〔36〕

---

〔36〕 中野=松浦=鈴木·旧,第414页以下(松浦馨执笔)。

有观点认为,无论是普通型和解还是更改型和解,当事人在缔结和解之际均可以预先对“不履行时的处理”作出约定。例如,双方当事人在和解中可以作出如下约定:当债务人在分期偿还过程中存在一次迟延支付之事实时,债权人可以立即请求债务人清偿全部的债务。如果当事人在和解条款中作出这种性质的约定,当这种条款的条件成就时,那么就不是和解的解除问题,而可以作为和解本身的强制执行问题予以处理。关于此的详细论述,可以参照大石忠生、三上雅通《关于诉讼上和解规整的若干问题》,载講座民訴(第四卷),第321页以下,尤其是第344页。但是,在和解协议中附加这种不履行条款,也有可能导致和解的不成立,因此,就理论而言,必须针对不包含这种不履行条款和解的其他情形来展开考察与论述。

对于折中说的这种主张,也有学者提出疑问,即尽管可以按照折中说将和解内容在理念类型上作如此区分,但对于"现实发生的和解究竟属于哪种类型的和解"之问题,似乎并不能如此简单地作出判断,因而以此为基准的主张方法分类,恐怕无法达到非常明确的程度,如此一来,可能会导致整个主张方法体系的不安定。对于此,折中说认为,在当事人错误地选择主张方法时,法院可以通过移送等方式予以救济。但是,在现实中,不同法院的判断也可能各不相同。而且,在请求返还房屋诉讼中,当将"新的房屋租赁"之更改型诉讼与"旧的延迟支付房屋租金"之普通型和解合而为一时,如果让当事人对于和解的攻击手段(主张解除的方式)分别采用指定期日申请与新诉提起的方式,可能也不切实际。〔37〕

如此一来,作为学说而言,还是应当对"是采用指定期日申请的方式,还是新诉提起的方式"之问题予以明确化,而不能采用融合的折中说。针对此问题,新堂说没有直接言明其观点的结论,只是在引用上述最高裁判所这一裁判例的基础上,认为不能采用恢复旧诉的主张方法(参照新堂,第 331 页)。尽管如此,从新堂说的基本立场来看,在和解的解除方面,也还是认为应当由当事人(攻击方)对主张方式作出选择。〔38〕 但是,学界中的多数说认为,由于和解本身

---

〔37〕 佐上善和《诉讼上和解》,载小山ほか·演習,第 643 页以下。不过,从整体上看,佐上说似乎接近于"将和解分成通常型与更改型的"二分说。

〔38〕 持这种观点的学说,还可以见之于梅本吉彦《关于诉讼上和解的效力》,载三ヶ月·古稀(中),第 582 页以下(不过,强调恢复旧诉的价值);梅本吉彦《诉讼上和解的不履行(一)》,载鈴木ほか·演習 2,第 229 页以下;池田浩一《关于无效和解笔录的救济程序》,载吉川·追悼(上),第 305 页以下;上田,第 418 页以下。此外,吉村德重《诉讼上和解》,载三月章、中野贞一郎、竹下守夫编《民事诉讼法演习(第二卷)》(新版),有斐阁,昭和 62 年,第 71 页以下;小林·プロブ,第 335 页以下等观点也属于选择说,但在此基础上也认可法院通过释明及移送对此予以调整。此外,参照后注(40)。

此外,青山教授也认为,应当委诸于当事人的选择,以此为前提,在该论文所列举的例子中,青山教授认为指定期日申请的方式较为合适,参照青山善充《民事诉讼法演习》,载《法教》,第 135 号,平成 3 年,第 94 页以下。但是在该论文中,对于"在该例子中,如果当事人选择提起新诉的方式,法院是否受理这种请求"之问题,并未作出明确阐述。

并无瑕疵,因此应当将和解的解除作为独立于(原来诉讼)的其他纠纷来予以对待,进而赞成基于新诉提起说的判例立场。[39]

那么,该如何看待这一问题呢?笔者认为,在解除和解的主张方式上,自然需要分析各种纠纷的状态、发展的态势,然后根据和解的内容、自和解成立至解除的时间经过等具体情况,才能判断出最适合的途径,因此,主张"原则上委诸当事人(攻击方)的选择,而只在

---

〔39〕 持这种观点的学说,可以见之于兼子·体系,第309页以下;三ヶ月·全集,第445页以下;法律実務講座(第三卷),第159页以下;伊藤真《判例释评》,载《法協》,第86卷第4号,昭和44年,第497页以下;藤原弘道《诉讼上和解的既判力与和解效力的争议方法》,载后藤勇、藤田耕三编《诉讼上和解的理论与实务》,西神田编辑室,昭和62年,第499页以下;伊藤,第409页以下等。而且,法律実務講座(第三卷),第159页以下;石川明《诉讼行为的研究》,酒井书店,昭和46年,第19页以下;注解民訴(第五卷、第二版),第191页以下等观点认为,在当事人在和解协议中附加解除条件或是保留解除权的情形下,由于在和解成立之时当事人就知道这种约定的存在,故可以将其与无效和解作相同对待,进而采用指定期日申请的方式。但是,笔者的疑问在于,在这种情形下,难道不可以适用"不履行解除"之规则吗?尽管上述各种观点的根据在于,当事人之所以保留解除权,是基于当事人具有让旧诉得以恢复之意思,但无论如何,在所有的和解情形中,也存在以更改型和解为代表的不属于此类的其他和解情形。

此外,石川教授基于强调和解之法性质论的立场,在此问题上采用新诉提起说,关于此详细论述,可以参照石川明《民事诉讼法研讨》,载《法教》,第87号,昭和62年,第124页以下;石川明《民事调解与诉讼上和解》,一粒社,昭和54年,第88页以下。

大石忠生、三上雅通《关于诉讼上和解规整的若干问题》,载講座民訴(第四卷),第321页以下,尤其是第344页等观点认为,在裁判实务中,若由和解不履行来决定诉讼终结效是否消灭,则使案件的处理长期处于不安定状态,裁判实务肯定无法接受这种状态,因此,主张采用新诉提起说。就实务的状况而言,情况的确如此。

反之,提倡指定期日申请说的观点,可以见之于《続百選》,第200页以下(柏木邦良解说);条解,第722页以下(竹下守夫执笔);谷口,第468页以下;林屋,第249页以下等。尽管柏木教授的这一论稿是最早提出"通常型与更改型"之区别的文献,但作为他自己的见解,还是认为,无论在何种情形下,都应当采用指定期日申请的方式。

攻击方作出不当选择之时才附以法院(诸如移送)调整”的学说,〔40〕实际上并不产生差错,至少而言,在防御方也对该主张方法无异议的情形下,这种观点应当说是可行的。但是,在诸如因存在“不明确究竟采用何种方式更合适”之事由而使双方当事人意见不一致、普通型与更改型之和解并存等特殊情形下,将主张方式仅委诸于当事人(攻击方)的选择,恐怕并不足够,还必须在理论上探寻一种原则性规则,而且,这种原则性规则应当直观明了。与和解成立之时存在的无效事由不同,关于和解解除的争议,应当被视作新事由的独立纠纷,因此,在和解解除方面,采用新诉提起说似乎更具合理性。〔41〕

---

〔40〕 当攻击者选择显著不当的主张方式时,法院可以依据防御者提出的本案抗辩前移送案件,反之,当攻击者选择合适的主张方式,但防御者却提出不当抗辩时,法院就应当驳回防御者的这种抗辩。但问题在于,当在案件中出现“对于采用何种方式更为合适不甚明确”之事由时,该如何对待呢?吉村说等主张的调整选择说认为,在不明确的案件中,应当取决于攻击者的选择。不过,笔者认为,在这种存在不明确的事由且双方当事人未能形成一致意见的情形下,如后所述,原则上应当采用新诉提起说(而在无效及撤销的场合,原则上应当采用指定期日申请说)。因此,在这一点上,拙见与吉村说等调整选择说之间存在微妙差异。

〔41〕 梅本教授认为,无效之法律构成与解除之法律构成在现实中是类似的,因此必须考虑当事人同时提出两个主张的情形,换言之,在同一诉讼程序中,可以对无效的主张与解除的主张同时作出处理,参照表梅本吉彦《关于诉讼上和解的效力》,载三ヶ月·古稀(中),第518页以下。如此一来的结果就使梅本说成为(倾向于旧诉恢复的)选择说。

这的确是一个值得关注的见解。但是,在采用纯粹选择说的前提下,若企图延长和解之实施的一方当事人,通过指定期日申请方式与新诉提起方式来分别提出和解无效主张与和解解除主张,对于这种做法,恐怕难以作出合适的对应,即便法院使用移送之调整手段,也会面临究竟按照哪个主张进行移送之问题。而且,这种强调同时提出无效与解除之主张的观点,也将产生另一个问题,即在当事人只提出一种主张的情形下,该当事人对于另一个主张是否产生失权效果呢?

其实,笔者个人的观点也并不倾向于区分(解除与无效)的考虑方法,即无论是在和解解除的情形中,还是在和解无效的情形下,原则上都应当采用指定期日申请说,但是,就当下状况而言,基于和解解除的特征,还是(在解除方面)应当采用新诉提起说。此外,关于此问题的论述,还可以参照田头彰一《判例解说》,载《百選Ⅱ》,第342页以下。此外,在当事人同时提出无效主张与解除主张时,通过确定主位性主张方式予以解决,也是一种妥当的办法。

图书在版编目(CIP)数据

民事诉讼法重点讲义：导读版. 上 /（日）高桥宏志著；林剑锋译；张卫平导读. -- 北京：法律出版社，2023

ISBN 978-7-5197-8574-1

Ⅰ. ①民… Ⅱ. ①高… ②林… ③张… Ⅲ. ①民事诉讼法－基本知识－日本 Ⅳ. ①D931.351

中国国家版本馆 CIP 数据核字（2023）第 228466 号

民事诉讼法重点讲义(导读版·上)
MINSHISUSONGFA ZHONGDIAN JIANGYI
(DAODU BAN · SHANG)

[日]高桥宏志 著
林剑锋 译
张卫平 导读

责任编辑 韩满春
装帧设计 贾丹丹

出版发行 法律出版社
编辑统筹 学术·对外出版分社
责任校对 王 丰 郭艳萍 张翼羽
责任印制 陶 松
经　　销 新华书店

开本 A5
印张 24.5 **字数** 651 千
版本 2023 年 12 月第 1 版
印次 2023 年 12 月第 1 次印刷
印刷 天津嘉恒印务有限公司

地址：北京市丰台区莲花池西里 7 号(100073)
网址：www.lawpress.com.cn
投稿邮箱：info@lawpress.com.cn
举报盗版邮箱：jbwq@lawpress.com.cn

销售电话：010-83938349
客服电话：010-83938350
咨询电话：010-63939796

书号：ISBN 978-7-5197-8574-1　　**定价**：108.00 元
凡购买本社图书，如有印装错误，我社负责退换。电话：010-83938349